江西省
建
省
大余
信丰
安远
武平
上杭
龙岩市
华安
仁化
南雄市
始兴
寻乌
龙南
全南
定南
韶关市
永定
长泰
蕉岭
平远
南靖
漳州市
龙海市
和平
连平
翁源
大埔
平和
梅县
梅州市
兴宁市
龙川
漳浦
英德市
新丰
云霄
五华
佛冈
丰顺
诏安
龙门
东源
河源市
潮州市
饶平
紫金
揭东
揭阳市
潮安
南澳
从化市
揭西
汕头市
陆河
普宁市
增城市
博罗
东莞市
惠州市
惠东
海丰
陆丰市
惠来
深圳市
汕尾市
香港
香港特别行政区
珠海市
澳门
澳门特别行政区
万山群岛
大万山岛
担杆列岛
佳蓬列岛
南澎列岛
勒门列岛
东山
南澳岛
海门湾
神泉港
红海湾
伶仃洋
新丰江水库
北卫滩
南卫滩
东沙群岛
东沙岛
东沙礁
海
韶关市丹霞山风景名胜区
韶关市珠玑古巷梅关古道景区
韶关市曹溪温泉
河源市和平温泉之都旅游区
梅州市雁南飞茶田旅游度假区
梅州市客天下景区
梅州市雁鸣湖旅游度假村
梅州市叶剑英纪念园
梅州市蕉岭长潭旅游区
梅州市神光山旅游区
河源市霍山风景区
梅州市五华热矿泥山庄
梅州市益塘水库旅游区
河源市御临门温泉度假区
揭阳市京明温泉度假村
揭阳市普宁德安里旅游景区
汕头市南澳生态旅游区
汕头市南澳岛·蓝水星景区
汕头市方特欢乐世界
汕头市礐石风景名胜区
汕头市中信高尔夫海滨旅游度假区
惠州市罗浮山风景名胜区
惠州市西湖风景名胜区
惠州市永记生态园景区
汕尾市玄武山旅游区
汕尾市凤山妈祖旅游区
惠州市海滨温泉旅游度假区
深圳市中信明思克航母世界旅游景区
珠海市外伶仃岛风景区
珠海市圆明新园
图例
省级行政中心
地级行政中心
县级行政中心
5A级景区（点）
4A级景区（点）
3A级景区（点）
2A级景区（点）
省级行政区界
特别行政区界
地级行政区界
在建
铁路
在建
高速公路
国道
注：本图界线不作为权属争议的依据

50000

2013
广东旅游年鉴

（总第10期）

杨荣森　主编

WWW.VISITGD.COM

SPM
南方出版传媒
广东经济出版社

图书在版编目(CIP)数据

广东旅游年鉴·2013 / 杨荣森 主编. — 广州：广东经济出版社.
2014.10　ISBN 978-7-5454-3547-4

Ⅰ.①广… Ⅱ.①杨… Ⅲ.①地方旅游业—广东省—2013—年鉴 Ⅳ.
①F592.765-54

中国版本图书馆CIP数据核字(2014)第185560号

广东旅游年鉴·2013

责任编辑：周 晶
责任技编：许伟斌
封面设计：黄 源
出版发行：广东经济出版社
（广州市环市东路水荫路11号11~12楼　邮编：510075）
电　　话：020-37603025 22386659
邮购电话：020-87513655
印　　刷：广州广禾印刷有限公司
（广州市天河区棠东横岭二路11号　邮编：510665）
版　　次：2014年10月第1版　2014年10月第1次印刷
开　　本：889mm × 1194mm　1/16
印　　张：36.5
插　　页：18
字　　数：1430 千
书　　号：ISBN 978-7-5454-3547-4
定　　价：200.00元

编辑说明

一、《广东旅游年鉴》是由广东省旅游局主办，全省21个地级以上市及顺德区旅游局共同参与编纂的大型资料性工具书，创办于2004年，尔后逐年出版，国内外公开发行。旨在准确、科学、权威、系统地记载广东省旅游事业发展的基本情况、重大事件，为各级领导的决策提供参考和依据，为社会多层面提供资讯，是了解、研究广东旅游的窗口。

二、2013年版《广东旅游年鉴》记载2012年度广东省旅游业发生的情况，考虑到记载的连贯性，个别内容在时间上有所跨越。如2013年全省旅游工作会议文献资料，对2012年全省旅游工作进行了总结，而这部分内容的记载已逐年归类并形成惯例。所收录的组织机构及负责人名单均以2012年内任职为限，有任免的分别予以注明。

三、《广东旅游年鉴》采用分类编辑法，主体内容设篇目、分目、条目三个结构层次，以条目作为表现内容的基本形式。全书条目标题统一用黑体加【】表示，个别含有多方面资料的条目则在段首加插楷体标题提示，方便读者查阅。全书前有目录，后有索引，具有比较完善的检索系统。

四、《广东旅游年鉴》以出版年号为卷次名称。本卷设有11个篇目，即图片专辑、文献·特辑、广东旅游大事记、广东旅游事业发展总述、政策法规·标准规范、旅游发展规划、旅游调查与研究、各市旅游业、全省旅游业统计资料、各级旅游管理机构和名录等。

五、为突出专业年鉴的特色，在“政策法规·标准规范”“旅游发展规划”篇中，本卷继续全文收录省及地市出台的旅游政策法规、规范性文件，颁布的广东省旅游规划和旅游标准规范；其他旅游规划和旅游标准规范等内容因篇幅所限，则以摘录或条目等形式予以介绍。

六、为形象直观展现广东旅游风貌，本卷编制了2012年广东省A级旅游景区（点）分布图，设置了“2012年广东旅游数字”“广东旅游要闻”等内容，内文中加插了一批图片和附表。

七、《广东旅游年鉴》所载资料均由省市县旅游主管部门、省内重点旅游企业及有关部门供稿。统计资料由省旅游局规划统计处核准。由于统计口径的不同，个别单位提供的数据如与省旅游局核准的数据不一致，如与以前公布的数字或其他文献中所列举的数字有差异，均以本卷刊出的“全省旅游业统计资料”篇为准。

计量单位用法以《量和单位》（GB 3100～3102—1993）为依据。但遵从现行社会实际习惯，一般仍统一使用公斤、公里为计量单位；部分机构名称的使用以省政府办公厅印发的《广东省人民政府机构简称》为依据。

八、本年鉴的编辑出版工作得到省有关部门、各地级以上市旅游局的大力支持，谨此致谢。如有疏漏之处，敬请批评指正。

《广东旅游年鉴》编纂委员会

张国辉（广东省旅游质量监督管理所所长）

李国平（广东省旅游发展研究中心主任）

孙朝晖（广东省旅游发展促进中心主任）

李进茂（广东省旅游协会副会长兼秘书长）

董家彪（广东省旅游职业技术学校校长）

朱　力（广州市旅游局局长）

岳川江（深圳市文体旅游局局长）

张梅生（珠海市文体旅游局局长）

陈华佳（汕头市旅游局局长）

彭聪恩（佛山市旅游局局长）

文清年（韶关市旅游局局长）

郑日平（河源市旅游局局长）

吴献华（梅州市旅游局局长）

黄细花（惠州市旅游局局长）

吕珠龙（汕尾市政协副主席、市旅游局局长）

梁少虾（东莞市旅游局局长）

车　卫（中山市旅游局局长）

邵　建（江门市旅游局局长）

马洪藻（阳江市旅游和外事侨务局局长）

彭　晖（湛江市旅游局局长）

梁红健（茂名市旅游局局长）

刘卫红（肇庆市旅游发展局局长）

林　闻（清远市旅游局局长）

林桂蓉（潮州市文物旅游局局长）

谢锐锋（揭阳市旅游局局长）

马正英（云浮市旅游局局长）

王　勇（顺德区委常委、区委宣传部部长、区文体旅游局局长）

《广东旅游年鉴》编辑部

目 录
Contents

图片专辑
Photo Album

文献 · 特辑
Documents · Special Issue

广东旅游大事记
Guangdong Tourism Memorabilia

广东旅游事业发展总述
Introduction to Guangdong Tourism

政策法规 · 标准规范
Policy，Laws and Regulations · Standard Codes

旅游发展规划
Tourism Development Planning

旅游调查与研究
Tourism Survey and Research

各市旅游业
Tourist Industry of All Cities

全省旅游业统计资料
Statistical Data of Provincial Tourist Industry

各级旅游管理机构
Tourism Administration

名 录
Directory

主题索引
Subject Index

图片专辑目录
Photo Album Directory

■ 封面：国家4A级旅游景区——肇庆市星湖名胜区
Front Cover：National AAAA Scenic Area—Zhaoqing Star Lake Scenic Area

■ 封底：国家4A级旅游景区——阳江市海陵岛大角湾风景区
Back Cover：National AAAA Scenic Area—Yangjiang Hailing Island Cape Bay Scenic Area

■ 2012年广东省A级旅游景区（点）分布图
The Map of Guangdong A-level Tourist Attractions in 2012

■ 2012年广东旅游数字
Dates of Guangdong Tourism in 2012

■ 广东旅游要闻
Important News about Guangdong Tourism

■ 美丽广东——广东旅游发展总体布局
Beautiful Guangdong—The Overall Layout of Tourism Development of Guangdong

■ 2012广东导游参加第二届全国导游大赛获佳绩
Guangdong Tour Guides Were Achieved in the Second National Tour Guide Contest

■ 广东省滨海旅游产业园竞争性扶持资金专家评审会
Expert Evaluation Review of Guangdong Coastal Tourism Industrial Park Competitive Support Funds

■ 岭南风采·广东十大最美古村落
Lingnan Scenery · The Top ten Beautiful Ancient Villages in Guangdong

多媒体光盘目录
Multimedia CD – ROM Directory

视频
Video

- 2012年全省旅游工作会议在广州召开·视频
- 2012中国（广东）国际旅游产业博览会在广州开幕·视频
- 首次举办广东滨海旅游产业园区竞争性扶持资金评审活动·视频
- 广东省海上休闲旅游启动仪式暨2012广州南沙湾国际旅游博览会开幕式·视频

多媒体光盘添加内容
Additional Content of Multimedia CD – ROM

■ **名录**
Directory

- 广东国家级、省森林公园基本情况
- 全国重点文物保护名单（共98处）
- 广东省文物保护单位名单（475处）
- 广东省省级非物质文化遗产名录

GUANGDONG

TOURISM NUMBERS 2012

2012年广东旅游数字

旅游总收入5794.74亿元

其中：旅游外汇收入156.23亿美元

国内旅游收入4807.86亿元

接待过夜旅游者人数2.74亿人次

入境旅游者3500.65万人次

其中：外国人774.51万人次

港澳同胞243.02万人次

台湾同胞311.23万人次

国内旅游者2.39亿人次

全省旅行社组团接待旅游者人数：

入境旅游者481.81万人次

其中：外国人138.09万人次

港澳同胞304.14万人次

台湾同胞39.58万人次

旅行社组团出境旅游者663.21万人次

其中：香港游301.83万人次

澳门游118.47万人次

台湾游25.04万人次

出国游217.87万人次

国内组团旅游者2384.11万人次

中国优秀旅游城市21个（含3个县级市）

广东省旅游强县（市）22个

其中：中国旅游强县（市）2个

旅游度假区30个

其中：国家级1个、省级29个

风景名胜区26处

其中：国家级8处、省级18处

自然保护区76个

其中：国家级11个、省级65个

森林公园98个

其中：国家级25个、省级73个

全国重点文物保护单位573处

其中：国家级98处、省级475处

海滨度假区33个

温泉80多处

星级饭店1079家

其中：白金五星级1家

五星级106家

四星级186家

三星级630家

二星级148家

一星级8家

客房数16.30万间

床位数26.58张

旅游饭店直接从业人员64.97万人

国家A级旅游景区（点）196家

其中：5A级旅游景区7家

4A级旅游景区119家

3A级旅游景区59家

2A级旅游景区11家

景区（点）直接从业人员15.65万人

旅行社1624家

其中：出境游组团社216家

外资旅行社15家

旅行社直接从业人员4.73万人

取得导游人员资格证书人数61329人

其中：持导游证（IC卡）人数59087人

其中：初级导游57364人

中级导游1586人

高级导游137人

旅游院校（系）241所

其中：高等院校76所

中等职业学校165所

旅游院校在校生127171人

其中：旅游高等院校51413人

旅游中等职业学校75758人

旅游专业教师4414人

□珠海市梅溪牌坊

2012年9月13日，中共中央政治局委员、广东省委书记汪洋（右）在广州珠岛宾馆会见国家旅游局局长邵琪伟一行。（罗文清 摄）

2012年9月14日，中共中央政治局委员、广东省委书记汪洋（前排左三）出席并宣布2012中国（广东）国际旅游产业博览会开幕。（陈煜 摄）

2012年12月25日，中共中央政治局委员、广东省委书记胡春华（前排右一）到深圳调研。图为胡春华在深圳莲花山公园同群众及游客亲切交流。（罗文清 摄）

2013年1月13~15日，中共中央政治局委员、广东省委书记胡春华（右二）在副省长招玉芳（左二）等陪同下到湛江、茂名市调研。图为胡春华于15日在湛江东海岛旅游建设工地调研，希望两市做足海洋“文章”，大力发展旅游业。（湛江市旅游局供稿）

● 2012年3月2日，中共广东省委副书记、省长朱小丹（左一）出席全省旅游工作会议。图为朱小丹与全国旅游系统先进个人代表亲切交谈。（省旅游局办公室供稿）

● 2012年3月31日，中共广东省委副书记、省长朱小丹（右一），西藏自治区党委副书记、自治区人民政府主席白玛赤林（左一）出席广东中旅西藏林芝生态国际旅行社有限公司在西藏自治区林芝地区的揭牌仪式。（广东中旅供稿）

● 2012年3月8日，中共广东省委副书记、省长朱小丹（中），副省长招玉芳（左一）等领导赴北京拜会国家旅游局局长邵琪伟（右一）。图为邵琪伟向朱小丹赠送《徐霞客游记》。（省旅游局办公室供稿）

● 2012年9月12日，国家旅游局局长邵琪伟（右二）率调研组到广东调研。图为邵琪伟在广东省副省长招玉芳（左三）、广东省旅游局局长杨荣森（左二）等陪同下考察中山市旅游业情况。（罗文清 摄）

2012年4月12~16日，由广东省人民政府与澳门特别行政区政府共同主办的“广东澳门周”活动分别在广州、江门市和澳门特别行政区举行。图为14日在江门举行“广东澳门周”文艺演出及旅游文化展示活动。（江门市旅游局供稿）

2012年10月12日，广东省海上休闲旅游启动仪式暨2012广州南沙湾国际游艇博览会开幕式在广州南沙游艇会举行。图为中共广东省委副书记、省长朱小丹（前排左一）与国家旅游局副局长杜江（前排右一）为广东省游艇旅游协会成立揭幕。（黄静　摄）

● 2012年7月23日，广东省旅游局联合省经信委、省教育厅、省林业厅、省体育局、省海洋渔业局等单位在广州共同举办“欢乐健康游·幸福伴你行”2012暑期旅游惠民大行动活动。图为广东省副省长招玉芳(左)和国家旅游局副局长杜一力(右)一起按水晶球启动活动。（黄静　摄）

● 2012年7月23日，由中共广东省委组织部主办，广东省旅游局协办的“发展文化旅游，扩大旅游消费”专题研讨班在中山大学开班。广东省副省长招玉芳(中)出席开班仪式并讲话，国家旅游局副局长杜一力(左二)作专题报告。（涂继文　摄）

2012年3月1日，广东省副省长许瑞生(中)、广东省旅游局局长杨荣森(右二)、广州市副市长王东(左二)等领导出席在广州琶洲展馆举行的2012年广州国际旅游展览会。（丁旭晖　摄）

2012年10月20日，首届国际(中国·肇庆)徒步旅游节暨国际市民体育联盟(IVV)2012年年会在肇庆举办。广东省副省长招玉芳(左四)、国际市民体育联盟主席科兰托尼奥·朱佩斯(右四)等嘉宾按水晶球启动活动，并与来自50多个国家(地区)的近万名徒步旅游爱好者一起参加徒步活动。（肇庆市旅游发展局供稿）

● 2012年1月12日，2012年全国旅游工作会议在广州召开。国家旅游局局长邵琪伟（右四）作工作报告，副局长王志发（右三）主持会议。广东省副省长许瑞生（左四）出席会议并致辞。（涂继文 摄）

● 2012年5月18日，广东省旅游局与中石化广东石油分公司在广州举行战略合作协议签字仪式。广东省副省长招玉芳（后排右六）出席并讲话。省政府副秘书长刘晓捷（后排左七）主持仪式。广东省旅游局局长杨荣森（前排左一）、中石化广东石油分公司总经理夏于飞（前排右一）等双方领导出席签字仪式。（涂继文 摄）

● 2012年6月1日，《广东旅游卫星账户编制》项目成果专家评审会在广州召开。（涂继文　摄）

● 2012年11月20日，广东省旅游局召开全局干部职工大会，传达贯彻党的十八大精神。广东省旅游局局长杨荣森就认真学习贯彻党的十八大精神进行动员部署。（聂理　摄）

● 2012年1月6日，广东省旅游局在乳源瑶族自治县洛阳镇板长村举行扶贫开发“双到”援建旅游新村落成暨乡村公路开工典礼活动。图为广东省旅游局局长杨荣森(前排右三)，局纪检组长、监察专员黎增丰(后排左四)等领导看望喜迁新居的贫困户李三福家。

(徐峰 摄)

● 2012年5月24日，广东省旅游局局长杨荣森(右一)在广州会见希腊驻华大使塞德罗斯·耶奥卡凯罗斯一行。

(涂继文 摄)

2012年2月21日，广东省旅游局领导班子成员（自左至右：黎增丰、王志红、周开生、杨荣森、曾维炳、张振林、梅其洁、林上福）在局举办的新春联欢会上，朗诵“奋进，广东旅游强省梦”。（涂继文 摄）

2012年10月17日，广东省旅游局在广州举行第二届全国导游大赛选拔赛。图为广东省旅游局局长杨荣森（前排右五）、副局长梅其洁（前排左四）与参赛选手、裁判员合影。（涂继文 摄）

2012年2月21日，广东省旅游局副局长周开生（右二）率领旅游行政管理、质量监督部门负责人走上广东“民声热线”，回答群众和游客关心的热点问题。图为周开生接受新闻媒体采访的情景。（陈煜 摄）

2012年9月21日，由广东省旅游局和省财政厅共同举办的2012年广东省旅游扶贫大型重点项目评审会在广州举行。梅县雁洋桥溪古村落旅游开发项目等6个项目在竞标评审中脱颖而出。（涂继文 摄）

● 2012年8月27日，广东省旅游局副局长张振林（右一）在广州会见塞浦路斯国家旅游局局长阿寇雷斯·欧伦帝斯一行。
（涂继文 摄）

● 2012年12月31日，由汕头市人民政府主办的汕头国际旅游产业博览会在汕头潮汕体育馆开幕。 （汕头市旅游局供稿）

2012年5月23日，广东省旅游局副局长王志红（右一）在广州会见俄罗斯无国界旅游协会主席伊万·维金斯基一行。

（涂继文　摄）

2012年9月10～14日，由广东省旅游局和广州、佛山、肇庆市人民政府主办的“多彩广佛肇　岭南真味道”2012广佛肇城市旅游推介会分别在吉林长春、内蒙古鄂尔多斯举行。图为12日在鄂尔多斯市两地旅游业界代表签订合作协议。

（广州市旅游局供稿）

2012年8月28日，广东省旅游局副局长梅其洁(右五)赴印度开展粤港澳旅游联合推广活动。　（省旅游局教育培训处供稿）

2012年10月20日，由韶关市旅游局、丹霞山风景名胜区管理委员会、中石化广东石油分公司主办的中石化广东石油·粤通卡韶关自驾游护照发行暨丹霞山自驾游基地揭牌仪式在韶关丹霞山举行。　（韶关市旅游局供稿）

● 2012年5月24日，广东省旅游局纪检组长、监察专员黎增丰(左一)率领由25家旅游企业、130人组成的广东参展团参加国家旅游局主办的2012中国国际旅游商品博览会，并获最佳组织奖、最佳展台奖和交易成果奖。图为黎增丰陪同国家旅游局副局长王志发(左二)参观广东旅游商品展区。(李建新 摄)

● 2012年5月19日，“中国旅游日 · 惠游中山”暨中山旅游护照首发仪式在中山举行。中山市近50家旅游企业为游客提供百项旅游优惠措施。(中山市旅游局供稿)

● 2012年2月21日，广东省旅游局副巡视员林上福(右一)在广州出席第一届广东省出境游从业人员西班牙加泰罗尼亚旅游资源在线培训结业仪式。图为林上福会见加泰罗尼亚大区旅游局局长恰维埃尔·埃斯巴萨。（涂继文　摄）

● 2012年10月20日，首届国际(中国肇庆)徒步旅游节暨国际市民体育联盟2012年会在肇庆开幕。该体育联盟(IVV)授予肇庆市“国际最佳休闲旅游基地”称号。（肇庆市旅游发展局供稿）

中国旅游商品大赛获金奖品——“伞友”

2012年5月24日，2012中国旅游商品大赛颁奖仪式暨中国旅游商品开发研讨会在浙江义乌举行，珠海市集爽伞业有限公司选送的“‘伞友’旅游纪念品”（见左图）获得金奖。（珠海市集爽伞业有限公司供稿）

2012年，佛山市西樵山风景名胜区创建国家5A级旅游景区。图为西樵山云海莲台。（广东省景区行业协会供稿）

2012 美丽广东

广东省旅游发展总体布局

（本专题图片由广东省旅游局规划统计处、广东省旅游发展研究中心供稿）

《广东省旅游发展规划纲要（2011—2020年）》《广东省滨海旅游发展规划（2011—2020年）》通过评审，省政府于2012年7月6日正式公布实施。两个规划的顺利实施，将为广东在全国率先推行“国民旅游休闲计划”，率先建设全国旅游综合改革示范区和旅游强省助力。

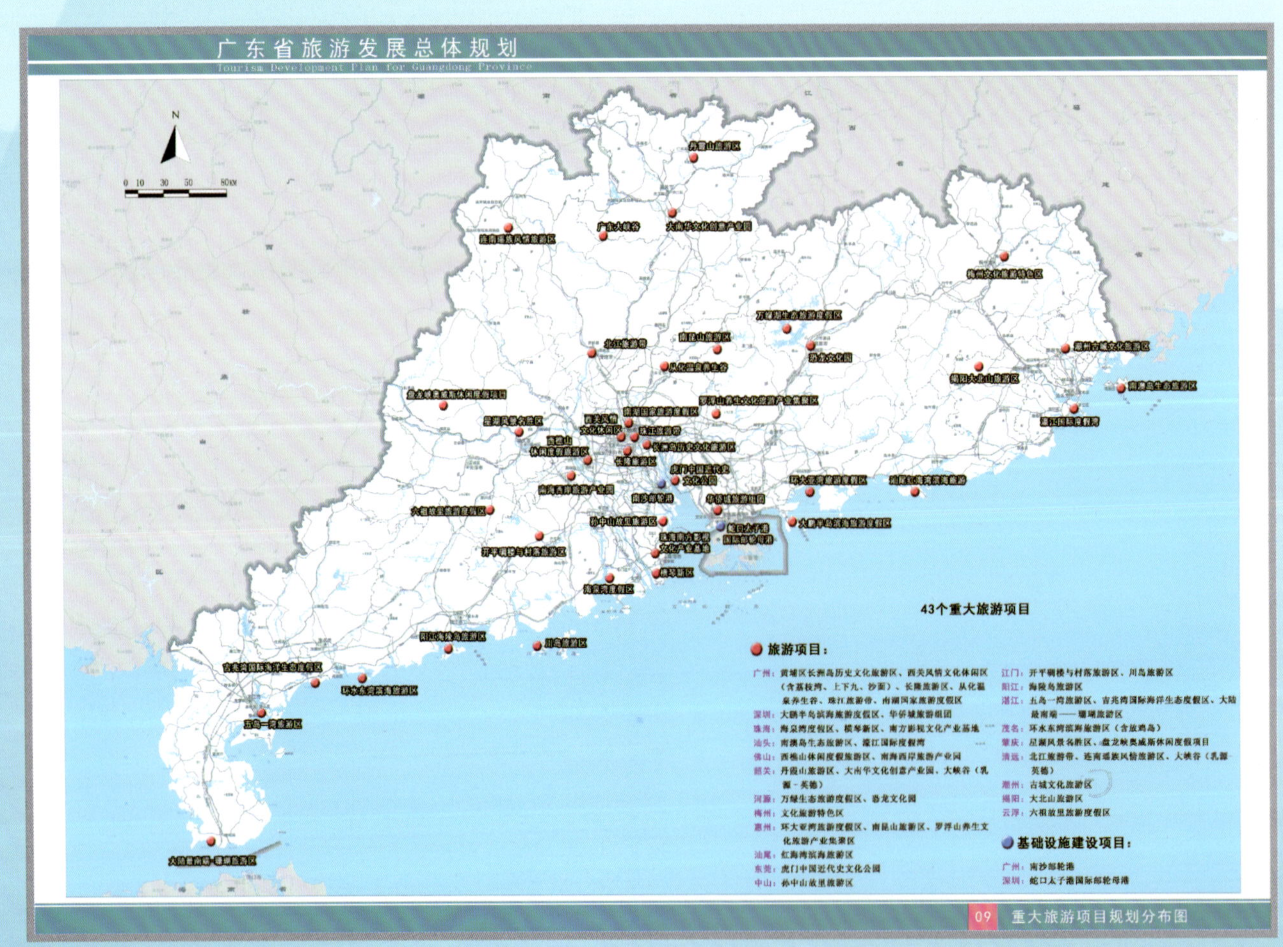

● 广东省43个重大旅游项目分布图。

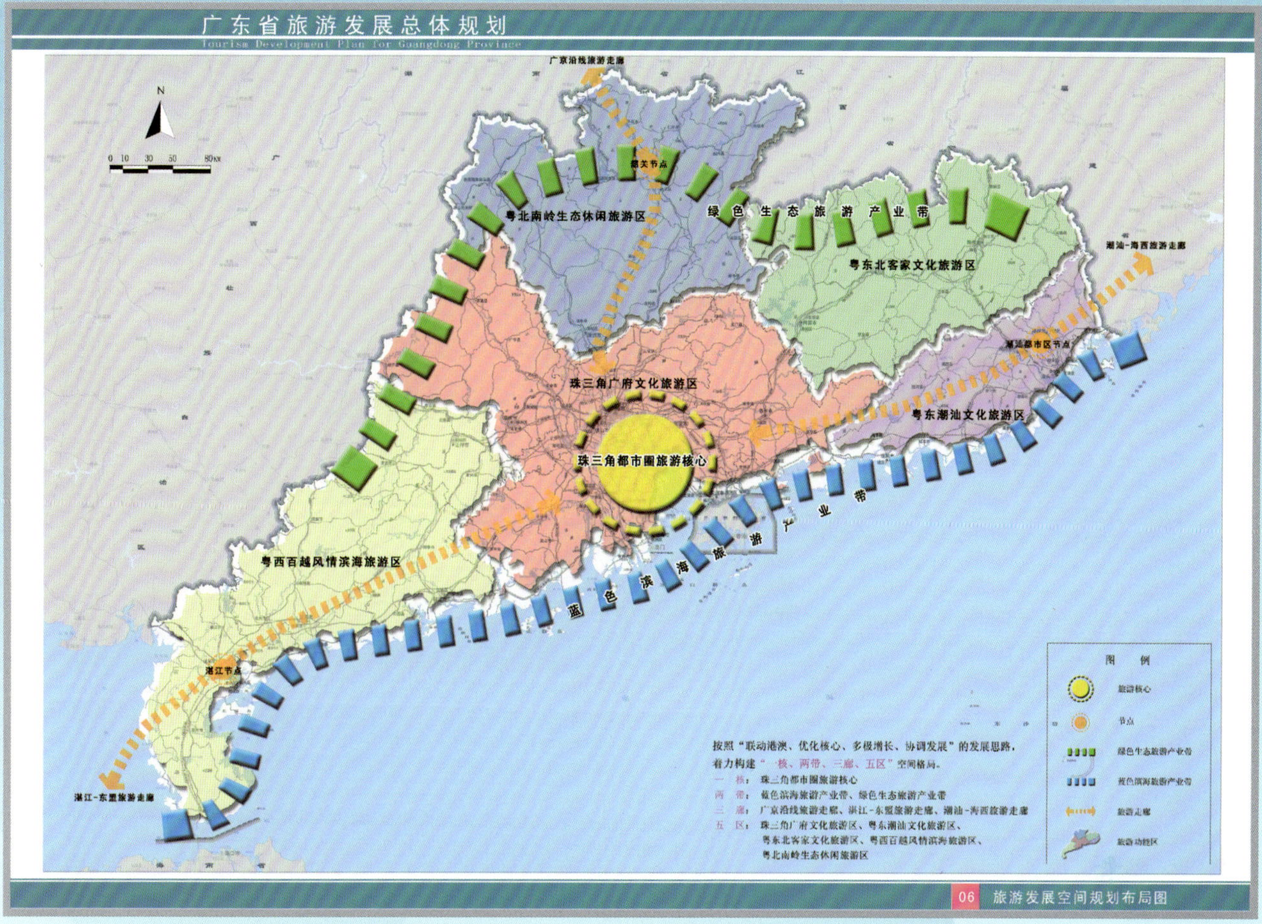

● 广东省“一核、两带、三廊、五区”旅游布局示意图。

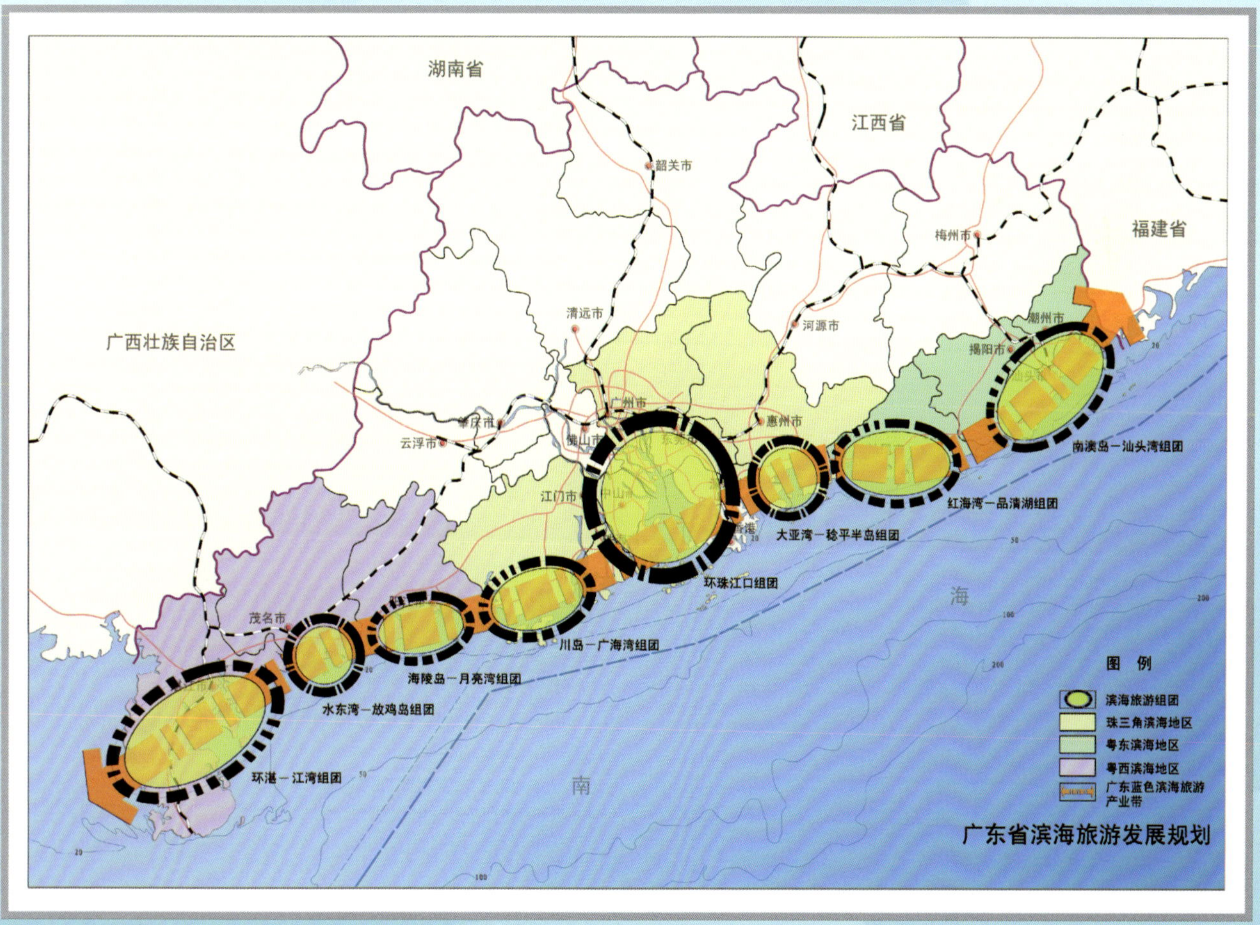

● 广东省滨海旅游发展规划空间格局示意图。

12月28日，由国家旅游局和共青团中央、全国妇联共同举办的第二届全国导游大赛在珠海市海泉湾度假区举行决赛闭幕式暨颁奖仪式。图为国家旅游局副局长杜江（右）为一等奖选手王佳颁奖。

中左：12月27日，国家旅游局副局长杜江（左五）、广东省旅游局局长杨荣森（右三）、珠海市文体旅游局局长张梅生（左四）同广东参赛获奖选手合影。

中右：12月28日，广东省旅游局局长杨荣森（左六）、副局长梅其洁（右二）与获奖选手及工作人员合影。

左下：12月28日，获奖选手（自左至右：梁秀莹、贺文娇、王佳、杨英、刘虎）合影。

2012 广东导游

参加第二届全国导游大赛获佳绩

（本专辑图片由广东省旅游局教育培训处供稿）

从2012年4月初开始，广东省旅游局联合共青团省委、省妇联共同举办广东省第二届全国导游大赛选拔赛，联合省人力资源和社会保障厅将该活动确定为“2012年全省职业技能竞赛”的组成部分。历时8个月的活动，全省组织比赛40多场（次），近万名导游参赛，达到了“以赛促训、以赛促练”的目的。广东选派5名选手参加第二届全国导游大赛，成绩突出，深圳市招商国际旅游有限公司王佳（女）获得中文组一等奖；广州广之旅国际旅行社股份有限公司贺文娇（女）获得英文组二等奖；佛山南风古灶旅游发展有限公司梁秀莹（女）、珠海里程国际旅行社有限公司刘虎、珠海市导游服务中心杨英（女）分获中英文组三等奖。

● 一等奖获得者：王佳。

● 10月17日，广东省第二届全国导游大赛选拔赛在广州举行，广东省旅游局局长杨荣森（左一）亲临比赛现场观摩指导。图为杨荣森亲切接见荣获“广东十佳导游”选手。

● 二等奖获得者：贺文娇。

● 三等奖获得者：梁秀莹。

● 三等奖获得者：刘虎。

● 三等奖获得者：杨英。

广东省滨海旅游产业园竞争性扶持资金专家评审会

2012年8月25日，由广东省旅游局、省财政厅联合举办的广东省滨海旅游产业园竞争性扶持资金专家评审会在广州举行。粤西阳江、湛江、茂名市和粤东汕头、汕尾市分别组织海陵岛滨海旅游产业园区、五岛一湾滨海旅游产业园区、茂名滨海旅游产业园区和南澳岛滨海旅游产业园区、红海湾滨海旅游产业园区参加评审。其中，湛江市五岛一湾滨海旅游产业园区和汕尾市红海湾滨海旅游产业园区竞得第一、第二名。9月29日，经广东省人民政府批准，湛江市五岛一湾滨海旅游产业园区、汕尾市红海湾滨海旅游产业园区分获3亿元财政专项扶持资金。

（本专辑图片由广东省旅游局及阳江、湛江、茂名、汕头、汕尾市旅游局供稿）

2012年8月23日，广东省滨海旅游产业园竞争性扶持资金专家评审预备会在广州举行。广东省旅游局局长杨荣森，广东省财政厅副厅长欧斌，广东省旅游局副局长张振林，广东省旅游局纪检组长、监察专员黎增丰出席会议，并与各参评单位代表一起见证现场抽签环节。

2012年8月24日，广东省滨海旅游产业园竞争性扶持资金专家评审会在广州举行。图为汕尾市红海湾滨海旅游产业园区团队现场陈述的情景。

● 湛江市五岛一湾滨海旅游产业园区——观海长廊。

● 汕头市南澳岛滨海旅游产业园区——青澳湾。

● 阳江市海陵岛滨海旅游产业园区——十里银滩。

● 汕尾市红海湾滨海旅游产业园区——遮浪南湾半岛。

● 茂名滨海旅游产业园区——中国第一滩。

岭南风采

广东十大最美古村落

2012年11月29日，广东十大最美古村落在佛山西樵山揭晓。该活动由南方日报社、广东省文学艺术界联合会、广东省民间文艺家协会联合举办。参评对象为广东省范围内，清代以前形成，现存历史文化实物和非物质文化遗产比较集中，且具有较高历史、文化、艺术和科学价值的村落。这些古村落代表了广府、潮汕、客家和粤北古村落的风格，表现了水乡文化、山居文化、海洋文化的特点，基本囊括了全省古村落精华。

（本专题图片除署名外，均由广东省民间文艺家协会供稿）

广州市海珠区琶洲街道黄埔村 1

□古港新貌 /陈碧信 摄

广东十大最美古村落

1.广州市海珠区琶洲街道黄埔村
2.佛山市南海区西樵镇上金瓯松塘村
3.梅州市梅县雁洋镇桥溪村
4.惠州市惠东县稔山镇范和村
5.揭阳市普宁市燎原镇泥沟村
6.河源市和平县林寨
7.肇庆市高要市回龙镇黎槎村
8.江门市开平市塘口镇自力村
9.潮州市潮安县龙湖镇龙湖古寨
10.清远市连南瑶族自治县三排镇南岗村

□胡氏宗祠 /梁景新 摄

佛山市南海区西樵镇上金瓯松塘村 2

□灵蕴松塘

岭南风采
广东十大
最美古村落

梅州市梅县雁洋镇桥溪村 3

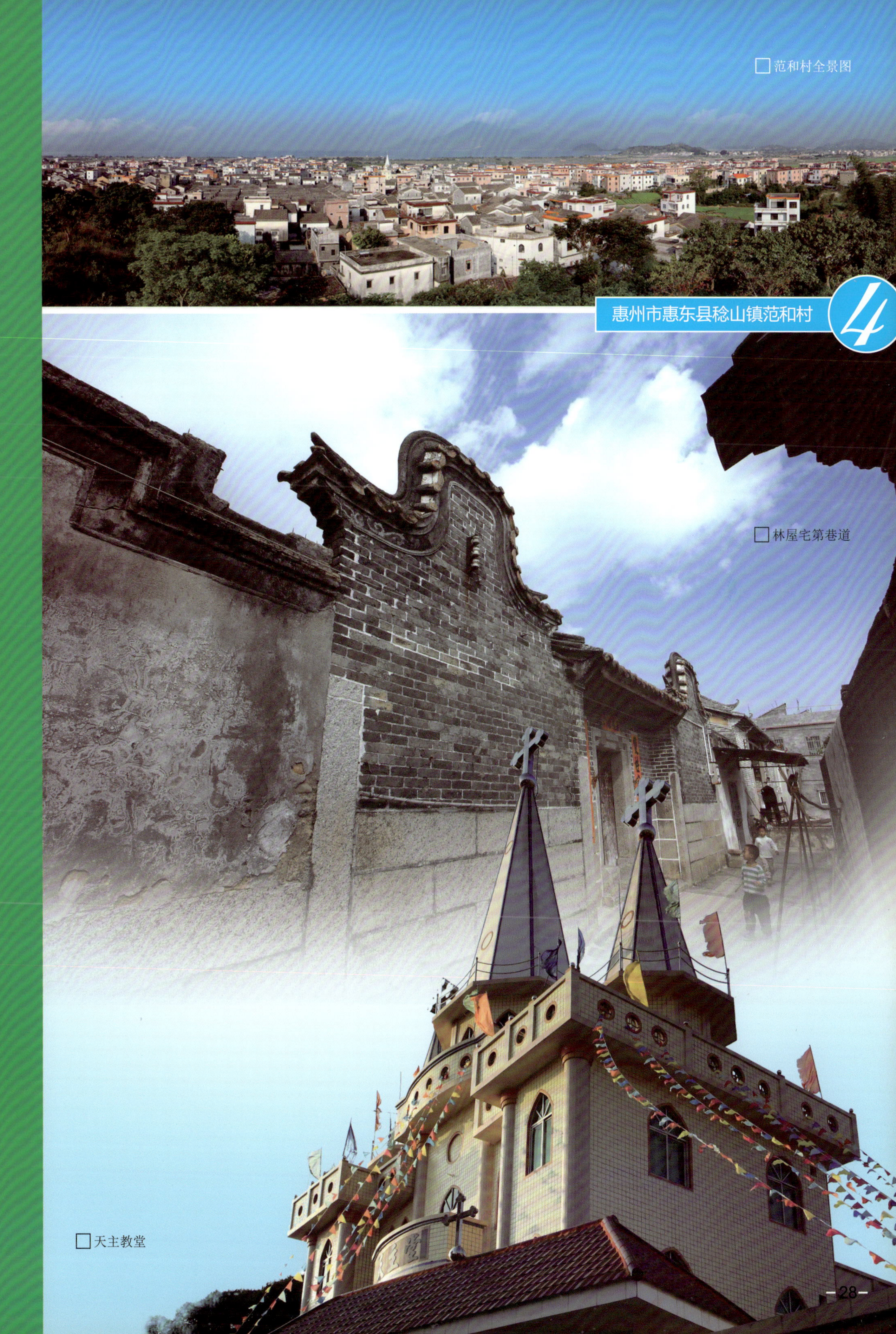

范和村全景图

惠州市惠东县稔山镇范和村 4

林屋宅第巷道

天主教堂

□村内水网纵横

□泥沟全貌

□林寨客家水乡

6 河源市和平县林寨

□蓝天下的四角楼

□黎槎八卦村

7 肇庆市高要市回龙镇黎槎村

□自力村碉楼群 /黄伟良 摄

8 江门市开平市塘口镇自力村

□马降龙村落 /李锦健 摄

潮州市潮安县龙湖镇龙湖古寨

龙湖

龙湖寨门

清远市连南瑶族自治县三排镇南岗村

□千年瑶寨

文献·特辑

Documents · Special Issue

（第 1 ~ 30 页）

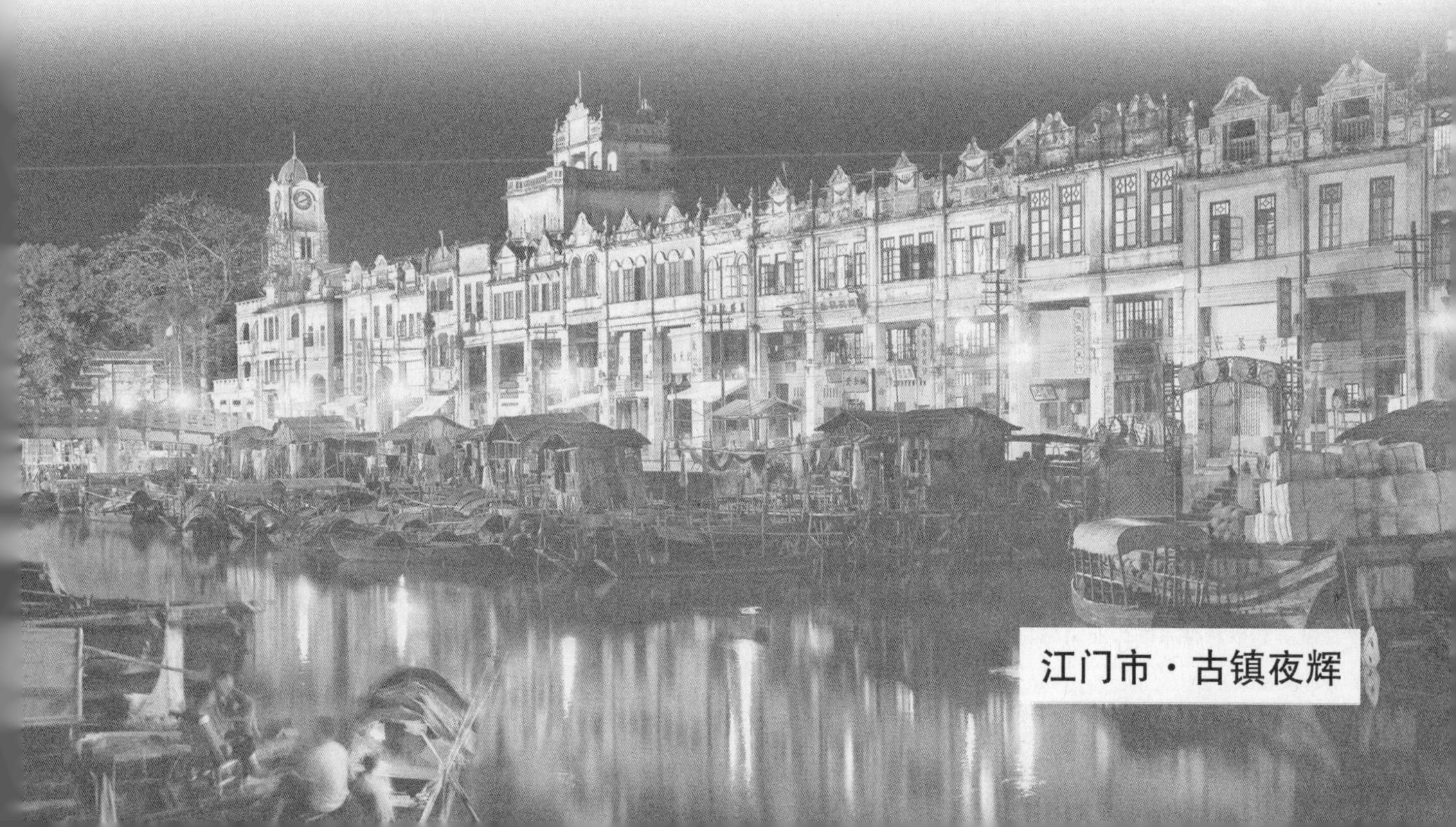

江门市·古镇夜辉

文献

在全省旅游工作会议上的讲话

广东省副省长　招玉芳

（2013年1月21日）

同志们：

今天，我们召开全省旅游工作会议，主要任务是贯彻落实党的十八大、习总书记视察广东重要讲话，和全国旅游工作会议及省委全会精神，总结去年旅游工作，谋划部署今年任务。省委、省政府非常重视旅游发展，小丹省长专门作出重要批示，给予我们旅游系统充分肯定和极大鼓舞。刚才，荣森同志作了旅游工作报告，讲得很好，我完全赞成。希望同志们认真贯彻这次会议精神，切实抓好工作落实，推动我省旅游业发展迈上新台阶。下面，我讲三点意见。

一、2012年我省旅游工作成绩显著，为促进全省经济社会平稳健康发展作出了重要贡献

过去一年，是我省旅游业在面临挑战中改革创新、在克服困难中稳定发展并取得新的重要成绩的一年。面对国内外严峻发展形势，全省旅游战线广大干部职工紧紧围绕加快转型升级、建设幸福广东的核心任务，认真贯彻落实省委、省政府的工作部署，迎难而上、奋发有为，工作思路新，办法举措实，创新亮点多，推动全省旅游发展呈现实力增强、结构优化、质量提升、活力彰显的工作新格局，取得了可喜成绩，有四大亮点值得充分肯定：

（一）旅游经济实力快速提升。各级旅游部门在困难形势下，坚持开拓市场、激活消费和扩大投资多措并举，促进全省旅游增长逆势飘红，预计去年全省实现旅游总收入7389亿元、同比增长14.7%。旅游外汇收入156亿美元、增长12.2%；接待游客总量5.97亿人次、增长8.5%，主要旅游经济指标均居全国前列。旅游业对经济发展的贡献加大，全年实现旅游业增加值3362亿元，约占全省GDP的5.9%，对税收贡献率达4%，对就业贡献率达6.6%。最近发布的《中国旅游业发展报告》，我省旅游业的综合竞争力、现实竞争力、发展环境竞争力排名全国第一。

（二）旅游转型升级步伐加快。各级政府和旅游部门及企业，积极调整旅游产业结构，去年全省旅游项目投资总额超2600亿元，其中投资1亿元以上新增和续建大型旅游项目86个，如珠海长隆国际海洋度假区、中山孙中山旅游度假区等。创新性实施旅游产业园竞争性扶持资金PK，统筹省财政6亿元，通过专家评审，支持汕尾红海湾、湛江“五岛一湾”两个滨海旅游产业园建设，佛山南海、肇庆高要、梅州客家生态旅游区等5个高端旅游产业园区建设顺利，旅游产业集聚效应彰显。启动海上休闲旅游，首期开辟广州黄埔—东莞虎山—中山等10条线路。森林生态旅游、商贸会展游、邮轮游艇游等旅游业态加速发展。

（三）旅游改革开放深入推进。旅游管理部门将星级饭店和景区等级评定权转交给协会，省旅游局还分别与珠海、梅州、清远、揭阳等市合作共建特色旅游示范区。从化、新丰、连平三地建立跨行政区域县域协调机制，联手共同打造从新连南粤百里生态旅游产业带。进一步深化粤港澳台及国际旅游合作，广州南沙游艇旅游、深圳前海和珠海横琴等粤港澳旅游合作项目稳步推进，144小时便利签证措施更加优化，广州、深圳赴台个人游顺利开展。成功举办2012国际旅游产业博览会，签约总额达1000多亿元，展会规模、国际化程度、成交总额创历史新高。

（四）旅游普及惠民成果丰硕。深入实施国民旅游休闲计划，大力开发绿道游、节庆采风游等大众化休闲旅游产品，利用元旦、新年和暑期积极开展“旅游惠民大行动”，发动2600多家旅游企业为游客提供优惠服务，优惠总额达5亿元。省旅游局还与中石化建立战略合作关系，联合举办旅游产品惠民活动，引导和激发了休闲旅游消费，社会反响不错。推进诚信旅游和品质旅游建设，完善12301、绿道旅游网、优游旅行网等公共旅游信息服务平台建设，以竞争性分配方式推进旅游扶贫创新，共投入2100万元，重点支持清远佛冈、河源万绿谷、韶关乳源等7个项目，有效促进了农民脱贫致富。

总之，去年我省旅游工作取得显著成绩，有力促进了全省经济社会平稳健康发展。去年，全省GDP达5.7亿元，增长8.5%；财政总收入达14700亿元，增长7.7%；固定资产投资达1.9万亿元，增长15.5%；社会消费品零售总额达22600亿元，增长12%；进出口总额达9838亿美元，增长7.7%；利用外资达235亿美元，增长8%。这些成绩的取得，离不开全省旅游系统同志们作出的努力和贡献。借此机会，我代表省政府，向在座各位，并通过你们向全省旅游战线广大干部职工表示衷心的感谢和诚挚的问候！

二、新的一年要着力推动旅游业加快转型升级和持续健康发展，努力为全省加快转型升级、建设幸福广东作出更大贡献

刚刚闭幕的省委十一届二次全会，对今年全省的工作进行全面部署，强调今年是贯彻党的十八大和习总书记视察广东重要讲话精神的开局之年，是我省加快转型升级、建设幸福广东的关键一年，全省各级各部门要围绕"两个率先"（率先全面建成小康社会、率先基本实现社会主义现代化）的目标，坚持稳中求进的工作总基调，坚定不移调结构，千方百计稳增长，扎扎实实惠民生，扎实开好局，在新起点上实现新发展。

省委全会特别对旅游工作提出新要求，强调要大力发展休闲旅游等幸福导向型产业，加快旅游改革创新发展。我们一定要站在全局、长远和战略高度，来充分认识抓好旅游工作、加快旅游业发展的重大意义。第一，旅游业是稳增长的重要支撑。当前，国内外经济形势比较困难，稳定发展和加快转型的任务很重，省委、省政府提出今年经济增长预期目标8%左右，实现这一目标确实有难度。旅游业是消费、投资、出口的新增长点，对全省经济稳增长作用重要，去年全省经济增长8.5%、旅游总收入增长14.7%；今年旅游总收入要增长15%，以为全省经济增长8%作更大贡献，全省旅游部门和各市县都要为此共同努力，第二，旅游业是促转型的重要抓手。转型升级是核心任务，省委全会上书记和省长都强调要坚定不移促转型。旅游业是新兴产业、绿色低碳产业，既是提升消费层次的主要领域，更是发展现代服务业的龙头产业。我们要通过加快现代旅游业发展，发挥旅游兴一业、旺百业的作用，带动促进第三产业提升和全省经济转型。第三，旅游业是幸福广东建设的重要载体。旅游是富民产业、幸福产业，旅游业每增加1个直接就业人员，就能带动相关行业增加5~7个就业机会，而且旅游让人们休闲放松、健康身心，满足精神文化需求，促进社会融洽和谐。可以说，我们旅游系统的同志们，是从事幸福的产业，我们要努力打造幸福旅游，助推幸福广东建设。

根据省政府工作部署，今年我省旅游工作的总体思路和主要目标是：围绕加快转型升级、建设幸福广东的核心任务，继续解放思想，坚持稳中求进，突出改革发展，着力优化结构，全力打造品牌，不断提升质量，努力打造活力旅游、品质旅游、生态旅游、幸福旅游，推动旅游强省建设取得新进展。力争全年旅游业总收入增长13%，接待过夜游客增长7%，旅游业在国民经济中的战略地位和支柱作用进一步提升，当好全国旅游改革发展排头兵。重点要抓好七项工作：

（一）扎实推进全国旅游综合改革示范区建设。旅游综合改革示范区是国家赋予我省的特殊使命，国家旅游局在全国省级层面中只赋予我省这个牌子，这既是信任和厚爱，更是新期望、新要求。我们要围绕建设全国旅游综合改革示范区的要求，进一步明确旅游综合改革示范区建设的重点领域和关键环节，力争有新突破，当前尤其要尽快建立旅游发展评价指标体系，这是综合改革示范区建设的一个重要抓手。国家赋予我省示范区建设这一重任已历时5年，建得怎样，如何评价考核，必须建立一个指标体系。如何建立？必须根据示范区的导向和要求，在旅游稳定增长、转型升级、政策突破、体制改革、管理创新几大方面发挥示范带动作用。如何示范？具体要落实到量化指标上，包括增长指标，如旅游总收入、旅游外汇收入、旅客总量、旅游业增加值、对税收贡献率、对就业贡献率等；转型指标，如人均旅游消费、入境过夜旅游人次、本省人均旅游人次，以及旅游品牌、高端旅游区、旅游新兴产业占比等，都要进行量化。建立这套评价指标体系，全国没有，省旅游局要牵头，会同省府办公厅、省统计局等相关单位，组织熟旅游、熟规划、熟改革的专家人员，抓紧调查研究，争取用半年时间，建立一套旅游综合改革发展评价指标体系。各市要根据会议部署，组织相关专家人员研究，为省的评价指标体系想办法、提建议，共同来做好这项工作。评价指标体系制定出来后，要以省政府名义下发，再根据评价指标体系来开展旅游改革发展考核工作。

（二）整体谋划和推进旅游城市建设。这是以后旅游发展很重要的一项工作。省委胡书记高度重视旅游业发展，上周我陪同他到茂名、湛江调研，书记对两市的旅游城市规划建设非常重视，专门用很长时间来强调旅游城市规划问题，书记认为粤西特别是茂名、湛江的滨海旅游资源条件很好，值得加大力度来培育，要求两市要打造全国冬季旅游的基地；书记特别提出要跳出旅游来搞旅游，不是就单个旅游项目、旅游点来搞旅游，要把整个城市作为旅游点来谋划和考虑，让人一下飞机、一出车站，从树木、道路、建筑就能感觉到这是个亚热带旅游城市，感觉到这里的旅游形象和气氛；书记还特别强调，两个市要拿出滨海旅游的规划建设方案，并抓好落实。我觉得胡书记关于旅游发展的讲话讲得非常好，非常有启发性。省旅游局和各市政府及旅游部门，都要认真学习领会好胡书记的重要讲话要求，科学研究、整体谋划推进旅游城市建设。一是要按照胡书记的要求，开拓旅游发展思路，创新旅游发展理念，要站在全局高度来谋划旅游，要用全域理念来发展旅游，真正把整个城市作为旅游点、旅游城市来规划，在城市交通、建筑、酒店、商场、绿化等各方面、各角落，都要体现旅游的品位和元素。二是要选准定位。全省旅游发展规划明确提出构建“一核、两带、三廊、五区”旅游发展格局（以珠三角都市圈旅游为核心，打造蓝色滨海旅游、绿色生态旅游产业带，广京沿线、湛江—东盟、潮汕—海西旅游“三廊”，珠三角、粤东、粤东北、粤西、粤北等“五区”）。在这个总体规划下，珠三角到底搞什么旅游，粤东搞什么，粤西搞什么，粤北搞什么，要进一步组织研究，根据地域特点和资源条件来定好位、找准抓手。无论是定位什么，都要体现特色，彰显特点。同时，根据省委全会的部署，对东西北地区加快发展的工作，省委、省政府准备开展专题研究，专门作出安排。粤东西北地区旅游如何加快发展，请各市县根据本市的实际，专门把旅游拿出来组织研究、拿出措施和亮点，纳入到省里下来加快粤东西北地区发展的整个盘子中来，作为省委、省政府对东西北部署的重点工作内容。为进一步加大对滨海旅游发展的支持力度，省政府决定，除对湛江、汕尾授予滨海旅游产业示范园区的牌子外，对在PK中达到一定分值的汕头、阳江、茂名市，授予滨海旅游产业园区的牌子，同样给予政策支持，让PK拿到钱的市和没拿到钱的市，一起开展竞争，看谁搞得好。

（三）*加快发展高端旅游产业*。这是旅游核心竞争力的体现，是旅游转型发展的重要方向，要通过设计高端产品、发展高端项目、开发高端市场，逐步使全省旅游业发展达到产品高端化、品牌高知名、文化高品位、服务高质量、经营高效益的目标。一是发展高端旅游产品。什么是高端旅游产品？就是内涵品位高、消费水平高、产品附加值高的旅游业态，如商务旅游、邮轮游艇、中医药养生、文化综艺等。如何设计？必须与当地的资源条件、产业特色和需求等结合起来。珠三角地区产业层次、城市现代化相对较高，商贸和消费水平高，可以大力发展商务旅游、会展旅游、邮轮游艇、高尔夫等旅游产品。东西两翼有丰富的海洋资源，可以用好沙滩、海景、海产品和近海水域，精心设计潜水、海上休闲游、海岸游和温泉康体等旅游产品。粤北山区拥有良好的森林、山水、瀑布和纯朴的民俗风情，可以设计探险、中医药养生、自驾游和文化综艺等旅游产品。二是打造高端旅游品牌。经过历年打造，我省已拥有“活力广东”总体形象和“岭南文化、活力商都、黄金海岸、美食天堂”四大旅游品牌，下一步，要在擦亮已有品牌的同时，重点打造一批区域和企业的知名品牌。①选择一批在区域有影响力和竞争力的龙头旅游景区、度假区，开展国家级和省级旅游度假区创建活动，并做好品牌培育创建、优化提升工作，年内争创2～3家国家5A级旅游景区。②支持优势旅行社通过整合酒店、景区等上下游行业资源做大做强，形成品牌，提升旅行社竞争力，力争今年全国百强旅行社达到10家。合理引导珠三角旅游酒店个性化、精品化发展，培育一批有产业竞争力和社会影响力的本土酒店品牌，打造成全国乃至国际酒店品牌。③继承和发扬岭南传统技艺，重点开发一批具有地域特色、文化特色和产业支撑的旅游商品，打造成特色旅游商品品牌。三是培育高端旅游企业。打造龙头企业，力争“三个一批”：推动一批省的大型旅游企业和有实力的民营旅游企业，强强联合、品牌扩张，整合成多元化、集团化、网络化、品牌化经营；促进一批省内外知名大企业集团，参股、参与旅游资源开发和旅游项目建设，提升带动高端旅游业发展；培育一批中小旅游企业，形成与大旅游企业相配套、互补发展的格局。四是开展高端旅游招商。依托广州南沙、深圳前海、珠海横琴、中山翠亨等重大平台，及佛山南海、韶关、梅州、河源、肇庆等省级旅游产业集聚区等重要载体，瞄准国际一流水准，全力开展多方位招商，发挥我省“三多优势”：会展活动多、海外侨胞多、国家友城多，加大高端旅游项目招商引资力度，引进国内外投资实力强、开发定位高、集聚能力强的战略投资合作伙伴，加大对旅游综合体和旅游产业园的投资力度，促进旅游产业集聚发展、高端发展。五是注重发展旅游制造业，通过旅游第三产业来推动旅游制造业发展，加强政策引导和扶持，大力发展邮轮、游艇、房车等大型旅游装备制造业，培育发展登山、潜水、露营、探险等户外活动用品，推动旅游纪念品生产创新，力促旅游制造业较快发展，打造全国领先的旅游制造业基地。

（四）*大力发展生态旅游*。党的十八大提出要大力推进生态文明建设，是科学发展的新定位，也是对旅游业发展的新要求。全省旅游系统要顺应新要求，大力发展生态旅游。一是树立旅游生态文明理念，坚持开发与保护并重。要把生态文明理念贯穿旅游业发展的全过程，按照“在开发中保护、在保护中发展”的原则，科学编制生态旅游发展规划，严格保护生态旅游资源，推动旅游效益与生态效益的双赢。二是推进生态旅游、绿色旅游、低碳旅游，积极发展森林、农业、乡村等生态旅游，在市县镇村各级着力培育一批示范生态旅游项目；进一步完善绿道旅游，打造广东绿道旅游品牌。积极开展绿色旅游景区、绿色旅游饭店等创建活动，促进旅游企业降低资源能源消耗，实现绿色低碳发展。严控在景区景点违规建设商业地产，严禁挤占海岸沙滩、山林坡地等旅游资源，避免破坏生态环境。三是建设好生态旅游产业园区。参照去年滨海旅游产业园竞争性PK的办法，今年将重点进行山区（生态）旅游产业园区竞争性扶持资金评审工作，在9个市中评出2个山区（生态）旅游产业园，安排各3亿元资金支持，省旅游局要会同财政厅等部门组织好。

（五）*着力推进旅游惠民*。发展旅游业要注重抓两头，一头抓高端、做品牌；另一头抓惠民、旺人气，让老百姓都来参与和享受旅游。一是继续完善国民旅游休闲计划，编制好国民旅游休闲纲要，抓好旅游示范城市、景区景点建设，推进更多优惠措施和配套服务。进一步落实带薪休假制度，鼓励弹性安排休假时间，让民众有时间参与旅游休闲。二是激活旅游消费，大力开拓节假日旅游市场，引导各地结合“黄金周”“小长假”开展节庆旅游活动，做旺假日旅游消费市场。三是多渠道开发民生类旅游产品，加快旅游休闲设施建设，完善多样化、多层次、有特色的旅游休闲产品体系，特别是要推出一系列针对学生、农民、老年人等的旅游优惠和让利措施。同时，继续开展旅游扶贫，创新扶贫方式，科学用好旅游扶贫资金，重点推动全省古村落旅游开发等，带动农民奔康致富。四是优化旅游服务，推进旅游信息化、标准化建设，充分利用活力广东网站集群、旅游服务热线等信息服务平台，以及旅游电子合同管理系统，严厉打击“零负团费”等违法违规行为。深入开展“品质旅游”活动，妥善处理各类游客投诉，维护旅客合法权益。最近，中国旅游研究院发布了2012年全国旅游满意度调查报告，在60个样本城市中，排名前3位的分别是苏州、上海和黄山，广东4个样本城市均无缘前10位，排名最前的珠海仅名列第17位。因此，要对照先进地区来寻找差距和问题，有针对性地采取措施来改进，努力提升我省的旅游品质和旅游满意度。

（六）深化粤港澳台旅游合作。这不仅是一项经济工作，也是一项政治工作，关系到港澳台地区的稳定发展。要善于以旅游为媒，促交流、促合作、促融合。一是抓住加快服务贸易自由化带来的机遇，积极争取和用好政策，拓展旅游合作，尤其是要推动在粤港资旅行社试点经营中国公民出境游业务，扩大在粤港资旅行社经营范围；推进以广州南沙、珠海横琴为试点建设粤港旅游合作示范区建设，争取享受税收和出入境政策优惠。二是推进粤港澳游艇合作，加快出台《游艇管理试行办法》，将港澳成熟的游艇市场与我省优质的游艇港湾结合起来，支持有条件的滨海城市建设游艇基地和游艇母港，培育游艇旅游产业。积极探索粤港澳邮轮游艇旅游合作发展，策划推出“一程多站”邮轮游艇旅游精品线路。三是继续联合港澳赴境内外主要目标旅游市场、发达国家开展联合宣传推介，围绕“一国两制三地”大珠三角国际旅游主题形象，积极推广粤港澳“一程多站”旅游线路，擦亮粤港澳旅游品牌。四是加强对台旅游交流。我省赴台旅游人数全国第一，要继续发挥好广州、深圳两个赴台个人游试点城市的作用，让更多的民众从广东出境赴台湾旅游，请更多的台湾民众到广东来旅游。旅游部门要进一步研究更加有效的法制保障，提升管理服务水平，提高赴台旅游服务品质。同时，要加强省内外、国内外区域旅游合作，有针对性地拓展以俄罗斯、韩国、美国、澳大利亚、新西兰为重点的国际旅游市场。

（七）筹办好国际旅游文化节和旅游产业博览会。筹办好这两项活动，要坚持“创新、务实、节俭”的原则，尽快成立工作机构，制订工作方案，细化工作任务，明确工作责任，抓紧做好各项筹备工作。各市筹办各种旅游节庆活动中，都要有自己的特色、有创新，要创新筹办方式，加大市场运作力度；创新活动内容，突出特色，打造亮点，塑造品牌，增强时代性、新鲜感和吸引力。要务实，策划和组织好各项招展招商、项目签约、推介宣传活动，确保取得实实在在的成果。要节俭办会，不铺张浪费。要形成合力，全力配合，全力推动，无论是省筹办的展会，还是市里举办的活动，都要协调联动、形成合力，全力办好。

三、转变作风，真抓实干，努力提升旅游业管理服务水平

一要切实转变工作作风。全省旅游部门要不折不扣地按照中央出台的关于转变作风的8项规定和省出台的实施细则，认真贯彻执行。要大兴求真务实之风，注重从做好旅游开发规划、建立旅游指标体系等基础性的工作做起，多做打基础、立长远的工作。要加强调查研究，做到情况明、数字准、责任清、作风正、工作实，着力解决旅游业发展中的难点、热点问题。

二要细化方案措施，狠抓工作落实。一分部署，九分落实。不抓落实，就会落空。对今年的任务，旅游部门要制订工作方案，细化措施、明确责任、找准抓手，定任务、定目标、定时间、定要求，一项项推进落实。特别是旅游业考核指标体系、旅游转型升级的有关指标数据、旅游城市规划、东西北旅游专题调研等一些硬指标、硬任务，要指定专人负责，合理分工，抓好落实。

三要加强工作督查考核。各级旅游部门都要建立和完善工作责任制，上级旅游部门要加强对下级部门的工作检查、指导和考核，对工作落实到位、完成任务出色的，给予表彰奖励；对工作不落实、不完成的给予惩戒。既要给动力，又要增压力，形成良好的工作导向。

同志们，我省旅游业发展前景广阔，大有可为。希望全省旅游部门的全体同志，按照省委、省政府的工作部署要求，进一步解放思想，开拓创新，扎实工作，努力推动我省旅游业发展迈上新台阶，为加快转型升级、建设幸福广东再立新功！

在2013年全省旅游工作会议上的讲话

广东省旅游局局长　杨荣森

（2013年1月21日）

同志们：

根据会议安排，现在由我报告2012年广东旅游业发展情况和2013年重点工作安排。稍后，招玉芳副省长将作讲话，我们一定要认真学习、深刻领会、狠抓落实。

一、2012年全省旅游业发展情况

过去一年，在省委、省政府的正确领导下，在各级党委政府全力推进和各有关部门的大力支持下，全省旅游系统认真贯彻落实党的十八大、习近平总书记视察广东重要讲话和省第十一次党代会精神，紧紧围绕主题主线，按照“加快转型升级、建设幸福广东”这个核心任务的要求，以建设全国旅游综合改革示范区为抓手，全力推动旅游产业转型升级，着力把旅游业培育成为我省国民经济的战略性支柱产业和人民群众更加满意的幸福导向型产业，全省旅游业实现平稳较快发展。据统计，全省实现旅游总收入7389亿元、同比增长14.7%，旅游业增加值3362亿元，约占全省GDP的5.9%。接待国内过夜游客2.36亿人次、增长12%，实现国内旅游收入6440亿元、增长16.3%；接待入境过夜游客3489万人次、增长4.7%，实现旅游外汇收入156亿美元、增长12.3%。全省旅游产业规模进一步壮大，截至今年1月，全省共有星级旅游饭店1085家，其中五星级107家、四星级186家；旅行社1623家，其中经营出境游业务组团社217家、外资社15家；A级景区192家，其中5A级8家、4A级115家。目前，国家旅游局中国旅游研究院在京发布了《2012中国旅游业发展报告》，我省“旅游业综合竞争力”“旅游业现实竞争力”和“旅游业发展环境竞争力”均排名全国第一。

2012年，全省旅游系统重点抓了以下七个方面的工作：

（一）抓旅游规划，进一步提升旅游产业科学发展水平。已完成《广东省旅游发展规划纲要（2011—2020年）》和《广东省滨海旅游发展规划（2011—2020年）》，并经省政府常务会议审定，以省政府名义印发全省实施。《粤港澳区域旅游合作发展规划》《广东省红色旅游发展规划》《广东省乡村旅游与休闲农业发展规划》《广东省旅游公共服务体系发展规划》《广东省旅游汽车营地发展规划》和《广东省海上休闲旅游发展规划》等专项规划正在加快编制。全省21个地级以上市均对本市旅游发展总体规划进行编制或修编，广东旅游的科学发展水平进一步提高。

（二）抓旅游改革创新，进一步提升旅游产业发展的活力和动力。根据省委、省政府的要求，我们积极推进旅游行政审批制度改革，取消1项、下放4项、转移3项旅游行政审批事项。广州、汕头、梅州、惠州、中山、阳江等旅游综合改革示范市和深圳、珠海、肇庆等国民旅游休闲示范市积极创新旅游管理机制体制，加大对旅游业的统筹协调；省旅游局与珠海、清远、揭阳市签订合作框架协议，局市合作共建滨海休闲旅游、生态休闲与民族文化旅游、商务生态旅游示范区。梅州市成立由主要领导任组长的文化旅游特色区领导小组和管委会，由市人大通过《关于创建广东梅州文化旅游特色区的决定》；湛江市成立由市长任主任的五岛一湾滨海旅游产业园区建设指挥部和市旅游产业发展委员会；深圳、江门、清远等市出台了加快发展旅游业的实施意见。旅游业进一步与农业、工业、文化、信息、海洋渔业、金融等行业和产业融合发展、创新发展，农业旅游、工业旅游、文化旅游、科技旅游、休闲渔业等新业态不断涌现。与中石化共同举办“广东旅游产品全国行”活动，广东特色旅游商品通过中石化“易捷”销售网络走向全国。

（三）抓旅游惠民，进一步提升旅游综合消费。全省各地深入实施国民旅游休闲计划，积极落实带薪休假，培育群众休闲意识，大力实施旅游惠民工程。一年来共有3000多家旅游及相关企业推出5000多项利民惠民措施，惠民金额超过28亿元。绿道旅游、中医药文化养生旅游、森林生态旅游、体育旅游等专项旅游产品备受群众欢迎。国民旅游休闲卡累计发卡量突破500万张，拉动旅游消费超过300亿元。全省举办各类旅游节庆等主题活动200多项，佛山、韶关、江门、茂名、潮州、云浮、顺德等市（区）积极打造特色旅游活动品牌。假日旅游消费市场持续火爆，中秋国庆长假期间接待游客和旅游收入均增长40%以上。2012年人均旅游消费达1252元。旅游综合消费对拉动经济增长的作用日益凸显。

（四）抓重大项目开发建设，进一步提升旅游产业核心竞争力。2012年全省旅游投资总额达2600亿元，超过1亿元的新增及在建旅游重点项目86个，深圳太子港、珠海长隆国际海洋度假区、中山孙中山旅游度假区、河源巴登城等一大批旅游重大项目进展顺利。为推进滨海旅游产业发展，省政府安排6亿元竞争性扶持资金扶持两个滨海旅游产业园项目，通过竞争性评审，汕尾红海湾、湛江“五岛一湾”各获3亿元扶持资金，目前项目的开发建设正在加快推进。全省各地高度重视景区的评A工作，积极创建高等级旅游景区，提升旅游服务质量，全省新增4A级以上景区15家。旅游扶贫工作取得新进展，扶持了68个旅游重点项目，对带动农村就业、农民增收，促进地方经济发展和生态文明建设发挥了积极作用。

（五）抓区域旅游合作，进一步提升广东旅游的影响力。巩固和完善粤港澳旅游合作交流机制，分别与香港旅游业议会、香港旅游发展局、澳门特区政府旅游局签署合作备忘录，积极探索推动粤港澳游艇、邮轮旅游合作发展。重点加强粤港澳联合推广，分别赴美国、印度等重点客源国开展“一程多站”联合促销。深入推进“144小时便利签证措施”实施。加强粤台旅游合作，广州、深圳相继成为全国第二批赴台个人游试点城市。广州、深圳、珠海、中山等市进一步加强与港澳台旅游合作，穗港、珠澳、深港合作等取得新成效。截至2012年年底，我省已与30个国家和地区以及国际旅游组织签订合作备忘录，与24个兄弟省区市签订合作框架协议。省内各市旅游合作交流活动频繁、成果丰硕，旅游市场活跃。泛珠三角、高铁沿线、两广十市、珠三角、深莞惠、广佛肇、珠中江、潮汕揭、南番顺、从新连等区域旅游联盟合作成果进一步扩大，广东旅游的影响力进一步提升。

（六）抓宣传营销，进一步提升广东旅游整体形象。与中央电视台、亚洲电视、广东卫视、南方卫视、网易、腾讯、中国旅游报等媒体合作，全方位多渠道宣传广东旅游整体形象。加强旅游市场的分析，针对国内外重点客源市场开展旅游营销活动，积极开展“中俄旅游年”主题旅游交流活动。成功举办2012中国（广东）国际旅游产业博览会，签订旅游投资与贸易合同、协议，意向金额达1179.29亿元。

（七）抓发展环境，进一步提升旅游服务质量。扎实开展旅游市场“三打两建”工作，规范旅游市场秩序，狠抓旅游安全。全省开展旅游市场联合整治、专项整治及旅游安全检查超过600次。开展“诚信旅游——游客满意工程”系列活动，积极宣传推介“品质旅游”线路，面向社会聘用旅游质量监督志愿者，推动旅游企业提升服务质量。加强旅游标准化建设，编制《广东省旅游标准化“十二五”发展规划》和《旅游安全管理·自驾车游》等地方标准，进一步完善旅游服务标准体系。加强旅游信息化建设，完成广东旅游基础数据库建设，健全广东省旅游信息服务平台，建成广东旅游电子合同管理服务系统。积极推进智慧旅游城市、智慧旅游企业试点工作，广州成为国家智慧旅游试点城市。加强旅游人才教育培训，全年组织2万余人参加全国导游员资质考试和酒店职业英语考试；顺利承办了第二届全国导游大赛，5位广东参赛选手分获一、二、三等奖；先后举办全省市县党政领导“发展文化旅游、扩大旅游消费”培训班、全省市县旅游局局长业务培训班、全省旅游质监执法人员培训班、旅游饭店总经理培训班等。

上述成绩的取得，是省委、省政府正确领导和国家旅游局大力支持的结果，是各地市党委政府强力推进、各有关部门鼎力支持的结果，更是全省旅游系统同心同德、努力拼搏、开拓进取、努力工作的结果。在此，我谨代表广东省旅游局，对各级党委政府、各部门的高度重视、全力支持，对旅游战线同志们的辛勤工作表示衷心的感谢！

二、2013年全省旅游业发展目标及重点工作安排

2013年是我省贯彻落实党的十八大和习近平总书记视察广东重要讲话精神的开局之年。今年全省旅游工作的总要求是：深入贯彻落实党的十八大和省委十一届二次全会精神，按照省委、省政府和国家旅游局的决策部署，牢牢把握主题主线和“加快转型升级、建设幸福广东”这一核心，按照“三个定位、两个率先”的总目标要求，解放思想、改革创新，大力推动旅游产业转型升级，提升旅游服务质量，扩大旅游综合消费，促进生态文明建设，加快建设全国旅游综合改革示范区和旅游强省，着力将旅游业打造成为广东国民经济的战略性支柱产业和人民群众更加满意的幸福导向型产业。主要预期目标是：实现旅游总收入8300亿元、同比增长13%。接待国内过夜旅游人数2.5亿人次、增长7%以上，实现国内旅游收入7300亿元、增长14%以上；接待入境过夜旅游人数3550万人次、增长3%以上，实现旅游外汇收入160亿美元、增长6%以上。重点推进以下七个方面工作：

（一）在贯彻实施《广东省旅游发展规划纲要》上下功夫，推进全省旅游产业科学发展。一是抓好《广东省旅游发展规划纲要（2011—2020年）》和《广东省滨海旅游发展规划（2011—2020年）》的贯彻实施，制订实施“旅游业十项行动计划”。二是全省各地要进一步提升和修编本地区旅游发展规划，明确旅游发展的定位和目标，实现旅游发展规划与本地土地利用规划、市政规划、交通规划等规划的衔接，着力推进旅游配套设施建设。三是完成广东省红色旅游规划、乡村旅游与农业休闲规划、南岭生态区旅游规划等专项旅游规划。

（二）在加强旅游宣传营销上下功夫，拓展国内外旅游市场。一是抓好旅游市场营销研究，明确市场定位，做好旅游市场细分和营销策划。积极开拓重点国外旅游市场，促进国际旅游交流合作；大力拓展国内尤其是长三角、泛珠地区以及高铁沿线省市的旅游市场；结合“中国海洋旅游年”和重大旅游节庆活动，推广旅游精品线路，推动区域旅游联盟发展，大力繁荣省内旅游市场。二是加大在中央电视台的宣传力度，重点加强互联网、微博等新媒体的宣传，加强与国内主流媒体和境外华文媒体合作，大力提升广东旅游的影响力。三是全力办好2013广东国际旅游文化节，重点支持清远市办好开幕式主会场活动，精心组织全省各地开展各具特色的节庆活动，打造旅游国际交流合作平台。四是创新思路、完善机制，办好2013中国（广东）国际旅游产业博览会。

（三）在扩大旅游综合消费上下功夫，推动旅游惠民便民。一是深入实施国民旅游休闲计划，编制广东省贯彻国务院批准的《国民旅游休闲纲要》实施办法，研究推动休闲旅游发展、落实旅游惠民、扩大旅游消费的目标和思路。二是促进旅游与相关产业融合发展，构建多类型、多层次、多元化的休闲旅游产品体系。大力发展绿道休闲、中医药文化养生、体育等群众性休闲旅游产品，积极开发滨海、生态、海上休闲度假等旅游产品，重点开发会奖、会展、商务、高尔夫、邮轮游艇等高层次、个性化旅游产品，满足不同层次旅游需求，扩大旅游休闲消费。三是引导全省各地结合“黄金周”“小长假”，广泛组织开展特色旅游节庆等主题活动，做旺假日旅游消费市场。四是指导全省各地充分挖掘本地旅游资源，发展特色旅游商品，打造特色旅游品牌。五是加强与质监、保险、中国移动、电信、邮政等部门和行业的合作，推动旅游便民惠民，提升人民群众的幸福指数。

（四）在推动旅游重大项目开发建设上下功夫，提升旅游产业核心竞争力。一是加大旅游招商力度，研究探索设立广东旅游产业投资基金，推动旅游重大项目开发建设，增强旅游产业综合竞争力和辐射带动能力。二是用好滨海旅游产业园竞争性扶持资金，做好山区（生态）旅游产业园竞争性扶持资金评审工作，加快推进滨海和山区（生态）旅游产业园建设，促进粤东西北地区的发展。三是推动重点旅游景区提升管理服务水平，指导支持有条件的旅游景区创建国家4A、5A级景区、国家级旅游度假区及国家生态旅游示范区。四是继续实施旅游扶贫工程，推动全省古村落保护与开发。

（五）在深化粤港澳台旅游合作上下功夫，提升粤港澳台旅游的国际影响力。一是推动广州南沙、珠海横琴试点建设粤港、粤澳旅游合作示范区，争取享受相关优惠政策。积极推进粤港澳邮轮游艇旅游合作发展，联合有关部门制定《广东省游艇管理试行办法》。二是完成《粤港澳区域旅游合作发展规划》，完善粤港澳台旅游交流合作机制，加强联合促销，推广“一程多站”旅游精品线路。推动在粤的港资旅行社试点经营中国公民出境游业务，推动粤港旅游服务贸易自由化。落实CEPA补充协议有关条款，推动144小时便利签证措施在全省铺开。三是实施赴港澳台旅游品质提升计划，健全粤港澳台旅游安全预警和突发事件应急处置机制。

（六）在优化旅游发展环境上下功夫，提升人民群众对旅游业的满意度。一是提前做好《旅游法》的宣传贯彻实施工作。二是深入贯彻落实国发〔2009〕41号文件，推进相关政策措施的落实。三是全力争取广州白云国际机场实施72小时过境免签政策。四是推进旅游标准化，健全旅游诚信体系，试点推广旅游电子合同管理系统，改进行业监管方式和手段。五是推动旅游信息化，加快打造广东旅游信息综合服务平台，完善活力广东网站集群、微博集群、12301旅游服务热线等服务系统。支持广州等有条件的市和企业创建国家“智慧旅游城市”和“智慧旅游企业”。六是加强旅游市场管理，严厉打击“零负团费”等违法违规行为，妥善处理各类游客投诉，规范旅游市场秩序，提升旅游服务质量水平和游客满意度。七是健全旅游安全监管机制，狠抓旅游安全。特别是抓好春节、“五一”“十一”等长假的旅游安全监管工作。

（七）在加强人才队伍建设上下功夫，提高推动旅游产业发展的能力。一是深入学习贯彻党的十八大精神，以加强党的执政能力、先进性和纯洁性建设为主线，加强党风廉政建设，抓好党建工作。二是贯彻落实中央和省委关于改进工作作风的规定，加强旅游系统工作作风和行风建设。三是深化局校、校企合作，创新办学、培训的思路、模式和机制，培育一支强大的适应旅游产业发展的旅游人才队伍。全力推进广东省旅游职业学院的筹办工作，推动旅游职业教育发展。

同志们，2013年旅游业发展任务繁重、责任重大、使命光荣。我们一定在省委、省政府的正确领导下，团结一心、开拓进取、求真务实、真抓实干，全力推进全国旅游综合改革示范区和旅游强省建设，为加快转型升级、建设幸福广东作出新贡献。

特辑

广东旅游综合竞争力居全国首位

【简述】 2012年，广东省旅游业按照"加快转型升级，建设幸福广东"要求，以建设全国旅游综合改革示范区为抓手，全力推动旅游产业转型升级，着力把旅游业培育成为国民经济的战略性支柱产业和人民群众更加满意的幸福导向型产业，全省旅游业实现平稳较快发展。据统计，全省旅游总收入7389亿元（旅游卫星账户口径），比上年增长14.7%；接待过夜国内旅游者2.39亿人次，增长13.5%，国内旅游收入6440亿元，增长16.3%；接待入境过夜游游者3500.65万人次，增长5.8%，实现旅游外汇收入156.23亿美元，增长12.3%。旅游业对经济发展的贡献加大，旅游业增加值3162亿元，约占全省生产总值的5.9%，对税收贡献率达4%，对就业贡献率达6.6%。根据国家旅游局中国旅游研究院在北京发布的《2012中国旅游业发展报告》，广东省"旅游业综合竞争力""旅游业现实竞争力"和"旅游业发展环境竞争力"均排名全国第一；潜在旅游竞争力仅次于北京排名全国第二位。

【开展的主要工作】 2012年，广东省旅游系统重点抓好7个方面工作。一是抓旅游规划，进一步提升旅游产业科学发展水平。《广东省旅游发展规划纲要（2011—2020年）》和《广东省滨海旅游发展规划（2011—2020年）》经省政府常务会议审定，以省政府名义印发全省实施。《广东省海上休闲旅游发展规划（2012—2020年）》《粤港澳旅游合作发展规划》《广东省红色旅游发展规划（2011—2015年）》《广东省乡村旅游与休闲农业发展规划（2013—2020年）》《广东省旅游公共服务体系发展规划》和《广东省旅游汽车营地发展规划》等专项规划编制工作有序推进。全省21个地级以上市均对本市旅游发展总体规划进行编制或修编，广东旅游的科学发展水平进一步提高。二是抓旅游改革创新，进一步提升旅游产业发展的活力和动力。根据省委、省政府的要求，省旅游局推进旅游行政审批制度改革，取消1项、下放4项、转移3项旅游行政审批事项。广州、汕头、梅州、惠州、中山、阳江等旅游综合改革示范市和深圳、珠海、肇庆等国民旅游休闲示范市积极创新旅游管理机制体制，加大对旅游业的统筹协调；省旅游局与珠海、清远、揭阳市签订合作框架协议，局市合作共建滨海休闲旅游、生态休闲与民族文化旅游、商务生态旅游示范区。梅州市成立由主要领导任组长的文化旅游特色区领导小组和管委会，由市人大通过《关于创建广东梅州文化旅游特色区的决定》；湛江市成立由市长任主任的五岛一湾滨海旅游产业园区建设指挥部和市旅游产业发展委员会；深圳、江门、清远等市出台加快发展旅游业的实施意见。旅游业进一步与农业、工业、文化、信息、海洋渔业、金融等行业和产业融合发展、创新发展，农业旅游、工业旅游、文化旅游、科技旅游、休闲渔业等新业态不断涌现。与中石化共同举办"广东旅游产品全国行"活动，广东特色旅游商品通过中石化"易捷"销售网络走向全国。三是抓旅游惠民，进一步提升旅游综合消费。全省各地深入实施国民旅游休闲计划，积极落实带薪休假，培育群众休闲意识，大力实施旅游惠民工程。全年共有3000多家旅游及相关企业推出5000多项利民惠民措施，惠民金额超过28亿元。绿道旅游、中医药文化养生旅游、森林生态旅游、体育旅游等专项旅游产品备受群众欢迎。国民旅游休闲卡累计发卡量突破500万张，拉动旅游消费超过300亿元。全省举办各类旅游节庆等主题活动200多项，佛山、韶关、江门、茂名、潮州、云浮、顺德等市（区）积极打造特色旅游活动品牌。假日旅游消费市场持续火爆，中秋国庆长假期间接待游客和旅游收入均增长40%以上。2012年人均旅游消费达1252元。旅游综合消费对拉动经济增长的作用日益凸显。四是抓重大项目开发建设，进一步提升旅游产业核心竞争力。2012年全省旅游投资总额达2600亿元，超过1亿元的新增及在建旅游重点项目86个，深圳太子港、珠海长隆国际海洋度假区、中山孙中山旅游度假区、河源巴登城等一大批旅游重大项目进展顺利。省政府安排6亿元竞争性扶持资金扶持2个滨海旅游产业园项目，汕尾红海湾、湛江"五岛一湾"各获3亿元扶持资金。五是抓区域旅游合作，进一步提升广东旅游的影响力。巩固和完善粤港澳旅游合作交流机制，分别与香港旅游业议会、香港旅游发展局、澳门特区政府旅游局签署合作备忘录，积极探索推动粤港澳游艇、邮轮旅游合作发展。重点加强粤港澳联合推广，分别赴美国、印度等重点客源国开展"一程多站"联合促销。深入推进"144小时便利签证措施"实施。加强粤台旅游合作，广州、深圳相继成为全国第二批赴台个人游试点城市。广州、深圳、珠海、中山等市进一步加强与港澳台旅游合作，穗港、珠澳、深港合作等取得新成效。截至2012年年底，全省已与30个国家和地区以及国际旅游组织签订合作备忘录，与24个兄弟省区市签订合作框架协议。省内各市旅游合作交流活动频繁、成果丰硕，旅游市场活跃。泛珠三角、高铁沿线、两广十市、珠三角、深莞惠、广佛肇、珠中江、潮汕揭、南番顺、从新连等区域旅游联盟合作成果进一步扩大，广东旅游的影响力进一步提升。六是抓宣传营销，进一步提升广东旅游整体形象。与中央电视台、亚洲电视、广东卫视、南方卫视、网易、腾讯、中国旅游报社等媒体合作，全方位多渠道宣传广东旅游整体形象。加强旅游市场的分析，针对国内外重点客源市场开展旅游营销活动，积极开展“中俄旅游年”主题旅游交流活动。成功举办2012中国（广东）国际旅游产业博览会，签订旅游投资与贸易合同、协议，意向金额达1179.29亿元。七是抓发展环境，进一步提升旅游服务质量。扎实开展旅游市场“三打两建”工作，规范旅游市场秩序，狠抓旅游安全。全省开展旅游市场联合整治、专项整治及旅游安全检查超过600次。开展“诚信旅游——游客满意工程”系列活动，积极宣传推介“品质旅游”线路，面向社会聘用旅游质量监督志愿者，推动旅游企业提升服务质量。加强旅游标准化建设，编制《广东省旅游标准化“十二五”发展规划》和《旅游安全管理·自驾车游》等地方标准，进一步完善旅游服务标准体系。加强旅游信息化建设，完成广东旅游基础数据库建设，健全广东省旅游信息服务平台，建成广东旅游电子合同管理服务系统。积极推进智慧旅游城市、智慧旅游企业试点工作，广州成为国家智慧旅游试点城市。

（余晓娟）

·链接·

旅游业成为世界经济中势头最强劲和规模最大的产业之一，中国旅游业进入黄金发展期。2012年12月18日，《中国旅游业发展报告》（下称《报告》）在京发布。《报告》指出，我国旅游业综合竞争力在地理空间上表现为东部最强、中部居中、西部相对较弱的情况。广东省旅游业的综合竞争力、现实竞争力、发展环境竞争力排名均处于全国第一的位置。

《报告》显示：2011年，我国国内旅游人数高达26.4亿人次，国内旅游收入1.93万亿元，成为世界上数量最大、潜力最强的国内旅游市场。中国大陆共接待国际游客1.35亿，国际入境游客规模从1990年的第12名跃升至全球第3名，成为继法国、美国之后世界第三大旅游目的地国家。

《报告》指出，中国入境旅游收入485亿美元，旅游外汇收入已经从1978年世界排名第41位上升到目前的第4位。中国出境规模已经达7025万人次，2011年中国出境旅游消费国际旅游支出总额高达726亿美元，消费规模从30年前的微不足道跃升为仅次于德国和美国的全球第3位。

广东旅游业潜在竞争力全国第2。为了清晰展现各省旅游业发展情况，《报告》通过量化计算，得出全国31个省（区、市）的旅游业综合竞争力排序。我国旅游业综合竞争力排名前十位的省市（区）分别是广东、北京、上海、江苏、浙江、山东、辽宁、湖南、湖北、河南。其中，广东省旅游业在综合竞争力、现实竞争力、发展环境竞争力方面的排名均处于全国第一的位置。在旅游业潜在竞争力领域，广东省仅次于北京排名第2。

（资料来源：南方日报驻京记者 杨 春）

附：2012年全国内地各省（区）旅游经济总体情况

北京市 全年旅游总收入3626.6亿元，同比增长12.8%；旅游总人数2.31亿人次，同比增长8.1%，其中：接待入境旅游者500.9万人，同比减少3.8%。旅游外汇收入51.49亿美元（合人民币325.2亿元），同比下降4.9%；国内旅游收入3301.3亿元，同比增长15.3%；接待国内其他省市来京旅游者13620万人次，同比增长6.3%，旅游收入3019.7亿元，同比增长15.3%；本市居民在京旅游人数9014万人次，同比增长11.7%。2012年北京市旅游业增加值1336.2亿元，同比增长12.3%，占全市GDP比重达7.5%。旅游购物与餐饮消费1894.3亿元，同比增长11.3%，占社会消费品零售总额比重达24.6%，对全市社会消费品零售额增长的贡献率达24%。旅游相关产业投资681亿元，同比增长26.8%，占全市固定资产投资总额比重达10.5%。

天津市 全市共接待海外旅游者234.1万人次，比上年增长16.8%，旅游外汇收入22.3亿美元，比上年增长26.8%；接待国内旅游者1.2亿人次，比上年增长13.5%，国内旅游收入1663.3亿元，比上年增长20.1%。

河北省 全省共接待海内外游客2.30亿人次，旅游总收入1588.33亿元，同比分别增长22.94%和30.05%。

山西省 2012年，全省共接待海外旅游者189.18万人次，同比增长21.8%，入境旅游创汇7.2亿美元，同比增长26.98%；接待国内旅游者1.94亿人次，同比增长29.78%，国内旅游收入1766.28亿元，同比增长35.33%；实现旅游总收入1813.01亿元，同比增长35.04%。

内蒙古自治区 2012年，内蒙古旅游业总收入1128.51亿元，增长26.86%，旅游收入占生产总值比例达到7.05%，比上年提高0.81个百分点。2007—2012年，国内旅游人数从2908万人次增长到5887万人次，增长102%，入境过夜旅游人数从149.45万人次增长到159.17万人次，增长6.5%，国际旅游（外汇）收入由5.45亿美元增加到

7.72亿美元，增长42%，全区旅游业总收入由390.77亿元增加到1128.51亿元，增加189%，年均增长23.63%。2012年，自治区旅游业总收入相当于全区GDP的7.06%，相当于全区第三产业增加值的20.49%，旅游产业竞争力明显提升，旅游业作为自治区国民经济重要的战略性支柱产业的地位正在确立。

辽宁省　全省完成旅游收入3939亿元，同比增长18.1%；国内旅游收入3770亿元，同比增长19.3%；旅游外汇收入31.8亿美元，同比增长17.5%；接待国内旅游人数3.62亿人次，同比增长11.1%；入境旅游人数480万人次，同比增长17.0%。旅游直接就业人数120万人，间接就业人数500万人。

吉林省　2012年，吉林省接待海内外旅游者总人数达到8972.55万人次，同比增长17.42%。其中：接待入境旅游者118.27万人次，同比增长19.08%；接待国内旅游者8854.28万人次，同比增长17.40%。全省实现旅游总收入达到1178.06亿元，同比增长26.76%，相当于全省地区生产总值（GDP）的9.87%。其中，外汇收入4.95亿美元，同比增长28.42%，国内旅游收入1146.89亿元，同比增长26.83%。全省出境人数达85.81万人次，同比增长12.10%。

黑龙江省　2012年全省接待入境游客207.62万人次，同比增长0.53%；旅游外汇收入8.35亿美元，同比下降8.95%。接待国内人次25173.94万人次，同比增长24.4%；全年实现国内旅游收入1247.52亿元，同比增长20.9%。2012年全省旅游接待总人数2.54亿人次，同比增长24.16%；旅游业总收入1300.3亿元，同比增长19.13%。旅游业总收入相当于全省GDP的9.5%。

上海市　全年接待入境旅游者800.40万人次，比上年下降2.1%；接待国内旅游者2.51亿人次，比上年增长8.7%；通过旅行社组织的出境旅游者175.40万人次，比上年增长32.4%。全年实现旅游总收入3650.55亿元，比上年增长13.0%。实现旅游产业增加值1497.68亿元，按可比价格计算，比上年增长4.9%，占全市GDP的比重为7.5%。

江苏省　全年接待国内外游客4.72亿人次，其中：接待入境旅游者791.54万人次，比上年增长7.4%；实现旅游外汇收入63.00亿美元，比上年增长11.4%。接待国内旅游者4.64亿人次，比上年增长12.8%；实现国内旅游收入6055.8亿元，比上年增长17.3%。旅行社组织公民自费出境旅游90.70万人次，比上年增长43.1%。全年实现旅游总收入6552.90亿元，比上年增长16.7%。旅游增加值2922.59亿元，比上年增长16.7%。

浙江省　全省旅游总收入4801.2亿元，比上年增长17.7%。2012年，浙江省旅游业增加值为2119亿元，占全省国内生产总值的6.11%，占服务业增加值的13.51%，旅游税收收入相当于地方财政收入的6.57%；旅游业从业人员为265.8万人，占全社会从业人员的7.20%。

安徽省　2012年，全省接待入境游客331.46万人次，同比增长26.1%；旅游外汇收入15.63亿美元，同比增长32.52%；接待国内游客2.92亿人次，同比增长30.21%；国内旅游收入2519.08亿元，同比增长38.79%；旅游总收入2617.79亿元，同比增长38.55%，均超额完成年初预定目标。

福建省　2012年，福建省累计接待游客16703.8万人次，比增17%，旅游总收入达1916.94亿元，比增17.2%，其中国内游客16210.13万人次，国内旅游收入1650亿元，入境游客493.67万人次，外汇收入42.26亿美元，分别同比增长17.1%、17.9%、15.5%、16.3%。游客接待总量、国内旅游人数、入境旅游人数、外汇收入等四项指标增幅高出全国平均水平2个百分点至17个百分点。旅游总收入相当于全省GDP的9.73%，比上年增加0.5个百分点，旅游综合带动效应进一步凸显。

江西省　全省旅游接待人数达20503.46万人次，同比增长28.22%；旅游总收入1402.59亿元，同比增长26.82%。其中：接待国内旅游人数20347.28万人次，同比增长28.33%；国内旅游收入1371.97亿元，同比增长27.13%。入境旅游者156.18万人次，同比增长14.98%；旅游外汇收入48472.94万美元，同比增长16.80%。

山东省　全省接待国内游客4.87亿人次，接待入境游客469.9万人次，同比分别增长16.9%和10.8%；实现旅游总收入4519.7亿元，同比增长20.95%，占全省生产总值的9%，占服务业增加值的22.6%，对财税的贡献率达到8%。旅游业作为战略性支柱产业和人民群众更加满意的现代服务业，总收入突破4000亿元，取得新的突破。

河南省　2012年，河南省接待海内外游客3.63亿人次，同比增长18.07%，旅游总收入3364.1亿元，同比增长20.06%，分别高于全国平均增速8个百分点和6个百分点；其中接待入境游客190.77万人次，同比增长13.36%，旅游创汇6.11亿美元，同比增长11.36%，分别高于全国平均增速14个百分点和11个百分点，高于全省GDP增速10个百分点，再次实现“两个高于”的目标。

湖北省　2012年全省接待国内外旅游者3.45亿人次，实现旅游总收入2629亿元，同比分别增长26.04%和31.95%，在全国各省市旅游总收入排行榜中位居第八，入境游客人均消费排名全国第九。

湖南省　全年实现旅游总收入2234.1亿元，同比增长25.11%。全省旅游总收入成功跨越2000亿元台阶，在2009年的基础上实现三年翻番。接待国内旅游者3.03亿人次，实现国内旅游收入2175.46亿元，同比分别增长20.65%、

26.61%；受国际经济形势的影响，全年接待入境旅游者224.55万人次，实现入境游收入9.28亿美元，同比分别下降1.78%、10.74%。

广西壮族自治区　2012年，广西旅游业继续保持较快增长趋势，全年接待入境过夜游客351.48万人次，同比增长16.00%，国际旅游外汇收入12.30亿美元，同比增长17.00%；接待国内游客2.078亿人次，同比增长20.30%，国内旅游收入1577.69亿元，同比增长30.45%；旅游总收入1655.18亿元，同比增长29.51%，游客总人数2.11亿人次，同比增长20.10%，超计划完成年度产业发展目标任务，旅游业已成为广西国民经济的重要支柱产业。

海南省　全省接待过夜游客3320.37万人次，比上年增长10.63%。其中，接待入境游客81.56万人次，比上年增长0.13%；全省实现旅游收入379.12亿元，比上年增长17%。海南省实现旅游业增加值202.52亿元，占全省地区生产总值比重达7.1%。

重庆市　全市共接待海内外旅游者2.9亿人次，比上年增长30.73%（其中过夜游客6411.79万人次，同比增长20.86%）；旅游总收入1662.15亿元，比上年增长31.02%。其中：入境旅游者224.28万人次，旅游外汇收入11.68亿美元，分别比上年增长20.32%和20.69%；国内旅游者2.88亿人次，国内旅游收入1576.67亿元，分别比上年增长30.82%和31.09%。通过出境旅行社组织的出境旅游者68.44万人次，比上年增长69.58%。

四川省　2012年全省实现旅游总收入3280.25亿元，同比增长33.9%。全年全省共接待入境旅游者227.34万人次，同比增长25.1%；实现旅游外汇收入7.98亿美元，同比增长26.5%。全年接待本省游客279.29万人，占旅行社接待国内游客的比重为39.4%；接待省外游客429.11万人，占旅行社接待国内游客的比重为60.6%。全省出境游客总人数为76.84万人，同比增长35.05%。

贵州省　全年接待海内外游客2.14亿人次，同比增长25.75%；旅游总收入1860.16亿元，同比增长30.13%。两项主要指标分别高于全国15个百分点。其中接待入境游客70.5万人次，同比增长20.49%。全省入境旅游收入16893.6万美元（折合人民币10.67亿元），同比增长25.07%；接待国内游客21330.68万人次，同比增长25.76%。全省国内旅游收入1849.49亿元，同比增长30.18%。

云南省　全年全省共接待海内外游客超过2亿人次，比上年增长20.3%，其中接待海外游客457.84万人次，比上年增长15.8%，接待国内游客1.96亿人次，比上年增长20.2%；组织出境旅游人数46.8万人次，比上年增长48.6%；旅游业总收入达1702.5亿元，比上年增长31.2%，是近10年来增幅最快的一年，比全国平均水平高出17.2个百分点，比上年增加近100亿元，其中旅游外汇收入194.71亿美元，比上年增长21.04%，国内旅游收入1579.49亿元，比上年增长32.09%；海外旅游者（过夜）花费水平为187.69美元/人·天，比上年增加1.1美元/人·天；国内游客平均花费为543.47元/人·天，比上年增长5.76%。其中过夜旅游者平均花费550.87元/人·天，一日游平均花费为338.18元/人·次，人均购物消费达156.49元/人·天，分别比上年增长6.07%、2.58%和20.9%；国内游客在滇平均停留2.2天，海外游客在滇停留约2.0天；旅游业增加值达650亿元，占GDP的比重约为6.5%。

西藏自治区　全年累计接待游客1058.4万人次，实现旅游总收入126.5亿元，分别比上年增长21.7%和30.3%。旅游经济增长高于人次增长，质增大于量增。旅游业直接就业5.73万人，间接就业22.94万人，旅游经济就业总人数达到28.67万人，旅游业规模经济再上新台阶。

陕西省　全年累计接待境内外游客2.32亿人次，比上年增长26.1%。旅游总收入1713亿元，比上年增长29.3%，相当于全省GDP的11.8%。其中，接待境外游客335万人次，比上年增长23.9%，旅游外汇收入16亿美元，比上年增长23.1%。接待国内游客2.29亿人次，比上年增长26.5%，国内旅游收入1609亿元，比上年增长29.8%。旅游总收入增速比全国平均水平高出15.3个百分点。

甘肃省　全年共接待国内外游客达到7834.46万人次，实现旅游综合收入471.08亿元，分别同比增长34.25%、41.17%，旅游综合收入在2007年115.91亿元基础上实现五年翻两番。

青海省　全年共接待国内外游客1576.75万人次，同比增长12.1%，完成年度计划102%；国内旅游收入达到122.16亿元，同比增长34.9%，完成年度计划112%；接待入境游客47257人次，同比下降8.6%，完成年度计划83%；旅游外汇收入2432.44万美元，同比下降8.5%，完成年度计划76%；实现旅游总收入123.75亿元，同比增长34.1%。

宁夏回族自治区　全年全区接待国内外旅游者总人数达1341万人次，比上年增长14.6%；实现旅游总收入103.4亿元，增长22.8%。其中，接待国内游客1339万人次，实现国内旅游收入103.05亿元，分别比上年同期增长14.7%和23.0%。

新疆维吾尔自治区　全年接待入境旅游者149.8万人次，创汇5.5亿美元，同比增长13.06%和18.35%；接待国内旅游者4710.84万人次，国内旅游收入541.75亿元，同比增长了23%和32%；旅游总人数4860.64万人次，旅游总收入576亿元，同比增长23%和30%。

（《中国旅游年鉴》编辑部供稿）

2012中国（广东）国际旅游产业博览会成功举办

【概述】 2012年9月14～16日，国家旅游局和广东省人民政府共同主办，广东省旅游局承办的2012中国（广东）国际旅游产业博览会（以下称“旅博会”）在广州举行。本届旅博会展览面积10万平方米、标准展位5000个，共吸引47个国家和地区的代表、社会公众超过50万人次参展参观，专业买家8万人次到会采购洽谈，共达成投资与贸易合同、协议、意向54个，总金额合计1179.29亿元。

【主要特点与成果】 本届旅博会是在全省深入推进全国旅游综合改革示范区和旅游强省建设，加快转型升级、建设幸福广东的关键时刻举办的一次大型综合性旅游产业盛会，也是进一步擦亮旅博会品牌、提升全省旅游业国际知名度和影响力的重要契机。主要有五个特点：

规格高　省委、省政府和国家旅游局对本届旅博会高度重视，主要领导多次作出重要指示批示，并亲自听取汇报、审定方案，亲自出席旅博会相关活动，亲切会见国内外嘉宾。中共中央政治局委员、广东省委书记汪洋亲自出席旅博会开幕式并宣布开幕，省长朱小丹、国家旅游局局长邵琪伟、世界旅游业理事会总裁大卫·斯克斯尔等领导出席开幕式并致辞，常务副省长肖志恒出席欢迎宴会并致辞，副省长招玉芳直接领导、亲自策划、深入一线推进各项筹备工作。

▲9月14日，汪洋宣布2012中国（广东）国际旅游产业博览会开幕。　（林伟球　摄）

规模大　本届旅博会首次入驻“广交会”琶洲展馆，设置了中华馆、国际馆、酒店用品馆、高端休闲馆、旅游服务馆、国际旅游美食馆、两岸四地（海峡两岸、香港、澳门）旅游手信美食馆、中国玉都馆等8大主题展馆，展览面积达10万平方米，国际标准展位5000个，分别比上届增长42.8%和66.7%，规模居全国同类展会第一。

影响广　本届旅博会宣传推介工作广泛深入，开幕前组委会召开多场新闻发布会和情况说明会，专门赴国内重点省份进行旅博会的宣传推介，并广泛利用各种国际国内旅游展的平台全力抓好招展工作。经过努力，本届旅博会吸引47个国家和地区的代表、社会公众超过50万人次参展参观，吸引专业买家8万人到会采购洽谈。中央电视台、《中国旅游报》《南方日报》、人民网、凤凰网、网易等数十家主流媒体报道本届旅博会的盛况。

成效实　经过精心筹备、有效组织，本届旅博会全面展示全球旅游新业态，为旅游同业交易搭建更好更大的平台，为广大游客提供更精更细的服务，旅博会期间共达成投资与贸易合同、协议、意向54个，总金额合计1179.29亿元，比上届增长216%，其中旅游投资开发类项目24个、投资总金额320亿元，旅游商品采购类项目30个，协议总金额859.29亿元。

评价好　本届旅博会内容丰富，配套完善，活动精彩，受到各界广泛好评。国家旅游局局长邵琪伟认为，本届广东旅博会规模较往届更加宏大，参展要素更加齐全，活动安排富有特色，便民惠民力度大，给参展各方带来良好的发展机遇。世界旅游业理事会总裁大卫·斯克斯尔先生称赞：“本届旅博会为旅游产品交易、文化风情展示、产业发展研讨、区域交流合作提供了专业平台，充分显示了广东已成长为中国旅游经济最发达、旅游活力和吸引力最强的地区之一，正快速成长为中国和世界旅游业的驱动力。”各参展客商纷纷表示：广东旅博会抓住了大众的消费，人气超高，充分体现了广东在着力把旅游业培育成国民经济战略性支柱产业、人民群众更加满意的现代服务业和幸福导向型产业所作出的努力。

【主要做法与体会】 突出旅游博览的主题，着力展示国内外旅游业界发展的最新潮流　本届旅博会设置的中华馆、国际馆、酒店用品馆、高端休闲馆、旅游服务馆、国际旅游美食馆、两岸四地旅游手信美食馆、中国玉都馆8大主题展馆，覆盖旅游产业链的各个环节，全面展示国际旅游产业发展的最新趋势和最新成果。其中，中华馆全面展示广东滨海旅游、科技旅游、文化旅游、工业旅游等旅游业态的丰硕成果及各兄弟省（区、市）的旅游文化精品；国际馆以丰富生动的图文介绍、各具特色的风情演出，集中展示国际先进地区旅游业发展新亮点；酒店用品馆展览面积比上届翻了一番，突显“绿色环保、低碳节能”主题，引领酒店用品发展趋势；高端休闲馆展示游艇、自驾游房车、直升机等高端旅游制造业的发展趋势；旅游服务馆集中展示移动互联网在旅游业的最新应用等智慧旅游新发展和旅游目的地服务体系建设的最新成果；中国玉都馆充分展示玉文化和翡翠玉雕精品；国际美食馆和两岸四地手信美食馆汇聚国内外旅游美食知名品牌。

突出产业合作的重点，着力促进国内外旅游业界的交流合作，进一步增强本届旅博会的实效　组委会按照不同主题，精心组织“智慧旅游　创新发展”中国旅游产业发展论坛、2012中国星级饭店采购交流年会、2012首届粤港澳台两岸四地旅游手信节等12场专业主题活动，深入推动参展商和采购商对接交流、洽谈合作。与此同时，各执行单位和参展商精心组织23场专业买家对接会，其中围绕景点景区主题的买家对接会5场、旅行社主题的买家对接会2场、酒店主题的买家对接会9场、高端旅游主题的买家对接会3场、美食手信主题的买家对接会3场，搭建买家对接的新平台，国际、国内专业买家对接会场场爆满，中国酒店用品行业协会的成立也通过大会得到有力推进。此外，组委会还通过省经信委、外经贸厅、国资委、工商联、贸促会等单位组织300多家旅游相关行业专业买家团参会。

突出国际合作的关键，着力提高旅博会的国际知名度和影响力　一是借助各方力量广泛邀请国内外旅游业界知名人士参会。争取到世界旅游业理事会总裁大卫·斯克斯尔、世界旅游组织亚太部主任徐京、亚太旅游协会首席执行官特别顾问张科德等出席旅博会，国家旅游局邀请驻外机构参会并发动当地旅游企业参展，省外办邀请26个国家和地区驻广州总领馆派员参会，全国31个省、自治区、直辖市也以各种形式参加本届旅博会。二是专门设立国际及港澳台旅游目的地馆、两岸四地旅游手信美食馆、国际旅游美食馆等国际性展馆，粤港澳旅游部门联合设立展台、大力推广“一程多站”旅游精品线路，全面展示粤港澳旅游合作和国际旅游产业发展最新趋势。三是借助旅博会的契机积极搭建广东国际旅游合作的新平台。旅博会期间，省旅游局分别与世界旅游业理事会、马来西亚槟城州旅游发展及文化委员会等签署旅游战略合作协议，拓展国际旅游合作发展空间。广东旅游业界借助旅博会的平台，加强与新西兰、泰国、马来西亚、韩国等国家旅游部门和企业的沟通交流。

突出旅游惠民的特色，着力推进旅游让利便民　本届旅博会共提供总额4500多万元的旅游优惠和便民服务措施。由省内重点旅行社组成的“旅游大卖场”，10万个旅游优惠名额、近万份的抽奖奖品被派送一空；酒店用品馆现场家居用品1折起售，一站式采购让老百姓足不出户就可选购心仪商品；高端休闲馆温泉一条街，近30家温泉联合南湖国旅推出价值800多万元的国庆中秋温泉优惠月活动，玉都展区设置现场免费鉴定玉器的便民举措；两岸四地旅游手信美食馆举办的品牌手信现场“秒杀竞买抢购”活动；旅游服务馆中国石化、中国移动等企业大打“折扣牌”提供优惠服务，广东旅游手机门户——旅讯通、广东旅游服务热线中心——12301等旅游信息化应用服务机构为现场观众提供了便捷的旅游体验服务。

▲9月14日，组委会办公室主任、广东省旅游局局长杨荣森（右四），组委会办公室常务副主任、广东省旅游局副局长王志红（右三）为“2012首届两岸四地旅游手信节”评选出的粤港澳台最受欢迎的优质旅游手信颁奖及举行《两岸四地旅游手信集萃2012》首发式。（林伟球　摄）

突出市场运作的要求，着力擦亮旅博会的知名品牌　本届旅博会坚持政府主导、市场运作的原则，在加强政府部门统筹协调、综合指导的同时，延续市场化办会的思路，通过市场化运作，将有关参会企业的组织、招展等工作交给省旅游发展促进中心、省旅游协会、广之旅、信基集团、新加坡颖思百业、广州凯第展览服务公司6家单位具体执行，有效提高旅博会的办会效率和服务水平。进一步创新办会方式，本届旅博会首次进驻“广交会”琶洲会馆，实现展览面积和展览规模双提升，有力打造国际化、专业化运作的旅博会品牌形象。

突出安全稳定的基础，确保旅博会圆满成功　一是制订方案，落实责任。组委会制订《2012中国（广东）国际旅游产业博览会总体工作方案》，共有27个成员单位。各工作组制订详细的工作计划，把各项筹备工作任务分解落实到个人，加强联络、督办和统筹，确保筹备工作顺利推进。二是全力以赴，确保安全。组委会制定完善的安全应急、交通、卫生防疫等预案，公安、交警、消防等部门和社会力量协同作战，投入大量安保人员，出色完成大会的安全保卫工作，未发生任何人身安全、交通安全事故，报案案件数量在规模相当的展会中处于较低水平。专业医务人员、卫生监督员、疾病防控技术人员，对现场开展严格的监测、检验和场所消毒，确保卫生防疫安全。展会期间，海关、检验检疫、工商、知识产权、质监、税务等部门对整个旅博会进行了监督巡查。三是及时反应，维护稳定。本届旅博会正值中日关系敏感时期，并临近“九一八”事件纪念日，组委会紧密跟进国家外交措施的调整，及时采取对有关展商、展位的相应处理措施，维护展会期间安全稳定的大局。

·链接·

2012中国（广东）国际旅游产业博览会总体工作方案（节录）

为贯彻落实《国务院关于加快发展旅游业的意见》和省委、省政府《关于加快我省旅游业改革与发展建设旅游强省的决定》精神，进一步促进旅游产业发展，由国家旅游局和广东省人民政府共同主办的2012中国（广东）国际旅游产业博览会（以下简称“旅博会”）将于9月14～16日在广东省广州市举行。为加强组织领导，确保旅博会的顺利举办，现制订如下总体工作方案：

一、指导思想、原则和目标

（一）指导思想

以科学发展观为指导，通过打造旅游业的国际交易博览平台，展示旅游业的最新产品和动态，为旅游同业和全球游客服务，促进广东旅游产业转型升级，加快全国旅游综合改革示范区和旅游强省建设。

（二）原则

1. 坚持政府主导、市场运作、规范管理的原则。

2. 坚持国际化的原则。

3. 坚持广泛参与、展示旅游大产业的原则。

4. 坚持注重品牌建设、可持续发展的原则。

（三）目标

自2012年起，通过3～5年的努力，按照产业化、专业化、国际化的定位，把中国（广东）国际旅游产业博览会打造成为国际知名品牌。

二、名称

2012中国（广东）国际旅游产业博览会

三、时间和地点

1. 时间：2012年9月14日（星期五）至16日（星期日），为期3天，其中9月14日为专业日，9月15～16日为公众日，9月12～13日为布展日。

2. 地点：广东省广州市中国进出口商品交易会琶洲展馆

四、举办单位

1. 主办单位：国家旅游局、广东省人民政府。

2. 承办单位：广东省旅游局。

3. 执行单位：广东省旅游发展促进中心、广东省旅游协会、广州广之旅国际旅行社股份有限公司（以下称“广之旅”）、信基集团有限公司、广东世纪华晟文化传媒投资有限公司、新加坡颖思百业私人有限公司、广州凯第展览服务有限公司。

五、组织机构

组委会主任：

邵琪伟　国家旅游局局长

朱小丹　广东省省长

组委会执行主任：

祝善忠　国家旅游局副局长

招玉芳　广东省副省长

组委会常务副主任：

李世宏　国家旅游局旅游促进与国际合作司司长

刘晓捷　省政府副秘书长

杨荣森　省旅游局局长

成员单位：省旅游局、省公安厅、省安全厅、省财政厅、省外经贸厅、省卫生厅、省审计厅、省外办、省国资委、省地税局、省物价局、省工商局、省质监局、省食品药品监管局、省知识产权局、省港澳办、省新闻办、省台办、省工商联、团省委、省贸促会、广州市政府、省政府接待办、海关总署广东分署、广州海关、广东出入境检验检疫局、中国对外贸易中心等有关部门。

组委会办公室设在省旅游局。办公室下设统筹协调组、新闻秘书组、外联接待组、安全保卫组、财务统筹与监督组、医疗卫生组、食品安全组、综合服务组等8个工作组。

六、展区展位

2012中国（广东）国际旅游产业博览会计划总展览面积为10万平方米，设立国际标准展位5000个。设国内旅游目的地馆、国际及港澳台旅游目的地馆、酒店用品馆、高端休闲馆、旅游服务馆、中国玉都馆、两岸四地旅游手信美食馆、国际旅游美食馆等8大主题展馆。

七、主要配套活动（略）

2012中国（广东）国际旅游产业博览会组织机构及工作职责

一、组委会

主　　任：邵琪伟　国家旅游局局长
　　　　　朱小丹　广东省省长
执行主任：祝善忠　国家旅游局副局长
　　　　　招玉芳　广东省副省长
常务副主任：李世宏　国家旅游局旅游促进与国际合作司司长
　　　　　刘晓捷　省政府副秘书长
　　　　　杨荣森　省旅游局局长

二、组委会办公室

主　　任：杨荣森　省旅游局局长
常务副主任：李世宏　国家旅游局旅游促进与国际合作司司长
　　　　　王志红　省旅游局副局长
副 主 任：曾维炳　省旅游局巡视员
　　　　　周开生　省旅游局副局长
　　　　　张振林　省旅游局副局长
　　　　　梅其洁　省旅游局副局长
　　　　　黎增丰　省旅游局纪检组长、监察专员
　　　　　林上福　省旅游局副巡视员
　　　　　莫高义　省委宣传部副部长、省新闻办主任
　　　　　郑泽晖　省公安厅治安管理局局长
　　　　　曾祥陆　省安全厅副厅长
　　　　　欧　斌　省财政厅副厅长
　　　　　吴　军　省外经贸厅副厅长
　　　　　钟小平　省人社厅副巡视员
　　　　　黄　飞　省卫生厅副厅长
　　　　　王世彤　省外办副主任
　　　　　周兴挺　省国资委副主任
　　　　　杨朝峰　省地税局副局长
　　　　　林　林　省物价局巡视员
　　　　　钱永成　省工商局副局长
　　　　　邱庄胜　省质监局副局长
　　　　　唐　毅　省知识产权局副局长
　　　　　金　萍　省港澳办副主任
　　　　　陈德伟　省食品药品监管局副局长
　　　　　蒋长芳　省台办副主任
　　　　　孔芙蓉　省工商联副主席
　　　　　池志雄　团省委副书记
　　　　　罗丙志　省贸促会副会长
　　　　　陈绍康　广州市人民政府副秘书长
　　　　　赵　民　海关总署广东分署副主任
　　　　　赖树佳　广州海关副关长
　　　　　王润生　中国对外贸易中心副主任

三、成员单位及主要职责

1. 省旅游局：负责旅博会承办工作。

2. 省公安厅：牵头做好展会期间的安全保卫和交通保障工作，包括开幕式、领导巡馆等重要活动的安全保卫工作及展会期间琶洲展馆附近相关道路的交通保障、疏通工作。

3. 省安全厅：负责针对旅博会期间影响和谐稳定的不利因素，开展情报信息收集与配合工作。

4. 省财政厅：做好博览会专项经费资金监督管理工作。

5. 省外经贸厅：协助组织连锁性、专业性的大型外资采购商组团参会。

6. 省卫生厅：负责医疗救护、卫生防疫等工作。

7. 省审计厅：负责对旅博会的经费收支和财务管理情况进行专项审计监督。

8. 省外办：指导外事工作，包括支持做好副部级以上重要外国代表团、外国驻穗总领事馆官员的邀请审核和报批工作，涉及省领导出席的重要场合的讲话文稿译审。

9. 省国资委：协助组织大型央企、国企采购商组团参会。

10. 省地税局：协助做好旅博会涉及税费的征收管理工作；检查监督旅博会各相关单位贯彻执行国家税收法律、法规和规章的情况。

11. 省物价局：协助做好旅博会门票的价格相关手续办理工作。

12. 省工商局：负责展会期间参展经营者涉及不正当竞争、销售假冒伪劣商品、商标侵权、虚假广告、违反食品安全规定、侵害消费者合法权益等违法违规行为的投诉处理；协调做好与国家工商总局沟通联系和有关活动的承办工作。

13. 省质监局：负责发动名牌企业参展和展会期间产品质量投诉的处理工作，协助做好与国家质检总局的沟通联系工作。

14. 省食品药品监管局：负责旅博会期间餐饮服务食品安全监督保障工作。

15. 省知识产权局：组织相关单位协助在展会期间开展专利保护工作。

16. 省港澳办：负责港澳特区政府官员的邀请接待工作。

17. 省新闻办：负责做好新闻宣传工作的组织、协调、指导工作。

18. 省台办：协助台商企业的招展招商和重要台商的

接待工作。

19. 省工商联：协助组织会员企业及其他国内外工商社团企业组团参会。

20. 团省委：负责志愿者的招募及培训工作。

21. 省贸促会：协助组织贸促会会员企业、香港贸发局及国内外采购商组团参会。

22. 广州市政府：做好组委会在广州举办的各项活动的协调配合工作。

23. 省政府接待办：负责国务院各部委及各省（区、市）副部级以上领导同志的接待安排，以及国务院各部委及各省（区、市）副部级以上领导同志、省政府领导同志出席重要活动的协调工作。

24. 海关总署广东分署、广州海关：负责协调境外企业展品的通关工作。

25. 广东出入境检验检疫局：负责协调境外企业展品的检验检疫工作。

26. 中国对外贸易中心：协助做好展务工作及展会期间的展馆管理工作。

四、组委会办公室各工作组及主要职责

（一）统筹协调组

组　长：王志红　省旅游局副局长

副组长：邱招贤　省旅游局办公室主任

甘达坚　省旅游局市场开发处处长

孙朝晖　省旅游发展促进中心主任

张国辉　省旅游局市场开发处副处长

李若岚　广州市旅游局市场推广处处长

陈白羽　广州广之旅国际旅行社股份有限公司总裁

张汉泉　信基集团董事长

黄建平　广东世纪华晟文化传媒投资有限公司总经理

黄瑟腱　新加坡颖思百业私人有限公司执行董事

李加映　广州凯第展览服务有限公司总经理

成员单位：省旅游局、省外经贸厅、省人社厅、省国资委、省工商联、团省委、省贸促会、中国对外贸易中心、广之旅、信基集团、新加坡颖思百业、世纪华晟、凯第展览

工作职责：

1. 组织开展旅博会办公室日常工作。

2. 统筹、协调旅博会招展工作。

3. 协调国家旅游局、省委省政府领导出席旅博会及相关活动。

4. 制定旅博会展馆总体设计、展区规划、招展范围等方案。

5. 指导拟定招标文件和招标工作。

6. 检查、督促各执行方工作。

7. 编写旅博会简报，指导制作工作手册、会刊、参展手册、通讯录等。

8. 负责开幕式、闭幕式的组织、协调和实施工作。

9. 负责中国酒店采购交流年会的组织、协调和实施工作。

10. 旅博会各专项活动的组织、协调和实施工作。

11. 负责志愿者招募、培训及服务协调工作。

12. 负责组织专业采购商参会。

13. 负责旅博会评选、颁奖项目的相关工作。

14. 组委会办公室交办的其他工作。

（二）新闻秘书组

组　长：梅其洁　省旅游局副局长

副组长：曾晓峰　省旅游局政策法规处处长

东　田　省旅游局市场开发处副处长

李录春　省旅游局政策法规处副处长

成员单位：省旅游局、省新闻办

工作职责：

1. 组织统筹领导讲话以及相关文件和资料工作。

2. 拟定旅博会各个阶段的宣传方案和计划并负责落实。

3. 按照组委会接待工作的规定，做好海内外记者的邀请、接待、安排采访以及新闻记者的管理工作。

4. 组委会办公室交办的其他工作。

（三）外联接待组

组　长：周开生　省旅游局副局长

副组长：刘益华　省旅游局行业管理处处长

陈志杰　省政府接待办主任助理

成员单位：省旅游局、省外办、省港澳办、省台办、省政府接待办

工作职责：

1. 组织实施旅博会邀请及接待方案。

2. 邀请有关国家和地区，兄弟省（市、区）领导出席旅博会。

3. 协调有关部门安排特邀海外嘉宾的入、出境礼遇。

4. 协调相关部门或单位做好嘉宾的食、宿、行和接送等后勤接待工作。

5. 组织落实欢迎宴会等相关工作。

6. 负责选拔和培训参与展会接待的工作人员和导游。

7. 负责酒店总经理年会的组织、协调和实施工作。

8. 组委会办公室交办的其他工作。

（四）安全保卫组

组　长：郑泽晖　省公安厅治安管理局局长

副组长：张振林　省旅游局副局长

张绍新　省公安厅治安管理局副局长

骆振辉　广州市公安局副局长

成员单位：省旅游局、省公安厅、省安全厅、广州市公安局

工作职责：

1. 负责旅博会现场及各项活动安全保卫工作的组织协调、指导和检查。

2. 制订保卫工作方案和突发事件处理预案。

3. 组织实施治安、消防、交通等安保工作。

4. 负责审核旅博会各工作组和各单位制订的安全工作方案和应急救援预案，督促检查承办单位做好相关报批工作。

5. 负责针对旅博会期间影响和谐稳定的不利因素，开展情报信息收集与配合工作。

6. 协调处理现场突发事况。

7. 组委会办公室交办的其他工作。

（五）财务统筹与监督组

组　长：梅其洁　省旅游局副局长

副组长：阮　静　省旅游局办公室调研员

刘　莹　省审计厅调研员

彭钿基　省财政厅副处长

成员单位：省旅游局、省财政厅、省审计厅

工作职责：

1. 负责做好旅博会项目财务预算、审控旅博会的项目开支、监控旅博会项目的资金运作和回收情况、制作旅博会项目收支财务报表。

2. 负责与合作方进行结算。

3. 组委会办公室交办的其他工作。

（六）医疗卫生组

组　长：黄　飞　省卫生厅副厅长

副组长：林上福　省旅游局副巡视员

巫小佳　省卫生厅应急办主任

成员单位：省旅游局、省卫生厅

工作职责：

1. 负责旅博会医疗救护、重要嘉宾保健等，协调与指导执行方的现场医疗保健工作。

2. 负责协调、监督、检查现场卫生、饮食、疾病预防等工作。

3. 组委会办公室交办的其他工作。

（七）食品安全组

组　长：陈德伟　省食品药品监管局副局长

副组长：林上福　省旅游局副巡视员

吴有声　省食品药品监管局食品安全监管处处长

成员单位：省旅游局、省食品药品监管局

工作职责：

1. 负责对展会餐饮服务环节食品安全监管工作。

2. 组委会办公室交办的其他工作。

（八）综合服务组

组　长：林上福　省旅游局副巡视员

副组长：孙朝晖　省旅游发展促进中心主任

蔡利标　省物价局公用事业管理处处长

成员单位：省旅游局、省地税局、省工商局、省质监局、省知识产权局、海关总署广东分署、广州海关、广东出入境检验检疫局

工作职责：

1. 负责旅博会执行单位的招标相关工作。

2. 负责旅博会展馆租赁及相关事宜统筹，负责水电、安保、公共区域导引、主场搭建等协调工作。

3. 协调展会现场秩序、监控现场的展销动态、协调处理展商之间需解决的问题。

4. 检查、督促和协调各执行方报关、检验检疫、工商、物价、质监、知识产权保护等工作。

5. 负责旅博会门票、广告等事宜统筹。

6. 广东旅游形象展区的布置工作。

7. 负责网上旅博会信息平台运营维护，向通过网络报名的参展商提供参加旅博会（网上旅博会）的报名缴费、信息展示、网上洽谈等服务，通过网上旅博会平台对旅博会进行宣传，提高旅博会知名度，打造国际知名品牌。

8. 组委会办公室交办的其他工作。

广东省旅游系统扶贫开发“规划到户责任到人”取得成效

【简述】 2009年6月，中共广东省委、省政府作出扶贫开发“规划到户、责任到人”（以下称“双到”）工作战略部署。全省旅游系统积极行动，立足帮扶村实际，发挥旅游行业优势，全力推动扶贫“双到”工作。全省旅游管理部门对17个贫困村、1430家贫困户、6448个贫困人口，展开历时3年多的定点、定人、定责任的大规模帮扶。截至2012年年底，扶贫“双到”3年来累计派出驻村干部80多人次，投入帮扶资金9365.3万元，完成危房改造705户。

▲2012年1月6日，省旅游局在板长村举行援建“旅游新村”落成暨乡村公路开工典礼仪式。图为省旅游局局长杨荣森（右一）与受助群众亲切交流。（涂继文 摄）

【省旅游局扶贫开发“双到”工作】 2009年以来，省旅游局对口帮扶韶关市乳源瑶族自治县洛阳镇板长村，3年来，发挥旅游行业优势，紧紧围绕“一手抓脱贫致富，一手抓旅游开发”的工作思路，共筹集投入帮扶资金1600多万元，重点推进危房改造、乡村公路、古母水鸡养殖基地、古母水旅游度假区等重大项目建设。其中投入资金约80万元，建成桑蚕、古母水鸡养殖基地，成立古母水鸡专业养殖合作社；统筹投入资金300多万元，推动82户完成危房改造。其中原田冲村26户、投入资金260多万元整村推倒重建，该村村民联名倡议并经民政部门批复更名为“旅游新村”。对企先屋村、细围村、板长新村进行整村维修加固，所有贫困户住房得以全面整改维修；投入资金约80万元，建成古母水农庄、古母水农贸市场；投入资金约300万元，建成总里程约10公里乡村公路，实现每个自然村村道硬底化；申请广东省农村环境综合整治工程建设资金100多万元，建成人工湿地、垃圾回收池等一批环保设施，净化美化村庄环境；省旅游局干部职工和离退休老干部开展“爱心父母”活动，3年共募集善款9万多元，为全村53名困境儿童、学生助学；每年“6·30广东省扶贫济困日”组织旅游企业、自驾车以扶贫车队为村民捐款捐物，共筹措资金15万元；等等。截至2012年年末，板长村贫困户人均纯收入超过1.1万元，村集体收入超过11万元。板长村被评为全省“幸福安居工程”示范村、乳源县“十佳扶贫示范点”。省旅游局驻村工作组被评为全省扶贫开发“双到”工作“优秀单位”和乳源县“十佳扶贫驻村工作组”。

【“情系乳源·幸福广东——广东百家旅游企业爱心行动】 2011年2月25日，广东省旅游局和广东省旅游协会联合组织开展“情系乳源·幸福广东——广东百家旅游企业爱心行动”。全省103家旅游企业共为省旅游局对口帮扶单位洛阳镇板长村捐赠善款197.3万元。其中5万元以上的旅游企业有：深圳市信游天下旅行社有限公司（12万元）、广东省广晟酒店集团有限公司（10万元）、广东南湖国际旅行社有限责任公司（10万元）、广东粤旅集团有限公司（9.5万元）、梅县雁南飞茶田有限公司（5万元）、乳源丽宫国际温泉酒店有限公司（5万元）、广东开平碉楼旅游发展有限公司（5万元）、东莞市嘉华酒店有限公司（5万元）、东莞市塘厦三正半山酒店有限公司（5万元）、广州岭南国际企业集团有限公司（5万元）、广州广之旅国际旅行社有限公司（5万元）、乳源瑶族自治县联创实业有限公司（5万元）、湛江市中鑫有限公司特兰海岛海度假村（5万元）和新兴县六祖故里旅游度假区管理处（5万元）。善款通过广东省慈善总会汇入板长村扶贫专用账户，主要用于建设旅游新村、古母水桑蚕养殖基地、旅游公路等项目。

附：情系乳源·广东省百家旅游企业爱心行动捐款单位和个人名录

清新县笔架山度假村、韶关市丹霞山旅游投资经营有限公司、深圳市金冠国际旅行社有限公司、深圳市世纪假日国际旅行社有限公司、广东中旅（集团）酒店物业管理有限公司、广东客天下旅游产业园有限公司、汕头市澄海区莲华镇经济技术发展办公室、深圳市东方银座美爵酒店有限公司、广东国旅游国际旅行社股份有限公司、梅县雁南飞茶田有限公司、佛山禅之旅国际旅行社有限公司、梅县华银雁鸣湖旅游度假村有限公司、广州携程国际旅行社有限公司、广东省中国旅行社股份有限公司汽车服务公司、广东中国旅行社股份有限公司、广东中旅旅游投资分展有限公司、广州华侨大厦企业有限公司华厦大酒店、中山市大信置业有限公司皇冠假日酒店分公司、惠州环宇国际旅行社有限公司、乳源丽宫国际温泉酒店有限公司、深圳市航空国际旅行社有限公司、肇庆中砚旅游休闲产业开发有限公司、饶平绿岛旅游山庄有隐公司、广东大南山八国风情旅游度假区有限公司、广东开平碉楼旅游发展有限公司、东莞市嘉华酒店有限公司、广东省肇庆星湖风景名胜区鼎湖山管理处、深圳阳光酒店、广东省肇庆星湖风景名胜区七星岩管理处、广宁县碧翠湖度假村有限公司、深圳市口岸中国旅行社有限公司、阳西县双飞高新科技发展有限公司咸水矿温泉旅游度假山庄、德庆县旅游发展局、东莞市景鸿国际旅行社有限公司、四会市旅游局、阳山县广东第一峰旅游风景区有限公司、珠海经济特区圆明新园旅游有限公司、汕头巨市峰风景区投资有限公司、广东省罗浮山风景名胜区管理委员会、东莞市国际旅行社有限公司、珠海庆华国际大酒店有限公司、阳江温泉度假村、广东省广晟酒店集团有限公司、深圳长丰置业有限公司、广东省拱北口岸中国旅行社有限公司、江门市名冠金凯悦大酒店有限公司、广东中旅华厦国际酒店控股有限公司科学城华厦国际商务酒店、肇庆市青年国际旅行社有限公司、佛冈金谷森林公园生态旅游发展有限公司、阳江市海陵岛旅游有限公司、茂名市旅游行业协会、广东省大埔县西岩茶叶集团有限公司、广东省惠州市中国旅行社、珠海度假村酒店有限公司、东莞市塘厦三正半山酒店有限公司、中山市青年国际旅行社有限公司、揭西京明温泉度假村有限公司、东莞市青年国际旅行社有限公司、惠州市西湖景区管理处、东莞市中国旅行社有限公司、深圳市九州国际旅行社有限公司、东莞康辉国际旅行社有限公司、广州岭南国际企业集团有限公司、深圳中国国际旅行社有限公司、肇庆紫云谷文化旅游发展有限公司、广东长鹿环保度假农庄有限公司、封开县大旺海鹰博览中心、深圳市深旅国际旅行社有限公司、广州华侨房地产开发有限公司华厦国际商务酒店、东莞市欧亚国际酒店有限公司、中山市京华世纪酒店有限公司、珠海市来魅力假日酒店有限公司、徐闻县大汉三墩旅游开发有限公司、深圳市信游天下旅行社有限公司、广州广之旅国际旅行社有限公司、广东恒泰公路工程有限公司沙湾圣延苑酒店、中科院华南植物园科技有咨询开发服务部、茂名市玉湖风景区旅游发展有限公司、中邦置业集团有限公司珠海酒店公司、广东温泉宾馆、惠州市金果湾农庄有限公司、中山市博爱名城文化产业有限公司、河源市翔丰国际酒店有限公司、广东南湖国际旅行社有限责任公司、广东省中国青年旅行社、乳源瑶族自治县联创实业有限公司、佛山市南之旅旅行社有限公司、广东中旅（珠海）旅行社有限公司、湛江市中鑫有限公司特兰海岛海度假村、佛山南海区人民政府西樵山风景名胜区管理办公室、碧桂园、高州市平云山旅游风景区开发有限公司、广东佛山三水侨鑫高科技农业发展有限公司、新兴县金水台温泉有限公司、东源县万绿湖旅游发展有限公司、新兴县六祖故里旅游度假区管理处、中山菊城假期国际旅行社有限公司、东新（佛冈）温泉开发有限公司、广东粤旅集团有限公司、广东东阳光南岭风景区管理有限公司、韶关市莱斯大酒店有限公司、广东吴川吉兆湾省级旅游度假区开发建设总公司以及许梓浩、吴世鹏两名个人。

【开发古母水山水人家旅游度假区】 2012年，省旅游局引进乳源联和实业有限公司开发建设古母水山水人家旅游度假区，整合周边天景山—仙人桥、天井山生态走廊等资源，以“地方支持、公司投入、村委合作、农户参与”的形式，按照国家4A级旅游景区标准，拟于5年内投资1.2亿元对项目进行开发建设。该项目得到村民代表大会的一致通过，获得了县发改委、环保局、旅游局等相关部门的立项审批，编制了可行性报告和总体规划并进入全面建设阶段。2012年9月，古母水山水人家旅游度假区在全省旅游扶贫大型重点项目评审会中胜出，被评为2012年度全省旅游扶贫大型重点项目，获得省财政300万元专项资金支持。目前，古母水山水人家旅游度假区作为乳源县2013年重点建设项目正在顺利实施推进。

（胡喜红　莫理强）

▲开发建设中的古村落景观。　（徐　峰　摄）

广东省旅游系统扶贫“双到”帮扶情况一览表

帮扶单位（省市局）	帮扶贫困村村名	贫困状况		2010—2012年累计帮扶资金（万元）	危房改造（户数）	村年集体收入情况（万元）	帮扶后人均收入状况（元）	发展特色产业情况
		贫困户数（户）	贫困人口数					
广东省旅游局	乳源瑶族自治县洛阳镇板长村	84	312	1600	82	11	11000	发展种养殖业，包括种桑蚕、古母水鸡养殖等，开发古母水旅游度假区项目
广州市旅游局	梅州市梅县石扇镇中村	70	266	460	12	7.36	9922	金柚、蜜柚种植
	增城市正果镇圭湖村	24	47	256	4	46.24	13000	幸福乡村游直通车项目、正果镇特色农副产品交易中心商铺项目、正果镇自来水厂参股分工项目
深圳市文体旅游局	廉江市时环下村	275	1322	943	152	7.75	4500	小黄瓜种植
	廉江市时丹斗村	104	554	806	73	7.75	4500	甜玉米种植
珠海市文体旅游局	普宁市云落镇九岭村	284	1564	655	40	15.4	8100	青榄种植
汕头市旅游局	汕头市潮南区红场镇仙田村	92	615	470.35	8	6.55	8000	果蔬种植
韶关市旅游局	乳源瑶族自治县游溪镇莲塘边村	75	311	233.49	35	5.45	6706	种养
河源市旅游局	龙川县龙母镇成邦村	16	87	30.48	无	3	8150	种植茶叶和板栗
梅州市旅游局、梅州市旅游总公司	丰顺县黄金镇启明村	44	198	385.85	34	5	4600	番薯种植
惠州市旅游局	龙门县南昆山乌坭社区	18	61	139.73	14	12.88	12000	旅游项目、农民专业合作社
汕尾市旅游局	陆河县良洞村	22	108	735	58	5	3500	油茶、毛竹、花生
东莞市旅游局	东莞高埗镇朱磡村	13	43	90		281	5300	
阳江市旅游和外事侨务局、阳江市司法局、阳江市工商行政管理局	大冲村	77	176	610.56	42	12.7	8475.3	充分利用当地耕地面积，大量种植了沙姜、凉粉草和藿香等南药

续表

帮扶单位（省市局）	帮扶贫困村村名	贫困状况		2010—2012年累计帮扶资金（万元）	危房改造（户数）	村年集体收入情况（万元）	帮扶后人均收入状况（元）	发展特色产业情况
		贫困户数（户）	贫困人口数					
湛江市旅游局	廉江市和寮镇榄排村	70	245	636.44	54	5	4000	村年集体养殖罗非鱼、牛、羊等畜牧项目及农业机械出租项目
肇庆市旅游发展局	怀集县桥头镇岩旺村	37	186	633.78	17	10.18	9097	生猪养殖
清远市旅游局	阳山县杨梅镇坪洞村	21	85	4.92	2	3	21700	入股水电站分红，发展种植业、养殖业等
潮州市文物旅游局	潮安县凤凰镇欧坑村	4	12	21	1	9	7600	发挥“潮州市茶文化传播中心”龙头带动作用
揭阳市旅游局、揭阳市地震局	普宁市船埔镇鸭母寮村	44	222	637.5	30	25	6800	发展种养业
云浮市旅游局	云城区都杨镇仙菊村	16	47	5.4	4	19.7	8113	沙糖桔，“公司＋农户”发展养鸭项目
顺德区委宣传部（文体旅游局）	英德市大湾镇田心村	168	521	10.8	43	28.8	11123.9	乐心养猪合作社

（李梅花　整理）

广东旅游系统开展“三打两建”净化旅游市场

【概况】 2012年，中共广东省委、省政府在全省范围内部署开展以打击欺行霸市、制假售假、商业贿赂以及建设社会信用体系、市场监管体系为主要内容的“三打两建”专项行动。省旅游局成立“三打两建”领导小组。省旅游局设立星级饭店食品和日化用品、景区食品商品和旅行社打黑打非3个专项行动小组，联合工商、公安、质监、交通等部门采取行动，整顿零负团费、挂靠承包、欺诈购物、强迫消费、超范围经营、虚假广告、削价竞争等扰乱市场秩序的行为。据统计，全年共开展检查548次，出动人员4516人次，检查旅行社及服务网点869家、星级饭店560家、旅游景区324家、旅游车船公司25个、旅游购物点105个，处罚企业违规案案件25宗，处罚从业人员22人。9月，启动建设社会信用体系和建设市场监管体系的“两建”专项行动，达到预期效果。

【“三打两建”专项行动全面部署】 2012年3月2日，广东旅游局在白云国际会议中心召开全省旅游系统“三打两建”工作动员大会，成立以局党组书记、局长杨荣森为组长的“三打”领导小组，制订星级饭店食品和日化用品、旅游景区食品商品和旅行社打黑打非3个专项行动小组工作方案。明确“三打”总体目标、打击重点、工作步骤和具体要求。以整治零负团费、挂靠承包、强迫或变相强迫游客消费等违规行为作为工作重点，联合公安、工商、交通等部门，打击非法经营旅游业务“黑中介”“黑包车”活动；以旅游黄金周为重点开展旅游市场大检查，在旅游企业自查、各市检查、交叉检查、联合专项行动的基础上，与“三打”工作同计划、同部署、同检查、同落实，派出督查组进行督导，稳步推进“三打”工作。

7月23～25日，省旅游局在清远市举办全省旅游质监执法工作培训班。各地市旅游局分管旅游质监工作的领导以及质监部门负责人，清远市各县（市、区）旅游质监业务骨干共150人参加培训班。省旅游局通过举办讲座，播出电视公益广告，广泛张贴、派发“三打”宣传海报、宣传手册和标语，刊发“三打两建”官网专栏和旅游系统“三打两建”宣传栏等方式及时宣传领导讲话精神、“三打两建”知识、宣传口号、工作成效等，推进“三打两建”专项行动深入人心。

【“三打”专项行动开展】 2012年7月18～20日，省旅游局副局长周开生率领由省旅游局、安监局、团省委组成的督查组到潮州市开展督查工作。督查组听取潮州市人民政府及市交通局、质监局，潮安县、饶平县以及枫溪区汇报，查阅相关资料并实地检查潮州市长运交通集团有限公司、潮州市宏诚石油运输车队、伟业陶瓷有限公司等企业。各地旅游管理部门按照“属地管理”和“谁主管、谁负责”原则，联合公安、交通、质监、食监、安监等部门，主动履行职责，认真排查。中秋国庆黄金周，全省派出166个检查小组，出动检查人员2725人次，检查旅游企业948家，导游716人，旅游车辆376台。

▲2012年11月16日，深圳市文体旅游局执法人员在机场出发大厅检查导游出团情况。（深圳市旅游局供稿）

【“两建”行动扎实有效】 2012年8月22日，省旅游局与省质监局联合印发《广东省“贯彻质量发展纲要，提升旅游服务水平”专项活动方案》《2012年广东旅游行业开展旅游服务质量提升和质量整治活动方案》，旅游、质监部门联合开展“旅游服务质量宣传周”、游乐设施安全检查、诚信体系建设等活动，督促旅游企业守法诚信规范经营，实现旅游服务质量和安全发展和谐统一目标。

省旅游局印发《关于进一步加强旅行社规范管理，促进旅行社行业持续健康发展的若干要求》，旅行社及其分社、服务网点和内设部门严格按照“四统一”要求开展旅游业务，印发《广东省旅游行业信用体系建设工作方案》和《广东省旅游服务质量监管体系建设工作方案》，对2012年年底至2016年“两建”工作作出具体工作安排。

【各地市“三打两建”专项行动开展】 2012年，广州市旅游局成立领导小组和“三打”工作办公室。设立旅行社规范经营及“打黑”专项行动、星级饭店食品和日化用品专项行动、旅游景区食品商品专项行动、打击商业贿赂专项行动4个行动小组。先后联合市工商、公安等部门，出动执法人员100多人次，排查线索50多条。针对群众投诉和明察暗访摸查的线索，查处在天河宾馆非法经营旅游业务的黑旅行社。

深圳市文体旅游局围绕“旅游品质提升年”活动主线，强化旅游市场监管，加强“诚信旅游”建设，积极推进“两建”工作。共开展专项检查行动45次，出动检查人员325人次，检查旅行社92家次，旅行社分公司6家，旅行社营业部123家次，酒店商务中心及相关单位45家，收缴旅游优惠券1500份，制止派单行动57起，收缴旅游传单5.3万张。查处河东宾馆、广信酒店商务中心无证经营旅游业务行为，查处深旅国际深华营业部伪造公司印章案。在全市旅游系统开展“优质诚信港澳游”活动，规范港澳游市场。制定并认真执行《香港游业务签章备案制度》《2012深圳品质旅游线路标准》《深圳市旅行社组织出境旅游团队突发事件应急预案》《旅行社网站备案核查制度》等一系列制度。

珠海市文体旅游局成立打击欺行霸市和打击制假售假两个专项行动小组。主动加强与公安、工商等部门以及高新区有关部门的协调沟通，强化旅游市场监管措施，特别是加强旅游购物市场管理，开展联合执法，查处旅游商场售假案件9宗，挖出商业贿赂案件4宗。联合公安部门成功端掉永信假期旅行社等3个窝点，抓获以旅游商场与不良旅行社、导游串通诈骗游客财务的诈骗团伙成员，其中刑拘10人、取保候审1人、逮捕6人，现场查扣用于诈骗的所谓名贵珠宝玉器项链、手表、箱包、香烟等一批。鼓励旅行社推荐和经营品质旅游线路，公示品质旅游线路和价格，招募旅游质监志愿者，加强对旅行社旅游服务质量监督，形成旅行社守法经营、游客理性出游良好氛围。

6月20日，全省由旅游、公安、工商、交通、城管、物价等相关职能部门共同参与开展“打非治违”专项联合执法行动。省旅游局分别派出工作组重点对广州、深圳、珠海进行督导。广州联合检查组根据行动部署，通过区域排查、突击抽查、联合检查等形式，在侨光路、起义路、一德路等旅游大巴集散地对30多辆旅游车辆及带团导游进行检查：查扣无资质从事营运车辆1辆，交由广州市交委进行处理；查处无证导游3名，其中1名持假导游证人员移交公安机关拘留；疏散非法经营者组织的游客近200人。联合检查组在北京路、上下九等地收缴非法虚假旅游宣传单张1500余份，驱散非法派发虚假旅游宣传单张人员7人次。行动中共出动执法机动车辆9台，执法人员40余人次。

▲图为广州旅游质量监督管理所执法人员现场调查假冒旅行社违规经营情景。 （丁旭晖 摄）

深圳联合检查组对深圳市国贸大厦23楼分别打着“中国（深圳青年）国际旅行社”和“深圳市深旅国际旅行社国贸营业部”招牌的2家“黑社”进行突击检查。在名为“深圳市深旅国际旅行社国贸营业部”的经营场所内发现不少经营旅游业务的资料，检查人员对相关违规证据进行暂扣，并对相关人员做现场笔录。执法人员对相关当事人进行立案调查，启动行政处罚的程序。

珠海联合检查组对旅游购物点、星级饭店、旅行社进行了现场检查。检查中发现珠海渔女景点旁的一家特产店一些食品无保质期标识，另有散装的熟鱼干等食品保存不规范，且没有明码标价，执法人员已将其交由工商部门处理。检查三星级旅游饭店金都酒店时发现该酒店没有按要求悬挂营业执照及酒店星级标志牌，执法人员当场责令其立即整改。执法人员还对位于中珠大厦的多家旅行社的证照、宣传单张、旅游合同、旅游包车等情况进行检查，发现个别旅行社与运输公司签订的租车协议存在不规范现象，当即提出整改要求。突出查处大要案，深挖“利益链”“保护伞”，创造良好的旅游市场秩序和发展环境。

（孔宪辉 邹飞祥）

首次举办广东滨海旅游产业园区竞争性扶持资金评审活动

【概况】 2012年8月24~25日，由广东省旅游局、省财政厅联合举办的广东省滨海旅游产业园区竞争性扶持资金专家评审会在广州举行。粤西阳江、湛江、茂名市和粤东汕头、汕尾市分别组织海陵岛滨海旅游产业园区、五岛一湾滨海旅游产业园区、茂名滨海旅游产业园区和南澳岛滨海旅游产业园区、红海湾滨海旅游产业园区参加评审。经评审，湛江市五岛一湾滨海旅游产业园区和汕尾市红海湾滨海旅游产业园区竞得第一、第二名。9月29日，经省人民政府批准，湛江市五岛一湾滨海旅游产业园区、汕尾市红海湾滨海旅游产业园区分获3亿元财政专项扶持资金。

▲2012年8月23日，广东省滨海旅游产业园竞争性扶持资金专家评审预备会在广州举行。图为广东省旅游局、省财政厅领导以及参评单位代表见证现场抽签环节的情景。

（黄 静 摄）

【出台政策确保扶持资金安全有效】 2012年8月15日，广东省财政厅、广东省旅游局联合下发《关于印发〈广东省旅游产业园区竞争性扶持资金管理办法〉的通知》（以下简称《办法》），以规范省旅游产业园区竞争性扶持资金的使用，提高资金使用效益，促进全省旅游产业发展。《办法》共7章、19条，主要内容包括：省财政设立省旅游产业园区竞争性扶持资金，采用竞争性扶持方式，扶持一批省示范性旅游产业园区建设，以扶持旅游产业园区为载体，加快推进全省旅游产业集聚发展。专项资金的使用和管理遵循“分类扶持，突出特色；竞争择优，公平公开；专款专用，配套放大；绩效导向，强化监督”的原则。如：专项资金以扶持旅游产业园区为主要用途，严格按照中标方案拨付，由各中标市统筹安排，专项使用。各中标市按1：1配套相应资金。按照“事前评审、事中检查、事后评价”的要求，对专项资金实施全过程监督管理。

专项资金安排额度：2012—2013年省财政每年安排专项资金6亿元，经专家评审确定2个滨海旅游产业园区和2个山区（生态）旅游产业园区中标园区，每个中标园区安排专项资金额度3亿元，专项资金根据中标结果及考核情况分期拨付；专项资金扶持对象为粤东、粤西滨海区域的滨海旅游产业园区和粤北地区的山区（生态）旅游产业园区，以地级以上市为单位负责资金使用和管理。范围涵盖粤东滨海区域的汕尾、揭阳、汕头、潮州市，粤西滨海区域的阳江、茂名、湛江市，从两区域申报的滨海旅游产业园区中各评选出1个园区予以扶持；粤北地区指韶关、清远、梅州、河源、惠州、肇庆、云浮市，从各市申报的山区（生态）旅游产业园区中评选出2个园区予以扶持。

（李 康 方文清）

【湛江市五岛一湾滨海旅游产业园】 该产业园由特呈岛、南三岛、东海岛、硇洲岛、南屏岛和湛江湾“五岛一湾”组成。规划面积1130.68平方公里，其中陆地面积615.68平方公里、海域面积515平方公里（湾内面积268平方公里），旅游资源丰富，发展潜力巨大，区域带动力强。

“五岛一湾”是湛江滨海旅游开发最早、基础最好的区域。湛江湾两岸已建成滨海公园、渔港公园、霞山观海长廊、中澳友谊花园、金沙湾观海长廊、海东公园等绿地休闲项目，五星级饭店有湛江皇冠假日酒店、湛江恒逸国际酒店及五星级标准建成营业的君豪酒店，四星级饭店有滨海宾馆、银海酒店、南海宾馆、中国城酒店，大型海鲜美食场所有大天然、海洋世界、粤西明珠、美食广场等。在建星级饭店有万象花园酒店、民大喜来登酒店等。特呈岛有正在开发的温泉度假村及渔家乐，南三岛有伊甸园度假村。东海岛旅游度假区属省级旅游度假区，南屏岛列入国家首批无居民海岛开发目录，已在规划开发中。园区还有中国雷琼湖光岩世界地质公园、硇洲岛水晶磨镜灯塔、人龙舞等人文旅游资源，湛江湾十里军港、东海岛中国第一长滩等旅游资源，是国家级独特资源。湛江湾中华白海豚保护区、特呈岛千年红树林和海岛红色旅游示范基地等旅游资源，是省独特资源。

区位优势　该产业园处于北部湾、珠三角、海南、广西四边形的中心，是粤桂琼三省区交汇点，背靠大西南，面向太平洋和印度洋，介于港澳和越、新、马、泰、菲之间，在西部大开发、海南国际旅游岛建设和环北湾经济圈、中国—东盟自由贸易区的发展中，具有较强竞争力和发展潜能，有利于园区建成驰誉中外的滨海旅游胜地。

旅游资源组合度高　该产业园"城、港、湾、岛、海"等资源组合优势明显，各类资源不是简单的点的集合，而是点、线、面的有机布局，是广东唯一的海湾型滨海旅游新城。园区五岛含一湾之中，毗邻而居，隔海相望，交相辉映，形成"海在城中、城在海中，城中有岛、岛立城中"的人文地理奇观。园区旅游要素资源集聚度高，火山地貌、海洋生物、植被生态、民俗文化、文化遗址、中西建筑等旅游资源与"吃、住、行、游、购、娱、商、学、康"等现代旅游产业核心要素有机组合，使园区拥有较多样化滨海旅游产品。

发展定位和扶持措施　该产业园发展总体定位为：南中国海洋度假休闲旅游中心，以高端滨海旅游为龙头，以文化旅游结合为特色，以特种旅游为亮点的全域国际旅游目的地；园区旅游产业及主导旅游开发项目规划定位为：以城为依托，以湾为特色，以岛为亮点，充分利用城、港、湾、岛、海等资源组合优势，突出"五岛"的各自亮点，形成"五岛拱一湾、一岛一主题"的联动化、差异化发展格局，成为湛江经济社会发展和城市建设提升的增长极，建设广东滨海旅游示范区。

省竞争性扶持资金和湛江市地方配套资金为6亿元，由湛江市五岛一湾滨海旅游产业园区管理委员会全面按计划统筹安排，主要用与旅游景观基础设施建设、交通基础设施建设、贴息贷款融资和规划宣传。资金使用原则是：统筹安排，保证重点；专户管理，专账核算；讲求效益，放大使用；专款专用，加强监管。由市财政局、审计局、纪检监察部门负责人负责整个财务开支的监管，并对工作进度进行跟踪。

▲湛江市五岛一湾滨海旅游园区团队现场陈述。

（黄　静　摄）

湛江市地方配套资金来源按1：1的比例，地方配套资金3亿元。资金按5：3：2比例划拨，即第一期：政府性基金安排1.1亿元、一般预算超收收入安排0.4亿元，共计1.5亿元；第二期：一般预算安排0.4亿元，政府性基金安排0.5亿，共计0.9亿元；第三期：一般预算安排0.4亿元，政府性基金安排0.2亿元，共计0.6亿元。资金使用预期效果：2.5亿元投入旅游景观塑造和公共基础设施建设；2.8亿元投入园区交通基础设施和贴息贷款；0.7亿元投入规划与宣传。

园区建设地方配套投入及产生效益　湛江市自2010年以来，由市级财政投入或拟投入涉及园区海湾建设、码头建设等方面资金累计超过150亿元。其中，完成的项目31.92亿元，在建设项目77.5亿元，拟投入建设项目46.6亿元。到"十二五"期末，园区预期将接待游客2284.6万人次，年均增长31.1%；旅游总收入超过130亿元，年均增长30%以上，旅游就业规模7.88万人，年均增长30.3%；星级饭店数量78家，其中新增星级饭店39家。

（林洪强）

【红海湾滨海旅游产业园区】　红海湾地处汕尾市南部，自然风光独特，享有"南天第一湾"美誉，遮浪南澳半岛素称"粤东麒麟角"。1992年11月，经广东省人民政府批准，红海湾经济开发区正式设立。开发区现为县处级行政单位，2012年辖田墘、遮浪、东洲3个街道，共22个行政村、6个居民社区，2011年末人口8.63万多人。港澳台胞和海外侨胞近4万人，是粤东闻名的侨乡。2011年12月，汕尾市人民政府批准设立"汕尾红海湾滨海旅游产业园区"（以下简称"红海湾园区"）。

红海湾园区位于汕尾市区东南部18公里处，东临碣石湾，南依红海湾，三面环海，有遮浪港和东洲港两个港口，白沙湖、田寮湖两大咸水湖和遮浪南澳、施公寮两大半岛。海路东往汕头70海里（129.64公里），西至香港82海里（151.86公里）；陆上交通东至汕头市200公里，西至深圳市210公里，广州市330公里。

红海湾园区湖泊、岛屿、港湾交错，沙滩蜿蜒连绵，沿岸礁岩多姿，滨海风光秀丽，人文古迹众多，具有独特的亚热带海滨风光，旅游发展前景十分广阔。拥有蜿蜒透迤的海岸线72公里，同时拥有优良的深水岸线，海岸水深最深处达16米。白沙湖、后江湾一带多处可建1万~20万吨泊位码头，且港湾避风条件好、受海潮影响小，一年四季万吨以上轮船均可进港，素有“百里海湾尽良港”之美称。现红海湾园区陆地规划面积109.99平方公里，范围包括田墘街道、东洲街道、遮浪街道和龟岭岛，可利用海域面积约4000平方公里。

2011年，红海湾园区接待游客98.7万人次、接待过夜游客49.5万人次，分别占汕尾全市游客接待总量的10.62%、11.19%，成为汕尾市龙头景区之一。红海湾园区集“海、山、泉、文化”旅游特色为一体，其中“遮浪奇观”为中国观浪第一湾。遮浪南澳半岛是红海湾与碣石湾的分界点，两个海湾构成“南天第一湾”。红海湾遮浪半岛所在海域以风浪为主，常浪向为东和东北偏东，强浪向夏秋季节为东南偏东及东南，冬春季节为东及东北偏东；风向春、秋、冬季多吹东北风，夏季多吹东南风。季风、地形、地貌等自然地理因素的共同影响，形成了遮浪半岛东西侧独具特色的遮浪奇观，一面波涛汹涌，一面风平浪静，两侧景色迥然不同。这一独特的海浪现象堪称“世界海浪奇观”；被誉为“海上运动、活力时尚”，红海湾十分适宜开展水上运动项目。如1995年举办的广东省青少年帆板锦标赛，1996年亚太地区帆船帆板锦标赛暨奥运精英赛，1997年全国青年帆船锦标赛，2001年第九届全国运动会帆船帆板比赛，2010年第14届亚洲帆船锦标赛和第16届亚洲运动会帆船帆板比赛。以此为基础，集中打造海滨休闲运动、海洋娱乐体验、海上绿道旅游、游艇会等核心旅游产品。

竞争性扶持资金产生预期效果　一是杠杆效应。6亿元政策性资金投资至红海湾园区将带来超过18亿元的基础设施投资。二是税收增长。至2020年年末，产业园区有望获得每年25.03亿元的各类税收，其中，中央税收11.51亿元，地方税收13.52亿元。三是就业促进。项目开发可增加14.37万人直接就业岗位，带来35.94万人间接就业岗位。在政策支持方面，要优先资助公共设施建设；确保部分非营利性核心景区的投产；国有、外资、私营企业并举，鼓励少量高端产品入园；倡导绿色环保的旅游项目；鼓励社会资本组织商业赛事。

在6亿元扶持资金中，将5.3亿元用作公共和旅游基础设施投资，0.7亿元用作融资平台贷款贴息。省政府将3亿元竞争性扶持资金带动汕尾3亿元的财政配套资金，带动17.19亿元的基础设施投资，带动约180亿元旅游及相关产业投资。6亿元财政资金的杠杆效应分别达到1∶3和1∶30。预计到2014年年末，游客年接待量约达到144.8万人次；至2017年年末，游客年接待量约达到283.2万人次；至2020年年末，游客年接待量约达到445.8万人次。

（王建国）

【记者现场直击】　《南方日报》2012年8月25日讯：《滨海旅游成为广东旅游经济新增长极》——6亿元滨海旅游扶持资金最终花落谁家？

经省人民政府批准，由省旅游局和省财政厅共同举办的广东省滨海旅游产业园区竞争性扶持资金评审8月24日圆满结束。经过激烈角逐，最终湛江市和汕尾市以微弱优势胜出。评审专家们在评审活动结束后纷纷表示，广东滨海旅游资源非常丰富，发展滨海旅游，是广东提升核心竞争力，建设成为旅游强省的必由之路。参与竞争的五个沿海城市资源各具特色，整体水平更是不相上下，虽然湛江和汕尾市是粤西、粤东两区中的最高分，但是汕头、阳江、茂名同样是广东滨海旅游发展中的佼佼者，未来广东滨海旅游产业发展大有可为。

8月24日上午，记者现场直击：粤西阳江、茂名、湛江市，粤东汕头、汕尾市分别竞争金额高达3亿元的滨海旅游产业园竞争性扶持资金。记者获悉，五市市委、市政府对此高度重视，精心组织，纷纷拿出自家最好的滨海旅游资源参与竞争。评审会开始，各市按顺序依次进行展示，经过短片播放、主题演讲、现场答辩以及总结陈述等环节，一开始竞争就异常激烈。

评审会上，阳江市提出加大滨海旅游的四大举措，欲将海陵岛建设成为生态旅游岛和智慧岛的战略定位颇受专家的认可。阳江市市长魏宏广表示，海陵岛具有得天独厚的资源禀赋、优越的区位交通条件、良好的发展基础和美好的发展前景。而湛江方面，湛江市市长王中丙介绍，未来湛江将着力打造城市滨海旅游产业集聚区，邮轮、游船、游艇基地和高端海岛会议度假中心等三大品牌。茂名市副市长崔爽描述了茂名的滨海新区建设蓝图，以及发展养老休闲度假基地理念，这引起了专家们的热烈关注。

粤东两市角逐则于下午展开，汕尾、汕头两市市长分别就红海湾、南澳岛的发展优势进行阐述。汕尾市市长吴紫骊表示，汕尾是粤东通往珠三角的桥头堡，而香港至红海湾仅82海里，优良的港湾将带给红海湾游艇产业巨大的商机。汕头市市长郑人豪则表示，南澳发展高端旅游条件得天独厚，未来南澳可利用海西政策，建设海峡两岸合作实验区。

每一场陈述，都是对专家组的一大考验，在严密的程序下，专家组本着科学合理、公开公平公正的精神，在打分卡上评下自己的分数。粤西组评审会结束后，经9名专家的现场评定，最终湛江市以88.7857分的分数名列第一。亲自带队进行公开演讲的湛江市市长王中丙在听到分数后，激动之情溢于言表。他坦言，为了这次竞标活动，湛江做了精心的准备工作，他感谢这次公开公平公正的竞标，让湛江滨海旅游受到党委政府以及社会各界的重视和关注，成功获得这笔资金，也使湛江获得了极大的支持与鼓舞，

"未来湛江五岛一湾的建设定能实现工业化和生态化的并举，滨海旅游将借势进入跨越时期"。

粤东组的评审会上，经过激烈的角逐，汕尾市最终以88.7336分胜出。汕尾市市长吴紫骊在获悉结果后激动地说："汕尾太需要这笔资金了！这对于汕尾滨海旅游的发展有着重大意义！"他说，自己除了激动和兴奋，同时也感受到肩上的重担，如何用好这笔资金，让汕尾红海湾的经济腾飞，让更多百姓受惠，则是下一步所要面临的挑战。

记者在现场看到，从上午开始，记者、参与竞争人员就被禁止与评审专家接触，现场更有工作人员把守出入口，防止相关人员接近。当两场评审结果都出炉后，9位评审专家均长舒一口气。专家们纷纷表示，选择的过程异常艰难，毕竟五市在资源优势、环境优势等各方面都旗鼓相当，专家组每位专家各自打分，大家都只能在好中选优，"其实落选的城市也不应该灰心，从评分表上也可以看到，各市差距最大的也只有5分左右，而这5分的差距也不能说明资源品位上的差距，只要沿海各市决心并加大滨海旅游的发展力度，相信未来的发展成就会更大"。

王中丙告诉记者，省竞争性扶持资金和湛江市地方配套资金共6亿元，将由湛江五岛一湾滨海旅游产业园区管理委员会全面按计划统筹安排，未来五岛一湾滨海旅游产业园区将成为湛江社会发展和城市建设提升的增长极，广东滨海旅游示范区，世界知名、全国一流的国际滨海旅游目的地。

汕尾也将有包括省竞争性扶持资金和地方配套资金在内的6亿元投入滨海旅游产业园区的建设中。吴紫骊介绍道，6亿元将分两年分期分批投入，用在建设基础设施、打造精品旅游品牌以及贴息贷款方面，预计还将拉动另外180亿元的投入。到2020年，红海湾旅游园区将成为具有国际影响力的滨海旅游胜地。

华南理工大学旅游发展与规划设计研究中心副主任江金波表示，通过如此公开透明公正严密的方式展开滨海旅游竞争性扶持性资金的争夺，这在全国是先例。这看似只有两市拿到了扶持性资金，但实际上对于全省滨海旅游的整体发展来说都具有促进作用。江金波说，以这样的方式展开评审，以这样大手笔的投入加大发展滨海旅游的力度，这在全国实属罕见，对于其他滨海旅游城市乃至省份来说都具有示范性意义，这对于广东省实现旅游强省的目标具有推动作用。未来我省的滨海旅游发展，不仅仅停留在两个重点滨海旅游园区上，这6亿元资金将带动更多更大更具实效的投入，以带动粤东粤西两翼海洋经济的腾飞。据悉，在被抽中为评审专家组成员以来，9名专家手机、电脑等通信设备都由组委会保管，在召开评审会的两天内，均不得与外界联系，以保证评选的公平公正性。

通过竞争性评审，各级政府对当地旅游业发展的重视程度得到进一步的强化。五市在筹备PK以来，对各自的产业园区均有具体的规划，并在招商引资方面取得了不俗的成绩。以阳江为例，广东海洋历史博物馆已落户海陵岛，保利等著名大企业纷纷参与海陵岛旅游开发，十里银滩综合开发、马尾岛北洛湾旅游度假区、广东大飞洋游艇基地等精品旅游项目正加快推进。未来5年，海陵岛将投入400亿元开发旅游项目。汕头方面，南澳大桥将于2013年5月1日通车，过海电缆已建成投入使用，过海水管2013年上半年建成，环岛景观带、污水处理厂、垃圾填埋场等基础设施也已建成，打造高端滨海旅游的时机已经成熟。而茂名正在筹建放鸡岛蓝色高速公路驿站项目，准备将其打造成为南中国一程多站式游艇旅游航线的重要节点。

省旅游局方面表示，竞争性评审不仅调动各市（县、区）政府的积极性大力发展旅游，还将全省滨海旅游发展走向生态、健康、集约、可持续发展的轨道。未来粤东、粤西地区各创建一个上档次、高标准的滨海旅游示范园区，将通过整合资源、重点规划、集中实施，解决生态环境与经济的压力，发掘旅游产业发展潜力，让滨海旅游成为广东旅游发展新的增长极，带动当地经济可持续发展，最终提高人民群众的收入，把旅游业发展成为广东国民经济的战略性支柱产业和人民群众更加满意的现代服务业。

湛江、汕尾市缘何胜出？旅游专家江金波解密，从客观条件来看，五市的滨海旅游的确存在一定的差异，但各有特色。湛江和汕尾市具有一定的地理区位优势，滨海资源条件优良。而湛江有主导产业带动滨海旅游的发展，滨海产业发展更具综合性。环境保护类专家宋秋琴则表示，汕尾申报材料上说近期将开展垃圾发电项目，发电站已经在建，并将于年底落成，这表示他们重视环保工作。宋秋琴还发现，五个沿海城市领导都意识到环保的重要性，有些市甚至提出了更高端的设想，并为之实践，这表明环保与经济发展之间的关系越来越受到关注和重视，唯有这样，滨海旅游乃至海洋经济才能可持续发展。

（资料来源：《南方日报》记者　周人果　蔡华锋）

·链接·

粤西组各市得分：阳江市（86.6986分）、湛江市（88.7857分）、茂名市（83.8371分）；粤东组各市得分：汕尾市（88.7336分）、汕头市（85.6700分）。

佛山市西樵山风景名胜区创建国家5A级旅游景区

【概述】 西樵山地处珠江三角洲腹地，是风景秀丽、闻名遐迩的岭南山水明珠，更是源远流长的百越文化发祥地和千古文化名山。西樵山充分体现岭南文化兼收并蓄、多元包容、与时俱进的特质，是当之无愧的“岭南文化第一山”。2012年2月1日，广东省旅游景区等级评定委员会推荐佛山市西樵山风景名胜区为国家5A级旅游景区，并恳请全国旅游景区质量等级评定委员会组织评定。

【旅游资源与特色】 西樵山景区范围为13.6平方公里，其中核心景区总面积为6平方公里。西樵山的旅游资源与景观点是由72座奇峰，36个岩洞，232眼清泉，28处飞瀑和许多名胜古迹所构成的。

西樵山共划分为十大景区，分别为云海莲台（南海观音文化苑、宝峰寺）、黄飞鸿狮艺武术馆、白云洞、天湖公园、碧玉洞、翠岩、石燕岩、九龙岩、茶花园、桃花园等。根据《风景名胜区规划规范》的游赏项目分类，全山拥有观赏价值的景点98处，大部分景点以秀、幽、清、奇、巧为特色，具有极高的景观价值、文化价值和游憩观赏价值。

西樵山的森林面积达到1100多公顷，特别是近年来经过人工改造，山内阔叶林137.2公顷。山上有乔灌植物380多种，其中包括国家重点保护的桫椤、红椿和白桂木，还有大量的香樟、枫树和银杏等可供观赏的名树古木，及其丹桂、金桂、银桂、野百合、杜鹃等花木。山中现有狗、野狸、松鼠、蛤蚧、石燕等兽类和山锦、画眉、白头翁、金丝鸟、筝鹊、锦鸡等鸟类，成为天然的动植物乐园。

西樵山文化是岭南文化的杰出代表。西樵山自古人文荟萃，文化色彩浓厚。早在六七千年前的新石器时代，西樵山就是当时华南地区最大的石器制造场，以“双肩石器”为标志的“西樵山文化”开珠江文明之先河。明清以来，西樵山理学声贯朝野，吸引大批的文人学士，或览胜题诗，或兴教设塾，或孜孜求学，蔚然成风；历代名儒学士在西樵山建书院讲学，使西樵山成为闻名天下的“理学名山”。西樵山集儒、道、佛三教于一山，宗教文化色彩十分浓厚，被誉为“三教名山”。

旅游景观资源在岭南地区独树一帜。西樵山山水景观是在火山岩喷发的基础上发育而成的，集奇、险、野、趣于一体，地文景观、水域风光、生物景观、天象与气候景观、遗址遗迹、建筑与设施、旅游商品和人文活动等主要类型齐备，奇峰、飞瀑、湖泊、珍稀动植物等自然旅游资源有机组合，72峰峰峰皆翠，32泉泉泉有水，形成钟灵毓秀、清幽瑰丽、多姿多彩的景观特征。核心景区具有显著的全国性重点保护价值和地方代表性作用，享有“南粤翡翠”之誉。

文化主题特色鲜明，影响广泛而深远。西樵山集优美的自然风光和深厚的文化内涵于一体，旅游文化蕴含深厚，自唐代以来就已是中国南粤的历史名山。历史上，素有“南粤名山数二樵”“珠江文明的灯塔”“南粤理学名山”“西樵秀色美于诗”“室内桃源现代家”“不上西樵山，不算到岭南”等美誉。近年来，岭南文化主题特色鲜明，个性突出。地质文化、石器文化、理学文化、宗教文化、名人文化、生态文化、产业文化……多种文化在西樵山交汇包容，共冶一山，形成独具“兼收并蓄”岭南文化精髓、特色鲜明的南粤理学名山，成为享有盛誉的岭南文化高地。

火山时期遗址完整性好，资源珍稀奇特程度高。西樵山成于4500万～5100万年前白垩纪中后期，由于海底火山爆发堆积而成，形成了独特的火山结构和地形地貌，记录了千万年以来珠三角地区地质的变迁，是我国新生代火山代表。已发现20多处石器遗址和大量石器。同时，西樵山旅游资源特色鲜明，资源等级高：这里有珠江三角洲唯一的火山口湖天湖，有世界上最高的观音坐像，有华南地区石器时代以来规模最大石器制造场，有南粤四大名寺宝峰寺，有国家重点保护的珍贵观赏植物四方竹，有被联合国教科文组织划为保护区的桑基鱼塘等。

【旅游资源品位】 西樵山属南亚热带季风气候，冬无严寒，夏无酷热，多年年平均气温21.8℃，冬暖夏凉，加上特殊山水自然条件形成的小气候环境，使得四季温和宜游。既有奇峰、飞瀑、湖泊、森林、珍稀动植物等自然环境资源的有机组合，又有“西樵山文化遗址”“四大书院”遗址、云泉仙馆、白云古寺等人文景观与之交相辉映。西樵山集奇、险、野、趣于一体，景点分布广泛而又相对集中，多数景片的景点分布都在1公里的直线距离内，各景片大致均可形成环形游线，便于游客游览，业已成珠三角市民重要的近程游憩场所，是人们回归大自然、休闲健身、体验名山文化、享受度假乐趣的好去处。

▲佛山市西樵山风景名胜区鸟瞰图。

（佛山市旅游局供稿）

【旅游资源保护】 1988年，佛山市编制《西樵山风景名胜区总体规划》，2008年9月，委托上海同济城市规划设计院对《西樵山风景名胜区总体规划（2012—2015年）》进行编修，并已通过省政府上报国家审批。2006年，佛山市人民政府颁布《佛山市风景名胜区管理办法》；《广东省西樵山保护管理规定》现正在争取由省人民政府立法颁布。

实行分类保护　2004年，制定《广东省西樵山地质遗迹保护项目设计书》，2008年编制《西樵山地质遗迹保护规划》《西樵山火山地貌自然保护区科学考察与总体规划》，将地质遗迹分为核心区特级综合保护区、一级景观保护区、二级景观保护区、三级景观环境保护区、外围环境保护区“五区四级”进行保护。已建立资料档案的遗迹保护点20多个，拟建立50个左右。其中已开发的游览区设特级保护点如白云洞、九龙岩、石燕岩、石屏风、天湖火山口、冬菇石等共8个；一级保护点如天湖火山集块岩、天窗格、粗面岩体、石祠堂等共9个；二级保护点如翠岩、碧玉洞、神工劈天梯等11个。

地质灾害治理　自2004年起，佛山市南海区人民政府和西樵镇人民政府先后开展西樵山北侧边坡地质灾害一期、二期治理工程，投入约6500万元用于治理西樵山的地质灾害。当地地质部门定期对西樵山北侧边坡的地质灾害情况进行监测。2004年，投入资金约393万元用于保护人文历史资源。2008年，投入资金约350万元用于开展西樵山地质公园博物馆的工程建设。

【环境综合整治】 2008年以来，西樵山景区的保护和旅游开发投资累计达9620万元。其中投入5600多万元完善景区的生态道路、景点介绍牌、标识警示牌、旅游厕所、绿化、安全等配套设施（2003年，投入资金约500万元改造完善茶花园的桃花园景区。2006年，投入资金约10340万元用于引入消防供水上山、改造入口公园道路，以及西樵山地质灾害一期治理工程。2007年，投入资金约3731万元用于地质灾害二期治理工程和森林景观改造工程。2009年，投资360万元将原停车场改造提升为生态停车场，110万元用于登山大道至东湖票房主景观道路绿化改造工程等）。1997年至2004年，投入资金约900万元实施森林景观改造，改造施工面积7500余亩。2010年以来，西樵山景区周边关停陶瓷厂28间，107台燃煤锅炉和2间电厂的污染物排放得到综合治理，建成4间污水处理厂和长100多公里覆盖全镇的集污网；共植树96万多棵，建成生态林3个，林木改造3000亩，城乡新增绿地面积1300多亩。

【开发建设精品旅游项目和服务配套】 2011年6月启动创建国家5A级旅游景区以来，西樵山景区引入多个大型旅游文化项目，总投资80亿元。其中，广东西海岸旅游产业园总投资达62亿元。西樵山梦工场投资14亿元，将建成集影视拍摄基地、综合表演场馆、先进机动游戏、星级度假酒店等为一体的旅游影视基地。广东岭南博物馆投资1亿多元建成集收藏、保护、研究、展示和学术交流为一体的综合性博物馆。

推动景区将休闲度假、商务会议、文化体验、生态宜居等功能的结合，对占地2.5平方公里的听音湖区进行改造，建设南海会馆、樵山大道、特色旅游景点、岭南文化产业载体。景区建成开业的有大型影院1间、量贩式KTV 2间、大型购物广场4个、星级饭店4间以及涵盖粤菜、湘菜、川菜、鲁菜、日本菜等多种菜系的特色餐饮项目100多个。西樵山接待游客人数从1998年的46万人增加到2010年的180万人；综合经济收入从1998年的1307万元增加到2010年的6601万元；上缴税金从1998年的37万元增加到2010年的180万元。

（饶锋涛　文/图）

广东旅游大事记

Guangdong Tourism Memorabilia

（第31～40页）

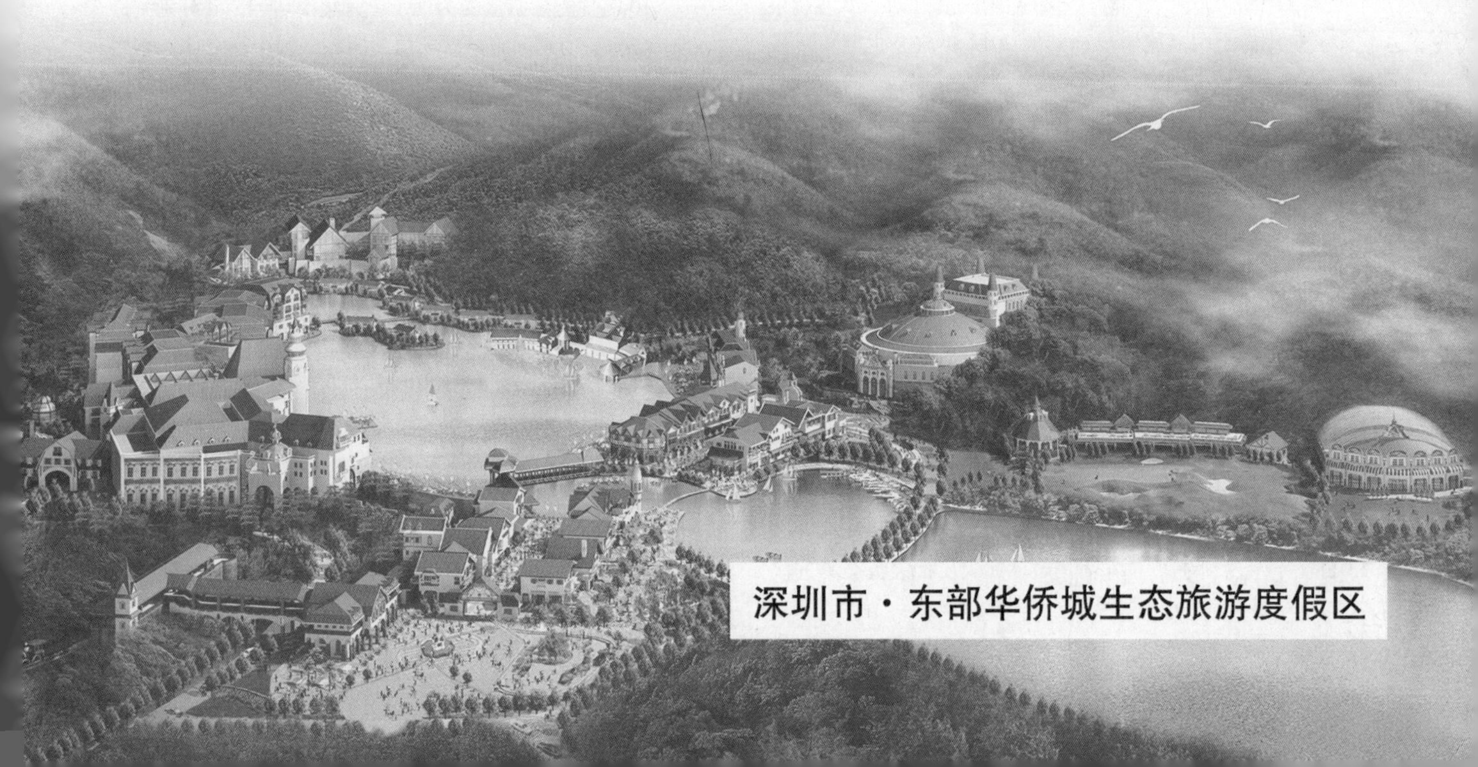

深圳市·东部华侨城生态旅游度假区

2012 年广东旅游大事记

1 月

4 日 □省旅游局副局长张振林分别与省财政厅、省发展改革委领导协商广东滨海旅游工作方案和滨海旅游发展规划。

□至 6 日，省旅游局副局长梅其洁赴梅州市参加 2012 粤澳春节黄金周旅游信息通报会议。

□至 8 日，省旅游局副局长王志红赴黑龙江省哈尔滨市参加 2012 中国欢乐健康游·中俄旅游年启动仪式暨第 28 届哈尔滨国际冰雪节。

5 日 □2012 年粤澳春节黄金周旅游信息通报工作会议在梅州召开。会议决定从 2 月 20 日起至 29 日止，启动粤澳、闽澳“春节黄金周旅游通报机制”，三地互相通报旅客数字、饭店平均价格及入住率等信息。

6 日 □省旅游局扶贫“双到”乳源瑶族自治县洛阳镇板长村举行旅游新村落成和农家乐项目竣工仪式。省旅游局局长杨荣森率领导班子成员，省扶贫办副巡视员陈成云，韶关市副市长兰茵以及当地市、县、镇相关部门负责人和新闻媒体记者共 60 多人参加活动。

□2012 年中国欢乐健康游·中俄旅游年暨第 28 届中国·哈尔滨国际冰雪节在哈尔滨启动。中国欢乐健康游是国家旅游局确定的 2012 年旅游主题，口号为“欢乐中国游、健康伴你行”。

11 日 □中共中央政治局委员、广东省委书记汪洋，广东省副省长许瑞生在广州会见国家旅游局局长邵琪伟一行。

□由中国旅游协会、中国旅游报社主办的首届中国旅游产业发展年会在广州举行。张振林出席高峰论坛并发言。

12 日 □2012 年全国旅游工作会议在广州召开。国家旅游局领导班子成员、全国各地旅游系统的代表约 250 人出席会议。广东省副省长许瑞生出席会议并致辞。下午，中共广东省委副书记、代省长朱小丹在广州会见出席 2012 年全国旅游工作会议的国家旅游局局长邵琪伟一行。

13 日 □朱小丹在广东省第十一届人民代表大会第五次会议上作《2012 年广东省政府工作报告》中，把“深入实施国民旅游休闲计划，扩大旅游综合消费”作为新年度重要工作内容。

15 日 □至 17 日，省旅游局副局长周开生赴江西南昌参加 2012 年全国旅游监管工作会议。

18 日 □张振林在广州参加《广东省志·旅游卷（1979—2000 年）》终审会议。

2 月

6 日 □至 9 日，许瑞生赴汕头、潮州市调研指导教育、旅游、体育工作。省政府副秘书长江海燕，省教育厅厅长罗伟其，省体育局局长杨酒军，省旅游局局长杨荣森、副局长张振林等陪同考察。

10 日 □由广州旅游促进会、广州地区酒店行业协会、广州地区旅行社行业协会和广州地区旅游景区协会联合主办的 2012 广州旅游界新春联谊会在番禺南粤苑举行。广州地区酒店、旅行社和景区代表近 600 人参加会议。

15 日 □广东省旅游局和新疆喀什地区行署联合举办喀什地区优秀导游广东培训交流活动。从喀什地区选派 10 名优秀导游接受为期 1 个月集中培训，并分别到广之旅、南湖国旅、深圳招商国旅、佛山禅之旅、东莞国旅 5 家旅行社实习。

17 日 □省人力资源和社会保障厅、省旅游局决定，授予广州旅游服务问询中心等 40 个集体“全省旅游系统先进集体”称号，授予广东农垦燕岭大厦有限公司董事长兼总经理赵威等 78 名同志“全省旅游系统先进个人”称号。

□至 18 日，张振林在佛山市三水区召开《广东省旅游发展规划纲要（2011—2020 年）》和《广东省滨海旅游发展规划（2011—2020 年）》修改讨论会。

□王志红在广州会见菲律宾旅游部国际旅游促进秘书一行。

20 日 □至 23 日，许瑞生率省直教育、体育、旅游部门相关负责人到河源、梅州、揭阳市调研教育、体育、旅游工作。王志红陪同考察。

□杨荣森在广州会见世界旅游理事会总裁兼CEO大卫·斯克斯尔一行。

□至28日，省旅游局分别在广东电视台、广东电台参加“民生热线”上线直播节目，周开生副局长率相关处室负责人上线并解答群众和游客普遍关心的问题。

□省旅游局副局长梅其洁在广州会见澳门旅游局局长安栋梁一行。

21日 □以“品质旅游，合作发展”为主题的第十五届海峡两岸旅行业联谊会在海南省海口举行。大会倡议并发表《海峡两岸旅游品质海南行动宣言》。杨荣森出席会议。

□由广东省旅游局和西班牙加泰罗尼亚旅游局联合举办的“第一届广东省出境游从业人员西班牙加泰罗尼亚旅游资源在线培训”结业仪式在广州举行。省旅游局副巡视员林上福和西班牙加泰罗尼亚旅游局局长恰维埃尔——埃斯巴萨出席结业仪式并讲话。全省10个地级以上市42家旅行社的488名从业人员报名参加培训，其中75人通过考核。

□载有350多名外国游客的英国“探险号”豪华邮轮抵达广州黄埔港6号码头。游客游览六榕寺、西园、陈家祠、中山纪念堂、南越王墓等广州历史胜地及南风古灶、梁园、妈祖庙等佛山文化名胜。

23日 □广东省副省长招玉芳率省政府办公厅、省外经贸厅、省旅游局、省港澳办、海关广东分署、广东检验检疫局等负责人到南沙游艇会开展促进游艇产业发展的工作调研。

25日 □“2012中国欢乐健康游暨广佛肇妇女游绿道庆‘三八’活动”启动仪式在肇庆举办。由广州市旅游局、佛山市旅游局和肇庆市旅游发展局等联合主办。

27日 □省人民政府印发《2012年省政府工作要点》，提出要“深入实施国民旅游休闲计划，大力发展绿道休闲旅游”。

3月

1日 □省旅游局启动全省“诚信旅游——游客满意工程”系列活动。自3月起，由省市旅游质量监督管理部门、省旅行社行业协会联合启动广东“品质旅游”线路评选等活动。

□至3日，由广东省旅游局和广州市旅游局指导，汉诺威米兰展览（上海）有限公司主办的2012年广州国际旅游展览会在中国进出口商品交易会展馆开幕。

2日 □2012年全省旅游工作会议在广州召开。中共广东省委副书记、省长朱小丹出席会议并讲话。许瑞生主持会议。会议通报全省荣获“全国旅游系统先进集体”“劳动模范”和“先进工作者”称号名单，表彰2011年度全省旅游系统先进集体和先进个人，为获“广东旅游强县（市）”“2012广东旅游好新闻”的单位和个人授牌颁奖。

5日 □广东省旅游局、揭阳市人民政府共建“广东省商务休闲旅游示范区”工作座谈会在广州召开。杨荣森、周开生、张振林，揭阳市市长陈东、副市长曾瑞如以及省内旅游企业代表参加会议。

6日 □至10日，梅其洁率团赴香港、澳门参加2012中国欢乐健康游主题旅游年港澳地区启动仪式暨主题推广活动。

8日 □至9日，朱小丹、招玉芳等领导赴北京拜会国家旅游局局长邵琪伟及其他领导。杨荣森率局领导班子成员参加。

18日 □由广东省人民政府与国务院发展研究中心共同主办的中国发展高层论坛2012“广东之夜”主题晚宴在北京人民大会堂举行。汪洋、朱小丹、国务院发展研究中心主任李伟、中国发展研究基金会理事长王梦奎等出席活动。

□至21日，第八届中国（深圳）国际文化产业博览交易会在深圳举行。主会场展出面积10.5万平方米，内设7大专业展馆。成交额达到1432亿元，比上届增长15%。

□由国家行业核心期刊中国饭店杂志社发起，亚太酒店协会、中国社科院旅游研究中心等单位联合举办，广东酒店行业协会等近30家省级酒店及餐饮业地方协会联合协办的中国饭店2012年会暨第十二届中国饭店全球论坛在广州启幕。

21日 □张振林、广州市副市长王东出席2012年广州市旅游工作会议并作讲话。

22日 □2012年全省旅游纪检监察行风建设暨旅游质量监督管理工作会议在佛山召开。全省21个地级以上市旅游局的分管领导及行业管理、纪检监察、质量监督部门负责人、重点旅游企业代表等共130人参加会议。广州、深圳、佛山市旅游局以及广东中旅4个单位在会上交流经验。

23日 □《基于J2EE和SOA架构的国民旅游休闲公共信息服务平台与创新管理系统》荣获广东省科学技术奖三等奖。由广东省旅游局和广东益民旅游休闲服务有限公司联合承担课题。

24日 □由广州广之旅国际旅行社股份有限公司组织、西藏环球旅行社承办的2012广客西藏游活动铁路西藏旅游专列启程。

26 日 □广州广之旅国际旅行社股份有限公司、深圳华侨城控股股份有限公司、广州市白云山风景名胜区管理局和港中旅（珠海）海洋温泉有限公司等全国 57 家企业在 2012 年全国旅游标准化工作会议上列入首批“全国旅游标准化示范单位”。

29 日 □至 29 日，中共中央政治局委员、广东省委书记汪洋在省委常委、秘书长林木声，副省长刘昆，省旅游局局长杨荣森等陪同下，到河源市连平县、韶关市新丰县、惠州市龙门县调研并召开部分县（市、区）委书记座谈会。他实地考察龙门县天然温泉度假村中国农民画博物馆、塔山公园、南昆山温泉旅游大观园，专题调研山区旅游开发等情况，要求合理统筹旅游资源，科学规划，理性开发，形成集聚效应，不断提升山区旅游经济水平和质量。

□朱小丹率广东省考察团到西藏自治区林芝地区考察。并出席在林芝县鲁朗镇举行的林芝鲁朗国际旅游小镇奠基暨项目开工仪式。

□张振林在广州与北京市旅游委城市旅游观光巴士调研组一行座谈。

30 日 □梅州市第六届人民代表大会第二次会议通过市人民政府《关于创建广东梅州文化旅游特色区的决定》。

31 日 □广州从化、韶关新丰、河源连平三地签订《从化新丰连平共建南粤百里生态旅游产业带紧密合作框架协议》。三县（市）共同打造 105 国道生态旅游产业带。

□至 4 月 2 日，深圳市文体旅游局局长陈威、副局长岳川江率百人促销团分别赴长沙、武汉举办“创意深圳，时尚之都”专题推广暨万人互游深武长活动。

4 月

1 日 □海峡两岸旅游交流协会公布，成都、天津、重庆、南京、杭州、广州、济南、西安、福州、深圳等十城市纳入第二批大陆居民赴台个人游试点。28 日，天津、重庆、南京、杭州、广州、成都六市启动第二批大陆居民赴台个人游，同年 8 月 28 日，济南、西安、福州、深圳四城市启动实施居民赴台个人游。

□由广州增城市文体旅游局、增城市质监局、广州地理研究所联合起草的《绿道旅游服务规范》（广州市地方技术规范）于即日起实施。

2 日 □汪洋到惠州市龙门县调研期间，实地考察龙门温泉度假酒店群建设情况。

□惠州市博罗县举办首届风筝节。

6 日 □至 7 日，张振林到珠海参加广东省创建国家级海洋生态文明示范区启动仪式。

9 日 □至 12 日，汪洋、朱小丹率广东省党政代表团到湖北、河南学习考察。9 日至 10 日，汪洋、朱小丹出席广东产品湖北行启动暨粤鄂经贸合作项目签约仪式。11 日至 12 日，汪洋、朱小丹出席广东产品河南行启动暨粤豫经贸合作项目签约仪式。林上福率广东省经贸代表团旅游分团赴湖北、河南省开展旅游交流活动。

10 日 □至 11 日，潮州市潮安县举行荣获“广东旅游强县（市）”揭牌仪式。

11 日 □至 15 日，张振林分别到惠州市博罗县、揭阳市调研景区创 A 工作。

12 日 □由广东省人民政府与澳门特别行政区政府共同主办的“广东·澳门周”活动在广州正佳广场开幕。澳门特别行政区行政长官崔世安、朱小丹出席开幕仪式，澳门特别行政区社会文化司司长张裕、招玉芳分别致辞。期间，在广州举行旅游推介会暨业界洽谈会。16 日起至 5 月 16 日，分别在澳门和江门两地举办“广东·澳门周”系列活动。

13 日 □至 15 日，黎增丰率广东展团共 200 多人参加国家旅游局在青岛主办的 2012 中国国内旅游交易会（青岛展）。广东设旅游展台 20 个。

□惠州·巽寮首届妈祖文化旅游节开幕式在巽寮滨海旅游度假区举行。

17 日 □至 22 日，由国家旅游局副局长王志发率领的《粤港澳区域旅游发展规划》调研组到珠海调研。来自国家旅游局和广东、香港、澳门三地旅游部门、业界和研究机构的代表 30 人参加，就规划文本和粤港澳旅游合作发展进行探讨。

□至 26 日，张振林副局长赴西班牙参加西班牙嘉泰罗尼亚旅游展。

23 日 □中共湛江市委书记刘小华一行到省旅游局就湛江滨海旅游发展工作召开座谈会。

26 日 □广东省试行国民旅游休闲计划联席会议在广州召开。刘晓捷部署有关工作，杨荣森主持会议。

□粤港澳旅游联合推广机构第 72 次会议在广州召开。粤港澳三地共同商讨并制订 2012 年旅游合作推广计划，省旅游局为本届推广机构轮值主席方。

27 日 □招玉芳到肇庆调研外经贸和旅游工作，并考察省绿道 1 号线环星湖起点及七星岩风景区，了解肇庆旅游业发展情况。刘晓捷、杨荣森陪同调研。

□至 29 日，由广东省旅游局、南方广播影视传媒集团、江门市人民政府联合主办，台山市人民政府、广东人民广播电台承办的2012年江门台山文化旅游博览会在广州举行。

28日 □广州居民赴台个人旅游首发启动仪式在广州举行。广州首批赴台个人游游客共120名。

5月

5日 □至7日，由阳江市人民政府主办的2012年阳江市旅游文化节在海陵岛经济开发试验区开幕。活动项目包括：2012年阳江市旅游文化节欢迎酒会暨旅游招商推介会、2012年阳江市旅游文化节开幕式暨文艺晚会、第四届广东文化创意产业论坛暨阳江旅游文化产业高峰会、风筝表演等。张振林应邀参加。

9日 □日本国观光厅观光推进代表团在广州举办观光说明会，王志红应邀参加并会见日本国土交通省北陆信越运输局局长最胜寺洁一行。

□张振林到佛山市南海区文体旅游局指导西樵山创建国家5A级旅游景区工作。

10日 □张振林在广州组织召开由粤港澳三地旅游部门联合召开的《粤港澳旅游合作规划》（草案）修改会议。

17日 □湛江市人民政府审议通过《湛江五岛一湾滨海旅游产业园总体规划》。

18日 □省旅游局与中石化广东石油分公司在广州举行战略合作协议签字仪式。招玉芳出席仪式并讲话。刘晓捷主持签字仪式。杨荣森、中石化广东石油分公司总经理夏于飞等出席签字仪式。

□广东省旅游局与珠海市人民政府在珠海签订共同推进珠海滨海旅游大发展合作框架协议。中共广东省委常委、珠海市委书记李嘉出席签约仪式。杨荣森与珠海市委常委、常务副市长刘小龙代表合作双方在框架协议上签字。

19日 □全省各地开展以“欢乐旅游，惠民旅游”为主题的2012年“中国旅游日”活动，宣传文明旅游、健康旅游、诚信旅游，开展形式多样的公益惠民活动。深圳、东莞、惠州市联合举办“万人互游深莞惠”活动。

20日 □至27日，林上福率团随国家旅游局赴德国参加2012年德国法兰克福世界会议与奖励旅游展。

22日 □至23日，中共中央政治局委员、广东省委书记汪洋在茂名市调研期间，与省领导黄先耀、林木声、许瑞生等一起，在市委书记邓海光等陪同下考察化州孔庙、滨海公园绿道。

□张振林在广州出席“清凉一夏·海南度假”海南旅游广东推介会。

□梅其洁在广州会见新加坡旅游局局长梁雨强一行。

23日 □由广东省旅游局、广东省经信委、广东省教育厅、广东省林业厅、广东省体育局、广东省海洋渔业局、南方报业传媒集团、南方影视传媒集团、中国电信广东公司、中石化广东石油分公司、网易公司共同主办的“欢乐健康游 幸福伴你行”2012暑期旅游惠民大行动启动仪式在广州塔举行。国家旅游局副局长杜一力、招玉芳出席并启动本次活动。共1100多名游客参加启动仪式。

24日 □由国家旅游局主办的“2012中国国际旅游商品博览会”在义乌举行。广东共组织8个地市旅游局，25家企业130多人组成参展团参加。参展商品包括旅游用品、食品、工艺品、岭南特色礼品及土特产品等共五大类近百种商品。其中“‘伞友’旅游纪念品”获得金奖，“悟空系列卡通迷你蓝牙音箱和卡通iphone手机壳”获铜奖。

□杨荣森在广州会见希腊驻华大使塞德罗斯先生一行。

□广东酒店行业协会第二届会员代表大会在广州召开。白天鹅酒店集团连任会长单位，白天鹅酒店集团总经理黄颖聪当选会长。省旅游局局长、广东省旅游协会会长杨荣森，周开生到会祝贺。

25日 □至30日，省旅游局组团参加2012台北两岸观光博览会。

28日 □广东省旅游局与珠海市人民政府在珠海度假村酒店签订共同推进珠海滨海旅游大发展合作框架协议。中共广东省委常委、珠海市委书记李嘉，杨荣森出席签约仪式。双方致力以打造珠海国际商务休闲旅游目的地城市为目标，在全省滨海旅游发展方面发挥示范作用。

□全省旅游景区管理工作会议在东莞召开。全省21个地级以上市及顺德区旅游局分管领导、行业管理业务负责人、旅游景区管理系统和旅游项目投资信息系统填报人、全省重点旅游企业负责人等共130人参加会议。会议研究部署全省旅游规划和景区管理工作，开展景区管理和项目投资培训。

□老红军徐英（女）因病医治无效于13时逝世，终年94岁。徐英原籍浙江省，广东省旅游局人事处原处长，中组部批准享受副部（省）长级医疗待遇。同年6月6日在广州殡仪馆青松厅举行遗体告别仪式。

6月

1日 □《广东省旅游卫星账户编制研究报告》通过专

家评审。

4日 □在揭阳市人民政府召开的旅游发展大会上，广东省旅游局与揭阳市人民政府签订共建“广东省商务生态旅游示范区”框架协议。中共揭阳市委书记、市人大常委会主任陈绿平，省旅游局局长杨荣森出席会议并讲话。省旅游局副局长张振林，揭阳市委常委、秘书长刘光明等出席会议。副市长曾瑞如主持会议。

5日 □杨荣森在广州分别会见伊朗驻广州领事馆代总领事和斯里兰卡驻广州总领事馆总一行。

6日 □至13日，朱小丹率省调研组到阳江、梅州调研经济社会发展情况。6日，朱小丹到海陵岛实地察看旅游综合开发项目。他指出，海陵岛资源得天独厚，要把最好的资源最大限度地让最广大人民群众来享受。要求海陵岛旅游开发，要科学规划、从容开发，把海陵岛打造成世界级海岛旅游品牌。12~13日，朱小丹率队到梅州调研期间，先后考察叶剑英纪念园、雁南飞茶田景区、客天下旅游产业园。朱小丹要求梅州深入打造生态旅游业，通过科学规划发展高端旅游项目，不仅要吸引潮汕平原、闽赣周边地区的客源，还要把广告做到江浙，吸引华东、华北等地的高端客源，做强做大做旺生态旅游业。杨荣森陪同考察。

□中国南方航空股份有限公司开通广州一伦敦航线，标志着南航进军欧澳第六航权中转市场。

7日 □省旅游局召开廉政风险防控工作动员会。

10日 □至13日，由广东省旅游局、揭阳市人民政府主办的“中国广东揭阳商务生态旅游专题推介会”分别在泰国华人青年商会、马来西亚吉隆坡举行。其间签署《马来西亚新山市——中国揭阳市商务生态之旅首航包机协议书》。

13日 □至15日，第26届香港国际旅游展暨内地与香港旅游业界庆祝香港回归十五周年联谊会期间，省旅游局举办“粤港合作·共创辉煌图片展”及参加香港优质旅游服务协会会议等多项活动。

21日 □广东旅行社行业协会第二届会员代表大会在广州举行。会议选举产生新一届会长，广东国旅国际旅行社股份有限公司党委书记、董事总经理谷训才当选新一届会长。杨荣森、周开生到会祝贺。

□湛江市人民政府审议通过《湛江市旅游产业发展规划（2011—2020年）》。

28日 □广东省旅游局和省林业厅联合授予广州大封门旅游景区等8家景区为第三批“广东省森林生态旅游示范基地”。至此，“广东省森林生态旅游示范基地”达85家。

□至29日，2012年全国旅游市场工作会议在广州召开。国家旅游局副局长祝善忠、广东省常务副省长肖志恒出席会议并讲话。来自全国31个省区市、新疆生产建设兵团，5个计划单列市、10个副省级城市，部分大型旅游企业的代表，以及国家旅游局旅游促进与国际合作司、港澳台旅游事务司和中国旅游研究院的相关负责人参加会议。

29日 □中共清远市委、清远市人民政府出台《关于进一步加快旅游业发展的意见》。

7月

4日 □省旅游局联合香港旅游业议会在香港成功举办“粤港同心、携手合作、共创辉煌——粤港旅游业界庆回归合作交流会”。招玉芳、香港特别行政区政府财政司司长曾俊华出席活动并讲话。招玉芳向香港旅游署、香港旅游业议会、香港旅游发展局和亚洲旅游交流中心颁发“特别纪念牌”，并为48家香港旅游企业颁发“广东旅游贡献奖”。省旅游局与香港旅游业议会、香港旅游发展局签署《关于进一步加强旅游合作的协议》。

5日 □广东省旅游局、广东省经济和信息化委员会联合发文，批复认定云浮国际石材博览中心为“广东省工业旅游示范单位”。至此，“广东省工业旅游示范单位”共46家。

6日 □广东省人民政府印发《广东省旅游发展规划纲要（2011—2020年）》和《广东省滨海旅游发展规划（2011—2020年）》。

7日 □至9日，2012年度广东省全国导游资格考试考评员培训班在惠州开班。

10日 □张振林陪同广东省副省长招玉芳到佛山调研旅游工作。

11日 □由河北省旅游局与广东省旅游局共同举办的“广东人游河北”系列活动启动仪式暨河北旅游产品推介会在广州召开。河北、广东两省旅行社签署“广东人游河北”合作协议。

13日 □由广东省旅游局、广东省侨务办公室、海外华文媒体合作组织、清远市人民政府主办，广东省人民政府新闻办、广西壮族自治区人民政府新闻办、广西壮族自治区旅游局支持的2012年“海外华人最喜爱的华南景（区）点”评选活动在清远市启动。

18日 □至25日，张振林赴俄罗斯参加国家旅游局“你好，俄罗斯”旅游交流活动。

19日 □王志红在广州会见澳大利亚昆士兰州旅游部部长简·斯塔基一行。

□至25日，张振林率团参加国家旅游局在莫斯科与俄方共同举办的“你好，俄罗斯”中俄旅游交流活动。19日，广东旅游代表团联合广东省酒店用品协会在莫斯科举行广东酒店用品推介大会。21日，在圣彼得堡举行旅游业界交流会，向当地主要地接旅行社和华人代表宣传广东旅游资源特色产品，推介广东旅游精品线路。

23日 □由广东省旅游局联合省经信委、省教育厅、省林业厅、省体育局、省海洋渔业局、南方报业传媒集团、南方广播影视传媒集团、中国电信广东公司、中石化广东石油分公司及网易公司共同举办的“欢乐健康游·幸福伴你行”——2012暑期旅游惠民大行动在广州塔举行启动仪式。

□由省委组织部主办、省旅游局协办、中山大学承办的“发展文化旅游，扩大旅游消费”专题研讨班在中山大学开班。招玉芳出席开班仪式并讲话，国家旅游局副局长杜一力作“发展文化旅游的若干思考”专题报告。杨荣森主持开班仪式。各地级以上市分管旅游工作的副市长，67个县（市）分管旅游工作的副县长以及旅游业界负责人共160多人参加学习和研讨。本次研讨班为期5天。

□至25日，全省旅游质监执法工作培训班在清远开班。周开生、清远市副市长王得坤出席会议并讲话。各市旅游局分管旅游质监的副局长、质监部门负责人共150人接受培训。

26日 □省旅游局“六五”普法办公室编印《旅游政策法规汇编》。该书重点收录2000年1月至2012年6月间，国家和省颁布的旅游政策文件及现行有效的旅游法律法规共12个类别、90篇。

27日 □省旅游局召开2012年纪律教育学习月活动动员大会，并签订勤政廉政建设责任书。

□2012年华侨城狂欢节在深圳华侨城欢乐海岸开幕。华侨城旗下的世界之窗、锦绣中华民俗村，深圳、北京、上海、成都、武汉五地欢乐谷等陆续开展狂欢节系列活动，本届狂欢节持续至9月中旬。国家旅游局党组成员刘金平、深圳市人大常委会主任刘玉浦、省旅游局局长杨荣森、深圳市文体旅游局副局长岳川江等出席狂欢节开幕式。

31日 □中共阳江市委、阳江市人民政府出台《关于加快海洋经济强市建设的实施意见》。

8月

3日 □广州白云国际机场扩建工程开工仪式举行。扩建工程总投资188.54亿元，以2020年为设计目标年，设计年旅客吞吐量为8000万人次、货邮吞吐量250万吨、飞机起降量62万架次。

12日 □中共广东省委常委、纪委书记黄先耀在韶关市市长艾学峰、仁化县县委书记刘峰、县长王晓梅以及丹霞山景区管委会副主任侯荣丰等陪同下到丹霞山景区考察调研。

14日 □刘晓捷到广州市番禺沙溪用品销售中心调研。王志红陪同调研。

□2012全省景区（点）总经理岗位职务培训班开班。

24日 □由广东省旅游局、省财政厅联合举办的广东省滨海旅游产业园区竞争性扶持资金专家评审会在广州举行。粤西阳江、湛江、茂名和粤东汕头、汕尾五市分别参评。湛江市五岛一湾滨海旅游产业园区和汕尾市红海湾滨海旅游产业园区竞得第一、第二名。

26日 □广东省贸促会组织经贸代表团赴澳大利亚、新西兰两国访问。期间，广东省贸促会牵头联合广东省外经贸厅、旅游局、农业厅在澳大利亚悉尼市、布里斯班市，新西兰奥克兰市举办旅游合作推介会暨企业对接活动，学习考察其海上旅游和游艇旅游方面的成功经验和做法。

□第二届中国（揭阳）玉文化节暨第十一届中国（揭阳）玉器节在广州举行。省政协副主席、省妇联主席温兰子，中共揭阳市委书记、市人大常委会主任陈绿平，南方报业传媒集团董事长、南方日报社社长杨兴锋等出席启动仪式。

□至31日，梅其洁到印度开展粤港澳旅游联合推广活动。

27日 □张振林在广州会见塞浦路斯国家旅游局局长一行。

30日 □王志红出席由越南驻穗总领馆主办的“越南—中国（广东）经贸旅游论坛和庆祝越南国庆”活动。

□省旅游局借助第八届泛珠三角区域合作与发展论坛暨经贸洽谈会在海南召开之机，组成旅游分团赴海口市举行旅游招商推介会。

9月

6日 □至8日，广州、肇庆、清远市和桂林、贺州市打造华南五市山水生态旅游黄金专线座谈会在广西壮族自治区贺州召开。会议签署《打造华南五市生态旅游精品线路备忘录》。

□至11日，梅其洁率团参加在福建举办的第八届海峡旅游博览会。

7日 □由闽浙粤赣四省旅游局共同主办的海峡西岸经济区旅游局长座谈会在厦门召开，并签订《联手做大做好赴“金马澎”个人游市场合作宣言》。国家旅游局副局长、海峡两岸旅游交流协会执行会长杜江参加座谈会。

8日 □国家住房和城乡建设部报经国务院同意批准《丹霞山风景名胜区总体规划（2011—2025年）》。该总体规划由韶关市丹霞山管委会委托广东省城乡规划设计研究院、中山大学规划设计研究院编制。

9日 □中共广东省委常委、常务副省长徐少华在杨荣森陪同下，到佛山市广东中旅南海旅游产业园调研，并出席南海西岸旅游产业园市政配套项目及水上乐园奠基仪式。

11日 □至13日，邵琪伟率检查组在广东检查中秋国庆假日旅游工作，并围绕如何进一步贯彻落实科学发展观、推动旅游业又好又快发展进行考察调研。在粤期间，邵琪伟一行在招玉芳陪同下，先后到中山、广州两市调研，召开由相关部门和旅游企业负责人参加的座谈会。邵琪伟一行先后考察孙中山故居、盛世游艇会建设现场、南沙游艇会、南沙湿地、广州塔、长隆集团等旅游景区和旅游企业。13日，汪洋、朱小丹等在珠岛宾馆会见邵琪伟一行。

14日 □至16日，2012中国（广东）国际旅游产业博览会在广州开幕。汪洋出席开幕式宣布开幕。邵琪伟、朱小丹、林木声和世界旅游业理事会总裁大卫·斯克斯尔等中外嘉宾出席开幕式。邵琪伟、朱小丹、大卫·斯克斯尔分别致辞。招玉芳主持开幕式。本届旅博会突出产业化、专业化、国际化特色，强化展销对接、惠民服务的功能，设有中华馆、国际馆、酒店用品馆、高端休闲馆等8大主题展馆共5000个标准展位，并同期举办2012中国星级饭店采购交流年会、“智慧旅游·创新发展”中国旅游产业发展论坛、旅游大卖场等10多项主题活动，吸引40多个国家和地区展商参加。

17日 □至18日，曾维炳赴青岛参加第六届中美省州旅游局长合作发展对话会议。

□至28日，王志红率团参加在希腊、意大利、马耳他举办的旅游推广活动。

18日 □由广东省旅游局和中国石化广东石油分公司联合主办的“广东特色旅游商品全国行”启动仪式在广州举行。招玉芳出席展销会并致辞。本届展销会展出来自全省各地59个厂家、近800种广东特色名特优商品。

19日 □广东省交通运输厅印发《广东省重大节假日免收小型客车通行费实施方案》，明确免费通行范围为全省建成通车的全部收费公路（含收费桥梁和隧道），包含机场高速公路。

20日 □广东省游艇旅游协会成立并召开第一届会员代表大会。

21日 □2012年广东省旅游扶贫竞标大型重点项目评审会在广州举行。梅县雁洋桥溪古村落旅游开发项目等6个项目在竞标评审中脱颖而出。

□粤澳中秋、国庆假日旅游信息工作会议在珠海召开。梅其洁、澳门特区政府旅游局副局长白文浩等出席会议。

23日 □粤港中秋、国庆假日旅游信息工作会议在深圳召开。梅其洁、深圳市旅游局副局长岳川江、香港旅游事务署专员容伟雄、旅游业议会胡兆英等出席会议。

25日 □澳门旅游局、香港旅游发展局、香港旅游业议会、深圳市文体旅游局及珠海市文体旅游局在深圳签订《深港澳珠四地旅游合作协议》。中共广东省委常委、深圳市委书记王荣出席签字仪式。

□中共广东省委常委、深圳市委书记王荣出席由深圳市文体旅游局、华侨城集团联合主办的“中秋国庆旅游惠民欢乐月活动”启动仪式。

27日 □国家标准委印发《关于成立全国服务标准化技术委员会温泉服务分技术委员会的批复》，同意成立全国服务标准化技术委员会温泉服务分技术委员会（SAC/TC 264/SC3）。全国服务标准化技术委员会第一届温泉服务分技术委员会由31名委员组成。12月21日，全国服务标准化技术委员会温泉服务分技术委员会（SAC/TC264/SC3）成立暨第一届温泉服务分技术委员会工作会议在珠海御温泉度假村举行。

10月

8日 □至12日，省旅游局组团参加第五届澳门世界遗产与休闲城市旅游博览会。

10日 □深圳大鹏新区与华侨城集团公司在深圳举行战略合作框架协议签约仪式，双方共同注资成立深圳大鹏华侨城旅游开发有限公司揭牌。王荣及市领导蒋尊玉、李华楠等出席。

12日 □广东省海上休闲旅游启动仪式暨2012广州南沙湾国际游艇博览会开幕式在广州市南沙游艇会举行。珠海、梅州、惠州、汕尾、中山、湛江六市设分会场，同步开展海上休闲旅游相关活动。

15日 □招玉芳率领省外经贸厅厅长郭元强、省旅游局局长杨荣森到茂名市电白县旦场镇党代表工作室开展接待基层党员活动。

□至25日，省旅游局纪检组长、监察专员黎增丰率团赴加拿大参加2012加拿大蒙特利尔旅游展。

16 日 □中共云浮市委副书记、市长卓志强一行到省旅游局进行工作交流。杨荣森、张振林等与卓志强一行举行座谈。

□至 19 日，王志红率团赴新疆喀什参加第三届丝路明珠喀什噶尔国际旅游文化节。

20 日 □首届国际（中国肇庆）徒步旅游节暨国际市民体育联盟 2012 年年会在肇庆星湖开幕。来自世界五大洲 50 多个国家（地区）的嘉宾 300 多名和上万名徒步爱好者出席开幕仪式并参加星湖绿道徒步 5 公里的活动。招玉芳，国际市民体育联盟（IVV）主席科兰托尼奥·朱佩斯等嘉宾为本次活动揭幕。

□至 21 日，国家旅游局党组成员、规划财务司司长吴文学一行在粤调研旅游工作。张振林等陪同调研。

21 日 □广东省旅游局与阳江市人民政府在阳江市海陵岛共同举办广东海陵岛滨海旅游发展研讨会。国家旅游局党组成员、规划财务司司长、中国旅游协会副会长吴文学出席研讨会并讲话。国家发展改革委宏观经济研究院、国务院发展研究中心、广东省政府研究中心、中山大学、暨南大学等科研院所专家学者参加本次研讨会。

□至 23 日，梅其洁赴澳门参加第十届澳门妈祖文化旅游节。22 日，梅其洁参加“广东省经贸旅游投资推介会”并作大会推介。

23 日 □招玉芳率队到湛江调研。要求湛江做好滨海旅游大文章，将滨海旅游产业园区打造成南中国滨海旅游的全新地标、示范样板、响亮品牌。

24 日 □至 29 日，省旅游局副局长梅其洁率团参加由海峡两岸旅游交流协会和台湾观光协会联合举办的第七届海峡两岸台北旅展。

28 日 □至 30 日，由广东省旅游局、江门市人民政府、广东省旅游协会联合主办的第七届广东（江门）国际温泉旅游节在江门市古兜温泉综合度假区开幕。本届温泉旅游节以“二次腾飞，泉在广东再创辉煌”为主题，举办广东温泉转型升级国际论坛等活动。

31 日 □杨荣森分别会见古巴、越南驻穗总领事。杨荣森向客人介绍广东旅游业发展现状，并就共同关心的旅游包机、旅游企业投资、客源互访等话题与外宾展开交流，达成系列共识。

11 月

1 日 □至 4 日，王志红赴广西参加 2012 年“两广十市”区域旅游合作联席会议。

3 日 □至 12 日，周开生率团参加在英国伦敦举办的 2012 伦敦国际旅游展。

8 日 □至 9 日，2012 年粤澳旅游合作会议在澳门召开。省旅游局局长杨荣森、澳门特区政府旅游局副局长文绮华等出席会议，双方探讨粤澳游艇合作、粤澳“一程多站”联合推广、“144 小时便利签证”政策、粤澳在横琴和南沙旅游合作开发、粤澳政府间旅游沟通联络机制及行业管理等五个议题。

13 日 □王志红出席在广州举办的 2012 年意大利国家旅游局中国（广东站）推广会。

15 日 □至 18 日，王志红率广东展团赴上海参加由国家旅游局主办的 2012 中国国际旅游交易会（上海展）。广东展团以“岭南文化、活力商都、黄金海岸、美食天堂”为主题，重点推介广东绿道旅游产品，同时设立专区宣传 2013 中国（广东）国际旅游产业博览会。

16 日 □杨荣森赴上海参加中俄旅游年论坛第二次会议及中俄旅游年闭幕式。

17 日 □至 25 日，中国第二届客家文化节暨河源市第九届客家文化旅游节在河源开幕。

22 日 □朱小丹在清远出席广清城际轨道交通项目开工仪式。

23 日 □首届客家文化艺术节在梅州市梅县开幕。朱小丹出席并宣布开幕。中国国民党荣誉主席吴伯雄、中共中央台湾工作办公室副主任叶克冬、国务院侨务办公室副主任任启亮、招玉芳分别致辞。

□2012 年全省旅游统计系统培训班在清远举行。张振林出席开班仪式。

26 日 □至 30 日，由广东省旅游局主办，香港商报承办的“2012 品鉴岭南——中国著名作家广东行”正式启动。中国作协副主席高洪波、中国作协名誉副主席蒋子龙等 11 名中国知名作家到广州、江门、中山市展开品鉴写作之旅。

27 日 □2012 年全省市县旅游局局长业务培训班在广州开班。

□由亚洲旅游交流中心主办、广东省旅游局支持、香港旅游学库组织的“粤游越精彩——香港青少年千人游广东·粤文化体验之旅”启动仪式在香港陈南昌纪念中学礼堂举行。此次修学旅游活动共吸引香港 14 所学校，1300 名师生参加。四条游学主题路线包括东莞一科技教育、惠州一环境与环保教育、肇庆一自然生态教育、开平/阳江一海上丝绸之路。

28 日 □第八届泛珠三角区域合作与发展论坛暨经贸洽谈会在海口举行。省旅游局局长杨荣森分别出席开幕式、高层论坛、行政首长联席会议等重要活动。于 29 日在海口市举办广东·海南旅游业界交流会，广东中旅、广州广之旅、广东国旅、广州东方国旅、佛山中旅、和平国旅、东莞青旅、广州丽景国旅分别与海南省旅行社签订10项互送客源合作协议。

□王志红在广州参加第三届韩国—广东发展经贸论坛。

□梅其洁在广州参加“金砖国家推介会”活动。

29日 □“2012粤湘桂生态旅游发展战略（清远）研讨会”在清远召开。中共清远市委书记、市人大常委会主任葛长伟，省旅游局副局长张振林等出席研讨会。桂林、贺州、永州、郴州市旅游局代表，省内17名专家学者参加。会议共同商讨粤湘桂毗邻地区区域一体化生态旅游发展战略。

□以“游千年商都、享温泉逸趣、观世遗丹霞”为主题的2012广清韶（武汉）旅游推介会在武汉举行。

12月

1日 □至12日，王志红率团到马来西亚、新西兰、斐济开展旅游促销活动。

6日 □由国家旅游局规划财务司、广东省旅游局、阳江市人民政府主办的《海陵岛旅游发展总体规划（2011—2020）》专家论证会在北京国家旅游局召开。来自清华大学、北京大学、中国科学院、中国社科院、北京交通大学、中山大学、华南师范大学等科研院所的专家学者参会发表意见。吴文学、刘晓捷出席会议并讲话。张振林主持论证会。阳江市委、市政府及市直有关部门、海陵岛管委会负责同志等参加论证会。

8日 □至19日，张振林率团赴澳大利亚、新西兰、新加坡开展海上休闲旅游交流活动。

10日 □国家旅游局印发《关于表彰全国模范导游员和全国优秀导游员的决定》，惠州市环宇国际旅行社有限公司的高级导游林大康获“全国模范导游员”称号；中国国旅（广东）国际旅行社股份有限公司中级导游张少东等13名导游获“全国优秀导游员”称号。

□至15日，省旅游局召集《中国旅游报》广东站、省标准化研究院等单位组成专家验收组，对梅州市大埔县、河源市和平县旅游创强工作验收和全面评估，两县均符合《广东省旅游强县检查标准》的要求，经省人力资源和社会保障厅审核并报广东省人民政府批准，正式命名为“广东省旅游强县”。

12日 □由国家旅游局、广东省旅游局组织，中国社会科学院旅游研究中心与北京开思九州旅游发展研究中心联合编制的《广东省连南瑶族自治县旅游总体规划（2012—2020年）》在北京通过专家评审。该规划是广东首个由国家旅游局直接组织实施并通过的国家级评审的县（区）旅游规划。

13日 □世界森林温泉保养地授证暨龙门环南昆山森林温泉度假旅游产业园区系列合作项目签约仪式在惠龙门举行。惠州市龙门县荣获世界温泉及气候养生联合会颁发的“世界森林温泉保养地”证书。

14日 □梅州市委书记、市人大常委会主任朱泽君，市委副书记、市长谭君铁一行到省旅游局座谈交流。双方对构建梅州文化旅游特色区达成共识。

15日 □梅其洁带队参加第47届香港国际工业出品展销会。

17日 □国家旅游局中国旅游研究院在北京发布《2012中国旅游业发展报告》，广东旅游业综合竞争力排名全国首位，其中现实旅游竞争力、旅游发展环境竞争力排名全国第一位，潜在旅游竞争力仅次于北京排名全国第二位。

18日 □韶关市人民政府主办的“韶关（东莞）会议旅游推介会暨旅游项目招商会”在东莞召开。韶关市副市长兰茵、东莞市副市长喻丽君出席并作旅游推介。

19日 □湛江市在海口举办湛江滨海旅游推介会。中共湛江市委书记刘小华、市长王中丙，海口市市长翼文林率两市党政部门主要负责人及企业代表，大型项目投资商共200多人参加推介活动。两市签订《湛江、海口旅游港航业合作框架协议》。

□“我们的家园—— 广东十大最美古村落颁奖盛典”在佛山市南海区西樵镇松塘村举行。广州市黄埔村、佛山市松塘村、河源市林寨村、梅州市桥溪村、惠州市范和村、江门市自力村、肇庆市黎槎村、清远市南岗瑶寨、潮州市龙湖古寨、揭阳市泥沟村荣膺“广东十大最美古村落”。

25日 □至26日，广东省副省长招玉芳分别到清远、汕头市调研旅游外经贸工作。杨荣森、张振林等陪同调研。

27日 □张振林赴揭阳参加广东揭西第四届生态旅游文化节。

28日 □由国家旅游局和共青团中央、全国妇联联合举办的第二届全国导游大赛在珠海市海泉湾度假区举行决赛闭幕式暨颁奖仪式。

30日 □至31日，张振林到汕头参加汕头国际旅游产业博览会开幕仪式。

（涂继文　翁淑吟）

广东旅游事业发展总述

Introduction to Guangdong Tourism

（第 41 ~ 160 页）

清远市 · 英西峰林看夕阳

总述

广东概况

【简述】 广东，《吕氏春秋》称“百越”，《史记》称“南越”，《汉书》称“南粤”，“越”与“粤”通，也简称“粤”，泛指岭南一带地方。广东的先民很早就在这片土地上生息、劳动、繁衍。在历史长河中，广州、广东等地名次第出现，逐渐演化成广东省及其辖境。

【位置、范围和面积】 广东省地处中国大陆最南部。东邻福建，北接江西、湖南，西连广西，南临南海，珠江口东西两侧分别与香港、澳门特别行政区接壤，西南部雷州半岛隔琼州海峡与海南省相望。全境位于北纬20°09′～25°31′和东经109°45′～117°20′之间。全省陆地面积17.98万平方公里，约占全国陆地面积的1.9%；其中岛屿面积1592.7平方公里，约占全省陆地面积的0.9%。全省沿海有面积500平方米以上的岛屿759个，数量仅次于浙江、福建两省，居全国第三位。另有明礁和干出礁1631个。全省大陆海岸线长4114.3公里，居全国第一位。按照《联合国海洋公约》关于领海、大陆架及专属经济区归沿岸国家管辖的规定，全省海域总面积41.9万平方公里。

【地貌】 受地壳运动、岩性、褶皱和断裂构造以及外力作用的综合影响，广东省地貌类型复杂多样，有山地、丘陵、台地和平原，其面积分别占全省土地总面积的33.7%、24.9%、14.2%和21.7%，河流和湖泊等只占全省土地总面积的5.5%。地势总体北高南低，北部多为山地和高丘陵，最高峰石坑岭海拔1902米，位于阳山、乳源与湖南省的交界处；南部则为平原和台地。全省山脉大多与地质构造的走向一致，以北东—南西走向居多，如斜贯粤西、粤中和粤东北的罗平山脉和粤东的莲花山脉；粤北的山脉则多为向南拱出的弧形山脉，此外粤东和粤西有少量北西—南东走向的山脉；山脉之间有大小谷地和盆地分布。平原以珠江三角洲平原面积最大，潮汕平原次之，此外还有高要、清远、杨村和惠阳等冲积平原。台地以雷州半岛—电白—阳江一带和海丰—潮阳一带分布较多。构成各类地貌的基岩岩石以花岗岩最为普遍，砂岩和变质岩也较多，粤西北还有较大片的石灰岩分布，此外局部还有景色奇特的红色岩系地貌，如著名的丹霞山和金鸡岭等；丹霞山和粤西的湖光岩先后被评为世界地质公园；沿海数量众多的优质沙滩以及雷州半岛西南岸的珊瑚礁，也是十分重要的地貌旅游资源。沿海沿河地区多为第四纪沉积层，是构成耕地资源的物质基础。

【气候】 广东省属于东亚季风区，从北向南分别为中亚热带、南亚热带和热带气候，是全国光、热和水资源最丰富的地区之一。从北向南，年平均日照时数由不足1500小时增加到2300小时以上，年太阳总辐射量在4200～5400兆焦耳/平方米之间，年平均气温19℃～24℃。全省平均日照时数为1745.8小时、年平均气温22.3℃。1月平均气温为16℃～19℃，7月平均气温为28℃～29℃。

广东省降水充沛，年平均降水量在1300～2500毫米之间，全省平均为1777毫米。降雨的空间分布基本上也呈南高北低的趋势。受地形的影响，在有利于水汽抬升形成降水的山地迎风坡有恩平、海丰和清远3个多雨中心，年平均降水量均大于2200毫米；在背风坡的罗定盆地、兴梅盆地和沿海的雷州半岛、潮汕平原少雨区，年平均降水量小于1400毫米。降水的年内分配不均，4～9月的汛期降水占全年的80%以上；年际变化也较大，多雨年降水量为少雨年的2倍以上。

洪涝和干旱灾害经常发生，台风的影响也较为频繁。春季的低温阴雨、秋季的寒露风和秋末至春初的寒潮和霜冻，也是广东多发的灾害性天气。

【土地资源】 广东省是国内人多地少的省份之一。广东省土地资源在地形地貌、气候水文等自然因素和人类活动影响下，形成具有南粤地域特点的自然综合体。根据2008年土地利用变更调查结果，2008年全省土地总面积17981265.69公顷（含国家下达广东省未能核定的岛屿滩涂面积11333.26公顷）。

【水资源】 广东省河流众多，以珠江流域（东江、西江、北江和珠江三角洲）及独流入海的韩江流域和粤东沿海、粤西沿海诸河为主，集水面积占全省面积的99.8%，其余属于长江流域的鄱阳湖和洞庭湖水系。全省集水面积在100

平方公里以上的各级干支流共542条（其中，集水面积在1000平方公里以上的有62条）。独流入海河流52条，较大的有韩江、榕江、漠阳江、鉴江、九洲江等。全省多年平均降水量1771毫米，折合年均降水总量3145亿立方米。降水时程和地区上分布不均，年内降水主要集中在汛期4～10月，占全年降水量的75%～95%；年际之间相差较大，全省最大年降水量是最小年的1.84倍，个别地区甚至达到3倍。全省多年平均水资源总量1830亿立方米，其中地表水资源量1820亿立方米，地下水资源量450亿立方米，地表水与地下水重复计算量440亿立方米。除省内产水量外，还有来自珠江、韩江等上游从邻省入境水量2361亿立方米。全省水能资源理论蕴藏量1137.2万千瓦，技术可开发量859.45万千瓦。此外，广东还有温泉300多处，日总流量9万吨；饮用天然矿泉水145处，探明可采储量全国第一。

广东省水资源时空分布不均，夏秋易洪涝，冬春常干旱。沿海台地和低丘陵区不利蓄水，缺水现象突出，尤以粤西的雷州半岛最为典型。不少河流中下游河段由于城市污水排污造成污染，存在水质性缺水问题。

【植被和生物资源】 广东省光、热、水资源丰富，四季常青，动植物种类繁多。全省有野生维管束植物289科、2051属、7717种。另有栽培植物1582种。此外，还有真菌1959种；其中食用菌185种，药用真菌97种。植物种类中，属于国家一级保护野生植物的有苏铁、南方红豆杉等9种，属于二级的有桫椤、广东松、白豆杉、樟、凹叶厚朴、土沉香、丹霞梧桐等95种。在植被类型中，有属于地带性植被的北热带季雨林、南亚热带季风常绿阔叶林、中亚热带典型常绿阔叶林和沿海的热带红树林，还有非纬度地带性的常绿—落叶阔叶混交林、常绿针—阔叶混交林、常绿针叶林、竹林、灌丛和草坡，以及水稻、甘蔗和茶园等栽培植被。香蕉、荔枝、龙眼和菠萝是岭南四大名果，经济价值可观。

广东省动物种类多样。陆生脊椎动物有774种；其中兽类110种、鸟类507种、爬行类112种、两栖类45种。此外，还有淡水水生动物的鱼类281种、底栖动物181种和浮游动物256种，以及种类更多的昆虫类动物。动物种类中，被列入国家一级保护的有华南虎、云豹、熊猴和中华白海豚等22种，被列入国家二级保护的有金猫、水鹿、穿山甲、猕猴和白鹇（省鸟）等95种。

【海洋资源】 广东省海岸线长，海域辽阔，海洋资源丰富。海洋生物包括海洋动物和植物，共有浮游植物406种、浮游动物416种、底栖生物828种、游泳生物1297种。远洋和近海捕捞，以及海洋网箱养鱼和沿海养殖的牡蛎、虾类等海洋水产品年产量约400万吨；可供海水养殖面积77.57万公顷，实际海水养殖面积20.82万公顷，是全国著名的海洋水产大省。雷州半岛的养殖海水珍珠产量居全国首位。沿海还拥有众多的优良港口资源。广州港、深圳港、汕头港和湛江港已成为国内对外交通和贸易的重要通道；大亚湾、大鹏湾、碣石湾、博贺湾及南澳岛等地还有可建大型深水良港的港址。珠江口外海域和北部湾的油气田已打出多口出油井。沿海的风能、潮汐能和波浪能都有一定的开发潜力。广东省沿海沙滩众多，气候温暖，红树林分布广、面积大，在祖国大陆的最南端灯楼角又有全国唯一的大陆缘型珊瑚礁，旅游资源开发潜力很大。（粤综合）

【人口】 2012年年末，广东省常住人口为10594万人；其中，男性5574.56万人、女性5019.44万人；性别比为（女性为100）111.06。常住人口比上年净增89万人，与上年增长0.61%相比，略微增加0.24个百分点；人口密度每平方公里589人。继续位居全国常住人口大省之首。由于受庞大人口基数和增长惯性的影响，全省人口总量继续保持增长态势。（罗健波）

【语言】 广东省语言状况复杂，除粤北、粤东有瑶、壮、畲语及粤北土语，主要流行3种保留了丰富的古汉语特点，又各有特色的汉语方言。

粤方言 又称广州话、白话，省内可分：（1）粤海片（广府片），分布在广州、佛山、肇庆、深圳、南海、顺德、三水、高明、鹤山、怀集、广宁、四会、高要、云浮、封开、郁南、德庆、罗定、阳山、清远、佛冈、增城、从化、连州、连山、惠州、韶关、博罗、惠阳、惠东、海丰、仁化、乐昌、英德，以广州为代表，影响最大。（2）四邑片，分布在台山、开平、恩平、新会、斗门、江门及鹤山部分地区，以台山为代表。（3）高雷片，分布在湛江、茂名、阳江、阳春、高州、信宜、化州、吴川、电白、遂溪、廉江、雷州、徐闻，未形成权威代表。（4）莞宝片，通行于东莞及深圳宝安，以莞城为代表。（5）香山片，通行于中山、珠海（斗门除外），以石岐为代表。各片小有差别，四邑与粤海差异最大。全省使用的人口近4000万人，但上述区域也掺杂小片客家话和闽语。粤方言在海外华人社区如马来西亚吉隆坡，越南胡志明市，澳大利亚悉尼、墨尔本，美国纽约、三藩市，加拿大温哥华、多伦多等处广泛流行。

客家方言 广东省是客家话最重要的流行地，省内可分：（1）粤东片，分布在梅县、蕉岭、平远、兴宁、五华、大埔、丰顺、揭西、紫金、惠阳、惠东、宝安，以及揭阳、饶平、普宁、惠来、潮阳、陆丰、陆河、海丰、深圳、东莞、增城、博罗、中山的一些地区。（2）粤中片，分布在和平、连平、龙川、河源、新丰、龙门、佛冈，以及广州、顺德、南海、中山、珠海、斗门、三水、四会、清远、高明、鹤山、

开平、新会、台山、恩平的部分地区。(3)粤北片，分布于始兴、乐昌、曲江、连州、连南、乳源、阳山、翁源、英德，以及韶关、南雄、仁化、连山、怀集、广宁、郁南、德庆、云浮、罗定、新兴的部分地区。(4)粤西片，分散于信宜、阳春、阳江、高州、茂名、电白、化州、吴川、廉江、遂溪、雷州、徐闻。省内各地有零星分布，如广州三元里、沙河。全省使用的人口约1500万人。客家方言以梅州为代表，内部一致性较强。海外的印度尼西亚、毛里求斯等国华人社区和台湾地区，客家方言相当通行。

闽方言　广东闽语属闽方言闽南一支，大致可分：潮汕片，以汕头、潮州为代表，流行于汕头、潮州、揭阳、澄海、南澳、饶平、揭西、潮阳、普宁、惠来、汕尾、陆丰、海丰；雷州片，流行于雷州、徐闻、遂溪，以及湛江、廉江、吴川、电白、茂名、高州、阳西的部分地区，以雷州为代表。全省使用闽语的人口约1700万人。广东闽语是泰国、柬埔寨、法国等华人社区的强势方言。　(陈晓锦)

【民族·宗教】

民族　广东省是56个民族成分齐全的省份。汉族人口占全省总人口的97.1%。少数民族人口324.6万人。世居少数民族有壮、瑶、畲、回、满族。壮族主要分布在连山、怀集、廉江、信宜、化州、罗定等县(自治县、市)；瑶族主要分布在连南、连山、连州、阳山、英德、乳源、乐昌、仁化、曲江、始兴、翁源、龙门、阳春等县(自治县、市、区)；畲族主要分布在乳源、南雄、始兴、增城、和平、连平、龙川、东源、丰顺、饶平、潮安、海丰、惠东、博罗等县(自治县、市)；回族主要分布在广州、深圳、珠海、肇庆、汕头、佛山、东莞等市；满族主要居住在广州市。改革开放以来，因人才流动、婚姻、务工经商等迁移或暂住广东的少数民族流动人口逾250万人，主要集中在广州、深圳、佛山、东莞、中山等珠江三角洲地区各城市。全省有县级范围(含县级)以上少数民族社会团体22个。根据国家宪法和有关法律规定，广东省设立了连南瑶族自治县、连山壮族瑶族自治县、乳源瑶族自治县3个自治县和连州市瑶安瑶族乡、三水瑶族乡、龙门县蓝田瑶族乡、怀集县下帅壮族瑶族乡、始兴县深渡水瑶族乡、阳山县秤架瑶族乡、东源县漳溪畲族乡7个民族乡。

宗教　广东省是佛教、道教、伊斯兰教、天主教和基督教五大宗教齐全的省份。至2012年年底，全省宗教徒293万人，其中佛教徒167万人，道教徒35万人，穆斯林15万人，天主教徒28万多人，基督教徒48万人。全省宗教活动场所2901处，宗教教职人员8804人，其中，佛教僧尼6801人，道教乾道、坤道874人，伊斯兰教阿訇17人，天主教主教、神甫、修女191人，基督教牧师、教师、长老、传道921人。全省县级范围(含县级)以上宗教社会团体284个。其中，全省性宗教团体7个：广东省佛教协会(成立于1982年)，会长释明生；广东省道教协会(成立于1994年)，会长赖保荣；广东省伊斯兰教协会(成立于1998年)，会长马光星；广东省天主教爱国会(成立于1958年)，主席黄炳章；广东省天主教教务委员会(成立于1981年)，主席苏永大；广东省基督教三自爱国会(成立于1958年)，主席陈顺鹏；广东省基督教协会(成立于1981年)，会长梁明。宗教院校2所：广东佛学院，2011年7月正式设立，下设岭东佛学院、云门佛学院、曹溪佛学院、广东尼众佛学院4所分院；基督教广东协和神学院，1986年复办。　(张朝发)

【侨乡侨情】　广东省自古就是中国海上贸易和移民出洋最早、最多的省份，近代以后逐渐发展成为重点侨乡。

海外侨胞众多、归侨侨眷众多　广东有3000多万海外侨胞，占全国的2/3，遍及世界160多个国家和地区，主要分布在东南亚的印度尼西亚、泰国、马来西亚、新加坡、菲律宾、越南、柬埔寨，欧美的美国、加拿大、法国、英国，南美洲的秘鲁、巴拿马、巴西、委内瑞拉，大洋洲的澳大利亚、新西兰，非洲的毛里求斯、马达加斯加、南非、留尼汪等国家和地区。

省内有10.3万归侨、3000多万侨眷，主要集中在珠江三角洲、潮汕平原和梅州地区。其中，广府语系地区的归侨侨眷有800万人，潮汕语系地区的归侨侨眷有700万人，客家语系地区的归侨侨眷有500万人。

侨捐项目众多、侨资企业众多　广东籍海外侨胞、港澳同胞素有念祖爱乡的光荣传统，一向关注支持家乡的经济文化建设和社会发展。改革开放至2012年，海外侨胞、港澳同胞捐赠折合人民币逾480亿元，捐建道路、桥梁、学校、医院、图书馆、体育馆等逾3.4万项。侨资企业是广东省经济发展的重要支柱力量，全省侨资企业总数5.8万家，其中港澳投资在册企业5.3万家，华侨华人投资在册企业5000家，累计投资近2000亿美元，占全省实际吸收外资的近七成。广东省以侨为桥引进大量海外人才、先进科学技术和现代化管理理念。全省留学回国华侨华人专业人士5万多人，创办企业3000多家，全省引进的31个创新科研团队中，华侨华人团队26个，占83.8%。

华侨文化、侨乡文化积淀深厚　华侨文化与侨乡本土文化的结合，形成了独特的侨乡文化。华侨文化、侨乡文化是岭南文化的重要组成部分，2007年6月28日申报世界文化遗产获得成功的“开平碉楼与村落”是华侨文化和侨乡文化的典型代表。广东省的留学文化、商业文化、慈善文化等也都与华侨华人有密切联系。

涌现大批近现代著名华侨先驱人物　中国近现代历史上许多著名人物是广东的华侨先驱。在政界方面，有康有为、梁启超、孙中山、叶剑英等；在实业界方面，有回国兴办第一家缫丝厂的南海籍华侨陈启沅，兴办“张裕葡萄酒公司”的大埔籍华侨张振勋，兴办新宁铁路的台山华侨陈宜禧等；在商业界方面，有创建上海永安百货公司的华侨郭乐、郭泉兄弟，创建先施百货公司的华侨马应彪等；在教育界，有开创中国留学教育先河的珠海籍华侨容闳等。此外，还有“洪门元老、一生爱国”的著名华侨领袖司徒美堂，集实业家、慈善家、领事、侨领一身的珠海籍华侨陈芳，为汕头市政建设做出贡献的泰国米业大王澄海籍华侨陈慈黉等。他们对中国近现代文明发展做出突出的贡献，他们的思想和精神是广东精神文明的重要组成部分。

【行政区划】 截至2012年12月31日，全省有21个地级市、23个县级市、39个县、3个自治县、56个市辖区、4个乡、7个民族乡、1131个镇、444个街道办事处。

【交通】 广东交通发达，以广州为中心的海、陆、空交通运输网四通八达。截至2012年年底，广东省境内铁路有京广线（双线）、广深线（四线）、京九线（双线）、广茂线（单线）、湛海线（单线）、漳龙线（单线）、畲汕线（单线）、平南线（单线）、河茂线（单线）、黎湛线（双线）、京广高铁线、广珠城际线、广深港高铁线。铁路营业里程2846.1公里，其中国有铁路629公里、合资铁路1933.8公里、地方铁路283.3公里。高铁运营里程5559公里，全年完成旅客发送量1.47亿人次；广东省境内公路有105、106、107、205、323、324等10多条国道，截至2012年年底，全省公路通车里程19.5万公里。其中高速公路5524.20公里、一级公路1.05万公里、二级公路1.90万公里、三级及以下公路15.98万公里，公路密度109.6公里/百平方公里；主要海运港口有广州港、深圳港、湛江港、汕头港、珠海港等；民航广东辖区有运输机场7个（广州、深圳、揭阳、湛江、梅州、珠海、佛山），运输航空公司11家，通用航空公司15家。全省新开通和恢复国际航线10条，国际航线总数达到113条，广东辖区完成旅客吞吐量8282.74万人次。广州白云机场是中国三大枢纽机场之一。

【历史文化】 广东简称粤，因古为百越民族的聚居地而得名。广东具有悠久的历史。据考，广东10多万年前已有“曲江马坝人”生息繁衍。秦末汉初，曾一度称南越国；汉代，番禺是全国著名都会；唐代，广州开设“市舶司”，成为著名对外贸易港口。至清代，佛山成为全国手工业中心和四大名镇之一。广东既是中国现代工业和民族工业的发源地之一，也是中国近代和现代许多重大历史事件的发生地和策源地。如鸦片战争、太平天国革命、辛亥革命、国共两党第一次合作、北伐战争、广州起义，并涌现了洪秀全、康有为、梁启超、廖仲恺、孙中山、彭湃、叶挺、叶剑英等一大批杰出历史人物。

【经济和社会发展】 广东省经济综合实力稳居全国前列。广东生产总值从1978年的185.85亿元增加到2012年的57067.92亿元，比上年增长8.2%，继续居全国首位。其中第三产业26519.69亿元。全年第一、第二、第三产业增加值分别比上年增长3.9%、7.6%和9.2%；三次产业增加值比重为5.0：48.8：46.2，服务业增加值占比提高0.9个百分点。全年外贸进出口总额9839.47亿美元；全省地方一般预算财政收入达6229.18亿元；全省城镇居民人均可支配收入30226.71元，农村居民人均纯收入10542.84元，城乡居民家庭恩格尔系数分别为36.9%和49.1%。

2012年，广东省林业用地面积1097.2万公顷，森林覆盖率57.7%。至2012年年底，全省已建立各种类型、不同级别的林业系统自然保护区270个，总面积124.51万公顷，其中国家级6个，省级52个，市、县级212个，占全省国土面积的6.9%。广州、韶关、湛江、茂名、潮州5市获得省政府授予的“广东省林业生态市”称号。和平县、兴宁市、恩平市、连州市、佛冈县、榕城区等获得省政府授予的“广东省林业生态县”称号。成功申报广东海珠湖湿地公园、东江湿地公园为国家湿地公园试点。全省建成湿地公园11处，其中国家湿地公园7处、省级湿地公园4处。

建成省立绿道2372公里、城市绿道3965公里。粤东西北各市共建设慢行道381公里，沿线新增绿化364公里。2012年联合国人居署“迪拜国际改善居住环境最佳范例奖”评选中，广东省珠三角绿道网建设项目获得“全球百佳范例”称号。

【历史文化名镇名村】 2012年，经广东省人民政府同意，省住房和城乡建设厅联合省文化厅开展第三批广东省历史文化名镇名村评选工作，珠海市斗门镇等9个镇、佛山市南海区西樵镇简村等36个村为第三批广东省历史文化名镇和名村。惠州惠城区三栋镇鹿颈村、惠阳区秋长街道周田村、仲恺区陈江街道和梅州梅县、湛江吴川市、肇庆高要市，打造历史人文名镇名村。梅州梅县南口镇侨乡村，利用保存完好的116座客家民居，打造“客家世界第一古村落”名村。江门台山市打造“一镇四村一廊道”16公里的名镇名村示范村建设走廊。惠州博罗县长宁镇建成“罗浮门户、岭南名镇”，横河镇建成“罗浮后花园、生态旅游小镇”。湛江市麻章区利用南亚热带花卉种植基地打造花卉产业名村，徐闻县利用国家级菠萝连片种植标准化示范基地“菠萝的海”打造菠萝产业名村。

【旅游文化与保护】 2012年，广东省登记注册的各级各类博物馆、纪念馆209家。其中，文物部门所属国有博物馆149家，行业性国有博物馆16家，民办博物馆44家。已实行免费开放的博物馆有183家，其中，文物部门所属博物馆133家，行业性国有博物馆11家，民办博物馆39家。

2012年，全省文物普查登记的不可移动文物点37156处。全国重点文物保护单位66处，省级文物保护单位506处。1月，批准设立"客家文化（梅州）生态保护实验区"和"雷州文化生态保护实验区"2个省级文化生态保护实验区；12月19日，广东省梅州市被国家文化部授予"国家级客家文化生态保护实验区"称号，成为国内继闽南、徽州、热贡、羌族文化生态保护实验区之后的第五个国家级文化生态保护实验区。截至2012年12月底，广东省建立四级非物质文化遗产名录项目体系，拥有人类非物质文化遗产代表作名录4项，国家级名录项目129项，省级446项，市、县级2360项。国家级非物质文化遗产项目代表性传承人84人，省级496人，市县级1277人。国家级非物质文化遗产生产性保护示范基地2个，省级28个。省级非物质文化遗产传承基地51个，研究基地13个。评选出首批广东省非物质文化遗产优秀传承人31名，公布第三批广东省非物质文化遗产项目代表性传承人152名。

【社会各项事业与旅游行业规模】 截至2012年年底，广州、深圳、珠海、汕头、佛山、中山、惠州、肇庆、江门、东莞等市被评为"国家卫生城市"，广州、深圳、珠海、中山、汕头、惠州、江门等市被评为"国家环境保护模范城市"，深圳、东莞等市被评为"全国绿化模范城市"，深圳、惠州、东莞、中山等市被评为"全国文明城市"。广州、深圳、珠海、汕头、佛山、中山等18个地级以上市和3个县级市获"中国优秀旅游城市"称号，22个县（市）获"广东省旅游强县（市）"，其中2个县获"中国旅游强县（市）"；拥有8个国家级、18个省级风景名胜区，1处国家级、29处省级旅游度假区，11个国家级、65个省级自然保护区，25个国家级、73个省级森林公园，70处全国重点文物保护单位、506处省重点文物保护单位；拥有国家A级景区196家，其中5A级景区8家、4A级景区116家、3A级景区59家、2A级景区11家；全省星级饭店1092家，其中白金五星级1家，五星级106家，四星级187家，三星级630家，二星级160家，一星级8家；旅行社总数1624家，其中外资社15家、出境旅组团社216家、台湾游组团社17家。旅游业直接就业人数198.9万人、完全就业人数328.6万人，分别占全省城镇就业总人数的7.9%和13.8%。

（涂继文　马　亮）

2012年广东旅游经济状况

【广东旅游业竞争力居全国前列】 2012年12月17日，国家旅游局中国旅游研究院在北京发布《2012中国旅游业发展报告》，广东旅游业综合竞争力排名全国首位，其中现实旅游竞争力、旅游发展环境竞争力排名全国第一位，潜在旅游竞争力仅次于北京排名全国第二位。广东省口岸入境旅游人数1.08亿人次，比上年下降2.6%。其中外国人765万人次，全省全年旅游业总收入7389亿元（旅游卫星账户口径），比上年增长14.7%；旅游外汇收入156.23亿美元，增长12.3%；国内旅游人数5.17亿多人次，国内旅游收入6440亿元，增长16%；入境过夜旅游人数3500.65万人次，增长5.77%。旅游业增加值3362亿元，约占全省生产总值的5.89%。

【入境旅游接待与收入】 2012年，广东省口岸入境游客1.08亿人次，比上年下降2.6%。其中外国人765万人次，增长0.6%；香港同胞7723万人次，下降0.5%；澳门同胞2110万人次，下降10.7%；台湾同胞197万人次，下降2.6%。入境过夜旅游人数3500.65万人次，比上年增长5.77%，其中外国人774.51万人次，增长6.36%；香港同胞2171.89万人次，增长6.35%；澳门同胞243.02万人次，增长7.45%；台湾同胞311.23万人次，下降0.56%。入境过夜旅游者中港澳台游客仍为广东入境旅游接待的主体，约占总数77.87%。旅游外汇收入156.23亿美元，比上年增长12.3%，广东旅游外汇收入继续居于全国首位。全省接待入境过夜旅游者排前5名的城市分别为：深圳市（1206.45万人次，增长9.22%），广州市（792.21万人次，增长1.74%），东莞市（303.34万人次，增长6.01%），珠海市（297.58万人次，下降7.25%），惠州市（190.59万人次，增长9.10%）；入境旅游外汇收入排前5名的旅游城市分别为：广州市（51.45亿美元，增长6.01%）、深圳市（43.29亿美元，增长15.60%）、东莞市（12.69亿美元，增长39.52%）、佛山市（12.10亿美元，增长24.36%）、珠海市（9.50亿美元，下降10.91%）；广东省口岸入境旅游前5名客源国依次为：日本（96.2万人次）、马来西亚（67.1万人次）、美国（66.8万人次）、韩国（65.6万人次）、新加坡（45.3万人次）；接待过夜旅游者前5位的国家依次为：日本（115.67万人次，增长14.9%）、美国（66.48万人次，增长8.6%）、马来西亚（43.22万人次，增长5.6%）、韩国（42.0万人次，增长5.4%）、新加坡（30.46万人次，增长3.9%）。

【出境旅游】 2012年，广东省口岸出境旅游者5890万人次，比上年增长14.75%。旅行社组团出境旅游者663.21万人次，增长26.35%。其中，香港游301.83万人次，增长26.14%；澳门游118.47万人次，增长12.98%；出国游217.87万人次，增长33.64%；台湾游25.04万人次，增长41.47%。

【国内旅游接待与收入】 2012年，广东省接待过夜国内旅游者2.39亿人次，比上年增长13.54%。国内旅游收入6440亿元（按旅游卫星账户口径），比上年增长16%。全年接待过夜国内旅游者前5名的城市依次为：广州市（4017.36万人次，比上年增长5.27%）、深圳市（2941.29万人次，增长11.92%）、东莞市（1432.05万人次，增长2.29%）、珠海市（1298.79万人次，增长6.91%）、湛江市（1247.30万人次，增长37.16%）；国内旅游收入前5名的城市依次为：广州市（1586.11亿元，增长20.57%）、深圳市（566.52亿元，增长14.68%）、佛山市（289.30亿元，增长24.03%）、东莞市（226.17亿元，增长18.88%）、珠海市（175.79亿元，增长14.51%）。旅游总收入前5名的城市依次为：广州市（1911.09亿元，增长17.19%）、深圳市（839.97亿元，增长13.92%）、佛山市（365.72亿元，增长23.36%）、东莞市（306.35亿元，增长22.85%）、珠海市（235.83亿元，增长5.83%），5个城市旅游经济总量占全省63.19%。

【假日旅游接待与收入】 2012年，广东春节黄金周、“十一”黄金周假期，分别接待游客2663万人次（同比增长0.35%）、3430万人次（同比增长40.52%），其中接待过夜旅游者分别为710万人次（增长4.85%）、1029万人次（增长34.20%）。一日游游客分别为1953万人次（下降1.19%）、2401万人次（增长43.41%）。分别实现旅游收入168亿元（增长4.44%）、226亿元（增长41.97%）。

各级领导关心广东旅游

【汪洋到连平、新丰、龙门县调研】 2012年3月28～29日，中共中央政治局委员、广东省委书记汪洋在省委常委、秘书长林木声，副省长刘昆，省旅游局局长杨荣森等陪同下，到河源市连平县、韶关市新丰县、惠州市龙门县调研并召开部分县（市、区）委书记座谈会。他指出，广东山区环境优美，景色宜人，尤其是在工业化、城市化不断加速的进程中，这样的自然资源更是日益稀缺和珍贵，山区发展不能片面追求经济总量，而要注重提高群众生活质量，要守住这片广东的“香格里拉”。他实地考察龙门县天然温泉度假村中国农民画博物馆、塔山公园、南昆山温泉旅游大观园，专题调研山区旅游开发和农村基层文化建设情况，要求合理统筹旅游资源，科学规划，理性开发，形成集聚效应，不断提升山区旅游经济水平和质量。

【汪洋到梅州考察旅游业】 2012年8月6～7日，中共中央政治局委员、广东省委书记汪洋在省委常委、秘书长、办公厅主任林木声，常务副省长肖志恒，省委政研室主任魏建飞，省委副秘书长陈志英，省财政厅厅长曾志权，省旅游局副局长周开生；梅州市委书记朱泽君、市长谭君铁等陪同下，到梅州市调研考察经济社会发展情况。他先后考察丰顺县规划建设客潮国际温泉城及八乡山镇生态旅游专业镇现场、梅县雁洋镇桥溪村古民居。汪洋指出，梅州主打健康服务、休闲旅游等幸福导向型产业，把青山、绿水、空气、温度这些自然资源变成商业资源，确确实实也是一种科学发展的模式。新一轮的发展，建设生态文明、打造健康品牌、发展生物经济，后发优势无穷。良好的生态将是宝贵财富，优美的环境将是最好资源。以建设广东梅州文化旅游特色区为载体，积极探索创建幸福导向型产业试验区，探索生态文明之路，在保护中开发、在开发中保护，培育发展幸福导向型产业，打响“休闲到梅州，享受慢生活”品牌，定会彰显人与自然和谐发展价值理念，推动经济与生态融合发展。

【邵琪伟在北京会见朱小丹一行】 2012年3月8日，国家旅游局局长邵琪伟在北京会见来京参加全国"两会"的全国人大代表、广东省省长朱小丹一行。国家旅游局党组副书记、副局长王志发，党组成员、规划财务司司长吴文学，广东省副省长招玉芳等参加会见。朱小丹说，近年来，广东旅游业的发展一直保持良好势头，这与国家旅游局的指导和支持密不可分，这些支持都是十分真诚和实质性的。广东已经将旅游业作为未来重点发展的九大服务业之一，正在着手进行新的研究和探索，力争形成新的增长点和亮点，推动旅游业再上一个新台阶，希望能够得到国家旅游局更多的指导和支持。

邵琪伟说，中共广东省委、省政府高度重视旅游业发展，大力推进旅游综合改革，促进旅游业持续健康快速发展。国家旅游局将一如既往支持广东旅游业发展，支持广东深入实施国民旅游休闲计划，支持珠海横琴粤澳旅游合作示范区建设，支持粤港澳游艇合作试点，支持与广东省共同主办广东国际旅游产业博览会等活动。广东是经济发达地区和改革开放前沿，希望广东在把旅游业培育成为国民经济的战略性支柱产业和人民群众更加满意的现代服务业方面多出经验，在深化旅游业改革创新方面为全国提供宝贵经验。

（冯颖　于阗）

【邵琪伟到广东检查中秋国庆假日旅游安全】 2012年9月11～13日，国家旅游局局长邵琪伟率检查组在广东检查中秋国庆假日旅游工作，并围绕如何进一步贯彻落实科学发展观、推动旅游业又好又快发展进行考察调研。邵琪伟一行在广东省副省长招玉芳、省旅游局局长杨荣森等陪同下，先后到中山、广州市调研，实地考察中山市的孙中山故居，广州市的南沙游艇会、南沙湿地、广州塔、长隆集团等旅游景区和旅游企业。13日，邵琪伟实地检查广州长隆欢乐世界和水上乐园游乐设施的安全保障情况，详细询问各种安全隐患的排查以及安全措施和责任制度的落实情况，并召开座谈会，听取省市部分旅游企业和有关负责人关于黄金周旅游安全工作的汇报。邵琪伟强调，必须把安全工作作为假日旅游工作的重中之重突出抓好重点抓好，特别要全力做好交通、食品、消防、治安和重大活动的安全保障工作，严防各类事故，特别是群死群伤事故发生。对游船、快艇、潜水、缆车、索道、电梯等运输工具和旅游项目要做好隐患排查、预案演练和现场疏导。要全面防范各种传统和非传统旅游安全风险，加强海外旅游安全风险预警，确保出国出境游客安全。各级旅游部门既要引导广大旅游企业增强诚信意识，加强行业自律，规范经营行为，提高信息咨询、住宿餐饮、导游等服务水平，又要引导广大游客合理安排出行，文明旅游，理性消费。

（陈熠瑶）

▲9月11日，邵琪伟率检查组一行在招玉芳、杨荣森等陪同下，到中山市神湾镇游艇产业基地调研。

（罗文清　摄）

【朱小丹在广州会见邵琪伟一行】 2012年1月12日，中共广东省委副书记、代省长朱小丹在广州会见来粤参加2012年全国旅游工作会议的国家旅游局局长邵琪伟一行。国家旅游局副局长王志发、杜江、祝善忠，中纪委驻旅游局纪检组组长刘金平，国家旅游局党组成员吴文学参加会见。广东省副省长许瑞生、省旅游局局长杨荣森等陪同会见。

朱小丹代表省委、省政府向国家旅游局对广东的大力支持表示衷心感谢，对全国旅游工作会议在粤召开表示欢迎。朱小丹指出，国家旅游局历来高度重视、十分关心广东旅游工作，近年来不断加大支持力度，与广东省政府签署《关于建立局省紧密合作机制备忘录》，支持和指导广东全力推进全国旅游综合改革示范区和旅游强省建设，在全国率先试行国民旅游休闲计划，特别是对广东编制旅游发展规划、举办重大旅游节庆活动、推进粤港澳旅游合作等方面给予悉心的指导和大力支持。邵琪伟表示，广东是全国第一旅游客源地，又是全国第一旅游目的地，对毗邻的港澳旅游业有带动作用，也对中西部地区旅游发展有重大推动作用。广东在旅游改革发展上有许多值得总结的经验。广东旅游业体制机制的改革创新也在全国领先。国家旅游局将按照部省合作协议继续支持广东旅游发展。希望广东一如既往推动旅游改革创新，为全国旅游发展提供更多更好的经验。

【朱小丹到阳江调研】 2012年6月6～13日，中共广东省委副书记、省长朱小丹率省调研组分别到阳江、梅州调研经济社会发展情况。在省旅游局局长杨荣森等陪同下，分别到阳江、梅州调研经济社会发展情况。6日，朱小丹到广东海上丝绸之路博物馆、十里银滩保利旅游综合开发项目考察。朱小丹叮嘱阳江市领导，海陵岛资源得天独厚，要把最好的资源最大限度地让最广大人民群众来享受。在广东海上丝绸之路博物馆，朱小丹仔细了解“南海Ⅰ号”宋代古沉船打捞保护情况，要求博物馆进一步提升展示水平，把传播文化和发展旅游结合好。他指出，希望阳江大力推进滨海和海岛旅游发展，打造旅游业经济新增长极。强调海陵岛的开发建设一定要抓好总体策划，邀请国内外最擅长搞海岛旅游规划的权威专家、大设计师做好规划，做到科学规划、从容开发，把海陵岛打造成世界级海岛旅游品牌。

12～13日，朱小丹先后考察叶剑英纪念园、雁南飞茶田景区、客天下旅游产业园。朱小丹要求梅州深入打造生态旅游业，通过科学规划发展高端旅游项目，不仅要吸引潮汕平原、闽赣周边地区的客源，还要把广告做到江浙，吸引华东、华北等地的高端客源，做强做大做旺生态旅游业。

（谢思佳　符信）

▲2012年6月6日，朱小丹在广东海上丝绸之路博物馆敲响铜鼓。（梁文栋　摄）

【徐少华到佛山南海旅游产业园调研】　2012年9月9日，省委常委、常务副省长徐少华在省旅游局局长杨荣森等省有关部门负责同志的陪同下，到佛山市广东中旅南海旅游产业园调研，并听取有关工作汇报。他强调，广东中旅集团作为省属企业和全省龙头旅游企业，要紧紧抓住国家和省关于支持旅游业、现代服务业及产业集聚区发展的机遇，突出特色，创新性做好南海旅游产业园西岸项目。一是以绿色为主，优化生态环境。这不仅是突出旅游休闲的需要，也是项目所在地优化城乡环境的需要。二是要以特色为主，优化产业环境。要进一步完善产业链、服务链，充分考虑游客的需要，在规划、设计、装修等方面做精做专。三是以中旅为主，优化投资结构。积极引进民营资本，实施股权多元化，化解项目风险。四是以管理为主，优化盈利模式。充分发挥龙头型国有企业在管理、运营等方面的优势，一方面要做好项目可行性论证，稳健起步，另一方面要不断创新，突出特色，保持项目的长久生命力，保证投资安全盈利。徐少华一行还出席南海西岸旅游产业园市政配套项目及水上乐园奠基仪式。

（资料来源：广东省人民政府网）

【许瑞生到汕头、潮州市调研】　2012年2月6～9日，广东省副省长许瑞生在省政府副秘书长江海燕，省教育厅厅长罗伟其，省体育局局长杨迺军，省旅游局局长杨荣森、副局长张振林等陪同下，到汕头、潮州市调研指导教育、旅游、体育工作。在两市调研期间，他实地考察汕头市的汕头礐石风景名胜区、礐石绿道及方特欢乐世界·蓝水星等旅游项目和潮州市的韩文公祠、广济桥、饶宗颐学术馆、太平路牌坊街、甲第巷古民居群等景区（点），并分别召开会议听取有关情况汇报。

针对潮州市旅游发展，他提出：“要加快文化与旅游的融合，加快旅游产业发展。重视把弘扬潮学与发展旅游结合起来，把古城开发保护与旅游发展结合起来，推动潮州文化旅游产业发展；重视旅游改革创新，增强旅游发展活力，推动生活形态与旅游形态的有机统一，提高潮州旅游的吸引力；重视推进潮汕揭旅游一体化，在资源互补合作、线路统一规划上做文章，做大做强三市旅游产业。”

他要求汕头市在发展旅游的同时，注重旅游业的统筹和综合开发，注重对海岸线的保护、合理开发；加快汕潮揭旅游一体化发展，结合各自资源发展差异化旅游，统一以潮汕旅游进行品牌推广，把桑浦山作为汕潮揭三市的“绿核”，共同保护好、开发好；针对不同的客源特点进行合理组织，满足不同游客的需求；挖掘近代潮汕建筑价值，扎实做好素材收集等基础工作，以功能替换、业态转化的方式保护好、盘活好历史街区，发挥其应有的价值。

【许瑞生到河源、梅州、揭阳市调研】　2012年2月20～23日，广东省副省长许瑞生率省政府副秘书长刘晓捷、省体育局局长杨迺军、省教育厅副厅长朱超华、省旅游局副局长王志红等到河源、梅州、揭阳市调研教育、体育、旅游等工作。

许瑞生在河源市实地调研考察新港客家风情小镇、万绿湖风景区以及在建的河源东江·巴登城温泉休闲度假区等项目。他要求河源市旅游工作做到在保护中发展，科学统筹推进。充分挖掘河源旅游“题材”，打造河源旅游产业的特色，进一步突显万绿湖景区的景观特色。

在梅州市调研时，他先后到梅县文体中心曾宪梓体育场、叶剑英纪念园、雁鸣湖旅游度假村、雁南飞茶田景区以及客天下旅游产业园等实地考察调研。许瑞生希望梅州进一步推动文化旅游、教育、体育工作上新台阶。特别是要充分发挥山水人文优势，大力推动广东梅州文化旅游特色区建设，力争将其纳入“全国旅游综合改革示范区”的重点项目，打造全省乃至全国山区旅游的典范。要强化基础工作，做好客家文化旅游的相关研究，整合资源，串珠成链，不断延伸旅游产业链条，建立健全完善的自驾车旅游服务体系，加强旅游空间体系的建设，更有针对性地广泛宣传旅游产品，力争将广东梅州文化旅游特色区纳入“全国旅游综合改革示范区”的重点项目。中共梅州市委书记朱泽君介绍表示，“山水人文”是梅州最大的后发优势，把文化产业和旅游产业有机结合，打好叶帅牌，念好“山”字经，变特色资源优势为产业竞争优势，努力创建广东梅州文化旅游特色区，大力弘扬客家文化、绿色文化、红色文化、养生文化、宗教文化和创意文化，打响“休闲到梅州、享受慢生活、设计在客都”特色品牌。

【招玉芳到广州南沙游艇会调研】 2012年2月23日，广东省副省长招玉芳在省旅游局局长杨荣森、副局长张振林等部门负责同志的陪同下，到广州南沙游艇会调研。招玉在听取广东省游艇旅游协会名誉会长霍启山关于游艇旅游情况介绍后指出，省主要领导十分重视游艇产业的发展，要积极落实CEPA先试先行政策，推动南沙粤港澳合作综合示范区建设。争取各方支持，促进广东游艇产业的发展，尽早尽快落实建设南沙新区的战略部署。

【招玉芳到肇庆调研】 2012年4月27日，广东省副省长招玉芳到肇庆调研。省政府副秘书长刘晓捷、省旅游局局长杨荣森以及外经贸厅、海关总署广东分署、广东出入境检验检疫局等部门领导陪同调研。中共肇庆市委书记、市人大常委会主任徐萍华主持调研座谈会并发言。招玉芳实地考察省绿道1号线环星湖起点及七星岩风景区，了解肇庆旅游业发展情况。招玉芳强调，肇庆旅游业要争当全省旅游转型发展的排头兵。要做好旅游规划，以战略眼光谋划和推动旅游的发展，加快推动广佛肇旅游一体化，加强粤港澳旅游合作；要提升旅游产业的综合竞争力，吸纳外资、民资等各方面资本参与旅游景区、旅游设施建设；要开展旅游品牌的培育，提升肇庆旅游的整体形象；要推动旅游惠民，打造幸福旅游，着力发展绿道旅游。

【招玉芳到佛山调研】 2012年7月10日，广东省副省长招玉芳一行在省旅游局副局长张振林等省直部门以及海关、检验检疫等中央驻穗单位有关负责同志的陪同下，到佛山调研外经贸和旅游工作。招玉芳考察南海旅游产业园西岸项目、岭南天地、广东国星光电股份有限公司等企业，并召开座谈会。招玉芳强调，要突出抓好旅游发展规划，重视旅游品牌培育以及旅游惠民和旅游综合改革等工作，争当全省旅游转型发展的排头兵。

【招玉芳到广东省旅游学校调研】 2012年3月1日，广东省副省长招玉芳在省政府副秘书长刘晓捷，省旅游局局长杨荣森、副局长王志红，省教育厅副厅长王斌伟陪同下，到广东省旅游职业技术学校调研。招玉芳一行参观教学大楼、办公楼、模拟导游实训室、烹饪实操室，走进教室和实训室看望上课师生。座谈会上，该校校长冒超球汇报四点办学实践体会：各级领导的高度重视和社会各界的大力支持，是学校发展的强大保障；创新办学理念和人才培养模式，是学校发展的核心竞争力；勤俭办校，艰苦创业，是学校发展的优良传统；依托行业，服务行业，坚持校企合作，是学校发展的动力。招玉芳指出：学校办学20多年来，探索面向市场开放式办学，创新人才培养模式，率先成立校企合作理事会，率先落实校企合作工学结合的人才培养机制，率先和东西两翼欠发达地区开展联合办学，率先承包酒店服务，实施模块化教学，率先实施第三年实习模式改革，为广东乃至全国培养2万多名旅游莘莘学子，成为广东旅游人才培养基地，实现从省级重点学校到国家级重点学校，再到国家级示范学校的三大跨越。

招玉芳强调，旅游人才培养要坚持创新发展，办出特色、办出水平、办出示范效应。要不断努力探索新路子，创新培养模式，加强岭南特色、行业特色、专业特色、文化特色，走特色发展之路。并且要进一步深化校企合作，坚持人才强校，大力引进高素质人才，建立一支高素质的师资队伍，着力培养一批有发展潜力的中青年学术带头人和骨干教师，提升办学层次，当好全国旅游职业教育的排头兵。

（广东省旅游职业技术学校 供稿）

【招玉芳到湛江、珠海调研】 2012年10月24～26日，广东省副省长招玉芳率省有关部门负责人先后到湛江、珠海市调研外经贸和旅游发展情况。24日，招玉芳一行在省旅游局局长杨荣森等领导的陪同下，考察湛江市一湾两岸旅游项目。招玉芳对湛江市发展旅游业特别是滨海旅游业取得的成绩给予肯定。招玉芳指出，湛江要进一步充分认识建设好滨海旅游产业园区的重要意义，把园区打造成为南中国滨海旅游园区的“标杆项目”，真正起到示范样板作用；要做好规划，注重高标准编制规划、注重体现特色、注重开发与保护并举、注重区域旅游合作；要把竞争性资金用好，做到专款专用、配套放大，绩效引导、强化监督，履行职责、强化管理；要在科学编制规划的基础上，注重加快建设进度；要加大力度做好宣传工作，不断提升湛江滨海旅游的知名度和影响力。

26日，在珠海调研时，招玉芳考察珠海御温泉度假村，强调要把握机遇，做好滨海旅游文章，努力开创旅游业发展新局面。

旅游重要活动

【2012 年全国旅游工作会议】 2012 年 1 月 12 ~ 13 日，2012 年全国旅游工作会议在广州召开。会议主要任务是：认真贯彻党的十七届五中、六中全会和中央经济会议精神，总结 2011 年全国旅游业发展情况，分析当前旅游业发展形势，部署 2012 年重点工作。

国家旅游局局长邵琪伟作工作报告。广东省副省长许瑞生出席会议并致辞。国家旅游局副局长王志发主持会议。国家旅游局副局长杜江、祝善忠，党组成员、纪检组长刘金平，党组成员、规划财务司司长吴文学出席会议；国务院办公厅、中组部、国家发改委、财政部、审计署等中央部委代表应邀参加会议。

会议指出，2011 年是“十二五”的开局之年。面对复杂严峻的国内外经济形势，面对各种矛盾和挑战，全国旅游行业认真贯彻党中央、国务院的决策部署，以科学发展为主题，以转变发展方式为主线，以国务院 41 号文件为指导，着力扩大旅游消费，着力提高服务质量，着力推进改革创新，着力转变发展方式，较好地完成了各项重点工作，实现“十二五”旅游业良好开局。会议认为，当前国际经济形势对我国旅游市场特别是入境市场带来挑战，但中国旅游业发展良好的基本面没有改变，有利条件和发展机遇仍然很多，中国旅游业仍处于黄金发展期。总的来看，2012 年旅游业发展是机遇与挑战并存、机遇大于挑战。

出席会议的还有各省、自治区、直辖市、新疆生产建设兵团、各计划单列市、副省级城市旅游局（委）负责人，部分地级市政府分管领导，国家级旅游度假区代表，旅游企业、旅游院校、旅游协会、旅游专家代表，国家旅游局司室及直属单位、驻外办事处负责人共 200 多人。

【朱小丹出席全省旅游工作会议】 2012 年 3 月 2 日，广东省政府在广州召开全省旅游工作会议。中共广东省委副书记、省长朱小丹出席会议并作讲话。副省长许瑞生主持会议。各地级以上市分管副市长、省直及中央驻粤有关单位负责人，各地级以上市、县（市、区）旅游局局长，重点旅游企业负责人，省旅游局领导及各处室主要负责人及新闻媒体代表 300 人参加会议。

朱小丹充分肯定 2011 年全省旅游业取得的成绩，各项主要经济指标继续领跑全国，支柱产业地位初步确立，旅游业成为全省现代服务业发展的重要引擎，并强调，旅游业作为国民经济战略性支柱产业，既是扩大内需的重要支柱，又是促进产业转型升级的重要支撑。必须把加快旅游业发展作为培育新的消费热点拉动内需增长和带动相关产业发展加快转型升级的重要举措，发挥旅游业的综合带动作用，加快提升旅游业发展水平。同时，要充分认识旅游业对满足人民群众精神生活需求建设幸福广东的重要性，特别要发挥旅游调节人与社会、人与自然关系的功能，体现旅游业的带动力和亲和力，彰显旅游业的社会价值，以幸福旅游推动幸福广东建设，在幸福广东建设中提升幸福旅游。

会议提出要抓好六个方面工作：一是以深入实施国民旅游休闲计划为重点，着力推动旅游普及惠民取得新突破；二是以培育打造高端旅游产品为重点，着力推动旅游产业转型升级取得新突破；三是以加快滨海和生态旅游区建设为重点，着力推动旅游产业集聚发展取得新突破；四是以加强旅游品牌培育和营销为重点，着力推动旅游整体形象提升取得新突破；五是以深化粤港澳旅游合作为重点，着力推动提升旅游对外开放水平取得新突破；六是以优化旅游公共服务为重点，着力推动旅游综合改革取得新突破。

会议通报广东省获得全国旅游系统先进集体劳动模范和先进工作者称号的名单，表彰 2011 年度全省旅游系统先进集体和先进个人，为“广东旅游强县”“旅游好新闻”授牌颁奖。会前，朱小丹和先进集体单位负责人先进个人以及与会人员合影。

【招玉芳部署假日期间安全稳定工作】 2012 年 9 月 25 日，广东省副省长招玉芳主持召开 2012 年中秋国庆假日期间旅游、外经、外事安全及相关稳定工作会议。省旅游局、外经贸厅、口岸办、外办、港澳办、公安厅、交通厅、工商、安监、质监等部门负责人参加会议。

招玉芳指出，省委、省政府高度重视中秋国庆假日的安全、稳定工作，中共中央政治局委员、省委书记汪洋和省委副书记、省长朱小丹均作出重要指示，强调要高度重视，确保全省社会稳定，为党的十八大胜利召开营造良好的政治和社会环境。全省各地区、各有关部门要认真贯彻落实省委、省政府的工作部署，切实把做好假日期间旅游、外经、外事安全稳定工作作为一项重要政治任务来抓，周密部署，强化措施，为维护全省社会经济稳定发挥应有的作用。

招玉芳对旅游、外经、口岸、外事、港澳等方面的安全与稳定工作作了针对性部署。特别要求按照全国假日旅游部际协调会议部署和全国假日办通知精神，全力做好假日交通、食品、消防、治安和重大活动的安全保障工作，加强重点部位、薄弱环节和敏感场所的安全工作，对游船、快艇、潜水、缆车、索道、电梯等运输工具和旅游项目要认真做好隐患排查、预案演练，严防各类事故、特别是群死群伤事故发生。招玉芳强调，各部门要加强组织领导，层层落实假日安全稳定工作责任；建立和落实24小时值班制度，做好安全应急预案，保障信息通畅，确保假日安全稳定工作落到实处；加强协调联动，形成做好假日安全稳定工作的合力。

【2012中国（广东）国际旅游产业博览会】 2012年9月14～16日，由国家旅游局、广东省人民政府共同主办的2012中国（广东）国际旅游产业博览会（以下称“博览会”）在广州琶洲展馆举行。14日上午，中共中央政治局委员、广东省委书记汪洋，副书记、省长朱小丹，国家旅游局局长邵琪伟、世界旅游业理事会总裁大卫·斯克斯尔等领导和嘉宾出席开幕式并巡馆。本届旅博会展览面积10万平方米、设标准展位5000个，吸引来自47个国家和地区及国内20多个省份1万多名参展商参展。专业买家8万人次到会采购洽谈，共达成投资与贸易合同、协议、意向54个，总金额1179.29亿元。期间社会公众超过50万人次参观。有26个国家和地区驻广州总领馆派员参会，全国31个省、自治区、直辖市以各种形式参加；本届旅博会主题突出，内容丰富，设置了中华馆、国际馆、绿色酒店用品馆等6大主题展区。举办“智慧旅游　创新发展”中国旅游产业发展论坛、2012中国星级饭店采购交流年会、2012首届两岸四地旅游手信节等12场专业主题活动，精心组织23场专业买家对接会，充分搭建旅游交流与合作平台。

【广东省海上休闲旅游启动仪式暨2012广州南沙湾国际游艇博览会开幕式】 2012年10月12日上午，广东省海上休闲旅游启动仪式暨2012广州南沙湾国际游艇博览会开幕式在广州市南沙游艇会举行。全国政协副主席董建华，广东省委副书记、省长朱小丹，国家旅游局副局长杜江，广东省副省长招玉芳，省政协副主席汤炳权，中共广州市委副书记、市长陈建华，全国政协委员、霍英东集团主席霍震霆和香港特区基本法委员会副主任梁爱诗等领导和嘉宾出席仪式。仪式上，董建华、朱小丹、杜江等为广东省海上休闲旅游启动仪式暨2012广州南沙湾国际游艇博览会开幕式剪彩，朱小丹、杜江还共同为广东省游艇旅游协会揭牌。出席仪式的还有广州市人大常委会主任张桂芳，广州市政协主席苏志佳，省直及中直有关部门、广州市有关负责人，香港、澳门特区政府官员，香港霍英东集团等企业代表，法国、墨西哥、葡萄牙驻穗、驻港澳总领事，英国、澳大利亚、新加坡等16个国家和地区行业协会负责人及企业代表等共800多人。

启动海上休闲旅游，构建集经济、民生、休闲、环保、教育等功能于一体的海上绿道旅游网，是我省发展现代旅游、建设幸福广东的创新之举，是推进旅游转型升级、建设全国旅游综合改革示范区的新抓手，是拓宽粤港澳合作领域的新途径，也是丰富人民群众休闲娱乐生活、提升人民群众幸福感的新方式。同期举办的2012年广州南沙湾国际游艇博览会由中国内地首家“五金锚”奖获得者南沙游艇会主办，将每年一届在广州南沙举行，旨在聚集海洋休闲产业相关链条，打造“南中国海上商务、休闲、度假领航家及游艇产业中心”。仪式开始前，董建华、朱小丹、杜江等参观了游艇博览会场和多个游艇。珠海、梅州、惠州、汕尾、中山、湛江市等分会场也举办相关活动。

【省旅游局与中石化广东石油分公司签署战略合作协议】 2012年5月18日，省旅游局与中石化广东石油分公司在广州举行战略合作协议签字仪式。广东省副省长招玉芳出席仪式并讲话，省政府副秘书长刘晓捷主持，省旅游局局长杨荣森、中石化广东石油分公司总经理夏于飞等双方领导出席签字仪式。

招玉芳指出，广东是全国旅游综合改革示范区，自2009年在全国率先试行国民旅游休闲计划以来，全省旅游系统积极开拓创新，坚持旅游为民，大力开发乡村旅游、生态旅游、文化旅游等群众喜闻乐见的旅游产品，组织开展自驾游等形式多样的旅游休闲活动，推动全民参与、旅游同乐，引导激发了休闲旅游消费，提升了居民幸福指数。中石化作为世界500强企业、世界级一体化能源化工公司，

▲“2012年广东旅游特色商品全国行”启动仪式。
（涂继文　摄）

拥有全国最多的加油站、便利店和综合服务平台，为人民群众出行出游提供了有力服务。省旅游局和相关旅游企业与中石化广东石油分公司创新工作思路，签署战略合作协议，建立紧密合作关系，是优势互补和强强联合，对于落实旅游惠民、旅游便民措施，提升旅游服务质量，推动旅游产业转型升级，发展人民群众更加满意的旅游业具有重要作用。

招玉芳强调，签约双方及相关旅游企业，要共同把战略合作协议落实好，拓展合作领域，整合优势资源，重点完善汽车营地、旅游厕所等旅游配套设施建设，增加旅游问讯、自驾游补给等旅游服务功能，把加油站、便利店打造成旅游问讯中心和特色旅游产品购物中心，推动“广东旅游产品全国行”，携手打造一批全国一流的旅游功能完善的高速公路旅游综合服务区，共同提升旅游服务质量、优化旅游发展环境，打造“幸福旅游”工程。

在签字仪式上，中石化广东石油分公司同时分别与广东联合电子收费股份有限公司、广东益民旅游休闲服务公司、广东粤通卡信息技术服务有限公司、广东中旅、南湖国旅签署合作协议。广之旅、广东国旅、广东铁青国旅、广东中青旅、港中旅广东公司等旅游企业负责人出席仪式。

【全省旅游纪检监察行风建设暨旅游质量监督管理工作会议召开】 2012年3月22日，2012年全省旅游纪检监察行风建设暨旅游质量监督管理工作会议在佛山召开。全省21个地级以上市旅游局的分管领导及行业管理、纪检监察、质量监督部门负责人、重点旅游企业代表130人参加会议。省旅游局副局长周开生，纪检组长、监察专员黎增丰分别讲话，广州、深圳、佛山市旅游局以及广东中旅等4个单位在会上进行经验交流。会议贯彻落实省纪委十届六次全会、全国旅游监管工作会议和全国旅游纪检监察暨行风建设工作会议的精神，总结2011年全省旅游行风建设和旅游监督管理工作，部署2012年的工作重点。

2012年，全省旅游系统要紧紧围绕“加快转型升级、建设幸福广东”的核心任务，牢牢抓住国务院提出的把旅游业培育成为国民经济战略性支柱产业和人民群众更加满意的现代服务业这一目标，完善旅游行政管理与行政监察协调配合工作机制，推进旅游行业核心价值观的建设，扎实开展“三打两建”工作，进一步规范旅游市场秩序，提升旅游服务质量，加强旅游诚信建设，为推动广东旅游持续健康快速发展营造良好环境。旅游行风建设要重点抓好以下四个方面的工作：一是要深化认识、加强领导，抓好行风建设工作落实；二是要迅速行动、以打促建，规范旅游市场秩序；三是要以评促改、以评促建，提升旅游系统的良好形象；四是要加强教育、廉洁奉公，构建旅游行业核心价值观。旅游质量监管方面要重点抓好八个方面的工作：一是讲质量，建立旅游诚信评价体系；二是讲效益，引导旅游企业做大做强；三是讲秩序，开展旅游市场整顿治理；四是讲安全，预防旅游安全事故发生；五是讲改革，破解饭店行业发展难题；六是讲创新，提高旅行社业监管效能；七是讲团结，加强旅游执法队伍建设；八是讲和谐，营造良好的监管工作氛围。

【2012年全省旅游景区管理工作会议】 2012年5月28日，省旅游局在东莞召开全省旅游景区管理工作会议。全省21个地级以上市及顺德区旅游局分管领导、行业管理业务负责人、旅游景区管理系统和旅游项目投资信息系统填报人、全省重点旅游企业负责人等共130人参加会议。省旅游局副局长张振林出席并讲话。会议贯彻落实全国旅游规划发展工作会议和全省旅游工作会议精神，研究部署全省旅游规划和景区管理工作，开展景区管理和项目投资培训。会后对全省旅游景区质量等级评定与复核、旅游景区管理系统和旅游项目投资信息系统的填报工作进行讲解培训。

该次会议是在2000年机构改革以来首次召开的全省性旅游景区管理工作会议。张振林着重强调，一是把握形势，充分认识旅游规划和景区管理工作的重要意义；二是明确重点，全面推进旅游规划和景区管理各项工作；三是加强领导，确保各项工作取得实效。会议提出全年景区管理工作重点。一是加强景区质量等级复核工作。根据国家旅游局新修订《旅游景区质量等级管理办法》规定，下半年组成复核工作小组，通过专家暗访、各地市交叉检查等形式，对全省A级旅游景区进行复核。二是继续推动景区评级工作。继续推动全省各地景区评级工作，做好有关评审和推荐工作。省旅游局继续指导支持条件成熟的景区创建国家5A级景区，重点指导佛山西樵山风景名胜区、阳江海陵岛旅游景区、佛山长鹿休闲度假农庄等景区做好提升景观服务质量与环境质量，深化景观资源价值的工作。三是做好旅游规划与旅游景区衔接工作。启动广东省红色旅游发展规划、广东省生态区旅游发展规划和广东省乡村旅游发展规划的编制工作。下半年启动广东省自驾车营地规划、广东省森林旅游发展规划等项目的编制工作。四是推进部门合作机制的建立。会同省林业厅联合起草森林生态旅游发展合作战略协议；会同省农业厅联合开展广东省第三批全国休闲农业与乡村旅游示范县、示范点的推荐工作，协商农业生态旅游发展合作事宜。五是加强旅游基础数据上报工作。继续落实旅游景区管理系统和旅游项目投资信息系统的填报工作。

【揭阳市与省旅游局签署框架协议】 2012年6月4日，揭阳市召开全市旅游发展大会，与广东省旅游局签署框架协议，共建“广东省商务生态旅游示范区”。中共揭阳市委书记、市人大常委会主任陈绿平，省旅游局党组书记、局长杨荣森出席会议并讲话，揭阳市委副书记、市长陈东部署全市旅游工作。省旅游局党组成员、副局长张振林，市委常委、秘书长刘光明等出席会议。副市长曾瑞如主持会议。

杨荣森在会议上就揭阳市如何发展商务生态旅游提出三点意见。一是要抓旅游规划，科学引领揭阳旅游业发展；二是要抓发展环境，着力提升揭阳旅游业发展的质量和水平；三是要抓产业融合，着力做大做强揭阳旅游产业。他表示，省旅游局将认真落实双方签署的《合作框架协议》，进一步加大力度，全力推动揭阳旅游业更好更快发展。

陈绿平指出，揭阳市和省旅游局签订全面战略合作框架协议，是加快揭阳旅游产业转型升级的创新之举。发展旅游业是扩大消费需求、拉动经济增长的重要引擎，优化经济结构、转变发展方式的内在要求，促进群众增收、建设幸福新揭阳的重要途径，也是扩大第三产业规模和总量的具体举措，对于促进全市经济结构优化升级，实现“打造粤东发展极，建设幸福新揭阳”核心任务有重要意义。陈绿平要求在具体实践中走好“四条路子”：一是走市场路。要坚持旅游企业的市场主体作用，以市场需求为导向，提升产业发展水平。转变政府职能，努力营造法制化、国际化的营商环境，让市场经济能人在市场经济的优良土壤上做大做强旅游产业。二是走生态路。要科学整合、精心打造，既要大力开发利用这些旅游资源，也要保护当地生态环境的安全和完整，开发生态休闲型、观光型旅游产品，让游客获得“行如画中游”的亲身体验，打造生态旅游品牌。三是走品牌路。围绕打造商务生态旅游示范区的任务，依托资源优势，打响商务生态旅游品牌。要把旅游产业建设成为全民创业、全面创新的重要平台，发展成为揭阳市新兴支柱产业和幸福导向型幸福产业。四是走文化路。必须大力挖掘深厚的历史文化、丰富的红色文化、独特的玉文化，以文化为魂，以景点为形，走文化与旅游紧密结合的发展之路。他强调，各级党委、政府要切实加强领导，像抓工业一样抓旅游业，抓工业园区一样抓旅游区；要打破区域、部门、行业界限，主动搞好沟通衔接，主动服务旅游产业发展；要把培育旅游人才作为基础工程来抓，加快形成行政管理、企业经营、行业服务三个层面相配套的旅游人才体系。

【2012“欢乐旅游，惠民旅游”中国旅游日】 2012年5月19日，组织全省旅游系统开展以“欢乐旅游，惠民旅游”为主题的中国旅游日活动启动仪式。广州启动2012年“中国旅游日”广州现场推广活动，深圳举行2012年“中国旅游日”深圳庆典活动暨旅游消费季启动仪式，珠海举行中珠市民千人同乐旅游日启动仪式，广州番禺举行南番顺人游南番顺活动等。活动现场设置宣传展位，现场优惠大促销，省旅游局组织省内各旅行社、酒店与景区（点）等旅游企业专门设置旅游宣传展位，推出系列优惠措施，引导市民参观省内各景区（点）以及住宿酒店，均享受相应的优惠，并现场派发优惠券及优惠线路报团。全省为游客共提供约850项旅游优惠，1000多家旅游企业参与惠民活动。

【广东海陵岛滨海旅游发展研讨会】 2012年10月19日，由广东省旅游局、阳江市人民政府共同举办的广东海陵岛滨海旅游发展研讨会在阳江召开。国家旅游局党组成员、规划财务司司长、中国旅游协会副会长吴文学出席研讨会并讲话，广东省旅游局、阳江市委、市政府主要负责同志及来自国家发展改革委宏观经济研究院、国务院发展研究中心、广东省政府研究中心、中山大学、暨南大学等科研院所的专家学者共同参加本次研讨会。

吴文学指出，广东海洋、海岛旅游资源富集，是国家三个海洋经济试点省之一；科学规划与合理开发滨海旅游资源，大力发展滨海旅游，是贯彻落实国务院批准的《广东海洋经济综合试验区发展规划》的重要内容，是加快转变广东旅游经济发展方式和促进全省产业转型升级的重要举措，也是抢抓沿海地区新一轮生产力布局和产业结构调整战略机遇的重要突破口。他说，广东旅游消费市场大，消费能力强，是全国乃至亚太地区重要旅游客源输出地，如何实现从旅游客源地向旅游目的地的转变，从海洋旅游资源大省向海洋旅游经济大省的转变，特别是积极发挥广东改革开放排头兵的创新优势，探索一条符合经济发展规律的海洋、海岛旅游发展之路是当前和今后很长一段时期摆在广东旅游发展中的头等大事。

针对海陵岛滨海旅游发展，他指出：一要抢救资源，维护生态。海陵岛滨海度假资源品位高、条件好，在亚热带度假旅游带上属于比较好的资源，但由于受经济发展水平、认识水平等诸多因素的制约，在海岛开发上走了一些弯路，当前最优先的任务是保护好资源和生态。二要全面认识，深入挖掘。海陵岛海洋、海岛、人文、自然等资源富集，综合禀赋高，要全面认识，系统整理，科学组合，有序开发和挖掘展示相关旅游资源。三要统筹策划，整合规划。要对海陵岛的开发进行战略策划和系统谋划，决不能毕其功于一役，切实做好海陵岛经济发展模式和产业发展模式的顶层设计，特别是要整合好相关规划，防止规划与规划之间的错位，规划要突出“岛”的特色和特点。四要差异定位，寻求突围。海陵岛产业发展和产品打造，一定要立足资源实际、区域实际和消费实际，强化观光，引入度假，特别是要特色化建设，不要违反海岛开发的规律，片面追求城市化的风格。

本次研讨会以“面向未来的海岛旅游发展”为主题，旨在立足海陵岛客观的旅游发展阶段和发展条件，通过与会代表的广泛交流与探讨，分析滨海、海岛旅游的市场需求和发展趋势，借鉴国内外发展经验，探索海陵岛建设国际知名、国内一流滨海旅游目的地的有效途径，以推动海陵岛旅游业的深入发展。研讨会上，与会专家学者就国内外滨海、海岛旅游发展经验与趋势；海陵岛建设国际知名滨海旅游目的地的展望与对策；关于海陵岛开展高水平规划、如何发展滨海旅游业进行研讨并取得有效的成果。

（国家旅游局规划财务司 供稿）

【广东省旅游卫星账户通过国家评审】 2012 年 6 月 1 日，广东省旅游卫星账户专家评审会在广州召开。由国家统计局、国家旅游局、广东省统计局、浙江大学、北京联合大学、暨南大学等部门、院校的领导和专家组成的评审组，审议通过《广东省旅游卫星账户编制研究报告》。旅游卫星账户是一种被国际组织、政府部门普遍认可的旅游经济影响评估方法，被加拿大、澳大利亚、法国、挪威、美国等越来越多的国家采用。2011 年年初，广东省旅游局和省统计局联合开展建立广东省旅游统计卫星账户工作，并委托中山大学课题组进行专项研究。评审会上，香港理工大学教授宋海岩对广东旅游卫星账户的编制项目作具体介绍，呈现七大特点：明确区分旅游消费与旅游支出的核心概念，突出“旅游支出”与“旅游消费”的差异；对广东省旅游业固定资产投资和固定资本形成总额进行核算；不再区分旅游特色产业和旅游相关产业，而是统称为旅游产业；将旅游产业及旅游特征产品划分为“用于各编制国间可比较的旅游产业及旅游产品”和“体现编制国特色的旅游产业及旅游特征产品”；对零售货物价值与商业毛利进行分离处理；对旅游支出进行细分，分为游客旅游支出、第二住宅虚拟支出、居民旅游招待支出以及企业商务旅游招待支出；对旅游产业就业人员构成情况从不同角度进行调查分析，包括性别、工作性质、年龄、学历、户籍等。此外，广东从实际出发，将会议展览业、高尔夫产业、温泉度假作为广东旅游业的特色产业进行单列核算。

国家旅游局政策法规司司长刘小军表示，在世界旅游组织发布《旅游卫星账户：建议的方法框架 2008》之后，广东率先在全国以最新的国际规范为依据，结合广东旅游统计实际情况编制而成，报告将以中英文对照方式发布，其研究方法及成果与国际接轨，在全国具有领先性和示范性。评审专家组组长、国家统计局贸易外经司司长宋跃征认为，广东采取旅游卫星账户作为分析工具，可实现在国民经济核算体系框架下客观、全面、定量地描述旅游产业对社会经济的影响，反映旅游业对 GDP 的贡献率，旅游产业在创汇、利税、创造就业、带动相关产业发展等方面的及时性变化。

【粤湘桂生态旅游发展战略研讨会】 2012 年 11 月 29 日，清远市委、市政府在清远市国际会展中心召开“2012 粤湘桂生态旅游发展战略（清远）研讨会”，邀请全省业内人士共同商讨粤湘桂毗邻地区区域一体化生态旅游发展战略。省旅游局副局长张振林，中共清远市委书记、市人大常委会主任葛长伟，市人大常委会副主任林文钊，副市长王得坤，市政协副主席李雨松等领导，桂林市、贺州市、永州市、郴州市旅游局代表，省内 17 位专家学者，以及市旅游局、市林业局、市环保局和部分旅游企业负责人参加研讨会。王得坤为到场的 17 名专家学者颁发“清远市生态旅游发展顾问”聘书。

张振林对清远市委、市政府重视旅游业发展表示赞赏，对近年来清远旅游发展取得的成绩作出充分肯定，对粤湘桂毗邻地区区域旅游发展表示支持，并表示省旅游局将认真落实与清远签订的旅游合作协议，加大力度推动清远旅游业更好更快发展。

专家学者围绕“生态旅游的前沿理论及进展，中外典型生态旅游景区发展的实践与启示；粤湘桂生态旅游发展的问题与对策；如何提升清远市生态旅游发展的竞争力；生态旅游产业链及与区域经济社会发展的关系”等内容展开研讨，从多角度、大视野进行主题分析和阐述。专家们普遍认为清远自然资源丰富、生态资源良好、人文底蕴深厚、壮瑶风情浓郁，但旅游产品存在“星星多，月亮少”的现象，清远旅游必须站在更高的起点，结合区域、交通、资源优势，明确市场定位，策划出以生态旅游为主导的产品项目。

葛长伟指出，生态旅游发展战略对清远来说很有意义。一是符合党的十八大提出的“生态文明建设”要求，是建设美丽清远的重要组成部分；二是符合新时期人们消费需求的方向；三是符合全省主体功能区的划分，以及清远自身的发展方向和战略定位。清远发展生态旅游具有自然资源、历史人文、区位交通等得天独厚的优势，其中北江文化更是源远流长，是岭南连接内地的文化丝绸之路。市委六次全会提出“南融北拓桥头堡、水秀山清后花园”发展战略，把生态旅游作为主导产业进行培育。于5月召开的全市旅游产业发展大会上，市委、市政府出台《关于进一步加快旅游业发展的意见》，与广东省旅游局签订《关于共同推进清远旅游业发展的框架协议》，启动编制《清远市旅游产业发展规划》。

（涂继文　叶志青　余晓娟）

旅游行业管理

广东省旅行社业

- 全国旅行社主要经济指标（旅游业务营业收入、旅游业务利润、实缴税金3项）综合排名，广东列第一
- 全国旅行社组接各项指标排名，广东列第一
- 全国旅行社国内旅游组织人次排名，广东列第一
- 广东省共有17家旅行社进入全国"百强旅行社"排优排行榜，数量列全国第一

【概况】 2012年，广东省新设立旅行社共252家。其中由广东省旅游局许可经营国内旅游业务和入境旅游业务的旅行社（用"L-GD"表示）202家；由国家旅游局许可经营国内旅游业务和入境旅游业务的外资旅行社（用"L-GD-WZ"表示）1家；由国家旅游局许可经营的国内旅游业务、入境旅游业务和出境旅游业务的旅行社（简称"出境游组团社"，下同，用"L-GD-CJ"表示）49家。（具体参见"2012年广东省新审批设立旅行社一览表"）

依据《行政许可法》《旅行社条例》和《旅行社条例实施细则》等法规的有关规定，全省全年对广州四通旅行社有限公司等23家旅行社和1家外资旅行社（广东永安国际旅行社有限公司）作出注销旅行社业务许可证的处理决定；对珠海九州国际旅行社等11家旅行社作出吊销旅行社业务经营许可证的行政处罚。（具体参见"2012年广东省注销旅行社一览表""2012年广东省注销外资社一览表"和"2012年广东省吊销旅行社一览表"）

至年末，全省旅行社总数1624家，其中出境游组团社216家、外资旅行社15家、台湾游组团社19家；已完成工商注册登记的旅行社有1510家。全省旅行社直接从业人数47260人，比上年增长5.5%。（具体参见"2012年广东省旅行社名录"）

【旅行社规模和效益】

旅行社经营规模 截至2012年年底，从国家旅游局统计调查的1476家旅行社数据显示，全省旅行社资产总额103.44亿元，比上年下降3.64%；负债总额77.18亿元，下降8.2%。所有者权益为26.24亿元，实收资本金为21.2亿元。旅行社直接从业人员为36289人，同比增长1.84%。

旅行社效益 2012年，根据1476家旅行社填报的有效数据统计，全省旅行社营业收入总额471.14亿元，增长4.35%；旅游业务收入总额为452.82亿元，增长6.48%；利润总额为3.02亿元，下降4.08%，其中旅游业务利润总额25.32亿元，为利润总额的8.38倍；实缴税金总额为3.19亿元，下降0.53%。

【旅游业务指标】

入境旅游业务 2012年，全省旅行社入境旅游外联385.85万人次、983.87万人天，接待457.3万人次、1164.94万人天，比上年分别增长14.28%、10.9%，6.06%、7.39%。其中入境旅游外国人外联84.8万人次、289万人天，接待124.37万人次、379.71万人天，比上年分别增长23.71%、27.63%，14.8%、9.6%。

入境旅游营业收入30.92亿元，占全省旅游业务收入总量的6.83%；入境旅游业务利润额1.78亿元，占旅游业务利润总量的7.03%。

国内旅游业务 2012年，全省旅行社国内旅游组织2364.64万人次、5475.08万人天，接待1728.29万人次、3082.4万人天，比上年分别增长0.65%、0.15%，下降9.08%、6.24%。

国内旅游业务收入272.62亿元，占全省旅游收入总量的60.2%；国内旅游业务利润额为15.65亿元，占旅游利润总量的61.81%。

出境旅游业务 2012年，全省旅行社出国旅游组织739.28万人次、2576.24万人天，比上年分别增长28.33%、23.95%；港澳游组织431.13万人次，增长27.39%。

出境旅游业务收入149.27亿元，占全省旅游业务收入总量的32.96%；出境旅游业务利润额为7.9亿元，占全省旅游业务利润总量的31.2%。

【旅行社结构分布状况】

旅行社地区分布 2012年，全省旅行社数量排在前五位的地级市依次为：深圳（392家）、广州（347家）、珠海（113家）、佛山（69家）、汕头（66家），五市旅行社总量占全省总量的60%。

旅行社企业类型结构 2012年，在全省旅行社中，国

有企业占6.89%，集体所有制企业占0.62%，股份有限公司占0.18%，有限公司企业占17.29%，私营企业占74.09%，外资合资、独资企业占0.92%。

旅行社经营状况排序　2012年，经对全省22个地级市（区）旅行社营业收入总额、利润总额、旅游业务收入、旅游业务利润、实缴税金、入境外联人天、入境接待人天、国内组织人天、国内接待人天等9项指标进行综合排序，前十名地级市依次为：广州、深圳、佛山、珠海、东莞、中山、顺德、汕头、江门、肇庆市。

【广东省旅行社业多项指标名列全国第一】　2012年，全国旅行社国内旅游组织人次排名前十位的地区依次为：广东、浙江、江苏、上海、山东、四川、湖北、重庆、湖南、福建。广东省旅行社国内旅游组织2364.64万人次，占全国总数的16%；旅行社国内旅游接待人次排名前十位的地区依次为：江苏、广东、浙江、四川、云南、上海、福建、山东、湖北、湖南。

数量分布　2012年度旅行社数量排名前十位的地区依次为：江苏（1996家）、山东（1963家）、浙江（1894家）、广东（1624家）、河北（1252家）、辽宁（1141家）、河南（1141家）、上海（1090家）、湖北（1041家）、北京（1021家），上述地区旅行社数量占全国旅行社总量的56.33%。

各地经营状况　2012年度全国旅行社组接指标（入境旅游、出境旅游、国内旅游综合排序）排名前十位的地区依次为：广东、浙江、山东、江苏、北京、上海、辽宁、湖南、四川、福建。广东省旅行社入境旅游外联385.85万人次、983.87万人天，接待457.3万人次、1164.94万人天；国内旅游组织2364.64万人次、5475.08万人天，接待1728.29万人次、3082.4万人天；出境旅游组织739.28万人次、2576.24万人天。

主要经济指标　2012年度全国旅行社主要经济指标（旅游业务营业收入、旅游业务利润、实缴税金三项综合）排名前十位的地区依次为：广东、北京、上海、浙江、江苏、山东、湖南、福建、湖北、云南。广东省旅游业务收入总额为452.82亿元，旅游业务利润总额25.32亿元，实缴税金总额为3.19亿元。

【全国旅行社排优排强广东入榜情况】　2012年，广东省按照全国旅行社统计调查排序标准，广东省中国旅行社股份有限公司等17家旅行社进入全国“百强旅行社”，广东省中国旅行社股份有限公司、广州广之旅国际旅行社股份有限公司进入全国“旅行社集团十强”，广东省中国旅行社股份有限公司、广州广之旅国际旅行社股份有限公司和广东南湖国际旅行社有限责任公司进入全国“旅行社税收十强”。

▲2004—2012年连续9年荣获“全国百强旅行社”的广东顺之旅国际旅行社有限公司前台营业部。　（饶锦涛）

·链接·

“百强旅行社”：（1）国内旅游组织人天、国内旅游接待人天、入境旅游外联人天、入境旅游接待人天和出境旅游组织人天五项指标中有一项进入全国前200名。（2）在以上最多1000家旅行社中，取净资产（即所有者权益）、旅游业务营业收入（即入境、出境、国内旅游营业收入之和）、净利润（即利润总额减去所得税）、实缴税金（即营业税金及附加与所得税之和）四项指标，每项指标除以该项全国旅行社平均值得到相应系数，按四项指标相应系数之和由大到小取前100名旅行社。其中净资产小于或等于零的旅行社被排除。（3）四项指标相应系数之和相同时，依次以旅游业务营业收入、实缴税金、净利润、净资产相应系数大者为先，决定其最后排序位次。

“旅行社集团十强”：（1）取净资产（即所有者权益）、旅游业务营业收入（即入境、出境、国内旅游营业收入之和）、净利润（即利润总额减去所得税）、实缴税金（即营业税金及附加与所得税之和）四项指标，每项指标除以该项全国旅行社平均值得到相应系数，按四项指标相应系数之和由大到小取前10名旅行社集团。其中净资产小于或等于零的旅行社被排除。（2）四项指标相应系数之和相同时，依次以旅游业务营业收入、实缴税金、净利润、净资产相应系数大者为先，决定其最后排序位次。

“税收十强旅行社”：按照营业税金及附加与所得税之和由大到小取前10名旅行社。

（省旅游局行业管理处供稿）

2012年广东省新审批设立旅行社一览表

类型	地市	旅行社名称
外资旅行社（1家）	广州市（1家）	广州南华旅行社有限公司
出境游组团社（49家）	广州市（15家）	广州中航国际旅游有限公司、广东活力商务国际旅行社有限公司、广州畅游国际旅行社有限公司、广东华侨友谊旅行社有限公司、广东友好旅行社有限公司、广州市广厦国际旅行社、广州一起飞国际旅行社有限公司、广州天下若比邻国际旅行社有限公司、广州市金马国际旅行社有限公司、广州国龙国际旅行社有限公司、广州鹅潭旅行社有限公司、广州方行教育国际旅行社有限公司、广州市千适国际旅行社有限公司、广州国青国际旅行社有限公司、广州翔游旅行社有限公司
	深圳市（13家）	玩美假期（深圳）国际旅行社有限公司、深圳市环球国际旅行社有限公司、深圳市卓越国旅国际旅行社有限公司、深圳市芒果网旅行社有限公司、深圳市捷旅国际旅行社有限公司、深圳环宇国际旅行社有限公司、深圳市深之旅旅行社有限公司、深圳市海侨国际旅行社有限公司、深圳市阳光假日国际旅行社有限公司、深圳市深业国际旅行社有限公司、深圳市中诚假期旅行社有限公司、深圳市度假国际旅行社有限公司、深圳侨中国际旅行社有限公司
	珠海市（9家）	珠海康辉国际旅行社有限公司、珠海四季国际旅行社有限公司、珠海市易达假期国际旅行社有限公司、珠海华美达国际旅行社有限公司、广东中旅（珠海）旅行社有限公司、珠海海威国际旅行社有限公司、珠海市顺安国际旅行社有限公司、珠海市澳国旅国际旅行社有限公司、珠海万里游国际旅行社有限公司
	汕头市（2家）	汕头经济特区旅游有限公司、汕头经济特区旅游有限公司
	佛山市（3家）	佛山市南之旅国际旅行社有限公司、佛山市名家假期国际旅行社有限公司、佛山市明之旅国际旅行社有限公司
	惠州市（1家）	惠州市中航国旅旅行社有限公司
	江门市（1家）	江门市春秋国际旅行社有限公司
	湛江市（1家）	湛江市光大旅行社有限公司
	肇庆市（1家）	肇庆市广之旅国际旅行社有限公司
	清远市（1家）	清远市星辉旅行社有限公司
	揭阳市（2家）	揭阳市青年旅行社有限公司、揭阳市光辉国际旅行社有限公司
许可经营国内游和入境游旅行社（202家）	广州市（57家）	广州新历游旅行社有限公司、广州澳嘉国际旅行社有限公司、广州翔丰国际旅行社有限公司、广州草柔柔旅行社有限公司、广州市圣地国际旅行社有限公司、广州市天天旅行社有限公司、广州广真易旅行社有限公司、广州恒丰旅行社有限公司、广州太平洋国际旅行社有限公司、广州印象假期国际旅行社有限公司、广州市携康旅行社有限公司、广州锦绣国际旅行社有限公司、广州旅易国际旅行社有限公司、广州东辉国际旅行社有限公司、广州岭之南旅行社有限公司、广州市大粤国际旅行社有限公司、广州市名骏旅行社有限公司、广州尊美国际旅行社有限公司、广州渔民旅行社有限公司、广州金锡国际旅行社有限公司、广州龙昱翔国际旅行社有限公司、广州沃美国际旅行社有限公司、广州市联合万游国际旅行社有限公司、广州卓旅旅行社有限公司、

续表

类型	地市	旅行社名称
许可经营国内游和入境游旅行社（202家）	广州市（57家）	广州观天下国际旅行社有限公司、广州途米国际旅行社有限公司、广州市阿络漫国际旅行社有限公司、广州全民假日国际旅行社有限公司、广州安捷国际旅行社有限公司、广州浩海国际旅行社有限公司、广州乐派网旅行社有限公司、广州东象国际旅行社有限公司、广州名扬国际旅行社有限公司、广州山峡国际旅行社有限公司、广州市逍遥天下国际旅行社有限公司、广州市游摄国际旅行社有限公司、广州市周游旅行社有限公司、广州烈扬旅行社有限公司、广州鸿飞国际旅行社有限公司、广州环游旅行社有限公司、广州市相遇旅行社有限公司、广州尊享国际旅行社有限公司、广州花好月圆旅行社有限公司、广州润之旅国际旅行社有限公司、广州市永键旅行社有限公司、广州锦粤旅行社有限公司、广州易飞国际旅行社有限公司、广州天健国际旅行社有限公司、广州市中侨旅行社有限公司、广州金色国际旅行社有限公司、广东秋光传媒旅行社、广州新源旅行社有限公司、广州市晨宏国际旅行社有限供公司、广州天心国际旅行社有限公司、广州好吧旅行社有限公司、广州市轻松游旅行社有限公司、广州市中海旅行社有限公司
	深圳市（72家）	深圳市幸福起点旅行社有限公司、深圳市海翔国际旅行社有限公司、深圳市华夏春秋旅行社有限公司、深圳市乐游天下国际旅行社有限公司、深圳莹丰国际旅行社有限责任公司、深圳市平安假日国际旅行社有限公司、深圳百事通国际旅行社有限公司、深圳海之旅旅行社有限公司、深圳市阳光在线旅游有限公司、深圳市自游一派国际旅行社有限公司、深圳中天国际旅行社有限公司、深圳市东皇旅行社有限公司、深圳市南方海外国际旅行社有限公司、深圳市扬帆国际旅游有限公司、深圳市亚太国际旅行社有限公司、深圳市悠雅国际旅行社有限公司、深圳市嘉华国际旅游有限公司、深圳市燎原国际旅行社有限公司、深圳市天河国际旅行社有限公司、深圳美景天下国际旅行社有限公司、深圳市定制旅行社有限公司、深圳市天虹国际旅行社有限公司、深圳市飞来发旅行社有限公司、深圳市大眼睛国际旅行社有限公司、深圳新景界国内旅游有限公司、深圳市大好时光旅行社有限公司、深圳市微笑假期国际旅行社有限公司、深圳市友佳国际旅行社有限公司、深圳市金戚假期旅行社有限公司、深圳市金紫荆假日国际旅行社有限公司、深圳市新天假期旅行社有限公司、深圳市径情旅行社有限公司、深圳市常顺旅行社有限公司、深圳市运通商旅国际旅行社有限公司、深圳小蜜蜂旅行社有限公司、深圳市行者无涯国际旅行社有限公司、深圳嘉康国际旅行社有限公司、深圳市卓越海外旅游有限公司、深圳市大鹏半岛国际旅行社有限公司、深圳市皇室假期国际旅行社有限公司、深圳市创想旅行社有限公司、深圳市鹏鲲旅行社有限公司、深圳惠程国际旅行社有限公司、深圳市莱蒙娜旅行社有限公司、深圳旅途天下国际旅行社有限公司、深圳市悠游旅途国际旅游有限公司、深圳市热点旅行社有限公司、深圳市翔游天下旅行社有限公司、深圳市梦之旅国际旅行社有限公司、深圳市其他地方国际旅行社有限公司、深圳市金骏商务国际旅行社有限公司、世纪风行（深圳）龙华国际会展旅游有限公司、深圳市银河快车旅行社有限公司、深圳市新国旅国际旅行社有限公司、深圳市世界风情旅行社有限公司、深圳市环球世纪国际旅行社有限公司、深圳市安盛旅行社有限公司、深圳市鹏城万里国际旅行社有限公司、深圳新景界君和旅行社有限公司、深圳市优游商旅游有限公司、

续表

类型	地市	旅行社名称
许可经营国内游和入境游旅行社（202家）	深圳市（72家）	深圳市方向旅行社有限公司、深圳市盼游国际旅行社有限公司、深圳畔天下国际旅行社有限公司、深圳市自游国际旅行社有限公司、深圳市金诚国际旅行社有限公司、深圳市星王国际旅行社有限公司、深圳市乐悠游国际旅行社有限公司、深圳市空港国际旅行社有限公司、深圳市金环球旅行社有限公司、深圳四海畅游旅行社有限公司、深圳市优阳国际旅行社有限公司、深圳市飞马之旅国际旅行社有限公司
	珠海市（10家）	珠海市天盈国际旅游有限公司、珠海市龙轩国际旅行社有限公司、珠海市安杰国际旅行社有限公司、国旅（珠海）国际旅行社有限公司、珠海畅游国际旅行社有限公司、珠海市旅游假期国际旅行社有限公司、珠海华凤旅行社有限公司、珠海鑫龙国际旅行社有限公司、珠海横琴澳青旅行社有限公司、珠海市红阳国际旅行社有限公司
	汕头市（1家）	汕头市新旅程国际旅行社有限公司
	佛山市（9家）	佛山骅南旅行社有限公司、佛山市豪程旅行社有限公司、佛山市春秋国际旅行社有限公司、佛山康辉国际旅行社有限公司、佛山市金马国际旅行社有限公司、佛山市顺德区太子旅行社有限公司、佛山市汇丰旅行社有限公司、佛山新睿旅行社有限公司、佛山市熙游记旅行社有限公司
	韶关市（4家）	浈江区通泰旅行社有限公司、南雄市华旅旅行社有限公司、韶关市假日之旅旅行社有限公司、仁化县乐曙旅行社有限公司
	河源市（4家）	和平县阳光假日旅行社有限公司、河源市观光假期旅行社有限公司、和平县东晟旅行社有限公司、龙川县绿色阳光旅行社有限公司
	梅州市（2家）	梅州市客家妹国际旅行社有限公司、梅州浙商旅行社有限公司
	惠州市（3家）	惠州大亚湾龙泉旅行社有限公司、惠州市客之旅旅行社有限公司、惠州市丰采旅行社有限公司
	汕尾市（2家）	陆河县环盛国际旅行社有限公司、陆河县广旅国际旅行社有限公司
	东莞市（4家）	东莞市飞扬旅行社有限公司、广东国旅（东莞）旅行社有限公司、东莞市猎狐旅行社有限公司、东莞市中港旅行社有限公司
	中山市（5家）	中山至尊假期国际旅行社有限公司、中山市怡情旅行社有限公司、中山市中泓国际旅行社有限公司、中山市港中旅国际旅行社有限公司、中山锦兴国际旅行社有限公司
	江门市（7家）	江门市康怡国际旅行社有限公司、台山市口岸旅行社有限公司、台山市金铧国际旅行社有限公司、台山市百峰国际旅行社有限公司、江门市侨乡国际旅行社有限公司、江门市新会区永健国际旅行社有限公司、台山市旅游公司
	阳江市（2家）	阳春市中之旅旅行社有限公司、阳江市乐游旅行社有限公司
	湛江市（7家）	湛江市阳光国际旅行社有限公司、湛江市优质假期旅行社有限公司、湛江市海外国际旅行社有限公司、湛江市遨游旅行社有限公司、湛江市粤逍遥旅行社有限公司、湛江市中天旅行社有限公司、湛江盛事假期旅行社有限公司

续表

类　型	地　市	旅　行　社　名　称
许可经营国内游和入境游旅行社（202家）	肇庆市（7家）	肇庆市端城国际旅行社有限公司、肇庆市港中旅国际旅行社有限公司、广宁县南街镇中旅行社有限公司、肇庆市端州区春秋旅行社有限公司、肇庆市端州飞翔国际旅行社有限公司、肇庆市端州区康程国际旅行社有限公司、肇庆市端州悦华国际旅行社有限公司
	清远市（1家）	清新清之旅旅行社有限公司
	潮州市（5家）	潮州市潮联旅行社有限公司、广东国旅（潮州）旅行社有限公司、潮州市和信旅行社有限公司、潮州市星程旅行社有限公司
	揭阳市（1家）	惠来县惠之旅旅行社有限公司

注：2012年度广东省新批准设立旅行社252家。其中外资旅行社1家、出境游组团社49家、许可经营国内游和入境游旅行社202家。

2012年广东省注销旅行社一览表

地　市	名　称	许可证号码
广州市（6家）	广东四通旅行社有限公司	L-GD00761
	广州自游通商务旅行社有限公司	L-GD00796
	广州市盛世明珠旅行社有限公司	L-GD00793
	广州市乐游旅行社有限公司	L-GD00843
	广州中衡国际旅行社有限公司	L-GD01334
	广州笑一笑旅游有限公司	L-GD01285
深圳市（6家）	深圳市天河国际旅行社有限公司	L-GD01344
	深圳市中南旅行社有限公司	L-GD00582
	深圳市福特佳旅游有限公司	L-GD01291
	深圳市香江金运旅行社有限公司	L-GD01276
	深圳市热点旅行社有限公司	L-GD01441
	深圳市铁道旅行社有限公司	L-GD00570
汕头市（1家）	汕头市华天旅行社有限公司	L-GD00017
佛山市（1家）	佛山市顺德区环宇旅行社有限公司	L-GD00457
梅州市（1家）	丰顺县温泉旅行社	L-GD00411
惠州市（2家）	惠州市芳华旅行社	L-GD00100
	惠州市旖旎之旅旅行社有限公司	L-GD01077
中山市（1家）	中山市新地国际旅游有限公司	L-GD01154
江门市（2家）	台山市风情国际旅行社有限公司	L-GD01133
	江门市中新旅行社有限公司	L-GD00233
肇庆市（2家）	肇庆市职工旅行社	L-GD00993
	肇庆市华夏国际旅行社有限公司	L-GD00532
揭阳市（1家）	揭西县旅游总公司	L-GD00083

2012 年广东省注销外资社一览表

地　市	名　称	许可证号码
广州市（1家）	广东永安国际旅行社有限公司	L－GD－WZ00002

2012 年广东省吊销旅行社一览表

地　市	名　称	许可证号码
肇庆市（7家）	珠海九洲国际旅行社	L－GD00124
	珠海市斗门区白藤湖旅游发展公司	L－GD00138
	珠海经济特区怡海旅行社	L－GD00144
	珠海市金四海旅行社有限公司	L－GD00164
	珠海市东南旅行社有限公司	L－GD00176
	珠海市人人旅行社有限公司	L－GD00133
	珠海星际国际旅行社有限公司	L－GD01390
佛山市（1家）	顺德区青年旅行社有限公司	L－GD00449
韶关市（1家）	南雄市迎宾旅行社	L－GD01238
湛江市（2家）	湛江市环球旅行社有限公司	L－GD00506
	湛江市金粤嘉辉旅游有限责任公司	L－GD01125

广东省旅行社业进入全国排优排强榜

2012 年度广东省进入全国旅行社百强名单

序　号	许可证编号	旅行社名称	全国名次
1	L－GD－CJ00002	广东省中国旅行社股份有限公司	3
2	L－GD－CJ00004	广州广之旅国际旅行社股份有限公司	5
3	L－GD－CJ00019	广东南湖国际旅行社有限责任公司	18
4	L－GD－CJ00039	深圳中国国际旅行社有限公司	20
5	L－GD－CJ00001	广东国旅国际旅行社股份有限公司	35

续表

序　号	许可证编号	旅行社名称	全国名次
6	L－GD－CJ00056	深圳市宝中旅行社有限公司	38
7	L－GD－CJ00085	佛山市中旅国际旅行社有限公司	43
8	L－GD－CJ00052	深圳市海外国际旅行社有限公司	46
9	L－GD－CJ00036	广州携程国际旅行社有限公司	56
10	L－GD－CJ00084	佛山国旅国际旅行社有限公司	57
11	L－GD－CJ00081	佛山市禅之旅国际旅行社有限公司	60
12	L－GD－CJ00082	广东顺之旅国际旅行社有限公司	67
13	L－GD－CJ00121	江门市大方旅游国际旅行社有限公司	78
14	L－GD－CJ00044	深圳华侨城国际旅行社有限公司	83
15	L－GD－CJ00083	佛山市南海中旅假日国际旅行社有限公司	88
16	L－GD－CJ00041	深圳市口岸中国旅行社有限公司	93
17	L－GD－CJ00115	中山中国国际旅行社有限公司	100

2012年度广东省进入全国旅行社集团十强

位　次	许可证编号	旅行社名称
5	L－GD－CJ00002	广东省中国旅行社股份有限公司
8	L－GD－CJ00004	广州广之旅国际旅行社股份有限公司

2012年度广东省进入全国旅行社税收十强

位　次	许可证编号	旅行社名称
1	L－GD－CJ00002	广东省中国旅行社股份有限公司
2	L－GD－CJ00004	广州广之旅国际旅行社股份有限公司
8	L－GD－CJ00019	广东南湖国际旅行社有限责任公司

注：1. 2012年度，拥有全国“百强旅行社”列前5名的省（市区）分别为：广东、北京各17家，上海、山东、江苏各10家；

2. 拥有全国“旅行社集团十强”列前3名的省（市区）分别为：北京（4家）、上海（3家）、广东（2家）；

3. 拥有全国“旅行社税收十强”列前3名的省（市区）分别为：广东（3家），北京、上海、湖南各2家。

广东省星级饭店业

• 广东星级饭店总数及五星级饭店数量位居全国第一

【概况】 2012年，广东省新增星级饭店36家，其中五星级10家，四星级4家，三星级22家（由二星级晋升为三星级2家）。（具体见“2012年广东省新增星级饭店一览表”）

全年全省共注销星级饭店86家。其中五星级2家，四星级18家，三星级36家，二星级30家。星级饭店注销原因有：经营者自行放弃32家、停业或歇业18家、复核不达标15家、饭店转营9家、饭店拆除等其他原因10家、星级饭店晋升2家。至年末，全省星级饭店总数达1079家。其中白金五星级1家、五星级106家，占星级饭店总数的10.6%；四星级186家，占17.3%；三星级630家，占57.9%；二星级148家，占13.5%；一星级饭店8家，占0.64%。星级饭店的客房数16.3万间、床位数26.58万张。星级饭店直接从业人员64.97万人。

全省星级饭店中，内资企业929家（国有企业218家、集体企业103家、有限责任公司195家、股份有限公司66家、私营企业342家、其他企业5家），占星级饭店总数的84%；港澳台商投资企业34家（港澳台商独资企业29家、合资和合作经营企业5家），占3.1%；外商投资企业143家（中外合资经营企业121家、外商投资股份有限公司14家、外资及独资企业8家），占12.9%。据不完全统计，全年星级饭店平均住房率约65.5%。全省有绿色饭店982家。从星级饭店的布局看，70%的星级饭店分布在珠江三角洲地区。

【星评饭店复核】 2012年，全省1059家星级饭店纳入复核范围（年度复核665家、评定性复核394家），因改制或正在全面翻新改造和停业装修申请延期复核饭店28家，实际参加复核的饭店1031家。复核结果：因不达标被取消星级资格的饭店75家，限期整改的饭店9家。其他星级饭店均通过复核。

全省复核分3个时段、累计派出1894人次星评员对各星级饭店进行复核。3月30日前各市提交延期复核申请，4月15日前各星级饭店开展自查，4月16日起省星评委复核检查。对满三、四年期的饭店重点进行全面复核检查，以明察为主、暗访为辅，侧重检查饭店的大堂、客房、餐饮、后勤区域和消防安全等情况。星评人员指导饭店投入资金进行设施设备节能改造，重点对饭店自然灾害、火灾、食品卫生、公共卫生、治安事件、设施设备突发故障等各项突发事件应急预案制订和演练情况进行检查。存在主要问题：一是个别饭店设施设备较陈旧。个别饭店开业时间长，没有进行较大规模的装修改造，设施设备较为残旧。二是饭店人员流动性大。全省星级饭店年度从业人员流动率达33%，队伍不够稳定，不注重员工的培训。三是企业文化建设欠缺。部分饭店在新建或改、扩建时，盲目追求硬件上的豪华气派，用高档材料来堆砌饭店，忽略企业文化建设和人文环境营造。四是部分低星级饭店由于自身管理服务水平不高，市场认可度不高，没有形成自己的客源市场，经营状况不好。五是本土饭店集团化发展缓慢，没有很好地整合人、财、物资源，缺乏竞争力。

【广东省星级饭店全国排优排强】 2012年度全国星级饭店统计公报显示：全年全省五星级饭店，平均房价373.25元/间·夜，列全国各省区第五位；每间可供出租客房收入0.22千元/间·夜，列全国各省区第五位；每间客房平摊营业收入185.21千元/间，列全国第五位；全员劳动生产率167.58千元/人，列全国第六位。

全年全省重点旅游城市星级饭店的平均房价：广州市373.25元/间·夜，列全国第四位，深圳市449元/间·夜，列全国第七位，东莞市399.24元/间·夜，列全国第十位；平均出租率（广东上榜的城市为0）；每间可供出租客房收入：广州市0.30千元/间·夜，列全国第五位，深圳市0.29千元/间·夜，列全国第八位；每间客房平摊营业收入：东莞市282.23千元/间，列全国第三位，广州市244.88千元/间，列全国第七位；全员劳动生产率：广州市203.59千元/人，列全国第七位；人均实现利润：深圳市16.37千元/人，列全国第三位，广州市12.71千元/人，列全国第七位。

全年全省星级饭店基本及主要指标：营业收入总额258.34亿元，客房收入占比重41.37%，餐饮收入占比重43.45%，固定资产原值436.08亿元，利润总额占8.75亿元，实缴税金20.49亿元，从业人员年平均人数15.42万人，大专以上学历2.78万人；全员劳动生产率167.58千元/人，人均实现利润5.67千元/人，人均实现税收13.29千元/人，人均占有固定资产原值282.88千元/人，百元固定资产创营业收入59.24元，平均房价373.25元/间·夜，平均出租率58.48%，每间可供出租客房收入0.22千元/间·夜，每间客房平摊营业收入185.21千元/间。

全年全省有12家饭店进入全国五星级饭店综合指标前100名排序（仅列名单和排序）。深圳华侨城大饭店有限公司（排序第13名），广州华园酒店有限公司（排序第31名），深圳威尼斯酒店（排序第59名），深圳香格里拉大酒店有限公司（排序第65名），深圳圣廷苑酒店有限公司（排序第66名），珠海海湾大酒店（排序第70名），广东新白云宾馆有限公司（排序第74名），佛山宾馆有限公司（排序第79名），中国大酒店（排序第82名），广州白云国际机场铂尔曼大酒店（排序第90名），珠海来魅力酒店（排序第94名）。

有10家饭店进入全国四星级饭店综合指标前100名排序（仅列名单和排序）：广州文化假日酒店有限公司（排序第14名）、广州十甫假日酒店（排序第17名）、岭南大厦（排序第33名）、广州流华宾馆集团股份有限公司（排序第35名）、深圳海景奥思廷有限公司（排序第54名）、广州大厦有限公司（排序第62名）、广东迎宾馆（排序第81名）、深圳中南海滨大酒店有限公司（排序第94名）、胜利宾馆（排序第95名）、明华（蛇口）海员服务公司明华国际会议中心（排序第100名）。

（邹飞祥）

2012年广东省新增星级饭店一览表

饭店星级	地　市	星　级　饭　店　名　称
★★★★★（10家）	广州市（1家）	广州翡翠皇冠假日酒店
	珠海市（1家）	珠海庆华国际大酒店
	佛山市（4家）	保利洲际酒店、金太阳酒店、三水花园酒店、高明碧桂园凤凰酒店
	惠州市（1家）	国惠大酒店
	汕尾市（1家）	巴黎半岛酒店
	东莞市（1家）	欧亚国际酒店
	江门市（1家）	台山碧桂园凤凰酒店
★★★★（4家）	佛山市（1家）	凯迪威酒店
	东莞市（1家）	新都会璜玛酒店
	阳江市（1家）	阳江长江国际酒店
	湛江市（1家）	廉江市罗二酒店
★★★（22家）	广州市（2家）	光华假日酒店、新华大酒店
	深圳市（1家）	威尔斯酒店
	珠海市（1家）	怡海楼酒店
	佛山市（1家）	金帝豪大酒店
	韶关市（6家）	云锦山庄、翁源县新世纪酒店、翁源县雅园大酒店、昇东商务酒店、新丰江源温泉旅游度假山庄、宁泰商务酒店
	梅州市（1家）	远南大酒店
	惠州市（4家）	金鑫国际酒店、鑫元大酒店、星光大酒店、金殿大酒店
	阳江市（1家）	阳春市金达来酒店
	湛江市（1家）	园中园迎宾馆
	清远市（2家）	清新爵士酒店、双龙城商务酒店
	揭阳市（2家）	金皇名庭大酒店、惠来富林大酒店

注：2012年广东省新增星级饭店共36家。

2012年度广东省注销星级饭店名单

星级饭店名称	地　市	所有制性质	星级	星牌编号	星级饭店名称	地　市	所有制性质	星级	星牌编号
龙泉国际大酒店	东莞市	私营	五	4450017	顺天云景大酒店	惠州市	私营	三	4430656
银城酒店	东莞市	中外合资	五	4450033	盛龙大酒店	惠州市	私营	三	4430679]
宝利来大酒店	深圳市	私营	四	4440048	南朗雅居乐酒店	中山市	集体	三	4430297
中阁城大酒店	深圳市	私营	四	4440140	富洲酒店	中山市	集体	三	4430299
富丽华大酒店	深圳市	国有	四	4440127	京粤大酒店	佛山市	国有	三	4430512
千叶度假酒店	佛山市	中外合资	四	4440074	置业宾馆（自动放弃）	佛山市	私营	三	4430624
花园酒店	东莞市	私营	四	4440119	丽江酒店	东莞市	私营	三	4430268
星雅轩酒店	深圳市	私营	四	4440202	从化温泉正大度假村	广州市	国有	三	4430011
均安碧桂园大酒店	佛山市	中外合资	四	4440075	祈福（南沙）酒店	广州市	中外	三	4430030
君悦来酒店	珠海市	港澳合资	四	4440061	广州富丽华大酒店	广州市	中外	三	4430042
三阳酒店	惠州市	私营	四	4440086	灿业大酒店	广州市	私营	三	4430060
开平三埠假日酒店	江门市	有限责任	四	4440082	壹心宾馆	广州市	私营	三	4430061
景星酒店	广州市	中外合资	四	4440023	月亮湾酒店	广州市	有限	三	4430559
皇家银海大酒店	佛山市	中外合资	四	4440080	广大商务酒店	广州市	私营	三	4430664
紫光大酒店	阳江市	私营	四	4440122	嘉尔登大酒店	广州市	有限	三	4430692
富华大酒店	惠州市	外资	四	4440173	丰乐园大酒店	深圳市	国有	三	4430090
金至尊大酒店	深圳市	有限责任	四	4440201	金湾酒店	深圳市	国有	三	4430101
君爵酒店	东莞市	港澳台商	四	4440098	云鹏大酒店	深圳市	国有	三	4430110
国际大酒店	阳江市	国有	四	4440087	南方苑酒店	深圳市	国有	三	4430115
东园大酒店	茂名市	私营	四	4440180	聚豪酒店	深圳市	私营	三	4430424
云海酒店	珠海市	国有	三	4430152	千柏洲商务酒店	深圳市	私营	三	4430615
荔枝湾度假村	肇庆市	中外	三	4430382	南澳大酒店	深圳市	有限	三	4430675
太平洋酒店	梅州市	有限	三	4430521	怡东大酒店	韶关市	中外	三	4430199
锦发大酒店	梅州市	私营	三	4430586	新丰县迎宾馆	韶关市	国有	三	4430206
中旅大酒店	佛山市	集体	三	4430335	远光大厦	茂名市	有限	三	4430708
德庆迎宾苑	肇庆市	私营	三	4430389	新时代大酒店	肇庆市	私营	三	4430384
闸坡银波大酒店	阳江市	国有	三	4430357	香山酒店	中山市	集体	二	4420259
玉滩宾馆	惠州市	国有	三	4430240	佛山电子宾馆	佛山市	国有	二	4420271
龙苑大酒店	惠州市	中外	三	4430245	嘉悦酒店	佛山市	股份	二	4420273
南洋大酒店	惠州市	有限	三	4430640	梅州市市政大酒店	梅州市	集体	二	4420201

续表

星级饭店名称	地　市	所有制性质	星级	星牌编号	星级饭店名称	地　市	所有制性质	星级	星牌编号
梅州新苑宾馆	梅州市	全民	二	4420209	长讯宾馆	汕头市	国有	二	4420152
百胜村宾馆	阳江市	私营	二	4420291	金湖大厦	汕头市	国有	二	4420166
新鹏宾馆	阳江市	私营	二	4420303	富丽酒店	韶关市	集体	二	4420175
园中园迎宾馆	湛江市	私营	二	4420318	蓝苑宾馆	韶关市	私营	二	4420427
新华大酒店	广州市	国有	二	4420057	君元沉香宾馆	茂名市	集体	二	4420324
昆竹大酒店	惠州市	私营	二	4420220	玉城唐华大酒店	茂名市	集体	二	4420331
金马酒店	中山市	集体	二	4420252	观海楼度假城	茂名市	私营	二	4420332
从化三百洞森林度假村	广州市	集体	二	4420053	鉴江酒家	茂名市	私营	二	4420381
新华都酒店	深圳市	国有	二	4420112	鉴江酒家贵宾楼	茂名市	私营	二	4420382
深铁大厦酒店	深圳市	国有	二	4420119	金华大酒店	茂名市	私营	二	4420407
和平酒店	深圳市	国有	二	4420127	京都大酒店	云浮市	私营	二	4420395
布吉源丰酒店	深圳市	私营	二	4420137	罗定市龙乡楼	云浮市	国有	二	4420396
华能大厦	汕头市	国有	二	4420151	中山来胜大厦	中山市	集体	二	4420251

注：2012年广东省共注销星级饭店共86家，其中五星级2家，四星级18家，三星级36家，二星级30家。

2012年广东省新增四星级以上饭店简介

【广州翡翠皇冠假日酒店】 位于广州高新技术产业开发区广州科学城凝彩路28号，是由英国洲际酒店集团管理的国际会议展览酒店，为广州首家洲际皇冠假日品牌酒店。该酒店于2009年3月1日正式开业，2012年6月12日被评为五星级饭店。

该酒店由天马发展（香港）有限公司和广州天马集团有限公司投资6.6亿元兴建，占地面积5.9万平方米，建筑面积6.7万平方米，建筑高度37.72米。由A、B、C、D、E共5栋楼组成，其中A、B、C每栋楼层数为9层，D栋5层，E栋为公寓共5层，总投资额达6.6亿元。拥有客房数406间，面积均在45平方米以上，床位数580～600间，月住房率平均达50%～70%。酒店宴会场地超过2600平方米，共有中西餐厅3个、共612个座位。ADD泛亚自助餐厅可提供220个座位。酒店共有员工总数约700人。

酒店大堂约18米楼高，集酒廊、娱乐、电脑上网区、图书阅览区、电子资讯、商务中心、票务中心于一体。整个酒店内设有无线上网，提供时尚蓝牙产品，客人可通过iMac高端多媒体电脑登录网上图书馆。酒店突出生态环保理念，利用其自身的建筑特色建立太阳能系统，应用于酒店的路灯照明，通透的酒店大堂自然采光。酒店自开业以

▲广州翡翠皇冠假日酒店外景。

来，曾获中国饭店金马奖的“中国最佳生态酒店”与“中国十佳会议会展酒店”奖项，先后被评为“2009 年度中国最佳绿色酒店”“2009 年度广州地区最佳新开业酒店”“2011 年度最佳宴会服务酒店”等荣誉。

【珠海庆华国际大酒店】　位于珠海市香洲区情侣南路 309 号。离九洲港、拱北口岸、城轨拱北站分别 5 分钟车程，离珠海机场 60 分钟车程。由庆华集团投资 3.2 亿元建造，是一家集商务、会议、度假功能为一体的全海景酒店，于 2007 年 8 月 8 日开业。现有员工 368 人，2012 年 1 月 17 日评定为五星级饭店。

该酒店占地面积 1.3 万平方米，建筑总面积 2.6 万平方米，酒店楼高 10 层，拥有客房数 190 间（套），共 255 个床位；共有 6 个会议室和 14 间包房，最大的会议室按戏院式摆放可容纳 330 人，另有各具特色的餐厅 6 个，设餐位 300 个。设有中餐厅、西餐厅、日本餐厅、大堂吧、丹尼斯酒吧、茶艺馆、会议室、室外泳池等服务设施。酒店提供全天候免费无线 Wi-Fi 上网、同声传译会议中心、卫星电视等配套设施。

▲康体中心——健身房。　（珠海市文体旅游局供稿）

【保利洲际酒店】　位于佛山市南海区灯湖东路 20 号，紧邻广佛地铁千灯湖站，距离佛山市中心 10 分钟车程，距广州市区 18 分钟车程。该酒店由保利房地产（集团）有限公司出资 10 亿元建造，保利华南实业有限公司委托洲际酒店集团经营管理，于 2009 年 12 月 28 日开业，共有员工 703 人。2012 年 1 月 17 日评定为五星级饭店。

酒店占地面积 2.6 万平方米，总建筑面积 9.7 万多平方米，楼高 39 层。共有客房 445 间，床位数 590 个，餐位数 647 个。设有套房、行政房、标准房等 8 种房型。饭店整体设施先进，有楼宇自动控制系统和火灾报警与消防联动控制系统。酒店设御公馆中餐厅、月色西餐厅、“巧客”饼屋、巴西餐厅及多功能宴会厅等。另有面积达 1000 多平方米、高 7.5 米无柱式多功能宴会厅 1 个，会议室 9 个，还有户外阳光游泳池、网球场、健身中心、水疗中心等休闲娱乐设施。

▲酒店大堂。　（佛山市旅游局供稿）

【金太阳酒店】　位于佛山市三水区广海大道东 6 号，距广州和佛山市区 25 分钟车程。由佛山市金太阳酒店有限公司投资 10 亿多元建造，私营民资企业。公司成立于 1999 年 9 月 20 日，主营饮食供应、旅业、娱乐、桑拿服务等。2000 年金太阳酒店开业，2001 年评定为三星级饭店。自 2007 年 4 月起酒店改造至 2009 年 9 月 27 日开业，共有员工 620 人。2012 年 1 月 17 日评定为五星级旅游饭店。

该酒店占地面积 16 万平方米，总建筑面积 8.7 万平方米，由主楼、娱乐楼和员工宿舍楼组成，其中主楼高 26 层，娱乐楼高 6 层，员工宿舍大楼高 9 层。共有客房数 508 间（套），床位数 875 张，餐位数 2500 多个。拥有高级房、豪华房、行政房、行政套房、总裁套房等多种房型。酒店除客房外，还拥有不同类型的各类会议室 10 个，有太阳轩中餐厅、百味坊、西堤岛咖啡厅、寅福门日本料理等 4 个风味迥异的餐厅，设有 1300 平方米多功能宴会厅 1 个。娱乐城占地面积 2 万多平方米，有露天泳池、健身房、棋牌室、乒乓球室、桌球室等。

【三水花园酒店】　位于佛山市三水区西南街道广海大道中 39 号，距佛山市中心 20 分钟车程，距广州市中心 30 分钟车程。该酒店由广东冠益集团建造，委托广州岭南花园酒店管理公司管理，占地面积 1.84 万平方米，建筑面积 6.81 万平方米。2008 年 1 月 6 日正式开业，共有员工 584 人。2012 年 1 月 17 日评定为五星级饭店。

其前身是一座闲置 10 年之久的烂尾楼银苑大厦，2005 年 3 月 7 日被冠益集团以 4552 万元竞得开发权，是三水区政府第三产业招商引资和城市“三旧”改造的样板。该酒店主楼高 28 层，拥有客房共 335 间/套，餐位数 1700 个。设有三国演义中餐厅、凯旋门高级餐厅、爱琴海西餐厅、大堂吧、露天烧烤餐厅等餐饮设施，能容纳 1700 多人同时就餐。其中三国演义中餐厅以三国历史人物为设计概念，以经营新派粤菜为主，是集宴会、特色中式餐饮风格为一体的餐厅。酒店还拥有1179平方米的多功能宴会厅以及1个可容350人的固定座席会议室和2个不同规格的专业会议室。还配套有夜总会、桑拿、游泳池、水疗、健身房、美容美发、精品店等休闲娱乐设施。

【高明碧桂园凤凰酒店】 位于佛山市高明区碧桂大道三洲碧桂园。距佛山市汽车站、火车站、机场分别50分钟车程；距广州市区70分钟车程。由佛山市顺德碧桂园集团投资5.32亿元兴建，碧桂园凤凰国际酒店管理公司管理的一间集住宿、餐饮、商务、会议、娱乐、度假为一体的酒店。2009年11月28日正式开业，共有员工310人。2010年接待人数10多万人次，收入超过4100万元。2012年1月17日评定为五星级饭店。

该酒店是顺德碧桂园集团在高明碧桂园二期内打造的一个配套项目，占地面积5.07万平方米（其中庭院绿化3.46万平方米）、建筑面积5.28万平方米。拥有客房数336间（高级客房140间、豪华房138间、行政客房35间、豪华套房21间），床位数610张；客房配备高级家私、独立调控式空调、液晶电视、宽频互联网接口等。开设有行政商务楼层，配有专门的豪华行政酒廊、商务会议室、行政楼层接待处。

【国惠大酒店】 位于惠州市惠东县黄埠镇吉黄大道48号。是惠州国惠大酒店有限公司投资5.2亿元兴建的商务酒店，属私人合作经营的内资企业，共有员工520人。酒店于2006年5月动工，2009年1月15日开业，2012年3月24日评定为五星级饭店，同年6月6日举行挂牌仪式。

该酒店占地面积1.8万平方米，建筑面积5.2万平方米，由主楼和副楼组成，主楼高23层；拥有客房数293间、床位数358张、餐位数748个，有大堂吧1个、西餐厅1个、外国餐厅1个、中餐厅1个，大型多功能宴会厅1个、大中小专业会议室5个，以及48间KTV包房、桑拿保健中心。设有健身中心、室外游泳池、网球场、棋牌室、商务中心、精品商店等配套设施以及培训教室。

▲中餐大厅。　　（惠州市旅游局供稿）

【欧亚国际酒店】 位于东莞市常平镇常东路8号，距深圳国际机场40分钟车程，距广州白云国际机场80分钟车程。由嘉骏集团投资4.5亿元兴建，自主经营管理。是一间集休闲、度假、商务于一体的五星级商务酒店，于2007年8月奠基动工建设，2008年8月完成土建主体工程，2009年9月27日开业，2012年3月24日评定为五星级饭店。

该酒店占地面积约2.66万平方米，建筑面积约10万平方米，楼高15层。拥有客房数370间。酒店大厅可容纳220位宾客就餐，并设有豪华贵宾房21间。有布拉格西餐厅、维也纳大堂吧、波尔多红酒吧和千叶日本餐厅。国际宴会厅可容纳1000多位宾客。多功能厅及8个独立的会议厅均配有音频、视频等设施。其先后荣获“2010年中国十佳新开业酒店”“粤港澳十佳品牌酒店”“中国‘金管家’百佳品牌商务酒店”“国家五钻级酒家”等荣誉。

▲欧亚国际酒店。

【台山碧桂园凤凰酒店】 坐落江门台山市，距广州白云机场约160分钟车程。是碧桂园集团酒店连锁体系属下企业，总投资2.5亿元兴建，由广东碧桂园物业管理有限公司经营管理，共有员工330人，于2007年11月8日开业。2012年1月17日评定为五星级饭店。

该酒店占地面积1.6万平方米、建筑面积5.4万平方米，共有客房337间。其中高级客房144间、豪华房153间、套房13间、豪华套房26间、总统套房1间。酒店设有15个多功能豪华宴会厅、贵宾室，可同时举办上千人的大型会议和会展活动，并能提供同声传译系统和视频电视会议系统。酒店功能较齐全，设有西餐厅、中餐厅、大堂吧、桑拿、沐足、卡拉OK、室外游泳池、健身房、棋牌室、桌球室、乒乓球室、室外网球场、网吧、小型电影院、花店等设施。

【巴黎半岛酒店】 位于汕尾市汕尾大道中段，是由香港信利国际集团旗下誉福实业（汕尾）有限公司投资改造的商务酒店。于2008年11月25日开业，2012年1月17日被评为五星级饭店。该酒店占地面积5300平方米，建筑面积3.78万平方米，地下1层，地上主楼5层，附楼东翼17层、西翼19层，总投资额达2.85亿元，拥有各式客房288间/套，床位453个，员工总数432人，月住房率平均达65%。酒店拥有一支高素质员工队伍，精通中、日、英、韩、法等各国语言，并长期聘请法国酒店专家杰拉·巴库担任总经理。

酒店以优雅舒适的欧式装饰风格，融入粤东风情传统艺术，经典中尽显特色。设有中、西、法、韩等特色餐厅及酒吧、高级宴会厅、多功能会议厅、康体及水疗中心、室内恒温游泳池、迷你高尔夫球场等设施。其中，曼谷餐厅、日本餐厅、韩国餐厅及云顶吧位于酒店顶层，能一览汕尾市区的海滨景色。

（王建国）

【凯迪威酒店】 坐落于佛山市三水区乐平大道35号。由广东华盛禤氏集团投资1.5亿元兴建，佛山市凯迪威有限公司自主经营管理，共有员工295人，于2010年12月18日开业，2012年9月24日评定为四星级饭店。

该酒店占地面积1.6万平方米，建筑面积2.5万平方米，主楼高10层，副楼高4层，装修格调极具岭南文化风韵。拥有各类客房165间，床位数252张，餐位838个。饭店整体设施先进，具有消防联运控制系统，采用建筑节能设计，有覆盖前后台的饭店专用管理信息系统。客房设施齐全，设标准房、豪华套房、花园套房、欧式房、商务房和无烟楼层。酒店标准房面积40平方米，豪华房55平方米，欧式房270度采光。一楼"凯逸轩"宴会厅可同时宴开45席宴会，有厢房20间以及"凯撒"西餐厅；拥有可容纳450多人的多功能会议厅和其他类型的中、小会议室共3个，均配备高清晰多媒体投影仪设备。备有卡拉OK厅、桑拿按摩、健身房、精品店等休闲娱乐设施。

▲凯迪威酒店全景图。（佛山市旅游局供稿）

【新都会璜玛酒店】 位于东莞市谢岗镇花园大道73号，距东莞火车站10公里，距深圳机场60公里。由香港名佳集团有限公司与东莞市进业实业有限公司共同出资1.2亿元兴建，属中外合资企业。现由东莞新都会酒店集团管理。于2010年11月26日开业，2012年8月28日评定为四星级饭店。

该酒店占地面积7492平方米，建筑面积38000平方米。拥有200余间豪华商务客房及套房，可容纳1000多人的多功能会议厅及宴会厅。会议室均安装无线宽频、液晶体投影仪等视听设备；酒店内设海韵烧鹅海鲜酒家，占地面积2950平方米，可容纳1200人用餐；西餐厅占地350平方米，可容纳130人用餐；沐足中心占地面积1800平方米，拥有43间沐足房；璜玛会SPA占地面积2800平方米，设有独立的水疗区和理疗区；KTV夜总会占地面积3100平方米，拥有44间豪华KTV贵宾房及大厅吧；康体中心占地面积1500平方米，设有室外游泳池、英式台球室等。

【阳江长江国际酒店】 位于阳江市东风一路东岳公园内。由美好投资有限公司投资改造建设，总投资1.3亿元，于1994年1月18日开业，现有员工638人。2012年8月1日被评为四星级酒店。

该酒店占地面积4500平方米，建筑面积3.2万平方米，主楼17层，副楼6层。欧陆装修风格、富丽堂皇。酒店有可同时容纳1500人就餐的中餐厅和格调优雅的西餐厅，客房数134间，床位数231个；有24小时管家式服务。停车面积多达7700平方米，拥有250个标准停车位。设有300平方米的多功能会议厅，并配备高清晰多媒体投影仪等先进设备，酒店特设有专门的商务中心可为商务会议活动提供打印、传真、翻译、宽带上网等便捷服务；酒店还配备有中、小型会议室以满足各类型的会务活动。同时设有桑拿及洗浴中心。酒店以"为社会创造价值"的企业文化为核心理念，秉承"情暖宾客，追求完美，诚信内外"的企业宗旨。自1994年1月开业以来，接待过胡启立、田纪云等国家领导人。

【廉江市罗二酒店】 位于湛江廉江市人民大道东42号，距湛江机场40公里。由廉江市罗氏壹加壹饮食有限公司投资兴建，是集娱乐、休闲、餐饮、购物、商旅、会议、度假于一体的综合性旅游饭店，投资总额4.98亿元，现有员工1156人。于2009年12月5日开业，2012年11月26日评定为四星级饭店。

该酒店占地面积1.16万平方米，建筑面积6.22万平方米。主体建筑高23层，由7层裙楼和5层附楼组成。酒店拥有各式豪华客房248间，床位数442个，设有大型多功能宴会厅及智能化会议室、中餐餐厅、中餐包房和大堂酒吧50多间，可同时容纳5000人就餐；设有豪华KTV夜总会、超大水疗会所及沐足、足疗、游泳池、健身房、棋牌、桌球等娱乐设施。

旅游创优与创强

【总体情况】 2012年12月10~15日，省旅游局组织《中国旅游报》驻广东站、省标准化研究院等单位专家成立工作组，由省旅游局副局长周开生率队对梅州市大埔县、河源市和平县旅游创强工作开展全面考核验收，经中共广东省委党廉办、省人力资源和社会保障厅同意，正式命名大埔、和平县为“广东省旅游强县（市）”。截至2012年年底，全省共8批22个县（市）确定为“广东省旅游强县（市）”，占全省县（市）数量比例的31%。全省仍有韶关市始兴县，梅州市平远县，汕尾市海丰县，江门台山市，湛江市徐闻县，潮州市饶平县，揭阳市揭西县等10个县（市）提出申报创建旅游强县。

【旅游创强特点与成效】 自2004年起广东省全面启动创建旅游强县工作。多年来，广东旅游区域发展不平衡的矛盾比较突出，各地迫切希望借助旅游创强平台，加强基础设施建设，改善服务配套功能，促进和带动第三产业发展，以创建旅游强县为载体，以完善县域旅游功能、培育县域旅游品牌、促进城乡区域协调发展为目标，以突出地域特色和比较优势为导向。

2012年，创建旅游强县工作特点：一是积极实施政府主导型旅游发展战略，制定和落实旅游业发展规划，突出县域旅游特色与城市功能之间的配套，突出环境保护、文化保护和适度发展原则，确保旅游资源有序开发利用；二是建立健全各级旅游管理机构，着力培植龙头旅游企业，逐步完善旅游市场管理服务体系，加强人才队伍建设，不断提高县域旅游的服务质量和综合竞争力；三是促进城镇化建设和旅游总体形象提升，旅游已成为一业兴带动百业旺、辐射带动农村经济发展和农民增收致富的主渠道。

大埔县旅游创强　大埔县位于广东省东北部，梅州东部，居韩江中上游，东邻福建平和，北靠永定，西连梅县，南接饶平、丰顺，风光迤逦、钟灵毓秀、人文厚重，旅游资源丰富。拥有丰溪、双髻山、五虎山、阴那山、百里韩江、千亩坪山梯田等原始秀丽的山川田园；有土圆楼花萼楼、方石楼泰安楼等古朴幽雅的客家古民居；有“八一”起义军三河坝战役纪念园等众多红色旅游景点；有广东汉乐、花环龙、鲤鱼灯、仔狮舞等淳朴浓郁的客家民俗；有200多种风味独特的小吃以及陶瓷、蜜柚、西岩茶等一大批典雅精美的旅游商品。

2012年12月12日，由省旅游局副局长、省旅游强县评定委员会副主任周开生率领的省旅游强县检查验收组，通过实地走访、查阅资料等方式，充分肯定该县创建旅游强县工作取得的成绩。省验收组认为，大埔县以创建广东省旅游强县为载体，将旅游产业逐渐发展成为战略性支柱产业和人民群众更加满意的现代服务业，促进旅游发展环境的优化、产业素质的提高、服务质量的提升，把旅游产业地位、综合效益、带动功能提高到一个前所未有的水平。同时，“政府主导、部门联动、社会参与、百姓得益”的创强机制也已建立，带动了县域经济的发展。

大埔县把发展旅游产业作为推动绿色经济崛起的重要措施来抓，2009—2011年投入12亿多元加强基础设施建设，改善旅游环境。编制《大埔县旅游发展总体规划（2010—2020年）》等规划，出台一系列文件扶持旅游产业发展，做精客家文化之旅、生态休闲之旅、红色之旅、美丽乡村之游四个品牌。

2012年，大埔县按照公园化发展战略，按照“政府主导、部门配合、企业主体、市场参与”的开发模式，围绕“五个一”（一城一镇一区一居一寺），出台《大埔县加快建设文化旅游特色区投资优惠办法（试行）》等相关政策，大力扶持文化旅游项目的建设。编制完成万福寺宗教文化旅游区、百侯古镇、张弼士故居3个景区详细规划以及泰安楼客家文化园概念性旅游规划，推进万福寺宗教文化旅游区、西岩茶乡度假村、瑞山生态休闲度假村、高陂富大陶瓷工业旅游区、西河张弼士故居、百侯古镇、坪山梯田等景区建设。做好“大埔大公园、最美小山城”两篇文章，全县接待游客129.5万人次，旅游收入7.01亿元，分别比上年增长41.06%和43.1%。

按照创建省旅游强县标准，大埔县完善县内旅行社、星级饭店、重点旅游景区软硬件建设。2012年投入1亿多元开展旅游项目及配套设施建设，引入梅州市宏宝实业有限公司投资在县城按五星级饭店标准建造宏宝国际大酒店，引入深圳康辉旅行社开发大埔文化旅游产业园项目。

和平县旅游创强　和平县位于广东省东北部，东江上游，粤赣边境的九连山区，为南岭山地森林及生物多样性生态功能区，是国家和省划定的重点生态功能区。行政区域面积2310平方公里，有耕地面积1.7万公顷，森林面积16.13万公顷。2012年荣获“中国温泉之乡”“全国休闲农业与乡村旅游示范县”，林寨古村荣获“广东十大最美古村落”“首批中国传统村落”。2012 年，该县接待游客 158 万人次，实现旅游总收入超过 13 亿元。

近年来，中共和平县委、县政府在旅游发展战略决策、发展规划、政策支持和环境营造等方面充分发挥主导作用，提升城市品位，提供优质高效的服务，努力营造低成本的投资环境，形成了吸纳外资和民资各方面流向旅游业的“低洼效应”，探索一条欠发达地区依靠社会力量发展旅游业，多渠道投入创建“旅游强县”的新路子。累计投入 20 亿元，其中引进外资民资约 18 亿元，争取上级项目资金约 1.5 亿元，为全县的旅游发展注入动力。和平县委、县政府着力提升旅游软硬实力，启动“旅游创强”亮点工程，完善旅游配套设施建设。该县投入 3000 万元，完成县城主干道福和大道及和平大道的绿化改造，建成约 5 公里的绿道；投资 1000 万元，打造和平河黄金水道，形成约 5 公里人工湖景观；投资 5000 万元，建设阳明博物馆和阳明公园；筹资数亿元在新城区建设 500 米商业步行街；投入 1500 万元开展城乡清洁工程，优化旅游卫生环境；2009 年以来共造林绿化 6 万亩、完成 2 万亩生态景观林和 3 万亩水源涵养林建设；规划建设全长 72 公里林寨——青州二级旅游公路，把林寨古村、依云温泉、金湖度假村、黄石坳省级自然保护区、热龙温泉、热水漂流、蝴蝶峰度假村、青州生态茶园等生态和人文景点景观串接了起来，让游客来到和平县游古村、品民俗、泡温泉、玩漂流、呼吸森林氧吧。

和平县委书记蓝岸表示，旅游业以其拉动能力强、就业机会多、综合效益好、资源消耗低，成为优先发展、重点发展的产业。自 2009 年以来，和平县旅游人次年均增长 20% 以上，带动了城镇的人流、物流和资金流的增加，市场更加繁荣。农家餐馆、乡村旅馆、特产店及土特产品种植、加工基地涌现。2011 年农村居民人均年纯收入 7000 元。不断优化旅游环境对改善和平县整体投资环境起到推动作用，在 2011 年举办的“金秋河源·广东绿谷”经贸活动中，和平县共签约 11 个项目，投资总额 97 亿元。其中签约项目金华悦金湖度假村总投资近 3.8 亿元，是集旅游、度假、休闲于一体的大型项目；引进了深圳市昌泰投资有限公司建设的贝墩镇温泉项目，总用地面积约 1500 亩，项目总投资 5 亿元以上，是一个集文化、娱乐、健康、休闲、养生等为一体的旅游度假村。

和平温泉主要为氡泉，高温高质温泉遍及全县 7 个镇共 40 多处。该县先后引进外资建设热龙温泉度假村、天上人间温泉度假村、依云温泉度假村等旅游景区，其中热龙温泉度假村被评为国家 4A 级景区。和平县先后荣获“广东旅游特色县（温泉）”“2011 年中国最佳温泉度假旅游城市（县）”“中国温泉之乡”等称号。

和平县保存大量完好的客家古村落，如林寨古村、兴隆客家民俗村、彰洞古村、新联古村等。其中，以拥有“全国最大四角楼古建筑群”著称的林寨客家古村建筑群，是广东省首批 27 个古村落之一。现保存较完好的古民居有 24 座，其中清朝 20 座、中华民国时期 4 座，占地面积 3 万平方米。2010 年，该县投资 4600 万元以“东江商埠、客家水乡、田园古堡”为形象定位，按修旧如旧原则，完成了古村落首期保护性开发工程，2011 年 4 月对外开放并引起社会各界关注。林寨古村先后被评为“中国传统建筑文化旅游目的地”“中国传统建筑文化旅游名镇名村”“广东十大最美古村落”“首批中国传统村落”。

·链接·

中国优秀旅游城市　1995 年 3 月，国家旅游局印发《关于开展创建和评选中国优秀旅游城市活动的通知》，截至 2012 年年底，广东省共 6 批 18 个地级市和 3 个县级市被国家旅游局命名为“中国优秀旅游城市”。具体创建时间为：广州市（1998 年）、深圳市（1998 年）、珠海市（1998 年）、肇庆市（1998 年）；中山市（2000 年）、佛山市（2000 年）、江门市（2000 年）、汕头市（2000 年）、惠州市（2000 年）和南海市（2000 年）；韶关市（2001 年）、清远市（2001 年）、阳江市（2001 年）；东莞市（2003 年）、潮州市（2003 年）、湛江市（2003 年）、河源市（2003 年）、开平市（2003 年）；梅州市（2005 年）、茂名市（2005 年）；阳春市（2007 年）。

旅游强县（市）　2002 年，国家旅游局部署创建旅游强县工作，并于 2003 年颁布《创建旅游强县工作导则》和《创建旅游强县工作指导意见》。广东省于 2004 年全面启动此项工作，截至 2012 年年底，全省共 8 批 22 个县（市）评定为“广东省旅游强县（市）”。具体创建时间为：清远市清新县（2005 年）；梅州市梅县（2006 年）、河源市东源县（2006 年）、清远市阳山县（2006 年）、阳江市阳东县（2006 年）；清远连州市（2007 年）、云浮市新兴县（2007 年）、肇庆市德庆县（2007 年）、惠州市龙门县（2007 年）；清远市英德市（2008 年）、韶关市乳源县（2008 年）、仁化县（2008 年）、汕头市南澳县（2008 年）；韶关乐昌市（2009 年）、清远市佛岗县（2009 年）；广州从化市（2010 年）、广州增城市（2010 年）、惠州市博罗县（2010 年）；潮州市潮安县（2011 年）、湛江廉江市（2011 年）；梅州市大埔县（2012 年）、河源市和平县（2012 年）被评为“广东省旅游强县（市）”。其中梅州市梅县、清远市清新县于 2007 年被国家旅游局评定为“中国旅游强县”。

（邹飞祥）

旅游安全与旅游市场管理

【总体情况】 2012年，广东省旅游局从战略和全局的高度，努力把握旅游安全所面临的新形势、新要求。始终抓"安全第一，预防为主，综合治理，安全发展"理念，认真推行领导干部安全生产"一岗双责"，做到认识、责任、投入和制度"四个到位"。进一步加强旅游安全标准化、旅游应急预案体系建设，健全部门协同保障机制，严格执行旅游安全检查规范，发布旅游安全信息，创新旅游目的地安全风险提示手段，提高旅游监测预警能力。严格旅游安全事故报告纪律，提高应急处置协调联动能力，开展旅游应急救援演练，开展旅游安全培训与宣传，全年没有发生较大以上旅游安全事故，保持了全行业总体稳定的安全形势，实现了"安全、质量、秩序、效益"四统一目标。

▲2012年9月13日，国家旅游局局长邵琪伟率检查组一行在省旅游局局长杨荣森等陪同下到广州长隆集团检查旅游安全和旅游秩序工作。（广州市旅游局供稿）

【开展的主要工作】 2012年，一是积极开展"三打两建"活动。及时制订工作方案，相继成立领导小组和专项工作小组，召开动员大会，开辟网络宣传专栏，采取高压态势，统一打击行动，严厉打击各类非法违法行为，净化了旅游市场，为稳定旅游安全形势提供了强有力的制度保障。二是开展旅游标准化工作。与省标准化研究院合作编制《广东省旅游标准化"十二五"发展规划》，明确了旅游标准化的目标、重点和保障措施。推荐增城市和广东中旅为"第二批全国旅游标准化试点单位"，并指导其逐步建立健全标准体系。创新工作思路，加强与高校、名企、科研机构合作，与华南理工大学联合草拟《旅游安全管理自驾车游》《旅游安全管理通则》两项地方标准，与广之旅合作草拟《修学旅游产品与服务》和《旅行社门市部服务规范》两项地方标准。联合质监部门颁布《旅游安全管理旅行社、星级饭店、旅游景区》等系列地方标准，制定实施《旅行社、星级饭店、A级景区旅游安全检查规范》，指引旅游企业层层落实旅游安全责任制，健全防控体系，消除安全隐患。三是以黄金周为重点，组织全省开展旅游安全大检查。按照"属地管理"和"谁主管、谁负责"的原则，联合公安、交通、质监、食监、安监等部门，主动履行职责，开展地毯式、拉网式的隐患排查。

2012年"十一"黄金周，全省共派出166个检查小组，出动检查人员2725人次，检查旅游企业（包括旅行社、星级饭店、景区等）948家，导游716人，旅游车辆376台。省旅游局加强与有关部门沟通协调，与公安、工商、交通等部门建立联合执法工作机制。与公安、交通、安监部门联合下发《关于集中开展旅游包车客运安全专项整治行动的通知》，与质监部门联合下发《关于加强客运索道大型游乐安全保障工作的通知》，与消防部门联合开展迎接党的十八大召开消防安全专项行动，与安监部门联合开展"打非治违"行动。

【赴台旅游交通意外处置】 2012年8月24日，广之旅一赴台旅游团队行进至嘉义市区世贤路、博爱路隧道时，因旅游大巴车顶卡隧道发生意外，致24人受伤。事故发生后，该旅行社立即启动紧急救治工作，第一时间将受伤游客送院治疗。经当地医院检查诊断，有16名游客需留院观察治疗，其中3位伤势较重的游客需进行手术治疗。中共广东省委、省政府领导牵挂游客伤势，广东省副省长招玉芳指示省旅游局关注受伤游客情况，指导旅行社做好救助工作。局领导高度重视，专门召开紧急会议，传达招玉芳指示，要求广州市旅游局强化旅游安全事故报告制度，指导旅行社妥善处理相关事宜，做好游客联系沟通和情绪安抚工作，切实落实旅游安全保障工作。

（邹飞祥）

旅游质量监督管理

【概况】 2012年，广东省旅游质量监督管理所（以下称“省旅游质监所”）贯彻落实全国旅游质量监督管理工作会议精神，继续落实国务院41号文件，结合广东旅游市场实际，围绕中心，服务大局，提升质量，妥善处理游客投诉，严厉打击旅游行业违法违规行为，狠抓旅游市场整顿，不断优化旅游消费环境，推动全省旅游业保持平稳较快发展，为建设旅游支柱产业提供支撑，为建设“游客更加满意”的现代化服务业提供保障。

【旅游市场监管】 2012年，省旅游质监所按照国家旅游局提出的工作重点和省旅游局的总体工作部署，大力开展全省旅游市场整治行动，规范企业经营行为，营造良好旅游环境。结合国家旅游局“讲诚信、促发展”主题活动，积极开展旅游市场整治。以整治挂靠承包、零负团费、打击非法经营旅游业务“黑中介”为重点，认真组织全省旅游质监系统落实国家旅游局部署的两次市场检查周工作任务。据统计，全省共开展检查548次，出动4516人次，共检查旅行社及服务网点869家，星级饭店560家，旅游景区324个，旅游车船公司25个，旅游购物点105个，全省共处罚企业违规案件25宗，处罚旅游从业人员22人。通过依法惩治与教育整改相结合，达到了规范市场秩序的效果，全省旅游企业服务质量明显提升。在春节、“五一”、中秋、国庆期间重大质量投诉明显减少（其中珠海市质量投诉下降幅度达40%），实现了“安全、质量、秩序、效益”四统一的目标。积极配合省局“三打两建”工作，开展了旅游市场整顿行动，规范企业经营行为。6月，省旅游质监所在全省集中开展打击“非法经营旅游业务黑中介、黑旅行社”专项联合执法检查行动，通过区域排查、突击抽查、联合检查等形式开展市场检查，其中省旅游质监所对广州市、深圳市、珠海市进行重点督查。广州市重点查处黑车、无证导游、非法旅行社，对30多辆旅游车辆及带团导游进行检查：查扣无资质从事营运车辆1辆，交由广州市交委处理；查处无证导游3名，其中1名持假导游证人员移交公安机关拘留；疏散非法经营者组织的游客近200人，现场收缴非法虚假旅游宣传单张15000多张，驱散非法派发虚假旅游宣传单张人员7人次；深圳市重点整顿港澳游市场秩序，加强“签注备案”制度的检查工作力度，查获假公章诈骗案1宗，规范企业经营行为；珠海市重点查办旅游商场售假案件9宗，深挖排查出商业贿赂案件4宗、公安部门共查办旅游商场售假案件4宗，拘押犯罪嫌疑人一批，旅游购物商店违法经营的势头有效遏制。

【旅游投诉受理】 2012年，广东12301旅游服务热线12301和各地市旅游质监部门接听游客投诉电话8707次，其中旅游咨询电话7688个，反映旅游质量问题电话1019次。由省旅游质监所审核转办经各市旅游质监所审理后，正式立案受理549宗，比上年下降13%；结案546宗，结案率99.36%。全年编印《广东旅游服务指南》30万份，派送到A级旅游景区、旅行社、星级饭店以及社区，引导游客“文明旅游，理性维权”；完善旅游投诉公告制度，广州、深圳、珠海、汕头等市旅游质监部门及时总结、研究旅游市场的新情况、新问题，各地旅游政务网或资讯网每季度通报旅游企业受到投诉情况，进行分析。

【旅游质监执法培训】 2012年，省旅游质监所以强化学习、培训为抓手，着力提高队伍素质及工作能力。针对各地质监执法任务重、人员流动大情况，该所于7月组织全省各市分管局长、质监所长及业务骨干等200多人参加旅游质监执法培训班，邀请知名律师讲解《最高人民法院关于审理旅游纠纷案件适用法律若干问题的规定》，印发《旅游行政处罚程序、投诉处理程序》等办案文书指导文件，并且批量印制了《广东旅游服务指南》发至各市宣传派发。指导、协助东莞、惠州、珠海等市质监部门举办培训班，培训企业质管员达1000多人。引导深圳、东莞、清远、阳江、湛江等旅游质监部门建立健全投诉、执法工作程序，完善质监执法人员自身监督约束机制，对监管服务对象做到公正、公开、透明，做到文明执法、严格执法和廉洁执法。

【旅游消费指引工作】 2012年，省旅游质监所抓好旅游公益宣传，提高旅游公共服务水平，营造良好的舆论氛围。一方面抓好整顿治理，另一方面做好宣传引导，促进旅游市场秩序持续好转，在全省开通12301旅游服务热线，健全旅游咨询、投诉、救援、提示等功能。据统计，12301旅游服务热线向广东游客、旅游企业、导游等共发送消费警示和安全提示等约600万条。引导企业诚信经营、守法经营，引导游客文明旅游、理性消费。发挥新闻媒体的舆论导向作用，《中国旅游报》《南方日报》《广州日报》《羊城晚报》等媒体刊发诚信旅游专刊；同时，各地旅游管理部门还采用旅游咨询、街头宣传、公益讲座等方式，在游客集散地、旅游企业给游客发放宣传资料，制作“出游注意事项”宣传单，引导游客文明出行、理性消费、合理维权。

【“诚信旅游——游客满意工程”系列活动】 2012年3月1日，广东省旅游局与广东物价、质监等多部门联合启动“诚信旅游——游客满意工程”系列活动，发布“品质旅游参考价”线路和旅游质量监督志愿者选派活动。全省各地市旅游质监所、旅游协会、旅行社等单位参加会议。会议宣布从全省游客中选派1000名志愿者和公布1800条品质旅游线路参考报价，志愿者对发布“品质旅游线路参考报价”的企业随团暗访，并提交质量监督报告。各新闻媒体公布首批200多条品质旅游线路的参考报价，各市也陆续公布“品质旅游”线路报价供游客选择，以抑制旅游市场低团费、零负团费蔓延。深圳市采取“政府倡导、标准先行、业界响应、媒体联动、市民受益”的创新模式，开展“2012深圳品质旅游线路”评选活动，评选出232条品质旅游线路，主流媒体推出40个版面进行全方位的报道。9月，深圳市召开“品质旅游”总结颁奖大会，为首批聘请的14名旅游质量监督员颁发证书。会前，广东省委常委、深圳市委书记王荣听取深圳文体旅游局的专题汇报，对推荐“品质旅游”线路做法给予肯定。

【节假日旅游质监工作】 2012年，全省旅游质监系统做好节前检查、假日值守，确保旅游市场平安繁荣。坚持做好春节、清明、“五一”、端午、国庆等重点节假日旅游市场监管，紧紧围绕安全、秩序、质量和效益“四统一”主线，周密部署、责任到人，扎实抓好节前引导、节中监控和节后总结提高等系列工作，全力落实旅游市场检查工作，坚持做好旅游热线的24小时值班。各节假日期间，各地旅游质监所均以不同形式开展市场巡查，对游客较多、容易发生质量安全投诉的景区（点）、车站、码头、机场等地方进行检查。在全省旅游质监系统工作人员的共同努力下，自查自纠活动达到了预期效果，全省实现了重要节假日旅游市场安全、有序、旅游者满意度得到提升。

【“民声热线”工作】 省旅游质监所认真筹备，参与“民声热线”，积极维护游客权益。2月，根据局监察工作安排，省所参与了省纠风办主办的“民声热线”的工作，并负责筹备提供节目播出内容的相关材料，解决游客反映问题。在局领导的具体指导和省电台、省电视台等新闻单位的大力支持和配合下，全省旅游质监系统共同努力，“民声热线”上线工作进展顺利，做到了“事事有结果，件件有回音”，达到了“倾听百姓心声，接受社会监督，促进作风建设，展示旅游质监形象”的预期目的，取得了良好的社会效应。

（符常青）

【深圳查处非法旅行社】 2012年9月17日，深圳市文体旅游局接到省旅游局12301系统转来游客李某关于其在深圳市深旅国际旅行社有限公司深华营业部报名参加“香港海洋公园、迪斯尼3天2夜游”，在旅行过程中其7岁女儿被旅行大巴撞伤，导致右小腿严重受伤，伤情严重。期间李某多次联系旅行社履行权利未果，自行支付全部费用，承担着巨大的身体及精神痛苦，但旅行社未予任何赔偿道歉的投诉。9月18日下午，深圳市文体旅游局旅游监管处5名执法人员根据投诉线索，对位于深圳市罗湖区嘉宾路与南湖路交汇处北侧深华商业大厦的深圳市深旅国际旅行社有限公司深华营业部依法进行突击检查，现场发现有“深圳中国国旅旅行社有限公司”“深圳市康辉国际旅行社有限公司业务专用章”“深圳市深旅国际旅行社有限公司业务专用章”等三枚假公章（印章），并以上述三枚印章所刻的公司的名义从事旅游业务经营活动，现场检查发现有盖有三枚印章的出境旅游组团合同18份、收款收据69张。根据《中华人民共和国行政处罚法》第二十二条和《行政执法机关移送涉嫌犯罪案件的规定》，深圳市文体旅游局将有关材料移送深圳市公安局南湖派出所，南湖派出所受理并正式介入此案，作出对当事人廖×锋立案侦查并刑拘的决定。

10月15日，深圳市罗湖区人民检察院以涉嫌伪造公司印章罪，根据《中华人民共和国刑事诉讼法》第六十条之规定，批准逮捕犯罪嫌疑人廖×锋，11月21日，深圳市罗湖区法院判处廖×锋有期徒刑8个月。经深圳市文体旅游局调查，深圳市深旅国际旅行社有限公司深华营业部未经旅游者同意，擅自将6名游客委托给深圳海韵国际旅行社五星分公司操作，决定依据《旅行社条例》第五十五条第三款的规定，责令深圳市深旅国际旅行社有限公司改正违法行为，给予罚款5万元的行政处罚。

（符常青　金　超）

旅游市场开拓

旅游宣传促销

【概况】 2012年，广东旅游宣传促销围绕“活力广东”总体旅游形象，继续培育和打造“活力商都”“岭南文化”“黄金海岸”和“美食天堂”四大旅游品牌。

国际旅游客源市场营销 组团参加2012年西班牙马德里国际旅游展、2012年印度出境旅游展、2012年德国柏林国际旅游交易会、2012年马来西亚旅游展、2012年德国法兰克福会奖旅游展、2012马来西亚国际旅游交易会、2012韩国国际旅游展；赴俄罗斯开展旅游交流活动、澳大利亚中国会奖旅游专项推广活动、2012俄罗斯莫斯科国际休闲旅游展、2012加拿大蒙特利尔旅游展、2012伦敦国际旅游展等，并积极宣传推广2012中国（广东）国际旅游产业博览会专项产品。

第32届西班牙马德里国际旅游交易会（IFEMA） 2012年1月18~22日在西班牙马德里会展中心举行。省旅游局组织广东旅游企业赴西班牙参加西班牙国际旅游博览会。现场派发广东旅游精品线路、旅游地图、旅游宣传册和精美小礼品，并向前来咨询的旅行商和专业参观者介绍旅游资源。代表团还拜会加泰罗尼亚旅游局驻中国首席代表、国家旅游局驻马德里办事处负责人以及当地经营华人华侨旅游业务的主要旅行商。

2012年印度出境旅游展销会（OTM） 2月17~26日，组织广州、珠海、河源市旅游局，以及广之旅、拱北口岸中旅等旅游企业赴印度孟买和新德里参加2012年印度出境旅游展销会。广东旅游促销团针对印度游客需求重点推介广东的商务游、休闲游、美食游和购物游等主题旅游产品。

2012年德国柏林国际旅游交易会（ITB） 3月6~12日，组织广州、东莞、清远市旅游局以及粤旅集团、广东国旅、广之旅、东方国旅、东莞康辉、东莞国际旅行社等旅游企业参加。重点宣传推介“岭南文化、活力商都、黄金海岸、美食天堂”等旅游精品，树立“活力广东”的品牌形象。

2012年马来西亚旅游展 3月16~18日，组团参加在吉隆坡太子世界贸易中心举办的2012年马来西亚旅游展，向东南亚旅游业界及公众展示广东旅游新路线、新产品。参展期间，促销团还拜会新加坡旅游局领导，双方就深化广东与新加坡的沟通协调机制、联合推行优质旅游服务、联合推广精品旅游线路和产品等方面的问题进行交流。

2012法兰克福世界会议与奖励旅游展 5月22~24日，我局参加在法兰克福国际展览中心举行2012法兰克福世界会议与奖励旅游展。展会期间，重点宣传推介活力广东旅游品牌形象，并召开“中国（广东）—德国旅游推介会”，邀请德国旅游业界参会。邀请参加2012中国（广东）国际旅游产业博览会。代表团拜访德中友协负责人。

2012年马来西亚国际旅游交易会 5月31日至6月3日，组团参加2012马来西亚国际旅游交易会。向参加展览的旅游业界代表和民众介绍旅游产品，派发精美的旅游宣传资料和纪念品，同时还在吉隆坡进行顺德美食推介会。

第二十五届韩国国际旅游展 6月7日在首尔市贸易中心（COEX）开幕。组团赴韩国参加第二十五届韩国国际旅游展。印制韩语版的广东旅游精品线路简介、旅游地图和精美旅游宣传册等资料，派发给前来咨询的旅游商和专业参观者。广东旅游代表团拜会国家旅游局驻首尔办事处负责人以及当地数家较大规模的旅行商负责人。

希腊驻华大使赛德罗斯拜访省旅游局 5月24日，希腊驻华大使塞德罗斯先生一行拜会省旅游局局长杨荣森。双方就加强两地旅游管理部门之间的联络协调机制，建立两地的旅游合作机制。加强两地旅游从业人员培训交流。

国内旅游客源市场营销 先后参加2012中国国内旅游交易会、2012中国国际旅游交易会（上海展）、2012中国旅游产业博览会（天津展）、第六届华中旅游博览会（武汉展）、2012中国北方旅游交易会、2012中国桂林国际旅游博览会、2012年中国湖南国际旅游节、首届中国西部冰雪旅游节暨第七届新疆冬季旅游产业博览会等；参加第三届丝路明珠——喀什噶尔国际旅游文化节、首届丝路古道帕米尔旅游文化节，大力支持广东省内举办的2012广州国际旅游展览会、第八届中国（深圳）国际文化产业博览交易会等。

媒体宣传 与亚洲电视、广东卫视、南方卫视、广州电视台合作共制作72期旅游专题节目；与《中国旅游报》等媒体联合推出800多个旅游专题、专刊、专版宣传报道；联合《香港商报》举办“品鉴岭南·中国著名作家广东行”活动；制作广东旅游宣传片在中央电视台CCTV-4《走遍中国》《中国新闻》等栏目投放。

【旅游交流与合作】 截至2012年年底，广东省与30个国家和地区以及国际旅游组织签订合作备忘录，与24个兄弟省区市签订合作框架协议。

国际旅游交流合作 组团参加第七届中日韩旅游部长会议、新加坡——广东合作理事会第四次会议、越南与中国（广东）经贸旅游论坛、第六届中美省州旅游局长合作发展对话会议、第三届韩国——广东发展经贸论坛、中国（广东）东盟战略合作论坛。7月13日，省旅游局联合省侨办、海外华文传媒在清远市启动“海外华人最喜爱的华南景点（区）”评选活动，吸引美国、加拿大、日本、韩国、马来西亚、泰国、印度尼西亚、菲律宾、澳大利亚、新西兰、俄罗斯、希腊12个国家和香港、台湾地区25家华文媒体高层参加。与俄罗斯、西班牙、印度、德国、马来西亚、韩国、英国、澳大利亚、意大利、希腊、马耳他等11个国家和地区旅游管理部门建立协调联络机制。

省旅游局领导分别会见世界旅游业理事会、希腊驻华使馆、澳大利亚昆士兰旅游部、菲律宾旅游部、塞浦路斯国家旅游局、俄罗斯“无国界世界”旅游协会、意大利托斯卡纳大区、日本航空公司、日本佳天美旅游公司等各国旅游机构及国际旅游组织负责人，构建双方旅游交流与合作平台。分别与俄罗斯联邦雅罗斯拉夫州、马来西亚槟城州签署旅游合作协议。

中国“俄罗斯旅游年”主题旅游交流 7月19日，由国家旅游局与俄罗斯旅游署联合组织，以深化民众交流、体验魅力邻邦为主题的“你好，俄罗斯”活动在莫斯科举行。此次活动是中国“俄罗斯旅游年”的一项重要活动。根据国家旅游局的部署和要求，省旅游局组织发动旅游企业和游客代表参加活动，并组织旅游考察团赴俄罗斯和蒙古开展旅游交流活动。广东旅游代表团联合广东省酒店用品协会在莫斯科举行广东酒店用品推介大会。7月21日，广东旅游代表团在圣彼得堡举行旅游业界交流会，向当地主要地接旅行社和华人代表宣传广东旅游资源特色产品和旅游精品线路。

广东省2008—2012年中俄游客互访情况

年份	广东省口岸入境俄人数（万人次）	占欧洲客源比重（%）	口岸赴俄旅游人数（万人次）	占赴欧洲比重（%）
2008	2.0	2.64	0.3	2.48
2009	2.4	3.14	0.3	1.70
2010	4.1	4.82	0.5	2.84
2011	5.7	6.16	0.7	3.10
2012	8.2	8.55	1.3	5.39

注：由广东口岸边检总站供稿。

国内旅游交流合作 2012年，省旅游局组织省内主要旅游企业考察湖北、河南、陕西、山西、内蒙古自治区、宁夏回族自治区等省区的投资环境、开展业界交流活动及宣传推广活动。4月8～13日，组织省内旅游业界赴湖北、河南省开展旅游合作交流活动，宣传鄂粤豫“一程多站”旅游线路，深化鄂粤豫区域旅游合作。8月30日，组织旅游分团赴海南参加第八届泛珠三角区域合作与发展论坛暨经贸洽谈会并举办旅游招商推介会；联合各地级以上市旅游局分别赴四川、甘肃、湖北、湖南、福建、吉林、内蒙古自治区、广西壮族自治区、贵州等地区开展旅游促销推介活动。与河南、安徽、新疆维吾尔自治区、陕西、甘肃等省区旅游管理部门分别签订合作框架协议。与河北省共同成立冀粤旅游营销联盟，联合省内主要旅行社组织了“广东人游河北”包机首发团活动。赴河北参加京港澳高铁沿线（7+31）旅游市场推广联盟成立大会。赴广西参加“两广十市区域旅游合作联席会议”；泛珠三角、高铁沿线、两广十市旅游合作成果巩固。

省内各区域旅游交流与合作 省内广深珠、广佛肇、深莞惠、珠中江、潮汕揭、南番顺、从新连等区域旅游联盟合作成果进一步扩大，形成城际联动、资源共享、品牌共推的机制，分别赴四川、甘肃、湖北、湖南、福建、吉林、内蒙古、广西、贵州等地区开展旅游促销推介活动。省内区域旅游合作不断深化，深圳、东莞、惠州市编印《深莞惠旅游指南》、举办互送客源活动。

（白登亮　刘昭黎）

【粤港澳台旅游】 2012年，广东省组团赴香港旅游人数304.88万人次，比上年增长29.35%；赴澳门126.24万人次，增长24.95%。

全省接待入境过夜香港游客2168.36万人次、增长6.17%，接待入境过夜澳门游客242.87万人次、同比增长7.38%，经广东口岸赴澳门旅游人数2138万人次、同比增长10.8%。港澳入境过夜游客占全省入境过夜游客的69%。截至2012年年底，在广东省设立的港资旅行社有15家，其中独资旅行社13家，合资旅行社2家。尚未设有澳资旅行社。

赴台旅游 截至2012年年底，全省共有赴台游组团社17家（广州6家、深圳6家、珠海1家、汕头1家、中山1家、东莞2家）。全年全省赴台游组团社共组织6896团、175137人次赴台旅游，自由行人数11929人。自2008年启动台湾游以来，全省共组织61万人次广东居民赴台旅游。

2012年，省旅游局落实CEPA及其补充协议和《粤港合作框架协议》，深化粤港旅游交流与合作，在联合推广、市场监管、规划编制等方面取得成效。4月，国家旅游局副局长王志发率队在澳门、珠海召开粤港澳区域旅游发展规划座谈会，粤港澳三地旅游部门和有关专家对规划的初稿开展讨论与论证，形成《粤港澳区域旅游合作发展规划》并提交国家旅游局审核。同月，省旅游局协助澳门特区政府旅游局在广州、江门市承办由粤澳两地政府共同主办的"澳门·广东周"活动，澳门特别行政区行政长官崔世安、广东省省长朱小丹出席相关活动；5月，粤港旅游部门联合邀请澳大利亚、新西兰旅行商到香港、澳门、广东考察"一程多站"旅游线路；7月，联合香港旅游业议会在香港举办"粤港同心，携手合作，共创辉煌——粤港旅游业界庆回归合作交流会"，广东省政府副省长招玉芳、香港特别行政区政府财政司长曾俊华出席活动并讲话。招玉芳向香港旅游署、香港旅游业议会、香港旅游发展局和亚洲旅游交流中心颁发"特别纪念牌"，并为48家香港旅游企业颁发"广东旅游贡献奖"。省旅游局与香港旅游业议会、香港旅游发展局签署《关于进一步加强旅游合作的协议》，粤港两地6家旅游企业分别签订业务合作协议；8月，粤港澳三地旅游部门联合赴印度青奈、孟买、德里三城市推广"一程多站"旅游线路。

年内，广东省推动"144小时便利签证措施"优化实施，成团人数由3人以上的规定降低到2人并可自由选择口岸出入境。配合省有关部门推进144小时便利签证管理系统的建设和制订相关管理办法。

在粤台旅游交流合作方面，参加第十五届海峡两岸旅行业联谊会和第七届海峡两岸台北旅展等活动，广州、深圳相继成为全国第二批赴台个人游试点城市。

（刘昭黎　吴秩源）

【香港青少年千人游广东】　2012年11月27日，由亚洲旅游交流中心主办、广东省旅游局支持、香港旅游学库组织的"粤游越精彩——香港青少年千人游广东·粤文化体验之旅"启动仪式在香港陈南昌纪念中学礼堂举行。亚洲交流中心主任徐惠芳、广东省旅游局副局长梅其洁、中央人民政府驻香港特区政府联络办公室文宣部副部长周爱国、陈南昌纪念中学校长林陈爱坚、旅游学库总经理关锦智，以及部分学生代表出席活动启动仪式。举办此次修学旅游活动旨在让香港青少年全方位认知广东的历史文化、经济发展和社会人文，亲身感受改革开放之巨变，认识内地"城乡一体化"的辉煌成就，了解国家经济发展与粤港互动的趋势。广东省旅游局副局长梅其洁在致辞中表示，粤港两地地缘相邻、人缘相亲、语言相通、文化相近，两地旅游业界长期紧密合作，增进了相互了解和两地居民的幸福感。青少年是推动粤港合作发展的未来与希望，欢迎香港学生到广东开展修学旅游。

此次修学旅游活动共吸引香港14所学校，近1300位师生参加。4条游学主题路线包括：东莞—科技教育，惠州—环境与环保教育，肇庆—自然生态教育，开平/阳江—海上丝绸之路。

（国家旅游局港澳台旅游事务司供稿）

【"欢乐健康游·幸福伴你行"2012暑期旅游惠民大行动】

2012年7月23日，由广东省旅游局联合省经信委、省教育厅、省林业厅、省体育局、省海洋渔业局、南方报业传媒集团、南方广播影视传媒集团、中国电信广东公司、中石化广东石油分公司及网易公司共同举办的"欢乐健康游·幸福伴你行"——2012暑期旅游惠民大行动在广州塔举行启动仪式。国家旅游局副局长杜一力、广东省副省长招玉芳出席启动仪式并致辞。广州地区1100多名游客参加启动仪式，本次惠民大行动持续至8月底。全省1500家涉旅企业提供优惠和便民服务，景区优惠折扣有的低至4折，部分酒店低于门市价六成优惠价格，整个活动优惠金额3亿元。中国电信广东公司、中石化广东石油分公司、优游旅行网等省内企业均推出旅游便民惠民服务。

·链接·

2012年，国家旅游局确定年度旅游宣传主题为"2012中国欢乐健康游"，宣传口号为"旅游、欢乐、健康""欢乐旅游、尽享健康""欢乐中国游、健康伴你行"，倡导旅游康体益智，丰富阅历，增长知识，健康体魄，修身养心；对海外营造更加积极向上的中国旅游形象，同时丰富我国自然与文化旅游产品，促进旅游新业态发展与产业升级。

▲"欢乐健康游 幸福伴你行"——2012暑期旅游惠民大行动启动仪式情景。

（涂继文　摄）

【2012"欢乐旅游，惠民旅游"·中国旅游日启动仪式】

2012年5月19日，是第二个"中国旅游日"，活动主题为"健康生活，欢乐旅游"，宣传口号是"爱旅游、爱生活"。广东旅游业界举办的各项活动和惠民措施紧扣"健康生活，欢乐旅游"的主题，倡导"诚信旅游、文化旅游"的理念，惠民措施的折扣力度大、覆盖范围广，突出旅游业惠民、便民、亲民的特点。旅游日当天，全省21个地市旅游行政部门和旅游企业组织开展近百项活动。广东省旅游局组织全省旅游系统开展以“欢乐旅游，惠民旅游”为主题的中国旅游日活动启动仪式，宣传推介全省新的旅游产品，吸引省内游客参与活动。广州启动2012年“中国旅游日”广州现场推广活动，深圳举行2012年“中国旅游日”深圳庆典活动暨旅游消费季启动仪式，珠海举行中珠市民千人同乐旅游日启动仪式，广州番禺举行南番顺人游南番顺活动等。活动现场设置宣传展位，现场优惠大促销，组织省内各旅行社、酒店与景区（点）等旅游企业专门设置旅游宣传展位，推出系列优惠措施，引导市民参观省内各景区（点）以及住宿酒店，均享受相应的优惠，并现场派发优惠券及优惠线路报团，吸引市民的眼球，调动全民参与旅游的积极性。全省为游客共提供约850项旅游优惠，1000多家旅游企业参与惠民活动。

（刘昭黎）

【GITF 2012年第二十届广州国际旅游展览会】 2012年3月1~3日，由广东省旅游局和广州市旅游局指导，汉诺威米兰展览（上海）有限公司主办的2012年广州国际旅游展览会（英文简称GITF）在广州进出口商品交易会展馆举办。本届展会喜迎20华诞，是1993年创办以来规模最大的一届，吸引来自36个国家和地区的658家展商参展，其中境外展商占46%，展出面积达22000平方米，规模较上年增长15%。3天展会吸引参观人数达8万人次。

2012年第二十届广州国际旅游展览会创下20年来多项之最：最新展出场馆、最大展出面积、最多展商数、最强国内外展商阵容等。加拿大、美国、俄罗斯、冰岛、伊朗、英国等新增的境外旅游局纷纷助阵，与来自土耳其、德国、捷克、关岛、巴西、法国、匈牙利、奥地利、尼泊尔、菲律宾、印度、印尼、澳门、香港、韩国、日本、泰国、斯里兰卡、阿联酋、肯尼亚等国家和地区的传统展商，共同打造交流展示的绚丽舞台。国内各地旅游机构如内蒙古、北京、武汉，以及广深珠、广中江、南番顺、广佛肇等旅游合作联盟也强势进驻现场，搭建特色展台，力推特色文化与国外参展商共镶盛会。展会期间，中央电视台、广东电视台、《中国旅游报》《南方日报》《羊城晚报》等百余家媒体对活动全方位报道，全程展现广州旅游展精彩之处。

（邝慧玲）

【2012中国（广东）国际旅游产业博览会】 （参见“总述”类目，第52页）

【广东省海上休闲旅游启动仪式暨2012广州南沙湾国际游艇博览会开幕式】 （参见“总述”类目，第52页）

【珠海市政府与广东省旅游局签订合作框架协议】 2012年5月28日下午，珠海市人民政府与广东省旅游局在珠海度假村酒店签订共同推进珠海滨海旅游大发展合作框架协议。双方以打造珠海国际商务休闲旅游目的地城市为目标，通过科学规划和合理开发，有效整合珠海滨海旅游资源，构建完善的滨海旅游产品体系，在全省滨海旅游发展方面发挥示范作用。中共广东省委常委、市委书记李嘉出席签约仪式。省旅游局局长杨荣森和珠海市委常委、常务副市长刘小龙分别代表合作双方在框架协议上签字。副市长龙广艳主持签约仪式。省旅游局副局长周开生、张振林、王志红、梅其洁和珠海市有关方面负责同志见证签约。根据合作框架协议，省旅游局将加大“浪漫之城、幸福珠海”城市旅游形象宣传推广力度。探索粤港澳区域旅游合作横琴示范区建设。加大海岛旅游资源开发力度，支持珠海市在全省率先发展游艇旅游产业，争取率先实现国际游艇会的口岸开放、粤港澳三地游艇牌照及驾驶员证书互认、扩大游艇航行水域等相关政策的突破，探索“一国两制”下粤港澳游艇旅游业合作新机制。支持珠海长隆国际海洋度假区、港中旅（珠海）海泉湾度假区建设，打造成为国际一流的旅游品牌。

（郑锦凌）

【湛江与海口签订旅游港航业合作框架协议】 2012年12月19日，由湛江市人民政府与海口市人民政府联合主办的湛江市滨海旅游推介会在海口举行。中共湛江市委书记、市人大常委会主任刘小华，市长王中丙、副市长庄晓东，海口市委副书记、市长冀文林，副市长袁光平、谢京，海口市政协副主席、海南港航控股有限公司董事长李向阳以及两市旅游、交通等部门和主要企业代表，大型项目投资商等共200多人参加推介活动。会上，湛江市市长王中丙与海口市市长冀文林签订《湛江海口旅游港航业合作框架协议》。

（林洪强）

2012年广东省部分地市举办大型旅游节庆活动一览表

节庆活动名称	举办时间	举办地点	主办单位	承办单位	活动主题	活动主要内容及特点
广州市						
2012年广州国际旅游展览会	3月1~3日	广州进出口商品交易会	汉诺威米兰展览（上海）有限公司			展出面积达22000平方米，吸引参观人数达8万人次
2012年“中国旅游日”广州专题活动	1月5日	天河正佳广场	广州市旅游局		惠民旅游乐万家	提高公民旅游意识、引导旅游企业诚信经营、优质服务
广州“欢乐惠”旅游嘉年华活动	12月15~16日	万达广场	广州市旅游局			展位宣传、舞台表演、有奖问答、现场旅游惠民措施，提供更多的旅游选择，享受更多的旅游实惠
深圳市						
南山荔枝文化旅游节	6月20日~7月20日	南山区	深圳市文体旅游局 深圳南山区人民政府	南山区经济促进局	荔行天下、欢聚南山	开幕式、旅游狂欢节、购物街、美食节、特色街区推广、南山旅游新体验活动
深圳中秋国庆旅游惠民欢乐月	9月30日~10月31日	深圳市区	深圳市文体旅游局 华侨城集团		欢乐祥和，惠民便民	推出若干惠民便民措施和百项优惠活动，旅游企业向市民和游客提供优惠旅游产品与服务
大鹏国际户外嘉年华	10月10日~11月17日	大鹏新区	市文体旅游局、大鹏新区管理委员会	大鹏新区经发局	山海林城，户外胜地	沙滩旅行音乐会、户外电影节、滨海自行车公路赛、各类水上运动、古村落探访、“将军宴”等12场活动
2012年国际高尔夫旅游文化节	10月22日	深圳正中高尔夫球会	深圳宝中旅游及深圳特区报	深圳宝中旅游	旅游+运动+社交	来自全国30多家球会、20多家高档五星级饭店及5A级景区代表，广东省有50多家高尔夫球队队长参与。活动持续至2012年年底
第十一届深圳黄金海岸旅游节	10月24日开始持续一个月	深圳盐田区	深圳市文体旅游局、深圳市盐田区人民政府	盐田文体旅游局	蓝盐田　炫体验　扬激情	第十一届深圳黄金海岸旅游节开幕式、第八届深圳（大梅沙）沙滩音乐节、第七届深圳大梅沙国际风筝节、第六届中国（深圳）国际游艇及设备展览会等
坪山新区旅游文化节	12月7~13日	深圳坪山新区	深圳市文体旅游局、坪山新区管委会	坪山新区经服局	仁山智谷　坪山大美	开幕式、《深圳商报》坪山系列采访活动、文化创意新城展示等相关主题活动

续表

节庆活动名称	举办时间	举办地点	主办单位	承办单位	活动主题	活动主要内容
第九届“金蚝节”	12月21～30日	深圳市宝安区	深圳市文体旅游局、宝安区人民政府	沙井街道办、宝安区文体旅游局	蚝乡古墟　优美宝安	旅游购物活动、广场舞巡演、华侨回乡联谊、形象歌手大赛、篮球赛等活动
光明新区第六届旅游文化节	12月～2013年2月	深圳市光明新区	光明新区管委会、市经贸信息委、市文体旅游局、共青团深圳市委	光明新区工委管委办、经济服务局	绿色、生态、人文	企业家高尔夫邀请赛、名菜名点名宴评选暨光明美食烹饪大比拼、绿色光明摄影大赛、光明农场大观园采摘节、旅游企业大型展览会及系列惠民促销活动等
珠海市						
第六届珠海市民间艺术大巡游	2月6日（正月十五元宵节）	九洲城沿景山路至九洲大道路口	中共珠海市委宣传部、珠海市文体旅游局（版权局）、珠海市文学艺术界联合会		民俗嘉年华，同城闹元宵	各区（功能区）花车巡游展示、巡游队伍表演、大型灯会、庙会、迎春书市等活动，约20万珠海市民和游客参与
爱与分享·第十届珠海沙滩音乐派对	10月3～4日	海滨泳场	珠海市文体旅游局（版权局）	珠海华发文化传播有限公司	爱与分享	音乐种类涉及摇滚、民谣、爵士等，让城市每个角落跳动着音符，与珠海市民、游客共鸣
珠海华润银行·2012珠海国际半程马拉松赛	12月16日	景山路九洲城、情侣路沿线	中国田径协会、珠海市人民政府			赛事吸引来自珠三角地区、港澳台地区以及众多国际长跑好手角逐，沿途吸引10万人观众
汕头市						
汕头市第四届桃花节	1月11日～2月8日	濠江区巨峰旅游区	汕头市旅游局、濠江区人民政府	濠江区旅游局巨峰旅游区	桃红濠江福满汕头	开幕式、“桃蹊恋影”手机摄影比赛、“桃花节”回眸展
莲华乡村旅游区“农家乐”“祥龙降瑞幸福游”	1月16日～2月16日	澄海区莲华乡村旅游区	汕头市旅游局、澄海区人民政府	澄海区旅游局莲华镇人民政府		“农家乐”项目开工仪式、鲜菇美食节等
南澳元宵渔灯赛会	2月6日～9月	南澳县城主要街道	南澳县委宣传部	南澳县各镇、村、街道		渔家民俗文化表演
汕头市“春满鮀城”生态旅游节	3～4月	全市各生态旅游景区	汕头市旅游局、汕头市妇联、濠江区人民政府	濠江区旅游局、丹樱生态园		旅游景区生态游活动项目，旅行社生态旅游线路推广

续表

节庆活动名称	举办时间	举办地点	主办单位	承办单位	活动主题	活动主要内容
潮阳·西胪杨梅旅游文化节	6月2~20日	潮阳西胪镇	汕头市旅游局、潮阳区人民政府	潮阳区旅游局、西胪镇人民政府		开幕式、民俗文化展演、杨梅亲摘自助游、体验潮阳“农家乐”旅游线路
汕头·潮南荔枝文化旅游节	7月2~22日	潮南区雷岭镇	汕头市旅游局、潮南区人民政府	潮南区旅游局、雷岭镇人民政府		开幕式、荔枝自助采摘活动、雷岭山区生态游、农家游、休闲观光游、特色果品展示集市等
汕头·澄海薄壳美食文化旅游节	8月11日~10月10日	澄海区盐鸿镇	汕头市旅游局、澄海区人民政府	澄海区旅游局、盐鸿镇人民政府		开幕式，免费参观薄壳米的传统工艺生产流程，游客动手制作薄壳米，推介领略乡村民俗风情、体验海洋文化的薄壳美食休闲旅游线路
第十八届潮汕美食节	11月17~26日	汕头锦峰新城潮汕美食城	汕头市人民政府	汕头市旅游局汕头市餐饮业协会、广东锦峰集团	弘扬美食文化、建设幸福汕头	设美食及旅游手信展位130个，集中展示潮汕独特美食风味和旅游手信，宣传推介潮汕特色工艺品、风味食品
“潮人杯”帆船赛	11月24~26日	汕头内海湾、汕头外海环南彭岛	汕头市人民政府、国家体育总局水上运动管理中心	汕头市旅游局、汕头市体育局等		场地赛、拉力赛等
2012汕头·澄海国际兰花旅游文化节	12月9日	澄海区莲华镇	汕头人民市政府、中国兰花协会、台湾国兰联合总会	澄海区人民政府、汕头市台湾事务局、汕头市旅游局		开幕式、国兰精品博览会
汕头国际旅游产业博览会	2012年12月31日~2013年1日3	汕头市潮汕体育馆	汕头市人民政府	汕头市旅游局、中国国旅（广东）国际旅行社股份有限公司等		开幕式、旅游文化艺术产品展销展示、旅游线路推广促销、“赢在旅游中国”旅游新发展论坛
韶关市						
2012韶关青岛啤酒节	7月7~22日	韶关市西河全民健身广场	韶关市政府与青岛啤酒股份有限公司	韶关市旅游局、韶关市文广新局、韶关市经信局、韶关市农业局	激情狂欢，干杯韶关	啤酒节开幕式大型演唱会、啤酒节主题日活动、韶关旅游手信大赛三大板块等

续表

节庆活动名称	举办时间	举办地点	主办单位	承办单位	活动主题	活动主要内容
河源市						
“河源市第九届客家文化旅游节”	11月17～28日	河源文化广场	“河源市人民政府广东省旅游局”	河源市旅游局	客家古邑·万绿河源	客家美食嘉年华、“千里客家文化旅游长廊”推介会、欢乐健康游河源、深圳深港（驾校）集团十万学员自驾游河源、中山珠海旅行社踩线活动、“广东河源——客家风·东江情”全国摄影大展、河源市导游大赛等
梅州市						
首届客家文化艺术节	11月22～30日	梅县新城梅州市区	中共中央台办国务院侨办、广东省人民政府	梅州市委、市政府	融汇世界的客家，展示客家的世界	主题晚会、开幕式、客家文化博览、美食周
梅县首届柚花飘香旅游节	3月25日～4月6日	雁鸣湖旅游度假村	中共梅县县委、县人民政府	雁鸣湖旅游度假村	柚花飘香，美在梅县	开幕式、文艺晚会、赏柚花、自驾游
梅州平远首届桐花节	4月25日～5月15日	平远县五子石景区	中共平远县委、县人民政府	五子石景区	赏桐花，游五子	植树、桐花行、客家风情文艺表演
大埔县蜜柚茗茶旅游节	9月23日	大埔县城西湖公园	中共大埔县委、县人民政府	大埔县委宣传部大埔县旅游局	以柚为媒、以茶会友、以节聚商	尝柚果、品茗茶、招商引资签约等
平远第8届慈橙文化旅游节	12月8日	平远县城	中共平远县委、县人民政府	平远县委宣传部平远县旅游局	多边合作、游客体验	开幕式、主题晚会、经贸项目签约等
惠州市						
博罗首届风筝节	4月2日	博罗县城东江新城滨江公园	中共博罗县委宣传部、县文体旅游局	佳兆业·东江新城	放飞梦想·幸福博罗	现场制作风筝、风筝比赛等
惠州·巽寮首届妈祖文化旅游节	4月13～15日	巽寮滨海旅游度假区	惠东县人民政府、惠州市旅游局	巽寮管委会、金融街（惠州）置业有限公司	宣传妈祖文化与滨海旅游	开幕式、妈祖祭典、妈祖金身巡按、文艺晚会及焰火表演等活动
中国旅游景点门票展	4月28日～5月14日	惠州科技馆	惠州市旅游局、市科协	市集邮协会、科技馆、城区收藏家协会	宣传全市收藏文化和旅游文化	展览全国旅游景点门票

续表

节庆活动名称	举办时间	举办地点	主办单位	承办单位	活动主题	活动主要内容
中国旅游日暨“缤纷深莞惠·幸福绿道游”启动仪式	5月19日	惠州江北东江公园	惠州市旅游局、深圳市文体旅游局、东莞市旅游局	惠州市旅游局	庆祝中国旅游日暨“缤纷深莞惠·幸福绿道游”启动仪式	宣读《深莞惠旅游联盟协议书》，启动深莞惠旅游联盟系列活动
2012年中国旅游日大型宣传活动暨博罗县旅游形象宣传口号征集活动	5月19日	博罗县文化广场	博罗县委宣传部、县文体旅游局、罗浮山风景名胜区管理委员会等	博罗县佳兆业房地产开发有限公司、博罗县体育彩票服务部	倡导国民休闲旅游，建设幸福博罗，打造宜居宜业宜游城市	庆祝5·19中国旅游日启动仪式、“游博罗爱博罗”免费旅游体验日活动、博罗县旅游形象宣传口号征集活动启动仪式
“5·19中国旅游日”大亚湾旅游推广系列活动暨大型旅游实景文艺汇演	5月19日	大亚湾小桂碧海湾	大亚湾区旅游局	千禧盛世文化传媒	山海纵横生态源　快乐旅游大亚湾	大型旅游实景文艺汇演
2012世界名人帆船之旅	8月20日	巽寮滨海旅游度假区	惠州市旅游局、惠州市体育局、惠州海事局	中航地产、惠州市中航华南国际帆艇运动俱乐部有限公司	扬帆巽寮湾 幸福海上游——屿海对话、屿海共舞、屿海盛宴三大主题	世界帆船名人对话、世界名人帆船巡演、“易帆风顺”体验游、欧帆会之夜等
“休闲海上游　幸福在广东”——广东海上休闲旅游启动仪式惠州分会场活动	10月12日	巽寮滨海旅游度假区	惠州市旅游局、惠州海事局、惠州市体育局、惠东县人民政府	巽寮管委会、中航地产、惠州市中航华南国际帆艇运动俱乐部有限公司	休闲海上游　幸福在广东	扬帆之旅、文化之旅、幸福之旅
东莞市						
2012东莞旅游文化节开幕式	9月18日~12月31日	塘厦镇、谢岗镇、南城区、大朗镇、桥头镇	东莞市旅游局	塘厦镇、谢岗镇、大朗镇、桥头镇人民政府及南城街道办事处	走进休闲城镇　感受旅游欢乐	2012东莞旅游文化节开幕式暨塘厦旅游文化节开幕式晚会，东莞旅游形象摄影展，2012塘厦旅游文化节系列活动，2012中国·谢岗登山旅游节，南城第十一届东莞美食节，大朗镇2012年毛织风情节，2012桥头荷香美食嘉年华活动

续表

节庆活动名称	举办时间	举办地点	主办单位	承办单位	活动主题	活动主要内容
中山市						
2012年中国旅游日主题活动	5月19日	长江水世界	中山市旅游局		欢乐中山游，修身伴我行	发行“中山旅游护照”惠游中山
百万妇女游中山	3～12月	全市	中山市旅游局、市妇联	相关旅行社	欢乐中山游，修身伴我行	中山绿道修身游暨中山网旅游频道升级开通仪式、万名妇女中山欢乐健康之旅欢迎仪式、东莞千人春游中山欢迎仪式、“百万车友游中山”欢迎仪式、万名香港妇女中山赏春团欢迎仪式、港澳千人团中山欢迎仪式、珠三角千人踏春游欢迎仪式
2012岭南水乡旅游文化节	9月25日～10月2日	民众镇	中山市人民政府	市旅游局、文广新局、体育局等	共建共享、和美水乡	开幕式、水乡特色运动会、民众绿道游、美食嘉年华、岭南果蔬汇等5大板块、17项主题活动
东升脆肉鲩文化美食节	12月25日～2013年1月2日	东升镇	中山市发展和改革局、经济和信息化局、农业局、文化广电新闻出版局、海洋与渔业局、旅游局、东升镇人民政府		活力东升、渔乐无穷	开幕式、餐饮行业大修身、脆肉鲩人气名店评选、鱼王大比拼、美食嘉年华特装展、网上美食嘉年华、主题晚会等
阳江市						
2012年阳江市旅游文化节	5月5～7日	阳江市海陵岛	广东省旅游局、阳江市人民政府	阳江市旅游和外事侨务局、海陵岛经济开发试验区管委会	碧海银滩　船说阳江	2012年阳江市旅游文化节欢迎酒会暨旅游招商推介会、2012年阳江市旅游文化节开幕式暨文艺晚会、烟花汇演、广东文化创意产业论坛—旅游文化产业高峰会、飞机模型飞行大赛、自行车环岛大赛等
第十届中国南海（阳江）开渔节	8月1日	阳江市闸坡国家级中心渔港	阳江市人民政府、农业部南海区渔政局、广东省海洋与渔业局	阳江市海陵岛经济开发试验区管委会、阳江市海洋与渔业局	南海开渔，幸福颂唱	5000人渔家大宴、祭海、文艺晚会、开船仪式等

续表

节庆活动名称	举办时间	举办地点	主办单位	承办单位	活动主题	活动主要内容
“阳江十大最美乡村”评选活动	6～11月	阳江日报社、阳江新闻网、手机微博、手机短信等评选平台进行公开投票评选	阳江市人民政府	阳江市旅游和外事侨务局、阳江日报社、广东移动阳江分公司	展示乡村风貌，树立农家品牌	评选并授予雅韶镇十八座村等为“2012年阳江十大最美乡村”
湛江市						
2012广东安铺特色美食文化节	1月28日～2月3日	廉江市	廉江市人民政府	廉江市安铺镇政府	古镇美食，百年传承	美食文化节及旅游推介
2012湛江海上龙舟邀请赛	6月23日	湛江市区	湛江市人民政府	湛江市龙舟协会	碧海竞舟、龙腾湛江	海上龙舟邀请赛及旅游宣传
2012中国（吴川）月饼节暨经贸洽谈会	8月2～4日	吴川市	吴川市政府	吴川市政府	中国月饼之乡	月饼展销及旅游推介
2012广东（湛江）茶业旅游博览会暨动漫文化节	9月29日～10月3日	湛江市区	湛江市旅游局、市农业局	湛江市三菱广告公司市旅游协会	弘扬茶文化、繁荣湛江游、倡导健康生活	茶产业、旅游产业展销推介
茂名市						
2012信宜李花旅游文化节	2月11～18日	信宜市钱排镇	中共信宜市委、信宜市人民政府、茂名市旅游局、南方报业传媒集团	信宜市钱排镇人民政府	参观岭南十大佳果信宜三华李之乡和“9·21”特大洪灾后钱排镇的灾后新貌，了解新时期信宜社会经济发展的各方面成就	李花观赏、省级“非遗”飘色表演、大型书画展、曲艺表演、文艺作品展以及摄影大赛
风情李乡“银妃”品果节	6月16日～7月1日	信宜市钱排镇	中共信宜市钱排镇委、信宜市钱排镇政府	信宜市钱排经济信息交流协会	“品李果”特色生态旅游	“银妃”品牌果后公益拍卖活动、三华李展销、三华李鲜食比赛、山地自行车比赛和双溪古庙祈福法会
“南玉杯”2012东方睿志世界亚裔小姐大赛年度总决赛暨信宜市南玉旅游文化活动	12月1～10日	信宜市	信宜市侨联、信宜市旅游局	2012东方睿志世界亚裔小姐大赛组委会	2012东方睿志世界亚裔小姐大赛总决赛	2012东方睿志世界亚裔小姐大赛年度总决赛、工艺品评奖、高端论坛、慈善拍卖、文化产业及土特产一条街

续表

节庆活动名称	举办时间	举办地点	主办单位	承办单位	活动主题	活动主要内容
“幸福茂南”主题活动暨首届罗非鱼旅游文化节	12月25日	茂名市博物馆	中共茂南区委、区人民政府		展现“中国罗非鱼之都”的罗非鱼文化	罗非鱼鱼王拍卖活动及“幸福茂南”岭南名家书画邀请展暨书画名家笔会
肇庆市						
首届国际（中国肇庆）徒步旅游节	10月22日	肇庆牌坊广场	肇庆市旅游发展局		宣传肇庆 沟通世界 引领时尚创新生活	50多个国家和地区的300多名嘉宾和来自世界各地的逾万名徒步旅游爱好者出席本次盛会
2012“中国欢乐健康游”暨广佛肇妇女游绿道庆“三八”活动	2月25日	肇庆东门广场	肇庆市旅游发展局		中国欢乐健康游	南湖国旅组团的广佛肇三地妇女游客约3500人参加了本次活动
开渔节	9月12日	天湖生态村	肇庆市旅游发展局	天湖生态旅游度假村	看肇庆山水、品百年贡品	组织珠三角自驾车客人、本市旅行社、酒店参加
荷花节	5月28日	天湖生态村	肇庆市旅游发展局	天湖生态旅游度假村	消暑到肇庆、暑期乐翻天	组织珠三角自驾车客人、本市旅行社、酒店参加
第六届肇庆乡村美食节	12月1日	体育中心西门广场	肇庆市旅游发展局	广州健顺文化传播有限公司	推广肇庆美食文化	丰富市民文化生活，为游客提供休闲活动。项目活动组委会引入了国内外各地的风味特色小吃
“请到肇庆过大年”活动启动暨《我爱返寻味之肇庆特辑》开拍仪式	12月26日	星湖明珠大酒店	肇庆市旅游发展局		“游绿道，观美景，赏花灯，睇表演，叹美食，请到肇庆过大年”	“请到肇庆过大年”是我市持续多年的品牌节庆活动。为了让市民过一个有气氛、有年味、充满幸福感的春节，吸引广大外地游客来肇庆过大年
清远市						
广清同城·清远市旅游局与华润万家生活超市（广州）有限公司旅游宣传推广合作启动仪式	7月7日	广州市荔湾区华润万家生活超市（广州）荔湾店前广场	清远市旅游局、华润万家生活超市（广州）有限公司	清远市旅游协会、华润万家生活超市（广州）有限公司荔湾店	共同宣传推广清远旅游形象，在广州市民中进一步提升清远旅游的知名度和美誉度	举行合作启动仪式，组织全市旅游企业现场进行相关旅游展示、推介和咨询
2012中国·清远（美林湖）国际温泉旅游文化节	11月7~8日	清城区美林湖温泉大酒店	清远市旅游局、清远市国土资源局	美林湖温泉大酒店	提升清远作为“国际健康养生旅游示范基地”的品牌实力	开幕式、温泉高峰论坛、温泉景区考察、文艺表演等

续表

节庆活动名称	举办时间	举办地点	主办单位	承办单位	活动主题	活动主要内容
2012海外华人最喜爱的华南景（区）点”评选启动仪式	6月13日	清远市凤城广场	广东省旅游局、广西壮族自治区旅游局、清远市人民政府	清远市委宣传部、清远市旅游局	宣传推介清远“南融北拓桥头堡，水秀山清后花园”的精准定位，擦亮清远旅游品牌，提升清远旅游景观的世界知名度	粤桂两省区评选海外华人最喜爱的华南景（区）点
2012中国（英德）英石文化节暨英德文化旅游经贸系列活动	2012年12月29日～2013年1月1日	英德市体育馆及广场	中国观赏石协会、广东省文化厅、清远市人民政府	英德市人民政府	领略英石神韵，体验英州魅力	挖掘英石历史文化底蕴，借助英石文化节平台提升英德文化品位，开展形式多样的旅游、商贸、文化、乡情等系列活动
佛冈豆腐节	农历正月十三	高岗镇社岗下村	县文化局、高岗镇人民政府	高岗镇政府	宣传特色民俗	媒体参观整个传统仪式，游客与村民互掷豆腐
佛冈祈福旅游文化节	12月9日	县人民中心广场	县人民政府	县旅游局	宣传佛冈是健康养生旅游目的地	举办微博达人佛冈祈福之旅、美食特产一条街及竹山粉葛表演赛祈福旅游文化节系列活动
2012年连南瑶族开唱节暨第二届“千年瑶寨杯”红歌、廉歌大赛	8月25日	南岗千年瑶寨景区	中共连南瑶族自治县委员会、连南瑶族自治县人民政府	县纪委、县委宣传部、县旅游局、县文广新局、三苏投资有限公司	弘扬民族文化　共建幸福连南	唱红歌、廉歌，歌颂党的光辉历程，唱响立党为公，廉政为民的主旋律，共建和谐幸福瑶山
2012年连南瑶族自治县“南粤幸福周”盘王节庆典活动	11月29日	南岗千年瑶寨景区	中共连南瑶族自治县委员会、连南瑶族自治县人民政府	县委宣传部、县社工委、县旅游局、县文广新局	弘扬民族文化　共建幸福连南	展示瑶族原生态歌舞、瑶族历史文化的内在魅力和艺术价值
第七届牛鱼嘴禾雀花观赏节	3月17日～4月17日	清远市牛鱼嘴原始生态风景区	清远市旅游局、清城区人民政府	清远市清城区旅游局、清城区东城街道办事处	我们的花季	登山赏花、怡情山水
2012中国“清远鸡”美食旅游文化节	9月28日～10月31日	御金街、清远市中山公园	中国饭店协会、清城区人民政府	清城区旅游局、清远市饮食服务行业商会		千人尝百鸡宴、清远鸡、清远特色小吃、粤港澳美食、旅游产品展、“正宗清远鸡，美味惠全城”活动
潮州市						
2012潮州旅游美食节	5月	市体育馆广场	市文物旅游局、市电视台		弘扬潮州美食文化、拓展旅游宣传渠道、带动第三产业发展	传统美食文化展示、旅游商品展销、旅游资源推介、旅游线路宣传

续表

节庆活动名称	举办时间	举办地点	主办单位	承办单位	活动主题	活动主要内容
揭阳市						
第二届中国（揭阳）玉文化节暨第十一届中国（揭阳）玉器节	8月24日~12月25日	揭阳市玉都广场	揭阳市人民政府	揭阳市旅游局	寻找华夏慈母	
云浮市						
“健康生活、欢乐旅游”——中国旅游日云浮系列活动启动仪式	5月19日	云浮市群众艺术馆广场	云浮市旅游局、云浮市旅游协会	云浮日报社、各县（市、区）旅游局	健康生活、欢乐旅游	“做诚信企业、做文明游客”签名仪式、南山绿道骑游活动，旅游线路推荐、景点门票优惠等
广东云浮禅宗文化旅游推介会	7月7日	湖北武汉新世界大酒店	广东省旅游局、云浮市人民政府	云浮市旅游局		联合打造禅宗文化旅游精品线路；签署旅游合作框架协议
2012云浮旅游文化节暨第四届美食节	11月22~26日	市区英东体育馆广场	云浮市人民政府	云浮市旅游局、云浮日报社	幸福云浮·美食共享	
2012年南江文化（连滩）艺术节	2月11日	连滩镇文化广场	中共连滩镇委、镇人民政府	中国移动通信有限公司	民间艺术嘉年华	文艺表演，有龙狮、歌舞、曲艺、电影等
郁南县赏花摄影创作活动开镜仪式	3月3日	郁南县连滩镇油菜花基地	中共郁南县委宣传部	县文广新局、县旅游局、县文联、县摄影协会	摄影爱好者共享赏花之乐	赏花摄影创作活动开镜仪式、禾楼舞花田表演、模特拍照、油菜花摄影创作基地挂牌仪式
2012郁南旅游文化节暨第二届美食节	12月8日	郁南县文化广场	郁南县人民政府	郁南县旅游局	幸福郁南、美食共享	开幕式、郁南美食争放艳、特色风味香满节、美食品尝活动、郁南县旅游文化图片展及旅游线路推介、欢乐骑游郁南活动、特色民俗表演活动、普天同庆乐全城8个板块组成
《罗定旅游风光》摄影大赛	5~12月	罗定市内	罗定市人民政府	罗定市委宣传部、罗定市旅游局	展示罗定旅游资源，推动旅游发展	《罗定旅游风光》摄影作品的评比和展览

续表

节庆活动名称	举办时间	举办地点	主办单位	承办单位	活动主题	活动主要内容
旅游扶贫活动暨“新兴县驻村干部家属访亲之旅”启动仪式	4月24日	东莞报业大厦	东莞市经协办、东莞市旅游局、共青团东莞市委、东莞报业传媒集团	新兴县扶贫办、新兴县旅游局、东莞青旅和MTC东莞汽车旅游中心	“美丽新兴，感恩东莞”	新兴县旅游局授予MTC东莞汽车旅游中心“禅宗文化旅游（东莞）推广中心”牌匾、新兴县扶贫办与东莞青旅签订扶贫活动合作协议、禅宗文化之旅
“魅力禅都·活力禅漂”旅游推介会	6月7日	天露山旅游度假区	新兴县旅游局新兴县恒隆天露山旅游有限公司		魅力禅都·活力禅漂	旅游推介、“活力禅漂”体验、旅游线路考察
新兴理工学校与金水台温泉校企合作签约仪式	6月20日	金水台温泉	新兴县理工学校、新兴县金水台温泉有限公司		校企合作，双赢发展	校企合作、签订合作意向书
“2012中国健康欢乐旅游年”新兴旅游主题活动暨新兴县金水台太阳岛水上乐园新张典礼、金水台皇后SPA温泉酒店奠基仪式	6月27～28日	金水台温泉	新兴县旅游局、新兴县金水台温泉有限公司		健康生活·欢乐旅游；禅都新兴·欢乐旅游；爱健康·爱欢乐·爱旅游·爱新兴	活动新闻发布会、“健康生活·欢乐旅游”——新兴县金水台太阳岛水上乐园新张典礼、金水台皇后SPA温泉酒店奠基仪式、新兴县金水台太阳岛水上乐园参观与体验活动
云浮天露山梅花节	12月30日	广东天露山旅游度假区	新兴县旅游局、广东天露山旅游度假区	广东天露山旅游度假区	“古道寻梅 天露香雪”	欣赏梅花、摄影嘉年华
顺德区						
第七届中国（美的）岭南美食文化节	5～11月	主会场主办地为顺德区北滘广场；分会场在顺德区各镇、街道	中国烹饪协会、广东省旅游局、顺德区人民政府	顺德区委宣传部（区文体旅游局）、顺德各镇人民政府、街道办事处、佛山传媒集团等	国厨乡，美食之都，美食，让生活更有品质	顺德美食北京推介会、马来西亚UCSI大学顺峰烹饪学院揭牌仪式、顺德美食之夜——马来西亚顺德美食专场推介活动、“顺德旅游美食微博矩阵”开通仪式、顺德美食文化研讨会、广式点心师联谊会揭牌仪式、“顺德美食，好味到镇”顺德美食专题推广活动、第七届顺德私房菜大赛等

（根据各地级以上市旅游局供稿整理）

“2012 广东旅游好新闻”奖项

报纸网络类·中央及省市媒体（含港澳媒体）

刊播单位	作　者	题　目	体　裁	奖　项
《南方都市报》	肖　阳	黄金周小车自驾免费，旅游业界如何将“变数”转“胜数”	专版	特等奖
《南方日报》	姚伟新　巫　伟　蔡华锋　周人杲　向　杰	泉在广东	通讯	最佳专版奖
《羊城晚报》	颜　英	老天爷的风景能否还给老百姓	通讯	一等奖
《广州日报》	罗　磊　张芷然	暗访自驾路黑点	专题	一等奖
《南方日报》	周人杲　蔡华锋　向　杰	不出国门可“环游世界”	通讯	一等奖
《南方都市报》	陈坚盈　肖　阳　伍世然　蔡贤丽	出境那些事	专题	一等奖
《人民日报》	邓　圩　赴　珊	旅游成为广东发展新引擎	述评	一等奖
《羊城晚报》	刘星彤　黎存根　梁旭华　李　力	触摸粤美海岸系列专题	专题专版	二等奖
《广州日报》	何颖思	长假景区人挤人　不如来穗悠闲游	通讯	二等奖
《深圳特区报》	沈　勇	“口红效应”初显深圳游升温	通讯	二等奖
新华社	赖少芬	广东金林水乡：一座千年古村落的“变”与“不变”	消息	二等奖
《香港商报》	程向明	阅海雨天风　听文化潮声	专题	二等奖
《中国旅游报》	郭光明　张　倜	广东：旅游产业集聚效应凸显	通讯	二等奖
《南方日报》	周人杲	五大挑战考验珠海游艇业	通讯	二等奖
《南方都市报》	刘　倩	全省旅游收入　县域旅游近半	消息	二等奖
南方网	张秀丽	沿着绿道　串游广东	专题	二等奖
金羊网	余　颖　邓　辛　莫晓航	广东温泉全调查·广东温泉电子杂志	专题专版	二等奖
新浪网	网上综合	与坑爹景点大作战	专题	二等奖
《羊城晚报》	颜　英	穗一年200多人报考游艇驾照相当于过去5年总和	调查报告	三等奖
《广州日报》	李　龙	建议取消黄金周为时尚早	言论	三等奖
《信息时报》	李　杉	买张火票去香港　近得就像逛超市	消息	三等奖
《民营经济报》	严　钰	价格战你方唱罢我登场　在线旅行网站“三国杀”	言论	三等奖
中新社	程景伟	广东三大旅游国企组建联盟　首推“品质香港游”	消息	三等奖
《澳门日报》	池晓东	加强宣传保内地客权益	消息	三等奖
《中国旅游报》	张　俊　陈熠瑶　程婷婷　杨鹏桦　刘敏君　梁素梅	广东滨海旅游系列报道	系列报道	三等奖

续表

刊播单位	作　者	题　　目	体　裁	奖　项
《中国旅游报》	郭光明	让旅游休闲成为常态——广东试行国民旅游休闲计划3周年综述	通讯	三等奖
《羊城地铁报》	陈虹霖	随你心水“泉”在广东	专题稿	三等奖
《南方日报》	蔡华锋	景区门票价格高涨有望遏制	通讯	三等奖
《南方都市报》	陈坚盈　肖　阳　伍世然　蔡贤丽	海在咫尺	专版	三等奖
《香港文汇报》	蔺广凯	新丰：南粤深处的香格里拉	专题	三等奖
《香港大公报》	黄宝仪	广州特色书肆洋洋大观	专题	三等奖
网易	苏　碧	2012广东海上休闲旅游活动	主题	三等奖
大洋网	詹雪莹	首个广东自驾游目的地试验区落户英德	消息	三等奖
人民网	罗　绚	广东省2012暑期旅游惠民大行动今日启动	消息	三等奖
腾讯大粤网	整合采编	广东人最喜爱旅游目的地专题	专题	三等奖
《新快报》	陈　镟	东莞泗安岛，被遗忘的角落	专题策划	三等奖
《羊城晚报》	程行欢	减少景点要“自愿”不想购物则“没门”	专题	优秀奖
《广州日报》	练洪洋	整治旅游乱象不能止于专项检查	评论	优秀奖
《广州日报》	刘　幸　何颖思	穿越未开放区？石门公园喊停	通讯	优秀奖
《信息时报》	李　杉	近半5A景区门票超百元	专题	优秀奖
《深圳商报》	姚嘉莉　黄福荣	旅游市场劲吹“海外风”	通讯	优秀奖
中新社	莫　非　廖宴思	市场观察：国外旅游机构各出奇招羊城抢客	消息（综述）	优秀奖
《亚太经济时报》	李　敏	旅游业在广东已成为经济发展的支柱产业	消息	优秀奖
《澳门商报》	宋　苗　陈仲皋	粤探讨温泉转型升级发展模式	消息	优秀奖
《深圳特区报》广州记者站	李　明	广东数字旅游产品　绿道电子护照开通	消息	优秀奖
《中国旅游报》	陈熠瑶	好钢用在刀刃上——广东滨海旅游产业园区竞争性扶持资金专家评审会观察	专版	优秀奖
《国际商报》	黄　丹	2012中国（广东）国际旅游产业博览会9月盛大开幕	消息	优秀奖
《南方都市报》	蔡贤丽	远去的疍家	专题	优秀奖
人民网	刘　圆	幸福广东，从绿道开始	通讯	优秀奖
南方网	李　婷　朱江伟	南方网“沃爱出游”活动正式启动　省内景点门票低至5折	专题专版	优秀奖
大洋网	詹雪莹	20对“贵人”雨中漫游白水寨　朦胧中体验非凡意境	消息	优秀奖

广播影视类·中央及省市媒体（含港澳媒体）

刊播单位	作者	题目	体裁	奖项
南方电视台	黄　刚　林斯杰	竞争旅游扶贫资金　湛江汕尾获最高分	消息	特等奖
广州电视台	杜雨轩　叶志军	“碉”刻时光	新闻专题	最佳专题奖
广东人民广播电台	梁春梅	广东丹霞山成功申遗2年后，又获国家5A级景区殊荣，但丹霞山岭南山水的品牌效应亟待提高	新闻专题	一等奖
广东电视台	齐　柳	“幸福绿道”：生活绿起来　生意红起来	消息	一等奖
南方电视台	李金旺　郑　芸	一定独家：“云南游”质量暗访体察	新闻专题	一等奖
中央人民广播电台	周　羽　邓泽宇	2012中国（广东）国际旅游产业博览会开幕　吸引50万观众参与	消息	二等奖
广东人民广播电台	赖昊峰　唐梦圆　汤　璐 尹铮铮　吴佩清　苏再丰	广东“民声热线”——旅游行业管理与服务	广播节目	二等奖
广东电视台	陈晓前　曾　倩　陈晓华	120名广州游客今天开启台湾个人游之旅	电视消息	二等奖
广州人民广播电台	钟　慧	景区票价迎来第二个“三年解禁”期，游客力数国内游三宗“罪”	广播消息	二等奖
中国国际广播电台	韩　希	上万名中外游客参加首届国际（中国·肇庆）徒步旅游节	录音报道	二等奖
广东人民广播电台	郑　韵　Daniel Epstein	端午节特别策划——龙舟竞渡，魅力传世界	新闻专题	三等奖
广东人民广播电台	欧　漫　黄　湛　廖伟斌	粤剧《碉楼》令开平碉楼旅游更添魅力	广播新闻专题	三等奖
广州电视台	郭　欣	广州塔全球最高跳楼机向游客开放	消息	三等奖
广东电视台	齐　柳	广东旅博会签约金额突破1179亿元	消息	三等奖
南方电视台	丘宗平　李　敏	一定独家：“贵州游”质量暗访体察	新闻专题	三等奖
广州人民广播电台	钟　慧	广州一日游遭遇冰火两重天：正规社被下架，黑社开团火爆	广播消息	三等奖
广州交通电台	关筱筠	第一艘国际邮轮明年1月始发南沙港	广播长消息	三等奖
中央人民广播电台	邓泽宇	广东举行暑期旅游惠民大行动逾1500家粤旅游企业提供出游优惠	消息	优秀奖
广东人民广播电台	梁春梅	广东旅游再次全线飘红，主要指标继续保持全国第一	广播消息	优秀奖
广州电视台	冯　芸	荔枝湾重现昔日繁华　羊城胜景再展新容	长消息	优秀奖
广州电视台	李仲儒	璀璨灯光节点亮广州夜空	消息	优秀奖

报纸网络类·地市级媒体

刊播单位	作　者	题　目	体　裁	奖　项
《江门日报》	叶　田　唐　达	小鸟天堂开启“复兴之门”百年古榕重现“万鸟齐飞”	通讯	特等奖
《中山日报》	袁风云　张玉秋	梨花风起正清明　游子寻春半出城	专题	最佳专版奖
《中山日报》	陆　梅	中山留英女孩穷游滇藏26天　徒步搭车行程万里仅花327元	通讯	一等奖
《梅州日报》	李锦让　吴　优　刘奕宏　游文君　何碧帆　钟小丰	“走进特色区，发现梅州美”专栏	专栏系列报道	一等奖
《珠海特区报》	陈素璧	珠海拿什么留住过夜客	新闻专题	一等奖
《汕尾日报》	钟必远	风劲扬帆正当时	通讯	二等奖
《佛山日报》	黄俊波	一碗艇仔粥　浓浓佛山情	通讯	二等奖
《惠州东江时报》	谭　琳	导游夫妻扎根罗浮山15年	通讯	二等奖
《汕头都市报》	许玉璇	机关里“潜伏”旅游“形象大使”	消息	二等奖
《湛江日报》	陈立华	自驾游“大蛋糕”不但要吃，还要做！	通讯	二等奖
《顺德珠江商报》	李炯聪	中国首个海外烹饪学“顺德造”	消息	二等奖
《中山商报》	查九星　谢　琼　魏静文　何　森	古屋迷途	专题报道	三等奖
《惠州日报》	魏怡兰	车轮上的家满足衣食住行	消息报道	三等奖
《韶关日报》	王建喜	丹霞山得到很好保护和利用	消息	三等奖
《云浮日报》	张　瑜	张屋村：繁华城市旁的“世外桃源”	专题	三等奖
《清远日报》	沈艳莉　黄昱茜　樊沃夫　卓小畴　郑秀红	看500年岁月斑驳　享豆腐狂欢盛宴	专题专版	三等奖
《茂名日报》	尹兆平	整合资源，茂名旅游再登高	评论	三等奖
《汕头特区晚报》	曾漫路	工业旅游在汕悄然兴起	消息	三等奖
《阳江日报》	陆　超	发挥优势建设国际生态旅游岛	消息	三等奖
惠州市旅游局政务网	杨　铭	创意营销 微博杠杆撬叩惠州旅游腾飞之门	新闻通讯	三等奖
《佛山日报》	谭顺秋	15只均安蒸猪抢购一空	消息	优秀奖
《江门日报》	吴燕彬　庄英业　杨慧敏　陈素敏　谭锦波　黄宇舰	五邑大地名镇名村多　侨乡大打乡村旅游牌	通讯	优秀奖
《南方日报》清远记者站	黄　津	连阳四县“抱团”打造旅游合作示范区	通讯	优秀奖
《东莞日报》	钟　晨　王红林	夏季泡温泉　引领旅游新时尚	系列专题	优秀奖
《河源日报》	高芳芳　肖　斌	导游：行走在山水间的“城市形象大使”	通讯	优秀奖
《湛江晚报》	高　玮　周文硕　文秋华　张锋锋	个性化旅游　产业化发展	通讯	优秀奖
中国江门网	司徒俊杰	开平“超模花海碉楼月”	消息	优秀奖
东莞阳光网	姜玲霞	走进东莞　东莞各镇节庆活动逐个看	通讯	优秀奖

（刘昭黎　张海燕）

国民旅游休闲计划

实施国民旅游休闲计划

【概况】　2012年，广东继续在落实带薪休假、培育群众休闲意识、实施旅游惠民工程等方面深入实施国民旅游休闲计划。广东在全国先行先试、积极探索国民旅游休闲计划，为国家旅游局出台相关政策积累经验。全年全省有3000多家旅游及相关企业推出5000多项利民惠民措施，惠民金额约28亿元。绿道旅游、中医药文化养生旅游、森林生态旅游、体育旅游等专项旅游产品方兴未艾。全省累计发行国民旅游休闲卡500多万张，拉动旅游消费300多亿元。举办各类旅游节庆主题活动200多项。全省全年人均旅游消费达1252元。7月23日，省旅游局联合省经信委、省教育厅、省林业厅、省体育局、省海洋渔业局、南方报业传媒公司、南方广播影视传媒集团、中国电信广东公司、中石化广东石油分公司及网易公司在广州塔共同举办“欢乐健康游　幸福伴你行”——2012暑期惠民大行动系列活动。

·链接·

广东省第三批森林生态旅游示范基地（8家）

广州增城市大丰门旅游景区；韶关翁源县官渡六虎山庄；韶关南雄市帽子峰森林公园；惠州博罗县平安生态旅游区；茂名电白县沉香山森林生态旅游区；清远佛冈县森波拉度假森林；清远清城区牛鱼嘴景区；揭阳揭东县望天湖景区。

·链接·

广东省新增工业旅游示范基地（1家）

云浮石材博览中心　位于云城区河口街324国道与河杨快速干线交汇处。2010年10月21日竣工落成开业。用地面积85000平方米，建筑面积230000平方米，由云浮市亘隆投资有限公司投资5亿元建设。石材博览中心由主场馆、特展馆和商业配套组成，其中主场馆建筑面积80000平方米，特展馆建筑面积50000平方米，设置1000个产品展示区；商业配套建筑面积100000平方米，设置1000个商务用房和1600个地下停车位。该中心是集展示、贸易、物流、信息、金融、商务等功能于一体的一站式石材展贸平台，承接国内外所有品种的大理石、花岗岩的板材、工艺品及异型产品的综合展示和现场交易。定期举办石材设计大赛，装饰研讨会及每年一届的国际石材展览会，以促进云浮石材产业的发展，优化提升石材产业，为打造百亿石材产业集群起到积极的推动作用。该中心首层主要经营规模较大的大理石、花岗岩石异型板材及大型重工艺品；二层经营规模较小的石材展示；三层经营石材工艺品及异型产品；四层经营石材特装展示区，高层次展示石材产品。石材博览中心将集世界所有品种的大理石、花岗岩石板材、工艺品以及商务办公、产品质检、物流报关和行政服务，展示石文化历史，开展石文化旅游于一体。

【启动“欢乐健康游·幸福伴你行”2012暑期旅游惠民大行动】　2012年7月23日上午，由广东省旅游局联合省经信委、省教育厅、省林业厅、省体育局、省海洋渔业局、南方报业传媒集团、南方广播影视传媒集团、中国电信广东公司、中石化广东石油分公司及网易公司共同举办的“欢乐健康游·幸福伴你行”2012暑期旅游惠民大行动在美丽的珠江河畔、广州新地标——广州塔隆重举行启动仪式。国家旅游局副局长杜一力、广东省副省长招玉芳出席启动仪式并共同启动本次活动。招玉芳在启动仪式上致辞，省旅游局局长杨荣森主持启动仪式。中国电信广东公司总经理陈德兴、中石化广东公司总经理夏于飞代表主办单位致辞，广东旅行社行业协会会长谷训才代表全省旅游企业宣读惠民便民倡议书。广州地区1100多名游客参加启动仪式，惠民大行动持续到8月底。

本次活动共发动全省近1500家涉旅企业提供优惠和便民服务，不少景区优惠折扣低至4折，部分酒店以低于门市价六成的超优惠价格欢迎各界旅游爱好者，活动总体优惠金额超过3亿元。中国电信广东公司还向广大游客专门推出“翼之旅”手机应用平台，中石化广东石油分公司推出“车主卡”并以便利店的形式让旅游惠民走进社区，优游旅行网针对广大自驾车主开发了广东最大的自驾游服务平台。这些便民惠民措施为市民提供更加方便快捷的出行服务，让广大老百姓在参与旅游休闲活动时获得更多的实惠、健康和欢乐，提升旅游幸福感和生活质量。

（莫理强）

旅游信息化建设

广东省旅游信息化建设

【概况】 2012年，广东省旅游信息化建设全面启动。建成广东省旅游数据中心、12301旅游服务热线、省旅游局政务网、绿道旅游在线网、广东旅游公众服务网、旅讯通移动网并投入运营，初步构建以广东旅游信息综合服务平台为核心的旅游信息化体系。

【旅游信息化建设】 2012年，广东省12301旅游服务热线实现24小时不间断服务，每天受理话务量约300宗，全年受理约100万人次。“活力广东”微博矩阵成员500多个，其中，绿道旅游微博拥有粉丝72.4万人。全年采集政务信息3万余条。联合中国移动完善搜索引擎、排重排错、端口扩展等功能。至年末，“翼之旅”手机自驾游服务平台拥有200家旅游景区，惠及600万车主群体。实施“刷卡无障碍”工程，通过二维码对游客身份进行智能认证，联合银联实现景区多卡种的实时消费。

广东旅游以物联网、云计算、移动3G通信技术为代表的高新技术得到突破性发展，以微信、微博为代表的新媒体平台被广泛运用于旅游业，有效降低中小型旅游企业信息化经营的资源投入和技术壁垒。旅游一卡通、智能移动设备为智慧旅游服务终端节点，覆盖广东1亿手机用户。游客可以通过手机快速获取旅游优惠，在全省200多个精华景区享受免费或优惠旅游，并实现旅游资源网上营销、旅游产品代理分销、电子支付与认证、手机地图与定位功能，实时获取周边旅游信息，手机验证进入景区等出游全程的手机服务，为游客带来3G旅游全新体验。湛江市完成“虚拟旅游网上漫游系统”的开发建设；韶关市建立旅游商务网站，全市20多家景区、50家旅游企业加盟，实现网上预订、二维码确认、手机和银行卡终端支付等技术；广之旅、南湖国旅等各大旅行社，丹霞山、深圳华侨城、珠海海泉湾、长隆旅游度假区、白云山风景区等主要旅游景区（点）以及星级饭店均开展网络营销、网络预订、网上支付等线上预订。

广东旅游公众服务网（优游旅行网）吸引全省200多家旅行社、200多家景区和酒店进驻，收录3000多家企业信息，业务范围涵盖90%的旅游产品种类，实时对接2万多个可供购买的旅游产品。

【全省旅游信息工作会议】 2012年11月20～22日，广东省旅游信息工作会议在广州召开。省旅游局局长杨荣森、副巡视员林上福出席会议并讲话，各地级以上市旅游局和顺德区文体旅游局分管领导、信息员以及企业、媒体代表参加会议。会议提出，到2020年全省将有15个以上城市成为智慧旅游城市。

▲广东省旅游信息工作会议在广州召开。（涂继文　摄）

【广东旅游政务信息化】 2012年，省旅游局政务网完善日常政务信息采集和发布机制，信息公开栏目共12个，网上办事指引11项，年发布信息4786条，通知公告主动公开信息率80%，审批事项网上办理率70%，旅游投诉、局长信箱等与公众互动条目685条，回复率100%。

【旅游智慧城市建设】 2012年，广州市成功申报国家智慧旅游试点城市，省内条件比较成熟的2～3个城市正陆续申报，积累智慧旅游城市的建设经验。江门市建立旅游系统防台风预警预报机制，阳江市建立“旅游目的地营销系统”，深圳市展开深圳旅游网“智慧旅游”系统建设等。

（殷慧媛）

旅游资源与管理

旅游景区等级评定与旅游资源建设

【概况】 2012年，广东省旅游景区等级评定工作日趋完善，省旅游景区等级评定委员会继续充实人员，吸纳各方面专家，更新旅游景区（点）评定专家库，建立健全评定管理办法。印发《广东省旅游景区质量等级评定工作程序》《广东省旅游景区质量等级暗访检查制度》和《广东省旅游景区质量等级评定检查员管理规定》，增加网上公示环节。5月，全省旅游景区管理工作会议在东莞召开，举办景区质量等级评定人员培训班，完善全国旅游项目投资信息系统、旅游景区管理系统。重点指导佛山市西樵山风景名胜区、阳江市海陵岛大角湾风景名胜区、佛山市长鹿休闲度假农庄等景区提升景观服务质量、景观资源价值等工作。广东省旅游景区等级评定委员会会同广东省旅游协会，探索景区质量等级评定职能由政府机关主导转移至行业协会工作。

【旅游投资与旅游重大项目建设】 2012年，全省全年旅游投资总额3028亿元。经过多年持续投资建设，全省旅游产业水平逐年提高、规模不断扩大，旅游业已成为具有相当规模和产业水平的现代服务业。（具体见第103页“2012年广东省大型重点旅游项目建设情况一览表”）

根据全国旅游项目信息系统统计，广东省旅游项目投资主体结构为，民营企业投资占61%，外资和国有企业投资分别占12%和7%。从投资流向看，主要集中于各类景区、度假区、旅游城市改造等项目建设，占全部投资总额比重的64%，旅游星级饭店等项目建设，占全部投资总额比重的22%。按区域分布看，珠三角地区旅游投资总额占全省比重约为66%，粤北地区占约为13%，粤东地区占约为14%，粤西地区占约为7%。

【广东省滨海旅游产业园竞争性扶持资金评审会】 2012年8月24~25日，由广东省旅游局、省财政厅联合举办的广东省滨海旅游产业园竞争性扶持资金专家评审会在广州举行。粤西阳江、湛江、茂名市和汕头、汕尾市分别组织海陵岛滨海旅游产业园区、五岛一湾滨海旅游产业园区、茂名滨海旅游产业园区和南澳岛滨海旅游产业园区、红海湾滨海旅游产业园区参加评审。经评审，湛江市五岛一湾滨海旅游产业园区和汕尾市红海湾滨海旅游产业园区竞得第一、第二名。9月29日，经省人民政府批准，湛江市五岛一湾滨海旅游产业园区、汕尾市红海湾滨海旅游产业园区分获3亿元财政专项扶持资金。

▲2012年8月，广东省滨海旅游产业园竞争性扶持资金专家评审会在广州举行。（黄　静　摄）

【A级旅游景区创建】 2012年，广东省旅游景区等级评定委员会根据国家旅游局《旅游景区质量等级评定管理办法》和《旅游景区质量等级的划分与评定》要求，做好旅游景区评定工作。全年共评定A级旅游景区24家，其中4A级景区14家、3A级景区10家。

2012年，全国旅游景区质量等级评定委员会批准东莞市龙凤山庄影视旅游区（1月）、清远市湟川三峡——龙潭文化生态旅游区（1月）、韶关市南岭国家森林公园（1月）、佛山市（顺德区）陈村花卉世界（1月）、阳江市阳西咸水矿温泉景区（1月）、广州市岭南印象园旅游景区（3月）、肇庆市广宁宝锭山旅游景区（3月）、广州市南沙滨海湿地景区（8月）、东莞市粤晖园旅游景区（8月）、韶关市珠玑古巷梅关古道景区（8月）、佛山市顺德罗浮宫国际家具艺术博览中心景区（8月）11家景区分别评定为国家4A级景区；汕头市方特欢乐世界·蓝水星景区（11月）、佛山市祖庙博物馆（11月）、佛山市皂幕山旅游风景区（11月）3家景区分别评定为国家4A级景区。

2012年，广东省旅游景区等级评定委员会分别评定清远市金子山旅游景区（1月）、阳江市阳东东平镇大澳渔家文化村（5月）、广州市十香园纪念馆（6月）、广州市邓世昌纪念馆（6月）、广州市潘鹤雕塑艺术园（6月）、中山市咀香园工业旅游景区（11月）、汕尾市凤山祖庙旅游景区（11月）、清远市南岗千年瑶寨景区（12月）、深圳市光明农场大观园景区（12月）、河源市九连山原始森林度假村景区（12月）为国家3A级景区。至年末，全省共有A级景区196家，其中5A级景区8家、4A级景区118家、3A级景区59家、2A级景区11家。

【旅游规划单位资质管理】 2012年，广东省申报全国旅游规划设计单位资质等级认定数量增加。全国旅游规划资质等级认定委员会认定广州智景旅游规划设计有限公司为“国家甲级规划设计资质单位”；广东省旅游规划设计单位资质等级认定委员会认定广州市和实文化传播有限公司、广州市智汇旅游景区管理有限公司、广州市马踏飞燕旅游策划顾问有限公司、河源市东方客家文化传播有限公司、广州土星铱人广告传播有限公司、广州南方文化创意研究院、广东珠荣工程设计有限公司为“国家丙级规划设计资质单位”。

至年底，全省共有“国家甲级规划设计资质单位”7家、“国家乙级规划设计资质单位”18家、“国家丙级规划设计资质单位”18家。

·链接·

广东省旅游规划资质单位名录

甲级：

1. 广东省旅游发展研究中心（2002年）
2. 中山大学旅游发展与规划研究中心（2002年）
3. 深圳市麟德旅游规划顾问有限公司（2008年）
4. 广东新空间旅游发展有限公司（2008年）
5. 深圳市多彩旅游策划顾问有限公司（2009年）
6. 广州海森旅游策划设计有限公司（2011年）
7. 广州智景旅游规划设计有限公司（2012年）

乙级：

1. 广州地理研究所（2002年）
2. 深圳市榜样旅游项目设计有限公司（2003年）
3. 深圳市华侨城旅游策划顾问有限公司（2004年）
4. 广州市智景旅游策划设计咨询服务有限公司（2004年）
5. 广州市城市规划勘探设计研究院（2004年）
6. 深圳市汉沙国际工程咨询有限公司（2007年）
7. 深圳市美亚丽景旅游景观设计有限公司（2007年）
8. 中山市规划设计院（2007年）
9. 广州市谊华旅游规划设计有限公司（2007年）
10. 暨南大学（2008年）
11. 广州山晟旅游发展有限公司（2009年）
12. 华南师范大学地理科学学院（2010年）
13. 深圳市美景园园林开发有限公司（2010年）
14. 广州市常邦旅游规划设计有限公司（2010年）
15. 广州晨曦旅游规划有限公司（2010年）
16. 深圳市艾肯弘扬咨询管理有限公司（2010年）
17. 深圳市花都环境景观工程有限公司（2011年）
18. 广东中建设计有限公司（2011年）

丙级：

1. 深圳市银光彩旅游商品咨询有限公司（2002年）
2. 广州市精旅策划服务有限公司（2002年）
3. 佛山技术学院旅游开发与规划研究中心（2003年）
4. 梅州市城市规划设计院（2004年）
5. 广州大学中法旅游学院（2006年）
6. 广州市新城旅游规划设计有限公司（2009年）
7. 汕头市澄海规划设计研究院（2009年）
8. 河源市职业技术学院旅游规划与发展研究中心（2009年）
9. 深圳市艺水科技有限公司（2010年）
10. 广东如歌景观设计有限公司（2010年）
11. 广州市尚知咨询顾问有限公司（2011年）
12. 广州市和实文化传播有限公司（2012年）
13. 广州市智汇旅游景区管理有限公司（2012年）
14. 广州市马踏飞燕旅游策划顾问有限公司（2012年）
15. 河源市东方客家文化传播有限公司（2012年）
16. 广州土星铱人广告传播有限公司（2012年）
17. 广州南方文化创意研究院（2012年）
18. 广东珠荣工程设计有限公司（2012年）

2012年广东省获评国家A级旅游景区（点）一览表

景区级别	地　市	旅游景区名称
AAAA级（14家）	广州市（2家）	广州市岭南印象园旅游景区、广州市南沙滨海湿地景区
	汕头市（1家）	汕头市方特欢乐世界·蓝水星景区
	佛山市（4家）	佛山市皂幕山旅游风景区、佛山市祖庙博物馆、佛山市（顺德区）陈村花卉世界、佛山市顺德罗浮宫国际家具艺术博览中心景区
	韶关市（2家）	韶关市珠玑古巷梅关古道景区、韶关市南岭国家森林公园
	东莞市（2家）	东莞市龙凤山庄影视旅游区、东莞市粤晖园旅游景区
	阳江市（1家）	阳江市阳西咸水矿温泉景区
	肇庆市（1家）	肇庆市广宁宝锭山旅游景区
	清远市（1家）	清远市湟川三峡——龙潭文化生态旅游区
AAA级（10家）	广州市（3家）	广州市十香园纪念馆、广州市邓世昌纪念馆、广州市潘鹤雕塑艺术园
	深圳市（1家）	深圳市光明农场大观园景区
	河源市（1家）	河源市九连山原始森林度假村景区
	汕尾市（1家）	汕尾市凤山祖庙旅游景区
	中山市（1家）	中山市咀香园工业旅游景区
	阳江市（1家）	阳江市阳东县东平镇大澳渔家文化村
	清远市（2家）	清远市金子山旅游景区、清远市南岗千年瑶寨景区

注：2012年，广东省共评定A级旅游景区24家。　　（省旅游局规划统计处供稿）

2012年广东获评国家4A级以上旅游景区简介

【广州市南沙滨海湿地景区】　位于广州最南端，地处广州市南沙区万顷沙镇，距离广州市中心约60公里。总面积约226.7公顷。该景区行政上隶属广州南沙开发区管委会，由广州南沙湿地旅游发展有限公司经营管理，现有工作人员132人，其中导游人员20人。2008年1月开业，2012年10月25日荣膺国家4A级旅游景区。

该景区是1994年由人工围海而成，面积约606.66公顷，此后历经20年的植树造林、开挖河渠，围堤绿化、景观改造，逐渐形成景区的基本概貌，先后投入资金达2.2亿元。景区属滨海河口湿地景观，旅游资源包括水域风光类、生物景观类、建筑与设施类、旅游商品类和人文活动类五大类，是集自然生态、岭南水乡、旅游度假、人文科普等为一体的综合生态景区。每年秋冬季节超过10万只候鸟在此繁衍生息，红树林达千亩，2011年5月入选“羊城新八景”，同年10月荣获第15届联合国环境规划署与国际公园协会（IFPRA）联合主办评选的可持续发展自然环境最佳生态景区银奖。2011年接待游客人数132万人次，其中入境游客3.2万人次；营业收入600万元；累计投入22000万元，年均投入7333万元。

【广州市岭南印象园旅游景区】　位于广州市番禺区大学城外环西路，占地面积16.5公顷。由广州市三驿旅游发展有限公司于2008年5月27日与广州市大学城投资经营管理公司合作经营。现有工作人员289名。累计投入2250万元，同年9月29日开园，是集文化观赏、精彩演艺、趣味游乐、特色餐饮、休闲购物于一体的大型文化旅游景区。年接待游客52万人次，年营业收入1100万元。2012年3月6日评定为国家4A级旅游景区。

该景区保留原小谷围岛练溪村内现存的历史建筑以及迁移岛区拆迁的文物建筑共16处，新建了传统与现代相结合的岭南民居共38栋。民居依水而建，或窄门高屋，或镬耳高墙；悠长的青云巷、古朴的趟栊门，处处散发着岭南水乡的韵味。还原了繁荣祥和的岭南民间生活场景，古朴的凉茶铺、老照相馆、老电影院、鸡公榄、抬花轿、烧玻璃等街头民间表演，让游客体会到原汁原味的岭南市井风情。岭南传统民间工艺注入景区，为广绣、广彩、牙雕、木雕宫灯等岭南传统工艺提供展示平台。皮影戏、提线木偶、激情岁月、互动式表演《绣球招亲》以及大型衍生态歌舞集《印象·岭南》，《珠江·印象》天天上演。

▲岭南印象——练溪大街。（丁旭辉　摄）

【方特欢乐世界·蓝水星景区】　是粤东地区最大的高科技主题公园。位于海湾大桥北岸，处在汕头门户及东部经济带的起点上，占地面积24万平方米，由深圳华强文化科技集团与广东锦峰集团联合投资逾10亿元建造而成。公园以科幻为主题，以高科技文化和时尚游乐元素为主导，注重项目的主题创意，采用国际一流的理念和技术精心打造。公园将游乐项目设计融入到园林海滨城市景观中，是汕头市的标志性景观之一。公园由银河广场、太空世界、失落帝国、西部传奇、恐龙半岛、海螺湾、嘟噜嘟比农庄、儿童王国、水世界9个主题区域组成，近100个游乐项目。开园3年来，共接待游客200万人次。该景区通过全国旅游景区质量等级评定委员会的验收，评定为国家4A级旅游景区。

【佛山市皂幕山旅游风景区】　位于佛山市高明区杨和镇和利路1号。由佛山市高明区杨和皂幕山旅游开发有限公司管理，现有工作人员375人，其中导游人员8人，管理人员42人。整个景区累计投入15000万元，于2005年6月接待游客，2011年接待游客数65万人次，其中入境游客3.2万人次，旅游收入2700万元。2012年11月19日评为国家4A级旅游景区。

该景区地处高明区腹地，以佛山第一峰皂幕山为核心。主要包括皂幕山森林公园、杨梅观音禅寺、丽堂农业观光基地、潜龙谷、金水台漂流、银海高尔夫球场、对川茶场、大沙湖8个景点。其中杨梅观音禅寺始建于明朝万历年间，1940年遭轰炸而被破坏，1998年广东省宗教部门批准杨梅观音禅寺修复开放，共筹集复建资金8000多万元完成首期工程，面积10000多平方米。皂幕山风景区整体规划面积140平方公里、核心景区面积70平方公里。该景区于每年11月底举行皂幕山登山节，至2013年共举办4届。

【佛山市祖庙博物馆】　全国重点文物保护单位。2008年2月，“佛山祖庙庙会”入选第二批国家级非物质文化遗产名录。位于佛山市禅城区祖庙路21号。隶属佛山市文化广电新闻出版局的二级机构（科级），为公益性事业单位。2011年接待游客人数165万人次，营业收入2542.3万元。2012年11月19日评为国家4A级旅游景区。

佛山祖庙始建于北宋元丰年间（1078—1085年），元末毁于战火，明初洪武五年（1372年）重建。明清两朝，随着佛山经济日渐发展，祖庙不断扩建，至清顺治十五年（1685年）基本形成体系完整、具有浓厚地方特色的建筑群。祖庙现存主体建筑占地3600平方米，沿南北中轴线排列，依次为万福台、灵应牌坊、锦香池、钟鼓楼、三门、前殿、正殿、庆真楼。祖庙集明、清两代优秀古建筑和当地木雕、砖雕、石雕、陶塑、灰塑、铸造等民间艺术于一体，素有“古祠艺宫”之美誉，又曾被国际友人赞誉为“东方民间艺术之宫”，是最具代表性的岭南建筑之一。

该博物馆占有地面积2.55万平方米，建筑面积6398.95平方米，展区面积4618.6平方米。辖区包括祖庙古建筑群、孔庙、黄飞鸿纪念馆、叶问堂等景点。对外展览以佛山历史，武术文化，佛山民间艺术等为主题。馆内常年旅游活动项目包括：三月三北帝诞（佛山祖庙庙会）、佛山黄飞鸿醒狮与武术表演、黄飞鸿影视展、黄飞鸿洪拳弟子寻根拜祖活动、叶问咏春拳弟子寻根拜祖活动、叶问堂展示、粤剧表演、佛山孔庙学童开笔礼、春节“行祖庙折福”活动、佛山历代状元榜等。

【佛山市（顺德区）陈村花卉世界】　全国休闲农业与乡村旅游示范点、全国科普教育基地。地处佛山市顺德区陈村镇，距佛山市区10分钟车程。于1998年3月动工建设，2001年5月建成开业。2012年1月9日评为国家4A级旅游景区。

自西汉年间，顺德就有种花记载，曾为汉王宫进贡奇花异卉，到清代，呈现出“户户花为业，处处花似锦”的繁荣景象。至今，全区种植花卉的面积达3333.33公顷。该景区占地面积333.33公顷，集花卉生产、销售、科研、信息、培训、进出口、展览、园林绿化设计、旅游等功能于一体。来自美国、日本、韩国、澳大利亚、荷兰、泰国、菲律宾、新加波等国家和中国香港、澳门、台湾地区及国内花卉及相关企业共600多家在园区设立花卉生产、研发、销售机构，年交易额达40亿元。花卉世界园区年度农产品总产值30亿元，园区内花卉交易额23.36亿元，出口创汇额1500万多美元，直接带动农户6300户，年培训农民人数1520人，观光旅游人数1000多万人次。旅游节庆活动有：佛山（陈村）茶文化博览会、广东（陈村）艺术博览会、中国锦鲤大赛和陈村迎春花市等；主要景观景点包括：川岛锦鲤场、东信园林、铭园园艺、花卉世界展览中心、盆景世界、维生园艺、旺林园艺、今日景艺兰花世界等。

【佛山顺德罗浮宫国际家居艺术博览中心景区】 位于佛山市顺德区乐从镇，集游览、购物、休闲、美食、家居设计、艺术鉴赏、大型商务活动、年会、展览等于一体。由罗浮宫家居集团投资兴建，现由广东罗浮宫家具博览中心有限公司经营管理，于2000年12月开业接待游客，累计投入8亿元用于项目建设和营销宣传。共有员工3565人，年接待游客人数150万人次，营业收入50000万元（含商户），2012年8月14日评为国家4A级旅游景区。

该景区占地面积10万平方米（已建建筑面积20万平方米，在建建筑面积16万平方米），共投入3.5亿元兴建。每年105个国家和地区的采购商云集于此。主要景点有：艺术家居展、万国殿堂、金色大厅、进口馆、饰品灯饰城、风味岛以及在建的欧洲小城、收藏馆、佛山之眼观光台、水韵广场等。

【韶关市珠玑古巷——梅关古道景区】 位于韶关市南雄市珠玑镇，由南雄市旅游局主管，市旅游公司经营，累计投入4.93亿元，1995年5月开业，2011年接待游客51万人次，营业收入862.4万元，总人数91人。2012年8月14日评为国家4A级旅游景区。

珠玑古巷 位于韶关市南雄市珠玑镇沙水村，占地85万平方米，2000年10月对外出售门票。自经营以来，共投资4亿元，游客接待人数从1995年的5万人次增长到16万人次；年营业收入300多万元。

原名敬宗巷，是古代中原和江南通往岭南古驿道上的一个商业重镇，距今1100多年。珠玑巷鼎盛期是唐宋时期。据学者考察，历史上南迁的珠玑移民现今共有176姓5000多万人分布在珠江三角洲及港澳和海外。1995年，珠玑巷后裔筹集资金数千万元，建成沙水湖、沙水寺等景点。珠玑古巷北起凤凰桥，南至驷马桥，全长1500多米，路面宽4米多，全部用鹅卵石铺砌而成。两旁民宅祠堂、店铺商号鳞次栉比。主要景观景点：南迁群雕、珠玑古巷牌坊、南门楼、古巷、贵妃塔、双龙桥、千年古榕、沙水湖、中门楼、张昌故居、北门楼、姓氏宗祠群、祖居牌坊、珠玑巷博物馆、胡妃纪念馆。

梅关古道景区 位于南雄市珠玑镇梅岭村，海拔746米。是一处集名胜古迹、自然景观、人文景观、红色旅游为主，融娱乐、观光为一体的怀古观光、爱国主义教育、休闲度假型综合景区。自经营以来共投资9300万元用于景区的修复、建设和完善基础设施。

该古道跨越粤赣两省。此古道秦汉时即开通，秦时设关，叫横蒲关。唐开元四年（716年），朝廷为促进中国南北经济文化交流，发展海外贸易，派遣左拾遗张九龄主持开拓梅关古道。工程历时两年，将一条羊肠小道拓展为二丈（6公尺）宽，用青石铺垫的通衢大道。从此，此古道是古代中原通往岭南及东南亚的咽喉之地。梅岭又是一座革命名山，1934年10月中央红军长征后，陈毅元帅带领余下部队在梅岭、油山一带坚持艰苦卓绝的3年游击战争，并留下《梅岭三章》《偷渡梅关》等英雄诗篇。

【东莞市龙凤山庄影视旅游区】 地处东莞市凤岗镇，距东莞市市区50多公里。于2005年对外开放。2012年1月9日评定为国家4A级旅游景区。该景区占地38万平方米，集餐饮、娱乐、婚纱摄影、旅游、度假休闲为一体。设有各式游玩设施20多项，园区内可观看清明上河街民间杂技表演、地标鸟笼鹦鹉表演、满屋世界大型歌舞表演、节假日大型中式、西式婚礼、花车、皇家马车、御林军巡游表演。度假村内拥有地标式鸟笼、皇室古堡、索菲娅教堂、格林童话小镇、龙凤大殿、清明上河街等50多处景观，还开辟有动物园、科普生物园林等游览区。

龙凤山庄影视旅游区以婚庆为特色，每天接待婚纱拍

▲龙凤山庄影视度假村——皇室古堡。（钟金伟 摄）

摄的新人约400对。自2008年以来共举办16届集体婚礼。形成以游龙凤山庄，看新郎新娘的美丽风景线。中式风情园区以龙凤大殿、清明上河街、碉楼为主要景点。

【东莞市粤晖园旅游景区】 位于东莞市道滘镇粤晖路1号，于2005年11月21日建成开园，先后投入3亿元进行园区的规划与建设，是集观光度假、休闲娱乐、艺术鉴赏为一体，全国最大的古典私家园林之一。由广东东富盈集团经营管理的私人企业，现有工作人员107人，其中导游和讲解员4人，管理人员67人。2010年接待游客人数20.2万人次，其中入境游客数1万人次；营业收入740万元。2012年8月14日评定为国家4A级旅游景区。

该景区由东莞农民企业家痪炳桂投资建设，总面积50公顷。粤晖园将岭南园林传统艺术与现代审美情趣融合为一园，共有楼馆、亭台、水榭、曲廊、石桥、假山等108个园林景点，拥有集聚山色、亭台、曲廊、洲岛、桥堤、河道等56个景观。东西部景区以一条长2000米的东江河水道为轴线，两旁包括泰来楼、南韵馆、天香云外、粤晖茶庄、紫烟崖、百蝠坊等建筑群；南北部景区横跨河道中部，依次为东正门、百蝠晖春、虆楼。其中，虆楼是园中的主体建筑，总建筑面积约10000平方米，南北宽86.5米，东西长113.8米。

【阳江市阳西咸水矿温泉景区】 广东省温泉旅游示范基地。位于阳西县东湖生态开发区内。距广州市240公里，毗邻325国道。景区于2006年1月13日开业，由阳西县双飞高新科技发展有限责任公司投资，以咸水矿温泉为核心，集温泉养生、休闲保健、生态旅游以及完善的食、住、娱、购于一体的温泉养生旅游度假区。2012年1月9日评定为国家4A级旅游景区。

该景区温泉属咸水矿温泉，水温达76摄氏度以上，是天然高浓度氯化钠矿温泉，含有人体健康所必需的微量元素，具有较好的医疗作用。景区倚岭伴湖而建，园林式的自然布局，小径通幽，树木婆娑，塑石飞瀑，亭台水榭，50多个大小不一、功能各异的公共温泉泡池。大型水上乐园是亮点项目，以亚热带风格为主线，匠心独运，卓尔不群。它以倡导新奇、刺激、有趣、浪漫的世界流行水上时尚运动为主题。有人工造浪池、10多米高空高速滑道、儿童戏水池、标准游泳池、教学游泳池以及全长400多米的环岛漂流等。

▲阳西咸水矿温泉全景图。 （关实芬 摄）

【肇庆市广宁宝锭山旅游景区】 位于肇庆市广宁县，距肇庆市区88公里，距广州市114公里，距深圳278公里。该景区主要以竹文化、财神文化、养生文化为主题。2012年3月6日评定为国家4A级旅游景区。

宝锭山因区内两座大山山影重叠，形似元宝而得名，2005年起向社会开放。景区占地面积5.14平方公里，集动植物展示、生态旅游、动植物保护为一身。区内有银杉、神针树、桫椤等国家一级保护植物。拥有竹文化博物馆、万竹园、中国竹业产品展销中心、财神山等景点。其中竹文化博物馆，占地面积10000平方米。内设有展示大厅、竹箸文化馆、竹雕精品文化馆、竹书竹简文化馆、竹标本及竹开发利用科技成果馆、竹文房用品文化馆等7大馆；万竹园，占地面积300亩，集世界竹之大成，有巨龙竹、菲白竹、红宝石竹以及酸竹、甜竹、苦竹、辣竹等；中国竹业产品展销中心，占地面积5000平方米，竹产品达1000多种。

【清远市湟川三峡——龙潭文化生态旅游区】 位于清远连州市东南3公里处，距清远市区22公里、距广州230公里。1988年对外开放。

湟川，古时称连峡，又称湟川三峡，由龙泉峡、楞伽峡、羊跳峡三道雄峡峙立。连江起源于星子红岩山，在连州与东陂水、保安水三江河汇合后始称连江，河流流向自西北向东南，沿程北纳青莲水、波罗河、黄洞河、竹田水，南汇同灌水、花坑河、七拱水等二级支流，先后流经连州、阳山、英德等市境内，于连江口汇入北江，因而亦称为小北江。龙潭文化生态旅游区总规划用地24万平方米，建筑面积33万平方米，有游客中心、表演区、客房区、商业街等。具有休闲、度假、娱乐、生态旅游、文化传播、自然保护等多种功能，并设立夜游湟川三峡和瑶族篝火晚会的项目。湟川三峡景区汇集“山、水、峡、瀑、林、气”以及历史文化等风景名胜资源于一体，具有丰富的水文景观、地文景观、天象景观、生物景观、工程景观、文化景观。主要景观景点包括龙泉峡、塄枷峡、羊跳峡、双溪阁、古戏台、龙宫滩、思乡亭等。

2012 年广东省大型重点旅游项目建设情况一览表

项目名称/所在市（区）	投资企业及主体	投资金额（亿元）	项目所在地或建设状况	项目建设内容
广州市				
长隆国际生态旅游度假区	长隆集团	27.8	于2010年5月列入广东省现代产业500强项目，2012年列入广州市重点项目。该项目三期工程建设拨资18.18亿元。涉及番禺区钟村街属两条行政村的用地共1708亩。香江野生动物世界第三期项目用地问题已按程序办理	计划建设珍稀野生动物保护繁育中心、动物园新区、室内水上乐园等项目
南湖国家旅游度假区深度开发项目	广东省旅游集团有限公司、凤凰山旅游度假有限公司	15	该项目为广州市2011年、2012年重点建设项目。凤凰山旅游度假区子项目累计完成投资6.22亿元。2012年拟投资2.1亿元，进行园区、中心酒店、苗圃建设以及堤岸整治等	南湖“国家旅游文化新区”子项目列为广东省2012年重点预备建设项目。其前期项目白云湖畔酒店翻新改造投资1亿元完成，并投入营业
广州从化温泉土地储备开发项目	广州市土地开发中心	19.51	温泉城项目征地约1200亩，其中842亩符合土规，用地指标报批中；红树林项目首期447亩供地方案报广州市国土局；马术场完成立项并开展土方和建筑工程	根据项目方规划调整和南湖国家旅游度假区深度开发项目实际发展的需要，由市规划局白云分局着手实施南湖国家旅游度假区控规的调整
荔枝湾开发项目	荔湾区政府	21.1	完成一期、二期工程，三期综合整治工程全面铺开。总投资匡算约21.1亿元，结合各段治水项目统筹推进	高标准打造“中国粤剧博物馆、西郊人工沙滩泳场、昌华苑地块文化休闲区、泮溪停车场”等4个亮点，逐步实现“把荔枝湾打造成为西关文化大观园”的目标
白水寨省级风景名胜区核心区	广州皇马小镇投资有限公司、广州大瀑布旅游开发有限公司、广州市三英温泉酒店投资有限公司等	40	分别建成白水仙瀑、大丰门、高滩温泉、金叶子温泉酒店、巴登巴酒店、锦绣温泉城、漂流项目并对外营业。区内设有自行车休闲健身绿道、农家餐厅、农家旅馆、购物点等配套设施	按照白水寨旅游度假区的总体规划继续推进度假区内的皇马花园、广州三英温泉酒店、大丰门旅游度假酒店、锦绣香江温泉城二期、嘉华温泉度假酒店等已落户的产业骨干项目建设
广州九龙湖旅游度假集聚区	广州市九龙湖投资开发有限公司	16.8	国王酒店A区装修和土建完成，B区完成30%，C区施工许可证待审批；体育公园完成97%；御花园完成99%；中半岛酒店正在办理建设工程规划许可证；公主酒店二期完成	国王酒店、体育公园、御花园、中半岛酒店等土建施工中

续表

项目名称	投资企业及主体	投资金额（亿元）	项目所在地及建设状况	项目建设内容
深圳市				
东、西涌沙滩的接管和改造提升	大鹏合资公司（大鹏新区）		出台《关于东、西涌海滩委托管理的方案及建议》和《深圳西涌滨海旅游度假区项目概念规划方案》	东、西涌沙滩的接管和改造提升
大鹏所城	大鹏合资公司（大鹏新区）		项目处于摸底阶段，前期收集大鹏所城相关基础资料	如何整体开发还在探索中
下沙片区开发	港中旅（大鹏新区）	70	征迁工作完成签约房屋。市规土委预计 2013 年 3 月完成下沙规划国际招标	待招标完成后编制新开发方案
桔钓沙酒店	宝能集团（大鹏新区）	20	完成 B、C 地块别墅二次结构及初装修；完成 A 地块酒店、别墅基础及主体结构；完成部分小市政及园林工程	建设白金五星级饭店
下沙万豪大酒店	佳兆业（大鹏新区）	10	取得改造主体确认书，完成用地方案图和用地规划许可证工作	建设五星级饭店
维雅德酒店	深圳市松兴科技有限公司（龙华新区）	11	位于龙华东环二路与建设路交汇处。建筑面积 13 万平方米，计划投资约 11 亿元。拟引进百货、超市、影院、餐饮、银行、娱乐休闲等商家	打造集购物、餐饮、商务配套、休闲娱乐为一体的城市综合体
前海颐大厦	华侨城股份有限公司	15	总建筑面积 11 万平方米。占地 5 万平方米酒店主体建筑封顶	由一栋 23 层的高星级酒店，4 层裙楼，一栋 28 层商务公寓组成
观澜湖商业中心	观澜湖集团	50	计划投资总额 50 亿元	MALL、酒店、写字楼、公寓、金融街等
珠海市				
长隆国际海洋度假区	广东长隆集团有限公司	200	总体规划占地面积约 5 平方公里。预计总投入约 200 亿元，截至 2012 年年底投入 90.47 亿元。华南珍稀动物物种保护中心、海洋动物繁育基地、海狮养殖基地、企鹅馆、北极熊馆等项目建成投入使用	拟建成亚洲最大的集会展、游乐、酒店度假于一体的综合性海洋乐园。整体包含八大主题——长隆海洋世界、动物王国、摩天轮公园、海豚湾水上乐园、科幻世界、世界花园、鸟类世界、滨海沙滩公园等

续表

项目名称	投资企业及主体	投资金额（亿元）	项目所在地及建设状况	项目建设内容
珠海海泉湾二期项目	港中旅（珠海）海洋温泉有限公司	140	位于珠海金湾区平沙镇三虎山南侧，占地面积2.36平方公里。2012年6月工程项目进场。至年末，累计完成投入2.1亿元，款项用于二期软基处理工程。现工程全面进入恒载预压阶段	开发建设综合性的体育公园、白金五星级饭店、商务会议中心、高端私密温泉SPA项目、湿地公园、游艇俱乐部高端自驾车营地、试驾基地等项目
佛山市				
听音湖片区	广东樵山文化产业投资控股有限公司	10	已完成企业及经营户动迁400多家，清拆建筑面积超过60万平方米，整合可开发土地达2300多亩。非住宅物业动迁工作已完成九成以上，本年底全面完成拆迁。听音湖挖湖工程完成50%。樵山大道动工建设，南海会馆建设进入设计阶段	围绕樵山文化、观音文化、寻根文化三大文化理念，以樵山大道为文化自然轴，以南海会馆、听音湖、飞鸿馆、有为馆等听音八景为重要节点，打造成为全球南海籍华侨恳亲基地、观音文化聚集中心、岭南文化体验区
西樵山创建国家5A级旅游景区	南海区政府、西樵镇政府、西樵山风景名胜区管委会	1.5	通过省旅游局推荐公示，并上报国家旅游局。10月，通过国家旅游局景观资源质量评审。12月，通过国家旅游局暗访调查。进入最后的待批程序	完善游客服务中心，设置景区旅游标识标牌；建设观景平台；推行环保观光车，对人行观光步道进行了优化提升，实现人车分流管理；提升改造了旅游厕所、垃圾桶和休憩台凳
广东中旅西岸旅游产业园	广东中旅（南海）旅游投资有限公司	100	酒店主体封顶，进入内部装修阶段；开展酒店周边园林与酒店边坡绿化施工；二期“南海湾”水上乐园项目奠基启动；环山路与水坝土方开挖；钻探温泉水源；基本确定水上会所和游艇码头设计方案；一湖两岸改造升级；二期项目用地逐步落实	获国家旅游局授予全国首个“国家旅游产业集聚（试验）区”牌匾，范围扩大至南海，更名为广东中旅南海旅游产业园。西岸森林生态园（含庆云洞景区）挂牌为国家4A级旅游景区，五星级主题饭店全面封顶并开始装修，旅游地产项目全面动工
西樵山梦工场	佛山市汇首景区开发有限公司	14	国艺酒店完成土建工程，影视城香港街完工；二期建设完成40%工程量，8月中开拍《叶问》终极篇	建设集旅游休闲及电影文化综合项目、中港电影拍摄制作和创意文化产业的发展中心
中国（平洲）玉器城	佛山市南海区翠宝园物业发展有限公司	15	翠宝园南区、北区完成80%建设工程，超过80%商户已进驻；璞玉园已完成前期筹备工作；启动玉器城核心区域创建国家4A级旅游景区工作	将建设成仿云南纳西族风格及岭南风格的建筑群，包含园林式商铺数百间、大型会展中心和四星级主题式酒店、特色餐饮等生活配套设施，发展成一个集旅游、文化、商贸物流、展览于一体的复合型珠宝玉石产业基地

续表

项目名称	投资企业及主体	投资金额（亿元）	项目所在地及建设状况	项目建设内容
皂幕山景区改造提升工程	高明区杨和皂幕山旅游开发有限公司	10	投入资金6000多万元。《皂幕山旅游区总体规划》编制完成并通过专家组评审；提出“一区八景”概念，即由杨梅观音禅寺、皂幕山森林公园、丽堂农业观光基地、潜龙谷、对川茶景园、大沙湖、银海高尔夫球场、金水台漂流八个景点组成皂幕山景区，并把杨和镇打造成为珠三角“绿野小镇”。2012年10月，皂幕山景区正式获批成为高明首个国家4A级旅游景区	完成景区VI系统设计并申报注册国家商标；完成景区主游客接待中心建设；在皂幕山景区周边主干道设置旅游交通专用标识牌15个；完成观音禅寺、皂幕山森林公园、丽堂蔬菜基地3个景点规划建设；景区内安全视频监控安装工程、旅游公交站牌改造设计完成
韶关市				
奥维斯乐园酒店	广东奥威斯实业投资集团股份有限公司	10	地处南雄市。项目总投资120亿元。酒店主楼于2012年11月18日举行开工庆典仪式。1月，总统别墅投入使用；8月，奥威斯大道建成通车	南雄超豪华生态酒店、梦幻水城、水上演艺中心、论坛会展中心、动漫馆、养生馆、中药馆、SPA疗养区、新概念体育运动中心、探险乐园等功能建筑及各种游乐设施
新丰县云髻山旭日旅游总体开发	新丰县云髻山旭日旅游开发有限公司	10	地处新丰县。属续建项目，项目总体开发总投资额30亿元。10月，签订开发合同，计划到2016年投入10亿元。2012年12月28日，项目举行奠基仪式	拟建成国家4A级旅游景区、五星级饭店、奇石公园、直升机观光、森林度假、温泉健身、登高探险等项目
南岭国家森林公园	广东南岭森林景区管理有限公司	10.2	地处乳源瑶族自治县，属在建项目	建设服务设施199567平方米、基础设施建设12公里、景区建设20亩
河源市				
东江·巴登城温泉休闲度假项目	河源巴登新城投资有限公司	17.85	地处源城区。完成园区主干道及主要市政设施建设，办公楼、员工宿舍投入使用；土楼酒店土建施工完工	客家土楼温泉小镇、森林体育公园、乐龄养生休闲度假村以及道路、排水等市政配套设施
东江源休闲观光中心	河源市东江源温泉度假村有限公司	12.8	地处东源县。温泉区室外温泉池进入施工阶段；依云小镇温泉酒店部分封顶、开始室内装修；入口广场、国际会议中心开始施工	温泉区及温泉酒店、国际会议中心、五星级酒店、水上乐园、四季花海、欧洲风情小镇、文化创意园等
康泉养生休闲度假区	河源康泉18国际生态旅游城有限公司	18.8	项目旅游大道基本完工，养生酒店施工单位入场，地下室正在施工中	养生酒店、国际抗衰老中心、客户民俗艺术馆、美食风情街等

续表

项目名称	投资企业及主体	投资金额（亿元）	项目所在地及建设状况	项目建设内容
御临门温泉度假村	广晟御临门实业发展有限公司	20	地处紫金县。首期建成国家4A级景区开始对外经营	项目二期进入征地拆迁阶段
佗城温泉国际度假区	龙川县东方旭禾投资发展有限公司	10	地处龙川县。投入4500万元对原三家温泉进行收购。成立开发领导小组和指挥部并开展征地及推进开发工作	温泉宾馆、休闲度假区、会议中心、疗养中心、康体中心、娱乐中心、高山漂流、高尔夫练习场、风情步行街等
鹿湖生态旅游区	龙川县中信招标采购有限公司	20	项目投入资金9930万元，寺庙主体建筑完成	大雄宝殿、殿内佛像僧寮及其他配套、观音殿的钟鼓楼、法器收购等
梅州市				
麓湖山文化产业园	广东新金基投资有限公司	15	会所及高尔夫球场开业试运营	高尔夫球场及会所酒店
鹿湖温泉度假村	广东丰顺鹿湖温泉度假村有限公司	20	温泉度假别墅、温泉大泳池等项目已建成	温泉度假酒店、别墅及大泳池等
熙和湾客乡文化旅游产业园	广东熙和实业有限公司	38	完成规划设计，景区道路、主体建筑等旅游配套设施正在兴建中	“百灯百围”客家特色旅游度假村
广东瑞山生态旅游度假村	广东瑞山高新农业生态园股份有限公司	13	完成规划设计，酒店等旅游接待设施正在兴建中	按国家5A级景区标准配套兴建
惠州市				
惠阳温泉度假村	广东惠州群峰温泉投资有限公司	25	占地面积115万平方米，建筑面积10万平方米	建设温泉酒店、客家文化村等
惠东巽寮滨海旅游度假区项目	金融街（惠州）置业有限公司	120	规划用地面积5234亩	码头、渔村、商业设施、体育公园等基础设施建设
惠东县原生态海洋文化产业项目	惠东鸿康实业有限公司	154	土方平整，基础设施，森林公园会所等	基础设施、森林公园会所、游艇码头
惠东县亚婆角凤凰城项目	顺德碧桂园物业发展有限公司	150	低层住宅、酒店、海景公寓	规划用地8000亩，建设酒店、码头、旅游及配套设施等
惠东富茂海滨城项目	惠州富茂房地产开发有限公司	400	建筑面积500万平方米。酒店、商业及相关配套设施、酒店式公寓正抓紧施工建设	海滨特色五星级饭店、购物中心、游艇会所及国际会议中心

续表

项目名称	投资企业及主体	投资金额（亿元）	项目所在地及建设状况	项目建设内容
惠东县万科双月湾项目	惠州市利万房了产开发有限公司	50	建设五星级滨海酒店，红树林生态公园、海滨长廊	占地面积 76.8 万平方米，建设酒店、会所、游艇港池、红树林生态公园、海滨长廊
博罗罗浮山生态旅游项目	罗浮山风景名胜区管委会	86.5	景区基础设施，景点设施，酒店建设	景区游客服务中心，主峰标志建筑，登山道及浏览设施，悦榕庄国际会议中心、度假酒店
惠州南昆山生态园旅游及大观园二期项目	龙门南昆山温泉旅游大观园有限公司	15	景区生态保护、道路建设、生态旅游培训学校基地、生态度假屋、体育公园、购物酒吧一条街、大型游乐场	南昆山景区生态保护、道路建设，大观园二期温泉旅游、休闲度假、运动、商务等旅游基础设施建设
龙门永汉万洞生态旅游综合项目	龙门富力房地产开发公司	25	占地面积 3000 亩	建设商业中心、产权式度假屋、会所、酒店
博罗俊安商务区项目	惠州俊安实业有限公司	80	建筑面积 112.8 万平方米，加紧酒店、商务中心基础主体建设	建设商务中心，五星级饭店
中国（惠州）国际文化产业基地项目	深圳古堡湾集团有限公司	36	基础设施建设	以文化创意产业为主，打造创意、会议、影视、休闲等文化旅游产业园
中山市				
翠亨国际旅游小镇	中山旅游集团	130	位于中山市南朗镇。至 2012 年年底，累计完成投资约 4.3 亿元。项目总体规划方案于 11 月 12 日完成，一期控规方案（4.7 平方公里）于 11 月 23 日通过规委会审查	以兰溪滨水休闲风情带为依托，建设内容主要包括孙中山故居纪念馆、一镇一品全球创意之窗等十大品牌，五桂山休闲公园、香山之源植物博览园等十大片区
江门市				
银湖湾游艇休闲度假区	和记黄埔地产有限公司	22.87	地处新会区。游艇配套设施立项方案编制完成；完成项目地质处理工程等	度假酒店、游艇俱乐部、游艇会展商务中心、意大利风情小镇
川岛镇滨海旅游度假区	川岛镇人民政府	25	地处台山市。下川王府洲景区内的污水处理厂建成并投入使用、千帆碧湾子牙会所酒店建成投入使用、三洲客运码头完成修葺工程	飞沙滩景区的污水处理厂、王府洲景区帆船酒店基础建设、上川三洲客运码头
湛江市				
特呈渔岛度假村	湛江市中鑫有限公司	10	位于特呈岛。2012 年累计投资 3 亿元。分期建设占地 900 亩。完成第一期工程项目建设	开发建设渔岛饭庄、温泉、茅草别墅，四合院多功能院落、木屋区、酒吧街、海水浴场；水上渔家、五星级酒店、红树林观光区等

续表

项目名称	投资企业及主体	投资金额（亿元）	项目所在地及建设状况	项目建设内容
霞山渔人码头	湛江市中鑫有限公司	10	占地350亩。2012年预计投资4亿元。完成大部分拆迁工作，正在进行项目修建性规划的修编	休闲广场、教堂、海洋博物馆、游艇酒店、商务酒店、海鲜美食城、商业旅游步行街
广州湾时代广场	香港银基控股有限公司、湛江中旅集团有限公司	12	位于人民大道南。工程处于停工状态，待土地出让手续完善后，办理规划、施工许可证后复工	五星级饭店、写字楼、高层观光、休闲购物、美食等
湛江金沙湾花园大酒店	万象房地产开发有限公司	13	酒店部分主楼高45层，已建设44层。2012年预计投资5个亿	项目按五星级饭店标准建造，有餐饮、商住、休闲、娱乐等
湛江民大喜来登酒店	广东民大投资集团有限公司	10	位于赤坎区海滨路。年度计划投资2.5亿元，酒店主体工程完成12层	项目按五星级饭店标准建设
康琦赛欢乐世界旅游区	广东康琦赛投资有限公司	15	位于麻章区瑞云北路。占地200公顷，首期500亩。康琦赛国色天香园2011年1月试业；2012年预计投资0.5亿元	旅游集散、旅游商贸城、中国海鲜美食之都、水上欢乐世界、青少年科普教育园、景观大道
赤豆寮岛旅游度假区	雷州市樟树湾大酒店有限公司	10	位于雷州市西部企水镇赤豆寮岛。占地面积86.88公顷。预计2012年投资2亿元	集旅游产业、文化为一体的北部湾畔的自然生态岛屿
吴川吉兆湾国际海洋生态度假区	广东鼎龙集团公司	45	占地1649亩；8月28日前所有工程完成并可以使用，2012年投资5000万元	建设18洞体育运动，五星级会所，5.8公里旅游干道
大汉三墩旅游区（二期）	浙江超人集团	30	向农民租地659亩作为景区湿地景观打造。二期项目现已征地423多亩，完成合同约定的首期供地计划，填海工程相关手续待批中。2012年计划投资5.4亿元	建设以“汉代海上丝绸之路”为主题的文化休闲园区。主要依托汉代徐闻港遗址，仿汉代建筑，主体建筑包括汉城墙、汉堤、汉街、文博园等
茂名市				
乐天假日酒店	茂名乐天假日酒店管理有限公司	15	位于茂名市区的茂南大道南边，与西粤路、高水路交汇处。于12月25日举行奠基仪式	为综合型商务酒店。设计楼高47层，总建筑面积18万平方米，拥有大型宴会厅10多间，大小会议室30多个，客房700多间。建成后将成为茂名市地标式建筑
肇庆市				
怀集县六祖禅院文化旅游项目	广东国叶文化产业有限公司	12	地处怀集县。规划用地面积1379.3亩。建筑面积25.5万平方米。依法拍得首期项目用地250亩，二期征地150亩同步进行，环评报告正在进行	建设成为集文化、旅游、禅修、饮食、休闲于一体的禅宗文化旅游区。项目投资规模为12亿元，2015年建成使用

续表

项目名称	投资企业及主体	投资金额（亿元）	项目所在地及建设状况	项目建设内容
怀集县岳山温泉旅游度假区	肇庆威信实业有限公司	10	地处怀集县。建设面积1380亩，二期征地材料报省国土厅待批，项目周边道路开始动工建设，其中二劣村到景区周边道路建成并通过验收	集休闲、度假旅游、生态旅游、温泉康体养生、商务会议为一体的综合性4A级度假旅游目的地。项目投资10亿元
盘龙湾奥威斯旅游休闲度假区	广东奥威斯实业投资集团股份有限公司	20	地处德庆县。项目占地面积1000多亩。700亩国有土地使用证办理并挂牌公示；停车场征地工作完成；成立月亮湾投资开发公司	建设高端度假酒店、家庭式别墅、会议中心、梦幻水城、滨湖沙滩长廊、湖湾休闲绿道、高端体育运动基地、山水旅游观光、水上娱乐设施等项目
四会天海湖旅游度假区	广东省志高集团公司	15	位于四会市江谷镇，占地面积19000多亩。计划投资15亿元，累计完成投资3.6亿元。项目规划、环评工作完成，80亩用地规划审批和新增征地补偿工作在进行中	项目包括建设国际会议中心、五星级饭店、温泉疗养区、主题度假酒店区、产权度假别墅区、昆虫主题公园岛、企业家培训中心、自然生态旅游景点、水上世界、高尔夫练习场区、生态保育区、素质训练基地等
四会江谷生态旅游区	碧桂园控股有限公司	100	地处四会市。项目一期完成征地3000亩，累计投资1亿元。项目环评、前期规划设计、土地利用计划修编等工作基本完成	该项目第一期建设体育公园、生态主题公园、五星级酒店和休闲度假村；第二期建设度假酒店、酒吧岛、民族风情村、培训中心等；第三期开发旅游地产
砚洲岛生态文化创意产业园	中国房地产开发集团肇庆百花园有限公司	56	地处鼎湖区。总占地面积6平方公里。累计投入超亿元对岛内的道路、堤围、码头、水、电等市政、公共基础配套设施进行改造，完成“砚洲堂文化驿站”建设和包公楼景区一期开发及沙滩景区的一期改造等	综合服务区、沙滩游憩区、祈福文化区、乡村民俗体验区、休闲度假区、渔猎休闲区6大功能片区：每个功能区均有各自核心的产品和服务项目，相互之间灵活互补和联动
清远市				
英德市宝墩湖生态旅游度假区	广东宝墩湖生态旅游发展有限公司	29	地处英德市。总建设面积131万平方米	建设温泉度假酒店、文化教育学校、休闲体育运动园区、农家乐餐饮服务区、高科技农艺园林及配套设计等
英德市广晟生态世界首期工程	广东广晟生态城股份有限公司	30	地处英德市。引水工程完成91%	度假酒店及配套设施建设

续表

项目名称	投资企业及主体	投资金额（亿元）	项目所在地及建设状况	项目建设内容
清远盛贤悦泉湾畔	清远盛贤房地产投资有限公司	15	建筑面积35万平方米。项目内入口处所有土方工程基本完成；音乐创作基地和酒店的桩基础工程完成，整体绿化、景观、道路正在紧张施工中	音乐创作基地和酒店
揭阳市				
广东大北山生态旅游区	深圳安远控股集团公司	30	地处揭西县。占地168万平方公里。至2012年年底，累计投资16亿元	整合京明温泉度假村、大北山森林公园、黄满寨瀑布、大洋云雾山庄等景区，建设多功能区
揭西希桥大酒店	深圳安远控股集团公司	10	地处揭西县。至2012年年底，累计投资5亿元	五星级饭店综合大楼及相关配套设施建设
紫峰山文化生态旅游	东莞富盈集团	200	地处榕城区。项目于2012年9月3日与合作方签订合作意向框架协议，并完成概念性规划列入市政府重点建设项目，12月26日开工。规划总建筑面积约157万平方米，首期投资约50亿元	项目规划用地总面积约22042亩，其中山林用地约13078亩、规划可建设用地约6116亩，计划投资总额约200亿元，计划8年时间完成
惠来县金海湾生态旅游综合开发项目	惠来县金海湾集团有限公司	50	地处惠来县。项目总面积约7500亩，投入资金3500万元，项目正在规划中	规划建成高尔夫生态度假区、滨海娱乐区、滨海度假区、游艇俱乐部、高端保健养生区、居住及公共服务区、水上运动区、民俗文化展示区8个组团
云浮市				
天露山禅龙峡景区	广东恒升建筑集团旗下“新兴县恒隆天露山旅游有限公司”	10	地处新兴县天露山北麓。项目计划总投资10亿元，于2008年8月8日签约，2009年9月28日奠基。景区于2011年4月29日正式开业。至2012年年底，该项目累计总投入资金1.26亿元	项目规划建设漂流、野战拓展、空中飞人、水上乐园、登山栈道、瀑布观光等内容，着力打造集休闲、旅游、疗养、度假、健身、观光、农副产品销售于一体的大型综合生态旅游区
龙山体育运动公园	由南方建筑置业有限公司投资，广东新辉旅游开发有限公司负责建设	10	位于新兴六祖镇官洞村委会辖区。项目计划投资10亿元，已累计投入资金14700万元。与16条自然村签订征地协议书。其中：征用土地约1010亩，租用土地约1330亩。于9月27日奠基动工	拟建设成集运动健身、娱乐休闲、餐饮住宿为一体的综合性俱乐部
藏佛坑禅文化旅游景区	广东和健文化旅游发展有限公司	12	地处新兴县。累计投入资金4800万元。于2012年4月9日奠基。总体规划通过专家评审、正进行项目征地	建成以藏佛坑为中心的禅文化核心区；建设田园风光、村落旅游体验区；建成禅意度假养生酒店建筑群

广东省红色旅游

【概况】　2012年6月29日，国务院出台《关于支持赣南等原中央苏区振兴发展的若干意见》（国发〔2012〕21号）。明确提出了要在赣南等原中央苏区“建设红色文化传承创新区，打造全国著名的红色旅游目的地，促进红色文化旅游产业大发展”。广东梅州、韶关、河源等地作为原中央苏区的重要组成部分，广东红色旅游资源主要包括11个全国红色旅游经典景区，75个省级爱国主义教育基地，11个原中央苏区县，以及一大批红色旅游博物馆和纪念馆。全年全省红色旅游景区（点）共接待游客2320万人次，比上年增长35.8%；全省范围内红色旅游景区（点）接待入境游客31万人次，增长33%；红色旅游综合收入55.6亿元，增长85%。发展红色旅游解决直接就业人数2.98万人，间接就业约10.1万人。全省有10家A级旅游景区进入全国红色旅游经典景区名录，其中中山市孙中山故居和纪念馆等6家景区为国家4A级旅游景区。

【《广东省红色旅游发展规划（2011—2015年）》编制工作】　2005年以来，省旅游局联合省委宣传部、省发展改革委共同研究制定红色旅游发展工作行动计划。2011年3月，中共中央办公厅、国务院办公厅下发《2011—2015年全国红色旅游发展规划纲要》，把红色旅游的时间范围扩大到从鸦片战争到改革开放，将1840年以来发生的以爱国主义和革命传统精神为主题、有代表性的重大事件和重要人物的历史文化遗存都纳入到红色旅游发展的范围。广东红色旅游景区建设围绕“三个定位、两个率先”的目标任务，借助广东建设全国旅游综合改革示范区和旅游强省的契机，完成了《广东省红色旅游发展规划（2011—2015年）》编制工作。

【广东红色旅游发展布局和重点】　2012年，广东继续发展红色旅游，重点培育6大红色旅游板块、4个红色旅游产业聚集区、17个红色旅游经典景区、92个主要红色旅游景区（点）和19条红色旅游精品线路。

主题打造6大红色旅游板块　打造以“虎门销烟丰碑，辛亥叱咤风云，改革开放先驱”为主题形象的红色旅游板块；打造以“红色政权热土，潮汕文化中心”为主题形象的红色旅游板块；打造以“开国伟人故里，绿色休闲胜地”为主题形象的红色旅游板块；打造以“岭南红色堡垒，世界遗产新秀”为主题形象的红色旅游板块；打造以“抗战大将伟迹，地质生态花园”为主题形象的红色旅游板块；打造以“党建伟略之源，滨海文化明珠”为主题形象的红色旅游板块。

融合创新4个红色旅游产业集聚区　广州市黄埔军校红色旅游产业聚集区；梅州市叶剑英故里红色旅游产业聚集区；中山市孙中山故里红色旅游产业聚集区；东莞市鸦片战争红色旅游产业聚集区。

扩展培育17个红色旅游经典景区

（1）广州市毛泽东同志主办农民运动讲习所旧址、广州起义纪念馆、广州起义烈士陵园。

（2）广州市三元里人民抗英斗争纪念馆。

（3）广州市黄花岗七十二烈士墓。

（4）广州市黄埔陆军军官学校旧址。

（5）深圳市博物馆（新馆）及莲花山公园。

（6）东莞市鸦片战争博物馆。

（7）中山市孙中山故居纪念馆。

（8）惠州市叶挺将军纪念园。

（9）江门市周文雍、陈铁军烈士陵园。

（10）汕尾市海丰红宫红场——彭湃烈士故居。

（11）揭阳市周恩来同志革命活动旧址（揭阳学宫）。

（12）梅州市梅县叶剑英纪念园。

（13）梅州市大埔县“八一”起义军三河坝战役纪念园。

（14）茂名市冼夫人故里。

（15）湛江市特呈岛。

（16）韶关市石塘双峰寨。

（17）河源市紫金县苏区革命旧址群。

打造19条红色旅游精品线路　包括中国20世纪三大伟人故里游和孙中山风云之路游在内的2条国家级红色旅游精品线路，以及5条区域、12条省内红色旅游精品线路。

广东省主要红色旅游景区（点）一览表

所属历史时期	地　市	所在地区及名称
鸦片战争到建党时期（14家）	广州市（6家）	三元里人民抗英斗争纪念馆、黄花岗七十二烈士墓、黄埔陆军军官学校旧址、大元帅府、辛亥革命纪念馆、洪秀全故居
	佛山市（2家）	谭英杰故居、康有为故居
	河源市（2家）	孙中山入粤始祖地旅游区、阮啸仙故居
	东莞市（1家）	鸦片战争博物馆
	中山市（1家）	孙中山故居纪念馆
	江门市（1家）	梁启超故居
	云浮市（1家）	蔡廷锴将军故居
革命战争时期（68家）	广州市（8家）	毛泽东同志主办农民运动讲习所旧址、广州起义纪念馆、广州起义烈士陵园、中华全国总工会旧址纪念馆、中共三大会址纪念馆、中山纪念堂、团一大旧址、十九路军淞沪抗日阵亡将士陵园
	深圳市（1家）	深圳东江纵队纪念馆
	珠海市（4家）	苏兆征故居、桂山舰纪念公园、珠海烈士陵园、杨鲍安陈列馆
	汕头市（4家）	汕头市东征军革命史迹陈列馆、广东东江各属行政委员公署旧址、大南山革命根据地中心遗迹（红场镇红场、红宫）、莲花峰“万人冢”
	佛山市（4家）	铁军公园、粤中纵队纪念馆、三谭革命事迹展览馆、陈启沅纪念馆
	韶关市（4家）	双峰寨、北伐战争纪念馆、梅岭梅关古道、中共广东（粤北）省委机关旧址
	河源市（4家）	红色苏区旅游区、霍山旅游风景区五兴龙苏维埃政府旧址、佗城四甲上印寨、七峰山南拔寮兵工厂
	梅州市（5家）	叶剑英纪念园“八一”起义军三河坝战役纪念园、平远县红军纪念园、大埔南委旧址、红十一军旧址、李坚真纪念馆
	惠州市（3家）	叶挺将军纪念园、罗浮山东江纵队纪念馆、粤赣湘边纵纪念馆
	汕尾市（7家）	红宫红场旧址纪念馆、彭湃烈士故居、周恩来渡海处纪念碑、激石溪烈士纪念园、红二师碣石作战指挥部、中共东江特别委员会旧址、赤山约农会旧址
	东莞市（2家）	广东东江纵队纪念馆、蒋光鼐故居
	中山市（1家）	罗三妹山公园
	江门市（5家）	周文雍、陈铁军烈士陵园、抗日解放军司令部旧址、南楼七壮士抗日旧址、司徒美堂故居及纪念馆
	阳江市（2家）	阳江之战旧址解放战争纪念园、中国共产党阳江县支部旧址
	湛江市（2家）	渡琼作战首发地、解放海南岛渡海先锋营作战指挥部
	茂名市（2家）	怀乡起义遗址、广东省农民协会南路办事处
	肇庆市（2家）	阅江楼景区（叶挺独立团团部旧址纪念馆）、周其鉴故居
	清远市（1家）	鹰扬关景区
	潮州市（1家）	涵碧楼
	揭阳市（2家）	周恩来同志革命活动旧址、大北山革命历史纪念馆
	云浮市（4家）	蕉山红陵、郁南革命武装起义爱国教育基地、连州战斗纪念公园、邓发故居
社会主义建设时期（1家）	湛江市（1家）	湛江市博物馆

续表

所属历史时期	地 市	所 在 地 区 及 名 称
改革开放时期（9家）	广州市（2家）	亚运系列建筑、农民工博物馆
	深圳市（4家）	深圳市博物馆（新馆）、深圳市莲花山公园、沙头角中英街、边境口岸博物馆
	湛江市（1家）	特呈岛
	茂名市（2家）	冼太文化公园、根子荔枝文化旅游区

注："所属历史时期"包括鸦片战争至建党时期（1840—1921年）、革命战争时期（1921—1949年）、社会主义建设时期（1949—1978年）、改革开放时期（1978年至今）。

广东省红色旅游精品线路

线路类型	线路主题	线路走向	主要红色旅游景区（点）
国家级红色旅游精品线路	21世纪三大伟人故里游	中山—湘潭—广安	中山：孙中山故居纪念馆；湘潭：毛泽东同志故居；广安：邓小平故里等
国家级红色旅游精品线路	孙中山风云之路游	中山—广州—韶关—武汉—南京	中山：孙中山故居纪念馆；广州：中山纪念堂、黄花岗烈士陵园、大元帅府；韶关：北伐战争纪念馆；武汉：辛亥革命武昌起义纪念馆；南京：中山陵等
区域红色旅游线路	环珠三角红色城市游	广州—东莞—惠州—深圳—珠海—中山—佛山	广州：辛亥革命纪念馆、黄花岗烈士陵园；东莞：鸦片战争博物馆、东江纵队纪念馆；惠州：叶挺将军纪念园；深圳：深圳市博物馆、莲花山公园；珠海：苏兆征故居；中山：孙中山故居纪念馆；佛山：康有为故居等
区域红色旅游线路	粤闽红色文化游	珠三角—汕尾—揭阳—汕头—潮州—福建	深圳：莲花山公园、中英街博物馆；汕尾：红宫红场、彭湃烈士故居；揭阳：揭阳学宫；汕头：东征军革命史迹陈列馆；潮州：涵碧楼；福建：古田会议旧址等
区域红色旅游线路	粤赣绿色生态游	珠三角—河源—梅州—江西	广州：辛亥革命纪念馆、黄埔军校旧址；河源：紫金县苏区革命旧址群；梅州：叶剑英纪念园、"八一"起义军三河坝战役烈士纪念园；江西：井冈山、瑞金等
区域红色旅游线路	粤湘生态文化游	珠三角—清远—韶关—湖南	广州：辛亥革命纪念馆、黄埔军校旧址；清远：鹰扬关景区；韶关：石塘双峰寨、中共广东（粤北）省委机关旧址、北伐战争纪念馆；湖南：毛泽东同志故居、滴水洞等
区域红色旅游线路	粤琼滨海文化游	珠三角—阳江—茂名—湛江—海南	佛山：康有为故居；江门：周文雍、陈铁军烈士陵园；阳江：阳江之战旧址；茂名：冼太文化公园、根子荔枝文化旅游区；湛江：特呈岛、硇洲岛解放海南岛渡海作战先锋营指挥部；海南：海口解放海南岛战役烈士陵园等；琼海红色娘子军纪念园、五指山革命根据地纪念园等
短途旅游支线	东纵风云绿道游	东莞—惠州—河源	东莞：东江纵队纪念馆；惠州：罗浮山东江纵队纪念馆；河源：阮啸仙故居等
短途旅游支线	"广东改革之路"绿道游	深圳	福田红树林海滨公园、深圳市博物馆、莲花山公园等

广东旅游企业

2012年广东省部分旅游企业基本财务状况

2012年，根据国家旅游局《关于2012年旅游财务信息工作情况通报暨2013年相关工作安排的通知》，广东省旅游局组织开展旅游行业财务信息管理系统填报工作。经审核，全省审核成功上报1448家企业，其中旅游企业1399家，比上年上报数量增加169家。

旅游业态区分　按企业类型划分，旅行社753家，占54%；饭店488家，占35%；旅游景区（点）133家，占10%；旅游集团21家，占2%；其他旅游企业4家，占0.29%。

广东省各类旅游企业等级划分数量比例表

企业类别		样本企业数量	比例（%）
星级饭店	五星级饭店	59	12.09
	四星级饭店	89	18.24
	三星级饭店	226	46.31
	二星级饭店	34	6.97
	一星级饭店	2	0.41
	未定星级饭店	67	13.73
	星级不明饭店	11	2.25
旅行社	经营出境旅行社	160	21.25
	经营非出境旅行社	589	78.22
	信息不明旅行社	4	0.53
A级景区	5A级旅游景区	7	5.26
	4A级旅游景区	37	27.82
	3A级旅游景区	20	15.04
	2A级旅游景区	1	0.75
	非A级旅游景区	66	49.62
	信息不明景区	2	1.50
合　计		1374	

经济类型　按经济类型划分，国有及国有控股企业252家，占18%；集体企业63家，占5%；联营企业30家，占2%；私营企业949家，占68%；外商及港澳台投资企业105家，占7%。由数据分析可见，全省旅游企业仍然以私营经济为主；广东毗邻港澳，外商及港澳台投资企业所占比例高于全国平均水平。表明广东旅游企业市场化、国际化程度高，私营经济繁荣。

企业规模　按企业规模分，大型企业32家，占2%；中型企业209家，占15%；小型企业752家，占54%；规模不明企业406家，占29%。与上年全国平均水平相比，全省大、中型旅游企业比例略高，但总体比例相仿，小型企业仍是旅游企业主要发展规模平均水平。

【旅游企业资本结构情况】

区域分布　从区域结构方面分析，2012年广东省旅游企业区域集中程度较高，主要集中在广州、深圳等珠三角地区和沿海地区，这一区域同样也是旅游企业资本相对集中的地区。这与当地社会、经济发展平均水平相对应。

2012年全省旅游企业实收资本净额地区分布

地区	旅游企业实收资本净额占全省实收资本净额比例（%）	地区	旅游企业实收资本净额占全省实收资本净额比例（%）
广州	31.43	深圳	24.33
珠海	12.95	佛山	4.82
中山	3.86	清远	3.34
韶关	3.24	汕头	3.18
阳江	2.53	河源	2.05
惠州	2.02	东莞	1.02
江门	0.96	湛江	0.94
潮州	0.89	梅州	0.87
汕尾	0.84	肇庆	0.39
揭阳	0.29	云浮	0.07

旅游企业资本构成　从上报的旅游企业资本构成来看，2012年全省旅游企业资本主要以法人资本和外商资本为主，

其所占比例分别为37%和23%，国家资本、个人资本和集体资本所占比例较低，分别为18%、17%和5%。与上年同比，全省旅游企业的资本构成发生较大变化，外商资本比例有所增加，国家资本比例有所下降；与2010年全国平均水平相比，外商资本比例远高于全国10%的平均水平，国家资本也低于全国23.0%的平均水平。

在旅游业态资本构成方面：法人资本在旅行社、旅游饭店、旅游景区、旅游集团内部资本结构中均占据第一比例，且均超过33%；除因旅行社资本受外商投资限制外，外商资本其他业态中均有较高的比例；旅行社主要以法人资本和个人资本为主，个人资本在旅行社内占据较高比例，其所占比例高达34%；除旅游饭店和其他旅游企业外，国家资本所占比例均低于10%，这与上年全国平均水平有较大差距。

2012年广东省旅游企业资本构成比例

企业类别		国家资本（%）	集体资本（%）	个人资本（%）	外商资本（%）	法人资本（%）
旅游企业	星级饭店	22	4	17	23	34
	旅行社	7	1	34	2	56
	A级景区	8	7	15	26	45
	旅游集团	2	3	31	29	34
	其他旅游企业	45	0	8	35	12
星级饭店	五星级饭店	13	8	6	32	41
	四星级饭店	17	0	30	22	31
	三星级饭店	18	6	13	22	40
	二星级饭店	42	3	21	1	33
	一星级饭店	0	0	46	0	54
	未定星级饭店	51	0	27	7	14
旅行社	经营出境旅行社	4	0	29	2	64
	经营非出境旅行社	11	4	44	2	39
A级景区	5A级景区	4	12	13	24	47
	4A级景区	8	4	19	10	59
	3A级景区	7	9	25	1	59
	2A级景区	0	60	0	0	40
	非A级景区	16	1	13	47	24

旅游企业平均实收资本净额 从系统上报旅游企业来看，2012年全省旅游企业平均实收资本净额为1578万元，高于上年全国972.85万元平均水平。其中，其他旅游企业（主要为体育旅游企业和旅游汽车企业）的平均实收资本净额最大，为5683万元；其次是旅游景区企业，为4638万元；旅游饭店企业平均实收资本净额为2675万元，旅游集团企业为2550万元，而旅行社平均实收资本净额仅为202万元。

从旅游各业态分布来看，旅游企业吸纳的投资资本主要分布在旅游饭店中，2012年旅游饭店的实收资本净额占全省旅游行业实收资本净额的比例高达58%，其次是旅游景区，其吸纳的资本净额所占比例为28%，这与上年全国平均水平相似。

2012 年广东省旅游企业资本净额情况

企业类别		实收资本净额企业平均数（万元）	旅游企业实收资本净额占全省实收资本净额比例（%）
旅游企业	星级饭店	2675	58
	旅行社	202	7
	A 级景区	4638	28
	旅游集团	2550	2
	其他旅游企业	5683	5
星级饭店	五星级饭店	8199	22
	四星级饭店	3182	13
	三星级饭店	1113	11
	二星级饭店	702	1
	一星级饭店	98	0
	未定星级饭店	3482	11
旅行社	经营出境旅行社	650	5
	经营非出境旅行社	81	2
A 级景区	5A 级景区	42623	14
	4A 级景区	4249	7
	3A 级景区	598	1
	2A 级景区	500	0
	非 A 级景区	2115	6

【旅游企业基本规模】

旅游企业资产规模 2012 年，广东省纳入编报范围的旅游企业平均总资产为 5613 万元，同比增长 3%（2011 年为 5454 万元），远高于上年全国 3622 万元的平均水平。其中，旅游景区的平均总资产为 17438 万元，是整个旅游企业平均水平的 310%；其次是旅游集团，其平均总资产为 10750 万元；旅游饭店平均总资产为 8567 万元；旅行社的企业总资产规模最小，仅为 1326 万元；其他旅游企业平均总资产为 12498 万元。

旅游景区和旅游饭店方面，随着旅游景区和旅游饭店等级提升，旅游企业的总资产规模逐渐提升。五星级饭店和 5A 级旅游景区的总资产规模最大，其平均总资产分别为 28030 万元和 162309 万元。

旅行社方面，经营出境游旅行社的旅游企业的平均总资产为 5136 万元，远超过经营非出境游旅行社的 291 万元。

2012 年旅游企业平均总资产

企业类别		平均总资产（万元）	
		2012 年	2011 年
旅游企业	星级饭店	8567	8841
	旅行社	1326	1404
	A 级景区	17438	21164
	旅游集团	10750	
	其他旅游企业	12498	5019
星级饭店	五星级饭店	28030	32113
	四星级饭店	11319	10415
	三星级饭店	2938	2777
	二星级饭店	1059	1508
	一星级饭店	293	726
	未定星级饭店	10818	12006
旅行社	经营出境旅行社	5136	6334
	经营非出境旅行社	291	248
A 级景区	5A 级景区	162309	156719
	4A 级景区	14467	13231
	3A 级景区	1910	1599
	2A 级景区	5227	5160
	非 A 级景区	8630	8825

旅游企业平均固定资产净值 2012 年，全省上报的旅游企业平均固定资产净值为 1838 万元，比上年下降 2%（2011 年旅游企业平均固定资产净值为 1872 万元）。其中，上年其他旅游企业、旅游景区、旅游集团和旅游饭店的平均固定资产净值均远超过旅游企业的平均水平；旅行社类旅游企业的平均固定资产净值最小，为 96 万元。其中：旅游景区和旅游饭店方面，随着等级的增加，企业固定资产净值呈逐级上升态势，其中五星级饭店和 5A 级景区平均固定资产净值最大，分别为 12195 万元和 46212 万元。未定星级饭店的平均固定资产净值达到 4307 万元，表明有部分高端旅游饭店未纳入星级评定体系中。

旅行社方面，经营出境游旅行社的企业平均固定资产净值为329万元，远超过经营非出境游旅行社的33万元。与上年同比，总体上旅游企业平均固定资产净值呈现小幅下降，其中其他旅游企业和旅游景区的固定资产净值呈现增长趋势；在旅游饭店方面，各个星级饭店的平均固定资产净值均出现不同程度的减少；3A～5A级的旅游景区的平均固定资产净值呈现较大增长，特别是5A级旅游景区，从上年的29106万元增长至2012年的46212万元；低级别及未评级的景区平均固定资产净值出现下降趋势，这与全省新投资旅游景区往往从3A级起点建设有关。

2012年旅游企业平均固定资产净值

企业类别		平均固定资产净值（万元）	
		2012年	2011年
旅游企业	星级饭店	3292	3652
	旅行社	96	107
	A级景区	5619	4983
	旅游集团	3196	
	其他旅游企业	5961	1619
星级饭店	五星级饭店	12195	13557
	四星级饭店	3708	4219
	三星级饭店	962	1049
	二星级饭店	428	491
	一星级饭店	214	670
	未定星级饭店	4307	5212
旅行社	经营出境旅行社	329	495
	经营非出境旅行社	33	17
A级景区	5A级景区	46212	29106
	4A级景区	4931	4716
	3A级景区	804	579
	2A级景区	774	859
	非A级景区	3231	4523

旅游企业经营规模 2012年纳入编报范围的全省旅游企业平均营业总收入为4615万元，旅游企业的平均营业利润为122万元，旅游企业平均净利润为95万元。与上年同比，总体上盈利规模有所下降，但仍远高于上年全国2227万元、70万元和55万元的平均水平。

旅游企业平均营业总收入 2012年全省旅游企业平均营业总收入为4615万元，与上年相比下降2%（2011年为4698万元）。其中，旅游集团的企业平均营业总收入为20638万元，远超过旅游企业的平均水平；其次是旅行社和旅游景区，其平均营业总收入分别为4835万元和4541万元；其他旅游企业和旅游饭店的平均营业总收入分别为3197万元和3646万元 。

旅游企业平均营业利润 2012年全省旅游企业平均营业利润为122万元，与上年相比呈现较大下降，下降幅度为10%（2011年为136万元）。其中，旅游景区的平均营业利润最高，为788万元，远超其他类型企业；其次是旅游饭店和旅行社，其平均营业利润分别为109万元和27万元；其他旅游企业和旅游集团出现负的平均营业利润，分别是－66万元和－172万元。

旅游企业平均净利润 2012年全省旅游企业平均净利润为95万元，与上年相比呈现较大下降，下降幅度为26%（2011年为129万元）。其他旅游企业和旅游集团均出现负的平均净利润。

【旅游企业财务效益情况】

净资产收益率 2012年度全省系统上报旅游企业净资产收益率6.4%，高于上年全国5.32%的平均水平。与上年净资产收益率8.04%相比，各个企业类型的净资产收益率均出现小幅下降，其中旅游集团和其他旅游企业的净资产收益率分别－9.68%和－0.60%。如：星级饭店、旅行社、A级景区的净资产收益率依次为3.81%、10.05%、10.94%；星级饭店业的净资产收益率依次为五星级7.88%、四星级－1.68%、三星级2.77%、二星级3.71%、一星级－14.38%、未定星级0.55%；旅行社业的净资产收益率依次为经营出境旅行社12.22%、经营非出境旅行社3.09%；A级景区的净资产收益率依次为5A级景区15.15%、4A级景区1.79%、3A级景区2.85%、2A级景区－2.61%、非A级景区8.57%。

无论是星级饭店还是旅行社、旅游景区，其最高等级企业的净资产收益率均高于其他级别企业。其中：旅游饭店方面，五星级饭店经营状况最好，一星级和四星级饭店经营状况最差；旅行社总体上经营状况良好，其中经营出境旅游业务的旅行社的净资产收益率远远高于经营非出境旅游业务旅行社的净资产收益率；旅游景区方面，5A级旅游景区的净资产收益率最高，远高于其他等级景区，其次是非A级旅游景区，2A级旅游景区净资产收益率为负值。

旅游企业平均从业人员 从系统上报旅游企业的从业人数和旅游企业的职工人数来看，2012年全省旅游企业大都为小型经营的企业，旅游企业年末平均从业人数为118人，全年平均职工人数为120人，均超过上年全国73人和

72 人的平均水平。

总资产报酬率　2012 年度全省旅游企业总资产报酬率 4.41%，高于上年全国 3.98% 的平均水平。在具体业态方面，A 级景区的总资产报酬率为 6.70%；星级饭店和旅行社总资产报酬率相差不大；旅游集团总资产报酬率为负。与上年同比，除 A 级景区有所增长外，其他类型企业均有所下降。

2012 年旅游企业平均营业总收入、营业利润和净利润

企业类别		平均营业总收入（万元）		平均营业利润（万元）		平均净利润（万元）	
		2012 年	2011 年	2012 年	2011 年	2012 年	2011 年
旅游企业	星级饭店	3646	3881	109	170	52	145
	旅行社	4835	5506	27	36	25	43
	A 级景区	4541	4022	788	588	728	568
	旅游集团	20638		-172		-258	
	其他旅游企业	3197	1242	-66	-33	-43	-24
星级饭店	五星级饭店	12012	13773	964	1530	842	1314
	四星级饭店	4224	4787	-51	88	-179	40
	三星级饭店	1556	1565	19	35	-5	23
	二星级饭店	738	770	45	43	29	23
	一星级饭店	70	120	-9	-77	-9	-66
	未定星级饭店	4144	4165	-91	-291	-128	-182
旅行社	经营出境旅行社	18883	24402	128	148	127	189
	经营非出境旅行社	1019	1075		10	-2	8
A 级景区	5A 级景区	41810	33969	13307	10230	12178	10598
	4A 级景区	3461	3623	-31	143	-57	-40
	3A 级景区	753	725	21	33	13	19
	2A 级景区	355	306	-89	-140	-89	-140
	非 A 级景区	2405	2833	165	207	184	235

（李　康）

广东省部分旅游企业年度简介

【广东中旅（集团）有限公司】 至2012年年末，该公司资产总额为34.6亿元，比上年同期31.8亿元增加8.63%。所有者权益为11.79亿元，比上年同期10.92亿元增加8%。现有职员工6000余人，公司涵盖旅行社、汽车客运、酒店、景区四大板块。

该公司是华南地区规模最大的旅游分销商，拥有“广东中旅”控股旅行社25家，英国、比利时、丹麦、加拿大、阿联酋、西班牙等签证申请中心6家。拥有营运车辆600多辆，经营包车、班车、空港快线和粤港澳直通车业务。拥有华厦大酒店（广州海珠广场东）、华厦国际商务酒店（广州天河、广州科学城、珠海南湾）等高星级酒店5间，品牌输出和受托管理酒店12间。2012年，该公司继续以产业集聚发展为战略，以重大项目为引领，加快转型升级，投资建设佛山南海旅游产业园、梅州五华宁颐湖旅游产业园等高端旅游目的地项目，参与建设广东省援建西藏林芝项目——鲁朗国际旅游小镇。

▲2012年3月31日，广东省省长朱小丹（右）、西藏自治区政府主席白玛赤林（左）为西藏林芝生态旅行社揭牌。

【广州岭南国际企业集团有限公司】 该公司是广东省大型骨干企业。以旅游和食品为主业，依托酒店、旅游、会展、食品四个产业发展平台，业务范围和渠道网络遍及中国和世界各地主要旅游城市和地区。2012年实现营业收入113亿元，经营业绩保持平稳较快增长。

该公司拥有“岭南花园”和“岭南东方”为核心的7个酒店及度假村品牌，共64家成员饭店、16900多间客房，位列中国酒店集团第9位。在国家级新区南沙投资建设岭南滨海度假酒店。岭南酒管公司管理的安徽长江国际酒店通过国家五星级酒店评审并成功挂牌。

2012年，以广之旅为龙头的岭南旅行社业营业收入突破50亿元，接待游客超过400万人次，拥有200多家旅行社门店，与1000多家地接社建立稳定、持续、高质量的合作关系，业务发展到100多个国家、地区及全国各地（含港、澳、台地区）。以广东省著名商标广骏引领的“岭南交通业”，拥有旅游包车近200台，租赁车辆300多台，出租车2000多台。

岭南集团会展业快速发展，现有会议展览场馆面积10万平方米，是广州会展业“琶洲地区会展中心，新塘、花都、番禺三个会展副中心”的重要组成部分，旗下广州白云国际会议中心是华南地区规模最大的集会议、展览、演艺为一体的综合会议中心，也是中国三大会议中心之一。2012年，岭南集团主办或承办中国旅游发展论坛、留交会、中国（广东）旅游产业博览会、艺博会、广府旅游文化节、广日白云国际车展、德国啤酒节、2012广州音响展等具有业界影响力的大型商务会展，并高质量完成“一奖两会”等重大政务会议。

集团食品业系列手信店进驻白云国际机场等交通枢纽与旅游景区，进一步树立“广州手信”食品高端品牌形象。“致美斋”调味品产业初步成型，广式调味品制作技艺被列入广东省、广州市非物质文化遗产。

广州花园酒店有限公司 是岭南集团旗下顶级奢华酒店品牌“LN岭南花园酒店”代表酒店，中国首批三家“白金五星级”酒店之一，1985年开业，邓小平亲笔为酒店题写店名。花园酒店雄踞于广州市金融、商贸中心——环市东路，开业近30年来曾接待众多国家元首、政府首脑与名流政要，以顶级服务设施、优质高端服务及独特的岭南文化元素，独领华南地区顶级奢华商务酒店标杆，是中外高端人士商旅广州之下榻首选。2012年，花园酒店营业收入继续位居广州酒店业之首，业界地位不断稳固。

花园酒店装饰富丽堂皇，拥有828间客房及800多间公寓和写字楼。有国际会议中心和10间多功能宴会厅。2012年，花园酒店先后获颁“广州市和谐劳动关系AA级企业”、中国旅游饭店业协会“第二届中国饭店金星奖”、广东省食品药品监督管理局“餐饮服务食品安全等级公示食品安全

A级”、入选《广州日报》“广州品牌60强”品牌等22项大奖。

中国大酒店　是岭南集团五星级成员酒店，现由美国万豪国际酒店管理集团管理。该酒店设有高级客房及套房850间。

2012年，该酒店荣获食品卫生A级单位认证，完成广州国际城市创新奖及国际两会的接待服务工作。以“绿色旅游、放心食品”为酒店发展理念，广泛使用健康环保节能产品，被授予“2011年度广东省节能先进集体”称号。

广州市东方宾馆股份有限公司　是岭南集团五星级成员酒店以及岭南集团豪华酒店品牌“岭南东方酒店”的旗舰店。拥有699间客房、10000平方米亚热带绿色园林、800平方米四季恒温泳池、3000平方米东方国际会展中心。全年成功承接广州国际城市创新奖及国际两会、星海国际合唱锦标赛、广东国际交流周、2012广州国际音响唱片展、省政协十届五次大会等政务商务接待活动。

2012年，荣获中国旅游饭店业协会颁发的“中国饭店金星奖”及“餐饮服务食品安全等级公示（A级单位）”称号，被评定为“落实2012年省政府食品安全民生实事”第一批省级餐饮服务食品安全示范点。

▲广州市东方宾馆。（岭南集团供稿）

广州白云国际会议中心有限公司　是岭南集团会展业核心业务单元，占地面积27万平方米，总建筑面积31.6万平方米，集酒店、会议中心、展览中心、演出中心、写字楼于一体，拥有各类大中小型会议厅共65间及6万平方米的展览场地，1079间五星级标准的酒店客房，拥有3大顶级剧院，配套停车位1500多个。

2012年，政务接待会议超过200场，内外会议、展览、演出超过1000多场，承办广州留学生科技交流会、广日白云车展等大型展会，承接俄罗斯普希金模范芭蕾舞团《天鹅湖》等知名演出，完成广东省党代会等省、市两会重要接待任务。全年经营业绩逆市稳步发展。

广州广之旅国际旅行社股份有限公司　简称“广之旅”，是岭南集团旗下核心旅行社。2012年，该公司营业收入继续保持两位数的增长，组接人数320万人次。在全国旅行社集团综合排名中，广之旅排名全国第五，出境游全国第一，国内游全国第三。客人满意度由2011年的89.97%提升到2012年的91.68%。

3月，广之旅被广州市政府授予“首批内资总部企业”称号；4月，广之旅正式通过全国旅游标准化试点工作验收，成为全国首批旅游标准化示范单位。该公司承担政府《修学旅游产品与服务》《旅行社门市部服务规范》地方标准的修订工作，并进入广东省质量技术监督局专家评审会阶段；8月，广之旅在广州援疆对口城市——新疆喀什疏附县设立控股子公司，输出品牌和管理；11月，由广之旅会奖旅游中心和港澳台中心共同接待4200人的团队，筹备历时逾200天，动用工作人员216人，营业收入约1600万元，是华南地区旅行社所承办的澳门史上最大型的会议项目。同月，独家接待国家第18次南极科学考察队“雪龙号”200名队员畅游广州；12月，率先在国内首家儿童角色体验乐园——“星期八小镇”（广州旗舰店）设立主题馆。

上半年，广之旅选定IBM公司为“企业转型升级综合解决方案”的专业管理咨询机构。通过与IBM的战略合作，借助国际先进的信息技术手段和专家资源，对企业的信息技术系统进行全面的诊断、规划及速赢改造。随着互联网收客的发展，广之旅官方网站已经拥有60万注册会员，日均访问量逾6万人次、30万PV，与新浪、网易、大洋网等华南地区门户网站互为紧密战略合作伙伴，成为支付宝、快钱、银联等第三方支付平台的特约商户。刷新乐园门票43万张、近6400房晚的度假区酒店房间的年销售量纪录，位居全球旅行社之首，勇夺“香港迪士尼卓越销售大奖”。

▲广之旅开发经营的增城白水寨白水仙瀑景区。（岭南集团供稿）

【广东省旅游集团有限公司】　该公司组建于1993年11月，是全国首批省级国有独资综合型旅游集团，也是广东省第一家组建的大型旅游集团，为广东省人民政府实行国有资产授权经营的大型国企之一，由广东省国有资产监督管理委员会监管。

该公司现已发展成为以经营旅游业为主，范围涵盖酒店及餐饮业、旅行社、旅游度假区及游乐业、旅游传媒及出版发行、出租客运及粤港客运、综合性商场及房地产开发等多种业态，形成了融“食、住、行、游、购、娱”六要素于一体的旅游产业体系。近3年来，集团公司实现利润总额平均为23.6%的增长率。

广东新白云宾馆有限公司　该公司是广东省旅游集团有限公司的下属企业。2012年，白云宾馆的利润总额比上年增长5.66%，资产保值增值率达到106.51%。

宾馆拥有588间设备完善、格调高雅的豪华客房；4间风味各异的餐厅和大堂吧；宾馆设有商务中心、会议中心、健身中心、游泳池等配套设施。

2012年，宾馆紧紧围绕着“十二五”发展规划的思路和工作目标，坚持“家，就在这片白云下”的服务理念，不断完善产品，提升服务质量。宾馆通过五星级饭店评定性复核检查及广州市卫生A级单位的复评，荣获“第二届中国饭店金星奖”“广州地区文明优质服务示范窗口”“广州市文明餐桌行动示范店”“广东省用户满意品牌”“广东省餐饮服务食品安全示范单位”等荣誉。

▲广东新白云宾馆。

【广东省中国旅行社股份有限公司】　2012年，该公司实现营业收入同比增长15%，组接人数超过82万人次，在国家旅游局公布的全国旅行社综合排名中，位列全国第二，蝉联广东第一，获“中国广东旅游总评榜”授予年度十大最受欢迎旅行社奖项，当年入选国家第二批旅游标准化试点单位。

创新旅游援藏模式　2012年3月，该公司筹备组建“广东中旅林芝生态国际旅行社”，自主设计20多条涵盖林芝、拉萨地区的精品旅游线路，当年服务接待游客过万人，现已成为林芝地区经营实力最强的旅行社；着手设立林芝汽车服务公司，填补了当地商旅汽车服务市场的空白；完成林芝全县旅游资源的普查，以及“林芝鲁朗国际旅游小镇”（广东省重点援藏项目）周边半径50公里景区资源的实地勘察。

实施“走出去”战略　该公司依靠优质服务，保障市场占有率、提升市场影响力。加强对珠三角和口岸地区旅行社的管控能力，成功重组控股佛山市富盈假期国际旅行社有限公司；开拓广东至湖北、江西、广西等地汽车长途客运业务，实现经营业务向外省拓展。

扩大品牌知名度和影响力　该公司参与策划“中澳沙漠大穿越”探险环保活动，“广东中旅”成为中国人民对外友好协会、澳大利亚中国友好交流协会认可的全球唯一承办社，开拓了全省旅行社行业承办国际性跨国旅游活动的先河；联手歌诗达邮轮，策划邮轮包船出境游项目，其中越南航次以广州南沙港为始发港口，开创了第一艘国际邮轮停靠广州码头的历史纪录，对吸引国际邮轮公司将广州南沙港作为始发或经停的重要母港，有着重要的示范效应，并对广州打造国际高端滨海旅游目的地产生积极的促进作用。

【中山中国国际旅行社有限公司】　2012年，该公司实现营业收入总额3.2亿多元，被国家旅游局授予“全国旅游系统先进集体”荣誉称号，是广东省唯一获此殊荣的旅行社，还第13次获得“广东省重合同守信用”“诚信经营示范单位”等称号，并在广东旅游总评榜中获得“最受欢迎旅行社”称号。2012年，公司获“香港迪士尼乐园度假区年度卓越销售奖”，亦是内地地级市中唯一获此殊荣的旅行社，并在全球包销商名列第12位。此外，众多国家旅游局将中山作为中国二线城市的重点示范推广地区，公司中山首家澳大利亚专门店也由澳大利亚旅游局建立。2012年，公司与中山电视台合作制作的旅游节目《游遍天下》前往众多国家取景拍摄，制作了埃及、斐济、日本北海道、台湾地区等多地旅游特辑，获得了市民的青睐。2012年是公司执

▲中山首家澳大利亚专门店开业庆典。

行国家标准化服务体系的第三年，通过建立健全企业标准化以来，获得国家、省、市各级的表彰与认可。

【佛山市禅之旅国际旅行社有限公司】 2012年，该公司实现主营收入2.9亿元，全年接待游客37万人，从业人数300多人，有31个门市部，经营网络遍布佛山市五区，占有较大的旅游市场份额，是佛山市龙头旅游企业。全资控股企业包括佛山市禅旅客运有限公司、佛山市星亚商务会展服务有限公司、佛山市春秋国际旅行社有限公司以及佛山市禅城区星威技能培训学校。11月，该公司实行转制，成为民营企业。2012年荣获广东省导游大赛第一、第二名和全国导游大赛总决赛“全国十佳导游”。

【广东顺之旅国际旅行社有限公司】 2012年，该公司共接待游客28.7万人次，比上年增长25%，年营业额3.98亿元。获南方航空公司年度组团旅行社“优秀奖”。现有员工200多人。运用先进的办公设备，全面实现企业内部电脑联网运作，属下12个营业部遍及顺德、禅城、高明各区，形成一个稳定、高效的营销服务网络。公司内部实施统一品牌、统一管理、统一产品和统一价格，以“优质服务，顾客满意”为宗旨，守法经营，诚信服务，全力维护顾客的合法权益，兑现服务承诺，使顾客真正感受到“开心好玩顺之旅”的服务内涵，从而赢得了广泛的市场。

【深圳华侨城大酒店有限公司】 2012年，实现营业收入37856万元，利润总额3737万元，上缴利税2270万元。客房入住率为69.47%。荣获中国饭店金马奖、金星奖、TTG旅游大奖、悦旅中国旅行奖、高交会指定接待酒店等荣誉。

该公司以“专业、高效、卓越”的服务，承办高交会接待等商务会务及社会活动。酒店坚持以西班牙文化主题，推出特色餐饮。酒店获2012年深圳市长质量奖提名。运营官方微博、微信等资讯为酒店推广服务。

▲酒店独特建筑风格。

【惠州康帝国际酒店】 是康帝酒店集团旗下惠州首家五星级豪华酒店。2012年，酒店员工942人，实现营业收入22024万元，经营利润累计5650万元，纳税总额2070万元。酒店善于结合市场需要及自身特点，开创性地打造康帝订房承诺、会议承诺、康帝明星服务、康帝味道、康帝寿星、甜梦计划、关爱行动、早到服务及欢迎信等一系列个性化服务。自开业以来成功接待了众多来访的国家元首、商政精英、社会名流。海峡两岸新兴产业合作高端论坛、TCL集团全球经理人大会等重大政商活动在康帝成功举办。该酒店占地面积1.4万平方米，建筑面积8万平方米。拥有客房468套，以及风格各异的中西日餐厅和酒吧等。

【深圳威尼斯酒店】 2012年，与洲际集团管理合同到期，结束长达十年友好合作关系，酒店全面进入自营阶段。全年实现营业收入17732万元，利润总额1941万元，上缴利税3330万元，客房入住率为66%。荣获2012年度最佳商务酒店、最受市民喜爱的深圳婚宴酒店、2012年度中国百佳酒店等殊荣。该酒店履行企业社会责任，3月30日组织“为爱飞奔”活动为深圳市自闭症研究会捐助善款22万余元。秉承中国首家主题酒店的高品质服务，为客人提供独特的意大利经典主题文化体验。该酒店拥有客房375间，8个多功能会议厅和1个685平方米的威尼斯宴会厅，汇集世界各地美食佳肴的7个酒店餐厅和酒吧，其中典雅的意大利餐厅和酒店V吧屡获大奖。

【广州市白云山风景名胜区】 2012年，该景区接待入园人数达2102.2万人次，票务总收入9401万元，比上年分别增长1.3%和7.1%。

2012年，该景区以建设生态文明新景区为目标，以建设“生态云山、文化云山、智慧云山、幸福云山”为重点，以贯彻旅游标准化和开展网格化管理试点为抓手，扎实推进风景区各项工作，景区成功晋升为“全国文明单位”，荣获“中国风景园林学会优秀管理奖”“全省旅游系统先进集体”。

“生态云山”篇 运用生态、低碳理念，不断提高景区生态环境和景观质量，完善基础设施建设，做好景区绿化保护、生态景观营造、污水处理和除四害等各项生态环保工作，加大查处风景区范围内违法建设和违法占地行为的力度。

“文化云山”篇 加大景区文化内涵的发掘和新景点的开发力度。全年成功组织实施第十八届园林博览会，举办第二届云山七夕文化节、首届郑仙诞旅游文化节、梦幻海洋中秋灯会、云山圣诞小镇等大型节庆活动，承办第十届“百歌颂中华”启动仪式，组织开展“白云山首届广东省著名书画家现场挥毫活动”“唱响白云山·喜迎十八大”义务老师暨职工汇报演出及“诗歌颂中华·文化润云山”群众散文诗会等文化活动。

“智慧云山”篇　完善“数字化景区”建设。建成、完善景区基础光纤网络系统，建设森林防火瞭望管理系统、GIS 地理信息系统，完善升级 OA 办公系统，提升信息化管理水平。以成功创建全国旅游标准化示范单位为契机，开展员工素质教育提升月、景区“十大服务”标兵评比、讲解员技能考核、一线岗位标准流程培训与考核等活动，完善景区标准体系建设。

【清远市连州爱地旅游发展有限公司】　2012 年，该公司综合收入达 5000 多万元，景区接待游客 65 万人次。荣获“全省旅游系统先进集体”；获中共清远市委、市政府颁发的“先进集体”以及“诚信优质服务明星企业”称号等荣誉。

全年完成 VIP 停车场到大洞村段公路的改造、完善 VIP 停车场和洞外游览设施及绿化工程的维护、加装洞内灯光应急设备等工程建设。加大网络营销力度，促进和维护与珠三角各大媒体甚至省外市场的良好合作及做好官方微博等新媒体建设，与旅行社建立双赢合作关系，做大爱地旅游品牌及稳固渠道体系，扩大市场份额。1 月，公司联合旅行社和媒体多次举办自驾游活动、借势奥运、热播电影、社会热点新闻、中央电视台新年七天乐节目等活动，全力宣传促销。4 月，组织各部门管理人员赴从化碧水湾跟岗学习，提升管理素质。

【梅县雁南飞茶田景区】　2012 年，该景区接待游客 101.8 万人次，实现营业收入 10653 万元，同比增长 12%，上缴利税 574 万元，雁南飞围龙大酒店客房入住率保持在 80% 以上。

2012 年，雁南飞以博大精深的茶文化和源远流长的客家文化为内涵，吸引众多海内外游客前来休闲度假，享受慢生活。开发建设有 400 多年历史的桥溪古韵景区，在全力保护原有生态景观和文物建筑资源的前提下，不断丰富客家文化旅游内涵，力争把桥溪古村落建成集旅游、生态、文化、古韵、影视为一体的全国著名景点。

【韶关市丹霞山风景名胜区】　2012 年，该景区共接待游客 309.4 万人次，实现旅游总收入 6.4 亿元。景区于 8 月 22 日，经国务院中国人与生物圈国家委员会决定批准加入中国生物圈保护区网络。9 月 20 日，在葡萄牙阿罗卡召开的世界地质公园管理局会议上，该景区被确认顺利通过第二次中期评估。

完善景区基础设施建设　2012 年 10 月 1 日，卧龙冈森林生态科普旅游线路正式开放。全年完成 6.4 公里旅游步道改造工程，森林防火通道一期工程（浈江段）3.9 公里路基路面、二期工程（仁化段）3.3 公里路基建设；完成野猪峡—宝塔峰森林步道约 3.8 公里路面陈旧木板拆除及混凝土路基修复工作以及阴元石、翔龙湖尾两处票站相关配套设施建设；在游客中心、丹霞山地质博物馆及新票务中心综合办公大楼新增 120 余块标识标牌等。

加强遗产地资源保护和管理　一是加强景区遗产地监测工作；二是做好生态公益林界定工作，积极做好景区生态公益林界定及补偿金发放工作；三是加强景区古树名木及景区植物被生态的病虫害保护与调查工作；四是推进环境整治工作。

加强规划编制工作　《丹霞山风景名胜区总体规划（2011—2025 年）》历经国务院八部委审查，住房和城乡建设部审批同意，于 2012 年 6 月 8 日正式颁布实施；《广东省丹霞山世界地质公园地质遗迹保护规划》《环丹霞山生态旅游产业园发展规划（2012—2025 年）》均通过专家评审，报主管部门审查。协助韶关市规划院修编村庄整治规划，完成景区内共计 49 个村小组的村庄整治规划修编，其中仁化县 7 个村小组的村庄规划已经仁化县人民政府批准实施，浈江区 2 个村小组的村庄规划已经韶关市城乡规划局批准实施。

【肇庆星湖风景名胜区】　2012 年，是星湖风景名胜区管理局重新组建的第一年。全年接待游客 275 万人次，门票、门票卡及资源使用费收入共 7839 万元。12 月 16 日，由该景区牵头，联合广州白云山、惠州罗浮山、南海西樵山、广东中旅南海西岸旅游产业园、黄埔长洲岛生态文化旅游集聚区、从化温泉国家级旅游度假区等景区在肇庆市成功举办“广东传统景区改革发展论坛”，共同签署《争创“生态文明建设样板景区”星湖宣言》；七星岩景区、鼎湖山景区同时荣膺“我最喜爱的广东省旅游景区”称号；鼎湖山观光车公司被广东省质量协会、总工会、团省委、妇联、科协评为“广东省用户满意服务明星企业”。

（王　坚　靳敬东　黄笑群　张智勇　唐伟良　陈春莲　王志成　童益南）

旅游扶贫与城乡游

2012年广东省旅游扶贫工作概述

【概况】 2012年是广东省实施旅游扶贫工程战略第十一年，广东省安排旅游扶贫资金4365万元，其中2100万元以竞争性分配方式，从15个旅游扶贫相关市推荐的14个大型旅游项目中，遴选得分靠前的7个项目确定为大型重点项目，每个项目扶持资金300万元。全省各地共申报旅游扶贫项目98个，确定南澳岛东山乡村旅游基地等61个一般重点项目，扶持资金2060万元。截至2012年年底，全省确定11批共763个旅游扶贫重点项目，投入旅游扶贫资金4.5亿元，资金投向以51个山区县为基础、以16个特困县为重点，覆盖粤北山区和东西两翼92个县（市、区）。

【旅游扶贫大型重点项目竞标】 2012年，省旅游局与财政厅继续集中资金打造山区旅游品牌优势项目，从全年旅游扶贫资金总额中安排2100万元，以竞争性分配方式，由专家现场评审打分，从各有关市推荐的14个大型旅游项目中，遴选出得分靠前的7个项目定为大型重点项目，每个扶持300万元，包括梅州市桥溪古韵·梦里客家——梅县雁洋桥溪古村落旅游开发项目，阳江市阳东县东平大澳渔家文化村旅游开发项目，湛江市中国新农村·康琦赛欢乐世界旅游区，河源市万绿谷休闲度假风景区，韶关市乳源县古母水山水人家旅游度假区，汕头市海门渔乡风情小镇，清远市佛冈羊角山生态旅游度假区生态休闲农庄7个项目。

【旅游扶贫大型重点项目绩效评价】 2012年4月和12月，省旅游局联合省财政厅派出检查组，邀请省绩效评价专家对梅州市客天下旅游产业园客家小镇乡村旅游建设项目、汕头市莲华乡村旅游区休闲度假项目、惠州市巽寮休闲渔业渔船停泊区疏港建设项目、河源市和平县林寨古村旅游区开发工程、茂名市浮山岭旅游风景区获2010年旅游扶贫大型重点项目的资金使用、项目建设进度等进行绩效评价。

【获全国休闲农业与乡村旅游示范县、示范点名单】 2012年12月4日，根据《农业部 国家旅游局关于开展全国休闲农业与乡村旅游示范县和全国休闲农业示范点创建活动的意见》，2012年，农业部、国家旅游局继续开展全国休闲农业与乡村旅游示范县、示范点的创建活动。省旅游局会同省农业厅通过自愿申报、地市主管部门审核等申报程序，河源市和平县被列入“全国休闲农业与乡村旅游示范县公示名单”，汕头市澄海区莲花乡乡村旅游区、河源市和平县热水镇热龙温泉度假村、广州市南沙区万顷沙镇永乐绿色生态农庄3个点为“全国休闲农业与乡村旅游示范点公示名单”。

2012年广东省旅游扶贫重点项目（共61个）

一、汕头市（4个）

1. 南澳县南澳岛三澳滨海乡村旅游基地
2. 濠江区凤岗妈民俗文化公园
3. 澄海区隆都前美侨乡文化旅游区基础设施建设（前美古村）
4. 金平区“沟南许地”人文历史文化旅游区

二、韶关市（6个）

1. 丹霞山西部乡村旅游建设项目
2. 浈江区韶关华南虎园（韶关华南虎繁育研究基地）
3. 乐昌市白水寨生态园
4. 南雄市珠玑古巷景区旅游基础设施建设工程
5. 始兴县石下古村落资源开发和保护
6. 翁源县“冷泉滩”农业生态旅游园

三、河源市（5个）

1. 和平县天上人间温泉度假村
2. 源城区野趣沟旅游区

3. 龙川县霍山旅游风景区
4. 紫金县御临门温泉度假村
5. 连平县暖水塘乡村旅游度假村

四、梅州市（6个）

1. 名杨休闲农庄
2. 平远县五指石生态旅游产业园乡村旅游建设
3. 蕉岭县森态源休闲山庄乡村旅游景区开发建设项目
4. 大埔县甜祝生态乡村旅游区
5. 丰顺铜鼓峰生态旅游区
6. 五华县益塘旅游区

五、惠州市（3个）

1. 龙门县南昆山乌坭社区村容村貌改造项目
2. 惠东县景源饭店农家乐项目
3. 博罗县四季花园乡村旅游配套农业湿地建设项目

六、汕尾市（4个）

1. 陆河县御水湾温泉度假村——陶然农家乐
2. 汕尾市月亮湾生态农庄山水客栈
3. 陆丰市玄武山旅游基础设施及旅游设施配套项目
4. 市城区豪会观海山庄农家乐

七、阳江市（3个）

1. 阳西县沙扒湾海天旅游度假邨休闲渔业
2. 阳春市隆海绿色生态度假山庄
3. 阳江市海陵岛食为鲜美食休闲园

八、湛江市（4个）

1. 廉江市谢鞋山野生荔枝林旅游风景区
2. 霞山区榕园山庄二期农家乐旅游项目
3. 吴川市吉兆湾省级旅游度假区绿道建设项目
4. 湛江炭之家滨海休闲旅游中心

九、茂名市（4个）

1. 玉湖风景区
2. 茂港滨海渔家风情园
3. 信宜市龙玄峡漂流配套设施
4. 高州市造贤生态旅游文化广场

十、肇庆市（4个）

1. 怀集县燕岩景区旅游扶贫项目
2. 广宁县东亮梦圆景区农家乐开发项目（二期）
3. 四会瀑布奇石旅游风景区
4. 端州区白石村端砚文化体验旅游项目

十一、清远市（5个）

1. 清远市连南县万山朝王旅游驿站
2. 连山县金子山旅游景区
3. 英德市仙湖温泉度假区
4. 连州市福山旅游区
5. 阳山县石螺龙凤温泉

十二、潮州市（4个）

1. 潮州市紫莲生态森林度假村二期工程基础设施建设项目
2. 龙湖古寨旅游区
3. 潮安县青龙潭旅游区
4. 饶平县绿岛乡村游集散地

十三、揭阳市（4个）

1. 揭西大洋旅游度假区云雾山庄农家乐开发项目
2. 广东大南山八国风情旅游度假区（茶叶文化园建设项目）
3. 惠来县山美古寨观光区
4. 揭东县万竹园生态旅游区

十四、云浮市（4个）

1. 新兴县天露山禅龙峡旅游度假区洛洞古村落旅游配套建设项目
2. 庄谷坪绿色农业生态旅游景点
3. 罗定市长岗坡渡槽旅游度假区
4. 云安县富林石林景区

十五、江门市（1个）

开平市福纳千家“农家乐·乡村游”扩展项目

（省旅游局政策法规处供稿）

2012年广东省旅游扶贫大型重点项目简介

【桥溪古韵·梦里客家——梅县雁洋桥溪古村落旅游开发项目】 地处梅州市梅县雁洋镇长潡村。该项目由梅县雁南飞茶田有限公司作为投资主体开发建设，用地面积85公顷。古村落总建筑面积18498平方米，大多建于明万历年间（1573—1619年）至民国初期，列入保护的单体建筑（遗址）共16处，其中客家传统民居建筑13座（明代1座，清代11座，民国1座），清代乡村教育家塾1座，族塾1座及族塾遗址1处。古建筑文化底蕴十分深厚，建筑内的砖雕、瓷雕、木雕等十分精美，雕刻工艺独到，雕刻内容寓意丰涵。村中有4所学校，其中保存完好的是宝善家塾和桥溪小学，充分体现了桥溪村民崇文重教的风俗。桥溪项目与雁南飞项目是联动发展，总投资6320万元，梅州市财政配套资金2000万元。

▲桥溪古韵。（雁南飞茶田景区供稿）

【阳东县东平大澳渔家文化村旅游开发项目】 地处阳江市阳东县东平镇。历史上大澳曾是广东十大港口之一，史称“六澳之首”，是中国古代南方“海上丝绸之路”的重要补给港口，“南海Ⅰ号”打捞出水海域。历史上与广州“十三行”相并列，被称“十三行尾”，具有明清古渔村风貌。该项目占地面积10.92万平方米，由大澳恒远旅游发展有限公司作为投资主体。该项目包括古码头、渔家文化广场、海岸亲水走廊等工程建设。大澳渔家文化村保存着680多米长的清末时期的前店后坊式的旧街，古渔民民居、古商会、清代炮台遗址；有全国首家以渔家文化为主题的渔家民俗风情馆。大澳渔家文化村先后被评为国家3A级旅游景区、广东省人文历史最美乡村旅游示范区（点）、广东省旅游特色村等荣誉。

该项目由广东中建设计有限公司规划设计，并通过专家论证。计划投资2059万元，阳东县人民政府承诺支持旅游建设资金300万元，公司自筹资金1459万元。项目建成后预计拉动社会资本8000万元滚动投入，创造旅游收入19600万元，增加就业岗位760个，提高渔民收入3000元以上，增创税收900万元。

【中国新农村·康琦赛欢乐世界旅游区】 地处湛江市麻章区。由广东康琦赛投资有限公司作为投资主体。项目规划区涉及大路前村和林屋村两个行政村，人口约1400人，人均年纯收入约2000元。该项目规划用地2706亩，预计项目需投资15亿元，计划分3期6年建设，其中第一期项目于2010年6月开工建设，计划投资6000万元。已建成农家乐乡村旅游景区、花卉博览园——“国色天香园”等项目，于2011年1月26日试业对外接待游客，至2012年年末接待游客50多万人次，旅游收入250多万元。项目建成后预计年接待游客210万人次，年收入2.1亿元以上。

【万绿谷休闲度假风景区】 地处河源市东源县新回龙镇东星村。由东源县万绿谷实业发展有限公司投资建设，项目占地面积22平方公里，建筑面积23329平方米。以生态休闲、观光度假为主要开发项目。2010年与深圳市万悦酒店管理公司共同开发万绿谷空中漂流，日接待能力约4000人。

【乳源县古母水山水人家旅游度假区】 地处韶关市乳源瑶族自治县洛阳镇板长村西南部，是典型的石灰岩区和生态发展区，属省扶贫开发重点帮扶村。项目所在地洛阳镇是红豆杉种植、野生九节茶、高山茶综合开发基地，为瑶族、畲族文化区域，特色服饰刺绣、民族歌谣舞蹈等文化资源可待挖掘。该项目毗邻天井山国家级森林公园，大南岭国家森林公园，广东大峡谷景区，云门寺和丽宫温泉，具有优越的旅游区位和优质的旅游资源。乳源瑶族自治县旅游局为该项目主管单位。

【汕头市海门渔乡风情小镇】 地处汕头市潮阳区海门镇。由汕头市潮阳区海门镇渔乡旅游区管理委员会作为主管单位。海门镇面积40.538平方公里，其中陆地面积30.538平方公里，海域面积10平方公里，海岸线长达20公里。全镇人口12.1万人（其中渔业人口11万人），农民人均年收入3298元。该项目总投资2700万元，涉地面积约8平方公里，其中海域面积约1.5平方公里，建设期限2年，包括道路基础设施、游客码头及渔乡特色农家乐体验区和渔家乐开发、游客中心及海上木栈道一期等项目建设。项目建成后，预计到2014年将达到66万人次、旅游收入6000万元以上。

【佛冈羊角山生态旅游度假区生态休闲农庄】 地处清远市佛冈县羊角山森林公园。由佛冈金谷森林公园生态旅游发展有限公司作为投资主体。该项目规划占地面积300亩，总建筑面积10000平方米。现项目所在地周边村经济模式单一，主要经济以农业为主，依靠种植水稻、砂糖橘及其他农副产品增加收入，村民年人均收入约6000元。度假区风景有着丰富自然和人文旅游资源，旅游开发潜力大。该项目拟建成一个集农家乐园、农家小院、农家风情、农家耕作、山地自行车绿道、健康步道及獐子、山鸡养殖基地于一体的休闲运动项目。项目建成后，预计年接待游客10多万人次，旅游经济收入约2500万元，接纳当地农民就业220人以上，可使周边乡镇村庄近1500名农民受益。

（张蕊青）

旅游教育

广东旅游人力资源开发

【概况】 截至2012年年底，全省有7696人取得饭店中高层管理人员岗位培训证书，其中总经理1863人，部门经理5833人；有5105人取得旅行社经理资格证书，其中总经理3453人，部门经理1652人；有182人取得景区中高层管理人员岗位职务证书，其中总经理131人，部门经理51人；有61329人取得导游人员资格证书。

2012年组织各类考试122场，参考人数20481人；举办中高级人才培训10期，培训人员3395人；全省各级旅游培训机构培训旅游行业各类人员46万人次。年内制作导游证IC卡7051张。至年末，全省拥有高、中、初级持导游证（IC卡）人数59055名。按照等级划分，初级导游员57364人，占97.14%；中级导游员1586人，占2.68%；高级导游员137人，占0.23%。制订《“十二五”广东旅游系统职业教育培训工作方案》，推动各地旅游人才政策出台。

【广东参加全国导游人员资格考试】 2012年3月和9月，广东省组织完成两次全国导游人员资格考试工作。第一次考试人数9397人，通过人数3252人，通过率34%。第二次考试人数8920人，通过人数2783人，通过率31.2%。全年导游人员资格考试报考总人数18317人，有6035名考生取得导游员资格证书。全年有26名港澳居民报名参加导游人员资格考试，有6人通过考试取得导游人员资格证书。自2011年至2012年，全省有157名港澳居民报名参考，其中26人通过考试取得导游人员资格证书。全省设25个报名点、22个笔试点、24个口试点。继续实行AB卷制度、从严考试纪律，强化考评员培训、口试环节公开透明。首次在全省范围内实行网络报名和网上缴费。

【中、高级导游员等级考核评定】 2012年9月15日，由国家旅游局统一组织的中、高级导游员等级考试在广州举行。广东省共有102名符合报考资格的高级导游员报名参考，其中28人通过全国高级导游员等级评定，取得高级导游员“等级资格证书”；有469名符合报考资格的中级导游员报名参考，其中124人通过全国中级导游员等级评定，取得中级导游员“等级资格证书”（含英语类10人）。至年末，全省高级导游员增至137人、中级导游员增至1567人（其中英语类167人）。

【酒店职业英语等级考试】 2012年，省旅游局教育培训部门继续推进酒店职业英语等级考试项目，考试对象为酒店一线员工及旅游院校学生，全年举行10多场考试。共有1291人参加考试，977人通过，获酒店职业英语考试初级证书。考点分别设在广东省旅游职业技术学校、广东农工商学院以及深圳等地。

【第二届全国导游大赛广东选手获佳绩】 2012年12月28日，由国家旅游局和共青团中央、全国妇联联合举办的第二届全国导游大赛在珠海市海泉湾度假区举行决赛闭幕式暨颁奖仪式。广东省选派5名选手参赛并获奖，其中深圳市招商国际旅游有限公司王佳（女）获得中文组一等奖；广州广之旅国际旅行社股份有限公司贺文娇（女）获得英文组二等奖；佛山南风古灶旅游发展有限公司梁秀莹（女）、珠海里程国际旅行社有限公司刘虎、珠海市导游服务中心杨英（女）分获中英文组三等奖。

5月至12月，为准备该届大赛，采取省市多层次、多形式、大面积强化训练，全面提升广东导游队伍综合素质和整体水平，达到“以赛促训、以赛促教”的目的。省旅游局联合共青团省委、省妇联共同举办导游选拔赛活动，联合省人力资源和社会保障社厅，将选拔赛活动确定为“2012年全省职业技能竞赛”的组成部分，并鼓励各地级以上市联合当地人社、妇联、团委等部门共同举办初赛，并对优秀选手予以奖励。省旅游局拟对在参加省选拔赛活动中取得前十名的导游员颁发“广东十佳导游”证书及牌匾，对其他65名选手颁发“广东优秀导游”证书。省旅游局、省人社厅、省妇联和共青团省委，各地级以上市及选手所在单位分别承诺对获得全国大赛奖励的5名选手给予现金、购房补贴、授予荣誉称号等奖励。省人社厅拟对参加全国决赛的5名选手授予“广东省技术能手”称号并颁发荣誉证书，并对前三名的选手及荣获先进个人的广东省旅游发展研究中心副主任芦京津给予现金奖励；省妇联拟对参加全国决赛的第一名女选手授予“广东省三八红旗手”荣誉称号并颁发证书；共青团省委拟授予参加全国决赛的第一名选手"广东省青年岗位能手"荣誉称号并颁发证书。据统计：初赛阶段，全省近万名导游员报名参赛，组织比赛40场（次），投入资金400多万元。全省各地市参加选拔赛活动的名额按当地导游人数比例确定，邀请外籍专家、兄弟省市及广东旅游业界知名专家担任评委。经多次选拔，省旅游局从各地市75名选手（中文47名、英文28名）中确定5名选手参加全国大赛，并进行封闭式集训，邀请专家针对"情景在线"难点深度辅导、对"知识问答"重点培训、才艺展示方面"量身定做"，提升其综合实力。

【"发展文化旅游　扩大旅游消费"专题研讨班】　2012年7月23～27日，由中共广东省委组织部、省旅游局共同主办、中山大学承办的"发展文化旅游，扩大旅游消费"专题研讨班在中山大学举办。广东省副省长招玉芳、国家旅游局副局长杜一力、省旅游局局长杨荣森、省委组织部副厅级组织员陈文明，中山大学副校长陈春声等出席开班仪式。全省各地级以上市分管旅游副市长及旅游局局长，67个县（市）分管领导，广州、深圳辖区分管副区长或旅游局局长，省直有关单位和大型旅游企业的领导共160多人参加学习和研讨。杜一力作《发展文化旅游的若干思考》，联合国世界旅游组织（UNWTO）专家、世界旅游组织旅游专家委员会委员徐汎作《国际经济新格局下的旅游发展趋势》以及其他教授作《文化与旅游产业融合》《智慧旅游、创新发展》《旅游品牌建设与营销》《发展滨海旅游，提升旅游产业效益》等专题授课。

【县级旅游局长业务培训班】　2012年11月27～28日，省旅游局在广州举办全省市、县旅游局局长业务培训班。全省21个地级以上市自2011年以来新上任的旅游局副局长、130个县（市、区）旅游局局长共150多人参加。邀请中国休闲旅游文化研究中心主任贾云峰，国家饭店星级标准起草组成员、北京励骏酒店总经理徐锦祉等专家授课。

【首届广东省出境游从业人员接受在线培训】　2012年2月21日，省旅游局和西班牙加泰罗尼亚旅游局在广州联合举办"第一届广东省出境游从业人员西班牙加泰罗尼亚旅游资源在线培训"结业仪式。省旅游局副巡视员林上福、西班牙加泰罗尼亚旅游局局长恰维埃尔—埃斯巴萨出席结业仪式并讲话。该次培训历时两月，全省10个地市42家旅行社的488名从业人员接受培训，其中75人通过考核，被授予"加泰罗尼亚旅游专家"荣誉称号；8人应邀于11月免费赴加泰罗尼亚自治区考察。年内，组织第二期加泰罗尼亚在线培训项目，700名旅行社计调、销售人员接受培训学习。

【旅游培训助推农村劳动力"双转移"】　2012年，省旅游局继续按照农村劳动力"双转移"工作部署，上半年，与省人力资源和社会保障厅、省财政厅组成专家组赴梅州、河源、韶关市，对2011年底组织的400多名农村劳动力培训情况开展验收鉴定。下半年再次赴河源、韶关市对302名农村劳动力培训情况验收。鉴定工作涉及"餐厅服务员""客房服务员"两项职业技能工种和"景点导游""农家菜烹饪"两个专项职业能力。

【全国红色旅游导游员电视网络大赛】　2012年2月，第四届全国红色旅游导游员电视网络大赛举办。由全国红色旅游工作协调小组办公室、中国网络电视台承办，于7月14日在海北州西海镇决赛。省旅游局共选送9名选手参加比赛其中3名选手进入复赛。在全国决赛中，广州国龙旅行社有限公司沈莉莉和东莞康辉国际旅行社田奥妮、郭童羽3人获得大赛个人三等奖。

【林芝地区旅游质量中高级管理人员培训班】　2012年6月27～29日，由广东省旅游局、西藏自治区林芝地区旅游局及广东省第六批援藏队主办"广东援藏论坛——2012年林芝地区旅游质量中高级管理人员培训班"在林芝开班。林芝地区旅游局业务科室负责人以及旅游酒店、旅行社、旅游景区的中高层管理人员80多人接受培训。省旅游局教育培训部门组织中山大学管理学院教授谢礼珊，暨南大学旅游规划设计研究院副院长董观志等4人前往林芝，就景区规划、景区经营管理与创建A级景区、酒店经营管理与评星等授课。

【全国第十批导游援藏】　全国第十批（2012年）导游援藏工作时间为期半年（即4月15日至10月15日）。省旅游局经选拔，选送广东国旅国际旅行社有限公司西班牙语导游员杨媚参加援藏工作。凭着精湛的业务能力和优良的综合素质，杨媚被国家旅游局评为"全国第十批援藏导游西藏自治区先进个人"。

【新疆喀什地区优秀导游来粤学习培训】　2012年2月15日至3月15日，新疆喀什地区选派10名优秀导游员来粤集中培训，并下到广之旅国际旅行社股份有限公司、南湖国际旅行有限责任公司、深圳招商国际旅游有限公司、佛山市禅之旅国际旅行社有限公司、东莞市国际旅行社有限公司5家旅行社学习交流。教育培训部门举办接收旅行社代表及导游参加的开班仪式及总结会，邀请专家集中授课辅导。

【旅游院系建设】　2012年，广东旅游人才培养由研究生教育、本科教育、专科教育和中等职业教育四个层次组成，多数旅游院校开设有旅游管理、旅游外语、饭店服务与管理、旅行社服务与管理、烹饪等专业。截至2012年年底，全省共有高、中等旅游院校（包括完全的旅游院校和只开设旅游系或旅游专业的院校）241所，其中高等院校76所，中等职业学校165所。旅游院校在校生12.72万人，其中旅游高等院校在校生5.12万人，旅游中等职业学校在校生7.58万人；全省旅游院校拥有旅游专业教师4414人，其中旅游高等院校280人，旅游中等职业学校1611人。

附件

广东旅游院系简介（续）

广东机电职业技术学院 学院地处广州市白云区，现有南北两个校区，校园总面积764亩，其中沙太路南校区占地92亩，建筑面积6.5万平方米，钟落潭北校区占地672亩，已建建筑面积17万平方米。各类教学仪器设备7093.52万元，纸质图书47.07万册，电子图书3540GB。学院下设汽车学院、机械工程学院等10个（二级）学院（部），开设有汽车检测与维修技术、数控技术、物流、商务英语等41个专业，旅游管理专业与澳大利亚北悉尼学院合作办学。学院现有全日制在校生15000人，教工700余人。

学院设有旅游英语专业（旅游策划与管理）和旅游管理专业，旅游管理专业分为酒店管理方向及中澳合作TAFE两个方向进行培养。旅游类专任教师15人，其中硕士以上学历（学位）93.3%。旅游类专业在校生500多人。该专业建立完备的校内外实训基地，校内设有语言实训室、商务会展实训室、文化体验室、中餐实训室、西餐实训室、翻译实训室（国际交流中心）等实训场所；与长隆酒店、新珠江大酒店、绿湖温泉度假酒店、南湖国旅、广交会国际旅行社、广东粤侨国际旅行社、广州九洲国际旅行社等签订合作协议。旅游管理（中澳合作办学）专业从2005年开始招生，旅游管理专业（酒店方向）2010年开始招生，主要培养能在外向型企业从事旅游开发、服务、发展、管理工作的中、高级应用型人才。该专业至今已培养毕业生300多人，在校生248人。2012年9月，澳大利亚新南威尔士州教育与社区（培训）部副部长一行在广东访问期间与省教育厅签署战略合作协议，并将该校作为TAFE合作项目唯一访问学校。

广东工贸职业技术学院 学院地处广州市，有天河和白云两个校区。创办于1957年，2012年8月被确定为广东省示范性建设高职院校。该院设有机械工程系、工商管理系、经济贸易系、应用外语系、思想政治理论课教学部等9个系、部，开设40个专业，92个专业方向，形成了以工为特色、工贸结合的专业体系。学院旅游英语专业于2004年招生，分国际旅游管理、国际酒店管理两大方向进行培养，现在校生300多人。校内实训设施有形体礼仪实训室、模拟餐厅、口语实训室、凯宾斯基酒店实习基地等旅游管理专业实训场所。校外实践基地包括南湖国旅、广东熊猫国旅、招商国旅等旅行社、深圳凯宾斯基、深圳东华假日酒店、广州正佳万豪酒店、广州丽思卡尔顿酒店等。

广东科学技术职业学院 学院现有珠海和广州两个校区。现有全日制在校生21543人，占地面积2012亩，建筑面积49.3万平方米。开设专业（含专业方向）42个，专兼职教师1000余人。设有计算机工程技术学院（软件学院）、经济管理学院、财会与金融学院、艺术设计学院、广州学院、继续教育学院等10个二级学院，体育系、2个教学部和广东省人才研究所等3个科研机构。其中外国语学院下属两大旅游专业，即旅游英语和旅游管理，每年分别招生100人和120人，在校生660人。

旅游英语专业成立于2003年。现在校生300人。专任教师12人，其中教授2人，副教授2人，讲师8人。中、英文导游考官6人。本专业核心课程有导游业务、旅游英语和导游英语，拥有模拟导游实训室、前厅实训室以及客房餐饮实训室。旅游管理专业成立于2004年。现有专任教师10人，其中教授1人，副教授2人，硕士学位以上教师9人，双师素质教师9人。部分教师承担全国导游资格考试的口试考评员工作和社会考生考前培训工作，承担了“珠海市斗门区十二五旅游发展规划”“珠海建设国际商务休闲旅游度假区的对策研究”等应用研究课题。

顺德职业技术学院 坐落在珠三角腹地佛山顺德，占地面积121公顷。成立于1999年3月。现设有9个二级学院和1个部。设有39个专业，其中2011年获中央财政支持建设专业2个（烹饪工艺与营养专业以及工业设计专业）。全校教职工数813人，全日制在校生12607人，成人教育在读学员5100多人。学校与英国洲际酒店集团合作共建“洲际酒店集团英才培养学院”，与美国罗瑞特集团旗下的瑞士格里昂高等教育学院合作，共建中欧国际酒店管理教育中心。在马来西亚成立了中国高等教育在海外建立的第一个烹饪学院——马来西亚UCSI大学顺峰烹饪学院。

酒店与旅游管理学院的旅游管理专业于2004年起招生，现在校学生300人。校内实训设施有形体礼仪实训室、模拟餐厅、客房实训室、烹饪实训室、茶吧实训室等旅游管理专业实训场所。与皇家加勒比游轮集团、歌诗达、深圳观澜湖高尔夫球会、清晖园、长鹿休闲度假农庄、上游国际旅行社、顺之旅国际旅行社、口岸国际旅行社、顺德广之旅国际旅行社等企业结成实训实习就业基地，校企合作、工学结合、学校和企业共同完成对学生的培养。专业教师中全部具有企业实践经历，具备“双师”素质。还聘请10多名行业专家担任旅游管理专业建设指导委员会委员。

广东省佛山市顺德中专学校 创办于1958年。是国家级重点中等职业学校。以汽车运用与维修、电气运行与控制、酒店服务与管理、数控技术应用、计算机网络技术5个专业建设为重点，同时开展“培训超市”“自主德育”2个特色项目的建设。于1994开办酒店服务与管理专业，2009年晋升为广东省重点建设专业。酒店服务与管理专业及专业群（旅游专业）建设团队本着“多元互动促发展，携手共赢育英才”的建设理念。学校导游、客房、餐饮技能竞赛队代表顺德区参加省中职学校技能竞赛共获10个一等奖、5个二等奖。2012届优秀毕业生梁秀莹获“2012全国十佳导游”称号。

▲广东省佛山市顺德中专学校全景。

佛山市华材职业技术学校 成立于1980年。1996年评为首批国家级重点职业高中。2012年被评为广东省示范性中等职业学校，被国家教育部批准为“国家中等职业教育改革发展示范学校建设计划”第三批立项建设学校。现在校生5500人，年培训人数超5000人。学校开设汽车运用与维修、电子与信息技术、工艺美术等17个专业。其中旅游专业于2008年恢复招生，分旅游服务管理、酒店管理两大培养方向，在校学生约250人。现有专业教师6人，外聘教师2人，双师型教师比例高达75%，均拥有高级职称、中级职称。校外实践基地中，与广之旅签订全面合作协议，保证学生实训实习质量。

肇庆职业学校 该校创建于清光绪三十二年（1906年），初名为“广肇罗道工艺学堂”，后办成师范学校，1982年起改办职业高中，2000年被国家教育部确定为国家级重点中等职业学校。学校开设“旅游服务与管理”等8个专业，其中“旅游服务与管理”是广东省示范性专业。在校学生2000多人。学校现有教师120人，中、高级教师占70%以上。其中旅游专业教师中持有国家导游人员资格证者6人，特级教师1人，高级教师多人。

（凌丽莉）

【广东省旅游职业技术学校】 该校是广东省旅游局和教育厅直属的国家级重点职业学校、国家中等职业教育改革发展示范学校建设单位、全国旅游协会常务理事单位和教育分会副会长单位。占地200亩，建筑面积7万多平方米。在校学生5170人，教职工282人，其中专任教师182人。专任教师中正高职称1人，副高职称35人，中级职称60人，具有硕士及硕士研究生学位者45人，本科学历120人，大专学历17人。

该校现开设有旅游服务与管理（导游方向）、高星级酒店运营与管理、中餐烹饪、旅游航空服务、旅游艺术等8个专业。其中，旅游服务与管理（导游方向）和高星级酒店运营与管理专业、中餐烹饪、旅游外语是全省重点示范专业和国家示范校重点建设专业。该校现形成以珠三角地区为中心，辐射港澳和国内大中城市以及美国、日本、新加坡、迪拜的实习就业网络，100余家知名企业参加的广东旅游职教集团成为学生稳固的实习就业基地。毕业生就业分布在旅游、航空、通信、电信、银行、政府机关接待等各个服务行业。学校还开辟澳门、新加坡、日本旅游酒店、迪拜机场免税店等企业实习就业途径。2012年3月31日，广东省副省长招玉芳到省旅游职业技术学校调研，要求学校科学谋划，提升办学层次，当好全国旅游职业教育的排头兵。

▲图为招玉芳（中）在省旅游局局长杨荣森（右一）、校长冒超球（左一）陪同下参观学校校史馆。

6月11日，由省旅游职业技术学校具体协办的2012年全国职业院校技能大赛酒店服务项目竞赛在广州开赛，来自全国各省、直辖市、自治区、新疆生产建设兵团及计划单列市的36支代表队155名选手参赛。

（梁定宽　文/图）

旅游行业协会

广东省旅游协会

【总体情况】 2012年，广东省旅游行业协会社会组织的职能作用发挥明显，逐步承接行政机关在取消行政审批事项、职能转变中涉及星级饭店评定、A级旅游景区质量等级评定、旅游规划设计单位资质等级认定等职能转移工作。完成政府委托工作，积极反映行业意见和诉求，主办第七届广东温泉国际旅游节、2012广东大学生旅游节、2012广东自驾旅游节等一系列旅游节庆活动。10月21日，由广东省旅游局、广州海事局和南沙游艇会联合举办的广东省海上休闲旅游启动仪式暨2012广州南沙湾国际游艇博览会开幕式上，广东省省长朱小丹、国家旅游局副局长杜江为广东省游艇旅游协会揭牌。至2012年年末，广东省旅游协会设立有广东酒店行业协会、广东旅行社行业协会、广东温泉行业协会、广东省自驾旅游协会和广东省游艇旅游协会。8月15日，广东省旅游协会与广东省邮政公司联合编印发行《粤游越精彩——广东旅游门票明信片》第4辑，共发行20万套，惠民总值23亿元。

▲朱小丹和杜江为广东省游艇旅游协会揭牌。
（黄 静 摄）

【开展的主要工作】 2012年10月8日，广东省旅游协会受广东省财政厅委托，做好党政机关出差、会议定点饭店日常管理工作，“2013—2014年中央和地方各级党政机关及事业单位工作人员广东地区（不含深圳市）出差住宿和会议饭店”的定点服务资格采购，其中选定定点饭店188家，会议饭店186家。受省旅游局委托，组织专家组完成广东省地方标准《广东省自驾游目的地服务规范》《广东温泉旅游行业发展报告（2012）》。组织各旅游协会开展调研，向省人大法工委反馈酒店行业对取消酒店的“六小件”（通常指牙刷、牙膏、沐浴液、洗发液、香皂、拖鞋）提出意见建议；向省国土资源厅反馈温泉行业对《广东省矿山自然生态环境治理恢复保证金管理办法（试行）》的意见提交书面报告。

广东省旅游协会主办第七届广东温泉国际旅游节；组织粤东、粤北温泉企业分别赴厦门、长沙等地推广“泉在广东”；2012广东自驾旅游节期间，组织自驾旅游俱乐部、旅行社企业考察江门、粤北英德、从新连等旅游新线路；举办2012广东大学生旅游节；参加2012中国（广东）旅游产业博览会，组织高端休闲馆，推动房车、游艇等旅游新业态发展；9月20日，广东省游艇旅游协会第一届会员代表大会在广州南沙游艇会召开，南沙游艇会董事长霍启山兼任创会名誉会长，南沙游艇会被推选为会长单位，珠海太阳鸟游艇制造有限公司推选为监事长单位。

【组织架构】
会 长：
杨荣森 广东省旅游局局长

副会长：
曾维炳 广东省旅游局巡视员
周开生 广东省旅游局副局长
张振林 广东省旅游局副局长
王志红 广东省旅游局副局长
朱 力 广州市旅游局局长
陈 港 中国南方航空股份有限公司副总经理
李进明 广东省广晟资产经营有限公司董事长
刘建新 广东省旅游集团有限公司党委书记
王万年 广东中旅（集团）有限公司董事长
黄颖聪 白天鹅酒店集团有限公司总经理
李进茂 广东省旅游协会副会长兼秘书长
刘凤波 港中旅（珠海）海洋温泉有限公司总裁

冯　劲　广州岭南国际企业集团有限公司董事长
苏志刚　广州长隆集团有限公司董事长
刘汉华　中森集团董事长
卢建旭　广州广之旅国际旅行社股份有限公司董事长
张本川　广东温泉宾馆总经理

秘书长：
李进茂（兼）　广东省旅游协会副会长兼秘书长

广东酒店行业协会

【概述】　广东酒店行业协会成立于 2006 年 5 月 29 日，是在中共广东省委、广东省人民政府《关于发挥行业协会商会作用的决定》和《广东省行业协会条例》实施后，按照适应社会主义市场经济发展，与国际惯例接轨的要求而成立的社会团体，是广东省旅游协会团体会员单位。

【会员情况】　广东酒店行业协会会长由白天鹅酒店集团有限公司总经理黄颖聪担任，秘书长为省旅游协会副秘书长蔡涛。该协会共有副会长单位 19 家、常务理事单位 37 家、理事单位 84 家。广东酒店行业规模大，统计住宿业 8000 多家，其中星级饭店 1079 家。

【开展的主要工作】　2012 年，广东酒店行业协会继续承接 2013—2014 年党政机关工作人员广东（不含深圳市）出差住宿及会议定点饭店综合服务工作。受省财政厅委托，开展定点饭店调研，为省政府相关部门提供决策依据。

5 月 24 日，广东酒店行业协会第二届会员代表大会在广州东方宾馆召开。广东省旅游局局长、广东省旅游协会会长杨荣森，副局长、副会长周开生先生出席会议并讲话，250 家会员代表参加会议。

接受省政府委托，组织全省酒店经理人参加 2012 中国加工贸易产品博览会。组织会员单位参加 2012 年 11 月23 ~ 26 日在南京召开的世界酒店论坛 2012 年会。酒店协会定期组织会员单位学习、交流、培训等工作。

【组织架构】
会　长：
黄颖聪　白天鹅酒店集团有限公司总经理

执行会长：
贺邦富　广东省广晟酒店集团有限公司董事长
彭建军　恒大酒店管理集团总经理

副会长：
贾广建　广东新白云宾馆有限公司总经理
刘　正　广东省电信公司邮电大厦总经理
方中东　广州花园酒店董事副总经理
沈宜初　广州市堡龙酒店管理有限公司总裁
李　庆　粤海（国际）酒店管理集团公司董事总经理
金　阳　深圳市华侨城酒店集团有限公司总裁
李增利　珠海度假村酒店董事总经理
范秀森　汕头经济特区金海湾大酒店总经理
黎建青　佛山宾馆副董事长
刘晓钟　韶关市莱斯大酒店有限公司执行董事
梁永雄　东莞帝豪花园酒店董事长
林向荣　东莞市康帝酒店管理有限公司总经理
吕庆生　中山汉威酒店管理有限公司常务副总经理
区柏余　江门丽宫国际酒店总经理
陈　龙　湛江海滨宾馆董事长
朱　旭　肇庆星湖大酒店总经理

监事长：
邝云弘　广州大厦管理有限公司总经理

秘书长：
蔡　涛　广东省旅游协会副秘书长

附件

广东酒店行业协会章程

（2012 年 5 月 24 日第二届会员代表大会审议通过）

第一章 总 则

第一条 本协会名称为广东酒店行业协会，英文名称为 Guangdong Hotel & Lodging Association（简称 GH&LA）。

第二条 本协会是由广东省内的酒店、饭店、宾馆、酒楼和地方饭店协会、饭店管理集团（公司）、大学旅游院系、饭店用品供应商（以下简称：酒店）等相关单位，按照平等自愿的原则结成的全省酒店行业性协会，是非营利性的社会组织，具有独立的社团法人资格。

第三条 本协会的宗旨是：遵守国家的宪法、法律、法规和有关政策，遵守社会道德风尚，维护市场秩序和公平竞争，代表和维护广东省酒店行业的共同利益，维护会员的合法权益，在政府有关部门的指导下，为会员服务，为行业服务，在政府与会员之间发挥桥梁和纽带作用，为酒店业的健康发展做出积极贡献。

第四条 本协会接受社团管理机关广东省民政厅的监督管理，接受广东省人民政府相关职能部门的业务指导。

第五条 本会的活动地域为广东省。

第六条 本会的住所设在广东省广州市。

第二章 业务范围

第七条 本协会的业务范围是：为行业和会员提供服务，反映行业和会员诉求，规范行业和会员行为；根据需要从事下列活动：

（一）组织酒店市场开拓，发布市场信息，编辑酒店专业刊物，开展酒店行业调查、评估论证、培训、咨询、展览展销等服务，开展国内、国际相关考察交流活动；

（二）协调会员之间、会员与非会员之间、会员与消费者之间涉及经营活动的争议；

（三）代表酒店行业内相关经济组织提出相关调查或者采取保障措施的申请，协助政府及其部门完成相关调查，组织协调酒店行业企业参与相应的国际应诉活动；

（四）接受与酒店行业利益有关的政策的论证咨询，提出相关建议，维护会员和行业的合法权益；

（五）参与行业性集体谈判，提出涉及会员和行业利益的意见和建议；

（六）参与酒店行业标准的论证，建立规范行业和会员行为的机制；

（七）加强会员和行业自律，依法开展行业发牌认证、评优评奖，促进会员诚信经营，维护会员和行业公平竞争；

（八）组织会员学习贯彻国家有关旅游业和酒店行业的法律、法规和政策；

（九）开展国家有关法律、法规和政策允许范围内的业务，承办政府及其工作部门授权或者委托的其他工作。

第三章 会 员

第八条 本会的会员为本行业的经济组织和社团单位，本会接纳团体会员，不接纳个人会员。

第九条 申请加入本会的会员，必须具备下列条件：

（一）拥护本协会的章程；

（二）有加入本协会的意愿；

（三）在本行业领域内具有一定的影响；

（四）应持有工商营业执照等相关证件。

第十条 会员入会的程序是：

（一）提交入会申请书；

（二）经理事会讨论通过；

（三）办理会员入会手续；

（四）由理事会或理事会授权的机构发给会员证。

第十一条 会员享有下列权利：

（一）出席会员代表大会，参加协会活动、接受协会提供的服务；

（二）选举权、被选举权和表决权；

（三）获得本协会服务的优先权；

（四）对本协会工作的提议案权、建议权和监督权；

（五）当遇到重大困难时，有请求本协会提供帮助（如涉及调解、诉讼等）的权利；

（六）入会自愿、退会自由。

第十二条 会员履行下列义务：

（一）遵守本会章程；

（二）执行本会的决议；

（三）按规定交纳会费；

（四）维护本会及本行业的合法权益；

（五）完成本会交办的工作；

（六）向本会反映情况，提供有关资料；

（七）不组织、不参与有损本协会和其他会员的一切活动。

第十三条 会员缴纳会费的标准：

（一）会长单位每年缴纳会费 50000 元；

（二）副会长、监事长单位每年缴纳会费 20000 元；

（三）常务理事单位每年缴纳会费 5000 元；

（四）理事单位每年缴纳会费 3000 元；

（五）监事单位每年缴纳会费 5000 元；

（六）一般会员单位每年缴纳会费 2000 元。

第十四条 会员退会应书面通知本协会，并交回会员证。会员一年不交纳会费或不参加本协会活动的，视为自动退会。

第十五条 会员如不遵守本协会章程，将由本协会提出批评、教育；如有严重违反本章程的行为，经会员代表大会表决通过，予以除名。

第四章 组织机构和负责人的产生、罢免

第十六条 本会由会员组成或会员代表大会。会员代表大会是本协会的最高权力机构，依照国家法律、法规和本协会章程的规定行使职权。

第十七条 会员代表大会行使下列职权：

（一）决定协会在法律、法规规定范围内的业务范围和工作职能；

（二）选举或者罢免会长、副会长、秘书长、理事、监事；

（三）审议理事会、监事会的年度工作报告、年度财务预决算方案；

（四）审议理事会对会员除名的提议；

（五）对协会变更、解散和清算等事项作出决议；

（六）改变或者撤销理事会不适当的决定；

（七）制订或修改章程、组织机构的选举办法；

（八）决定终止事宜；

（九）决定其他重大事宜。

第十八条 会员代表大会每届四年。因特殊情况需提前或延期换届的，须由理事会表决通过，报经社团登记管理机关批准同意。但延期换届最长不超过一年。会员代表大会每两年至少召开一次会议，理事会认为有必要或者五分之一以上的会员提议，可以召开临时会员代表大会。

第十九条 会员代表大会必须有会员代表大会的三分之二以上出席；其决议应当由会员代表的过半数通过。

会员代表大会应当对所议事项的决定作会议记录，并向会员公告。

第二十条 本会设理事会。理事会为会员代表大会的常设机构，在会员代表大会闭会期间，依照会员代表大会的决议和协会章程的规定履行职责。

第二十一条 理事会的职权是：

（一）筹备和召集会员代表大会，并向会员代表大会报告工作；

（二）执行会员代表大会的决议；

（三）决定协会具体的工作业务；

（四）制订协会的年度财务预算方案、决算方案；

（五）制订协会增加或者减少注册资金的方案；

（六）拟订协会变更、解散和清算等事项的方案；

（七）决定协会各内部机构的设置，并领导协会内部各机构开展工作；

（八）决定新申请人的入会和对会员的处分，提议对会员的除名；

（九）根据秘书长提名，聘任或者解聘副秘书长和协会办事机构、分支机构、代表机构主要负责人，决定其报酬事项；选举和罢免常务理事；

（十）制定协会内部管理制度；

（十一）协会章程规定的其他事项。

第二十二条 理事会每半年至少召开一次会议（情况特殊的，也可采用通信形式召开）。理事会须有过半数的理事出席方能召开，其决议须经全体理事过半数表决通过方能生效。理事会应当对决议形成会议纪要，并向全体理事公告。

理事会会议由会长召集和主持；会长因特殊原因不能履行职务时，由会长委托副会长或者秘书长召集和主持。三分之一以上理事可以提议召开理事会。

第二十三条 本会设立常务理事会，由理事会选举产生。常务理事会对理事会负责。常务理事会由会长、副会长、常务理事和秘书长组成。常务理事会在理事会闭会期间，经理事会授权可以行使本章程第二十二条规定除九项之外的职权。常务理事会至少三个月召开一次会议；情况特殊的也可采用通信形式召开。常务理事会作出的决议，必须有半数以上的常务理事通过。

常务理事会应当对所议事项的决定作会议记录。

第二十四条 本会设立分支机构、代表机构的规则、程序：

（一）由本协会秘书处提出设立分支机构的具体方案；

（二）将具体方案提交会长办公会议讨论通过；

（三）将通过后的具体方案提交理事会审议批准；

（四）报社会团体登记管理机关审批。

第二十五条 本会设立监事会，由会员代表大会选举产生。监事任期与理事任期相同，期满可以连任。

会长、副会长、理事、秘书长不得兼任监事。

第二十六条 本会的会长、副会长、秘书长、监事必须具备下列条件：

（一）坚持党的路线、方针、政策、政治素质好；

（二）在本行业领域内有较大影响；

（三）会长、副会长、秘书长最高任职年龄不得超过70周岁，秘书长为专职；

（四）身体健康，能坚持正常工作；

（五）未受到任何刑事处罚；

（六）具有完全民事行为能力。

第二十七条 本会的秘书长采用选任制，秘书长和会长不能在同一单位中产生。会长不得兼任秘书长。

第二十八条 本会设会长一人，副会长若干人。会长为本行业协会的法定代表人。

第二十九条 本会会长、副会长、秘书长每届任期四年，连任不得超过两届。

第三十条 本会会长行使下列职权：

（一）召集和主持理事会（或常务理事会）会议；

（二）检查会员代表大会、理事会（或常务理事会）决议的落实情况；

（三）代表本协会签署有关重要文件。

第三十一条 本会副会长、秘书长在会长领导下开展工作，秘书长对理事会负责。秘书长为专职，行使下列职权：

（一）主持办事机构开展日常工作，组织实施年度工作计划；

（二）组织制定、实施年度工作计划和预算、决定；

（三）协调各分支机构、代表机构、实体机构开展工作；

（四）提名副秘书长以及各办事机构、分支机构、代表机构和实体机构主要负责人，交理事会或常务理事会决定；

（五）决定办事机构、代表机构、实体机构专职工作人员的聘用；

（六）出席理事会、常务理事会会议；

（七）处理其他日常事务。

第三十二条 监事行使下列职权：

（一）对会员代表大会和理事会的选举、罢免进行监督；

（二）对理事会履行会员代表大会的决议进行监督；

（三）检查协会财务和会计资料，监督理事会遵守法律和章程的情况；

（四）监事列席理事会、常务理事会会议，监事会主席列席会长办公会议，有权提出质询和建议，并应当向登记管理机关以及税务、会计主管部门反映情况；

（五）当会长、副会长、理事和秘书长等管理人员的行为损害协会利益时，要求其予以纠正，必要时向会员代表大会或政府相关部门报告。

监事应当遵守有关法律法规和协会章程，忠实履行职责。

第五章 资产管理、使用原则

第三十三条 本会经费来源：

（一）会费；

（二）捐赠；

（三）政府资助；

（四）在核准的业务范围内开展活动或服务的收入；

（五）利息；

（六）其他合法收入。

第三十四条 本会接受捐赠时，应当遵守法律法规，不得以任何形式进行摊派或变相摊派。

捐赠人、资助人或单位、会员、监事有权向协会查询捐赠财产的使用、管理情况，并提出意见和建议。对于捐赠人、资助人或单位、会员、监事的查询，协会应及时如实答复。

第三十五条 本会经费必须用于本章程规定的业务范围和事业的发展，财产以及其他收入受法律保护，任何单位、个人不得侵占、私分和挪用。

第三十六条 协会会长、副会长、理事、监事、总干事以及工作人员私分、侵占、挪用协会财产的，应当退还，并在会员代表大会上进行检讨；构成犯罪的，依法追究刑事责任。

第三十七条 本会执行国家统一的会计制度，依法进行会计核算、建立健全内部会计监督制度，保证会计资料合法、真实、准确、完整。

本会接受税务、会计主管部门依法实施的税务监督和会计监督。

第三十八条 本会配备具有专业资格的会计人员。会计不得兼任出纳。会计人员必须进行会计核算，实行会计监督。会计人员调动工作或离职时，必须与接管人员办清交接手续。

第三十九条 本会的资产管理必须执行国家规定的财务管理制度，接受会员代表大会和财政部门的监督。资产来源属于国家拨款或者社会捐赠、资助的，必须接受审计机关的监督，并将有关情况以适当方式向社会公布。

第四十条 本会进行年度报告、换届、变更法定代表人以及清算，必须进行财务审计。

第四十一条 本会按照《广东省行业协会条例》规定，于每年3月底前向登记管理机关报送上一年度活动报告、财务报告和本年度的活动安排。

本会建立重大事项报告制度：本会召开大型学术报告会、研讨会、展览会，举办对外交流，与境外民间组织交往，开展业内评比、达标、表彰活动，接受境外及社会捐款等，在活动前向政府相关职能部门和登记管理机关报告并办理相关手续。

第四十二条 本会专职工作人员实行全员聘任制，面向社会公开招聘，并订立劳动合同。其工资和保险、福利待遇，参照国家对事业单位的有关规定执行。

第六章 章程的修改程序

第四十三条 对本会章程的修改，须经理事会表决通过后报会员代表大会审议。

第四十四条 本会修改的章程，须在会员代表大会通过后30日内，报登记管理机关核准后生效。

第七章 终止程序及终止后的财产处理

第四十五条 本会有以下情形之一，应当终止，并由理事会或常务理事会提出注销动议：

（一）完成章程规定的宗旨的；

（二）会员代表大会决议解散的；

（三）协会发生分立、合并的；

（四）无法按照章程规定的宗旨继续开展工作的。

第四十六条 本会终止动议须经会员代表大会表决通过，并报社团登记管理机关审查同意。

第四十七条 本会终止前，须在社团登记管理机关及有关单位指导下成立清算组织，清理债权债务，处理善后事宜。清算期间，不开展清算以外的活动。协会应在清算结束之日起十五日内到登记管理机关办理注销登记手续。

第四十八条 本会经社团登记管理机关办理注销登记手续后即为终止。

第四十九条 本会终止后的剩余财产，在社团登记管理机关的监督下，按照国家有关规定，用于发展与本协会宗旨相关的事业。

第八章 附 则

第五十条 本章程经2012年5月24日第二届会员代表大会表决通过。

第五十一条 本章程的解释权属本会的理事会。

第五十二条 本章程自社团登记管理机关核准之日起生效。

广东旅行社行业协会

【概述】 广东旅行社行业协会成立于2006年12月31日，是由广东省内的旅行社、旅行社集团、各地区性旅行社行业协会、大学旅游院系和与旅行社业相关的经济组织和社团等相关单位，按照平等自愿的原则结成的全省旅行社行业性协会，是非营利性的社会组织，具有独立的社团法人资格。是广东省旅游协会团体会员单位。

【会员情况】 2012年6月广东旅行社行业协会第二届会员代表大会召开，完成第二届理事会换届。广东省旅游局局长、广东省旅游协会会长杨荣森，副局长、副会长周开生出席会议并讲话。现任会长是中国国旅（广东）国际旅行社股份有限公司党委书记、董事总经理谷训才先生。协会会员单位近400家，基本涵括了全省各地市主要的旅行社和旅游公司，以及与旅行社业相关的单位。

《南方日报》讯（记者/蔡华锋）广东旅行社行业协会第二届会员代表大会日前在广州举行，选举产生了新一届会长，广东国旅国际旅行社股份有限公司党委书记、董事总经理谷训才当选为新一届会长，任期四年。

截至目前，广东省旅行社数量已突破1300家，约占全国旅行社总数的5.7%。随着准入门槛的降低，旅行社的数量增长大大提速，旅行社业面临着许多新问题和新困难，如广告投入过高、虚假宣传、导游欺客、购物陷阱等还时有发生，不同程度地影响着行业声誉；外资旅行社试点经营出境游、大型旅游集团资本整合加速、全球性自然灾害及突发事件频发等，这些都给旅行社业的发展带来新的挑战。

新任会长谷训才表示，协会下一步工作计划将首先改换机制、改换思路，认清形势，明确任务和目标；加强协会制度建设，建立成员行为约束机制；在强化对会员服务的同时，着力解决目前旅行社行业面临的经营困难问题、消费者关心的诚信、品质问题，以及提升从业队伍职业技能和素养问题，提高旅行社行业整体经营管理水平，增强我省旅行社行业竞争力，助推我省旅游业发展。

【开展的主要工作】 2012年，广东旅行社行业协会协助政府主管部门对行业进行诚信监管、行业自律，行业调研。协助组织旅行社参加2012中国（广东）旅游产业博览会，推广本地旅游产品，激发民众支持广东本土旅游。积极搭建民间交流的平台，组织业内人士外出学习和考察，推动和提高会员单位的管理水平。为会员的生产采购搭建桥梁，吸引省外和国外的同行为会员单位推介优质旅游产品，加强和优化本地旅行社的资源采购。组织会员积极参加国家旅游局以及地方有关部门的各项法律法规的听证和调研，尤其是在《旅游法》的多次论证和调研中，本协会都组织全省同业积极参与认真讨论充分发表意见，逐条斟酌，认真推敲，提出了很多中肯而有建设性的意见并得到立法机构的采纳，为旅游市场的规范和进步做出了积极的贡献。根据行业内的实际情况确立了行规，明确旅行社必须保障从业人员安全，规避风险，加强旅行社操作流程的规范和监管，保障全体从业人员的安全。为改变小型旅行社的生存状况，积极引进和推广“中小旅行社服务平台”，解决中小旅行社资源采购的瓶颈，帮助他们生产和管理得到更大的提升。本协会正积极筹备“旅行社等级评定”和“旅行社优质旅游产品评定”的工作，将力推旅行社行业的管理水平和优质服务更上新的台阶。

【组织架构】

会　长：

谷训才　中国国旅（广东）国际旅行社股份有限公司董事总经理

副会长：

艾启洪　广东省中国旅行社股份有限公司总裁
卢建旭　广州广之旅国际旅行社股份有限公司董事长
钟永明　中山市青年国际旅行社有限公司董事长
臧　熠　广东铁青国际旅行社有限责任公司总经理
赵　祁　广东南湖国际旅行社有限责任公司董事长
吴　斌　深圳中国国际旅行社有限公司董事长
胡文强　广东省拱北口岸中国旅行社有限公司总经理
饶丹茹　汕头市旅游总公司常务总经理
陈冀凯　东莞市国际旅行社有限公司董事长
王子乐　中山中国国际旅行社有限公司总经理
杜修远　佛山市禅之旅国际旅行社有限公司总经理
罗红霞　清远市国旅国际旅行社有限责任公司董事长
沈泽朋　潮州市中国旅行社有限公司总经理
李协居　广东省中国青年旅行社总经理
李木胜　深圳市海外国际旅行社有限公司总经理
梁曼霞　中山菊城假期国际旅行社有限公司总经理

监事长：

林栋礼　江门市大方旅游国际旅行社有限公司总经理

监　事：

杨俊山　广东中妇旅国际旅行社有限责任公司执行总经理
陈佩芳　佛山市口岸国际旅行社有限公司总经理

秘书长：

郑文丽　广东旅行社行业协会秘书长

附件

广东旅行社行业协会章程

第一章　总　则

第一条　本协会名称为广东旅行社行业协会，英文名称为 Guangdong Travel Services Association（简称 GDTSA）。

第二条　本协会是由广东省内的旅行社、旅行社集团、各地区性旅行社行业协会、大学旅游院校和与旅行社业相关的经济组织和社团等相关单位，按照平等自愿的原则结成的全省旅行社行业性协会，是非营利性的社会组织，具有独立的社团法人资格。

第三条　本协会的宗旨是：遵守国家的宪法、法律、法规和有关政策，遵守社会道德风尚，维护市场秩序和公平竞争，代表和维护广东省旅行社行业的共同利益，维护会员的合法权益，在政府有关部门的指导下，为会员服务，为行业服务，在政府与会员之间发挥桥梁和纽带作用，为旅行社业的健康发展做出积极贡献。

第四条　本协会接受社团管理机关广东省民政厅的监督管理，接受广东省旅游局等省政府相关职能部门的业务指导。

第五条　本会的活动地域为广东省。

第六条　本会的住所设在广东省广州市。

第二章　业务范围

第七条　本协会的业务范围是：为行业和会员提供服务，反映行业和会员诉求，规范行业和会员行为；根据需要从事下列活动：

（一）组织旅游市场开拓，发布市场信息，编辑旅行社专业刊物，开展行业调查、评估论证、培训、咨询、展览展销等服务，开展国内、国际相关考察、交流活动；

（二）协调会员之间、会员与非会员之间、会员与消费者之间涉及经营活动的争议；

（三）代表旅行社行业内相关经济组织提出相关调查或者采取保障措施的申请，协助政府及其部门完成相关调查，组织协调旅行社行业企业参与相应的国际应诉活动；

（四）接受与旅行社行业利益有关的政策的论证咨询，提出相关建议，维护会员和行业的合法权益；

（五）参与行业性集体谈判，提出涉及会员和行业利益的意见和建议；

（六）参与旅行社行业标准的论证，建立规范行业和会员行为的机制；

（七）加强会员和行业自律，依法开展行业发牌认证、评优评奖，促进会员诚信经营，维护会员和行业公平竞争；

（八）组织会员学习贯彻国家有关旅游业和旅行社行业的法律、法规和政策；

（九）开展国家有关法律、法规和政策允许范围内的业务，承办政府及其工作部门授权或者委托的其他工作。

第三章　会　员

第八条　本会的会员为本行业的经济组织、相关院校和社团单位，本会接纳团体会员，不接纳个人会员。

第九条　申请加入本会的会员，必须具备下列条件：

（一）拥护本协会的章程；

（二）有加入本协会的意愿；

（三）在本行业领域内具有一定的影响；

（四）应持有工商营业执照等相关证件。

第十条　会员入会的程序是：

（一）提交入会申请书；

（二）经理事会讨论通过；

（三）办理会员入会手续；

（四）由理事会或理事会授权的机构发给会员证。

第十一条　会员享有下列权利：

（一）出席或会员大会（或会员代表大会），参加协会活动、接受协会提供的服务；

（二）选举权、被选举权和表决权；

（三）获得本协会服务的优先权；

（四）对本协会工作的提议案权、建议权和监督权；

（五）当遇到重大困难时，有请求本协会提供帮助（如涉及调解、诉讼等）的权利；

（六）入会自愿、退会自由。

第十二条　会员履行下列义务：

（一）遵守本会章程；

（二）执行本会的决议；

（三）按规定交纳会费；

（四）维护本会及本行业的合法权益；

（五）完成本会交办的工作；

（六）向本会反映情况，提供有关资料；

（七）不组织、不参与有损本协会和其他会员的一切活动。

第十三条　会员缴纳会费的标准：

（一）会长单位每年缴纳会费30000元；

（二）副会长单位每年缴纳会费10000元；

（三）常务理事单位每年缴纳会费3000元；

（四）理事单位每年缴纳会费2000元；

（五）一般会员单位每年缴纳会费1000元。

第十四条　会员退会应书面通知本协会，并交回会员证。会员一年不交纳会费或不参加本协会活动的，视为自动退会。

第十五条　会员如不遵守本协会章程，将由本协会提出批评、教育；如有严重违反本章程的行为，经会员大会（或会员代表大会）表决通过，予以除名。

第四章　组织机构和负责人的产生、罢免

第十六条　本会由会员组成会员大会（或会员代表大会）。会员大会（或会员代表大会）是本协会的最高权力机构，依照国家法律、法规和本协会章程的规定行使职权。

第十七条　会员代表大会行使下列职权：

（一）决定协会在法律、法规规定范围内的业务范围和工作职能；

（二）选举或者罢免会长、副会长、理事、监事；

（三）审议理事会、监事会的年度工作报告、年度财务预决算方案；

（四）审议理事会对会员除名的提议；

（五）对协会变更、解散和清算等事项作出决议；

（六）改变或者撤销理事会不适当的决定；

（七）制订或修改章程、组织机构的选举办法；

（八）决定终止事宜；

（九）决定其他重大事宜。

第十八条　会员代表大会每届四年。因特殊情况需提前或延期换届的，须由理事会表决通过，报经社团登记管理机关批准同意。但延期换届最长不超过一年。会员大会（或会员代表大会）每年至少召开一次会议，理事会认为有必要或者五分之一以上的会员提议，可以召开临时会员大会（或会员代表大会）。

第十九条　会员大会（或会员代表大会）必须有全体会员（或会员代表大会）的三分之二以上出席，其决议应当由全体会员（会员代表）的过半数通过。

会员大会（或会员代表大会）应当对所议事项的决定作会议记录，并向会员公告。

第二十条　本会设理事会。理事会为会员大会（或会员代表大会）的常设机构，在会员大会（或会员代表大会）闭会期间，依照会员大会（或会员代表大会）的决议和协会章程的规定履行职责。

第二十一条　理事会的职权是：

（一）筹备和召集会员大会（或会员代表大会），并向会员代表大会报告工作；

（二）执行会员大会（或会员代表大会）的决议；

（三）决定协会具体的工作业务；

（四）制订协会的年度财务预算方案、决算方案；

（五）制订协会增加或者减少注册资金的方案；

（六）拟订协会变更、解散和清算等事项的方案；

（七）决定协会各内部机构的设置，并领导协会内部各机构开展工作；

（八）决定新申请人的入会和对会员的处分，提议对会员的除名；

（九）根据秘书长提名，聘任或者解聘副秘书长和协会办事机构、分支机构、代表机构主要负责人，决定其报酬事项；

（十）制定协会内部管理制度；

（十一）协会章程规定的其他事项。

第二十二条 理事会每半年至少召开一次会议（情况特殊的，也可采用通讯形式召开）。理事会须有过半数的理事出席方能召开，其决议须经全体理事过半数表决通过方能生效。理事会应当对决议形成会议纪要，并向全体理事公告。

理事会会议由会长召集和主持；会长因特殊原因不能履行职务时，由会长委托副会长或者秘书长召集和主持。三分之一以上理事可以提议召开理事会。

第二十三条 本会设立常务理事会，由理事会选举产生。常务理事会对理事会负责。常务理事会由会长、副会长、常务理事和秘书长组成。常务理事会在理事会闭会期间，经理事会授权可以行使本章程第二十条规定的部分职权。常务理事会至少三个月召开一次会议；情况特殊（不含无记名投票表决事项）的也可采用通讯形式召开。常务理事会作出的决议，必须有半数以上的常务理事通过。

常务理事会应当对所议事项的决定作会议记录。

第二十四条 本会设立分支机构、代表机构的规则、程序：

（一）由本协会秘书处提出设立分支机构的具体方案；

（二）将具体方案提交会长办公会议讨论通过；

（三）将通过后的具体方案提交理事会审议批准；

（四）报社会团体登记管理机关审批。

第二十五条 本会设立监事会，由会员代表大会选举产生。监事任期与理事任期相同，期满可以连任。

会长、副会长、理事、秘书长不得兼任监事。

第二十六条 本会的会长、副会长、秘书长、监事必须具备下列条件：

（一）坚持党的路线、方针、政策、政治素质好；

（二）在本行业领域内有较大影响，热心协会工作；

（三）会长、副会长、秘书长当选年龄最高不得超过65周岁；

（四）身体健康，能坚持正常工作；

（五）会长、副会长为所在企业总经理、（院校校长、社团会长）；

（六）未受到任何刑事处罚；

（七）具有完全民事行为能力。

第二十七条 本会的秘书长为专职，采用公开聘任制，秘书长由会长提名，经会长办公会议讨论，报理事大会通过后聘任。

秘书长和会长不能在同一单位中产生。会长不得兼任秘书长。

第二十八条 本会设会长一人，副会长若干人。会长为本行业协会的法定代表人，本会法定代表人不得兼任其他社会团体的法定代表人。

第二十九条 本会会长每届任期四年，会长单位连任不得超过两届。

第三十条 本会会长行使下列职权：

（一）召集和主持理事会（或常务理事会）会议；

（二）检查会员代表大会、理事会（或常务理事会）决议的落实情况；

（三）代表本协会签署有关重要文件；

（四）审核签批各项费用支出。

第三十一条 本会副会长、秘书长在会长领导下开展工作，秘书长对理事会负责。秘书长为专职，行使下列职权：

（一）主持办事机构开展日常工作；

（二）组织制定、实施年度工作计划和预算、决算；

（三）协调各分支机构、代表机构、实体机构开展工作；

（四）提名副秘书长以及各办事机构、分支机构、代表机构和实体机构主要负责人，交理事会或常务理事会决定；

（五）提名（或除名）办事机构、代表机构、实体机构专职工作人员的聘用；

（六）列席理事会、常务理事会会议；

（七）处理其他日常事务。

第三十二条 监事行使下列职权：

（一）对会员大会（或会员代表大会）和理事会的选举、罢免进行监督；

（二）对理事会履行会员大会（或会员代表大会）的决议进行监督；

（三）检查协会财务和会计资料，监督理事会遵守法律和章程的情况；

（四）监事列席理事会、常务理事会会议，监事会主席列席会长办公会议，有权向理事会、常务理事会提出质询和建议，并应当向登记管理机关以及税务、会计主管部门反映情况；

（五）当会长、副会长、理事和秘书长等管理人员的行为损害协会利益时，要求其予以纠正，必要时向会员代表大会或政府相关部门报告。

监事应当遵守有关法律法规和协会章程，忠实履行职责。

第五章　资产管理、使用原则

第三十三条 本会经费来源：

（一）会费；

（二）捐赠；

（三）政府资助；

（四）在核准的业务范围内开展活动或服务的收入；

（五）利息；

（六）其他合法收入。

第三十四条　本会接受捐赠时，应当遵守法律法规，不得以任何形式进行摊派或变相摊派。

捐赠人、资助人或单位、会员、监事有权向协会查询捐赠财产的使用、管理情况，并提出意见和建议。对于捐赠人、资助人或单位、会员、监事的查询，协会应及时如实答复。

第三十五条　本会经费必须用于本章程规定的业务范围和事业的发展，财产以及其他收入受法律保护，任何单位、个人不得侵占、私分和挪用。

第三十六条　协会会长、副会长、理事、监事、秘书长以及工作人员私分、侵占、挪用协会财产的，应当退还，并在会员代表大会上进行检讨；构成犯罪的，依法追究刑事责任。

第三十七条　本会执行国家统一的会计制度，依法进行会计核算、建立健全内部会计监督制度，保证会计资料合法、真实、准确、完整。

本会接受税务、会计主管部门依法实施的税务监督和会计监督。

第三十八条　本会配备具有专业资格的会计人员。会计不得兼任出纳。会计人员必须进行会计核算，实行会计监督。会计人员调动工作或离职时，必须与接管人员办清交接手续。

第三十九条　本会的资产管理必须执行国家规定的财务管理制度，接受会员大会（或会员代表大会）和财政部门的监督。资产来源属于国家拨款或者社会捐赠、资助的，必须接受审计机关的监督，并将有关情况以适当方式向社会公布。

第四十条　本会进行年度报告、换届、变更法定代表人以及清算，必须进行财务审计。

第四十一条　本会按照《广东省行业协会条例》规定，于每年3月底前向登记管理机关报送上一年度活动报告、财务报告和本年度的活动安排。

本会建立重大事项报告制度：本会召开大型学术报告会、研讨会、展览会，举办对外交流，与境外民间组织交往，开展业内评比、达标、表彰活动，接受境外及社会捐款等，在活动前向政府相关职能部门和登记管理机关报告并办理相关手续。

第四十二条　本会专职工作人员实行全员聘任制，面向社会公开招聘，并订立劳动合同。其工资和保险、福利待遇，参照国家对事业单位的有关规定执行。

第六章　章程的修改程序

第四十三条　对本会章程的修改，须经常务理事会、理事会表决通过后报会员大会（或会员代表大会）审议。

第四十四条　本会修改的章程，须在会员大会（或会员代表大会）通过后30日内，报登记管理机关核准后生效。

第七章　终止程序及终止后的财产处理

第四十五条　本会有以下情形之一，应当终止，并由理事会或常务理事会提出注销动议：

（一）完成章程规定的宗旨的；

（二）会员大会（或会员代表大会）决议解散的；

（三）协会发生分立、合并的；

（四）无法按照章程规定的宗旨继续开展工作的。

第四十六条　本会终止动议须经会员大会（或会员代表大会）表决通过，并报社团登记管理机关审查同意。

第四十七条　本会终止前，须在社团登记管理机关及有关单位指导下成立清算组织，清理债权债务，处理善后事宜。清算期间，不开展清算以外的活动。协会应在清算结束之日起十五日内到登记管理机关办理注销登记手续。

第四十八条　本会经社团登记管理机关办理注销登记手续后即为终止。

第四十九条　本会终止后的剩余财产，在社团登记管理机关的监督下，按照国家有关规定，用于发展与本协会宗旨相关的事业。

第八章　附　则

第五十条　本章程经2012年6月21日会员代表大会表决通过。

第五十一条　本章程的解释权属本会的理事会。

第五十二条　本章程自社团登记管理机关核准之日起生效。

广东温泉行业协会

【概述】 广东温泉行业协会成立于2007年5月17日，是由广东温泉旅游行业、大学相关院系及相关行业的社会组织、企事业单位，是按照平等自愿的原则结成的全省温泉行业性协会，具有独立的社团法人资格。是广东省旅游协会团体会员单位。

【会员情况】 广东温泉行业协会会长由港中旅（珠海）海洋温泉有限公司董事长刘凤波兼任，秘书长为广东省旅游协会副秘书长张建彬。设会长单位1家，副会长单位14家，监事长1家，监事2家，理事43家，会员超过100家，协会会员数量占全行业90%以上。

【开展的主要工作】 2012年，广东温泉行业协会成功承办第七届广东国际温泉旅游节。温泉节期间，对外发布《2012广东温泉旅游调研报告》。报告总结全省温泉旅游业发展状况及存在问题，为省政府及相关部门出台相关政策提供参考依据，为温泉企业转型升级提供指导。对会员反映关于矿产资源保证金一事进行专题研究和评估，并向广东省国土资源厅递交《关于温泉行业对〈广东省矿山自然生态环境治理恢复保证金管理办法（试行）〉的反映情况说明》，请省国土资源厅考虑调整。加强“泉在广东”宣传推广，创办《温泉》杂志，组织全省温泉企业参加厦门第八届海峡两岸旅游博览会、2012中国（广东）旅游产业博览会、赴湖南长沙开展温泉业务推广联谊活动等。

【全国温泉服务分技术委员会落户广东】 2012年9月27日，国家标准委印发《关于成立全国服务标准化技术委员会温泉服务分技术委员会的批复》，同意成立全国服务标准化技术委员会温泉服务分技术委员会（SAC/TC 264/SC3），秘书处由广东省珠海市质量技术监督标准与编码所承担。全国服务标准化技术委员会第一届温泉服务分技术委员会由31名委员组成，彭青任主任委员，李扬任委员兼秘书长。

全国温泉服务分技术委员会是中国在温泉服务专业领域从事标准化工作的技术组织，主要负责研究制订国家温泉服务标准化规划和年度计划，提出符合温泉服务科学健康发展的标准化工作方针、政策和技术措施，组织制定温泉服务标准体系表，提出制（修）定温泉服务国家标准和行业标准等。

截至2012年年底，广东探明温泉资源300多处，其中开发利用200多处，占全国已开发温泉资源的1/3。仅2011年广东温泉接待游客量达2000多万人次，总收入1997亿元，比上年增长28.4%，温泉旅游已成为广东旅游业的支柱。

广东省温泉旅游企业通过标准化手段提升企业管理水平和服务质量。如珠海御温泉度假村2006年主导制定国内首个温泉旅游服务地方标准《温泉旅游服务规范》（DB44/T 297—2006），2009年又联合江苏、浙江、安徽、重庆、贵阳和深圳等地6家企业共同制定中国第一个温泉产业联盟标准——《温泉服务质量监测规范》，该联盟标准为温泉服务质量监测明确监督检查制度，并扩大标准的辐射力与影响力，被批准立项为广东省地方标准；2011年3月珠海御温泉度假村还被确认为AAAA级“标准化良好行为企业”。同年9月正式成为首个同时通过国家级暨广东省级服务业标准化双试点企业，通过标准化和精细化管理，管理水平和服务质量得到明显提升。

（资料来源：中国质量新闻网消息）

【组织架构】
会　长：
刘凤波　港中旅（珠海）海洋温泉有限公司董事长

副会长（排名不分先后，共14个单位）：
姜忠平　碧水湾温泉度假村总经理
张本川　广东温泉宾馆总经理
阮　新　韶关曹溪温泉假日度假村有限公司副总经理
周晓洲　惠州龙门县地派温泉度假村董事总经理
梁瑞廉　恩平锦江温泉有限公司董事长
郑坚明　恩平帝都温泉旅游区董事长
韩　明　江门古兜温泉综合度假区董事长
程卫强　阳江温泉度假村董事长
陈　龙　湛江海滨宾馆蓝月湾温泉董事长
陆东明　河源御临门温泉度假村总经理
文　飞　聚龙湾天然温泉度假村总经理
吴绍罩　新兴金水台温泉有限公司董事长
李　皓　港中旅（珠海）海洋温泉有限公司总裁
罗英喜中信惠州汤泉温泉度假村总经理

监事长：
欧国良　乳源丽宫国际温泉酒店总经理

监　事：
广州海森渡假温泉建造管理有限公司
广州番禺潮流水上乐园建造有限公司

秘书长：
张建彬　广东省旅游协会副秘书

附件

广东温泉行业协会章程

第一章　总　则

第一条　本会的名称为广东温泉行业协会，英文名称为 Guangdong Hot Spring&SPA Association（简称 GDHSA）。

第二条　本协会是由广东省内的温泉企业、大学相关院系及相关行业的社会组织、企事业单位，按照平等自愿的原则结成的全省温泉行业性协会，具有独立的社团法人资格。

第三条　本会的宗旨是遵守宪法、法律、法规和国家政策，遵守社会道德风尚。根据国家和广东省关于发展温泉业、旅游业的方针政策和有关法律、法规，研究探索广东省温泉发展中的有关问题，包括温泉旅游、水疗、香熏、养生等，积极开展广东温泉行业的宣传推广、市场开发、人才培训、经验交流工作，逐步建立广东温泉行业标准，竭力为会员服务，为行业服务，在政府和会员之间发挥桥梁和纽带作用，促进广东温泉产业健康、有序、可持续发展。

第四条　本会接受社团管理机关广东省民政厅的监督管理，接受广东省旅游局等省政府相关职能部门的业务指导。

第五条　本会的活动地域为广东省。

第六条　本会会址设在广东省广州市。

第二章　业务范围

第七条　本协会的业务范围是：为行业和会员提供服务，反映行业和会员诉求，规范行业和会员行为；根据需要从事下列活动：

（一）组织旅游市场开拓，发布市场信息，编辑温泉专业刊物，开展行业调查、培训、咨询、展览展销等服务，开展国内、国际相关考察、交流活动；

（二）协调会员之间、会员与非会员之间、会员与消费者之间涉及经营活动的争议；

（三）代表温泉行业内相关经济组织提出相关调查或者采取保障措施的申请，协助政府及其部门完成相关调查，组织协调温泉企业参与相应的国际应诉活动；

（四）接受与温泉行业利益有关的政策的论证咨询，提出相关建议，维护会员和行业的合法权益；

（五）参与行业性集体谈判，提出涉及会员和行业利益的意见和建议；

（六）参与温泉行业标准的论证，建立规范行业和会员行为的机制；

（七）加强会员和行业自律，依法开展行业发牌认证、评优评奖，促进会员诚信经营，维护会员和行业公平竞争；

（八）组织会员学习贯彻国家有关旅游业和温泉行业的法律、法规和政策；

（九）开展国家有关法律、法规和政策允许范围内的业务，承办政府及其工作部门授权或者委托的其他工作。

第三章　会　员

第八条　本会的会员为本行业的经济组织和社团单位，本会接纳团体会员，不接纳个人会员。

第九条　申请加入本会的会员，必须具备下列条件：

（一）拥护本会的章程；

（二）有加入本会的意愿；

（三）在本行业领域内具有一定的影响；

（四）应持有工商营业执照等相关证件。

第十条　会员入会的程序是：

（一）提交入会申请书；

（二）经理事会讨论通过；

（三）办理会员登记手续，交纳会费；

（四）由理事会或理事会授权的机构发给会员证。

第十一条　会员享有下列权利：

（一）出席会员大会，参加协会活动、接受协会提供的服务；

（二）选举权、被选举权和表决权；

（三）获得本会服务的优先权；

（四）对本会工作的提议案权、建议权和监督权；

（五）当遇到重大困难时，有请求本协会提供帮助（如涉及调解、诉讼等）的权利；

（六）入会自愿、退会自由。

第十二条　会员履行下列义务：

（一）遵守本会章程；

（二）执行本会的决议；

（三）按规定交纳会费；

（四）维护本会及本行业的合法权益；

（五）完成本会交办的工作；

（六）向本会反映情况，提供有关资料；

（七）积极参加协会组织的活动；

（八）接受本会的评议和调解。

第十三条 会员缴纳会费的标准：

（一）会长单位每年缴纳会费35000元；

（二）副会长单位每年缴纳会费20000元；

（三）监事长单位每年缴纳会费20000元；

（四）理事单位（含监事单位）每年缴纳会费3000元；

（五）一般会员单位每年缴纳会费2000元。

第十四条 会员退会应书面通知本行业协会，并交回会员证。会员1年不交纳会费或不参加本行业协会活动的，视为自动退会。

第十五条 会员如不遵守本行业协会章程，将由本行业协会提出批评、教育；如有严重违反本章程的行为，经会员大会表决通过，予以除名。

第四章 组织机构和负责人的产生、罢免

第十六条 本会由会员组成会员大会。会员大会是本协会的最高权力机构，依照国家法律、法规和本协会章程的规定行使职权。

第十七条 会员大会行使下列职权：

（一）决定协会在法律、法规规定范围内的业务范围和工作职能；

（二）选举或者罢免会长、副会长、秘书长、理事、监事；

（三）审议理事会、监事会的年度工作报告、年度财务预决算方案；

（四）审议理事会对会员除名的提议；

（五）对协会变更、解散和清算等事项作出决议；

（六）改变或者撤销理事会不适当的决定；

（七）制定或修改章程、组织机构的选举办法；

（八）决定终止事宜；

（九）决定其他重大事宜。

第十八条 会员大会每届三年。因特殊情况需提前或延期换届的，须由理事会表决通过，报经社团登记管理机关批准同意。但延期换届最长不超过一年。会员大会每两年至少召开一次会议，理事会认为有必要或者五分之一以上的会员提议，可以召开临时会员大会。

第十九条 会员大会必须有全体会员的三分之二以上出席；其决议应当由参会会员的过半数通过。

会员大会应当对所议事项的决定作会议纪要，并向会员公告。

第二十条 本会设理事会。理事会为会员大会的常设机构，在会员大会闭会期间，依照会员大会的决议和协会章程的规定履行职责。

第二十一条 理事会的职权是：

（一）筹备和召集会员大会，并向会员大会报告工作；

（二）执行会员大会的决议；

（三）决定协会具体的工作业务；

（四）制订协会的年度财务预算方案、决算方案；

（五）制订协会增加或者减少注册资金的方案；

（六）拟订协会变更、解散和清算等事项的方案；

（七）决定协会各内部机构的设置，并领导协会内部各机构开展工作；

（八）决定新申请人的入会和对会员的处分，提议对会员的除名；

（九）根据秘书长提名，聘任或者解聘副秘书长和协会办事机构、分支机构、代表机构主要负责人，决定其报酬事项；

（十）制定协会内部管理制度；

（十一）协会章程规定的其他事项。

第二十二条 理事会每半年至少召开一次会议（情况特殊的，也可采用通信形式召开）。理事会须有过半数的理事出席方能召开，其决议须经全体理事过半数表决通过方能生效。理事会应当对决议形成会议纪要，并向全体理事公告。

理事会会议由会长召集和主持；会长因特殊原因不能履行职务时，由会长委托副会长或者秘书长召集和主持。三分之一以上理事可以提议召开理事会。

第二十三条 本会设立常务理事会，由理事会选举产生。常务理事会对理事会负责。常务理事会由会长、副会长、常务理事和秘书长组成。常务理事会在理事会闭会期间，经理事会授权可以行使本章程第二十二条规定的除第九项以外的职权。常务理事会至少三个月召开一次会议；情况特殊的也可采用通信形式召开。常务理事会作出的决议，必须有半数以上的常务理事通过。

常务理事会应当对所议事项的决定作会议记录。

第二十四条 本会设立分支机构、代表机构的规则、程序：

（一）由本行业协会秘书处提出设立分支机构的具体方案；

（二）将具体方案提交会长办公会议讨论通过；

（三）将通过后的具体方案提交理事会审议批准；

（四）报社会团体登记管理机关审批。

第二十五条 本会设立监事会，由会员大会选举产生。监事会任期与理事会任期相同，期满可以连任。

会长、副会长、理事、秘书长不得兼任监事。

第二十六条 本会的会长、副会长、秘书长、监事必须具备下列条件：

（一）坚持党的路线、方针、政策，遵守国家法律法规；

（二）在本行业领域内有较大影响；

（三）会长、副会长、秘书长最高任职年龄不得超过70周岁，秘书长为专职；

（四）身体健康，能坚持正常工作；

（五）未受到任何刑事处罚；

（六）具有完全民事行为能力。

第二十七条 本会的秘书长采用聘任制，秘书长和会长不能在同一企业中产生。会长不得兼任秘书长。

第二十八条 本会设会长一人，副会长若干人。会长为本行业协会的法定代表人，本会法定代表人不得兼任其他社会团体的法定代表人。

第二十九条 本会会长、副会长、秘书长每届任期三年，连任不得超过两届。因特殊情况需要延长任期的，须经会员代表大会半数以上会员代表表决通过，经社团登记管理机关批准同意后方可任职。

第三十条 本会会长行使下列职权：

（一）召集和主持理事会（或常务理事会）会议；

（二）检查会员大会、理事会（或常务理事会）决议的落实情况；

（三）代表本协会签署有关重要文件；

（四）监督、指导秘书处开展日常工作；

（五）其他应由会长和法定代表人行使的职权。

第三十一条 本会副会长、秘书长在会长领导下开展工作，秘书长对理事会负责。秘书长为专职，行使下列职权：

（一）主持办事机构开展日常工作，组织实施年度工作计划；

（二）组织制定、实施年度工作计划和预算、决定；

（三）协调各分支机构、代表机构、实体机构开展工作；

（四）提名副秘书长以及各办事机构、分支机构、代表机构和实体机构主要负责人，交理事会或常务理事会决定；

（五）提名办事机构、代表机构、实体机构专职工作人员的聘用，报会长批准；

（六）处理其他日常事务；

（七）定期向会长、副会长、常务理事会报告协会工作情况。

第三十二条 监事会行使下列职权：

（一）对会员大会和理事会的选举、罢免进行监督；

（二）对理事会履行会员大会的决议进行监督；

（三）检查协会财务和会计资料，监督理事会遵守法律和章程的情况；

（四）监事列席理事会、常务理事会会议，监事会主席列席会长办公会议，有权向理事会、常务理事会提出质询和建议，并应当向登记管理机关以及税务、会计主管部门反映情况；

（五）当会长、副会长、理事和秘书长等管理人员的行为损害协会利益时，要求其予以纠正，必要时向会员代表大会或政府相关部门报告。

监事应当遵守有关法律法规和协会章程，忠实履行职责。

第五章　资产管理、使用原则

第三十三条 本会经费来源：

（一）会费；

（二）捐赠；

（三）政府资助；

（四）在核准的业务范围内开展活动或服务的收入；

（五）利息；

（六）其他合法收入。

第三十四条 本会接受捐赠时，应当遵守法律法规，不得以任何形式进行摊派或变相摊派。

捐赠人、资助人或单位、会员、监事有权向协会查询捐赠财产的使用、管理情况，并提出意见和建议。对于捐赠人、资助人或单位、会员、监事的查询，协会应及时如实答复。

第三十五条 本会经费必须用于本章程规定的业务范围和事业的发展，财产以及其他收入受法律保护，任何单位、个人不得侵占、私分和挪用。

第三十六条 协会会长、副会长、理事、监事、秘书长以及工作人员私分、侵占、挪用协会财产的，应当退还，并在会员大会上进行检讨；构成犯罪的，依法追究刑事责任。

第三十七条 本会执行国家统一的会计制度，依法进行会计核算、建立健全内部会计监督制度，保证会计资料合法、真实、准确、完整。

本会接受税务、会计主管部门依法实施的税务监督和会计监督。

第三十八条 本会配备具有专业资格的会计人员。会计不得兼任出纳。会计人员必须进行会计核算，实行会计监督。会计人员调动工作或离职时，必须与接管人员办清交接手续。

第三十九条 本会的资产管理必须执行国家规定的财务管理制度，接受会员大会和财政部门的监督。资产来源属于国家拨款或者社会捐赠、资助的，必须接受审计机关的监督，并将有关情况以适当方式向社会公布。

第四十条 本会进行年度报告、换届、变更法定代表人以及清算，必须接受登记管理机关组织的财务审计。

第四十一条 本会按照《广东省行业协会条例》规定，于每年3月底前向登记管理机关报送上一年度活动报告、财务报告和本年度的活动安排。

本会建立重大事项报告制度：本会召开大型学术报告会、研讨会、展览会，举办对外交流，与境外民间组织交往，开展业内评比、达标、表彰活动，接受境外及社会捐款等，在活动前向政府相关职能部门和登记管理机关报告并办理相关手续。

第四十二条 本会专职工作人员实行全员聘任制，面向社会公开招聘，并订立劳动合同。其工资和保险、福利待遇，参照国家对事业单位的有关规定执行。

第六章 章程的修改程序

第四十三条 对本会章程的修改，须经理事会表决通过后报会员大会审议。

第四十四条 本会修改的章程，须在会员大会通过后30日内，报登记管理机关核准后生效。

第七章 终止程序及终止后的财产处理

第四十五条 本会有以下情形之一，应当终止，并由理事会或常务理事会提出注销动议：

（一）完成章程规定的宗旨的；

（二）会员大会决议解散的；

（三）协会发生分立、合并的；

（四）无法按照章程规定的宗旨继续开展工作的。

第四十六条 本会终止动议须经会员大会表决通过，并报社团登记管理机关审查同意。

第四十七条 本会终止前，须在社团登记管理机关及有关单位指导下成立清算组织，清理债权债务，处理善后事宜。清算期间，不开展清算以外的活动。协会应在清算结束之日起十五日内到登记管理机关办理注销登记手续。

第四十八条 本会经社团登记管理机关办理注销登记手续后即为终止。

第四十九条 本会终止后的剩余财产，在社团登记管理机关的监督下，按照国家有关规定，用于发展与本协会宗旨相关的事业。

第八章 附 则

第五十条 本章程经2012年10月28日会员代表大会表决通过。

第五十一条 本章程的解释权属本会的理事会。

第五十二条 本章程自社团登记管理机关核准之日起生效。

广东省自驾旅游协会

【概述】 广东省自驾旅游协会成立于2007年4月19日，是经广东省民政厅批准成立的中国第一家省级自驾旅游协会，是广东省旅游协会团体会员单位，由广东省旅游局主管。

【开展的主要工作】 2012年，广东省自驾旅游协会策划组织“2012广东自驾旅游节”10场省内主题推广活动，包括：2月4日，与新丰县联合举办“2012广东新丰樱花节”千人盘菜宴；6月27日，与英德市旅游局联合举办《2012英德市旅游产业发展论坛》，并为英德市颁发首个广东自驾游目的地试验区；7月21日，携手广东自驾潮女组织60辆车走进连南爱心助学；8月24日，与新丰县政府联合举办《2012新丰佛手瓜节》并助力新丰向全省推广佛手瓜；9月14~16日，在2012广东国际旅游产业博览会期间携手南湖国旅等多家机构推出粤行天下联合展区；10月20日，与从化市旅游局及从化世外葡园联合举办“开着房车去旅行”系列活动启动仪式并组织120多辆车前往从化自驾游；11月9日，携手南沙区横沥镇举办2012广东甜玉米旅游文化节；12月8日，携手中山市旅游局和三乡镇人民政府联合举办“百万车友游中山·趣味到镇”主题活动并组织130辆车前往参与；12月25日，与深圳罗湖区政府合作举办“2012圣诞拥军活动”及“时尚罗湖圣诞狂欢嘉年华”活动，吸引省内28辆哈雷、宝马、杜卡迪等顶级摩托机车及省内数百位车友参与晚会；12月31日，联合和平县人民政府及热龙温泉度假村举办2013迎新倒数嘉年华·蒙古风情狂欢夜主题晚会，吸引全省500多位车友参与并体验全球首创5D水秀梦境项目。

完成广东省内50个自驾游服务网点及广州1850创意园积木会馆、从化名车会所、萝岗天马行会所、深圳启程会馆、中山优雅自驾游会所、惠州会馆等珠三角6个城市会所建设，并与100家车友会、俱乐部、合作单位建立点对点合作关系，珠三角客源城市服务体系基本成型。

组织广东自驾旅游考察团前往广西、湖南、福建等地考察交流，联结50多个国内同业并达成合作意向：分别与福建、浙江、河南、四川、云南省5家省级自驾旅游协会，厦门、中山、长沙、昆明、泉州市自驾旅游协会和海南博鳌、台湾、香港等50多个机构、目的地达成2013年度合作意向。

组织老挝自驾游采风、百车跨国越南自驾游等国际交流活动，与越南、老挝、泰国、马来西亚、墨西哥、美国达成跨国自驾游客源互送协议，尝试走出国门并引客入粤。

【组织架构】

会　　长：钟戈鸣

常务副会长：李进茂

副　会　长：李招培　武旭峰　陈文君　张伟强　丁月华　陈彩安　缪韶清

秘　书　长：李招培

执行秘书长：李致君

副秘书长：景小华　谢　军　袁　忠　卢　遥　孙大伟　钟一鸣　卢　伟　王兴有　邓　忠　张启慧

监　事　长：胡见阳

监　　事：骆若愚　黄映延

广东省游艇旅游协会

【概述】　广东省游艇旅游协会成立于2012年9月20日，是广东省游艇旅游企业、游艇及零部件生产企业、游艇租赁企业、游艇俱乐部、区域性游艇旅游协会、游艇科研、教育机构与游艇业务有关的其他组织，在平等自愿的基础上组成的行业性、非营利性的社会组织，具有独立的社团法人资格。是广东省旅游协会团体会员单位。

【会员及开展的工作情况】　2012年9月20日，广东省游艇旅游协会第一届会员代表大会在广州南沙游艇会召开，南沙游艇会董事长霍启山先生被推举为创会名誉会长，南沙游艇会被推选为会长单位，珠海太阳鸟游艇制造有限公司被推选为监事长单位。参与《广东省游艇旅游管理办法》制定，组织行业企业参加2012中国（广东）国际旅游产业博览会，组团赴澳大利亚考察游艇旅游业，协办广州南沙、深圳大梅沙国际游艇展览会。

【广东省海上休闲旅游启动仪式暨2012广州南沙湾国际游艇博览会】　（参见“总述”类目，第52页）

【组织架构】

名誉会长：

霍启山　广州市南沙游艇会管理有限公司董事长

会　长：

钟　彦　广州南沙开发建设有限公司副总裁

监事长：

李白银　珠海太阳鸟游艇制造有限公司总经理

副会长：

张道武　广东省航运集团有限公司副总经理
杨　军　深圳市万科酒店管理有限公司副总经理（深圳浪骑游艇会）
孙灿华　中山大飞洋游艇设备有限公司总经理
黄鸿照　盛世游艇会（中山）有限公司董事总经理
单大伟　深圳市游艇帆船行业协会会长
关　飞　深圳市优博国际展览集团总裁
吴庆华　珠海南国游艇俱乐部董事长
郑靖萍　中山海之马游艇制造有限公司总经理
叶嘉麟　深圳湾游艇会有限公司董事、常务副总经理
赵　山　广州市游艇运动协会执行秘书长
赵　波　珠海市扬名会游艇有限公司总经理

附件

广东省游艇旅游协会章程

第一章　总　则

第一条　本会名称为广东省游艇旅游协会，英文名称为 Guangdong Yacht Tourism Association（缩写为 GDYTA）。

第二条　本会是由广东省游艇旅游企业、游艇及零部件生产企业、游艇租赁企业、游艇俱乐部、区域性游艇旅游协会、游艇科研、教育机构与游艇业务有关的其他组织，在平等自愿的基础上组成的行业性、非营利性的社会组织，具有独立的社团法人资格。

第三条　本会的宗旨是遵守国家的宪法、法律、法规和有关政策，广泛团结和联系广东游艇旅游企业，代表会员共同利益，维护会员合法权益，为会员、为行业、为政府服务，在会员与政府之间发挥桥梁和纽带作用，为促进广东省游艇旅游行业的持续、快速、健康发展做出积极贡献。

第四条　本会的登记管理机关是广东省民政厅，本会接受广东省民政厅的监督管理和广东省人民政府相关部门的业务指导。

第五条　本会的活动地域为广东省。

第六条　本会会址设在广东省广州市。

第二章　业务范围

第七条　本会的业务范围是：

（一）向政府部门反映会员和行业的愿望和诉求，向会员和行业宣传政府的有关政策、法律、法规并协助贯彻执行；

（二）组织调研，收集国内外游艇旅游行业的信息资料，向业务主管单位提出本行业发展的建议，协助推动行业内部相关方面的协调发展；

（三）开展游艇旅游行业规划、投资开发和市场动态等方面的调研，为政府决策提出建议；

（四）组织游艇旅游市场开拓，发布市场信息，编辑游艇专业刊物，开展行业调查、评估论证、培训、咨询、展览展销等服务，开展国内、国际相关考察、交流活动；

（五）参与国家及区域内相关法规和政策的研究制定，参与制定、修订游艇旅游行业标准和行业发展规划、行业准入条件；

（六）开展行业自律，建立完善行业自律性管理约束机制，健全相关制度，推动游艇旅游行业诚信建设，规范区域内游艇行业行为，维护游艇旅游行业公平竞争的市场环境；

（七）开展国家有关法律、法规和政策允许范围内的业务，承办政府及其工作部门授权或者委托的其他工作。

第三章　会　员

第八条　本会会员为本行业的经济组织、社团单位，本会接纳团体会员，不接纳个人会员。

第九条　申请加入本会的会员，必须具备下列条件：

（一）拥护本会的章程；

（二）有加入本会的意愿；

（三）在本行业领域内具有一定的影响；

（四）应持有工商营业执照等相关证件。

第十条　会员入会的程序是：

（一）提交入会申请书；

（二）经理事会讨论通过；

（三）办理会员登记手续、交纳会费；

（四）由理事会或理事会授权本会办事机构（协会秘书处）发给会员证。

第十一条　会员享有下列权利：

（一）出席会员大会（或会员代表大会），参加协会活动、接受协会提供的服务；

（二）选举权、被选举权和表决权；

（三）获得本会服务的优先权；

（四）对本会工作的提议案权、建议权和监督权；

（五）入会自愿、退会自由。

第十二条　会员履行下列义务：

（一）遵守本会章程；

（二）执行本会的决议；

（三）按规定交纳会费；

（四）维护本会及本行业的合法权益；

（五）完成本会交办的工作；

（六）向本会反映情况，提供有关资料。

第十三条　会员缴纳会费的标准：

（一）会长单位每年缴纳会费50000元；

（二）副会长、监事长单位每年缴纳会费20000元；

（三）理事、监事单位每年缴纳会费10000元；

（四）一般会员单位每年缴纳会费3000元。

第十四条　会员退会应书面通知本会，并交回会员证。会员如果没有正当理由，一年不交纳会费或不参加本会活动，视为自动退会。

第十五条　会员如不遵守本会章程，将由本会提出批评、教育；如有严重违反本章程的行为，经会员大会（或会员代表大会）表决通过，予以除名。

第四章　组织机构和负责人的产生、罢免

第十六条　本会由会员组成会员大会（或会员代表大会）。会员大会（或会员代表大会）是本会的最高权力机

构，依照国家法律、法规和本会章程的规定行使职权。

第十七条 会员大会（或会员代表大会）行使下列职权：

（一）决定协会在法律、法规规定范围内的业务范围和工作职能；

（二）选举或者罢免会长、副会长、秘书长、理事、监事；

（三）审议理事会、监事长的年度工作报告、年度财务预决算方案；

（四）审议理事会对会员除名的提议；

（五）对协会变更、解散和清算等事项作出决议；

（六）改变或者撤销理事会不适当的决定；

（七）制定或修改章程、组织机构的选举办法；

（八）决定终止事宜；

（九）决定其他重大事宜。

第十八条 会员大会（或会员代表大会）每届四年。因特殊情况需提前或延期换届的，须由理事会表决通过，报经社团登记管理机关批准同意。但延期换届最长不超过一年。会员大会（或会员代表大会）每两年至少召开一次会议，理事会认为有必要或者五分之一以上的会员提议，可以召开临时会员大会（或会员代表大会）。

第十九条 会员大会（或会员代表大会）必须有全体会员（或会员代表大会）的三分之二以上出席；其决议应当由全体会员（会员代表）的过半数通过。

会员大会（或会员代表大会）应当对所议事项的决定作会议纪要，并向会员公告。

第二十条 本会设理事会。理事会为会员大会（或会员代表大会）的常设机构，在会员大会（或会员代表大会）闭会期间，依照会员大会（或会员代表大会）的决议和协会章程的规定履行职责。

第二十一条 理事会的职权是：

（一）筹备和召集会员大会（或会员代表大会）；

（二）执行会员大会（或会员代表大会）的决议，并向会员大会（或会员代表大会）报告工作；

（三）决定协会具体的工作业务；

（四）制订协会的年度财务预算方案、决算、变更、解散和清算等事项的方案；

（五）制订协会增加或者减少注册资金的方案；

（六）决定协会各内部机构的设置，并领导协会内部各机构开展工作；

（七）决定新申请人的入会和对会员的处分，提议对会员的除名；

（八）根据秘书长提名，聘任或者解聘副秘书长和协会办事机构、代表机构主要负责人，决定其报酬事项；

（九）制定协会内部管理制度；

（十）协会章程规定的其他事项。

第二十二条 理事会每半年至少召开一次会议。理事会须有过半数的理事出席方能召开，其决议须经全体理事过半数表决通过方能生效。理事会应当对决议形成会议纪要，并向全体理事公告。理事会会议由会长召集和主持；会长因特殊原因不能履行职务时，由会长委托副会长或者秘书长召集和主持。三分之一以上理事可以提议召开理事会。

第二十三条 设立分支机构、代表机构的规则、程序：

（一）由本行业协会秘书处提出设立分支机构的方案；

（二）将具体方案提交会长办公会议讨论通过；

（三）将通过后的具体方案提交理事会审议批准；

（四）报社会团体登记管理机关审批。

第二十四条 本会设立监事长，由会员大会（或会员代表大会）选举产生。监事长任期与理事会任期相同，期满可以连任。

会长、副会长、理事、秘书长不得兼任监事。

第二十五条 本会的会长、副会长、秘书长、监事必须具备下列条件：

（一）坚持党的路线、方针、政策，遵守国家法律法规；

（二）在本行业领域内有较大影响；

（三）会长、副会长、秘书长最高任职年龄不得超过70周岁，秘书长为专职；

（四）身体健康，能坚持正常工作；

（五）未受到任何刑事处罚；

（六）具有完全民事行为能力。

第二十六条 本会的秘书长采用聘任制，秘书长和会长不能在同一企业中产生。会长不得兼任秘书长。

第二十七条 本会设会长一人，副会长若干人。会长为本会的法定代表人，本会法定代表人不得兼任其他社会团体的法定代表人。

第二十八条 本会会长、副会长、秘书长每届任期四年，连任不得超过两届。因特殊情况需要延长任期的，须经会员代表大会半数以上会员代表表决通过，经社团登记管理机关批准同意后方可任职。

第二十九条 本会会长行使下列职权：

（一）召集和主持理事会会议；

（二）检查会员大会（或会员代表大会）、理事会决议的落实情况；

（三）代表本会签署有关重要文件；

（四）监督、指导秘书处开展日常工作；

（五）其他应由会长和法定代表人行使的职权。

第三十条 本会副会长、秘书长在会长领导下开展工作，秘书长对理事会负责。秘书长为专职，行使下列职权：

（一）主持办事机构开展日常工作，组织实施年度工作计划；

（二）组织制定、实施年度工作计划和预算、决定；

（三）协调各分支机构、代表机构、实体机构开展工作；

（四）提名副秘书长以及各办事机构、分支机构、代表机构和实体机构主要负责人，交理事会决定；

（五）提名办事机构、代表机构、实体机构专职工作人员的聘用，报会长批准；

（六）处理其他日常事务；

（七）定期向会长、副会长、理事会报告协会工作情况。

第三十一条 监事长行使下列职权：

（一）向会员大会（或会员代表大会）报告年度工作；

（二）监督会员大会（或会员代表大会）和理事会的选举、罢免；监督理事会履行会员大会（或会员代表大会）的决议；

（三）检查协会财务和会计资料，向登记管理机关以及税务、会计主管部门反映情况；

（四）监事长列席理事会会议，有权向理事会提出质询和建议；

（五）监督理事会遵守法律和章程的情况。当会长、副会长、理事和秘书长等管理人员的行为损害协会利益时，要求其予以纠正，必要时向会员代表大会或政府相关部门报告。

监事长应当遵守有关法律法规和协会章程，接受会员大会（或会员代表大会）领导，切实履行职责。

第五章 资产管理、使用原则

第三十二条 本会经费来源：

（一）会费；

（二）捐赠；

（三）政府资助；

（四）在核准的业务范围内开展活动或服务的收入；

（五）利息；

（六）其他合法收入。

第三十三条 本会接受捐赠时，应当遵守法律法规，不得以任何形式进行摊派或变相摊派。

捐赠人、资助人或单位、会员、监事有权向协会查询捐赠财产的使用、管理情况，并提出意见和建议。对于捐赠人、资助人或单位、会员、监事的查询，协会应及时如实答复。

第三十四条 本会经费必须用于本章程规定的业务范围和事业的发展，财产以及其他收入受法律保护，任何单位、个人不得侵占、私分和挪用。

第三十五条 协会会长、副会长、理事、监事长、秘书长以及工作人员私分、侵占、挪用协会财产的，应当退还，并在会员大会（会员代表大会）上进行检讨；构成犯罪的，依法追究刑事责任。

第三十六条 本会执行国家统一的会计制度，依法进行会计核算、建立健全内部会计监督制度，保证会计资料合法、真实、准确、完整。

本会接受税务、会计主管部门依法实施的税务监督和会计监督。

第三十七条 本会配备具有专业资格的会计人员。会计不得兼任出纳。会计人员必须进行会计核算，实行会计监督。会计人员调动工作或离职时，必须与接管人员办清交接手续。

第三十八条 本会的资产管理必须执行国家规定的财务管理制度，接受会员大会（或会员代表大会）和财政部门的监督。资产来源属于国家拨款或者社会捐赠、资助的，必须接受审计机关的监督，并将有关情况以适当方式向社会公布。

第三十九条 本会进行年度报告、换届、变更法定代表人以及清算，必须接受登记管理机关组织的财务审计。

第四十条 本会按照《广东省行业协会条例》规定，于每年3月底前向登记管理机关报送上一年度活动报告、财务报告和本年度的活动安排。

本会建立重大事项报告制度：本会召开大型学术报告会、研讨会、展览会，举办对外交流，与境外民间组织交往，开展业内评比、达标、表彰活动，接受境外及社会捐款等，在活动前向政府相关职能部门和登记管理机关报告并办理相关手续。

第四十一条 本会专职工作人员实行全员聘任制，面向社会公开招聘，并订立劳动合同。其工资和保险、福利待遇，参照国家对事业单位的有关规定执行。

第六章 章程的修改程序

第四十二条 对本会章程的修改，须经理事会表决通过后报会员大会（或会员代表大会）审议。

第四十三条 本会修改的章程，须在会员大会（或会员代表大会）通过后30日内，报登记管理机关核准后生效。

第七章 终止程序及终止后的财产处理

第四十四条 本会有以下情形之一，应当终止，并由理事会提出注销动议：

（一）完成章程规定的宗旨的；

（二）会员大会（或会员代表大会）决议解散的；

（三）协会发生分立、合并的；

（四）无法按照章程规定的宗旨继续开展工作的。

第四十五条 本会终止动议须经会员大会（或会员代表大会）表决通过，并报社团登记管理机关审查同意。

第四十六条 本会终止前，须在社团登记管理机关及有关单位指导下成立清算组织，清理债权债务，处理善后事宜。清算期间，不开展清算以外的活动。协会应在清算结束之日起15日内到登记管理机关办理注销登记手续。

第四十七条 本会经社团登记管理机关办理注销登记手续后即为终止。

第四十八条 本会终止后的剩余财产，在社团登记管理机关的监督下，按照国家有关规定，用于发展与本协会宗旨相关的事业。

第八章 附 则

第四十九条 本章程经2012年9月20日会员代表大会表决通过。

第五十条 本章程的解释权属本会的理事会。

第五十一条 本章程自社团登记管理机关核准之日起生效。

广东省旅游协会导游分会

【总体情况】 广东省旅游协会导游分会成立于2005年9月。2012年11月完成第二届理事会换届工作。至年末，导游分会的领导机构设正副会长14人，秘书处设正副秘书长12人，监事1人，会员55人。成员来自各主要旅游企业导游部门负责人、导游专业公司负责人，旅游职业院校代表或大专院校旅游系代表等，包括深圳、珠海、佛山、韶关、中山、东莞、惠州等地，并由高级导游、资深中级导游、金牌导游、导游培训师及导游公司负责人等从业人员组成。

附件

广东省旅游协会导游分会管理办法

第一章 总 则

第一条 本协会名称为广东省旅游协会导游分会，英文名称为 Guangdong Tour Guide Association（简称 GTGA）。

第二条 本协会是广东省内导游员之家。是广东省内导游人员区域性的群众团体，由广东省内持有政府旅游行政管理部门颁发导游证的导游人员、多年从事旅游学术研究的专家、学者和知名人士等按照平等自愿的原则结成的全省导游业界协会。是专业性、开放性的群众团体。

第三条 本协会的宗旨是：遵守国家宪法、法律法规和有关政策，遵守社会道德风尚，维护市场秩序和公平竞争，代表和维护广东省导游行业的合法权益，为会员服务，为行业服务，是党和政府联系广大导游工作者的桥梁和纽带，是导游业务协作、情感交流的平台。本会以弘扬民族文化，尊重旅游规律，提高我省导游人员水平为己任，为促进我省旅游业的繁荣和健康发展作出积极的贡献。

第四条 本协会接受社团管理机关广东省民政厅的管理，接受广东省旅游局、广东省旅游协会的业务指导。

第五条 本会活动地域为广东省。

第六条 本会的驻所设在广东省广州市。

第二章 业务范围

第七条 本会对省内各级旅游行政管理部门、各旅行社、导游公司有联络、协调、培训、服务的职责，在本会会务活动中对会员及广大导游人员进行业务指导。

第八条 积极组织会员学习党的各项方针政策，学习业务知识和科学文化知识，努力提高本省导游队伍的思想文化素质和业务水平。

第九条 充分维护导游人员的合法权益；及时向有关层面反映行业意见；积极配合政府部门对导游人员实施有效管理；加强导游队伍自身建设和自律，协助各级旅游行政管理部门和各旅行社、导游公司，加强导游队伍的精神文明建设和职业技能训练，树立导游队伍的良好形象。

第十条 为各级旅游行政管理部门和企业经营提供建议、信息、咨询和研究成果等服务。

第十一条 编辑出版相关的导游专业类出版物、区域性的史地文资料、导游词等，普及宣传导游专业知识和理论。

第十二条 组织各类学术研讨活动，包括对导游业务、导游技巧、导游艺术、导游礼仪及景点讲解、专题介绍等科学的探讨；与有关地区、有关部门、有关旅游企业、有关院校经常开展学术交流，促进理论与实践的提高和发展，努力提高导游人员的社会地位。

第十三条 维护本会会员的合法权益不被侵害，并协助新闻媒体、行政执法机关和司法机关依法开展调查和处理。对导游人员违法违规行为有义务协助处理。

第十四条 承担政府有关部门和企事业单位委托本会的任务。

第十五条 努力在旅游界及社会上形成尊重知识、尊重人才、尊重导游人员的风气，积极发掘和培养优秀的导游人员。不断发展导游人员加入协会以壮大协会组织。

第三章 会 员

第十六条 会员资格：

本会会员分为团体会员和个人会员。

团体会员是指取得合法资格的各地市导游协会，中职、高职、大专旅游专科院校，大专院校旅游系，专业导游管理公司，拥有签约导游群体的旅游企业等均可作为团体会员。

个人会员是指获得由政府旅游行政管理部门颁发的中华人民共和国导游证的人员；在导游词创作、景点介绍、旅游专题讲解、旅游市场发展评论、旅游形势分析、旅游知识研究、旅游院校教学、旅游刊物编辑、旅游刊物翻译、对外旅游交流、导游知识普及和旅游组织工作等方面有一定成就，以及在省内旅游界有一定影响的旅游院校专家教授、旅游界学者和知名人士。

导游培训师，院校旅游系教师，旅游专业负责人等均可作为个人会员。

第十七条 承认协会章程，符合本章程第十六条的导游人员、社团法人、企业法人和自然人，自愿加入本分会，并按照章程要求参加分会的各项活动，如期缴纳会费，可向本协会提出书面申请，经常务理事会审核批准，即可成为协会会员。

第十八条 会员的权利：

（一）听取和审议本协会各项工作计划和报告；

（二）在本协会各种会议上行使选举权、被选举权和表决权；

（三）参加本协会举办的各项活动，享受协会的各种优惠政策；

（四）对协会工作及领导人有监督、批评和建议的权利；有退会的自由。

第十九条 会员的义务：

（一）遵守国家法律法规、法令，执行旅游行政管理部门制定的各项规章制度，遵守协会章程，执行协会决议；

（二）自觉遵守并履行共同商定的决议和公约；

（三）维护发展会员间团结合作，恪守信誉，确保服务质量；

（四）积极参加协会的各项活动，按期缴纳会费；

（五）成员之间发生意见分歧或争议，接受协会的调解。

第二十条 本会依法维护会员及广大导游工作者的合法权益。

第二十一条 凡严重违反本协会章程或因违纪犯法、触及刑律者，经理事大会讨论通过，取消其会员资格。

第四章 组织机构和负责人的产生

第二十二条 本会的组织原则是民主集中制。

本分会最高权力机构为会员代表大会。代表大会选举产生理事会。会长一名，副会长若干名。会员代表大会闭会期间，由理事会负责执行会员代表大会的决议。

第二十三条 理事会推举秘书长一名，副秘书长若干名，负责处理协会日常会务工作。协会可根据需要组建必要的日常工作机构，并建立专门的网站。

第二十四条 协会会员代表大会每届三年，因特殊情况需要提前或延迟换届的须由理事会表决通过。

会员代表大会必须有全体会员三分之二以上人员出席。其决议应有全体会员的半数通过。

代表单位并由该单位提名进入协会领导机构的，如在任职期间因故离开该单位，则由该单位重新提名推荐人选，理事大会审核通过。同时其本人在协会所任职务同时终止。

第二十五条 本会视需要设名誉会长，顾问等荣誉职务。由会长推举名誉会长，聘请顾问。

第二十六条 凡对我省导游事业有特殊贡献的人士（含省内外，国内外），经审核批准，可授予本会荣誉称号。

第五章 其 他

第二十七条 本分会会费来源：社会捐赠、会员会费以及其他合法收入。

第二十八条 会费：团体会员会费为每年一千元；个人会费为每年一百元。

第六章 附 则

第二十九条 本章程修改权属于本会会员代表大会，解释权属于本会理事会。

第三十条 本章程经2012年11月22日会员大会表决通过。

第三十一条 本章程自社团管理登记机关核准之日起生效。

旅游行政机关

2012年广东旅游行政机关建设

【概况】 2012年，广东省旅游局和各地级以上市旅游局加强机关建设，贯彻学习党的十八大精神，面对国内外严峻发展形势，围绕加快转型升级、建设幸福广东的核心任务，推进建设“全国旅游综合改革示范区”的各项工作，推动全省旅游发展呈现实力增强、结构优化、质量提升、活力彰显的工作新格局，全省全年旅游经济实力快速提升，旅游转型升级步伐加快，旅游改革开放深入推进，旅游普及惠民成果丰硕。

【旅游行业精神文明建设】 2012年，省旅游局按照中央和省委部署，开展创先争优活动。围绕旅游中心工作，建立健全创先争优长效机制，组织先进基层党组织和优秀共产党员评选推荐，加强基层党组织建设。按照省直机关工委统一部署，组织开展以“机关党建走在前”为主题的学习实践活动。制订《省旅游局“机关党建走在前”主题实践活动方案》，以迎接党的十八大召开和学习贯彻党的十八大精神为主线，以全面落实省第十一次党代会精神、贯彻《中国共产党党和国家机关基层组织工作条例》，建设“学习型、效能型、创新型、服务型、和谐型、廉洁型”机关。

【2012年主题实践活动】 2012年，广东省旅游局在全省旅游行业部署开展“讲诚信、促发展”主题活动；按照国家旅游局、国家工商总局、国家质检总局、国家宗教局、国家文物局和国家标准委联合下发通知要求，在全省开展规范燃香、文明燃香活动，惠州罗浮山冲虚古观和黄龙古观、韶关云门寺列入全国文明燃香试点单位；部署开展“三打两建”（以打击欺行霸市、制假售假、商业贿赂以及建设社会信用体系、市场监管体系）为主要内容的专项行动，省旅游局设立星级饭店食品和日化用品、景区食品商品和旅行社打黑打非3个专项行动小组；省旅游局机关开展“广东精神”宣传活动、“为民服务创先争优”活动和“道德领域突出问题专项教育和治理活动”等，推动为民服务、诚信旅游。

（蒙燕霞）

【干部选拔任用和培训】 2012年，省旅游局做好干部竞争性选拔工作，推进差额选拔干部，加大干部交流轮岗工作。完成广东省旅游局厅机关2名调研员和2名副处长的竞争上岗工作。通过民主推荐、组织考察等程序，4名综合表现好、群众认可度较高的干部脱颖而出，走上新的工作岗位；完成4名军转干部的接收工作；全年推荐1名干部到湛江霞山区挂职任副区长，推荐1名同志到国家旅游局国际司挂职，安排1名科职干部到乳源驻村扶贫；按照省委组织部、省人社厅的安排部署，安排1名同志参加县（处）级领导干部进修班、安排1名同志参加第六期广东省公务员公共管理瑞典研究班培训，安排1名同志赴美参加美国斯坦福班培训，组织3名处级干部参加任职培训班，安排26名处级干部参加自主选学广东干部培训大讲坛学习。

【干部年审考核】 2012年，按照《广东省公务员考核办法》和《广东省旅游局机关及直属单位年度考核优秀等次人员评定办法》的精神，省旅游局对局机关公务员和直属事业单位共144名工作人员年度考核，经局年度考核工作领导小组和党组织研究，报省人力资源和社会保障厅审核，有21人年度考核等次为优秀，其余称职（合格）等次。

【因公出国（境）管理】 2012年，广东省旅游局办理因公出国（境）团组共87批次206人次的报批办证，其中出国团组28批次84人次，港澳台团组59批次122人次。出国团组包括由国家旅游局组团12批次，由中共广东省委、省政府、省外事办公室及省人社厅等单位组团5批次，由省旅游局自行组团11批次。

因公出访的国家有：美国、加拿大、西班牙、葡萄牙、德国、意大利、英国等22个，主要活动包括：2012年4月，组团参加2012加泰罗尼亚旅游展（SITC）；5月，组团参加2012年德国法兰克福世界会议与奖励旅游展（IMEX）并开展宣传推广活动；7月，组团前往俄罗斯开展“你好，俄罗斯”中国—俄罗斯旅游交流活动；8月，组团参加新加坡—广东合作理事会第四次会议；10月，组团参加2012蒙特利尔旅游展；11月，组团参加2012伦敦国际旅游展等。

（许文静　贯颖　马亮）

【勤政廉政建设责任制】 2012年，广东省旅游局部署落实党风廉政建设工作。7月27日，局长和各局领导分别签订党风勤政廉政建设责任书，各局领导分别和各处（室）、单位负责人签订责任书。局党组书记、局长履行勤政廉政建设第一责任人的职责，各班子成员根据分工，对其职责范围内的勤政廉政建设负主要领导责任。勤政廉政建设工作分解到处（室），责任落实到个人，形成齐抓共管、一级抓一级、层层抓落实的良好局面。派驻局监察室会同党办、人事处对重点处（室）、单位落实勤政廉政建设责任制情况进行考核检查。

【廉政风险防控工作】 2012年，广东省旅游局开展廉政风险防控工作。成立廉政风险防控工作领导小组，加强对廉政风险防控工作的组织领导。制订《广东省旅游局廉政风险防控工作方案》。围绕规范权力运行，采取清理职权事项、查找廉政风险、评定风险等级、制定防控措施、建立预警机制、实行责任追究等措施。省旅游局共绘制《权力运行图》45张，排查廉政风险点108个，填写岗位廉政风险排查表127份（其中厅级8人，处级46人，科级73人）。

【反腐倡廉教育】 2012年，省旅游局抓好“加强思想道德建设，保持党的纯洁性”为主要内容的纪律教育学习月活动，组织党员干部观看电影《背叛与忠诚》、反腐倡廉教育片和机关作风暗访片等，组织专题学习辅导。对新提拔处级干部进行廉政谈话，约谈主要业务处室负责人或重要岗位的工作人员。8月，省旅游局和省财政厅共同举行广东省滨海旅游产业园区竞争性扶持资金评审会。参评工作人员严格遵守《廉政准则》。评审会期间，工作人员全程“一对一”陪同9名评审专家，均不得与外界联系。在旅游扶贫大型项目评审工作和广东省第二届全国导游大赛选拔活动中，派驻局纪检组监察室均派员全程监督。“三打两建”工作，加强旅游诚信建设。多次参加广东“民声热线”上线直播，局领导和处（室）负责人走进直播室，接听公众对旅游系统的投诉和建议。上线期间实行“三级联动”，各级旅游局领导上线率达100%。6月，纪检组收到省纪委转来的举报信，反映部分旅行社违规使用大陆居民赴台湾地区旅游团名单表。纪检组联合行业管理部门认真调查取证，对事件进行核实，行业管理部门依法依规处理相关责任旅行社，加强赴台旅游名单表的发放审核。

（陈冰）

【旅游援藏援疆】

旅游援疆 2012年，省旅游局加强与喀什地区旅游合作与交流，推动“百万广东人游新疆”。省援疆指挥部、广州、深圳、佛山和东莞市旅游局组织20批次，250名旅游投资商和旅游企业负责人调研考察。喀什地区行署、农三师、疏附县和伽师县旅游局等组织15批次，200人到广东对接交流。组团参加2012中国（广东）国际旅游产业博览会、2012广州国际旅游展览会、新疆国际旅游节、第八届“喀交会”、首届丝路古道——帕米尔旅游文化节和第三届丝路明珠——喀什噶尔国际旅游文化节暨首届南疆民族乐器博览会等旅游节庆和旅展活动。广东省旅游局与喀什地区行署签订战略合作协议，深圳市文体旅游局与喀什市旅游局签署深喀旅游战略合作意向书，广州市旅游局、喀什地区旅游局和疏附县人民政府共同签订旅游战略合作框架协议。2012年1月至10月，广东赴新疆游客约25万人次，出游总花费约25亿元。7月下旬，广东铁青连续第3年开行“活力广东”号豪华旅游专列进疆，组织港澳和省内400名游客到新疆旅游。广州市旅游局协调广之旅在疏附县设立新疆喀什广之旅有限公司，组织三地（广州、乌鲁木齐、疏附）旅游业开展“万人游新疆·相约在喀什”旅游援疆活动。组织受援喀什地区的41名旅游从业人员和10名优秀导游到广东接受培训和跟班实习。《广东旅游产业援疆专项规划》《疏附县旅游发展总体规划》《塔县旅游规划》完成终审和编印工作。广东颐和地产集团、舒福乐美食集团、深圳布兰地新游牧有限公司、东莞市永林实业投资有限公司等投资约15.4亿元在受援地开发旅游项目。颐和地产集团投资5亿元在疏附县开发阿凡提乐园，喀什舒福乐房地产有限责任公司投资10亿元在疏附县建设舒富乐美食娱乐城，深圳布兰地新游牧有限公司投资1000万元在塔县建设温泉休闲旅游酒店，东莞市永林实业投资有限公司投资2880万元在农三师42团开发商业步行街和大酒店等。阿凡提乐园于2012年8月20日举行奠基仪式正式启动，首期投资2亿元。疏附县舒富乐美食文化娱乐城一期工程完工。

旅游援藏 2012年旅游援藏工作。3月，省旅游局联合广东省第六批援藏队、林芝地区行署策划组织“广客西藏游”活动；4月，林芝第十届桃花节期间，省内各大旅行社组织3000多名省内游客到林芝旅游；6月，组织广东摄影家协会成员赴林芝采风。同月，省旅游局与广东省第六批援藏队和林芝地区旅游局在林芝共同主办“广东援藏论坛——2012年林芝地区旅游质量中高级管理人员培训班”。林芝地区旅游局业务科室负责人以及旅游酒店、旅行社、旅游景区中高层管理人员80多人接受培训。7月底，派出旅游专家教授在林芝地区举办第二届旅游质监执法培训班。林芝地区七县旅游局、景区管理局、星级饭店、A级景区、旅行社及地区持旅游质监执法证人员80人接受培训。授课内容包括酒店质量管理、投诉处理技巧、旅游质监执法工作创新与旅游法条应用、旅游行政执法难点、旅游质监工作性质与实务、旅游饭店星级评定等。

（黄广智　李健仪）

广东旅游风采录

光荣榜

【概况】 2012年12月10日，国家旅游局决定授予惠州市环宇国际旅行社有限公司的高级导游林大康荣等10名同志为“全国模范导游员”荣誉称号。授予198名同志为“全国优秀导游员”荣誉称号，其中广东有13人获此殊荣，他们是：中国国旅（广东）国际旅行社股份有限公司中级导游张少东（女）、广东省中国旅行社股份有限公司中级导游李宇峰、广东南湖国际旅行社有限责任公司中级导游殷红阳、广州广之旅国际旅行社股份有限公司中级导游梁劼、深圳市宝旅导游服务有限公司中级导游楚媛媛（女）、广东省拱北口岸中国旅行社有限公司初级导游张潇潇（女）、佛山市禅之旅国际旅行社有限公司初级导游余永琴（女）、和平县中国旅行社初级导游巫多多（女）、中山市青年国际旅行社有限公司高级导游王晓成、江门市交通国际旅行社有限公司中级导游容柏钊、湛江市湖光岩风景区管理局初级导游许莹莹（女）、潮州招商旅行社有限公司高级导游林哲、广东顺之旅国际旅行社有限公司高级导游王毅成。

2013年2月1日，国家旅游局和共青团中央作出《关于命名旅游行业2011—2012年度“全国青年文明号”的决定》，全国36个青年集体获奖，其中广东省旅游系统受表彰的单位有：广州白天鹅宾馆管家部机动综合班、湛江海滨宾馆六号楼服务班。

2012年2月17日，省人力资源和社会保障厅、省旅游局决定，授予广州旅游服务问询中心等40个集体“全省旅游系统先进集体”称号，授予广东农垦燕岭大厦有限公司董事长兼总经理赵威等78名同志“全省旅游系统先进个人”称号。

2013年3月4日，全国妇联作出《关于表彰2012年度全国城乡妇女岗位建功先进单位、先进个人的决定》，其中西汉南越王博物馆教育推广部获“全国巾帼文明岗”荣誉称号；广州广之旅国际旅行社股份有限公司培训专员贺文娇、广东省深圳市招商国际旅游有限公司全职导游王佳荣获“全国巾帼建功标兵”。

【全国模范导游员】

林大康 男，1964年生，广东惠州人，中共党员。惠州市环宇国际旅行社有限公司高级导游。2012年12月10日，被国家旅游局授予“全国模范导游员”荣誉称号。

1998年3月11日，林大康带着31名惠州市游客前往江西庐山旅游，因大巴刹车突然失去控制，司机又不在车上，致使车辆向一条约6米宽、4米深的小河倒退滑行。林大康死死拉住车门一侧，想借车子的惯性摆正车身。他使尽浑身力气，终于在最后一刻将大巴车的滑行方向引导到了安全的垂直方向。就在大巴车平稳滑落河中的那一刻，林大康则被车身的惯性重重地抛入4米深的河床中，躺在冰冷的水中动弹不得。尽管如此，他还是忍着钻心的剧痛拨打“110”和“120”，及时报告事故和险情。当地警察和武警赶到现场后，林大康躺在河床中吩咐他们先用扶梯将车上的28名团友安全送上岸。90分钟后，处于半昏迷状态的他才被武警找来的担架抬走。经诊断为腰部压缩性骨折，被鉴定为六级伤残。在卧床的3个多月，他通过手机联络，为公司电话组团并创造20多万元的经济效益。他创造性地将飞机航班服务模式巧妙地移植到导游工作中，创造了导游工作的“星级服务模式”。他所带的团队，做到23年零投诉。他先后荣获国家级、省级、市级荣誉共30多个奖项。他曾3次走进人民大会堂、踏进中南海接受吴学谦、吴仪、王岐山等国家领导人的接见。2011年2月20日，在北京中南海受到王岐山接见并代表全国80万导游发言。2012年3月7日，他作为导游代表被国家旅游局、中央电视台邀请与国家旅游局局长邵琪伟及其他嘉宾参加央视《小崔说事》栏目的“两会”特别节目——《小崔会客》的录制。他通过自学，能讲29种地方语言，其中包括3种少数民族语言。他亲自带出40多名优秀导游员。2009年入选国家名导游进课堂专家库。他多年带团积累的“导游服务五行法”（行有预，即事先做好周密准备；行有顺，即导游要摆顺各种关系；行有情，即用情感打动游客的心；行有策，即果断应对突发事件；行有转，即把行程转化为满意）被国家旅游局收入全国各地旅游院校教材，在业内广泛运用。

【全国优秀导游员】

张少东 女，1983年10月生，广东韶关人。中国国旅（广东）国际旅行社股份有限公司入境游部外语导游、出境领队。自2006年7月起至今一直从事专职外语导游、专业出境领队工作，在缺乏广东俄语导游词参考资料的情况下，她查阅并翻译各类旅游参考书籍及资料，总结适用于在广东带团的实用导游词，为俄语国家的外宾和游客介绍广东名胜古迹、自然风光及人文地理。她作为客座教师每年到广东外语外贸大学给学生授课、介绍带团经验。2011 年 4 月，她作为全国第九批援藏导游员开始为期半年的援藏导游员工作，并被评为“优秀个人”。2012 年 12 月 10 日，被国家旅游局授予“全国模范导游员”荣誉称号。

王晓成 1983 年 2 月生，重庆市人。中山市青年国际旅行社有限公司出境部计调员。他于 2009 年聘为中山市旅游局“政务导游员”，多次担负中山市委、市政府相关宣传推介“伟人故里、名城中山”接待任务。2010 年作为国家旅游局“全国名导进课堂”工程（昆明站）授课老师，为 10 家、约 300 名在昆高校旅游院（系）的老师和同学授课。2011 年作为特邀嘉宾担任广东电视台《纵横天下游》节目录制，代表中山市在北京参加中央电视台“欢乐中国行·魅力中山”节目录制。2012 年 12 月 10 日，被国家旅游局授予“全国模范导游员”荣誉称号。

容柏钊 1980 年 9 月生，广东江门人，江门市交通国际旅行社有限公司中级导游。入职 9 年来，他先后完成“首届粤台交流会”“全国百城（广东江门）旅游宣传周”活动启动仪式以及加拿大侨领伍卓生先生一行 18 人回国考察团等接待任务；2009 年担任导游考试口试考评员；2010 年被江门市旅游局推荐参加“广东省名导进课堂”活动，同年 7 月代表江门市参加“广东省职业技能大赛导游人员竞赛”，并取得“南粤优秀导游称号”。2012 年 12 月 10 日，被国家旅游局授予“全国模范导游员”荣誉称号。

许莹莹 女，1985 年 11 月生，广东湛江人，湖光岩风景区管理局导游服务部班长。她满腔热情投身导游事业，将用手抄写的好几本湖光岩导游资料背得滚瓜烂熟。2010 年 7 月，湖光岩世界地质公园中期评估期间，她负责导游讲解和导游词修改部分，连夜修改并打印，还不厌其烦地和英语导游对稿。她积极“传帮带”，利用休息时间定期举办导游学习培训班，将 6 年带团经验无私地传授给新导游。2012 年 12 月 10 日，她被国家旅游局授予“全国模范导游员”荣誉称号。

林　哲 1972 年 1 月生，广东潮州人，潮州招商旅行社任导游兼国内部经理。有一次接待香港旅游团队时，有 1 名游客晚上患急性胃肠炎入院，他办完入院手续后仍留在医院照顾其至次日凌晨 5 时，顾不上休息的他继续带团。还有一次带团前往福建泉州、莆田突遭遇台风袭击，他挺身而出，沉着冷静制止随时可能发生的恶性翻船事件，使旅客安全到岸。他将历时 8 年的带团经验，撰写的《导游常识（全陪篇）》《导游常识（地陪篇）》《导游常识（领队篇）》和《潮州旅游计调手册》于 2010 年 6 月出版付印，成为市职业技术学校旅游服务与管理专业课程的辅助教材和当地旅行社导游员培训教材。该书电子版已在梅州、河源、惠州、厦门、武夷山市旅游同行广泛运用。他曾作为潮州电视台《潮漳辉映、闽粤情深》栏目的导游服务志愿者前往漳州电视台做节目，促进广东潮州文化和福建闽南文化的交流。2012 年 12 月 10 日，被国家旅游局授予“全国模范导游员”荣誉称号。

王毅成 1983 年 4 月生，江西弋阳人，广东顺之旅国际旅行社有限公司导游部副经理。2009 年 12 月，他带团到东北正遇寒冷冬季，旅游大巴从吉林开往长白山途中，车子突然顺着坡往下倒滑，车窗外是 5 米深的山沟凭着自己的冷静，他安抚游客、叫大家在原位上坐好，他与地陪、司机在车子轮胎后面垫上麻袋、沙子、纸皮箱等，做好防滑措施，引导游客下车，团队安全到达目的地。2012 年 12 月 10 日，被国家旅游局授予“全国模范导游员”荣誉称号。

李宇峰 1968 年 3 月生，山西太原人，广东省中国旅行社股份有限公司中级导游。1989 年 7 月，他从中山大学数学系专业毕业分配到中旅集团下属的华侨酒店工作，曾担任大堂副理、酒店团总支副书记、中旅集团团委委员。1993 年 5 月从事导游工作，是中旅社最早“金牌领队”。曾参加全国金牌导游大赛。曾获得广州市金牌导游荣誉称号。从事导游工作 20 多年来，以高标准严格要求自己，勤勤恳恳，任劳任怨，真心热情地对待每个团，每个客人，每件事情。2012 年 12 月 10 日，被国家旅游局授予“全国模范导游员”荣誉称号。

殷红阳 1979 年 8 月生，河南方城人，广东南湖国际旅行社有限责任公司专职导游。自 2004 年 12 月至今一直担任该公司旅欧非组领队组长，负责欧非线的派团、服务质量、培训、接待等工作。他认为：作为一名导游员，必须要有广博的知识，以知识为基础，做到言之有物，向游客提供最新的信息和最新的服务，满足旅游者日益增长的求新、求美、求乐的旅游需求。他总结一套带团风格，坚持以深入浅出和幽默的语言，结合实景、结合实事、中西对比来给顾客普及历史。他坚持“导游是美的引导师”，旅游的主要目的就是鉴赏，一名优秀导游员必须以丰富的知识、生动的语言、流畅的表达、引人入胜的讲解去吸引游客，感染旅游者，去提高他们的旅游情趣。他承担广州市旅游局“名导下课堂”活动，到广州大学、华南师范大学、华南农业大学等大学开设导游专题讲座。2012 年 12 月 10 日，被国家旅游局授予“全国模范导游员”荣誉称号。

梁　劼　1983 年 10 月生，广东广州人，广州广之旅国际旅行社股份有限公司中级导游。2006 年 6 月起从事导游工作，曾获广州市“金牌导游”。为公司东南亚团队、澳大利亚直踩团队和入境游团队服务。他曾担任广东国际旅行文化节、世界 500 强企业广东考察团、中国公民赴美首发广东分团、友好城市代表团等团队的服务接待工作。2010 年 11 月，他作为第十六届亚运会宾客项目组的接待人员，为来自各国的亚奥理事会官员及其家属介绍广州亚运、宣传岭南文化，受到好评，并收到亚奥理事会主席艾哈迈德亲王和广州亚组委主席刘鹏的联合书面表扬，被评为 2010 年岭南集团服务亚运个人银奖。2012 年 12 月 10 日，被国家旅游局授予“全国模范导游员”荣誉称号。

楚媛媛　女，1973 年 4 月生，安徽马鞍山人，深圳市宝旅导游服务有限公司管理与培训人员。曾获深圳市首届导游大赛冠军及最佳形象奖。1997 年 12 月，她接待来自祖国宝岛台湾宜兰县农会组织的澳珠圳旅游考察团。对个别初来大陆的团友偏激言论及偏见予以纠正。她沿途介绍大陆风光、风俗民情以及广东经济社会发展，还不时穿插风趣幽默的笑话。两天的游览给团友们留下深刻的印象。此后的 10 年间，已有 5 位台湾友人先后在东莞、佛山等地投资办厂。1998 年，她帮助台湾的张先生为身患严重糖尿病的母亲寻找特效药，并垫付医药费 1 万多元第一时间将药邮寄台湾张先生，令他十分感激。2012 年 12 月 10 日，被国家旅游局授予“全国模范导游员”荣誉称号。

张潇潇　女，1980 年 5 月生，河北邯山人，广东省拱北口岸中国旅行社初级导游。曾荣获珠海市“金牌导游员”“全国红色旅游优秀导游员”，广东国际旅游文化节形象大使，中华全国总工会授予“全国五一劳动奖章”等荣誉称号。2006 年 10 月，她带领退休教师团去云南观光游览玉龙雪山时，一位生物学老师因捕捉蝴蝶而忘记集合时间，约等半小时仍不见客人，她顶着零度以下低温在海拔 4000 米的地带四处寻找，客人寻回并上车，此举令全车老师赞扬。2009 年 8 月 8 日，她带团到台湾时遭遇莫拉克台风，出于安全并征得客人同意后取消行程。为了让客人吃到可口的饭菜亲自外出订餐，不幸被疾风刮倒后脑着地血流不止，头手各缝合 2 针后赶回酒店继续工作，她坚持带团 6 天，脑震荡造成她 3 个月出现眩晕。她自觉养成每次团队出发前，必须对每一个目的地的风俗习惯及途旅可能遇到的问题做到心中有数。她做好“传、帮、带”，坚持为公司新进导游人员传授经验及带团技巧。2012 年 12 月 10 日，被国家旅游局授予“全国模范导游员”荣誉称号。

余永琴　女，1982 年 7 月生，江西赣州人，佛山市禅之旅国际旅行社有限公司初级导游。2010 年，在佛山市举办的导游技能大赛中荣获第二名。她 2000 年开始从事导游工作，努力钻研导游业务，工作任劳任怨，尽职尽责。10 多年来，她共接待 500 多个团队，保持零投诉。为熟悉业务，她利用工休时间，到市区的祖庙、南风古灶等景点，免费给游客们讲解。她把游客当作亲人，一次公司组织银发千人游华东火车专列团队，她嘘寒问暖，主动打开水、搬行李。她主动为胃炎复发疼痛难忍的芳姨送医院就诊，帮老人挂号、取药，端茶送水，令老人感动。2012 年 12 月 10 日，被国家旅游局授予“全国模范导游员”荣誉称号。

巫多多　女，1987 年 8 月生，广东河源人，河源市和平县中国旅行社副总经理。曾 3 次被评为“河源市十佳导游员”，2010 年被评为“全国优秀导游”。2006 年 7 月 25 日，她接待由深圳罗湖区某汽车运输公司到和平 3 日游的 45 人团。26 日恰逢“格美”台风侵袭来，和平县普降暴雨，山洪暴发，河水突涨。她不顾个人安危，沉着应对，她用固话向总经理报告情况并要求派车接运客人，作出了车辆留景区，所有队友徒步撤离的建议。由于她的果断处置，使游客脱离险情。2012 年 12 月 10 日，被国家旅游局授予“全国模范导游员”荣誉称号。

【全国巾帼建功标兵】

贺文娇　女，1985 年 4 月生，本科学历，湖南娄底人，广州广之旅国际旅行社股份有限公司培训专员。2008 年，她参加广州市第二届金牌导游比赛，并获广州市“金牌导游”。2008—2010 年连续 3 年担任广东国际旅游文化节导游大使。2010 年 11 月，她作为第十六届亚运会亚组委宾客项目组的接待人员，为来自各国的亚奥理事会官员及家属介绍广州亚运、宣传岭南文化，得到各国亚奥理事会官员及家属的高度赞扬，并受到亚奥理事会主席艾哈迈德亲王和广州亚组委主席刘鹏局长的联名书面表扬。2011 年 4 月，参加全国第九批援藏导游，获援藏导游员“全国先进个人”荣誉称号。援藏期间，她通过国家英文中级导游员资格考试。2012 年，她经过市赛、省赛层层选拔，以省赛英文组第一名的成绩获得广东省“十佳导游员”，并在第二届全国导游大赛决赛中获得英文组二等奖。

王　佳　女，1989 年 1 月生，大专学历，黑龙江依兰县人，广东省深圳市招商国际旅游有限公司全职导游。自 2008 年从事导游工作。2009—2010 年，连续两年被公司评为“优秀导游员”。2011 年，她获该公司“五星导游”。2012 年，她参加集团总公司在深圳举办的“香港中旅集团驻深机构‘我是港中旅人’演讲比赛”，并获“最佳文稿奖”。同年，参加“魅力深圳、快乐导游”深圳市导游员职业技能大赛，获得“金牌导游员”荣誉，并选派参加“广东省第二届全国导游大赛”，荣获广东省“十佳导游员”，她代表广东省参加“第二届全国导游大赛决赛”获得中文组第一名。

【全国五一劳动奖章获得者】

余立富 1962年生，广东开平人，白天鹅宾馆饮食主管。入馆工作30年，先后被聘为中国饭店协会（餐饮业）专家委员会委员、国家职业技能鉴定专家委员会餐厅服务专业委员会委员和省职业技能鉴定优秀专家，多次担任全国技能竞赛评委工作。积极宣传推广中国饮食文化，带领白天鹅餐饮创造了数个“全国第一”，赢得300多个奖项。其本人曾获“中国餐饮服务大师”和“中华金厨奖”等称号，2012年获全国五一劳动奖章。

（摘自《广东年鉴·2013》）

【广东省先进工作者】

胡喜红 1968年4月生，湖南益阳人，广东省旅游局政策法规处主任科员。2010年1月他从部队团职岗位转业到地方工作，即被选派到省旅游局扶贫开发“规划到户、责任到人”定点帮扶单位——韶关市乳源瑶族自治县洛阳镇板长村担任驻村工作组长，挂职镇委副书记。驻村两年多来，他以苦为乐，深入田间地头，与村民们打成一片，经过各方面的努力，解决了长期困扰村民的饮水难、住房难、行路难、上学难等困难；帮助发展种养业，指导帮扶村“两委”班子建设，培养脱贫致富的带头人，各项工作取得实效。贫困户人均年收入由帮扶前的不足1500元提高到4500多元；村集体经济收入由零收入增加至6万多元，提前1年实现脱贫目标。在2011年全省组织的帮扶工作考评中，板长村被评为“插红旗单位”，并被选定为全省首批100条“幸福安居工程示范村”，奖励帮扶资金70万元。他本人也先后荣获“乳源县十佳扶贫之星”“全省百佳扶贫使者”“省直机关优秀共产党员”。2012年5月，中共广东省委、省人民政府授予其“广东省先进工作者”荣誉称号。

【全国旅游项目投资信息管理“先进个人”】

赵丽帆 女，1979年5月生，辽宁北票人，广东省旅游发展研究中心综合协调部主管（管理岗七级）。自2003年毕业后她一直从事旅游规划研究和旅游规划协调等工作。2010年，她担负全国旅游项目投资统计工作，为把这项新的业务工作做好、做精，她对自己“约法三章”，要确保每个报送项目的数据精确无误；熟练掌握系统填报要领，并指导全省统计员开展工作；严格执行填报制度，按照规定时间报送。2012年10月，被国家旅游局评为“全国旅游项目投资信息管理先进个人”。

【广东新闻人物】

黄细花 全国人大代表、惠州市旅游局局长。黄细花当了10年人大代表，以善为民生鼓呼而闻名，曾推动“取消银行跨行查询费用”。2012年她在全国人大会议上建言高速公路长假取消收费，促成惠民政策出台。入选2012年广东十大新闻人物。

（摘自《广东年鉴·2013》）

【广东省旅游系统先进集体】 （共40个，仅列名单）

广州市

广州旅游服务问询中心

广州白云山风景名胜区管理局

广州星河湾酒店

广州广之旅国际旅行社股份有限公司出境游总部

深圳市

深圳市文体旅游局旅游协调管理处

深圳市旅游协会

深圳市龙岗区文体旅游局

珠海市

珠海御温泉渡假村

港中旅（珠海）海洋温泉有限公司

汕头市

汕头市旅游局

汕头市澄海区莲华乡村旅游区管理委员会

广东太安堂药业股份有限公司

佛山市

佛山市金太阳酒店有限公司

佛山市天宁国际旅行社有限公司

韶关市

韶关市喜安旅游运输有限公司

曲江旅游公司接待部

河源市

和平县和平温泉之都有限公司

东源县万绿湖管委会

梅州市

大埔县旅游局

雁南飞茶田景区

惠州市

罗浮山管委会

惠州市环宇国际旅行社

汕尾市

汕尾市城区凤山祖庙旅游区管理处

东莞市

东莞市旅游局

东莞康辉国际旅行社有限公司

中山市

中山中国国际旅行社有限公司

江门市

广东开平碉楼旅游发展有限公司

台山市旅游局

阳江市

阳江市海陵岛试验区旅游文体局

湛江市

湛江市中鑫有限公司特呈渔岛度假村

湛江皇冠假日酒店

茂名市

高州市旅游局

肇庆市

德庆县旅游发展局

端州区旅游局

清远市

聚龙湾天然温泉度假村

连州地下河

潮州市

饶平绿岛旅游山庄有限公司

揭阳市

揭西县京明温泉度假村有限公司

揭东县东海宾馆有限公司

云浮市

新兴县翔顺花园酒店有限公司

【广东省旅游系统先进个人】 （共78名，仅列名单）

广州市

赵　威（女）广东农垦燕岭大厦有限公司董事长兼总经理

蒋厚泉　中国科学院华南植物园园艺中心执行主任

蔡淡玉（女）广东省中国旅行社股份有限公司门店销售

黄绮萍（女）广东新白云宾馆有限公司西餐经理

贺文娇（女）广州广之旅国际旅行社股份有限公司导游

张少东（女）广东国旅国际旅行股份有限公司导游

深圳市

陈民力　深圳市文体旅游局旅游推广促进处主任科员

佘　萍（女）深圳市罗湖区经济促进局科长

方朝晖（女）深圳市宝中旅行社有限公司董事总经理

岳　峰　深圳华侨城欢乐谷旅游公司市场部经理

邓汉平（女）深圳市南澳大酒店有限公司总经理（职业经理人）

珠海市

钟国怀　珠海市文体旅游局办公室主任

朱春莉（女）珠海粤财实业有限公司珠海假日酒店副总经理

吕　营（女）广东省拱北口岸中国旅行社有限公司副总经理

姚丽珠（女）珠海市昌安酒店集团经理

汕头市

杨育挺　汕头市濠江区旅游局局长

杨烈华　汕头市潮阳金叶大厦总经理

蔡利逊　汕头市南澳县旅游局局长

罗舜韬　汕头市龙湖区旅游局旅游股股长

佛山市

叶鑑桐　佛山市旅游局资源与市场开发科科长

谭幼洪　佛山市禅城区委宣传部（区文体旅游局）科长

梁小红（女）佛山市南海区文体旅游局科长

陆镜安　佛山市高明区明苑迎宾馆服务有限公司总经理

韶关市

黄大维　韶关市丹霞山管委会书记、主任

黄　旭　翁源县旅游局局长

陈龙春　乳源瑶族自治县联创实业有限公司运营经理

刘西钦　韶关市中国旅行社有限责任公司经理

河源市

曾惠华（女）东源县万绿湖旅行社总经理

黄海泉　龙川县旅游局局长

傅作荣　紫金县旅游局局长

梅州市

陈建新　梅州市旅游局局长

曾庆雄　梅州市旅游总公司部门经理

张立忠　蕉岭县旅游局副局长

刘苏琴（女）梅州市客天下旅游产业园导游

惠州市

赖成伟　　惠州市旅游局质量规范与管理科科长
余建辉　　惠州市旅游局资源与市场开发科科长
陈瑞玲（女）龙门县府办副主任、县旅游局局长
林向荣　　惠州市康帝酒店管理有限公司总经理

汕尾市

余松清　　陆丰市碣石玄武山管理委员会主任
陈庆辉　　汕尾市旅游局科员

东莞市

梁永雄　　东莞市帝豪花园酒店有限公司董事长
容盛军　　东莞市青年国际旅行社有限公司导游部经理
梁汝楚　　东莞市嘉华酒店有限公司、嘉华酒店管理有限公司酒店质量管理组组长
陈　玲（女）东莞市圣心糕点博物馆总经理助理

中山市

车　卫　　中山市旅游局局长
黄坤洪　　中山市南朗镇政府第三产业办公室主任
黄玉瑜（女）中山市京华世纪酒店副总经理
厉　健（女）中山青旅副总经理

江门市

黎业廉　　台山市川岛镇政府办事处副主任
胡锦旋　　新会区旅游局局长
于潇峰　　江门市大方旅游国际旅行社有限公司导游
梁正歧　　江门市逸豪酒店有限公司董事总经理

阳江市

廖建军　　阳春市春湾风景区管理所所长
徐小明　　阳西县双飞高新科技发展有限责任公司咸水矿温泉旅游度假山庄办公室主任
周叶楷　　阳江长江国际酒店有限公司副总经理兼行政总厨

湛江市

陈振华　　湛江市旅游局副局长、党组成员
陈　豪　　吴川市旅游局局长
庞惠娟（女）湛江市海滨宾馆服务员
梁丽祯（女）湛江市湖光岩风景区管理局营销发展科副部长

茂名市

江柳钦　　信宜市旅游局局长
刘　颖（女）茂名市国旅国际旅行社有限公司计调员
骆尚德　　茂名市森林公园管理处科员

肇庆市

陈　剑　　封开县旅游发展局局长
潘子杰　　德庆县旅游发展局局长
李予斯　　肇庆市新时代国际旅行社有限公司董事长

清远市

蒋湘林　　清远聚龙湾天然温泉度假村温泉部经理
廖利宜（女）清远玄真古洞生态旅游开发有限公司营销总监
李枝刚　　清远国际酒店经理
梅　镝　　英德市仙湖发展有限公司旅游部经理

潮州市

陈钟强　　潮安县旅游局局长
余小洁（女）潮州广济桥文物管理所所长

揭阳市

吴舜锋　　揭阳市旅游局办公室主任
王泽松　　揭阳市特美思大酒店有限公司总经理
黎小群　　普宁市金叶实业有限公司副总经理

云浮市

盘伟光　　新兴县旅游局副局长
卢东华　　郁南县新永光大酒店副总经理
陈丽梅（女）云浮市中国旅行社有限公司计调部主管

顺德区

马汉根　　顺德区文体旅游局副局长

（省旅游局人事处供稿）

政策法规·标准规范

Policy, Laws and Regulations · Standard Codes

（第 161 ~ 192 页）

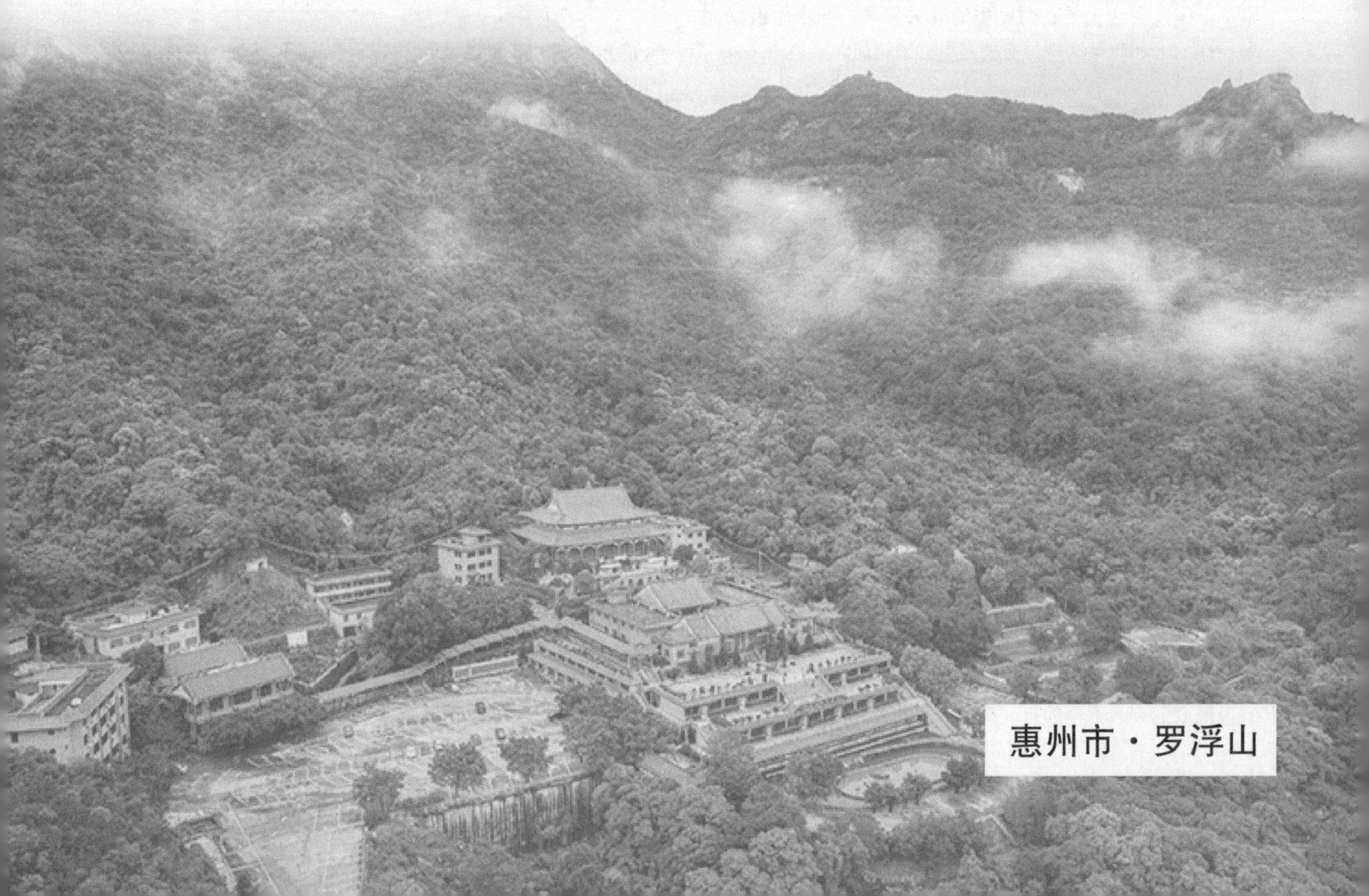

2012年广东旅游法制和旅游标准化建设综述

●广东省率先在全国推进旅游行政审批事项改革

【概况】 2012年是实施“六五”普法第二年，省旅游局围绕“加快转型升级、建设幸福广东”这一核心，深入开展普法工作，不断提升干部学法用法水平，重视对机关工作人员依法行政意识和能力的培养，制订法律知识学习计划，并按计划组织学习、培训。全省旅游系统的服务理念和意识、服务产品和质量、标准化建设及监管机制等进一步改善，推动全国旅游综合改革示范区和旅游强省建设。

【全国人大旅游法立法调研】 2012年1月8～11日，全国人大法工委副主任李飞率领调研组到广东省就《中华人民共和国旅游法（草案）》第二次审议稿的修改进行调研。调研组先后赴广州、韶关等地，通过召开座谈会，广泛听取地方人大、政府有关部门、人大代表和有关专家、旅游协会、旅游企业及从业人员等方面的意见和建议，并对部分重点景区规划、旅游咨询中心和旅游公共服务进行实地考察。全国人大法工委、财经委的有关领导，国家旅游局副局长杜一力和政策法规司有关人员参加调研。

【印发《旅游政策法规汇编》】 2012年8月，广东省旅游局“六五”普法办公室编印《旅游政策法规汇编》，供全省旅游管理部门干部职工学习使用。该书重点收录2000年1月至2012年6月间国家和省颁布的旅游政策文件及现行有效的旅游法律法规共12个类别、90篇。

【旅游法规宣传】 在中国旅游日、消费者权益保护日、中国（广东）国际旅游博览会、全国法制宣传日期间，举办文明出游、理性消费等主题活动，以及设立12301旅游热线服务专柜等方式，向游客和群众提供旅游咨询，宣传旅游新政策新法规。印制《广东旅游服务指南》10万份，在旅游旺季向广大游客派发，引导游客文明出游、理性维权。

【取消和调整行政审批项目】 2012年7月11日，由广东省省长朱小丹签发第169号政府令，《广东省人民政府2012年行政审批制度改革事项目录（第一批）》经2012年6月21日广东省人民政府第十一届96次常务会议通过并施行。省人民政府列入取消的行政审批事项共179项，其中包括第161项原由广东省旅游局实施的“旅行社星级评定”事项；省政府决定下放实施的115项行政审批事项中，原由广东省旅游局实施的“导游证核准”“出境旅游领队证核发”“中国公民出国旅游空白名单表核发”“中国公民出国旅游团队名单表审核”4项审批职能下放到各地级以上市人民政府实施，其中“出境旅游领队证核发”的子项“出境、赴台旅游领队证核发”属非行政许可的行政审批事项。

·链接·

2012年9月23日，国发〔2012〕52号《国务院关于第六批取消和调整行政审批项目的决定》，其中国务院决定调整的行政审批项目目录（143项），国家旅游局《旅游发展规划管理办法》（国家旅游局令第12号）的“跨省级区域旅游发展规划审批”。

2012年12月29日，广东省人民政府办公厅印发《关于建立广东省培育幸福导向型产业体系五年行动计划联席会议制度的通知》（粤办函〔2012〕852号）。

【广东旅游标准化建设】 截至2012年年底，广东省共发布旅游地方标准15项，立项旅游地方标准12项。2月8日，国家旅游局确定57家首批“全国旅游标准化示范单位”，其中广州广之旅国际旅行社股份有限公司、深圳华侨城控股股份有限公司、广州市白云山风景名胜区管理局、港中旅（珠海）海洋温泉有限公司4家单位榜上有名；3月15日，根据各省级旅游行政管理部门的推荐，经国家旅游局遴选，确定了第二批全面推进旅游标准化试点城市、试点县（区）和试点企业，广州增城市、广东省中国旅行社股份有限公司列入其中。

2012年，省旅游局与省质监局沟通协调，定期研究标准化工作，推动成立旅游标准化技术委员会，联合颁布《广东省旅游标准化“十二五”发展规划》，提出旅游标准化的指导思想、主要目标、工作任务、保障措施等。年内组织有关专家对《旅游安全管理通则》《旅游安全管理 自驾车游》《旅行社修学游服务规范》《旅行社门市部服务规范》进行评审。与省高校、旅游企业、旅游协会合作，推进广东旅游地方标准化建设。

【首批全国旅游标准化示范单位名单】 2012年2月6日，

国务院发布《质量发展纲要（2011—2020年）》，明确提出“要加快包括旅游业在内的我国服务业标准体系建设，不断提升标准的先进性、有效性和适用性”。为此，国家旅游局制定《旅游质量发展纲要（2012—2020年）》。3月26日，2012年全国旅游标准化工作会议在武汉市召开。会上公布首批“全国旅游标准化示范单位”名单，四川省为全国旅游标准化示范省，青岛市等10个市（区、县）为全国旅游标准化示范市（区、县），中国国际旅行社等57家企业为全国旅游标准化示范单位。正式启动第二批全面推进旅游标准化试点工作。

2012年4月1日，国家旅游局监督管理司公布“全国旅游标准化示范单位”共57家，其中广东省4家，它们是：广州广之旅国际旅行社股份有限公司、深圳华侨城控股股份有限公司、广州市白云山风景名胜区管理局和港中旅（珠海）海洋温泉有限公司。

【国家及兄弟省区旅游局出台政策文件（2012年）】

国家政策文件　2012年12月19日国务院印发《国务院关于进一步做好旅游等开发建设活动中文物保护工作的意见》（国发〔2012〕63号）；2月7日，中国人民银行、发展改革委、旅游局、银监会、证监会和外汇局印发《关于金融支持旅游业加快发展的若干意见》（银发〔2012〕32号）；4月24日，国家工商行政管理总局和国家旅游局下发《关于加强旅游服务广告市场管理的通知》；10月22日，国家旅游局和国家工商行政管理总局《关于印发〈国内旅游组团社与地接社合同（示范文本）〉的通知》（旅发〔2012〕121号）；9月29日，国家旅游局、环境保护部关于印发《国家生态旅游示范管理规程》和《国家生态旅游示范区建设与运营规范（GB/T 26362—2010）评分实施细则》的通知（旅发〔2012〕111号）；1月4日，国家旅游局办公室下发《关于进一步加强全国旅游团队服务管理系统推广应用工作的通知》（旅办发〔2012〕3号）；3月19日，国家旅游局办公室下发《关于台旅会规范赴台旅游活动安排新规定的通知》（旅办发〔2012〕131号）；4月26日，国家旅游局印发《关于降低旅行社质量保证金交存数额有关事项的通知》（旅办发〔2012〕197号）；4月16日，国家旅游局关于印发《旅游景区质量等级管理办法》的通知（旅办发〔2012〕166号）；5月11日，国家旅游局下发《关于加强旅游景区旺季服务质量与安全管理的通知》（旅办发〔2012〕226号）；6月5日，国家旅游局印发《关于鼓励和引导民间资本投资旅游业的实施意见》（旅办发〔2012〕280号）；6月11日，国家旅游局办公室印发《关于进一步做好旅游公共服务工作的意见》（旅办发〔2012〕281号）；12月19日，国家旅游局办公室下发《关于落实内地与香港、澳门〈关于建立更紧密经贸关系安排补充协议九〉有关旅游措施的通知》（旅办发〔2012〕566号）。

各省区出台地方法规文件　2012年6月1日，北京市旅游发展委员会印发《北京市旅行社入境旅游奖励资金管理办法（试行）》（京旅发〔2012〕61号）；同日印发《北京旅游商品扶持资金管理办法（试行）》（京旅发〔2012〕63号）；同日印发《北京市会奖旅游奖励资金管理办法（试行）》（京旅发〔2012〕62号）；7月24日，北京市旅游发展委员、北京市公安局、北京市交通委员会、北京市工商局和北京市城市管理综合行政执法局联合印发《关于进一步规范宾馆饭店内客运服务行为的通知》（京旅发〔2012〕81号）；1月30日，上海市旅游局印发《关于加快发展旅游业促进上海国际文化大都市建设的意见》（沪旅〔2012〕13号）；8月1日，上海市财政局和上海市旅游局印发《上海市旅游发展专项资金使用管理指导意见》（沪财行〔2012〕32号）；9月29日，上海市旅游局、上海市工商局和上海市文化市场行政执法总队联合印发《关于建立健全本市旅游市场监督管理合作机制的若干意见》；1月18日，上海市物价局、上海市旅游局和上海市绿化和市容管理局联合印发《上海市游览参观点门票价格管理办法》（沪价费〔2012〕002号）；10月15日，上海市旅游局和上海市名牌产品推荐委员会印发《“上海名牌（旅游服务行业）店招”使用管理意见》；8月20日，《中共福建省委 福建省人民政府关于加快旅游产业发展的若干意见》（闽委发〔2012〕9号）；11月14日，《河南省旅游系统关于推进服务型行政执法建设实施方案》（豫旅〔2012〕322号）；《海南经济特区旅馆业管理规定》，业经2012年3月30日海南省第四届人民代表大会常务委员会第二十九次会议通过，于6月1日起施行；《海南经济特区道路客运管理若干规定》，业经2012年3月30日海南省第四届人民代表大会常务委员会第二十九次会议通过，自2012年7月1日起施行；《广西壮族自治区旅游行政处罚自由裁量指导标准》，业经广西壮族自治区旅游局第57次局务会议审议通过，自2013年1月1日起实施；《四川省旅游条例》业经2006年9月28日四川省第十届人民代表大会常务委员会第二十三次会议通过，2012年5月31日四川省第十一届人民代表大会常务委员会第三十次会议修订，自2012年7月1日起施行；10月29日，《陕西省人民政府关于突出重点提档升级推动旅游业大发展的决定》（陕政发〔2012〕46号）；《甘肃省森林公园管理条例》业经2012年11月28日省十一届人大常委会第三十次会议通过。自2013年1月1日起施行；《新疆维吾尔自治区旅游条例》业经2012年1月5日新疆维吾尔自治区第十一届人民代表大会常委会第三十三次修订通过。自2012年3月1日起施行。

省政府及部门规范性文件

关于印发《广东省旅游产业园区竞争性扶持资金管理办法》的通知

（粤财外〔2012〕140 号）

有关市人民政府：

为规范省旅游产业园区竞争性扶持资金使用，提高资金使用效益，促进我省旅游产业发展，省财政厅会同省旅游局制订了《广东省旅游产业园区竞争性扶持资金管理办法》。经省人民政府批准，现予以印发，请遵照执行。

广东省财政厅　广东省旅游局

2012 年 8 月 15 日

广东省旅游产业园区竞争性扶持资金管理办法

第一章　总　则

第一条　为贯彻落实国务院《关于加快发展旅游业的意见》（国发〔2009〕41 号）、中共广东省委、广东省人民政府《关于加快我省旅游业改革与发展建设旅游强省的决定》（粤发〔2008〕20 号）、广东省人民政府《贯彻国务院关于加快发展旅游业意见的若干意见》（粤府〔2010〕156 号）精神，省财政设立省旅游产业园区竞争性扶持资金（以下简称专项资金），采用竞争性扶持方式，扶持一批省示范性旅游产业园区建设，以扶持旅游产业园区为载体，加快推进我省旅游产业集聚发展。为充分发挥专项资金的引导激励作用，规范和加强专项资金管理，切实提高财政性资金的使用效益，根据《广东省省级财政专项资金管理暂行规定》（粤府〔2006〕37 号）等有关规定，制定本办法。

第二条　专项资金的使用和管理应遵循以下原则：

（一）分类扶持，突出特色。专项资金分别扶持 2 个滨海旅游产业园区和 2 个山区（生态）旅游产业园区建设，资金投放注重特色旅游资源，通过政府的主动引导，最终达到建设具有国内，甚至国际影响的知名广东旅游产业园区，带动周边地区旅游经济和谐发展。

（二）竞争择优，公平公开。专项资金分配引入竞争机制，采用竞争性扶持方式，实现“多中选好、好中选优、扶优扶强”。竞争性分配过程必须公开透明，各环节的办法和标准应公开、统一，广泛接受监督，确保公平、公正。

（三）专款专用，配套放大。专项资金以扶持旅游产业园区为主要用途，严格按照中标方案拨付，由各中标市统筹安排，专项使用。各中标市按 1∶1 配套相应资金，充分发挥省市财政投入的合力作用，引导社会相关主体增加投入，促进我省旅游产业集聚发展。

（四）绩效导向，强化监督。增强专项资金支持项目的绩效考核观念，以提高资金使用效率和产出为基本导向，按照“事前评审、事中检查、事后评价”的要求对专项资金实施全过程监督管理，将专项资金的择优分配、监督检查与绩效评价有效结合，确保专项资金发挥最大效益。

第三条　绩效目标。中标地市应将旅游产业园区建设成省示范性产业园区，最终达到具有国内，甚至国际影响的知名广东旅游产业园区，旅游产业产值增加值在经济总量中显著增加。

第四条　部门职责。省财政厅会同省旅游局共同负责专项资金管理。

（一）省旅游局负责组织竞标园区申报、竞争性评审，对中标园区实施情况进行监督检查，并配合省财政厅开展专项资金使用的监督检查和绩效评价工作。

（二）省财政厅负责专项资金预算管理，审核下达专项资金，办理专项资金划拨手续，对专项资金使用情况进行监督检查和开展绩效评价工作。配合省旅游局组织竞标园区申报、竞争性评审。

第二章　专项资金安排额度

第五条　2012—2013 年省财政每年安排专项资金 6 亿元，经专家评审确定 2 个滨海旅游产业园区和 2 个山区（生态）旅游产业园区中标园区，每个中标园区安排专项资金额度 3 亿元，专项资金根据中标结果及考核情况分期拨付。

第三章　专项资金扶持对象和范围

第六条　扶持对象。粤东、粤西滨海区域的滨海旅游产业园区和粤北地区的山区（生态）旅游产业园区，以地级以上市为单位负责资金使用和管理。

粤东滨海区域指汕尾市、揭阳市、汕头市、潮州市，粤西滨海区域指阳江市、茂名市、湛江市，从两区域申报的滨海旅游产业园区中各评选出 1 个园区予以扶持。

粤北地区指韶关市、清远市、梅州市、河源市、惠州市、肇庆市、云浮市，从各市申报的山区（生态）旅游产业园区中评选出 2 个园区予以扶持。

第七条　扶持范围。专项资金以扶持省示范性旅游产业园区为载体，以加快旅游产业带发展为基础，促进旅游产业集聚发展，并加快形成各地新的经济增长极，形成当地发展的新思路。以发挥财政资金最大效益为前提，具体扶持范围原则上省不事先设定，主要由旅游产业园区所在市在参与年度竞争性资金分配中，根据本地区经济发展和旅游资源的实际情况，自主制订出利用专项资金建设示范性旅游产业园区，促进本地区旅游产业结构优化升级，加快形成新经济增长极的实施方案，明确专项资金的使用范围和方式。经过集中竞标、科学评审、公开打分等竞争性评审程序，经过专家组评判打分，选取促进地区经济发展效果最明显、对环境的负面影响最小、最符合国家和省的产业政策和产业布局、最能发挥专项资金效益的方案。中标结果经省政府批准确认后，严格按照中标方案确定的资金使用范围拨付和使用资金。

第四章　专项资金申报与评审

第八条　申报专项资金的旅游产业园区，应是具有明确地理范围和组织协调机构，旅游资源丰富，产业发展空间大，已形成一定基础的以旅游为支柱产业的多种旅游要素集聚的发展地域。

符合条件的旅游产业园区，可按规定制作标书向省旅游局申报，标书内容包括参评市经济社会发展情况、旅游产业现状和旅游产业园区具备条件等。

第九条　每个地级以上市各限报 1 个园区参与竞标（以地级以上市人民政府名义申报）。由省旅游局、省财政厅采取集中竞标、专家评分等评审程序，评审出最能利用财政资金推动产业集聚、预期经济社会效益较好的园区。评审专家从政府采购专家库中随机抽选。最终评选出滨海旅游产业园区和山区（生态）旅游产业园区各 2 个，报经省政府批准后下达专项资金。

第五章　专项资金拨付和管理要求

第十条　专项资金实行专账管理。各中标市财政局应在同级人民银行国库部门开设“××市财政局旅游产业园区竞争性扶持资金专户”，该专户视同国库资金管理核算。竞争性评审结果经省政府批准确认后，省财政厅根据各中标市财政局的书面申请，按照预算级次将当年安排的专项资金一次性拨付到各中标市财政局专户。

专项资金分三期拨付。三期分别按 5∶3∶2 的比例拨付，首期于中标园区名单经省政府批准后及时下达，第二期于中期评价符合要求后及时下达，第三期于考核期结束时考核合格后及时下达。各地的配套资金与省专项资金同步按比例实施。

第十一条　考核不合格的中标园区给予半年整改期，整改合格后拨付当期资金。整改后仍不合格的，专项资金不再拨付。

第十二条　各中标市必须加强对专项资金使用的管理，严格执行专项资金预算，将专项资金的各项支出严格控制在既定范围内，并按照国家有关规定进行会计核算，严格执行国家及省的财务规章制度。

第十三条　各中标市财政局应在预算年度终了 1 个月内向省财政厅报送上年度专项资金的使用情况，详细说明专项资金的拨付和使用情况、扶持项目建设进度、绩效指标完成情况、配套资金到位情况等。省财政厅会同有关部门对专项资金的使用情况实施重点抽查。

第六章　监督检查与绩效管理

第十四条　建立监督检查制度。省财政厅、省审计厅等监督部门会同省旅游局对专项资金预算执行、资金使用效益和财务管理等方面的情况进行监督检查。省旅游局会同省财政厅对中标园区实施情况进行监督检查。

第十五条　专项资金使用单位应加强专项资金管理并专款专用，自觉接受财政、审计部门的监督检查。

第十六条　建立专项资金绩效评价制度。省财政厅会同省旅游局按照省财政厅、省审计厅、省监察厅、原省人事厅《关于印发〈广东省财政支出绩效评价试行方案〉的通知》（粤财评〔2004〕1 号）规定，组织绩效评价。专项资金绩效评价结果作为资金考核和资金安排、调整的重要依据。

第十七条 对弄虚作假骗取财政资金，以及挤占、截留和挪用专项资金或其他财政违法行为的，依据《财政违法行为处罚处分条例》（国务院令第427号）等有关规定处理。

第七章 附 则

第十八条 本办法由省财政厅会同省旅游局负责解释。

第十九条 本办法自印发之日起施行。

关于印发《广东省滨海旅游产业园区竞争性扶持资金评审办法》的通知

汕头、汕尾、阳江、湛江、茂名、潮州、揭阳市人民政府：

为切实做好广东省滨海旅游产业园区竞争性扶持资金评审工作，确保评审工作规范有序、公平公正，省旅游局和省财政厅研究制定了《广东省滨海旅游产业园区竞争性扶持资金评审办法》，经省人民政府同意，现印发给你们，请认真贯彻执行。执行过程中遇到的问题，请径向省旅游局、省财政厅反映。

广东省旅游局　广东省财政厅

2012年8月15日

广东省滨海旅游产业园区竞争性扶持资金评审办法

第一条 为贯彻落实国务院《关于加快发展旅游业的意见》（国发〔2009〕41号）、国务院批复同意的《广东海洋经济综合试验区发展规划》以及中共广东省委广东省人民政府《关于加快我省旅游业改革与发展建设旅游强省的决定》（粤发〔2008〕20号）、广东省人民政府《贯彻国务院关于加快发展旅游业意见的若干意见》（粤府〔2010〕156号）精神，切实推进我省滨海旅游产业集聚发展，扶持一批省示范性滨海旅游产业园，做好滨海旅游产业园区竞争性扶持资金（以下简称“专项资金”）评审工作，确保评审过程公平、公正，保证评审结果的科学合理，特制定本办法。

第二条 评审对象。滨海旅游产业园区系指具有明确地理范围和组织协调机构，滨海旅游资源丰富，产业发展空间大，已形成一定基础的以旅游为支柱产业的多种旅游要素集聚的滨海发展地域。具体评审对象为粤东（汕头市、汕尾市、潮州市、揭阳市）、粤西（阳江市、湛江市、茂名市）两个滨海区域7个沿海地级以上市申报的滨海旅游产业园区。每个地级以上市各限报一个园区。经过竞争性评审，粤东、粤西两个滨海区域各评选出1个，全省共评选出2个滨海旅游产业扶持园区。

第三条 评审原则。专项资金评审以加强省示范性滨海旅游产业园建设，挖掘滨海旅游资源潜力，提升地方经济发展新发展思路为着力点，体现以下原则：

（一）坚持科学导向。通过专项资金评审，调动地方政府贯彻落实科学发展观的积极性、主动性和创造性，以滨海旅游产业引领区域经济发展，最终达到建设具有国际影响的知名广东滨海旅游产业园区，擦亮广东“蓝色海岸”品牌，带动周边地区旅游经济和谐发展。

（二）坚持实事求是。专项资金评审要充分考虑参评市经济社会（含海洋）发展情况、参评市旅游产业现状、滨海旅游产业园区具备条件等情况。

（三）坚持可操作性。专项资金评审要充分体现区域特色，公开透明，简便易行，通过设定科学的评审指标及其权重，规范考核评审工作。

（四）坚持绩效优先。专项资金评审要充分发挥省财政专项资金和地方配套资金的引导、带动、扶持作用，通过科学有序的资金使用计划，达到最优的绩效成果。

第四条 抽取专家组成评审专家组。评审专家应不受任何干扰，独立、负责地审阅有关参评市材料。评审专家的抽取按以下程序进行：

（一）抽取评审专家。召开评审预备会，由专人负责从省政府采购专家库中分旅游产业、财税金融、环境保护、发展规划、区域经济等五类随机抽取共9名评审专家，组成评审专家组。其中，旅游产业类4名、财税金融类2名、环境保护类1名、发展规划类1名、区域经济类1名。评审专家组专家名单在评审工作开始前半个工作日内抽取确定。

（二）随机抽取完成后，评审专家抽取结果及通知情况应当场记录备案，以备后查。参加评审专家抽取的有关人员对被抽取专家的姓名、单位和联系方式等内容负有保密的义务。

第五条 评审程序。整个评审程序依照公开、公平、公正的原则，按照下列步骤进行：

（一）召开评审预备会。抽签确定各参评市的出场顺序。

（二）分别召开粤东、粤西滨海区域现场评审会。

第一步，参评市陈述。参评市按预备会的抽签顺序进行投影演示、公开演讲、现场答辩及总结性陈述。其中，投影演示时间为5分钟，公开演讲时间为10分钟，现场答辩时间为35分钟，在以上环节结束后，各参评市按抽签顺序作总结性陈述，时间为3分钟。

第二步，评审专家打分。采用“评分制”和“投票制”相结合的方式，在参评市总结性陈述完毕后，由评审专家现场进行评定打分，打分采用纸质、记名方式；如遇得分相同情形，采用由评审专家投票表决方式确定最终评审意见。

第三步，评审结果确定。专家评审意见经审定确认后，现场公布各参评市得分情况，并将中标参评市报省人民政府确认。

第六条 评审要点。以加强省示范性滨海旅游产业园建设，挖掘滨海旅游资源潜力，提升地方经济发展新思路为着力点，通过调动地方政府贯彻落实科学发展观的积极性、主动性和创造性，以滨海旅游产业引领区域经济发展，最终达到建设具有国际影响的知名广东滨海旅游产业园区，擦亮广东“蓝色海岸”品牌。评审专家组对各参评市上报的材料及现场演讲、答辩情况进行评定，主要围绕以下四个要点进行评审：

（一）参评市经济社会（含海洋）发展情况。

（二）参评市旅游产业现状。

（三）滨海旅游产业园区具备条件。

（四）参评市申报材料及现场演讲答辩情况。

第七条 评审方法。竞争性扶持资金评审采用定量分析与定性分析相结合的方法，以定性分析为主，通过对评审内容设定相应的指标及权重，由专家进行分析和评价，形成评审结果（详见附件1、附件2）。

第八条 评分办法。把上述4个评审要点进一步细化成二级和三级指标，再根据项目具体情况，专家只对12个二级指标分别进行百分制打分，三级指标作为专家打分评判要素考虑。每个参评市的最终得分为9位评审专家相应的个人评分依公式计算而成。具体计算方法如下：

（一）“评分制”计算方法。采用“对判断因素加权”与“对专家意见加权”相结合的评分方式。在汇总所有专家评审意见后，根据指标体系中各一级指标的实际权重，加权计算出参评市的综合得分。

某个参评市的综合得分公式：

$$N=(\sum w_i a_{ij}-\mathrm{MAX}w_i a_i-\mathrm{MIN}w_i a_i)/7$$
$$(i=1\sim12,\ j=1\sim9)$$

其中，N为某一评审对象的综合得分（保留小数点后两位数），w为指标权重，a为某个专家对某个二级指标打分的分数（按百分制打分），i为指标个数，j为专家人数。

评分满分为100分，12个二级指标评审要点详见附件3。

（二）分区域确定中标结果。评审专家按照上述评分办法，对粤东、粤西滨海区域的参评市分别打分，分别按得分高低进行排序，以每个区域第一名作为中标参评市。

（三）同分结果确定方法。如出现相同分数而无法确定排名顺序的情况，则由评审专家对这些同分参评项目进行排序投票来确认，参评项目的最终排名根据评审专家的投票序数平均而成。公式如下：

$PA_i=\sum K_{ij}/9$（PA_i为参评项目i的投票最终得分，K_{ij}为任一专家j对该参评项目的排序评分）

第九条 评审专家在评审工作中应遵循以下职责：

（一）按独立、客观、科学、公平、公正的评审原则，不受任何干扰，独立、负责地提出评审意见，且不对其他专家的评审意见施加影响。

（二）认真、负责地审核相关评审材料，审慎、客观地提出评审意见，确保评审结果的真实性、权威性和公信力。

（三）不得利用评审专家的特殊身份和影响力，单独或与有关人员共同为评审对象提供便利。

（四）严格遵守保密规定，不得披露评审专家组成员、参评市标书、对参评市的评审和比较意见、其他评审专家意见等有关保密信息。

附件： 1. 广东省滨海旅游产业园区竞争性扶持资金评审指标体系

2. 广东省滨海旅游产业园区竞争性扶持资金主要评审指标定性说明

3. 广东省滨海旅游产业园区竞争性扶持资金评审要点

附件1

广东省滨海旅游产业园区竞争性扶持资金评审指标体系

一级指标	二级指标	三级指标（工作任务）	分值（分）
（一）参评市经济社会发展情况（10分）	1. 经济社会发展状况（5分）	（1）GDP总量及人均水平	0.5
		（2）全市人口总量及市区人口总量	0.5
		（3）人均税收收入发展速度	0.5
		（4）城镇居民人均可支配收入	0.5
		（5）固定资产投资总额	1
		（6）电子政务、商务建设与运用情况	0.5
		（7）人均可用淡水资源总量	0.5
		（8）城市建成区绿化覆盖率及人均公共绿地面积	1
	2. 海洋经济发展现状（5分）	（9）海洋产业发展状况	2
		（10）海洋灾害和环境事故情况	1
		（11）海域功能区划及使用管理情况	1
		（12）海洋环境保护规章制度制定与执行	1
（二）参评市旅游产业发展现状（10分）	3. 旅游发展政策保障（2分）	（13）旅游产业发展定位及相关扶持措施	1
		（14）近三年财政安排旅游经费预算增长率	0.5
		（15）旅游管理机构设置及人员配置状况	0.5
	4. 旅游经济发展情况（8分）	（16）3A级以上景区的数量及构成	1
		（17）住宿设施及规模	0.5
		（18）星级酒店数量及构成	0.5
		（19）旅行社数量及构成	1
		（20）接待游客数、旅游总收入情况	0.5
		（21）接待过夜游客增长率	0.5
		（22）旅游就业规模	1
		（23）当地旅游教育培训机构数量及规模	1
		（24）省级以上物质与非物质资源品牌数量及类别	1
		（25）地方城市旅游品牌数量及类别	0.5
		（26）由地级以上市主办旅游活动的数量	0.5
（三）滨海旅游产业园区条件（70分）	5. 资源环境（30分）	（27）海水质量状况	2
		（28）沙滩资源状况	3
		（29）海岛资源状况	2
		（30）自然资源	5
		（31）人文资源	5
		（32）资源组合及保护状况	4

续表

一级指标	二级指标	三级指标（工作任务）	分值（分）
（三）滨海旅游产业园区条件（70分）	5. 资源环境（30分）	（33）资源独特性	5
		（34）园区属于省级以上海洋经济重点发展区域	2
		（35）国家级公园、保护区数量及构成	2
	6. 开发基础条件（15分）	（36）园区面积	2
		（37）园区区位及旅游交通条件	3
		（38）园区现有基础设施条件	2
		（39）污水和垃圾处理情况	2
		（40）园区在建重点旅游项目情况	3
		（41）园区建设综合效益情况	3
	7. 规划发展（25分）	（42）园区旅游发展规划或可行性研究报告	7
		（43）园区旅游产业及主导旅游开发项目定位	2
		（44）竞争性分配资金使用计划及其预期效果	5
		（45）园区建设的地方配套投入情况	3
		（46）园区预期旅游产业规模和效益	2
		（47）商品性房地产占建设用地的比例	1
		（48）园区对旅游产业准入条件	1
		（49）园区发展组织机构设置情况	1
		（50）旅游招商项目储备情况	2
		（51）推进园区建设的保障措施	1
（四）参评市申报材料及现场演讲答辩情况（10分）	8. 申报材料齐备（3分）	（52）资料数据完整清晰	3
	9. 数据清晰准确（3分）	（53）资料数据客观真实	3
	10. 演讲效果（1.5分）	（54）投影展示、演讲技巧、条理清楚	1.5
	11. 答辩效果（1.5分）	（55）思维敏捷、准备充分、对答如流	1.5
	12. 总结性陈述（1分）	（56）演讲的最后总结	1

注：1. 凡涉及预期、规划、计划等性质的指标，请注明达到目标的年限；2. 相关数据除有具体时间界定外，其他均以2011年为准；3. 三级指标的分值仅作为评审专家对二级指标打分时的参考。

附件2

广东省滨海旅游产业园区竞争性扶持资金主要评审指标定性说明

一、参评市经济社会（含海洋）发展情况（主要考核当地市政府社会经济（含海洋）发展及对旅游业投入情况）

（1）电子政务、商务建设与运用情况：地方政府和旅游行业管理部门政务（含公众）旅游网站的建设与功能设置、访问量与网上投诉信息的处理情况等；旅游电子商务网站的建设与管理，包括旅游企业运用网络开展酒店、机票、门票等预订和销售，以及在网络开展自驾游线路、驴友线路等旅游产品推荐活动等。

（2）人均可用淡水资源总量：人均拥有的淡水资源量。我国《宜居城市科学评价标准》中，人均可用淡水资源总量的标准值为1000立方米。

（3）城市建成区绿化覆盖率及人均公共绿地面积：城市建成区绿化覆盖率指在城市建成区的绿化覆盖面积占建

成区面积的比率；人均公共绿地面积是指在城市中每个居民平均占有公共绿地的面积。

（4）海洋产业发展状况：参评市海洋开发、利用和保护海洋的主要情况。

（5）海洋灾害与环境事故情况：参评市海洋灾害的情况，灾害多则阻碍旅游产业园的发展。

（6）海域功能区划及使用管理情况：参评市海域功能区域是否与国务院批复的《广东省海洋功能区划》相对接。

（7）海洋环境保护规章制度制定与执行：参评市海洋环境管理水平。

二、参评市旅游产业发展现状（主要反映参评市旅游产业发展状况）

（1）旅游产业发展定位及相关扶持措施：参评市对当地旅游产业发展的定位，当地政府对旅游产业发展制定的相关发展政策、规划及扶持专项资金支持安排等。

（2）旅游管理机构设置及人员配置状况：参评市旅游行业管理服务机构（含下辖区县）的性质及内部机构设置；人员性质及数量等。

（3）省级以上物质与非物质资源品牌数量及类别：参评市拥有省级以上重点文物保护单位、省级以上非物质文化遗产、世界自然遗产、世界文化遗产等的数量；拥有省级以上非物质遗产项目的数量；拥有省级以上非物质遗产传承人数量等。

（4）地方城市旅游品牌数量及类别：参评市是否获得全国优秀旅游城市、卫生城市、文明城市、园林城市、宜居城市和森林城市等。

三、滨海旅游产业园区条件

（1）海水质量状况：园区内海水可游水天数、海水清澈度及海底生态环境状况。

（2）沙滩资源状况：园区内沙滩沙质类型、等级和沙滩长宽度。

（3）海岛资源状况：海岛所处地理位置、地貌、面积、开发程度、海域管理、植被覆盖率、水资源状况、可建设用地面积等。

（4）自然资源：园区及海岛内的动植物等物种种类、数量、结构和绿化覆盖率等。

（5）资源独特性：园区及海岛内的自然及人文资源在省级层面所具有的独特性，是其他地区无法复制的。

（6）园区面积：主要指园区旅游用地面积。

（7）污水和垃圾处理情况：园区污水和垃圾处理的配套设施的建设和管理情况。

（8）园区旅游发展规划或可行性研究报告：园区建设必须要有的《园区旅游发展规划》或《园区建设项目旅游发展可行性研究报告》。规划或可研要主题突出、特色鲜明、布局合理、配套完善、措施有效，具有科学性和可操作性。

（9）园区旅游产业及主导旅游开发项目定位：园区旅游产业发展定位及园区主要旅游项目的开发定位。

（10）园区对旅游产业准入条件：园区规划选择入驻企业的类型和要求等。

（11）园区发展组织机构设置情况：地方政府为推进园区建设的组织机构设置情况，包括协调和工作组织。

（12）旅游招商项目储备情况：园区正在招商或引进旅游重大项目体现市场化运作情况。

（13）推进园区建设的保障措施：地方政府推进园区建设出台的保障措施和支持政策。

附件3

广东省滨海旅游产业园区
竞争性扶持资金评审要点

一、评分办法

（1）打分。参评项目评分满分为100分，分为12个二级指标进行打分。每个二级指标得分采用百分制，根据评定对象是否符合评分要素的情况，按照很好（90～100分）、较好（80～90分）、好（70～80分）、一般（60～70分）、差（0～60分）5档（得分包尾不包头）予以打分。

（2）得分。由每个参评项目的最终得分减去所有评审专家评分中的1位最高分和1位最低分后，汇总其他所有专家评分，平均计算出参评项目的综合得分。

某个参评项目的综合得分公式：

$$N=\left(\sum w_i a_{ij}-\mathrm{MAX}w_i a_i-\mathrm{MIN}w_i a_i\right)/7$$

其中，N 为某一评审对象的综合得分（保留小数点后两位数），w 为指标权重，a 为某个专家对某个二级指标打分的分数（按百分制打分），i 为指标个数，j 为专家人数。

二、同分结果采用“投票制”方法确定排名顺序

如出现相同分数而无法确定排名顺序的情况，则由评审专家对这些同分参评项目进行排序投票来确认，参评项目的最终排名根据评审专家的投票序数平均而成。公式如下：

$PA_i=\sum K_{ij}/9$（PA_i 为参评项目 i 的投票最终得分，K_{ij} 为任一专家 j 对该参评项目的排序评分）

三、具体评分标准及参考指标

（一）参评市经济社会发展情况（10分）

1. 经济社会发展状况（5分）

（1）GDP总量及人均水平。

（2）全市人口总量及市区人口总量。

（3）人均税收收入发展速度。

（4）城镇居民人均可支配收入。

（5）固定资产投资总额。

（6）电子政务、商务建设与运用情况。

（7）人均可用淡水资源总量。

（8）城市建成区绿化覆盖率及人均公共绿地面积。

2. 海洋经济发展现状（5分）

（1）海洋产业发展状况。

（2）海洋灾害和环境事故情况。

（3）海域功能区划及使用管理情况。

（4）海洋环境保护规章制度制定与执行。

（二）参评市旅游产业发展现状（10分）

1. 旅游发展政策保障（2分）

（1）旅游产业发展定位及相关扶持措施。

（2）近三年财政安排旅游经费预算增长率。

（3）旅游管理机构设置及人员配置状况。

2. 旅游经济发展情况（8分）

（1）3A级以上景区的数量及构成。

（2）住宿设施及规模。

（3）星级酒店数量及构成。

（4）旅行社数量及构成。

（5）接待旅客数、旅游总收入的情况。

（6）接待过夜游客增长率。

（7）旅游就业规模。

（8）当地旅游教育培训机构数量及规模。

（9）省级以上物质与非物质资源品牌数量及类别。

（10）地方城市旅游品牌数量及类别。

（11）由地级以上市主办旅游活动数量。

（三）滨海产业园区条件（70分）

1. 资源环境（30分）

（1）海水质量状况。

（2）沙滩资源状况。

（3）海岛资源状况。

（4）自然资源。

（5）人文资源。

（6）资源组合及保护状况。

（7）资源独特性。

（8）园区属于省级以上海洋经济重点发展区域。

（9）国家级公园、保护区数量及构成。

2. 开发基础条件（15分）

（1）园区面积。

（2）园区区位及旅游交通条件。

（3）园区现有基础设施条件。

（4）污水和垃圾处理情况。

（5）园区在建重点旅游项目情况。

（6）园区建设综合效益情况。

3. 规划发展（25分）

（1）园区旅游发展规划或可行性研究报告。

（2）园区旅游产业及主导旅游开发项目定位。

（3）竞争性分配资金使用计划及其预期效果。

（4）园区建设的地方配套投入情况。

（5）园区预期旅游产业规模和效益。

（6）商品性房地产占建设用地的比例。

（7）园区对旅游产业准入条件。

（8）园区发展组织机构设置状况。

（9）旅游招商项目储备情况。

（10）推进园区建设的保障措施。

（四）参评市申报材料及现场演讲答辩情况（10分）（略）

地方规范性文件

关于创建广东梅州文化旅游特色区的决定

(2012年3月30日梅州市第六届人民代表大会第二次会议通过)

为充分发挥广东梅州山水人文优势，变资源优势为优势资源，变比较优势为竞争优势，创新转型升级，创新实施“双转移”和扶贫开发“双到”战略，长短结合、因地制宜，促进生态文明、城乡文明、农业文明、工业文明“四位一体”联动发展，破解山区科学发展难题，全力加快绿色的经济崛起，建设富庶美丽幸福新梅州，现就创建广东梅州文化旅游特色区（以下简称“特色区”）作出如下决定：

一、广东梅州文化旅游特色区建设发展的目标要求

（一）总体要求。认真贯彻落实中央和广东省委、省政府的战略部署，坚持社会主义市场经济的改革方向，以科学发展为主题，以转变发展方式为主线，围绕“全力加快绿色的经济崛起，建设富庶美丽幸福新梅州”的核心任务和“三年大提速、五年上台阶、十年大跨越”的目标要求，包容开放，改革创新，统筹城乡，大力实施“一园两特带动一精”产业发展战略，以办好梅州高新技术产业园为龙头，以创建广东梅州文化旅游特色区为载体，以建设特色宜居城乡为抓手，带动全市发展精致高效农业，实施品牌战略，全面促进第一、第二、第三产业协调发展，保护环境、振兴经济，传承文化、创新转型，幸福市民、快乐游客，打响“休闲到梅州、享受慢生活、设计在客都”品牌，努力把梅州建设成为经济繁荣、宜居宜业、平安和谐的富庶山城、美丽新城、文化名城、国际慢城。

（二）战略定位。

——广东山区科学发展试验区。立足生态发展区的功能定位，坚持以生态保护为前提，以经济崛起为中心，以文化建设为支撑，以社会建设为基础，以政治建设为保障，以品牌运营为重点，努力实现特色发展、错位发展，全面提升梅州文化软实力和地区品牌竞争力，探索一条开发密度小、产出率高、绿色低碳、可持续发展的山区科学发展新路。

——全国生态文明建设示范区。坚持生态优先、宜居为重，最大限度保护良好的生态环境，在保护中发展，在发展中保护，推进资源节约型和环境友好型社会建设，探索工业文明与生态文明、城乡文明与农业文明融合并进之路。

——全国文化与旅游综合改革发展创新区。依托山水人文优势，发挥叶剑英、张弼士、黄遵宪、丘逢甲等名人效应，突出客家文化、绿色文化、红色文化、养生文化、宗教文化和创意文化特色，设立品牌运营区，重点发展度假休闲、保健疗养、婚庆服务、文化创意、服务外包等生产与生活及传统与现代相结合的服务业，积极先行先试，创新机制体制，创新发展模式，推动梅州在文化和旅游综合改革发展方面走在全国前列。

——世界客都旅游度假目的地。擦亮中国客家文化生态保护试验区品牌，发挥世界客家文化艺术节、世界客商大会、世界客属青年大会等平台作用，进一步增强世界客都的凝聚力和影响力，加快文化旅游要素转型升级，打造广东的“香格里拉”和客家人的精神家园，吸引国内外游客到梅州放慢脚步、放松心情、放飞梦想。

——发展精致高效农业基地。按照小园区连接大基地、小产品催生大产业、小乡村对接大市场的思路，大力推进传统农业向精致高效农业转变，加快建设珠三角和港澳地区农副产品供应基地、广东绿色农产品加工出口基地和休闲观光农业基地，变农业大市为农业强市。

（三）发展目标。力争到2015年，全市人均生产总值和城乡居民收入年均增长14%以上，文化旅游产业产值年均增长30%以上，第三产业增加值占地区生产总值比重提高到40%以上；到2017年，人均生产总值和城乡居民收入达到全省山区市平均水平，文化旅游产业成为支柱产业；到2022年，全市人均生产总值和城乡居民收入达到全省中等水平，地区综合竞争力和发展后劲显著提高，人民群众幸福感明显增强。

二、大力发展文化与旅游产业，形成特色发展效应

（四）优化文化与旅游产业发展布局。以梅县、梅江区为核心，以兴宁、五华为重点，以丰顺、大埔为南翼，以平远、蕉岭为北翼，结合本地资源禀赋，打好“叶帅牌”，念好“山水经”，优先抓好区内道路、水利、生态、公共服务等基础设施建设，大力挖掘名人名居、古镇老街、名寺古刹、历史典故等特色资源，积极推动山区变景区、古村落变文化体验区，以点带面、串珠成链、激活资源、联动发展。梅县、梅江区以五指峰为核心，以梅州城区为重点，加快推进叶帅故园、桥溪古韵、客家文化产业基地、麓湖山文化产业园、客天下旅游产业园、三乡村野公园、灵光胜景、明山名园、松口古镇等项目建设，整合激活大新城、山水城、攀桂坊等资源，大力发展保健养生、文化创意、婚庆服务、商务会展、金融地产、休闲度假等新兴产业，打造梅州文化旅游特色区核心区，争当创建广东梅州文化旅游特色区的排头兵。兴宁市、五华县结合自身产业基础、文化特质和资源特色，加紧策划建设神光山国家森林公园、狮雄山秦汉文化产业园、益塘水库风景区、热矿泥山庄等一批文化旅游项目，形成新的经济增长点。丰顺县发挥区位交通、客潮文化交融、温泉资源等优势，加快建设丰顺新区，重点推进客潮温泉宜居度假城、空港经济开发区和八乡山生态旅游区建设，创建"潮汕优质生活区、国际温泉度假城"。大埔县放大李光耀、张弼士等名人效应，高起点规划建设万福寺宗教文化养生区，加大古村落、古民居保护开发力度，加快三河坝战役纪念园、西岩山、瑞山等旅游景区建设，打响"大埔大公园、最美小山城"品牌。平远县、蕉岭县依托生态资源优势，建设南台卧佛山文化旅游产业园、五子石及松溪河景区、上举龙文生态保护区、长潭健康休闲度假区、嘉应养生谷及影视基地等项目，打通县际旅游通道，联手打造休闲养生基地。

（五）*建设富有梅州特色的文化与旅游产品体系*。依托优势资源，发展文化与特色旅游产品，优化旅游产品结构。大力发展自驾游、寻根游、探秘游、养生游、体验游、宗教文化游、美食健康游，组织十大客家健康美食、十大嘉应传奇、十大客家民居等评选活动。推动全民健身活动，发展体育休闲产业，将群众体育运动与专业赛事结合起来，发挥足球之乡优势，把足球作为梅州特色体育项目抓出品牌，形成产业链，拉动消费群。

（六）*大力发展特色文化产业*。发挥梅州"文化之乡、华侨之乡"和国家历史文化名城的优势，坚持事业与产业并举、文化与旅游共生，大力推进客家山歌、客家舞蹈、广东汉剧、广东汉乐人才培养工程和创作工程，大力发展客家农耕文化、民俗文化、客商文化、崇文重教文化，支持市广播电视台、梅州日报社实施集团化战略。加快建设一批文化产业园区，培育壮大一批文化产业龙头企业，拍摄一批以客家人文历史为题材的影视作品，每年举办世界客家文化艺术节、金柚飘香文化节、平远慈橙文化旅游节、丰顺埔寨火龙节等一系列与客家传统文化和梅州资源禀赋相适应的节庆活动，形成节庆品牌效应。加大政策扶持引导力度，加快发展传媒出版、工业设计、动漫游戏、影视制作、文学艺术与音乐创作、广告设计和创意研发等高端和新兴文化产业，打响"设计在客都"品牌。加快公益性文化事业单位改革，放开搞活经营性文化事业单位和文艺院团。

（七）*打造文化精品和旅游景区经典线路*。围绕实现"旺季更旺，淡季不淡，白天晚上一样精彩"目标，大力发展文化产业和文艺精品，科学规划，合理布局旅游景点，精心设计旅游线路，优化时间、空间配置，逐步形成客家特色鲜明、山水人文互补的文化旅游格局。放大"雁南飞"效应，在各县（市、区）分别规划建设1～2个国家4A级以上旅游景区，高标准规划建设客家文化、保健养生、休闲农业等主题公园。精心策划生态休闲线、保健养生线、名人名居线、温泉度假线、客家探秘线、宗教旅游线、观光农业线、乡村体验线、美食养生线等经典线路，让广大游客和投资者走进梅州就像走进客家文化博物馆和生态休闲旅游区。加强与国内外媒体和大型旅行社的战略合作，全面提升广东梅州文化旅游特色区的知名度和影响力。

（八）*推动与文化旅游相适应的房地产业健康有序发展*。科学把握房地产业发展的类型、规模和速度，支持有实力、重信誉的企业发展富有客家特色、高品质的精品酒店、星级宾馆、度假山庄、休闲农庄等文化旅游地产项目，探索发展具有梅州特色的产权式度假酒店，稳步发展满足度假休闲、养生保健等不同需求的房地产，鼓励发展家庭旅馆经营和房屋租赁经营。

（九）*完善文化旅游服务体系*。推进文化旅游服务标准化和国际质量认证，完善旅游道路、游客服务中心、旅游标识等基础设施建设。积极发展大型旅游购物商场、专业旅游商品市场、旅游专业镇（村）和特色文化旅游商品街区建设。以创建农村金融综合改革创新试验区为契机，引导金融机构调整和优化网点布局，将金融服务延伸到各景区景点。加强从业人员培训，提高文化旅游服务水平。加强相关行业诚信体系建设，推进文化与旅游综合执法，严厉打击行业欺诈和不正当竞争行为。建立健全文化旅游安全预警和应急机制，完善应急救援、公共医疗、卫生检疫防疫等安全救助体系。

三、加快新型工业化步伐，大力发展园区经济

（十）*全力办好梅州高新技术产业园和各县（市）特色工业园区*。坚定不移走新型工业化道路，以创新抓好"双转移"和实施"乡贤回乡投资兴业"工程为重点，大力推动建设用地向园区集中、工业企业向园区集聚。市级按照"生态园区、工业新城"的发展定位，重点办好梅州高新技术产业园，尽快做大园区实体经济，推动新电子、新能源、新材料、新医药等产业集群。各县（市）特别是兴宁、五华要充分发挥地缘人缘和资源优势，高起点规划建设好一个工业园区，提升优势传统产业，发展高新技术产业，壮大县域经济。

（十一）重点建设丰顺经济开发区。发挥丰顺县城独特的区位交通优势，对接潮揭汕，融入海西区，高起点规划建设丰顺新区，大力发展先进制造业、高新技术产业和现代物流业，形成与潮揭汕及周边地区错位互补互动发展格局。

（十二）加快发展与文化旅游相关的制造业。大力推动大埔陶瓷、五华石雕、兴宁服饰、梅县藤艺等传统优势产业与现代旅游业的融合发展，鼓励开发具有自主知识产权、富有客家文化内涵的特色产品，加快发展旅游装备、旅游用品、文化旅游纪念品等文化旅游制造业。依托荷树园电厂、长乐烧酒厂、大埔陶瓷工业园等特色工业企业，大力发展工业旅游、科技旅游，培育新的旅游消费热点。

四、加快建设特色宜居城乡，全面优化发展环境

（十三）全面强化生态环境建设。广泛开展生态文明宣传教育，凸显生态优势，倡导低碳生活，引导居民和游客增强保护生态环境的自觉性和责任感。深入开展“绿满梅州”大行动，广泛持续实施“回赠母校一棵树、回报家乡一片林”活动，重点抓好梅州市区、各县县城、主干道等区域的绿化、美化和亮化，加快推进生态景观林带和城区特色景观廊道建设，消灭宜林荒山，保护森林资源，建设美好家园。健全环境影响评价制度，实行更加严格的生态环保标准。完善生态环境保护责任制和问责制，把生态环境保护纳入经济社会发展综合评价体系和领导干部综合考核评价体系。加大对破坏森林生态环境行为的惩处力度。着力推进节能减排，大力发展循环经济，推进清洁生产，推行低投入、低消耗、低排放、高效率的节约型增长方式，打造低碳经济发展集聚区。

（十四）创建森林里的花园城市。树立“科学规划、从容建设、低碳生活”理念，注重“大分区、小混合”，突出规划引领、突出重点区域、突出客家特色、突出主体功能分区、突出公共服务均等化，以梅州城区为核心，以七个县（市）城为重点，科学谋划市域发展，逐步形成“七星伴月”的特色宜居城乡发展格局。梅州城区按照“一核两轴三组团”的发展思路，大力实施“森林围城”“山里建城”工程，打造森林里的花园城市。江南新区要高起点规划设计，突出城市中轴线、突出重点项目，加快建设宜居城市的示范区、文化与旅游产业的集聚区、世界客都的展示区和体制机制的创新区。各县（市、区）按照市域总体规划要求，结合主体功能分区，加快建设新区，改造提升旧城，完善城市功能，促进产业集聚，提升人口承载力和辐射带动能力。

（十五）建设客家特色乡村。围绕“建设幸福村居、打造名镇名村”，充分发挥各地百年古居、千年建筑的保护示范作用，深入挖掘客家文化内涵，提高对古村落经济价值、文化价值的认识，有效保护客家古村落的历史风貌，注重融入时代元素，引入便利生活设施，做到修旧如旧、新旧协调，保持古韵、延续文脉，让古村落及田园风光相互辉映，建设开放式客家世界博物馆、客家民居、民俗展示馆、客家风情体验馆。严格村庄规划建设管理，严禁占用基本农田建房；大力培训乡村建设“工匠”，鼓励农民按照客家新民居标准改造旧房，全面规范建设新农村。

（十六）完善交通路网建设。主动对接珠三角和潮揭汕地区，尤其要抓紧对接揭阳潮汕机场和厦深高铁潮州中心站，以高速铁路、高速公路和机场建设为重点，尽快实施广梅汕铁路扩能（梅惠高铁）项目；争取粤东城际轻轨率先延伸到丰顺，再延伸到梅州城区；加快建设梅大及其东延线、济广、畲华等高速公路；规划建设畲江到华阳、梅州市区到潮汕国际机场、五华到丰顺、丰顺到大埔、平远到蕉岭等主要干道，大力提升现有国道、省道、县道技术等级，尽快形成各县（市）间直接连通的快速干线环状路网，努力缩短与发达地区特别是珠三角和海西区的时空距离。全面开通主要景区景点及公共场所的公交线路，加快构建安全便捷的旅游交通路网。

（十七）加强水利基础设施建设。按照“确保水安全、搞好水民生、营造水景观、发展水经济”的思路，推动水利建设与宜居城乡建设和发展文化旅游产业紧密结合，打好水利建设大会战。重点抓好梅州市区梅江两岸大堤除险加固改造提升工程和黄塘河、程江河综合整治工程；扎实推进病险水库除险加固、中小河流治理、农村饮水安全、小型农田水利和山洪灾害防治工程建设；抓紧实施兴宁、五华省级水利建设示范县项目，尽快动工建设高陂和梅南水利枢纽工程，既解决我市及潮揭汕地区人民的优质生活用水，又营造水景观、发展水经济。

（十八）实施城乡环境整治工程。坚持政府主导、干部带头、企事业单位支持、群众参与，全面加强城乡规划建设管理，依法拆除违法违章建筑，坚决遏制乱搭乱建、乱摆乱卖、乱停乱放等“六乱”行为，着力改善城乡人居环境；广泛开展农村清理卫生死角、沟渠池塘、垃圾堆放“三清”行动，抓好路边、山边、水边“三边”整治，推动农村小公园、小广场等群众文体设施建设。

（十九）提升城乡信息化水平。大力发展有线和无线宽带网络，推进数字梅州、智慧城市建设，加快实现高速宽带无线网络城乡全覆盖。积极发展下一代互联网和新一代移动通信，加快网络升级换代。大力整合信息资源和网络资源，积极推进“三网融合”建设。加强电子政务工作，建好各级政府网站，建设政府信息资源共享平台，提高公共信息服务水平。大力推进“物联网”的研发应用。不断完善文化与旅游信息发布及服务网络体系。

五、大力发展精致高效农业，促进农民耕山致富

（二十）建设精致高效农业基地。变我市“八山一水一分田”的劣势为发展优势，邀请农林牧专家认真研究梅州的水土气候，切实做好耕山致富文章，山上营造森林建设绿色银行，山间建好梯田发展茶园果园，山下抓好种养发展休闲庄园，变果园为公园、林区为景区、特色农产品基地为休闲观光基地、农副产品为旅游商品，推动大基地带动小农户、小产品催生大产业、小山村对接大市场，大力发展农业观光休闲旅游，加强梅台农业合作，加快建设台湾农民创业园和城北观光农业基地，大力促进精致高效农业与休闲度假、养生保健的紧密结合，促进农民脱贫致富。

（二十一）培育壮大农业龙头企业。大力实施龙头企业带动战略，出台鼓励农业龙头企业发展的政策意见，充分发挥雁南飞、雁鸣湖、西岩山等示范带动作用，大力发展农事体验、果蔬采摘、美食品尝等农业旅游产品，培育一批规模大、效益好、带动能力强的农业龙头企业和农民专业合作组织，提高农业生产的组织化程度和农业产业化水平，加大精深加工、包装策划和宣传推介力度，打响梅州金柚、平远慈橙、嘉应茗茶等特色品牌，延长产业链，提高附加值。

六、大力促进城乡公共服务均等化，加快形成人文智力支撑

（二十二）弘扬客家优秀传统文化。深入挖掘客家文化的丰富内涵，大力弘扬“包容开放、改革创新、尊道厚德”的客家人精神和“诚信为道、知识为本、家国为魂、四海为商”的客商精神，积极推动客家文化与国际先进文化接轨。精心编写《客家家训》，全面加强社会公德、职业道德、家庭美德、个人品德教育，广泛开展文明村居、“五好”家庭、道德模范等评选活动，建设诚信政府、培育诚信企业、造就诚信市民，形成讲文明、重礼仪、团结友善、热情真诚的良好社会风尚。深入开展打击欺行霸市、制假售假、商业贿赂，建设社会信用体系和市场监管体系等“三打两建”行动，营造公平公开公正、诚实守信的发展环境，促进经济社会健康有序可持续发展，切实增强人民群众和广大游客的安全感。

（二十三）统筹城乡大力发展教育事业。大力弘扬崇文重教的优良传统，加大政府投入，集聚社会力量，创建广东教育强市，办好人民满意的教育。以市区和各县城区为重点，优化城乡学校布局，加快建设一批优质学校。努力提高教师素质、稳定师资队伍，着力培育一批嘉应名师。支持嘉应学院办成全国知名特色大学，努力把东山中学建设成为百年名校，支持各类职业技术学校办好与梅州发展相适应，尤其是与文化旅游产业相关的学科和专业。

（二十四）统筹城乡抓好就业创业。实施新成长劳动力“清一色培训、清一色转移就业”工程，大规模组织城乡居民、农民参加职业技能培训和转移就业，大力发展劳务经济。推进“扶创业带就业”计划，鼓励支持大中专毕业生、社会青年自主创业，用知识改变命运，用智慧创造未来。

（二十五）完善城乡社会保障体系。推进城乡一体化社会保障制度建设，逐步提高保障标准，加快实现人人享有社会保障目标。支持市人民医院加快建设粤闽赣边区域医疗服务中心，高水平办好田家炳医院，市及各县（市、区）重点办好人民医院、中医院和妇幼保健院，推进县镇村医疗卫生机构标准化建设，鼓励社会力量创办医疗机构，大力发展住疗、食疗、水疗、理疗、医疗等健康产业，打造城市居民15分钟、农村居民30分钟的“健康服务圈”，为市民和游客提供优质医疗保健服务，让梅州成为中老年人保健养生的乐园、青年人安居创业的乐土。

七、创新体制机制，落实各项保障措施

（二十六）完善管理体制。按照“统一指挥、统一协调、统一管理”的要求，坚持党委领导、政府主导、市场运作，人大、政协监督，坚持科学规划、效益优先，坚持改革开放、传承创新，市县共建、镇村参与、利益共享，明确各级责任，合理分配利益。建立完善特色区管理体制和工作机构，统筹协调特色区建设规划编制、文化旅游资源管理和文化旅游项目审核及其产业发展等工作。

（二十七）创新运营机制。实行职业经理人制度，设立特色区建设投资开发公司，按照政府授权范围经营土地开发、国有资产经营、基础设施投资、重点项目建设等，并鼓励和引导外资、民资和各类社会资本参与经营及管理。建立科学的用人机制，实施高素质人才“千人计划”，重点在城乡规划建设、文化旅游、新型工业、精致高效农业、现代服务业和社会建设管理等领域，面向全国公开招聘一千名具有硕士学位以上或高级职称的优秀人才，努力为梅州发展提供智力支撑。

（二十八）强力抓好招商引资。市及各县（市、区）紧紧围绕实施“一园两特带动一精”产业发展战略，加强项目策划包装和宣传推介，完善激励竞争机制，落实目标任务，搞好优质服务，积极实施“乡贤回乡投资兴业”工程，发挥客属社团、商会组织的桥梁纽带作用，动员广大商界乡亲回乡投资兴业，着力引进国内外一批大型企业和优质项目。大力扶持本土企业及民营企业做强做大，力促中小企业加快发展。实行主要领导挂钩重大项目制度，建立倒逼机制，落实工作责任，切实提高招商引资的质量及水平。

（二十九）积极争取政策支持。以梅州纳入海西区为契机，积极争取国家和省在交通布局、粤港澳合作、梅台交流、文化旅游等方面的政策支持。用好用活中央苏区县的扶持政策，争取更多的政策、项目和资金支持。加大财政资金整合力度，设立文化旅游发展专项资金，支持符合条件的文化旅游企业发行企业债券或上市融资。加强与国家、省有关部门及科研院所、文艺团体的战略合作，科学编制《广东梅州文化旅游特色区总体规划》及实施意见，力争上升为广东省乃至国家战略规划。

（三十）强化目标责任考核。建立工作目标责任承诺践诺机制，工作任务向社会公开，完成情况向社会公示，进展情况接受公众监督。各级人大及其常委会要加强对特色区建设的监督检查，确保责任落实和目标实现。

本《决定》自通过之日起实施。各级各部门要出台相关配套政策，制订实施方案，加大宣传力度，形成全社会推动特色区建设的强大合力。

中共清远市委　清远市人民政府
关于进一步加快旅游业发展的意见

（清发〔2012〕20号）

我市旅游资源丰富，区位优势明显，为进一步加快旅游业发展，促进我市经济转型升级，根据中央、省有关文件精神，结合当前我市实际，提出以下意见：

一、发展思路、发展定位和目标任务

（一）发展思路。进一步解放思想，改革创新，充分利用我市“南融北拓桥头堡、水秀山清后花园”的区位和资源优势，实施以旅游总体规划为先导，以市场为主导的旅游发展战略，大力推进旅游大项目招商、旅游资源整合开发、城市整体旅游形象推广、旅游服务标准化、旅游产品高端化等工作，促进我市由旅游资源大市向旅游经济强市转变，由“中国优秀旅游城市”向“国际旅游城市”迈进，促进我市旅游业发展实现新跨越。

（二）发展定位。按照市委六次党代会关于“大力发展面向珠三角、辐射内陆市场的自然生态、健康养生、休闲度假、公务会展等现代旅游业，加快旅游强市建设步伐”的总体要求，顺应当前国内外旅游逐步由观光性旅游过渡到休闲度假、健康养生等体验性旅游的发展趋势，针对珠三角市场对乡村旅游、农业生态旅游、休闲度假旅游、体验探险旅游、健康养生旅游、福地文化旅游、会务会展旅游等的需求，内地市场对温泉旅游、岭南民俗文化旅游、体验探险旅游等的需求，境外市场对健康养生旅游、体验探险旅游、民俗民族文化旅游、宗教文化旅游等的需求，确立以休闲度假、健康养生、体验探险、历史文化等旅游为主打品牌的发展定位，着力打造形成高端、集约、特色化的清远旅游产业链。

——港澳及珠三角休闲度假首选地。发挥清远交通、区位优势，大力发展适合会务会展的高端酒店及景区（点），完善已有的狮子湖、美林湖、碧桂园、恒大世纪城等项目功能，打造英德广晟生态城等高端休闲度假旅游项目，满足港澳及珠三角地区市场需求。

——国际健康养生旅游示范基地。以建设国际（中国·佛冈）健康养生旅游示范基地为契机，完善清新温矿泉、佛冈聚龙湾、英德奇洞、树上温泉等特色温泉景区，扩展佛冈龙南田野休闲度假农场等农业生态项目，丰富以清远鸡、北江河鲜为代表的旅游特色美食文化，形成健康养生聚集效应。

——广东体验探险目的地。依托漂流、溶洞、高山峡谷等资源，以黄腾峡、古龙峡、玄真等景区漂流，连州地下河、英德宝晶宫等景区溶洞探奇，攀登阳山第一峰、金子山顶峰等景区体验探险为核心，形成省内最广阔的山水旅游消费市场。

——岭南历史文化弘扬示范区。进一步弘扬福地文化、民族文化、古村落文化、奇石文化、茶文化、红色旅游等文化特色，发掘刘禹锡、韩愈、苏东坡、米芾、朱汝珍等历史名人效应，糅合飞霞山十九福地、抱福山四十九福地宗教文化，飞来寺、南山寺、观音庙等禅修养生文化，瑶、壮民族文化和连州、佛冈、清新、英德古村落文化等元素，丰富清远旅游文化内涵。

——南方自驾游基地示范市。充分利用清远高速公路体系2013年初步建成的机遇，以自驾车旅游作为旅游产业发展质量的一个突破口，力争到“十二五”期末把清远建成一个南方地区完善的自驾车旅游城市。

（三）目标任务。经过3～5年的努力，旅游龙头项目开始形成，清远成为粤港澳乃至全国重要旅游目的地之一，在旅游客源地享有较好口碑。到2015年，全年接待过夜游客人数突破1200万人次，年均增幅15%（以“十一五”末为基数，下同）；旅游总收入300亿元以上，年均增幅36.6%；旅游业直接就业8万人以上，年均增幅15.5%；旅游业发展国际化程度明显提高。

二、主要任务

（四）优化旅游发展布局。编制旅游资源开发目录和旅游项目招商目录，2012年年底前建立、完善清远市旅游业发展总体规划以及有关专项规划相配套的旅游发展规划体系，凸显南部、中部、北部的资源特色，防止低水平、无序、过度的开发。清远市区、清城区、清新县：加快省市共建“生态休闲与民族文化旅游示范区”建设步伐，利用“两江三湖”水系，打造清远“湖城”品牌。按国家5A级景区标准，整合开发北江、飞霞风景名胜区、飞来寺、银盏温泉等资源，建设成为综合观光日夜游、宗教文化、健康养生、探险娱乐等要素的大型龙头景区。英德市、佛冈县：突出喀斯特岩溶地貌的英西峰林、温泉、溶洞以及奇石、茶叶、摩崖石刻文化等资源特色，打造会议会展、休闲旅游胜地。连州市、阳山县：突出以刘禹锡、韩愈为代表的历史人文和以国家5A级景区连州地下河、4A级景区广东（阳山）第一峰为龙头的生态山水，打造粤北旅游休闲胜地和粤湘桂边城旅游中心区域。连南县、连山县：突出广东省瑶、壮少数民族最集聚区域的民族特色以及原生态天然“氧吧”效应，打造全省生态休闲与民族文化旅游示范区。

（五）打造旅游精品线路。以发展北江沿岸自然风光、历史人文旅游带为龙头，拓展连阳旅游发展轴、英佛旅游发展轴，精心谋划打造南部温泉、漂流、商务会展、运动休闲度假，中部生态休闲、健康养生、人文景观，北部历史人文、民族风情、民俗文化等精品线路，优化“一带、两轴、三区”大旅游格局。

（六）培育自驾游市场。立足清远高速公路网做好自驾游配套规划，引导市场参与，在高速公路出口规划建设自驾游服务站，统一自驾游标识，整合景区、绿道、驿站及应急救援等要素，利用节庆活动等平台，打造南方自驾游基地示范市。

（七）提高招商选资质量。以引进旅游大项目为重点，对南部地区投资额10亿元以上、中部地区5亿元以上、北部地区3亿元以上的旅游项目，且投资者在项目投资合同中约定项目建设周期及违约金额的项目，列为市旅游招商重点项目，享受优先安排用地指标、税费优惠、行政审批“绿色通道”等扶持，有关土地优惠具体办法由市旅游局牵头协调市有关部门拟出报市政府审批。同时，大力实施旅游业“月亮工程”，开发建设在国内外具有较强影响力和吸引力的大项目，争取至2015年建成3～5个投资10亿元以上、年接待游客200万人次以上、营业额2亿元以上的大型特色旅游项目。

（八）优化旅游整体形象宣传。每年根据国家、省旅游主题策划出简洁凝练、寓意深远，具有吸引力和冲击力的清远旅游主题宣传口号，政府统筹谋划、企业个性营销，重点向珠三角、港澳及武广、京深高铁沿线重要城市宣传推广。加大在大型高端媒体的宣传力度。积极利用演艺、影视、动漫等形式，推出一批高品质、有特色的旅游演艺产品，增强旅游宣传的感染力和影响力。有效利用举办国际国内重大文化交流活动、大型体育赛事和节庆活动作为推广平台，通过举办广东清远温泉旅游文化节、广东清远漂流旅游文化节、中国“清远鸡”美食旅游文化节、中国（英德）英石文化节、连州国际摄影年展、连山“七月香”壮家戏水节、连南盘王节等活动，以及筹办第八届（2013年）广东国际旅游文化节主会场活动，宣传推介清远旅游。各县（市、区）要策划设计出科学、鲜明、相对稳定的旅游形象，既能保持全市旅游形象统一又能突出各自特点。要建立科学评估推广宣传效果的考评机制，确保政府旅游宣传经费发挥最大效益。

（九）强化区域营销合作。充分利用武广、京深高铁开通和广清城际轨道即将动工的机遇，与珠三角地区及泛珠三角地区省（市、区）建立区域旅游联盟，继续巩固和扩大省内传统客源市场，积极拓展以香港、澳门、台湾以及东南亚为主的入境市场，加快推进区域合作联盟机制，整合区域旅游产品和线路，实施区域市场营销合作等营销策略，加强对周边客源市场的推广力度，推动清远与珠三角及港澳，武广、京深高铁沿线城市旅游业的融合发展，至2015年实现入境游与省外游客数量、旅游总收入的倍增目标。

（十）促进产业融合发展。积极推动旅游业与城乡建设、交通建设、环境保护、文化体育等相关领域互促共融发展，打造生态农业观光游、休闲度假游、历史文化游、体育探险游、健康养生游、商务会展游、古村名镇游、特色房地产、自驾游等旅游产品，拉动金融、交通、物流、信息等相关产业的发展，实现旅游在与其他产业的融合中，既促进其他产业发展，更壮大自身发展的“双赢”局面。

（十一）完善旅游交通服务建设。2015年前建成初步完善的集公路、铁路、水运为一体的旅游交通集散系统，构建与广州新白云机场无缝对接的交通体系。整体筹划区域内旅游交通指示系统和景区间观光巴士规划，建设好进出口和各旅游景区主要通道沿线的景观，统一规划、统一设计、统一制作市境内的旅游标识、交通标识、公共图形标识。加快全市绿道驿站网络规划和建设。依法规范游船准入条件。加强旅游景区道路、停车场和公共汽车站的建设，提高公路等级，改善路面质量。

（十二）建设优秀旅游人才队伍。加强旅游行业的诚信体系建设和职业道德教育，加强中高级旅游专业人才的引进和培养，加强与清远职业技术学院和各类职业技术院校的合作，支持帮助旅游接待服务业后进地区（连山、连南）通过人才借调交流提升服务水平，全面推行资格认证和持证上岗制度，每年表彰一批“优秀旅游企业经理”“优秀导游员（讲解员）”“优秀旅游员工”“优秀旅游公务员”等有突出贡献的旅游从业人员。

（十三）加强旅游市场监管。加强旅游执法队伍建设，加强部门和区域联合执法，建立和完善24小时服务的12301免费旅游咨询投诉热线。建立旅游突发事件快速反应机制，建立健全旅游监管体系、旅游服务质量评价体系、旅游诚信体系和旅游投诉体系，完善旅游企业信誉等级评估、重大信息公告和违规记录公示制度。

（十四）提升旅游信息化水平和服务接待水平。实施“智慧旅游城市”建设工程，形成功能先进、资源共享、实时便利的全市旅游电子商务系统和旅游网络营销系统，2015年前在全市建立10~30个公益性的旅游咨询服务中心。大力推进旅游标准化建设，建立健全旅游设施和旅游服务标准，制定实施旅游安全、环境卫生、节能环保标准，重点保障餐饮、住宿、厕所的卫生安全。加大景区周围环境整治力度，科学合理规划配置景区以及旅游公路沿线住宿、餐饮、购物、娱乐和金融服务项目，培育能够积极满足各个阶层需求的立体式旅游接待人文环境。

三、强化保障服务措施

（十五）加强组织领导。成立以市政府主要领导为组长、分管市领导为副组长的市旅游发展领导小组，建立定期例会制度研究、协调解决旅游发展中的重大问题。市旅游行政主管部门要主动与有关职能部门对接，及时对全市重大旅游开发项目进行协调、监督和服务，及时反映和解决旅游业发展过程中出现的困难、矛盾和问题。各级党委、政府和市直职能部门要把加快旅游业发展列入重要议事日程和重大事项督查范围，形成加快旅游业发展的合力。

（十六）深化体制机制改革。市域内的旅游景区景点项目在立项前应征求各级旅游行政主管部门意见，避免同质化重复建设。跨行政区域旅游景区由共同的上一级人民政府明确管理主体，同一个景区在同一个规划指导规范下开发建设。探索建立旅游产权交易市场和旅游投融资平台，鼓励社会民间资本、国外资本和企业参与旅游项目的投资、建设和经营。建立工作目标责任考核机制，接受公众监督，确保责任落实和目标实现。

（十七）发挥旅游业龙头公司的带动作用。成立广东北江旅游投资开发有限公司为旅游业龙头公司代表，积极发挥龙头公司在推动旅游资源整合、促进对外合作等方面的带动作用。

（十八）落实税费优惠政策。全面落实省政府《贯彻国务院关于加快发展旅游业意见的若干意见》（粤府〔2010〕156号）中对有关旅游企业的减负政策，积极争取尽快落实省政府有关宾馆饭店与一般工业企业同等用电、用水、用气价格的政策。旅游企业向城市污水集中处理单位排放污水，符合国家或省规定的城市污水集中处理单位接纳标准的，已缴纳污水处理费的，不再缴纳排污费。允许旅行社参与政府采购和服务外包。旅行社按照营业收入缴纳的各种收费，计征基数应扣除各类代收支出费用。凡新办旅游企业当年缴纳入库的营业税（不包含销售房地产缴纳的营业税）和企业所得税的地方留成部分（扣除税务部门查补征收往年应缴税款入地方部分）首次超过150万元，或再次超过150万元且逐年增长幅度超过20%以上的新增部分，由财政部门按照地方留成新增部分（扣除财税部门查补征收往年应缴税款入地方库部分）的50%安排专项资金扶持企业。以上扶持政策具体管理办法由市旅游局和市财政局牵头拟出方案报市政府审批。

（十九）优化旅游用地政策。市政府统筹使用全市用地指标，按项目质量供应项目用地指标，将列入市旅游发展规划的重大旅游建设项目和发展生态旅游项目用地纳入新一轮土地利用总体规划。对国家和省、市立项以及投资10亿元以上的旅游项目，按照国家和省有关规定解决其用地计划指标，市政府予以优先扶持。旅游企业利用现有建筑用地拆旧建新，在符合规划、不改变土地用途的前提下，经市有关职能部门批准，适度增加建筑密度和容积率的，不再补缴土地出让金；自行拆旧建新，批准用途不变的，参照我市“三旧”改造相关政策执行。

（二十）奖励旅游企业在产品和服务上提档次、创品牌。鼓励旅行社评星、创建星级酒店、创建旅游示范点、开通旅游巴士，特别是对取得国家5A级景区和国家级旅游度假区给予奖励：注册在本市的旅行社，首次进入全国百强旅行社的一次性奖励10万元；新评上国家AAAA级旅游景区的一次性奖励5万元，新评上国家AAAAA旅游景区的一次性奖励10万元；新评上国家四星级饭店的一次性奖励5万元，新评上国家五星级饭店的一次性奖励10万元；新获得国家级、省级工农业旅游示范点称号的分别一次性给予10万元、5万元奖励，新获得国家级、省级乡村旅游示范点称号的分别一次性给予10万元、5万元奖励。

（二十一）设立旅游专项发展资金。从2012年起，市财政每年安排一定额度的旅游发展专项资金，并视当年财力状况而逐步加大对旅游业的投入。各县（市、区）政府根据各地实际情况在财力允许的情况下安排资金，按旅游业发展情况逐年同步递增。旅游专项发展资金主要用于清远整体旅游形象的推广宣传、旅游资源普查以及旅游统计、旅游培训、优秀企业和从业者的奖励。市旅游专项发展资金具体管理办法由市旅游局和市财政局拟出方案报市政府审批。

（二十二）充分发挥旅游行业协会作用。旅游行政主管部门要按照国家、省有关要求及早规划部署，加快职能转变，把应当由旅游行业协会承担的职能和机构转移出去。旅游行业协会要积极承接行政主管部门转移的工作，要以市场化、社会化、国际化为发展方向，加大对龙头企业会员的覆盖面，积极探索促进旅游市场发展和管理的经验，在加强行业自律、举办大型旅游节庆活动、宣传促销、调查研究、服务会员与行业发展等方面发挥作用，树立在行业中的公信力、凝聚力和影响力。协会领导机构的产生要积极探索按民主程序、差额竞选产生的途径，并尽早实现人员、财务等与旅游行政主管部门脱钩。

（2012年6月29日）

中共阳江市委　阳江市人民政府
关于加快海洋经济强市建设的实施意见

（阳发〔2012〕9号）

为认真贯彻落实《中共广东省委广东省人民政府关于充分发挥海洋资源优势努力建设海洋经济强省的决定》（粤发〔2012〕13号）和省第十一次党代会、市第六次党代会精神，充分发挥我市海洋资源优势，促进海洋经济科学发展，加快建设海洋经济强市，制定本实施意见。

一、明确发展方向

（一）总体要求。以邓小平理论和"三个代表"重要思想为指导，深入贯彻落实科学发展观，围绕"在加快发展中转变方式、实现幸福追赶"的核心任务，树立"人海和谐、海陆统筹"的发展理念，以蓝色经济为引领，以加快转变海洋经济发展方式为主线，以提高海洋综合开发水平为主攻方向，努力打造临港工业基地、滨海休闲旅游度假胜地、现代渔业基地、滨海清洁能源基地、海洋文化产业基地、海洋科技产业聚集区、海洋生态示范区，全面建设广东海洋经济综合试验区的先行区，推动阳江进入新一轮发展快车道。

（二）发展目标。到2015年初步建成海洋经济强市。全市海洋经济生产总值超500亿元，占地区生产总值40%左右，海洋经济成为我市经济重要增长极。临海工业、滨海旅游业、现代海洋渔业、滨海清洁能源产业、海洋交通服务业和海洋文化产业等现代海洋产业带动作用明显增强。各类近岸海域环境功能区水质达标率达到95%。

到2020年全面建成海洋经济强市。全市海洋经济生产总值力争比2015年翻一番，达到1000亿元，主要海洋产业核心竞争力明显增强，各类海洋功能区环境质量保持优良水平，现代化海洋综合管理体系基本形成，成为广东海洋经济综合试验区的重点市。

（三）规划布局。认真编制海洋经济发展规划，推动金朗岛的规划建设，构建以阳江市区为中心，以沿海拓展轴为主骨架，以阳东片区、阳西片区、高新片区等点状片区为支点的海洋重点发展区以及以海陵岛和蓝色海岸带为龙头的海洋综合发展区。坚持以陆域经济支撑带动海洋经济发展，以海洋经济拓展提升陆域经济，将产业发展导向与空间布局有机结合起来，统筹三次产业关系，加快发展二、三产业。海洋重点发展区主要发展海洋工程装备制造、船舶制造、新材料、海洋生物医药等临海工业和航运物流、产品研发、信息服务等生产性服务业；海洋综合发展区主要发展现代海洋渔业、滨海旅游、滨海清洁能源和海洋文化产业。

二、构建现代海洋产业体系

（四）集约发展临海工业。积极参加"湛茂阳"临港经济圈和粤桂琼海洋经济合作圈交流合作，特别是深化与共建市的合作，进一步探索完善共建机制和利益共享机制，采取更多的措施推进产业转移园的建设，实现产业转移园向经济合作区转变。以高新区、阳东和阳西三大临港工业基地为重点，以集群化、集约化和高端化为导向，引导发展技术密集、关联度高、带动能力强的海洋战略性新兴产业，建立以临港工业为核心的临海工业集聚区。高新区重点发展集装箱制造、海洋精细化工、海洋生物医药、食品（海产品）深加工、港口仓储物流等现代产业；阳东重点发展核电装备制造产业，建设广东核电产业基地；阳西重点发展海洋工程装备制造、海上风电设备、船舶制造等产业，加快建设具有鲜明产业特色的临海经济带，力争成为全省临海工业发展的重点区域。

（五）致力做大滨海旅游业。组织修编阳江市旅游发展专项规划，引领滨海旅游科学发展。高起点修编海陵岛总体规划，加快保利海陵岛银滩、敏捷旅游综合项目开发。推动国家级海洋公园、滨海旅游产业园、恒大文化旅游城、马尾岛旅游综合开发及帆船竞赛基地等旅游项目建设，抓好“南海Ⅰ号大道”的改造提升。以建设游艇俱乐部为抓手，发展游艇经济和国际邮轮旅游，推进国家5A级旅游景区创建工作，力争把海陵岛打造为国际旅游休闲岛。加强阳西月亮湾、阳东珍珠湾等滨海旅游资源整合，支持沙扒、东平等镇建设成为具有独特渔家风情的旅游美镇。加快海上绿道与城市绿道建设，通过绿道串联沿海城镇景点，构筑滨海观景长廊，形成滨海蓝色景观旅游带。坚持滨海旅游及海洋文化形象宣传、旅游功能定位策划、旅游线路推广及旅游捆绑营销相结合，做强“浪漫银滩、宋船古韵”旅游品牌。对接珠三角、北部湾和海南国际旅游岛，积极参与“两广十市”区域旅游合作，融入粤桂琼“金三角”旅游线路，打造粤西著名滨海旅游黄金海岸。

（六）大力发展现代海洋渔业。以现有七大渔港的改造、扩容、升级为重点，推进国家级中心渔港和国家一级渔港建设，加快对岸渔港申报国家一级渔港，打造重要的南海渔业补给基地，建设现代渔港经济区。积极发展“深蓝渔业”，推动深水网箱养殖产业化、集群化，扶持建设南鹏列岛深水网箱养殖产业园。积极推进渔业良种体系建设、标准鱼塘改造，开展水生生物增殖放流活动。大力发展设施渔业，推广科技型、生态型养殖方式，创建一批健康养殖示范基地、省级以上现代渔业标准化示范区、节地节水高效高质现代化渔业示范基地。制订扶持外海远洋渔业发展优惠政策，引导各类资本特别是民间资本参与木质渔船改钢质试点，支持具有开发深海渔业资源能力的龙头企业组建一批装备先进、适应深海作业的现代化捕捞船队，建设外海远洋渔业生产基地。规划建设“渔人码头”和观赏渔业园，大力发展海上垂钓、餐饮娱乐、热带鱼养殖等休闲观赏渔业。建设水产品精深加工园区、物流中心以及大型专业化水产品批发市场，大力发展水产品精深加工，加快培育一批水产品加工出口龙头企业，做强做大水产品加工出口业。突出抓好水产品质量标准和质量监督检测建设，开展无公害水产品、绿色食品等质量认证，创建水产品知名品牌。构建养殖、捕捞、加工出口、物流、休闲观赏渔业等产业链完整的现代渔业产业体系，打响“中国南海渔都”和“中国蚝都”品牌，建设南中国海重要的海洋渔业基地。

（七）积极培育滨海清洁能源产业。以阳江核电、海上风能等项目为重点，集聚新能源制造企业、科研机构和服务机构，实现能源工业转型升级。积极推动天然气热电冷联供和天然气分布式能源项目建设，探索开展海洋能发电和海洋可再生能源利用项目建设。配合省实施核电站海水循环冷却改造规模化示范工程。着力推进抽水蓄能项目建设，提高电力调峰调频能力。加快推进超高压、特高压电网建设，提高电网输送能力，为核电、风电等项目的电网接入提供支撑，构筑广东重要的滨海清洁能源基地。

（八）加速发展海洋交通服务业。统筹港口与航运业的开发，积极培育引进航运公司，加快以阳江港为中心的综合运输网建设，打造多式联运体系，推动“水水中转”“水陆中转”“铁水中转”发展，提高海洋综合运输能力。加强专业化运输系统建设，完善集装箱运输系统和能源运输系统，加快开通集装箱定期航班。改造提升传统物流业，积极培育专业化物流企业，鼓励物流量大的制造业“主辅分离”，实行物流业务外包，扶持壮大第三方物流。积极推广物联网技术，大力推进射频识别、多维条码、卫星定位系统、货物跟踪等信息技术应用，进一步提高航运物流服务水平，建设东接珠三角、西联北部湾的物流枢纽。

（九）繁荣发展海洋文化。组织开展南海文化资源调查、整理和研究，探索建立水下文化遗产保护区和海洋文化生态保护区，推动建立海洋历史文化遗址公园。加快建设广东海洋历史博物馆，加大“南海Ⅰ号”的考古发掘与保护工作力度，运用多媒体技术手段丰富展示形式，努力提升广东海上丝绸之路博物馆陈列展示水平。策划歌剧、舞剧等大型专题文艺演出活动，精心制作广东海上丝绸之路博物馆宣传电视片，主动参与海上丝绸之路（广东段）申报世界文化遗产工作，打响海上丝绸之路文化品牌。围绕“南海Ⅰ号”建设海上丝绸之路文化产业园，吸引社会资金投资文化博览会展等文化产业项目。积极开发海洋生物标本、船模、珊瑚、贝类制品等具有海洋文化特色的旅游产品和民间工艺品。用现代手段传承沿海疍家婚俗表演、咸水歌等传统渔家文化，办好南海开渔节、休渔放生节、国际风筝节及旅游文化节等海洋民俗活动和节庆活动，彰显“人无我有，积淀厚重”的阳江海洋文化特色，全力打造南粤海洋文化传承地。

三、实施科技兴海战略

（十）构建海洋科技创新体系。加快建设市内科技创新工作平台，建立服务海洋产业技术创新的中试基地、工程技术研究开发中心和公共检测中心。加强科研成果转移交易平台建设，促进高新海洋科技成果转化和推广。引导企业走产、学、研一体化道路，鼓励涉海企业和海洋科研机构成立技术产业创新战略联盟，组织开展海洋科技攻关，建设一批海洋科技成果高效转化示范基地，形成一批具有自主知识产权的海洋科技创新成果。引导涉海企业建立高水平自主研发机构，加强海洋生物医药、海洋工程装备等领域的研究开发，支持企业依靠科技力量加强技术改造。落实科技创新和人才扶持激励政策，建设一批涉海专业院士工作站、博士后流动站，积极培养引进海洋产业高尖端人才及团队。大力发展职业教育，在阳江职业技术学院等院校开设海洋相关学科，建设应用型海洋人才培育基地。积极推进海洋信息化建设，建设电子信息网络，打造“数字阳江”和“创造阳江”。

（十一）打造海洋科技产业聚集区。围绕发展海洋经济，加大招商引资力度，大力实施资源招商、项目招商和产业链招商，鼓励和支持投资海洋科技产业。加快建设海洋低碳经济产业示范基地和海洋原良种保育基地，支持南美白对虾亲本核心技术引进项目。加大项目用地、税收优惠等方面扶持力度，在海陵湾设立广东阳江海洋经济特色产业基地，建设海洋生物医药产业基地、国家南海海洋生物技术工程中心阳江分中心和海洋科技产业示范基地，吸引成长型海洋科技企业入驻，培育具有核心竞争力的海洋科技产业，打造海洋科技产业聚集区。

四、强化海洋生态建设

（十二）推进海洋污染防治。加强海岸带的环境综合整治，确保海洋经济发展规模、发展速度与资源环境承载能力相适应，增强可持续发展能力。妥善处理好产业发展与环境保护的关系，深入推进结构减排、工程减排和管理减排，实行更为严格的节能与环境准入标准，强化污染物总量指标控制和临海产业结构优化调整，逐步淘汰落后工艺、设备和产能。加强海洋环境敏感区、陆源入海排污和临海重大项目监视监测，推动海陆环境同治。加强海水养殖业的科学规划，合理确定养殖规模与结构，控制养殖业污染。加强对海洋倾废、船舶污染和港口的环境管理，增强船舶污染应急处置能力。实行海洋环境保护目标考核责任制，将海洋环境保护纳入沿海各级政府环境保护责任考核范围。

（十三）建设海洋生态示范区。以建设生态海洋、和谐海洋为目标，提高海洋和海岸带生态系统保护水平，推进南鹏列岛海洋牧场、阳东头芦排人工鱼礁、南鹏列岛省级自然保护区和阳江浅海海洋生态市级自然保护区建设。开展贝藻类等海洋生物固碳试点工作，建设海洋碳汇渔业示范基地，打造蓝色碳汇功能区。强化海洋生态保护修复，加快推进南鹏岛整治修复与保护项目，加强海岸、防护林带、红树林、海岛等生态系统维护，严禁非法采砂，促进海洋生态系统的良性发展。保护和涵养近海渔业资源，控制近海捕捞强度，加强重要海洋生物繁殖场、索饵场、洄游通道和栖息地保护，严格执行南海伏季休渔制度，坚决打击电鱼、炸鱼、毒鱼等非法破坏海洋生物资源行为。

五、优化发展环境

（十四）完善基础设施。进一步加快交通基础设施建设，构筑城际立体交通和城郊便捷交通网络，推动阳江合山机场扩建，加快阳江港与阳春、云浮铁路线对接，拉动港口物流。加强阳江港与珠三角港口群及粤西港口的协调建设，着力推进海陵湾吉树港区、丰头港区“一湾两港区”建设，完善港口配套设施，合理布局加工服务基地。整治非法占用公共航道的养殖行为，优化港口通航环境，加快公用出海航道、防波堤和锚地等公共基础设施的建设与管理。推进集装箱、油气化工、矿石、煤炭等专业化泊位建设，加快阳江港大吨位深水码头泊位建设，规划建设万吨级以上泊位12个，新增港口吞吐能力1500万吨。推进跨港大桥建设和10万吨级航道疏浚、跨海大桥、疏港大道、疏港铁路工程的立项上马，提高港口集疏运能力。加快临港物流基地建设，规划建设阳江港物流园区，推进阳江保税物流中心以及五金刀剪、汽车、建材、烟草、成品油、天然气等物流仓储项目建设，规划布点大型煤炭及矿产中转基地。

（十五）健全财政税收扶持机制。积极争取国家和省对我市推进海洋经济发展试点工作给予资金支持。加大财政资金投入力度，相关部门各类涉海专项资金要优先安排我市纳入海洋经济综合试验区发展规划的项目。各沿海县（区）要统筹财力，切实加大对本地海洋经济发展的资金支持。除国家限制的领域外，海洋开发项目一律对民间资本开放。对海洋产业中通过认定的高新技术企业，认真落实高新技术企业税收优惠政策。推荐符合条件的现代物流企业纳入国家发改委和税务总局试点物流企业名单，落实国家关于试点物流企业有关税收政策，对按规定缴纳城镇土地使用税确有困难的，按照税收管理权限经批准后给予减免。落实国家有关渔业以及国家风力发电增值税优惠政策。

（十六）加大投融资支持力度。推动体制创新，改善投融资环境，探索构建海洋经济发展的投融资平台。创新五大商业银行投融资机制，支持农村合作金融机构的改革，组建村镇银行、小额贷款公司、农村资金互助社等新型农村金融服务组织，支持海洋经济发展。搭建银企合作平台，积极争取政策性金融机构项目贷款，鼓励金融机构优化信贷投向，创新信贷产品，提高海洋产业贷款比重，加大对海洋经济重点领域、重点项目、重点企业的信贷资金投放力度，开展船舶、应收账款、海域及海岛使用权等抵（质）押贷款业务。推动银行、保险、信托等金融机构与风险投资、股权投资、担保机构等建立战略合作，发展海洋投贷联盟，开展海洋产业保险。支持涉海企业发行企业债、公司债、短期融资券和中期票据等债务融资工具，支持符合条件的涉海企业在境内外发行股票上市融资。

（十七）加强海洋综合管理。坚持“在开发中保护、在保护中开发”原则，认真编制海岸保护与利用规划、海岛保护利用总体规划等，集中集约开发利用海域及海岛资源，统筹好吉树港、西面前海、江城南岸集中集约用海区。开展海域使用权招标拍卖试点，积极推动海域使用权流转，实施以海域使用权手续直接进入规划、报建、验收程序的海域使用直通车制度，推进海域资源优化配置。发挥围填海计划调控作用，围填海指标重点保障产业政策鼓励发展项目、现代海洋产业体系建设项目、重大涉海基础设施项目和重点民生项目。推进海岛保护与合理开发利用，加强无居民海岛使用权管理，探索以旅游度假为主要功能的无居民海岛整体开发。实施海域使用动态监测，开展重点海域使用专项治理，建立健全违法用海责任追究制度。

（十八）提升公共服务能力。建立健全海洋灾害监测、预警、预报及信息发布综合服务体系和应急指挥体系，加强海洋与渔业“三合一”实验室、海洋环境监测站辐射监测实验室和渔政应急值班室建设，建立海洋灾害应急快速反应机制。加强海上搜救能力和海上救助船艇等硬件资源建设，加大千里海堤、渔船避风塘建设的投入，提高应急处理和防灾减灾能力。加强渔船安全生产管理，强化渔民安全技能培训，严格执行持证上岗制度。完善渔业安全生产通信指挥系统、渔船IC卡管理系统和渔港视频监控系统，各沿海县（区）要加大投入，争取从2012年起用两年时间建成辖区内渔港的监控系统和海洋灾害天气预警系统。加强养殖协会、捕捞专业合作社建设，发挥其协调服务功能。开展沿海渔民转产就业工程，建立休（禁）渔期渔民补偿机制，落实配套资金推进政策性渔业保险。健全水产品质量安全监管和水生动物防疫检疫体系，强化渔药、饲料及添加剂等投入品使用的监督管理，实行水产品生产全程监控和质量安全追溯制度，推进水产技术推广与病害防治咨询网络平台建设。实施海洋经济运行监测评估，定期发布海洋经济相关信息。

六、加强组织领导

（十九）建立领导体制。把建设海洋经济强市作为全市的重点工作，成立由市政府主要领导任组长的建设海洋经济强市领导小组，加强对全市海洋经济重大决策、重大工程项目的协调以及政策措施的督促落实，形成职责明确、分工合理、配合协调的管理体系。各沿海县（区）要加快建立完善相应的领导机制，制定实施意见，形成全市上下共同推进海洋经济发展的强大合力。

（二十）明确责任分工。建立协调的责任分工体系，分解细化目标任务，具体落实责任单位和责任人。相关职能部门要各尽其职，各负其责，抓好组织推动、规划协调、产业研究、政策实施、行业监测、项目调度等方面工作，及时研究解决建设过程中出现的新情况和新问题，强力推进海洋经济发展。

（二十一）完善考核机制。建立海洋开发决策专家咨询和海洋经济发展考核评价机制，健全统计、监测、评价体系，制定科学高效的监督考核管理办法，将发展海洋经济纳入沿海地方政府及职能部门工作考核范围，切实加强督促检查。

（二十二）加强舆论引导。大力宣传建设海洋经济强市的重要性，增强全社会的海洋经济意识、海洋国土意识、海洋环境保护意识和海洋管理意识，充分调动全社会参与建设海洋经济强市的积极性，提高开发保护海洋的自觉性，为加快海洋经济强市建设营造良好氛围。

（2012年7月31日）

【名词解释】

知悉真情权　旅游者有权知悉其购买的旅游产品和服务的真实情况。旅游者有权就包价旅游合同中的行程安排、成团最低人数、服务项目的具体内容和标准、自由活动时间安排、旅行社责任减免信息，以及旅游者应当注意的旅游目的地相关法律、法规和风俗习惯、宗教禁忌，依照中国法律不宜参加的活动等内容，要求旅行社作详细说明，并有权要求旅行社在旅游行程开始前提供旅游行程单。

拒绝强制交易权　旅游者有权自主选择旅游产品和服务，有权拒绝旅游经营者的强制交易行为。旅行社未与旅游者协商一致或未经旅游者要求，指定购物场所、安排旅游者参加另行付费项目，以及旅行社的导游、领队强迫或者变相强迫旅游者购物、参加另行付费项目的，旅游者有权拒绝，也可以在旅游行程结束后30日内，要求旅行社为其办理退货并先行垫付退货货款、退还另行付费项目的费用。

合同转让权　除旅行社有正当的拒绝理由外，旅游者有权在旅游行程开始前，将包价旅游合同中自身的权利义务转让给第三人，因此增加的费用由旅游者和第三人承担。

合同解除权　包价旅游合同订立后，因未达到约定人数不能出团时，旅游者不同意组团社委托其他旅行社履行合同的，有权解除合同，并要求退还已收取的全部费用。旅游行程结束前，旅游者解除合同的，组团社应当在扣除必要的费用后，将余款退还旅游者。因不可抗力或者旅行社、履行辅助人已尽合理注意义务仍不能避免的事件，导致旅游合同不能继续履行，旅行社和旅游者均可以解除合同；导致合同不能完全履行，旅游者不同意旅行社变更合同的，有权解除合同；合同解除的，旅游者有权获得扣除组团社已向地接社或者履行辅助人支付且不可退还的费用后的余款。

损害赔偿请求权　旅游者有权要求旅游经营者按照约定提供产品和服务。旅游者人身、财产受到损害的，有依法获得赔偿的权利。景区、住宿经营者将其部分经营项目或者场地交由他人从事住宿、餐饮、购物、（下转第192页）

旅游标准与规范

景区讲解员服务规范

2012年3月28日发布　　　　2012年5月1日实施

广州市质量技术监督局发布

1　范围

本标准规定了广州市景区（点）讲解员服务的质量要求，提出了讲解服务若干问题的处理原则。

本标准适用于广州市行政区域内有提供讲解服务的景区。

2　规范性引用文件

下列文件对于本文件的应用是必不可少的。凡是注明日期的引用文件，仅所注日期的版本适用于本文件。凡是不注日期的引用文件，其最新版本（包括所有的修改单）适用于本文件。

GB/T 15971—2010　导游服务质量

GB/T 17775—2003　旅游景区（点）质量等级的划分与评定

LB/T 014—2011　旅游景区讲解服务规范

3　术语和定义

3.1　景区（点）

经县级以上（含县级）行政管理部门批准成立，能提供并满足游客参观体验，地域范围明确，有统一管理机构的特定独立单位。通常指具有一定的科学文化价值、历史意义，能体现自然或艺术之美，满足游客休闲娱乐需求的旅游活动区。

3.2　景区讲解员

受景区（点）委派，实施接待计划，为游客提供景区（点）旅游活动安排、讲解、翻译等服务的专职讲解人员和兼职讲解人员。

3.3　志愿讲解员

指景区面向社会招聘的不计回报、有志于景区讲解事业的志愿讲解服务人员。

3.4　讲解服务

景区面向游客提供的本景区展示资源及相关内容的解说或介绍服务，包括讲解员讲解、文字介绍、语音、影像及其他的相关介绍资源的服务。

3.5　讲解服务载体

景区用于开展讲解或宣传服务的介质，包括人（讲解员）、物（景物介绍牌、宣传画册）、语音（广播）系统及多媒体、电子、网络等信息载体。

4　管理

4.1　讲解员的配备

4.1.1　有质量等级的景区，应按照GB/T 17775—2003第5章的要求配置讲解员的人数，讲解队伍应具备学历层次多样、多语种。

4.1.2　无质量等级的景区，应根据游客实际需求配置讲解员，其数量应与游客接待规模和景区性质相适应，能较好地满足游客需要。

4.2　管理架构

景区应设置讲解员管理的职能机构，设立管理体系，明确管理职责，对讲解员进行统一管理。

4.3 管理部门的工作职责

讲解员管理部门的工作职责有：

a）负责制定完善的管理制度及服务标准；b）根据景区布局，在游客服务中心或相应合理的位置设立讲解服务接待室（站）；c）负责讲解员的招聘、录用、培训与考核；d）负责协调和安排讲解员进行讲解工作；e）负责讲解业务的对外接洽；f）建立健全讲解员档案；g）建立完善讲解业务档案。

4.4 讲解员的工作职责

讲解员的工作职责有：

a）接受景区委派的讲解任务，按照接待计划安排和组织游客参观游览，为游客提供良好的讲解服务；b）向游客传播景区知识、广府历史、文化和岭南习俗；c）配合领队安排游客的参观旅游活动，保护游客的人身安全；d）反映游客的意见和建议；e）宣传环境保护、文物保护意识。

4.5 关心讲解员的职业诉求

景区应关心讲解员的职业诉求，达到 LB/T 014—2011 中 6.1.4 的要求。

4.6 志愿讲解员的管理

4.6.1 志愿讲解员的管理要求有：

a）应遵循“公开招募、择优录用、无偿服务”的原则；b）应建立志愿者招募、培训、考核、注册等系列管理制度；c）志愿者上岗前，必须经过正式培训；d）景区应安排专人管理志愿者队伍，严格考勤管理和岗位考查；e）根据志愿者的出勤率、服务活动的次数、时间长短、表现及被服务者反馈的意见和工作实绩等作为年终考核和续聘的依据，对工作优秀者予以奖励；f）为志愿者颁发志愿讲解员证书，按照志愿者的规章和规范要求执行。

4.6.2 志愿讲解员的服务职责：

a）利用自己的专业知识，义务为游客提供讲解服务；b）应积极参与景区的讲解员培训，不断提升讲解水平；c）应自觉维护景区形象，配合景区宣传；d）严格遵守景区的志愿者管理制度及景区的其他规章制度；e）应认真填写志愿者服务时间表，内容包括服务开始时间、终止时间和可以参与服务的时间；f）解答游客提问，处理游览过程中发生的问题并及时汇报。

4.7 讲解服务信息公布

4.7.1 讲解服务信息公布：

应在景区游客中心、讲解服务接待室（站）等地方设置景区讲解线路图，公布讲解服务项目及收费标准。

4.7.2 讲解员个人信息公布：

讲解员个人信息包括：

a）讲解员照片、姓名、工号；b）讲解员所提供服务的语种、擅长的专业；c）讲解员的业务等级；d）讲解员的职业类别（专职、兼职、志愿者）。

5 培训和考核

5.1 岗前培训的要求

岗前培训的要求包括：

a）职业道德教育；b）景区安全知识培训；c）广州市的旅游资源、历史、地理、经济、文化和风俗民情；d）熟练掌握本景区参观游览线路的讲解；e）语言能力、讲解能力、交际能力、组织能力、应急处理能力和其他专项能力等专业技能；f）讲解词的撰写技巧；g）仪容、仪表、礼节、礼貌；h）强化服务意识；i）熟练掌握所服务景区（点）的相关专业知识。

5.2 在岗培训要求

在岗培训要求包括：

a）旅游黄金周、重大节假日之前，应对讲解员开展讲解知识、讲解业务、团队操作等专业知识的集中培训；b）对业务水平有所下降的讲解员应进行临时性、针对性的培训，确保整体讲解服务水平的稳定和逐步提升；c）讲解员应积极、主动参加各级行业主管部门及景区组织的各类培训学习，努力提高讲解业务水平；d）应定期组织讲解员到其他景区学习。

5.3 考核

5.3.1 考核项目和内容：

a）服务态度；b）讲解技能综合评估；c）所掌握的专业知识与相关知识；d）游客的满意度。

5.3.2 考核方式：

a）岗前考核：上岗前对讲解员的岗位知识和技能进行考核，合格者予以持证上岗；b）岗中考核：对在岗讲解员进行考核，可按季度或年度考核，分笔试和技能实操考试，考核结果作为景区讲解员聘用、奖惩的参考依据。

6 服务质量监督

6.1 景区服务质量监督

景区服务质量监督包括：

a）讲解员管理部门应有专人对讲解员的讲解服务进行检查，并将讲解员的工作情况定期进行总结通报；b）讲解员管理部门检查人员应对检查情况进行书面记录、分析、信息反馈，同时将讲解员服务质量检查记录结果作为讲解员奖惩、考核的重要依据；c）讲解员管理部门检查人员应严格按照“不徇私情、实事求是、客观、公平、公正”的原则认真开展工作。

6.2 游客监督

游客监督包括：

a）设置游客意见征询表，内容包括服务态度、仪容仪表、讲解技能、讲解内容，每个项目以十分制的形式，请游客评议；b）游客意见征询表可在售票窗随同门票送给游客，在景区的醒目处设立游客意见征询箱回收征询表；c）每月定期公布游客评议结果，作为讲解员考核依据。

6.3 旅游管理机构备案检查

景区应定期（最长时间间隔不超过一年）将本景区的讲解员综合管理信息提交旅游管理机构备案检查，旅游管理机构应定期或不定期对景区的讲解员进行抽查考核。

6.4 服务质量改进

讲解员应不断总结交流讲解经验，实现服务质量的持续改进，达到GB/T 15971—2010中的第7章要求。

6.5 绩效评估

景区应有计划地对讲解员的工作进行定期的绩效评估，达到LB/T 014—2011中6.3的要求。

7 职业素质和技能

7.1 讲解员的素质要求

素质要求包括：

a）热爱祖国、热爱讲解事业；b）具备良好的职业道德、爱岗敬业，具有较强的责任心和服务意识；c）身心健康、体力充沛、热情大方；d）善于与人沟通；e）具有丰富的专业知识；f）具有独立工作的能力，特别是应对突发事件的能力；g）具有较好的语言水平和准确生动的表达能力。

7.2 讲解员学历要求

学历应符合：

a）景区讲解员应具有高中（或同等学历）及以上学历；b）科普类景区讲解员应具有大专以上学历。

7.3 讲解员语种要求

语种应符合：

a）普通话水平应达二级甲等以上；b）广州话、客家话、潮汕话等地方方言讲解员的语言也应达到相应的水平；c）外语讲解员应熟悉与该语言有关的基本知识、民俗风情等。

7.4 讲解员的礼貌礼节和仪容仪表要求

礼貌礼节和仪容仪表应符合：

a）讲解员应统一服装；b）持证上岗、挂牌服务；c）举止应大方、端庄、稳重；d）微笑迎客、主动热情，表情应自然、诚恳、和蔼；e）使用礼貌用语，态度和善；f）头发整齐、清洁，不染彩色发。男讲解员短发前不及眉，旁不及耳，后不及衣领；女讲解员长发刘海不过眉，头发过肩应扎起；g）保持面部（五官）清洁，女讲解员应淡妆上岗；h）上岗前不吃有异味的食物。

7.5 讲解语言的基本要求

讲解语言的要求包括：

a）讲解员口齿清晰，语言和内容应表达准确；b）讲解简洁明了、层次分明、逻辑性强；c）讲解语言应生动形象，做到庄谐并重；d）语音语调适度，语言节奏适度；e）讲解应有灵活性。根据游客特点，提供不同层次和语言形式的讲解服务，尽可能满足游客的不同要求，因人施讲：1）对有较深专业知识的游客，讲解语言应专业、规范；2）对年老体弱的游客，讲解节奏上应适度予以照顾，以简洁清晰为佳；3）对年青的游客，讲解应活泼流畅；4）对文化水平较低的游客，讲解语言力求通俗化。

7.6 态势语言要求

态势语言要求包括：

a）手势：用手势介绍某人或指示方向时，应当五指伸直并拢，掌心向斜上方，手与前臂形成直线，以肘关节为轴，肘关节弯曲140度左右为宜，手掌与地面形成45度左右，大拇指张开；b）站姿：讲解时，应挺胸立腰，端正庄重，上身要稳，不可摇摆。讲解时停止行走，一般不要边走边讲；c）目光正视游客，视线与游客接触的时间不宜过长，目光还需环视，以观察所有游客的行动和反应，并用目光向游客传递亲切友好的信息；d）情感应与讲解内容相适应，表情应真诚自然，不虚情假意，故作姿态。

7.7 与游客交往技巧

与游客交往技巧包括：

a）尊重游客；b）对客人保持微笑和使用柔性语言；c）与游客建立伙伴关系；d）服务周到，关心细节；e）与所有游客保持等距离交往；f）对游客的合理要求应尽可能满足。

8 接待工作规范

8.1 服务准备要求

8.1.1 计划准备包括：

a）讲解前与游客有适当的沟通，了解游客的职业、兴趣、宗教信仰；b）记住旅游团的名称、人数与领队姓名和联系方式；c）了解游客有无特殊要求和注意事项；d）了解游客来访目的，抵离时间；e）设定参观线路。

8.1.2 知识准备包括：

a）根据参观线路准备好景点的讲解内容，对参观项目应详尽了解；b）根据不同游客职业、身份，做好相应的知识准备；c）了解客源地的背景知识；d）力争每天都有新内容、新知识，做到常讲常新。

8.1.3 物品的准备包括：

a）佩戴讲解员上岗标志；b）准备讲解扩音器；c）准备需要发放的相关资料；d）准备接待游客时所需票证。

8.2 讲解服务要求

8.2.1 参观游览前的讲解服务要求包括：

a）致欢迎词：1）代表景区对游客表示欢迎；2）自我介绍；3）表示提供服务的真诚愿望；4）预祝游览顺利愉快。b）介绍参观线路、行程安排，明确讲解时间。c）介绍广州及景区景点的概况、特色；d）告知参观注意事项、安全提示，宣传环境保护、文物保护知识。

8.2.2 参观游览过程中的讲解服务要求包括：

a）讲解应面向游客，游客较多时应站在半弧形游客的圆心位置上，保证每位游客都能完整听到讲解；b）应保证在计划的时间与费用内，严格按照规定的游览线路和游览内容进行讲解服务，让游客能充分地游览、观赏，做到讲解与引导游览相结合，讲解员不得擅自减少服务项目或中途终止讲解活动；c）应保护游客的安全，应自始至终与游客在一起活动，并随时清点人数，以防游客走失；d）应尊重游客的宗教信仰、民族风俗；e）应充分照顾到每位游客，协调好游览速度，劳逸适度，在讲解行进中应等齐队伍，并应特别关照老弱病残的游客；f）不得无故离团，若游客中途主动要求减少游览内容或终止讲解服务，讲解员应询问具体原因，若要求合理，可尊重游客的意见，并请游客签写简单的书面说明；g）不得以任何方式向游客兜售物品或索要小费、礼品，不得欺骗、胁迫游客消费。

8.2.3 讲解内容要求包括：

a）应向游客讲解广州市的人文和自然情况，介绍风土人情和习俗；b）讲解内容应繁简适度，让游客有侧重点地了解参观游览对象的景观特色、艺术价值、历史背景等；c）讲解内容规范准确、健康文明，不得掺杂低俗内容；d）讲解内容有层次，由小到大，从个体至整体；e）由浅入深，多讲简单易懂的趣味性典故和科学知识，少讲艰深难懂的专业术语；f）讲解内容应分主次，有特色的、有代表性的、比较少见的事物可作为重点介绍；g）应有灵活性，针对不同游客群体讲解方式和内容的侧重点有所不同。

8.3 讲解服务结束时的要求

8.3.1 讲解服务结束时的要求：

a）致欢送词：1）回顾游览过程，感谢大家的合作；2）表达友谊和惜别之情；3）诚恳征求游客对讲解工作的意见和建议；4）若游览活动中有不顺利或不尽如人意之处，讲解员可借此机会再次向游客赔礼道歉；5）表达美好的祝愿，期盼重逢。b）提醒游客带好自己的物品和证件。c）一般情况下，在游客离开之后方可离开。

8.3.2 游客离开后，讲解员应：

a）认真处理好游客的遗留问题；b）认真、按时填写景区要求的讲解记录或其他旅游行政管理部门（或旅游团）所要求的资料；c）填写并递交工作日志，如讲解过程中有突发事件，须详细报告景区相关部门；d）做好带团总结。

8.4 乘车（乘船）游览的讲解服务要求

应达到 LB/T 014—2011 中 4.4 规定的要求。

8.5 游客就餐时讲解员的服务要求

就餐时，讲解员的服务要求包括：

a）简单介绍餐馆及其菜肴的特色；b）引导游客到餐厅入座，并介绍餐馆的有关设施；c）解答游客在用餐过程中的提问，解决出现的问题。

8.6 游客购物时讲解员的服务要求

购物时，讲解员的服务要求包括：

a）向游客介绍本景区商品的特色；b）随时提供游客在购物过程中所需要的服务，如讲解商品内容、翻译等；c）不得诱导或变相诱导游客购物。

8.7 游客观看文娱节目时讲解员的服务要求

观看文娱节目时，讲解员的服务要求包括：

a）简单介绍节目内容及其特点；b）引导游客入座；c）在游客观看节目过程中，讲解员应自始至终坚守岗位。

8.8 讲解活动中的安全要求

应达到 LB/T 014—2011 中 4.7 规定的要求。

9 讲解服务中的问题和突发事件处理

讲解服务中的问题和突发事件处理包括：

a）客观原因造成变更游览路线或行程安排时，讲解员应向游客做好解释工作；b）游客丢失证件或物品时，讲解员应详细了解情况，尽力协助寻找，同时报告景区管理部门或警务室，请求协助；c）游客意外受伤或患病时，讲解员不得擅自给患者用药，应陪同患者前往景区医疗点就诊，请专业医疗人员处理；d）参观游览时游客走失的处理，讲解员应：1）立即寻找：到集合时间仍未见迟到者，应请领队照顾已到者，自己沿参观线路寻找；2）请求协助：寻找后仍未见走失者，应求助于景区管理处或警务室，请求广播找人或请管理处通知景区工作人员协助寻找；3）安抚走失者：找到走失者后，要予以安慰，不可指责、训斥，但应提醒走失者及其他游客多加注意，以免再次发生走失事故。

绿道旅游服务规范

2012年2月20日发布　　　　2012年4月1日实施

广州市质量技术监督局发布

引　言

为适应绿道旅游休闲业的发展，提高绿道旅游安全、服务和管理水平，做到以规范化、标准化和技能化服务，促进广州市绿道旅游业更好更快地发展，制定本规范，旨在引导和规范广州市绿道的经营管理与服务水平，促进绿道运营管理的健康发展。

本规范遵循生态优先、合理开发利用、低碳休闲、以人为本等原则，保护绿道的濒危物种、生物多样性、乡土植被、自然水系和自然风景，严格保护地质遗址、遗迹、历史古迹和珍稀、濒危物种以及具有重大科学文化价值的资源，合理开发，串联现有的旅游景观节点，打造绿道旅游产品，服务便民，为越来越多出行者提供便捷低碳的出行和休闲方式，实现全民休闲旅游的低能耗、低排放、低污染和高效益发展模式。

广州市绿道旅游开发与管理应同时符合国家、广东省以及珠三角地区各城市的有关法律、法规、旅游规范、技术标准等。本规范在制定的过程中，结合广州市绿道运营管理的实际情况，借鉴了国内外相关参考资料和技术规程，包括《珠三角区域绿道（省立）规划设计技术指引（试行）》。

1　范围

本标准规定了广州市绿道旅游服务规范的术语与定义，生态环境与绿化要求，绿道设施和设备要求，绿道旅游管理要求。

2　规范性引用文件

下列文件对于本文件的应用是必不可少的。凡是注日期的引用文件，仅所注日期的版本适用于本文件。凡是不注日期的引用文件，其最新版本（包括所有的修改单）适用于本文件。

GB 9664—1996　文化娱乐场所卫生标准

GB/T 10001.1　标志用公共信息图形符号第1部分：通用符号

GB/T 10001.2　标志用公共信息图形符号第2部分：旅游休闲符号

GB/T 15971—2010　导游服务规范

GB 16153—1996　饭馆（餐厅）卫生标准

GB/T 17775—1999　旅游区（点）质量等级的划分与评定

GB/T 19095—2008　生活垃圾分类标志

GB 50445—2008　村庄整治技术规范（附条文说明）

LB/T 014—2011　旅游景区讲解服务规范

《广东省省立绿道建设指引》广东省住房和城乡建设厅2011年5月

《珠三角区域绿道（省立）规划设计技术指引（试行）》广东省住房和城乡建设厅2010年3月

3　术语和定义

下列术语和定义适用于本标准。

3.1　绿道　Greenway

绿道是一种经过规划、设计和管理的具有生态、娱乐、康体、文化、科普、审美等多种功能的线形绿色开敞空间，通常沿着河滨、溪谷、山脊、风景道路等自然和人工廊道建立，内设可供行人和骑车者进入的景观游憩线路，连接主要的公园、自然保护区、风景名胜区、历史古迹和城乡居住区等。

3.2 绿道的组成要素

绿道由自然因素所构成的绿廊系统和为满足绿道游憩功能所配建的人工系统两大部分组成。根据需要，绿道外围可以划定一定范围的生态敏感区或农业生产用地作为城市生态廊道或组团隔离带。

3.2.1 绿廊系统

主要由天然与人工植物群落、水体、土壤等一定宽度绿化缓冲区构成，是绿道控制范围的主体。

3.2.2 人工系统

主要由景观节点、人行步道、自行车道等非机动车游径和停车场、游船码头、租车店、驿站、旅游商店、特色小店等游憩配套设施构成。其具体内容如下所示：

a）发展节点：包括风景名胜区、森林公园、郊野公园和人文景点等重要游憩空间；

b）慢行道：包括自行车道、步行道、无障碍道（残疾人专用道）、水道等非机动车道；

c）标识系统：包括标识牌、引导牌、信息牌等标识设施；

d）驿站：主要为绿道使用者提供野外游憩、科普教育、紧急求助等服务的休息站；

e）基础设施：包括出入口、停车场、环境卫生、照明、通信等配套设施；

f）服务系统：包括换乘、租售、露营、咨询、救护、保安等服务设施。

3.3 生态型绿道

生态型绿道主要沿城镇外围的自然河流、小溪、海岸及山脊线设立，通过对动植物栖息地的保护、创建、连接和管理，来维育广州市地区的生态环境和保障生物多样性，可供进行自然科考及野外徒步旅行。生态型绿道控制范围宽度一般不小于200米。

3.4 郊野型绿道

郊野型绿道主要依托城镇建成区周边的开敞绿地、水体、海岸和田野设立，包括登山道、栈道、慢行休闲道的形式，旨在为人们提供亲近大自然、感受大自然的绿色休闲空间，实现人与自然的和谐共处。

郊野型绿道控制范围宽度一般不小于100米。

3.5 都市型绿道

都市型绿道主要集中在城镇建成区，依托人文景区、公园广场和城镇道路两侧的绿地设立，为人们慢跑、散步等提供场所，发挥贯通绿道网的作用。都市型绿道控制范围宽度一般不小于20米。

4 环境和景观要求

4.1 认真贯彻“严格保护、合理恢复”的方针。严格保护野生动物生境，不得进行高强度的开发建设活动。

4.2 植物配置应以地带性植物为主，与周边的植物景观相融合，采用生态修复技术；对场地内受到破坏的地带性植物群落进行恢复。

4.3 充分利用植物的观赏特性，营造色彩、层次、空间丰富的植物景观，提升区域绿道的游赏乐趣。

4.4 节点系统的植物种植应满足游人游憩的需要。在景观较好的区域不应过密种植植物，应提供一些视线通廊，确保视野可达区域绿道周边的人文及自然景观。

4.5 紧邻慢行道的植物选用应以满足通行和活动需求。乔木宜选用高大荫浓的种类，枝下净空应大于2.2米；严禁选用危及游人生命安全的有毒植物；勿选用枝叶有硬刺或枝叶形状呈尖硬剑状、刺状的种类。

4.6 生态敏感地区严禁集中布置有碍景观和影响环境质量的设施和项目，绿廊系统中禁止建设不兼容的活动项目。

4.7 尽可能采用生态环保材料，不损害原生态系统；严禁砍伐或移植古树名木，并采取有效技术措施维护其正常生长。

4.8 对绿道周边乡村的环境整治应符合GB 50445—2008的要求。

5 慢行系统要求

5.1 遵循最小生态影响的原则，避免因在生态敏感区开辟慢行道而干扰野生动植物的生境。

5.2 慢行道选线必须满足旅游、景观、护林防火、环境保护及管理等多方面的需要。

5.3 按照使用者的不同将慢行道分为：步行道、自行车道、无障碍道和综合慢行道（即步行道、自行车道和无障碍慢行道的综合体）；按照地面形式的不同，可分为陆上慢行道和水上慢行道。

5.4 在满足使用强度的基础上，鼓励采用环保生态自然材料铺装慢行道路面，多采用软性铺装。

5.5 慢行道的宽度、坡度以及材料的选择可参照《珠三角区域绿道（省立）规划设计技术指引（试行）》。

6 设施和设备要求

6.1 标识系统要求

6.1.1 详细设计并系统、合理地布置绿道标识。绿道标识系统应涵盖《珠三角区域绿道（省立）规划设计技术指引（试行）》中规定的信息标志、指路标志、规章标志、警示标志、安全标志和教育标志等六大类。

6.1.2 绿道网各类标志牌必须清晰、简洁，统一规范，严格执行标志、规格、色彩、字体等方面的有关规范和标准的刚性要求，鼓励采取本土材料进行特色制作。标识用公共信息图形符号应符合 GB/T10001.1 和 GB/T 10001.2 的要求。

6.1.3 绿道标识系统应与旅游、交通标识系统做好衔接，并能明显区别于道路交通及其他标识。

6.1.4 按照《珠三角区域绿道（省立）规划设计技术指引（试行）》的要求，省立绿道同类标示牌设置间距不应大于500米，其他绿道的设置间距不应大于800米；各种标志牌应设置在使用者行进方向道路右侧或分隔带上，牌面下缘至地面高度宜为1.8~2.5米。

6.1.5 一定距离内应设置显著的位置标识点，标明绿道名称和里程。

6.1.6 同一地点需设两种以上标志时可合并安装在一根标志柱上，但最多不应超过四种，标志内容不应矛盾、重复，应避免标识过多而造成的环境杂乱和信息过载。

6.1.7 充分考虑视觉上有障碍的使用者群体，宜提供盲人能识别的点字标志牌或手册。

6.2 驿站设置要求

6.2.1 驿站选点应因地制宜，综合考虑人流集散、环境承载、节点位置、相邻服务点距离等，要充分利用现有设施，包括驿站建筑、停车场、游览设施和管理设施等，尽量少新建；确需新建的，应符合当地土地利用总体规划。

6.2.2 根据《广东省省立绿道建设指引》，驿站按照规模与功能分为二级，一级驿站作为区域综合服务中心，二级驿站为地段性服务中心。

6.2.3 一级驿站承担绿道管理、游客中心、自行车租赁、紧急求助、信息咨询、科普教育、交通换乘等方面的综合服务，有条件的还可以配套网络和充电设备等服务。宜依托风景名胜区、森林公园等发展节点或绿道沿线城镇及较大型村庄进行建设，设置间距不宜大于30公里。

6.2.4 二级驿站承担售卖、自行车租赁、休憩、交通换乘、信息咨询、线路指引、应急医疗、报警求助等方面的服务，宜依托绿道沿线村庄、公园进行建设，设置间距不宜大于15公里。

6.2.5 每一个区（县级市）沿省或市规划绿道至少设一个一级驿站，二级驿站根据实地情况进行布点。

6.2.6 驿站应突出区域特色和主题，建筑材料以木、石、竹、钢等为主要材料，建筑风格以现代岭南特色为主。

6.2.7 绿道驿站如设置特色旅游购物点（士多店），应突出当地产品特色，促进当地经济的发展。

6.3 出入口和停车场要求

6.3.1 出入口应以方便绿道使用者进出为原则，可设立在已有道路、交通站点或景观节点附近。应避开交通拥挤的主干道，设置在次干道上，并至少距交叉路口80米以上。

6.3.2 绿道配置的机动车停车场和自行车停车场应尽量利用现有资源改造或建设，宜采用软性铺装，建设生态停车场。

6.3.3 机动车停车场应设立在区域绿道边缘，远离生态敏感地区，靠近城镇建成区绿道驿站等入口处，或者大型公共建筑附近，特别是城市周边的郊野型绿道，应规划设置转乘设施。

6.3.4 自行车停车场根据出行入口和出行距离，结合绿道节点系统和驿站进行设置，每隔6~10公里设置一处，并设自行车租赁业务。

6.3.5 自行车停车场除必要的消防、医疗、应急救助用车外，禁止其他机动车进入。

6.4 环卫设施要求

6.4.1 应配备完善的环境卫生设施，包括公共厕所、垃圾箱等，除结合驿站设置外，应沿线根据需要设置。

6.4.2 环卫设施的建设要和周边环境协调一致。同时要做好环保处理，严格防止污水和各种生活垃圾对绿道环境的污染和破坏。

6.4.3 公共厕所布局合理，数量能满足需要，标识醒目美观，建筑造型景观化，通风，采光良好，室内整洁。

6.4.4 公共厕所应与服务中心、驿站和其他公共设施相结合，尽量利用现有公厕，在一些人流量大的重要节点布置应紧密。男女厕位按 1 : 1.5 的比例。应设置无障碍厕位。

6.4.5 垃圾箱应按照 GB/T 19095—2008 制定的统一标准进行分类设置，有明确的分类标识，规范整洁，选用生态环保材料。

6.4.6 垃圾箱应布局合理，沿线间隔宽度应符合《广东省省立绿道建设指引》的规定。

6.5 其他服务设施要求

6.5.1 在驿站、绿道节点和游径两侧设置相应的服务设施，包括照明、通讯、防火、给排水、供电、科普教育等。

6.5.2 各项服务设施应靠近交通便捷的地区，一般布置在绿道的出入口、节点地区及道路两侧。

6.5.3 服务设施的高度一般以不超过林木高度为宜；兼顾观光和游览作用的建筑物高度应服从景观需要；亭、廊、花架、敞厅不宜采用粗糙饰面材料以及易刮伤肌肤和衣物的构造。

6.5.4 照明设施应布置合理、安全可靠、经济合理、节省能源、维修方便、技术先进。照明的范围和强度以不干扰动物生活为基本原则，不应对野生动物生存、繁殖、迁徙等活动造成威胁。

6.5.5 设置相应的科普文化教育标识与解说系统，绿道沿途结合科普文化教育设置标志牌，突出地方动植物、水资源、人文历史等特色。

7 绿道旅游管理要求

7.1 经营管理要求

7.1.1 建立健全各项规章制度，做到制度完善，管理规范。进一步完善绿道规划、加强绿道建设和环境整治，加强设施配套与日常管理。

7.1.2 经营管理机构要求证照齐全，合法有效。

7.1.3 经营管理机构负责其辖区范围的绿道及绿道配套服务设施的日常运行、维护、管理；向旅客提供休闲、运动、娱乐、商品等惠民增值服务；负责绿道游客安全知识宣传教育，完善绿道安全设施，保障游客安全。

7.1.4 制订相应的游客守则，守则内容简明扼要，通俗易懂，可操作性强，涵盖绿道环境影响的主要内容。

7.1.5 绿道旅游产品的经营管理参照 GB/T 17775—1999 的有关规定，鼓励参与旅游景区的质量等级评定。

7.1.6 安全设施齐备。有必要的医疗设施或设备，配备常用药品；应设有必要的防火、消防设备；危险路段应划有警示线、警示牌予以警示。

7.1.7 租车经营场所设施设置，应符合相关规划要求，布局、排列合理。柜台和货架等工整、规范，服务说明等标志牌醒目，中英文对照。

7.1.8 自行车出租经营者每天应对出租自行车进行安全检测，每次要做到出租前和收车后都有安全检查记录；建立出租自行车的对接保管、回程工作机制；自行车出租要明码标价，有价目表和诚信公约牌；要有自行车变速使用说明表。

7.1.9 禁止擅自占用区域绿道或者改变绿道用途；防止乱搭、乱建、乱堆、乱挂现象，保证绿道无明显乱刻乱画和涂抹现象。

7.1.10 加强绿道宣传，宣传科普文化知识。

7.1.11 鼓励研究机构、社会团体、非营利性机构、当地企业和居民参与绿道的建设和日常维护、设施运营、资金筹集、认养认管等工作。

7.2 安全管理要求

7.2.1 建立健全完善的安全管理制度，落实人员，维护绿道旅游秩序，确保游人安全。

7.2.2 保持路面平整，并定期维护和修护，确保游人的舒适和安全；交通工具、机电、游览、娱乐等各类已有设施设备应保持完好无损，制订定期检修和保养计划；特种游览设备设施安全保障措施健全有效。

7.2.3 消防、防盗、救护等设备齐全、完好、有效。安全警告标志齐全、醒目、规范。道路危险地段标志明显，防护设施有效。

7.2.4 应配备完善的通信广播系统以及救援系统；建立有线与无线相结合的绿道通讯网络；结合道路报警系统，在绿道内设立安全报警电话，并与当地公安报警系统联动。

7.2.5　建立应急预案，及时处理游客发出的求助信号。逐步设置闭路电视监控系统和公共广播系统。对可能存在的安全风险应有预先评估，应急处理能力强，事故处理及时、妥当，档案记录准确、齐全。

7.2.6　鼓励探索绿道旅游的安全保险机制。制定考虑周详的维护及风险管理计划，以减少可能的疏忽。

7.2.7　应对员工进行安全培训及紧急情况应对培训，要求员工熟悉安全操作规范。

7.3　卫生管理要求

7.3.1　环境整洁，无污水污物，无乱建、乱堆、乱放现象。

7.3.2　绿道旅游经营场地应干净、整洁、卫生。各类文化娱乐场所卫生应达到 GB 9664—1996 的规定。

7.3.3　垃圾分类收集，清扫及时，污水排放得当，应符合 GB/T 19095—2008 的规定；集中处理固体废弃物，不得任意丢弃或直接埋入土壤；遵循废弃物最小化原则，对废弃物采取减量排放，建议重复使用和回收利用。

7.3.4　餐饮场所卫生要求应达到 GB 16153—1996 的规定。餐饮服务配备消毒设施，禁止使用对环境造成污染的不可降解型一次性餐具。

7.3.5　厕所卫生设备设施齐全完好，管理到位。

7.4　服务人员管理要求

7.4.1　服务人员要热爱本职工作，具有良好的职业责任感。

7.4.2　服务态度应主动、热情、细心、耐心、诚恳。

7.4.3　服务语言应使用敬语、谦语，做到有问有答。要想方设法为游客解决问题和困难。

7.4.4　服务人员上岗前应经过统一教育培训，努力提高自身素质，并进行定期培训。导游员（讲解员）持证上岗，经考核合格后才可进行讲解服务，服务质量达到 GB/T 15971—2010 的要求。

7.4.5　鼓励逐步推行导游员制度。

7.4.6　讲解员讲解内容及语言应规范准确、健康文明，服务质量达到 LB/T 014—2011 的要求。

（上接第 182 页）游览、娱乐、旅游交通等经营的，旅游者有权要求景区、住宿经营者对实际经营者给旅游者造成的损害承担连带责任。旅行社具备履行条件，经旅游者要求仍拒绝履行合同，造成旅游者人身损害、滞留等严重后果的，旅游者还可以要求旅行社支付旅游费用1倍以上3倍以下的赔偿金。

受尊重权　旅游者的人格尊严、民族风俗习惯和宗教信仰应当得到尊重；旅游者有权要求旅游经营者对其在经营活动中知悉的旅游者个人信息予以保密。

安全保障权　旅游者有权要求旅游经营者保证其提供的商品和服务符合保障人身、财产安全的要求旅游者有权要求为其提供服务的旅游经营者就正确使用相关设施设备的方法、必要的安全防范和应急措施、未向旅游者开放的经营服务场所和设施设备、不适宜参加相关活动的群体等事项，以明示的方式事先向其作出说明或者警示。

救助请求权　旅游者在人身、财产安全遇有危险时，有权请求旅游经营者、当地政府和相关机构进行及时救助；中国出境旅游者在境外陷于困境时，有权请求我国驻当地机构在其职责范围内给予协助和保护。

协助返程请求权　包价旅游合同在旅游行程中被解除的，旅游者有权要求旅行社协助旅游者返回出发地或者旅游者指定的合理地点，由于旅行社或者履行辅助人的原因导致合同解除的，旅游者有权要求旅行社承担返程费用。

投诉举报权　旅游者发现旅游经营者有违法行为的，有权向旅游、工商、价格、交通、质监、卫生等相关主管部门举报；旅游者与旅游经营者发生纠纷的，有权向相关主管部门或旅游投诉受理机构投诉、申请调解，也可以向人民法院提起诉讼。

不损害他人合法权益的义务　旅游者在旅游活动中或者在解决纠纷时，不得损害当地居民的合法权益，不得干扰他人的旅游活动，不得损害旅游经营者和旅游从业人员的合法权益；造成损害的，依法承担赔偿责任。个人健康信息告知义务。旅游者购买、接受旅游服务时，应当向旅游经营者如实告知与旅游活动相关的个人健康信息，审慎选择参加旅游行程或旅游项目。

安全配合义务　旅游者应当遵守旅游活动中的安全警示规定，不得携带危害公共安全的物品。旅游者对国家应对重大突发事件暂时限制旅游活动的措施以及有关部门、机构或者旅游经营者采取的安全防范和应急处置措施，应当予以配合；违反安全警示规定，或者对国家应对重大突发事件暂时限制旅游活动的措施、安全防范和应急处置措施不予配合的，依法承担相应责任；接受相关组织或者机构的救助后，应当支付应由个人承担的费用。

（摘自《国家旅游局发布旅游者的主要权利和义务指南》）

旅游发展规划

Tourism Development Planning

（第 193～214 页）

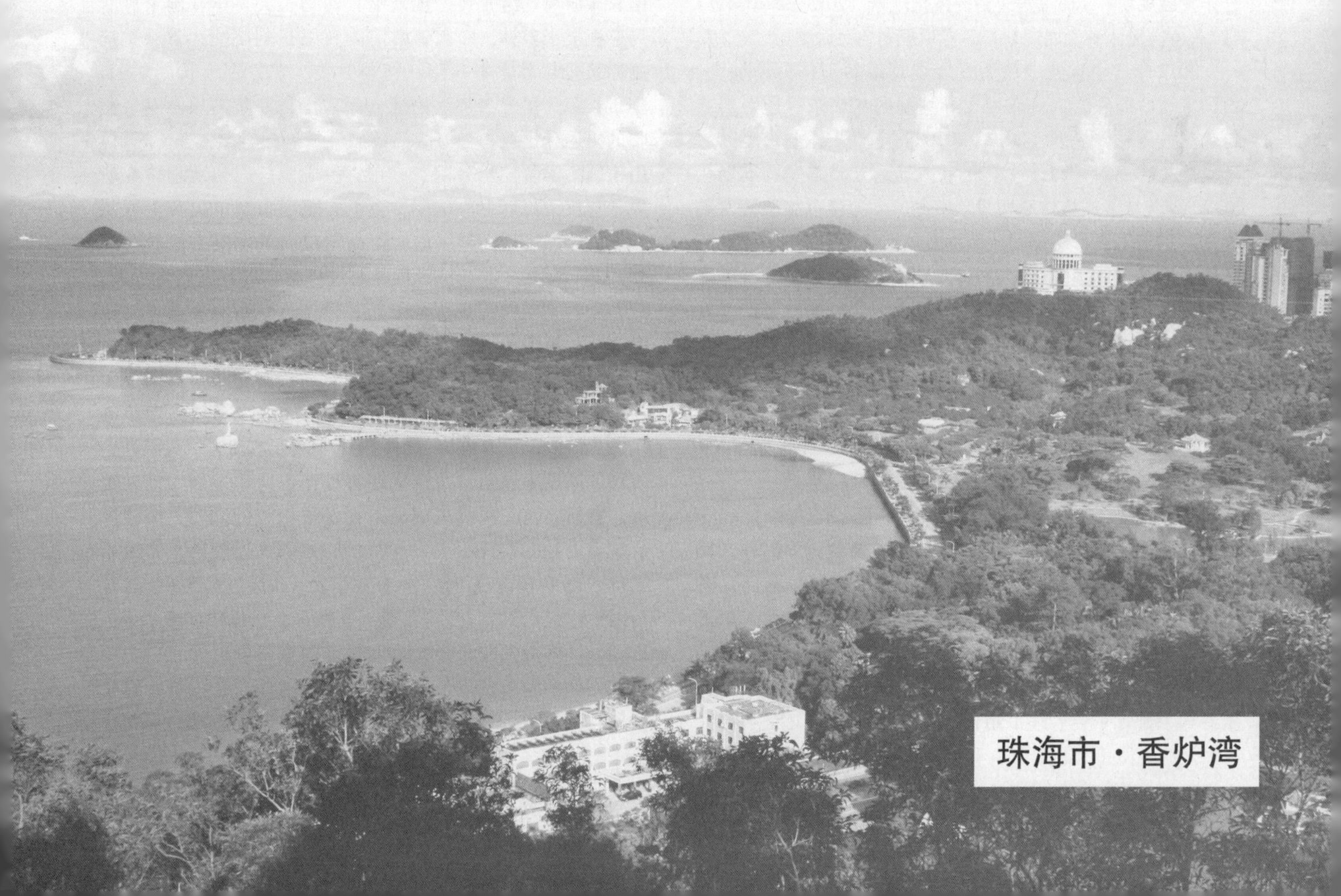

珠海市·香炉湾

2012 年广东旅游规划编制综述

•《广东省连南瑶族自治县旅游总体规划（2012—2020 年）》和《广东省海陵岛旅游发展总体规划（2011—2020 年》首次由国家旅游局主导编制完成

【概况】 2012 年，广东旅游规划硕果累累。7 月 6 日，广东省人民政府印发《广东省旅游发展规划纲要（2011—2020 年）》和《广东省滨海旅游发展规划（2011—2020 年）》；《广东省海上休闲旅游发展规划（2012—2020 年）》编制完成并通过专家评审；《广东省红色旅游发展规划（2011—2015 年）》经省人民政府审定，由省旅游局和省委宣传部、省发展改革委名义联合印发；《广东省乡村旅游与休闲农业发展规划（2013—2020 年）》《广东省生态区旅游发展规划（2013—2020 年）》列入规划编制序列并着手调研；省旅游局联合省住房建设厅正抓紧研究《营造都市旅游风貌、彰显城市特色行动规划》编制相关工作；《广东省旅游汽车营地规划（2012—2020 年）》《广东省旅游公共服务体系发展规划（2012—2020 年）》形成初稿；《粤港澳旅游合作发展规划》《珠三角旅游一体化规划（2013—2020 年）》《广东省游艇旅游发展规划》等专项规划全面启动。

2012 年，全省各地旅游发展规划编制工作力度加大。由国家旅游局和省人民政府主导编制的《广东省连南瑶族自治县旅游总体规划（2012—2020 年）》《广东省海陵岛旅游发展总体规划（2011—2020 年》等地方旅游发展规划相继完成；《从新连旅游联盟发展规划》《深莞惠旅游区发展规划》等区域合作编制的旅游发展规划获专家初评；《珠海市旅游发展总体规划（2012—2020 年）》《韶市关旅游总体规划》《江门市旅游发展总体规划》和《湛江市旅游产业发展规划》以及《清远市北江旅游带总体规划》等地市旅游规划编制工作进展顺利。

【旅游规划单位资质管理】 （参见“旅游资源与管理”类目，第 97 页）。

【《广东省连南瑶族自治县旅游总体规划（2012—2020 年）》】 2012 年 12 月 12 日，由国家旅游局组织的《广东省连南瑶族自治县旅游总体规划（2012—2020 年）》（以下称《规划》）评审会在北京举行。广东省旅游局巡视员曾维炳、清远市人民政府副市长王得坤、中共连南县委书记雷玉春等参加评审会。评审组由北京交通大学、北京联合大学旅游学院、北京师范大学、北京第二外国语学院和中国科学院地理所等专家组成，经评议和会审等程序获通过。该《规划》是广东省首个由国家旅游局直接组织编制并通过国家级评审的县（区）旅游规划，是由中国社会科学院旅游研究中心与北京开思九州旅游发展研究中心联合编制。《规划》有两个特点：一是规划基础扎实，对连南旅游研究深入，背景分析系统全面，旅游资源调查详实，得出的结论符合连南实际，凸显连南的优势。规划注重社会和农民的旅游参与度，注重生态和文化保护，对少数民族地区的脱贫奔康和连南实现“特色立县·生态崛起”目标具有重要意义；二是对一些具体问题采取深度研究，如：瑶族文化、瑶族古村落开发、虹鳟鱼在连南的养殖等，并在深度研究的基础上提出创新性设想。

【《广东省海陵岛旅游发展总体规划（2011—2020 年》】 2012 年 12 月 6 日，《广东省海陵岛旅游发展总体规划（2011—2020 年》（以下称《规划》）论证会在北京举行。国家旅游局党组成员、规划财务司司长吴文学，国家旅游局巡视员张吉林，广东省政府副秘书长刘晓捷，省旅游局副局长张振林，中共阳江市委常委、常务副市长周乐荣，副市长陈芝岳等参加。论证会深入探讨海陵岛旅游发展面临的机遇和挑战，为海陵岛的旅游发展建言献策。《规划》由中国科学院广州分院、广东省科学院、广州地理研究所风景与旅游规划中心编制。会上，规划编制单位负责人从发展战略、规划布局、旅游产品定位与开发等方面对《规划》进行阐述。其总体目标是通过科学合理开发旅游资源，完善旅游基础设施和服务设施，挖掘地域和人文等本土旅游文化，提炼一系列的旅游主题，建成一批有特色的旅游项目，将海陵岛建设成为广东省海岛旅游龙头、中国最美旅游岛、国际生态旅游岛。专家学者认为，海陵岛定位准确，旅游发展大有可为。《规划》要站在推动区域经济社会发展的高度来谋划，积极融合各种业态协调发展，推动美丽、宜居、生态海岛的建设。在发展旅游的同时，海陵岛还应着力挖掘整理历史文化资源，如宋太傅陵园、疍家婚俗等，以厚重的文化力量来吸引更多的游客。除经营好“南海Ⅰ号”之外，还需打造一些极富个性化额品牌，如考虑建设国内最大的海洋公园、打造国家南海博物馆等。要准确把握海陵岛的定位和定性，重新走出一条由资源转化为资本的道路，积极推进生产力布局和产业结构的调整；

要尊重海岛的开发规律，站在旅游开发的角度而非城市开发的角度，来建设柔性的滨海度假区；要兼顾区域规划、强化旅游规划，把握住旅游规划的外延和内涵，切实打造美丽海岛。此次论证会由国家旅游局规划财务司、广东省旅游局、阳江市人民政府主办。12 月 29 日，专家评审会在广州召开并获通过。

【《广东省红色旅游发展规划（2011—2015 年）》编制工作】 2005 年以来，省旅游局联合省委宣传部、省发展改革委共同研究制定红色旅游发展工作行动计划。2011 年 3 月，中共中央办公厅、国务院办公厅下发《2011—2015 年全国红色旅游发展规划纲要》，把红色旅游的时间范围扩大到从鸦片战争到改革开放，将 1840 年以来发生的以爱国主义和革命传统精神为主题、有代表性的重大事件和重要人物的历史文化遗存都纳入到红色旅游发展的范围。广东红色旅游景区建设围绕“三个定位、两个率先”（广东要努力成为发展中国特色社会主义的排头兵、深化改革开放的先行地、探索科学发展的实验区，为率先全面建成小康社会、率先基本实现社会主义现代化而奋斗）的目标任务，借助广东建设全国旅游综合改革示范区和旅游强省的契机，完成了《广东省红色旅游发展规划（2011—2015 年）》编制工作。

【《清远市北江旅游带总体规划（2011—2025 年）》】 2012 年 2 月 13 日，清远市人民政府召开常务会议，原则上通过《清远市北江旅游带总体规划（2011—2025 年）》（以下称《规划》）。《规划》委托广东省旅游发展研究中心编制，并于 2011 年 5 月 20 日由华南师范大学、中科院广州地理研究所等单位专家组成评审组并获通过。清远北江旅游带是指位于清城区与英德市区之间的干流河段及其两岸景区（点）和重要建筑设施，整个北江旅游带北起英德市区，南到清城区石角水利枢纽工程大坝，全长约 100 公里。《规划》共分 16 章，包括规划背景与项目概况、旅游资源与文化内涵分析、旅游市场分析与预测、综合开发条件分析、国内外同类案例研究、开发理念与目标定位、空间布局、旅游码头换乘系统规划、游船旅游规划、旅游服务配套设施规划、旅游产品体系规划、旅游线路组织规划、资源与环境保护规划、旅游营销规划、分期开发规划和规划保障措施。《规划》的制定有效地整合清远市北江旅游带生态及文化旅游资源区域旅游的协调、有序发展。

【《汕尾市旅游发展总体规划（2012—2020 年）》】 2011 年 9 月，汕尾市旅游局委托暨南大学旅游规划设计研究院编制《汕尾市旅游发展总体规划（2012—2020 年）》（以下称《规划》），成立编撰《规划》编委会，由中共汕尾市委书记郑雁雄担任顾问，市长吴紫骊担任编委会主任，副市长李贤谋，以及汕尾市政协副主席、市旅游局局长吕珠龙担任编委会副主任。《规划》具有如下特点：一是理念先进，如“国际慢城”“旅游城市”“风情小镇”“旅游集聚区”“旅游产业园区”“旅游休闲综合体”“新型城市化、城镇化”等理念。关注国内外特别是滨海旅游发展趋势，结合地方生态文化特色，系统提出空间布局优化、产业素质提升、产品项目创新、品牌形象塑造、旅游市场开发、重点旅游区发展方案。二是基础工作扎实。对汕尾市旅游资源、旅游环境、旅游产业状况作了全面系统地梳理，基本上查清汕尾市旅游资源家底。三是采用资源组合评价法。在旅游资源评价中对同类单体资源进行评价外，重点对“资源组合区”进行评价，提出“旅游资源组合开发”的新思路，以便形成大型景区或“月亮带星星”式的景区组团，发展旅游集聚区或旅游产业园区，产生规模效应。四是战略思路清晰。规划提出的总体旅游空间布局及各县（市、区）的旅游空间布局。五是具有针对性、可操作性。2012 年 10 月 17 日，汕尾市人民政府在汕尾市主持召开评审会，评审专家组一致同意通过评审，认为规划符合规范，并提出评审意见。规划组经过吸纳、综合、修改、定稿，形成最终规划文本及图件。

【《丹霞山风景名胜区总体规划（2011—2025 年）》】 由丹霞山管理委员会提出，广东省城乡规划设计研究院、中山大学规划设计研究院规划。2012 年 6 月 8 日，国家住房和城乡建设部报经国务院同意批准《丹霞山风景名胜区总体规划（2011—2025 年）》（以下简称《总体规划》）。丹霞山旅游景区规划控制范围总面积 373 平方公里，其中规划总面积 292 平方公里。游人容量预测日控制游人容量 3 万人次，年控制游人容量 1000 万人次。丹霞山景观价值呈现“一核、两线、四区”格局，即：“一核”是指丹霞景区，“两线”是指流经丹霞山风景区的锦江和浈江，“四区”指韶石景区、巴寨景区、飞花水景区和仙人迹景区。规划总目标是将丹霞山发展成为山水风光独特、自然环境优美、乡村田园气息浓郁、科学文化内涵丰富、人与自然和谐共融，国内顶级、国际一流的风景名胜区，培育成集观光、科教、休闲、考察、探险等多种功能于一体的世界名山。

汕尾市旅游发展总体规划（2012—2020年）（节录）

汕尾市人民政府　汕尾市旅游局
暨南大学旅游规划设计研究院　编著

第一章　总体规划

一、规划性质、任务与规划依据

（一）规划性质

本规划全称为《广东省汕尾市旅游发展总体规划（2012—2020年）》。根据《旅游规划通则》（GB/T 18971—2003）国家标准的分类，本规划属于地级市旅游发展规划。

（二）基本任务

根据《旅游规划通则》（GB/T 18971—2003）国家标准的规定，"旅游发展规划的主要任务是明确旅游业在国民经济和社会发展中的地位和作用，提出旅游业发展目标，优化旅游业发展的要素结构与空间布局，安排旅游业发展的优先项目，促进旅游业持续、健康、稳定发展"。本规划的基本任务：依据国家标准的规定，对汕尾市行政区范围内的1市2县3区（陆丰市、海丰县、陆河县、城区、红海湾经济开发区、华侨管理区）的旅游业发展进行总体规划，不对具体旅游项目的土地使用面积进行界定，其内容应在编制项目的控制性、修建性详细规划时，依据本规划的总体布局框架进行界定。

（三）政策机遇

1. 国家及省级政策推动

2. 市委、市政府对旅游业的高度重视

（四）规划依据

二、规划范围与规划期限

（一）规划范围

（二）规划期限

规划期限：2012—2020年

规划分期：近期（2012—2015年）——热点开发与转型升级发展阶段；

中远期（2016—2020年）——重点开发与全面提升发展阶段；

三、规划背景

（一）外部机遇

1. "大交通、大港口"格局迎来"大物流、大人流"时代

2. 我国、广东特别是珠三角的经济持续增长迎来休闲时代

3. 珠东、粤东滨海旅游开发已梯次推进到汕尾市红海湾、碣石湾

（二）内部条件

1. "养在深闺人未识"的旅游资源环境支撑

2. 汕尾市旅游业仍处于粗放式发展阶段

（1）旅游资源整合开发力度不够。

（2）旅游基础薄弱，旅游服务设施不完善。

（3）旅游整体形象宣传不够。

（4）旅游开发资金投入不足。

（5）旅游行业专业人才匮乏。

（三）政策机遇

1. 国家及省政策推动

（1）国家海洋战略启动，其中在山东、广东、浙江三大沿海省份探索试点海洋经济发展试点工作将在国家战略层面上深度推进涉海先进生产力优化布局，推进海洋经济发展方式转变和产业结构调整，海洋经济已成为推动东部沿海省份新一轮发展的重要经济增长极。

（2）《国民经济与社会发展"十二五"规划》明确提出"积极发展旅游业"，并把推动服务业大发展作为产业结构优化升级的战略重点。

（3）《中国旅游业"十二五"发展规划纲要》指出基于国家重大区域发展战略，特别是中部崛起、振兴东北老工业基地、长三角区域规划、环渤海区域规划、海峡西岸经济区建设、北部湾经济区建设、泛珠三角洲经济区发展、少数民族边疆地区发展等，编制相应的区域旅游规划，采取相应市场促销和产业促进举措，在支撑区域发展战略方面发挥重要作用。海峡西岸经济区建设和两岸"三通"（台湾海峡两岸之间双向的直接通邮、通商与通航），为粤东旅游包括汕尾旅游发展带来新的增长动力。

（4）广东"中国旅游综合改革示范区"和"旅游强省"建设，省委、省政府关于珠三角发展规划纲要实施措施、"双转移"（产业转移和劳动力转移）战略和加快粤东发展的系列政策，都给粤东旅游包括汕尾旅游发展带来了机遇。

2. 市委、市政府对旅游业的高度重视

汕尾市委、市政府对旅游业发展高度重视，提出了建设珠东现代旅游新城、珠三角东部山海花园的构想，将旅游业从新的经济增长点、先导产业提升到未来支柱产业、主导产业地位。

四、规划理念及基本思路

本规划理念及其基本思路可以归纳为："基于'四生体验'理念，抓住转型机遇，凸显精品意识，实施整合手段，打造度假天堂，解决关键问题，策划招商项目，完善产业政策"。

1. 以"四生"（生态、生活、生产、生命健康）为模式，推动旅游综合开发

2. 以"转型"为机遇，汇聚旅游发展动力

3. 以"精品"为亮点，做好以点带线工作

4. 以"整合"为核心，形成旅游规模优势

5. 以"度假"为平台，带动旅游转型升级

汕尾地区度假资源非常丰富，拥有世界三大主流度假产品类型：

（1）滨海度假。

（2）山地度假。

（3）温泉度假。

6. 以"问题"为抓手，解决旅游发展瓶颈

7. 以"招商"为指向，提升旅游经济水平

8. 以"政策"为指南，引领旅游持续发展

第二章　汕尾市旅游发展背景分析

一、旅游发展现状分析

（一）旅游业发展现状

1. 旅游总收入

从2005年至2010年"十一五"期间，汕尾市旅游总收入从2005年13.57亿元增加到2010年42.36亿元，年均增长25.57%，增幅全省排名第5位，同比增长68.08%，汕尾市旅游总收入占其GDP的比重保持在5.85%～9.01%。

2. 旅游接待人数

从2005年至2010年"十一五"期间，汕尾市接待过夜游客人数增长较快，从2005年的151.25万人次增加到2010年的332.57万人次，年均增长17.11%，增幅全省排名第7位。

3. 旅游基础设施现状

截至2010年年底，汕尾地区共有宾馆193家，其中四星级饭店2家，三星级饭家10家，三星级以下饭店181家，客房总数10463间，床位18116张。

（1）旅行社

截至2009年年底，汕尾地区共有旅行社17家，其中国际社2家，国内社15家。

（2）旅游景区（点）

截至2009年年底，汕尾市还没有国家级风景名胜区、国家级旅游度假区及国家级森林公园。全市只有陆丰碣石玄武山景区（省级、4A级）1处，陆河县火山峰省级森林公园、海丰县莲花山省级森林公园2处。

（二）汕尾市旅游发展阶段

从1988年汕尾建市以来，其旅游业发展可大致分为三个阶段。

1. 1988—2000年为初期发展阶段。本阶段缺乏具体统计数据，主要以公务旅行、探亲旅游、观光旅游为主，旅游景点开发少，接待设施相对简单。

2. 2001—2006年汕尾市旅游业属于缓慢平稳发展阶段。本阶段接待过夜游客从2001年的156万人次发展为2006年的164.24万人数，年平均增长率为5.11%；旅游收入从2001年15.32亿元缓慢增加到2006年的15.70亿元，年平均增长率为4.72%。其中，2003年由于"非典"的影响汕尾市接待过夜游客数量锐减，接待过夜游客从上年度的159万减少到106万人次，旅游总收入从上年的15.60亿元减少到12.73亿元。

3. 2007—2010年为汕尾市旅游业的快速发展阶段，过夜游客接待总量从2007年的191.52万人次增加到2010年底332.57万人次，年平均增长率为19.74%；旅游总收入从2007年17.03亿元快速增加到2010年42.36亿元，年平均增长率为30.08%。2010年汕尾市旅游业发展尤为迅速，接待过夜游客总量和旅游总收入分别比上年增长37.64%和65.99%。

二、旅游发展政策评价

旅游业是关联度高、带动性强、影响力大的综合性服务产业，已成为第三产业的支柱，经济、产业结构的调整将促进旅游产业的快速升级与发展。对于汕尾市的旅游发展来说，可以从国家层面、广东省层面及汕尾市层面来分析相关政策。

三、旅游发展区位分析

（1）汕尾西连珠三角，东接海峡西岸经济区，位于两大经济圈交汇处，区位优势明显。

（2）汕尾公路、铁路、港口立体交通网络发达，成为服务粤东、连接珠三角和海峡西岸经济区的重要交通枢纽。

（3）汕尾毗邻华南地区经济最发达、消费水平最高的包括广州、深圳、东莞、惠州四个市在内的珠三角东岸地区。

四、旅游发展环境分析

（一）内部环境分析

1. 位置范围

汕尾市位于广东省东南部沿海，在东经114°54′～116°13′，北纬22°27′～23°28′之间。东临揭阳市，同惠来县交界；西连惠州市，与惠东县接壤；北接河源市，和紫金

县相邻；南濒南海。陆域界线南北最宽处90公里，东西最宽处132公里，总面积5271平方公里，占全省总面积2.93%；汕尾市陆地海岸线全长达455.2公里，占全省岸线的11.06%，居第二位。辖区内海域面积3.5万平方公里，沿海有红海湾、碣石湾两大海湾；有海岛、礁岩881个，居全省第一位。

2. 自然环境

汕尾市背山面海，由于历次地壳运动褶皱、断裂和火山岩隆起的影响，造成境内山地、台地、丘陵、平原、河流、滩涂和海洋各种地形类兼有的有的复杂地貌。公里以上的高山有23座，最高峰为莲花山。

3. 历史与文化

汕尾文化底蕴深厚，是潮汕文化、闽南文化、广府文化、客家文化和疍家文化的交汇地，文化多元而兼容，适宜文化旅游。汕尾市是"中国民间文化艺术之乡"，是历史名人彭湃、马思聪、谢非的故乡，有8个国家级、23个省级非物质文化遗产项目，其中白字戏、西秦戏、正字戏是国家稀有剧种，陆丰的滚地金龙、皮影戏、英歌舞、汕尾渔歌、海丰麒麟舞、钱鼓舞、河田高景等丰富多彩而富有本地特色的文化融入旅游，让汕尾更具魅力。此外，汕尾民间宗教信仰普遍，佛教文化和道教文化等宗教文化氛围浓厚。

4. 社会经济状况

（二）外部环境分析

1. 发展机遇

（1）国家和省部署新一轮的发展战略

（2）旅游产业政策的相继出台

（3）休闲度假旅游时代的来临

汕尾市红、蓝、绿、古、特五色资源具备，在沙滩、阳光、绿色、温泉、生态、运动、食品等方面独显优势和魅力，应顺应休闲度假的趋势，着力打造滨海度假游、生态养生游、民俗风情游、绿色美食游等品牌。

2. 面临挑战

（1）区域竞争日趋激烈

（2）旅游产品同质化严重

汕尾市拥有的旅游资源主要为滨海、温泉、生态、宗教文化等。广东省其他各市永远众多的滨海旅游资源，汕头北山湾、惠州巽寮湾、深圳大小梅沙、阳江海陵岛、茂名水东湾等滨海旅游发展已经具有一定的规模，制约着汕尾市滨海旅游市场的影响力和知名度。汕尾市的温泉资源、生态旅游资源及宗教文化资源等与清远、珠海、河源、惠州、汕头、潮州揭阳等邻近地区的产品类型相似，同质化竞争激烈。

五、旅游资源特征分析

（一）旅游资源分类

汕尾市旅游资源类型多样，涉及地文景观、水域风光、生物景观、遗址遗迹、建筑与设施、旅游商品、人文活动7个主类，20个亚类，43种基本类型，以建筑与设施类、水域风光类、旅游商品类为主，分别占40.3%、14.4%、14.4%，共占总资源的一半以上；其次为遗址遗迹类、地文景观类，分别占11.4%、9.13%，比重最小的是生物景观类，仅占2.28%。

（二）旅游资源组合区（13个）→大型景区或景区组团（13个）

（三）旅游资源组合评价

（四）旅游资源特色与优势

六、旅游客源市场分析

通过汕尾市2011年国内游客抽样调查数据资料分析，汕尾市旅游市场的89.71%为广东省内客源，10.29%为省外客源，说明当前广东省内游客是汕尾市旅游的主要客源市场。在省外客源中以福建省、湖南省、广西壮族自治区、云南省、江西省为主，分别占总游客量的2.54%、0.94%、0.80%、0.67%、0.53%。

七、旅游发展SWOT分析

1. 旅游发展的现有基础

汕尾地区的旅游业在粤东、广东省居于中下游水平，主要表现为旅游收入（尤其是旅游外汇收入）、年接待过夜旅游者人数（尤其是过夜国际游客数）、酒店及床位数、旅行社（尤其是国际社）在粤东、全省所占比例偏低，高级别旅游景区（点）数量低于全省平均水平由此使整个区域缺乏旅游吸引力和竞争力。

2. 旅游发展的制约因素

（1）交通发展滞后，旅游可进入性受到制约

（2）旅游拳头产品不突出，"月亮带星星"格局未形成

（3）旅游度假产品开发缺乏指引，生态旅游产品尚未开发

（4）语言环境、区域形象欠佳

（5）旅游人才缺乏，从业队伍素质偏低，教育和培训资源不足

（6）区域合作深度不够

3. 旅游发展的主要优势、机会、挑战

4. 旅游产业的前景预测

第三章　汕尾市旅游发展战略

一、旅游发展战略目标

1. 汕尾旅游在省旅游新格局中地位作用

2. 旅游战略定位及其发展目标

（1）远景目标："宜闲、宜游"五色汕尾、美丽汕尾→"宜业宜商"活力汕尾→"宜居乐居"幸福汕尾。

（2）总体定位："山、海、泉国际旅游度假新城"。

到2020—2025年将汕尾市旅游建设成为——

①区域目标：二示范区二基地（现代新型滨海旅游示范区、国际重要湿地即拉姆赛尔湿地生态旅游示范区；广东山海泉运动休闲度假基地，广东海洋运动休闲度假基地）；

②城市目标：南国滨海休闲慢城；珠东旅游度假新城；

③城镇目标：南国滨海渔情小镇、广东山区生态小镇、粤东商贸旅游专业镇；

④海岸目标："金S（海安形态、8S旅游，健美塑身）海岸"。

（3）产业目标：从新的经济增长点、先导产业到支柱产业、主导产业。

到2020年，将汕尾市旅游建设成为——

①旅游总收入占汕尾区域GDP比重10%以上，旅游业增加值占汕尾区域GDP比例5%以上，成为支柱产业、主导产业；

②山海泉度假、湿地生态旅游、运动休闲旅游、滨海休闲慢城在全省起示范作用；成为广东现代新型滨海旅游与国际重要湿地（拉姆赛尔湿地）生态旅游示范区；

③形成一批品牌旅游产品、旅游企业，一群特色规模旅游产业，一些鲜明形象旅游地（城市、城镇、景区），在省内旅游市场上具有影响力和竞争力；

④区域与城市整体旅游形象鲜明、突出。

（4）阶段目标

①近期（2012—2015年）：热点、重点开发与转型升级；

②远期（2016—2020年）：广度、深度开发与全面提升。

近期（2012—2015年）使汕尾旅游整体形象更加鲜明，旅游基础设施更加完善，旅游环境更加优化，旅游产业素质显著提升，旅游产业总体规模、服务质量、综合效益争取达到全省平均水平。汕尾旅游接待量力争达到1014.92万人次，旅游总收入力达到139.95亿元。建成1个以上5A或4A，2个以上3A级旅游景区。旅游业发展成为汕尾市现代服务业的先导产业。

远期（2016—2020年）基本形成完善的旅游产业体系，旅游设施、服务质量和管理水平达到国内先进水平，旅游产业结构更趋合理和优化，旅游产业链基本形成，旅游业的竞争力得到进一步提升。汕尾旅游接待量力争达到2525.45万人次，旅游总收入力争达到378.25亿元。建成1个以上5A、2个以上4A，3个以上3A级旅游景区。旅游业发展成为汕尾市国民经济的支柱产业。

二、旅游发展战略思路

汕尾市旅游发展总体战略思路可以概括为：

1. 实施六大战略（空间布局战略：梯次开发战略、环式布局战略、大红海湾战略、产业发展战略：产业提升战略、旅游惠民战略、创新驱动战略）；

2. 推进五大工程（休闲慢城工程、区域合作工程、整合提升工程、精品打造工程、持续发展工程）；

3. 突出七大重点（长沙湾旅游度假城、品清湖—捷胜半岛旅游区、红海湾遮浪旅游区、三大国际重要湿地即拉姆赛尔湿地生态旅游区、鲘门滨海旅游风情镇、海城文化街区—莲花山森林公园、金厢滩—玄武山旅游区）；

4. 完善六大政策（旅游资源环境保护政策，配合双转移、大港口建设、海洋经济发展、示范区建设政策，对接珠三角、韩三角、海西经济区政策，龙头企业示范标杆政策，扶贫扶弱政策，旅游用地支持、旅企税费优惠、引客入汕鼓励等激励政策）

第四章　汕尾市旅游空间布局规划

一、相关规划回顾

二、总体旅游空间布局

根据汕尾市旅游资源的基本特征与空间分布、旅游经济发展现状、地里区位与可进入性，从旅游系统构建的角度，以旅游市场需求为导向，以旅游产品开发为核心，以"海、山、泉、文"为灵魂，全市旅游按照"一主四副、二廊三区、七组团"的总体规划布局发展。

1. 一个主中心（旅游集散中心）：汕尾城区与红海湾经济开发区。

2. 四个副中心（旅游集散中心）：鲘门镇、海丰县城、陆丰市区、陆河县城。

3. 二大旅游廊道（旅游休闲走廊、旅游经济走廊）：汕尾滨海休闲旅游蓝色廊道（风景道、绿道及其节点）；汕尾山区生态旅游绿色廊道（风景道、绿道及其节点）——山水廊道（莲花山廊道、螺河廊道）。通过海廊道、山水廊道建设，汕尾城区将与红海湾经济开发区、陆丰市区、河口镇与陆河县城、海城镇、鲘门镇连接起来，形成汕尾市回环型的"五百里山海旅游画廊。"

4. 三大功能分区：南部现代新型滨海旅游示范区，北部山区生态文化旅游区，国际重要湿地（拉姆塞尔湿地）生态旅游示范区。

5. 七大景区组团：鲘门镇区及其周围景区组团，联安围湿地—长沙湾景区组团，品清湖——捷胜半岛——红海湾遮浪景区组团，金厢滩——玄武山景区组团，海城镇——莲花山景区组团，河西街办——河东镇——大安镇景区组团，陆河北部景区组团。

三、各县（市、区）旅游空间布局

（一）城区与红海湾经济开发区："一心一带一圈四组团"

1. 一心：品清湖及其周围——城市中央公园旅游接待

服务中心；

2. 一带："环城金S度假旅游休闲带"——海岸风景道、绿道及其节点（长沙湾旅游度假城——城区坎下城——风扇妈祖风景区——捷胜半岛：郊野公园、度假区、风景区、风情镇——红海湾遮浪旅游区——施公寮海岛公园）；

3. 一圈："环城金S度假旅游休闲带"向东北、西北延伸，连接大湖湿地、联安围湿地，形成环绕未来老城区、新城区、红海湾新城的旅游休闲圈。

4. 四组团：联安围湿地——长沙湾度假城景区组团、品清湖——捷胜半岛景区组团、红海湾遮浪旅游区——施公寮海岛公园景区组团、大湖湿地——赤坑温泉景区组团（由海丰县划入）。

（二）陆丰市："一心一圈二廊四组团"

1. 一心：陆丰市区——河港湾城——旅游接待服务中心。一方面沿着G324与深汕高速东西拓展工业园区，如星都开发区；另一方面沿着S240与螺河南北拓展旅游休闲区，并发展宜居新城，如城北后坎温泉国际度假城、城南海韵旅游度假城；从而丰富完善陆丰市区的旅游接待服务体系。

2. 一圈：围绕陆丰市区，逐渐形成半小时旅游休闲圈，例如：南向——海韵度假城与幸运岛及乌坎港、金厢滩与观音岭、玄武山，北向——大安石寨古村，西北向——清云山，西南向——大湖湿地，东向——华侨农场。

3. 二廊（两大旅游休闲景观廊道）：南部——滨海海廊道（海韵度假城与幸运岛及乌坎港——金厢滩与观音岭——玄武山——湖东能源基地——三甲麒麟山）；北部——螺河河廊道（大湖出海口——后坎温泉国际度假城——大安石寨古村——大安林场——陆河县）。

4. 四组团：海韵度假城、乌坎港——金厢滩、观音岭——玄武山景区组团，麒麟山——待渡山景区组团，后坎温泉国际度假城——大安石寨古村——清云山景区组团，华侨农园。

（三）海丰县："二心二廊四组团"

1. 二心：鲘门镇——粤东旅游综合服务中心（广东滨海旅游驿站渔情小镇，粤东旅游门户、小漠新城休闲卫星城）；海城镇——海丰旅游服务中心（历史街区、莲花山、湿地）。

2. 二廊（两大旅游休闲景观廊道）：南部——滨海海廊道（小漠镇——鲘门镇——原长沙湾）；北部——莲花山山廊道（沿着G324—S242经赤石镇、鹅埠镇——鲘门镇——海城镇——公平镇——陆河县）。

3. 四组团：明热温泉度假区组团，鲘门镇滨海景区组团，联安围湿地—海城—莲花山景区组团，大湖湿地—赤坑温泉景区组团。

（四）陆河县："一廊二心二圈二组团"

1. 一廊（一大旅游休闲景观廊道）：沿着S335到陆河县城的山水景观廊道。

2. 二心：陆河县城和河田镇——陆河旅游接待服务中心；河口镇——陆河旅游接待服务次中心。

3. 二圈：北以河田镇为中心形成陆河北部半小时旅游休闲圈（南到瑞龙庄园、上护温泉，东南到共光梅园，东北到水唇镇茶花基地与汤排温泉，西北到潔溪镇温泉与瀑布，西到红椎林省级森林公园等景区），南以河口镇为中心形成半小时旅游休闲圈（北到瑞龙庄园、上护温泉，南到公平大地水库湿地与大安石寨古城，东到谢非故居等景区，西到新田镇激石溪烈士陵园等景区）。

4. 二组团：以县城为中心的陆河北部旅游组团，以河口镇为中心的陆河南部旅游组团。

第五章　汕尾市旅游产业发展规划

一、汕尾市旅游转型升级发展规划

1. 旅游发展转型

（1）基于度假休闲旅游需求的旅游发展转型

（2）基于深度体验旅游需求的旅游发展转型

2. 旅游产业优化升级

二、支持优势旅游产业规模集约发展

三、引导特色旅游产业专业差异发展

1. 湿地生态旅游业

2. 宗教文化旅游业

3. 保健养生业

4. 旅游加工制造业

5. 商贸会展业、休闲商业与旅游购物业

6. 游艇、邮轮业

四、促进相关产业融合集聚发展

促进旅游、休闲产业与其他产业融合集聚发展，形成新的产业业态与产业集聚区，为汕尾市旅游休闲业优化升级发展的基本方向之一。

1. 促进相关产业融合创新

2. 鼓励旅游休闲产业集聚发展

五、鼓励旅游企业品牌化、专业化发展

做强、做大旅游休闲产业关键在于做强、做大、做精旅游休闲企业。因此，汕尾市需要着力优化市场主体——企业的发展环境，重视对旅游休闲企业的服务与扶持，鼓励、引导旅游企业自主创新与提质增效，培育一批汕尾市旅游企业品牌，提升汕尾市旅游企业竞争力。

第六章　汕尾市旅游产品开发规划

一、汕尾市旅游产品发展定位

1. 基本情况

2. 资源与市场对接

3. 发展目标

4. 规划思路

二、传统观光旅游产品的转型升级规划

1. 汕尾市传统观光旅游产品

2. 传统观光旅游转型升级发展思路

三、现代休闲旅游产品的系列发展规划

(一) 基于山、海、泉的度假休闲旅游产品体系

(二) 基于海洋、河溪、湖泊、湿地、森林、农业的生态休闲旅游产品体系

(三) 基于历史、民俗、宗教、节事、美食的文化休闲旅游产品体系

(四) 基于城市、城镇、乡村的城乡休闲旅游产品体系

(五) 基于海洋、山地的运动休闲旅游产品体系

四、区域旅游线路的优化组合规划

第七章　汕尾市旅游服务系统规划

一、旅游住宿设施发展规划

截止到2010年年底，汕尾市共有宾馆193家、客房数10463间、床位18116张，星级宾馆12家，其中四星2家，三星10家（数据来源：广东统计年鉴2011）。

(一) 发展规模及其目标

1. 发展规模预测

根据2011年广东省国内游客抽样调查数据，汕尾市游客的平均停留天数1.55天，游客入住宾馆、招待所、星级酒店，以及其他住宿设施的比例97.06%。以此为基准，对未来十年汕尾市住宿设施的床位数预测。

2. 发展目标

(1) 形成以度假酒店、度假别墅为主体，城市商务酒店、经济型酒店为主体，其他住宿设施（乡村旅馆、青年旅馆、汽车营地等）为补充的、多元化的，并具有地方生态文化特色的旅游住宿体系；

(2) 住宿设施的区域布局要突出重点，适度均衡，并强调各个区域特色的差异化格局。

(二) 住宿设施布局：一心一带四核

1. 一心一带：汕尾城区与红海湾经济开发区

2. 四核：鲘门镇、海城镇——莲花山、陆丰市区、陆河县城

3. 总体空间布局原则：小集聚大分散

(三) 优化酒店结构，形成多样化的旅游住宿体系

(四) 引进先进经营管理模式，形成特色住宿业品牌

二、旅游餐饮业发展规划

三、旅游专项交通规划

四、自驾旅游服务系统规划

五、旅游购物发展规划

第八章　汕尾市旅游市场营销规划

一、旅游市场开发战略思路

二、汕尾旅游形象设计与推广

1. 旅游形象设计基础

(1) 地脉分析——山、海、泉是也。即莲花山脉、南阳山脉，南海之滨、港口城市，咸淡温泉，以及中介桥梁——乃珠三角东岸第一近邻，是珠三角经济区和韩三角经济区、海峡西岸经济区，以及特区深圳和汕头、厦门之间的重要节点城市。汕尾自然资源（含旅游资源）丰富，自然环境特别是生态环境优良。

(2) 文脉分析——广府、潮汕、客家、疍家文化，宗教、红色、民俗文化是也。汕尾自古地腴水丰，有“南海物丰”之说，是中国第一个县级苏维埃政权诞生地，红色资源丰富，宗教气息（佛教、道教、基督教、其他民间信仰）浓厚，乃潮汕、闽南、广府、客家和疍家文化的交汇地，为中国民间文化艺术之乡，多位历史名人的故乡。

2. 整体形象设计

主题形象：

人文山海泉·天下海陆丰（或山海湖城·湿地之都）

（五彩动感汕尾、运动度假海湾、和谐水鸟天堂）

3. 宣传口号设计

(1) 汕尾市：义勇好客，天下海陆风；
山海大镜，天下汕尾美；
我连或非潮广，海陆汕尾；
我汇潮广客，休闲海陆风；
度假山海泉，休闲海陆风；
激情运动红海湾，别样消遣汕尾城；
海美山美，生态汕尾；
好山好水，天下汕尾（旅游行天下，奔向海陆丰）；
义勇好客——海陆丰，爽！

(2) 陆河县：花花世界，山水之城（花泉林歌，悠然陆河）

(3) 海丰县：激情澎湃，先驱故里（国际湿地，水鸟之乡）

(4) 陆丰市：田园古寨，禅韵海岸

(5) 市城区：活力港都，山海湖城

(6) 红海湾开发区：长风破浪，齐聚红海

4. 汕尾市旅游形象识别系统

三、旅游市场营销策略

四、高端旅游市场开发

第九章　旅游资源与环境保护规划

一、旅游资源与环境保护现状

二、旅游资源保护规划

三、旅游环境保护规划

第十章 汕尾市旅游发展保障体系规划

一、旅游可持续发展政策规划

（一）旅游发展激励政策

1. 政府搭台、企业唱戏、全民参与

2. 坚持以市场导向、效益为目标

3. 政府主导联合营销

4. 重视社会关联性、追求协调发展

5. 政府加强招商引资

（二）旅游扶贫政策

1. 采取特殊政策扶持贫困地区旅游开发

2. 采取多种方式筹集开发资金

3. 加大旅游人才培养力度

（三）旅游企业扶持政策

（四）标杆示范政策

（五）配合上级政策

二、旅游人力资源发展规划

（一）旅游人力资源规划目标

（二）旅游人才培训规划

（三）旅游人才引进规划

（四）旅游人才保障规划

三、旅游安全保障规划

四、区域旅游合作规划

（一）区域内部旅游合作

1. 设立汕尾区域旅游合作协调小组

2. 旅游区域合作的方针和原则

3. 区域旅游合作的内容与措施

（二）区域外部旅游合作

1. 融入珠三角旅游合作区

2. 开辟粤东—海西旅游合作区

3. 深汕特别合作区

4. 加强与周边城市旅游合作

第十一章 汕尾市旅游发展近期行动计划于项目库

在近期（2012—2015年），汕尾市旅游发展要注意重点开发，推动旅游业转型升级发展，初步树立“山海泉国际度假胜地”品牌形象。依据可进入性、开发难易、原有基础、示范效应、拉动效应、经济效益等条件选择一些基础较好、示范较强、见效较快、拉动较大，而又适应客源市场特别是大珠三角、韩三角，以及邻近地区（河源、梅州）客源市场需求的热点重点项目进行开发建设，并率先启动大红海湾战略，西承惠东稔平半岛，开发红海湾西部（小漠、鲘门、联安围、长沙湾）、莲花山南部（明热温泉），然后沿着滨海廊道、山区山水廊道梯次推进，以促使旅游业迅速成为汕尾市域经济新的增长点与先导产业，逐步培育成重点产业支柱产业，对汕尾市域经济发展、城市化产生拉动效应。

一、基础设施建设与环境卫生整治项目

二、景区点及其配套项目

1. 滨海度假及其房地产项目建设

（1）海丽GOLF国际旅游度假区

（2）金雨湾、金丽湾度假村

（3）长沙湾旅游度假城

（4）屿仔岛音乐主题度假村

（5）红海湾滨海旅游度假区

（6）海韵旅游度假城

2. 温泉度假及其房地产项目建设

（1）海丰明热温泉度假区

（2）陆丰后坎温泉国际度假城

（3）陆河上护温泉

3. 湿地生态旅游项目建设

（1）联安围湿地生态旅游区

（2）湖鸟岛生态旅游区

4. 文化旅游项目建设完善

（1）玄武山风景区

（2）凤山妈祖风景区

（3）云山风景区

（4）坎下城文化公园

5. 古村落景区点建设

（1）赤石镇林厝古村、秋塘古寨、新城古寨、洋坑古寨

（2）大安镇石寨古村、和安里古寨

6. 休闲农园建设

（1）陇农场

（2）莲花山金瑞丰农园

（3）瑞龙农庄

（4）三花基地

（5）华侨农园：农家乐项目

三、旅游住宿项目

四、软性项目

第十二章 汕尾市重点旅游区域概念规划

一、长沙湾旅游度假城概念规划

二、品清湖—捷胜半岛旅游区概念规划

三、海城历史文化街区概念规划

四、金厢滩—玄武山旅游区概念规划

注：2012年10月17日，由汕尾市人民政府在汕尾市主持召开该规划评审会并通过评审。

广东省海陵岛旅游发展总体规划（2011—2020年）（节录）

海陵岛经济开发试验区管委会　中国科学院广州分院
广东省科学院　广州地理研究新风景与旅游规划中心　编著

第一章　规划导则

第一条　规划目的

2012年6月6日，广东省省长朱小丹在海陵岛调研时提出“建设国际生态旅游岛概念”。要求将海陵岛规划建设上升到省乃至国家层面；高水平规划，高标准建设，促进旅游发展转型升级；控制地产发展规模，增加旅游元素和设施；专家参与决策，召开海陵岛旅游论证会。

为贯彻落实将海陵岛建成国际生态旅游岛的要求，依据《阳江市旅游业发展总体规划》《海陵岛总体规划》及其他相关法规、文件、规划文本，特编制《海陵岛旅游发展总体规划》，分析海陵岛旅游发展条件，旅游资源分类评价，明确海陵岛旅游发展战略与目标，确定海陵岛总体旅游体形象，提出海陵岛旅游发展空间布局，提高旅游产品策划水平，制定旅游市场营销策略等，促进海陵岛旅游发展转型升级，提升海陵岛在广东省、全国乃至国际在海岛旅游发展格局中的地位。

第二条　规划范围

规划范围为海陵岛经济开发试验区行政辖区，陆地面积112.15平方公里（其中包括海陵岛主岛面积107.80平方公里和13个附属岛屿面积4.35平方公里），海域面积640平方公里。

第三条　规划依据

1. 国际相关规章
2. 国家法律法规
3. 国家标准规范

《风景名胜区规划规范》（GB 50298—1999）

《旅游区（点）质量等级的划分与评定》（GB/T 177775—1999）

《旅游规划通则》（国家旅游局）（GB/T 18971—2003）

《旅游资源分类、调查与评价》GB/T 18972—2003

4. 区域规划依据

《阳江市旅游发展总体规划》（2007—2020年）

《阳江市城镇体系规划》

《阳江市总体规划修编》（2007—2020年）

《海陵岛总体规划修编》（2007—2020年）

《海陵岛海滨风景区总体规划》（2008—2020年）

《海陵岛土地利用规划》（1997—2010年）

《海陵岛近期规划》（2004—2010年）

《广东海陵岛国家级海洋公园总体规划》（2010年）

《海陵岛“十二五”发展规划纲要》

第四条　规划期限

本规划期限为2011—2020年，分两个阶段：

近期：2011—2015年，规划建设期；

远期：2016—2020年，规划完善期。

第五条　规划目标

1. 总体目标

通过科学合理开发旅游资源，完善旅游基础设施和服务设施，挖掘地域和人文等本土旅游文化，提炼一系列的旅游主题，建成一批有特色的旅游项目，将海陵岛建设成为广东海岛旅游龙头、中国最美旅游岛、国际生态旅游岛。

2. 分期目标

近期（2011—2015年）：

- 广东海岛旅游龙头
- 国家旅游度假区
- 国家AAAAA级旅游区

预计到2015年，海陵岛接待人数达468.5万~556.0万人次，年均增长9.7%~14.5%；旅游总收入达31.8亿~40.1亿元，年均增长13.4%~20.2%。

远 期（2016—2020年）：

- 中国最美旅游岛
- 国际生态旅游岛

到2020年，接待人数达711.0万~1047.3万人次，年均增长8.7%~13.5%；旅游收入达57.0亿~96.4亿元，年均增长12.4%~19.2%。

第六条　规划结构图

第七条　规划流程图

第二章　区域背景

第八条　自然环境

1. 地质地层

地质属粤中拗陷区，阳江—海陵新华夏大断裂的西北盘，褶皱发育。地层基底主要由震旦、寒武纪变质岩系组成，局部有加里东期和燕山期火成岩侵人，基岩在海陵岛有较大面积出露，岩性以寒武系变质砂岩、页岩、粉砂岩为主，局部为加里东混合花岗岩与燕山期花岗岩。

2. 地形地貌

地形主要受地质构造控制，呈北东走向的长条形，地势中间高，四周低，地貌主要由丘陵、台地、平原和滩涂构成。

3. 气候气象

属南亚热带海洋性季风气候，气候湿润，阳光充足。年均温度22.8℃，年均日照时数为1700小时，年均积温超过8000℃，年均晴天310天，年平均降雨量1816.4毫米。

4. 海洋水文

海陵岛海域潮汐属不规则半日潮，每日有两次高潮和低潮，但相邻两次高潮和低潮的高度均不相等，涨、落潮时也不相等。海水年平均水温为23.4C，秋季海水透明度一般都在2米，最大出现在南鹏岛、黄程岛附近海域。

第九条 自然资源

1. 植物资源

海陵岛植被具有热带性强，种类丰富的特点。地带性植被群落属热带常绿季雨林，具有较强的雨林景相。人工植被类型主要为经济林，主要有荔枝、龙眼、木菠萝、芒果、椰子和香蕉等果树。

2. 海洋资源

海水适宜游泳，沙滩均匀细白，港湾发育优良，渔业资源丰富，岛屿资源丰富。

3. 水资源

海陵岛水资源总量为1.15亿立方米，已开发利用的水资源总量为0.16亿立方米。

第十条 经济社会

1. 历史沿革

阳江历史悠久，古为百越之地，是少数民族聚居地方，有深厚的土著文化积淀。汉元鼎六年（公元前111年）置高凉县，治所在今阳江北部；东汉延康元年（220年）设高凉郡，其后或设郡，或建州，治所都在阳江县境内；隋大业二年（606年）从高凉县分出阳江县，是为阳江县得名之始。唐太宗贞观二十三年（649年）阳江县等从高州分出，建为恩州，州治在阳江。宋庆历八年（1048年），原恩州改称南恩州，设立海陵寨。另外，据1999年由广东人民出版社出版，广东省地方史志编纂委员会编的《广东省志·地名志》一书中提到“岛原名海邻，后改为海陵”。1992年6月18日，经广东省人民政府批准设立海陵岛经济开发试验区。

2. 社会经济

据统计，2010年全区国内生产总值21.8亿元，同比增长8.8%，人均生产总值2.62万元、增长12.3%。三大产业比值为50.2：12：37.8，以渔业为主的第一产业和以旅游业为主的第三产业比重较大，呈现“两头大，中间小”的凹形结构。

第三章 旅游发展现状

第十一条 旅游发展概况

海陵岛旅游业经历了从无到有，从小到大，从先导到主导的发展过程。到目前为止，海陵岛引进重点项目达30个，总投资超过400亿元，其中在建重点项目14个，包括银滩西区国际旅游度假区、南海湾温泉大酒店、山海湾度假公寓、“南海Ⅰ号”大道、闸坡文化公园等。上半年开工建设的有银滩东区国际文化旅游城项目（投资100亿元）、北洛湾乡村俱乐部（投资60亿元）、黄金海岸滨海旅游度假项目（投资80亿元）、广东阳江大飞洋国际游艇度假项目（投资20亿元）、银滩中区国际品牌酒店项目（投资20亿元）以及广东海洋历史博物馆、飞鹅岭文化公园等旅游重大项目。与此同时，还开展旅游环境专项整治，严厉打击“拉客”“宰客”“欺客”，营造了良好的旅游环境。随着一批又一批的旅游项目加速建设，海陵岛旅游开发建设呈现一片喜人景象，新一轮大发展环境已形成。

第十二条 旅游发展阶段

根据海陵岛不同时期旅游发展量和质的特征，可划分为三个阶段，即起步阶段、发展阶段和升级阶段。

起步阶段（1986—1991年）：海边浴场化，开发大角湾海滨浴场为标志。海陵岛旅游业是20世纪80年代中期迅速崛起的。这一时期以1986年成立闸坡旅游公司，开发大角湾海滨浴场为标志。1989年大角湾—马尾岛被定为省级海滨风景名胜区。

发展阶段（1992—1999年）：景区城市化，大角湾景区建了大量各级单位度假村。这一时期以1992年成立海陵岛经济开发试验区为标志。1992年委托清华大学编制了海陵岛总体规划，制定了以旅游为龙头，商、贸、渔、高科技并举的建设方针，启动了银海城和金沙滩岛的开发。1994年成立海陵岛经济开发试验区旅游管理办公室，1995年改为旅游局，对全岛实施旅游行业管理。1999年海陵岛被定为省级旅游度假区。2010年，海陵岛实行大部制改革，旅游局改为旅游文体局。

转型阶段（2000年至今）：旅游地产化，以十里银滩为标志，进驻了保利、恒大、敏捷、顺峰等知名地产公司。这一时期以2001年创建大角湾国家AAAA级旅游区和国家级海洋公园为典型代表。主要规范景区景点旅游接待行为，提高旅游管理和服务水平，改善景区景点服务设施，通过创建国家4A级旅游区和国家海洋公园，实现海陵岛从滨海旅游向海洋旅游拓展，配套设施更加齐全，旅游管理更加规范，接待人数和旅游收入实现跨越式增长。

第十三条 旅游发展SWOT分析

1. 优势

区位优势、资源优势、市场优势。

2. 劣势

旅游发展定位不清晰，缺乏全局发展理念；旅游发展主题不突出，缺乏鲜明旅游特色；旅游管理体制未理顺，缺乏强力执行力度；旅游研究规划滞后，景区城市化严重。

3. 机遇

政策扶持、休闲经济。

4. 威胁

海陵岛游客主要以珠江三角洲地区为主，但是从广东省内来看，全省14个临海地级市，半数以上都具有良好的滨海旅游资源和优良渔港，深圳、珠海、湛江、汕头、惠州、汕尾等地区都开发滨海旅游和休闲渔业活动。这些同质旅游地跟海陵岛的主要客源市场是一致的，海陵岛面临的挑战和威胁是非常强烈的。

第四章 旅游资源类型与评价

第十四条 旅游资源类型

根据《旅游资源分类、调查与评价》GB/T 18972—2003，海陵岛旅游资源类型有主类8个，全国有8个，占分类标准的100%；亚类23个，全国有31个，占分类标准的74.19%；基本类型69个，全国有155个，占分类标准的44.52%，资源单体共226个。

第十五条 资源类型体系

根据旅游资源分类，海陵大旅游资源拥有地文景观、水域风光、生物景观、天象与气候景观、遗迹遗址、建筑与设施、旅游商品和人文活动8大类23个亚类，69个基本类型。基本类型建筑设施和地文景观占有较大的优势。旅游资源单体建筑与设施类93个、地文景观67个位居第一层次；人文活动、旅游商品、生物景观和水域风光居第二层次；遗迹遗址、天象与气候景观等单体较少。

第十六条 旅游资源评价

1. 定量评价

五级旅游资源为4，四级旅游资源为12，三级旅游资源为47，二级旅游资源为74，一级旅游资源为89。海陵岛特品级旅游资源占1.77%，优良级旅游资源占26.11%，普通级旅游资源占72.12%。

2. 定性评价

旅游资源丰富多样，高品质资源不多；海岛自然风光独特，整体美感较强；海岛文化源远流长，文化内涵挖掘潜力大；资源集散组合有致，利于全面有序开发。

第五章 旅游市场调查分析

第十七条 旅游市场现状

海陵岛旅游市场发展十分迅速。1986年成立闸坡旅游公司，当年接待游客7.6万人次；2011年接待游客323.5万人次。存在市场空间分布不均、旅游市场淡旺季明显、旅游市场营销力度不足等问题。

第十八条 旅游市场调查

共发放问卷720份，回收有效650份，回收有效率90.28%，问卷调查基本成功，达到了预期效果。

空间分布：省内游客占绝对比例。

消费和停留时间：游客花费以200～1000元所占比例最大；停留时间为一夜的占多数。

旅游目的：以休闲度假为主。

获取信息渠道：以他人推荐、旅行社介绍和互联网排占多。

性别和年龄：男性游客占比略高；年龄集中分布在25～44岁。

旅游方式和出游方式：旅游方式呈现散客化特征，出游方式以乘坐长途大巴为主。

职业构成：占比前三位分别是公司员工、个体职业者、政府机关和事业单位工作者。

游客评价和印象：游客对海陵岛的整体评价比较高，具有较高的认同感。

游客出游时间分布：季节变化很大，大部分集中于5～9月的夏秋季，7～8月为高峰期，月变化呈明显的单峰分布，这与气温的变化趋势相一致。

第六章 海陵岛旅游发展战略

战略思想：打国际牌，吃国内饭；打生态牌，建生态岛；打文化牌，唱本地戏；打美丽牌，旅幸福游。

战略方针：“国际化—生态化”“本土化—差异化”

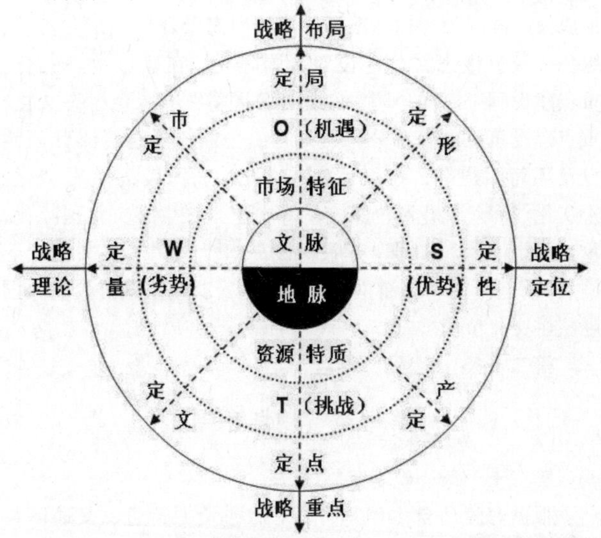

海陵岛旅游发展战略定位图

"特色化—精品化""智能化—服务化"。

区域旅游发展战略定位要以地脉、文脉为原点，以旅游资源特质为基点，通过旅游发展的优势、劣势、机遇和挑战的SWOT分析，科学、系统、全面地解决海陵岛旅游产业可持续发展的四对关系八大定位，即定性—定量、定产—定市、定文—定形、定局—定点。

第十九条　定性

1. 广东海岛旅游龙头

在省内，海陵岛作为广东第四大岛，无论是在区位交通、旅游资源、生态环境方面，还是在知名度、美誉度、忠诚度方面优势明显，堪称广东海岛旅游龙头，广东黄金海岸"钻石"，是广东海洋经济综合试验区的示范区，是广东滨海旅游产业发展的排头兵、领头雁。

2. 中国最美旅游岛

在国内，2005年，海陵岛被《中国国家地理》评为"中国最美丽的十大海岛"之一，是人们对海陵岛——中国最美旅游岛的认可和肯定；海陵岛十里银滩被列入上海吉尼斯纪录——中国最大的海滨浴场，也是对中国最美海岛最好的佐证；同时，海陵岛在国内旅游定位为中国最美旅游岛，实现与海南国际旅游岛的差异化竞争。海陵岛的旅游要最大做强，在国内要确立中国最美旅游岛的定位，重点依托大角湾国家AAAA景区和海陵岛国家海洋公园，创建国家AAAAA级旅游景区；依托十里银滩，打造国际品牌酒店集聚区，创建国家级旅游度假区；抓住已批准的首批国家海洋、闸坡国家中心渔港的机遇，深度开发海洋旅游产业和休闲渔业等。

3. 国际生态旅游岛

在国际，越是生态的，越是本土的，越是国际的。海陵岛要以自然景观为基底，本土文化为灵魂，显山露水，形成海、湖、山、林、田为一体的生态景观系统，在蓝色、绿色、灰色生态文化建设对接国际化。在蓝色生态文化，重点建设国家海洋公园、红树林公园等；在绿色生态文化，重点建设草王山生态公园、月亮山公园、望寮岭体育公园以及环岛绿道等；在灰色生态文化，将海陵岛历史文化、宋文化、海丝文化和渔家文化等本土人文生态文化国际化，重点围绕"南海I号"建设海陵岛海上丝绸之路文化产业园、"蔚蓝传说"旅游文艺作品、疍家文化主题公园以及国际旅游文化节庆。

第二十条　定量

第七章　规划布局

第二十一条　规划布局

根据海陵岛自然地理环境、旅游资源特色、交通区位条件及相关发展规划，确定"一心、一轴、一环、五区"规划布局。

一心：游客中心——海陵岛游客集散和接待中心。

一轴：旅游景观轴——南海I号景观大道旅游景观轴。

一环：山海绿道环——环岛绿道环——承担各个旅游功能区的交通、观光等功能。

五区：岛东历史文化观光区、岛西海上运动体验区、岛南国际度假集聚区、岛北滨海生态休闲区和岛中山地生态养生区。

第二十二条　功能分区

（1）岛东历史文化观光区（规划面积22.6平方公里）；（2）岛西海上运动体验区（16.2平方公里）；（3）岛南国际度假集聚区（25.9平方公里）；（4）岛北滨海生态休闲区（18.3平方公里）；（5）岛中山地生态养生区（24.8平方公里）。

第八章　旅游产业发展规划

第二十三条　海陵岛旅游产业发展重点

（1）旅行社业；（2）宾馆酒店业；（3）旅游商品业；（4）旅游餐饮业；（5）旅游娱乐业。

第二十四条　旅游交通发展规划

1. 主要公路建设

（1）继续推进海陵岛环岛公路建设，规划建设道路网络呈环状加方格网结构，形成主干道—次干道—支路—景区小路四级道路体系；

（2）完成镇通行政村公路硬底化建设的扫尾工作，加强公路绿化和管养。

2. 机场

（1）筹备建设直升机机场；

（2）联合阳江合山机场。

3. 交通站点建设

（1）完善闸坡客运站功能，建设海陵客运站，加快建设海陵岛直升机场；

（2）在各景区景点、旅游集散地修建停车场；

（3）加快建设炮台码头近期为海上进岛的门户和桥南综合码头为海陵岛远期海上入岛的门户，加快论证海陵机场建设可行性。

4. 景区景点交通建设

（1）开通各主要旅游景区景点的旅游专线；

（2）完善景区内部道路。

5. 交通服务建设

（1）完善交通配套设施，加强交通服务体系建设；

（2）加强交通系统的旅游标识管理，加强交通秩序管理。

第二十五条　餐饮业发展规划

1. 合理布局全区餐饮业

2. 餐饮企业经营管理创新

3. 监管并规范餐饮市场

4. 特色菜肴与创新

第二十六条 住宿业发展规划

1. 海陵

（1）新建3~5家四、五星级酒店，新增高档豪华床位1500~1800个；（2）新建6~8家达到三星标准的中档饭店，新增中档床位2100~2500个，1家需是商务型饭店；（3）制定并实施家庭旅馆“三级”标准，发展家庭旅馆保证基本设施和条件。

2. 闸坡

（1）改造二、三星级饭店，解决设施设备老化问题以及功能结构不合理问题，同时提高评星率到50%以上；（2）改制或淘汰多年亏损经营不善的星级饭店；（3）制定并实施家庭旅馆“三级”标准，保证基本设施和条件。

3. 其他

根据需要适当发展中低档饭店，发展汽车旅馆、家庭旅馆。

第二十七条 海陵岛娱乐业发展规划

1. 丰富和充实现有娱乐产品

（1）充实和丰富高尔夫等高端旅游休闲产品；（2）完善体育、健身休闲娱乐活动，建设体育公园、游艇码头和基地，发展滑翔、潜水等项目；（3）完善各酒店现有娱乐设施。

2. 开发满足旅游市场需求的新产品

（1）将螺州广场改造成市民休闲文化广场；（2）新建儿童乐园、游乐园、科技馆等儿童娱乐产品；（3）在海陵和闸坡两镇和主要景区新建或改造除了酒店娱乐设施以外的休闲娱乐项目或设施，如影剧院、文艺表演等。

4. 举办有影响力的旅游节庆和赛事

（1）定时、定点举办旅游文化节、开渔节等旅游节事活动，组织沙滩排球、沙滩篮球比赛；（2）适时举办其他非定时定点旅游节事活动。

5. 加强娱乐市场规范和建设

（1）严格娱乐企业开业审批程序；（2）整治现有娱乐企业秩序。

第二十八条 旅游商品开发规划

1. 海陵

（1）农家乐；（2）户外运动区；（3）写生、摄影基地。

2. 闸坡

（1）3S度假区；（2）体育休闲区；（3）生态休闲区。

3. 广东海洋博物馆

（1）度假区；（2）瓷器展销区。

第二十九条 旅行社发展规划

1. 加快旅行社发展：规划期末建立3家具有经济效益和规模的旅行社，争取知名国际旅行社进驻海陵岛开设分社或营业部

2. 加强旅行社管理

（1）严格旅行社审批和审核制度；（2）实行破产制度，优胜劣汰；（3）加大旅行社违规人员监管。

3. 旅行社体制改革

（1）对现有两家国有旅行社进行改制；（2）试办私营或引进外资合资旅行社；（3）拓展国内外客源市场。

4. 提高服务质量

（1）提高从业人员，尤其是导游人员素质；（2）改善办公设施，建立网络营销渠道。

第九章 旅游产业集聚

旅游产业园是创新型的旅游产业形态，是旅游业集聚发展的有效载体。产业聚集是指在产业的发展过程中，处在一个特定领域内相关的企业或机构，由于相互之间的共性和互补性等特征而紧密联系在一起，形成一组在地理上集中的相互联系、相互支撑的产业群的现象。这些产业基本上处在同一条产业链上。而旅游产业链就是为了获得经济、社会、生态效益，旅游产业内部的不同企业承担不同的价值创造职能，共同向消费者提供产品和服务时形成的分工合作关系。聚集区的各产业彼此之间是一种既竞争又合作的关系，呈现横向扩展或纵向延伸的专业化分工格局，通过相互之间的溢出效应，使得技术、信息、人才、政策以及相关产业要素等资源得到充分共享，聚集于该区域的企业因此而获得规模经济效益，进而大大提高整个产业群的竞争力。

第十章 旅游市场定位与预测

第三十条 旅游市场定位

立足广东，面向全国，联通港澳，开拓国外。

基础市场：以广州为中心的珠三角地区，包括广州、深圳、佛山、东莞、中山、珠海、江门、惠州、肇庆以及阳江本地市场；港澳台地区。

拓展市场：省内其他地区，包括粤东、粤北和粤西等以及周边的广西、湖南、四川、重庆、湖北等省外地区；欧洲、北美、东亚以及东南亚地区。

机会市场：国内大中城市；国外其他国家。

第三十一条 旅游市场开发策略

第十一章 旅游产品定位与开发

第三十二条 旅游产品定位

海陵岛位于南海之滨，阳江市西端，交通便利，是粤西、粤东、粤中的海上中转站。作为中国最美十大海岛之一，海陵岛旅游资源类型丰富，文化品位高，极具特色，根据海陵岛的文化特色、资源特质、市场定位、时代特征

等多方面的研究，总体上将海陵岛旅游产品定位为：借助“南海Ⅰ号”和海陵岛国家海洋公园品牌效应以及临近珠三角的区位优势，整合海岛自然生态和历史文化旅游资源，以滨海观光度假旅游产品为核心，以生态观光旅游产品为重点，文化体验产品为特色，海岛专项旅游产品为补充的复合型、多元化产品体系，使海陵岛成为集观光、休闲度假、商务会议、滨海运动和文化体验为一身的多元化综合性旅游目的地。

第三十三条 旅游线路设计

一日游；二日游；三日游。

第三十四条 主题旅游产品

1. 清新之旅——海滨风光休闲游
2. 体验之旅——疍家民俗风情游
3. 发现之旅——海上丝路文化游
4. 心动之旅——蜜月度假游
5. 神秘之旅——海岛探险游
6. 艺术之旅——五光十色摄影写生游
7. 环岛之旅——海岸“自助”游
8. 悠闲之旅——轻松自驾游
9. 精彩之旅——激情体育赛事游

第三十五条 旅游产品系列

1. 观光体验旅游产品
2. 度假休闲旅游产品
3. 会展会议旅游产品
4. 城市休闲旅游产品
5. 渔业生态旅游产品
6. 海岛特色旅游产品
7. 节庆节事旅游产品

第十二章 旅游形象定位与策划

第三十六条 旅游形象定位

通过对海陵岛地域文化和人文文化的深入分析以及地方文脉本底要素的提炼，海陵岛旅游形象定位为：海陵传奇。

第三十七条 总体形象宣传口号

国内：南海船说 海陵传奇（船说千年 神奇海陵）

国外：The story of Millennium Ship ——Hailing China（千年船说 中国海陵）

第三十八条 专题形象宣传口号

浪漫爱情：

南海船说 神奇海陵

海天动情，浪漫海陵

浪漫银滩，宋船古韵

船说千年，仙（先）游海凌

海滨观光娱乐：

观海听海吃海玩海，由你做主！

阳江海陵岛，来过都说好！

海天娱情，陵波漫步

浪漫休闲度假：

心随海动，感受幸福

独享属于你的蓝天碧海！

疍家文化体验：

坐看渔帆点点、静听海浪声声——畅享渔家风情！

古典文化：

水下考古、太傅古墓、戙船古澳、灵谷古寺，海陵古韵犹存。

第三十九条 旅游形象标志设计

海陵島
Hailing Island · China
——AAAAA——

标志整体上以圆形的轮廓和七彩斑斓的画面表现了被誉为“南海明珠”的海陵岛将以全新的面貌，闪耀出更加璀璨迷人的神采，充分展示了海陵岛充满魅力的旅游形象——良好的生态环境、丰富的海洋文化、深厚的宋文化内涵。总体上反映出海陵岛正在积极推进以“南海Ⅰ号”为龙头的国际旅游岛建设，进一步打响“南海Ⅰ号”的旅游文化品牌。

第十三章 分期建设与近期行动计划

第四十条 分期建设规划目标

1. 近期（2012—2015年）

到2015年，国内外旅游接待人数达468.5万~556.0万人次；旅游总收入达31.8亿~40.1亿元。

2. 远期目标（2016—2020年）

到2020年，国内外接待人数达711.0万~1047.3万人次；旅游收入达57.0亿~96.4亿元。

第四十一条 分期建设重点项目

序号	项目名称	投资（亿元）
1	北洛湾乡村俱乐部	60

续表

序号	项目名称	投资（亿元）
2	广东阳江大飞洋国际游艇度假区	20
3	银滩西区国际旅游度假区	80
4	银滩中区国际品牌酒店区	20
5	银滩东区国际文化旅游城	100
6	黄金海岸滨海旅游度假区	80
7	广东海洋历史博物馆	5
8	海湾泥涂主题公园	5
9	红树林湿地公园	5
10	海陵岛国家海洋公园	13
11	南鹏列岛生态公园	12
12	总额	400

第四十二条　近期行动计划

1. 海陵岛旅游形象传播近期行动
2. 海陵岛旅游管理体制建设近期行动
3. 海陵岛旅游投融资近期行动

第十四章　旅游生态环境保护与可持续发展规划

第四十三条　旅游环境可持续发展对策

1. 优化旅游硬件环境，完善旅游配套环境
2. 开发与保护并举，注重海岛生态环境保护
3. 加强环境的预防管理，执行严格的环境影响评价制度
4. 精心严谨进行城市旅游景观规划
5. 加强旅游规范管理，营造良好的社会环境
6. 注重人才培养，完善人才培养和引进机制
7. 加强旅游知识的宣传，营造旅游生态舆论氛围
8. 完善安全防范措施，提高安全防范标准
9. 做好历史文物古迹的保护和修缮工作

第十五章　旅游规划实施的保障系统

第四十四条　硬件保障系统规划

1. 旅游服务系统
2. 旅游解说系统规划
3. 市政设施系统规划
4. 旅游交通服务规划
5. 旅游安全规划

第四十五条　软件保障系统规划

1. 政府主导型的旅游经济发展战略
2. 建立完善的旅游政策法规体系
3. 构建有效的旅游投融资渠道
4. 进行人力资源培育与管理
5. 其他保障体系

第十六章　对策措施

（1）加强海陵岛政府对旅游规划的统一管理，建立完善的规划管理体系；

（2）建立和实施旅游规划的监测和评估体系；

（3）尽快编制各组团详细规划和专项规划，确保总体规划得以深化和落实；

（4）提高旅游项目开发指导和管理的水平；

（5）推进旅游业的配套与合作进程，支持海陵岛大旅游产业的建设；

（6）加强旅游服务监督，规范旅游服务行为；

（7）加强总体规划、规划管理法律、法规的宣传，提高全岛居民的规划意识和国际性旅游地区意识。

（2012年12月6日于北京国家旅游局通过评审）

广东省连南瑶族自治县旅游业发展总体规划（2012—2020年）（节录）

中国社会科学院旅游研究中心　北京开思九州旅游发展研究中心
广东省连南瑶族自治县　编著

第一章　规划绪论

第一条　规划性质

本规划为连南瑶族自治县（以下简称连南）旅游业发展总体规划，是连南县旅游业中长期战略性发展总体规划。规划以推进连南县旅游业跨越式发展为目标，着眼未来，在新形势下，明确旅游业在连南经济社会发展中的地位，确定连南旅游业发展战略和思路、旅游业发展格局以及旅游产品的开发建设。

第二条　规划范围

本规划范围为广东省连南县所辖行政区域，涵盖连南县城区以及下辖的7个镇（三江镇、三排镇、涡水镇、香坪镇、大坪镇、寨港镇、大麦山镇），规划总面积为1305.9平方公里。

第三条　规划年限

本规划年限为2012—2020年，具体分为两个时期：

1．近期：2012—2015年

2．远期：2015—2020年

第四条　规划编制原则

（一）统筹发展原则

（二）可持续发展原则

（三）以人为本原则

（四）科学性与可操作性原则

（五）与其他规划相衔接原则

第五条　规划依据

（一）主要法律法规依据

（二）主要标准依据

（三）相关规划依据

第六条　规划流程图

第七条　规划成果

第二章　背景分析

第八条　旅游产业大变革时代到来

2009年12月，国务院通过了《关于加快旅游业发展的意见》（以下简称《意见》），提出“把旅游业培育成国民经济的战略性支柱产业和人民群众更加满意的现代服务业”。《意见》的出台在全国吹响了大力发展旅游业的号角，各地政府纷纷将旅游业作为当地经济发展的主导产业。

面对旅游业大发展、大变革的时代，连南应当抓住这一机遇，结合自身的资源特色，谋求连南旅游业的大发展。

第九条　文化产业大繁荣大振兴时代到来

连南旅游业的发展处于文化产业大繁荣大振兴的有利背景下。2009年9月，中国第一部文化产业专项规划《文化产业振兴规划》经国务院常务会议讨论并原则通过，这标志着文化产业发展作为一个战略性产业提升到了国家战略层面。

第十条　区域发展呈现新特征

连南旅游业的发展正面临着珠三角区域产业结构升级转型、区域一体化发展的新背景。

第十一条　连南社会经济发展进入转型期

连南旅游业的发展面临重要的社会转型发展的背景，包括社会经济发展转型和扶贫开发转型，这都对连南旅游业的发展提出了具体的要求：

第一，连南发展旅游业是其社会经济发展转型的必然选择。

第二，连南发展旅游业是扶贫开发转型的必然要求。

第三章　连南旅游业发展回顾

第十二条　旅游业发展历程

改革开发以后，连南旅游业逐步发展起来，大致经历了起步发展阶段、停滞沉寂阶段和转型发展阶段。

第一阶段：自改革开放至21世纪初，是连南旅游业的起步发展阶段。

第二阶段：21世纪初至2011年，是连南旅游业停滞沉寂的阶段。

第三阶段：“十二五”以来，面临新的机遇、新的环境，连南确立了旅游发展的战略新思路。

第十三条　旅游业发展成就

连南旅游成绩主要包括：第一，瑶文化旅游产品得到发展。盘古王文化园、三排瑶寨以及千年瑶寨等一批瑶文化旅游产品从无到有，并产生一定的经济效益，在一定程度上带动了社会经济发展；天下瑶国、瑶族博物馆、瑶族特色风情街等瑶文化旅游产品正在加紧建设中，连南瑶文化旅游产品体系正在不断完善中。第二，瑶文化旅游品牌宣传初见成效。连南推出以千年瑶寨为代表的系列民族旅游产品，在省内及周边区域甚至国内初步树立了瑶族文化旅游的品牌，在国内旅游市场中产生了一定的影响。第三，旅游发展方式初显特色。连南县旅游业以瑶族文化产品为核心，初步建立了独特的旅游发展方式：建立瑶绣坊，以“公司+绣坊+绣娘”的形式传承和弘扬瑶族刺绣；推进有机产品生产，以“公司+基地+农业”的形式促进有机农业发展；创新农业生态旅游观光形式，开展“旅游+农业”的生态观光旅游。第四，旅游行政管理体系逐渐完善。

第十四条 旅游业发展存在的问题

连南旅游业进一步发展须解决以下问题：

第一，旅游业的社会经济中的地位不高。连南旅游业的总体规模还不大，**2011**年连南旅游接待人数仅为**66.10**万人次。连南旅游业对产业体系的引导能力不强，并没有发挥旅游业应有的带动作用，在社会经济中的地位还很低。

第二，旅游资源开发利用不充分，旅游产品体系尚未形成。目前，连南旅游产品结构较为单一，以观光产品为主，且其丰富的瑶族文化资源并没有被充分利用转化为旅游产品。

第三，旅游配套要素不完善，旅游产业体系尚未形成。主要体现在A级景区建设、星级酒店建设依然空白；内部交通体系亟待完善，通往景区多断头路，且无公共交通设施；特色旅游商品亟须开发，旅游购物体系不完善；连南餐饮资源还需要进一步融入到旅游中，形成特色旅游餐饮。

第四，瑶文化没有融入旅游业中，连南旅游的文化内涵不足。连南瑶文化资源丰富，但现时瑶文化被并没有有机融入旅游业的开发中去，旅游业发展缺乏文化内涵的支撑。主要表现在部分旅游产品文化主题不够鲜明，旅游配套设施缺乏文化元素的装饰。

第五，旅游市场音响较弱。连南瑶族文化产品在广东及南岭地区拥有一定的市场影响力，但与周边地区（如连州）相比，市场影响力还很弱。

第十五条 旅游业发展的阶段判断

连南旅游业仍然处于发展的初级阶段，旅游总体规模较小，没有形成强大的经济效益，旅游收入仅相当于GDP的**10%**左右，在国民经济中的地位还不高。连南虽然旅游资源丰富但是旅游产品的挖掘和开发不够，缺乏核心吸引物。此外，连南旅游配套设施不完善，旅游产业体系尚未形成，其中美食资源丰富但与旅游业的融合还不够；住宿接待条件有限，星级酒店还是空白；内部交通亟须改善，旅游景区的可进入性较差；旅游购物市场没有特色，旅游纪念品多与其他地区雷同，本地化特色旅游商品亟待开发。连南旅游在食、住、行、游、购、娱各方面均处于初级发展阶段。

第四章 基础分析

第十六条 资源分析

（一）传统旅游资源分析

连南旅游资源非常丰富，类型多样，其中以瑶族文化旅游资源最为突出。连南县旅游资源共有**8**个主类，**20**个亚类，**37**个基本类型，计**133**处景观。其中，自然旅游资源**12**个基本类型，共**30**个资源单体；人文旅游资源**25**个基本类型，共**103**个资源单体。连南县拥有**2**处五级资源：耍歌堂和油岭老排；**8**处四级旅游资源：千年瑶寨、瑶族刺绣、瑶族长鼓舞、瑶族博物馆、篝火晚会、万山朝王、石洋坑温矿泉、野生娃娃鱼保护区。

瑶族文化旅游资源品质优良，开发条件良好，连南县民族文化旅游资源的单体等级较高，未来能够对全国乃至国际市场生较强的辐射力和吸引力，且瑶族文化旅游资源具有绝对优势，适合进行深度精品化开发。

连南一方面需要大力改善基础交通设施，另一方面需要较高的投入以进行旅游产品的创新。

（二）瑶族历史文化资源分析

（三）有机农副产品及原生态特色食品资源分析

第十七条 经济社会条件分析

第十八条 连南地区区域格局分析

（一）依托多级，城市群共同的辐射地

连南经济区位优势明显。连南北部是中国中部地区最大的城市群——长株潭城市群，南部是中国沿海最大的城市群——珠三角城市圈，西部是中国最具特色的桂林、阳朔旅游区的辐射，充分挖掘旅游资源，加强与周边地区的合作和互动，实现连南旅游的跨越发展。

（二）融入高速路网，外部交通不断改善

现在，从连南到广州的车程仅需要两个多小时，连南将全面融入“广州**3**小时经济圈”，外部交通条件大为改善。

第五章 规划总论

第十九条 核心思路

以瑶族文化为主线，以休闲、娱乐、生态理念为引领，构建以瑶族文化旅游为核心的多层次系列化的旅游产品，培训世界瑶族文化旅游品牌，提升连南瑶族文化旅游影响力和吸引力，实现连南旅游发展的四个转变：变后发为先发，通过发展民族文化和休闲养生旅游，使连南实现后发崛起；变原始为时尚，将瑶寨原始的歌舞、刺绣、民俗等劳动、生活、艺术方式变为城市人的时尚追求，广泛吸引海内外游客；变落后为前卫，以原生态的自然景观、民俗文化、有机食品为卖点，让追求自然、追求环保和追求健康的城市人慕名而来，将从前落后的山区生活变为当今新潮前卫的追求；变腐朽为神奇，恢复瑶族旧村寨原有的建筑风格，改进、提升室内生活设施，整治、美化周围环境，再现瑶家古老的生活方式，打造独具连南特色的瑶家乐旅游。

第二十条　总体定位

（一）在连南社会经济发展中的定位

1. 连南国民经济的战略性支柱产业

2. 连南现代服务业龙头

3. 连南经济社会发展的富民产业，扶贫开发的动力产业，“幸福连南”建设的重要抓手

（二）在区域旅游业中的定位

1. 世界瑶族文化旅游的风向标

2. 清远“桥头堡”旅游产业战略的主体

第二十一条　发展战略

（一）跨越发展战略

（二）文化振兴战略

（三）生态乐活战略

（四）和谐发展战略

（五）政府主导战略

（六）市场运作战略

第二十二条　战略目标

（一）总体目标

到规划末期，实现连南旅游在粤北地区的强势崛起，旅游业成为连南国民经济的战略性支柱产业，成为连南扶贫开发的动力产业，成为连南现代服务业发展的龙头产业，塑造宜居宜业宜游的幸福新连南。

旅游产品：形成以瑶族文化旅游，乐活旅游等为特色的多元化的旅游产品体系，高端旅游产品蓬勃发展，旅游新业态、新热点、新领域广泛铺开。

旅游产业：连南大旅游产业体系逐步完善，产业规模不断壮大，高端旅游产品成长新区日渐成熟，产业效益不断提升，旅游产业逐渐成为连南国民经济的战略性支柱产业。

旅游品牌：连南世界瑶族文化旅游品牌影响力显著提升，连南成为珠三角地区旅游休闲后花园，成为世界瑶族文化旅游的风向标，成为国际一流古村落旅游目的地，成为国际一流的瑶族文化旅游体验地。

（二）具体目标

1. 经济目标

近期（**2012—2015** 年）为连南旅游发展的导入期，到 **2015** 年，实现游客总量倍增，游客量年均增产率超过 **30%**，达到 **200** 万人次，其中国际游客量达到 **10** 万人次；旅游总收入年均增长率保持在 **40%** 以上，突破 **10** 亿元；游客人均花费达到 **500** 元；旅游总收入相当于 GDP 的比重达到 **30%**，确立旅游业在国民经济中的战略性支柱产业定位。

远期（**2015—2020** 年）为连南旅游发展的爆发期，到 **2020** 年，游客总量年均增长率接近 **20%**，突破 **400** 万人次，其中国际游客量达到 **30** 万人次；旅游总收入年均增长保持在 **40%** 以上，达到 **40** 亿元；游客人均花费突破 **1000** 元；旅游总收入相当于 GDP 的比重达到 **50%**，最终确立旅游业在国民经济中的战略性支柱产业地位。

2. 社会目标

围绕旅游促民生的发展目标，进一步扩大旅游产业的辐射带动作用，发挥旅游产业创造就业的功能，鼓励本地居民参与到旅游产业发展之中，带领连南瑶族同胞脱贫致富，努力改善连南民生，使旅游产业成为连南的民生产业，成为连南的富民产业，成为连南扶贫开发的动力产业。

具体表现在就业人数目标方面，到 **2015** 年，旅游综合就业人数在现有基础上翻一番，旅游业成为连南社会就业的重要产业。到 **2020** 年，旅游综合就业人数在现有基础上翻两番，旅游业成为连南社会就业的支柱产业。

3. 品牌目标

实施品牌战略，打造品牌连南，整合连南资源、业态、产品和产业，力推旅游品牌，培育一批世界级的旅游品牌，设立连南旅游发展品牌目标：国际一流的古村落品牌、乐活旅游品牌、特色旅游商品品牌以及旅游节庆品牌。

4. 文化目标

以旅游发展为契机，推进瑶族文化的研究和发展，促进连南古村落以及瑶族文化的保护、恢复和利用，创新瑶族文化的现代表现形式，以更好地保护和传承瑶族文化，使旅游业成为瑶族文化传承和发展的重要载体。

5. 生态目标

6. 景区目标

• 到 **2015** 年，连南 **4A** 级景区不少于 **1** 家，努力推动油岭老排、南岗千年瑶寨等申报 **4A** 级旅游景区，并建设一批特色旅游景区。

• 到 **2020** 年，连南 **5A** 级景区不少于 **1** 家，**4A** 级景区不少于 **2** 家。

第二十三条　战略原则

（一）传统文化与现代功能平衡

（二）旅游开发与价值重塑平衡

（三）高端与低端、数量与效益平衡

（四）国际与国内平衡

（五）软开发与硬开发平衡

（六）短期利益与长远利益平衡

第二十四条　核心发展模式

面对新发展、新机遇，立足连南实际，针对连南核心

的旅游资源群——瑶族古村落群，迎合市场发展趋势，塑造平衡共享的连南核心旅游发展的新模式。

（一）古村落旅游综合体

（二）嵌入式

（三）高密度、小尺度、多样化

（四）参与式

第六章　产品规划与重点项目策划

第二十五条　旅游产品体系

以瑶族文化为核心，以“乐活”理念为引领，将此理念贯穿于整个连南旅游产品的策划之中，在其产品开发中融入瑶族文化元素，通过提炼凝结出以瑶族文化为核心的旅游产品，同时形成休闲、养生、运动、节庆等为相辅系列的旅游产品，打造有连南瑶族特色的瑶族文化旅游产品、生态休闲旅游产品和会奖旅游产品的三大产品体系，构建多层次、系列化的连南旅游产品体系。

第二十六条　旅游产品规划

1. 瑶族文化旅游产品（核心旅游产品）

以三江镇城区及其外围为核心，立足瑶族居住文化特色和“青山入城、绿水贯通”的空间形态特征，加强城市特色塑造，重点提炼瑶族文化元素以修饰连南整个环境，促进“山、水、城”交融互动，同事调整特色旅游项目，建设充满浓郁瑶族风情的山水宜居旅游名城。

2. 生态休闲旅游产品（相辅系列产品）

在乐活理念引领下构筑生态休闲产品，主体区域以南部为主，设计三大系列旅游项目产品：①休闲旅游产品；②养生旅游产品；③运动旅游产品。这些产品既各具特色又交叉融合，具体包括寨南温泉乐活小镇项目群、涡水漂流运动项目群、香坪饕餮鱼之盛宴群等。

3. 高端会奖旅游产品（后备系列产品）

在后期旅游产品开发成熟条件下，在连南北部地区，以其生态和文化吸引为支撑，发展以会议、展览和奖励旅游为核心的高端旅游产品。

第二十七条　重点项目策划

（一）油岭老排项目策划

（二）瑶族博物馆

（三）瑶族舞曲实景演出项目

（四）盘古王祭祖祈福之旅项目

（五）过山瑶旅游基地

（六）饕餮鱼之盛宴项目

（七）寨南瑶家温泉乐活休闲小镇

（八）涡水盘古王休闲养生谷

第二十八条　开发时序

第二十九条　线路安排

以“乐活”理念为引领，以资源特殊为基础，以县城为辐射点，设计展示不同区域资源特色的旅游线路。

1. 瑶族风情线

县城—盘古王文化园—瑶族舞曲实景演出—广东瑶族文化博物馆—瑶山商业步行街—南岗千年瑶寨—由岭老排。

2. 特色餐饮线

县城—三江河夜游—虹鳟鱼、娃娃鱼特色餐饮区—野生娃娃鱼保护区。

3. 餐饮养生循环线

县城—三江河夜游—虹鳟鱼、娃娃鱼特色餐饮区—野生娃娃鱼保护区—连接中部涡水盘王养生线—起微山原始森林探险区—盘古王养生谷—涡水横龙水库漂流—圣陶湾度假区。

4. 运动漂流线

县城—圣淘湾度假区—滨河农家园—涡水漂流。

5. 盘王祈福之旅

盘古王文化园—南岗盘王庙—油岭盘王庙—涡水盘王庙。

6. 温泉休闲线

县城—瑶族温矿泉度假区—石洋坑温矿泉度假村—九寨—湾温泉度假区—牛塘过山瑶文化旅游基地—板洞水库休闲娱乐区。

7. 特种旅游线

瑶家山寨生态聚落文化观光—狮颈溪急流探险—大雾山原始森林观光。

第七章　空间布局

连南旅游产品发展的空间布局可以概括为“一区、两翼、三轴、五大功能区”。

第三十条　一区：中部瑶族文化旅游核心

中部地区主要包括连南县城以及三排镇，以县城（博物馆、瑶族舞曲实景演出、盘古王文化园、瑶山商业街等景区景点）、南岗、油岭为发展基点，主打瑶族风情文化品牌。

第三十一条　两翼：南部生态乐活旅游翼和北部高端会奖旅游翼

第三十二条　三轴线：三条重点轴线

在“乐活”理念的引领下，未来连南重点打造三条旅游轴线：西部大坪、香坪娃娃鱼饕餮特色餐饮线，中部盘古王祈福养生线，东部寨岗瑶家温泉休闲线，借助三条旅游轴线撑起连南旅游发展的大格局。

第三十三条　五大功能区

1. 瑶族风情文化区

2. 饕餮鱼之盛宴区

3. 盘王祈福养生区

4. 瑶家温泉休闲区

5. 高端会奖后备区

第八章 市场规划及营销

第三十四条 市场定位

(一) 根据区位和交通条件选择的重要目标市场

1. 根据区位和交通条件划分

(1) 核心市场：清远市、珠三角城市群、长株潭城市群、长三角城市群、环渤海经济圈、中国港澳台地区、东南亚市场；

(2) 潜力市场：京津城市群、国内其他市场、欧美市场；

(3) 机会市场：其他国际市场。

2. 以珠三角为辐射点，按发展方向拓展细分

(二) 根据群体特征、收入和闲暇时间选择的重要目标市场

1. 高端市场定位

乐活族、小资、白领、波波族、中产阶层、高端商务人士、高端政务人士、艺术家群体、文化旅游者、古村落爱好者、有声望的学者等。

2. 大众市场定位

驴友、月光族、运动爱好者、探险者、学生群体、自驾车群体以及上述群体以外的其他大众旅游市场。

第三十五条 市场目标预测

第三十六条 市场营销

(一) 形象定位：神秘瑶寨，乐活连南

1. 核心旅游产品主要载体：神秘瑶寨

2. 以全新的旅游理念为市场突破口：乐活理念

3. 让游客能直观感受到旅游目的地：连南之旅

(二) 营销方案

1. 整合营销渠道，扩大影响受众

(1) 网络营销；

(2) 户外展示营销；

(3) 节庆活动营销；

(4) 名人营销；

(5) 说明会；

(6) 其他方式营销。

2. 申请全国特色景观旅游名镇（村），增强受众印象

3. 启动世界文化遗产申报工作，塑造国际品牌

第九章 产业规划

第三十七条 构筑大旅游产业体系

第三十八条 重点产业规划

(一) 住宿业发展规划

(二) 餐饮业发展规划

(三) 旅游商品规划

(四) 旅行社规划

第十章 保障体系

第三十九条 体制创新工程

(一) 组建旅游管理委员会

由县领导直接任主任，各相关委办局的主要负责人为委员会成员，由与连南旅游开发密切相关的三个部门——主管生态资源的林业部门、主管文化资源的文化部门及主管交通的交通部门的主要负责人任委员会重要成员。

(二) 加大旅游行政管理力量

(三) 组建古村落群开发与管理领导小组

(四) 推进南岭地区瑶族文化旅游发展联席会议制度

第四十条 文化振兴工程

(一) 引导人们对民族文化的正确认识，恢复民族自信心与自豪感

(二) 实施创新发展举措，塑造连南文化品牌

(三) 推进瑶寨申遗工作，加强连南瑶文化遗产保护

(四) 加大文化创意产业建设，提高连南文化软实力

(五) 加强瑶族文化研究，促进连南瑶文化旅游发展

第四十一条 城市美化工程

通过对连南县城“穿衣戴帽”，将瑶族文化元素提炼再设计融入县城的建设中，把连南县城打造成为具有浓郁瑶族风情的旅游精品小城。

(一) 改建一批特色建筑，彰显县城风貌

(二) 建设一个特色广场，并配套多个精品小广场

(三) 设计一批特色基础设施

(四) 建设几条特色街区

第四十二条 环境整治工程

(一) 对重点乡村环境进行优化

(二) 制定资源和环境保护制度

(三) 建立专项环境整治基金

第四十三条 交通畅通工程

(一) 完善内外部综合交通体系

(二) 完善内部交通网络体系及配套设施体系

第四十四条 招商引资工程

(一) 尽快争取国家专项基金

(二) 充分发挥政府投资的引导作用

(三) 优化连南旅游投资环境

(四) 积极推进招商引资工作

第四十五条 人才吸纳工程

(一) 充分挖掘利用本地人才资源

(二) 建立专门的旅游人才引进体系

(三) 制定旅游人才的激励政策

第四十六条 信息传播工程

（2012 年 12 月 12 日于北京国家旅游局通过评审）

旅游调查与研究

Tourism Survey and Research

（第 **215 ~ 254** 页）

清远市 · 闲情万绿谷

广东省休闲旅游产业发展报告

广东休闲旅游产业发展调研组

休闲旅游业是我省幸福导向型产业，是国民经济的支柱产业和现代服务业的重要组成部分。当前，我省正在大力推行国民旅游休闲计划，旅游业正处于快速发展黄金期。休闲旅游产业小组于2012年6月份对我省休闲旅游产业发展情况进行了深入调研，并根据当前形势和省委省政府培育幸福导向型产业要求，提出了加快我省休闲旅游产业发展的思路和举措。

一、我省休闲旅游产业发展现状

（一）产业综合实力不断增强。近年来，我省深入开展旅游业综合改革，试行国民旅游休闲计划，着力推动旅游业转型升级，取得明显成效。全省休闲旅游蓬勃兴起，旅游产业发展势头良好，实力持续增强，主要指标稳居全国首位。2011年，全省共接待国内旅游人数4.7亿人次，其中入境过夜旅游人数3331.6万人次；旅游总收入6443亿元，其中旅游外汇收入139.1亿美元；实现旅游业增加值2746亿元，占全省生产总值的5.2%，成为推动全省经济平稳较快发展和幸福广东建设的重要支柱。

（二）产业体系不断完善。当前我省旅游产业要素日趋完善，旅游出行、住宿、餐饮、游览、商贸和娱乐服务等全面发展。截至2011年年底，全省共有星级旅游饭店1136家，其中五星级99家、四星级200家；一批经济型品牌连锁酒店快速兴起，各类住宿接待场所已超过8000家；旅行社1432家，其中经营出境游业务组团社168家、外资旅行社15家；A级景区168家，其中5A级7家、4A级101家，世界遗产2处。旅游电子商务发展迅猛，旅游产品展示、营销、交易、支付等异常火爆。12301旅游服务热线全面开通，旅游公共服务更加完善。

（三）产业关联带动作用更加突出。休闲旅游的兴起促进了旅游业与第一、第二、第三产业的相关行业融合发展。乡村旅游、森林生态旅游、温泉旅游、修学旅游、科普旅游、邮轮旅游、健康养生旅游、红色旅游和自驾游等业态蓬勃发展，进一步丰富了休闲旅游产品，为第一、第二、第三产业110多个行业的发展繁荣提供了新机遇。文化休闲旅游向纵深发展，广东国际旅游文化节已成为展示岭南旅游文化、促进合作发展的重要平台以及广大群众欢乐的节日。创新举办的中国（广东）国际旅游产业博览会，加强了旅游上下游产业的交流，创造了无限商机。广东温泉旅游加快转型升级，“泉在广东”品牌影响力不断增强，有力带动了休闲养生、医疗保健、商务娱乐、地产开发、综合社区开发等产业发展。

（四）产业发展环境不断优化。省委、省政府高度重视旅游发展，近年相继出台《关于加快我省旅游业改革与发展建设旅游强省的决定》《关于试行广东省国民旅游休闲计划的若干意见》《贯彻国务院关于加快发展旅游业意见的若干意见》等文件，建立省级旅游产业发展联席会议制度，在全国率先建设全国旅游综合改革示范区，率先推行国民旅游休闲计划，大力发展休闲旅游。全省确定了广州等7个旅游综合改革示范市和珠海横琴新区等9个旅游综合改革示范县（市、区）试点，培育打造了全国首家“国家生态旅游示范区”“国家旅游休闲度假示范区”“国家旅游产业集聚（实验）区”。各市县纷纷出台政策，加大投入，为休闲旅游发展营造良好环境。

（五）产业惠民功能日益凸显。全省国民旅游休闲计划顺利推进，推动落实带薪弹性休假制度，推进景区景点门票减免，推广发行国民旅游休闲卡，广泛组织面向群众、服务群众的多样化多层次休闲旅游活动，为群众休闲出游提供了越来越多的实惠和便利，有效满足了群众精神文化需求，营造了和谐幸福的社会氛围。截至2011年年底，国民旅游休闲卡发卡突破400万张，拉动旅游消费近200亿元；全省免费开放游览参观点557个，免费金额每年8亿元；联合有关部门发行广东旅游门票明信片册，惠民总值9.6亿元。以竞争性分配方式推进旅游扶贫资金分配模式创新，有效促进了欠发达地区旅游资源开发和农民脱贫致富。

二、我省休闲旅游产业发展面临的形势

（一）机遇。一是国际休闲旅游业发展方兴未艾，旅游休闲已经成为当今世界的潮流。欧美日和港澳台等发达国家和地区高度重视并在机制、政策、投入等方面有力推动休闲旅游发展，为我省发展休闲旅游业提供了有益借鉴。二是我国经济保持平稳较快发展，中央扩大内需战略深入实施，国家经济结构加快战略性调整，城乡居民休闲需求日益扩大，为休闲旅游产业发展提供了广阔空间。国务院关于把旅游业培育成为国民经济的战略性支柱产业和人民群众更加满意的现代服务业的战略部署，为休闲旅游产业加快发展创造了良好条件。三是省委、省政府要求充分认识和发挥旅游业作为国民经济战略性支柱产业的作用，充分发挥旅游业在幸福广东建设中的带动力和亲和力；省第十一次党代会提出要大力发展休闲旅游等幸福导向型产业，引导转型升级的方向，为休闲旅游产业加快发展注入了强大动力。四是当前我省居民人均GDP已超过7000美元，已经进入了休闲旅游迅猛发展时期；随着国家法定节假日制度的完善以及带薪休假制度的落实，居民每年的节假日时间已超过100天，这些都为休闲旅游产业的发展提供了良好条件。五是城市化、信息化、交通便捷化、区域经济一体化的快速发展为休闲旅游产业发展奠定了坚实基础，加快了休闲旅游产业的现代化进程。

（二）挑战。一是世界经济增长放缓、国际旅游业竞争加剧以及不可预见的自然灾害和突发公共事件使休闲旅游业发展面临复杂多变的外部环境。二是兄弟省市休闲旅游发展迅猛，增加了我省休闲旅游产业竞争压力。如山东省出台《山东省国民休闲发展纲要》等政策文件，力促休闲旅游产业发展；江西省着力打造“生态休闲之都”；海南省出台《海南国际旅游岛建设发展规划纲要》，全力发展海岛休闲旅游。三是我省休闲旅游产业发展仍存在一些问题。如旅游业发展方式仍然粗放，旅游企业规模小、竞争力弱，旅游产品结构有待优化，旅游公共服务体系尚待健全，旅游服务质量和水平仍需提升，旅游资源环境保护压力加大，区域发展不平衡等。

三、加快我省休闲旅游产业发展的思路

（一）总体要求。以邓小平理论和“三个代表”重要思想为指导，深入贯彻落实科学发展观，坚持社会主义市场经济改革方向，加快旅游业转型升级，推进全国旅游综合改革示范区和旅游强省建设，将旅游业培育成为广东国民经济的重要支柱产业和人民群众更加满意的现代服务业，在幸福广东建设中发挥更大作用。

（二）发展目标。到2015年，国民休闲旅游意识进一步增强，休闲旅游成为广大城乡居民生活的重要需求，全省居民出游率达3次/人·年，年旅游消费相当于居民消费总量的13%左右；全省休闲旅游产业实力进一步增强，结构进一步优化，综合实力和效益领先全国；休闲旅游产品更加丰富，形成多元化体系，基本满足人民群众休闲旅游需求；休闲旅游公共服务体系基本完善，环境进一步优化。

到2020年，旅游业的民生特性和社会功能进一步凸显，休闲旅游成为广大城乡居民幸福生活的重要组成部分，全省居民出游率达4.5次/人·年，年旅游消费相当于居民消费总量的15%左右；休闲旅游产业质素进一步提升，产业体系比较完善，形成一批国内外有一定影响力的休闲旅游品牌，建成国际一流的休闲旅游目的地和游客集散地。

（三）重点任务。围绕培育重要支柱产业和幸福导向型产业，着力优化休闲旅游产业布局，构建多元化多层次的休闲旅游产品体系，打造休闲旅游品牌，完善休闲旅游设施，培育壮大休闲旅游市场，提升休闲旅游服务，营造休闲旅游发展大环境。

四、加快我省休闲旅游产业发展的举措

（一）制定并实施《广东省国民旅游休闲发展纲要》。根据国家大力发展休闲旅游的要求，深入推进国民旅游休闲计划，抓紧组织有关专家和旅游业界编制《广东省国民旅游休闲发展纲要》，明确未来5～10年我省国民旅游休闲发展的战略定位、总体要求、重点任务和政策措施，上报省政府批准后组织实施。

（二）开发多元化多层次休闲旅游产品。(1) 大力开发海上观光、体育运动、渔家乐、海钓、潜水等海上绿道休闲旅游产品，打造海洋旅游产业链，发展旅游产业新业态。(2) 深度开发滨海休闲旅游产品，打造一批特色鲜明的滨海旅游城市和滨海风情旅游村镇。(3) 合理开发山地、森林、江河、湖泊、湿地休闲旅游产品，建设一批功能配套齐全的生态旅游示范区。(4) 积极发展以农业生态观赏、农民生活体验和农村度假为主体的“三农”体验游，拓展观赏型、科普型、采摘型、务农型农业旅游项目，开发茶庄、酒庄、牧场、果园等庄园式、基地型农业休闲度假旅游。(5) 开发养生医疗旅游产品，优化升级温泉旅游产品，鼓励发展温泉与医疗、培训、商务等组合型休闲旅游产品。(6) 优化发展都市休闲旅游产品，积极培育城市特色休闲街区和夜间休闲旅游集中消费区，鼓励大型购物商场、商业步行街创建国家A级旅游景区。

（三）举办类型多样的群众性和专业性休闲旅游活动。(1) 以我国法定假日为契机，策划举办丰富多彩、群众喜闻乐见的旅游休闲活动。(2) 以广东国际旅游文化节等节庆、赛事和体育活动为平台，为广大城乡居民提供更丰富多彩的休闲旅游产品。(3) 充分利用中国（广东）国际旅游产业博览会平台宣传休闲旅游知识，推介休闲旅游产品，吸引群众参观体验。(4) 倡导休闲生活理念，以绿道网为依托，串联周边森林绿地、天然水系、历史古迹、乡村农家等旅游资源，开展绿道自驾游、绿道自行车游、绿道水上游等绿道休闲旅游活动。

（四）打造一批休闲旅游精品线路。(1) 提升现有旅游产品，推动发展以商务会展、购物娱乐、主题公园等为主题的都市休闲旅游线路。(2) 以生态发展区为依托，以南岭生态区为重点，打造若干条生态休闲旅游线路。(3) 综合利用滨海资源打造一批滨海休闲旅游线路。(4) 以广府、客家、潮汕、百越文化为纽带，打造若干条特色文化休闲旅游线路。(5) 深化粤港澳合作，优化提升一程多站休闲旅游线路。

（五）打造一批休闲旅游产业集聚区。（1）打造佛山南海西岸旅游产业园、河源万绿生态旅游度假区、高要生态旅游区等综合休闲旅游产业集聚区。（2）发挥省旅游产业园区竞争性扶持资金引导作用，重点扶持若干个示范性滨海旅游产业集聚区和生态休闲旅游产业园区。（3）依托历史文化名城、历史文化遗产打造若干个文化休闲旅游集聚区。（4）突出各地温泉主题特色，打造若干个温泉休闲旅游小镇。

（六）优化提升景区和住宿等旅游设施。（1）建设发展一批上规模、高品位的旅游休闲度假区，加快国家级和省级旅游度假区创建。（2）发展主题精品酒店、度假酒店、商务酒店、公寓式酒店、青年旅馆、休闲农庄、农家旅馆等多元化休闲接待设施。（3）制定乡村客栈住宿标准，鼓励乡村客栈规范化、个性化发展。

（七）完善休闲旅游公共服务。（1）强化旅游产业发展联席会议制度，发挥各部门优势，整合资源，合力推进旅游公共服务建设。（2）构建基于三网融合的旅游数据中心，建设包括12301旅游服务热线、广东旅游社会公众网、智慧旅游城市、3G旅游新时代工程和旅游企业信息化等在内的旅游信息综合服务平台。（3）加强旅游安全和旅游服务质量监管，完善休闲旅游安全保障体系。（4）完善旅游便捷化体系，完善高速公路旅游标识系统，优化客源城市与旅游城市之间的直达出行服务，打造一批全国一流的高速公路旅游综合服务区，建设一批自驾游驿站、咨询服务中心、汽车旅馆、汽车营地和房车营地。（5）增强便民惠民服务体系建设，进一步推动公共财政扶持开发的景点免费或优惠向公众开放；通过发放旅游优惠券等形式支持低收入群体休闲旅游；发挥旅游扶贫资金的引导激励作用，培育欠发达地区休闲旅游项目，推动旅游古村落开发。（6）强化旅游从业人员的专题专业培训，培养多层次多元化休闲旅游管理人才。

（八）推进休闲旅游区域合作发展。（1）省市合作推动珠海建设滨海旅游区、梅州建设文化特色休闲旅游区、清远建设生态休闲旅游区、揭阳建设商务生态旅游特色区。（2）重点推动从化、新丰、连平合作建设南粤百里生态旅游产业带，德庆、郁南、封开合作建设西江风光旅游带，连南、连山、连州、阳山合作建设少数民族风情旅游带。（3）加强与周边省区的交流，联合推动生态旅游、红色旅游等的合作发展，打造区域休闲旅游品牌。（4）加强粤港澳旅游合作，推动南沙邮轮母港、游艇自由行和珠海长隆国际海洋观光旅游区等项目建设。（5）稳步推进粤台旅游交流合作，加强组团社服务质量监管，建立完善我省赴台自由行休闲旅游保障机制。

五、有关政策建议

（一）强化对休闲旅游产业发展的组织领导。休闲旅游产业关联度大、涉及面广，建议各级政府进一步加强对休闲旅游业改革发展工作的领导，将其列入政府绩效考核量化指标体系，纳入当地经济社会发展总体规划，出台配套政策措施，建立健全休闲旅游产业发展领导协调机制，统筹推动休闲旅游改革创新工作。建议省有关职能部门加强对休闲旅游工作的支持配合，形成工作合力。

（二）完善产业配套扶持政策。（1）加大旅游用地政策支持。对列入我省旅游业发展规划的重大旅游建设项目和发展生态旅游项目用地给予支持。鼓励节约集约用地，支持利用荒山、荒坡、荒水、荒滩、荒岛、采矿塌陷区和石漠化土地发展休闲旅游项目。支持盘活存量建设用地发展旅游。在符合海岛保护规划的前提下，鼓励无居民海岛旅游项目开发。（2）加大交通政策扶持。支持通往旅游景区的公路建设。支持邮轮、游艇业发展，加快出台与国际接轨的促进广东游艇旅游发展的管理法规和办法。积极争取广州白云国际机场实行72小时落地免签政策。（3）加大金融政策扶持。加强对休闲旅游项目建设的投融资引导，积极引导社会资本创立现代休闲旅游产业投资基金。鼓励各类产业投资基金、股权投资基金投资休闲旅游重大项目开发。探索构建休闲旅游金融综合服务平台。支持符合条件的旅游企业上市融资。积极推进金融机构和旅游企业开展多种方式的业务合作，探索开发适合休闲旅游消费需要的金融产品。

（三）加大财税扶持力度。根据《国务院关于加快发展旅游业的意见》（国发〔2009〕41号）和《关于加快我省旅游业改革与发展建设旅游强省的决定》（粤发〔2008〕20号）等文件要求，建议各级财政加大对休闲旅游基础设施建设、旅游宣传推广、人才培训、旅游扶贫、规划编制、公共服务的支持力度。支持旅游企业或项目申报中央和省财政促进服务业发展专项基金、中小企业发展专项资金。按照有关规定，对省重大旅游产业集聚区、旅游重点项目建设落实相应的税费优惠政策。推动落实宾馆饭店与一般工业企业用水、用电、用气同网同价政策，切实减轻旅游企业负担。允许旅行社参与政府采购和服务外包。

（四）优化旅游专业人才培养环境。大力开发满足新业态、新岗位需求的旅游紧缺人才。积极探索校企人才双向交流机制。加强现有旅游类院校和专业建设，扩大旅游类中等职业教育培养规模，加强旅游产学研合作。建立人才激励机制，建立和完善旅游职业资格和职称评定制度，健全职业技能鉴定体系。建立合理的人才流动机制，实施吸引国际人才、专业技术人才、离退休人才进入旅游行业的弹性用人机制和柔性流动政策。

（执笔：李录春、陈桂林）

2012 年度广东旅游研究部分论文摘要

题名	作者	文献来源	发表期次	摘要
大型投资集团介入对于海滨旅游地影响研究——广东惠州巽寮湾案例	刘　俊 贾亚丽	《旅游学刊》	2012 年 01 期	通过面向社区居民的深度访谈和问卷调查发现，大型投资集团北京金融街公司整体介入开发对于巽寮湾海滨度假区的经济、社会和生态环境均产生了显著影响。当地居民按照对影响感知的不同可划分为积极的支持者和淡漠的反对者，其中积极的支持者占大多数。总的来看，金融街公司整体介入有力推动了巽寮湾度假区再开发进程，大部分当地居民从中受益，现阶段当地居民对于金融街公司介入巽寮湾开发的影响感知和态度较为积极。在国内众多投资集团大规模介入海滨旅游地开发的背景下，巽寮湾度假区再开发的旅游与社区一体化模式具有一定的积极示范意义
主题公园黄金周游客流季节性研究——以深圳华侨城主题公园为例	梁增贤 保继刚	《旅游学刊》	2012 年 01 期	旅游季节性是旅游活动的普遍特征，是主题公园经营需要面临的一个难题。文章以深圳华侨城主题公园（深圳欢乐谷、世界之窗和锦绣中华）为例，选取了 2002 年春节黄金周到 2008 年春节黄金周之间的数据，对主题公园旺季游客流季节性及其影响因素进行分析。研究表明，主题公园游客流的时间集中性较低，近程市场和重游市场比重增加的主题公园的黄金周游客流集中性逐年降低；不同类型主题公园具有不同的市场结构和气候要求，其黄金周游客流波动存在明显差异；主题公园黄金周的峰值日出现在假期的前半段，且游客流高峰持续时间短。在此基础上，结合以往研究，文章归纳出黄金周内峰值日的一般规律
后工业化城市文化旅游发展战略案例研究	谭福河 王书暐	《特区经济》	2012 年 01 期	本文介绍了一个城市文化旅游发展概念模型，通过对广东南海城市文化旅游发展案例的剖析，在区域情景之下对此概念模型做了进一步检验。文化创造、城市营销、设施与服务建设、公众参与是城市文化旅游发展战略的基本内容，但一个城市究竟选择什么样的文化旅游战略更受到区域特征的影响。对我国后工业化城市而言，文化旅游发展需要转变政府角色，并建立基于需求而不是供给的战略逻辑
“十一五”期间广东省旅游投资特征分析与“十二五”旅游投资展望	王晓晓	《特区经济》	2012 年 01 期	在过去的 5 年中，广东省旅游投资出现了前所未有高潮，分析过去 5 年的特征，把握下一个 5 年的旅游投资项目走势，对广东旅游投资具有重要意义。本文通过对过去 5 年广东省 300 多个投资项目的总结分析，认为过去 5 年中广东旅游投资规模不断增大，空间不断集聚、主题不断突出，并逐渐向休闲度假项目类型转变，向综合性大型项目转变。作者还认为在未来 5 年中，这一特点将继续加强

续表

题名	作者	文献来源	发表期次	摘要
广东入境旅游的地区差异及影响因素分析	方远平 叶梢榕	《岭南学刊》（双月刊）	2012 年 01 期	以入境旅游人数和旅游外汇收入为主要指标，运用差异测量方法研究广东入境旅游差异的地区构成及时间上的变化趋势：1995—2009 年广东入境旅游区域差异总体呈缩小趋势，且变化速度变快；区内差异大于区间差异，区内差异是构成广东入境旅游区域差异的主要因素，珠三角地区和粤东地区的区内差异是广东入境旅游区域差异的主要贡献者；城市间差距稍有缩小，但多数城市入境旅游发展仍低于全省平均水平，珠三角地区城市游客集聚趋势明显。针对上述结论，从旅游资源禀赋因素、地理区位因素、经济发展水平及外向性因素和交通基础设施因素等可分析影响广东入境旅游空间差异原因
基于 Theil 指数的广东省入境旅游经济时空差异研究	王建军	《地域研究与开发》（双月刊）	2012 年 01 期	运用 Theil 指数定量评价了 1990—2009 年广东省入境旅游经济时空尺度上的市际、地带间和地带内差异变化状况，其结论如下：(1) 在时间尺度上，广东入境旅游经济市际差异 TP、地带内差异 Twr 演变呈逐渐收敛趋同的阶梯状下降趋势；珠三角地带间及地带内差异也呈阶梯状下降，东翼、西翼、山区地带间及地带内演变趋势不明显。(2) 在空间尺度上，广东省入境旅游经济发展存在非均衡性，市际差异 TP 主要来源于地带内差异 Twr 的贡献，尤其是珠三角地带内差异的贡献；珠三角与东翼、西翼、山区地带间差异较大，而东翼、西翼、山区地带间差异很小，地带间差异 Tbr 指数珠三角 > 东翼 > 山区 > 西翼。引入区域分离 Separation（缩写为 SEP）指数来定量比较广东省四大地带入境旅游经济分离收敛的空间变化规律，并对广东省入境旅游经济发展提出相关建议
2000—2009 年广东省入境游客时空分布格局及其变化研究	陶　伟 黄秀波	《人文地理》（双月刊）	2012 年 01 期	依据 2000—2009 年广东省入境旅游的相关数据，从时间序列和空间尺度两个方面对广东省入境游客的年际变化、时间分布、空间集聚性和空间格局演变进行分析。结果表明：(1) 除个别地级市外，广东省大部分地级市入境游客到访率年际变化稳定，年际集中指数较小，时间分布均匀。(2) 入境游客空间分布地区差异，呈明显的集中型格局，主要集中于珠三角地区，且有进一步向其集中的态势。(3) 入境游客空间分布市域差异，呈现从以广州、深圳为双中心，向四周辐散的“中心双核辐射式结构”到以深圳、广州、珠海、东莞以及惠州为多中心，向四周辐散的“中心多核辐射式结构”过度趋势，空间集聚性指数下降，入境游客空间分布趋于分散均匀，市域差异有缩小的趋势
一国两制下发展粤澳旅游文化交流的理论思考	王福湘	《经济研究导刊》（旬刊）	2012 年 06 期	在一国两制下发展广东与澳门旅游文化的交流，必须充分正视粤澳两地历史与现实的差异性，深入认识广东人和澳门人文化与心理的共同性，大胆发挥两地旅游与文化的互补性。在经济全球化的形势下研讨这个问题，具有重大的理论意义和实践价值

续表

题名	作者	文献来源	发表期次	摘要
广东民族地区旅游发展途径探索——以连山“七月香”壮家戏水节为例	吴泽荣	《新西部（理论版）（半月刊）》	2012 年 04 期	文章阐述连山地区“七月香”民俗旅游开发现状，探讨了进一步推动民俗旅游发展的可行性及途径。提出突破地域，整合“三连”区域资源，打造民俗品牌；创新旅游开发，打造产业集群；加强宣传力度，打造旅游形象，走出一条符合广东民族地区实际的旅游发展之路
经济发达地区农村妇女参与乡村旅游的动机研究——以中山市新伦村为例	龙良富	《旅游学刊》	2012 年 02 期	工作动机是指直接引起、推动并维持人的工作，以实现一定职业目标的内部动力。文章通过对中山市新伦村妇女参与乡村旅游的心理特征进行深度访谈，发现当地妇女在参与乡村旅游过程中，由于受到家庭经济条件、地区经济环境、就业心理、地区传统文化等多方面的影响，表现出为孩子树立榜样、逃避紧张工作、展示兴趣爱好、提高家庭收入等工作动机，具有明显的地域特殊性。这些就业动机导致了当地妇女低层次、高流动率的参与，在一定程度上阻碍了乡村旅游的升级与发展
环城休闲旅游——清远旅游的新模式	廖慧娟	《市场论坛》	2012 年 02 期	文章以中国优秀旅游城市——清远为案例进行研究分析，在旅游蓬勃发展的背景下，分析休闲旅游发展的特点，并在此基础上探索了环城休闲旅游发展的总趋势，面临着巨大的发展机遇，必须依托珠三角独特的区位优势、资源优势发展旅游，促进清远经济、社会、生态可持续发展
基于行政区与经济区差异的旅游合作系统构建研究——以粤东地区融入海峡西岸经济区发展为例	杨佩群 李　莉	《特区经济》	2012 年 02 期	2011 年《海峡西岸经济区发展规划》首次官方明确海峡西岸经济区包括粤东地区，这似乎说明不用研究粤东地区“融入”海西发展的问题，但是经济区域与行政区域的差异，经济区建设主体与非主体地位也存在不同，因此，“融入”研究十分必要。本文突破以往区域旅游合作研究的局限性，在建设共同经济区域背景下，从系统学角度研究跨行政区的旅游合作，尝试提出“粤东—海西”区域旅游合作系统的构想
清远“华南休闲之都”旅游产业竞争力研究	李　莉	《沿海企业与科技》	2012 年 02 期	文章从清远旅游产业的现状入手，重在研究清远作为“华南休闲之都”的旅游产业竞争力，从而探究清远旅游产业竞争力的发展途径，重在挖掘清远旅游产业的整体实力和市场竞争力
分析旅游购物环节存在的问题及解决思路——以广东旅游购物为例	张海波	《读与写（教育教学刊）》	2012 年 02 期	旅游购物一直是比较活跃和有争议的研究环节。本文从对旅游过程中的购物环节存在的问题进行分析和思考，同时提出解决旅游购物问题的方法，以此促进我国旅游业的顺利发展

续表

题名	作者	文献来源	发表期次	摘要
居民旅游感知实证比较研究之制度伦理分析——以世界遗产地开平碉楼与村落为例	庄晓平 朱 竑 邓素球	《旅游学刊》	2012 年 03 期	过往旅游感知研究多停留在实证研究层面——以管理学、社会学、统计学的视角居多，而实证之后对其从制度伦理等哲学角度的反思鲜有涉及。实际上，研究旅游只在管理学或社会学层面的思考是远远不够的，许多问题还涉及目前旅游学界未给予足够关注的制度伦理。文章拟从另一视角来验证旅游发展带来制度伦理方面的诉求。通过比较两个地理位置相当、人口社会学特征相似的古村落——广东开平自力村和马降龙村的旅游影响感知及态度，发现由于旅游发展程度的不同，居民对开放社会的制度伦理诉求存在一定的差异；得出旅游发展程度越高，居民呈现出对公民社会的伦理诉求越强烈，即居民对村里的公共事务的参与意识越强，对分配公正的诉求、公共利益的关注越明显等制度伦理特征
珠海市公共文化场馆旅游开发研究	卢 晓 张梅生	《特区经济》	2012 年 03 期	本文以文化场馆的旅游产品化发展为目标，通过分析珠海市公共文化场馆的旅游开发现状、存在问题，提出能够指导珠海文化场馆资源旅游产品化和实现文化旅游开发的建议，力求为珠海市文化旅游事业的新发展，提出符合未来文化旅游发展的建议与措施
灰色马尔可夫模型在广东旅游人数预测中的应用	陈 明	《企业导报》（半月刊）	2012 年 05 期	基于广东 2005—2011 年广东入境旅游人数数据，采用灰色 GM（1，1）预测模型动态模拟广东入境旅游人数变化态势，并运用马尔可夫状态转移矩阵对灰色 GM（1，1）模型的模拟结果进行修正，以提高预测精度
旅游者景区环保意识行为特征分析——以广东韶关丹霞山为例	罗莹华 黄艳玲	《韶关学院学报》	2012 年 03 期	利用调查资料和数据分析旅游者的环保意识及行为特征，使旅游者认识到自身行为对环境的影响，引起人们对丹霞山环境保护的重视；分析丹霞山景区环境存在的问题并提出相应的对策。该项研究成果有利于丹霞山景区的可持续发展及和谐旅游的创建
从利玛窦的名人资源角度看广东文化旅游资源开发	高 卫 苏 英	《湖南农机》	2012 年 03 期	文化旅游是我国旅游业近年来的重头戏，各地都在深入挖掘或重新组合自身拥有的独特文化旅游资源。名人资源所具备的独特吸引力注定它将成为文化旅游资源挖掘与开发的闪光点
旅游管理职教师范专业实践教学特色研究——以广东技术师范学院为例	张海燕 单纬东 张红贤	《河北旅游职业学院学报》（季刊）	2012 年 01 期	行业应用能力和实践教学能力不足是旅游管理职教师范专业人才培养的主要问题之一，只有不断深化实践教学改革思路，构建有特色的实践教学体系，让教学贴近社会、贴近实践，才能更好地为中等旅游职业教育服务

续表

题名	作者	文献来源	发表期次	摘要
国民旅游休闲计划背景下广东旅游企业的发展——以广之旅为例	高志洋	《科教文汇（下旬刊）》	2012 年 03 期	2009 年 2 月 21 日，广东省政府正式发布《关于试行广东省国民旅游休闲计划的若干意见》。在国民旅游休闲计划的号召下，各大旅行社也纷纷响应，推出各种惠民措施，学界对国民旅游休闲领域的研究也不断深入。为进一步推动国民旅游休闲计划的实施，本文结合学界的研究，以广之旅为例，提出适合该旅游企业发展的应对措施
广东省奖励旅游市场营销策略探讨	刘月芳	《电子商务》	2012 年 04 期	本文通过对奖励旅游特点的解析，在剖析广东省奖励旅游市场开发存在问题的基础上提出开发广东省奖励旅游市场的微博营销等营销策略，以促进广东奖励旅游市场的发展
高星级酒店业的信息技术"生产率悖论"研究——基于广州案例	熊　伟 骆雅洁	《旅游学刊》	2012 年 04 期	信息技术与酒店业的结合给酒店业带来了新的发展机会。国外有大量的学者致力于信息技术投资与企业生产率及业绩之间关系的研究，但并没有一致的结论。文章通过对广州市高星级酒店的相关调查，获取了第一手数据，借助 AMOS 软件的验证性因子分析及 SPSS 软件的相关性分析和多元回归分析功能，以检验信息技术的应用对酒店业绩的影响。结果显示，信息技术"生产率悖论"在高星级酒店业内不存在，前厅应用、客人相关界面应用、餐厅及宴会管理系统及后台应用均对酒店业绩有积极的作用。其中，客人相关界面应用对酒店业绩影响最大，因此应着重投资。文章的结论将为高星级酒店业决定是否战略性地投资于信息技术或集中于某些特定领域提供重要的信息。最后，文章还对研究的局限性以及后续可以开展的研究进行了一定的展望
旅游目的地标志景区测度模型及广州实证解析	禹　贡 朱良斌 刘远征	《热带地理》（双月刊）	2012 年 02 期	标志景区是旅游目的地的符号象征，成为人们感知和认识目的地的重点对象。通过对标志景区概念及其主要特征的认知与界定，选取市场影响度、价值贡献度、旅游吸引度和其他因素作为一级指标因子和 12 个测量指标建立标志景区测度逻辑模型，运用 AHP 方法确定模型中各因子权重，建立标志景区计量模型。以广州作为案例，对候选标志景区测度值进行解析，广州重要标志景区有越秀公园、广州塔、陈家祠、中山纪念堂、白云山风景区、北京路步行街、黄花岗七十二烈士陵园、南越王博物馆
肇庆七星岩风景名胜区开发演变及其规划整治	钟国庆 谭颖华 陈学年 吴国华	《热带地理》（双月刊）	2012 年 02 期	肇庆七星岩景区作为国内著名的风景名胜区，正面临着生态景观危机。研究显示：七星岩景区的开发演变历经了从 1955 年前的天然公园，到 1956—1978 年的农林水利风景区，到 1979 年后的国家风景名胜区，到近年向城市公园演变的趋势；周边开发程度的不断加强，导致目前风景区存在土地、水面被侵占，水质下降和景观视线遭到破坏等诸多问题。文中提出了景区生长的规划整治策略，即根据肇庆山水城市环境特点，利用古河道，结合新城市建设，让七星岩景区向东、西向延伸和生长，从而改善景区的环境和景观质量，并提升未来整个肇庆城区的生态环境

续表

题名	作者	文献来源	发表期次	摘要
客家文化旅游资源的开发利用——以广东河源市为例	刘 宇	《河南商业高等专科学校学报》（双月刊）	2012 年 02 期	河源是客家人重要的聚居中心，蕴含着丰富的客家文化。工艺精湛的客家民居，美味独特的客家饮食，五花八门的客家民俗，丰富多彩的客家文艺，是河源客家文化旅游资源的核心内容，只要走创新之路，走品牌之路，走可持续发展之路，定能为河源旅游经济发展提供充足后劲
广东省自然保护区生态旅游问题探讨	徐正春 罗思琦 屈家树 吴自华 丛艳国 先 锋	《西南林业大学学报》（双月刊）	2012 年 02 期	通过实地调研的方法，采取资料收集、实地典型调查、座谈讨论、问卷调查等形式共调查广东省 20 个各类自然保护区，基本掌握了广东省自然保护区生态旅游资源状况和生态旅游现状，分析了广东省自然保护区开展生态旅游的重要性和必要性、有利条件以及存在的主要问题等，在此基础上，提出广东省自然保护区开展生态旅游的具体建议
珠三角城市居民对“国民旅游休闲计划”实施的感知分析——以广州、深圳、中山居民为例	方远平 毕斗斗 李涌如	《经济地理》	2012 年 05 期	国际金融危机与休闲时代背景下，广东省推出“国民旅游休闲计划”对于促进转型、拉动内需具有重要意义，而居民对该政策的感知及态度将直接影响政策实施效果，根据居民的态度调整优化该项政策显得十分必要，国内外研究居民对重大旅游政策感知的成果鲜见。以广州、深圳、中山等珠三角城市为案例地，通过问卷调查，运用统计描述、因子分析、聚类分析等方法进行分析，结果表明：①居民对国民旅游休闲计划的了解度不是很高，反映出计划的宣传力度不够；②居民高度认可与支持国民旅游休闲计划带来的经济刺激作用；③居民对休闲计划带来的 4 个积极因子赞成度很高，也普遍认为计划存在的一些问题；④学历、收入水平越高的中青年人对计划的感知度和赞成度越高，学生对休闲计划能够给予更全面的评价，多属于国民旅游休闲计划的“理性支持者”
清远体育休闲旅游开发探究	樊新刚	《市场论坛》	2012 年 05 期	文章以清远的体育休闲旅游资源为载体，开发清远体育休闲旅游产品，重在使清远特色的体育旅游资源优势转化为经济资源优势，从而带动清远休闲旅游的发展，进一步优化产业结构，促进清远区域经济繁荣、塑造宜居名城———“华南休闲之都”，以构建和谐清远，幸福清远，实现清远经济的可持续发展
论广东乡村旅游文化资源开发	庄伟光 邹开敏 符永寿	《新经济》	2012 年 05 期	广东旅游业在全国起步最早，一直走在全国最前列，对全国旅游业发展具有导向性、示范性和推动性作用。在乡村旅游方面，也有一些成效、特色和思考。乡村旅游开发对于广东建设旅游强省有着重大的意义，虽然广东乡村旅游在近十几年发展迅速，但在乡村旅游资源的开发方面，无论是理论研究滞后或是实践发展中存在的诸多问题都有待思考和研究。本文通过对广东乡村旅游资源的开发现状和模式进行分析，找出当前广东乡村旅游资源的开发应重点在于对当地文化的深层开发和挖掘，并提出了一些方向性的思考建议

续表

题名	作者	文献来源	发表期次	摘要
不可移动的民族文化旅游发展战略与旅游竞争优势——以广东瑶族文化旅游资源为例	许秋红 沈雯婷	《广东技术师范学院学报》	2012 年 05 期	以资源观理论为基础，并以广东瑶族文化旅游资源为例，分析和研究不可移动的民族文化旅游发展战略与旅游竞争优势的关系。只有开发不可移动民族文化旅游产品，这种产品能够在原产地保持其自身特色，并有效地与本土相结合，才能够满足旅游者的需求，形成其竞争优势。文章的研究结论将为民族地区的文化旅游发展提供参考性建议
城市女性日常休闲行为研究——以广东佛山为例	杨香花 余　琳 谭艳薇	《襄樊学院学报》	2012 年 05 期	借鉴他人对旅游消费行为的研究，设计了休闲行为研究指标体系，构建了城市女性休闲行为模型，并选取佛山市城市女性为研究对象，系统分析她们休闲消费前、中、后三个阶段的休闲行为特征，旨在揭示佛山市城市女性休闲生活状况和休闲质量，以此为佛山市城市休闲空间规划、休闲产品设计与促销宣传提供理论支撑与参考建议
以山水文学打造清远旅游文化特色	陈景云	《市场论坛》	2012 年 06 期	中国是具有悠久旅游历史的国家，古代读书人常常以漫游天下来丰富知识，扩大视野，因而山水文学也非常繁荣。山水文学描写各地自然风光，给各地自然风光蒙上了一层绚丽的神奇色彩，成为各地旅游胜地的名片，促进了各地旅游文化的繁荣和旅游事业的发展。清远处在粤北地区，具有独特的自然风光和少数民族瑶族风俗民情，自然地理和人文地理资源丰富。将历史文化遗产与粤北山区的自然风光特色、少数民族风情融为一体，这是打造清远旅游文化特色的有效途径
对中国地质公园发展的深度思考——以广东丹霞山景区为例	陈　薇	《特区经济》	2012 年 06 期	我国旅游景区的名山大川中，为数不少的是不同等级的地质公园，本文以广东丹霞山景区为例，研究游客对地质公园的感知和期许，引发对中国地质公园发展的深度思考，并提出营造旅游氛围，塑造红石公园的形象，提供有效景区服务等切实可行的建议
学习型酒店的理论与实证研究：广州案例	蔡晓梅 刘　晨	《旅游论坛》（双月刊）	2012 年 03 期	学习型组织自提出以来就受到了学术界与实践界的高度关注。酒店作为劳动密集和知识密集型企业，是典型的学习型组织，但目前缺乏系统的理论与实证研究。基于学习型组织的相关理论，认为学习型酒店是以获得动态竞争优势为目的，在组织学习环境和变革型领导行为的支持下，组织成员善于进行自我调适和集体学习，并通过内外部知识的交流达到知识创新，以提供更优质的住宿、餐饮、娱乐等服务性产品的现代企业。在此基础上通过对广州市星级酒店和经济型酒店的实证研究发现：（1）学习型酒店的核心因素知识储备与知识转移存在正向的相互影响关系；（2）学习型酒店的内部影响因素正向影响酒店的组织学习；（3）学习型酒店的外部影响因素与酒店的组织学习存在正向的相互影响关系。该结论为学习型酒店的构建提供了理论支持和实践指导

续表

题名	作者	文献来源	发表期次	摘要
论广东佛教文化旅游资源的深度开发	袁银枝	《广东行政学院学报》（双月刊）	2012 年 03 期	佛教文化是旅游资源的重要组成部分。广东佛教文化资源极具旅游魅力，特色鲜明，具有可开发的显著优势。开发广东佛教文化旅游资源，要结合佛教文化的特色和旅游发展的实际，采取合理、正确的开发策略
广东科学中心科普休闲旅游功能拓展思路和对策	萧文斌	《广东科技》（半月刊）	2012 年 10 期	非正规科学教育机构是科学中心的传统功能定位，但随着休闲旅游时代的到来和公众需求的多样性，科学中心应顺应时代发展和社会需求变化对其功能作出相应的拓展。本文以广东科学中心为例，从理念构想、内涵建设、配套设施、环境提升等方面阐述如何发展科普休闲旅游，有利于旅游者在旅游观光的过程中，普及科学知识，提高科学素养，支持旅游业的可持续发展战略
湛江市滨海体育旅游发展的 SWOT 分析	罗曦光 曹　卫 李　好	《体育科技》（季刊）	2012 年 02 期	采用文献资料法、调查法、SWOT 分析和比较分析等方法，对湛江滨海体育旅游发展进行优势、劣势、机遇和威胁四方面分析，旨在为广东和湛江发展滨海体育旅游提出合理的发展对策与建议。研究结果表明：湛江有着得天独厚的自然地理条件、丰富的生物资源和悠久的历史文化及承办大型比赛的能力优势；湛江经济发展和基础设施相对落后、交通不便、体育旅游市场管理混乱、体育项目未充分开发及体育旅游专业人才匮乏的劣势；环境的破坏日益严重、国内外竞争对手的发展及新形势、新情况等不可预知因素日益增多构成了威胁；同时，省市各级政府对湛江做大做强滨海旅游高度重视和全力支持、全国和广东旅游经济各项指标均保持良好的增长势头及湛江客源市场不断扩大等为快速发展滨海体育旅游业提供了机遇
浅析武广“高铁旅游生态圈”的构建策略及保障机制	方　微	《广东轻工职业技术学院学报》（季刊）	2012 年 02 期	中国高铁的快速发展催生出新时代高铁旅游的发展，关于通过构建高铁旅游生态圈来推动高铁沿线城市旅游发展的讨论和研究开始进入视野。本文以武广高铁为载体，建立联动广东、湖南、湖北旅游的高铁旅游生态圈，从树立“粤湘鄂”旅游品牌、交通服务体系、旅游服务系统、加强旅游产品创新等方面探讨了构建武广高铁旅游生态圈的策略，并提出相应的保障机制，激发粤、湘、鄂旅游在高铁时代发展的新活力
浅析广东省旅游业发展分布情况	梁绮君 孙　莉	《东方企业文化》（半月刊）	2012 年 12 期	广东省作为旅游大省，旅游业在其发展战略中地位日益重要。然而由于广东省各地级市基础条件不一，导致旅游业发展也出现了不平衡的状况。本文以广东统计年鉴（2010）数据为基础，利用因子分析、聚类分析方法找出广东省旅游业发展主要发生在哪些地级市，并分析其原因
基于 SWOT 分析的广州增城旅游发展战略研究	高新国 郭松克	《特区经济》	2012 年 07 期	增城作为广州的一个县级市，经济发展位于全国百强县前列，增城的旅游业发展也非常迅速。增城正在着力打造国际生态旅游度假城。本文对增城旅游运用 SWOT 分析，在此基础上进行了增城旅游发展战略研究

续表

题名	作者	文献来源	发表期次	摘要
欠发达地区发展旅游地产可行性研究——以广东乳源瑶族自治县大布镇为例	徐　礼 陈其安	《改革与战略》	2012 年 07 期	随着城市居民收入提高以及生活节奏加快，越来越多的城市居民有休闲娱乐放松工作压力的需要，而近年来中国大城市外围旅游地产正呈现出蓬勃发展的态势也印证了这一点。因此，社会各界应该清醒地认识并把握这个大趋势，尤其是资源禀赋较差的欠发达农村地区，依托旅游风景区的开发，积极稳步健康地推进旅游地产的发展。文章以粤北地区——广东乳源瑶族自治县大布镇为例，对欠发达地区发展旅游地产的可行性进行研究
基于文化生态的客家文化旅游开发研究	俞万源 邱国锋 曾志军 肖明曦	《经济地理》	2012 年 07 期	客家文化旅游在“客家热”和文化旅游背景下蓬勃发展。应用文化生态理论，从文化生态角度探讨客家文化旅游开发。客家文化具有显著的文化生态特性，并在客家文化旅游中凸显。在客家文化旅游开发的文化生态问题分析基础上，提出文化生态视野下客家文化旅游开发理念：强化客家文化旅游资源的整体概念和环境意识；树立“大景区”意识构建客家文化旅游“大景区”；树立文化生态旅游开发理念发展客家文化生态旅游
深化穗港澳旅游合作提升广州国际旅游中心地位	冯郑凭 刘　伟	《商业经济》（半月刊）	2012 年 15 期	穗港澳三地旅游资源、旅游设施各具特色，优势具有互补性，这为三地旅游合作创造了良好的基础。由于历史、政治和经济因素的影响，穗港澳旅游合作的层次依然较低。加强穗港澳间的旅游合作，应转变思维、积极创新，加强广州在粤港澳旅游合作中的参与度，三地旅游部门建立长效性的沟通机制，积极提高广州在粤港澳旅游合作中的形象宣传，并借南沙开发的契机，整合南沙与广州的旅游资源，以提升广州国际旅游中心地位
少数民族地区农业旅游扶贫与人力资本投资协同战略：以广东为例	吴小立	《南方农村》	2012 年 08 期	农业旅游扶贫战略与人力资本投资战略的重点是以少数民族地区贫困人口受益和社会经济文化发展为目标。从协同基础上看，广东少数民族地区人力资本存量不足是农业旅游发展的瓶颈。三种主要的农业旅游扶贫与人力资本投资协同战略模式，有利于惠及少数民族地区贫困人口，提升人力资本，促进社会经济发展
乡村旅游开发中农业景观特质性的保护研究	冯娴慧 戴光全	《旅游学刊》	2012 年 08 期	农业景观的特质性是农耕活动千百年演变积累下来的人地关系，表现为所在地域自然环境特征与人文地理特征叠加的土地形态，是具有生产、生活、生态“三生”功能的景观系统。在乡村旅游开发过程中，若缺乏对农业景观特质性全面、深入的认识，盲目采用城市景观建设方法来指导农业景观的建设，将导致农业景观特质性核心价值的消失与乡土特色的丧失。农业景观资源的科学旅游开发利用已经成为亟待研究的重要问题。文章首先分析乡村旅游开发中的农业景观特质性保护和开发利用面临的主要问题，然后依据农业景观特质性的“三生”功能，提出整体性、资源可持续发展、地域分异与协调共生原则以及农业景观特质性的系统保护模式，并以广东南海西樵旅游开发中西樵山七星村的传统特色农业景观“桑基鱼塘”有机再生为例，分析如何在旅游开发中实现农业景观特质性的有效保护和可持续利用

续表

题名	作者	文献来源	发表期次	摘要
转型期居民对城市公园免费开放的感知分析——以广州市为例	方远平 毕斗斗 甘巧林	《旅游学刊》	2012 年 08 期	转型期城市公园的免费开放是城市政府及公园管理部门面临的迫切任务，然而，国内外学术界鲜有关于居民对公园管理政策感知的研究。在 2009 年广州市施行公园免费开放政策背景下，文章以市区 5 个典型城市公园为对象，对公园访问者进行了随机抽样调查，运用因子分析、方差分析等定量方法对问卷数据进行统计分析，研究发现：（1）近半数被访者对公园免费开放政策持肯定态度，近 1/3 的被访者反对该政策，其余持中立态度；（2）分析居民对公园免费开放政策的感知因子，得出 3 个正面感知公因子和 4 个负面感知公因子；（3）运用方差分析研究了不同人口学特征群体对公园免费开放政策的感知差异，发现不同年龄、职业群体对“丰富市民休闲生活”“促进休闲旅游业发展”等正面公因子和“导致商品娱乐设施价格上涨”“影响公园休闲环境”等负面因子的差异明显。最后，根据公园免费开放存在的问题，提出了改善公园管理政策的相关建议
村落遗产地利益相关者界定与分类的实证研究——以开平碉楼与村落为例	王纯阳 黄福才	《旅游学刊》	2012 年 08 期	文章在文献研究和专家调查的基础上，界定了村落遗产地利益相关者，并借鉴“多维细分法”和“米切尔评价法”，以开平碉楼与村落为例，对村落遗产地利益相关者的分类进行了实证研究。研究结果表明，村落遗产地利益相关者在主动性、重要性和紧急性等 3 个维度上存在不同差异，而且根据这 3 个维度可以将村落遗产地利益相关者细分为核心利益相关者、蛰伏利益相关者和边缘利益相关者。每一类利益相关者在村落遗产地旅游发展过程中所处的地位、发挥的作用、扮演的角色等各不相同，对于村落遗产地旅游可持续发展的影响也不一样
珠海市旅游用地生态环境影响研究	赵莹雪	《热带地理》（双月刊）	2012 年 04 期	从生态环境质量、结构、功能 3 方面构建旅游用地演变对生态环境影响的综合评价指标体系，利用多目标线性加权函数法定量评价近 23a 来研究区旅游用地时空演变对生态环境正面和负面的影响。计算结果显示：珠海市旅游用地变化对生态环境综合影响指数为 -0.24，斗门区、金湾区和香洲区分别为 -0.28、-0.13 和 -0.29。表明珠海市旅游用地变化对生态环境的总体影响是负面的。其深层的影响机制是：首先，旅游用地空间分布与地壳结构演变的欠合理；其次，旅游用地规模在持续快速增长的同时忽视了生态内涵建设，旅游用地复合化开发层次偏低
基于因子分析法的深圳高端旅游竞争力评价	郝美田	《热带地理》（双月刊）	2012 年 04 期	基于整体性、科学性、可操作性和动态性原则，构建影响深圳高端旅游竞争力的评价指标体系，采用因子分析法对深、港、穗高端旅游竞争力进行对比分析与评价，指出深圳相对于港、穗高端旅游竞争力的优势与劣势。结果表明，深圳高端旅游发展除了政府投入增长率较港、穗具有优势之外，在贸易开放程度、国际化语言环境、高品质的休闲娱乐环境、高品位的购物环境等方面还有明显差距。针对这些差距，提出了深圳高端旅游发展的具体措施

续表

题名	作者	文献来源	发表期次	摘要
广东华侨华人旅游市场开发	梁江川	《邑大学学报（社会科学版）》（季刊）	2012 年 03 期	随着广东华侨华人旅游市场日趋多层次和多元化，入粤华侨华人游客在年龄结构、出游动机、访粤频率、旅程安排和消费水平等方面呈现出新的特点。针对华侨华人旅游市场开发的现存问题，可以侨乡振兴、规模扩张、精益营销、区域联动四大战略举措进行应对
广东中医药文化养生旅游示范基地标准构建研究——梅州雁鸣湖旅游度假村个案分析	孙晓生 李　亮	《中医药管理杂志》	2012 年 08 期	为进一步引导和规范中医药文化养生旅游示范基地的规划、建设、经营管理与服务，文章重点介绍了广东养生旅游示范基地试行评定标准，并以梅州雁鸣湖旅游度假村为例，从资源、文化和服务三大方面进行研究。提出中医药文化养生旅游示范基地的构建必须充分挖掘生态资源，夯实养生旅游基础；凸显养生文化，丰富旅游产品内涵；加强养生服务，提升养生旅游品质
南宋末帝逃亡之路广东段沿线旅游资源开发研究	苏　英	广州大学硕士学位论文	2012 年	本文所研究的南宋末帝逃亡之路广东段沿线的旅游资源分布面广，流传时间久，时空跨度大，特色鲜明。然而其价值和开发长期以来却未受到相应的重视，尤其没有引起官方和旅游企业的关注，存在着资源小而散、知名度不高，整合开发不力、尚未形成有吸引力的特色旅游精品，景区建设滞后、营销方法单一等三大问题。科学规划开发这一特色文化旅游资源，打造具有一定品牌效应和感召力的广东特色文化旅游产品—文化旅游线路，不仅能有效增强广东的旅游业竞争力，有力支撑广东的旅游强省建设，还可丰富我国的旅游产品结构，并为未来广东、浙江、福建、香港等四地联合申报世界文化遗产储备项目创造条件
基于转型升级的广东文化旅游发展研究	李　颜	《商业研究》	2012 年 09 期	文化是旅游活动产生的主要驱动力，发展文化旅游是旅游转型升级的客观需要。回归分析实证表明，广东旅游业对第一、第二、第三产业及广东整体经济发展具有极强的拉动效应。但广东旅游产品仍然以观光旅游为主，应当顺应消费者需求变化及需求特点，努力提升旅游的文化内涵，大力发展文化旅游，以实现旅游转型升级和提高旅游竞争力
基于 no－show 和取消预订的酒店顾客预订行为研究——以深圳大梅沙京基喜来登度假酒店为例	熊　伟 蓝文婷	《旅游研究》（季刊）	2012 年 03 期	酒店顾客的 no－show 和取消预订行为直接影响酒店的收益管理，但与此相关的研究成果较少。通过对深圳大梅沙京基喜来登度假酒店长达半年的 no－show 和取消预订数据为样本进行定量分析，结果显示：整体上 no－show 和取消预订的顾客以男性商务顾客居多；顾客大多为临时的行程取消或更改而取消预订，且性价比和顾客对酒店的信任度对此有一定影响；散客尤其是商务顾客有着较为明显的规律，性别差异也极为明显。酒店应对顾客的 no－show 和取消预订行为予以重视

续表

题名	作者	文献来源	发表期次	摘要
广东省旅游标准化的现状与对策分析	李江虹 陈思嘉	《中国标准导报》	2012 年 09 期	旅游标准化是旅游业发展的重要技术支撑。加快推动旅游标准化工作，是广东省落实科学发展观，加快产业结构调整，建设幸福广东的必然要求。本文分析了广东省旅游标准化发展的现状与存在问题，并针对性地提出了旅游标准化工作的对策，以期为广东省的旅游标准化工作提供建议和参考
民俗旅游业开发对少数民族传统体育文化发展的影响及对策研究——以广东十个少数民族自治县、乡为例	夏琼华	《南京体育学院学报（社会科学版）》（双月刊）	2012 年 05 期	以民俗学、旅游学的角度为出发点，以文献资料、问卷调查、访谈、数理统计等方法对民俗旅游开发与少数民族传统体育文化的关系进行辩证分析，实现二者联动和互动的文化发展策略，希望为新时期传统体育文化的发展提供有价值的参考
湘粤赣省际边界禁止开发区域生态旅游环境质量综合评价	黄静波 肖海平	《经济地理》	2012 年 10 期	选取湘粤赣省际边界的丹霞山、莽山、苏仙岭和三百山等具有代表意义的禁止开发区域为研究对象，通过构建生态旅游环境质量评价的压力—状态—响应模型，定量分析该边界区 4 个禁止开发区域生态旅游活动对其自然、经济、社会环境质量的影响，以及由此产生的生态环境压力及其响应状况。研究认为，湘粤赣边界禁止开发区域生态环境总体质量良好，但各指标质量发展不均
广东省城市旅游效率评价与区域差异研究	梁明珠 易婷婷	《经济地理》	2012 年 10 期	采用 DEA 方法，以广东省 21 市为研究对象，从《广东旅游年鉴》中选取相关指标，利用 2008—2010 年旅游行业的面板数据，对旅游效率进行评价，并分析其在珠三角、粤东、粤西和粤北四个地区的差异。研究发现，广东省城市旅游总效率、技术效率和规模效率均较高；各市之间、各地区之间的总效率和技术效率差距较大，规模效率差距较小，且各类效率的差距均有缩小的趋势。其次，近 40% 的城市处于规模收益不变的阶段，这些城市多位于珠三角地区。最后，根据旅游效率的大小和增速，可以将城市划分为草根型、新秀型、明星型和贵族型四类。相关部门和企业可以根据这些特征和规律，对旅游资源要素的投入规模和各项技术的利用水平进行相应调整
泛珠三角区域旅游合作利益机制研究	许辉春	《特区经济》	2012 年 10 期	随着旅游业的蓬勃发展，区域旅游合作这个新概念也逐渐出现在中国的旅游发展史上。区域旅游合作已经成为提高旅游竞争力、改善区域旅游总体形象，实现旅游业持续、健康、快速发展的重要途径。目前，泛珠三角区域的旅游合作是我国规模最大、范围最广区域的旅游合作。在分析了泛珠三角区域的旅游合作态势，探讨了区域旅游合作利益机制的主体和内容的基础上，提出了旨在解决区域旅游合作利益机制问题的相关对策建议

续表

题名	作者	文献来源	发表期次	摘要
广东省旅游—经济—生态环境耦合协调发展分析	钟　霞 刘毅华	《热带地理》（双月刊）	2012 年 05 期	依据 2001—2010 年广东省旅游、经济、环境方面的数据，构建旅游—经济—生态环境评价指标体系，借助 SPSS 和 GIS 软件，利用主成分分析法和物理学中耦合协调度函数建模法，对广东省 21 市的旅游—经济—生态环境的耦合协调度进行了定量分析。结果表明：21 市的耦合协调度在不断提高，平均耦合协调度由 2001 年的濒临失调提升到了 2010 年的勉强协调水平；但各市旅游、经济、环境 3 个子系统的发展程度各异，省内不同城市的耦合协调度水平也存在一定差距，且这种差距有扩大的趋势；珠三角地区发展的起点高、速度快，而粤北山区和两翼地区始终都处于比较落后的状态：2001 年广州、深圳的耦合协调度得分分别为 0.65、0.67，处于初级协调阶段；揭阳、云浮得分分别为 0.29、0.33，分别为中度失调水平和轻度失调水平。到 2010 年，广州、深圳的耦合协调度达到了良好协调的水平，而揭阳、云浮的耦合协调度仍处于较低的水平
广东滨海旅游产业园创新发展战略研究	董观志 王　卉	《中国商贸》（旬刊）	2012 年 21 期	旅游产业园是旅游业集聚发展过程中产生的一种创新型产业集群形态。在实施海洋强省战略和产业转型升级战略进程中，广东省迫切需要旅游产业创新体制机制和锐变发展模式，实现集约化和集群化，引领现代服务业又好又快地发展。本文分析了国内外滨海旅游发展态势，阐述了旅游产业园的概念与基本特征，界定了广东省滨海旅游产业园的总体定位，明确了广东省滨海旅游产业园“一核、两极、三圈”的空间布局，提出了科学规划、国际视野、产品多元、突出文化、统筹发展的发展战略
广东入境旅游流西向扩散距离衰减规律研究	刘宏盈	《经济地理》	2012 年 11 期	广东是我国入境旅游发展的“领头羊”，每天由广东入境中转前往我国西部省区的入境旅游者不计其数，这种扩散流动形成了广东入境旅游流的西向梯度转移。文章计算分析了广东入境旅游流的西向扩散转移态指数、时空分布特征，并采用 ArcGIS 软件测算中转地与目的地间的空间距离，对比广东入境旅游流的西向扩散，发现广东入境旅游流的西向扩散以 1300 公里为界，可分为随距离递增和随距离递减两大圈层
区域旅游产业与经济耦合协调度研究——以东部十省（市）为例	姜　嫣 马耀峰 高　楠 王永明	《华东经济管理》	2012 年 11 期	文章在分析了区域旅游产业与经济间的互动发展关系的基础上，建构了旅游产业系统与区域经济系统的耦合协调度模型，并以东部地区的辽、冀、京、津、鲁、苏、沪、浙、闽、粤等十省（市）为样本，对 2001—2010 年该区域旅游产业系统与区域经济系统耦合协调状况进行了实证分析。结果表明：两系统耦合互动效应明显，只有粤一省达到高度耦合协调，京、鲁、苏、沪、浙五省（市）仅达到了中度耦合协调，而辽、冀、津、闽则呈现出低度耦合协调

续表

题名	作者	文献来源	发表期次	摘要
广东民族地区生态旅游发展战略研究——以乳源瑶族自治县为例	杨建军	广东技术师范学院硕士学位论文	2012年	本文以广东省韶关市乳源瑶族自治县为例，对乳源县发展民族生态旅游进行SWOT分析，全面了解乳源县发展生态旅游的优势、劣势、机遇与挑战。依据旅游地生命周期理论、生态旅游环境伦理理论、环境经济学理论和可持续发展理论，借助田野调查法、文献研究法、案例分析法等研究方法，对乳源瑶族自治县发展民族生态旅游提出可持续发展战略、精品战略、伦理价值观战略和人才战略
武广高铁对广东旅游业的影响与应对策略研究	何晓琳	《现代商业》(旬刊)	2012年35期	武广高铁的开通运营，增强了广东与外界的联通性，促进了其旅游经济格局的转变。文章从旅游产品、旅游效应、旅游经济三个方面分析了武广高铁给广东旅游业带来的影响，进而从资源整合、加大宣传、区域合作、人才建设四个方面提出了广东旅游业发展的应对策略
客家生态文化保护视野中的梅州休闲观光农业——基于广东梅县两个古村落的实证分析	黄建阳	《嘉应学院学报》	2012年12期	客家生态文化（梅州）保护区建设以客家文化空间和“文化基质”为保护重点，达到对客家文化的科学与整体的保护，最终实现梅州特色生态文化经济区跨越式发展。梅州需要依托客家古村落发展休闲观光型农业，在保护和传承客家非物质文化遗产的同时，充分利用地方生态优势和客家农耕文化的传统，推进地方特色旅游产业的内涵式发展
广东古村落旅游与广东旅游业转型和创新	刘世红	《玉林师范学院学报》(双月刊)	2012年06期	近年来，作为历史文化旅游资源的重要组成部分，古村镇旅游日益受到游客追捧，成为热门时尚的旅游活动。这一方面反映出中国人日益成熟的旅游心态，另一方面也说明旅游业逐步从观光旅游向深层次的文化旅游转型。但是，面对古镇旅游方兴未艾，如火如荼的旅游态势，国内的古村落旅游一直不温不火，没有能够发掘出更深的文化价值和旅游价值。本文就广东古村落旅游的特点、旅游价值和在旅游产业转型过程中的作用逐一论述，以期为广东旅游业注入更多文化的创新动力，将其提升转型为新兴的文化旅游产业，使广东省真正成为文化大省、旅游强省
非物质文化资源异质性与旅游经济竞争优势研究——以广东连南瑶族自治县为例	沈雯婷	广东技术师范学院硕士学位论文	2012年	本文根据资源理论（RBT），以广东连南瑶族自治县（以下简称连南县）为例，运用案例分析法对连南县非物质文化资源异质性与旅游经济竞争优势获取进行了研究。文章从资源异质性角度出发分析连南县非物质文化资源的异质性以及对连南县旅游经济竞争优势获取的影响，研究结论表明连南县非物质文化资源具有异质性，这些异质性资源促进了连南县旅游经济竞争优势的获取。本文的研究结论将对少数民族地区旅游经济的发展提供一定的参考价值

续表

题名	作者	文献来源	发表期次	摘要
浅谈广东“吴川三绝”民俗文化的旅游开发对策	石丽播 刘晓华	《湖北函授大学学报》	2012 年 12 期	广东吴川市“吴川三绝”是吴川民俗文化的瑰宝，是中国民俗文化的重要组成部分。本文在分析吴川市“吴川三绝”的发展现状的基础上，指出制约其发展的一些主要问题，提出吴川应积极保护和利用自身珍贵的民俗文化资源，通过政府支持、加大合作和交流、设计旅游产品等方式，加强元宵节、“吴川三绝”的旅游开发，促进吴川当地经济发展
南珠旅游发展模式研究	李自炜	广东海洋大学硕士学位论文	2012 年	随着我国经济快速发展、城乡居民收入不断提高和闲暇时间大量增加，旅游消费进入一个快速发展的新阶段，旅游业已经成为我国新的经济增长点。珍珠旅游是一种独具特色的旅游产品，以其独特的个性和体验魅力将会受到越来越多的消费者的欢迎。南珠旅游依托丰富的珍珠旅游资源，开发出一项特色旅游产品。这不仅可以提高珍珠产业和旅游业的影响力，而且可以使珍珠产业和旅游业驶入可持续发展的轨道，具有良好的经济和社会效益。因此，南珠旅游项目具有广阔的前景
剩余索取权分配与民族地区旅游经济竞争优势研究——以广东乳源瑶族自治县为例	刘伟强	广东技术师范学院硕士学位论文	2012 年	本文根据剩余索取权理论，以广东乳源瑶族自治县（以下简称乳源县）为例，运用案例分析法对乳源县旅游资源开发中剩余索取权的分配及旅游经济竞争优势获取进行研究。文章从剩余索取权的激励作用出发，分析了剩余索取权的分配对旅游资源开发参与者的积极性的影响，在此基础上进一步分析参与者的积极性对旅游经济及其竞争优势获取的影响。得出的结论是剩余索取权的分配对旅游经济竞争优势的获取有着重要的作用。本文的研究结论将为我国少数民族地区旅游经济的发展提供一定的参考价值。基于个案分析，认为剩余索取权的分配影响景区的竞争优势，景区的整体竞争优势是各旅游资源开发参与者共同作用的结果，因此，在旅游经济发展过程中，应该注重合理地分配剩余索取权
城市改造更新中古民居的保护与旅游开发——以深圳市为例	胡卫华	《热带地理》（双月刊）	2012 年 06 期	选取我国最早向城市化迈进的区域之一——深圳市作为研究对象，通过走访调查深圳的古民居，分析了目前古民居保护中存在的几个主要问题：城市改造更新的冲击、原生态利益链的瓦解、政策法律的滞后、产权结构的混乱、保护意识的薄弱和生活习惯的改变等。同时，结合国内外古民居的保护与旅游开发的经验与教训，强调了古民居文化生态系统整体性保护的重要性，并提出了以政府为主导的全社会共同保护机制、破解产权及资金难题和因地制宜、分级保护、分别利用等措施

续表

题名	作者	文献来源	发表期次	摘要
广东城镇居民体育旅游休闲调查报告	刘晓明	《河南商业高等专科学校学报》（双月刊）	2012 年 06 期	随着社会经济发展，体育旅游在广东已成为新的消费热点，尤其在 2010 年广州亚运会、2011 年深圳大运会成功举办后，体育与旅游产业融合发展的态势日益显现。调查发现，广东省体育旅游经过多年经营已取得长足发展，在旅游项目、线路、产品等方面取得明显进步，水上运动、沙滩运动等项目深受欢迎。但层次较低、品牌不响、管理不善等问题依然突出。因此，建议政府及行业在安全保障、人才培养、提升品牌影响力、市场拓展等方面下工夫
欠发达山区旅游业劳动力转移就业研究——以广东梅州为例	李仙燕	《特区经济》	2012 年 11 期	欠发达山区旅游业的发展不仅推动了山区经济的绿色发展，而且为农村劳动力转移就业提供了新渠道。梅州旅游业的迅速发展，有效带动了农村地区劳动力的就业，本文对旅游就业效应进行实证分析，并指出旅游业劳动力就业过程中出现的影响旅游业可持续就业的问题，提出相应的对策建议
从化农家乐旅游可持续发展策略分析	钟锦祥	《企业技术开发》（旬刊）	2012 年 32 期	从化市发展“农家乐”旅游，起到了小村庄连接大世界、小投入获得大回报、小经营开拓大市场、发展与和谐相融合、经济与文化相融合的效果。近些年来，“农家乐”旅游发展如火如荼，在眼前利益的驱动下，“农家乐”旅游被无节制、无规划地开发，这对农村的生态环境造成了很大的负面影响。“农家乐”旅游虽具有它独特的魅力和深厚的内涵，但是其在发展的过程中存在许多不容忽视的问题，如何解决这些问题是“农家乐”旅游可持续发展的关键所在。文章分析了我国“农家乐”旅游的现状与存在的问题，研究了广东从化市发展“农家乐”旅游的优势与存在的问题，为从化市发展“农家乐”旅游提出了可持续发展策略，并得到了相关的结论
广东温泉度假旅游产业升级发展研究	李　静	广东商学院硕士学位论文	2012 年	广东具有丰富的温泉资源，广东温泉度假旅游产业已经成为旅游产业的一个重要分支，并成为人们关注的焦点。本文立足产业升级的角度，对广东温泉度假旅游产业升级发展进行研究。本文的研究具有一定的理论和实践意义，在理论意义上，产业升级是近年国内理论界研究的一个热点问题，研究温泉旅游度假产业升级问题既是我国温泉旅游度假产业理论研究的匮乏性使然，亦是拓宽温泉旅游度假产业研究领域的紧迫性使然。在实践意义上，广东温泉旅游度假产业升级已是时代所趋，研究成果为广东温泉旅游度假产业的未来发展方向提供了实践依据，对国内其他省温泉旅游度假产业升级同样具有借鉴意义

续表

题名	作者	文献来源	发表期次	摘要
泛珠三角旅游合作空间演化机制及策略	许辉春	《特区经济》	2012 年 11 期	泛珠三角抱团的发展模式，应对外部竞争，通过竞合而不是竞争寻求最大经济效益。笔者认为对泛珠三角区域旅游合作的现状和历史演化过程进行分析能够有助于在今后的合作中扬长避短。文章结合前人地理学空间视野的理论，分析了泛珠三角区域发展中的点轴结构模式、辐射模式、核心—边缘结构模式，并对三种模式进行了比较，从而得出核心—边缘模式是比较合适的发展策略，最后就进一步加强区域合作提出了一些建议
清远环城游憩带与城市化的互动关系透视	廖慧娟	《沿海企业与科技》	2012 年 09 期	文章分析在清远城市化迅速发展的情况下，论述清远环城游憩带的形成，提出清远环城游憩带与其城市化的渗透关系，并进一步总结出环城游憩带与城市化是相互作用、相互渗透、相互促进的
广东省县域旅游竞争力评价体系研究	张河清 何奕霏 田晓辉	《经济地理》	2012 年 09 期	县域旅游是我国区域旅游经济发展的基本单元和重要组成部分。在界定县域旅游及旅游竞争力的基础上，建立广东省县域旅游竞争力评价模型及评价指标体系，并提出优化和提升广东县域旅游竞争力的建议
惠州滨海旅游房地产项目空间集聚与发展对策	李庄容 韩　旭 杨铭德 许红山	《经济地理》	2012 年 09 期	依托滨海旅游资源开发的房地产项目既是旅游房地产项目的重要组成部分，也是近年来蓬勃发展的旅游房地产项目形式之一。在国家宏观调控、地方政府推进和新兴需求共同作用下，惠州滨海地区的稔平半岛集聚了金融街、万科、碧桂园、富力、合正等多个大型旅游房地产项目，在空间形态上呈点线分布。项目集聚使房地产业效应显著，增加旅游经济发展潜力，但存在土地出让速度过快、配套不足、环境压力大、部分村民利益受损等问题，政府需突出旅游可持续开发，控制土地出让节奏，加大配套投入，注重环境综合治理，保障村民利益等
中国入境商务旅游流空间分布特征及流动规律研究	唐　澜 吴晋峰 王金莹 杨新菊	《经济地理》	2012 年 09 期	通过构建中国入境商务旅游流网络，运用社会网络分析法定量分析中国入境商务旅游流的空间分布特征及流动规律。研究表明：①中国入境商务旅游流地理分布不均衡，在空间上形成“四点”（广州、北京、上海、香港）、“两面”（长江三角洲、珠江三角洲）的地理分布格局。②广州是入境商务旅游流最重要的集散中心，入境商务旅游流主要在北京、上海、广州、香港之间转移流动。③中国入境商务旅游流网络中节点由四个层次城市组成，分别是一级核心城市（广州、北京、上海、香港）；二级核心城市（苏州、桂林、杭州）；三级核心城市（义乌、西安、黄山、深圳、无锡、厦门、澳门）及边缘城市（网络中其他节点城市）

续表

题名	作者	文献来源	发表期次	摘要
广东中旅旅行社业务发展战略研究	鲍轶琳	华南理工大学硕士学位论文	2012年	作为旅游业三大支柱的旅行社行业，也是中国旅游行业中最后一个对外完全开放的领域，其发展情况引起各方的普遍关注。一方面，随着旅游行业不断壮大，旅行社业务也不断增长；另一方面，旅行社间竞争异常激烈，行业平均净利润减少。随着中国旅游市场的壮大和旅游消费需求的多元化，广东中旅旅行社在行业扩张中迎来发展的机遇，但也面临着民营企业不断崛起、行业竞争异常激烈等巨大压力。面对机遇和挑战，广东中旅的旅行社业务究竟应该如何发展？本文结合专家团队对广东中旅“十二五”发展规划的研究，运用战略管理理论的思想，以及战略管理中成熟的分析工具和方法，通过对我国旅行社行业发展现状分析，以及对广东中旅旅行社业务发展战略的研究探索，并综合考虑了广东中旅的内部资源和业务核心能力，从而制定了广东中旅旅行社业务发展战略，以解决广东中旅旅行社业务发展中的问题。对其旅行社业务面临的发展环境分析，并探索其科学发展之路，可以为传统国有大型旅行社实现可持续发展提供一些参考和借鉴
新会旅游产业化发展的政府作用研究	黄转清	华南理工大学硕士学位论文	2012年	本论文的研究是建立在作者亲身参与新会银湖湾旅游产业转型的实际工作经历的基础上，结合银湖湾及新会实际并以此为突破口，从宏观的角度对新会旅游产业化推动过程中的政府作用予以探讨。通过资料收集、实地走访、部门采访、数据图表等方式，对国家旅游产业大环境及国内外旅游产业化发展案例的政府功能进行探讨，结合新会旅游产业化发展的基本情况，以新会银湖湾管委会的旅游产业转型升级作为个案来分析并指出新会政府在推动旅游产业化发展中的不足之处，由此吸取成功经验及结合自身实际，从而提出新会政府在旅游产业化中可以进行的完善与创新思路，希望对新会在“十二五”发展中第三产业的推动有所帮助

（林贤东　整理）

2012年广东省接待国内游客抽样调查综合分析报告（节录）

一、前言

为了掌握国内旅游发展动态和进一步了解我省国内旅游的具体情况，为研究和制定我省旅游业发展方针政策提供基本依据，提升旅游服务质量，促进国内旅游持续、稳定、健康地发展，广东省旅游局根据国家旅游局的要求，2012年在全省14个市对国内旅游情况进行抽样调查，并据此对在广东省内旅游的国内游客构成情况、出游花费及停留时间等主要指标进行了测算。

2012年广东省接待国内游客抽样调查基本情况如下：

（一）调查对象

2012年来广东省旅游的国内游客。国内游客是指不以谋求职业、获取报酬为目的，离开惯常居住环境，到国内其他地方从事参观、游览、度假等旅游活动（包括外出探亲、疗养、考察、参加会议和从事商务、科技、文化、教育、宗教活动过程中的旅游活动），出行距离超过10公里，出游时间超过6小时，但不超过12个月的我国内地居民。

（二）调查时间

2012年5月至2012年11月。调查分为2个阶段，第一阶段为5~7月份，第二阶段为10~11月份，共取得2批抽样调查数据。

（三）调查地点

宾馆、旅馆及景点。

（四）调查范围与有效问卷数量

全省有效问卷收回情况

单位：份

城市	代码	总量		其中			
		份数	所占比重	住宿设施	所占比重	景点	所占比重
全省	440000	23214	100%	14537	62.62%	8677	37.38%
广州市	440100	6301	27.14%	3564	56.56%	2737	43.44%
韶关市	440200	1261	5.43%	768	60.90%	493	39.10%
深圳市	440300	3388	14.59%	2189	64.61%	1199	35.39%
珠海市	440400	1905	8.21%	1266	66.46%	639	33.54%
汕头市	440500	1115	4.80%	815	73.09%	300	26.91%
佛山市	440600	1370	5.90%	717	52.34%	653	47.66%
江门市	440700	1308	5.63%	1014	77.52%	294	22.48%
茂名市	440900	793	3.42%	459	57.88%	334	42.12%
肇庆市	441200	1310	5.64%	910	69.47%	400	30.53%
梅州市	441400	1393	6.00%	978	70.21%	415	29.79%
清远市	441800	697	3.00%	381	54.66%	316	45.34%
中山市	442000	789	3.40%	456	57.79%	333	42.21%
揭阳市	445200	750	3.23%	462	61.60%	288	38.40%
云浮市	445300	834	3.59%	558	66.91%	276	33.09%

以上调查数据经2012年度2个阶段的批量抽样数据汇总而成。

（五）调查方式

调查员持问卷面访游客或游客自填问卷。

（六）调查组织与调查质量

本次调查工作由广东省旅游局组织，各市旅游局负责具体实施，经过拟订方案、布置落实、问卷调查、问卷审核、问卷录入、分析处理等阶段，并严格按照《统计法》《旅游统计调查制度》进行。

本调查数据结果对掌握我省国内旅游情况具有参考价值。

二、国内旅游抽样调查结果综合分析

（一）国内游客抽样人数的构成与基本特征

全省共回收有效问卷23214份，在旅游住宿设施回收问卷14537份，占回收问卷的62.62%；在旅游景点回收问卷8677份，占回收问卷的37.38%。

1. 国内游客的主要客源地

广东省接待国内游客前十位客源地

单位：%

名次	第一	第二	第三	第四	第五	第六	第七	第八	第九	第十
省市	广东	湖南	广西	湖北	福建	江西	四川	浙江	江苏	上海
比重	53.81	6.46	4.35	3.60	2.66	2.43	2.41	2.13	1.94	1.84

调查表明：本省居民是我省国内旅游最大的客源市场，占被调查游客总数的53.81%。外省游客主要集中在与广东临近的区域省份及长三角经济较发达区域，排在前三位的省份与2011年一样，仍然是湖南、广西和湖北，分别占6.46%、4.35%和3.60%。前十位的客源地游客占到我省国内游客的81.63%。

与2011年调查数据相比，本省居民游客比重从2011年的48.43%上升为2012年的53.81%；省外游客比重则由2011年的51.57%%下降为2012年的46.19%。

2. 国内游客性别构成

本次调查数据表明，来我省旅游的国内游客中男性占57.19%，女性占42.81%。与2011年相比，男性游客上升了0.55个百分点，女性游客相应下降了0.55个百分点。

3. 国内游客年龄构成

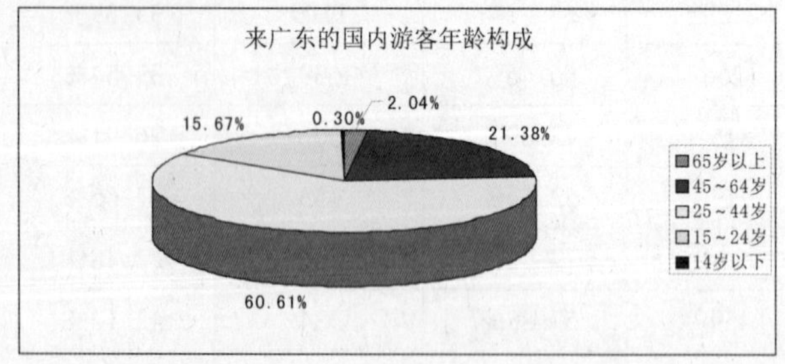

来我省的国内游客中，以25～44岁之间为最多，占总数的60.61%；其次为45～64岁之间，占总数的21.38%；排在第三位的是15～24岁之间的人群，占15.67%。统计表明，我省游客以25～64岁之间最多，这个年龄段人群是出行及出游主体，其商务、会议、差旅、休闲旅游等活动频繁，消费能力较强，是我省旅游市场的主要消费群体。

4. 国内游客职业构成

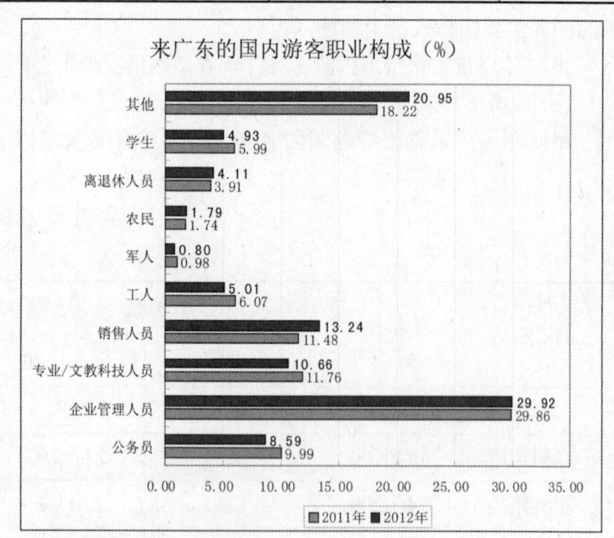

我省接待的国内游客中，企事业管理人员最多，占总人数的29.92%；其次为销售人员，占13.24%；专业/文教科技人员占到10.66%。从历史数据看，2012年管理与销售类人员接待比重有稍微增长，比去年高出1.82个百分点；公务员的接待比重自2009年以来持续下降，比2011年下降了1.4个百分点。

5. 国内游客的户籍属性构成

全部调查数据显示，国内游客中城镇居民的比重占79.10%，非城镇居民的比重为20.90%，城镇居民仍然是我省旅游市场的主要客源。与2011年相比，非城镇居民的出游比重上升了近2.48个百分点。从全省各城市情况来看，茂名、汕头、深圳、广州、江门、中山等地的非城镇居民游客比重较高，而肇庆、韶关、清远等地的非城镇居民游客比重相对较低。

自2010年以来，随着非城镇居民可支配收入的持续增加，他们的出游比重连续2年有所上升。

国内游客是否城镇居民及构成（住宿问卷调查）

市别	城镇居民		非城镇居民	
	数量	比重	数量	比重
广州市	2839	79.66%	725	20.34%
韶关市	660	85.94%	108	14.06%
深圳市	1766	80.68%	423	19.32%
珠海市	1032	81.52%	234	18.48%
汕头市	609	74.72%	206	25.28%
佛山市	596	83.12%	121	16.88%
江门市	768	75.74%	246	24.26%
茂名市	324	70.59%	135	29.41%
肇庆市	852	93.63%	58	6.37%
梅州市	805	82.31%	173	17.69%
清远市	324	85.04%	57	14.96%
中山市	350	76.75%	106	23.25%
揭阳市	388	83.98%	74	16.02%
云浮市	428	76.70%	130	23.30%
全省	11741	80.77%	2796	19.23%

国内游客是否城镇居民及构成（景点问卷调查）

市别	城镇居民		非城镇居民	
	数量	比重	数量	比重
广州市	2043	74.64%	694	25.36%
韶关市	442	89.66%	51	10.34%
深圳市	797	66.47%	402	33.53%
珠海市	469	73.40%	170	26.60%
汕头市	228	76.00%	72	24.00%
佛山市	523	80.09%	130	19.91%
江门市	204	69.39%	90	30.61%
茂名市	269	80.54%	65	19.46%
肇庆市	372	93.00%	28	7.00%
梅州市	349	84.10%	66	15.90%
清远市	265	83.86%	51	16.14%
中山市	204	61.26%	129	38.74%
揭阳市	238	82.64%	50	17.36%
云浮市	219	79.35%	57	20.65%
全省	6622	76.32%	2055	23.68%

6. 国内游客出游目的

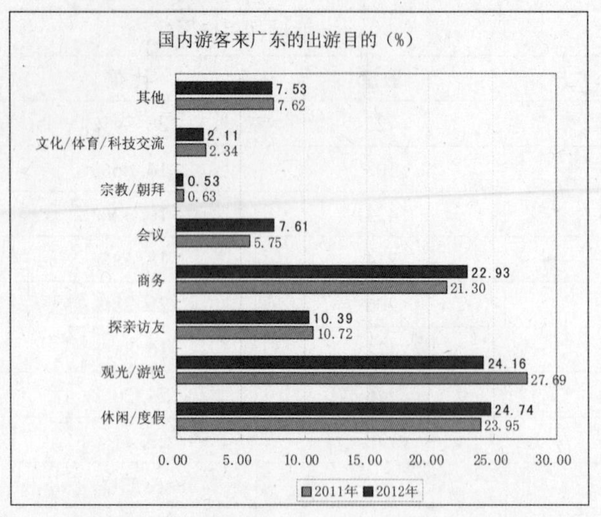

国内游客来广东旅游的目的，以观光游览和休闲度假为主，两项合计占到总人数的49.00%，比2011年度下降了2.64个百分点；以商务为目的的游客比重排在第三位，占22.93%，比2011年上升了1.63个百分点；以会议为目的的游客比重为7.61%，比2011年的5.75%上升了1.86个百分点。初步判断为2012年国家经济增长情况较2011年弱，观光游览、休闲度假的游客比重稍有下降，以商务为主的差旅工作活动占比上升。

7. 国内游客出游方式

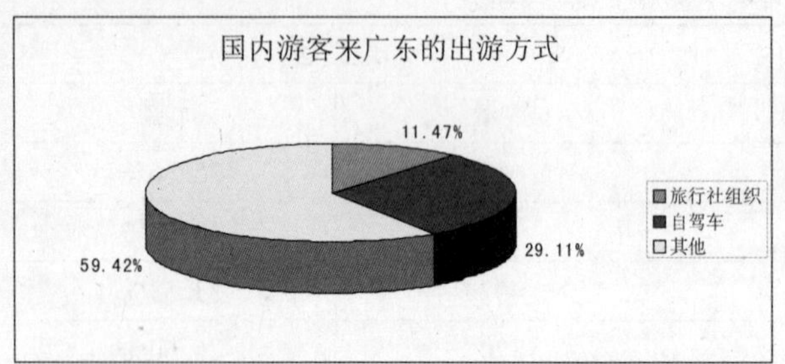

数据表明，国内游客通过自驾游方式来广东旅游的比重为29.11%，通过旅行社组织的比重为11.47%。与2011年相比，自驾车游客比重上升了2.73个百分点，旅行社组织的游客比重上升了1.15个百分点。自驾车游客所占比重远远超出旅行社组织游客的比重。其他出游方式主要包括以公共交通工具、单位公车等方式来广东进行差旅活动或旅游的游客，占游客总量的59.42%。

8. 住宿在酒店旅馆中的游客去景点游览的比重

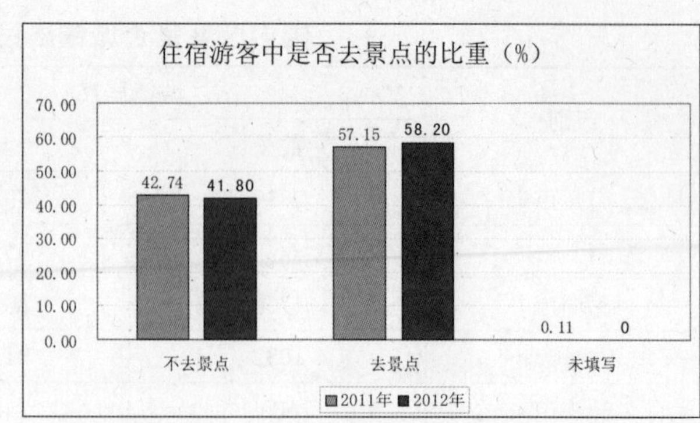

住宿游客中，去景点游览的游客比重为58.20%，比2011年增长1.05个百分点。

从各市情况来看，住宿游客中去景点游览的比重超过70%的有肇庆、韶关、清远、江门、梅州等地区，这些地区的旅游产业占地区经济总量的比重相对较高，自然旅游资源相对丰富和独特。

9. 国内游客在广东省内平均游览城市数量及比重构成

2012年度抽样调查显示，国内游客平均每次出游在我省游览的城市数量为1.38个，与2011年（1.35个）相比略有提升。其中在住宿设施调查的游客游览城市数量平均为1.48个，在景区景点调查的游客游览城市数量平均为1.22个。

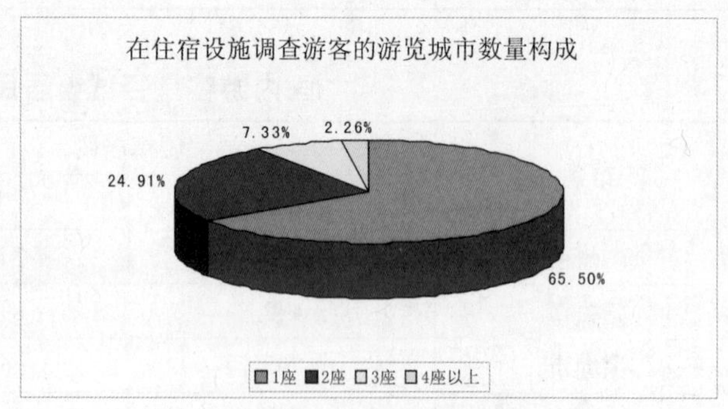

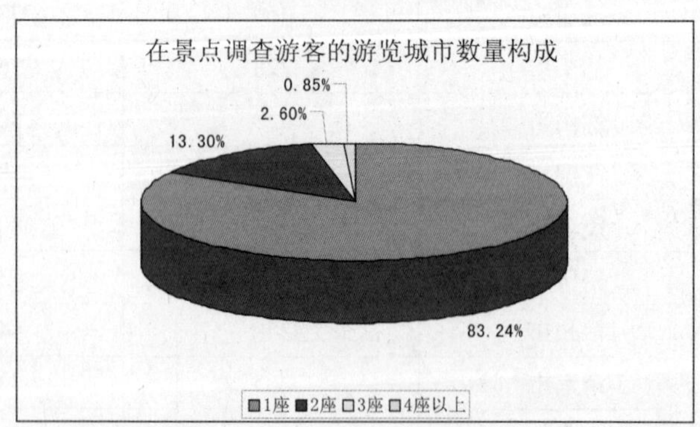

各个城市被调查游客平均游览城市数量及构成情况如下：

国内游客平均游览城市数量及构成（住宿问卷调查）

	1座	2座	3座	4座以上	平均座数
广州市	79.71%	16.55%	2.92%	0.82%	1.25
韶关市	73.57%	18.49%	5.08%	2.86%	1.39
深圳市	81.96%	14.25%	3.24%	0.55%	1.22
珠海市	59.79%	30.49%	7.19%	2.53%	1.54
汕头市	43.93%	41.23%	11.04%	3.80%	1.80
佛山市	86.33%	7.81%	3.49%	2.37%	1.23
江门市	59.96%	30.77%	8.19%	1.08%	1.51
茂名市	77.78%	18.30%	3.49%	0.43%	1.28
肇庆市	16.92%	48.79%	25.83%	8.46%	2.31
梅州市	67.89%	25.77%	5.42%	0.92%	1.42
清远市	47.77%	41.47%	9.45%	1.31%	1.65
中山市	57.89%	29.17%	8.99%	3.95%	1.63
揭阳市	26.84%	48.70%	19.48%	4.98%	2.06
云浮市	41.94%	34.23%	16.49%	7.34%	1.93

从各城市住宿设施中过夜游客的调查情况来看，只在调查城市游览的游客比重超过70%的城市包括：佛山、深圳、广州、韶关、茂名。在这些城市旅行的大部分游客都将该城市作为唯一的目的地。

而在肇庆接受调查的游客，将该城市作为唯一目的地的游客比重较低，仅占16.92%。

国内游客平均游览城市数量及构成（景点问卷调查）

	1座	2座	3座	4座以上	平均座数
广州市	88.86%	9.68%	1.10%	0.36%	1.14
韶关市	82.35%	11.97%	5.48%	0.20%	1.24
深圳市	90.24%	7.59%	1.92%	0.25%	1.12
珠海市	86.07%	11.27%	2.19%	0.47%	1.18
汕头市	65.33%	28.67%	4.33%	1.67%	1.44
佛山市	89.13%	8.27%	2.14%	0.46%	1.14
江门市	79.93%	18.37%	1.36%	0.34%	1.24
茂名市	90.72%	8.38%	0.90%	0%	1.10
肇庆市	66.25%	32.75%	1.00%	0%	1.35
梅州市	80.00%	16.63%	2.41%	0.96%	1.25
清远市	63.61%	28.48%	7.28%	0.63%	1.46
中山市	81.38%	11.71%	5.11%	1.80%	1.28
揭阳市	63.89%	23.96%	8.68%	3.47%	1.59
云浮市	66.67%	17.03%	6.88%	9.42%	1.71

从在景点的调查情况来看，游客只将调查地作为唯一目的地的游客比重整体上依然超过在住宿设施调查的结果，说明景区旅游观光游客中只以一个城市为目的地的居多。在景点接受调查的游客包含了一日游游客，这些游客大多数只以调查城市为唯一的旅游目的地。

10. 国内游客在广东省内平均游览景点数量及构成

2012年在住宿设施调查游客数据显示，国内游客平均游览景点达到2.60个，比2011年略有下降（2011年为平均2.95个）。游览2个景点的游客比重最高，达到33.00%；其次是游览1个景点的游客，比重为24.87%；游览4个以上景点的游客比重最低，为19.04%。

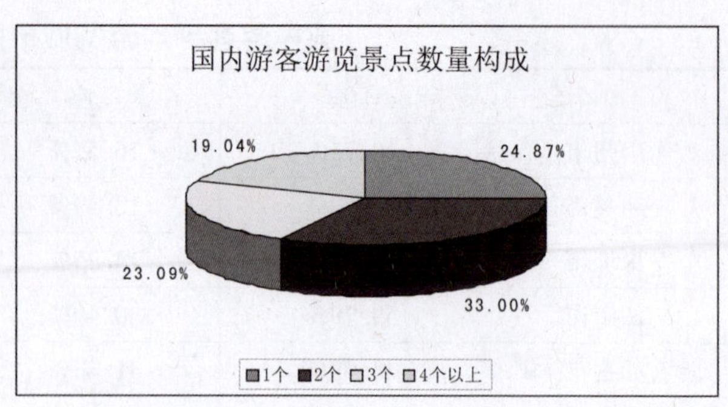

调查数据显示，在佛山、梅州、清远、揭阳旅游的国内游客平均游览景点个数超过3个，其余各城市国内游客的平均游览景点数量均超过2个。具体情况如下表：

国内游客游览景点数量及构成（住宿问卷调查）

	1座	2座	3座	4座以上	平均座数
广州市	23.94%	28.19%	20.99%	26.88%	2.97
韶关市	26.33%	37.32%	23.59%	12.76%	2.33
深圳市	31.12%	30.53%	27.33%	11.02%	2.29
珠海市	38.76%	33.10%	16.99%	11.15%	2.16
汕头市	38.95%	41.78%	10.95%	8.32%	2.00
佛山市	21.47%	28.81%	18.65%	31.07%	3.09
江门市	32.21%	34.78%	19.61%	13.40%	2.34
茂名市	26.18%	38.63%	30.47%	4.72%	2.15
肇庆市	5.87%	43.73%	26.76%	23.64%	2.68
梅州市	14.45%	27.15%	29.35%	29.05%	3.00
清远市	18.02%	31.80%	22.62%	27.56%	3.21
中山市	23.89%	31.42%	23.89%	20.80%	2.68
揭阳市	9.96%	27.76%	26.69%	35.59%	3.25
云浮市	26.39%	35.76%	25.35%	12.50%	2.40

从住宿问卷调查数据来看，国内游客只游览一个景点的游客比重较高的地方有汕头、珠海、江门、深圳，均超过30%；而在肇庆、揭阳只游览一个景点的游客比重低于10%。游客游览2个景点的比重较高，均超过25%，尤其是肇庆和汕头，超过40%。游客游览4个以上景点的比重均相对较低，超过25%的仅有揭阳、佛山、梅州、清远、广州。

（二）国内游客人均停留时间

根据对2012年国内旅游抽样调查数据分析得出，国内游客在广东省各市人均停留时间平均为2.54夜，与去年相比有较大幅度上升（2011年为2.13夜）。通过对在住宿设施调查的问卷数据分析得出，住宾馆酒店的游客人均停留时间为2.29夜，住旅馆的为1.85夜；而通过在景点的调查问卷数据得出，住宾馆酒店的游客人均停留时间为2.00夜，住旅馆的为3.15夜。

下图为接受调查游客在我省各市平均停留时间构成

情况：

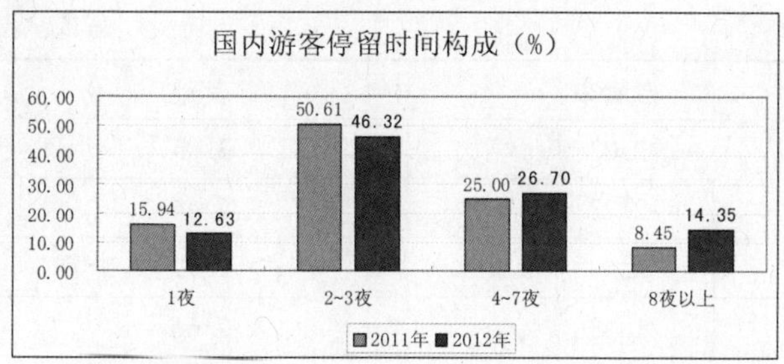

停留2～3夜的游客最多，占46.32%；停留4～7夜的占26.70%；停留8夜以上的占14.354%；停留1夜的只有12.63%。

与2011年相比，停留8夜以上的游客比重上升了近6个百分点；停留2～3夜的游客比重下降了4.29个百分点；而停留4～7夜的游客比重上升了1.7个百分点。因长时间停留过夜的游客比重上升，2012年在我省旅游的游客平均停留时间与2011年相比上升较明显。

在景区景点接受调查的游客中，一日游游客占36.97%，过夜游客占63.03%。一日游游客中，不过夜游客占97.54%，不在本市过夜，但会在其他市过夜的占2.46%。与2011年相比，一日游游客比重大幅下降，过夜游客比重上升明显。具体对比见下图：

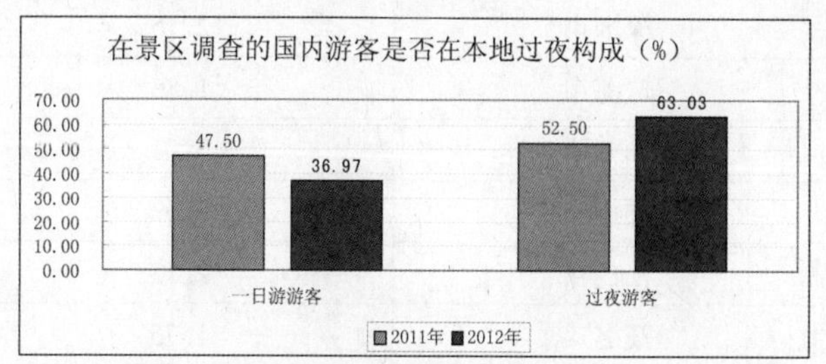

过夜游客人均停留时间分类统计结果如下：

1. 游客在各市人均停留时间

国内游客在各市人均停留时间

单位：夜

城市	夜数	城市	夜数	城市	夜数
广州市	2.83	汕头市	3.47	梅州市	1.99
韶关市	2.29	佛山市	3.56	清远市	1.90
深圳市	2.69	茂名市	2.16	中山市	4.37
珠海市	2.11	肇庆市	1.72	揭阳市	2.07
江门市	2.18	云浮市	2.50		

国内过夜游客人均停留时间低于2夜的城市只有3个，分别是肇庆（1.72夜）、清远（1.90夜）、梅州（1.99夜），其余城市的人均停留时间均在2夜以上。与2011年相比，大部分城市的人均停留时间出现不同程度的上升。

2. 按出游方式分类的人均停留时间

国内游客人均停留时间（按出游方式）构成

单位：夜

出游方式	旅行社组织	自驾车	其他
停留时间	2.42	2.18	2.81

自驾车出游方式的人均停留时间较短，旅行社组织及其他方式旅游的人均停留时间相对较长。

各市的具体情况见下表：

各市人均停留时间（按出游方式分类）

单位：夜

城市	旅行社组织	自驾车	其他
广州市	3.39	2.02	3.05
韶关市	2.27	2.22	2.44
深圳市	2.15	2.53	2.77
珠海市	1.85	1.43	2.66
汕头市	3.01	3.59	3.46
佛山市	3.53	3.04	4.19
江门市	2.13	2.02	2.43
茂名市	1.75	2.22	2.19
肇庆市	1.80	2.28	1.30
梅州市	1.70	1.90	2.59
清远市	2.08	1.81	1.96
中山市	9.02	3.05	4.64
揭阳市	1.98	1.92	2.21
云浮市	2.20	2.66	2.37

3. 按性别分类的人均停留时间

2012年的男性游客人均停留时间为2.51夜，女性游客人均停留时间为2.58夜，女性高于男性。2011年的男性游客人均停留时间为2.05夜，女性为2.26夜。与2011年相比，人均停留时间均有一定程度的上升。

4. 按年龄分类的人均停留时间

全省不同年龄段游客人均停留时间

单位：夜

年龄范围	65岁以上	45~64岁	25~44岁	15~24岁	14岁以下
停留时间	3.64	2.62	2.45	2.66	1.68

从年龄范围来看，15~64岁年龄阶段的游客人均停留时间相差不大，均在2.50夜左右。65岁以上年龄段游客人均停留时间最长，14岁以下年龄段游客停留时间最短。

各市按年龄分类的人均停留时间如下表：

各市游客人均停留时间（按不同年龄段分类）

单位：夜

城市	65岁以上	45~64岁	25~44岁	15~24岁	14岁以下
广州市	2.44	2.76	2.80	3.07	3.00
韶关市	2.50	2.12	2.36	2.18	
深圳市	2.91	2.94	2.58	2.72	
珠海市	9.79	2.40	1.92	2.00	1.40
汕头市	2.90	3.54	3.47	3.57	4.00

续表

城市	65岁以上	45~64岁	25~44岁	15~24岁	14岁以下
佛山市	4.59	3.77	3.16	4.90	
江门市	3.04	2.49	2.06	2.04	
茂名市	1.67	2.19	2.14	2.26	
肇庆市	1.43	1.82	1.68	1.72	
梅州市	2.26	1.94	2.03	1.72	1.00
清远市	2.67	1.72	1.89	2.10	1.29
中山市	13.33	5.42	2.93	7.43	
揭阳市	2.14	2.06	2.14	1.78	1.00
云浮市	1.86	2.35	2.56	2.54	1.00

从以上各市数据看出：

（1）65岁以上游客，在珠海、中山、佛山的人均过夜天数比较长，均超过了3夜；老年游客在肇庆、茂名、云浮的人均过夜天数较少，均不到2夜。

（2）45~64岁之间的游客，在汕头、佛山、中山的人均过夜天数超过3夜；人均过夜天数低于2夜的只有清远、肇庆、梅州。

（3）25~44岁之间的游客，汕头、佛山的人均过夜天数较长，超过3夜；肇庆、清远、珠海的人均停留时间相对较短，低于2夜。

（4）15~24岁的游客，中山、佛山、汕头、广州的人均停留时间高于3夜；肇庆、梅州、揭阳的人均停留时间均低于2夜。

（5）14岁以下少年儿童的人均停留时间不具有可比性，不少城市的过夜调查问卷没有涵盖到14岁以下儿童。

另外，65岁以上年龄段游客比例偏低，样本量较少，人均停留时间出现偶然性偏差的可能性较大。

5. 按出游目的分类的人均停留时间

不同出游目的人均停留时间

单位：夜

出游目的	休闲度假	观光游览	探亲访友	商务	会议	宗教朝拜	文化体育科技交流	其他
停留时间	2.40	2.41	2.79	2.67	2.54	4.25	2.85	2.62

按出游目的分类，以宗教朝拜为目的的游客人均停留时间较长；以休闲度假、观光游览为目的的游客人均停留时间相对较短。

各市按出游目的分类的人均停留时间如下表：

各市游客人均停留时间（按出游目的分类）

单位：夜

城市	休闲度假	观光游览	探亲访友	商务	会议	宗教朝拜	文化体育科技交流	其他
广州市	2.91	2.72	2.84	2.88	2.57	4.67	3.34	2.89
韶关市	2.44	2.30	2.12	2.38	1.96	1.55	1.92	2.03
深圳市	2.92	2.54	2.82	2.77	2.67	2.46	2.15	2.40
珠海市	1.54	2.58	2.53	2.98	2.75	4.17	3.67	2.21
汕头市	3.64	3.39	3.63	3.52	3.45	2.25	3.59	2.83
佛山市	4.59	4.37	4.60	2.31	3.32	1.29	3.41	4.10

续表

城市	休闲度假	观光游览	探亲访友	商务	会议	宗教朝拜	文化体育科技交流	其他
江门市	2.13	1.97	3.09	2.48	1.95	1.25	2.63	2.18
茂名市	2.15	2.09	2.40	1.62	4.47		1.83	2.39
肇庆市	1.57	1.77	1.77	1.84	2.18			1.61
梅州市	2.03	2.02	2.12	1.81	1.93	1.60	2.30	1.65
清远市	1.93	1.73	2.08	1.98	1.80		1.50	2.42
中山市	3.12	3.95	3.03	4.43	2.89	30.00	2.55	8.94
揭阳市	2.25	1.73	2.53	2.35	1.69	1.47	2.13	1.64
云浮市	2.69	2.25	2.59	2.49	2.50	2.05	3.55	2.36

从上表各市数据看出：

(1) 休闲度假游客，在佛山、汕头、中山、广州、深圳的人均停留时间相对较长；在珠海、肇庆的较短。

(2) 观光游览游客，在佛山、汕头、中山的人均停留时间较长；在肇庆、清远、揭阳的较短。

(3) 探亲访友游客的人均停留时间相对较长，只有肇庆低于2夜。

(4) 商务游客，主要在一些商务相对发达城市的人均停留时间较长，包括珠海、广州、深圳、中山等地区。

(5) 会议游客，与商务游客类似，也是在商业相对发达城市的人均停留时间较长。

(6) 宗教朝拜游客，因样本量最少，数据容易产生偶然性偏差，不作对比。

(7) 文化体育科技交流游客，人均停留时间较长的，主要分布在珠海、汕头、广州、佛山、云浮。

6. 按游客职业分类的人均停留时间

不同职业的人均停留时间

单位：夜

游客职业	公务员	企业管理人员	专业文教科技人员	销售人员	工人	军人	农民	离退休人员	学生	其他
停留时间	2.59	2.50	2.41	2.61	2.27	3.04	2.24	2.80	2.37	2.65

数据表明：人均停留时间较短的是农民和工人，只有2.25夜左右；军人和离退休人员的停留时间较长，分别为3.04夜和2.80夜；其他各类职业游客人均停留时间相差不大，在2.5夜左右。

各市游客按职业分类的人均停留时间如下表：

各市游客人均停留时间（按职业分类）

单位：夜

城市	公务员	企业管理人员	专业文教科技人员	销售人员	工人	军人	农民	离退休人员	学生	其他
广州市	2.98	2.89	2.96	2.74	2.49	2.92	2.99	2.40	2.86	2.78
韶关市	2.52	2.50	2.06	2.05	2.13	2.75	2.86	2.09	2.50	2.10
深圳市	2.78	2.73	2.34	2.34	2.92	2.50	2.14	2.89	2.98	3.15
珠海市	2.54	1.91	1.88	1.87	1.88	2.88	2.07	5.99	1.90	2.17
汕头市	3.08	3.55	2.49	4.06	3.06	3.63	2.33	3.56	3.45	3.77
佛山市	4.74	3.14	3.87	3.24	4.11	7.18	4.56	5.56	2.15	3.68

续表

城市	公务员	企业管理人员	专业文教科技人员	销售人员	工人	军人	农民	离退休人员	学生	其他
江门市	2.32	2.07	2.11	1.96	1.90	2.75	2.05	3.01	2.09	2.16
茂名市	2.49	2.12	2.47	2.10	1.94	2.00	1.80	1.75	1.94	2.10
肇庆市	1.59	1.86	1.35	1.78	1.79	1.87	1.43	1.56	1.76	
梅州市	2.13	1.92	2.32	1.87	2.05	1.75	2.76	2.04	1.50	1.88
清远市	2.06	1.80	1.83	2.00	2.08	1.00	1.33	1.62	1.91	1.98
中山市	3.02	2.79	3.98	6.54	2.52	2.18	2.14	2.15	2.58	6.31
揭阳市	2.15	2.02	1.81	2.00	1.48	1.89	1.57	1.73	1.48	2.45
云浮市	2.53	2.57	3.03	2.63	2.61	4.92	2.04	1.49	2.41	2.29

从各市数据看出：

（1）公务员游客，在汕头、佛山、中山、广州、深圳的人均停留时间较长。

（2）企业管理人员游客，在广州、深圳、佛山、汕头、中山的停留时间较长。

（3）专业文教科技人员游客，在广州、佛山、中山、云浮的停留时间较长。

（4）销售人员游客，在广州、佛山、汕头、中山的人均停留时间较长。

（5）工人游客在深圳、佛山、汕头的停留时间较长。

（6）军人游客，人均停留时间相对较长，尤其在云浮、佛山、汕头地区。

（7）农民游客，人均停留时间相对较短，只有在佛山、广州、韶关停留时间相对较长。

（8）离退休人员游客，在珠海、佛山的人均停留时间最长，超过5夜。

（9）学生游客，在广州、深圳、汕头的人均停留时间相对较长。

（三）国内游客人均天花费

2012年，我省国内游客抽样调查数据汇总的花费情况主要包括两大部分：一是国内过夜游客在各市人均天花费及构成，二是国内一日游游客人均花费。

1. 国内过夜游客在各市的人均天花费分析

（1）按性别分类的过夜游客人均天花费。

从调查汇总数据来看，男性游客人均天花费为925.87（2011年为918.44元），比2011年增长0.81%；女性游客人均天花费为907.14元（2011年为934.068元），比2011年下降2.88%。男性游客的花费要稍高于女性。

（2）按年龄段分类的过夜游客人均天花费。

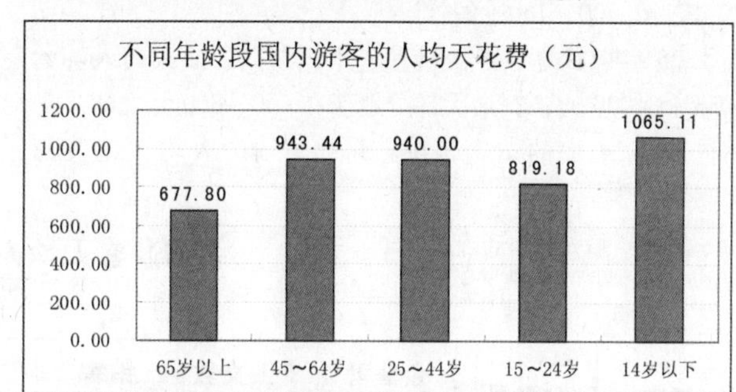

统计汇总数据表明：14岁以下儿童的人均天花费最高，超过1000元；65岁以上老年人人均天花费最低；25~64岁之间主要旅游消费人群的人均天花费为940~950元之间。

各市按年龄段分类的过夜游客人均天花费情况如下表：

各市游客人均天花费（按年龄段分）

单位：元

城市	65岁以上	45~64岁	25~44岁	15~24岁	14岁以下
广州市	1274.03	1267.29	1213.47	1171.53	1290.00
韶关市	631.75	602.39	602.11	604.56	
深圳市	1838.87	1358.05	1264.11	1059.57	
珠海市	186.93	840.93	825.42	726.68	1345.71

续表

城市	65岁以上	45～64岁	25～44岁	15～24岁	14岁以下
汕头市	1175.09	900.98	1024.67	979.92	675.00
佛山市	523.76	668.98	640.71	396.69	
江门市	560.40	624.93	675.79	635.59	
茂名市	774.80	649.07	763.35	692.25	
肇庆市	965.46	693.15	733.79	733.44	
梅州市	574.98	733.78	663.55	713.41	875.00
清远市	436.88	650.36	575.31	570.58	652.22
中山市	68.09	975.22	815.47	244.74	
揭阳市	505.40	618.54	588.67	579.95	862.50
云浮市	904.00	640.22	673.99	853.87	2464.00

从各市数据看出：

65岁以上游客，在深圳、广州、汕头、肇庆、云浮的人均天花费比较高，超过了900元；其他大部分地区的人均天花费在500元上下浮动，相对偏低。

45～64岁的游客，在深圳、广州、中山、汕头的人均天花费相对较高，超过900元；其他大部分地区的人均天花费集中在600～750元之间。

25～44岁的游客，只有广州、深圳、汕头的人均天花费超过1000元；其余大部分地区在600～800元之间。

15～24岁的游客，在广州、深圳的人均天花费超过1000元；在中山、佛山的人均天花费较低，不超过400元。

14岁以下儿童的数据量偏低，不少地区未被调查到儿童游客。

（3）按职业分类的过夜游客人均天花费。

抽样调查统计汇总分析数据表明：企事业管理人员的人均天花费最高，达到1009.67元；公务员、学生和专业文教科技人员的人均天花费分别排在第2、第3和第4位；工人、农民、离退休人员的人均天花费相差不大，维持在750～800元之间。

各市按职业分类的过夜游客人均天花费情况如下表：

各市游客人均天花费（按职业分类）

单位：元

城市	公务员	企业管理人员	专业文教科技人员	销售人员	工人	军人	农民	离退休人员	学生	其他
广州市	1237.72	1240.53	1192.91	1232.45	1157.84	1235.99	1058.69	1413.27	1116.24	1190.97
韶关市	604.48	594.50	594.09	611.05	576.62	616.23	579.82	626.99	710.15	610.46
深圳市	1360.04	1371.64	1093.79	1033.39	1531.66	1292.44	1265.77	1276.90	1650.59	1216.75
珠海市	835.57	965.80	827.28	734.58	616.47	583.74	364.87	304.66	647.01	787.38
汕头市	1448.18	941.23	1540.84	757.70	608.96	263.79	1275.67	889.01	669.48	1048.73
佛山市	806.63	849.37	759.84	365.24	389.08	449.37	756.10	371.25	453.12	663.55
江门市	772.93	657.68	680.26	746.41	683.34	529.48	607.02	440.76	568.21	648.39
茂名市	804.46	803.05	675.32	600.14	754.76	761.80	891.67	739.43	731.18	709.11
肇庆市	834.55	657.38	932.36	734.44	702.63	/	636.23	965.46	868.16	681.07
梅州市	754.39	702.26	659.75	723.22	528.46	1004	484.67	646.01	756.99	667.83
清远市	740.30	658.77	528.14	622.57	531.61	835	696	502.86	534.93	481.61

续表

城市	公务员	企业管理人员	专业文教科技人员	销售人员	工人	军人	农民	离退休人员	学生	其他
中山市	589.72	834.56	702.81	278.91	722.09	1233.33	960.07	441.88	831.63	743.81
揭阳市	800.83	715.21	640.68	507.44	470.03	557.65	704.42	617.07	619.81	478.64
云浮市	692.38	703.17	688.05	631.95	599.25	338.61	533.80	566.77	877.72	751.75

从各市数据看出：

公务员游客，在汕头、广州、深圳的人均天花费相对较高，在其他地区的人均天花费则集中在600～850元之间。

企事业管理人员游客，在深圳、广州、珠海、汕头的人均天花费相对较高，超过900元；其他地区的人均天花费在600～850元之间。

专业文教科技人员游客，在汕头、广州、深圳、肇庆的人均天花费相对较高。

销售人员游客，在广州、深圳的人均天花费相对较高。

工人游客，在广州、深圳的人均天花费相对较高。

军人游客，在深圳、广州、梅州、中山的人均天花费相对较高。

农民游客，在深圳、广州、汕头、中山的人均天花费相对较高。

离退休人员游客，在广州、深圳、肇庆、汕头的人均天花费相对较高。

学生游客，在深圳、广州的人均天花费相对较高。

（4）按出游目的分类的过夜游客人均天花费。

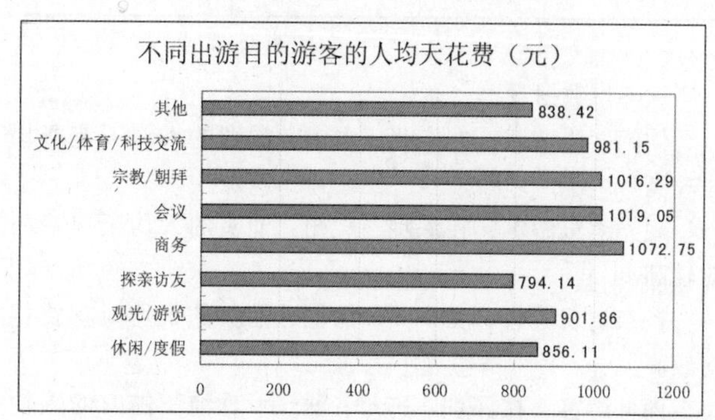

调查数据表明：以商务、会议、宗教朝拜、文化体育科技交流为出游目的的游客，人均天花费较高，分别达到1072.75元、1019.05元、1016.29元和981.15元；排在第5位的是观光游览类，为901.86元；探亲访友的人均天花费排在最后，为794.14元。

各市按出游目的分类的过夜游客人均天花费情况如下表：

各市游客人均天花费（按出游目的分类）

单位：元

城市	休闲度假	观光游览	探亲访友	商务	会议	宗教朝拜	文化体育科技交流	其他
广州市	1197.55	1195.33	1101.52	1298.68	1291.84	1142.45	1175.29	1180.90
韶关市	590.32	604.86	608.60	625.81	622.54	584.88	609.08	601.78
深圳市	946.66	1360.49	1094.08	1453.12	1429.03	1832.81	2145.13	1237.82
珠海市	800.81	646.57	643.61	982.23	876.45	655.40	504.53	690.48
汕头市	757.30	1007.93	1070.57	1250.17	744.27	1344.67	641.93	897.25
佛山市	464.35	510.55	358.79	908.58	846.64	785.56	894.97	552.69
江门市	635.06	636.86	477.53	838.07	765.00	570.00	690.74	687.86
茂名市	725.19	637.35	561.65	857.13	863.45		967.45	839.67
肇庆市	806.44	704.72	696.45	685.18	610.52			758.68
梅州市	791.21	644.77	633.91	703.83	556.92	721.25	745.96	745.58

续表

城市	休闲度假	观光游览	探亲访友	商务	会议	宗教朝拜	文化体育科技交流	其他
清远市	571.04	612.62	541.47	710.78	531.53		645.17	539.54
中山市	1130.65	656.82	489.86	509.62	669.86	1000.00	1075.18	227.31
揭阳市	834.52	644.04	518.53	465.25	987.30	495.68	700.15	610.59
云浮市	620.14	682.17	719.36	711.95	856.14	1014.89	534.66	697.28

从各市数据看出：

休闲度假游客，在广州、中山、深圳的人均天花费相对较高。

观光游览游客，在深圳、广州、汕头的人均天花费相对较高。

探亲访友游客，在广州、深圳、汕头的人均天花费相对较高。

商务游客，在深圳、广州、汕头、珠海、佛山的人均天花费相对较高。

会议游客，在深圳、广州、揭阳的人均天花费相对较高。

宗教朝拜游客，在深圳、广州、汕头、云浮、中山的人均天花费相对较高。

文化体育科技交流游客，在深圳、广州、中山、茂名的人均天花费相对较高。

（5）国内过夜游客人均天花费构成。

在过夜游客人均天花费构成中，住宿花费最高，占总费用的25.67%；其次是购物花费，占18.34%；长途交通花费排在第3位，占16.26%；餐饮花费与长途交通的花费接近，排在第4位。

与2011年调查数据相比，不同种类的花费趋势基本相同，但整体上可以看出，游客在长途交通费、住宿费、付给旅行社的费用等硬性成本费用的比重上升了（2012年持续的物价上涨因素导致），从而导致游客为了控制旅行成本，在能够自我控制的餐饮花费、购物花费等方面有所节制，因此出现购物和餐饮花费比重的降低。

（6）过夜游客中省内游客和外省游客人均天花费情况。

各市过夜省内外游客人均天花费情况表

城市	随机调查游客比重		人均天花费（元）		
	本省游客	外省游客	本省游客	外省游客	平均
广州市	33.92%	66.08%	1119.10	1257.91	1216.57
韶关市	63.41%	36.59%	600.54	605.66	602.47
深圳市	19.19%	80.81%	912.75	1370.11	1287.18
珠海市	53.48%	46.52%	722.98	823.21	779.03
汕头市	51.90%	48.10%	726.38	1245.27	986.41
佛山市	54.11%	45.89%	504.08	691.34	606.81
江门市	57.30%	42.70%	579.61	728.34	654.29
茂名市	71.46%	28.54%	681.12	826.04	727.21
肇庆市	48.24%	51.76%	641.00	858.15	730.66
梅州市	81.49%	18.51%	648.23	798.71	679.60
清远市	66.40%	33.60%	596.70	574.95	589.19
中山市	42.54%	57.46%	569.73	718.40	657.41
揭阳市	68.18%	31.82%	571.60	634.89	596.41

续表

城市	随机调查游客比重		人均天花费（元）		
	本省游客	外省游客	本省游客	外省游客	平均
云浮市	64.52%	35.48%	656.60	730.30	686.71
全省	47.27%	52.73%	732.20	1063.27	918.33

从随机调查的问卷情况可以初步看出，深圳、广州、中山、肇庆等市的外省游客比重较高，均超过50%，尤其以深圳最高，达到80.81%。梅州、茂名等市的外省游客比重偏低，均低于30%。

从总体情况来看，绝大部分地市接待的外省过夜游客人均天花费要高于本省过夜游客。

综合情况来看，全省平均游客人均天花费（918.33元）比2011年（924.61元）略有下降，较2011年下降0.68%。过夜游客人均天花费比较高的城市为：深圳（1287.18元）、广州（1287.18元）、汕头（986.41元），其余地区均低于800元。

（7）去景点游览的过夜游客人均天花费情况。

各市不同住宿设施国内游客人均天花费表

单位：元

城市	住宿在旅馆	住宿在亲友家中
广州市	813.90	407.65
韶关市	623.80	609.17
深圳市	740.67	431.67
珠海市	389.75	194.12
汕头市	1338.29	860.92
佛山市	1129.54	327.78
江门市	348.33	364.68
茂名市	590.11	485.83
肇庆市	1031.18	605.17
梅州市	633.11	760.17
清远市	428.82	325.19
中山市	664.42	149.55
揭阳市	564.77	439.38
云浮市	797.70	486.65

调查统计资料表明：从总体上看，住宿在旅馆的游客人均天花费要比住宿在亲友家中的高，仅有江门和梅州例外。

2. 一日游国内游客人均花费

各市一日游游客人均花费表

单位：元

城市	一日游游客人均花费
广州市	592.41
韶关市	609.94
深圳市	711.54
珠海市	306.42
汕头市	735.84
佛山市	266.52
江门市	297.93
茂名市	490.38
肇庆市	832.99
梅州市	351.71
清远市	533.02
中山市	302.25
揭阳市	303.23
云浮市	647.54
全省	511.45

统计资料表明：一日游人均花费超过500元的市包括肇庆、汕头、深圳、云浮、韶关、广州、清远等7个地区；佛山、江门等市则偏低。

3. 与2011年相比人均天花费变动情况

（1）过夜游客人均天花费变动分析。

过夜游客在部分市人均天花费变动表

单位：元

城市	2012 年	2011 年	增长值	增幅
全省平均	918.33	924.61	-6.28	-0.68%
广州市	1216.57	1568.32	-351.75	-22.43%
韶关市	602.47	749.63	-147.16	-19.63%
深圳市	1287.18	1419.99	-132.81	-9.35%
珠海市	779.03	671.78	107.25	15.97%
汕头市	986.41	804.35	182.06	22.63%
佛山市	606.81	471.98	134.83	28.57%
茂名市	727.21	970.95	-243.74	-25.10%
肇庆市	730.66	714.5	16.16	2.26%
梅州市	679.6	673.42	6.18	0.92%
云浮市	686.71	665.45	21.26	3.19%

从连续2年参与抽样调查的各市数据看出，过夜游客在各市的人均天花费与2011年相比变化较大，部分地区增长达到20%以上，也有部分地区下降20%以上，这些较大变化须得到各地市旅游局重视。

全省平均人均天花费从924.61元下降到918.33元，减少了6.28元，降幅为0.68%，说明全省平均水平与2011年变化不大。

（2）一日游游客人均天花费变动分析。

从全省情况来看，2012年一日游人均花费为511.45元，比2011年的调查数据上升了85.19元，增幅为19.99%。

（四）国内游客对住宿设施的选择

通过各市对当地景点游客的抽样调查显示，从全省平均情况来讲，选择住宾馆饭店游客比重较高（45.27%）；其次是住在亲友家中（32.24%）；选择住旅馆招待所的排在第三位（19.26%）。与2011年相比，选择住在亲友家的游客增长较快，而选择住旅馆招待所的游客比重略有下降。

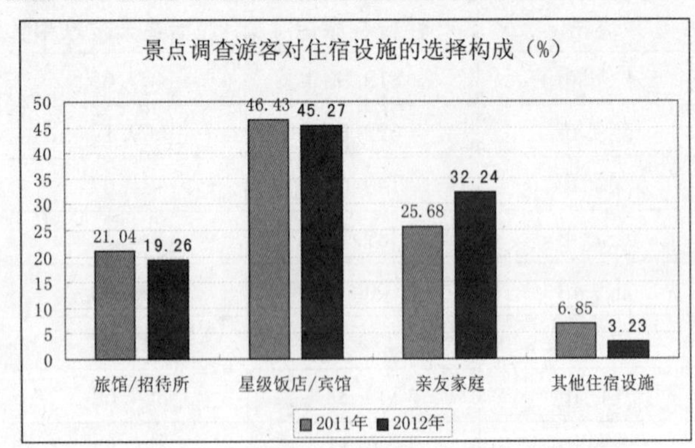

各市去景点游览游客对住宿设施的选择情况表

城市	旅馆/招待所	饭店/宾馆	亲友家庭	其他住宿设施
广州市	18.49%	38.12%	41.62%	1.77%
韶关市	32.68%	45.32%	12.32%	9.68%
深圳市	21.92%	41.51%	36.38%	0.19%
珠海市	4.98%	54.25%	37.03%	3.74%
汕头市	22.75%	39.81%	33.98%	3.46%
佛山市	20.24%	41.32%	35.24%	3.20%
江门市	23.42%	53.48%	15.51%	7.59%

续表

城市	旅馆/招待所	饭店/宾馆	亲友家庭	其他住宿设施
茂名市	15.42%	78.61%	4.73%	1.24%
肇庆市	82.72%	9.47%	5.76%	2.05%
梅州市	8.94%	76.98%	12.32%	1.76%
清远市	20.89%	49.13%	10.44%	19.54%
中山市	19.23%	36.26%	41.21%	3.30%
揭阳市	16.06%	52.31%	22.87%	8.76%
云浮市	6.81%	57.04%	35.26%	0.89%

游客选择住在旅馆招待所的比重较高地区为肇庆（82.72%）、韶关（32.68%）；选择住宿在宾馆酒店的比重较高的地区有茂名（78.61%）、梅州（76.98%）、云浮（57.04%）、珠海（54.25%）、江门（53.48%）、揭阳（52.31%）；选择住宿在亲友家比重较高的地区有广州（41.62%）、中山（41.21%）。

三、2012 年度各次调查数据主要对比分析

2012 年度，在广东省 14 个地市共开展 2 次国内游客旅游问卷调查。其中第一次数据收集在 5～7 月完成，第二次数据收集在 10～11 月完成。

我们对第一次数据及第一与第二次的合计数据分别作了分析，得出共 2 套数据分析表。现就其中一些主要情况，将此二次数据分析结果进行相关比较。（为表述方便，以下图表中分别将第一次数据、第一和第二次的合计数据简称为数据 1，数据 1－2。）

（一）游客基本特征对比分析

1. 国内游客职业构成对比

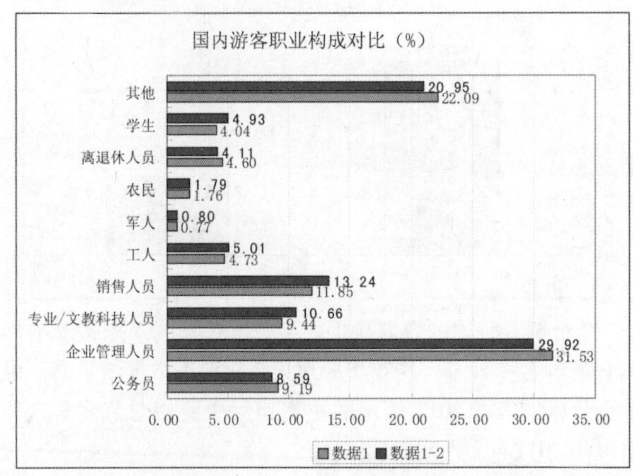

从以上图表看出，2 次数据的游客职业构成比例趋势一致，相同职业的游客比例比较接近。

2. 国内游客出游目的对比

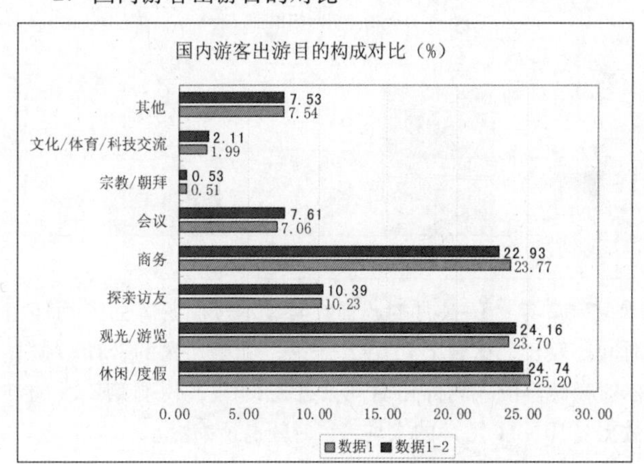

从上图可以看出，2012 年广东游客出游目的构成比较均衡，上下半年出游目的变化趋势较一致。

3. 国内游客游览城市数量构成对比

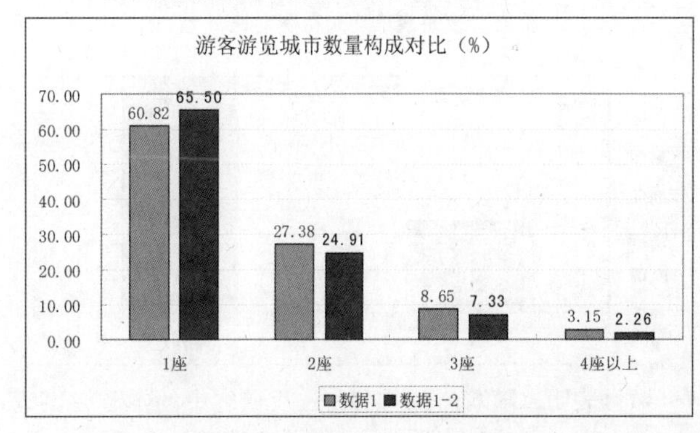

在 2012 年度，随着时间推移，只游览 1 座城市的游客比重上升，游览 2 座以上城市的游客比重下降。

（二）人均停留时间对比分析

1. 一日游游客比重对比

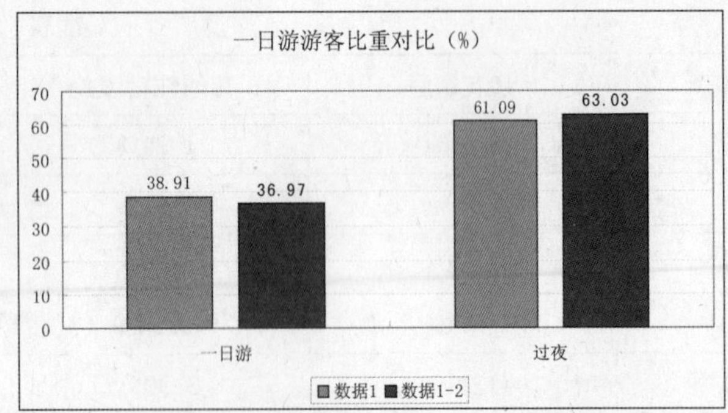

从以上图表显示：2012 年度，随着时间推移，一日游游客比重下降，过夜游客比重上升。过夜游客的比重大幅超过一日游游客的比重。

2. 过夜游客人均停留时间对比

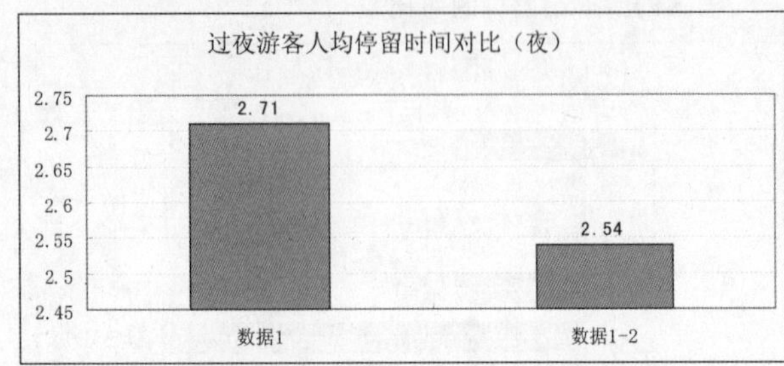

2012 年，5～7 月的调查数据显示过夜游客的人均停留时间比较长，达到 2.71 夜；而第一和第二次的合计数据显示过夜游客的人均停留时间只有 2.54 夜，说明第 2 次调查数据（10～11 月）的人均停留时间有所缩短。

（三）人均天花费对比分析

1. 过夜游客中本、外省游客人均天花费对比

过夜游客中的本省游客人均天花费对比情况如下：

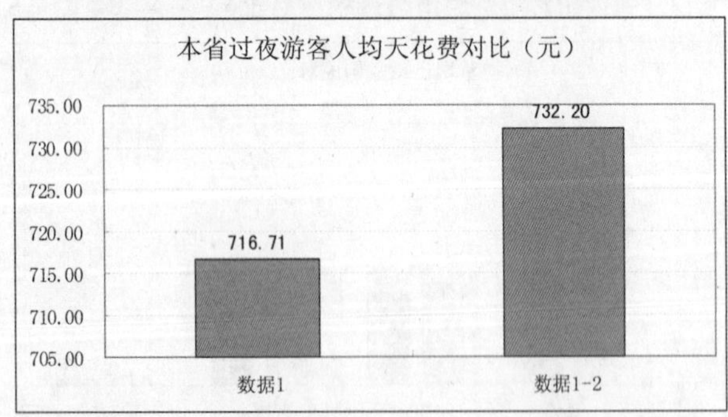

数据表明，随着时间推移，过夜游客中的本省游客人均天花费呈上升趋势。与 2011 年的情况类似。

过夜游客中的外省游客人均天花费对比情况如下：

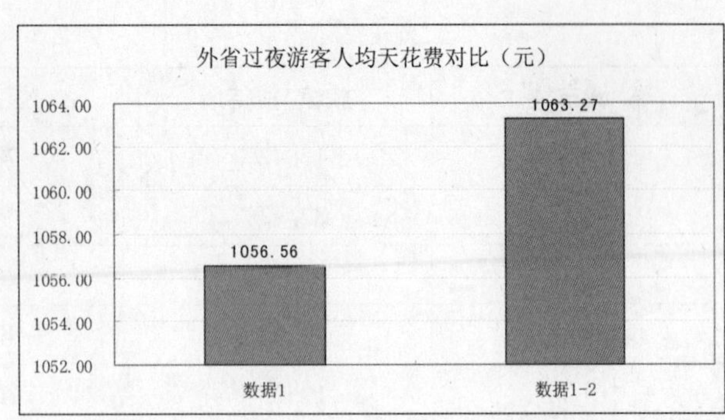

数据表明，2012 年度过夜游客中的外省游客人均天花费的变化，也是随时间推移呈上升趋势，同样与 2011 年的结果类似。

2. 过夜游客人均天花费构成对比

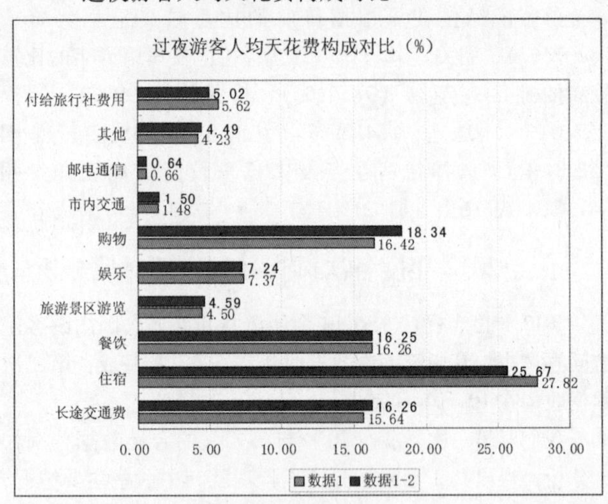

从数据来看，第 2 次数据中购物、长途交通的花费比重上升，住宿费用比重出现下降。支付给旅行社的费用比重也略有下降。

3. 一日游游客人均天花费对比

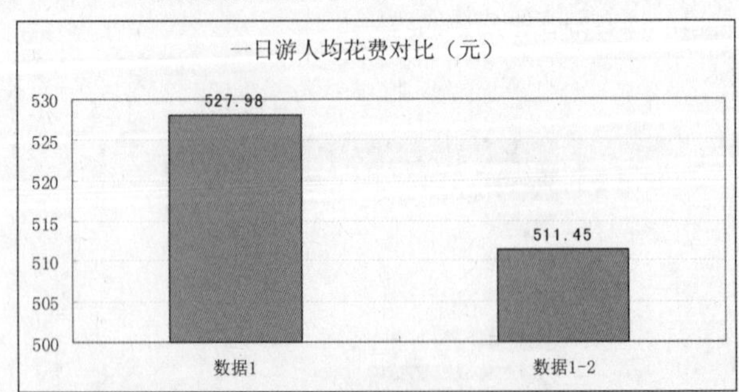

2 个调查阶段的数据显示，第一次在景区景点接受抽样调查的游客一日游人均花费要比第 2 次调查数据结果高。说明一日游游客在 2012 年尾的花费比年中要相对节俭。这种情况与 2011 年的调查结果类似。

（叶志青）

各市旅游业

Tourist Industry of All Cities

（第 255 ~ 378 页）

潮州市 · 广济桥

广州旅游业

综　述

【概况】　广州市地处中国大陆南方、广东省的中南部、珠江三角洲的北缘，濒临南海，毗邻香港和澳门，是华南地区交通通信枢纽和贸易口岸，素有中国的“南大门”之称。广州总面积7434.4平方公里，设越秀区、海珠区、荔湾区、天河区、白云区、黄埔区、花都区、番禺区、萝岗区、南沙区、从化市、增城市等十区二市。珠江穿市而过，东江、西江、北江——珠江三大支流在此汇合流入南海。广州地处亚热带、横跨北回归线，亚热带季风气候，气候温和，雨量充沛，四季常青，繁花似锦，风光旖旎，是国际花园城市，享有“花城”的美誉。红棉花色彩美艳，有“英雄花”美称，是广州的市花。广州得天独厚的自然环境，别具特色的南国风情，源远流长的历史文化，为数众多的名胜古迹，丰富多彩的文化生活，以及发达的商贸旅游服务业，使广州成为全国最重要的旅游城市之一。

2012年，广州旅游业以建设国家中心城市、打造世界文化名城和国际商贸中心为引领，以新型城市化发展理念为指导思想，以“三打两建”为行动抓手，全力推进跨越发展，各项旅游指标保持稳步增长。全年全市接待游客1.42亿人次，比上年增长6.88%；旅游业总收入达到1911亿元，比上年增长17.19%，其中外汇收入51.45亿美元，比上年增长6.01%；旅游业增加值812.59亿元，比上年增长17.19%。

【旅游行业规模】　截至2012年年底，全市拥有星级饭店226家，其中白金五星级饭店1家，五星级饭店20家，四星级饭店36家，三星级饭店135家，二星级饭店34家。全市星级酒店从业人数45300人，比上年减少2597人；拥有旅行社347家，其中出境游组团社63家，外资旅行社10家。旅行社从业人数10833人，比上年减少215人；拥有A级景区39家，其中5A级2家，4A级20家，3A级16家，2A级1家。统计口径内景区从业人员17059人，比上年减少2470人。

【重大旅游活动】　2012年，广州市旅游局率队参加国内外旅游展会及国家旅游局组织的促销活动近20次，如德国柏林旅游交易会、中国国际旅游交易会、中国会奖旅游专项推广活动等，介绍广州旅游资源及产品，协助旅游企业搭建交流平台，以公众为目标大量派发旅游宣传品以提升广州旅游知名度。

6月19~27日，由广州市政府副市长王东带队，广州市旅游局和越秀区旅游局、番禺区旅游局及岭南集团、白云山风景名胜区、广州塔、广之旅、广东铁青、南湖国旅、羊城之旅、新港明珠大酒店、中国南方航空公司等10多家旅游企业赴俄罗斯在莫斯科举办广州旅游推介会。国家旅游局驻莫斯科办事处主任刘建明出席推介会并致辞。俄罗斯旅游协会（无国界旅游协会）常务会长 Mikhail Vislin 和来自俄罗斯旅游联邦总署专员 Bychkova Elena 出席会议。莫斯科近百名旅游业界和媒体代表出席推介会。

8月26~31日，广东省旅游局、香港旅游发展局、澳门特区政府旅游局、广州市旅游局、深圳市文体旅游局、中山市旅游局联合组织粤港澳三地旅游主管部门及旅游企业赴印度联合开展旅游宣传推广促销活动，分别在印度青奈、孟买、新德里召开业界旅游洽谈会，宣传各地旅游特色及粤港澳“一程多站”联程旅游线路。与当地的旅游部门及旅行商进行交流与洽谈。广州市旅游局组织广州新电视塔建设有限公司、白云山风景名胜管理局、广东省中旅、南沙区旅游局等单位参加推介活动。

▲2012年12月14日，广州“欢乐惠”旅游嘉年华活动启动仪式。（丁旭晖　摄）

【国民旅游休闲计划】 2012年，广州市进一步开发与完善国民旅游休闲产品和服务体系。以东北部山区为重点方向，从政策、资金上积极扶持增城、从化市旅游业发展。指导番禺区沙湾古镇、花都区红山村、从化区溪头村等开展旅游特色名村名镇建设。指导并推荐花都区红山村、从化区宝趣玫瑰园、南沙区永乐农庄3家乡村生态旅游景区（点）申报"国家农业旅游示范点"，其中南沙永乐农庄被评为"全国休闲农业与乡村旅游示范点"。11月21日，广州市旅游局配合省林业厅、省旅游局对2009年广东省森林生态旅游示范基地开展实地复评，广州市从化流溪河国家森林公园、中国科学院华南植物园和广州市从化石门国家森林公园3家国家森林生态公园通过复核考评。3月10日，广州市旅游局与增城市人民政府共同策划的"欢乐健康绿道游——增城（正果）幸福乡村旅游直通车"项目启动仪式在正果镇圭湖村举行，首发团游客逾1000人。"幸福乡村直通车"项目经商市民宗局将线路延长至增城畲族村。指导广东科学中心、华南植物园等6家A级景区开展科普旅游相关工作，与市科信局联合策划推广5条新的科普旅游线路。3月13日，由广州市旅游局、花都区旅游局、广州地区旅游景区协会、广州地区旅行社行业协会、广东省自驾车协会主办，石头记矿物园、芙蓉省级旅游度假区、圆玄道观、洪秀全故居、九龙湖旅游度假区、广东益民休闲旅游服务有限公司等单位承办的"春满花都·溢彩纷呈"——花都区旅游主题月推广活动在石头记矿物园举行。花都区休闲度假旅游产品得到推广，各类旅游资源有效整合和激活。指导中山纪念堂、西汉南越王博物馆、广州博物馆开展"穿越两千年·一票揽三胜"联合推广活动。

【2012年中国旅游日主题活动】 2012年5月19日，"惠民旅游乐万家"——2012年"中国旅游日"广州专题活动在广州正佳广场举办。此活动由广州市旅游局主办，天河区旅游局、正佳广场承办，广州地区旅游景区协会、广州地区旅行社协会、广州市地区酒店协会等协办。通过宣传和组织丰富多彩、利民惠民的"中国旅游日"活动，不断提高公民旅游意识，在全社会营造关注旅游、参与旅游、支持旅游、推动旅游发展的良好氛围。同时引导旅游企业诚信经营、优质服务，进一步优化旅游服务环境，树立旅游行业良好形象。

出入境旅游

【入境旅游】 2012年，广州市接待入境过夜旅游者792.21万人次，比上年增长1.74%；旅游外汇收入51.45亿美元，比上年增长6.01%。以世界各大洲划分入穗游客来源地所占比重统计：亚洲游客位列第一，占来穗外国游客的47.64%，其次为非洲游客，占26.72%，再次为欧洲游客，占15.10%。

【出境旅游】 2012年，广州市旅行社组团出境游243.99万人次，比上年增长29.49%。其中组团香港游74.81万人次，比上年增长23.62%；组团澳门游56.42人次，比上年增长20.04%；组团台湾游10.39万人次，比上年增长40.25%；组团出国游102.37万人次，比上年增长39.12%。

国内旅游

【国内旅游接待与收入】 2012年，广州市接待国内过夜旅游者4017.36万人次，同比增长5.27%。国内旅游收入1586.11亿元，同比增长20.57%。旅行社组团国内游853.54万人次，同比增长4.34%。其中组团省内游629.48万人次，同比增长2.06%；组团省外游224.06万人次，同比增长11.32%。

【假日旅游】 2012年春节黄金周广州市共接待游客909.65万人次，旅游业总收入58.93亿元。据春节黄金周期间抽样调查数据显示，游客对广州旅游的满意率达96.65%。

2012年"十一"国庆黄金周期间，广州市共接待游客1186.23万人次，比上年同期增长8.13%。其中接待过夜旅游者241.89万人次，接待不过夜旅游者944.34人次，同比分别增长7.02%和8.42%。旅游业总收入79.96亿元，比上年同期增长13.07%。实现接待和营业收入的双增长。另外根据节日期间抽样调查数据显示，游客对广州旅游的满意率达98.7%。

旅游市场推广与节庆活动

【旅游市场推广】 2012年，广州市旅游局坚持模式创新，城市旅游形象实现新提升。一是整合资源集中宣传。在中央电视台（简称"央视"）一套及国际频道投放广州城市形象宣传片。与南方卫视、广东移动等媒体合作，制作播出《360°叹广州》专题旅游节目。在广州白云机场等人流密集场所及户外LED广告屏幕投放万余个广州旅游形象公益广告。印发40余万份旅游宣传折页。制作并在全市高星级饭店发放《广州印象——旅游画册》。联合港铁公司制作推出《新游广州》车载杂志及系列微电影，在香港红磡车站投放广州旅游户外广告。二是拓宽途径借力营销。组织旅游企业赴俄罗斯、立陶宛举办大型旅游推介会。承办TPO（亚太城市旅游振兴机构）第二十次执委会会议。协助俄罗斯国家电视台及澳大利亚、新西兰、印度尼西亚媒体来穗实地考察、拍摄宣传旅游资源及线路。协助境内外旅游机构在穗举办推介活动200多场，借机宣传广州旅游。广州市获批第二批大陆赴台个人游试点城市。三是不断深化区域合作。组织旅游企业参加港澳各类旅展活动，联合粤港澳三地赴印度举办宣传推广活动。联合广佛肇、广深珠赴川、甘、吉、蒙、湘、鄂等地开展宣传推广，组织国内买家团到广清韶考察采风。广清、广惠两市四地签署联盟旅游合作协议，与广西贺州、桂林等城市联手打造华南五市山水休闲旅游黄金专线。广东省副省长招玉芳在广州市报送的相关材料上作出批示："广州创新旅游营销模式，提升城市旅游吸引力、影响力的做法很好。"

【GITF 2012年第二十届广州国际旅游展览会】 2012年3月1~3日，由广东省旅游局和广州市旅游局指导，汉诺威米兰展览（上海）有限公司主办的2012年广州国际旅游展览会（英文简称GITF）在广州进出口商品交易会展馆举办。广东省副省长许瑞生、广州市副市长王东、广东省旅游局局长杨荣森、广州市旅游局局长朱力等领导出席新推行启动。本届展会喜迎20华诞，是1993年创办以来规模最大的一届，吸引来自36个国家和地区的658家展商参展，其中境外展商占46%，展出面积达22000平方米，规模较上年增长15%。3天展会吸引参观人数达8万人次。

GITF 2012年第二十届广州国际旅游展览会创下20年来多项之最：最新展出场馆、最大展出面积、最多展商数、最强国内外展商阵容等。加拿大、美国、俄罗斯、冰岛、伊朗、英国等新增的境外旅游局纷纷助阵，与来自土耳其、德国、捷克、关岛、巴西、法国、匈牙利、奥地利、尼泊尔、菲律宾、印度、印度尼西亚、中国澳门、中国香港、韩国、日本、泰国、斯里兰卡、阿联酋、肯尼亚等国家和地区的传统展商，共同打造交流展示的绚丽舞台。国内各地旅游机构如内蒙古、北京、武汉，以及广深珠、广中江、南番顺、广佛肇等旅游合作联盟也强势进驻现场，搭建特色展台，力推特色文化与国外参展商共镶盛会。展会期间，中央电视台、广东电视台、广州电视台、《中国旅游报》《广州日报》《南方日报》《南方都市报》《羊城晚报》等百余家媒体对活动全方位报道，全程展现广州旅游展精彩之处。

【区域旅游联盟与协作】 2012年，广州市旅游局深入拓展区域合作，旅游中心的辐射带动作用继续增强。

穗港澳合作　自2011年广州市旅游局与澳门特区政府旅游局签署《穗澳加强旅游合作备忘录》以来，广州市旅游局保持与港澳旅游主管部门的密切交流，互相拜访，交流信息和分享经验。香港旅游发展局和澳门特区政府旅游局组织旅游企业参加2012年3月在广州举办的广州国际旅游展览会，利用广州旅展这一国际旅游交流平台大力宣传港澳旅游业。旅展会期间，组委会还邀请港澳旅游买家到现场参观和洽谈旅游业务。同时，广州市旅游局也积极组织广州主要旅游企业参加3月的2012中国欢乐健康游港澳地区主题推广系列活动、4月的澳门广东周活动、5月的香港旅游业议会答谢宴会、6月的香港国际旅游展览会，以及10月的第五届澳门世界遗产与休闲城市旅游博览会，穗港澳旅游业界的交流与合作更加紧密。特别是在澳门旅展上，广州市共认购10个展位，以"360°叹广州"为主题跟随省旅游局共同进行特装搭建，成为全场最大、最抢眼特装展台。

广深珠合作　广深珠三地旅游局先后联合参加2012年3月的广州国际旅游展览会、4月的中国（青岛）国内旅游交易会、6月的香港国际旅游展等展会。5月下旬，三地旅游局联合在成都市、兰州市举办广深珠旅游推介会。

广佛肇合作　广佛肇三地旅游局共同举办2012"中国欢乐健康游"暨广佛肇妇女游绿道庆"三八"活动，参加

▲省市领导为2012年广州国际旅游展览会开幕仪式推杆。（丁旭晖　摄）

▲2012年9月12日，广佛肇（内蒙古鄂尔多斯）旅游推介会签约仪式。（丁旭晖　摄）

2012广州国际旅游展览会，召开2012广佛肇旅游联席会议。9月中旬，三地旅游局组织旅游企业联合赴吉林省长春市、内蒙古自治区鄂尔多斯市举办广佛肇旅游推介活动。

广清韶合作 2012年2月，广州市旅游局与清远市旅游局签订《广州、清远旅游合作协议》。3月，广清韶三地旅游局联合组织“2012年广州国际旅游展览会买家团考察采风活动”。6月，广州市旅游局和清远市旅游局联合参加2012年北京国际旅游博览会。11月下旬，三地旅游局组织旅游企业赴湖南省长沙市、湖北省武汉市举办高铁沿线广清韶旅游推介会。

旅游资源开发和景区（点）建设

【旅游规划】 2012年，《广州市旅游信息化“十二五”发展规划》和《广州市旅游电子商务“十二五”发展规划》通过专家评审。7月5日，北京达沃斯巅峰旅游规划设计院有限公司中标编制《广州市旅游发展总体规划》。完成《北京路文化核心区总体规划》的编制和评审相关工作。制订《关于支持黄埔区南海神庙文化商贸综合旅游区创5A工作方案》，推进广州东部高端文化旅游产业区规划工作。制订海珠生态城旅游服务建设的工作方案，配合市林业和园林局、海珠区政府做好万亩果园湿地公园申报国家湿地公园试点。制订《以打造珠江黄金岸线为契机，全面提升“珠江游”城市旅游品牌的工作方案》，打造“珠江黄金岸线”，推动珠江游船、邮轮和游艇等各项水上休闲旅游工作。启动《南沙新区做好旅游发展规划》等。

【旅游投资】 2012年，广州市海珠生态城旅游服务配套项目建设进展顺利，南沙湿地二期工程建成并开放。南海神庙文化旅游区、北京路文化旅游商贸区、长隆度假区三期等重点项目扎实推进。市政府落实对沙湾古镇、流溪温泉广场、南海神庙等18个重点文化旅游项目给予2000万元的资金扶持。制订《广州旅游交通标识管理规范指引》和《推进广州旅游巴士建设工作方案》，落实9个旅游大巴临时停靠点。推进大学城提升计划及北京路文化旅游商贸区、乡村旅游配套设施建设。

【新开发、新建设景区（点）】

沙湾古镇 中国历史文化名镇、广东省旅游特色（狮舞飘色）镇、沙湾古镇以安宁西街等“三街六市”为主体，街巷结构完整、人文景观丰富。沙湾古镇是广东音乐的发源地，其中留耕堂为省级文物保护单位。沙湾镇完成核心区古建筑、古街巷修缮，留耕堂（何氏大宗祠）、广东音乐纪念馆（三稔厅）、水浒故事瓷盘馆（炽昌堂）等10座展馆于2012年元旦对外开业。10月，央视播出《走遍中国》之沙湾古镇专题纪录片。沙湾古镇总投资190万元的安宁广场水景改造、总投资150万元的华光路整饰等一系列工程已动工兴建。

红山村 位于花都区梯面镇西北部，距广州市区40分钟车程，距广州新国际机场10多分钟车程。红山生态休闲观光旅游景区是集自然风光，历史文化积淀深厚为一体的小村庄。成立梯面红山旅游发展有限公司，先后投入3000多万元（一期）对景区修建。投入500多万元对河道进行改选；投入500多万元对村庄道路升级改选；投入1000多万元在村庄内修建中心广场，中心公园，桃花岛，荷花园，油菜花田等旅游景点以及旅游休息设施；投入500多万元进行绿道的修建；投入400多万元建设油菜花观光木长廊，木凉亭，民间传统灰塑，鼓楼，仿生水车等；投入300多万元开发建设“深谷幽峡”和“乡村休闲景点”。年接待游客量约10万人次。红山村已开展“西部开发”工程（二期），对村庄的西部的红谷、浅谷、石上背瀑布等景点进行开发，对旧的旅游景点进行完善与维护。

海珠湿地 位于广州市中心城区、城市新中轴线南端，是广州中心城区内规模最大、保存最完整的生态绿核，为中心城区的唯一湿地，与“北肺”白云山遥相呼应，被誉为广州的“南肺”。项目以“万亩果园湿地，岭南水乡人家”为规划定位，打造集“生态湿地、旅游景观、园林文化、历史名村、观光休闲、科普教育”六大功能为一体的“都市果林湿地”，总面积约800公顷，其中农用地790公顷，盛产龙眼、杨桃、黄皮等岭南佳果。果园具有河涌纵横、绿树婆娑、百果飘香的独特生态景观，内有62条河涌，主要的河涌石榴岗河和海珠湖水质达到4类景观水质，具备发展湿地绿地景观、河涌湖泊景观、农业采摘体验等休闲娱乐游的极佳资源。海珠湿地一期800亩建设保护工程已经建设完工，于2012年10月1日向市民和游客开放。

黄埔古港古村历史文化区 黄埔古港是十七八世纪中国海上贸易黄金时期的一个窗口，见证海上丝绸之路的繁荣。黄埔古村是广州重要的历史文化遗产，是广州辉煌海贸历史的见证。黄埔古村因黄埔古港而繁荣，人才辈出，至今还保存着古港口、古宗祠、古民居等众多遗迹。其中

▲黄埔古港。（袁永林 摄）

文物建筑有51处，包括祠堂16处、家塾2处、宫庙1处、园林建筑1处、民居29处、商业街2处。海珠区政府于2009年10月正式成立海珠区黄埔古村保护项目领导小组，启动黄埔古村保护工程。经过规划开发、改造建设、宣传推广，黄埔古港古村历史文化景区成为广州旅游的新亮点。

【珠江游深度开发】 2012年，广州市研究制订《全面提升“珠江游”城市旅游品牌工作方案》，推动“珠江游”经营管理机制改革。广州市旅游局会同市交委共同推动出台《广州市珠江游经营管理办法》和《珠江游览船星级划分与评定》标准，制订行业准入和退出机制。推出海心沙专线游和“珠江·珠啤日游”新的日游线路，珠江游首条水岸互动式珠江游航线（西堤—大沙头—太古仓航线）。推动广州邮轮游艇经济发展。配合省旅游局，做好广东省海上休闲旅游启动仪式广州主会场的相关工作，参加第七届中国邮轮产业发展大会，牵头起草广州市邮轮产业发展的扶持政策。

【旅游转型与产业升级】 2012年，广州市推进旅游产业结构优化与集聚发展，综合竞争能力不断增强。一是整合广州旅游资源，推动产业融合发展。按照点、线、面相结合的要求，深化旅游资源整合，充分发挥广州“山、水、城、田、海、岛”自然生态资源及气候优势，依托绿道网络，把休闲度假、农家乐、绿道体验、民俗风情、历史文化等旅游元素有机结合起来，打造森林温泉、岭南田园水乡，民俗文化、养生旅游及季节性休闲度假旅游产品，构建要素完整、相互带动、资源共享的旅游产业链，提升全市旅游整体形象。二是以创A为抓手，推动旅游景区转型升级。通过推进景区规范化标准的建设，从服务质量、景区管理等方面进行规范化，不断提高旅游片区项目建设、设施配套和服务质量整体水平，培育更多的国家A级景区，重点扶持可形成龙头的A级景区，带动整块以及周边旅游景区的提升和发展。

旅游行业监督管理

【旅游市场监督】 2012年，广州市旅游局积极开展“三打两建”工作，成立旅游系统“三打两建”领导小组和专项行动机构，开展为期9个月的专项整治行动，重点打击“黑社、黑车、黑导、黑中介”违法经营旅游业务及扰乱旅游市场秩序的违规行为，取缔非法经营旅游业务营业点72家，捣毁一批非法旅游购物点。着手推进诚信经营和市场监管两大体系建设，启动“广州一日游”推荐旅行社活动。建立健全旅游投诉机制，市旅游局质监部门共接到各类书面投诉490宗，处理投诉375宗，其中促成协商解决330宗。

▲2012年9月30日，广州市旅游局质监所执法人员在白云机场对带队导游进行检查。（丁旭晖 摄）

【旅游安全管理】 2012年，完善《广州市旅游安全特大事故应急救援预案》《广州市旅游安全紧急处置办法》等行业应急管理制度，加强多部门、跨区域和境内外合作，严格安全信息报送制度。开展旅游安全生产隐患排查行动。在重大节假日期间，会同公安、安监、质监等部门，对星级饭店、旅行社、景点景区进行检查。在日常的工作中，按照监管行业的范围，每周对星级饭店、旅行社和景点（区）的安全生产和消防工作进行安全检查督导。全年共有70家旅行社组织70多次各种不同情况的演练。

【旅游行业“三打两建”】 2012年，广州市旅游行业开展“三打两建”工作，成立旅游系统“三打两建”领导小组和专项行动机构，开展为期9个月的专项整治行动，重点打击“黑社、黑车、黑导、黑中介”违法经营旅游业务及扰乱旅游市场秩序的违规行为，取缔非法经营旅游业务营业点72家，捣毁一批非法旅游购物点。推进诚信经营和市场监管两大体系建设，启动“广州一日游”推荐旅行社活动。

【旅行社】 2012年，广州市新设立旅行社73家，其中出境游组团社15家、外资旅行社1家。至2012年年底，全市共有旅行社347家，其中出境游组团社63家，外资旅行社10家。另设有旅行社分社222家，全市旅行社服务网点门市部533家；广州市旅行社行业无论企业数量、企业规模、从业人员和服务网络方面处于全省前列，分布在佛山、东莞、汕头、深圳、珠海、江门、韶关、肇庆市及云南省等地；旅行社门市部覆盖的区域以老城区为主，占总数79%。5月初至12月底，广州市旅游局与市文明办、市消委会、局三打办、质监所、旅行社协会等部门组织对广东省中国青年旅行社等86家诚信旅行社进行复核，共有84家旅行社获得“诚信旅行社”称号。

【星级饭店】 2012年，广州市评定2家三星级饭店。至年末，全市共有星级饭店226家，其中五星级饭店（含1家白金五星级）21家，四星级36家，三星级135家，二星级34家。星级饭店数量位居国内城市前列。广州市共有7家饭店进入全国“百强”五星级饭店行列，其中广州富力丽思卡尔顿酒店全国排名第五；有14家饭店进入全国“百强”四星级和三星级饭店行列。全年共对66家星级饭店进行评定性复核，其中五星级9家，四星级9家，三星级46家，二星级2家。通过复核，对存在重大安全隐患或者转变经营用途的企业取消星级旅游饭店资格，全年被取消的星级饭店10家，其中四星级1家，三星级8家，二星级1家。

是年，广州市旅游局下发《关于星级饭店减少使用一次性日用品的通知》（穗旅发〔2012〕98号），通过宣传过渡阶段、有偿提供阶段及全面限制阶段三个阶段，实现一次性日用品逐年降低的目标。

【旅游商品】 2012年，广州市积极培育广州特色旅游商品品牌，与市经贸委、老字号协会进行沟通联系，共同策划举办首届广州老字号暨广州手信宣传周活动。遴选“羊城八景”微雕指甲钳、微雕屏风、木棉花香台、致美斋岭南名酱、老铺贡酱等5件作品参加“2012中国旅游商品大赛”。

【旅游标准化】 2012年，广州市联合市质监部门制定并颁布实施《珠江游览船星级划分与评定》《广州市绿道旅游服务规范》和《广州市景区讲解员服务规范》，支持和指导增城市及广东中旅开展全国旅游标准化试点。

【旅游信息化建设】 2012年，国家旅游局办公室《关于确定天津等15个城市为第二批国家智慧旅游试点城市的通知》，广州市被列入“第二批国家智慧旅游试点城市”。

旅游教育培训与精神文明建设

【旅游行业精神文明建设】 2012年，广州市旅游局在全市星级酒店开展“餐桌文明大行动”活动，通过主动提醒、吃完有奖、打包送礼、拒绝酒驾等方式，帮助市民树立“食为天、礼为先”的餐桌文明意识。联合市文明办、市消委会等部门开展诚信旅行社复核、新评工作，淘汰一批信用不佳、管理松懈、投诉较多的旅行社，重新公布获得诚信旅行社称号的旅行社名录，树立良好的市场导向。通过各种手段、各种途径，对创文工作进行全方位、多层次的深入宣传，营造浓厚的创建氛围。在迎“国检”期间，分别新印制11000份2012年创建全国文明城市的宣传台卡和刻录1200张《文明广州》宣传光碟，并将台卡和光碟全部发放到250家星级以上饭店、250家旅行社和150家旅游景点。利用市旅游网站，全市200多台的旅游电子触摸屏，景区宣传栏、电子滚动屏幕等宣传载体，分别在政府机关、机场、港口、客运站场、人流密集商业中心、酒店、景区，每天滚动播放《文明广州》公益宣传广告片。

【旅游行风与机关作风建设】 2012年，广州市旅游局加大治理欺客宰客和发布旅游虚假广告工作力度，集中开展“打黑打非”专项联合执法检查行动。参与省旅游局“民声热线”上线工作、市政府的《沟通无界限行风大家谈》节目上线录播制定，通过媒体平台向广大市民和游客宣传旅游行风建设。严格按照行业标准开展对旅游景区、饭店、旅行社的级别评定、暗访和复核工作。其中对66家星级饭店进行评定性复核，取消四星级饭店1家，三星级饭店5家；完成诚信旅行社复核、评定工作，淘汰信用不佳、管理松懈、投诉较多旅行社的诚信资质。

是年，市旅游局机关加强党的思想、组织、作风、反腐倡廉建设。制定实施《2012年广州市旅游局党委中心组理论学习安排意见》，推进机关学习型党组织建设。在各业务窗口党支部开展“三亮、三比、三评”，即“三亮”（亮标准、亮身份、亮承诺），“三比”（比技能、比作风、比业绩），“三评”（群众评议、党员互评、领导点评）活动。制订实施《走新型城市化发展道路，建设廉洁广州旅游工作方案》。组织局机关公务员开展廉洁从政若干准则实施办法的培训测试工作。

【旅游教育培训】 2012年，广州市旅游局组织举办广州市社会经济形势报告、广州旅游景点系列讲座、中国民族风情等12个专业课件供导游人员作为必修课进行学习。采用远程教育和现场集中教学相结合的方式，方便导游人员在工作空余时间在网上学习。全年有近万名导游人员接受远程教育培训，有200多名中高级导游员参加由省旅游局组织的继续教育培训。全市12个区（县）旅游局及广州市旅游局的行政管理人员70余人参加旅游行政管理人员培训班。各旅游行业协会结合自身工作特点开展技能培训。成功举办第二届全国导游大赛广州选拔赛暨广州导游职业技能大赛，广州市选手获全国总决赛二等奖。

（李怀恩　冯　权　伍宇明　周展鹏　谢洪欣　杨　丹　张　磊　郑冬婷　朱晋峰　邹晓芳　李柳燕　邝慧玲）

深圳旅游业

综　述

【概况】　深圳是中国最早建立发展最快的经济特区，经过30多年的蓬勃发展，旅游业成为城市国民经济的重要产业之一和城市现代服务业的重要组成部分，是《珠江三角洲地区改革发展规划纲要》明确要优先发展的重要产业之一，也是深圳与香港产业对接的重要载体。近年来，“文化+旅游”的快速融合，进一步加快深圳旅游业成为战略性支柱产业和现代服务业的建设步伐。深圳旅游产业的发展目标定位是建设“国际滨海旅游城市”，城市旅游文化品牌是“创意深圳，时尚之都”。深圳旅游产品体系类型日益丰富，初步形成“滨海浪漫”“主题公园”“文化创意”“运动休闲”和“都市风情”五大特色的格局。滨海休闲初具影响力，大小梅沙、浪骑游艇会、中国杯帆船赛等滨海和海上旅游项目备受瞩目。随着大鹏新区的成立，未来将开发出世界级滨海旅游休闲度假区。作为中国主题公园的开拓者和领跑者，全市建成并成功营运各类主题公园近20家。华侨城集团在北京、成都、上海、武汉等地相继建设欢乐谷。深圳华强集团在青岛、沈阳、芜湖、株洲、汕头等地规划建设大型拥有自主知识产权的文化旅游主题公园——方特欢乐世界。深圳的文化创意产业优势逐步转化为游客和市民共享旅游的优势，拓展会展、文化产业基地、特色文化遗产、美术馆、博物馆等的旅游功能，以本市的历史文脉和地理条件为内在线索，大力推动文化与旅游的深层融合，形成一批“文化+旅游”示范项目。以第二十六届世界大学生夏季运动会（简称大运会）旅游、高尔夫和绿道休闲为代表的运动休闲是一个新的特色，大运会给深圳体育事业和体育场馆设施的发展带来难得的机遇，形成以“后大运”为特点的运动休闲游的热潮。全市现有14家高尔夫球会，共计540个球洞，其中，观澜湖球会（横跨深圳、东莞两市）有216个球洞，是目前世界上最大的高尔夫球会之一。贯穿全市山林、滨海、社区的绿道也成为市民和游客休闲旅游的好去处。“都市风情”也是深圳的重要旅游“卖点”。金融服务区、中央商务区、文化娱乐场所、文化产业集聚地、市政公园、购物中心、商业街区、食街、酒吧街等成为游客驻足之处。深圳旅游的国际化特征越来越突出。全市形成立体化旅游交通网络和海、陆、空俱全的口岸格局，旅游服务设施和公共场所的国际化信息图形符号进一步完善，具备方便海内外旅游者到访的语言环境和出行便利条件。深圳成为粤港澳旅游圈和整个南中国海旅游圈大格局中的核心环节之一。深港旅游市场成为“世界上双向流动最大的市场”。

【旅游产业体系日趋完备】　2012年，深圳市共有各类旅游住宿设施1906家，星级以上饭店134家，其中五星级饭店18家，四星级饭店28家，三星级饭店66家，二星级饭店22家。喜来登、洲际、万豪等12个国际酒店管理品牌进入深圳。从类型来看，逐步改变以前较单一的面貌，商务、会议、度假等不同类型的酒店，基本满足各层次市场需求。全市建成各类景区（点）117处，其中5A级景区2家、4A级景区6家、3A级景区3家。景区类型包括人造主题公园、自然生态、滨海度假、都市风情、购物美食、人文历史等。其中深圳市华侨城旅游度假区和深圳市观澜湖休闲度假区5A级景区是主题公园典范。根据国际有关机构统计显示，华侨城与美国迪士尼公司等位列全球旅游景区集团八强，成为亚洲唯一的入选者。全市有旅行社392家，其中出境游组团社56家、外资旅行社5家，每年有近10家旅行社进入全国“国际旅行社百强”“国内旅行社百强”，是全国百强旅行社最多的城市之一。高尔夫旅游、游艇、邮轮和在线旅游等新业态崭露头角，全市拥有高尔夫球会14家，游艇会7家，正在建设的22万吨太子湾邮轮母港基地预计2014年建成。总部设在深圳的芒果网成为中国重要的综合性在线旅行预订服务的提供商。按照传统方法统计，全市旅游从业人员7.83万人，比上年减少1.62%，其中大专以上学历人数2.51万人，比上年增长17.53%。按照国际通用的旅游卫星账户统计测算，深圳旅游业增加值占全市GDP的3.4%，全市直接就业人员达到14万多人，带动间接就业人员近70万人。深圳旅游业已从观光旅游向度假旅游转型，居民人均消费支出中旅游类支出呈上升态势，旅游业成为推动产业升级、扩大内需和经济高端化的重要依托力量，对城市经济发展的贡献率大大提升。

【领导关心旅游业】　2012年2月8日，中共广东省委常委、深圳市委书记王荣在报送市领导文件中作出重要批示："深圳市旅游业有基础、有优势。与时俱进，寻求对策，让旅游业更好更快发展，可考虑上半年择时召开一次专题会议，听取意见，形成更大合力与动力，推动该项工作再上新台阶"。深圳市文体旅游局牵头起草《关于加快旅游业更好更快发展若干措施（草案）》，拟市政府名义印发实施。

9月25日，深圳、香港、澳门、珠海四地旅游部门负责人在深圳威尼斯酒店签署《四地旅游合作协议》，中共广东省委常委、深圳市委书记王荣出席并见证签署仪式。

10月25日，中共广东省委常委、深圳市委书记王荣到大鹏新区调研。王荣肯定新区成立以来展示出来的新气象，强调新区作为深圳东部的生态宝地，面临全新的发展课题，要更加强化"会干"的理念，进一步完善规划，明晰滨海旅游度假区的定位，不与其他地方在GDP上论高低，切实处理好保护、开发和发展的关系，走出一条科学发展的新路。大鹏新区成立之初就提出"保护优先，科学开发"的原则，以"国际化、精品化、高端化"为目标，高标准规划大鹏新区的旅游发展，依托其高品位的山海资源和良好的区位优势，整合东部旅游资源，推进有关项目实施，把大鹏半岛打造成为吸引国际度假游客、以高中端项目为主的生态型、滨海型的休闲度假旅游产业带。

【重要旅游活动】

高铁旅游专题推广　2012年3月31日至4月2日，深圳市文体旅游局局长陈威、副局长岳川江率百人促销团分别赴长沙、武汉举办"创意深圳，时尚之都"专题推广暨万人互游深武长活动，重点向当地市民、旅游业界和媒体推介深圳以滨海旅游资源为主的五大特色产品以及文博会、深港"一程多站"等优势产品，近百家主要旅游企业、新闻媒体和各区旅游主管部门参加，规模为大部制以来最大，企业踊跃捐献景区门票、酒店住房券、游轮船票、深港旅游产品等近20万元奖品，累计派发宣传资料10万多份。本次活动得到深圳、武汉、长沙三地媒体的高度重视，活动开展前后平面媒体发布30多篇与高铁旅游活动有关的报道，其中深圳市文体旅游局还在《深圳晚报》《深圳商报》和长沙的《潇湘晨报》、武汉的《楚天金报》开辟了专版并配以专访报道，深圳卫视、深圳电台以及长沙、武汉市的电视广播媒体也分别组织了直播连线等采访，第一时间向三地市民进行了报道。

▲深圳武汉两地合作协议签字仪式。

卡通形象大赛　2012年7月初大赛正式启动。《深圳特区报》《深圳晚报》利用平面媒体的优势，发布《关于公开征集深圳市旅游卡通形象的通告》，向社会各界广泛征求作品。搭建深圳市旅游卡通形象大赛官网，吸引大量设计公司、工作者、大学生的关注，共有165名会员上传作品，其中有效作品124个。通过报纸参加报名人数21个，最终确定145个作品在大赛官网进行网络海选。本次大赛有96963个网民参与投票，其中有135个作品获得来自全国各地网民的选票，经过网络海选与入围作品评选2个阶段后，初步评选出人气较旺并符合大赛规则的20幅作品，正式进入专家评审阶段。11月30日，召开深圳市旅游卡通形象设计大赛评审会。国际平面设计师联盟会员、深圳平面设计师协会名誉主席王粤飞，深圳作协副主席、深大文学院院长南翔，知名漫画及插图画家、《华侨城》杂志主编胡梅林，深圳市职业技术学院动画学院院长、设计学教授、硕士研究生导师王效杰，深圳市华强动漫公司副总经理周小弟，《深圳晚报》总编辑丁时照，《深圳特区报》编委唐亚明等担任评委，评选出一等奖、二等奖和优秀作品奖，其中苏州筑邦策划机构的徐广伟先生设计的《深深、圳圳》作品被评选为深圳市旅游卡通形象大赛一等奖。

华侨城进驻大鹏　2012年10月10日，大鹏新区与华侨城集团公司在深圳威尼斯酒店举行战略合作框架协议签约仪式，双方共同注资成立的深圳大鹏华侨城旅游开发有限公司揭牌。中共广东省委常委、市委书记王荣，市领导蒋尊玉、李华楠出席签约仪式。双方将在大鹏新区特定片区开发一个融合滨海度假、高尚运动、康体休闲、主题酒店、文化演艺、人文居住于一体的大型文化旅游综合性项目。大鹏新区海岸线全长约130公里，拥有浓郁的人文资源和优质的海岸资源。该项目以生态开发和人文民俗保护为准则，对大鹏旧村落进行保护性开发。

【2012中国旅游日主题活动】　2012年5月19日，深圳、东莞、惠州三地同时举办2012中国旅游日庆祝活动。深圳市活动举办现场设在华侨城欢乐海岸景区，活动主题为"爱旅游，爱生活——庆祝中国旅游日·深莞惠旅游联盟暨深圳旅游信息中心正式开放"。深圳市人民政府副市长吴以环，深圳市文体旅游局、深圳市旅游协会、主要旅游企业负责人、新闻媒体、游客代表约500人参加启动仪式。深莞

惠三地同时开展“爱旅游，爱生活”活动，深度开发三地绿道旅游产品，推动各种形式的游客互送活动开展，并以深圳市新建成使用的旅游信息中心为平台，加强信息沟通与资讯共享，进一步构筑“城际互访”“一小时旅游黄金圈”，推动深圳市与周边城市旅游业共赢发展。

▲2012年5月19日，“爱旅游，爱生活——庆祝中国旅游日·深莞惠旅游联盟暨深圳旅游信息中心正式开放”启动仪式现场。

出入境旅游

【入境旅游】 2012年，全市接待入境游客3164.06万人次，比上年增长5.48%。旅游外汇收入43.29亿美元，比上年增长15.60%。接待过夜旅游者1206.45万人次，比上年增长9.22%。客源分别为：外国人169.11万人次，香港同胞986.33万人次，澳门同胞5.48万人次，台湾同胞45.52万人次。

【出境旅游】 2012年，全市组团出境游273.27万人次，比上年增长34.33%。其中港澳游179.81万人次，增长35.23%，台湾游12.15万人次，增长46.00%，出国游81.31万人次，增长30.81%。

国内旅游

【国内旅游接待与收入】 2012年，全市接待国内游客5941.96万人次，增长11.02%。接待国内旅游者（过夜游客）2941.29万人次，同比增长11.92%；国内旅游收入566.52亿元，增长14.68%。旅行社组团国内游455.43万人次，增长2.02%。

【假日旅游】 2012年春节期间，全市共接待游客456.31万人次，同比下降9.8%；旅游收入51.48亿元，增长0.98%。其中国内游客330.31万人次，同比下降10.7%；国内旅游收入39.4亿元，增长0.07%。入境游客126万人次，与上年持平；国际旅游收入1.86亿美元，增长7.51%。春节黄金周期间，全市无重大旅游安全事故和旅游质量事件的发生。2012年中秋国庆黄金周，全市共接待游客532.89万人次，比上年国庆黄金周增长24.04%；旅游收入49.72亿元，增长30.06%。其中国内游客464.39万人次，增长24.98%；国内旅游收入43.89亿元，增长30.05%；入境游客68.5万人次，增长18.1%；国际旅游收入0.9亿美元，增长36.38%；旅行社组接人数32.39万人次，增长19.6%。黄金周期间未发生旅游安全生产责任事故，受理14宗轻微旅游投诉都并妥善处理。黄金周期间游客满意率达98.4%，实现节日期间旅游市场的平稳安全运行。

旅游市场推广与节庆活动

【旅游市场推广】 2012年，深圳市共举办专项宣传推广活动18次，交流举办和参与各类节庆活动30次。9月25日，由深圳市文体旅游局、华侨城集团联合举办的“中秋国庆旅游惠民欢乐月活动”启动仪式在深圳世界之窗举行。中共广东省委常委、深圳市委书记王荣，市委常委、市委秘书长李华楠，市政府副秘书长黄国强，市文体旅游局局长陈威等领导出席启动仪式。本次活动主题为“欢乐祥和，惠民便民”，在9月30日至10月31日期间推出若干惠民便民措施和百项优惠活动，鼓励全市旅游景点、企业向市民和游客提供免费或优惠的产品与服务。组织百人促销团赴长沙、武汉市开展“万人互游深武长”高铁旅游专题推广活动。加强对外旅游宣传促销，完成赴美国、加拿大、意大利、法国、英国等主要欧美客源地的国际旅游展参展工作，接待了美国、斯里兰卡、以色列、印度、荷兰、意大利来访考察团和买家团，支持协助深圳“欢天华舵”号古帆船参加伦敦奥运会文化旅游巡游宣传活动。加大深圳旅游在国内外媒体的宣传招徕力度。在深圳卫视、华视传媒等平台投放宣传广告，在深圳、香港以及长沙、武汉各大媒体刊登高铁、国庆、党的十八大等重要节庆盛事活动专版专题宣传，协助央视4套、南方卫视和《环球时报》拍摄、采写深圳旅游外宣专辑，联合香港、澳门旅游部门在海外投放宣传广告。加强区域旅游合作，分别组织或参加深港、深澳、广深珠、深莞惠等区域合作会议，广深珠联合参加上海国际旅交会、青岛国内旅交会、广州旅游展等；成功举办深圳、香港、澳门、珠海四地旅游合作协议签约仪式。联合《深圳特区报》《深圳晚报》、信游网首次开展深圳旅游卡通形象大赛。经网络海选、入围作品评选、专家评审三个阶段，最终选出一等奖1名，二等奖3名，优秀作品奖16名。

【首届“深圳大鹏国际户外嘉年华”活动】 2012年10月10日至11月17日，由深圳市文体旅游局和深圳市大鹏新区管理委员会共同主办的首届“深圳大鹏国际户外嘉年华”活动在深圳大鹏半岛举行。嘉年华活动主题为“山海林城，户外胜地”，旨在打造大鹏新区户外文化品牌以及大鹏半岛“新兴户外胜地”旅游名片。包括举办新闻发布会、沙滩旅行音乐会班夫山地电影节、REEL ROCK 磐石电影精华巡展、清洁山野活动、精选古村落徒步及民俗探访、大鹏所城百人盆菜民俗宴、大鹏滨海自行车公路赛等10多项活动，吸引众多的中外户外活动的爱好者参与。活动集文化、旅游、运动、休闲、娱乐等为一体，倡导体育精神、追求健康生活方式的同时也提倡参与者热心公益事业、加强绿色环保、发扬团队合作精神，体现市民蓬勃向上的活力和良好的精神风貌。

【区域旅游联盟与协作】 2012年9月25日，深圳市文体旅游局与澳门特别行政区政府旅游局、香港特别行政区和珠海旅游部门共同签署首份旅游合作协议，以加强深港澳珠在旅游宣传推广和旅游市场监督管理方面的合作与沟通。深圳市文体旅游局局长陈威、香港旅游发展局总干事刘镇汉、香港旅游业议会主席胡兆英、澳门旅游局局长安栋梁及珠海市文体旅游局党组书记张梅生在深圳签署《深港澳珠四地旅游合作协议》。根据协议，深圳、香港、澳门及珠海设立旅游合作联络小组并建立定期沟通机制，加强四地在旅游宣传推广和旅游市场监督管理方面的合作与沟通，共同建立“一程多站”旅游目的地，互相宣传四地在旅游行业管理和市场规范方面的政策法规。

是年，深莞惠区域旅游合作进一步深化，三地旅游部门拟定《深莞惠旅游发展规划》。深圳与香港、澳门及广州、珠海、东莞、惠州联合组团参加重大旅游展会。充分利用深港澳、广深珠、深莞惠等区域合作平台，在海内外主要客源市场举办系列宣传推广活动，宣传推介“一程多站”旅游产品，打造区域旅游品牌。

▲2012年9月25日，陈威局长在深港澳珠合作协议签约仪式上致辞。

【旅游扶贫】 2012年，深圳市文体旅游局贯彻落实《广东省对口支援新疆工作方案》和《深圳市2012年度赴疆考察计划》精神。7月，市文体旅游局副局长岳川江率队赴新疆喀什地区，加强深圳与喀什地区旅游合作与交流，把深圳旅游客源优势与喀什地区旅游资源优势相结合，促进喀什地区旅游资源开发和文化旅游精品跨越式发展等事宜开展旅游调研及扶贫工作。

旅游行业监督管理

【旅游市场专项整治】 2012年，深圳市文体旅游局开展专项检查行动62次，出动检查人员310人次，检查旅行社83家，旅行社分公司14家，旅行社营业部97家，酒店商务中心及相关单位56家，收缴旅游优惠券5000份、旅游传单10万张，取缔非法经营的酒店商务中心41家。此外，深圳市文体旅游局开展打击非法经营旅游行为、零负团费等专项整治行动、“打黑打非”专项联合执法检查行动、旅游市场检查周活动，做好文博会旅游市场专项检查、全国文明城市复查迎检工作，办理国家旅游局督办案件。

【旅游典型案例】 2012年9月17日，深圳市文体旅游局接到广东省旅游局12301系统转来游客李英剑关于其在深圳市深旅国际旅行社有限公司深华营业部报名参加“香港海洋公园、迪斯尼3天2夜游”，在旅行过程中其7岁女儿被旅行大巴撞伤，导致右小腿严重受伤，可能造成终生大面积疤痕残疾，期间游客多次联系旅行社履行权利未果，自行支付全部费用，承担着巨大的身体及精神痛苦，但旅行社未予任何赔偿道歉的投诉。9月18日，深圳市文体旅游局旅游监管处5名执法人员根据投诉线索，对位于深圳市罗湖区嘉宾路与南湖路交汇处北侧深华商业大厦的深圳市深旅国际旅行社有限公司深华营业部依法进行突击检查，现场发现有“深圳中国国旅旅行社有限公司”“深圳市康辉国际旅行社有限公司业务专用章”“深圳市深旅国际旅行社有限公司业务专用章”等3枚假公章（印章），并以上述3枚印章所刻的公司的名义从事旅游业务经营活动，现场检查发现有盖有3枚印章的出境旅游组团合同18份、收款收据69张。根据《中华人民共和国行政处罚法》第二十二条和《行政执法机关移送涉嫌犯罪案件的规定》，深圳市文体旅游局将有关材料移送深圳市公安局南湖派出所，南湖派出所受理并正式介入此案，作出对当事人廖俊锋立案侦查并刑拘的决定。

【旅游安全与旅游投诉】 2012年，深圳市文体旅游局分别对景区（点）、旅行社、星级饭店安全生产情况进行督查，全年共检查旅游景区23家、旅行社79家、星级饭店64家。实施全行业交叉大检查，337家旅游企业参加检查，分成62个检查小组，76家旅游企业被下发整改通知书并督促限期整改。其中在2012年深圳“百日防护期”，市文体旅游局出动118人次，实地检查35家旅游企业，其中旅行社24家、饭店8家、景区2家，口岸场所3个。

全年共受理广东省旅游局、市信访办和局办公室转来的有效投诉221宗，组织召开旅游投诉调解会55次，涉及金额53万余元。

【旅游行业“三打两建”】 2012年2月20日，深圳市召开“三打两建”工作会议。2月24日，深圳市文体旅游局开展“三打两建”媒体宣传工作，启动“旅游品质提升年”严打零负团费专项行动。市文体旅游局局长陈威担任“三打两建”领导小组组长，主持召开全局干部大会动员部署“三打两建”工作。分管旅游口的“三打两建”领导小组副组长、副局长易能全6次主持召开工作会议推进相关工作。每周一处务会上将“三打”工作专门拿出来，重大问题共同研究，制订一系列专项行动方案，及时通过局“三打两建”办向市“三打两建”办以及省旅游局、市质量强市办等部门报送工作简报、专报、重大情况报告，并将有关情况通过市主流媒体和文体旅游政务网、微博向社会公布。全年共编发信息7则，新闻报道21条，微博35条。

【旅游制度建设】 2012年，深圳市文体旅游局制定并认真执行《香港游业务签章备案制度》《2012深圳品质旅游线路标准》《深圳市旅行社组织出境旅游团队突发事件应急预案》。建立旅游企业质量专员、安全专员制度。发动企业快速有效解决旅游质量纠纷，加强服务质量管理和安全保障，开展质量提升工程，强化日常安全检查，形成覆盖全市旅游行业的质量、安全保障网络。建立旅行社网站统一备案核查制度。清理假冒旅游网站和虚假旅游广告，为市民提供便利的网站真实性核查渠道，建立互联网旅游市场的安全平台。

【旅行社】 2012年，深圳市新批设旅行社83家，其中出境游组团社13家。至年底，全市共有旅行社392家。全年办理旅行社许可证变更66家，分社备案12家，服务网点备案62家，按时完成及办结率100%。完成2011年导游证年审工作，对全市3619名导游进行培训和考试；组织两次全国导游员资格考试，共有2609人参加。与深圳市人力资源和社会保障局联合主办“2012年‘魅力深圳、快乐导游’深圳市导游员职业技能大赛”，与深圳市人力资源和社会保障局、深圳市总工会共同举办2012年酒店职业技能大赛。组织35名主要旅游企业负责人与深港澳旅行社高管互访，开展学习三地旅游监管法规的活动。导游员王佳代表广东省参加第二届全国导游员大赛，获得中文组第一名。

【星级饭店】 2012年，深圳市星评委对11家五星级酒店、4家四星级酒店、34家三星级酒店进行评定性复核。全市全年新评定1家四星级饭店（鹏福大酒店）、1家三星级饭店（威尔斯酒店）。至年底，全市有星级以上饭店134家，其中五星级酒店18家，四星级酒店28家，三星级酒店66家，二星级酒店22家。全年有7家饭店被广东省星级评定委员会评为“绿色旅游饭店”，全市共有绿色饭店147家。

【旅游标准化】 2012年，深圳市文体旅游局与深圳市标准技术研究院联合制定《深圳市民低碳旅游行为指引》和《低碳酒店评价规范》《低碳景区评价规范》以及《2012深圳品质旅游线路标准》。在开展“品质旅游线路”评选活动中，深圳市在全国率先以量化标准为品质旅游作出界定，填补国内相关领域标准化建设的空白，广东省旅游局组织在全省范围内推广使用。是年，深圳市文体旅游局评选出232条品质旅游线路，主流媒体推出40个版面进行全方位的报道。

【旅游行业协会】 2012年，深圳市旅游协会坚持围绕深圳市文体旅游局、深圳市民间组织管理局等政府业务主管部门的工作重点，积极实现中介组织功能，发挥行业协会的作用，协助政府部门完成深圳市旅行社统计调查、深圳市旅行社入境游奖励初审、深圳市导游员日常管理及年审刷卡等工作；开展全国第65期万能工管理岗位培训、“国际白金管家”资格认证培训等各类行业培训、讲座，为企业搭建树立企业品牌的平台，推荐会员单位参加“深圳知名品牌”、首届“深圳新生代创业风云人物”、第三届“深圳老字号”、第五届“深商风云人物”评选，举办专场招聘会。先后组织会员单位参加2012深圳市中等职业学校毕业生招聘会、2012深圳市人力资源服务产品推介与采购大会；与深圳职业技术学院管理学院合作举办2013届管理类毕业生校园专场招聘会，为解决旅游企业用工难问题。2012年，深圳市旅游协会共发展24家新会员，其中星级饭店7家、旅游景区1家、旅行社16家。积极推进《深圳旅游》的改版、编印工作。

（金　超）

珠海旅游业

综 述

【概况】 2012年，珠海市接待旅游总人数2757.45万人次，比上年增长5.52%，其中国内游客2319.27万人次，增长7.29%，占旅游接待总人数的84%。全市旅游总收入235.83亿元，增长5.83%。旅游外汇收入9.5亿美元，下降10.91%，国内旅游收入175.79亿元，增长14.51%。

【旅游行业规模】 截至2012年年底，珠海市拥有旅行社113家，其中出境游组团社19家。非法人分社9家；有星级饭店83家，其中五星级9家、四星级8家、三星级62家、二星级4家，星级饭店的客房数11232间、床位数18248张；国家A级旅游景区3处，其中4A级2处，3A级1处。

【领导关心旅游业】 2013年3月7～12日，“2012中国欢乐健康游”主题旅游年港澳地区启动仪式暨主题推广活动分别在澳门和香港举行。珠海市文体旅游局副局长王春剑带队参展，省旅游局副局长梅其洁到展区指导工作。

3月15日，珠海市副市长龙广艳到南方数字娱乐公共技术服务中心、珠海国际赛车场、翠湖高尔夫、唐家共乐园、十字门中央商务区喜来登酒店工地、南屏杨氏大宗祠及北山会馆调研。市文体旅游局局长刘福祥，副局长张梅生、王春剑陪同调研。

4月17～22日，由国家旅游局、省旅游局牵头编制的《粤港澳区域旅游发展规划》中期评审会在珠海召开。中共珠海市委书记李嘉，市长何宁卡、副市长龙广艳分别会见国家旅游局副局长王志发、省旅游局局长杨荣森及课题组成员，课题组成员考察横琴十字门中央商务区等旅游项目。18日，王志发、杨荣森、龙广艳到横琴新区、长隆国际海洋度假区调研现场调研考察，刘福祥、王春剑陪同考察。

5月28日，珠海市人民政府与广东省旅游局在珠海度假村酒店签订共同推进珠海滨海旅游大发展合作框架协议。中共广东省委常委、珠海市委书记李嘉及市领导刘小龙、龙广艳、梁兆雄，省旅游局局长杨荣森，副局长周开生、张振林、王志红、梅其洁出席签约仪式。李嘉表示，旅游业是幸福导向型产业，珠海市将在与省旅游局合作的基础上，科学编制旅游发展规划，抓紧出台加快旅游业发展的政策意见，努力把珠海建设成为最具特色的滨海旅游示范市。

9月14～16日，2012中国（广东）国际旅游产业博览会在广州中国进出口商品交易会会展馆举办。珠海市设6个展位，其中4个在中华展，以展示珠海旅游形象、产品为主，另2个在高端休闲馆，主要展出珠海游艇等高端旅游产品。全市组织20多家旅游企业近百名代表参加展会。御温泉集团参加广东大型旅游项目签约仪式。

10月12日，广东省海上休闲旅游珠海分会场暨珠海游艇旅游展启动仪式在湾仔旅游码头举行。何宁卡、市人大常委会副主任邓群芳、龙广艳、市政协副主席罗碧坚等出席启动仪式。

12月17日，中国旅游媒体年会·珠海2012暨百名记者看珠海活动在珠海开幕。何宁卡，羊城晚报报业集团党委书记、羊城晚报社社长黄斌，珠海市副市长潘明，省旅游局副局长梅其洁等出席开幕式。

【重大旅游决策】 2012年1月30日，由珠海市文体旅游局牵头组织编制的《珠海情侣路文化提升策划方案》通过专家评审。于10月通过公开招标，委托广东省中建设计有限公司承接编制工作。

4月25日、5月2日和5月9日，市文体旅游局组织人员实地勘查斗门镇的生态旅游资源及线路，把脉与梳理该镇自然生态、农业生态、文化生态旅游资源，形成《斗门生态旅游线路策划报告》，于6月初报市政府。

7月15日，由珠海市人民政府、广东省旅游局联合主办的珠海旅游发展高端论证会在珠海召开。会上，珠海市文体旅游局、中山大学旅游学院以及中国城市规划设计研究院共同签订《珠海旅游发展战略合作协议》；李嘉、何宁卡为11位国内外专家颁发“珠海市旅游发展战略顾问”聘书，并分别对珠海旅游发展献计献策。

12月26日，珠海市旅游咨询服务中心圆明新园网点揭牌成立并投入运作。

出入境旅游

【出境旅游】 2012年，珠海市旅行社组团出境游36.15万人次，比上年增长21.89%。其中香港游13.85万人次，增长9.65%；澳门游10.52万人次，增长5.05%；台湾游1.56万人次，增长9%；出国游10.22万人次，增长82.94%。

【入境旅游】 2012年，珠海市接待入境游客297.58万人次，比上年下降7.25%。其中外国人53.83万人次，下降7.46%；香港同胞113.07万人次，下降7.04%；澳门同胞71.21万人次，下降0.77%；台湾同胞59.47万人次，下降14.16%。

国内旅游

【国内旅游接待与收入】 2012年，珠海市旅行社组团国内游84.84万人次，比上年下降2.73%。其中省内游63.17万人次，比上年下降4.55%，省外游21.67万人次，比上年增长3%。

【乡村旅游】 2012年10月，珠海圆明新园实现免费向市民开放。4月22日，经中国民间文艺家协会评定，乾务镇获评“中国民间文艺之乡”，是广东省第一个获此殊荣的县镇。斗门镇入选第三批省历史文化名镇名单。斗门接霞庄成功入选“广东最美古村落”30强。

【假日旅游】 2012年，珠海市春节黄金周、“五一”小长假和“十一”黄金周共接待游客292.57万人次，同比增长11.8%，旅游总收入17.11亿元，同比增长15.06%。第九届航展举办期间全市共接待游客81万人次，比上届增长15.71%，其中接待过夜旅游者27万人次，同比增长8%；旅游总收入5亿元，同比增长19.05%。

旅游市场推广与节庆活动

【概述】 2012年，珠海市文体旅游局加大旅游宣传促销力度，继续深化区域旅游合作，全面提升珠海旅游的形象和内涵。全市在举办的各类城市品牌活动中大胆创新，探索出“音乐+旅游”“运动+旅游”“文化+旅游”等极其特色的文化节庆品牌。全年共印发宣传资料逾80万份，包括珠海美食图、珠海绿道地图，新印制《珠海旅游》《慧眼识珠》画册等。

2012年3月21日，2012年珠海大型城市活动推介会暨第四期珠海城市活动沙龙在粤财假日酒店举办。市文体旅游局局长张梅生、副局长朱辉出席并讲话。4月12日，“珠海万山妈祖旅游文化节”在万山岛举行妈祖金身巡安、百围妈祖盛宴等系列海岛民俗活动。4月27日，由市文体旅游局主办，“海泉湾·2012珠海大学生原创音乐节”在广东科学技术职业学院上演。4月28日至5月1日，珠海市斗门镇举办首届文化旅游节。5月28日，珠海市人民政府与广东省旅游局在珠海度假村酒店签订共同推进珠海滨海旅游大发展合作框架协议。中共广东省委常委、市委书记李嘉，省旅游局局长杨荣森出席签约仪式。7月7日，迷你马拉松比赛在前山河畔鸣枪开跑。马拉松比赛吸引包括广州、深圳、珠海在内的1000多名游客和市民参加。9月1日，珠海玲玎海岸首届沙滩旅游节暨珠海第三届沙滩帐篷节在东澳岛开幕。9月20日，珠海市举行九洲旅游集团成立30周年纪念活动。10月9日，斗门区斗门镇入选“广东最美古村落”30强。

【旅游节庆活动】

第六届珠海市民间艺术大巡游 于2月6日在珠海市举办。本届民间艺术大巡游以“民俗嘉年华 同城闹元宵”为主题，集中展示珠海2012年经济社会建设中的热点和亮点，展示珠海文体旅游资源和丰厚的历史文化底蕴。以珠海本土加上港澳地区、广东地区两地的民俗、风情组合大巡游，为市民奉献节日的文化大餐。参加巡游展示的花车队伍中，除珠海本土的斗门水上婚嫁、飘色、三灶鹤舞等珠海非物质文化遗产外，来自港澳和中山、江门等珠三角优秀传统民间演出队还将带来“客家貔貅大汇演”、葡国土风舞、国家级非物质文化遗产长洲“醉龙”和“蔡李佛拳”等精彩演出。来自各区（功能区）9台巡游花车、珠海本土及粤港澳地区组成的23个表演方阵、2100多名演职人员参加巡游演出，吸引18万的市民和游客沿途观赏。巡游结束后花车放在珠海市体育中心展示1周。

珠海市第八届运动会 历时5个月，全市各区（功能区）、各行业、市直各单位和各中小学78支代表团、4000多名运动员，参加市运会成年组和少年儿童组比赛。由于领导重视，竞赛工作科学合理、组织严密，后勤保障工作严谨细致、保障有力，市场开发取得突破性进展，宣传报道及时、准确、成效明显，本届运动会取得竞赛成绩和精神文明双丰收。

第十届沙滩音乐派对 “爱与分享·第十届沙滩音乐派对”邀请国内著名歌手汪峰、叮当和多支优秀的原创乐队同台献艺，吸引4万多名的市民和游客观看。音乐周还组织包括格力地产“风筝嘉年华 国庆八天乐”、海泉湾“2012地中海风情节”、圆明新园“花好月圆主题周”、海滨公园“音乐周原创民谣专场”、南粤幸福活动周等活动，吸引来自珠三角、港澳台游客参与。

2012 珠海国际半程马拉松赛　12月16日，中国田协2012年全国半程马拉松团体积分第三站——珠海国际半程马拉松在市九洲城和情侣路举行，吸引来自25国家和地区以及珠三角、港澳台及本地长跑爱好者1.5万多人。半程马拉松、10公里赛、迷你马拉松，亲子（家庭组）、男女双人（情侣组）、高校团体接力等不同参与形式，音乐马拉松嘉年华、红酒马拉松、摇滚马拉松等丰富精彩的活动让市民和游客快乐参与。2012 珠海国际半程马拉松赛获全国银牌赛事。该项赛事活动共举办四届。

第三届珠海北山国际爵士音乐节　10月19～27日，2012珠海北山艺术周暨第三届北山国际爵士音乐节在珠海北山剧院开幕。该活动旨在搭建中国与世界之间的文化交流平台和对话空间，共邀请来自美国、塞尔维亚、意大利、巴西、丹麦、荷兰和中国7个国家的40位国际爵士大师前来表演，吸引数百名音乐发烧友前来欣赏。本届音乐节由政府扶持、文化企业（民间机构）自主创办，在形式、内容上推陈出新，成为今后城市办活动的主要趋势。

第九届中国国际航空航天博览会　11月13～18日，第九届航展期间，为方便全国各地游客和国内外参展商获取广州、深圳、珠海三地旅游资讯，联合广州市旅游局、深圳市文体旅游局在航展4号馆设置“精彩广深珠”展区，派发各种旅游手册、景点介绍、游玩线路推介，利用航展这一平台，有效推广三地短途游玩攻略。11月13日，第九届中国航展开幕。本届航展将以其国际性和专业性的鲜明特色展示国际航空航天业的最新面貌，展示中国航空航天事业日新月异的巨大发展，展示珠海航空产业的腾飞和“蓝色珠海、科学崛起”的新气象。广州、深圳、珠海三地共同在本届航展设展台推广三地旅游，并为参展商及观众提供旅游咨询服务。

【旅游市场推广】　2012年，珠海市文体旅游局先后组织旅游企业参加2012印度出境旅游展、广州国际旅游展览会、2012中国（青岛）国内旅游交易会、香港国际旅游展览会、广东国际旅游产业博览会、第五届澳门世界遗产与休闲城市旅游博览会、2012中国（上海）国际旅游交易会等7场旅游展会。

全年接待来自内蒙古自治区呼和浩特市旅游局、江西省宜春市统战部和旅游局、湖南省邵阳市旅游局、浙江省杭州市旅游委、河北省石家庄市旅游局和广东省河源市旅游局、梅州市旅游局等来珠旅游推介考察团，组织全市旅行社、媒体参加兄弟省市旅游局在珠海举办的推介会，为旅游业界交流与合作搭建平台，宣传推广珠海产品和城市形象。

3月3日，2012年广州国际旅游展览会在广州琶洲展馆举行，珠海市文体旅游局与广州市旅游局、深圳市文体旅游局以“精彩广深珠”的统一形象设展，珠海逾百名旅游企业代表参加展会。广深珠展区荣获“最佳组织奖”。御温泉度假村荣获“最佳展位奖”。

3月7日和12日，由国家旅游局组织开展的“2012中国欢乐健康游”主题旅游年港澳地区启动仪式暨主题推广活动分别在澳门特别行政区和香港特别行政区举行。珠海市文体旅游局副局长王春剑率16家旅游企业40名代表参展并参加推广活动。省旅游局副局长梅其洁到珠海展区指导。

5月19日，珠海市文体旅游局与中山市旅游局联手策划组织“爱旅游、爱生活·中珠市民千人同乐旅游日”为主题活动。海泉湾、圆明新园、农科奇观、梅溪牌坊、石博园、澳门环岛游、唐家共乐园、御温泉等主要旅游景区（点）为活动提供优惠，中山市旅行社组织600多名市民游珠海。启动仪式上举行《珠海旅游》宣传册颁发仪式，自5月19日起，珠海市文体旅游局为全市三星级以上饭店客房免费提供该宣传册。

▲珠海市2012年“5·19”中国旅游日启动仪式。

【广东省海上休闲旅游启动仪式·珠海分会场】　2012年10月12～14日，珠海市举办广东省海上休闲旅游珠海分会场暨珠海游艇旅游展启动仪式。12日，广东省海上休闲旅游珠海分会场启动仪式在珠海湾仔旅游码头举行。市委副书记、市长何宁卡，副市长龙广艳，市人大副主任邓群芳，市政协副主席罗碧坚等领导参加启动仪式，市各相关单位、游艇企业、旅行社、新闻媒体和游客代表等逾300人参与活动。珠海游艇旅游展持续至10月14日。

【广东海上休闲旅游珠海分会场暨珠海游艇旅游展启动仪式】　2012年10月12～14日，广东省海上休闲旅游珠海分会场暨珠海游艇旅游展启动仪式在湾仔旅游码头举行。市委副书记、市长何宁卡，副市长龙广艳，市人大副主任邓群芳，市政协副主席罗碧坚等出席启动仪式，各相关单位、游艇企业、旅行社、新闻媒体和游客代表等逾300人参加。

【区域旅游合作及旅游推介】

广深珠区域旅游合作　2012年是广深珠区域旅游合作的第十年，珠海市文体旅游局为轮值主席单位，精心策划多项合作项目。11月13日，三地旅游推广部门在珠海御温泉召开工作会议商讨继续深化旅游合作问题，广州市旅游局副局长李志新、深圳市文体旅游局副局长岳川江、珠海市文体旅游局副局长王春剑及相关处（科）室人员参加本次活动。

中珠澳区域旅游合作　3月27日，珠海市文体旅游局在庆华国际大酒店召开2012年中珠澳旅游联盟第一次工作会议。会议总结2011年中珠澳旅游合作工作，提出2012年的合作思路。中珠澳三地旅游部门主要负责人出席会议。

珠中江区域旅游合作　11月20日，珠海市文体旅游局、中山市旅游局、江门市旅游局联合组织三地旅游业界及媒体代表，在江西省南昌市举办“最美珠江西岸游”推介会。南昌市60多家主要旅行社的负责人，与珠中江的旅游企业代表面对面交流。

9月25日，2012年深港澳珠四地旅游合作协议签署仪式在深圳威尼斯酒店举行。四地旅游部门及旅游行业协会相关负责人首次签署《深港澳珠四地旅游合作协议》；11月19日，珠海万洋旅游开发有限公司与新加坡One°15游艇俱乐部正式签订战略合作协议，以桂山岛国际游艇会为核心，规划建设一个融精品度假酒店、特色餐饮、休闲娱乐等多功能为一体的大型综合性旅游度假项目，项目一期预计2013年年底投入运营。这标志着亚洲一流的游艇俱乐部品牌落户珠海；11月29日，珠海—梅州首航仪式暨旅游推介会在珠海机场会议室举行。两地旅行社、媒体共130人参加，珠海市向梅州市旅游业界推介珠海旅游资源并与梅州市旅游局签署客源互送合作协议。12月12日，珠海市文体旅游局赴邵阳市开展旅游推介活动，双方签订旅游合作框架协议，推动两市文化旅游交流与市场互动。

成都、兰州旅游推介会　2012年5月25～28日，广（州）深（圳）珠（海）旅游联席机构组织三地旅游业界及媒体代表共70多人分赴四川省成都市、甘肃省兰州市等省会城市举办“活力广东，精彩广深珠”推介会，推广三地旅游资源及特色线路。邀请成都、兰州市旅游业界共120家企业、20家媒体参加推介活动。三地联合促销共同策划制作了旅游区域联合体新形象LOGO、广深珠旅游宣传片、《广州　深圳　珠海“一家亲”车游指南》《精彩广深珠旅游全攻略》《广深珠旅游线路折页》等宣传资料。

举办最美珠江西岸游（南昌）旅游推介会　11月20日，珠海市文体旅游局与中山市旅游局、江门市旅游局联合组织20多家重点旅游企业约60人在江西省南昌市举办“最美珠江西岸游”旅游推介会。

【旅游信息化建设】　2012年，珠海市文体旅游局把珠海旅游网改版和手机版运营列为工作重点，多次与珠澳旅游集散中心沟通联系，指导珠海旅游网改版工作，并大力推进珠海旅游网手机版运营。至年末，珠海旅游网新版基本完成，手机版正在测试中。航展期间，珠海旅游网专门开设航展宣传频道，重点介绍本届航展信息和与之相关的珠海旅游资源。开展“看航展·游珠海”有奖问卷调查。新增加的OK珠海旅游网3G版上增设航展栏目，与OK珠海旅游网互补，将移动通信和互联网结合。新浪网注册“看航展·游珠海”官方微博，公布第九届航展相关信息，介绍珠海旅游情况。

旅游资源开发和景区（点）建设

【旅游规划】　2012年，《珠海市旅游发展总体规划（2012—2025年）》修编工作启动。8月，市文体旅游局成立编制工作小组，明确规划主要内容、部门责任分工以及规划范围，组织考察调研，收集汇总珠海旅游资料等相关工作。于10月9日通过公开投标，确定由中国城市规划设计研究院负责规划编制工作。

《横琴岛长隆国际海洋度假区近程海岛旅游开发总体规划》先后3次组织规划编制单位赴长隆国际海洋度假区、东澳岛、桂山岛、大小万山岛等地考察调研。规划单位于9月初进行中期汇报，并征求相关单位的意见。10月26日，在君怡酒店组织召开专家评审会，与会专家认真审阅的规划单位编制的规划成果，在听取规划组的汇报后，专家组一致同意通过评审。建议规划组根据专家提出的意见加以补充，修改和完善，尽快上报实施。

【旅游投资】　2012年，珠海市设立旅游产业发展专项资金743.57万元，共扶持89个旅游项目。其中长隆国际海洋度假区、东澳岛玲玎海岸项目、海泉湾度假区二期等重点旅游建设项目进展顺利。

珠海长隆国际海洋度假区项目　位于横琴岛富祥湾及南湾，由珠海长隆投资发展有限公司投资建设，占地面积约537公顷，规划利用海域约462公顷。该项目自2009年12月16日正式启动，总投资约100亿元，至2012年年末，项目临时办公区、展示中心、员工宿舍楼、海洋动物暂养基地等按期投入使用，建设场地完成填土250多万平方米，累计投资8.31亿元。华南珍稀动物物种保护中心、动物暂养基地等项目建成并投入使用；海洋王国鲸鲨馆、白鲸室内表演区等4景区工程全面展开。5月16日横琴湾酒店封顶。

珠海东澳岛玲玎海岸 由珠海格力海岛投资有限公司承接项目开发，总投资额为8亿元，首期占地面积3.5万平方米。该项目充分依据海岛及海洋的自然禀赋，注重建筑与自然环境的协调和特色景观的塑造，突出海岛特色，按国家4A旅游景点标准建设集观光旅游、休闲度假、海上运动、会议培训、高级住所、高级运动球场为一体的多功能旅游景点，其中旅游娱乐项目有潜水、摩托艇、船钓、帆船等。该项目设计规划的酒店功能区包括精品酒店、会所酒店、休闲度假酒店、会议度假酒店、高级别墅式酒店、有限服务及产权式酒店等，美国豪生国际酒店集团将聘请国际品牌酒店管理公司管理。至年末，南沙湾海滩免费开放，南沙咀酒店与南沙湾酒店进入装修阶段。

海泉湾度假区二期项目 由香港中旅集团旗下的香港中旅国际投资有限公司投资建设，为综合性休闲旅游度假区。该项目位于珠海金湾区平沙镇三虎山南侧，紧邻海泉湾一期。包括：尊贵温泉浴区、人造沙滩运动区、高端自驾车营地、试驾基地、大型冰雪馆、大型商业购物中心、综合性的体育公园等，其总体规划、控制性详细规划及城市设计完成。

桂山岛国际游艇会度假中心项目 投资主体为珠海万洋旅游开发有限公司，总投资约20亿元，分3期、按8年时间建设完成。首期开发建设项目涵盖游艇会会所、酒店；二期、三期开发建设项目为山顶星级酒店、度假式别墅及商务旅游配套设施，项目处于前期可行性研究和设计策划阶段，聘请外国公司作总体方案设计。

【绿道旅游】 2012年，珠海市继续将绿道打造成旅游、文化、体育品牌，对全市绿道沿途景点合理布局并大力推广。把1号和4号两条区域绿道沿线的旅游景点划分八大地域组团。其中1号绿道包含有五大地域组团，分别是以凤凰山为中心的“凤凰之翼”金鼎地域组团；以唐家古镇为重点的“古镇新岸”地域组团；以红树林生态游为主的“淇澳听风”地域组团；以城市休闲观光为主线的“浪漫滨海”香洲、吉大地域组团和以口岸、观澳平台为主题的“珠澳风华”拱北地域组团。4号绿道包含有三大地域组团，分别是以田园风光休闲游为主的“水乡风情”莲洲、白蕉、井岸地域组团；以黄杨山为中心的“黄杨诗意”黄杨山区地域组团和以养生休闲度假为旅游主题的“御泉古韵”斗门、乾务地域组团。沿途93个景点分成历史人文、古镇古村等类别。1号绿道珠海段南段主要依托情侣路，北段深入唐家湾城乡，是一条以滨海现代特区风光为特色的都市型绿道，含10大类共58处旅游点。其中，湿地1处、公园4处、古镇古村2处、高教科研6处、历史人文17处、游乐设施4处、餐饮9处、酒店9个、商业4处、休闲2处。4号绿道珠海段是一条彰显郊野山水田园风光特色鲜明的绿道，含6大类共35处旅游点，包括湿地1处、公园3处、古镇古村4处、历史人文21处、游乐设施2处、休闲4处。

旅游行业监督管理

【旅游市场监管】 2012年4月22日，全国游客满意度调查共抽样60个城市，其中珠海市排名第25位。由中国旅游研究院主办的第一季度旅游经济运行暨全国游客满意度调查报告发布会在北京举行，珠海市列入全国游客满意度调查新增10个样本城市。推进全省旅游行业监管体系建设试点工作。完善相关法律法规，建立珠海市旅游行业质量标准体系，建立健全旅游消费维权网络体系。6月10日，市旅游质监所在全市范围内招募首批40多名旅游质监志愿者正式上岗。志愿者自愿自费参团，随团暗访，对全市旅行社团队服务质量进行全过程的监督。

2012年，珠海市联合相关部门，以查处“黑社”“黑车”“黑店”“黑导”欺诈游客购物，挂靠承包非法转让经营许可证、发布虚假旅游广告、散布不实信息和超范围经营旅游业务，低团费、零团费和负团费组团等行为为重点，净化旅游市场环境。市旅游质监所联合相关部门开展旅游购物市场联合整顿行动，配合公安、工商、文化执法部门查办行政处罚案件213宗，立案查处78宗，查处案件135宗，大案要案4宗，端掉“旅游黑店”等5窝点，其中重大“旅游黑店”典型案件2宗，抓获犯罪嫌疑人57人，刑事拘留10人，逮捕8人。

全年共受理游客投诉49宗，与上年同比下降36%；投诉及人数174人，同比下降45%，退赔金额65960元，同比下降25%。其中涉及旅行社投诉21宗，同比下降16%，涉及117人，退赔金额25860元；景点投诉1宗，涉及1人，同比下降92%；购物投诉24宗，涉及81人，退赔金额40100元，同比下降30%；其他投诉3宗，涉及3人。全年联合相关职能部门开展执法检查59次，出动执法人员412人次，检查旅行团130个，导游180人次，旅行社185家次，检查商场185家次；协助市文化大队查处中澳旅行社违规签证行为，罚款10万元；对导游杨瑜芳在西藏违规带团行为立案调查，并在全行业通报。市旅游质监所还配合文化市场综合执法大队清查全市110家旅行社质量保证金缴交和责任险购买情况，并督促24家手续不完善的旅行社限期办理相关手续。根据《旅行社条例》相关规定，对拒不纠正的珠海九洲国际旅行社、珠海市斗门区白藤湖旅游发展公司、珠海经济特区怡海旅行社、珠海市金四海旅行社有限公司、珠海市东南旅行社有限公司、珠海市人人旅行社有限公司、珠海星际国际旅行社有限公司7家旅行社，作出吊销其旅行社业务经营许可证的处罚。

【导游员管理】 2012年3月和9月，珠海市举办两次全国导游人员资格考试。截至2012年年末，全市共有注册导游5426人，其中专职导游630人。5月16日，2012年度珠海市英语导游大赛选拔赛在凯蒂克酒店举行。英语导游员杨英参加广东省导游大赛晋级全国导游大赛，中文组刘虎晋级全国导游大赛行列。7月中下旬，珠海市旅游主管部门组织导游现场考试考评员研讨班，全市有18名拟任考评员参加培训和考试。9月18日，全市有23名初级导游员报名参加在广州举办的2012年全省中级导游员等级考试，其中3名导游员通过考试。有2名中级导游员报考高级导游员等级考试。

【星级饭店】 2012年，珠海市庆华国际大酒店、怡海楼酒店分别评定为五星级、三星级饭店。至年底，全市共有星级饭店83家，其中五星级9家、四星级8家、三星级62家、二星级4家。根据GB/T 14308—2010星级标准的要求，全市应参加评定性复核的星级饭店28家，实际参加评定性复核饭店25家，其中五星级5家、四星级5家、三星级14家、二星级1家，暂缓参加评定性复核的饭店3家；参加年度复核的饭店56家，其中五星级4家、四星级4家、三星级45家、二星级3家。

2月28日，珠海市举行庆华国际大酒店荣膺“中国五星级饭店”揭牌仪式。尤镇城、金展扬等市领导，刘福祥、张梅生等局领导以及中国庆华集团董事长霍清华等出席揭牌仪式。

【旅游商品】 2012年5月27日，珠海市有7家企业、30多种参展商品及7件参赛商品参加在浙江省义乌市举办的第四届中国旅游商品博览会暨2012中国旅游商品大赛。参赛旅游商品包揽广东省两个奖项1金1铜，其中集爽公司“伞友”旅游商品荣获大赛最高奖金奖，成为全国10个金奖之一，也是广东省和珠海市历届参展首次获得最高奖。

【旅游标准化建设】 2012年1月4日，珠海市文化旅游示范单位挂牌仪式在梅溪牌坊隆重举行，梅溪牌坊旅游区、珠海市离退休干部活动中心（市中老年大学）、珠海市鼎翰文化传播有限公司（鼎翰艺术馆）、珠海市唐家共乐园、珠海市开门七件事绿色食品有限公司及珠海罗西尼表业有限公司6家单位被评为“珠海市文化旅游示范单位”。1月10日，珠海市体育旅游示范单位授牌仪式在珠海国际赛车场高尔夫俱乐部有限公司举行，港中旅（珠海）海洋温泉有限公司、珠海国际赛车场高尔夫俱乐部有限公司及珠海天志置业有限公司金湾高尔夫分公司被评为“珠海市体育旅游示范单位”。2月27日，珠海海泉湾度假区通过国家旅游局组织的全国旅游标准化试点单位评估验收，荣获首批“全国旅游标准化示范单位”称号，成为全市首家获此称号的企业。

【旅游行业协会】 截至2012年年底，珠海市旅游总会共有会员单位206家，会员数占全市旅游行业近八成以上。于12月，珠海市旅游协会正式更名为“珠海市旅游总会”，由行业协会转变为联合性社团，由酒店分会、旅行社分会、景区分会、导游分会等4个分会组成。珠海市旅游总会前身是成立于1994年的珠海市旅游协会。7月26日，由珠海航展有限公司等多家会展旅游企业和相关组织发起成立的珠海市会展旅游业协会获市民政局批准，该协会按照有关章程做好筹备工作。年内，珠海市导游服务中心与导游协会联合举办“导游知识论坛”，每月一期。

精神文明与教育培训

【旅游精神文明建设】 2012年3月6日，由珠海市文体旅游局、市旅游总会联合举办的2011—2012年珠海市旅游系统职工运动会在市体校举行，来自全市旅游行业40多个单位600多人参加6个项目的激烈角逐。5月25日，2011年度广东省群众文艺作品评选结果揭晓，珠海选送的歌曲《绿道真好》、小品《有事得调》在全省400多件参评作品中脱颖而出获一等奖。珠海市文体旅游局扶贫开发“双到”联系点——汕头市潮南区红场镇仙田村，自2010—2012年3年累计帮扶资金470.35万元，村集体经济收入达15.4万元，262户有劳动能力的贫困户人均纯收入8100元，有8户贫困户危房得到改造。92户贫困户、615名贫困人口全部脱贫。珠海市文体旅游局扶贫开发“双到”工作被广东省委、省政府办公厅评为“优秀单位”。

【旅游教育培训】 2012年12月25～27日，由国家旅游局、共青团中央和全国妇联共同主办的第二届全国导游大赛决赛在珠海市海泉湾度假区举行。来自全国31个省区市和新疆生产建设兵团的101位选手展开激烈的角逐。

4月13日，珠海高星级酒店培训考察团在青岛市召开培训总结会；10月18日，珠海市旅游饭店职业风采大赛在珠海德翰大酒店举行，全市19家星级饭店选派300人报名参加各类项目比赛；12月4日，由中山大学旅游学院、中国旅游协会旅游教育分会与西班牙巴利阿里群岛大学旅游学院及酒店管理学院共同举办的第三届中国—西班牙旅游与接待业国际会议在珠海召开。来自世界10个国家和地区旅游专家及学者130多人参加。副市长龙广艳出席开幕式并作旅游推介。

（郑锦凌）

汕头旅游业

综 述

【概况】 2012年，汕头市旅游行业认真贯彻落实市委第十次党代会精神，全面落实《政府工作报告》要求，大力推进广东省旅游综合改革示范市和汕头生态滨海旅游示范区建设，继续加大宣传推介力度，加强招商引资工作，办好旅游节庆活动，规范旅游市场秩序，全面提升旅游服务质量，全年实现接待过夜游客1040.94万人次，同比增长15.17%，旅游收入123.87亿元，同比增长18.62%。汕头市旅游局被广东省旅游局和人社厅评为2012年度全省旅游系统先进集体。

【领导关心旅游业】 2012年2月7~8日，广东省旅游局局长杨荣森、副局长张振林等莅汕参加省政府调研活动。期间，杨荣森一行专程考察汕头礐石风景名胜区、礐石绿道及方特欢乐世界·蓝水星等项目的开发建设情况，杨荣森指出，汕头拥有良好的旅游资源，尤其是滨海旅游资源极为丰富，发展旅游大有可为，一定要引进大的战略投资者，高起点规划，高标准建设，大手笔整合，开发建设一批既有特色又有吸引力的旅游景区点，同时要充分挖掘汕头的历史文化资源、自然资源，精心策划，加强宣传，提高知名度和吸引力。

7月12~13日，中国港中旅集团公司董事长张学武率领考察组一行莅汕，在中共汕头市委书记李锋、市长郑人豪的陪同下，对汕头特别是南澳滨海旅游业发展情况进行实地调研。13日上午，汕头市与中国港中旅集团考察组在南澳县召开座谈会，就共同推进南澳滨海旅游产业园区开发建设进行座谈交流，并签订南澳滨海旅游开发会谈备忘录。双方本着“优势互补、互惠互利、长期合作、共同发展”的原则，以发展旅游产业为连接点，建立全方位、多层次的合作。中国港中旅集团办公厅主任王洪波、香港中旅国际投资有限公司副总经理刘凤波，市领导张应杰、徐凯陪同调研。

8月2日，汕头市市长郑人豪率南澳县、市旅游局等有关部门领导赴省旅游局汇报汕头市旅游工作情况，争取省旅游局加大对汕头旅游发展的指导和支持力度。

8月6日，汕头市市长郑人豪带队赴港拜访中国港中旅集团公司张学武董事长等高层领导，双方就合作开发南澳岛等方面进行座谈交流，达成多项共识。市政府秘书长邱奕辉、市旅游局局长陈华佳、副局长陈斌陪同市领导赴香港拜会港中旅高层领导。

7月3日，汕头市人大常务副主任黄俊潮考察汕头旅游资源，市旅游局局长陈华佳陪同考察。

▲2012年7月12日，中共汕头市委书记李锋（左一）陪同中国港中旅集团公司董事长张学武（右一）率领的考察组到南澳岛考察滨海旅游。

【旅游行业规模】 截至2012年年底，全市共有各类住宿设施400多家，床位数3万多张，全年新增酒店近20家，新增约2000张床位；全市拥有星级饭店35家，其中五星级3家，四星级7家，三星级19家，二星级5家，一星级1家；拥有旅行社66家，其中具有出境游资质的旅行社8家，经营赴台旅游资质旅行社1家。外地汕头设立的旅行社分社7家。旅行社服务网点57个。出境游委托代理社19个；有旅游景区（点）79多处，其中国家A旅游景区6处（4A级旅游景区5处、3A级旅游景区1处）；另有国家级森林公园1处，全国农业旅游示范点1处，省级风景名胜区1处。全市有20家“旅游推荐单位”，涵盖餐饮、购物、娱乐等方面，旅游服务接待体系完善。全市旅游直接从业人员近3万人，旅游业为社会创造10多万个就业岗位。

【重大旅游决策】 2012年汕头市旅游局修订印发《汕头市旅游推荐单位管理办法》（以下简称《办法》），自2012年5月1日起施行，有效期至2017年4月30日止。《办法》的施行，有利于广泛开发和整合社会旅游资源，维护旅游者和旅游消费者的合法权益，规范旅游市场秩序，体现公开、公平、公正的竞争原则，营造旅游服务的良好社会氛围。旅游推荐单位由汕头市旅游局推荐，为境内外旅游者提供具有本地特色购物、餐饮、休闲娱乐等服务活动。《办法》还明确旅游推荐单位的申报条件、申报程序、权利和义务等。

【重要旅游活动】 2012年3月7日，汕头市政府在市迎宾馆召开全市旅游工作会议，总结“十一五”以来，尤其是2011年全市旅游工作情况，研究部署2012年旅游工作。市政府副市长徐凯市出席会议并讲话，副秘书长王槐峰，各区县政府、市直各有关单位领导，各有关旅游院校、各旅游企业负责人出席会议。市旅游局局长陈华佳总结2011年汕头旅游业发展情况和部署2012年主要工作，南澳县政府、市住房和城乡建设局、澄海区隆都镇政府、汕头市旅游总公司以及中国康辉汕头旅行社等单位介绍经验。徐凯要求：一是要深度挖掘和整合旅游资源，尽快搭建平台公司；二是要谋划和推动一批涉及旅游发展的重大项目；三是要加大城市总体形象宣传力度；四是要加强旅游从业人员队伍建设；五是要加强领导，营造旅游发展的良好环境。会议表彰2011年度组织游客来汕旅游成绩突出旅行社、2011年客房经营管理先进单位、旅游景区开发建设先进单位、旅游教育培训先进单位等一批旅游先进单位。

【国民旅游休闲计划】 2012年，汕头市认真贯彻《关于试行广东省国民旅游休闲计划的若干意见》，推行国民旅游休闲计划，在全市营造旅游氛围，培育国民旅游休闲意识，倡导低碳、环保、健康、文明的旅游方式，鼓励旅游企业推出便民优惠措施，以打折或减价等形式，为游客旅游休闲提供各种优惠便利服务。通过举办乡村旅游节、生态旅游节、潮汕美食节、汕头国际旅游产业博览会等大型旅游活动，为市民和游客提供内容丰富的旅游休闲活动。同时，组织国内主流媒体拍摄汕头休闲度假游专题节目，引导旅行社积极开发微旅游、奖励旅游、福利旅游、乡村旅游以及修学旅游等新的旅游产品，形式多样培育市民旅游休闲意识，打造生态滨海旅游休闲品牌，吸引广大市民参与休闲旅游，刺激消费，拉动内需，促进旅游经济的发展，也带动相关行业的发展。

【2012年中国旅游日主题活动】 2012年5月18日至5月底，汕头市组织开展以滨海风情、欢乐健康为主题的“中国旅游日·2012汕头滨海欢乐游”系列活动，包括“相约南澳、欢乐健康”主题活动、中国旅游日·2012汕头滨海欢乐游启动仪式暨“激情盛夏·魅力海门”海上运动展示活动、“绿色濠江，激情中信”主题活动。推出便民利民和惠民措施30多项，共吸引10多万名游客参与开展主题旅游活动，展示汕头丰富的滨海资源和独特的风情文化，在全社会营造“幸福、健康、休闲、欢乐”氛围。

【2012中国欢乐健康游主题旅游年】 围绕2012年“中国欢乐健康游”旅游年主题，策划组织2012汕头滨海欢乐游系列活动。南澳岛举办“相约南澳　欢乐健康”主题活动，内容有“万人游南澳”首发式、“农家乐”、海岛旅游新线路推介等。潮阳莲花峰景区内海滨水域举办“激情盛夏·魅力海门”海上运动展示、景区游园活动，有沙滩百鼓齐鸣、海上帆板、风筝冲浪、水上飞鱼、快艇、摩托艇等精彩表演。中信度假村举办“绿色濠江，激情中信”主题活动，有民族歌舞表演、泼水活动、篝火晚会、潮俗中秋文化节独具滨海风情旅游活动，协助在汕头内海湾举办汕头首届海湾龙舟赛、2012“潮人杯”帆船赛，举办“欢乐健康游　幸福伴你行”2012旅游惠民大行动，对学生、老人、残疾人、贫困家庭实施景区门票优惠和参团优惠。同时，在《汕头日报》《羊城晚报》粤东版、汕头旅游网等各级媒体发布2012汕头滨海欢乐游专题。

▲2012年春满鮀城生态旅游节和2012年诚信品质游活动启动。

出入境旅游

【入境旅游】 2012年，汕头市接待入境旅游者14.78万人，比上年增长5.13%，旅游外汇收入5174.72万美元，比上年增长2.04%。入境旅游客源市场情况：台湾同胞9176人次、香港同胞44735人次、澳门同胞704人次、外国人93225人次。

【出境旅游】 2012年，汕头市组团出境游38638人次，比上年下降12.84%。出国出境（包括香港、澳门和台湾）旅游的基本情况是：香港游16212人次，澳门游5838人次，台湾游1423人次，出国游15165人次。

国内旅游

【国内旅游接待与收入】 2012年，汕头市接待国内旅游者1026.16万人次，其中旅行社接待47.35万人次，国内旅游收入120.60亿元，比上年增长19.26%。旅行社组团情况：省内游31.08万人次，省外游24.92万人次。国内旅游市场的主要特点：省内游主要以珠江三角洲为主，省外游主要以华东和福建、海南、江西为主。

【红色旅游】 2012年，汕头市认真贯彻执行中共中央办公厅、国务院办公厅《关于印发〈2011—2015年全国红色旅游发展规划纲要〉的通知》精神，根据市委、市政府的工作部署，大力发展红色旅游，拓展革命传统教育新阵地，加大红色景区点建设管理力度，制定加强红色旅游工作的意见或办法，组织汕头红色旅游从业人员开展培训学习，提高红色景点导游、旅行社红色旅游导游的讲解能力和综合素质，大力提升红色旅游景区景点的管理和服务水平。加强红色旅游宣传、推介工作，促进红色旅游健康发展，加快建设幸福汕头的步伐，有力地推进汕头创建“全国文明城市”工作进程。

【乡村旅游】 2012年，汕头市继续落实莲华乡村旅游区休闲度假项目、南澳岛东山乡村旅游基地、濠江区丹樱生态园建设项目、潮南区红场旅游区等省旅游扶贫项目的建设，发挥各项目在全市乡村旅游建设中的示范作用。成功举办桃花节、杨梅节、荔枝节、生态旅游节、乡村旅游节、薄壳美食节、鲜菇美食节、兰花节等旅游节庆活动，开发农家乐、渔家乐，生态游、美食游等旅游线路。全市旅行社围绕节庆主题开展组团活动，吸引来自泰国、香港、澳门、台湾等地及周边城市的游客来汕头旅游。

【假日旅游】 2012年春节黄金周，全市共接待旅游者总人数113.21万人次，同比增长14.27%，其中过夜游客12.05万人次，同比增长7.97%；主要景区接待游客145.82万人次，同比增长14.82%；旅游总收入4.82亿元，同比增长17.62%。2012年国庆旅游黄金周，全市共接待旅游者总人数149.1万人次，同比增长24.4%；其中过夜游客13.45万人次，同比增长21.96%；一日游接待游客135.65万人次，同比增长24.65%；旅游总收入4.47亿元，同比增长27.33%。

旅游市场推广与节庆活动

【旅游市场推广】 2012年，汕头市在国内主流媒体密集开展旅游宣传，举行“海风潮韵　休闲汕头”汕头旅游专题拍摄活动，邀请中央电视台《快乐汉语》、上海电视台《星旅途》、广东电视台新闻频道《广东报道》、南方电视台综艺频道等栏目组来汕采访、拍摄汕头旅游专题节目，先后接待央视四套《远方的家》“沿海行”栏目组拍摄汕头城市形象，中国网络电视台制作“汕头海湾龙舟赛”汕头旅游专题。分别在《中国旅游报》、南方电视台、中新社、《羊城晚报》《香港商报》《汕头日报》《汕头特区晚报》《汕头都市报》、汕头广播电视台等几十家媒体上发布汕头旅游系列报道，与《汕头日报》《羊城晚报》（粤东版）签约合办旅游栏目，大力开展旅游宣传推介。

赴境内外开展汕头旅游宣传促销活动，汕头市先后参加国家旅游局、省旅游局组织的国际、国内旅游交易会，先后赴青岛、义乌、武汉、福建、上海等地参加旅游交易会，开展旅游推介活动，参加2012广东国际旅游博览会。组团参加2012中国欢乐健康游主题旅游年港澳地区启动仪式暨主题推广活动，赴台湾参加2012年台北两岸观光博览会，参加国家旅游局组织的印度旅游展，12月，组织汕头旅游推介团赴中山交流互动，努力拓展国际国内旅游市场。

2012年12月31日至2013年1月3日，由汕头市人民政府主办，汕头市旅游局、中国国旅（广东）国际旅行社股份有限公司、广东花城国际展览有限公司承办的汕头国际旅游产业博览会在汕头潮汕体育馆开幕。省旅游局副局长张振林、汕头市政府副市长徐凯、中国旅游研究院院长戴斌等领导以及来自新疆、西藏、云南、贵州、福建、广东等各大省市和港澳台地区，马来西亚、泰国等国家的旅游界代表100多人出席开幕式。展会共设展位近200个，有来自国内各大省市旅游局和知名旅游景区、酒店、旅行社、旅游纪念品、旅游商品、时尚自驾游展示的参展商100多家参展。博览会以“弘扬潮汕旅游文化，共筑国际交流平台”为主题，举行开幕式、旅游文化艺术产品展销展示、旅游线路推广促销、“赢在旅游中国”旅游新发展论坛等系列活动。12月31日，“赢在旅游中国”旅游新发展论坛在金海湾大酒店举行，中国旅游研究院院长戴斌，国家商务部研究院副主任渝华，广州市政协副主席平欣光，市旅游局局长陈华佳等领导，以及来自兄弟省市的旅游企业负责人，媒体记者出席论坛。汕头国际旅游产业博览会突出产业化、专业化、国际化特色，强化展销对接、惠民服务的功能，着力打造旅游产业交流合作平台，打造大粤东旅游发展引擎，是一个充分展示品牌形象、深化旅游合作、促进旅游贸易、实现共赢发展的旅游展会。

▲汕头国际旅游产业博览会启动仪式。

2月21～23日，汕头市旅游局与南航汕头航空有限公司联合主办潮汕地区旅游产品推介活动，邀请南航汕头航空有限公司执飞航线所抵目的地21个地区的南航各分子公司、营业部及当地大型旅行社代表们共60多人来汕考察旅游线路，拓展客源地市场。

【旅游节庆活动】 2012年，汕头市通过举办一系列特色旅游节庆活动，带旺旅游市场，拉动消费，挖掘、开发旅游资源，延伸旅游产品链。一是举办第十八届潮汕美食节。由汕头市政府主办，汕头市旅游局等单位承办的第十八届潮汕美食节于11月17日举行开幕式，本届潮汕美食节为期10天，共设美食及旅游手信展位130个，集中展示潮汕独特美食风味和旅游手信。美食节期间有丰富多彩的文艺节目和互动游戏，吸引20万市民游客前往参观品尝。二是举办中国旅游日·2012汕头滨海欢乐游系列活动。5月18～20日，汕头市组织举办中国旅游日·2012汕头滨海欢乐游系列活动，活动包括“相约南澳、欢乐健康”主题活动、“激情盛夏·魅力海门”海上运动展示活动和“绿色濠江，激情中信”主题活动等。3天共吸引近10万人次参与、观看活动。三是举办第四届汕头濠江桃花节。1月11日至2月8日，由濠江区政府、汕头市旅游局联合主办的第四届汕头濠江桃花节在巨峰风景区举行，本届桃花节以“桃红濠江福满汕头”为主题，将桃花文化和建设“幸福汕头”的大背景结合起来，主打文化牌。汕头濠江桃花节受到广大市民和游客的青睐，成为春节期间人们出游的首选。四是参与举办2012“潮人杯”帆船赛。本届帆船赛于11月24～26日在汕头举行，由国家体育总局水上运动管理中心、汕头市政府主办，汕头市体育局、汕头市旅游局等承办，共有13艘帆船参加比赛。五是参与举办2012年中国澄海国际兰花节。本届兰花节于12月9～14日在澄海区莲华镇举行，来自台湾、香港及国内各地，韩国、泰国等国家的参展者参加活动，万盆兰花争奇斗艳，吸引众多游客前往参观。六是举办2012年汕头市“春满鮀城”生态旅游节。3月8日，由汕头市旅游局主办的2012年汕头市“春满鮀城”生态旅游节开幕式在丹樱生态园举行，活动旨在倡导广大市民追求健康、生态、低碳、环保的生活理念和旅游方式，进一步推动汕头生态旅游资源的开发和生态旅游项目建设。生态旅游节期间汕头市各生态类旅游景区还积极策划、开展生态主题旅游活动，推出优惠服务措施，方便市民游客出游。七是举办汕头市莲华乡村旅游区农家乐项目开工仪式暨“祥龙降瑞·莲华乡村幸福游”系列活动启动仪式。1月16日，该项活动由澄海区政府、汕头市旅游局共同主办。莲华乡村旅游区以此次活动为起点，继续深入挖掘富有乡村旅游特色资源，建设包括农家乐、绿道网、兰花产业园等丰富乡村旅游内容的休闲度假项目。此外，汕头市还举办2012潮阳·西胪杨梅旅游节、2012汕头·潮南荔枝文化旅游节、2012汕头·澄海盐鸿薄壳美食节、2012汕头沙滩风筝旅游节等节庆活动。

【区域旅游联盟与合作】 2012年，汕头市坚持“大旅游、大市场、大产业”的发展理念，主动融入粤港澳、珠三角、海西旅游区，与粤东地区、闽粤赣地区、海西经济区建立了粤东旅游圈、闽粤赣十三市、海西旅游圈旅游联盟，加强与联盟地区城市的联系与合作，共同拓展客源市场，开发旅游资源，打造旅游品牌，开展旅游产业对接，先后接待三明、汕尾、漳州等市旅游界来汕举办旅游推介交流活动。9月，赴抚州参加闽粤赣十三市旅游局长联谊会，加强与协作区内旅游同行的交流合作。12月，与中山市开展两地万人互游活动。汕头市旅游业界加强与香港、澳门地区旅游界、文化界、新闻界的联系与交流，于3月和6月先后组团赴港举办旅游宣传推介活动，市领导拜会港中旅、香

▲中山游客万人游汕头大型旅游活动。

港丽盛集团、澳门万国旅行社等知名旅游企业，开展招商引资，引进重大旅游项目，深化汕港澳旅游合作。拓宽对台旅游交流，指导有经营大陆居民赴台旅游业务资格旅行社开展对台旅游业务，编制“台湾游”旅游线路。

旅游资源开发和景区（点）建设

【旅游规划】 2012年3月17日，汕头市政府在南澳岛主持召开《汕头市南澳岛滨海旅游产业园区规划》（以下称《规划》）专家评审会。中科院地理研究所旅游发展中心原主任、博士生导师郭来喜为组长的专家组评审通过该规划。《规划》把南澳岛定位为滨海旅游度假和现代综合服务业相融合的新型产业集聚区，以海岛旅游为集聚核，培育集海洋产业、旅游加工业、会议博览业、现代科技产业等于一体的多功能旅游产业园区，重点打造环岛综合景观带以及后宅旅游商业—现代服务业中心、深澳明清古镇旅游文化产业园区、大青澳湾现代休闲旅游产业基地、云澳—烟墩湾海洋文化与运动产业基地、黄花山国家森林公园康体疗养产业园区等重点小区。4月21～22日，汕头市旅游局在澄海区莲华镇主持召开《汕头市莲华镇旅游发展总体规划》（以下称《规划》）专家评审会。由广东商学院、广州大学、汕头大学、汕头市规划局和汕头市规划设计研究院组成的评审专家组，经现场踏勘、材料研究、会议评论，评审通过该规划。《规划》提出把莲华镇建成生态休闲小镇、连接闽粤（珠三角与海西的节点）的驿站、粤东旅游新亮点、汕头市的“后花园”、澄海服务业基地，打造一区（4A级旅游区）、一带（滨江休闲带）、四轴（安黄公路、隆碧路至报本学校、南美路和东铁路、三洲灌渠等四条游览景观轴）和八节点（下长宁、莲花寺禅修院、莲花广场、远东国兰、渔人广场、灯塔广场、红头船广场和莲华中学）的旅游空间结构，以及生态度假区、农耕体验区、农业游览区、乡土文化区、综合接待区和小镇体验区等六个功能分区，设计莲花山郊野公园、国兰天地等一批重点项目，规划期内将把旅游业打造成为莲华战略性支柱产业。

【旅游投资】 2012年，汕头市积极开展旅游招商引资工作，引进港资2亿多元合作开发建设汕头潮人码头文化公园，规划将潮人码头文化公园建成集游轮、游艇、潮汕文化展示、亲水休闲等功能为一体的旅游活动中心，将本项目打造成为汕头市（乃至粤东地区）的旅游文化产业新景点，提升汕头城市旅游品牌，展示城市新形象，推进汕、潮、揭同城化建设。

【旅游景区（点）与基础设施建设】 2012年，汕头市旅游局推进方特欢乐世界·蓝水星公园创建4A级景区工作，11月19日，根据《旅游景区质量等级的划分与评定》国家标准，经广东省旅游景区质量等级评定委员会推荐，全国旅游景区质量等级评定委员会组织评定，该景区被批准为国家4A级旅游景区。12月11日，农业部和国家旅游局认定汕头市莲华乡村旅游区为全国休闲农业与乡村旅游示范点。汕头市旅游局积极争取财政部门的支持，2012年下达市级旅游发展专项资金190万元，用于完善旅游基础设施建设、景区配套建设。推动海门莲花峰风景区、澄海大自然景区、中信海滨度假区等现有景区的改造升级，莲花峰风景区着手进行改造规划工作，澄海大自然景区初步建成农家乐项目，中信海滨度假区完成海滨餐厅、西餐厅、沙滩步道等改造工程。潮人码头文化公园项目完成规划设计。完成小公园改造规划论证及永平路启动项目的策划、规划等工作。

【新开发、新建设景区（点）】

方特欢乐世界·蓝水星公园 方特欢乐世界·蓝水星公园 是粤东地区最大的高科技主题公园。位于海湾大桥北岸，处在汕头门户及东部经济带的起点上，占地24万平方米，由深圳华强文化科技集团与广东锦峰集团联合投资逾10亿元建造而成。公园以科幻为主题，以高科技文化和时尚游乐元素为主导。公园将游乐项目设计融入到园林海滨城市景观中，是汕头市的标志性景观之一。公园由银河广场、太空世界、失落帝国、西部传奇、恐龙半岛、海螺湾、嘟噜嘟比农庄、儿童王国、水世界9个主题区域组成，近100个游乐项目。开园3年来，共接待游客200万人次。

【绿道旅游】 2012年，汕头市共建成省立绿道82公里。“绿道网”建设规划，突出“江、海、山、城”滨海潮汕特色，总体规划为“一核、两带、八环”，“一核”指汕头内海湾核心廊道；“两带”指山体人文风光带、滨海特色风光带；“八环”指都市休闲环、牛田洋生态湿地环、东部新津—莲阳河绿堤掩翠环、莲阳—东里河潮汕民居环、小北山田园风情环、濠江山海风光环、大南山红色印迹环、南澳岛生态海岛环。其中省立绿道总长约231公里，市立绿道约480公里，社区绿道约670公里。礐石绿道结合礐石风景区东入口改造，通过发动企业捐资1300多万元，建设汕头规模最大的攀岩壁、滑板基地，最长的休闲栈道，最大的生态型停车场，打造“绿化+步行道+自行车+服务站”四要素组成的公共空间。濠江区绿道自中信度假村往东延伸至濠江出海口，全长6.8公里，成为集观光、散步、娱乐、休闲、户外运动等综合功能于一体的滨海绿色景观大道。

【旅游扶贫与城乡游】 2012年，汕头市旅游局积极帮助相关景区争取省旅游扶贫专项资金合计420万元。9月22日，在2012年广东省旅游扶贫大型重点项目专家评审会上，汕头市潮阳区海门渔乡风情小镇项目（莲花峰旅游区）成功入选，获得300万元旅游扶贫专项资金。南澳岛三澳滨海乡村旅游基地、凤岗妈民俗文化公园、隆都前美侨乡文化旅游区（前美古村）、“沟南许地”人文历史文化旅游区4个项目分获旅游扶贫专项资金30万元。

1月16日，由澄海区政府、汕头市旅游局联合主办的汕头市莲华乡村旅游区农家乐项目开工仪式暨“祥龙降瑞·莲华乡村幸福游”系列活动启动仪式在莲华乡村旅游区举行，莲华乡村旅游区以此次活动为起点，继续深入挖掘富有乡村旅游特色资源，依托国家4A级旅游景区和中国兰花名镇这两张名片，建设包括农家乐、绿道网、兰花产业园等丰富乡村旅游内容的休闲度假项目。

▲汕头市莲华乡村旅游区农家乐项目开工暨“祥龙降瑞”莲华乡村幸福游系列活动启动仪式。

旅游行业监督管理

【旅游市场监督】 2012年，汕头市共检查、走访旅游企业105家，检查旅游广告80余份，各种旅游合同250余份，旅游团队档案90余份，旅游团队50余个，发出3份整改要求，下发《责令限期整改通知书》1份。对违法违规企业进行立案调查3宗，行政处罚案件结案3宗。加大对旅游市场的整治和查处力度，牵头和联合政府其他相关部门（交通、工商、公安）对全市的旅游包车、旅游车辆、旅游合同进行执法大检查，规范和引导旅游企业守法经营、诚信经营，同时要求旅游企业和旅游从业人员开展签订诚信公约、承诺诚信服务、阳光报价等行业自律活动，用优质旅游品牌效应，引导游客理性消费、理性维权。全年受理旅游投诉11起，比上年下降50%。继续完善旅游质监所投诉电话接听制度和投诉案件的受理、处理和转办制度，认真做好各项记录，依法按程序处理各类旅游投诉，保证假期节日旅游投诉电话24小时畅通。

【旅游安全管理】 2012年，汕头市旅游局制订下发《2012年度汕头市旅游行业安全隐患排查治理工作方案》《汕头市2012年旅游行业安全生产要点》等文件。推进旅游行政管理部门领导干部安全生产“一岗双责”，做到党政主要领导负总责，分管安全生产的领导是直接责任人，其他领导是分管领域安全生产直接责任人，对分管领域事故控制指标负重要责任；严格按照“属地管理”和“谁主管，谁负责”“谁许可，谁负责”的原则，依法履行监管职责；深化企业主体责任落实，加强安全生产管理和监督；深化旅游安全专项整治和隐患排查治理，结合各阶段旅游行业的实际情况，采取“标本兼治、重在治本”的措施，针对不同时期旅游安全工作特点，开展党的十八大安全保卫战、重大节假日、两会、“夏季汛期”“黄金周”“清剿火患”“打非治违”专项行动、“三合一”场所消防安全专项整治行动、“开展讲诚信、促发展”主题活动和旅游包车安全等集中行动。全年全市清查事故隐患33处，其中整改23处。6月11日，汕头市旅游局2011度安全生产责任制考核获优秀等次。

【旅游行业“三打两建”】 2012年，汕头市旅游局按照汕头市“三打两建”工作领导小组和广东省旅游局的统一部署，加大对大案要案的查处力度。查处汕头市商之旅国际旅行社超出经营范围试图违规组织162名游客赴台旅游的行为，对涉案旅行社予以罚款10万元的行政处罚；对汕头市泰昌国际旅行社8名赴韩游客违规滞留进行立案调查，并对涉案旅行社予以行政处罚，罚款及没收非法所得总计19200元；对汕头市“联侨服务中心”无牌无证非法经营旅游活动一案按照法律程序申请金平区人民法院对被处罚人进行强制执行。印发《2012年汕头旅游行业“诚信兴商宣传月”活动工作方案》《2012年汕头旅游行业开展旅游服务质量提升和质量整治活动方案》，结合“讲诚信，促发展”主题活动，在旅游行业中广泛开展诚信宣传，推动旅游行业诚信建设工作继续深入开展。

【旅行社】 2012年，汕头新旅程国际旅行社有限公司、汕头经济特区旅游有限公司获批成为出境游组团社，至年底，全市共有旅行社66家，其中出境游组团社8家；终止出境游委托代理4家；办理旅行社变更16次；办理旅行社服务网点备案8个，撤销旅行社服务网点6个。根据《汕头市奖励旅行社组织游客进入汕头旅游实施办法》，汕头市旅游局、汕头市财政局对2011年度组织游客来汕旅游成绩突出的7家旅行社进行奖励，分别是：组接总量奖（旅总、海岛、瀛南、青旅），年度增幅奖（乐观、潮汕），特色创意奖（乐观、海岛、金潮、潮汕）。开展旅行社责任保险统保工作，召开全市旅行社风险防控暨事故处理研讨会，全市旅行社责任保险统保工作达到90%以上。全年办理2家旅行社降低质保金手续，协助银行办理3家旅行社退还质保金手续。实行出境旅游组团社、分社和委托代理社总经理约谈制度，先后与5家旅行社总经理约谈，提出做好出境旅游工作的相关要求。

▲2012年2月14日，汕头市召开全市旅行社工作会议。

【星级饭店】 2012年，汕头市旅游饭店星级评定委员会组织对全市星级饭店的复核，其中由国家、省星评委组织评定性复核3家，市星评委组织年度复核7家；由省星评委组织复核6家，委托区县复核21家。经复核，取消名都大酒店、金湖大厦、长讯宾馆3家旅游饭店的“星级”。全年开展年度优秀旅游饭店客房经营管理工作，协助物价部门规范星级饭店房价明码标价等工作。截至2012年年底，汕头市共有星级饭店35家，其中五星级饭店3家，四星级饭店7家，三星级饭店19家，二星级饭店5家，一星级饭店1家。

【旅游信息化建设】 2012年，汕头旅游公众网和政务网建设继续完善，年发布通知及公告行业信息195条，年浏览量38.8万次。参与海西旅游网建设，扩大汕头旅游资源宣传。开通汕头旅游政务微博，在新浪、腾讯网站开通“汕头旅游网”微博，推介潮汕美食和旅游新产品，全年发布旅游微博800多条，粉丝超万个。建立数字汕头旅游地理信息公众服务系统，实现地图浏览、兴趣点查询定位、旅游专题查询和路径分析等。与移动、电信、乐游游等单位策划合作开展“智慧旅游”项目。与杭州市有关单位合作制作“乐游游”手机导游项目，与中国电信汕头分公司合作开通“114”旅游服务热线，为游客提供各类信息咨询、旅游预定、投诉受理信息以及自驾游故障呼叫和实时救援服务。月咨询量逾10万次，全年提供游客服务查询150万次。

【旅游行业协会·旅游商品】 2012年5月27~29日，汕头市旅游协会组织部分旅游景区（点）、旅行社负责人赴江西赣州、南昌两地举行旅游推介会，宣传推广该市“海风潮韵·休闲之都”的独特魅力。汕头市旅游局先后组织旅游协会和酒店协会召开座谈会2次，研究贯彻落实国发〔2009〕41号文的意见。至2012年年底，全市共推荐20家餐饮、购物企业，为旅行社及游客提供有特色、有保障的餐饮、购物服务。

精神文明与教育培训

【旅游精神文明建设】 2012年，汕头市旅游局深入开展创先争优活动，在创先争优中开展“夯实基础、服务群众”活动，制定《汕头市旅游局创先争优活动长效机制》，组织引导党支部和党员履职尽责创先进、立足岗位争优秀。是年，汕头市旅游局扎实开展“规划到户，责任到人”扶贫开发工作，局党员干部多次前往帮扶村——潮南区红场镇仙田村，入户走访慰问500多人次，落实帮扶措施，仙田村92户贫困户全部实现脱贫；3年来，汕头市旅游局共筹集投入资金470.35万元，其中投入到户帮扶资金73.21万元，投入到村帮扶资金397.14万元。

【旅游行风和机关工作】 2012年，汕头市旅游局认真落实“一岗双责”“一把手”负总责等制度，深入推进惩治和预防腐败体系建设，贯彻落实《廉政准则》，完善党务公开工作，积极探索党风廉政建设责任制和领导干部廉洁自律工作的新途径，推动了旅游党风廉政建设和机关作风建设的开展。围绕把旅游业培育为人民群众更加满意的现代服务业这一主线，把旅游行业管理、市场治理整顿和旅游行风建设工作有机结合起来，致力探索建立规范旅游市场秩序和倡导行业精神文明建设的长效机制，规范旅游市场秩序，抓旅游行业诚信建设，提升服务质量，解决欺客宰客和发布旅游虚假广告等困扰旅游发展问题。

【旅游教育培训】 2012年，继续实施汕头市旅游系统“十百千万”大规模教育培训从业人员工程，全年全市开展各类培训100多场次，有2万多名旅游从业人员均接受1次以上的职业素质培训。4月28日至6月23日，组织举办2012年汕头市导游人员职业技能竞赛，评出“汕头市十佳导游员”等奖项；同时，对十佳导游员前3名分别给予金奖、银奖和铜奖的奖励。组织开展全市导游人员年审教育培训工作。组织开展一年两次全国导游人员资格考试，全年新增导游员101名。

（庄为健　蔡　琛）

佛山旅游业

综　述

【概况】　2012 年，佛山市旅游系统以创建广东旅游强市为目标，紧紧抓住产业转型升级这条主线，深入贯彻落实《珠三角地区改革发展规划纲要》，大力推进旅游产业优化升级，积极培育新的经济增长点，全市旅游产业形成了持续、平稳、健康发展的良好态势。全市实现旅游总收入 365.72 亿元、增长 23.36%。其中国内旅游收入 289.30 亿元、增长 24.03%；旅游外汇收入 12.09 亿美元、增长 24.36%。

【领导关心旅游业】　2012 年 7 月 10 日，招玉芳副省长率省外贸、旅游调查团到佛山市调研旅游业发展情况，并对今后一个时期佛山旅游业的产业定位、产品定位、市场定位等提出更高要求。招玉芳首先考察位于南海西樵西岸的广东中旅南海旅游产业园，该项目一期规划占地约 4000 亩，投资 28 亿元，主要包括 5A 旅游景区、六星级主题酒店、水上乐园、温泉项目、旅游不动产和政产学研中心，现投入 17 亿元，预计 2013 年 5 月完成建设并对外开园。"这个项目把岭南文化特点展现出来了。"招玉芳高度肯定广东中旅南海旅游产业园项目规划，她表示，省里全力支持该项目，将协调相关部门在政策和资金方面予以支持，市、区也要全力推进项目建设，尽快争取升级为国家 5A 级旅游景区。同时，作为全省乃至全国的龙头旅游项目，要在全省起到带动示范作用，争取实现广东旅游企业上市零的突破。

【旅游行业规模】　截至 2012 年年底，佛山市有星级饭店（含顺德区）92 家，其中五星级 9 家、四星级 17 家，按四星、五星标准在建的高星级酒店 10 多家；有 4A 级旅游景区（点）15 家；拥有旅行社 95 家，其中出境游组团社 18 家；持证导游员 3000 人，其中中级导游 120 人，高级导游 10 人；旅游直接从业人员 5.2 万人。

【旅游工作会议】　2012 年 3 月 30 日，2012 年佛山市旅游工作会议在市机关大院小礼堂召开。会议主要任务是：贯彻落实全省旅游工作会议精神，总结上年全市旅游工作，研究部署 2012 年工作任务。麦洁华副市长出席会议并讲话，市旅游局局长彭聪恩传达全省旅游工作会议并作工作报告。会议由市政府副秘书长邓灿荣主持。会议通报全市荣获全国旅游系统劳动模范和全省旅游系统先进集体、先进个人名单，表彰全市旅游系统 23 个"先进集体"和 18 名"先进个人"。区文体旅游局、旅游企业代表作经验交流发言。

【产业转型升级峰会】　2012 年 6 月 28 日，由佛山市旅游局、市旅游协会主办，佛山日报社承办，佛山南湖国旅协办的"2012 珠三角旅游产业转型升级峰会"在佛山新闻中心举行。包括广东省旅游局在内的 15 家旅游局的领导、20 家旅游景区和 30 多家制造业和车商代表参加本次盛会，探讨产业和旅游的深度融合、产业链条的整合和共享。

在中共广东省第十一次代表大会上，省委、省政府对旅游业发展提出新的任务要求。"加快旅游产业转型升级，建设幸福广东"成为旅游产业新的诉求。峰会上佛山自驾游俱乐部正式宣布成立。佛山自驾游俱乐部将整合佛山日报社、佛山在线涉及的汽车、地产、金融、教育、医院等各个行业的优势优质资源，定期推出不同主题活动。

【祖庙、樵山新春祈福民俗文化】　2012 年 1 月 12 日，"一脉同根，祈福共荣——'祖庙、樵山新春祈福'民俗文化活动启动暨祖庙—西樵城巴快线开通仪式"在祖庙正门广场举行。启动仪式上，10 位游客代表上台领取祖庙·西樵山景区联票；副市长麦洁华与"祖庙、樵山新春祈福"民俗文化活动各专责工作小组成员单位领导共同为民俗文化活动启动暨"祖庙—西樵"城巴快线开通剪彩，市旅游局印制 5 万份宣传单张并在活动现场派发。本次新春祈福民俗文化活动内容十分丰富，其中的"龙飞陶舞"——石湾贺年生肖陶艺品巡回展、祖庙万福台粤剧粤曲表演、第三届中国（禅城）岭南年俗欢乐节暨祖庙商圈迎春嘉年华、"文翰樵山"2012 年新春岭南民俗文化节等活动都富有浓郁的地方特色。活动持续 2 个月。旅游、交通等部门借势联合推出祖庙·西樵山景区联票，开行"祖庙—西樵"城巴快线，推出"迎春祈福"一日游、二日游、三日游线路。

【2012 佛山秋色欢乐节系列活动和"2012（第十届佛山美食

节)”方案策划工作】 总结吸取往届成功经验，草拟了《2012 佛山秋色欢乐节系列活动方案（征求意见稿)》并发函到禅城区政府和市各有关单位征求意见；重点抓好“2012（第十届）佛山美食节)”方案策划工作，认真学习借鉴兄弟城市好的做法和经验，积极与各相关单位协商沟通，确立活动方案，并成功举办 2012 第十届佛山美食节。佛山美食节于 11 月 23 日至 12 月 2 日在东方广场举办，共有约 100 万游客和市民到现场品尝美食。本届美食节办节规模大，共有展位 120 个，其中特装展位 7 个，参展企业数量创历届之最，美食文化活动内容丰富。举办了佛山首届菜单设计大赛，开幕式上为佛山市“2012 年度十佳导游员”和第二届全国导游大赛广东选拔赛中文组的冠、亚军颁了奖，为获得国家 4A 级景区称号的佛山祖庙、高明皂幕山景区颁发了国家 4A 级旅游景区牌匾，还举行佛山美食地图首发式，共派发美食地图 1 万多份。本届美食节举办“旅游书画摄影大赛”，获奖作品或入围作品将编入“2012（第十届）佛山美食节”大型画册。本届美食节积极吸引了较多佛山餐饮企业参与，本地特色名吃如顺德龙江烧猪、均安蒸猪、伦教糕、陈村粉、南风古灶酸梅汤等在美食节现场受到追捧。

▲2012 年佛山美食节，省、市领导品尝美食。

【中国旅游日】 “5·19”中国旅游日活动的主题是“健康生活，欢乐旅游”。佛山市各地举行多场亮点频闪、好戏连台的文化盛宴为游客带来沉甸甸的精神与物质收获。三水区委宣传部、三水区文体旅游局联合佛山南湖国旅共同举办“走进南国水都，感受灵动之美——2012 广佛肇（三水）旅游节”。游客亲临三水森林公园、九道谷、南丹山、三水荷花世界，感受丰富多彩、独具当地特色的旅游盛宴。开幕式现场更有旅游风情展，展示着当地的特色工艺品、地道美食。南番顺旅游联盟联合各区景区、旅行社、酒店举办“中国旅游日——南番顺人游南番顺”活动。活动特别推出“岭南文化体验游、休闲生态绿道游、时尚欢乐康体游”等 4 条精品线路并举行首发仪式，产品囊括南番顺南粤园、沙湾古镇一日游；余荫山房、岭南印象园、大学城绿道一日游；番禺海傍水乡、亚运城、亚运村、莲花山一日游；顺德清晖园、西山庙、南国丝都丝绸博物馆、花卉世界一日游。

出入境旅游

【入境旅游】 2012 年，佛山市接待入境旅游者 272.24 万人次，比上年增长 14.62%；旅游外汇收入 12.1 亿美元，比上年增长 24.36%。入境旅游的客源主要来自中国港澳台、日本、印度、德国、美国、马来西亚。

【出境旅游】 2012 年，佛山市旅行社组团出境游 44.69 万人次，比上年增长 10.03%。其中港澳游 32.92 万人次，比上年增长 8.02%，出国游 11.77 万人次，比上年增长 16.05%。

国内旅游

【国内旅游接待与收入】 2012 年，佛山市接待国内旅游者 3257.18 万人次，比上年增长 6.60%；国内旅游收入 289.30 亿元，比上年增长 24.03%；全市旅行社组团国内游 322.97 万人，比上年增长 8.99%，其中省内游 263.27 万人，比上年增长 8.86%；省外游 59.70 万人，比上年增长 9.60%。

【假日旅游】 2012 年春节黄金周，长假前期天气湿冷，景区游客数量普遍下降，长假后期转好的天气催旺了市内各景点的“人气”，全市旅游收入达 10.42 亿元，同比增长 5.89%；旅游外汇收入 2645.13 万美元，同比增长 5.06%；各主要旅游景区点接待中外游客 1702770 人次，同比下降 1.30%，旅行社组团 62821 人次，同比下降 1.49%；旅行社接待 16095 人次，同比增长 1.54%；餐饮收入 2916.82 万元，同比增长 23.70%。旅游活动丰富多彩，气氛浓。春节期间，市、区两级政府都举办丰富多彩的节日庆典和其他活动，各旅游景区、点推出一系列喜迎龙年新春，颇具浓郁地方特色的活动，为游人送上节日大餐，吸引大量外地游客和本地市民。如南风古灶举办薪火相传——祭灶神暨新年第一把火；中央电视台南海影视城举办魅力影城伴我行——黄河文化艺术节；长鹿农庄举办龙文化展览、秧歌腰鼓贺新岁、众仙巡游送祝福、民俗民风美食街等活动；荷花世界举办大型歌舞杂技、民族风情表演、醒狮贺岁及水上飞桩表演；三水森林公园推出醒狮开门红卡通人物派利是、迎宾恐龙生态环境文化节——恐龙争霸七彩葵花迎新春、农家少女服装 SHOW 等；霭雯农庄隆重推出“食出天然”美食体验系列酬宾活动，让游客充分体验农村田园生活；刚刚晋级4A景区的西岸森林生态公园举办“盛世桃‘缘’幸福中旅”西岸旅游产业园森林生态园首届桃花节，以生态文化、道教文化吸引众多游客；岭南天地景区与民间艺术社合作推出“巨龙飞天，流光溢彩——岭南彩灯会；新开张的三水温泉度假村作为佛山第一个大型温泉旅游区；地铁游、自驾游掀高潮。旅游市场喜庆祥和的同时保持安全稳定，未发生大的旅游事故或重大旅游投诉。

2012年“十一”黄金周正逢中秋节，天气秋高气爽，艳阳高照，在高速公路免费通行等利好政策带动下，旅游市场“进出两旺”，全市旅游收入17.75亿元，同比增长29.1%；其中旅游外汇收入同比增长32.56%；各主要旅游景区点接待中外游客321万人次，同比增长1.17%，主要旅游饭店接待过夜游客同比增长31.65%。节日期间南粤幸福活动周多项活动集中亮相，为游客送上节日大餐。其中禅城区推出“幸福我来秀”“幸福我健身”“幸福手拉手”“幸福大集市”“幸福大家谈”五大项目板块系列活动；南海首届“南粤幸福活动周”活动在千灯湖市民广场启动，78场文体活动分成六大“幸福”板块展开；第七届中国岭南美食文化节在顺德北滘广场举行，主会场人流量超过100万人次；高明区第六届万人濑粉节在盈香生态园举办；三水举办广场舞比赛等系列文体旅游活动。各景区活动丰富，节日气氛浓郁。祖庙举办佛山五大拳种高手大展演；1506创意城推出南风古灶2012年国庆体验游；西樵山景区举办2012“黄飞鸿杯”第八届世界华人狮王争霸赛暨水上双狮挑战赛和“至善樵山、情满中秋”游园灯会首届花灯节；杏坛逢简水乡举行了“顺德区非物质文化遗产活动日”；高明盈香生态园举行农耕文艺汇演；南海影视城举办“达人秀场”产业工人自己的舞台活动；三水荷花世界上演“怪人云集，绝技飞扬”世界首届怪人搞怪节。全市景区内外通行秩序良好，未发生大的旅游事故或重大旅游投诉。

旅游市场推广与节庆活动

【旅游市场推广】 2012年，佛山市五区文体旅游局和各相关旅游企业赴香港、澳门开展2012中国欢乐健康游主题旅游年港澳地区启动仪式暨主题推广系列活动，共推出旅游惠民政策55项，宣传“狮舞岭南 传奇佛山”旅游形象。配合广东省邮轮旅游频道《嬉游记》节目组，做好有关拍摄点推荐、联系和接待工作。借助中国烹饪协会成立25周年之际，通过图文和视频，向与会代表展现佛山粤菜名城形象。抓好佛山旅游通触摸屏软件升级工作，对全市35台发放使用的触摸屏电脑进行升级改版。重新制作佛山旅游宣传片，获得省广东日南派优秀纪录片城市与旅游宣传类三等奖。与佛山日报社联合举办“2012珠三角旅游产业转型升级暨佛山企业万人游启动仪式。与珠江时报社联合举办“2012珠三角旅游大联动暨欢乐健康游”活动。与市文广新局联合印派《文化视窗》宣传手册。配合市农业局做好于9月6日举办的首届广东（佛山）安全食用农产品博览会相关工作，旅行社共组织7400多名游客参观。

▲2012年10月25日，佛山市举办2012年佛山秋色欢乐节新闻发布会。

【区域旅游合作】 2012年2月25日，佛山市旅游局与广州、肇庆两市旅游局联合策划广佛肇妇女肇庆游绿道庆“三八”活动，活动启动仪式在七星岩东门广场举行，三地旅游部门于三月推出丰富多彩的节庆活动和旅游产品，体验绿道旅游。5月22日，广州市、佛山市、肇庆市三地旅游部门召开2012广佛肇旅游合作联席会议，总结2011年广佛肇三地旅游合作情况，提出2012年广佛肇旅游合作计划。9月10~12日，由肇庆市旅游发展局牵头、联合佛山市旅游局与广州市旅游局组织三地旅游业界及媒体代表组成促销团，赴吉林长春市和内蒙古鄂尔多斯市，分别在两地举办“时尚广州，传奇佛山，山水肇庆”这里的冬天不太冷，冬季旅游广佛肇！——主题旅游促销活动，推介广佛肇精品旅游线路。肇庆市政府副秘书长陈列、佛山市政府副秘书长邓灿荣、广州市旅游局副局长李志新、佛山市旅游局局长彭聪恩、肇庆市旅游局局长以及广州、佛山、肇庆市的旅游管理部门、旅游企业负责人、媒体记者共约90人参加推介活动。推介会上，广佛肇三市联合推出《这里的冬天不太冷——广佛肇暖冬之旅》广佛肇旅游宣传片、宣传册，以及《多彩广佛肇，岭南真味道——广佛肇旅游地图》等宣传资料。三市旅游局分别派出“推介大使”上台推介。广州以“惊艳广州、新生活、新体验”为主题，重点推介羊城“新八景”及时尚商都的魅力；佛山市重点推介“狮舞岭南，传奇佛山”旅游品牌；肇庆市重点推介“岭南名郡，山水名城”城市形象，“休悠肇庆，慢慢的享受”旅游主题和休闲之旅、文化之旅、寻宝之旅、美食之旅、红色之旅、祈福之旅六大线路产品。广州、佛山、肇庆三地旅行社分别代表与鄂尔多斯多家旅行社签订《旅游合作意向书》，双方计划组织100个旅行团4500名旅游者到对方城市旅游，营业额达4000万元。

旅游资源开发和景区（点）建设

【A级旅游景区创建】 2012年，佛山市将西樵山创建国家5A级旅游景区作为城市升级三年行动计划项目，并顺利通过国家旅游局和全国旅游景区质量等级评定委员会的终评检查。长鹿农庄创建国家5A级旅游景区工作进展顺利。西岸森林生态园旅游区、陈村花卉世界、罗浮宫国际家具博览中心、禅城祖庙博物馆和高明皂幕山荣膺国家4A级旅游景区。罗浮宫国际家具博览中心结合休闲经济模式，引入旅游概念，成功创建为国家4A级旅游景区，引领家具产业转型升级。三水温泉度假村和平洲玉器街创建国家4A景区正在推进。至年底，全市国家级4A景区11家。西樵山、南风古灶、三水荷花世界、三水森林公园等景区通过4A级景区复核评审。由市旅游局牵头组成检查小组对珠海、河源等市旅游景区进行A级景区复核交叉检查。

▲2012年8月29日，全省旅游景区复核交叉检查组到佛山复核景区建设情况。

【旅游重大项目建设加快推进】 2012年，佛山市加快推进旅游重大项目的建设。1月12日，全国首个“国家旅游产业集聚（实验）区”扩区挂牌仪式、全国首家由旅游企业创办的产业研究机构——广东中旅产业研究院挂牌仪式在佛山南海西樵举行，国家旅游局党组副书记、副局长王志发，佛山市市长刘悦伦，省国资委副主任张晓牧等出席挂牌仪式；1月，总投资3000万元的西樵镇岭南文化苑落成；5月，高明盈香生态园九寨水城和泰康山生态旅游区开业；年内，总投资5亿元的“南海湾”水上乐园、总投资1.5亿元的南海博物馆“西樵山梦工场”等多个工程项目扎实推进；投资4.7亿元的南海区九江镇“南国酒镇”项目启动；总占地面积7.33公顷，总投资约2亿元的南海区平洲玉器城全面升级改造。其中翠宝园全面开业，璞玉园将于2013年下半年竣工。

【绿道旅游】 2012年，佛山市按照《珠江三角洲区域绿道网总体规划纲要》，六条绿道主线连接广佛肇、深莞惠、珠中江三大都市区，经佛山的省立绿道319公里，其中1号绿道65公里，依次串联沙仔围滨水公园、千灯湖、南国桃园、东风水库、三水荷花世界、三水森林公园、云东海，向西经马房大桥延伸至肇庆；3号绿道约60公里，主要景点包括碧江金楼、长鹿农庄、顺峰山公园、均安生态乐园等，向南经白藤大桥进入江门市；4号绿道113公里，在佛山市境内北起草场湿地公园，向南经陈村花卉世界、长鹿农庄，往容桂经过细滘大桥进入中山市蒂峰森林公园。6号绿道81公里，北起三水三江并流处，依次串联半江桥、魁岗文塔、南庄生态休闲区、西樵山风景名胜区、璜玑鹭鸟天堂、九江酒厂双蒸博物馆等景点，向南经九江大桥进入江门鹤山市。

是年新春期间，配合省旅游局开展“迎新年·绿道旅游惠民大行动”活动，组织开展形式多样、特色鲜明、群众参与性强的旅游惠民、便民活动，吸引更多的老百姓参与绿道旅游，享受绿道旅游。

旅游行业监督管理

【旅游市场监督】 2012年，佛山市旅游局联合公安、工商、税务等部门开展对全市旅行社市场规范与整顿工作，重点检查清理行业违规行为及不正当竞争行为，打击一批黑社、黑导、黑车。健全旅游行政执法体系和质量监督网络，重点整治非法经营旅游业务，完善假日旅游协调领导和部门联动机制。完成皇冠假日酒店、名都大酒店、佛山佳宁娜大酒店和仙湖祈福酒店等四五星级饭店的评定性复核工作。组织开展“诚信兴商宣传月”等一系列主题宣传实践活动，引导旅游企业诚信经营、优质服务。

【旅游安全管理】 2012年，佛山市旅游行业管理部门查处违规旅行社8家；建立旅游投诉快速反应机制，完善投诉处理流程和旅游事故应急预案，建立覆盖全行业的旅游质监网络，为市民游客解答咨询投诉问题67宗，理赔金额8.74万元；定期开展明察暗访和游客满意度问卷调查，开展假日及“黄金周”旅游市场联合执法检查，加大旅游市场日常监管和专题整治力度。

【旅行社】 2012年，佛山市新设立9家旅行社，至年底，全市旅行社总数94家，其中出境组团游旅行社18家。全市严格执行新导游岗前培训制度，提高其整体素质和服务技能。按照每名导游培训时间不少于56小时的要求，邀请香港资深导游与本市专家、学者为导游上课，开课4场，培训导游1378人。及时做好初级导游人员导游证（IC卡）的年审刷卡工作，更新导游证（IC卡）的资料。协助省旅游局完成中高级导游人员考试。

与市人力资源与社会保障局、市旅游协会联合举办第二届全国导游大赛"长鹿农庄"杯佛山选拔赛暨2012年佛山导游职业技能大赛。禅之旅国际旅行社导游盛佳佳、梁秀莹分获广东省选拔活动中文组第一名、第二名，代表广东省参加全国导游大赛。通过公开"晒"、自己"争"、专家"评"等方式，在全市3000名导游中开展"十佳导游员"评选活动，评出佛山市"2012年度十佳导游员"。

【星级饭店】 2012年，佛山保利洲际酒店、三水金太阳酒店、三水花园酒店、高明碧桂园凤凰酒店评定为五星级饭店；三水凯迪威酒店评定为四星级饭店；金帝豪大酒店评定为三星级饭店。至年底，全市星级饭店（含顺德）96家，其中五星级9家、四星级19家，按四星、五星标准在建的高星级酒店10多家。随着多家高星级饭店建设热潮的持续和经济型酒店品牌连锁的扩张，全市旅游接待能力大大提升。

【旅游行业协会】 2012年3月21日，佛山市旅游协会召开执行会长第一次联席会议，出席会议有市政府副市长麦洁华、市旅游局局长彭聪恩等领导。聘选出天宁旅行社、禅之旅、新中源大酒店、佛山国旅、佛山中旅、南海中旅、顺之旅、顺德广之旅、三水温泉度假村、高明君御温德姆至尊酒店10个单位负责人为执行会长，由会长邹颂炫向执行会长颁发聘书。旅游协会加强与行业之间和政府之间沟通联系，发挥议事、商讨、执行和监督功能。

出台和完善协会会长职责、秘书长职责等一系列规章制度；与市旅游局共同创办《行·至美》旅游月刊，免费赠阅给旅游者及旅游企业；组织相关会员单位参加"2012广东扶贫济困日"活动等。组织发动社会人员和在校学生参加每年两次的全国导游人员资格考试工作；免费为会员单位介绍优秀导游，为会员单位解决旺季导游短缺的难题。

旅游教育培训与精神文明建设

【旅游行风与机关作风建设】 2012年，佛山市旅游局完善首问责任制、岗位责任制、服务承诺制、限时办结制、绩效考评制等各项制度。深化政务、党务公开，实行局党组领导，主要领导负责，分管领导分工负责，办公室组织协调，各职能科室各负其责的领导体制和工作机制，并把政务公开列入全年工作目标。在政府网站公开行政法律法规和办事指南，公告《佛山市旅游局政府信息公开指南》和《佛山市旅游局政府信息公开目录》、公开办公地点、佛山市旅游局的机构职能和各科室设置等信息。

落实党风廉政建设责任制，制定市旅游局工作人员廉洁勤政自律守则，落实领导干部学廉、述廉、考廉、谈话告诫制度，组织学习党的十八大精神，坚决防止和治理违规违纪行为。扶贫开发"双到"工作评为"优秀"。

【旅游"创文"】 2012年，佛山市旅游局按照《佛山市创建全国文明城市工作任务分解表》和《佛山市未成年人思想道德建设工作任务分解表》，制订具体的工作计划、工作措施，实行责任到岗、责任到人。与市文明办、市食品药品监督局、市工商局、市卫生局和市饮食同业商会联合印发《佛山市"文明餐桌"行动总体方案》，在全市开展以"微文明"进餐桌为主题的"文明餐桌"行动，以全市二星级以上饭店和各区街道所属中心建成区食品安全B级以上餐饮店等为工作重点，以餐饮企业及其消费者为主要对象，普及"文明餐桌"知识、推广"文明餐桌"礼仪、倡导节约理念、提升行业服务品位、打造文明餐饮文化。8月15日，召开全市旅游系统迎"创文国检"工作会议。

（饶锦涛　文/图）

顺德旅游业

综　述

【概况】 2012年，顺德区以推动旅游、美食与文化整合为核心，以提升旅游整体产业水平、优化旅游环境、打造旅游形象为目标，全区旅游业继续保持较快增长态势。全年旅游收入收入92.64亿元，比上年增长14.17%；主要旅游景区接待游客831万人次，比上年增长15.4%，景区营业收入4.5亿元，比上年增加117%；区内主要旅行社组团122万人次，比上年增长约19.6%，接待55万人次，比上年增长13.7%，营业收入约9.8亿元，比上年增长16.7%；主要酒店营业收入7.9亿元，比上年增长9.7%。

【旅游行业规模】 截至2012年年底，顺德区拥有国家4A级景区4家；拥有星级饭店27家，其中五星级饭店2家、四星级饭店10家、三星级饭店7家、二星级饭店7家、一星级饭店1家；拥有旅行社26家，其中出境组团7家。全区旅游直接从业人员约13000人。

【第七届中国岭南美食文化节】 2012年5月至11月，由中国烹饪协会、广东省旅游局和顺德区人民政府共同主办的第七届中国岭南美食文化节在顺德举行。本届美食文化节继续成为国家级美食节庆活动，活动内容20多项，包括岭南风味美食展、顺德私房菜大赛、啤酒嘉年华、顺德名菜精品宴、“顺德美食，好味到镇”专题推广活动、顺德旅游美食摄影大赛、《传说顺德》微电影大赛、顺德首届宴会设计大赛、“顺德旅游美食微博矩阵”开通仪式、广式点心师联谊会挂牌成立、马来西亚UCSI大学顺峰烹饪学院揭牌仪式等专题活动。美食文化节活动规模大，创新多，亮点频现，组织有序，参与餐饮企业1000多家，参与群众200多万人次。该美食文化节持续至10月5日结束。

▲岭南风味美食展。

旅游数字

【入境旅游】 2012年，顺德区接待入境旅游者436010人次，比上年增长4.33%。其中外国游客98600人次，比上年增长1.46%；港澳同胞308670人次，比上年增长4.58%；台湾同胞26762人次，比上年增长12.24%。旅游外汇收入38130.19万美元，比上年增长3.73%。

【出境旅游】 2012年顺德区旅行社组团出境游350845人次，比上年增长22.17%。其中香港游224865人次，比上年增长15.26%；澳门游40676人次，比上年增长24.25%；出国游85304人次，比上年增长43.74%。

【国内旅游接待与收入】 2012年，顺德区接待国内游客2233.54万人次，比上年增长9.17%。其中过夜232.40万人次，比上年增长2.92%；国内旅游收入68.60亿元，比上年增长18.62%。

旅游市场推广与节庆活动

【旅游宣传促销】 2012年3月，顺德区通过对特色民俗活动的整理包装策划，结合杏坛的飘色、勒流的“生菜会”、均安的锣鼓柜巡游、容桂的“观音开库”等民俗节庆活动，推出“顺德民俗游”专项旅游推介活动，组织周边以及港澳地区近千名游客参加。

年内，顺德区继续推进与南海、番禺的旅游联盟合作，利用南番顺旅游平台开展多种宣传促销活动，以南番顺旅游联盟整体形象参加广州国际旅游展览会、第二十六届香港国际旅游展暨内地与香港旅游业界庆祝香港回归十五周年联谊会、2012中国（广东）国际旅游产业博览会，并联合举行“中国旅游日——南番顺人游南番顺”主题宣传活动、南番顺旅游联盟五周年庆典活动，南番顺旅游联盟影响力扩大。

是年，顺德区积极参加上级旅游部门组织的2012中国欢乐健康主题旅游年港澳地区主题宣传推广活动、第七届海峡两岸台北旅展等展会及活动，利用各方平台，加大顺德旅游宣传力度，以提升顺德旅游知名度。

▲南番顺旅游联盟“中国旅游日”主题宣传活动——南番顺人游南番顺启动仪式。

旅游资源开发和景区（点）建设

【旅游区（点）与基础设施建设】 2012年，顺德区指导长鹿农庄按照国家5A级景区的标准开展建设和提升，该农庄旅游服务先进标准体系试点正式启动，在全省旅游系统首推旅游服务标准。指导罗浮宫国际家具艺术博览中心申报并荣膺国家4A级旅游景区，开创国内家具流通业与旅游业融合的先河；指导陈村花卉世界申报并荣膺国家4A级旅游景区，成为国内农业与旅游业融合的典范。大力参与杏坛逢简水乡、均安国际旅游生态谷的招商建设，指导南国丝都丝绸博物馆迁至新址，进一步提升顺德旅游景区的影响力。

【新开发建设的国家旅游景区（点）建设】

佛山市（顺德区）陈村花卉世界　位于陈村镇。规划面积1万亩，现建成面积5000亩，吸引境内外600多家花商及相关企业进驻。该景区整体建设定位为“三位一体、三大分区、六大功能”发展规划，“三位一体”：建立花卉交易市场、兰花生物科技园、会展中心，“三大分区”为交易区3000亩、高新种植区6000亩，综合配套区1000亩，“六大功能”包括生产、销售、物流、科研、信息、旅游等。陈村花卉世界拥有独特的花卉文化主题公园，是集旅游观光、休闲度假于一身，先后被评为农业产业化国家重点龙头企业、广东省农业现代化示范区、佛山“新八景”、顺德“新十景”、全国休闲农业与乡村旅游示范点、广东最美乡村等称号。此外，还拥有国内有影响力的私人藏石馆，名石、园林式根雕展馆，以及中国古典家私和书画艺术作品等。该景区日接待游客4000人次，节假日和展会接待人数高达30万人次，年接待人数150万人次。2012年1月9日，佛山市（顺德区）陈村花卉世界被评为国家4A级旅游景区。

▲陈村花卉世界。

佛山市顺德罗浮宫国际家具艺术博览中心景区　位于顺德区乐从镇。罗浮宫国际家具博览中心，楼高41米，共8层，建筑面积18.3万平方米，为世界上单体建筑面积最大、档次最高的家具展览馆之一。先后被省市区政府授予“优秀家具商城”“优秀家具经营企业”“诚信示范企业”等称号；连续多年获得“消费者信得过商场”“最被认可欧美家具品牌”“中国家具产业十大渠道品牌”等荣誉；2012年荣登“广东省企业500强”“亚洲品牌500强”。全年接待包括中央、省、市领导，外国政要、国际家具行业代表团和游客共150多万人次。8月14日，佛山市顺德罗浮宫国际家具艺术博览中心景区评定为国家4A级旅游景区。

旅游行业监督管理

【旅游市场监督和安全管理】　2012年，顺德区共出动旅游质监人员80人次，检查旅行社23家、旅游景区4家、星级饭店28家。全年受理有效旅游投诉12宗，结案率100%。全年以“三打两建”工作为契机，做好旅游咨询和投诉处理，加强日常和节假日旅游安全检查，协调处理各类突发事件。

【旅游行业协会】　至2012年年末，顺德区旅游协会共有110个会员单位，包括区内各大旅行社、酒店、景点及与旅游业相关的企事业单位。协会设会长1名，常务副会长3名，副会长13名；协会下设秘书处，设秘书长1名，副秘书长1名。顺德区旅游协会充分发挥联系旅游主管部门与旅游企业的纽带作用，组织区内旅游企业参加国内外各种旅游宣传促销活动，建立和完善顺德旅游网站，并积极开展与周边城市的旅游互动，组织开展顺德旅游美食摄影大赛等一系列活动。

精神文明与教育培训

【旅游教育培训】　2012年9月18日，顺德区举办旅游美食行业企业微博营销（矩阵）培训班，共100多家旅游企业、200多名管理人员接受培训。新浪微博的培训导师从微博的强大功能、餐饮行业与微博的契合点、企业如何利用微博进行网络营销、微博的构建步骤、微博运营技巧等方面系统培训，成为带动当地旅游业发展的新引擎。

8月23日，举办顺德首届宴会设计大赛，17家餐饮单位的33名选手在创意设计、服务技能、餐饮素质等方面同场竞技，通过仪容仪表、现场操作、创意答辩等环节展现宴会设计风采，进一步提升顺德餐饮业的创新意识和鼓励餐饮业在宴席上的创意，促进行业发展和餐饮业服务水平的提升。

（廖亦泉　文/图）

韶关旅游业

综　述

【概况】 2012年，韶关市旅游系统按照年初各项工作部署，深入挖掘本上旅游资源，编制好旅游规划，加大招商引资力度，推进旅游项目开发建设，旅游综合接待能力和服务水平得到提高。据统计，全年全市接待旅游人数2117.86万人次，旅游收入达到155.88亿元，同比分别增长15.02%和20.28%，旅游业保持平稳较快发展的态势。

【领导关心旅游业】 2012年8月23日，韶关市市长艾学峰、副市长兰茵等到市旅游局调研指导工作。艾学峰充分肯定2011广东国际旅游文化节的成功举办和丹霞山风景区成功创建国家5A级旅游景区，分析并指出韶关旅游产业面临的挑战，提出具体指导意见。

9月9~10日，江苏省副省长张卫国一行到韶关调研，并考察丹霞山风景区、南华寺和马坝人遗址等景区（点）。

9月19日，中共中央政治局委员、广东省委书记汪洋到韶关调研指导工作。考察丹霞山风景区和车八岭国家级自然保护区，就韶关旅游发展，特别是如何发挥生态优势，加快经济社会发展提出指导意见。

11月18日，中共广东省委常委、统战部部长林雄，韶关市委书记、市人大常委会主任郑振涛，市委副书记、市长艾学峰，市委常委、常务副市长段宇飞及南雄市四套班子领导等共700多人出席广东奥威斯乐园开工庆典仪式。

【旅游行业规模】 截至2012年年底，韶关市建成收费景点35个，其中国家5A级旅游景区1家，4A级景区7家，3A级景区3家。农家乐、乡村游等特色景点20多家，旅游景区（点）覆盖生态、文化、民俗、宗教等各个方面；拥有星级饭店56家，其中五星级1家，四星级6家，三星级42家，二星级以下7家；拥有旅行社55家，其中出境游组团社1家；全市有持证导游1774人。

【重要旅游活动】 2012年4月1日，武（汉）广（州）高铁正式联通广（州）深（圳）高铁。韶关市抓住融入省港澳两小时生活圈这一机遇，举办“体验高铁韶关行”活动，邀请100名深港两地旅行社代表和新闻媒体记者，亲身体验高铁给韶关旅游带来的无穷魅力，借此推介韶关旅游资源。

7月22日，历时16天的韶关首届青岛啤酒节闭幕，2012“丹霞山杯”韶关旅游手信大赛评比结果同时揭晓。韶关市旅游局主要承办韶关旅游手信大赛，通过征集，选出韶关旅游手信标识，推出120个手信产品，并对前20名品牌产品进行冠名奖励。

8月6日，韶关市召开全市上半年旅游工作分析会。副市长兰茵，市旅游发展委员会部分成员单位领导，丹霞山管委会主要负责人，各县（市、区）政府分管旅游的领导、旅游局局长，市主要景区、星级饭店、旅行社主要负责人，市旅游局副科级以上干部等共150多人参加会议。

10月20日，由韶关市旅游局、丹霞山风景名胜区管理委员会、中石化广东石油分公司、广东联合电子、益民服务等单位主办，韶关旅游协会、广东粤通卡公司承办，仁化县人民政府协办的“韶关自驾游护照发行暨丹霞山自驾游基地揭牌仪式”在丹霞山举行。

【2012年中国旅游日主题活动】 2012年5月19日，2012年“中国旅游日”宣传咨询活动在韶关市区风度名城广场举行。市旅游局领导、各县（市、区）旅游局、丹霞山管委会以及全市各大景区的有关负责人约90人参加。活动以“韶关人游韶关、韶关人推广韶关”为宣传主题，包括旅游优惠措施宣传介绍、旅游纪念品派送、有奖问答活动、旅游文艺表演等内容，吸引近千名市民参与。

出入境旅游

【入境旅游】 2012年，韶关市接待入境旅游者8.79万人次，比上年下降52.36%；旅游外汇收入3109.99万美元，比上年下降51.64%；入境旅游客源市场主要为中国港澳台、美国、日本、马来西亚、韩国。

【出境旅游】 2012年，韶关市旅行社组团出境游人数4301人次，比上年增长11.89%。其中香港游1294人次，澳门游531人次，台湾游1050人次，出国游1426人次。

国内旅游

【国内旅游接待与收入】 2012年，韶关市接待旅游人数2109.06万人次，比上年增长15.7%；实现旅游总收入153.88亿元，比上年增长20.28%。旅行社组团国内游12.48万人次，比上年下降1.07%。其中省内游5.41万人次，比上年增长2.36%；省外游7.07万人次，比上年下降3.54%。

【红色旅游】 2012年，韶关市红色旅游景点主要分布在南雄市、乐昌市、仁化县、始兴县。《南雄市红色旅游发展规划》由广州新地标旅游规划有限公司组织编制，南雄市按规划推进红色旅游开发建设，先后完成梅关古道景区“梅园”规划，修复的古战壕面向游客开放。仁化县利用双峰寨等红色旅游景点，辟为“爱国主义教育基地”。始兴县完善中共广东省委、粤北省委机关旧址——红围的基础设施，在红围周边种植观赏性树木。

【乡村旅游】 2012年，韶关市全面提升乡村游竞争力，据不完全统计，全市有乡村游特色景点80多处，“农家乐”（山庄）餐厅250多家，直接从业人员7000多人，年营业收入1.3亿多元。始兴县、翁源县、新丰县在发展“农家乐”方面加大政策引导扶持力度，科学规划，注重品牌示范宣传，农家乐发展上水平、上档次、上规模。

【假日旅游】 2012年春节黄金周，韶关市接待游客120.92万人次，旅游收入6.17亿元，过夜游客18.09万人次，星级饭店平均开房率62.44%。呈现四大特点：一是祈福游成为亮点。南华寺、云门寺、西石岩寺等祈福旅游香客络绎不绝。其中云门寺接待游客11.86万人次，同比增长33%。二是文化游成为卖点。文化旅游备受关注，寻根问祖和古迹古建旅游成为卖点。珠玑古巷的寻根问祖游客量为13.52万人次，同比增长21%；梅关古道游客量为12.11万人次，同比增长39%。三是温泉游成为热点。云天海温泉、新丰江源温泉接待游客量大幅上升，同比分别增长74%和64%。四是公园游成为焦点。韶关国家森林公园、中山公园、芙蓉山矿山公园等市区和市郊公园景区游客量增长明显。

“十一”黄金周假期，韶关市接待游客138.79万人次，旅游收入创下7.08亿元。其中，10月1~7日旅游市场火爆，累计接待游客131.17万人次，同比增长26.9%；旅游收入6.69亿元，同比增长27.16%；过夜游客22.54万人次，同比增长8.77%。主要特点：一是旅游团队增加明显。受到假期长，天气晴朗秋风送爽，加上小客车免收过路费和旅游景点门票降价的政策刺激，全市接待团队游客数量增幅较大，到丹霞山、南华寺、古佛洞天团队游客明显增长。自驾游旅客明显增多。二是旅游景区游客络绎不绝。丹霞山36.18万人次，同比增长41.46%；南华寺10.46万人次；珠玑巷11.87万人次，同比增长46.01%；古佛洞天1.44万人次，同比增长40.45%。三是旅游市场安全有序。国庆黄金周，全市旅游市场秩序平稳，旅游住宿餐饮供应丰富充足，旅游景区游览秩序井然，未发生重大投诉和事故。

旅游市场推广与节庆活动

【旅游市场推广】 2012年4月5~6日，由韶关市旅游局、韶关市丹霞山风景区管委会主办，韶关市丹霞山旅游投资经营有限公司承办的“世界遗产地——中国丹霞山”旅游推介（联谊）会在上海、南京举行，于5月14~16日分别在河北省邯郸、石家庄、保定市举行推介会。韶关市副市长兰茵担任推介团团长。

5月25~28日，韶关市参加在台北市举行的2012台北两岸观光博览会。本次博览会以丹霞山为推介对象，向参观者宣传推广丹霞山“色如渥丹、灿若明霞”独特景色以及雄、奇、险、峻的特点。

6月14~17日，韶关市旅游局组织20多家旅游企业参加在香港国际会展中心举行的第二十六届香港国际旅游展及第七届商务会奖旅游展。韶关市展区展台以“韶关行，好心情”及“元起丹霞，禅蕴韶关”为宣传主题，展示韶关城市形象。

7月6日，由国家旅游局、湖北省人民政府主办，湖北省旅游局承办的第六届华中旅游博览会在武汉国际会展中心开幕。韶关市组织多家旅游企业参加，并与当地旅游企业开展一系列旅游交流活动。

9月14~16日，由中国国家旅游局和广东省人民政府共同主办的2012中国（广东）国际旅游博览会在广州中国进出口商品交易会琶洲展馆举行。市旅游局积组团参展，共设18个展位。丹霞山、南岭、大峡谷景区荣获由南方都市报和腾讯大粤网联合颁发的“2012年广东人最喜爱的旅游目的地（生态线路）”奖项。韶关市旅游展位获得“最佳展位奖”和“最佳组织奖”，获邀参加表演活动的丹霞山旅游投资经营公司获得“优秀表演奖”。

12月18日，韶关市政府主办的“韶关（东莞）会议旅游推介会暨旅游项目招商会”在东莞召开。副市长兰茵作旅游推介。东莞市副市长喻丽君，东莞市产业协会、市区旅行社代表，市相关政府职能部门共50多人参加活动。韶关市旅游局与东莞市旅游局签订推广会议旅游合作协议。韶关旅游部门共推出旅游文化产业招商项目近30个。其中，韶关（丹霞）旅游养生文化创意园、韶关生态文化产业园、广东岭南人文科技创业园以及汽车旅馆连锁店（始兴店）

等4个项目成功签订投资协议。

【旅游节庆活动】 2012年11月24日，由韶关市人民政府主办，市体育局、市旅游局、市丹霞山管委会承办，仁化县人民政府、浈江区人民政府、市公安局、市卫生局、市交通运输局、市丹霞山户外活动拓展中心、中国联合网络通信有限公司韶关市分公司、香港生态旅游专业培训中心协办的第五届徒步穿越世界自然遗产丹霞山活动举行。本届穿越里程46.33公里，有600支队伍成功穿越丹霞山并获证书。

是年，南雄市成功举办“珠玑巷姓氏文化节”“梅岭梅花节”“中国旅游日”等旅游节庆活动；乐昌市举办第二届旅游文化美食节，重阳节期间举办登高节；乳源瑶族自治县举办“大瑶山自由行·发现乳源之美”暨“中国旅游日”系列活动、“瑶族十月朝”旅游宣传推介活动；新丰县举办2012年樱花节、佛手瓜旅游文化节开幕式暨“爱心佛手瓜进万家”系列活动、枫叶节暨寻找新丰最美“枫”“水”摄影比赛，创建广东省旅游强县千人签名及市民游客千人环城跑活动。

▲2012年11月24日，韶关市人民政府主办第五届徒步穿越丹霞山活动。

【区域旅游联盟与协作】 2012年11月29日，以“游千年商都、享温泉逸趣、观世遗丹霞”为主题的“2012广清韶（武汉）旅游推介会”在武汉举行。武汉、广州、清远、韶关市旅游局主要领导，旅游业界，武汉近80家主要旅行社负责人以及媒体代表参加。推介会由广州市旅游局牵头，韶关、清远市旅游部门共同参与，以区域旅游联盟的形式首次联合促销，突出“文化、生态、休闲+旅游”理念，重点以千年商都的文化名片推介广州，以丹霞世遗的生态风光推介韶关，以温泉逸趣、冬季休闲度假推介清远。广清韶三地的旅游企业代表和武汉旅行社负责人代表面对面交流，为双方旅游合作创造条件。

12月11~12日，韶关市旅游局与中山旅游局携手赴西安市开展“孙中山风云之旅”旅游推介会，全面宣传推介韶关和中山市旅游资源。

▲2012年12月12日，韶关旅游局与中山旅游局在西安联合举办“孙中山风云之旅”旅游推介会。

旅游资源开发和景区（点）建设

【旅游规划】 2012年，《韶市关旅游总体规划》得到进一步完善，《丹霞山总体规划》获国家住房和城乡建设部批准；《韶关市旅游交通规划》由省交通运输厅组织专家评审并获通过；《环丹霞山产业带控制规划》通过市级评审；《韶关市绿色健康产业发展战略规划》由旅游部门牵头协调编制并通过评审。曲江、南雄、乐昌、翁源等县（市、区）区域旅游发展规划和专项旅游规划编制工作相继展开。南雄市编制《南雄市旅游发展总体规划》和《南雄市红色旅游发展规划》，翁源县编制《翁源县乡村旅游发展总体规划》，始兴县正在编制《始兴生态旅游发展南环线控制性详规》等。

【旅游投资】 2012年，韶关乐昌市出台《三龙谷生态旅游区开发项目招商条件》，三龙谷生态旅游区项目总投资10亿元，分两期建设，计划在6年内打造成集生态旅游、红色旅游、休闲度假为一体的国家5A级旅游景区；金鸡岭文化产业园一期工程计划总投资2亿元，完成投资8500万元。至2012年年底，累计完成投资达1亿元。拟建成为吃、住、行、会务、礼佛为一体的休闲旅游目的地。

曲江区的小坑锦绣南华大森林温泉世界旅游度假村项目，一期投资5亿多元，七大建筑主体完工转入室内装修，并筹备开业。该项目以温泉为核心，整合小坑森林、泉溪、峡谷、禅乐、田园、动植物等资源，拟建成中国温泉文化生态休闲养生度假旅游目的地。

广东奥威斯乐园开工庆典仪式于11月18日在南雄市举行。该项目总投资120亿元，完成投资2.4亿元。奥威斯大道于8月底建成通车，奥威斯酒店主楼于11月动工建设，总统别墅建成并投入使用，商务套房完成装修，于12月正式对外进行营业。

始兴县的车八岭旅游度假村项目，投入3000多万元建设150亩石斛种植基地；投入80多万元进行招待所改造；蝴蝶谷项目于11月22日举行开工仪式，计划投资600万元建设蝴蝶展厅、蝴蝶培养室、种植蝴蝶招引植物、参观迳道等项目。

【旅游景区（点）与基础设施建设】 2012年，韶关丹霞山风景名胜区完成6.4公里旅游步道改造工程，森林防火通道一期工程（浈江段）3.9公里路基路面、二期工程（仁化段）3.3公里路基建设；完成野猪峡·宝塔峰森林步道约3.8公里路面陈旧木板拆除和混凝土路基修复，阴元石、翔龙湖尾票站配套设施建设；游客中心、丹霞山地质博物馆及新票务中心综合办公大楼新增120余块标识标牌等工程设施建设。

乳源大南岭旅游项目，完成景区游道、景区内道路、部分观景亭等基础设施升级改造以及游客服务中心项目主体工程。避暑林庄温泉大饭店于11月11日对外试业。酒店温泉中心、会议中心等进入装修和完善配套设施阶段。

广东大峡谷旅游景区一期扩建的丽宫果园度假区客栈、休闲娱乐中心、会议中心、商业街等主体工程完工，83套轻钢吊脚楼式别墅区、中餐厅于10月1日对外试业。乳源丽宫国际二期VIP别墅、山顶温泉池完成主体工程。

珠玑巷古巷·梅关古道景区结合创建国家4A级景区，加大开发建设力度。至年底，珠玑古巷停车场、游客中心项目立项，征用土地80亩；珠玑古巷宗祠征地工作基本完成；投入1400多万元的珠玑旅游大道于6月建成通车，还投入37万元种植秋枫，园林绿化档次提升。梅关古道完成“梅园”的规划，古道的战壕完成修复。

【新开发、新建设景区（点）】

大南华文化旅游创意产业园　由曲江区人民政府与广西海湾智库市场开发有限公司“印象·刘三姐”团队洽谈策划，并邀请深圳华强集团参与合作开发的文化旅游项目。该项目占地4000多亩，总投资36亿元。初步规划用3～5年时间、分3期建设。首期“南天佛国”禅宗文化园，二期风度唐城创意园，三期方特乐园。截至2012年年底，该项目投资3100多万元、全长4.5公里的曹溪河水利防洪主体工程完工；投资310万元、路长4.9公里的供水工程完成。禅关至曲江林场段改道工程完成工程量的50%。投资800多万元对祖师殿进行装饰维修，投资7000多万元新建六祖讲堂主体工程。

东山樱花基地　截至2012年年底，该基地投入建设资金1500万元，种植樱花面积约800亩，栽培近4万棵樱花苗木。2012年春节期间成功举办首届樱花节。该项目拟追加投资1.5亿元，种植樱花面积扩大至2000亩。

【旅游扶贫】 2012年，乳源县古母水山水人家旅游度假区、丹霞山西部乡村旅游建设项目、韶关市华南虎园（韶关华南虎繁育研究基地）、乐昌市白水寨生态园、南雄市珠玑古巷景区旅游基础设施建设工程、始兴县石下古村落资源开发和保护、翁源县“冷泉滩”农业生态旅游园等7个旅游项目争取到省旅游扶贫资金共480万元。其中，9月21日，在2012年广东省旅游扶贫大型重点项目评审会上，乳源县古母水山水人家旅游度假区项目代表韶关市参加评审，以82.8分的总分、排名第5通过专家评审，获省旅游扶贫大型重点项目扶持资金300万元。

2012年是扶贫“双到”工作收官之年。3年来，韶关市旅游局累计为对口帮扶乳源县莲塘边村筹措帮扶资金233.49万元。对村集体帮扶主要以投资入股水电、养牛养猪等措施稳定集体经济收入；对贫困户帮扶以提供猪舍猪苗，扩大养猪规模为主，辅以家庭种养业，对有条件的贫困户，鼓励和引导其成为当地的种养大户，实现规模生产。仅2012年就投入专项和社会资金70多万元，在莲一二村续建猪舍104间以及配套设施。帮助成立养猪协会，搭建产业发展平台。

【旅游市场监督】 2012年，韶关市共受理旅游投诉案件20宗，结案20宗，结案率100%。其中投诉旅行社6宗，饭店10宗，旅游景点3宗，无证经营旅游业务1宗，投诉旅行社6宗。两宗无证导游带团按照有关规定进行行政处罚。与市工商局成立联合执法检查组，结合“三打两建”，于6月20日进行旅游市场专项行动。针对检查中发现的旅游合同、委托接待合同、导游管理不规范等问题，及时发出整改通知，限期整改。

【旅游安全管理】 2012年，韶关市旅游局坚持黄金周节前检查和平时常规检查相结合。先后在元旦、春节、“五一”“十一”节前，组织开展旅游安全大检查，对全市主要旅游景区、星级饭店、旅行社和旅游车队进行安全检查，发现问题及时整改。市旅游局陈忠、邓礼军被评为“2012年春运工作先进个人”。

【旅游行业“三打两建”】 2012年，韶关市旅游局成立“三打两建”工作领导小组，制订工作方案，明确目标任务。全面检查全市主要旅行社的宣传广告，重新核实各旅行社营业部的人员情况，重申对零负团费、擅自增加购物点、改变旅游行程、挂靠承包营业部的严厉处罚。按照《旅行社条例》，吊销南雄市迎宾旅行社经营许可证。严厉打击非法经营旅游业务“黑中介”行为。通过明察暗访，依法取缔无经营旅游业务资质的韶关市星辰旅行社。全年共检查导游人员35人次，查处无证导游1人、持假证导游2人。

【旅行社】 2012年，韶关市印发《关于开展2011年度旅行社统计调查工作的通知》，于3月20日完成全市旅行社统计调查工作。开展旅行社责任险统保示范项目的推广，确保100%的旅行社参加统保示范项目。办理旅行社变更事项和旅行社分社、营业部备案业务。全年新批准成立浈江区通泰旅行社、南雄市华旅旅行社、韶关市假日之旅旅行社、仁化县乐曙旅行社4家旅行社。吊销严重违反有关规定的南雄市迎宾旅行社。

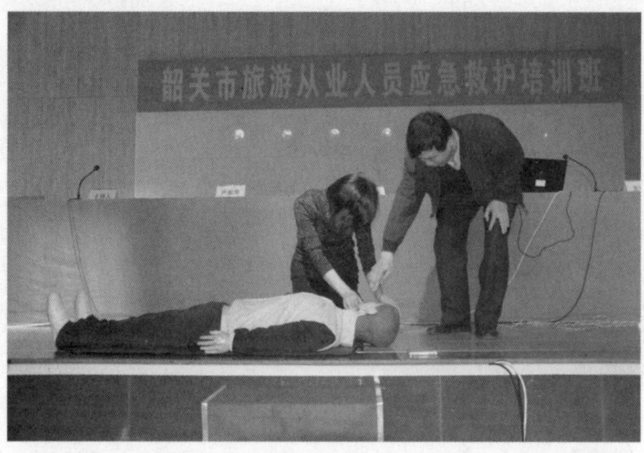

▲2012年11月12日，韶关市旅游从业人员应急救护培训开班，图为应急救护培训现场。

【星级饭店】 2012年，韶关市评定广东天井山林场云锦山庄、翁源县新世纪酒店、翁源县雅园酒店、新丰县江源温泉度假山庄、翁源县昇东商务酒店5家三星级旅游饭店。对市幸福华庭商务酒店申报四星级饭店进行检查指导并下发整改意见。开展2011年度星级饭店统计调查工作和星级饭店复核工作。全年全市应参加复核的星级饭店52家，通过复核48家，取消星级4家。

【旅游商品】 2012年，韶关市成功举办“丹霞山杯”韶关旅游手信。本次大赛参赛手信149个，参赛的旅游手信经市民现场投票和网站、短信投票，结合专家评委的现场评审共选出农副土特产品类金奖3名，银奖7名，最佳包装设计奖3名；工艺纪念品类金奖2名，银奖3名，最佳包装设计奖2名。其中，由雪印集团出品的七彩游土特产礼盒系列、由始兴旺满堂食品有限公司生产的旺满堂清化粉、由新丰县长荣生物科技有限公司生产的雪山铁皮石斛精品系列茶，获2012“丹霞山杯”韶关旅游手信大赛农副土特产品类“金奖”。由雪印集团生产的精装六祖坛经、由大南岭民族工艺贸易有限公司出品的乳源彩石，获2012“丹霞山杯”韶关旅游手信大赛工艺纪念品类“金奖”。

【旅游信息化建设】 2012年，韶关市进一步完善韶关旅游数据库，并收集大量的旅游视频资料、旅游图片资料、文字资料、企事业单位基础资料，按照省旅游局12301数据采集统一格式整理入库。与韶关市民声网强强联手，完成韶关旅游政务网改版、旅游资讯网建设。全市导游员网上管理系统对导游员实施网上动态管理，导游员网上自评、聘用单位初评、市旅游局（导管委）综合考评，实现导游员服务质量一站式监督、量化考评。

精神文明建设与教育培训

【旅游精神文明建设】 2012年2月24日，韶关市召开精神文明建设先进单位和先进工作者表彰大会。韶关市旅游局荣获“韶关市文明单位”和“韶关市精神文明创建活动创新奖”，韶关市中国旅行社有限责任公司等5家旅游企业荣获“韶关市文明示范窗口”。

【旅游行风和机关工作】 2012年，韶关市旅游局通过手机短信通知、旅游官网挂贴学习资料等方式加强建设。继续抓好机关作风建设和勤政廉政教育。通过完善制度，检查督促，提高工作效率，构建“学习型、服务型、创新型、廉洁型、效率型、和谐型”机关。坚持局党组主要领导述职述廉制度。通过组织收看《人民好儿女》《杨善洲》《一手遮天下的腐败》等电视片、影片，订阅《反腐倡廉教育读本（2012）》《领导干部廉洁从政教育读本》等书籍刊物，打牢干部思想基础，提高党员干部拒腐防变能力。

【旅游教育培训】 2012年8月15日，韶关市在市委党校举办旅游产业发展专题报告会，湖北大学旅游发展研究院院长马勇作学术报告。9月26日，韶关市导游管理专业委员会，组织全市124名一线导游员到丹霞山卧龙冈原始森林踩线并接受培训。

是年，韶关市为始兴县、乳源县、翁源县培训转移农村劳动力242人，其中推荐就业并签订合同241人。本年度旅游业农村劳动力职业培训和技能鉴定分布在农家菜烹饪、客房服务员、餐饮服务员3个工种。韶关市旅游局与韶关市红十字协会联合举办全市应急救护培训系列班共7期、751名旅游从业人员接受实操培训。

（张建明 文/图）

河源旅游业

综　述

【概况】 2012年，中共河源市委、市政府重视旅游业发展，围绕建成广东省生态旅游示范区的目标，着力将旅游业培育成为河源的战略性支柱产业和人民群众更加满意的现代服务业，市旅游局围绕年度工作目标任务，开拓创新，重点抓好现有景区改造升级和旅游项目建设推进，巩固和拓展旅游市场，强化行业管理，成绩斐然。全年全市接待入市游客1650.57万人次，比上年增长18.52%，旅游总收入132.42亿元，比上年增长116.75%。

【旅游行业规模】 截至2012年年底，河源市拥有星级饭店23家，其中五星级饭店1家，四星级饭店2家，三星级饭店14家，二星级饭店6家；拥有旅行社37家，其中出境游组团社1家；建成对外开放的旅游景区33家，其中国家4A级景区3家，3A级2家，2A级2家。

【领导关心旅游业】 2012年2月22日，广东省副省长许瑞生率队到河源市新港风情小镇、万绿湖风景区以及在建的东江·DD庄园等开展旅游调研，并召开座谈会。许瑞生要求河源市的旅游要在保护中发展，科学统筹生态平衡，实现可持续发展。省旅游局副局长王志红，市领导彭建文、黄建中及市政府秘书长赖小卫、市旅游局局长古敏生等陪同调研。

▲广东省副省长许瑞生（左一）在河源调研。

2月13日，河源市市长彭建文率队到在建的东江·DD庄园项目现场调研，了解项目建设进展情况，对加快项目建设进度提出具体要求。

【重大旅游决策】 2012年，东源县印发《中共东源县委、东源县人民政府关于打造旅游强县的实施意见》，提出打造旅游强县做到“八个”加强，实施“八个一”工程：一是加强政府主导，每年召开一次全县旅游产业发展大会；二是加强科学规划，完善实施一系列旅游总体规划；三是加强品牌培育，加快建成一批温泉旅游项目；四是加强服务功能，抓紧建设一批五星级酒店；五是加强资源整合，提升改造一批生态旅游景区；六是加强宣传促销，策划推介一批东源特色旅游产品；七是加强行业管理，建立完善一套旅游服务管理制度；八是加强人才支撑，培养引进一批旅游专业人才。中共东源县委、县政府出台推动旅游产业大发展的奖励措施，对成功创建国家5A级旅游景区给予奖励100万元、国家4A级旅游景区给予奖励50万元，对被评定的五星级酒店给予奖励100万元、四星级酒店给予奖励50万元。

根据广东省第十次党代会首次提出“实施区域协调发展战略”精神，借鉴广佛肇经济圈发展的成功模式，广州从化市、韶关市新丰县、河源市连平县三地决定进一步加强区域合作，于2012年3月31日签署《“从新连”建南粤百里生态旅游产业带紧密合作框架协议》，按照区域联盟、携手共建的思路，连平县作出《连平县建设广东“香格里拉”旅游示范区规划纲要》，有效促进构建合作互动、优势互补、互利共赢、共同发展的县域经济发展新格局。

【全市旅游产业发展大会】 2012年7月27日，河源市人民政府在市会议中心东江厅召开全市旅游产业发展大会，传达2012年全省旅游工作会议精神，总结2011年全市旅游工作，研究部署2012年全市旅游工作。市长彭建文出席会议并作讲话。

【2012中国旅游日主题活动】 2012年5月19日，河源市2012年中国旅游日“我旅游·我快乐”主题活动在万绿谷景区拉开序幕。由河源市旅游局主办，河源万绿谷景区、

槎城旅行社协办，来自珠三角地区2000多名游客参加。河源市旅游局局长郑日平出席活动仪式。2012年中国旅游日活动主题是“健康生活·欢乐旅游”，河源市还在媒体上以专题、专版方式开展宣传，组织各县（区）旅游局、景区和旅行社共同推出多项旅游活动和优惠措施，旨在营造旅游节庆氛围，让更多人参与欢乐健康游，共享旅游发展成果。

【2012中国欢乐健康游主题旅游年】 2012年2月18日，河源市围绕国家旅游局“2012中国欢乐健康游”旅游宣传主题，在桂山风景区举行以“万绿河源·养生乐园”为主题的“2012河源欢乐健康游”启动仪式。来自珠三角地区广州、深圳、中山、东莞等市5000多名游客参加启动仪式，拉开“2012河源欢乐健康游”系列活动序幕。河源市在主题旅游年活动期间推出客家文化旅游节、客家美食嘉年华、花灯节、板栗节、桃花节、蜜桃节、猕猴桃节、温泉休闲游、漂流节、杨梅节等系列活动，通过深入开发各类欢乐健康旅游产品和精品线路，整体提升河源休闲度假旅游品质。

▲“2012河源欢乐健康游”系列活动启动仪式。

出入境旅游

【入境旅游】 2012年，河源市共接待入境旅游者57755人次，比上年增长17.54%。其中外国游客4554人次，比上年增长5.66%；旅游外汇收入926.16万美元，比上年增长10.34%。

【出境旅游】 2012年，河源市出境游组团社共组织出境游客1186人次，比上年下降55.33%。其中香港游248人次，比上年下降78.49%；澳门游53人次，比上年下降92.87%；出国游861人次，比上年增长24.24%；台湾游24人次，比上年下降64%。

国内旅游

【国内旅游接待与收入】 2012年，河源市接待国内游旅游者1644.81万人次，比上年增长18.73%。其中过夜旅游者777.50万人次，比上年增长29.76%；一日游游客867.30万人次，比上年增长10.3%；国内旅游收入131.84亿元，比上年增长117.73%。

【假日旅游】 2012年春节黄金周期间，河源市共接待入市游客76.37万人次，比上年同期增长6.07%。其中接待过夜旅游者15.4万人次，同比增长9.76%；一日游游客60.97万人次，同比增长5.17%；旅游收入34603.6万元，同比增长5.39%；人均花费453.1元；全市星级饭店以及档次比较高的非星级酒店平均开房率达73%。

“五一”（5月1～3日）期间，全市共接待入市游客37.44万人次；旅游收入14581.4万元；人均花费389.46元；全市星级饭店以及档次比较高的非星级酒店平均开房率达80.8%。

“十一”黄金周期间，全市共接待游客151.19万人次，同比增长36.73%；其中过夜旅游者20.86万人次，同比增长20.44%；一日游游客130.33万人次，同比增长39.76%；旅游收入95934.89万元，同比增长118.74%；人均花费658.87元；全市星级饭店以及档次比较高的非星级酒店平均开房率达84.95%。

旅游市场推广与节庆活动

【旅游市场推广】 2012年，河源市做好旅游宣传促销工作，进一步巩固和拓展旅游市场。举办河源市第九届客家文化旅游节，达到“以节造市、以节活市”效果。举办“新广河·新河源——南都百万读者自驾游河源首发式”，“2012河源欢乐健康游”、“2012珠三角百万妇女游河源”、2012中国旅游日“我旅游·我快乐”、河源市第三届漂流节等主题活动。组织各县旅游局及旅游企业参加由国家旅游局、省旅游局主办的大型旅游会展活动，包括2012中国欢乐健康游、粤港旅游业界庆回归合作交流会、广州国际旅游展览会、香港国际旅游展览会、中国（青岛）国内旅游交易会等展销会。联合县区旅游局和旅游企业采取撰文、广告及主题活动相结合的营销方式与《深圳特区报》《南方都市报》合作，万绿湖景区与央视合作，在中央电视台展播，并协助万绿湖做好参加“中国最具影响力的文化与自然遗产、风景名胜地展播活动”的有关工作。加强与福建、江西等省市的旅游合作，邀请福建省厦门、漳州、龙岩、泉州等市旅游业界及媒体踩线采风，启动“千里客家文化旅游长廊”线路首发团；参加福建龙岩市举办的“四季连城”旅游文化年·客家元宵狂欢节及中央苏区红色旅游联盟第四次联席会议。

▲11月18日，河源市旅游局主办“万绿河源·养生乐园”——2012珠三角百万妇女游河源活动。

【第九届客家文化旅游节】 2012年11月18日，由河源市人民政府和广东省旅游局共同主办的河源市第九届客家文化旅游节在河源文化广场开幕。此次旅游节为中国第二届客家文化节主要活动之一，主要有客家美食嘉年华、“千里客家文化旅游长廊”推介会、欢乐健康游河源、深圳深港（驾校）集团10万学员自驾游河源、中山珠海旅行社踩线活动、“广东河源——客家风·东江情”全国摄影大展、河源市导游大赛等活动。中共河源市委书记何忠友，市长彭建文，广东省旅游局副局长王志红出席开幕式。

【县区节庆活动】 2012年3月9日，由连平县委县政府和河源市旅游局联合主办的第二届广东·连平桃花节在中国鹰嘴蜜桃之乡——连平县上坪镇拉开序幕。此次桃花节以“欢聚浪漫桃乡·共建生态连平”为主题，桃花节内容主要包括连平生态经济发展推介会暨经贸项目签约仪式、桃花节开幕式、连平桃花红——百万妇女游河源等活动，群众性活动有“舞狮”迎宾、婚纱摄影、长跑健身、桃花节摄影作品展等活动。中华环保联合会副会长兼秘书长曾晓东，市委副书记、市长彭建文出席开幕式。

▲市县领导为第二届广东·连平桃花节推杆启动开幕。

【区域旅游联盟合作】 2012年，河源市加强与福建、江西省旅游合作，邀请福建省厦门、漳州、龙岩、泉州等市旅游业界及媒体踩线采风，启动“千里客家文化旅游长廊”线路首发团；参加福建龙岩市举办的“四季连城”旅游文化年·客家元宵狂欢节及中央苏区红色旅游联盟第四次联席会议；此外，还加强与中山、珠海、江门、广州市的旅游合作，邀请中山、珠海市旅行社到河源市踩线，并在中山、珠海市的商务、住宅区推出电梯广告宣传；还与江门市加强在客源方面的合作，在镜花缘景区举办“江门万人游河源”首发团活动启动仪式；与广州市旅游局签订《广州——河源旅游合作协议》。

旅游资源开发和景区（点）建设

【旅游规划】 2012年，《河源市旅游总体规划》委托华南师范大学旅游规划研究中心修编。《万绿生态旅游产业园规划》于12月9日通过专家评审。该规划委托中山大学旅游规划研究中心编制，规划以万绿湖为依托，打造两江四岸为主轴的生态旅游发展新格局。

【旅游投资】 截至2012年年底，河源市共有河源东江·巴登城温泉休闲度假项目、河源市东江源休闲度假中心、河源康泉养生休闲度假区项目、河源市御临门温泉度假村二期工程、连平县大湖九里鱼生态旅游度假区5个重点旅游项目建设。全年完成项目总投资16.98亿元。其中河源东江·巴登城温泉休闲度假项目年度完成投资68600万元，土楼精品酒店封顶，圣谷寺土建工程完成80%。主题酒店及公寓楼主体工程建设、体育公园配套基础设施建设正抓紧施工；河源市东江源休闲度假中心完成投资62450万元，温泉区室外温泉池进入施工阶段，依云小镇温泉酒店部分封顶，开始室内外装修，国际会议中心开始基础施工。欧洲风情商业街部分物业封顶，温泉区、酒店、会议中心及市政道路正在建设之中；河源康泉养生休闲度假区项目完成投资27000万元。康泉旅游大道路基工程正在抓紧施工。高尔夫学校训练球场开始动工；河源市御临门温泉度假村二期工程完成投资10563万元，征地拆迁工作正在展开；连平县大湖九里鱼生态旅游度假区完成投资1210万元。

【旅游区（点）与基础设施建设】 2012年，河源市以创A级景区为契机，有序推进现有景区改造提升。野趣沟旅游区的响水坪瀑布至石壁山顶观光线路抓紧施工建设，先后投入100多万元对登山线路的休憩亭、木径攀爬、铁索探险等基础设施进行维修或更换。对用电线路、生态停车场升级改造，安装环保太阳节能灯等；龙源温泉度假村开发建设热带风情区和“7+1”别墅精品工程（7栋别墅和1家白宫会所）；苏家围·东江画廊按照国家4A级旅游景区标准建设，加大投资力度推进东江画廊停车场、游客接待中心、特产购物中心、客家风情街、画家村的建设以及苏家围义江古庙、东山学堂的重建，全面改造升级。项目于11月通过省检验收；九连山原始森林度假村改造升级后，2012年12月25日被广东省旅游局评为国家3A级旅游景区；和平热龙温泉度假区打造5D水秀梦境夜漂；林寨古村落入选“广东十大最美古村落”。和平县成功创建广东省旅游强县，并被评定为“全国休闲农业与乡村旅游示范县”。

【新开发、建设景区（点）介绍】

九连山原始森林度假村　地处连平县南部九连山腹地，属田源镇新河村辖地范围。由珠海日达有限公司投资兴建的大型综合绿色度假村。度假村于2012年9月30日正式对外迎客。12月25日被评为国家3A级景区。由于山峰周围都是茂密的原始次生阔叶林和部分原始森林，空气负离子含量高，是天然修身养性的大氧吧。拥有别墅20多套，商务酒店一所，具体配套项目有高山泉游泳池、中药谷泡浴、山泉浴休闲会所、月鸣湖游船等项目，娱乐配套设施齐全。

河源热龙温泉度假村5D水秀梦境项目　2012年9月30日，由和平县热龙温泉度假村推出的新项目——5D水秀梦境正式对外迎客。项目总投资1.2亿元，由上海广播电视台策划制作，“水秀”建立在3.2公里长的热水河大自然舞台上，通过全新创意理念、生态环保科技、灯光特效制作、影音内容打造、自然景观与新媒体技术相结合等多方面艺术与技术手段的集成，将客家文化、时尚运动、历险探奇、刺激浪漫等融汇在一条天籁的河流上，华丽呈现一场极具高科技手段，整合视、听、嗅、味、触5D全体验的互动时尚娱乐大水秀。

【绿道旅游】　2012年，河源市住建局编制《河源市绿道网建设总体规划（草案）》，全市共规划绿道1183.06公里，其中中心城区绿道网全长356.36公里。至年底，河源市区建成沿江路江边、滨江大道江边、西环路一期、万绿湖大道、永和路、鳄湖公园6条总长30多公里的绿道。客家文化公园、七寨湖公园等地绿道建设启动。

【旅游扶贫】　2012年，河源万绿谷休闲度假旅游区、天上人间温泉度假村、野趣沟旅游区、霍山旅游风景区、御临门温泉度假村、暖水塘乡村旅游度假村6个项目共获得省旅游扶贫资金470万元，其中万绿谷旅游景区入选省旅游扶贫大型项目，获得总额300万元的省大型旅游重点项目扶贫资金。该项目是一个集客家文化、渔家风情、农家特色、生态旅游于一体的旅游区。东源县万绿谷实业发展有限公司项目投资经营主体。项目投资为3亿元，分三期投资。由项目单位自筹资金1亿元，县政府旅游配套资金9000万元，引进社会资金及各类信贷资金1.1亿元。首期项目于2007年竣工并成功对外开放。开放至今，在旅游相关产业带动下，全村旅游总收入达6000万元，村委会从旅游项目分红160万元，增加当地税收60万元，移民年纯收入从2006年的2800元增加到如今的5600元，同比翻了一番。此外，村民还享受村委会为其缴交有线电视费、水费和农村合作医疗费等福利。

【旅游创强工作】　2012年12月13～15日，由广东省旅游局召集《中国旅游报》广东站、省标准化研究员等单位组成专家验收组，对和平县旅游创强工作验收和全面评估，省验收组分成四个小组，分别深入和平县旅游景区、旅行社、酒店、阳明博物馆、客运站、商业街、旅游购物点等一线现场进行检查。通过听取汇报、查阅资料、游客意见抽样调查、接听热线电话等方式全方位检查。15日，省创建旅游强县验收组召开和平县创建广东省旅游强县工作通报会，认为和平县委、县政府高度重视、认真实施“旅游强县”战略，通过“创强”，全面提升了和平县的旅游整体服务水平和综合竞争力及品牌影响力，形成“优先发展旅游、优势扶持旅游、优质服务旅游”的格局。省专家验收组通过和平县创建“广东省旅游强县”验收，经省人力资源和社会保障厅审核并报广东省人民政府批准，河源市和平县命名为“广东省旅游强县”。

旅游行业监督管理

【旅游市场监督】　2012年河源市旅游局以开展“三打两建”为抓手，整治旅游市场秩序。联合市交通、工商、质监、食品药品、劳动监察等部门开展2次联合执法检查。开展为期一个月的旅游系统“诚信兴商宣传月”活动，制定品质游标准，推行品质游线路36条；妥善处理旅游投诉32宗，投诉处理率100%，满意率100%。

【旅游安全管理】　2012年，河源市做好春节、“五一”“十一”黄金周及日常旅游安全工作；要求各县区及全市旅游企业推行旅游安全管理标准化工作；做好消防安全网格化管理的挂钩督导工作，对挂钩点源城区源西街道办事处消防安全网格化管理工作进行多次的现场督导检查，并提出整改意见。全年无旅游安全事故发生。

【旅游行业“三打两建”】 2012年，根据《河源市开展“三打”专项行动工作方案》，市旅游局制订《河源旅游系统开展“三打”专项行动工作方案》。成立全市旅游系统“三打两建”专项行动领导小组，由局长为组长，副局长、纪检组长为副组长，各科室负责人、各县区旅游局局长为成员的工作机构。3月16日，河源市旅游系统召开“三打两建”工作动员会，具体部署全市旅游系统“三打两建”工作。从3月底起，河源市旅游系统共开展集中执法行动2次，4月23～28日，分2个小组，出动48人次，排查旅行社13家，酒店3家，景区2家，共发出整改意见书10份，提出整改意见32条；6月19～21日，分成3个小组。一组由河源市旅游局牵头，工商、劳动监察支队配合，重点检查旅行社。二组由河源市交通运输局牵头，河源市旅游局配合，主要打击“黑车”和指导旅行社完善租车手续。三组由河源市工商行政管理局牵头，旅游、质监、食品药品等部门配合，重点打击星级酒店、景区的食品、商品、日化用品制假售假行为，旅游购物欺诈行为。共出动检查人员18人，检查旅行社13家，旅行社服务网点1家，旅游车辆6部，旅游酒店6家，特产店25家，发出责令改正通知书5份、劳动监察支队下发《劳动保障监察询问通知书》8份。对不合格旅游商品、食品下架处理，对三无产品进行没收。

【旅行社】 2012年，河源市新设立和平县阳光假日旅行社有限公司等4家旅行社。至年底，全市有旅行社37家。全年做好了旅行社的变更及服务网点的登记备案、2012年旅行社责任保险统保示范项目、退还旅行社质量保金等管理工作。河源市旅游局与市工商行政管理局、市人力资源和社会保障局联合制定《关于规范旅行社转团拼团行为的通知》《关于进一步强化我市旅行社服务网点管理的通知》《关于健全旅行社资料档案的通知》《关于规范旅行社业务广告行为的通知》及《关于规范旅行社劳动用工的若干意见》5个行业管理文件，并召开全市旅行社总经理座谈会，旅行社（导游）行业管理工作会议予以贯彻落实。

【星级饭店】 2012年，河源市开展对23家星级饭店年度复核和评定性复核工作。其中翔丰国际酒店、滨江金利大酒店分别通过国家星评委五星级、四星级评定性复核。

【旅游信息化建设】 2012年，河源市旅游局与河源市国土资源局联合建立河源市旅游地理信息网，实现了地图浏览、兴趣点查询定位、旅游专题查询和路径分析等功能。市旅游局与中国联通河源分公司洽谈建立旅游旅游智能化信息平台合作事宜，推进河源市旅游信息化建设。

【旅游行业协会】 截至2012年年底，河源旅游协会现有旅游饭店业协会、旅游景区协会、旅行社协会3个分会。协会拥有会员单位93家，其中常务理事单位16家，理事单位31家。2012年，协会按照章程赋予的任务和职能，建立健全工作机制，以活动为载体，发挥“服务会员单位、协调行业关系、沟通政府与企业联系”的作用，积极反映行业诉求、开展行业自律，做好配合组织参与客家文化旅游节等方面工作。

旅游教育培训与精神文明建设

【旅游行业精神文明建设】 2012年，河源市旅游局按照《河源市创建全国文明城市工作总体方案》（河委办发〔2012〕15号）、《河源市创建全国文明城市工作任务分解表》和《河源市创建全国文明城市责任单位工作任务一览表》（河创文发〔2012〕1号）要求，认真做好旅游系统创建全国文明城市（简称“创文”）工作。制订《河源市旅游系统创建全国文明城市实施方案》（河旅〔2012〕53号），成立河源市旅游行业创建全国文明城市工作领导小组，河源市旅游行业创建全国文明城市工作领导小积极指导、组织部署、统筹协调及督促落实旅游系统“创文”工作。

8月13日，河源市旅游局组织开展“创先争优”主题党课教育活动，河源市旅游局党组书记、局长郑日平以“立足岗位比作为，创先争优当模范”为题为干部职工授课。

【旅游行风与机关工作】 2012年，河源市旅游局集中开展机关作风建设年活动。重新修订《河源市旅游局财务管理规定》《河源市旅游局车辆使用的管理规定》《河源市旅游局上下班纪律及请休假制度》《河源市旅游局季度汇报和工作问责制度》。制订《河源市旅游局廉政风险防控机制建设工作实施方案》，建立岗位责任制度。市旅游局落实“规划到户、责任到人”扶贫工作、旅游行业“两新”组织的党建工作，创模、创文工作及计划生育、综治维稳、党建、保密、档案、妇女、关心下一代、工会、政务公开等工作。

【旅游教育培训】 2012年，河源市加强旅游人才培训工作，共举办旅游系统干部及从业人员培训班12期，培训人员3160人次，其中举办全国导游人员资格考试前培训班2期，导游员继续教育培训班2期。推荐中文导游2人、英文导游1人参加第二届全国导游大赛。组织景区主要负责人参加广东省旅游景区（点）总经理培训班。继续开展旅游业农村劳动力转移培训就业工作，旅游业农村劳动力转移培训工作以99分的高分通过省的检查验收，全市共有60个农民工开展培训并实现就业，其中景点导游22个，餐厅服务员38个。

（叶志强　文/图）

梅州旅游业

综　述

【概况】　梅州市位于广东省东北部闽粤赣三省交界处，总面积1.6万平方公里，辖梅江区、兴宁市、梅县、蕉岭县、大埔县、丰顺县、五华县、平远县，总人口517万人，其中99%为客家人，是全世界最大的客家人聚居地，既是客家人南迁的最后落脚点，也是明、清以来客家人衍播四海的主要出发地，享有“世界客都”之称。

梅州市重点培育和发展烟草、电力、建材、电子信息四大支柱产业及旅游、机电、新能源、新医药、汽车零部件五大潜力产业，其中烟草行业致力发展“五叶神”牌香烟等名优产品，成为梅州经济的重要产业。依托博大精深的客家文化和自然绿色生态两大旅游资源，全市大力发展旅游业，积极创建广东梅州文化旅游特色区。主要旅游景区有：国家5A级景区雁南飞茶田景区，国家4A级景区叶剑英纪念园、雁鸣湖旅游度假村、灵光寺旅游区、客天下旅游产业园、长潭旅游区，国家3A级景区汤湖热矿泥山庄、五子石风景名胜区、神光山国家森林公园、龙鲸河漂流景区等。近年来，先后获评中国优秀旅游城市、中国客家菜之乡、客家文化生态旅游示范区、广东最受欢迎自驾游目的地、广东省旅游综合改革示范市、国家园林城市、国家卫生城市、中国十大特色休闲城市。

2012年，全市旅游行业积极创建广东梅州文化旅游特色区，加强招商引资，加快设施建设，优化旅游产品，提升服务质量，大力宣传促销，拓展客源市场，努力打造“休闲到梅州、享受慢生活”旅游品牌，推动旅游业持续快速发展。全年接待国内外游客1457.98万人次，比上年增长28.73%；旅游总收入150.12亿元，比上年增长28.99%。

【旅游行业规模】　截至2012年年底，梅州市拥有国家5A级景区1家、4A级景区5家、3A级景区6家；国家森林公园4家，国家水利风景区2家；全国休闲农业与乡村旅游示范点1家，全国农业旅游示范点2家，全国红色旅游经典景区2家；省级温泉旅游示范基地1家，省级乡村旅游示范基地1家，省级科技旅游示范基地1家，省级中医药文化养生旅游示范基地2家，省级农业旅游示范基地2家，省级森林生态旅游示范基地3家，省级红色旅游示范基地3家；省级自然保护区6家，省级地质公园1家，省级风景名胜区2家，省级旅游度假区2家，广东省星级农家乐17家。全市拥有星级饭店31家，其中五星级2家、四星级3家、三星级17家、二星级9家；共有旅行社35家，其中出境组团社3家；旅游汽车公司4家，游船公司1家，高尔夫球场2家；全市旅游直接从业人员1.6万人。

【汪洋考察梅州旅游业】　2012年8月6~7日，中共中央政治局委员、广东省委书记汪洋到梅州市调研经济社会发展情况。期间，汪洋先后考察丰顺县规划建设客潮国际温泉城及八乡山镇生态旅游专业镇现场、梅县雁洋镇桥溪村古民居。他充分肯定当地党委政府通过发展旅游带动农民脱贫致富的思路，要求立足长远、注重特色、科学谋划、从容建设，弘扬优秀传统文化，促进幸福导向产业发展。省委常委、秘书长、办公厅主任林木声，常务副省长肖志恒，省委政研室主任魏建飞，省委副秘书长陈志英，省财政厅厅长曾志权，省旅游局副局长周开生；梅州市委书记朱泽君、市长谭君铁陪同考察。

【朱小丹考察梅州旅游业】　2012年6月12~13日，中共广东省委副书记、省长朱小丹率队到梅州调研经济社会发展情况期间，先后考察叶剑英纪念园、雁南飞茶田景区、客天下旅游产业园。在客天下深航国际大酒店举行的座谈会上，朱小丹要求梅州深入打造生态旅游业，通过科学规划发展高端旅游项目，不仅要吸引潮汕平原、闽赣周边地区的客源，还要把广告做到江浙，吸引华东、华北等地的高端客源，做强做大做旺生态旅游业。副省长刘昆，省政府秘书长、办公厅主任唐豪，省财政厅厅长曾志权，省林业厅厅长张育文等省直部门负责人以及梅州市市长谭君铁、市政协主席李金元、市人大常委会常务副主任林碧红等陪同考察。

【领导关心旅游业】　2012年2月20~21日，广东省副省长许瑞生率省政府副秘书长刘晓捷、省旅游局副局长王志红等省直部门负责人到梅州调研，并参观考察叶剑英纪念园、雁南飞茶田景区、雁鸣湖旅游度假村、客天下旅游产业园等景区。许瑞生要求充分发挥山水人文优势，大力推进广东梅州文化旅游特色区建设，进一步推动文化旅游工作迈上新台阶。梅州市领导朱泽君、谭君铁、张远方等陪同调研。

2月14日，在梅州市委常委扩大会议上，市委书记朱泽君强调，创建文化旅游特色区，要优先搞好梅县雁洋核心区和丰顺县客潮温泉城。4月2～3日，市委书记朱泽君率队到丰顺县八乡山大峡谷、东联龙归寨飞瀑景区调研，并察看韩江鹿湖温泉度假村在建旅游项目。4月16日，市委书记朱泽君、市长谭君铁到叶剑英纪念园调研，对如何做好梅州文化旅游特色区规划建设提出具体要求。5月20日，市委书记朱泽君、市长谭君铁到梅县雁洋镇桥溪村调研旅游开发现状。6月4日，市委书记朱泽君、市长谭君铁率团赴珠海市考察学习“长隆国际海洋度假区”开发情况。7月24日，市委书记朱泽君、市长谭君铁率队到丰顺县调研，要求加快建设客潮温泉城和八乡山生态旅游区。8月25日，市委书记朱泽君到蕉岭县检查工作时强调，要高起点建设美丽山水城市。9月24日，市委书记朱泽君率队到梅县雁洋镇调研桥溪古韵景区建设项目。10月21日，市委书记朱泽君率队到丰顺县开发中的铜鼓峰旅游区调研，要求高起点规划、高标准建设。12月17日，市委书记朱泽君率队调研梅县松口镇时强调，重振松口千年古镇雄风，助力创建广东梅州文化旅游特色区。

【重大旅游决策】 2012年3月30日，梅州市第六届人民代表大会第二次会议通过市人民政府《关于创建广东梅州文化旅游特色区的决定》。该决定明确提出创建广东梅州文化旅游特色区的总体要求、战略定位和发展目标：依托山水人文优势，以梅县雁洋镇为核心，以丰顺县、大埔县为南翼，以平远县、蕉岭县为北翼，突出客家文化、绿色文化、红色文化、养生文化、宗教文化和创意文化特色，重点发展度假休闲、保健疗养、婚庆服务、文化创意等传统与现代相结合的服务业，努力把梅州建设成为经济繁荣、宜居宜业、平安和谐的富庶山城、美丽新城、文化名城、国际慢城。

【首届客家文化艺术节开幕式】 2012年11月23日，由中共中央台湾工作办公室、国务院侨务办公室、广东省人民政府共同主办，梅州市委、市政府承办的首届客家文化艺术节在梅县文体中心隆重开幕。广东省省长朱小丹宣布开幕。中国国民党荣誉主席吴伯雄、中共中央台湾工作办公室副主任叶克冬、国务院侨务办公室副主任任启亮、广东省副省长招玉芳先后致辞。海峡两岸关系协会会长陈云林、副会长王富卿，广东省人大常委会副主任谢强华、省政协副主席温兰子，香港与海外贵宾曾宪梓、梁亮胜、熊德龙等，以及来自18个国家和地区、国内13个省（市、自治区）、38个地级以上市的2600名嘉宾出席开幕式。开幕式后，朱小丹、吴伯雄等参观客家文化艺术展览、客商产品展销、招商引资成果展。本届客家文化艺术节以“融汇世界的客家、展示客家的世界”为主题，为期1周，主要活动内容有“梦里客家”主题晚会、客家文化艺术博览、客商产品展销、禅文化体验周、海峡两岸客家论坛、梅州“国际慢城”旅游推介会、文化旅游发展战略顾问座谈会、客家美食周。

【中国旅游日暨雁鸣湖休闲活动】 2012年5月19日，由梅州市旅游局、梅县人民政府主办，梅州市旅游协会、梅县旅游局承办的“中国旅游日暨雁鸣湖杨梅节休闲系列活动”启动仪式在雁鸣湖旅游度假村举行。梅州市人大原常务副主任古小平、李俊夫，副市长李远青出席。《中国旅游报》、广东电视台、《羊城晚报》《南方都市报》《梅州日报》、梅州电视台记者，市旅游界代表及游客等共1000人参加启动仪式。随后，嘉宾和游客们一起进入杨梅园采摘杨梅。作为国民旅游休闲计划活动，雁鸣湖旅游度假村推出采摘杨梅、开心农场、骑行绿道、药膳美食、高尔夫球场体验系列项目。

▲市、县领导共同启动“中国旅游日暨雁鸣湖杨梅节休闲系列活动”。

（梅州市旅游局供稿）

【平远第八届慈橙文化旅游节】 2012年12月8日，平远第八届慈橙文化旅游节在县城文体中心开幕。广东省人大常委会原副主任游宁丰，中国旅游研究院院长戴斌，国务院发展研究中心东方文化与城市发展研究所所长刘锋，广东省政府副秘书长姚恒尹、省委统战部副部长陈小山、省旅游局副局长周开生，香港嘉宾何冬青、余鹏春，梅州市委书记朱泽君、市政协主席李金元等领导，平远县党政负责人，以及海内外来宾共2300人参加开幕式。朱泽君宣布开幕，并与其他领导共同推杆启动。节庆活动以“多边合作、游客体验”为主题。开幕式前，在县城举行粤闽赣三省九县旅游产业发展研讨会，就如何实现优势互补、资源共享、市场互动、客源互送展开研讨。

出入境旅游

【入境旅游】 2012年，梅州市接待入境旅游者12.77万人次，比上年增长21.43%。其中外国游客17166人次，比上年下降20.34%；香港同胞72796人次，比上年增长54.09%；澳门同胞16976人次，比上年增长89.51%；台湾同胞20726人次，比上年下降24.32%。旅游外汇收入4086.38万美元，比上年增长18.26%。

【出境旅游】 2012年，梅州市旅行社组团出境游19482人次，比上年增长167.83%。其中香港游10717人次，比上年增长151.04%；澳门游5078人次，比上年增长225.93%；台湾游298人次，比上年增长157%；出国游3389人次，比上年增长154.62%。

国内旅游

【国内旅游接待与收入】 2012年，梅州市接待国内游客1122.1万人次，比上年增长28.8%。其中接待过夜游客556.79万人次，比上年增长29.04%；国内旅游收入147.54亿元，比上年增长29.26%。

【红色旅游】 2012年5月18日，全国元帅纪念馆联谊会座谈会、中国革命纪念馆专业委员会年会暨叶帅故园建设项目启动仪式，在叶剑英元帅家乡梅县雁洋镇举行。全国政协原副主席叶选平，全国政协原常委叶选宁，全国政协委员叶向真，香港能源矿业联合会名誉会长叶选基；中共中央党史研究室主任欧阳淞，广东省委副书记朱明国、副省长刘志庚、省政协副主席温兰子，梅州市委书记朱泽君、市长谭君铁等领导和嘉宾出席启动仪式。来自全国元帅纪念馆联谊会、中国革命纪念馆专业委员会的代表聚首一堂，各抒己见，交流发展红色旅游与繁荣地方经济的举措和经验。被列为广东梅州文化旅游特色区雁洋核心区的重点项目，在叶剑英纪念园原有基础上进行规划扩建，规划占地面积1.18平方公里，规划建设帅迹寻踪、杜鹃花谷、登高览胜、采摘果园、客家天堂、军事体验中心等景点和功能区。

【乡村旅游】 2012年3月20日，第二届中国古村落保护与发展研讨会在雁南飞茶田景区举行。中国民间文艺家协会副主席曹保明主持会议，来自全国各地的130名古村落研究专家聚首一堂，围绕中国古村落的保护传承、开发利用、发展旅游等问题展开研讨，为加强保护古村落的历史文化资源建言献策。会前，专家学者参观考察乡村游景点梅县雁洋镇长教村及桥溪村，认为梅州原生态、原居民、原民俗的乡村保护完好，值得借鉴。大埔县大东镇坪山梯田旅游区投入680万元新建环山公路、景区牌坊、游客接待中心，设置规划图、导览图、介绍牌，不断完善乡村旅游基础设施。5月3日，以现存客家传统民居围龙屋最多、最完整著称的乡村旅游区梅县南口镇侨乡村，被中国民间文艺家协会命名为“中国古村落”。9月20日，励志电影《孝女彩金》在全国上映，影片拍摄的外景地梅县侨乡村、桥溪村及大埔县坪山村等，在影片中展现出原生态的乡村美景，进而提升了乡村旅游品牌的特色魅力。11月29日，梅县雁洋镇桥溪村入选“广东十大最美古村落”。

【假日旅游】 2012年春节黄金周，梅州市接待游客131.56万人次，同比增长18.5%；其中过夜游客38.68万人次，同比增长49.7%；一日游游客92.88万人次，同比增长9.07%；旅游收入3.95亿元，同比增长32.38%。

“五一”假期（4月29日至5月1日），全市接待游客61.5万人次，同比增长23.8%；其中过夜游客15.09万人次，同比增长17.2%；一日游游客46.41万人次，同比增长26.1%；旅游收入1.72亿元，同比增长19.7%。

中秋、国庆节8天黄金周，全市接待游客237.72万人次，同比增长34.14%；其中过夜游客52.96万人次，同比增长37.18%；一日游游客184.75万人次，同比增长33.29%；旅游收入6.19亿元，同比增长36.39%。

旅游市场推广与节庆活动

【旅游宣传促销】 2012年，中共梅州市委、市政府拨出旅游宣传营销专项经费2000万元。市旅游局与中央电视台、《中国旅游报》《羊城晚报》《深圳特区报》《南方都市报》《汕头特区报》、香港凤凰卫视、广东卫视、南方卫视、深圳电台开展旅游宣传营销合作。9月1日，中央电视台著名主持人毕福剑率当红歌手于文华、王小骞、周彦宏、付玉龙等，在梅城客天下旅游产业园客家小镇录制《国庆七天乐》节目，于10月1日晚在中央电视台第三套综艺频道播出，收视率高达3.5，全国有近5000万观众收看。12月15日，中央电视台第四套中文国际频道播放11月22日晚在梅州录制的《梦里客家》主题晚会，展示出“世界客都”主体形象和客家文化旅游产品。全年在中央电视台、香港凤凰卫视、广东卫视的黄金时段投放“休闲到梅州、享受慢生活”15秒旅游宣传广告。《中国旅游报》全年刊发梅州旅游长篇专题报道6篇、旅游宣传专版4.8版；《南方都市报》登载梅州旅游图文9.5版、旅游宣传广告6.5版；《汕头特区报》刊登梅州旅游新闻13篇、旅游景区图片3版、旅游宣传广告6期；南方卫视全年播放“休闲到梅州、享受慢生活”15秒旅游宣传广告423期次、“潮流假期”栏目播放梅州旅游专题片14期、旅游新闻快讯40期次。针对不同季节和旅游节庆活动，《羊城晚报》《深圳特区报》、深圳电台及时报道梅州旅游资讯，不断提高“休闲到梅州、享受慢生活”旅游品牌的知名度与美誉度。

2012年，梅州市旅游局组织各县（市、区）旅游局和主要旅游企业，参加3月1~3日的广州国际旅游展览会，3月6~12日的中国欢乐健康游港澳地区主题推广系列活动，4月19~21日在福建省漳州厦门两市举行的“梅州·梅县旅游宣传推介会”，5月25日在梅城金叶国际大酒店举行的“厦门、漳州、泉州、梅州、台湾金门县旅游交流推介会”，5月25~28日的台湾台北两岸观光博览会，9月6~11日的厦门第8届海峡旅游博览会，9月14~16日的中国（广东）国际旅游产业博览会，11月23日的梅州国际慢城旅游品牌推介会。

【节庆活动】 2012年3月25日至4月6日，梅县首届柚花飘香旅游节在雁鸣湖旅游度假村举行，广东省农业厅副厅长蔡汉雄，梅州市副市长李远青、市旅游局局长吴献华出席开幕式。本届旅游节主要内容有：柚花飘香专题文艺晚会、《走读梅县》签书仪式、“美在梅县”摄影大赛、千车万人赏柚花自驾游等。4月25日，梅州平远首届桐花节在五子石景区举行。市委书记朱泽君出席开幕式。平远县领导宣布：五指石风景名胜区（国家3A级景区）更名为“五子石景区”。活动内容有植树、桐花行、民俗扛仙师、客家风情文艺表演。9月22日，第三届华银旅游文化节暨灵光寺禅茶节在灵光寺旅游区启动，活动内容有尝客家小吃、中旅快乐游直通车、参古刹、观茶海、吃禅茶、品茶宴。9月23日，大埔县蜜柚茗茶旅游节在县城西湖公园举行，广东南方广播影视传媒集团总裁张惠建，中共梅州市委书记朱泽君、副市长李远青出席开幕式，活动主题为“以柚为媒、以茶会友、以节聚商”。同日，粤闽赣边首届红豆相思节在平远县五子石景区举行，来自粤闽赣边区域的县、镇负责人和游客参加开幕式，松溪河游船、五子石电瓶车试行及贵妃谷栈道动工建设项目同时启动。11月17日，梅县金柚飘香文化节在雁鸣湖旅游度假村举行，梅州市委书记朱泽君、广东省农业厅副厅长顾幸伟、梅州市副市长李远青出席开幕式，活动内容有“金柚王”评选、金柚购销签约仪式、金柚生态欢乐自驾游、千车万人采摘金柚、金柚飘香名优农产品展销会。11月23~29日，首届客家文化艺术节·客家美食周活动在梅城院士广场举行，共接待游客和市民20万人次，营业收入420万元。11月30日，丰顺温泉文化艺术节开幕，中共梅州市委书记朱泽君、深圳市人大常委会常务副主任谭国箱出席开幕式，活动内容有温泉养生高峰论坛、“龙腾盛世”欢乐夜文艺晚会、丰顺县一日游、温泉养生体验、“印象丰顺”书画摄影展览。12月15日，蕉岭县第2届冬笋节、第3届枫叶节、第6届金橘节在县城龙门广场开幕，主题为“观枫海、赏名木、品金桔、尝鲜笋、游长寿蕉岭、访人美台乡”。

▲朱泽君、池俊胜、张惠建、袁明桂等领导和嘉宾共同推杆启动大埔蜜柚茗茶旅游节。（丘佳纳　摄）

【梅江游暨梅江放生活动启动仪式】 2012年10月12日，由广东省旅游局、梅州市人民政府主办，梅州市旅游局、梅州海事局、梅州市农业局承办的“广东省海上休闲旅游·梅江游暨梅江放生活动启动仪式”在梅城东山码头广场举行。市委书记朱泽君宣布启动并致辞；市人大常委会副主任邓建华、副市长史明锋、市政协副主席李忠良、市纪委副书记谢志云，市直相关单位负责人、旅游界人士等共480人参加活动。启动仪式后，朱泽君一行登上“客都1号”游船，将一桶桶鱼苗放生梅江，并坐游船沿江畅游观赏两岸风光。梅江休闲游项目，已被省旅游局列为“广东海上休闲旅游十大经典线路”之一。

▲广东省海上休闲旅游·梅江游暨梅江放生活动启动仪式现场。（钟小丰　摄）

旅游资源开发和景区（点）建设

【旅游规划】 2012年，梅县完成《叶帅故园客家天堂修建性详细规划》《桥溪古韵世外桃源修建性详细规划》《三乡村野公园规划设计方案》《桃尧王寿山旅游发展规划》《乐慧生态旅游区总体规划》的编制。大埔县完成万福寺宗教文化旅游区、百侯古镇、张弼士故居、泰安楼民居文化园的详细规划。丰顺县围绕“梅州南大门、国际温泉城、新兴产业区、潮汕后花园”发展定位，立足科学规划和高端设计，完成《丰顺县国际温泉城总体规划》。11月29日，《蕉岭县旅游产业发展总体规划及重点区域旅游概念规划》通过由中山大学、华南师范大学、广东旅游文化协会等单位组成专家评审小组的评审，该规划确立“长寿蕉岭、大美台乡”旅游形象，提出“一核二环三区四廊五组团”的旅游发展布局。

【旅游投资】 2012年11月18日，由同仁集团（香港）实业投资有限公司投资1.5亿元按四星级标准兴建的梅县金德宝国际酒店开业。12月8日，由香港昌盛集团投资5亿元按五星级标准建设的梅州豪生国际大酒店封顶。由丰顺县珠丰实业有限公司投资5.5亿元按五星级标准建造的宝丰温泉酒店，于12月28日完成主体工程建设。由香港皇家名典集团投资4亿元按五星级标准兴建的梅州皇家名典酒店，于12月30日完成楼高33层的主体建造。年内，全市旅游行业签订招商引资合同项目30个，计划投资总额128亿元，实际投入29亿元。其中梅州市旅游局引进名杨休闲农庄建设项目，投资额8500万元；引进梅州江河休闲旅游建设项目，投资额2100万元。

【旅游景区（点）与基础设施建设】 2012年，广东宝丽华集团有限公司投资6200万元，在梅县雁洋镇开发桥溪古韵景点。梅县政府与香港格林投资有限公司共同投入1亿元，在梅县雁洋镇开发建设三乡村野公园。广东新金基文化创意产业集团有限公司投资4.1亿元，在梅县南口镇麓湖山文化产业园建成1个18洞山地高尔夫球场、1家按五星级标准建造的国际高尔夫会所及景区宾馆。广东瑞山高新农业生态园股份有限公司投入2.3亿元，在大埔县洲瑞镇开发建设瑞山生态旅游度假村。大埔县西岩茶乡度假村投资2270万元，完成旭辉居客家围龙屋、茶文化体验馆及园林工程的修建。平远县共投入1.2亿元，建设五子石生态旅游产业园、南台卧佛山文化旅游产业园、上举龙文红豆林生态景区旅游配套设施。东莞熙和实业有限公司投资1亿元，在兴宁市永和镇开发建设熙和湾客乡文化旅游产业园。广东鸿源集团有限公司投入3000万元，在兴宁市坭陂镇开发鸿源现代农业生态园。梅州市汇丰年文化传播有限公司投资3000万元，在兴宁市新陂镇将占地面积10亩的古民居“慈恩庐”改建成欢乐崖家客家文化旅游度假村。广东天亿实业有限公司投入8200万元，在丰顺县丰良镇开发建设韩山生态旅游度假区。广东铜鼓峰旅游发展有限公司投资7500万元，在丰顺县砂田镇建设铜鼓峰生态旅游区。蕉岭县森态源休闲山庄投入1500万元，在蕉岭县长潭镇扩建森态源休闲山庄。

【绿道旅游】 2012年，梅州市区有73家机关单位拆围墙建绿道，建成20万平方米休闲游乐绿地。梅县新县城新建绿道3公里，与梅花山公园连成1条总长15公里的绿道。平远县上举龙文生态旅游景区建成5公里的自行车绿道、10公里的人行步道、15公里的电瓶车绿道。丰顺县按照“绿化美化、路景相融”的标准，新建汤坑至东联段、丰良至大龙华段、中胜线、大枫线绿色廊道，总长80公里，并在沿线重点地段增建休闲景观区，形成一路一景、一段一特色。梅江区建成17公里的黄坑至百岁山绿道，并在沿线增建农家乐、休闲驿站、健身公园，成为游客和市民休闲观光好去处。

【旅游扶贫】 2012年，梅州市旅游局向省旅游局、省财政厅申报9个旅游扶贫项目，7个项目获批。其中梅县雁洋镇桥溪古韵旅游开发项目，于9月21日参与省旅游扶贫大型重点项目竞标，以87.8分全省最高分获得省旅游扶贫专项资金300万元，用于旅游基础设施建设。梅州市名杨休闲农庄、蕉岭县森态源休闲山庄、大埔县甜祝生态乡村旅游区、丰顺县铜鼓峰生态旅游区、五华县益塘旅游区、平远县五子石生态旅游产业园6个项目共获省旅游扶贫专项资金200万元，用于旅游配套设施建设。

【旅游创强工作】 2012年，大埔县成立以县委书记为组长、县长为副组长的创建广东省旅游强县工作领导小组，建立“政府主导、部门联动、社会参与、百姓得益”的创强机制，加快旅游设施建设，扩大旅游产业规模，优化旅游整体环境，强化旅游行业管理，积极开展旅游宣传，打响“大埔大公园、最美小山城”旅游品牌，全力创建广东省旅游强县，推动县域经济社会又好又快发展。8月23日，梅州市旅游局局长吴献华率队到大埔县，按照省旅游强县检查标准进行全面检查后宣布通过市级初审。12月10～12日，省旅游局副局长周开生率省旅游强县检查验收组通过现场检查、查阅资料等环节，对大埔县创建省旅游强县工作进行全面检查后宣布通过创强验收。12月13日，省旅游局副局长周开生率省旅游强县复核验收组，对省旅游强县梅县进行全面检查后宣布通过复核验收。

旅游行业监督管理

【"三打两建"工作】 2012年，按照梅州市委、市政府"三打两建"（打击欺行霸市、打击制假售假、打击商业贿赂，建设社会信用体系、建设市场监管体系）工作部署，市旅游局于3月15日成立以吴献华局长为组长、各县（市、区）旅游局长为成员的"三打两建"工作领导小组，制订全市旅游行业"三打两建"工作方案，提出4项重点措施：重点打击星级饭店及A级景区制假售假的违法行为，重点打击非法经营旅游业务的"黑中介"，重点整治零负团费及强迫或变相强迫游客消费等违规行为，重点创新监管机制和优化旅游市场环境。全年开展打击欺行霸市、制假售假、违规经营、虚假广告、欺客宰客、打黑打非6个专项行动；全年出动联检执法人员300人次，检查旅行社26家、旅游景区23家、星级饭店24家、旅游购物点19个、旅游汽车21辆、导游员197人次；查处违规经营旅游业务的"黑社"与"黑网点"4个、"黑导"2人，处罚违规导游员9名。

2012年元旦、春节黄金周、"五一"小长假、"十一"黄金周期间，梅州市假日办组织各成员单位开展假日旅游市场专项检查，集中整治哄抬价格、以次充好、诱迫消费、欺诈游客、无证上岗等违规行为。全年接受和处理有效旅游投诉8宗，结案率100%。

【旅游安全管理】 2012年2月，梅州市旅游局与8个县（市、区）旅游局及3家市直旅游企业签订年度旅游安全生产责任书，各县（市、区）旅游局与所在地主要旅游企业签订年度旅游安全目标管理责任书，明确和落实"谁管理、谁负责"的安全工作责任。6月20日，大埔县旅游局与县消防大队联合举办旅游行业消防安全实地操练活动，73名旅游从业人员在泰安楼景点现场操练灭火器、灭火毯、点火物、防毒面具的使用，并演练火灾事故的疏散、逃生及应急处置，进而提高旅游安全应急救援技能。元旦、春节黄金周、"五一"小长假、"十一"黄金周期间，梅州市假日办组织各成员单位检查旅游市场的同时，对游客集散地、交通集散地、各大景区游乐设施进行大检查，消除安全隐患。年内全市未发生旅游安全事故。

【旅行社】 2012年，梅州市新设立梅州市客家妹国际旅行社、梅州市浙商旅行社，注销丰顺县温泉旅行社。至年底，全市有旅行社35家。按照国家旅游局"关于降低旅行社质量保证金交存数额有关通知"要求，梅州市旅游局配合中国银行梅州分行，将符合条件的29家旅行社质量保证金交存数额降低50%，减轻旅行社资金负担，支持旅行社发展。市旅游局完成353名导游员IC卡年审刷卡工作，两次组织408名考生参加全国导游人员资格考试，其中考试通过148人，通过率37.7%。至年底，全市共有持证导游员796名。7月27日，市旅游局组织举办第二届全国导游大赛梅州赛区决赛，梅州客通游船有限公司林文静、梅州市旅游总公司林静，分获中文组、英文组冠军，并代表全市旅游界参加第二届全国导游大赛广东赛区初赛。9月26～27日，首届中央苏区红色旅游联盟红色旅游导游大赛在福建省三明市举行，梅州市旅游局选送4名导游员参赛，其中刘苏琴获评"优秀导游员"。

【星级饭店】 2012年1月10日，被评为三星级饭店的梅县名杨村大酒店正式挂牌；11月，平远县远南大酒店获评三星级。完成2家四星级饭店的评定性复核、24家星级饭店的年度复核。取消梅江区太平洋酒店、梅县锦发大酒店三星级饭店资格。至年底，全市拥有星级饭店31家。

▲2012年11月23日，"客家美食周·啤酒之夜"活动在院士广场举行。（梅州市旅游局供稿）

【旅游商品】 2012年6月，由嘉应学院美术学院教授熊青珍创作开发的旅游工艺品"客家陶瓷文房四宝"获得国家专利。成品以梅州客家特色古民居围龙屋及土圆楼造型为设计元素，由微缩笔架、笔筒、砚台、印泥盒组成，既可组合又可拆开，拆后即分为土圆楼形笔筒堂中印与围龙屋形笔架半月砚两部件；组合后即形成小巧玲珑的单体围龙屋和土圆楼，具有实用、欣赏和收藏价值。

【旅游信息化建设】 2012年7月14日，广东梅州文化旅游特色区网站开通运行，设置文化旅游特色区概况、山水梅州、人文梅州、漫游梅州、设计客都、资讯中心、交流互动、招商引资、特色服务等栏目。7月23日，梅州市旅游局开通旅游英文网站，为旅外华侨和港澳台同胞提供详尽的梅州旅游资讯，成为广东省第三家地级市旅游英文网站。

【旅游行业协会】 2012年1月6日，梅州市旅游酒店协会在梅城金沙湾国际大酒店举行成立大会，副市长杜敏琪为酒店协会常务副会长单位授牌；市旅游局副调研员谢森元当选市旅游酒店协会会长，共有22家酒店加入市旅游酒店协会。2月17日，梅县旅游协会23个成员单位负责人参观国家5A级景区雁南飞茶田景区，该景区“要做就做最好”的管理服务理念备受推崇。6月26～28日，梅州市旅游协会协助市旅游局，组织国内100家知名旅行社负责人到梅州参观考察旅游产品，并在雁南飞茶田景区举行“优秀旅行社地接经验交流会暨梅州旅游产品推介会”，共推“休闲到梅州、享受慢生活”旅游品牌。7月，梅州市文化生态旅游研究会被评为“全国大中城市社科联先进学会”。11月23日，由广东省旅游局、梅州市委市政府主办，梅州市旅游局、梅州市政府台湾事务局、梅州市外事侨务局、梅州市归国华侨联合会承办的“‘休闲到梅州、享受慢生活’梅州国际慢城旅游城市品牌推介会”在梅州举行。梅州市旅游协会分别与印尼客属联谊总会、新加坡南洋客属总会、世界客属总会、中华海峡两岸客家文经交流协会签订《共推梅州国际慢城旅游城市形象的合作框架协议》；印度尼西亚大象旅行社与梅州市旅游总公司，台湾翔富（综合）旅行社股份有限公司与梅县中国旅行社，华夏大地旅行社与梅州市假日旅行社分别对接签订《对接合作意向协议》。

精神文明与教育培训

【旅游精神文明建设】 2012年3月2日，在全省旅游工作会议上，大埔县旅游局与雁南飞茶田有限公司，被省人力资源和社会保障厅、省旅游局联合授予“广东省旅游系统先进集体”称号。3月，在“绿满梅州大行动”中，市旅游局干部职工捐款6800元，客天下国际大酒店、金沙湾国际大酒店各捐款800元，梅县中国旅行社捐款500元。在6月30日的“广东扶贫济困日”，梅州市旅游局干部职工捐款7700元，梅州市旅游协会捐款1400元，梅州市旅游总公司捐款2万元、干部职工捐款4100元，广东梅州文化旅游特色区管理委员会干部职工捐款2400元。年内，全市旅游企业深入开展“诚信经营、优质服务、文明旅游”活动。12月，经梅州市价格诚信单位评选委员会评定，雁南飞茶田景区、客天下国际大酒店、金沙湾国际大酒店、金雁富源大酒店、雁鸣湖旅游度假村、灵光寺旅游区、梅州市旅游总公司、梅县中国旅行社、梅州市客都旅游汽车有限公司、兴宁市交通旅行社、大埔县金帆大酒店、丰顺县风度温泉大酒店、丰顺县逢源温泉酒店、五华县迎宾楼大酒店被评为“梅州市价格诚信单位”。

【旅游行风和机关工作】 2012年8月27日，分管旅游工作的副市长李远青、广东梅州文化旅游特色区管委会主任刘许川作客梅州电台“行风热线”直播室，市旅游局局长吴献华坐镇分会场，就创建广东梅州文化旅游特色区工作、旅游规划、景区建设、旅游服务质量等问题接受广大市民的咨询和投诉。市旅游局全年受理并答复梅州网上信访申诉咨询建议57封，其中梅州民声45封、市委书记信箱2封、市长信箱4封、QQ信访1封、短信民声4封、局长接访1件，及时处理率100%。市旅游局被市委、市政府评为“梅州市创建国家卫生城市工作先进单位”“首届客家文化艺术节先进单位”；市旅游局丘加悦、谢森元、李恒珍、温晓华被评为“首届客家文化艺术节筹备工作先进个人”；市旅游局导游管理中心主任刘龙生被评为“梅州市创建国家卫生城市工作先进个人”；市旅游局被梅州市政协评为“2012年度承办市政协提案先进单位”、市旅游局导游管理中心主任刘龙生被评为“2012年度承办市政协提案先进个人”。

【旅游教育培训】 2012年5月22日，由市旅游局等5家单位共同主办的“梅州市餐饮行业从业人员培训大会”在梅州农业学校举行，广东梅州文化旅游特色区管委会副主任刘玉涛博士为参培人员授课。6月4日，丰顺县八乡山镇举行文化旅游开发培训会，特邀广东梅州文化旅游特色区管委会副主任刘玉涛博士授课。7月19日，梅县松口镇举行发展文化旅游专题讲座，广东梅州文化旅游特色区管委会副主任刘玉涛博士为210名镇、村干部授课。9月11日，由中共梅州市委组织部、市委党校，梅州市旅游局共同举办的“养生保健与旅游”专题培训班在市委党校开班，全体参培人员并于12～18日前往广州从化和云南腾冲考察温泉景区。10月15日，为期5天的平远县上举镇旅游服务与职业技能培训开班，100名参培人员接受服务礼仪、养生旅游、餐饮安全、景点介绍的学习培训。11月14～15日，市旅游局组织全市500名导游员在市委党校接受职业道德、礼仪礼貌、导游服务、带团实操的业务培训，特邀广州大学教授吴水田、广州旅游商务学校教师黄珩、广之旅优秀导游员张静授课。由大埔县委宣传部、县旅游局主办的“瑞山杯”十佳导游大赛决赛，于11月30日在县文化活动中心举行，评选出“十佳导游”和10名“优秀导游员”。

（饶贵祥）

惠州旅游业

综 述

【概况】 2012年，惠州市以打造粤港澳地区旅游休闲度假基地为目标，加大罗浮山、惠州西湖创建国家5A级景区、环南昆山旅游产业园、环大亚湾旅游经济带滨海旅游品牌建设、以巽寮为核心的滨海旅游区建设步伐，全面推进惠州“三宜”（宜业、宜居、宜游）城市建设，提升惠州旅游美誉度。全市旅游经济呈现稳定增长。全市累计接待游客3152.99万人次，比上年增长11.77%，其中：宾馆、酒店接待过夜游客1312.84万人次（包括其他住宿设施接待过夜游客），景区（点）接待一日游游客1840.15万人次，分别比上年增长10.45%和12.73%。全年旅游总收入184.16亿，比上年增长14.25%。叶挺将军纪念园创建国家4A级景区通过省级初评，并报送全国旅游景区质量等级评定委员会审批。龙门县被世界温泉及气候养生联合会授予“世界森林温泉保养地”，并颁发证书。

【领导关心旅游业】 2012年3月22日，惠州市人大常委会城乡建设环境与资源保护工作委员会主任钟振荣一行到市旅游局调研，听取市旅游局局长黄细花关于全市旅游产业发展情况的汇报。钟振荣强调惠州旅游业要围绕打造“宜居宜业宜游”城乡协调发展示范区这一目标，一要挖掘文化旅游资源，将旅游与文化融合起来，二要加大宣传促销力度，三要做好资源的保护和开发利用。12月19～20日，国家旅游局综合司副司长赵大勇率队到惠州市开展假日制度专题调研。省旅游局有关负责人陪同。惠州市旅游局局长黄细花及局领导班子成员和各科室负责人出席座谈会。

【旅游行业规模】 惠州市旅游资源丰富，景点类型多，密集程度高，容量大，山、林、海、岛、湖、温泉、瀑布等自然景观品位高，文物古迹众多，现代旅游设施比较完善。至2012年年底，全市建成旅游景区60余处，其中国家4A级景区9处，3A景区2处；有国家级重点风景名胜区2处（惠东港口海龟国家级自然保护区、象头山国家级自然保护区），国家森林公园2处（南昆山、广东御景峰），国家生态风景区1处（白盆湖国家生态风景区），国家生态农业示范点1处（永记生态园），省级森林生态旅游示范基地1处（博罗平安生态旅游区），省级自然保护区4处（罗浮山、南昆山、惠东古田自然保护区、惠东莲花山自然保护区）；拥有省级历史文化名城2处（惠州市、惠东县平海古城）；拥有旅行社49家，其中出境组团社4家；有星级饭店63家，其中，五星级5家、四星级11家、三星级43家、二星级4家。

【重要旅游活动】 2012年2月10日，中共东莞市委书记、市人大常委会主任徐建华，市委副书记、市长袁宝成率党政代表团一行100余人考察巽寮滨海旅游发展情况。中共惠州市委书记、市人大常委会主任黄业斌，市委副书记、市长陈奕威等领导陪同参观。3月8日，市旅游局局长黄细花率队拜访国家旅游局，国家旅游局党组成员、规划财务司司长吴文学等接见黄细花一行。3月21日，市旅游局局长黄细花率市旅游局班子成员和各科室负责人拜访省旅游局。黄细花向省旅游局局长杨荣森汇报惠州旅游业发展情况。杨荣森指出，近年来，惠州市委、市政府对旅游工作非常重视，旅游业发展迅猛。今后要充分挖掘惠州的旅游资源优势，发挥旅游改革综合示范市的作用，敢闯敢试，发挥旅游产业优势，推动惠州旅游实现跨越式发展。4月13～18日，龙门县在“2011中国·广东旅游总评榜”大型评选活动中再次获“年度最受欢迎省内游目的地”称号。地派温泉度假酒店和南昆山温泉大观园生态度假区也再次获“2011年度最受欢迎度假酒店”称号。4月17日，金融街集团惠州置业有限公司在惠东巽寮湾喜来登度假酒店举办中国·巽寮湾蓝色价值纲领全球发布会。中国入世谈判首席专家龙永图、惠州市副市长黄树正、惠州市旅游局局长黄细花、副局长郭武飘及市相关部门领导，惠东县政府领导、英国阿特金斯公司高级城市规划设计师郭晓黎，旅游学者武旭峰，金融街控股集团董事长、金融街惠州置业有限公司董事长王文珂等应邀出席。4月26日，国家人力资源和社会保障部、国家旅游局在人民大会堂召开全国旅游系统先进集体、劳动模范和先进工作者表彰大会。惠州市旅游局被授予“全国旅游系统先进集体”荣誉称号。黄细花局长代表惠州市旅游局参加表彰大会并接受颁奖。2011

年，市旅游局被国家人力资源和社会保障部、国家旅游局评为“全国旅游系统先进集体”。5 月 19 日至 9 月 27 日，惠州市旅游局举办“最美惠州·微发现”——首届惠州旅游创意大赛。面向全社会征集惠州旅游创意作品，反映惠州城市形象、文化及时代内涵的旅游形象标识、品牌口号和图文宣传资料。活动以惠州旅游局政务网为平台，设置统一的活动主页面供参赛者浏览活动信息及作品上传。6 月 25～29 日，市旅游局牵头成立由市委督办、市政府办、市住建局、市经信局相关负责人组成的惠州市沿江沿湖商业旅游开发考察团，带着如何发展沿江、沿湖旅游和产业布局等问题分别考察四川南充、上海、杭州市，学习和借鉴发展沿江、沿湖旅游经济的新举措、新经验。6 月 28 日，由俄罗斯联邦文化部涉外旅游宣传处处长 LAPTEVAOLGA、俄罗斯联邦国家知名报社社长 VEGESH ROMAN 率俄罗斯旅游文化交流代表团一行 12 人到惠州开展为期 8 天的参观考察活动。标志着惠州与莫斯科缔结开展国际旅游互访城市活动正式拉开序幕。2012 年是中国“俄罗斯旅游年”，此次俄方代表访问惠州，是莫斯科与惠州两地旅游界相互开拓市场、组织客源互换的一次全新尝试，惠州是珠三角地区率先开启对俄旅游线路的城市。

【全市旅行社工作会议】 2012 年 4 月 13 日，惠州市旅游局召开 2012 年全市旅行社工作会议。全市旅行社相关负责人共 50 多人出席会议。市旅游局副局长谭跃华出席会议。会议主要介绍旅行社统计调查情况，传达全省旅游纪检监察行风建设会议精神，布置全市旅游市场秩序监管和整治工作方案和“三打两建”工作。会议通报全省旅游质量监督管理情况并布置 2012 年全市旅游质监工作。

【全市旅游局局长座谈会】 2012 年 4 月 19 日，惠州全市旅游局局长座谈会在龙门地派温泉景区召开。惠州市旅游局局长黄细花等各局领导及市旅游局各科室部门负责人和各县区旅游局局长参加座谈会。与会人员围绕落实“十二五”计划、中共惠州市第十次党代会提出的“今后五年将着力推进环大亚湾经济带建设，打造 4 个增加值超千亿元的产业群，争当宜居宜业宜游城乡协调发展示范区”三件大事，以及贯彻落实 2012 年全省旅游工作会议精神，深入推动惠州旅游可持续发展等问题展开座谈讨论。

【中华旅游名博惠州行】 2012 年 7 月 28 日至 8 月 2 日，由惠州市旅游局、南方卫视主办，博罗县文体旅游局、惠东县旅游局、龙门县旅游局、大亚湾区旅游局、巽寮湾管委会协办的以“畅游惠州·微传幸福”为主题的“中华旅游名博惠州行”活动启动。名博们分别踏访惠州西湖、红花湖、江北绿道、大亚湾、巽寮湾、罗浮山、南昆山生态旅游区等地。南方卫视“潮流假期”栏目为活动制作四期旅游专题节目，以电视真人秀的方式，全面展示 11 位名博发现惠州、感受最美惠州的精彩过程。

【旅游行业调研】 2012 年 8 月 30 日，惠州市旅游局局长黄细花率队赴惠城区开展旅游调研。惠州市旅游局副局长谭跃华、郭武飘以及市（区）旅游系统相关负责人陪同调研。座谈会上，中共惠城区委书记、区人大常委会主任黄干强，惠城区区长周文高就城市旅游发展等问题介绍情况。9 月 4～5 日，市旅游局局长黄细花率队赴仲恺高新区、博罗县调研旅游产业发展情况，市旅游局领导班子成员和各科室（所、中心）负责人陪同调研。仲恺高新区区委常委卓秀丽向调研组介绍仲恺旅游产业发展情况，并考察潼湖湿地等项目。调研组关心指导罗浮山风景区创建国家 5A 级旅游区工作，对博罗县旅游项目招商引资和旅游扶贫等工作展开调研。博罗县县委书记徐云枢，县委常委、县委宣传部部长易康，副县长于加良等领导与调研组交流座谈。

【2012 粤沪港“三江论坛”】 2012 年 11 月 25 日，由广东电台新闻台、上海第一财经广播、香港电台普通话台主办，惠州市委宣传部、惠州市旅游局、龙门县人民政府承办，广州大学（中法）旅游学院、龙门县委宣传部、龙门县旅游局协办的 2012 粤沪港“三江论坛”在龙门县举行。本届论坛以“旅游业：迈向幸福导向型产业”为主题。中国社科院旅游研究中心特约研究员刘思敏博士、广州大学（中法）旅游学院院长张河清等专家学者、业界专业人士围绕旅游业迈向幸福导向型产业的背景、动因、意义、影响，广东省旅游转型的趋势、特点，旅游业必须贴近人民群众的幸福需求、幸福感受去谋划和发展等热点问题深入探讨。参与论坛的专家学者结合惠州市、龙门县的旅游发展，把脉惠州旅游业幸福导向型产业的发展走向，探讨推动惠州旅游业产业发展与人民幸福感同步提升的良策。

▲参加 2012 粤沪港“三江论坛”与会代表。

【龙门县获“世界森林温泉保养地”授证】 2012 年 12 月 13 日，世界森林温泉保养地授证暨龙门环南昆山森林温泉度假旅游产业园区系列合作项目签约仪式在龙门温泉大观园生态园举行。世界温泉及气候养生联合会向龙门县颁发“世界森林温泉保养地”证书。中共惠州市委书记、市人大常委会主任黄业斌，市委副书记、市长陈奕威，市委常委、宣传部长黄雁行，市委常委、秘书长范中杰，市政府党组副书记、副市长王胜，以及省旅游局副局长梅其洁、广州市旅游局局长朱力、国家发改委国际合作中心文化产业研究所所长陈喆、世界温泉及气候养生联合会副主席乔瓦尼、中山大学地理科学与规划学院院长保继刚等领导及专家学者，中国移动、电信、联通、中航国际等企业代表参加。签约仪式上，惠州市旅游局局长黄细花与广州市旅游局局长朱力签署旅游合作框架协议。龙门县与世界温泉及气候养生联合会签署咨询服务合作协议。龙门县与国家发改委国际合作中心产业研究所就建设国家级民间艺术创意产业园区签署合作建设协议。惠州市与广州市旅游区域合作，增城、从化、龙门、博罗区域旅游发展战略合作等5项环南昆山森林温泉度假旅游产业园区合作项目签约。

【2012年中国旅游日主题活动】 2012年5月19日，深圳、东莞、惠州市旅游行政主管部门共同举办庆祝中国旅游日暨“缤纷深莞惠·幸福绿道游”启动仪式，并宣读《深莞惠旅游联盟协议书》，启动深莞惠旅游联盟系列活动。邀请120名惠州市民游东江，10名外市博友体验惠州金华悦酒店服务、游览西湖和红花湖。新浪、网易、搜狐、腾讯等门户网站，惠州旅游局官方微博“最美惠州”现场网络直播。深莞惠三市旅游部门设计文化休闲、购物休闲、运动休闲、乡村休闲、浪漫休闲五条短线和海之韵（惠州巽寮湾—深圳）、山之灵（惠州罗浮山—东莞）、江之美（惠州—东莞—深圳）三条相连的绿道游线路。

同日，由博罗县委宣传部、文体旅游局、罗浮山风景名胜区管理委员会、团县委和罗浮山创建国家5A级景区组委会办公室主办的2012年中国旅游日大型宣传活动暨博罗县旅游形象宣传口号征集活动在博罗县举行。博罗县各旅游企业的代表、新闻媒体记者以及当地群众近千人参加活动。启动仪式结束后，近300名群众前往罗浮山风景名胜区参加“游博罗爱博罗”免费旅游体验日活动；大亚湾区旅游局在大亚湾小桂碧海湾举办以“山海纵横生态源　快乐旅游大亚湾”为主题的庆祝中国旅游日活动。市、县（区）有关领导，国际旅游小姐、旅游企业人员、网络报名游客、惠州网络联盟采风队、深圳滑翔爱好者、喜德盛骑行俱乐部共千人参加。活动的成功举办，充分体现大亚湾本土特色文化、新旅游文化、山海原生态文化等多位一体的效果，达到推广大亚湾特色旅游名片，树立大亚湾独具内涵的城市文化品牌的目的。

▲“缤纷深莞惠·幸福绿道游”启动仪式现场。

【2012年中国欢乐健康游主题旅游年】 2012年8月20日，由惠州市旅游局、惠州市体育局、惠州海事局主办，中航地产、惠州市中航华南国际帆艇运动俱乐部有限公司联合承办的“扬帆巽寮湾　幸福海上游——2012世界名人帆船之旅”在惠州巽寮湾正式拉开帷幕。市人大常委会副主任华红、市政协副主席吴选钊、国际帆联主席约伦·彼得森、瑞典著名船长安德斯·乐汪德、市人民政府副秘书长周海英、市旅游局局长黄细花、惠东县人民政府副县长肖丽芳、惠州市体育局副局长柯世骠和海事局副局长骆明基，以及来自世界各地的帆船爱好者、运动员、游客共千余人参与活动。此次活动为期3天，分为屿海对话、屿海共舞、屿海盛宴三大主题，涵盖世界帆船名人对话、世界名人帆船巡演、“易帆风顺”体验游、欧帆会之夜等板块。

出入境旅游

【入境旅游】 2012年，惠州市接待入境旅游者190.59万人次，比上年增长9.10%，其中入境外国人44.62万人次，比上年增长8.35%；国际旅游（外汇）收入67785.68万美元，比上年增长17.58%。

【出境旅游】 2012年，全市组团出境游41262人次，比上年增长53.18%。其中香港游20177人次，澳门游7899人次，台湾游3115人次，出国游10071人次。

国内旅游

【国内旅游接待与收入】 2012年，惠州市接待国内旅游者1122.26万人次，比上年增长10.68%，国内旅游收入141.33亿元，比上年增长14.23%。

【红色旅游】 2012年，惠州市现有红色旅游景区（点）9

处。按照《全国红色旅游发展规划纲要》要求改善旅游投资环境，提升景区品质，打造精品线路。

叶挺将军纪念园　位于惠阳区秋长街道周田村。是首批百家“全国红色旅游经典景区”之一，也是广东省3个重点红色景区之一。于2006年启动园区建设，整合原叶挺纪念馆和叶挺故居，总体规划面积20平方公里，核心区占地20公顷，由叶挺故居、腾云学堂、练武堂、育英楼、会水楼等历史建筑和叶挺纪念馆、铜像广场、牌坊、千年古樟、龟山、心湖等组成。2012年10月，叶挺将军纪念园创建国家4A级旅游景区通过省级评审。

▲叶挺将军纪念园。

邓演达纪念园　位于惠城区三栋镇鹿颈村。纪念园规划总用地52.6公顷，其中建设用地21.8公顷，核心区用地12.9公顷。整个园区的规划形成“一心、一轴、三区”的空间布局结构。“一心”指位于规划区中部，以邓演达故居、邓演达陈列馆和演达学校为中心的邓演达纪念园核心区；“一轴”指串联各个功能区，集中展示规划区不同景观变化的风貌轴；“三区”分别指位于规划区本部的老村风貌区，中部的观光休闲区，东部的现代农业区。邓演达纪念园成为“三基地三区”，即中国农工党党史教育基地、全国统一战线基地、全国爱国主义教育基地和红色文化旅游区、现代农业观光区、文明农村示范区。

东江纵队纪念馆　坐落在博罗县著名国家级风景名胜区罗浮山朱明洞区内。三面环山，馆前是秀丽的白莲湖，右侧不远处为东纵司令部旧址冲虚古观。四面环境优雅，景色宜人。始建于2003年12月1日。馆名由原全国政协副主席叶选平题写。纪念馆建筑面积为3300平方米，馆藏文物85件，历史图片350多幅。

【假日旅游】　2002年1月22～28日，惠州市共接待国内外游客总人数186.47万人次，同比增长13.82%。其中，一日游游客160.33万人次，宾馆、酒店接待过夜游客26.14万人次。旅游总收入6.85亿元，同比增长16.2%；拉动相关产业总收入34.25亿元。

5月1～3日，“五一”小长假期间，全市共接待国内外旅游者175.69万人次，同比增长6.36%。其中景区游客127.84万人次，同比增长6.79%，过夜游客47.85万人次，同比增长5.23%。旅游总收入5.74亿元，同比增长8.79%。

中秋国庆黄金周假期，全市接待旅游人数286.73万人次，同比增长25.82%，其中景区游客230.39万人次，同比增长26.83%，过夜游客56.34万人次，同比增长21.85%。旅游总收入10.74亿元，同比增长27.1%；拉动相关行业综合收入53.7亿元。

旅游市场推广与节庆活动

【旅游市场推广】　2012年，惠州市旅游局进一步加大对旅游市场推广投入力度，拓宽对外宣传渠道。采取“走出去”与“请进来”等手段，全力打造城市旅游品牌，提升城市旅游形象。2月26～27日，央视《远方的家》系列节目《沿海行》栏目组到巽寮拍摄，重点聚焦巽寮渔家风情、滨海风光、海鲜美食和摩崖石刻文化等。3月26日，由惠州市广电传媒集团与南昆山大观园生态度假区联手合作的全市首档大型户外闯关竞技电视节目《快乐大挑战》正式开播。市委常委、宣传部长黄雁行，市委常委、统战部长杨灿培，副市长刘冠贤，市旅游局局长黄细花以及龙门县领导杨绍冲、聂志平、何彩萍、黄进锋等出席开播仪式。《快乐大挑战》节目于每周六在惠州一套晚间播出，时长50分钟。3月28～29日，由巽寮滨海旅游度假区管委会、金融街惠州置业有限公司主办、海尚湾畔酒店、惠州海滨假期协办的中国·巽寮旅游推介会在金融街·巽寮湾海尚湾畔度假酒店举行。惠州市旅游局副局长郭武飙，惠东县旅游局罗运锋副局长、巽寮滨海度假区管委会主任温雪映，金融街惠州置业有限公司领导和嘉宾以及来自省内外150多家旅行社代表共260人出席推介会。市旅游局郭武飙副局长介绍惠州旅游发展状况和巽寮旅游新亮点。3月30日，广东省作家协会郑旭彬、邬榕添等一行10多人前往博罗县龙华镇五村古村落进行文化采风活动。博罗县委常委、宣传部部长易康，龙华镇副镇长谢文山等有关领导陪同。采风组一行先后参观龙华五村古祠堂、陈百万故居、陈孝女祠等历史遗存，并与陈孝女祠管委会领导进行座谈，深入了解该镇历史人文资源和五村古村落的保护建设情况。4月25日，以“龙年登龙门，好运进家门”为主题的龙门大型旅游推介会在广州举行。本次旅游推介会向与会嘉宾介绍龙门县旅游发展状况。省旅游局工会，省旅游协会，市旅游局副局长郭武飙，县委常委、县政府党组成员、南昆山管委会书记、主任黄进锋等出席推介会。来自省内各大旅行社、新闻媒体代表以及县有关部门、旅游企业负责人参加推介会。6月1~3日，广东惠州产品（长沙）展销会在长沙红星国际会展中心举行。展销会期间，惠州市旅游局联合深圳、东莞旅游部门在长沙黄兴路步行街举办主题推介活动，共发放旅游宣传资料近万份，现场有2万多名长沙市民观看由惠州市组织的惠东渔歌、现代舞蹈以及自行车特色表演等文艺表演。10月26~29日，第七届海峡两岸旅展在台北举办，广东省旅游局组织全省旅游主管部门及重点旅游企业参展，并统一设计装饰“活力广东”旅游展区。市旅游局组织惠州旅游推介团参加旅展系列活动，在展会现场以多种方式全面推介惠州旅游资源和产品。现场派发惠州重点景区及旅游企业共5000多份宣传资料。12月9日，龙门县受邀到栏目组演播室与台湾宜兰一起进行《城市一对一》录制。

【旅游节庆活动】 2012年4月28日至5月14日，由市旅游局、市科协主办，市集邮协会、科技馆、城区收藏家协会承办的《中国旅游景点门票展》在惠州科技馆开展。市府办副秘书长周海英、市旅游局局长黄细花出席开展仪式。此次展览为惠州市首次展出的全国旅游景点门票，展览藏品由惠州市收藏爱好者梅焕裕、杨小敏提供，共展出2000多张门票。4月28日，“2012中国·惠州旅游文化美食节”系列活动在惠州市一德广场举行，市旅游局有关领导、港澳和珠三角及本地旅游企事业单位负责人、珠三角地区新闻媒体记者、游客、市民约3000人（其中来自各地50多家参展商）参加此次活动。5月1日，由惠州市旅游局主办，惠州康帝国际酒店承办的第七届东江客家文化美食节在康帝国际酒店开幕。惠州市旅游局局长黄细花，副局长谭跃华，惠州康帝国际酒店以及惠州市旅游协会、惠州市饭店行业协会、龙门景新大酒家、龙门天堂山景新生态园、龙门农民画廊和西子美食等相关负责人出席开幕式。本届美食节活动从5月1~31日在康帝国际酒店举行，以东江客家美食为主题，活动口号是：感受东江文化，品味客家美食。6月5日，首届“广东县域节庆经济发展论坛”暨“最具影响力广东县域节庆”颁奖典礼在清远举行，博罗县的“罗浮山荔枝旅游文化节”“罗浮山道教文化节”分获“最具影响力广东县域节庆”和“最具影响力广东县域民俗文化节庆”荣誉称号，南昆山生态旅游文化节获得“十大最具影响力广东县域节庆”称号。首届广东县域节庆经济发展论坛以“节庆创新与县域转型”为主题，由北京大学中国节庆研究中心、中国县域经济报、广东县域经济研究与发展促进会等单位联合举办。经过近两个月的公众投票、专家投票、研究评价等环节，最终确定“最具影响力广东县域节庆”名单。12月8~9日，由中国汽车工业协会旅居车（房车）委员会主办的2012中国·巽寮湾房车博览会，在世界级滨海旅游地——金融街巽寮湾举行。广东省旅游协会、惠州市政府、主办方以及深圳、东莞、惠州市旅游局的领导和参展商、游客近500人参加开幕式。本次展览结合旅游、地产等产业，尝试多产业互动的整体房车体验的联合营销模式，在展前设置中国房车人文发现之旅，30辆自行房车组成巡游车队，于2012年11月28日从北京出发，途径石家庄、郑州、武汉、长沙、广州、东莞、深圳、惠州等城市，跨越五省，行程5千里，历时10天，沿途在各城市举行巡游、路演等房车产业宣传活动，抵达巽寮湾参加房车车主与车迷交流接待活动。

【博罗县举办首届风筝节】 2012年4月2日，由博罗县委宣传部和县文体旅游局主办的博罗首届风筝节在县城东江新城滨江公园举行。活动吸引周边县区和县内群众近5000人次参与。全国唯一的188米全国天空巨龙风筝首次亮相博罗。经过激烈角逐，本次风筝节评选出6位风筝达人，分别是创作达人、美工达人、速飞达人、翱翔达人、花式飞翔达人以及创新达人。

【首届妈祖文化旅游节】 2012年4月13~15日，惠州·巽寮首届妈祖文化旅游节开幕式在巽寮滨海旅游度假区天后宫广场举行。市委常委、组织部长王开洲，市人大常委会副主任华红，副市长刘冠贤，市政协副主席吴选钊，中华妈祖文化交流协会常务副会长林国良，广东省旅游协会负责人，惠东县四套班子领导李灿洪、徐毅、徐繁荣，惠州市旅游局副局长郭武飘，金融街惠州置业有限公司董事长王文珂、总经理杨朝晖以及万科、碧桂园、富茂、合正等在惠东投资的企业代表出席开幕式。惠州各县（区）旅游局，惠东县直单位、乡镇党政领导以及社会各界人士共600多人参加开幕式。本届妈祖文化旅游节由惠东县人民政府与惠州市旅游局共同主办，巽寮管委会、金融街（惠州）置业有限公司承办，中华妈祖文化交流协会、湄洲妈祖祖庙董事会为业务指导单位。本届旅游节突出“妈祖文化与滨海旅游”的主题特色，举办开幕式、妈祖祭典、妈祖金身巡按、文艺晚会及焰火表演等活动。

【广东海上休闲旅游启动仪式惠州分会场】 2012年10月12日，由惠州市旅游局、惠州海事局、惠州市体育局和惠东县人民政府主办的“休闲海上游　幸福在广东”——广东海上休闲旅游启动仪式惠州分会场活动在惠州巽寮湾中航华南帆船俱乐部举行。中共惠州市委书记、市人大常委会主任黄业斌，惠州市委副书记、市长陈奕威等惠州市四套班子领导以及深圳中航集团副总裁、中航地产股份有限公司董事长仇慎谦和第三十届伦敦奥运会男子跳水双人3米板冠军罗玉通出席惠州分会场启动仪式。各县区领导，市直有关单位领导，社会各界特邀嘉宾，旅游企业代表共约400人参加活动。

【区域旅游联盟】 2012年3月23日，梅州市旅游局局长吴献华率局领导班子到市旅游局交流学习。市旅游局局长黄细花介绍惠州市旅游业发展及局机构设置情况。吴献华希望两市旅游业界加强交流与合作，进一步发挥千里客家文化长廊的作用，共同策划客家旅游产品。

4月20日，深圳、东莞、惠州三地旅游局代表汇聚惠州龙门地派温泉景区，拉开2012年深莞惠区域旅游合作联席会议的序幕。深圳市文体旅游局旅游推广促进中心主任陈标、东莞市旅游副局长余建明、惠州市旅游局局长黄细花等出席会议。会议达成对武广沿线重点城市联合开展旅游宣传推介；以“5·19”中国旅游日为契机联袂宣传；进一步推进深莞惠旅游大联盟深入发展；开辟联系惠州巽寮湾—深圳大鹏湾海上旅游航线；共同编制旅游宣传资料等6点合作事项。12月7日，2012年深莞惠旅游合作联席会议第二次会议在惠州巽寮湾举行。惠州、深圳、东莞三地总结部署未来旅游合作相关事宜。

旅游资源开发与景区（点）建设

【旅游规划】 2012年7月17日，博罗县召开《茶山休闲谷生态旅游区发展总体规划（2012—2030年）》（以下称《规划》）编制交流会。世界旅游组织专家汉斯和中山大学校长助理保继刚等专家组成员，博罗县住建、发改、环保、国土、水利、农林、旅游等部门以及横河、湖镇、柏塘镇负责人，市旅游局副局长郭武飘，县委常委、纪委书记苏同果，以及市发改局、县人大、县政协有关领导参加。9月22日，由中山大学旅游发展与规划研究中心编制的《惠州宏兴茶山休闲谷森林生态旅游区发展总体规划》终期评审会在宝田国际度假会议酒店举行。评审会专家组邀请国家旅游局、国家发改委、广东省旅游局、广东省发改委、惠州市旅游局等单位共7人组成。惠州市发改局、博罗县四套班子有关领导、博罗县有关单位和相关镇主要领导参加评审会。评审组经认真审议并通过评审。

【《广东龙门县文化产业发展规划（2012—2020年）》获专家认证】 2012年4月10日，由中共龙门县委、县人民政府与国家发改委国际合作中心文化产业研究所合作主办的《广东龙门县文化产业发展规划（2012—2020年）》（以下称《规划》）专家论证及新闻发布会在北京召开。《规划》围绕建成“国家级文化产业试验园区”和全国知名“南粤”文化生态经济区的目标，树立“生态旅游+文化经济”理念，确立“文化产业—文化经济”发展路径，打造两大功能分区和两“圈”一“廊”的产业空间模式。未来将重点建设农民画产业园、环南昆山经济圈等产业载体，大力开发温泉、瑶族文化、古建筑、红色旧址等资源，配套发展影视会展、健康养生、创意农业、文化创意、体育休闲等产业，构建龙门特色现代文化产业体系。

【旅游投资】 2012年，惠州市列入重点建设项目149项，年度投资计划398.5亿元。其中，旅游类及与旅游相关的项目共22项，总投资57.98亿元。

【新开发、新建设景区（点）】

秋枫寨 位于博罗县公庄镇官山，面积近万亩，全部是原生态木林，工程总投资1.5亿元（民营独资），按照国家4A级风景区标准建设，规划总面积约为3.65平方公里，项目建设期为2010—2015年。分一期、二期、三期工程进行建设。立足于生态观光、休闲度假和康体养生等旅游产品。着力将秋风寨景区打造成为“广东省山水生态休闲度假胜地”和“珠三角最具魅力的森林溪谷游憩地”，项目的建成将带动整个博东地区旅游业的发展。

惠州生活之原 4月9日，惠州生活之原温泉旅游基地奠基仪式在龙门县永汉镇举行，标志着列入省第二批扩大内需项目、总投资达32亿元的惠州生活之原旅游项目正式启动。省台办副主任张科，市委副书记陈训廷，市委常委、统战部长杨灿培，市委常委、秘书长范中杰，市人大常委会副主任李选民，惠州军分区司令员张有益大校和龙门县负责人参加仪式。

▲2012年4月9日，惠州生活之原温泉旅游基地奠基仪式在龙门县永汉镇举行。

平安生态旅游风景区 位于博罗县柏塘镇平安林场内，国家级自然保护区象头山北面，与罗浮山相邻。为典型的丘陵地貌，景区距罗浮山约30公里，距博罗县城32公里，与惠州、东莞、深圳、广州等大中城市均在一小时车程内。

景区占地约1.6万亩，拥有天然瀑布群、隧道漂流、步行栈道、景观梅林、生态竹海、1000多种珍稀动植物和1万多亩原始森林，旅游品质优秀，产品丰富，“春可品杨梅，夏可体验漂流，秋可观竹海，冬可赏梅花”。景区总投资约2亿元，分三期建设，其中首期投入6000万元，已建成岭南特色餐厅、漂流更衣室、管理接待中心，售票中心、登山栈道、漂流河道等，初步形成以观瀑、漂流、登山、探险、宗教体验等产品为主打，融自然风光、亲水娱乐及宗教文化于一体的大型原生态休闲旅游度假区。5月9日，博罗平安生态旅游区被省林业厅、省旅游局共同授予“2011年广东省森林生态旅游示范基地”。

【A级景区建设】 2012年，惠州旅游以品牌创建为目标，积极推动惠州旅游景区的各项工作。将罗浮山、惠州西湖以创建国家5A级景区为抓手，积极推动两个景区的创建步伐。罗浮山先后投入近6亿元资金，高规划、高起点推进景区的改造建设。惠州西湖为创建国家5A级景区，也加大了各项工程的建设步伐，丰湖书院景点部分建成，旅游服务中心建设正在进行之中。10月25日，叶挺将军纪念园成功创建为国家4A级景区。

【绿道旅游】 2012年，惠州市按照《珠三角区域绿道网（惠州段）总体规划（2010—2012年）》，3条经过惠州的省立绿道规划建设长度277.4公里，实际建成305.1公里。其中2号线100.6公里，3号线160.5公里，5号线44公里。整个绿道将惠州“名山”“大河”“丽湖”“大海”连于一体，以展示惠州山水秀美和人文荟萃。在绿道游线路的设计上，通过惠州历史人文、现代建筑和山水景观三条轴线，设计出森林度假休闲绿道游、滨海生态绿道游、历史文化绿道游、绿色农业绿道游、运动健身绿道游、城市观光绿道游等精品线路体系。

【旅游扶贫】 2012年，惠州市推荐市直惠州客家风情园、惠城区汝湖镇绿道驿站——桃源农家乐项目、仲恺高新区幸福农庄项目、惠阳区秋长周田农家庄、大亚湾经济技术开发区碧海湾旅游开发项目、博罗县马鞍山农家乐旅游、惠东县景源饭店农家乐项目、龙门县南昆山乌坭社区村容村貌改造项目等八个项目为2012年省旅游扶贫一般项目；博罗县横河镇“四季花园”乡村旅游项目为2012年旅游扶贫大型重点项目。经省旅游局和省财政厅组织现场考察和大型重点项目PK，惠州市共获得省旅游扶贫专项资金110万元，分别为惠东县景源饭店农家乐项目30万元、龙门县南昆山乌坭社区村容村貌改造项目30万元、博罗县横河镇“四季花园”乡村旅游项目50万元。

【旅游转型与产业升级】 2012年，惠州市旅游类及与旅游相关的项目共22项，总投资579780万元。产业格局逐步形成为中部的西湖旅游组团、东部的环大亚湾滨海旅游组团、西部的罗浮山旅游组团、北部的南昆山旅游组团和南部的秋长镇隆旅游组团。

旅游行业监督管理

【旅游市场监督】 2012年，惠州市共开展检查活动43次，出动检查人员190人次，检查旅游企业222家，其中旅行社（服务网点）88家，饭店48家，景区（点）19个，旅游购物点57个，其他单位10个。市旅游局坚持一手抓市场管理，一手抓质量建设，不断加大旅游市场监管力度，进一步抓好行政执法工作，有效地整治旅游市场秩序，确保全市旅游市场秩序安全、平稳、和谐，公正处理各类旅游纠纷，有效维护旅游者和旅游经营者的合法权益。通过整治，基本实现“五无”：一是旅游购物、消费无宰客现象；二是“一日游”无重大投诉；三是旅游经营无“黑社”；四是导游服务无“野导”；五是旅游交通无重大安全责任事故的发生。

3月15日，市旅游局参加由市工商局、市消委会在下埔滨江公园组织的“3·15国际消费者权益日”宣传咨询活动。共派发旅游权益保护手册、旅游宣传资料3000份。旅游咨询20多人次。全年受理各种投诉案件31宗，比上年降低26.2%，结案率100%，为旅客挽回经济损失近3万元。市旅游质量监督管理所联合《惠州日报》《东江时报》及惠州电视台等主流媒体刊登报道旅游投诉典型案例、出游注意事项、游客维权要领等专刊或专栏，在惠州旅游网、《惠州旅游》杂志上撰文引导游客理性消费、依法维权。

4月1～30日，惠州市旅游局面向社会公开招募旅游质监志愿者30名，聘期1年。6月30日，惠州市旅游局在康帝国际酒店举行惠州市首批旅游质量监督志愿者聘任仪式。聘任的53名旅游质量监督志愿者主要由省市人大代表、市政协委员、市党代表、新闻记者、教师、大学生代表等组成。黄细花为首批旅游质量监督志愿者颁发聘书。

【旅游安全管理】 2012年，惠州市旅游局印发《安全生产大检查工作方案》《旅游“安全生产月”工作方案》《惠州市旅游行业开展安全生产隐患排查治理专项行动实施方案》《惠州市旅游行业开展党的十八大消防安全保卫工作方案》。4月26日，惠州市副市长王胜率领市直有关部门负责人前往西湖景区东门现场检查惠州旅游安全工作。现场检查商店、游船、道路等消防、食品、救生、安全标识等情况，并召开惠州旅游设施安全检查会议。市旅游局副局长谭跃华汇报安全生产方面工作。王胜就确保旅游设施安全，食品卫生安全，消防安全，交通安全等提出要求。6月10日，市旅游局安全生产宣传咨询工作小组参加市安委办组织在滨江公园举行的“安全生产宣传咨询日启动仪式”活动，工作小组现场解答市民关心的旅游安全等问题，派发旅游安全宣传手册和旅游知识相关资料近3000册。6月13～14日，市旅游局联合市安全生产监督管理局对全市滨海旅游企业经营场所进行全面安全生产大检查，工作小组深入惠东县、大亚湾区，对滨海旅游经营企业的经营资质、经营场所、安全制度、安全管理、安全措施、应急预案及救生救护演练等进行检查指导。

【旅游行业“三打两建”】 2012年，惠州市旅游系统“三打两建”工作探索部门联动的新机制。一是联合打击非法旅行社等违法违规行为。二是联合指导龙门县开展旅游市场监管体系建设工作。三是联合开展文明餐桌创建活动。四是与市总工会联合发文，发动旅游企业组建工会组织。五是与市食品药品监督管理局联合下文，对全市旅游接待单位加强食品卫生检查。六是与市慈善总会合作，在主要酒店大堂设立捐款箱。制定《惠州市旅游行业信用体系建设工作方案》和《惠州市旅游市场监管体系建设工作方案》，制定出台一系列监管措施文件，参与惠州市网上办事大厅建设，对旅行社设立、星级饭店申请等实行网上备案登记，推进行政审批标准化管理。

6月15日，市旅游局与市工商局、市公安局开展“三打两建”联合执法行动，依法查处两家涉嫌无证照经营旅行社的“黑社”。经调查核实，“惠州枫之旅”和某婚纱摄影店在无办理旅行社经营许可证和工商执照的情况下，非法从事旅行社业务经营活动。采取联合执法行动，对这两家“黑社”依法查处，由市工商局暂扣其办公设施和宣传材料，并依法立案查处。8月29日，市旅游局与市公安局、市工商局行政执法人员采取联合执法行动一举捣毁一间无证照经营旅行社业务的“黑社”，依法予以取缔。11月6日，市旅游局率队到龙门县旅游局召开旅游市场监管体系建设试点工作会议。12月5日，龙门县召开旅游行业“两建”试点工作动员会。惠州市旅游局副局长谭跃华，以及龙门县旅游局、工商局、旅游协会、旅游企业负责人参加。会议宣读《龙门县旅游行业市场监管体系建设试点工作方案》，表决通过《龙门县旅游行业自律公约》，县旅游企业代表签署《龙门县旅游行业承诺书》《龙门县旅行社诚信经营服务承诺书》。

【旅行社】 2012年，惠州市新批设旅行社4家，其中出境游组团社1家。至年底，惠州市共有旅行社49家。全市设有旅行社分社7家，旅行社服务网点新备案45家。全年接受旅行社委托代理并颁发《备案登记证明》51项，接受旅行社业务经营许可证变更2家。全年注销旅行社1家，撤销旅行社服务网点备案登记证明2份。

年内，惠州市旅游局举办惠州市“罗浮山杯”导游技能大赛和旅游行业培训班。完成年度两次全国导游人员资格考试工作，全市有420人报考，有72人通过获证，全市拥有导游1713名，其中初级导游员1670名，中级导游员36名，高级导游员9名；英语导游员33名。惠州市环宇国际旅行社导游员林大康获评“全国模范导游员”称号，导游卢治平评为“广东省十佳导游员”。

【星级饭店】 2012年，惠州市新增五星级饭店1家，三星级饭店4家，至年末，全市星级饭店总数63家。全年共对32家星级饭店进行评定性复核，对1家五星级、8家四星级和23家二、三星级开展评定性复核。星级饭店建立准入退出机制，依据新标准取消2家四星级、2家三星级、1家二星级星级饭店资格。

【旅游信息化建设】 惠州旅游政务网是一个独立门户网站，设立于2011年3月，栏目设置11个，含20个子类。包括网站首页、信息公开、网上办事、政民互动、特色栏目、行业管理、旅游质监、导游管理、旅游简报、旅游杂志、电子地图等专栏，隶属惠州市旅游局管理。2012年，页面总访问量（PV流量）超20万次，月均访问量1万6千余次。全年印发《惠州旅游工作简报》74期，向市委、市政府、省旅游局和各机关单位主动及时公开旅游政务信息143条。惠州市局被市府办评为“2011年政务信息工作先进单位”。

【旅游行业协会】 2012年3月2日，应罗浮山旅游开发总公司邀请，由市旅游协会组成调研组对龙华镇五村村旅游资源开展调研，提出合理化建议。3月16日，组织环宇国旅、观光国旅、青年国旅等旅行社对公庄旅游开展调研，对创建旅游强镇、合作开发公庄旅游资源达成共识。3月23日，惠州市旅游协会第六届五次常务理事会议在巽寮召开，惠州市旅游局副局长谭跃华以及协会各常务理事出席会议。市旅游协会会长马小灿作工作报告。审议编写《导游惠州》及其他事项。5月25日，市旅游协会副会长以上单位代表在市旅游局召开会长会议。9月3日，由市旅游协会主办的“2012中国·惠州旅游文化博览会”在惠州市会展中心举行开幕式，来自国内外的50多名旅游经销商应邀出席。9月26日，惠州市旅游协会、惠州市饭店行业协会、惠州市导游协会的会员单位和惠州环宇国际旅行社、康帝国际酒店、罗浮山风景名胜区等旅游企业负责人及导游代表共40多人在市旅游局签订《全市旅游行业承诺书》仪式。

精神文明与教育培训

【旅游精神文明建设】 2012年8月9日，按照市委的统一部署，市旅游局召开2012年纪律教育学习月活动动员大会。整个活动持续至9月，教育对象为全局党员干部，重点是局领导干部，教育内容包括党性教育、党风教育、廉洁从政教育和保密教育。8月15日，惠州旅游行业举办"纪律教育学习月"活动专题讲座，邀请市纪委副书记魏蔚授课。市旅游局局长黄细花主持讲座，市旅游局干部职工和市直旅游企（事）业单位负责人共150多人聆听讲座。

【旅游教育培训】 2012年6月25日，博罗县旅游产业发展研讨班开班典礼在县委党校举行。惠州市旅游局局长黄细花，副局长田佑良，中共博罗县委书记徐云枢，县委副书记张利生，县委常委、组织部部长闫维，罗浮山管委会主任曾建添，惠州学院旅游系党委书记金伟等出席开班典礼。县委组织部、县委党校，罗浮山管委会、县文体旅游局、各镇分管领导以及县旅游产业发展研讨班全体学员等约180人参加开班典礼。31名优秀年轻干部参加研讨班。研讨班学时一年，以理论集中学习和外出实践调研考察相结合，实行全脱产培训模式；7月7～9日，2012年度广东省全国导游资格考试考评员培训班在惠州开班。省旅游局副局长梅其洁和市政府副秘书长周海英出席开班仪式并讲话。全省各地级以上市旅游教育培训处（科）负责人、各口试点聘请的考评员约300人参加。10月16日，由市委组织部和市旅游局共同举办的2012年惠州市旅游产业转型升级培训班在市委党校开班，副市长王胜出席开班仪式并讲话。培训班历时6天，由课堂授课和外出考察相结合，各县（区）分管领导、旅游局长，重点旅游乡镇领导，旅游院校、旅游企（事业）单位负责人及旅游从业人员共200多人接受培训。

11月13日，市旅游局举办2012年惠州市旅游人才发展座谈会暨第三批政务导游聘请仪式。市旅游局副局长谭跃华、田佑良，各县（区）旅游局分管导游和培训工作的副局长，市第三批政务导游，各大旅行社分管导游工作的负责人及各大旅游院校分管旅游专业教学的负责人等近100人参加。第三批政务导游，聘期1年，由26人组建，是从全市1700多名在册导游中精心挑选。12月3日，博罗县平安山生态景区邀请省科普健康服务中心专家对景区工作人员开展"紧急救护健康知识"培训。专家讲解CPR心肺复苏术紧急救护知识，介绍常见职业病和慢性病的症状、防治及预防知识，采用模拟针灸现场示范等教学。12月6日，2012年惠州市旅游质量监督员培训班正式开班，来自全市各旅行社、旅游景区（点）、星级饭店和各县（区）旅游行政主管部门的旅游质监员以及旅游质监志愿者共150人接受培训。广东省旅游质量监督管理所负责人，广东省旅游协会导游分会以及市旅游局领导出席开班仪式。培训班为期6天，以旅游企业规范经营，提升旅游服务质量、旅游投诉案例分析、旅游质监工作等为培训内容。12月8日，2012年全市旅游行政主管部门办公室主任暨旅游系统信息员培训班在惠东巽寮湾举行，来自各县（区）旅游行政主管部门办公室主任，各旅游景区（点）、星级饭店、旅行社的信息员共70多人接受培训。惠州市旅游局全年举办导游人员考试2次，共420人；举办导游员上岗培训2期，共128人；举办导游员上岗培训2期，共128人；举办导游员年审教育培训1期，共200多人。

▲10月16日，2012年惠州市旅游产业转型升级培训班在市委党校开班。

【旅游行风与机关作风建设】 2012年，惠州市旅游局旅游行风建设与整顿规范旅游市场、万众评公务、行风热线、行政效能建设、诚信旅游活动结合起来，接受企业、媒体、机关、游客的监督。与惠州广播电台合作，举办行风热线直播节目。惠州市开展万众评公务活动，旅游行业群众满意度测评达到98%以上。在全市旅行社、星级饭店、景（区）点建立健全旅游质量监督员网络，举办旅游质量监督员培训班。

（杨泽敏撰文，图片由惠州市旅游局供稿）

汕尾旅游业

综　述

【概况】　2012年，汕尾市旅游系统认真贯彻落实市委、市政府关于加快旅游业发展的一系列部署和指示精神，围绕建设“珠东”现代旅游新城，打造珠三角旅游目的地目标，全市旅游业保持较快发展，全年实现旅游创收72.5亿元，比上年增长25.12%；全市接待过夜游客522.79万人次，比上年增长18.22%。

【领导关心旅游业】　2012年2月12日，汕尾市陆河县在东坑镇共光梅园举行赏梅节“香雪谷”揭牌仪式，中共汕尾市委书记郑雁雄题写“香雪谷”牌匾。2月17日，中共汕尾市委书记郑雁雄，市长吴紫骊，市委常委、城区区委书记陈少荣，副市长李贤谋，市政协副主席余红，原市政协主席彭洪辉出席汕尾市巴黎半岛酒店五星级饭店挂牌仪式。8月24日，汕尾市参加广东省滨海旅游产业园区评审会，获省滨海旅游产业园区竞争性扶持资金3亿元。市委书记郑雁雄高度重视滨海旅游产业园区评审会，并多次作出指示，市长吴紫骊，副市长李贤谋，市政协副主席、市旅游局局长吕珠龙带领汕尾市代表团参加评审答辩。9月至12月，汕尾市市长吴紫骊、副市长李贤谋，市政协副主席、市旅游局局长吕珠龙多次深入红海湾调研指导工作，听取园区规划建设进展情况汇报。吴紫骊强调，广大干部群众要统一思想，抓住机遇，注重规划，用好扶持资金和配套资金，推进重点项目建设；加强资源环境保护；做好观念、体制、开发、管理、技术、宣传的创新工作；增强做好当前产业园区各项重点建设工作的紧迫感和责任感，全力推动红海湾产业园区的建设与发展。10月12日，汕尾市市长吴紫骊，市政协主席莫英群，市委副书记陈央，市人大常委会常务副主任杨青，市委常委、秘书长李庆新，副市长李贤谋，市政协副主席、市旅游局局长吕珠龙，市政府秘书长杨双标出席广东省海上休闲旅游活动红海湾旅游区分会场海上绿道休闲旅游活动启动仪式。

▲2012年10月17日，汕尾市市长吴紫骊等领导出席《汕尾市旅游发展总体规划（2012—2020年）》专家评审会。

（陈庆辉　摄）

【旅游行业规模】　截至2012年年底，汕尾市拥有旅行社20家，其中经营出境旅游、入境旅游和国内旅游业务的旅行社（简称“出境游组团社”）2家，经营国内旅游和入境旅游的旅行社18家；有星级饭店13家，其中，五星级饭店1家，四星级饭店2家，三星级饭店10家；全市主要景区（点）共10个，其中国家4A级景区1家，3A级景区1家。红海湾旅游区、陆丰金厢滩滨海景区、海丰莲花山森林公园、海丰红宫红场、陆河绿色生态走廊景区、陆河神象山公园、陆丰清云山景区、陆河瑞龙庄园均属待评国家A级旅游景区。全市旅游直接从业人员2万人。

【重大旅游决策】　2012年8～10月，为推进汕尾市旅游产业发展优惠政策的出台。根据本市“十二五”旅游业发展定位目标，汕尾市旅游局组织力量，参照外地经验，按照有关政策要求，结合本市实际，草拟《汕尾市旅游产业发展优惠政策》草案，11月1日，连同征求意见综合情况书面上报汕尾市人民政府。

【重要旅游活动】　2011年1月10日，汕尾市旅游局召开全市旅游局长座谈会。局机关副科级以上干部，各县（市、区）旅游局正、副局长22人参加会议。会议学习贯彻汕尾市六届人大一次会议和汕尾市政协六届一次会议精神，分析旅游经济形势，提出旅游工作思路和工作措施。3月13日，汕尾市人民政府召开全市旅游工作会议。会议传达贯彻全省旅游工作会议精神。市人大副主任施胜章，市政府副市长李贤谋，市政协副主席、旅游局局长吕珠龙出席会议，李贤谋、吕珠龙分别作讲话，海丰县政府、陆河县政府、玄武山旅游区代表作经验介绍。市旅游局机关、各县（市、区）旅游管理部门及旅游企业共120多人参加。4月12日，汕尾市旅游局副局长邓晓虹、市旅游总公司、市中国旅行社负责人一行6人参加由广东省人民政府与澳门特区政府在广州主办的“广东澳门周”活动开幕仪式。4月13日，汕尾市旅游局党组书记詹文杰参加由惠州市旅游局与惠东县人民政府在惠东县巽寮湾主办的“惠州巽寮首届中华妈祖文化旅游节”活动开幕式。4月16日，汕尾市旅游局召开全市旅游单位负责人座谈会。汕尾市政协副主席、旅游局局长吕珠龙作讲话。会议分析探讨全市旅游业发展现状、存在问题和困难，提出意见和建议。5月5～7日，汕尾市政协副主席、市旅游局局长吕珠龙应邀出席阳江市人民政府在海陵岛举办的2012年阳江市旅游文化节活动。6月7日，广东电视台新闻频道一行4人前来汕尾市红海湾旅游区采访报道。红海湾开发区党工委书记、管委会主任高火君介绍红海湾施公寮、遮浪旅游区、南海观世音景区、郑祖禧庙等旅游资源和红海湾旅游发展前景。6月28日，陆丰市玄武山旅游区到汕头举办旅游推介会，汕头市32家旅行社、8家新闻媒体共80多人应邀参加。汕尾市旅游局副局长邓晓虹、陆丰市旅游局有关领导作旅游推介，并与当地旅游业界共商合作事宜。9月14～16日，汕尾市旅游局组织旅游企业50多人参加在广州举行的2012中国（广东）国际旅游产业博览会，红海湾开发区与香港讯汇金融集团有限公司签约红海湾南澳半岛旅游开发项目，意向金额20亿港币。全市设8个展位，现场派发宣传资料12000份。10月15日，汕尾市碣石玄武山旅游区举行玄武山文化展览馆落成暨汕尾市玄武山书画院揭彩仪式，并为民族英雄林则徐铜像揭彩。汕尾市政协副主席、旅游局长吕珠龙和有关部门领导及国协以上书画家100多人参加落成揭彩仪式。10月28日，汕尾市旅游局副局长邓晓虹一行3人前往江门市参加由广东省旅游局、江门市人民政府、广东省旅游协会主办，江门市旅游局、新会区人民政府、广东温泉行业协会承办的为期3天的第七届广东（江门）国际温泉旅游节活动。11月17日，汕尾市旅游局副局长王剑一行前往汕头参加由汕头市人民政府主办，汕头市旅游局、汕头市餐饮业协会、广东锦峰集团有限公司承办的为期9天的第十八届潮汕美食节活动。11月18日，汕尾市旅游局党组书记詹文杰一行前往河源市参加由中国民间文艺家协会、广东省文联、广东省旅游局、河源市人民政府联合主办的为期3天的中国第二届客家文化节活动。

【2012年中国旅游日主题活动】 2011年5月19日，汕尾市旅游局在市区玉台山慈云公园举行主题为“游汕尾、爱家乡、促发展”——“5·19”中国旅游日宣传推介暨汕尾人游汕尾活动启动仪式。全市旅游企业代表及4条一日游线路18个团队共800多名游客参加启动仪式。市旅游局领导分别将写有“山海湖城，妈祖福地”“红土绿嶂，多彩荟萃”“山海绝秀，泉河独好”“玄武灵声，十里金滩”“遮浪奇观，滨海领秀”“花泉林歌，生态画廊”4条线路大旗授于各县（市、区）旅游局领导。市政协副主席、市旅游局局长吕珠龙作授旗讲话，市政府副秘书长曾志宁宣布活动开幕。活动展示“好山好水，天下汕尾”独特旅游资源。

▲“5·19”中国旅游日汕尾旅游宣传推介。

（何厦逢　摄）

出入境旅游

【入境旅游】 2012年，汕尾市接待入境游客4.37万人次，比上年增长17.17%；旅游外汇收入1418.46万美元，比上年增长31.82%。

【出境旅游】 2012年，汕尾市旅行社组团出境游676人次，比上年下降9.63%，其中香港游332人次，与上年基本持平。

国内旅游

【国内旅游接待与收入】 2012年，汕尾市接待国内游客978.15万人次，比上年增长4.84%，其中过夜国内旅游者518.42万人次，比上年增长18.23%。

【红色旅游】 2012年，汕尾市海丰县红宫红场旧址纪念馆、彭湃故居全年接待参观游客分别为45万人次和40万人次以上。4月13日，海丰县红宫红场旧址纪念馆红色旅游经典景区基础设施项目，由广东省发展和改革委员会批复获投资948.6万元。资金来源为申请中央投资500万元，其余由海丰县财政配套解决。建设规模及主要内容：旅游公路1.5公里，步行道5500米，环境整治18000米，停车场4000平方米，供电线路2500米，供排水管线600米，旅游厕所3座，消防设施16套，展陈场馆360平方米，客服和管理用房400平方米以及外墙加固及粉刷等。

【假日旅游】 2012年，春节黄金周全市共接待游客261.83万人次，比上年增长35.97%，其中接待过夜游客17.36万人次，比上年增长11.07%；旅游总收入2.03亿元，比上年增长30.12%。

"十一"黄金周全市共接待游客79.23万人次，比上年增长15.06%，其中接待过夜游客18.22万人次，比上年增长16.2%；旅游总收入1.93亿元，比上年增长14.88%。

旅游市场推广与节庆活动

【旅游市场推广】 2012年1月5～15日，由汕尾市旅游局、中国新闻社汕尾办事处主办，海丰县田园物语信息技术有限公司承办，中国爱心工程委员会协办的"汕尾市旅游文化节之迎新春家乡产品展销会"在海丰县城举行开幕式。展销项目有农副产品、乡镇企业产品、汕尾地方美食等，有28个乡镇企业的68个产品展出。2月12日，汕尾市陆河县东坑镇在共光梅园举行"香雪谷"揭牌仪式。市和各县（市、区）旅游局、文联、书法家协会、美术家协会、东坑镇领导和全市旅行社负责人及嘉宾200人参加。市旅游局副局长邓晓虹、陆河县副县长连小姗参加揭牌仪式。4月21日，海丰县莲花山度假村在新落成的大型国际会议中心举行《夏日莲花·山海之旅》深汕合作首届旅游推介会。深圳市太平洋国际旅行社等153家旅游企业近200名嘉宾参加，深圳市旅游文化促进会、汕尾市旅游局领导出席并讲话。海丰县旅游局领导、海丰县莲花山度假村、深圳太平洋国旅等11个单位代表作旅游推介。首届旅游推介会推出《夏日莲花·山海之旅》深汕直通车一日游、二日游旅游线路。与会代表体验莲花古寨特色景点游览，海丰小漠南方澳渔港度假村海上"拉大网"、出海捕鱼等活动。5月2日，由汕尾市委宣传部、陆丰市委市政府主办，汕尾市旅游局等6家单位协办的"海韵杯"首届汕尾——陆丰·中国十大美术名家作品邀请展在陆丰开幕。中共汕尾市委副书记陈央、市人大常委会副主任黄宏伟、副市长刘小静、市政协副主席李秉记、汕尾市和陆丰市及有关单位的领导、艺术界名家300多人出席开幕式。开幕式在国家级非物质文化遗产"滚地金龙"和中国书法家协会会员、中国榜书协会理事谢智勇现场挥毫泼墨表演中拉开帷幕，领导和嘉宾同时启动独具创意的"注墨成画"仪式中将开幕式推向高潮。历时5天的书画展览，当代书画家张海、李铎、马西光等人精品佳作以及杨阳等10位美术名家力作共180幅参展。7月6日，汕尾市城区旅游局举办"汕尾市城区旅游宣传口号、旅游歌曲"评审会，从来自全国各地邮件569件、4381条应征参评旅游宣传口号、2首旅游歌曲作品中，评选旅游宣传口号一等奖1个，二等奖2个，优秀奖3个；有1首旅游歌曲入选，并制作3000个旅游歌曲VCD影碟。10月1～2日，潮州市自驾车旅游协会组织60多部轿车、220多人到汕尾市观光旅游。11月9日，亚洲电视在汕尾市拍摄2集《广东黄金海岸游》宣传片并在亚洲电视台播出。红海湾、城区长沙湾、凤山祖庙、品清湖，海丰小漠南方澳度假村、海丽高尔夫球会、后门美食街、后门港口，陆丰金厢滩、玄武山旅游区等汕尾市滨海旅游资源得到展示。12月26日，汕尾市旅游局在泰林酒店举行汕尾旅游网（新版）开通仪式暨360°全景旅游专题宣传推介会。市政协副主席、市旅游局局长吕珠龙出席并启动新版汕尾旅游网站，各县（市、区）旅游局有关负责人和旅游企业代表等参加活动。

【旅游节庆活动】 2012年2月12日，陆丰玄武山举行传统祈福活动，福山妈祖旅游区妈祖文化节获"十大最具影响力广东县域节庆"荣誉。4月13日，汕尾市城区凤山、安美、马宫祖庙分别举行庙会活动，纪念妈祖诞辰1052周年。市委常委、城区区委书记陈少荣，市政协副主席、市旅游局局长吕珠龙，市政协原副主席李远贞及社会各界人士出席庙会开幕式，并为凤山祖庙旅游区获"2011年度广东省旅游系统先进集体"授予牌匾。

【区域旅游联盟合作】 2012年9月23日，汕尾市政协副主席、市旅游局局长吕珠龙，市旅游局副局长王剑一行5人前往江西省抚州市参加为期3天的闽粤赣十三市旅游局局长联席会议。会议主题"深化旅游合作，创新发展方式"，总结交流上届联席会议以来开展旅游合作经验，探讨研究新形势下旅游区域合作工作。会议确定2013年度闽粤赣十三市旅游局局长联席会议由汕尾市承办。在交接仪式上，汕尾市政协副主席、市旅游局局长吕珠龙接过由厦门市旅游局局长黄国彬接转抚州市旅游局局长杨更生手中"闽粤赣十三市旅游局局长联席会"会旗。

旅游资源开发和景区（点）建设

【旅游规划】 2012年10月17日，汕尾市人民政府举行《汕尾市旅游发展总体规划（2012—2020年）》（以下称《规划》）专家评审会。市长吴紫骊，副市长李贤谋，市政协副主席、市旅游局局长吕珠龙出席会议，市直各有关部门负责人，各县（市、区）政府分管领导、旅游局局长参加会议。李贤谋主持会议。暨南大学旅游规划设计院常务

▲2012年9月24日，闽粤赣十三市旅游局长联席会议举行会旗交接仪式，汕尾市政协副主席、旅游局局长吕珠龙（左）接过会旗，汕尾市为下届会议主办城市。

（王建国　摄）

副院长、教授、博士生导师梁明珠代表规划设计单位专家组成员就《规划》内容作简要介绍、提出建议。旅游规划评审专家组一致通过《规划》。吴紫骊对《规划》提出六点意见：一要更加关注旅游市场定位，二要更加关注近期旅游工作重点，三要更加注重旅游资源环境的保护，四要更加关注旅游形象推介，五要更加重视旅游规划的可操作性，六要更加重视政府在旅游发展中的角色和定位。

【旅游投资】 2012年3月6日，广东奥威斯集团项目拓展部副总经理黄琪俊一行4人考察汕尾市海丰县赤坑镇咸水温泉、海丰县大湖鸟类省级自然保护区、海丰县大湖镇十里银滩、红海湾田寮湾、陆丰金厢滩等旅游资源，市长吴紫骊接见考察组成员。市政协副主席、市旅游局局长吕珠龙，副局长王剑陪同考察。4月初，陆丰市集泰置业有限公司投资1.5亿元按四星级饭店标准兴建陆丰集泰酒店。该酒店坐落在陆丰市东海镇东海大道，高17层，建设用地面积1730平方米，建筑面积17480平方米，拥有客房122间。内设中西餐厅、康体健身部、KTV包房等。4月30日，《关于美丽华大酒店改造升级为"四星级"酒店要求将工程列入市招商引资项目的请示》获得批复，该酒店升级改造投资共8000万元。5月18日，经市政府批准汕尾市旅游招商分局成立。市政协副主席、市旅游局局长吕珠龙，市旅游局党组书记、招商分局局长詹文杰先后与广东奥威斯集团、加拿大ECO METRO集团、深圳城建集团、广东烨龙集团、汉京集团、深圳文化旅游产业发展公司等投资考察团洽谈，并陪同客商实地考察赤坑咸水温泉、大湖鸟岛、东关联安围湿地、银龙湾、长沙湾、屿仔岛、田寮湾、红海湾施公寮半岛等旅游开发项目。

【旅游景区（点）与基础设施建设】 2012年，汕尾市旅游重点项目建设进展顺利。海丰县的文天祥公园、绿道网一期和莲花山度假村阳山会议中心等旅游项目建成并投入使用；莲花山度假村莲峰索道项目进入安全评价及环境影响评价阶段；投资3000多万元的海丰田园沐歌温泉度假村行政中心和员工宿舍投入使用，主体建筑按规划全面施工；小漠游艇会项目所使用土地获省国土资源厅批准，进入招挂拍程序。陆河县御水湾温泉综合中心大楼建成投入使用，市区黄金海岸大酒店加紧施工。长沙湾度假城征地及规划工进展顺利。

8月24日，在广东省滨海旅游产业园区专家评审会上汕尾市红海湾滨海旅游产业园区获得3亿元扶持资金。汕尾市委、市政府对项目申报高度重视，市委书记郑雁雄多次作出指示，市长吴紫骊领衔演讲和答辩，副市长李贤谋统筹协调，市旅游局和红海湾管委会做好各项申报竞标工作。红海湾滨海旅游产业园区项目总分88.7336分，在粤东滨海区域参评市中排名第一。11月29日，经广东省旅游景区质量等级评定委员会评定，汕尾市凤山祖庙旅游区为国家3A级旅游景区。

【绿道旅游】 2012年10月12日，汕尾市作为广东省海上休闲旅游活动分会场在红海湾旅游区举行启动仪式。市长吴紫骊，市政协主席莫英群，市委副书记陈央，市人大常委会常务副主任杨青，市委常委、秘书长李庆新，副市长李贤谋，市政协副主席、市旅游局局长吕珠龙，市政府秘书长杨双标出席启动仪式；市直各单位领导，各县（市、区）旅游局局长，有关嘉宾和旅游企业代表，红海湾开发区机关、学校代表和游客400多人参加活动。吴紫骊宣布广东省汕尾市海上休闲旅游启动，李贤谋作发展海上绿道休闲旅游讲话，启动仪式由吕珠龙主持。随后，市领导乘坐游艇体验海上休闲之旅。

汕尾市海丰县"绿道网"总体规划以县城为中心，沿县城周边大面岭山、大液河、联安湿地保护区、西闸和黄江、龙津河道建设环城"绿道网"，规划设计总长度约200公里，共分三期建设。首期工程于2010年4月8日动工，起于324国道科技工业园南侧，沿青年水库排洪渠东堤汇入大液河北堤而止于西闸，全长约7.7公里，总投资1327.45

万元。2011 年“绿道网”首期工程完工。

▲吴紫骊市长宣布汕尾市海上休闲旅游启动。

（陈庆辉　摄）

【旅游扶贫和扶贫“双到”工作】　2012 年 11 月 30 日，经省政府同意，安排汕尾市 2012 年 4 个旅游扶贫项目，共获省旅游扶贫专项资金 130 万元。其中陆河县御水湾温泉度假村——陶然农家乐 30 万元、海丰县汕尾市月亮湾生态农庄山水客栈 30 万元、陆丰市玄武山旅游基础设施、服务设施配套项目 50 万元、市城区豪会观海山庄农家乐 20 万元。自 2002 年至 2012 年，汕尾市累计争取到省旅游扶贫项目 39 个，扶贫资金 1615 万元。

汕尾市旅游局帮扶陆河县螺溪镇良洞村，该村共有贫困户 22 户，贫困人口 108 人。自 2009 年 10 月以来，共为该村捐资 735 多万元，帮助种植油茶、毛竹、花生等农作物，修建水渠、公路、大桥，为贫困户每户购买 2 头耕牛，安装自来水解决 100 多户村民饮水问题，改善卫生环境建垃圾堆放处理点，帮助村委装修办公楼，配备办公设施。帮助所有村民参加新型农村合作医疗保险，为 3 名贫困子女免费就读汕尾技工学校，为 4 名贫困家庭子女申请得到助学金。帮助 58 户贫困户进行危房改造，为 200 多人次免费举办种养技能、转移就业技能等培训，为扶贫对象发放科普致富书籍。至 2012 年年底，全村人均收入 3500 元以上，22 户帮扶对象全部脱贫。

【旅游创强工作】　2012 年，海丰县继续加大创强工作力度，全年接待游客 218.24 万人次，同比增长 13.8%；过夜人数 130.52 万人次，同比增长 12.8%；旅游总收入 11.74 亿元，同比增长 13.3%。至 2012 年年底，全县各类旅游住宿设施 93 家，其中三星级旅游饭店 2 家、四星级旅游饭店 1 家，客房数 3967 间，床位 5739 张；旅行社 3 家，旅行社分社 1 家，旅行社服务网点 3 个；景区（点）17 个，旅游定点购物商场及土特产商店 7 家；乡村游农（渔）家乐 5 家。全县旅游从业人员达 1 万人。一是加大旅游宣传促销力度。举办海丰县“5·19 中国旅游日”宣传推介活动，向市民普及旅游知识，宣传该县旅游资源，让旅游惠及民生，营造创建“广东省旅游强县”良好氛围；组织该县旅游企业前往广州参加 2012 年中国旅游产业博览会，推介海丰、宣传海丰，达到提升海丰旅游知名度预期效果；与广东华成峰投资有限公司联合举办“海丰县旅游美食文化推广月”活动，派发海丰旅游地图、向合作商家提供消费券，推介海丰旅游和特色美食文化，让游客体验“游海丰·品美食”乐趣；协助广东省旅游局与亚洲电视联合制作《广东黄金海岸游·汕尾》专题节目，更好地展示海丰独具魅力的旅游资源。二是加大旅游设施建设力度。文天祥公园、莲花山度假村阳山会议中心已投入使用；莲花山度假村莲峰索道项目进入安全评价及环境影响评价阶段；投资 3000 多万元的海丰田园沐歌温泉度假村行政中心和员工宿舍已投入使用，主体建筑按规划全面施工；小漠游艇会项目所使用土地已获省国土资源厅批准，进入招挂拍程序；海丽国际高尔夫球场海燕半岛酒店正进行室内装修，三期工程 81 栋临海别墅已封顶；海丰田园沐歌温泉度假村一期工程（行政中心和员工宿舍）封顶进入室内装修阶段，该项目列入 2012 年汕尾市重点建设项目。

旅游行业监督管理

【旅游市场监督】　2012 年 3 月 15 日，汕尾市旅游局会同市消费者权益保护委员会、工商局、质量技术监督局、消防局、农业局、食品药品监督管理局等相关单位在市区举行纪念“3·15 国际消费者权益日”暨“消费与安全年”主题宣传咨询服务活动，现场向广大市民派发《文明旅游，理性消费》宣传册，向市民宣传全省开通、全国统一使用的“广东旅游服务热线 12301”的意义，加强市民的旅游维权意识，拓宽旅游服务渠道。

汕尾市旅游局成立旅游市场检查工作领导小组，市政协副主席、旅游局局长吕珠龙任组长。4 月 1 日，制订下发《关于印发汕尾市 2012 年旅游市场检查工作方案》，联合县（市、区）旅游局组织 2 次全市旅游市场大检查。4 月 24 ~ 25 日，由汕尾市旅游局王剑副局长带队，对全市旅行社、旅游景区、星级饭店进行重点检查；6 月 20 ~ 21 日，汕尾市旅游局执法人员开展“打黑打非”专项行动；6 月 30 日联合市安监、质监、工商、消防等部门对莲花山风景区、红海湾旅游区、凤山祖庙旅游区进行安全生产检查；7 月 14 日，检查旅游团队组接团情况，查处无证带团人员；10 月 20 ~ 21 日，对汕尾市区旅行社业务档案和旅游广告宣传进行检查。下发《关于进一步规范旅行社业务广告行为的通知》，规范旅行社旅游业务广告行为。

【旅游安全管理】 2012年年初，市政府安委会、消防委员会分别与市旅游局签订《安全生产责任书》和《消防安全责任书》，各县（市、区）旅游局与辖内旅游企事业单位签订《安全生产责任书》，落实安全生产管理工作责任制。汕尾市旅游局修订下发《汕尾市旅游局突发公共事件应急预案》和《汕尾市旅游局处理安全事故应急预案》，进一步明确旅游系统突发事件应急预案的适用范围、工作原则。严格执行广东省质监局颁布的"旅行社、星级饭店、旅游景区及海滨旅游"安全管理地方标准，加强应急安全演练，形成以市局为中心"点"，延伸"线"至县（市、区）旅游局，"面"推至全市重点旅游企业"点、线、面"结合的应急预案管理体系。全年全市组织4场次突发事件应急知识宣讲培训班，参训人员达100多人。

汕尾市旅游局制订安全生产领域"打非治违"实施方案，在元旦、春节、"五一"、中秋国庆和暑期旅游高峰期间，组织开展全市旅游安全大检查，配合省旅游局、市政府安委会组织的安全督查，多层次、全方位地对全市各旅游景区（点）、星级饭店、旅行社、泳场及旅游车船公司等旅游企业的安全管理制度和设备设施情况进行了排查整治，消除旅游安全隐患。全年组织开展安全检查督查12次，检查旅游企业120家，责令落实整改企业20家。开通全省联网的"12301"旅游投诉、救援、咨询电话。

【旅游行业"三打两建"】 2012年，汕尾市旅游局制订《汕尾市旅游系统"三打两建"工作实施方案》，会同市相关部门有效地开展旅游系统"三打两建"各项工作。从9月中旬至中秋、国庆旅游黄金周期间，结合旅游安全生产领域"打非治违"工作实际，联合市交通、公安、安监等部门开展对旅行社旅游包车专项检查，进一步规范旅行社用车安全及投保旅责险行为；会同市工商、价格管理部门开展打击旅行社虚假旅游广告、欺诈及误导旅游消费者的行为，净化旅游环境；对本市及外地旅行社组接团队开展监督检查，重点打击无导游证人员带团的行为。9月21日，市旅游局与城区旅游局在通港路联合举办汕尾市旅游行业"南粤幸福活动周启动仪式"暨"三打两建"宣传活动，向市民派发"三打两建"宣传资料及汕尾旅游小册子10000多份。10月上旬，市旅游局与市质监局联合制订《汕尾市"贯彻质量发展纲要，提升旅游服务水平"专项活动方案》，并在全市开展"旅游服务质量宣传周"活动。12月5日，市旅游局会同海丰县文体旅游局在海丰旅游发展总公司举行"汕尾市诚信旅行社示范点"项目创建单位挂牌仪式。

▲2012年9月22日，汕尾市旅游系统开展"南粤幸福活动周"暨"三打两建"宣传活动。 （陈庆辉 摄）

【旅行社】 2012年4月18日设立陆河县环盛国际旅行社有限公司，7月10日设立陆河县广旅国际旅行社有限公司。至年底，汕尾市拥有旅行社20家，其中出境游组团社2家。全年共有20家旅行社通过年审，其中经营出境旅游、入境旅游和国内旅游业务的旅行社2家，经营国内旅游和入境旅游的旅行社18家。在管理方面，建立旅行社诚信经营档案制度和责任险投保制度；建立健全旅行社违规违纪通报制度；对旅行社经营状况进行年度网上审核；向旅行社推荐国家或省制定的组、接团合同范本；规范旅行社组团行程表内容，严格控制合同外加点服务；加强对旅行社服务质量监督检查。

【星级饭店】 2012年1月17日，汕尾市巴黎半岛酒店由全国旅游星级饭店评定委员会批准为五星级旅游饭店。2月17日，巴黎半岛酒店举行挂牌仪式。市委书记郑雁雄，市长吴紫骊，市委常委、城区区委书记陈少荣，副市长李贤谋，市政协副主席余红，原市政协主席彭洪辉，信利国际董事会主席林伟华先生出席。市旅游局局长张林海宣读国家星评委批复，巴黎半岛酒店总经理巴库先生致辞，信利国际总裁助理林建雄先生主持仪式。巴黎半岛酒店是汕尾市首家五星级旅游饭店。5月8日，经广东省旅游饭店星级评定委员会研究，同意授权汕尾市旅游饭店星级评定委员会开展三星级旅游饭店星级评点和复核工作。全年完成12家星级饭店的复核。至2012年年底，全市星级饭店13家，其中五星级1家，四星级2家，三星级10家。

【旅游标准化】 2012年，汕尾市旅游局印发《旅行社等级划分与评定》《星级饭店评定标准》《旅游餐馆设施与服务规范》《旅游景区（点）质量等级的划分与评定》《旅游购物场所设施与服务规范》《游乐园（场）安全和服务质量》《旅游娱乐场所设施与服务规范》等评定标准，在全行业强化宣传学习，重点宣传学习标准化知识，增强生产者、经营者、管理者和消费者的标准化意识，提高人们对旅游标准化工作的认知度。落实行业标准，对旅行社、星级饭店及A级景区，认真贯彻执行国家标准、行业标准和地方标准体系。

【旅游信息化建设】 2012年，成立汕尾市旅游局信息化工作领导小组，组长由邓晓虹副局长担任，领导小组成员由各部门负责人担任。选调责任心强、熟悉业务的人员充实到信息化具体工作岗位。旅游信息化工作纳入目标考核，并在资金、人力、物力等方面保障和支持。市旅游局信息化工作在对外宣传、受理旅游投诉、行政审批程序及办事指南等方面作用逐渐显现。利用网络多媒体技术，制作旅游目的地、旅游景区、旅游特色产品、餐饮等宣传片、电子杂志在各网站上宣传汕尾旅游。全年采集报送信息登载广东省旅游网260条，汕尾市党政信息网、海西旅游网以及汕尾市委、市政府“信息动态”35条，汕尾旅游网站发布26条。4月至9月底，汕尾旅游网页完成改版、网页设计和部分景区（点）360度全景制作等工作，于10月1日开通运营。

精神文明与教育培训

【旅游精神文明建设】 2012年1月，汕尾市旅游局被评为汕尾市政协五届五次会议承办提案“先进单位”。2月17日，汕尾市城区凤山祖庙旅游区管理处被授予“全省旅游系统先进集体”称号，陆丰市碣石玄武山管理委员会主任余松清、汕尾市旅游局科员陈庆辉被授予“全省旅游系统先进个人”称号。

【旅游行风和机关工作】 2012年，汕尾市旅游局组织集中学习12场次，认真学习贯彻党的十八大精神、省第十一次党代会精神，遵守《廉政准则》《廉政守则》《关于实行党风廉政建设责任制的规定》《公务员法》《行政监察法》《广东省行政效能监察工作暂行办法》《广东省民主评议行风暂行办法》等有关法律法规，熟悉掌握旅游政策、法律法规。

重点制定《汕尾市旅游局领导班子成员党风廉政建设岗位职责》《行政执法责任制》《行政执法过错责任追究规定》《服务承诺制度》《违反服务承诺处理办法》《行政处罚程序规定》《行风热线工作制度》《政务公开（五项）制度》《财务管理制度》等规章制度。规范行政审批（审核、核准）事项和办事程序，实行网上办公，公开、公平、公正审批旅行社和星级饭店的设立与申评、全国导游人员资格考试以及导游员年审等工作实行网上公开，并且严格按时效办结，所有网上申报的事项都在规定时限内给予办结，没有接到任何投诉，进一步提高机关依法行政、依法办事的能力和工作人员的综合素质，树立机关良好的形象。

【旅游教育培训】 2012年，汕尾市旅游局组织两次全国导游人员考试报名、审核及笔试口试联系工作。参考人员60人，其中第一次报考30人，通过9人；第二次报考30人，通过4人。4月21日，汕尾市旅游局在市委党校举行年度全市导游人员年审培训班典礼。市政协副主席、旅游局局长吕珠龙作动员讲话。全市110名导游参加7天的培训学习。培训班特邀市委宣讲员、马宫街道人大主席黄超和海丰县旅游发展总公司总经理黎斯凯授课，印发《低碳发展知识读本》。截至2012年年底，全市有导游员156名，其中中级导游5名。年内，汕尾市还组织旅行社、星级饭店、景区（点）工作人员参加全省中高级管理人员培训班。9月23日，汕尾市旅游局副局长邓晓虹参加为期7天的粤东地区高级管理人员香港培训暨香港岭南大学文化资源与旅游研讨班学习。

（王建国）

东莞旅游业

综 述

【概况】 2012年，东莞市旅游业以科学发展观为统领，以转型升级和创新为动力，以深化城市营销为抓手，重服务，拓市场，提品质，优环境，着力把旅游业培育成为战略性支柱产业和人民群众更加满意的幸福导向型产业。全年接待旅游人数2743.84万人次，比上年增长4.91%；旅游总收入306.35亿元，比上年增长22.85%。

【旅游行业规模】 截至2012年年底，东莞市共有星级饭店89家，其中五星级20家、四星级25家、三星级30家、二星级13家、一星级1家。星级饭店客房数17254间，床位数23612张；拥有旅行社58家，其中出境游组团社9家。不具有法人资格分社3家。持证导游员1179名；拥有国家A级旅游景区9家，其中4A景区7家、3A景区1家、2A景区1家。

【全市旅游工作会议】 2012年3月23日，2012年全市旅游工作会议在东莞市会议大厦召开。东莞市副市长喻丽君出席会议并讲话。市政府副秘书长金行中、市旅游局局长梁少虾，各镇街分管旅游工作的领导及旅游办主任，市政府直属有关单位负责人，市旅游饭店、旅行社行业协会会员及各旅行社、景区、星级饭店主要负责人参加会议。会议传达2012年全省旅游工作会议精神，总结2011年全市旅游工作情况和部署2012年全市旅游工作，提出以“IT名城、活力商都”为主题，以商务会展、城市休闲、节庆风情、购物娱乐、运动文化为特色，把东莞建设成为珠三角地区乃至全国重要的休闲会展旅游城市。“广东省全国旅游系统先进工作者”曾玉如，“广东省旅游系统先进集体”东莞市旅游局、东莞康辉国际旅行社，“广东省旅游系统先进个人”梁永雄、容盛军、梁汝楚、陈玲评获会议表彰。

【2012年欢乐健康游】 2012年3月10～15日，2012中国欢乐健康主题旅游年港澳地区推广活动在香港荷里活广场、将军奥广场和澳门议事厅广场举行。按照《广东省旅游局关于组织参加2012年港澳台市场宣传推广活动的通知》，港澳台宣传推广活动纳入东莞年度推广计划，成立以梁少虾局长为组长、副局长余建民为副组长、相关科室为成员的工作小组。3月，由梁少虾带队前往港澳地区进行推广活动，派发《东莞美食地图》《东莞旅游指南》《东莞旅游地图》、东莞旅游形象宣传片等旅游资料，与当地旅游机构、旅游业界人士开展交流活动。

【东莞喜迎第二个“中国旅游日”】 2012年5月19日，东莞市旅游局策划主办第二个“中国旅游日”东莞旅游系列活动，包括“启动仪式、地方节庆、文化休闲和旅游惠民”四大类别，主要有2012年东莞欢乐健康游展示会，石龙镇第二届“中华龙民俗文化节”，中国（道滘）美食文化节暨名优食品展，2012“魅力沙田游”“美食沙田”评选活动，望牛墩第七届七夕风情文化节，樟木头镇第九届小香港旅游文化节，森晖自然博物馆文化新展和袁崇焕诞辰活动等。启动仪式现场，旅游企业发放旅游券、优惠券或打折等惠民活动。开设旅游产品展示区，为20家旅游企业免费提供旅游产品展位。东莞市科学技术博物馆、松山湖景区、龙凤山庄影视渡假村、中国圣心糕点博物馆、森晖自然博物馆、可园博物馆6家景区在5月19日至8月31日期间，推出形式多样惠民利民活动。

▲“5·19”“中国旅游日”东莞欢乐健康游系列活动暨深莞惠旅游联盟活动启动仪式。 （东莞市旅游局供稿）

出入境旅游

【入境旅游】 2012年，东莞市接待国际及港澳台游客414.92万人次，比上年增长16.09%，其中接待港澳台同胞280.11万人次，增长18.71%；接待入境旅游者303.34万人次，增长6.01%，其中接待外国人112.84万人次，增长8.03%；国际旅游外汇收入126924.47万美元，增长39.52%。

【出境旅游】 2012年，东莞市旅行社组团出国（境）游人数177950人次，比上年增长12.59%。其中香港游57562人次，增长11.68%；澳门游57125人次，下降1.95%。11月16日，按照《广东省旅游局转发国家旅游局办公室关于做好中俄互免团体旅游签证相关备案工作的通知》，东莞市旅游局对接待俄罗斯公民免签来华旅游团队业务的旅行社或组织中国公民赴俄免签旅游团队业务的旅行社进行备案。

国内旅游

【国内旅游】 2012年，东莞市全年接待国内游客2328.92万人次，比上年增长3.14%，其中接待国内过夜游客1432.05万人次，增长2.29%；旅行社组团国内旅游者人数167.55万人次，增长0.08%；国内旅游收入226.17亿元，增长18.88%。

【假日旅游】 2012年春节黄金周，东莞市旅游接待人数544.72万人次，与上年同期相比增长0.81%；过夜旅游者45.96万人次，同比增长5.12%；一日游游客498.76万人次，同比增长0.42%。“十一”黄金周，接待人数619.65万人次，同比增长5.89%；过夜旅游者51.22万人次，同比增长6.137%；一日游游客568.43万人次，同比增长5.86%。

旅游市场推广与节庆活动

【旅游市场推广】 2012年，东莞市旅游局组织旅游企业参加系列国内外旅游展和开展多场旅游宣传营销活动；结合城市宣传口号“每天绽放新精彩”和标识及国家旅游局“旅游、健康、欢乐”主题制作户外广告，精心设计制作《精彩东莞》《东莞旅游指南》《东莞旅游图》《深莞惠自驾指引图》等旅游宣传资料和纪念品进行宣传推介；在《东莞日报》《东莞时报》《南方日报》《南方都市报》等平面媒体对2012年“中国旅游日”东莞欢乐健康游系列活动及2012旅游文化节活动宣传推广；在《东莞日报》《旅游特刊》专栏刊登《文明旅游 理性消费》文章，就旅游者理性消费、安全旅游、理性维权及网络旅游等方面进行解读和提示。

组织旅游企业参加的国内旅游展有：2月24～26日参加2012中国（南京）国际旅游度假展览会，3月1～3日参加2012年广州国际旅游展览会，4月13～15日参加2012中国（青岛）国内旅游交易会，9月14～16日参加2012中国（广东）国际旅游产业博览会，11月15～18日参加2012年中国（上海）国际旅游交易会。

参加境外旅游展包括：2月，参加澳大利亚墨尔本亚太会奖、新加坡旅游展，3月，参加德国柏林国际旅游交易会、法国巴黎国际旅游展、马来西亚吉隆坡旅游展，3月6～9日参加2012中国（澳门）欢乐健康游港澳地区主题推广活动，3月9～12日参加2012中国（香港）欢乐健康游港澳地区主题推广活动，6月14～17日参加第二十六届香港国际旅游展、庆祝香港回归十五周年两地旅游业界联谊会和蒙特利尔国际旅游展，10月10～12日参加第五届澳门世界遗产与休闲城市旅游博览会，10月26～29日参加第七届海峡两岸台北旅游展。

【旅游活动】 2012年5月19日，深莞惠旅游联盟共同开展“缤纷深莞惠、幸福绿道游”启动活动，设计5条短线绿道旅游线路和3条相连的绿道游线路。10月18日，“从绿道向幸福出发”采风活动在松山湖景区举行。12月11日，珠三角绿道网综合效益评估调研会议在东莞召开。东莞市于3月27日举行“清溪赏花行”，4月26日东莞启动“2012广东海外安全文明宣传活动周”活动，6月20日举办道滘镇（第三届）美食文化节推介会，6月22日举办“桥头一日游”推介会。

【2012东莞旅游文化节】 2012年9月20日，2012东莞旅游文化节暨塘厦旅游文化节开幕式在塘厦镇开幕。东莞市委常委邓志广，东莞市人民政府副市长喻丽君及塘厦镇委

▲2012东莞旅游文化节暨塘厦旅游文化节开幕式。

（东莞市旅游局供稿）

书记、镇人大主席管敏政，镇长方灿芬等市、镇领导与现场3000多名嘉宾、市民和游客共同见证这一盛事。整场晚会以“走进休闲城镇、感受旅游欢乐”为主题，分序幕、精彩东莞、美乐塘厦、节日欢歌四大部分，歌舞、粤剧、舞蹈、歌曲演唱、音乐剧、杂技等精彩节目轮番上演。本届旅游文化节持续至12月31日，历时3个月，活动内容涵括省级文艺赛事、镇级文艺活动、旅游推介体验活动及大型经贸会展4大方面13个项目，包括：2012东莞旅游文化节暨塘厦旅游文化节开幕式文艺晚会，塘厦镇旅游资源推介会，广东省第十九届国际标准舞锦标赛暨第四届东莞市国际标准舞锦标赛，“悦游塘厦·畅享生活”旅游开放月精品路线免费体验活动，塘厦水龙油画村开业庆典暨大型油画展销会，“幸福塘厦·花好月圆”中秋赏月游园会，“缤纷塘厦·欢乐无限”奥斯卡大片电影黄金周，“印象塘厦·风光无限”摄影比赛暨优秀作品展，2012“风味塘厦”烹饪技术大赛暨“塘厦十佳美食”评比大赛，2012年全国打工歌曲创作、演唱大赛，2012塘厦高尔夫博览会，广东省首届非物质文化遗产麒麟舞大赛暨麒麟制作技艺展，“缤纷塘厦·喜迎新年”中华美食嘉年华等。本届旅游文化节整合塘厦镇、大朗镇、桥头镇、谢岗镇、寮步镇、南城区等镇（街）旅游资源，集各镇（街）零散节庆活动为一体，使2012东莞旅游文化节变得简朴、隆重。

【区域旅游合作】 2012年12月18日，韶关市政府在东莞举办韶关（东莞）会议旅游推介暨旅游项目招商会，东莞市副市长喻丽君、韶关市副市长兰茵出席活动并致辞，两市签署旅游会议合作协议。1月12日，中山市旅游局副局长张文一行15人参观考察东莞市大朗帝豪花园酒店、虎门豪门大饭店，双方共同交流饭店业发展和星级饭店评定与复核等方面经验。4月20日，2012年首次深莞惠区域旅游合作联席会议在惠州市龙门县地派温泉举行，会议探讨三地旅游合作。深（圳）莞（东莞）惠（州）三市于5月19日“中国旅游日”举行同一主题庆祝活动和深莞惠旅游联盟启动仪式，签署《深莞惠旅游联盟合作协议书》；5月30日至6月3日，深莞惠在长沙市开展旅游宣传周活动，共同开拓湖南客源市场；9月14日，深莞惠三市旅游局组成深莞惠联盟，以深莞惠都市区名义参加2012中国（广东）国际旅游产业博览会，东莞市旅游局组织茶山镇、桥头镇、松山湖、市科技馆、市展览馆、华南MALL欢笑天地、龙凤山庄影视度假村、三正酒店集团、华尔登酒店等旅游企业参展；12月7日，2012年深莞惠旅游联席会议在惠州市巽寮湾举行。5月24～25日，东莞市旅游局组织旅行社、自驾游组织、媒体代表赴中山市，两市旅游业界开展交流合作，实地考察旅游资源。

旅游资源开发和景区（点）建设

【旅游规划】 2012年，推进《深莞惠旅游发展规划》的编制工作，三地旅游局建立良好沟通渠道，做好规划衔接事宜。《统筹水乡地区旅游发展规划》（简称《水乡地区旅游规划》由市旅游局牵头成立水乡地区发展实施规划领导小组，于10月22日召开《水乡地区旅游规划》编制工作座谈会，邀请华南理工大学旅游发展与规划设计研究中心专家制订水乡地区旅游资源调研工作方案。10月23～30日，专家组到水乡地区10个镇街和虎门港实地调研。该规划探索将水乡地区特色旅游线路纳入“万人互游深莞惠”指导线路。

【A级景区建设】 2012年，印发《东莞市旅游局关于做好2012年创建国家A级旅游景区工作的函》《关于做好2012年创建国家A级旅游景区工作的通知》，指导东莞展览馆、广东东江纵队纪念馆对照创建国家A级旅游景区标准做好材料申报工作。1月，龙凤山庄影视旅游区评定为国家4A级旅游景区；8月14日，粤晖园旅游景区被批准为国家4A级旅游景区；香市动物园接受省旅游景区质量等级评定委员会初评；东莞诺华中式家具博物馆、森晖自然博物馆、唯美陶瓷博物馆通过省旅游景区质量等级评定委员会公示；东莞可园、袁崇焕纪念园、大屏障森林公园等景区推进创建国家4A级景区工作。完成对鸦片战争博物馆、松山湖景区、观音山国家森林公园、科学技术博物馆、新华南MALL欢笑天地等4A级景区和中国圣心糕点博物馆3A级景区、冠和博物馆2A级景区的复核工作。至年末，东莞有国家A级景区9家，其中4A景区7家、3A景区1家、2A景区1家。

▲2012年2月24日，东莞市龙凤山庄影视旅游区荣膺国家A级旅游景区揭牌仪式。（东莞市旅游局供稿）

【新评定国家A级旅游景区】

东莞市粤晖园旅游景区　地处东江支流下游水网密布的道滘镇，毗邻珠江口，占地面积50余公顷，总投资3亿元，是中国最大古典园林之一。粤晖园布局精妙，将岭南园林传统艺术与现代审美情趣融合于一园，有楼馆、亭台、水榭、曲廊、石桥、假山等108处园林景点。其中纂文馆是园中的主体建筑，面积1万多平方米。粤晖园展现了恢弘壮阔的历史画卷和旖旎多姿的水乡风情，集观光度假、休闲娱乐、艺术鉴赏、拓展培训为一体的旅游胜地。该景区于1月9日评定为国家4A级旅游景区。

旅游行业监督管理

【旅游市场监督】　2012年，东莞市旅游局接收各类旅游投诉与咨询1460件，其中有效投诉79件、立案79件、结案79件。制订市旅游系统“三打两建”工作方案，成立领导小组，设立星级饭店食品和日化用品专项行动、旅游景区食品商品专项行动、旅行社“打黑”专项行动3个专项行动小组及“三打两建”办公室，加大对各旅游企业日常巡检力度，以饭店星级评定和复核为途径加强“三打两建”工作的宣传和督导。加强与公安、工商、物价、交通等成员单位的协作、加大联合执法力度。制订旅游行业“讲诚信、促发展”主题活动实施方案，开展“诚信兴商宣传月”活动；组织旅行社推荐“品质旅游”参考报价线路；开展“广东旅游质监志愿者”推荐活动；在《东莞日报》发布“文明旅游、理性消费”的品质旅游出行提示；建立诚信信息曝光制度，定期将旅游投诉信息和查处案件在旅游局网站向社会公告。

【旅游安全管理】　2012年，东莞市成立旅游安全大督查工作小组，重点做好“五一”、中秋和“十一”黄金周等节假日的游客安全，做好旅游安全生产工作督查。对照《旅行社旅游安全检查规范》《星级饭店旅游安全检查规范》《A级景区旅游安全检查规范》打分存档。全年检查旅游行社30家次、饭店45家次、景区10家次，取缔3家涉嫌违规代收客业务的票务网点。中秋、“十一”黄金周前夕，东莞、云浮两市旅游局实行交叉督查。

【旅行社】　2012年，东莞市旅游局继续做好旅行社责任保险示范项目续保工作，要求各出境游组团社办理变更出境游组团社签证专办员卡及旅行社质量保证金降低数额等工作。批准东莞市景鸿国际旅行社有限公司、东莞市青年国际旅行社有限公司2家旅行社为第四批大陆居民赴台游组团社。配合做好世界莞商大会、首届中国加工贸易产品博览会的接待工作，市旅游局成立工作领导小组，协调完成住房安排、车辆征集、指引标牌、抵离莞接送等工作。许可成立东莞市飞扬旅行社有限公司、广东国旅（东莞）旅行社有限公司、东莞市猎狐旅行社有限公司和东莞市中港旅行社有限公司4家旅行社。至年底，东莞市共有旅行社58家，其中出境游组团社9家。不具法人资格分社3家。

【导游员管理】　东莞市完成2012年上半年举行的广东省全国导游员资格考试报名及考试工作，上半年参加报考考生211名、笔试182人、口试209人；下半年参加报考考生224名、笔试209人、口试198人。完成广东省2012年度全国中、高级导游员等级考试报名工作，全市有3名考生符合报考高级导游员资格、有39名考生符合中级导游员的等级考试报考条件。至年末，东莞市持证导游员人数1179人，其中中级33人、初级1146人。

【星级饭店】　2012年，东莞市有18家星级饭店纳入评定性复核范围，其中五星级8家、四星级10家。东莞市旅游局于3月28日召开2012年度全市高星级饭店复核工作会议，会议印发《关于高星级饭店评定性复核检查迎检准备的注意事项》。帝豪花园酒店、东莞柏宁酒店、长安海悦花园大酒店、富盈酒店、丰泰花园酒店和索菲特御景湾酒店通过国检。3月24日，全国旅游星级饭店评定委员会批准东莞欧亚国际酒店为五星级饭店，厚街国际大酒店（申报五星级）、虎门东方索菲特酒店（申报五星级）、谢岗镇新都会璜玛酒店（申报四星级）完成市检工作，并报送推荐资料。至年末，东莞市共有星级饭店89家，其中五星级20家、四星级25家、三星级30家。

▲2012年12月6日，东莞、江门联合开展旅游饭店业务培训班。（东莞市旅游局供稿）

【旅游信息化建设】　2012年，“中国东莞旅游网”更新版继续由东莞理工学院城市学院计信系负责开发，新版增加大量旅游资讯内容，更多贴近游客需求。新浪网、腾讯以“东莞市旅游局”开通的官方微博受到31万多网友关注，通过微博宣传推介东莞旅游景点、酒店、饮食以及发布旅游活动新闻；新浪微博持续进行有奖竞猜活动，腾讯微博举行为期3个月的“舌卷东莞”寻味东莞美食微博大赛。“中国东莞旅游网”全年发布焦点信息36条、通知14条。广东省旅游局官方网站发布东莞相关旅游信息452条，微博发布信息1190条。

【旅游协会】 2012年5月22日，东莞市召开旅行社行业协会第二届第一次会员大会。会议完成换届选举，东莞市国际旅行社总经理陈冀凯连任旅行社行业协会会长，会员单位增至49家。

协会组织饭店参加2012年广东省职业技能竞赛调酒项目竞赛，塘厦三正半山酒店江志坚获英式调酒一等奖、“广东技术能手”称号，郑继科获花式调酒第一名；嘉华大酒店胡佩获英式调酒二等奖，方丽获英式调酒三等奖，罗浩获花式调酒三等奖，参赛5名选手均获高级调酒师国家职业资格证书。

根据《2012年广东省饮食行业名厨名师职业技能大赛实施方案》》（粤烹协〔2012〕16号）要求，受东莞市人力资源局委托，东莞市旅游饭店协会承接东莞市参赛代表组织工作。10月13～14日组队参加2012年广东省饮食行业名厨名师职业技能大赛，新城国际酒店的邱文聪获中式烹调第六名、“金奖名厨”称号，陆才俊获“银牌厨师”称号，2名参赛选手均获得高级工职业资格证书。

▲2012年12月26日，东莞市召开旅游饭店协会第七次会员大会。 （东莞市旅游局供稿）

第二届全国导游大赛东莞参赛选手选拔活动在东莞市银城酒店举办。从9名入围选手中挑选陈冠华（东莞国旅）、齐华（东莞康辉）、卢珈谚（东莞国旅）3名选手参加省级选拔活动，均获“2012广东省优秀导游称号”。3月30日，推荐东莞康辉国际旅行社的郭童羽、田奥妮两名选手参加8月14日举行的第四届全国红色旅游导游员电视网络大赛并获三等奖。

旅游教育培训与精神文明建设

【旅游行业精神文明建设】 2012年，东莞市旅游局组织旅行社召开迎接2012年全国城市文明程度指数测评工作动员会议。开展创先争优活动，督查指导茶山镇南社村创建名村，组织有关旅行社参加“美丽新兴·感恩东莞”旅游扶贫活动启动仪式。推荐凤岗金凯悦大酒店、嘉华大酒店、富盈酒店、石龙金凯悦大酒店、太子酒店、汇华国际饭店、帝豪花园酒店、悦莱花园酒店为设置“禁毒募捐箱”单位。组织全市出境游组团社参加“2012广东海外安全文明宣传活动周”东莞启动仪式。东莞市国际旅行社、东莞市中国旅行社、东莞市康辉国际旅行社、东莞市青年国际旅行社为“阳光热线”电台直播节目上线单位，现场解答群众关心的旅游热点问题。11月8日，东莞市举行2012年政风行风评议工作测评会议，对旅游等10个公共服务行业开展政风行风评议民主测评，旅游行风评议结果为满意。

▲东莞市旅游局获评为2012年省特级档案综合管理单位。 （东莞市旅游局供稿）

【旅游教育培训】 2012年，东莞市完成2011年度初级导游员继续教育培训工作，有402人报名参加。8月1日，邀请国家高级导游林大康、骆冠州、王晓宁等担任第二届全国导游大赛东莞参赛选手选拔活动评委，对9名入围选手集中培训，并确定参赛选手。12月3日，东莞市旅游局组织东莞市新增赴台游指定组团社共54名拟申办赴台游领队证人员参加省旅游局举办的业务培训。12月5～6日，东莞市旅游局、东莞市旅游饭店协会联合江门市旅游局共同举办“2012年东莞市、江门市饭店业管理人员培训班”，共有300多人参加。复旦大学教授何建明和厦门国际休闲与酒店学院院长王伟授课。

（钟金伟）

中山旅游业

综　述

【概况】　2012年，中山市以珠三角、粤港澳等国内市场为重点，强化宣传；以打造珠三角旅游目的地为目标，推进旅游重点项目建设。继续完善自驾游基地服务体系，打造旅游节庆品牌，营造良好的旅游经营环境。岭南水乡旅游文化节被评为2012节庆中国榜“最具地方特色文化创新节庆奖”；中山中国国际旅行社有限公司被评为“全国旅游系统先进集体”。全年旅游业总收入185.70亿元，比上年增长19.34%，其中旅游外汇收入2.2亿美元，下降13.55%。

【邵琪伟到中山市调研】　2012年9月11日，国家旅游局局长邵琪伟率调研组在广东省副省长招玉芳、省旅游局局长杨荣森陪同下到中山开展旅游调研。调研组一行视察孙中山故居等景点，在神湾镇乘坐游艇沿西江观赏江景，并亲临“盛世游艇会”建设现场指导。途中听取中山市旅游规划及发展的相关情况汇报。邵琪伟对中山打造翠亨国际旅游小镇倍感兴趣，不时提出“旅游小镇如何体现国际性”、“有什么特色能够留下旅客住上一周”等感兴趣的问题。招玉芳希望中山市进一步做好翠亨国际旅游小镇相关规划，整合孙中山元素。中共中山市委副书记、市长陈茂辉，副市长谭培安陪同调研。

【领导关心旅游业】　2012年4月16日，由中山市副市长谭培安率队，组织市府办、市发改局、市旅游局等单位赴神湾镇开展专题调研，了解盛世游艇会项目建设情况，协调解决项目建设中存在的问题。5月19日，谭培安出席“中山旅游护照”首发仪式。6月23日，谭培安出席2012年中山（石岐）休闲旅游文化节开幕式。9月25日，谭培安出席2012年中山市岭南水乡旅游文化节开幕式。

【旅游行业规模】　截至2012年年底，全市有星级饭店33家，其中五星级饭店3家、四星级饭店6家、三星级饭店19家、二星级饭店3家、一星级饭店2家；有旅行社38家，其中出境游组团社7家，从业人员1395人；有国家A级景区3家，其中4A级景区2家，3A级景区1家。

【广东省海上休闲旅游中山分会场】　2012年10月12日，由广东省旅游局和广东省海事局主办的“广东省海上休闲旅游启动仪式暨2012广州南沙国际游艇博览会开幕式”在广州南沙游艇会举行。同时，在中山、汕头、梅州、惠州、湛江5个地市设分会场。中山分会场设在神湾镇。中共中山市委书记、市人大常委会主任薛晓峰出席中山分会场启动

▲国家旅游局局长邵琪伟（左四）率调研组在广东省副省长招玉芳（左三）、省旅游局局长杨荣森（左二）陪同下到中山市开展旅游调研。

▲10月12日，由中山市旅游局、中山海事局和神湾镇人民政府共同主办的广东省海上休闲旅游中山分会场启动仪式在市神湾镇举行。

仪式。在启动仪式上，神湾镇人民政府党委副书记、镇长周俊峰与盛世游艇会（中山）有限公司董事黄鸿照，东升镇人民政府党委委员钟坤海与广东大飞洋游艇设备有限公司总经理李强军共同签署缔结海上休闲旅游战略合作伙伴协议。现场嘉宾参加神湾镇江龙造船厂新船启航仪式。

出入境旅游

【入境旅游】 2012 年，中山市旅游接待入境过夜游客 55.86 万人次，比上年下降 8.15%，其中外国游客 11.58 万人次，增长 1.16%；香港同胞 31.41 万人次，下降 7.07%；澳门同胞 7.05 万人次，下降 30.86%；台湾同胞 5.82 万人次，增长 8.20%。旅游外汇收入 2.20 亿美元，下降 11.08%。主要客源国和年接待人次为日本（18684 人次）、马来西亚（8903 人次）、韩国（5108 人次）和新加坡（4899 人次）。

【出境旅游】 2012 年，中山市旅行社组团出境游 18.96 万人次，比上年下降 8.31%。其中香港游 11.34 万人次，下降 2.18%；澳门游 1.94 万人次，下降 19.58%；台湾游 2021 人次，增长 15.95%；出国游 5.47 万人次，下降 15.71%。

国内旅游

【国内旅游接待与收入】 2012 年，中山市接待国内过夜游客 744.4 万人次，比上年增长 23.15%；国内旅游收入 166.81 亿元，比上年增长 23.24%。

【假日旅游】 2012 年春节黄金周，中山市接待游客 67 万人次，比上年同期下降 5.9%，其中接待过夜游客 8.35 万人次，同比基本持平；旅游收入 1.89 亿元，增长 6.8%。

"十一" 黄金周，国家首次实行高速公路 7 座以下小型客车免通行费政策，致自驾车游客增多，接待游客 107.79 万人次，同比增长 3.64%；接待过夜游客 12 万人次，增长 26.18%；旅游收入 2.57 亿元，增长 27.86%。

【2012 中国旅游日主题活动】 2012 年 5 月 19 日，中山市旅游局在长江水世界举行 2012 中国旅游日"惠游中山"活动暨中山旅游护照首发仪式。中山旅游护照整合市内近 50 家景点、饭店、旅行社、餐饮等企业近 100 项优惠措施，最大优惠低至 5 折，是市民游客在中山旅游消费的"优惠卡"。护照有效期 1 年。

▲中山市旅游局举行中山旅游护照揭幕仪式。

旅游市场推广与节庆活动

【旅游市场推广】 2012 年，中山市旅游局参加于 3 月 1 ~ 3 日在广州举办的第二十届广州国际旅游展览会，4 月 13 ~ 15 日在青岛举行的中国国内旅游交易会，5 月 23 ~ 28 日在浙江举办的中国国际旅游商品博览会，6 月 14 ~ 17 日在香港举办的第二十六届香港国际旅游展览会，9 月 14 ~ 16 日在广州举行的 2012 中国（广东）国际旅游产业博览会，11 月 15 ~ 18 日在上海举办的中国国际旅游交易会；11 月 20 日，中山与珠海、江门市共同赴江西省南昌市举办"最美珠江西岸游"旅游推介会。12 月 11 ~ 12 日，中山与韶关市共同赴郑州、西安市举办"孙中山风云之旅"旅游推介会。11 月 29 ~ 30 日，"2012 品鉴岭南——中国著名作家广东行"活动组一行来中山采风并实地创作；12 月 25 日，中山接待全国入境游组团社经理来粤考察团。

是年，中山市与珠海、江门、东莞、深圳、韶关、广州、梅州、汕头等市举行大型旅游互动。编辑印刷《百万妇女游中山产品指南》《中山旅游产品指南》《中山绿道游攻略体验手册》《2012 中山市自驾游地图》《中山市红色旅游产品指南》等宣传推介资料，在武广高铁的《旅客报》杂志上投放旅游广告，与亚洲电视台合作拍摄《漫游岭南绿道 · 中山段》，与广东电视台合作拍摄《中山好味道》，与中山广播电台合作开辟《中山任我行》旅游专题栏目，与南方电视台 TVS-1 合作拍摄《生活闲情》等。市旅游局与各镇（区）合作主办东升脆肉鲩宴、黄圃腊味宴、三乡茶果宴、2012 百万车友游中山—趣味到（三乡）镇等美食主题自驾游活动，共有 2800 名自驾车游客参加。

【2012 百万妇女游中山】 2012 年 3 月 10 日，中山市举办中山绿道修身游暨中山网旅游频道升级开通仪式，万名妇

女参加中山欢乐健康之旅；3月15日，举办东莞千人春游中山活动；3月17日，举办百万车友游中山；3月18日，举办万名香港妇女中山赏春团；3月25日，举办港澳千人团中山游；3月26日，举办珠三角千人踏春游。仅3月份，中山市接待游客总人数136万人次，比上年同期增加15%。

开展“欢乐中山游，修身伴我行”主题活动，策划推出中山故里游、文化体验游、城市休闲游、养生康体游、踏青赏春游、特色产业游、家装工业游、特色美食游、健康绿道游、休闲购物游等10大精品线路，印制《2012百万妇女游中山产品指南》，寄送到广州、东莞、深圳等城市3万名女性车主手中。市旅游局、黄圃镇、中山网、中山国旅、中山青旅、中山快活旅游以及世纪行旅行社积极策划、主办一系列活动。

▲3月17日，中山市举行2012年百万车友游中山欢迎仪式暨市镇共建中国旅游特色名镇签约仪式。

【赴印度推介“一程多站”】 2012年8月26日至9月3日，中山市及深圳、广州市与香港旅游发展局、澳门特别行政区政府旅游局，分别在印度青奈、孟买、新德里3个主要客源城市举行“粤港澳一程多站旅游推介会”，邀请印度旅行商300多人出席推介活动，向当地业界介绍粤港澳“一程多站”旅游目的地的旅游产品、优惠政策及有利条件，拓展印度旅游市场。

【岭南水乡旅游文化节】 2012年9月25日至10月2日，中山市人民政府举办第六届岭南水乡旅游文化节，以“共建共享、和美水乡”为主题，由“和美水乡，岭南风情”——开幕仪式、“活力水乡，激情飞扬”——水乡特色运动会、“欢乐水乡，其乐无穷”——民众绿道游、“美味水乡，食色生香”——美食嘉年华、“缤纷水乡，佳果飘香”——岭南果蔬汇等5大板块、17项主题活动构成。本届旅游文化节有来自美国、英国、澳大利亚、马来西亚等10多个国家，共60多名常住中山的外国友人参加“外国人看中山”摄影采风活动，现场体验“原汁原味”的水乡文化盛会，骑行水乡绿道，走进民众裕安村采风，感受水乡结婚习俗表演。在12月29日举行的第三届中国节庆创新论坛暨2012中国品牌节庆评选活动中，中山市岭南水乡旅游文化节荣膺“2012节庆中国榜·最具地方特色文化创新节庆”。

【2012中山（东升）脆肉鲩文化美食节】 2012年12月25日，由中山市发展和改革局、中山市经济和信息化局、中山市农业局、中山市文化广电新闻出版局、中山市海洋与渔业局、中山市旅游局和东升镇人民政府共同主办的以“活力东升，渔乐无穷”为主题2012中山（东升）脆肉鲩文化美食节在东升镇旭日健身广场及各餐饮企业举行。包括餐饮行业大修身、脆肉鲩人气名店评选、鱼王大比拼、美食嘉年华特装展、网上美食嘉年华、主题晚会等活动内容。其中“鱼王大比拼”活动选出的脆肉鲩冠军鱼王创下重达17.42公斤的新纪录。活动期间，东升镇日均接待旅行团80多个，9天共接待来自省内外、港澳乃至欧美等地游客超40万人次。十大人气名店在主会场与分会场营业总额近600万元；东升镇餐饮住宿业营业额是平时的2倍以上，脆肉鲩销售量近160万公斤，拉动相关产业消费近7000万元；9天的网上团购营业额近35万元，开创脆肉鲩美食营销的新模式，脆肉鲩产品的销售正从国内市场走向国际市场。美食嘉年华带动当地农民年增收4500多万元，脆肉鲩塘头收购价由节前的每斤10元左右提高至每斤11元。活动持续到2013年1月2日。

【区域旅游联盟合作】

中山游客万人游汕头　2012年12月1日，“中山游客万人游汕头”大型旅游活动欢迎仪式在汕头礐石风景名胜区举行，首发团近2000名中山游客展开2~3天的汕头之旅，包括礐石风景区、陈慈黉故居、明安里等景点，品尝汕头特色美食。启动仪式上，中山、汕头两市旅游局长交换旅游合作协议书，双方将在旅游产品开发、市场开发、旅游宣传和促销、客源交流互动、旅游行业管理等方面进行深入合作，推动两地旅游市场的共同繁荣。

2012百万车友游中山　1月1日，中山市旅游局、东升镇人民政府在东升镇共同主办“中山故里任我行”——2012百万车友游中山启动仪式。3月17日，来自广州、深圳、珠海等地近千名自驾车游客，到黄圃镇参加“欢乐中山游，修身伴我行”百万车友游中山活动；12月8日，中山市旅游局、三乡镇人民政府在三乡镇中山温泉共同主办“2012百万车友游中山——趣味到镇”主题活动欢迎仪式，来自珠三角各地的700多名自驾车游客参加。中山市为打造自驾游目的地体系，主动向深圳、东莞、广州、佛山等市车主寄赠《中山自驾游旅游手册》和《自驾游地图》直邮推广。通过开发和完善网络版自驾游地图、旅游指南，邀请目标客源城市如香港、深圳、广州、东莞等地自驾游专业组织团体来中山体验等形式扩大自驾游中山的宣传力度。

珠中江赴南昌推介最美珠江西岸游　11月21日，珠海市文体旅游局、中山市旅游局、江门市旅游局联合组织三地旅游业界及媒体代表，在江西省会南昌举办“最美珠江西岸游”推介会。双方旅游企业代表面对面交流。推介会上，珠中江旅游联盟首次推出《珠中江车游指南》，为自驾车游客提供最新最全的旅游资讯和指引。

3月，中山联合广州、江门市共同在2012广州国际旅游展览会上设置展位，推介中山、江门、广州市旅游目的地旅游产品，拓展珠三角及港澳客源市场。5月19日，中山与珠海市开展“中国旅游日千人互游”主题活动，互相推介旅游精品线路，互相参与对方城市举办的“2012年中国旅游日”主题活动，互为对方旅游业界提供旅游惠民措施。中山分别邀请东莞（5月）、深圳（8月）、广州（10月）3市旅游局、主要旅行社、自驾游组织以及媒体人员组成考察团来中山进行旅游线路踩线考察。8月，中山邀请台湾雄狮集团为中山、珠海、江门3市举行“旅游业电子商务运用与推广”专题讲座。8月6日，召开珠中江旅游质监工作会议，建立沟通与交流长期合作会晤机制、信息资源共享机制、开展交叉和联合检查以及开展旅游质监宣传和培训。11月20日，珠海市文体旅游局、中山市旅游局、江门市旅游局联合组织三地旅游业界及媒体代表赴江西省南昌市举办“最美珠江西岸游”旅游推介会，首次推出《珠中江车游指南》。

旅游资源开发和景区（点）建设

【概况】　2012年，中山市新增南粤石文化博览园、新月城等旅游景点；孙中山故居被省旅游局评为“广东省优秀A级旅游景区”。市委宣传部、市旅游局、团市委、市教育局、南朗镇人民政府将孙中山故居纪念馆、中山革命烈士陵园、罗三妹山、中山城确定为中山市“红色旅游示范点”。

【《中山市三角镇旅游发展总体规划》通过专家评审】
2011年11月11日，三角镇委托广州晨曦旅游规划有限公司编制《中山市三角镇旅游发展总体规划（2012—2026年）》（以下称《规划》），并签订合同，于2012年11月完成送审稿。规划主要内容包括：三角镇旅游环境与旅游资源分析，三角镇旅游形象定位和发展战略，旅游发展目标及其依据，旅游产品开发的方向、特色与主要内容，旅游发展重点项目等。12月12日，三角镇召开《规划》评审会，来自广州、中山等市5名专家组成专家组，市旅游局、发改局、城乡规划局、水务局、环保局、住建局、农业局、林业局以及三角镇政府等有关单位的领导和代表参加会议。专家组在审阅规划材料、听取规划单位的规划介绍后，经认真讨论，原则上同意《规划》通过评审。

【旅游景区（点）与基础设施建设】　2012年，总投资130亿元的翠亨国际旅游小镇完成总体规划和控制性详规，首启项目兰溪河改造工程及兰溪谷文化养生园于10月中旬启动；投资3亿元的翠亨锦绣海湾城温泉度假区项目控规获批，完成首期用地填土工程；神湾盛世游艇会建好防洪堤2700米、船闸1座和公共港池桩基础；三角镇迪茵湖生态旅游度假区完成基础设施建设，高尔夫球练习场开业；文笔山大风车大部分基建及游乐设施、郊野公园登山径、停车场等基本完工；东升十里堤岸游艇产业旅游区的大飞洋游艇制造厂投入运营；长江科技文化亲子乐园、水印江南苑、中国航天生态城、中山温泉宾馆改造工程等有序推进；由金马游乐投资经营有限公司投资经营，占地约2万平方米，有飓风飞椅、5D动感影院等15个游乐项目的紫马岭公园荔苑乐园于8月12日开业。

【新开发、新建设景区（点）】

咀香园健康食品（中山）有限公司　位于中山市火炬开发区沿江东二路。始创于1918年。占地面积近5万平方米，是一家集开发、生产、加工、销售、旅游观光于一体的现代化食品企业和“百年老字号”食品生产企业。于2004年1月涉足工业旅游，成为中山首家涉外宣传的工业旅游示范企业。2007年12月经国家工农业旅游示范组织及省旅游局评定为“全国工业旅游示范点”。11月29日，该景区被评定为国家3A级旅游景区。

南粤石文化博览园　位于五桂山石鼓商业街5号，投资3.5亿元，占地约10亩，由4大展共30个展区组成，其中室内展厅2400平方米，室外展览区约5400平方米，集旅游观光、地质与矿石科普教育于一体。是目前全国石文化门类品种最齐全、藏品最丰富、最具石文化价值的大型石博园。其中有观赏石文化、科普石文化、应用石文化、石工艺文化、石装饰文化等，全方位剖析石头的精美绝伦。南粤石文化博览园于2012年4月28日开业。

新月城　位于南区北台，中山詹园旁。占地6000多平方米，设60多个体验馆、上百种职业。通过“体验+教育”的形式，让儿童通过模拟和体验成人的职业和角色。为中山市第一所体验式少儿活动中心。于2012年6月1日开业。至年底接待游客近3万人次。

【轩红坊红木家具文化游】　2012年12月31日，由中山市太兴家具有限公司主办，以中山市旅游局和大涌镇人民政府为支持单位的太兴家具轩红坊红木家具文化游启动仪式暨旅行社踩线活动在大涌镇举行。轩红坊红木家具文化游的推出，中山市尝试在休闲度假、个性体验、考察学习等诸多领域拓展旅游产品序列，形成独特的红木家具文化游线路。中山市太兴家具有限公司是一家专业生产各类高级红木家具传统企业，拥有“轩红坊”“御鸣居”两大品牌，以及特有豪华套间系列，民间传统客厅系列等配套家具。该活动由大涌镇太兴家具有限公司策划推出。

旅游行业监督管理

【概况】 2012年，中山市旅游局加强对旅行社统计调查工作的指导监督，确保填报数据的真实、准确、完整、及时。开展以预防旅游交通事故为重点的安全生产工作检查。推进政务公开，把申请设立国内旅行社须知、委托招徕业务及旅行社经营事项变更指引、导游资格证办理等核准、审批事项等公布在中山旅游局官方网站“政务公开”栏目。

【旅游市场监督】 2012年，中山市旅游局以规范旅游合同和广告宣传，监督台湾游及港澳低价游广告为重点。在全行业开展“诚信兴商宣传月”、旅游合同违法违规行为检查专项行动，以实际行动贯彻落实国家旅游局《旅游行业安全生产领域“打非治违”专项行动》。全年开展旅游执法5次，共出动执法人员56人次、执法车12辆次，检查旅行社20家、旅行社分社2家、旅行社门市部30家、旅游客车30余辆，提出整改意见和建议30余条。全年共接到旅游投诉25起，处理完成25起，结案率、游客满意率均达100%。

【旅游安全管理】 2012年，中山市旅游局在元旦、春节、“五一”，中秋国庆假期等旅游旺季，会同市公安消防、交通、食药监、质量技术监督等部门对旅行社、旅游景点、星级饭店、游乐游艺机械设备开展安全大检查。建立健全安全生产责任体系以及领导干部安全生产“一岗双责”制度。以星级饭店消防管理量化考评细则为标准，结合酒店年度复核和重评工作进行考评。全市没有发生重特大旅游安全事故。

【旅游行业“三打两建”】 2012年，中山市以旅游行业“三打两建”为契机，开展旅游市场整顿专项行动和专项治理行动，重点打击旅游市场销售假冒伪劣商品，诱骗、胁迫旅游者购物，零负团费、挂靠承包、超范围经营等违规经营行为；查处打击损害旅游消费者权益的导游，违规运营的旅游车辆；检查导游带团和团队运作中旅游合同、行程单、名单表、导游证是否规范，旅游行程及购物安排是否规范，导游是否存在兜售商品行为；打击诱导、胁迫或变相强迫游客消费，黑导黑社非法经营旅游业务行为，假冒旅游企业星级等级等违规行为；联合公安、工商、交通、物价等部门，对接待旅游团队购物点检查。联合交通部门对旅游运营车辆经营资质检查；开展旅游执法宣传活动，提升游客旅游消费观念，引导游客理性出游、安全出游、文明出游。

【旅行社】 2012年，中山市旅游局于4月12日完成网上审核、32家旅行社统计调查等工作。全年新增旅行社5家，注销1家，至年底，全市旅行社总数为37家，其中出境游组团社7家。旅行社资产总额达2.91亿元，直接从业人员1395人。

6~7月，举办2012年中山市导游大赛，田恬、孙欣欣、邓良娟分获冠、亚、季军。优秀选手代表中山参加2012年广东省第二届全国导游大赛选拔赛，翁炯锋进入前六名。3月和9月，市旅游局分别组织报名参加全国导游人员资格中山考场考试，共有461人报名参加。全市组建王晓成等11人为新一批政务导游员。

【星级饭店】 2012年6~9月，中山市开展星级饭店复核，金莎商务酒店等20家饭店通过复核；莲兴酒店等3家三星级饭店通过评定性复核；丽苑酒店通过二星级饭店年度评定性复核。全市2家五星级饭店，3家四星级饭店接受国家和省级评定性复核检查。

是年，根据旅游饭店星级管理规定，鉴于银泉酒店、京华酒店、御苑酒店、为民酒店4家饭店因拆建或停业等因素取消三星级饭店称号；香山酒店取消二星级饭店称号；南朗雅居乐酒店、富洲酒店自动放弃三星级饭店称号；对金马酒店、来胜大厦2家二星级饭店取消星级饭店处理。全市共有星级饭店33家，其中五星级饭店3家、四星级饭店6家。

在全市推行绿色饭店创建活动，倡导绿色环保理念，采取设置环保提示卡，采用节电节水设备、客用品（如拖

▲中山市举办果蔬美食嘉年华。（肖沛聪 摄）

鞋、洗衣袋、垃圾袋、消耗品包装材料等）尽量使用可降解的环保产品或进行重复利用，对饭店环境进行绿化、美化等环保措施，加强对员工环保教育和培训，提高环保意识。大部分酒店使用节能灯泡、把锅炉改造成热泵类等设备，采取资源可循环利用措施。

【旅游信息化建设】 2012 年 9 月，中山旅游网改版，由原 1 个版面增加至 4 个版面，增设后的政务版版面清晰，操作简单。12 月 12 ~ 13 日，中山市旅游局赴广州、深圳市调研，学习借鉴旅游信息化建设及管理方面先进经验。

【成立中山市自驾旅游协会】 2012 年 9 月 7 日，中山市自驾旅游协会经市民政局批准成立。8 月 28 日，中山市自驾旅游协会召开第一届第一次会员大会，选举产生理事会、会长、副会长、秘书长等执行机构。现有正式会员 100 人，网站会员 1000 余人。该协会是一个由民间发起成立的非营利民间组织，主要职能有：协助从事自驾旅游活动的单位会员进行市场、品牌拓展；建设中山市自驾旅游专业性的信息交流互动平台；组织策划各项大型活动；协助会员在自驾旅游过程中的维权；参加国内外自驾旅游协会或同类组织的交流活动等。

精神文明与教育培训

【旅游精神文明建设】 2012 年，中山市在旅游窗口单位重点做好“一增二创三抓四结合”活动，即：增强“为民服务创先争优”意识；创新服务手段、创新服务机制；抓好窗口行业“四亮四比四创四评”（亮身份、亮职责、亮承诺、亮形象，比学习、比技能、比作风、比业绩，创优质服务阵地、创群众满意窗口、创优质服务品牌、创长效服务机制，党员自评、党员互评、领导点评、群众评议），抓好活动覆盖范围，抓好活动宣传；将为民服务创先争优活动与履行岗位职责相结合，与提高党性修养相结合，与全民修身行动相结合，与创建文明城市相结合。组织旅游企业踊跃参与 2012 年中山市慈善万人行巡游及百家企业义卖活动，向市红十字会筹集善款 70 多万元。开展旅游行业认种认养绿化树木活动，筹集绿化资金 13.7 万元，认养树木 20 棵，认种绿化乔木 15 棵。

是年，中山中国国际旅行社有限公司被人力资源保障部、国家旅游局授予“全国旅游系统先进集体”称号；车卫、黄刊洪、黄玉瑜（女）、厉健（女）被评为“全省旅游系统先进个人”。

中山中国国际旅行社有限公司　创立于 1979 年，是一家经营入境游、出境游、国内游三大业务的国际旅行社，是国家旅游局指定批准的首批台湾游组团社。中山国旅秉承“真诚为您，诚信为先”服务宗旨，连续 14 年荣膺“全国百强”、连续 12 年荣获“重合同守信用”企业称号；曾荣获广东省首家旅行社 AAAA 级“标准化良好行为企业”“广东省用户满意服务明星企业”“中国消费者满意十佳诚信单位”，中山首批“诚信单位”“价格诚信单位”等荣誉。2009 年 7 月，批准成为国家级服务业标准化试点单位；2010 年 9 月，通过广东省质量技术监督局验收，作为省内首家旅行社获得 AAAA 级“标准化良好行为企业”，并成为广东省旅行社首批通过国家级服务业标准化试点单位评估验收的企业。在行业内首创设立“社会荣誉督导员”机制，引入第三方来监督企业产品与服务的质量；设立顾客服务部，专责追踪团队服务情况，重点跟踪顾客反馈意见。

▲中山市岭南水乡旅游文化节荣膺“2012 节庆中国榜·最具地方特色文化创新节庆”奖。

【旅游行风和机关工作】 2012 年，制订《2012 年中山市旅游局创先争优活动工作方案》《中山市旅游行业开展道德领域突出问题专项教育治理工作方案》《2012 年中山市旅游行业“诚信兴商宣传月”活动工作方案》。6 月 16 日，市旅游局组织开展党员志愿者学雷锋活动，向游客派发中山自驾游地图、旅游突发事件应急手册、中山旅游护照、环保宣传小册子等资料。市旅游局继续开展“千个机关帮扶千户困难家庭”活动，对口帮扶南朗镇 10 家贫困户。

【旅游教育培训】 2012 年 5 月 14 ~ 20 日，市旅游局组织局机关干部，各镇区三产办、旅游企业总经理、部门经理共 47 人赴上海复旦大学网络教育学院参加中山市旅游行业管理人员培训班。设置旅游企业经营管理、旅游创意产业介绍及实地考察、新经济条件下的品牌战略管理、中国文化旅游产业发展、21 世纪中国酒店业态发展与新视野、旅游管理中的主要法律问题、区域资源和文化产业的发展模式创新等培训课程。

（刘婧撰文，图片由中山市旅游局供稿）

江门旅游业

综 述

【概况】 2012年，江门市旅游业紧紧围绕国家旅游局、省旅游局工作部署和江门市政府关于“高起点做好江门市的旅游规划，围绕打造世界文化遗产旅游区、温泉旅游度假区、现代滨海旅游度假区，大力整合全市旅游资源，推进滨海旅游产业园区规划建设，提升江门市与港澳台、外省及国际旅游合作水平，做大做强旅游业”的工作要求，以倒逼机制积极落实市政府提出的“出台一份加快旅游业发展的政策性文件、出台一项扶持旅游业发展的具体政策、高起点编制一个旅游业发展总体规划、策划一个江门旅游整体宣传工作方案、整合重组一个旅游发展平台、打造一个全省示范性滨海旅游产业园”“六个一”工作措施。

【领导关心旅游业】 2012年4月14日，中共中央政治局委员、广东省委书记汪洋到恩平开展专题调研，省委常委、常务副省长肖志恒，省委常委、秘书长林木声，省旅游局局长杨荣森，中共江门市委书记刘海，市委常委、秘书长冯立坚和恩平市委书记李灼冰等陪同调研。江门市党政领导班子成员、市政协主要负责同志及三区四市党政主要领导参加座谈会。汪洋强调，江门要充分发挥后发优势，融入珠三角，加快“双转移”，再上科学发展新台阶，努力成为珠三角重要的支撑点、增长极。

12月7日，副省长招玉芳莅临江门市开展旅游专题调研，省旅游局局长杨荣森，江门市委副书记、市长庞国梅等陪同。招玉芳一行先后参观小鸟天堂和梁启超故居纪念馆，勉励新会区要充分利用旅游资源优势条件，将新会特色景点加以保护和发展，进一步擦亮葵乡的旅游品牌。

4月13日，澳门特别行政区行政长官崔世安、江门市市委书记刘海等出席在江门逸豪酒店举行的“广东澳门周（江门站）欢迎晚宴。江门市旅游局与澳门特别行政区政府旅游局在欢迎宴会上签署江澳旅游合作备忘录，就设立澳门特别行政区政府旅游局与江门市旅游局旅游合作联络小组、建立双方定期沟通机制、促进两地旅游推介及行业管理方面的互动交流、共同开发江澳一程多站连线旅游产品、联合组团赴国内外开展旅游推广活动、互相宣传两地在旅游行业管理和市场规范方面的政策法规，鼓励两地旅游行业协会交流合作、鼓励两地业界组团到对方城市旅游、及时处理两地旅游违规经营行为等达成合作协议。

▲2012年4月13日晚，在“广东澳门周·江门”活动晚宴上，江门市旅游局与澳门旅游局签订江澳旅游合作协议。

（江门市旅游局供稿）

【旅游行业规模】 截至2012年年底，江门市有国家4A级旅游区8家；旅游星级饭店31家，其中五星级6家，四星级2家，三星级酒店21家，二星级2家；拥有旅行社63家，其中具有组团出境资格的组团社5家。另有旅行社分社及营业点121家；全市有在职导游862人，兼职导游402人。

【重大旅游决策】 2012年，中共江门市委、市政府高度重视发展旅游业，市委市政府联席会议审议通过《中共江门市委 江门市人民政府关于进一步加快旅游业发展的意见》和《江门市旅游业发展扶持办法》。该意见提出“紧紧围绕经济发展方式转变和产业结构优化升级，把旅游业培育成国民经济的重要支柱和惠及全民的幸福导向型产业，努力使江门成为旅游基础设施基本完善，服务水平有较大提升，旅游特色更加突出，知名度显著提高，旅游品牌竞争力显著增强，客源市场活跃的国内外著名的中国华侨文化名城、滨海生态休闲度假旅游重要城市和粤港澳都市圈重要旅游目的地。决定从2013年度起，市财政安排1000万元建立市旅游产业发展资金，以后每年随旅游收入和财政收入增长逐步增加。要求各市（区）也要按不低于本市（区）旅游收入千分之一的标准安排旅游产业发展资金，并纳入财政预算。

出入境旅游

【入境旅游】 2012年，江门市接待入境游客303.79万人次，比上年增长9.79%，其中接待过夜入境旅游者165.1万人次，增长27.82%；旅游外汇收入69917.18万美元，增长16.21%。入境游客源市场主要分布在日本、美国、加拿大、马来西亚、新加坡、德国、法国、澳大利亚、韩国、英国等。

【出境旅游】 2012年，江门市旅行社组团出境游人数14.92万人次，比上年增长0.16%。其中港澳游14.03万人次，增长1.15%；出国游1.35万人次，增长34.34%。

国内旅游

【国内旅游】 2012年，全市接待国内游客2713.41万人次，比上年增长13.48%，其中国内过夜游客11195.56万人次，增长10.51%；旅行社组团国内旅游人数72.24万人次，同比下降15.29%，其中省内游61.17万人次，同比下降17.1%，省外游11.07万人次，同比下降3.67%。

【乡村旅游】 2012年，江门市加快特色旅游名镇和乡村旅游名村建设并取得实效，全市全年旅游接待旅游者380万人次，旅游综合收入30.4亿元。截至年末，江门市有中国历史文化名村2个：自力村、歇马举人村；国家非物质文化遗产7项：江门白沙茅龙笔制作技艺、江门荷塘沙龙、新会新蔡李佛拳术、新会葵艺、台山广东音乐、台山浮石飘色、开平泮村灯会；广东最美乡村旅游区2个：新会天马村（小鸟天堂）、恩平东风村；广东人文历史最美乡村旅游示范区：歇马举人村、自力村、石头村；广东省旅游特色镇村11个：新会古井镇（宋元古战场）、开平赤坎镇（欧陆风情）、台山川岛镇（海岛海滩）、新会崖门镇（蔡李佛始祖、古兜温泉）、恩平歇马举人村（举人文化）、鹤山双桥村（南国水乡）、新会天马村、开平自力村（世界文化遗产）、开平马降龙村（世界文化遗产）、台山五丰村（归侨风情）、恩平石头村（石头探秘）。

【假日旅游】 春节黄金周期间，江门市共接待游客179.35万人次，同比增长2.36%；旅游收入4.93亿元，同比增长2.88%。主要景区游览人数为110.36万人次，同比增长3.24%。“五一”劳动节期间，接待游客72万人次，同比增长10.77%，其中过夜游客13.6万人次，同比增长8.83%，一日游游客58.4万人次，同比增长11.24%；旅游总收入22824万元，同比增长18.75%。“十一”黄金周期间，接待游客263万人次，同比增长15.4%，旅游收入8.5亿元，同比增长21.3%。

旅游市场推广与节庆活动

【旅游市场推广】 2012年，江门市进一步加大“碉楼、海岛、温泉、生态”四大旅游品牌推广力度，组织旅游企业参加江门市政府在四川成都举办的广东江门名优商品（成都）展销会，在成都开展旅游推广活动，组织旅游企业参加2012中国（青岛）国内旅游交易会，与珠中江联合到江西南昌举办旅游促销活动，巩固和发展江西客源市场；10月26日，举办江门旅游广告词全球征集活动新闻发布会，使江门旅游受到广泛关注；组织旅游企业参加第二十六届香港国际旅游展览会、2012台北两岸观光博览会，积极通过香港、台湾开拓国际旅游客源市场；6月3日，组织旅游企业参加在马来西亚举行的第三届世界江门青年大会，开拓东南亚旅游客源市场，江门市人民政府与马来西亚沙巴州旅游、文化及环境部签订《旅游合作与交流框架协议》。

▲2012中国（广东）国际旅游博览会江门展台。

（江门市旅游局供稿）

【旅游节庆活动】 2012年，江门市承办第七届广东（江门）国际温泉节，在温泉节上举办江门旅游风光摄影展，展示江门丰富美丽的旅游风光。四市三区分别举办独具特色新会葵乡欢乐旅游节、台山滨海风情旅游节、开平碉楼文化旅游节、鹤山生态旅游节和恩平温泉欢乐旅游节。

【区域旅游协作】 2012年，珠中江、江港澳区域旅游协作加快发展，合作层次不断深化。组织旅行社与澳门合作，举办“2012中国欢乐健康游——粤港澳万人游江门”；与广东开平碉楼旅游发展有限公司在澳门机场举办“世遗辉映两门情”摄影展，进一步落实《粤澳合作框架协议》，宣传推动一程多站路线；深化珠中江区域旅游合作，三地旅游局联合签署《珠中江深化旅游合作备忘录》，联合制作三地自驾游指南地图，联合到江西南昌举行旅游宣传促销活动。

旅游资源开发和景区（点）建设

【旅游扶贫】 2012年，江门市开平福纳千家获省旅游扶贫项目资金的支持。2002年至2011年度，省财政资金共投入江门市累计达1115万元用于旅游扶贫开发项目。各旅游扶贫点带动地方配套投入资金累计38050万元，吸引开发商投入资金达30150万元，到位资金2450万元。2002年以来各旅游扶贫点所在县吸引的旅游投资总量（包括景区、酒店、基础设施等）达62500万元，各旅游扶贫点所在县由交通部门协助解决的旅游交通瓶颈4条、共105公里，各县旅游扶贫点解决直接就业人数900人，间接就业人数达2000人。

【旅游创强工作】 2012年，江门台山市积极开展旅游创强工作。一是大力开展宣传促销，4月在广州天河体育中心举办“2012江门台山文化旅游博览会”。本届博览会由广东省旅游局、南方广播影视传媒集团、江门市政府联合主办，台山市人民政府、广东人民广播电台承办；5月在黑沙湾旅游区举行台山滨海风情旅游节暨黑沙湾沙雕园开园仪式；6月在王府洲旅游区举行2012年台山市川山群岛风情旅游节开幕式暨2011年度川岛旅游特别贡献奖颁奖典礼。此外，还举办“4A级旅游景区——美丽的川岛”“绿道趣味定向越野赛”“畅游台山绿道和梅家大院”等活动。二是加强项目建设，全市签订意向投资旅游项目达93.3亿元。其中，广东颐和集团意向投资45亿元建设颐和台山温泉城，广东国际游艇俱乐部有限公司意向投资38亿元建设的台山滨海旅游产业园海龙湾游艇度假项目，台山市盛世华轩投资有限公司意向投资8.5亿元建设上川岛石笋旅游度假区；香港泽库投资有限公司意向投资1.8亿元建设泽库旅游发展项目。是年，台山市创强工作成效显著，全市全年旅游总收入36.91亿元，同比增长23%，接待游客总量610万人次，同比增长17.3%，在广东省县域旅游竞争力排名中，台山市从第9位跃升至第5位。台山市旅游局被评为2012年度“广东省旅游系统先进集体”。

▲温泉晨韵·恩平金山温泉。 （徐卫良 摄）

旅游行业监督管理

【旅游市场监督】 2012年，江门市共受理旅游投诉案件56起，其中：省质监所转函投诉9起；江门市投诉中心转函1起；江门市“12345”政府服务热线转函投诉20起；质监所直接受理26起。除2起调解不成功，终止调解外，其他54起调解处理成功，结案54起，结案率为100%。为旅游消费者理赔金额达105258.80元，均由责任旅行社现金支付，未动用旅行社质量保证金。

【旅游行业“三打两建”】 2012年，为贯彻落实省、市“三打两建”工作会议精神，按照全省旅游系统“三打两建”工作动员大会的工作部署，江门市旅游局成立全市旅游系统“三打两建”工作领导小组，会同相关职能部门，统一部署，组织开展江门市旅游系统“三打两建”工作。通过工作摸排、群众举报，核查33条制假售假线索，其中工作发现19条、群众举报14条，核查率100%。同时，通过参加大型宣传活动、宣传横幅、海报、网站电子屏幕宣传等方式开展“三打两建”工作宣传。

【旅游安全管理】 2012年5~9月，江门市在旅游行业开展“打非治违”专项行动，突出旅游交通、景区（点）大型游乐设施、星级饭店消防等重点，采取严厉、有效措施，集中打击和整治。市旅游局与台山市旅游局在6月建立旅游系统防台风预警预报机制，及时以手机短信形式向本市旅游管理部门和各旅游企业通报台风预警信息，提高全市旅游管理部门和旅游企业对台风天气的防范和处置能力，确保游客安全。

【旅行社】 2012年，江门市新增旅行社7家，其中出境游组团社1家（江门市春秋国际旅行社旅行社有限公司）。至年末，全市共有旅行社63家。自觉遵守行业法规，在旅行社行业加强对员工服务水平和服务意识的培训，开展诚信经营活动，执行行业操作规范和服务标准，以“重质量，守信誉”为原则，与旅游者签订旅游合同，并积极履行合同规定的责任和义务。参加旅行社责任保险统保示范项目，参保率和达标率均为100%。

【星级饭店】 2012年1月17日，江门市新增五星级饭店1家（台山碧桂园凤凰酒店）。宣贯和实施新版星级饭店评定标准，组织星级饭店对照新标准改造硬件设施，改进服务质量，加强经营管理。全市31家星级饭店进行重新评定和复核，采取明察和暗访的方式，加强对星级饭店软硬件的检查，对不达标的酒店采取警告、取消星级的严肃处理。

【旅游标准化】 2012年，市旅游局印发《江门市旅游企业安全生产标准化实施工作方案》，并对旅游企业安全生产标准化工作进行部署。选取恩平市金山温泉和锦江温泉为试点单位，于2012年5月通过认证。全年全市共有8家规模以上旅游企业完成安全生产标准化达标工作，达标率达66.7%。

【旅游信息化建设】 2012年，江门旅游信息化工作继续巩固，一是改造升级江门旅游网，美化版面，丰富旅游企业信息库，开通导游服务、旅游投诉、门票预订等网上服务功能，及时发布江门旅游政务、旅游资讯等信息，定期发布全市旅游质监和投诉通报及公布旅游者投诉信息；二是建立江门市旅游系统防台风预警预报机制，通过网上短信平台将台风信息及时发送到全市旅游管理部门、各旅行社和组团赴川岛旅游区的相关省内外旅行社，各提前做好防范工作；三是拓宽信息渠道，向社会发布全市企业旅游资讯及推广活动、优惠活动、旅游攻略等信息，为企业宣传推广提供平台；四是推动旅游企业开展信息化，组织旅游企业参加各类旅游信息化推介会，推动江门旅游企业与优游旅游网、旅通网等新兴旅游平台的合作交流，发动企业开通新浪微博、腾讯微博等微平台。

【导游员管理】 截至2012年年底，江门市持证导游员1672人，其中，高级导游员2人，中级导游员42人，其余为初级导游员；外语导游员42人，其余为中文导游员。2012年，江门市旅游局进一步加强对导游员IC卡管理工作，严格按照导游证IC卡记分管理办法，以导游员的接待团量和人数、投诉情况为导游证刷卡依据材料，对全年累计扣分达10分者或不能提供劳动合同（协议书）者不予导游证刷卡。

【旅游行业协会】 2012年，江门五邑旅游协会组织会员单位配合《江门市旅游发展总体规划》规划编制组开展实地调研。对市委、市政府拟出台的《中共江门市委　江门市人民政府关于进一步加快旅游业发展的意见》和《江门市旅游业发展扶持办法》提出修改意见。参与江门城区旅游巴士开通和营运工作，参与社会各界举办的国内外大型旅游宣传促销活动。

精神文明建设与教育培训

【旅游行业精神文明建设】 2012年，江门市旅游行业以“创建文明城市”迎接国家有关部门检查为契机，在全行业开展文明餐桌、“学雷锋，树新风”、旅游行业文明示范窗口、文明示范标兵活动，在景区设立志愿者服务站、提供志愿者服务。国家旅游局授予江门市交通国际旅行社总经理容柏钊“2012年度全国优秀导游”称号。

【旅游机关作风建设】 2012年，江门市旅游局抓好机关作风建设，每季度召开专题座谈会和专题辅导报告。在全局开展以“服务当先锋，喜迎党的十八大”为主题的保持党的纯洁性教育和迎党的十八大“红色文化进机关”活动。成立江门市旅游局推进廉洁城市建设工作领导小组，制订《江门市旅游局建设廉洁机关工作实施方案》，开展以“加强思想道德的建设，保持党的纯洁性”为主题的纪律教育学习月活动，组织学习各级领导关于纪律建设、廉政建设的讲话和相关的党内法规，开展典型案例剖析，重视作风建设考评中群众反馈意见，提出整改措施。

【旅游教育培训机构】 截至2012年年底，江门市共有设置旅游专业的大学4家，即五邑大学、江门市职业技术学院、广东南方职业学院、江门市广播电视大学；中专类10家，即江门市旅游职业技术学校、江门市技师学院、新英职业学校、江门市第一职业高级中学、江门市新会机电职业技术学校、冈州职业技术学校、台山市技工学校、台山市联合中等专业学校、开平市吴汉良理工学校、鹤山市职业技术高级中学。其中，五邑大学增设江门市首个本科旅游管理专业。各院校每年为旅游行业培养700多名中、高等旅游专业人才。全市旅游行业开展从业人员教育培训共18579人次。

【旅游教育培训活动】 2012年，江门市组织426名考生参加2012年度全国导游人员资格考试，通过率25.4%。通过季度培训、绩效考核、专家点评等措施，加大政务导游培训力度。联合市人社局、市总工会、市团市委、市妇联和江门日报社等6部门举办全市导游人员暨旅游形象大使决赛。组织旅游行业骨干及政务导游赴澳门旅游学院参加世界文化遗产专业导赏培训课程。组织旅行社管理人员参加江中珠旅行社管理人员培训班。

（黄建廉）

阳江旅游业

综　述

【概况】　2012年，阳江市旅游业认真贯彻落实朱小丹省长于6月到阳江调研时关于大力发展旅游业重要讲话精神，以科学发展观为指导，转变旅游发展方式，实施项目带动战略，打造“浪漫银滩、宋船古韵、温泉之都、水墨阳江、休闲绿城”五大旅游品牌，加大市场开发力度，改善旅游发展环境，推动旅游业成为第三产业的龙头产业。全市接待旅游总人数1085.6万人次，比上年增长20.7%，其中过夜旅游者总人数578.13万人次，比上年增长25.31%；旅游总收入86.49亿元，比上年增长30.35%。编制完成《阳江市旅游岛旅游发展总体规划》。阳西县咸水矿温泉度假村获评国家4A级景区，东平大澳渔家文化村获得国家3A级景区，并获得省重点扶贫项目资金支持。“南海Ⅰ号”及其阳江旅游品牌宣传、旅游区域合作、旅游行业管理和旅游行风建设等各项工作取得新成效。

【领导关心旅游业】　2012年5月5日，省旅游局副局长张振林出席2012年阳江市旅游文化节开幕式并致辞。6月6日，广东省省长朱小丹率省调研组在阳江市魏宏广等领导陪同下深入海陵岛试验区、阳东县、阳江高新区等地调研旅游、文化、重点项目建设及产业园区发展等情况，关心海陵岛国家级海洋公园旅游规划建设，考察十里银滩保利旅游综合开发项目、广东海上丝绸之路博物馆和其他重点项目建设，要求大力推进现代滨海旅游业发展，打造高端旅游区，搞好以海陵岛为中心的海岛旅游规划、从容开发建设，力争把海陵岛打造为国际旅游岛。8月1日，广东省副省长刘昆参加第十届南海（阳江）开渔节活动，并宣布开渔。10月19日，国家旅游局党组成员、规划财务司司长吴文学，省旅游局副局长张振林出席在阳江市海陵岛举行的“广东海陵岛滨海旅游发展研讨会”。10月24日，省政府副省长招玉芳到阳江调研旅游和外经贸工作，调研考察阳江温泉度假村，了解项目情况。强调在旅游方面要加快旅游业转型升级，做到海山泉三大旅游统筹发展。

▲省、市和海陵岛试验区领导共同推杆启动开幕式。
（郭光明　摄）

【旅游行业规模】　截至2012年年底，阳江市有各类旅游景区（点）30家，其中国家4A级旅游景区3家，3A级旅游景区2家。有省级旅游度假区2个；有各类旅游住宿设施426家，客房数20103间，床位数36687张。其中有星级饭店29家（五星级3家，四星级2家，三星级18家，二星级6家），星级饭店客房数3039间，床位数5507张；有旅行社30家，其中出境游组团社1家；纳入统计范围的旅游直接从业人员为5237人，其中旅游管理机构118人，A级旅游景区840人，星级饭店3764人，旅行社478人。

【重大旅游决策】　2012年，阳江市编委对阳江市旅游外侨局重新核定机构编制41名。其中内设机构减少1个，正科级领导职数减少1名，副科级领导职数由4名增加到5名，行政编制减少1名。撤销阳江市外事侨务服务中心（阳江市外语翻译中心）编制，有5人分流安置到阳江市旅游监察大队。阳江市旅游质量监督管理所（阳江市旅游监察大队）更名为阳江市旅游监察大队，核定编制12名。12月，局科级干部重新竞岗任命；11月12日，阳江市人民政府印发《阳江市发展滨海旅游工作方案》，进一步推进滨海旅游工作。

【重要旅游活动】　2012年2月3日，阳江市举行旅游业界春茗座谈会。全市旅游业界近200人参加。阳江市委常委、市政府党组成员周乐荣，各旅游委成员单位领导、各县（市、区）分管旅游工作的领导，各级旅游外侨（文体）局班子成员以及各旅游企业代表参加座谈会。2月，广东省博物馆、香港艺术馆、澳门博物馆、广东海上丝绸之路博物馆联合举办“海上瓷路——南海丝绸之路与陶瓷外销国际学术研讨会”。

3月15日，阳江市在市政府礼堂召开2012年旅游工作会议。市委常委、党组成员周乐荣，市旅游和外事侨务局局长马洪藻出席会议并讲话。会议总结2011年全市旅游工作情况，部署2012年旅游工作任务。各县（市、区）主要领导和分管旅游的领导、全市旅游系统单位主要负责人参加会议。会议为阳西咸水矿温泉度假山庄获评国家4A级旅游景区颁发奖金50万元。

3月至4月间，阳江市旅游和外事侨务局派出考察组赴茂名、湛江、江门、肇庆、惠州、清远学习考察。

4月23日，广东海上丝绸之路博物馆与保利“南海Ⅰ号”副馆共同举办旅游联谊推介会。阳江市旅游业界的80多名代表与广东海上丝绸之路博物馆达成对接协议；4月28日至10月15日，广东省博物馆首次与广东海上丝绸之路博物馆联合展出42件唐宋时期广东外销瓷器；5月26日，广东海上丝绸之路博物馆举办国宝金铜佛像珍品展，展出60余件来自中国保利艺术博物馆展品。

6月19～23日，江城区“商会杯”龙舟锦标赛举行，来自江城区的12支龙舟队参加逆水比赛。

8月22～23日，由魏宏广市长带队，市委常委周乐荣、市政府阮永钦秘书长、市财政局梁文局长、市旅游外侨局马洪藻局长、海陵岛试验区管委会苏玉均主任等领导参加在广州召开的广东省滨海旅游产业园区评审活动。

10月18～19日，由广东省旅游局、阳江市人民政府主办在海陵岛举行海陵岛滨海旅游发展研讨会。国内外10多位著名滨海旅游专家学者，就国内外滨海旅游发展经验与趋势、海陵岛滨海建设对策、高水平规划等开展研讨。国家旅游局党组成员、规划财务司司长吴文学，广东省旅游局副局长张振林，阳江市市长丘志勇，阳江市委常委、常务副市长周乐荣参加研讨会并作讲话。

▲2012国际旅游小姐广东粤西赛区小姐总决赛。
（阳江市旅游和外事侨务局供稿）

10月26～29日，阳江市委常委、常务副市长周乐荣率领各县（区）、旅游企业近50人参加在台北举办的第七届海峡两岸台北旅展活动，与旅游业界开展广泛交流。

12月6日，《广东省海陵岛旅游发展总体规划》论证会在国家旅游局举行。国家旅游局党组成员、规划财务司司长吴文学、国内十多名专家学者应邀参加。阳江市委常委、常务副市长周乐荣，副市长、市住建局局长陈芝岳及有关部门负责参加会议。

【2012中国旅游日主题活动】 2012年5月17～19日，阳江市旅游和外事侨务局在市人民广场组织全市各县（市、区）旅游主管部门和旅游企业开展2012中国旅游日主题系列活动。5月19日，阳江市在阳西咸水矿温泉度假山庄举行“5·19”中国旅游日庆祝活动，国内30多家旅行社100多名代表参加。广东省旅游局副局长张振林出席活动。期间，广东省海上丝绸之路博物馆、大角湾旅游区、阳江温泉度假村、阳西咸水矿温泉度假山庄、阳春春都温泉、阳春市凌霄岩、阳春市龙宫岩、阳春市崆峒岩8家重点景区对游客实施门票价格五折优惠。

【2012年中国欢乐健康游主题旅游年】 2012年2月6日，阳江海陵岛首届情人节晚会暨2012年中国欢乐健康游主题旅游年启动仪式在海陵岛举行。阳江市委常委、市政府党组成员周乐荣，市旅游外侨局局长马洪藻及海陵岛试验区主要负责人等出席启动仪式。

出入境旅游

【入境旅游】 2012年，阳江市接待入境旅游者5.70万人次，比上年增长1.64%，其中外国人0.62万人次，比上年增长0.1%；旅游外汇收入2225.85万美元，比上年增长5.5%。

【出境旅游】 2012年，阳江市旅行社组团出境旅游人数为2373人次，比上年增长37.7%，其中香港游701人次，澳门游549人次，出国游1123人次。

国内旅游

【国内旅游接待与收入】 2012年阳江市接待国内外游客1079.87万人次，比上年增长20.8%，其中国内过夜旅游者572.43万人次，增长25.6%；国内旅游收入85.08亿元，增长30.93%；旅行社组团国内旅游人数18.87万人次，其中省内游8.19万人次，省外游10.68万人次。

【乡村旅游】 2012年，阳江市继续开展沙扒旅游特色镇、闸坡旅游特色镇、东平旅游特色镇、春湾旅游特色镇的创建活动；开展东平大澳、东平沙平、春城头堡、阳春河塱凌霄等乡村旅游村建设；东平大澳渔村、阳西大洲村、阳东18座村被评为“省级古村落”。

6~11月，由阳江市人民政府主办，市旅游外侨务局、阳江日报社、广东移动阳江分公司承办的在全市自然村或行政村中评选2012年“阳江十大最美乡村”活动。通过《阳江日报》、阳江新闻网、手机微博、手机短信等投票评选，雅韶镇十八座村、闸坡镇北洛村、新墟镇东水村、马水镇马兰村、程村镇红光村、岗美镇黄村、春城街道大田山村等10条村为2012年“阳江十大最美乡村”。

全市各具特色乡村游农家乐项目有：阳东县福兴休闲娱乐生态园、鸿运山庄、怡湖园、韬园山庄、阳春市陶然居、阳春市御鹿园生态美食庄、阳春市茗香居休闲阁获得“广东省星级农家乐”称号。

【假日旅游】 2012年春节旅游黄金周全市接待旅游76.21万人次，旅游总收入31458.7万元，分别比上年增长4.8%、15.2%；“十一”旅游黄金周全市接待旅游103.8万人次，旅游总收入达48732万元，同比增长40.1%和57.2%。“五一”小长假（5月1~3日），全市接待旅游46.12万人次，旅游总收入22226万元，分别比上年增长14.5%和增长26.7%。

旅游市场推广与节庆活动

【旅游市场推广】 2012年，阳江市旅游市场推广以“南海I号”为亮点，打造旅游品牌。4月10~11日，广东省旅游局与阳江市人民政府在重庆、成都举办“碧海银滩 船说阳江”主题旅游招商推介会。由阳江市委常委、市政府党组成员周乐荣带队，阳江市、四川省、重庆市旅游业界和新闻媒体500人参加推介会，旅游部门及主要旅行社签订旅游交流合作协议。6月14~17日，由市委常委、市政府党组成员周乐荣率团参加第二十六届香港国际旅游展。阳江市旅游外侨局、各县（市、区）政府（管委会）分管旅游工作的领导、市重点旅游企业负责人参加，活动派发《阳江山海风》杂志和《阳江旅游手册》等资料。9月14~16日，阳江市政府副秘书长阮永钦率各县（市、区）政府分管旅游领导、旅游部门负责人以及旅游企业参加在广州琶洲展馆举办的2012中国（广东）国际旅游产业博览会。阳江市统一布展15个展位，以展示阳江丰富的旅游资源和宣传阳江市旅游形象，并获“最佳展位奖”及“最佳组织奖”。10月26~29日，组团参加在台北举办的第七届海峡两岸台北旅展宣传活动。

【2012年阳江市旅游文化节】 2012年5月5~7日，由广东省旅游局和阳江市人民政府主办的2012年阳江市旅游文化节在海陵岛举行。主会场继续设在海陵岛。内容主要有广东文化创意产业论坛暨阳江旅游文化产业高峰会、开幕式活动、烟花汇演、旅游招商推介会、飞机模型表演大赛、2012全国自行车邀请赛（阳江海陵岛站）和阳江风筝表演等。省旅游局副局长张振林，省旅游局原局长郑通扬，省政协文史委副主任陈忠烈，省外事办副主任王世彤，省侨办副主任蔡伟生以及阳江市领导魏宏广、袁古洁、周乐荣、范开沛、关崇佳等参加开幕式。各县（市、区）也举办旅游文化节分会场活动。其中广东文化创意产业论坛暨阳江旅游文化产业论坛重点研讨如何实施打造“国际知名休闲旅游度假胜地”战略。国内旅游研究院（所）、高校专家学者及有关领导约200人参与本论坛；开幕式文艺晚会以地方文化特色为主，突出海洋文化主题。烟花汇演分“火树银花映夜空、山明水秀唱渔歌、旅游生活多姿彩、招商引资展蓝图、继往开来新阳江”五个主题表演；旅游招商推介会突出“碧海银滩 船说阳江”的主题，宣传阳江的旅游资源、旅游线路、旅游产品，增进了解，推动拓宽市场；飞机模型大赛在螺洲海滨公园举行。有专业飞机模型赛和模型体验区、模型销售区、美食区等；自行车环岛大赛在岛西路至保利银滩举行。以“环岛飞驰，与爱同行”为赛事主题，参赛运动员近千人；阳江风筝表演以“放飞梦想 幸福阳江”为主题，分传统风筝表演，运动风筝表演，软体风筝表演。188米长的巨龙风筝、“世界十绝风筝”灵芝风筝表演让来客大饱眼福。

▲具有地方风情的舞蹈《网娘》。 （梁文栋 摄）

【第十届南海（阳江）开渔节】 2012年8月1日，第十届南海（阳江）开渔节在阳江海陵岛举行。广东省副省长刘昆宣布开渔令，1万多艘渔船驶向大海。本届南海（阳江）

开渔节以“南海开渔，幸福颂唱”为主题，有传统的祭海、开船仪式、民间放生、渔家婚庆、渔家大宴、咸水歌表演等活动，也有文艺晚会、烟花汇演、自行车环岛比赛、摄影大赛等项目，具有浓郁的渔家特色。

【区域旅游联盟合作】 2012年11月1~4日，阳江市组织参加2012两广十市区域旅游合作（防城港）联席会议。会议共同探讨增进两广十市旅游更紧密的合作关系、合作内容及合作形式，推动区域旅游合作发展。

阳江市加强与珠三角地区旅游合作，增进旅游发展交流，开展联合宣传促销，疏通无障碍旅游通道，打造广东山海区域特色旅游。先后组织赴湛江、茂名、江门、肇庆、清远、惠州市和省外的重庆、四川、湖南、广西等地调研，推动区域合作。

▲2012年4月11日，广东省阳江市（成都）旅游招商推介会签约仪式。（何飞军 摄）

旅游资源开发和景区（点）建设

【旅游规划和投资】 2012年2月1日，经阳江市人民政府同意，阳江市旅游和外事侨务局与阳江市发展和改革局联合印发《阳江市“十二五”旅游业发展规划纲要》；12月17日，《广东省海陵岛旅游发展总体规划》专家评审会在广州召开，12月29日阳江市城规委召开该《规划》评审会并获通过；《阳江市高新区旅游发展总体规划》通过专家评审。阳西县沙扒镇、阳东东平镇完成旅游规划编制；东平镇大澳渔村旅游规划项目完成。

2012年，阳江市推进海陵十里银滩综合开发项目、高新区凤凰湖温泉国际度假村、阳春国际温泉养生度假村项目、阳西月亮湾滨海旅游度假等重点旅游项目建设，累计投资达33亿元。

【旅游景区（点）与基础设施建设】 2012年，阳江市印发《关于推进我市旅游景区质量等级评定工作的通知》，阳西咸水矿温泉度假山庄、阳东县东平镇大澳渔村、广东海上丝绸之路博物馆、阳江温泉度假村、阳春春都温泉度假村等景区提出创建A级景区申请。于1月9日阳江市阳西咸水矿温泉景区评定为国家4A级旅游景区，5月31日阳江市阳东县东平镇大澳渔家文化村评定为国家3A级旅游景区；广东海上丝绸之路博物馆创建国家4A级旅游景区通过省检。大角湾、凌霄岩等创建国家A级旅游景区完成年审复核。完成与地市国家A级旅游景区交叉检查复核工作。

是年，阳江市推进东平珍珠湾旅游综合项目、阳江恒大御景湾开发项目、海陵敏捷—黄金海岸等旅游项目。2月16日，海陵岛试验区与中山市力信科技发展有限公司签约广东阳江大飞洋国际游艇产业度假项目；加强市区鸳鸯湖公园、金山植物公园、阳春东湖公园、海陵岛闸坡镇、阳西县沙扒镇、阳东县东平镇旅游环境升级改造。

【新开发、新建设景区（点）】

海陵保利银滩综合开发项目　位于海陵岛十里银滩西区，是保利集团首个以旅游度假为主的高端生态型休闲社区和大型海滨度假综合旅游项目。项目规划用地面积183万平方米，总建筑面积93.4万平方米，总投资近80亿元。项目规划包括18洞全海景高尔夫体育公园、4个国际五星级海景酒店、产权式度假公寓和低密度别墅。项目规划打造成集海滨度假、运动休闲、康体养生为一体的顶级生态型滨海国际旅游度假目的地和高档休闲社区。首期建设的五星级酒店完成装修，外立面施工基本完成，客房装修开始；生态体育公园造型基本完成。至年末，项目累计完成投资20多亿元。

阳西东方月亮湾滨海旅游度假区　位于阳西沙扒月亮湾，由中国优生优育协会和广东东方月亮湾有限公司共同投资开发建设，计划总投资200亿元左右，建设周期为6~8年，拟建成集海滩、温泉、海岛、山峦为一体的综合性、多功能、特色化的国际级滨海旅游度假城。项目一期工程于2012年3月动工，总投资9.27亿元，建设项目包括白金五星级酒店、度假公寓、展示中心、滨海浴场、滨海服务中心、景观大道和滨海广场。

阳江市南湖国旅凤凰湖国际温泉度假村　由广东南湖国际旅行社有限责任公司为投资主体，于2010年7月成立阳江市南湖国旅凤凰湖国际温泉度假村开发有限公司作为项目开发建设的法人单位。该项目计划以海洋气候、优质温泉、东南亚华侨农场特色为基础，打造一个集温泉疗养、度假养生、商务会议、会展、生态旅游的综合性旅游度假项目。项目计划分三期开发建设，建设项目包括：五星级主题酒店、度假园林酒店、国际会议中心、SPA温泉中心、温泉旅游小镇、欢乐水世界、动漫欢乐城、红酒会所、国际温泉疗养院、湿地生态岛、步行栈道、自行车栈道、植物园、童话木屋、康体保健中心等及其配套设施。

阳春国际温泉养生度假村　位于阳春市岗美镇黄村。于2010年8月13日奠基。由深圳市富通房地产集团投资建设，占地总面积约4035亩，按国家五星级酒店和国家5A级景区标准规划设计建设，总体定位为打造成集养生、休闲、运动于一体的国际化综合休闲平台。项目包括：主题商务酒店区、度假区、主题公园区等。首期计划投资12亿元，开发面积约2900亩，建筑总面积约30万平方米，规划高中档客房床位数1500张。

旅游行业监督管理

【旅游监督管理】　2012年，阳江市开展旅游市场专项检查行动6次，联合检查3次，常规检查17次，出动检查人员85人次，纠正违规行为为13起。通报批评3家旅行社。行政处罚立案8宗。受理旅游投诉22宗，其中投诉旅行社12宗、饭店7宗、景点3宗，结案率100%。

【旅游安全管理】　2012年2月21日，阳江市旅游安全工作会议在市碧桂园凤凰酒店召开。市旅游外侨局局长马洪藻及相关科室负责人、各县（市、区）旅游外侨（文体）局相关负责人、各旅游企业参加。会议分别签订落实旅游安全生产责任书。4月24日，阳江市旅游和外事侨务局召开迎“五一”暨旅游安全工作会议。是年，制订《阳江市旅游行业“打非治违”专项行动工作方案》《阳江市旅游公共事件突发应急救援预案》《阳江市旅游行业市场监管体系建设试点工作方案》《阳江市2012年“安全生产月”活动方案》和《阳江市旅游安全“百日行动”工作方案》，成立旅游安全工作领导小组，开展旅游安全大检查，重点检查旅行社组团用车、星级饭店消防、旅游景区安全等。

【旅游行业“三打两建”】　2012年，阳江市成立旅游行业“三打两建”工作领导小组，召开“三打两建”工作会议，制订《阳江市旅游行业“三打两建”工作方案》和《阳江市旅游市场监管体系建设试点方案》，重点加强旅游市场准入、旅游质量监管、旅游市场竞争秩序监管、旅游消费维权网络、旅游安全监管等9大体系建设，构建长效管理机制。检查旅行社签订旅游合同、导游员服务、租用车辆是否规范；检查行业开展诚信执业、旅游线路价格和虚假广告情况；检查旅游景区是否落实安全生产责任制，消费项目是否明码标价，景区内秩序是否良好等。全年共检查40个旅游团队、6间旅行社服务网点、4家星级饭店以及旅游景区。开展示范窗口试点建设，各试点窗口单位在合适位置悬挂企业经营许可证、企业法人营业执照、税务登记证及《行业诚信公约》《中国公民国内游文明公约》《中国公民出境游文明行为指南》。聘请谭宗诺等15名由市人大代表、政协委员、业内专家、媒体记者和游客等组成的社会监督员。编印“三打两建”工作简报10期。

【旅行社】　2012年，阳江市新增阳春市中之旅旅行社、阳江乐游旅行社。撤销龙之旅旅行社闸坡服务网点、龙之旅旅行社阳春朝南路服务网点、新黄金假期旅行社三环路服务网点、市青年旅行社阳春服务网点。至年底，全市共有旅行社30家，旅行社服务网点12家，旅行社委托代理16家。年初，阳江市召开2012年旅行社年度工作会议，印发阳江市《关于规范旅行社行业管理的实施意见》，以规范旅行社经营。3月19～20日，召开阳江市旅行社发展改革座谈会。开展“质量提升月”“品质旅游、伴你远行”等活动。旅行社责任险按规定统一统保，购买率达100%，要求旅行社做好购意外险的宣传，降低游客旅游风险。全年全市有持证导游员490人，共有370人参加导游IC卡年审。

▲邀请国内知名旅行社代表参加海陵岛旅游推介会。
（阳江市旅游和外事侨务局供稿）

【星级饭店】　2012年，新评定阳江长江国际酒店为四星级饭店，阳春市金达莱酒店为三星级饭店。至年末，全市有星级饭店29家。碧桂园阳江凤凰酒店和阳春东湖国际酒店2家五星级饭店通过国家星评委满3年期重评。取消闸坡紫光大酒店四星级饭店资格。全年通过年度复核星级饭店17家，申请延期复核1家，通过评定性复核10家。是年，阳江市制订《关于开展旅游行业节约用电的实施方案》，要求各旅游企业节约照明用电，降低空调用电负荷，全面推广使用节能灯，公共区域路灯减少照明数量，适当推迟亮灯时间和提前关灯时间。

【旅游商品】　至2012年年末，阳江市特色美食和旅游商品包括：阳江“三宝”（豆豉、小刀、漆器）；阳春“三宝”（春砂仁、蛇鞭酒、蛤蚧酒）。还有炒米饼、风筝、书画、不锈钢器皿、服装帽袋，阳春马水桔、根雕、孔雀石、黄蜡石，阳东喜之郎果冻、益智、荔枝，阳西黄皮蜜饯，海陵岛海产品等。阳江专业旅游商品销售企业有阳江十八子、莲香食品有限公司、绿叶集团、海源渔产、奇香园食品、手信公司、鸿丰实业公司等。

【旅游扶贫】 2012年，阳江市阳东县东平大澳渔家文化村旅游开发项目、沙扒湾海天旅游度假邨休闲渔业、阳春市隆海绿色生态度假山庄、阳江市海陵岛食为鲜美食休闲园4个项目获省旅游扶贫资金共410万元。其中阳东县东平大澳渔家文化村旅游开发项目参加全省重点旅游扶贫项目竞标，并以总分第二名竞得，获扶贫资金300万元；其他3个一般旅游扶贫项目共安排扶贫资金110万元。

【旅游行业协会】 至2012年年末，阳江市旅游协会（以下称“协会”）共有会员单位160个，个人会员100多人，从业人员近8万人。协会下设6个专业委员会、2个部，即景区景点专业委员会，旅行社专业委员会，宾馆酒店专业委员会，导游专业委员会，烹饪专业委员会，旅游纪念品、专业委员会和会员事务部、旅游行业培训部。

2月3日，组织由旅游协会会员单位参加的2012年阳江市旅游业界春茗座谈会。3月15日，联合市工商局组织由旅行社、旅游购物商场负责人参加的“三打两建”“重合同守信用”为主要内容的座谈会。5月，协助做好“华银杯”世界小姐粤西区总决赛的组织工作。8月，召开由阳江市30家酒店参加的联谊座谈会，征求做好酒店专业委员会工作的意见。10月，开展2012年阳江市名优特产和月饼展销、评比活动。12月14日，制定《阳江市旅游行业诚信自律公约》，举办由全市80多家旅游企业参加的行业诚信自律签约仪式和旅游市场监督员聘请仪式。

精神文明建设与教育培训

【旅游精神文明建设】 2012年3月2日，阳江市海陵岛试验区旅游文体局获全省旅游系统“先进集体”称号，阳春市春湾风景区管理所所长廖建军、阳江长江国际酒店有限公司副总经理兼行政总厨周叶楷、阳西咸水矿温泉旅游度假山庄办公室主任徐小明荣获“先进个人”称号；广东海上丝绸之路博物馆荣获阳江市妇联评选的“三八红旗集体”荣誉称号、广东省电子商务协会评选的“广东八大修学旅游胜地”荣誉称号、新浪网评选的“最受网友喜爱的生态景区”荣誉称号；阳江市黄好扬、蔡云霞、刘经辉、李涛、黄积许、黄小玲、梁朝林7人荣获广东旅游系统立足本职、爱岗敬业满20年工作荣誉纪念章；陈达华、吴锦利、陈清鸿、蓝云赋、关秋华、朱泳有、严沛新7人荣获广东旅游系统立足本职、爱岗敬业满10年荣誉纪念章。

【旅游教育培训】 2012年，阳江市组织参加两次全国导游人员资格考试工作。4月，共有72人报名参考，通过22人，合格率30.5%；9月，组织共有87人报名参考，通过34人，合格率39%。市旅游外侨局成立旅游培训工作领导小组，制订年度培训方案。于4月10～12日、24～26日在阳江广播电视大学举行2011年度导游员年审培训班。2月13日，年举办旅行社管理人员风险防控培训班，6月25日，举办旅游安全管理人员培训班。年内举办2012年阳江市“长江杯”导游员职业技能竞赛，通过景点讲解、知识问答、才艺展示等环节比赛，刘玲、刘丹、王立娜、陈恒志、龚增泳、余梦婷、柯小红、徐月眉、廖加燕、陈远强获“阳江十佳导游员”称号。

▲2012年旅行社管理人员培训班照片。

（阳江市旅游和外事侨务局供稿）

【旅游行风和机关工作】 2012年，深入扎实地抓好行风建设工作，制订《行政效能建设的实施方案》《工作基本制度》《政务公开制度》等规章制度，以制度管人管事，促进行风建设。加强了机关党风廉政建设，开展学习教育活动，分批组织赴外地考察，促进转变机关作风。局机关工作坚持了一月两会制度，即汇报会和学习会。通过创建A级景区、星级饭店、诚信旅行社，整顿零负团费活动、规范旅游市场秩序、优化旅游环境等，加强旅游行风建设。向全社会公布旅游行风监督电话，设立了行风评议意见箱，发挥行风监督作用。参加行风测评和相关媒体的“行风热线”活动，使行风评议工作深入旅游各界，宣传旅游良好风气。

（关实芬）

湛江旅游业

综 述

【概况】 2012年是湛江市旅游产业发展具有开创意义的一年。市委、市政府将旅游业作为全市五大支柱产业之一加以发展，取得可喜成绩：一是旅游经济实力明显提升。全市接待游客2239万人次、旅游总收入127.13亿元，比上年分别增长23.6%和36.81%；完成旅游投资45亿元，比上年增长1.2倍。全年新引进项目25个，计划投资总额259亿元。全市在建总投资超亿元旅游项目16个、投资总额149.7亿元。二是旅游综合改革深入推进。成立南三岛滨海旅游示范区筹建处，启动园区规划发展、资源开发、招商引资等工作，将南三岛建成为国家级滨海旅游示范区，全市旅游产业的“龙头”、第三产业的重要增长极。组建湛江市旅游投资集团，打造全市旅游项目融资平台、旅游项目建设平台、旅游资产经营平台和旅游资本运作平台。提升市旅游发展促进中心职能，强化旅游形象品牌推广和旅游线路产品开发。三是旅游转型升级步伐加快。湛江五岛一湾滨海旅游产业园区项目获3亿元财政专项扶持资金，湛江市中国新农村·康琦寨欢乐世界旅游在项目列为广东省旅游扶贫大型重点项目，获得省300万元扶贫专项资金，争取市级财政支持安排300万元旅游专项资金实行竞争性分配，择优扶持滨海、生态、乡村各3个特色项目建设。湛江形成了以滨海旅游发展为核心，生态休闲旅游发展齐头并进的旅游发展新形态。四是配套基础设施不断完善。投入3亿多元实施港湾清障，清理海域185.5平方公里、岸线243里，实现还景于民、还海于民。改造完善金沙湾海滨浴场和渔港公园海滩，并向市民游客免费开放，为市民游客提供集游泳娱乐、休闲观光为一体的滨海度假休闲场所，成为全市旅游惠民工程的最大亮点。

【领导关心旅游业】 2012年2月1日，中共湛江市委书记刘小华率队到市旅游局调研，支招“八个金点子”突破旅游招商引资工作，即：用高水平的规划去招商，用优势旅游资源去招商，用良好的服务去招商，用优惠政策去招商，以“走出去”和“请进来”相结合，以商招商，善用各种信息传媒来招商，市、县两级联动招商。

7月19日，湛江市市长王中丙主持召开旅游城市品牌建设专题工作会议，邀请专家学者为提升湛江城市旅游影响力把脉献策。提出把发展高端旅游、打造旅游目的地作为旅游城市品牌推广目标，高标准、高起点、国际化谋划旅游工作。7月22日，王中丙率队到市旅游局调研指导工作，要求转变思想，创新旅游发展，完善旅游配套设施，提高服务水平，打响“南国半岛、大美湛江”滨海旅游特色。8月24日，王中丙率队参加在广州举行的广东省滨海旅游产业园区竞争性扶持资金竞标。市“五岛一湾旅游产业园”成功赢得省财政3亿元的竞争性扶持资金。

10月23日，副省长招玉芳率队到湛江调研，要求湛江要用好用活省3亿元滨海旅游产业园竞争性扶持资金，做好滨海旅游大文章，将滨海旅游产业园区打造成南中国滨海旅游的全新地标、示范样板、响亮品牌，争当全省滨海旅游发展排头兵，为全省滨海旅游产业的发展作出贡献。

【旅游行业规模】 截至2012年年底，湛江市共有星级饭店37家，其中五星级2家、四星级8家、三星级22家、二星级5家。星级饭店有客房数5622间，床位数9625张。全市非星级住宿设施共600家，有客房数28608间，床位数46278个；拥有旅行社47家，其中出境游组团社2家；有旅游汽车公司5家，旅游汽车大巴122台，中巴40台，小车12台，座位6975个。旅游船务公司1家，游船3艘，游艇1艘，座位375个；全市持证导游人员1200人，旅游直

▲2012年2月1日，市委书记刘小华到市旅游局调研指导工作。
（湛江市旅游局供稿）

接从业人员7万多人。共有国家A级旅游景区12家，其中4A级景区2家，3A级景区6家，2A级景区4家，另有未评级旅游景区60家。引导“钱大姐”海产品专卖店、茗皇茶专卖店，建设全市特色的旅游商品示范店。全市旅游基础设施日益完善，旅游服务功能不断加强，旅游产业体系日趋健全。

【重大旅游决策】 2012年1月19日，湛江市委召开十届四次全会，提出打造东海岛、奋勇经济区、南三岛“三大经济增长极”目标，要把南三岛打造为国家级滨海旅游示范区和“中国南方冬休度假基地”，使之成为全市旅游经济最大增长极。提出要大力发展滨海旅游休闲业，按照“科学定位、提升规划、控制资源、打造亮点、注重推介”的总体要求，加快把旅游业尤其是滨海旅游休闲业培育发展成为战略性支柱产业。5月17日，湛江市政府审议通过《湛江五岛一湾滨海旅游产业园总体规划》。6月21日，湛江市政府审议通过《湛江市旅游产业发展规划（2011—2020年）》。12月1日，湛江市人民政府印发《湛江市支持旅游产业发展优惠办法（修订）的通知》（湛府〔2012〕95号）。对建设滨海旅游、高星级酒店、特色乡村旅游、大型旅游景区和休闲康体文化娱乐设施、旅游公共服务设施等经市政府有关部门认定的旅游项目，给予土地使用、所得税、各位收费等优惠措施和办法，旨在吸引各类资本在湛江市投资兴办旅游产业，积极参与旅游开发经营，增强旅游发展后劲，促进全市旅游产业加快发展。

【重要旅游活动】 2012年11月9日，全市旅游饭店业服务技能大赛在湛江市海滨宾馆举办。共有24家饭店、128名选手参加比赛，通过比赛活动交流技艺，促进全市旅游服务水平提高。12月19日，湛江滨海旅游推介会在海口喜来登温泉度假酒店举行。中共湛江市委书记刘小华、市长王中丙，海口市市长冀文林率与两市党政部门主要负责人，旅游、交通等部门和主要企业代表，大型项目投资商等200多人参加推介活动。借助海南国际旅游岛聚焦效应，大力推介湛江旅游特色和优越的投资环境，推广城市旅游形象标识，与海口市签订《湛江海口旅游港航业合作框架协议》。两地市领导现场办公，解决码头建设对接等问题。

【国民旅游休闲计划】 2012年4月21日，湛江市旅游局在北部湾大渔村启动万人游湛江活动，实施迎客入湛奖励政策，组织各大景区和旅游接待单位开展旅游主题活动，把旅游淡季做旺。10月12日，广东省海上休闲旅游活动在广州启动，湛江市作为全省八个主要分会场之一，在坡头南海明珠游艇俱乐部码头启动“五岛一湾”海上休闲旅游项目。刘小华、王中丙等市领导及300多名游客参加活动。

▲2012年10月12日，湛江举行五岛一湾海上休闲游启动仪式。（湛江市旅游局供稿）

国庆和中秋佳节期间，举办第四届“2012广东（湛江）茶业旅游博览会”，该博览会由湛江市旅游局、农业局、文化广电新闻出版局主办，展场面积10000多平方米，共设国际标准展位200个，参展企业160多家。

【旅游综合改革】 2012年4月6日，湛江市政府召开全市旅游工作会议，部署“五岛一湾”（特呈岛、南三岛、东海岛、硇洲岛、南屏岛和湛江港湾）为主体的滨海旅游产业园加快建设步伐。该园区总面积1130.68平方公里，其中陆地面积615.68平方公里，海域面积515平方公里，聚集滨海、火山、生态、文化等特色旅游资源。首期重点建设特呈岛、南三岛和湛江湾组成的“两岛一湾”，规划建设南三岛大型邮轮游艇码头、海洋主题公园、海洋军事博物馆等高端海洋旅游项目，打造中国南方冬休度假基地和国家级滨海旅游度假区等滨海旅游发展工作任务。11月2日，成立南三岛滨海旅游示范区筹建处，推进南三岛滨海旅游示范区开发建设，建设成为国家级滨海旅游示范区。10月21日，市旅游局、市财政局实施2012年度市旅游专项资金竞争性分配评审会。全市有16个旅游项目参与300万元旅游专项资金竞标，南海明珠游艇俱乐部等9个项目竞得。

出入境旅游

【入境旅游】 2012年，湛江市接待入境游客17.95万人次，比上年增长26.17%；旅游外汇收入4816.12万美元，占旅游总收入的2.39%，增长32.67%。

在入境游客中，外国人8.83万人次，占49.14%，增长32.41%；香港同胞7.38万人次，占41.11%，增长22.35%；澳门同胞0.53万人次，占2.95%，增长13.16%；台湾同胞1.21万人次，占6.74%，增长14.37%。

【出境旅游】 2012年，湛江市旅行社组团出境游6506人次，比上年下降9.88%，其中港澳游游客4095人次，出国海外游客2411人次。

国内旅游

【国内旅游接待与收入】 2012年，湛江市实现国内旅游收入124.09亿元，占全市旅游总收入的97.61%，比上年增长37.01%；全市住宿设施接待过夜国内游客124.73万人次，增长37.16%。

【乡村旅游】 据不完全统计，2012年湛江市霞山特呈岛、坡头炭之家、硇洲存亮村、遂溪马六良、吴川蛤岭村、廉江红树林、徐闻包宅村等40多个乡村景点累计接待游客超过140多万人次。徐闻生态乡村、廉江摘果尝鲜、遂溪绿道休闲、坡头保健休闲等“一县一品”旅游线路深受欢迎。城市人游乡村、乡村人游乡村，到“湛江最美的村庄”游玩成为节假日旅游的时尚。大批游客以家庭自助、探亲访友等方式，到乡村景点旅游休闲，领略田园风光、品尝乡村美食、感受民俗风情，去体验农家乐、渔家乐、茶家乐等乡村旅游的乐趣。12月18日，湛江市金鹿园获评为市级四星级农家乐，特呈岛红岛渔庄获评为市级三星级农家乐。

【假日旅游】 2012年春节黄金周，湛江市共接待游客203.6万人次，同比增长26.9%，全市旅游总收入达6.2亿元，同比增长63.5%。国庆黄金周全市共接待游客301.6万人次，旅游收入6.1亿元，同比分别增长52.8%和61.2%。

旅游宣传促销与节庆活动

【旅游市场推广】 2012年，湛江市继续加大对外宣传推广、引客入湛力度，9月14～16日，组织20多家企业赴广州参加2012中国（广东）国际旅游产业博览会各项展销活动荣获组委会最佳展经奖和最佳组织奖。组织旅游企业赴贵州、青岛、武汉、上海、澳门、香港等地开展全国旅游展销推介活动。12月19日，在海口举办湛江滨海旅游推介会。刘小华、王中丙、庄晓东等市领导亲自参加，大力推介湛江旅游特色和优越的投资环境，借助海南国际旅游岛聚焦效应，推广“湛蓝的海、湛蓝的天”的湛江城市旅游形象标识。加强与品牌媒体合作，在香港亚视、南方卫视播放湛江旅游系列专辑，《中国旅游杂志》推出湛江旅游专题宣传画册，大力宣传湛江旅游品牌。借助《湛江旅游网》《湛江旅游招商网》等网络信息平台，扩大湛江旅游知名度和影响力，促进引客入湛工作。

2012广东安铺特色美食文化节 1月28日至2月3日，廉江举办第四届广东安铺美食文化节。该美食文化节连续举办四届，成为安铺的一张亮丽的新名片。美食为媒，经济唱戏，唱响了安铺美食品牌，打造了经济新增长点，本届美食文化节，突出“古镇美食，百年传承”主题，在全面展示安铺特色传统美食的同时，全方位展示安铺悠久的历史、深厚的文化底蕴和辉煌的发展成就，为八方来宾献上极具古镇特色的美食文化盛宴，宣传推介了安铺投资环境。

2012湛江海上龙舟邀请赛 6月23日，湛江在赤坎金沙湾观海长廊海湾举办第六届湛江海上龙舟邀请赛，组织少年儿童在龙舟赛现场以“碧海竞舟、龙腾湛江”为主题，进行长卷绘画创作活动，在现场进行湛江民俗文化图片展、摄影大赛，在赤坎体育场“开心广场”举办电影晚会；在霞山海滨公园“开心广场”举办文艺晚会；组织召开非物质文化遗产讲座；组织主题为“团结奋进龙舟赛、湛江崛起我成长”万人签名活动以及开展OP帆船表演、风筝表演等活动。

2012中国（吴川）月饼节暨经贸洽谈会 8月2～4日，吴川市举办第二届中国（吴川）月饼节，有300多家月饼生产企业及相关产业的企业参展。主要内容有月饼展示及订货会、月饼研讨会、月饼品鉴评比会、文艺晚会以及以月饼文化为主题的一系列活动。通过举办月饼节活动推动，吴川月饼由过去的小作坊式手工生产发展为现代化生产线生产，实现自动化、规模化、产业化和标准化，推出“金九”“南方”“福海”等一批月饼名牌。先后获“中国著名品牌”“中国十佳月饼”“中国金牌月饼”等称号。吴川也被中国烹饪协会评委“中国月饼之乡”。

2012广东（湛江）茶业旅游博览会 9月29日至10月3日，湛江举办2012广东（湛江）茶叶旅游博览会，本届展会以“弘扬茶文化、繁荣湛江游、倡导健康生活、服务五年崛起”为主题，旨在丰富广大市民游客节日文化生活，以节造势、以节促游，推介湛江资源优势，展示湛江旅游魅力，推动湛江茶产业的升级和茶叶市场的繁荣兴旺，进

▲2012年9月29日，湛江举办茶业旅游博览会。

（湛江市旅游局供稿）

一步实现湛江旅游业、茶产业的互动健康和谐发展，让市民和游客尽享购物休闲，品赏天下名茶，欣赏湛江“黄金海岸、热带绿都、天南古邑、魅力港城”旅游风光。本次活动是“幸福广东周”的重要活动之一，也是2012广东国际旅游文化节的主题活动之一，展场面积10000多平方米，共设国际标准展位200个，来自全国参展企业160多家茶业、旅游、文化等企业单位参加会展活动。

【区域旅游联盟与协作】 2012年12月19日，湛江市政府在海口举办滨海旅游推介会，与海口市政府签订《湛江海口旅游港航业合作框架协议》。两地市领导率队现场办公，解决南北两港码头建设对接等实际问题，取得对接国际旅游岛建设的多赢成效。11月2~3日，湛江市参加在广西防城港召开的两广十市区域旅游合作联席会议。会议以“两广十市区域旅游合作更加紧密”为主题，与茂名、阳江、云浮、防城港、钦州、玉林、贵港、来宾、北海等9个城市加强旅游交流合作。

2012年，湛江市加强与琼北各市、两广十市以及贵州、南宁、张家界等区域旅游合作交流。3月19日，贵州施秉县政府在湛江举行旅游推介会。湛江市旅游局、全市主要旅行社负责人、新闻媒体共50多人出席推介会。4月21日，张家界市武陵源区旅游工作委员会来湛江举行旅游推介交流活动。全市各旅行社负责人、计调部经理、计调、分社和门市部经理及媒体共160人参加。

▲2012年12月19日，湛江市政府在海口市举办旅游推介会。
（湛江市旅游局供稿）

旅游资源开发和景区（点）建设

【旅游规划】 2012年5月17日，湛江市政府审议通过《湛江五岛一湾滨海旅游产业园总体规划》。6月21日，湛江市政府审议通过《湛江市旅游产业发展规划（2011—2020年）》。该规划提出湛江市“一心、一带、两极、三板块”发展格局［“一心”，即是以五岛一湾滨海旅游产业园作为湛江发展滨海旅游的核心区域，打造环雷州半岛滨海旅游产业带；培育半岛东部（吴川）和南部（徐闻）旅游增长极；“三板块”指建成海洋度假、生态观光、历史文化三大旅游板块］，开发建设以特呈岛、南三岛、东海岛、硇洲岛、南屏岛和湛江港湾为主体的滨海旅游产业园。园区总面积1130.68平方公里，其中陆地面积615.68平方公里，海域面积515平方公里，聚集滨海、火山、生态、文化等特色旅游资源。首期重点建设特呈岛、南三岛和湛江湾组成的“两岛一湾”，规划建设南三岛大型邮轮游艇码头、海洋主题公园、海洋军事博物馆等高端海洋旅游项目，打造中国南方冬休度假基地和国家级滨海旅游度假区。建成南中国海洋度假休闲旅游中心和国际旅游半岛。规划建设湛江市五岛一湾滨海旅游产业园区。南三岛规划建设国家滨海旅游示范区和中国南方冬休度假基地。推动徐闻创建广东省旅游综合改革示范县和吴川市创建广东省滨海旅游集聚区。

【旅游投资与建设】 2012年实施《湛江市鼓励招商引资若干优惠政策（暂行）》《湛江市支持旅游产业发展优惠办法》，全年新引进项目25个，计划投资总额259亿元。全市储备旅游项目21个，计划总投资223.7亿元。全市在建总投资超亿元旅游项目有16个、投资总额149.7亿元。

【新开发、新建设景区（点）】 2012年，湛江市旅游局跟踪服务、全力推动重点旅游项目建设，南海明珠游艇码头、吉兆湾国际海洋旅游度假第一期和雷州樟树湾大酒店等项目建成试业，金沙湾花园大酒店、特呈渔岛度假村会议中心进入装修阶段，民大喜来登酒店完成封顶，环球大酒店装修改造工程、恒逸国际酒店三期等项目抓紧建设。

【旅游扶贫】 2012年，湛江市康琦寨景区项目参加2012年广东省旅游扶贫大型重点项目评审会，并列为重点扶持项目，获得省300万元扶贫专项资金；争取市级财政支持安排300万元旅游专项资金实行竞争性分配，择优扶持滨海、生态、乡村各3个特色项目建设。认真抓好扶贫“双到”工作，共筹集资金50多万元扶持挂点贫困村——廉江市和寮镇榄排村。扶持村集体养殖罗非鱼、牛、羊等畜牧项目及农业机械出租项目，扶持贫困户危房改造54户。贫困户共70户245人，经帮扶后人均年收入4000元以上。村集体年收入50000以上。

【旅游创强工作】 2012年3月2日，省政府在全省旅游工作会议上授予廉江市“广东旅游强县”荣誉。廉江市把旅游业作为引领经济、文化等产业崛起的新龙头，围绕构建北部湾生态旅游休闲基地，把旅游产业培育成为新兴支柱产业的目标，启动创建广东旅游强县工作，把完善城乡基础设施、民生工程和旅游项目建设结合起来，形成部门联动，群策群力发展旅游业的良好态势。自2008年以来，该市大手笔投入搞基础设施建设。完善路网建设，与高速公路相连接，为游客来往提供便捷通道。改造完善廉江河—河两岸及市区各主要道路。新建多处旅游景点公厕，新建市区4个小游园和公共绿地，增加绿地7500平方米。新建廉江博物馆，建起占地面积3000亩的廉江植物生态公园。结合“三旧”改造，建成面积达10万多平方米的文化旅游休闲广场、人民公园休闲旅游中心区。

廉江市大力发展农家乐等特色旅游项目，实施《鼓励发展农家乐旅游项目的奖励办法》，并从财政资金中，专门划拨30万元用于建设农家乐示范点。廉江市杨桃沟、新屋仔、宏达山庄、山海轩等景点成为周边地区游客休闲旅游目的地。自2003年以来，该市成功举办7届“廉江市红橙旅游文化节”和3届“广东安铺美食文化节”等活动，刘欢、殷秀梅、宋祖英、汤灿、腾格尔等演艺界知名人士放歌廉江，吸引各地客商前来参会洽谈，旅游休闲。看山景，摘果赏绿品靓汤成为廉江生态休闲旅游业一大亮点，据统计，自2008年至2012年年底，廉江旅游观光游客超过500多万人次，旅游业带动相关行业增收160多亿元，引来外商投资企业金额400多亿元，拉动旅游区周边农民农产品贸易额120多亿元，提供就业岗位30多万个。

【旅游安全管理】 2012年，湛江市开展“品质旅游报价线路”媒体公布，实施节假日黄金周24小时值班制度，受理和处理旅游投诉11件，同比下降60.7%。有效抵御“启德”等强台风袭击，确保各项旅游活动安全顺畅。5月23日，市安委会对局领导班子进行2011年度安全生产责任制考核。6月2日，市旅游局制作巡游花车1台参加市安委会组织的“安全生产月”活动启动仪式。6月6日，参加行风热线主题为“旅游行业管理与服务”的节目。6月10日，参加市安委会组织的“生产安全事故警示教育周”启动仪式和活动，制作宣传挂图5幅，发放《旅游突发事件应急手册》近1000份。

【旅游行业“三打两建”】 2012年，湛江市旅游系统以“安全生产年”为主线，以“三打”“打非治违”等专项行动为抓手，深入贯彻落实安全生产“一岗双责”，加强安全生产标准化建设，全面开展安全隐患排查治理和重大安全隐患整改，积极开展“安全生产月”活动，组织全行业积极做好元旦、春节、“五一”“十一”等节日期间旅游安全生产工作。全年组织检查组25个，检查人员81人次，检查旅游企业41个，警告12次，责令限期改正18起，打击违规违章13起，打击和整治旅游行业非法违法生产经营行为。认真督办全市挂牌的湖光岩风景区内望海楼特大型危险边坡地质灾害隐患整改工作。

【旅行社】 2012年，湛江市共办理旅行社变更备案4家，旅行社设立分社备案7家，旅行社服务网点（门市部）备案19家，旅行社委托招徕旅游业务备案9家18宗，发布旅行社业务公告13个，及时向行业和社会公众公布旅游业务许可、变更、注销、备案等信息。2月9日，召开旅行社负责人座谈会。会议围绕旅行社抓质量、抓市场、抓宣传、抓培训以及春节黄金周引客入湛、宣传促销等问题献计献策。贯彻落实《旅行社条例》及《旅行社条例实施细则》，以旅行社服务网点管理、旅游合同监管和旅行社规范经营为重点，抓好旅行社的守法经营，打击“黑社”“黑导”“黑车”等不法行为，培育旅行社诚信意识、品牌意识、优质服务意识。至年末，全市共有旅行社47家。

【导游员管理】 2012年，湛江市旅游局做好导游员年审培训和IC卡管理工作，通过举办导游年审理论培训班、实地导游培训班等形式，为全市导游员提供年审教育培训。全年组织两批次共465人参加导游考试，全年累计共为980名导游员办理导游IC卡年审，共有232人办理导游证，其中新办证181人，遗失补办证15人，换发办证24人，外市调入12人。为20名导游员办理迁入、迁出手续。全年挂靠中心的导游员数量为1581人。

【星级饭店】 2012年11月26日，廉江市罗二酒店获评为四星级饭店，至年末，全市共有星级饭店37家。2月21日，召开全市星级饭店负责人座谈会。会议就酒店集团化管理、在线服务、酒店管理精细化、服务个性化、食品安全、消防安全、酒店经营服务理念、企业文化打造等方面提出要求。全年全市有10家星级饭店参加年度复核，复核率100%，有34家饭店通过年度星级饭店复核。星级饭店

▲2012年11月9日，湛江举办全市旅游饭店技能大赛。

（湛江市旅游局供稿）

拥有客房数5221间（套），床位数9080张，从业人员11204人，营业收入9.1亿元，客房平均出租率为59.81%。5月12～18日，市星评委对雷州中国园、洪都大酒店等一批二星、三星级酒店进行评定性复核检查。6月26～28日，广东省旅游饭店星级评定委员会委派星级饭店复核小组对南海宾馆、丽波度假村、海滨宾馆四星级旅游饭店进行评定性复核。2012年，全市酒店行业开展“满意旅游在湛江”“全市旅游酒店企业文化建设”活动和“低碳旅游”、“绿色饭店”创建活动，引导旅游企业节能减排、绿色发展，实现主要旅游企业用水、用电额度同比降低5%以上，星级饭店客房“六小件”逐步减少或实行有偿供给。

【旅游商品】 2012年，湛江市加强对旅游商品销售经营、生产研发的管理，加快研发、生产、销售“一条龙”体系建设。联合工商等有关部门，加强对旅游商品市场环境的综合治理，加大旅游购物商场、市场等旅游购物点的监管力度，严厉打击假冒伪劣商品，做到让游客放心购物、满意购物。

▲湛江良姜 （湛江市旅游局供稿）

【旅游信息化建设】 2012年，积极构建粤西中心旅游城市电子商务网络平台，充分发挥湛江旅游网、湛江旅游招商网等网络信息平台，加大湛江旅游的网络推介力度，推进旅游信息化建设扩大湛江旅游知名度和影响力，有效促进了引客入湛工作。完成湛江旅游网的升级改版工作，提升了网站的视觉美感度和网站功能的实用性。做好湛江旅游网、湛江旅游政务网、湛江旅游投资网等旅游系列网站和市政府门户网站旅游休闲板块的旅游资讯实时更新发布工作。每周的信息更新量约200条。

【旅游行业协会】 2012年1月14日，湛江市旅游协会旅行社分会换届大会在市金辉煌酒店召开。会议选举通过新一届分会理事会。刘建进当选分会理事会会长，李宏汉、包昌强、黄进文、杨雪山、苏宇斌、梁铭为副会长，易国芳为秘书长。11月30日，湛江市旅游协会饭店协会会员大会在中国城酒店召开。大会为2012年全市旅游饭店业服务技能大赛举行颁奖仪式。有关县（市、区）旅游局负责人、饭店协会会员代表等共70多人参加。市旅游协会加强与广东旅游协会及其他协会的沟通，增进与各地级市旅协的工作交流。黄金周前后及时召开旅游协会旅行社分会、旅游饭店分会座谈会。

精神文明建设与教育培训

【旅游行风和机关作风建设】 2012年3月2日，在省政府召开的全省旅游工作会议上，廉江市荣获“广东旅游强县（市）”牌匾，市旅游局林红获得“全国旅游系统先进个人”称号，市旅游局陈振华、吴川市旅游局陈豪、海滨宾馆庞惠娟、湖光岩风景区梁丽桢获得“广东省旅游系统先进个人”称号，皇冠假日酒店、特呈渔岛度假村获得“广东省旅游系统先进单位”称号。湛江市深入开展旅游行业培训就业“万千工程”、“全市旅游行业文艺汇演”等活动。结合“3·15”国际消费者权益日，与市消委会联合开展“文明旅游、理性消费”“旅游质量万里行”“品质旅游”和“明明白白去旅游”等旅游消费宣传活动。5月30日，市旅游局围绕“诚信经营，理性维权”为主题，参加湛江电台“全市行风热线”上线。引导游客理性消费、文明出行，增强游客和旅游企业维护自身合法权益的法律意识，拓宽旅游服务质量的监管渠道。全年办理人大代表建议和政协委员提案16件，有关工作得到市人大代表和政协委员的好评。

【旅游教育培训活动】 截至2012年年底，湛江市全年组织旅游从业人员岗位培训1.6万人次，组织旅游企业提供就业岗位超过3000多个，提前完成全市旅游培训就业“万千”工程任务。4月28日，市旅游局在金辉煌酒店举办全市旅游饭店餐厅服务示范培训班。全市旅游饭店约100多名负责人参加培训。5月29日，在海滨宾馆举办旅游饭店前厅、客房服务课程示范培训班，各旅游饭店总经理（副总经理）、培训部极力、前厅和客房培训老师超过200人参加。全年举办的2期示范培训班均采取视频、现场示范、学员提问、专业点评等方式授课。11月9日，市旅游局、市旅游饭店协会在湛江海滨宾馆联合举办2012年全市旅游饭店业服务技能大赛，有24家饭店、128名选手参加比赛。12月27日，召开全市旅游统计工作会议。各县市区旅游局、旅游企事业单位的100多名统计工作负责人参加会议及培训。

（林洪强 文/图）

茂名旅游业

综 述

【概况】 2012年，茂名市旅游产品体系进一步丰富，旅游接待基础设施得到加强，旅游产业规模扩大，旅游市场运行健康有序，旅游接待服务水平整体提升，“冼太故里、中国荔乡、云山鉴水、滨海茂名”旅游整体形象愈加鲜明。全市旅游接待人数1013.32万人次，比上年增长10.5%，其中接待国内过夜游客398.47万人次，增长10.58%；接待过夜入境旅游者人数2.5万人次，增长8.41%。旅游总收入93.14亿元，增长10.35%。

【领导关心旅游业】 2012年5月22～23日，中共中央政治局委员、广东省委书记汪洋在茂名市调研期间，与省领导黄先耀、林木声、许瑞生等领导一起，在市委书记邓海光等陪同下考察化州孔庙、滨海公园绿道。5月30日，副市长崔爽、市政协副主席崔锡明在梁红健局长陪同下，到高州市深镇镇考察调研当地生态旅游文化建设工作，并就市政协提出的“关于加快推进我市公共文化体育设施建设”提案到基层进行指导工作。10月15日上午，为贯彻落实省委关于各级领导干部要以党代表身份参与党代表工作室工作的决定，副省长招玉芳率领省外经贸厅厅长郭元强、省旅游局局长杨荣森一行到茂名市电白县旦场镇党代表工作室开展党代表接待党员群众活动。市领导邓海光、李红军、黄心强等参与接待群众活动。

【旅游行业规模】 截至2012年年底，茂名市拥有星级饭店11家，其中五星级饭店1家，四星级饭店3家，三星级饭店7家。拥有旅行社16家，其中经营出境游业务旅行社2家；拥有旅游景区（点）22家，国家4A级景区2家，3A级景区3家。有国家水利风景区2家、全国农业旅游示范区1个、省级滨海旅游产业园区1个、省级旅游度假区1家、省级森林公园1家、省级自然保护区1个。

【“两广十市”区域旅游合作（防城港）联席会议】 2012年11月1～3日，两广十市区域旅游合作第十四次联席会议在广西防城港市召开。省旅游局副局长王志红、广西壮族自治区旅游局副局长贾玉成、防城港市政协主席赵发旗等领导出席会议并讲话。茂名市政府副秘书长朱春保率领市旅游局和市国旅、中旅、青旅、恒泰旅行社、森林公园、御水古温泉等旅游企业代表参加会议。本次联席会议议题为“促进区域旅游更加紧密合作”。朱春保副秘书长代表茂名市在大会上发言，就如何进一步促进两广十市区域旅游合作更加紧密提出五点建议。何振锋副局长代表市旅游局与其他九市旅游局负责人签订《两广十市区域旅游更加紧密合作（防城港）宣言》。

▲《两广十市区域旅游更加紧密合作（防城港）宣言》签约仪式。

【启动“美丽茂名游”暨“茂名十景十大美食”评选】 2012年12月29日，茂名市人民政府在市区文化广场举行“美丽茂名游”暨“茂名十景十大美食”评选活动启动仪式，副市长崔爽及市旅游局领导出席启动仪式。由茂名国旅等单位组织的2000多名游客参与“美丽茂名游”首发

▲茂名市启动“美丽茂名游”暨“茂名十景十大美食”评选活动。

团。活动持续至2013年5月。组织市民和游客参加“美丽茂名游”，评选“茂名十景”和“茂名十大美食”。

出入境旅游

【入境旅游】 2012年，茂名市接待过夜入境游客24962人次，比上年增长8.41%，其中外国人3126人次，比上年增长4.37%；旅游外汇收入1314.62万美元，比上年增长4.01%。

【出境旅游】 2012年，茂名市旅行社组团出境游人数10006人次，比上年增长43.95%。其中香港游3981人次，增长35.55%；澳门游4436人次，增长38.97%；出国游1489人次，增长195.44%。

国内旅游

【国内旅游接待与收入】 2012年，茂名市接待国内游客1013.32万人次，比上年增长10.50%，其中过夜游客398.47万人次，增长10.58%；国内旅游收入92.31亿元，增长10.44%；旅行社组团国内游305600人次，下降4.17%。其中省内游229541人次，下降1.35%；省外游76059人次，下降11.76%。

【乡村旅游】 2012年，制定《茂名市农家乐星级评定办法》。高州森宝园山庄、茂港区农香园生态农庄、信宜市玉都生态农庄、信宜市池洞镇明和食府评定为首批“星级农家乐”。1月，市旅游局联合市委农办、市财政局评选出信宜市钱排镇双合村等首批7个旅游名村，从省补助茂名市现代产业发展引导资金（旅游发展专项资金）中奖励每个名村10万元，用于旅游基础设施建设、村容村貌整治以及美化绿化工程。8月，市旅游局合同市农办等单位对旅游名村建设情况检查，督促指导旅游服务设施及景观建设。

【假日旅游】 2012年，茂名市春节黄金周旅游总收入27261.33万元，比上年同期增长8.83%；接待游客133.46万人次，同比增长21.21%。其中过夜旅游者20.79万人次，同比增长8.39%；一日游游客112.67万人次，同比增长26.34%。

“五一”小长假全市旅游收入11620.03万元，比上年增长12.64%；接待游客42.17万人次，同比增长19.43%；过夜旅游者4.12万人次，同比增长6.74%；一日游游客38.05万人次，同比增长20.99%。

“十一”黄金周全市旅游收入2.88亿元，比上年增长63.6%；接待游客102万人次，同比增长110.8%；过夜旅游者13.13万人次，同比增长74.8%；一日游游客88.87万人次，同比增长117.5%。

旅游市场推广与节庆活动

【旅游市场推广】 2012年春节期间，茂名市旅游局在广东电视台的珠江频道、卫视频道播放茂名旅游产品宣传广告，大力宣传茂名旅游。3月，市旅游局联合南方报业传媒集团及信宜市委、市政府共同举办2012年信宜李花旅游文化节、三华李品果节。5月17～21日，副市长崔爽带领市文化局、旅游局、市属主要旅游企业参加第八届中国（深圳）国际文化产业博览会。6月，市旅游局举办“乐天杯”茂名旅游风光风情摄影大赛，历时3个月。7月5～9日，朱春保副秘书长带领市旅游局、市属主要旅游企业赴武汉参加第六届华中旅游博览会，并在长沙和武汉市举办“茂名市旅游推介会”。9月13～16日，崔爽副市长带领市旅游局、市文化局、市属主要旅游企业参加中国（广东）旅游产业博览会。11月，朱春保副秘书长率领市旅游局、市属主要旅游企业参加在广西防城港市举行的第十四届两广十市区域旅游合作联席会议。市旅游局与其他九市旅游局签订《两广十市区域旅游更加紧密合作（防城港）宣言》。12月，茂名市电视台拍摄制作“茂名旅游风光”VCD和“茂名旅游总体形象片”。

▲广东茂名（武汉）旅游交流推介会。

【2012信宜市李花旅游文化节】 2012年2月11日，“2012信宜市李花旅游文化节”启动仪式在信宜钱排镇举行。省林业厅副巡视员吴玩余，市委常委、宣传部部长向欣，副市长崔爽，南方报业传媒集团副主席江艺平等领导出席仪式。由南方报业传媒集团、茂名市旅游局、中共茂名信宜市委、信宜市人民政府联合举办。包括举行省级“非遗”飘色表演，大型书画展、曲艺表演、文艺作品展以及摄影大赛等活动。活动为期8天，仅启动仪式当天接待赏花观光游客1.5万人次。

【旅游节庆活动】 2012年6月16日至7月1日，风情李乡“银妃”品果节在钱排镇月亮湾旅游广场盛大启动。茂名市政协副主席、市科技局局长崔锡明，信宜市领导黄玉华、梁永全，市旅游局局长梁红健出席启动仪式。举办三华李鲜食比赛、山地自行车比赛和双溪古庙祈福法会等活动。12月1~10日，信宜市举办“南玉杯”2012东方睿志世界亚裔小姐大赛年度总决赛暨信宜市南玉旅游文化活动。12月25日，茂南区举办首届罗非鱼旅游文化节。举办罗非鱼鱼王拍卖活动及“幸福茂南”岭南名家书画邀请展暨书画名家笔会，展出黎雄才、关山月等岭南画派名家代表精品力作近百篇。

▲“银妃”品果节启动仪式。

旅游资源开发和景区（点）建设

【旅游规划】 2012年11月6日，市政府常务会议通过《广东省茂名市旅游发展总体规划（2011—2030年）》《广东省茂名市滨海新区旅游产业园总体发展规划（2011—2030年）》《广东省茂名市浮山生态旅游区总体规划（2011—2030年）》，并印发全市实施。市旅游局推动各县（市、区）旅游规划编制工作，茂南、信宜、高州的旅游规划正在编制中，化州市启动旅游规划编制，信宜市莲花湖生态旅游区的概念性规划通过专家评审，放鸡岛海洋度假公园、三官山度假区、高州玉湖旅游景区规划正在编制中。

【旅游投资】 2012年，茂名市签订或意向性投资旅游项目共有15项，投资总额约95亿元。其中茂南区新增乐天国际大酒店建设项目，投资规模27亿元；动工改建的山阁温泉度假村项目，占地400亩，总投资规模达3亿元；茂港区引进东莞松山湖公园游乐中心投资建设的第一滩游乐场、引进东莞南宇集团建设明斯克号国际大酒店和信宜市引进深圳瑞祥一族投资有限公司开发尚文水库生态养生旅游度假项目签约。

【旅游景区（点）与基础设施建设】 2012年，茂名市放鸡岛海洋度假公园共投入资金8000多万元，新建18幢别墅。御水古温泉度假区投入1000多万元，新建一栋住宿楼，新增200多套豪华客房；龙头山浪漫海岸投入资金1000多万元建设二期工程、五星级度假酒店及其他配套设施，其中五星级旅游度假酒店于9月23日动工建设；玉湖国家级水利风景区重新装修玉湖酒家，购进环保大型旅游客船，平整大型停车场；平云山旅游风景区完成20多公里上山公路和10米宽路基工程建设。

【新开发、新建设景区（点）】

三官山生态旅游区 坐落在高州市新垌、云潭两镇交界处，海拔1252米。山内森林茂盛，溪流众多，奇石连堆，形成平河、三官湖、白水角瀑布、龙湾涡瀑布、大型牧场等自然景观。三官山瀑布具有大、高、险特征。三官山特色植物、动物甚多，连片野生红蕉林，珍稀植物沙罗。

【绿道旅游】 2012年，茂名市滨海旅游绿道从第一滩至虎头山路段16.9公里建成完工，虎头山至晏镜岭路段正在施工。滨海绿道依托海边防风林地、水体、海岸和峭壁设立，包括红色沥青慢行道路、木塑栈道、登山道等。沿途经第一滩、虎头山、晏镜岭、童子岭等亚热带风光景点和人文景点等游憩空间。滨海绿道沿途设置标识牌、引导牌、信息牌、照明通信等设施，还为游客提供自行车、露营、咨询、救护、保安等服务。高州市区至南塘彭村段的绿道是高州市首条绿道，首期工程南起立铎洪道口，北至彭村下六罗村，全长约3.1公里，总投资约120万元。

【旅游扶贫】 2012年，茂名市玉湖风景区、茂港滨海渔家风情园、信宜龙玄峡漂流配套设施、高州市造贤生态旅游文化广场4个项目共获旅游扶贫专项资金140万元。省旅游扶贫大型重点项目——茂名市浮山生态旅游区，先后完成旅游区景区大门、游客中心以及浮山山体部分登山栈道、冼太亭、茂名亭项目的选址设计，后续由高州市政府对该项目进行招投标工作。

旅游行业监督管理

【旅游市场监督】 2012年，茂名市旅游局开展“旅游市场执法周”检查、导游专项检查、旅行社门市部专项检查等工作，对1家委派无证导游带团的旅行社给予2万元的行政处罚，对23家旅行社门市部没有及时办理备案登记的行为给予行政警告。全年受理有效旅游投诉8宗，结案率100%，没有发生重大旅游质量投诉和安全生产责任事故。

【旅游安全管理】 2012年年初，市旅游局召开全市旅游安全工作会议，全面部署旅游安全工作，与各县（市、区）旅游管理部门、旅游企业签订安全生产责任书。市旅游局结合“三打两建”和“打非治违”活动部署，制订《茂名市旅游市场监督检查工作方案》，共组织18个检查组，出动检查人员268人次，车辆48台次，对旅游热点景区（点）及旅行社、星级饭店等旅游企业进行旅游安全生产大检查和旅游安全隐患排查，共检查旅游企业69家，查出安全隐患72处。9月底，市旅游局牵头组织安监、工商、消防、质监、食品药品监督等部门对全市旅游景区开展专项检查，市安委办将检查结果下发到各县（市、区）安委办和相关部门抓好落实，及时整改。按照省旅游局制定的《旅游安全检查规范》，对全市旅游景区、旅行社和星级饭店量化打分，全面评估旅游企业目安全管理现状。

【旅行社】 2012年，茂名市旅游局针对旅游行业存在的低团费、零负团费、强迫购物消费等热点问题，开展“品质旅游”线路推荐活动。每家选择20条“品质旅游”报价线路，线路报送内容包括旅游服务经营成本、税金和利润等。审查认可后分批在新闻媒体登载，为游客出游提供参考选择。召集全市旅行社集中学习文件，对旅行社诚信建设、企业形象、企业内部管理、市场经营、服务质量等方面进行监督检查，提高旅行社自律、规范经营意识。

【星级饭店】 2012年8月，茂名市高州大酒店通过四星级饭店复评；9月，乐天花园酒店通过五星级饭店省级初评，接受国家星评检查组的评定；茂名国际大酒店于3月投入1.2亿元进行全面改造升级，于12月5日通过国家星评检查组的五星级旅游饭店评定性复核检查；10月9～22日，茂名市旅游星级饭店评定委员会办公室对全市19家星级饭店进行复核，其中有7家饭店通过复核；对经营主体变更、租赁期满或设备设施、服务质量存在差距的7家饭店予以取消星级资格；对设施设备和服务水平与星级标准存在差距，部分服务项目处在装修中的2家饭店作出警告并限期整改处理。

▲茂名市旅游局局长梁红健（右）与副局长车健明（左）欣赏旅游饭店服务技能大赛参赛作品。

【旅游信息化建设】 2012年3月，茂名市旅游局与茂名市联通公司合作共建茂名市旅游局办公自动化系统。5月，茂名市联通公司为市旅游局提供《茂名市旅游局办公自动化系统建设方案》。11月21日，茂名市旅游局副局长何振锋参加全省旅游信息化工作会议。会上，茂名市与广东省其他地级市代表进行信息化工作的经验交流，共同努力，携手共进，全力打造旅游信息化公共服务体系。

旅游教育培训与精神文明建设

【旅游精神文明建设】 2012年，茂名市旅游局深入学习实践科学发展观，按照两个文明一起抓、“两手都要硬”的方针，坚持把发展旅游业与加强社会主义精神文明建设相结合。高州市旅游局获得“广东省旅游系统先进集体”称号，信宜市旅游局干部江柳钦、茂名国旅员工刘颖、茂名森林公园员工骆尚德荣获“广东省旅游系统先进个人”。4月26日，茂名市国际大酒店行政总厨龙智才获得“全国旅游系统劳动模范”称号。

【旅游行风和机关工作】 2012年，茂名市旅游局学习贯彻《全面推进依法行政实施纲要》《行政许可法》，强化执法人员依法行政的观念，对行政许可项目进行清理，对部分行政管理项目改变管理方法，进一步规范旅游行政管理程序，对执法权限和职责进行界定和分解。规范行政管理程序，落实行政执法责任制，强化机关干部依法行政意识。

【旅游教育培训】 2012年，茂名市两次组织290名考生参加全国导游人员资格考试，第一次参加考试112人、第二次参加考试178人，共有110名考生通过考试，取得导游人员初级资格证书，通过率38%；对全市导游人员进行《如何提高导游人员素质》《导游员礼仪知识》《国务院关于加快发展旅游业的意见》《旅行社条例》和导游词创作等内容的培训。本次培训聘请茂名职业技术学院的旅游教师，以及相关部门专家授课。有359名初级导游、15名中级导游接

▲2012茂名市导游大赛比赛现场。

受培训，并通过导游IC卡年审。市旅游局还分别组织导游口试考评员、景区总经理、出境从业人员、新任市县旅游局局长等人员参加省旅游局举办的相关培训班。6月，举办全市旅游饭店服务技能大赛，有13支代表队66名选手参加竞技比赛，展示旅游饭店形象。7月，举办2012年茂名市导游大赛，全市共有7家旅行社、17名优秀导游参加大赛，其中获得前六名的王立娜等选手在全市旅游系统进行通报表彰。推荐茂名市国旅国际旅行社优秀导游员陈俊余参加全省导游大赛。

（黄栋梁）

肇庆旅游业

综　述

【概况】　2012 年，肇庆市旅游景区（点）接待游客 2654. 32 万人次，比上年增长 10. 43%；城市接待旅游者人数 2453. 95 万人次，增长 14. 84%；全市旅游收入 179. 49 亿元，增长 26. 12%。肇庆市获由国际市民体育联盟授予的“国际最佳休闲旅游基地”称号、中国城市竞争力研究会和世界城市合作组织授予的“2012 中国十大宜游城市”和“2012 中国最具特色文化竞争力十佳城市”、求是《小康》杂志社授予的“2012 中国十大特色休闲城市”称号，肇庆入选“2012 年中国最具幸福感城市”。

▲肇庆市获“2012 中国十佳宜游城市”“2012 中国最具特色文化竞争力十佳城市”牌匾。

【旅游行业规模】　至 2012 年年底，肇庆市共有星级饭店 25 家，其中四星级 1 家、三星级 16 家、二星级 7 家、一星级 1 家。星级饭店客房数 5289 间，床位数 54768 张。另有各类宾馆酒店、社会旅馆 747 家，其中待评五星级饭店 1 家、四星级饭店 2 家。拥有旅行社 45 家，其中可经营出境旅游业务 3 家。

【全市旅游工作会议】　2012 年 3 月 27 日，全市旅游工作会议在市府小礼堂召开。会议传达全国、全省旅游工作会议精神、通报 2011 年全市旅游发展情况，部署 2012 年全市旅游工作。会议要求重点推进“创新旅游品牌口号，打造国际知名旅游会展胜地”“加快推进重点项目建设，创新旅游产品开发”“深度开展旅游宣传营销，积极拓展客源市场”。副市长关鹏出席会议并强调把肇庆建设成“广东省旅游综合改革示范市”。

【首届国际（中国·肇庆）徒步旅游节】　由国际市民体育联盟（IVV）和肇庆市人民政府主办的、国际市民体育联盟中国总部（CVA）和肇庆市旅游发展局承办的“首届国际（中国·肇庆）徒步旅游节暨国际市民体育联盟 2012 年年会”，于 10 月 22 日落下帷幕。来自 50 多个国家代表和嘉宾参加，肇庆市旅游发展局为牵头单位承担策划组织工作，与相关部门和涉旅企业共同完成任务，确保活动成功举办。星湖绿道荣获国际市民体育联盟中国总部（CVA）授予“中国最佳休闲运动步道”荣誉牌匾，荣获国际市民体育联盟（IVV）授予“国际徒步路线认证”荣誉证书和国际市民体育联盟授予肇庆市“国际最佳休闲旅游基地”称号。

▲2012 年 12 月 15 日，广东省副省长招玉芳启动“首届国际（中国·肇庆）徒步旅游节暨国际市民体育联盟 2012 年年会”。
（肇庆市旅游发展局供稿）

国际旅游

【入境旅游】　2012 年，肇庆市接待入境游客 302. 6 万人次。接待过夜入境游客 171. 68 万人次，比上年增长 8. 06%，其中外国人 16. 79 万人次，比上年增长 11. 32%。

【出境旅游】　2012 年，肇庆市出境游组团社组织出境游客 33099 人次，比上年增长 7. 82%。其中香港游 15090 人次，比上年增长 3. 28%；澳门游 11032 人次，比上年增长

18.47%；出国游6977人次，比上年增长2.94%。

国内旅游

【国内旅游接待与收入】 2012年，肇庆市接待国内游客2151.35万人次，比上年增长15.29%；其中过夜国内游客1220.55万人次，增长10.59%。国内旅游收入148.74亿元，增长22.87%；一日游国内游客930.8万人次，增长22.12%。

【假日旅游】 2012年春节旅游黄金周肇庆市接待游客197.89万人次，比上年同期下降7.49%，占全年游客接待量的7.46%。其中，接待入境游客24.41万人次，同比下降7.54%；接待国内游客173.48万人次，同比下降7.48%。从游客过夜情况看，接待过夜旅游者112.27万人次，同比下降2.96%；一日游游客85.62万人次，同比下降12.81%。

"五一"假期（5月1～3日）接待游客140.43万人次，同比增长16.89%，占全年游客接待量的5.3%。其中，接待入境游客18.24万人次，同比增长12.6%；接待国内游客122.19万人次，同比增长17.61%。从游客过夜情况看，接待过夜旅游者79.67万人次，同比增长11.27%；一日游游客60.76万人次，同比增长25.28%。

"十一"旅游黄金周接待游客266.8万人次，同比增长19.67%，占全年游客接待量的10.05%。其中，接待入境游客34.64万人次，同比增长12.51%；接待国内游客232.16万人次，同比增长20.85%。从游客过夜情况看，接待过夜旅游者151.36万人次，同比增长15.2%；一日游游客115.44万人次，同比增长26.16%。

春节、"十一"两大黄金周共实现旅游收入15.67亿元，同比增长55.61%，占全年旅游总收入的8.73%。

旅游市场推广与节庆活动

【旅游市场推广】 2012年，肇庆市为开拓省外和境外旅游客源市场，积极主动参加各种国内国外的旅游推介会。参加国内旅游展包括广东国际旅游展览会、2012中国（青岛）国内旅游交易会、广东旅游博览会等。参加国外（境外）旅游展：新加坡旅游展、"2012中国欢乐健康游"主题年香港、澳门推广活动、2012韩国国际旅游展览会和2012香港国际旅游展览会、第七届海峡两岸台北旅游展等。9月，与广州、佛山两市相互合作，抱团行动，分别在吉林省长春市和内蒙古自治区鄂尔多斯市举行"多彩广佛肇　岭南真味道——2012广佛肇旅游推介会"。其他县（市、区）也通过不同途径组织和参加旅游推介会，德庆县旅游局组织县内旅游景区和主要酒店等单位在哈尔滨市举行以"北方千里冰封，德庆暖冬如画"为主题的旅游推介活动；怀集县与贺州市八步区、清远市连山县两广三县（区）签订区域旅游合作协议，创建客源互动、资源共享的新型合作关系，共同促进三地旅游业快速发展。同时，与中央电视台、广东卫视、南方卫视、《南方日报》《西江日报》、腾讯等媒体合作，全方位多渠道宣传报道。邀请邮轮卫视拍旅游专题片《从肇庆出发》，动员有关商家、企业联合开展旅游宣传推介。

▲2012年12月15日，由南方电视台（TVS）主办的"全民骑行　绿道达人"活动到达肇庆站。

（肇庆市旅游发展局供稿）

【旅游节庆活动】 2012年，肇庆市围绕和突出绿道旅游主题，举办2012"中韩友好千里行"暨"端砚故乡绿道游"、2012"中国欢乐健康游"暨广佛肇妇女游绿道庆"三八"、肇庆星湖绿道2012年"体育彩票杯"山地自行车邀请赛、世界旅游小姐肇庆星湖绿道行等多项旅游节庆活动。结合"2012中国欢乐健康游"，推出以"欢乐旅游　尽享健康"为主题的"绿道骑游，森林溯溪，野外拓展、节庆活动"四大亮点活动；在天湖生态村举办"荷花节"和"开渔节"；在体育中心举办第六届肇庆乡村美食节。

各县（市、区）依托各地特色文化和旅游资源优势、举办规模较大和有一定影响力的节庆活动。端州区举办"伍丁宝诞拜师节"，成功打造砚文化品牌；四会市利用"中国柑之乡""中国玉器之乡"两个品牌成功举办"柑橘玉器节"；怀集县将旅游与体育相结合，举办"怀集攀岩锦标赛暨燕子节"；广宁县举办"竹子节万人游竹乡"活动；德庆县围绕龙母做文章，举办"广东·德庆龙母文化节"活动；封开县充分利用广信文化，开展"广信旅游文化嘉年华"活动。各地的旅游节庆活动体现地域风貌，彰显全市旅游特色文化，以旅游促经济发展。

▲2012年12月15日，肇庆市举办星湖绿道2012年“体育彩票杯”山地自行车邀请赛。 （肇庆市旅游发展局供稿）

【区域旅游联盟合作】 2012年，广（州）佛（山）肇（庆）三市旅游局落实《珠江三角洲改革发展规划纲要》，以《广佛肇一体化旅游合作框架协议》为基础，宣传推广“时尚广州、岭南佛山，山水肇庆”旅游品牌。春节黄金周，由佛山市旅游局主编，广州、肇庆市旅游局配合编印发行“多彩广佛肇，开心过大年”的三地主要旅游活动安排的宣传单张夹报发行，还通过新闻媒体宣传并同时在三地旅游局网站发布；3月1～3日，广州、肇庆市以“岭南真味道”统一形象参加广州国际旅游展览会。两市统一旅游形象布置12个展位，全方位宣传广肇的特色旅游资源；5月22日，广州、佛山、肇庆市三地旅游部门齐聚肇庆，共同召开2012广佛肇旅游合作联席会议；9月10～12日，“多彩广佛肇 岭南真味道——2012广佛肇旅游推介会”在长春市和鄂尔多斯市分别举行广佛肇旅游推介会，主推“这里的冬天不太冷——广佛肇暖冬之旅”旅游产品；继续提升“广佛肇旅游一卡通”的功能和扩大优惠范围；三地旅游局联合印制《广佛肇暖冬之旅》手册和《广佛肇旅游地图》。

旅游资源开发和景区（点）建设

【旅游规划与景区建设】 2012年，肇庆市推进鼎湖砚洲生态文化旅游岛、四会天海湖旅游度假区、四会奇石河旅游区、四会碧桂园江谷生态旅游度假项目、怀集岳山温泉、怀集六祖禅宗文化园、广宁竹海大观、德庆官墟旅游产业园、鼎湖生态休闲旅游产业园等景区园区的规划和建设。指导肇庆高要市回龙镇、德庆县悦城镇旅游名镇规划建设，其中回龙镇借助肇庆高尔夫球场、广新农业生态园镇内旅游资源，规划定位为“特色景观旅游名镇”；悦城镇借助“广东省旅游名镇”名片，悦城龙母祖庙和五龙山风景区等旅游资源，规划定位为“旅游商贸名镇”。

在景区建设方面，肇庆市研究推进鼎湖区云顶旅游区、羚山生态公园等大型项目的规划建设工作；指导肇庆市星湖风景名胜区申报国家5A级旅游景区的评选。3月16日，肇庆市广宁宝锭山旅游景区评定为国家4A级景区。

【旅游扶贫】 2012年，肇庆市怀集县燕岩景区旅游扶贫项目、东亮梦圆景区农家乐开发项目（二期）、四会瀑布奇石旅游风景区、端州区白石村端砚文化体验旅游项目获得省旅游扶持专项扶持资金160万元。

旅游行业监督管理

【旅游市场监督】 2012年，肇庆市旅游质监所全年共受理各类旅游投诉61宗，处理率100%。其中查处关闭“黑社”2家，星级饭店违规经营、旅行社散发虚假广告等案例共11宗，查处纠正景区强迫游客消费行为6宗，整改旅游商店违规售卖商品3宗。市假日旅游协调领导小组开展联合执法，维护旅游市场秩序。

全年通过12301旅游服务热线受理投诉案件5宗，其中有效投诉4宗，结案率100%；接受游客咨询30多条；向社会公众公布首批“广东品质旅游参考价线路”，开展“广东品质旅游保障价”和“广东旅游质监志愿者”两项活动。

【旅游安全管理】 2012年，肇庆市旅游发展局每逢重大节日等时机会同市工商、卫生、公安、交通、食品卫生、质监等部门到各县（市）、区、旅游企业开展旅游市场综合执法检查，排查各类安全隐患。市旅游发展局安全责任人分别与各县（市）、区旅游局安全责任人和局属旅游企业安全负责人签订《安全生产责任书》。市旅游发展局制订《2012年旅游安全生产工作方案》，分别修改编制《肇庆市旅游行业突发事故总体应急预案》《市旅游发展局突发公共事件应急预案》《旅游行业森林防火应急预案》《首届国际（中国·肇庆）徒步旅游节暨国际市民体育联盟2012年年会安保卫生工作实施方案》《首届国际（中国·肇庆）徒步旅游节暨国际市民体育联盟2012年年会总体应急预案》等，制订相应的应急预案，完善各种应急设施设备。联合市安监局、市消防局等单位开展安全责任人和安全员的业务培训工作。

【旅行行业“三打两建”】 2012年，成立肇庆市旅游系统“三打两建”工作领导小组和肇庆市旅游发展局“打击制假售假”专项行动工作领导小组。各县（市、区）也分别成立相应的领导小组和工作机构。根据《肇庆市关于开展“三打”专项行动方案》和省旅游局要求，研究制订《肇庆市旅游发展局开展“三打两建”专项行动方案》《肇庆市旅游发展局开展打击制假售假专项行动实施方案》《结合“三打两建”，开展旅游市场检查暨旅游服务质量明察暗访专项行动的方案》等，进一步明确目标任务和工作重点。

3月20日，全市旅游系统召开“三打两建”工作动员大会，各县（市、区）旅游局领导、市旅游发展局各科室负责人、各旅游景点、星级酒店、旅行社共100多人参加会议。4月23～28日，市旅游发展局组成两个检查组，分别对城区和各县（市、区）的旅行社、旅游景区（点）、旅游饭店、旅游车船公司、旅游购物商店进行全面检查。共开展检查行动24次，出动检查人数350人次，检查旅游企业63家，其中旅行社34家、星级饭店12家、旅游景区（点）10家、旅游购物商店3家、旅游车船公司3家、旅游演艺场所1家、旅游团队20个，检查的覆盖面超过80%。

6月28日，市旅游发展局会同工商、质监、安监、食品药品监督管理局等部门对全市旅游景区开展以景区饭店、商场、涉水场所为主的旅游执法工作检查。

推行旅游线路参考报价，打造肇庆品质旅游线路，引导企业诚信经营，放弃“价格战”，靠质量、靠服务、靠品牌取胜，建立旅游市场诚信体系，在全市旅游行业开展创建“诚信旅游单位”和争创“诚信旅游先进单位”活动，通过政府主导、企业参与、舆论监督、行业自律的方式，逐步建立和完善旅游市场诚信体系。为进一步规范旅游市场，促进旅游业健康发展，公布旅游热线电话，编制、下发“三打两建”行动宣传口号和手机短信。

【旅行社】 2012年，肇庆市共新增8家旅行社，其中出境游组团社1家（肇庆市之旅国际旅行社有限公司）和肇庆市端州飞翔国际旅行社有限公司等7家旅行社。年检注销2家。至年底，旅行社总数增加至45家。肇庆市旅行社资产总额为9185.7万元，负债总额为5890.5万元，所有者权益为3295.1万元。旅行社营业收入总额为3.50263亿元，主营业务利润为1865万元，所得税为95.2万元。

【星级饭店】 2012年8月，肇庆星湖大酒店通过省星评委五星级饭店初评，并报国家星评委终审验收。至年底，肇庆市共有星级饭店25家。组织本市各级星评委开展2012年度星级饭店复核工作，全市通过评定性复核的星级饭店8家，通过年度复核的星级饭店16家，作出“限期整改”处理的星级饭店1家，作出“取消星级”处理的星级饭店2家。

【旅游标准化建设】 2012年，肇庆市旅游发展局、肇庆市质监技术监督局签署《共同实施旅游标准化战略合作备忘录》，进一步明确旅游标准化工作任务、目标和内容。牵头制定《农家乐旅游服务经营管理规范》和《农家乐旅游服务质量等级》2个广东省地方标准，并获广东省质量技术监督局批准立项。参与省旅游局组织的广东省地方标准《乡村旅游经营服务规范》和《绿道旅游服务规范》的编制。申报承担广东省《都市绿道旅游服务先进标准体系试点》实施项目，以标准化推动全市的绿道设施建设、管理和绿道旅游服务规范的完善，绿道建设成为广东省都市绿道旅游的标准化示范点。召开全市旅游标准化工作推进会，讨论通过《2013年旅游标准化工作实施方案》。

【旅游信息化建设】 2012年，肇庆市旅游发展局推进旅游信息化建设，加强局政务网站的管理维护及信息报送工作，鼓励各县（市、区）旅游局、局机关各科室及各旅游企事业单位按时上传旅游动态、发布旅游资讯信息。7月，肇庆市开设旅游官方微博。

精神文明与教育培训

【旅游行业精神文明建设】 2012年，肇庆市旅游发展局抓好旅游行业在创建全国文明城市（简称“创文”）活动中的宣传教育。向城区主要星级饭店和旅行社派发创文宣传贴画共200多份，“文明餐桌”宣传贴画共4000多份，开展文明餐桌行动。加强旅游从业人员职业道德教育。通过各种形式继续在旅游行业中抓好“广东精神”的宣传和教育，为文明城市测评验收服务。

【旅游行风及机关作风建设】 2012年，肇庆市旅游发展局按照市文明办关于申报2012—2013年度“文明单位”的要求，申请创建文明单位活动。创文活动的开展，领导班子和干部队伍建设得到加强，工作作风得到改进，服务意识和水平得到提高。创文活动与创先争优和“承诺、践诺、评诺”活动结合起来，形成比、学、赶、帮、超的氛围。

【旅游教育培训】 2012年，肇庆市共有注册导游2600多名。市旅游发展局共对1200多名导游员参加继续教育培训。健全旅游培训师资网络，培训师资队伍从原有中职学校专业教师为主，逐步建立和健全以高等院校教师为主，旅游教育培训师资向高标准、深层次、综合性强方向发展。

（孙秀丽）

清远旅游业

综 述

【概况】 清远位于广东中北部，南接广州，北界湖南，东连韶关，西邻广西，素有粤、湘、桂“三省通衢，北江要塞”之称。地处珠三角与内地市场的结合部，区位优势得天独厚，交通网络四通八达，成为珠三角地区和广大内地市场主体南融北拓的“桥头堡”。区域总面积1.92万平方公里，下辖8个县市区，总人口410万，是省内地域面积最大的地级市，省内旅游资源最富集的地区及广东省少数民族主要聚居地。

清远以山地丘陵为主，大龙山、瑶山、云开大山与北江、连江、滃江、湛江在这里交汇，孕育出雄奇险峻的高山峡谷，松涛如海的原始森林、纯如深闺的湖泊温泉，以及豪放古朴的瑶、壮民族风情。主要景区有：国家5A级景区连州地下河旅游景区，国家4A级景区清新温矿泉、黄腾峡生态旅游区、碧桂园假日半岛故乡里旅游度假区、飞来峡水利枢纽风景区、玄真古洞生态旅游度假区、聚龙湾天然温泉度假村、宝晶宫生态旅游度假区、广东第一峰、奇洞温泉度假区、湟川三峡龙—龙潭文化生态旅游区，国家3A级景区太和古洞旅游风景区、九洲驿站英德天门沟景区、英德茶叶世界、金子山旅游景区、南岗千年瑶寨。近年来，清远漂流、四驱越野车节更是塑造“山水清远，活力之乡”旅游整体形象。先后获得“中国优秀旅游城市”“中国漂流之乡”“中国温泉之乡”“中国宜居城市”“中国奇洞之乡”“中国生态休闲旅游城市”“中国温泉之城”“中国十大特色休闲城市”等荣誉称号。

2012年，清远市大力实施“桥头堡”发展战略，提出“南融北拓、旅游先行”工作目标，强化创新观念，加大整合区域资源，大力发展现代旅游业，培育旅游消费热点，加强区域营销，加快旅游强市建设。全年共接待国内外游客2820.87万人次，比上年增长8.39%；旅游总收入178.71亿元，增长10.65%。其中一日游游客1975.42万人次，增长8.4%，过夜游客人数845.45万人，增长8.35%。人均消费633.50元，比上年略有提高。

【旅游行业规模】 截至2012年年底，清远市景区（点）87处（含市政免费景点、公园），其中国家5A级旅游景区1家，4A级景区10家，3A级景区5家；拥有国家文物保护单位1家、广东省森林生态旅游示范基地6家、广东省体育旅游示范基地3家、广东省中医药文化养生示范基地1家、广东省温泉旅游示范基地4家、中国生态旅游示范区实验基地1家、广东省科技旅游示范基地1家、广东省文化旅游示范单位2家、省级风景名胜区2家；共有星级饭店34家，其中五星级1家，四星级5家，三星级26家，二星级2家。酒店、旅馆总量达820家，客房31788间，床位总数54188张；有旅行社50家，其中经营出境旅游组团社2家，经营国内旅游业务和入境旅游业务的旅行社48家。备案分社19家，营业网点17家，代理出境游社12家。拥有国家初级在册导游1126人，中级导游11人。

【领导关心旅游业】 2012年1月14～15日，国家旅游局副局长王志发、辽宁省旅游局局长武虹剑、省旅游局副局长张振林和副巡视员林上福等领导一行到清远市清新县花园酒店、飞霞风景区、新银盏温泉度假区和狮子湖度假区考察温泉、漂流和休闲旅游项目，并与市委、市政府、市旅游部门和景区负责人进行座谈。清远市委副书记梁志强、副市长王得坤、市旅游局局长雷玉春等陪同考察。

12月25日，广东省副省长招玉芳一行到清远市检查2013广东国际旅游文化节主会场选址等筹备工作。中共清远市委书记、市人大常委会主任葛长伟，市委副书记、市长江凌等领导陪同招玉芳一行先后考察清远凤城广场、江心岛、江滨公园中心广场、狮子湖等旅游景点。座谈会上，招玉芳听取市委、市政府工作汇报，充分肯定清远市旅游工作特别是旅游文化节前期筹备工作。

4月12日，清远市市长江凌到阳山县天南峡、马落桥温泉、贤令湖等旅游开发项目实地考察调研。江凌强调，资源是发展旅游的基础和命脉，要合理保护和开发利用，重点要做好旅游的长远规划，做好旅游产品的策划和营销。

5月，清远市副市长王得坤一行到阳山调研，提出整合当地旅游资源，把第一峰——南天峡区域打造成为国家级旅游度假区。

7月31日，清远市委常委、宣传部长邓梁波对国家4A景区——连州湟川三峡龙潭度假区、道教圣地——保安福山、丰阳古村落等地考察，邓梁波要求“做好古村落保护开发，打造连州旅游新品牌”。

【清远市旅游产业发展大会】 2012年5月25日，清远市委、市政府在市国际会展中心召开全市旅游产业发展大会。

省旅游局局长杨荣森、清远市委书记葛长伟、市长江凌出席会议并讲话。会议传达贯彻全国、全省旅游工作会议精神，总结2011年旅游工作，部署2012年全市旅游工作任务；出台《清远市委、市政府关于进一步加快旅游业发展的意见》；确立清远市旅游发展“五大定位”，即：港澳及珠三角休闲度假首选地、国际健康养生旅游示范基地、广东体验探险目的地、岭南历史文化弘扬示范区、南方自驾游基地示范市；明晰整体旅游形象，集中做好休闲度假旅游、商务会议旅游、“农家乐”乡村游、自驾游四篇文章，打造休闲旅游的整体形象。

会上，省旅游局局长杨荣森、副局长梅其洁，市委书记、市人大常委会主任葛长伟，市委副书记、市长江凌共同为“广东省北江旅游投资开发有限公司”揭牌。省旅游局与清远市政府签订《关于共同推进清远旅游业发展的框架协议》。

【《广东省连南瑶族自治县旅游总体规划（2012—2020年）》】 2012年12月12日，由国家旅游局组织的《广东省连南瑶族自治县旅游总体规划（2012—2020年）》（以下称《规划》）评审会在北京举行。广东省旅游局巡视员曾维炳、清远市人民政府副市长王得坤、中共连南县委书记等参加评审会。评审组由北京交通大学、北京联合大学旅游学院、北京师范大学、北京第二外国语学院和中国科学院地理所等专家组成，经评议和会审等程序获通过。该《规划》是广东首个由国家旅游局直接组织编制并通过国家级评审的县（区）旅游规划，是由中国社会科学院旅游研究中心与北京开思九州旅游发展研究中心联合编制。《规划》有两个特点：一是规划基础扎实，对连南旅游研究深入，背景分析系统全面，旅游资源调查翔实，得出的结论符合连南实际，凸显连南的优势。规划注重社会和农民的旅游参与度，注重生态和文化保护，对少数民族地区的脱贫奔康和连南实现“特色立县·生态崛起”目标具有重要意义。二是对一些具体问题采取深度研究，如：瑶族文化、瑶族古村落开发、虹鳟鱼在连南的养殖等，并在深度研究的基础上提出创新性设想。

【《清远市北江旅游带总体规划（2011—2025年）》获通过】 2012年2月13日，清远市人民政府召开常务会议，原则上通过《清远市北江旅游带总体规划（2011—2025年）》（以下称《规划》）。《规划》委托广东省旅游发展研究中心编制，并于2011年5月20日由华南师范大学、中科院广州地理研究所等单位专家组成评审组并获通过。清远北江旅游带是指位于清城区与英德市区之间的干流河段及其两岸景区（点）和重要建筑设施，整个北江旅游带北起英德市区，南到清城区石角水利枢纽工程大坝，全长约100公里。《规划》共分16章，包括规划背景与项目概况、旅游资源与文化内涵分析、旅游市场分析与预测、综合开发条件分析、国内外同类案例研究、开发理念与目标定位、空间布局、旅游码头换乘系统规划、游船旅游规划、旅游服务配套设施规划、旅游产品体系规划、旅游线路组织规划、资源与环境保护规划、旅游营销规划、分期开发规划和规划保障措施。《规划》的制定有效地整合清远市北江旅游带生态及文化旅游资源区域旅游的协调、有序发展。

【出台重要政策】 2012年6月29日，印发《中共清远市委 清远市人民政府关于进一步加快旅游业发展的意见》（以下称《意见》）。《意见》明确提出加快清远旅游业的发展思路、发展定位和目标任务。充分利用“南融北拓桥头堡、水秀山清后花园”的区位和资源优势，按照“大力发展面向珠三角、辐射内陆市场的自然生态、健康养生、休闲度假、公务会展等现代旅游业，加快旅游强市建设步伐”的总体要求，逐步由观光性旅游过渡到休闲度假、健康养生等体验性旅游的发展趋势，确立以休闲度假、健康养生、体验探险、历史文化等旅游为主打品牌的发展定位，着力打造形成高端、集约、特色化的清远旅游产业链。促进全市由旅游资源大市向旅游经济强市转变，由“中国优秀旅游城市”向“国际旅游城市”迈进。

出入境旅游

【入境旅游】 2012年，清远市接待过夜入境游客38.58万人次，比上年增长7.28%。其中香港游客28.6万人次，澳门游客6.83万人次，台湾游客1.98万人次，外国游客1.16万人次。旅游外汇收入14417.12万美元，增长22.83%。外国游客中，日本、韩国、马来西亚、菲律宾、新加坡、泰国居多。

【出境旅游】 2012年，清远市组团出境游18092人次，比上年增长24.2%。其中，香港游8760人次，增长33.09%；澳门游8998人次，增长22.64%；台湾游206人次，增长19.77%。组团到境外的国家主要是有韩国、日本和泰国。

国内旅游

【国内旅游接待与收入】 2012年，清远市接待国内游客2782.29万人次，比上年增长8.4%，其中国内过夜旅游人数806.86万人次。国内旅游收入169.60亿元，增长10.22%；旅行社组团国内旅游人数3323批次、共438834人次，下降4.08%。其中省内游2258批次，共383888人次，下降4.38%；省外游1065批次、共54946人次，下降1.98%。

【假日旅游】 2012年春节黄金周，清远市接待海内外游客110.3万人次，同比增长6.8%，旅游总收入5.92亿元，同比增长47.3%。过夜游客32.16万人次，同比增长3.70%；一日游游客人数78.14万人次，同比增长8.1%，入境游客

17735人次。

“五一”（4月29日至5月1日），全市接待游客总人数68.41万人次，同比增长13.7%，旅游总收入3.68亿元，同比增长21.9%。其中一日游游客人数54.28万人次，同比增长14.1%，过夜游客人数14.13万人次，同比增长12.3%。人均消费538元。

“十一”黄金周，全市共接待国内外游客157.28万人次，同比增长9.6%；旅游总收入8.63亿元，同比增长18.4%；人均消费为548元，其中一日游游客人数124.02万人次，同比增长11.7%；过夜游为33.26万人次，同比增长2.6%。

【红色旅游】 截至2012年年底，清远市共有红色旅游资源和革命遗址183处，其中清城区范围有8处、英德市55处、连州市40处、佛冈县53处、清新区10处、连山县7处、连南县2处、阳山县8处。清远市湟川三峡——龙潭文化生态区被评为4A级景区，连南千年瑶寨景区被评为3A级景区。

【乡村旅游】 2012年2月15日，广东省文联、广东省民协公布的第三批广东省古村落（客家地区）名单中，连州市的白家城、马带村，连南县的南岗瑶寨、三排瑶寨和佛冈县的高岗村5个古村落入选。清远市古村落工作会议于4月26日在连州召开。市委常委、宣传部长邓梁波出席会议，会议要求各县（市）借鉴连州经验，共同做好做活清远市古村落保护与发展工作。10月15日，广东省文学艺术界联合会、广东省民间文艺家协会公布的第三批广东省古村落（广府地区、潮汕地区）名单中，清远市清新县龙颈镇凤塱围、清新县龙颈镇城國村、清城区龙塘镇井岭村、清城区龙塘镇牛岗地村和佛冈县汤塘镇汤塘村5个村庄入选。10月15日，由广东省委宣传部、南方日报社、省文联、省民间文艺家协会共同发起的“寻找广东十大最美古村落”评选活动中，连南“千年瑶寨”所属地“南岗村”名列其中。截至2012年年底，广东省文联、广东省民协认定全市古村落三批共15个。其中连州有6个古村落被认定为“广东省古村落”，成为广东省最多古村落的县（市）。

清远市“农家乐”主要分布在大型旅游景区、城市（县城）郊区附近，依托当地的农业资源和良好的生态环境，以农场、果园、鱼塘等为载体，以回归自然、享受自然为主要特色，开发一些餐饮、住宿、娱乐配套设施，进行接待经营活动（主要以餐饮为主），部分“农家乐”具备科普教育、采摘品尝、垂钓休闲等功能，并形成农家美食型、庄园经济型等乡村旅游发展模式。

旅游宣传促销与节庆活动

【概况】 2012年，按照清远市旅游“十二五”规划制定的“巩固珠三角、提升港澳台、开拓兄弟省、放眼全世界”的旅游客源市场为发展目标，以“巩固珠三角、拓展港澳台、开拓武广沿线重要城市”作为全市旅游宣传促销策略，根据客源地实际情况，按珠三角、国内、境外不同市场份额和潜力，实施不同的宣传方案，积极开展境内、外旅游宣传促销活动，开拓旅游市场。

【开拓旅游市场】 2012年，清远市采取“走出去”与“请进来”相结合的方法开拓旅游市场。全年在南方卫视《潮流假期》旅游栏目、《声报》《清远日报》《清远观察》以及清远电视台、电台上播放旅游形象宣传片、旅游宣传广告合作等。

组织参加国内旅游展　3月1日，清远市旅游局与广州市旅游局首次以“广清同城”的形象在2012年广州国际旅游展览会上参展。3月3～4日，第八届中国（重庆）国际园博会的在重庆举行，清远市首次参与国内（国际）园林盛会、建造实体园林景观。4月12～15日，参加由国家旅游局在青岛国际会展中心举办的“2012年中国（青岛）国内旅游交易会”。6月，与广州市旅游局联合参加在北京举办的“2012北京国际旅游博览会”。9月，组织参加“2012中国（广东）国际旅游产业博览会”，并荣获组委会颁发的“最佳组织展”“最佳展位展”。11月27～29日，清远市旅游局与广州市旅游局韶关旅游局联合在长沙、武汉市举办旅游推介会。

组织参加境外旅游展　3月，组团参加2012德国柏林国际旅游交易会，于5月举行的2012台北两岸观光博览会，6月举行的韩国国际旅游展和“庆祝香港回归十五周年两地旅游业界联谊会暨香港国际旅游展览会”。

【旅游节庆活动】 2012年6月6日，“美丽清新·幸福家园”广东清远清新2012漂流文化节暨广东（清新）漂流大赛在清新县玄真古洞生态旅游度假区正式开幕。省内36支代表队在玄真漂流赛道展开激烈竞逐，清远市古龙峡代表队夺冠；7月7日，清远市旅游局联合华润万家生活超市（广州）有限公司联合在广州举行广清同城·清远市旅游局与华润万家生活超市（广州）有限公司旅游宣传推广合作启动仪式；7月26日，“弘扬民族文化、共建幸福连南”2012年连南瑶族“开唱节”暨第二届“千年瑶寨杯”红歌、廉歌大赛在南岗千年瑶寨景区举办，共有21个团队参加当日活动，分原生态的瑶歌和红歌、廉歌类的比赛，吸引近2000名外地游客观看；9月28日至10月31日，“2012中国‘清远鸡’美食旅游文化节”在清远市御金街、中山公园举行。举办千人尝百鸡宴、清远鸡、清远特色小吃、粤港澳美食、旅游产品展、“正宗清远鸡，美味惠全城”活动、全球最大“清远味道”或“清远鸡”·世界纪录认证等活动；11月7～8日，“2012清远（美林湖）国际温泉旅游文化节”在美林湖温泉大酒店举行；11月23日至12月12日，在连州市举行2012第八届连州国际摄影年展；11月29日，“2012年连南瑶族自治县‘南粤幸福周’盘王节庆典”活动在南岗千年瑶寨景区举行。节庆活动充分挖掘和展示了瑶族原生态歌舞、瑶族历史文化的内在魅力和艺术价值，合力打造民族特色文化旅游品牌。

【2012 中国·清远美林湖国际温泉旅游文化节】 2012 年 11 月 7～8 日，由清远市旅游局、清远市国土资源局和清城区人民政府主办，美林湖温泉大酒店和清远市旅游协会承办的“2012 中国·清远美林湖国际温泉旅游文化节”在美林湖温泉大酒店举行。省旅游协会、省自驾车旅游协会、兄弟市旅游局及旅游协会代表，以及珠三角地区、港澳地区的知名旅行社代表和主流媒体等共 350 名嘉宾参加开幕式。举行了清远自驾游护照首发仪式和旅游高峰论坛等活动。

▲2012 年 11 月 7～8 日，2012 中国·清远·美林湖国际温泉旅游文化节在美林湖温泉大酒店举行。 （清远市旅游局供稿）

【区域旅游合作】 2012 年，清远市加大南融北拓步伐。与省旅游局签订《关于共同推进清远旅游业发展的框架协议》。先后与珠三角六市、韶关、郴州、贺州等省内外城市签订旅游合作协议。2 月，与广州市旅游局签署《广州清远旅游合作协议》；4 月，与东莞市旅游局协商签订《东莞市清远市旅游合作协议》；9 月，与惠州市、深圳市旅游局签订合作协议；9 月 8 日，广州、肇庆、清远、桂林、贺州等五市旅游局联手打造“华南五市山水休闲旅游黄金专线”，并签署《打造华南五市山水休闲旅游黄金专线备忘录》；10 月，与江门市旅游局相继签订旅游合作协议；11 月 29 日，2012 粤湘桂生态旅游发展战略（清远）研讨会在清远召开，来自全省的知名专家以及郴州、永州、贺州、桂林、清远市的业内人士共同商讨粤湘桂毗邻地区区域一体化生态旅游发展战略。清远市委书记葛长伟出席研讨会并指出，清远将把生态旅游作为主导产业培育，在现有基础上提高档次，树立品牌，提高旅游开发利用率。整合“三连一阳”旅游资源，着力打造“三连一阳”区域旅游品牌。8 月 16 日，清远市旅游局与连南县人民政府共同举行连阳旅游合作示范区共建座谈会，推动连阳旅游资源整合和对外宣传促销，使连阳地区成为旅游北拓的“桥头堡”。

2 月 26 日，共有 20 多个省（市、自治区）及海外 100 余家中华旅游业联合会负责人，GITF 关系团到清远考察；7 月 11～13 日，承办“2012 海外华人最喜爱的华南景（区）点”评选启动仪式，20 家海外媒体高层出席启动仪式；10 月 18～19 日，邀请第一批考察采购“华南五市山水休闲旅游”产品的第一批旅行商山西旅游联盟来清远考察。

旅游资源开发和景区（点）建设

【旅游招商投资】 2012 年，清远市旅游重点项目建设共有 11 个，合同投资金额达 236.6 亿元，其中当年计划投资 23 亿元，实际完成投资金额 21.82 亿，完成率 94.9%。被列入市重点项目有：清新温矿泉旅游度假区扩建项目、狮子湖项目扩建工程、英德市仙湖温泉度假区、飞来峡旅游服务中心、英德市宝墩湖生态旅游度假区、英德市广晟生态世界首期工程、英德市中海温泉度假区、英德市宝晶宫旅游度假区、清远盛贤悦泉湾畔、连南县圣淘湾假日酒店等。推进飞霞风景名胜区、银盏温泉度假区等国有企业改制和招商。合理开发保护南岗千年瑶寨景区，盘活“中国历史文化名村”品牌资源。连山金子山景区成功引进鸿诚隆农业科技有限公司，拟投入 3500 多万元开发建设“云海雪谷”生态森林度假村项目，将建设 300 栋乡村特色生态度假别墅。东莞市海通实业投资有限公司开发建设小三江温泉度假区的洽谈工作取得新进展，该项目占地面积 800 多亩，总投资约 5 亿元，分两期完成。

【旅游规划】 2012 年，清远市编制旅游产业发展规划，调整空间发展布局。规划建设高端休闲度假、健康养生、会议会展综合型旅游产业。先后建立市级旅游项目库、特色餐馆（农家乐）项目库、旅游驿站项目库、酒点景区（点）会议会务项目库等数据，为清远长远旅游产业的发展规划提供基础数据。完成《清远市北江旅游带总体规划（2011—2025 年）》专家评审并通过市政府常务会议的讨论同意实施。《清远市自驾游总体规划（2012—2020 年）》完

▲2012 年 11 月 12 日，清远市召开旅游产业园区发展规划后期交流汇报工作会。 （清远市旅游局供稿）

成社会招标并加紧修编。启动《清远市旅游产业总体规划》前期工作。

【项目建设及景区升级工作】 2012年，清远市积极开发新项目、改造旧项目，增设旅游新亮点、推动旅游转型升级。省财政下拨共计150万元旅游景区建设专项资金，其中连山金子山景区、英德茶叶世界等分别获得20万资金，用于景区基础设施建设与完善；佛冈（金谷）羊角山森林公园生态旅游度假区获得国家财政部100万元的资金补助，用于基础设施建设。

2012年，清远市推动白庙至飞来古寺古栈道等全市多条绿道项目建设；加紧推进英德广晟生态城、金海湾旅游度假区、仙水湖旅游度假区等投资10亿元以上旅游大项目建设；清新温矿泉旅游度假区计划增资8亿元，佰合谷生态旅游度假区计划投资8亿元进行景区开发；万里山影度假村计划投资34亿元改造牛仔谷漂流项目；天子山旅游度假区景区内部道路完工，正开展项目规划设计；黄腾峡生态旅游区第三期项目正处于规划设计阶段；牛鱼嘴原始生态风景区启动创建4A级旅游景区前期准备工作，包括完善基础设施、编制景区发展规划等；新银盏温泉度假村、狮子湖国际休闲度假创建4A级旅游景区工作进入报批程序；泰洋湖圣水湖畔五星级度假酒店项目于下半年启动，锦江之星酒店正在报批规划设计方案，飞来峡旅游服务中心完成挖土和打桩工程。

【旅游基础设施建设】 2012年，清远市加大旅游基础设施建设，不断改善大环境。一是城市配套方面：朱汝珍公园、向秀丽公园、江滨公园、凤城广场等一批免费向游客和市民开放的休闲公园投入使用，部分休闲绿道建成。二是交通建设方面：武广高铁站及配套工程的开通、清连高速全线贯通，一批省道、县道、乡道完成改造升级。三是环境整治方面：通过“三边”整治活动、“五城同创”活动，全市的绿化、净化、美化水平得到提升。四是旅游服务中心设施配套方面：市旅游服务中心投入使用，全方位满足游客的吃、住、行、游、购、娱等需求。

【品牌创建工作】 2012年1月5日，清远市金子山旅游景区评定为国家3A级旅游景区。1月9日，清远市湟川三峡—龙潭文化生态旅游区评定为国家4A级旅游景区。5月9日，广东森波拉度假森林、清远牛鱼嘴景区被授予“2011年广东省森林生态旅游示范基地”。12月24日，清远市南岗千年瑶寨景区评定为国家3A级旅游景区。广东县域经济研究与发展促进会授予清新·漂流文化节为“广东十大最具影响力的节庆活动”；6月，由广州日报社和重庆时报社联合在重庆举办的“2011选美渝粤大型旅游风光评选活动”中，清新县被评为“我最喜爱的广东目的地”，古龙峡原生态旅游度假区被评为“我最喜爱的广东景区”。佛冈金龟泉生态度假村获得清远市首家“中国AAAA级绿色饭店”称号。

【新开发、新建设景区（点）】

中国广东瑶族博物馆 坐落在连南瑶族自治县高寒山区自愿移民示范区内，占地面积47.75亩，建筑面积14566平方米，该馆以国家三级馆标准兴建，设计新颖，雄壮的外观融入瑶族红头巾、吊脚楼、长鼓等瑶族文化元素。博物馆陈列的主题为“瑶岭长歌”，分为远古寻踪、瑶山春秋、古韵流芳、神工能匠及瑶绣工坊。该馆是迄今全国瑶族文物最多、最系统、最齐全的瑶族专业博物馆之一，也是广东乃至全国具有较大影响力的瑶族文化收藏、研究和展示中心。

玄真·真枪实弹射击馆 该项目由清新县玄真古洞生态旅游开发有限公司自主投资建设，为粤北地区建造、由省立项审批验收的大型真枪实弹射击基地。占地约2000平方米，按省公安厅要求建造，共设8条现代化射击枪道，配置全天候全方位的视频监控系统，身份识别系统，标靶自动传送系统等安全设施。

清远市金子山旅游景区 坐落于广东省国营连山林场金子山省级生态公益林保护区内。距连山县城20公里，距湖南江华县30公里，距广西贺州市90公里，是粤湘桂三省区边界风光游的必经之地。珠江三角洲城市群到达景区，基本上处于3小时交通经济圈内。景区主峰海拔1417米，为广东第八高峰，登金子山，吸三省天地之灵气，尽揽粤湘桂三省区边城风光！是集观光游览、康体养生、运动休闲、探险猎奇、科普生态及三省自驾车游接待基地为一体的综合性旅游度假景区。2012年1月5日评定为国家3A级景区。

清远市湟川三峡——龙潭文化生态旅游区 简称龙潭度假区，自2010年湟川三峡景区荣获国家水利风景区后，于2010年3月全力启动国家4A级旅游景区创建工作。通过严格对照评定标准和评分细则开展自评自检和整改建设工作，于2012年1月通过专家组评审。

龙潭度假区 总规划用地24万平方米，建筑面积33万平方米，投资1.5亿元。分三个阶段实施完成。一期投入3000万元，规划用地6万平方米，建筑面积1.4万平方米，主要包括停车场、餐饮区、民族风情表演、度假区、夜游项目等。度假区拟建成独具有特色的旅游景区品牌，以观光为主，同时集休闲、度假、娱乐、生态旅游、文化传播、自然保护等为一体，以突出以“生态”为主，以“水”为主的生态旅游度假区。自2011年2月2日正式试业后，每天接待游客8000人次。

清远市南岗千年瑶寨景区 位于连南县城西南，海拔803米，鼎盛时有民居700多幢、1000多户、7000多人，被称誉为首领排。古镇依山而建，房屋层叠，错落有致；石板道纵横交错，主次分明。此寨建于宋代，历今已有千余年的历史。据专家考证，南岗是现存全国乃至全世界规模最大、最古老、最有特色的瑶寨之一。现居住在山寨的瑶民，主要有邓、唐、盘、房四个氏族。在明代时建立了民主选举的“瑶老制”，严格管理山寨。现古寨只保留200余

人和368幢明清时期的古宅及寨门、寨墙、石板道等。2012年12月24日评定为国家AAA级旅游景区。

【旅游扶贫】 2012年，清远市有6个旅游扶贫一般项目获省旅游扶贫专项资金支持，资金总额470万元。其中：连南县万山朝王旅游驿站获50元，连山县金子山旅游景区、英德市仙湖温泉度假区、连州市福山旅游区、阳山县石螺龙凤温泉分获30万元。佛冈羊角山森林公园生态旅游度假区参加省旅游扶贫竞标工作，首次成功获得300万元的省旅游扶贫专项资金，此项目获申报国家旅游局旅游发展基金。

清远市自2002年实施旅游扶贫战略以来，累计获省扶贫专项资金4185万元，旅游扶贫点带动的地方配套投入资金数量（包括交通、水电、通信等基础设施建设）193975.5万元，旅游扶贫点吸引开发商投入资金数量合同资金558006万元，其中到位资金65151.8万元。各旅游扶贫点所在县吸引的旅游投资总量（包括景区、酒店、基础设施等）共1586957.8万元，各旅游扶贫点所在县由交通部门协助解决的旅游交通瓶颈41条，共531.4公里，各县旅游扶贫点接纳劳动力带动当地直接就业人数6057人，间接就业57299人。

佛冈羊角山生态旅游度假区生态休闲农庄 为佛冈（金谷）羊角山森林公园生态旅游度假区的二期项目，农庄占地约300亩，计划投入资金3000万元，以生态环保、低碳节能、回归自然、生态养生为宗旨，通过“公司主导、星级农户”的模式创新，打造成广东省乡村旅游模式创新示范基地。项目建成后，周边乡村近500名农民受益。

旅游行业管理

【旅游市场监督】 2012年，清远市加强对旅游市场监督力度，对旅游行业诚信建设、企业形象方面、内部管理、市场经营，服务质量等方面对企业的规范运作作了详细具体的规定；加强节假日旅游市场的专项检查，集中整治旅游行业的违规行为，进一步规范旅游市场。全年共接到旅游投诉26宗，其中：书面投诉为6宗，网络投诉7宗，电话投诉13宗，投诉结案率100%。积极开展游客满意度调查工作，每月20日在《清远日报》、清远旅游网公布“清远市游客满意度调查和旅游投诉情况通报”，接受社会监督。

【旅游安全管理】 2012年1月，清远市旅游局与各县（市、区）旅游局，各县（市、区）旅游局与各旅游企业分别签订《安全生产责任书》，层层落实安全生产责任制，确立“谁主管、谁负责、谁审批、谁负责”的监管责任。落实并建立“一岗双责”安全管理制度，确定全年安全生产工作目标，推进“打非治违”“隐患排查”“百日维稳”各项工作任务。结合清远市旅游安全现状，制定《旅游安全管理 旅行社》《旅游安全管理 酒店》《旅游安全管理 景区》《清远市漂流安全工作规程》等旅游行业安全管理标准，完善安全监管机制。做好旅游信息的预警工作，加强节假日期间对游客集散地，酒店消防设施、景区各游乐设施的安全监管工作。全年无旅游安全重特大事故和责任事故发生

【“三打两建”工作】 2012年，清远市旅游局配合“三打两建”工作，联合各县（市、区）旅游局及相关部门对辖区内的旅游企业进行了检查。一是分片区对旅行社、分社、营业部的证照进行全面彻底清查、整改，取缔不具备合法资质的旅行社1家，健全分社、营业部手续11家，对拥有合法资质的50家旅行社，19家分社，17家营业部，12家接受委托的代理旅行社在清远旅游网上进行了公示。二是查处无证导游。对2家违规聘用无证导游的旅行社立案查处并依法依规处罚。对10家旅行社作出警告处分。三是查处不合格的旅游包车。专项行动小组对旅游包车进行重点的查处。四是规范旅游合同，确保企业游客双方利益。五是整治旅游购物点产品安全。对旅游特产、购物环境、配套项目等进行检查。六是整治旅游配套设施运营安全。对A级景区、星级饭店内设施设备、配套设施进行全面的安全排查。6月，针对“地下导游协会”及旅行社委派无证导游带团事件，成立专项行动小组进行缜密调查，多方取证，经调查核实，该组织没有在民政局注册登记，不具备合法“导游协会”资格，联合市民政部门对其进行取缔。并于6月26日，召开全市首次旅游行政处罚听证会，对违规旅行社进行行政处罚。全年共开展市场检查35次，出动检查人员188人次，检查旅游相关企业105家，检查带团人员172人，处罚导游从业人员3人。

【旅行社】 2012年，清远市新增清新清之旅旅行社有限公司。吊销清远市建福旅游服务有限公司经营资质。5月21日，印发《进一步加强旅行社规范管理，促进旅行社行业持续健康发展的若干要求》（清旅〔2012〕90号），对旅行社诚信建设、企业形象方面、内部管理、市场经营，服务质量等方面对企业的规范运作作出具体规定。做好导游IC卡的检查。针对旅行社私设办公场所、变更经营场所没有办理备案手续、拒交质保金、旅游宣传广告不规范、旅行社雇用无证导游、同行间以低价进行恶性竞争等严重扰乱市场的违规现象，联合质监科、工商、物价等部门，进行查处、处罚。至年末，全市有旅行社50家。其中经营出境旅游业务的组团社2家，经营国内旅游业务和入境旅游业务的旅行社48家。备案分社19家，营业网点17家，代理出境游社12家。

【星级饭店】 2012年，清远市共有星级饭店35家。指导华冠大酒店、连州大厦、英德海螺大酒店等四星级饭店通过省星评委三年期评定性复核。动员指导恒大金碧天下、美林湖温泉大酒店、阳山宾馆等申报四星级、五星级旅游饭店。协助各县（市、区）酒店服务技能大赛。

清远恒大酒店 位于清远市清新龙颈恒大金碧天下，是清远市首家白金七星标准的绿色国际会议度假酒店。酒店总面积达10万平方米，背靠笔架山森林瀑布4A风景区，独揽万亩连绵群山，私藏百亩人工生态湖、2公里黄金湖岸线、3公里中央景观大道、10大世界级主题园林及风情广场；酒店建筑传承欧陆新古典主义风格并独创“6+1”功能配套模式，集会议、饮食、娱乐、运动、健康和商业、养生居住为一体。

【旅游信息化建设】 2012年，清远市编制《清远市旅游信息发布系统可行性研究报告》，于10月22日通过专家评审。该项目建立并完善清远数字化的旅游信息发布平台，为“12301旅游服务热线”等各种信息终端提供数据支撑；建立全市旅游信息数据库；设立全市统一的“35-12301”旅游服务热线。截至2012年年底，共接到咨询、投诉电话127次；与清远职业技术学院图书馆联合建立“清远旅游资源数据库”。

【旅游协会工作】

完成旅游协会工作转型 自2012年6月起，清远市旅游局领导不再兼任市旅游协会会长、副会长等职务，同月召开2012年清远市旅游协会副会长以上单位代表大会，会上选举聚龙湾天然温泉度假村总经理文飞担任新一届市旅游协会会长，清远市步步高酒店管理有限公司董事长冯伟洪担任市旅游协会监事长。于7月搬迁至清远市旅游服务中心独立办公，完成行政人员与协会职务脱钩、协会机构独立办公的工作，正式开始走向民间化、市场化改革道路，踏出“政社分离”的第一步。7月底通过专家评估组的检查，被评为3A级社会组织。

发挥协会桥梁纽带作用 2012年，市旅游协会配合旅游主管部门做好“三打两建”工作；协助广东省旅游协会开展对漂流、温泉企业调研工作，就会员单位发展现状、遇到的瓶颈等困境把脉、寻求政策支持；编辑出版《魅力清远》旅游杂志，向市政府机关、珠三角主要客源地市场、武广沿线潜在客源地市场发行10000多本。与巴帝利（香港）国际集团有限公司签订为期5年的战略合作协议；组织旅游企业参加省内外定宣传促销活动，为企业搭建各种宣传平台；通过试行“清远市导游实习证”以及举办“十佳导游（讲解员）大赛”强化导游队伍建设，展示导游形象；开展旅游协会各分会的交流学习活动。于12月改选温泉分会，推选朱桂芳为分会会长，邱传涛为分会秘书长。

精神文明与教育培训

【旅游精神文明建设】 2012年，清远市旅游局在行业开展“诚信旅游”活动，开展旅游消费维权、守法诚信经营、文明旅游等宣传活动，促进全市旅游企业营造“诚实守信、公平竞争的旅游市场环境。“七一”、春节期间，旅游机关干部职工深入到西湖社区困难群众、困境党员、学生家中开展走访慰问，向帮扶点阳山县杨梅镇坪洞村贫困子女捐书，为11名困境学生提供资金援助。在“6·30”“2012年广东扶贫济困日”活动中，清远市旅游局干部职工共捐款3670元，并发动组织全市旅游企业捐款，在全市旅游系统开展“一元捐”活动。

根据《关于表彰全省旅游系统先进集体和先进个人的决定》，清远市聚龙湾天然温泉度假村、连州地下河荣获“广东省旅游系统先进集体”称号；清远聚龙湾天然温泉度假村温泉部经理蒋湘林、玄真古洞生态旅游开发有限公司营销总监廖丽宜、清远国际酒店经理李枝刚、英德市仙湖发展有限公司旅游总经理梅镝4人荣获“广东省旅游系统先进个人”称号。

【旅游行风和机关工作】 2012年，清远市旅游局认真开展党的十八大精神培训专题学习讨论交流活动，把旅游工作与学习贯彻落实党的十八大精神结合起来，以提升干部职工的业务水平和专业技能。深入开展“创先争优”工作。全年受理并答复清远市人民政府网上群众来信咨询建议10封，处理率100%。接受信访局转来信访事件2例。清远市旅游局党支部被中共清远市直机关工作委员会评为“清远市五好党支部”，刘润芬被评为“清远市五好党员”；刘云龙被市委、市政府评为“清远市2012年度信息工作先进个人”。徐小华与清远电视台合作撰写的“‘清远鸡’美食旅游文化节现‘千人尝百鸡宴’盛况”获“2012年广东旅游好新闻”三等奖。清远市旅游局被评为“2012年度清远市安全生产工作先进单位”。

【旅游教育培训】 2012年，清远市旅游局完成两次共585人的全国导游人员资格考试笔试和口试工作。全年共101人通过全国导游考试。举办导游法规知识和应对突发事件能力培训班。4月，开展2011年度的导游员继续教育培训，全市有500多名导游分8批接受培训和考核。遴选并组织一批符合资格条件的导游资格考试考评员参加省旅游局举办的培训班，通过考核获取考评员证书。完成清远地区导游资格考试（两次）的命题工作。6月，组织全国中、高级导游的报名考试工作。7月30日由清远市旅游局为指导单位，清远市旅游协会主办，清远市旅行社行业协会承办的2012年清远市“十佳导游（讲解员）”大赛总决赛在清远举行，评选出10名“2012年清远市十佳导游（讲解员）”。全市有2人获“全国优秀导游员”称号。

（谢菲菲）

潮州旅游业

综述

【概况】 2012年，潮州市文物旅游局认真学习贯彻党的十八大精神、市十三次党代会精神，紧紧围绕“加快转型升级、建设幸福潮州”的奋斗目标。以建设古城文化旅游区为龙头，以文物开拓旅游、以旅游开放文物的工作思路，加强文物保护和宣传推介工作，大力推进文化旅游发展，充分发挥潮州文化独特资源的优势，丰富旅游的文化内涵，努力打造潮州特色旅游文化。文物保护工作获国家文物局领导高度评价，笔架山潮州窑遗址考古发掘前期工作顺利推进，完成韩祠橡木园建设工程和龙湖寨静岩公祠维修工程，实施已略黄公祠维修工程等文物保护工作，成功举办“潮州十大名菜、名小食”评选以及旅游美食节，精心设计潮州文物旅游形象标志，扶贫双到工作实现“三年任务两年完成”的目标。全年全市接待过夜旅游者总人数491.60万人次，比上年增长17.60%，其中景区（点）接待游客946.67万人次，比上年增长10%；旅游收入达到74.76亿元，比上年增长17.76%；星级饭店平均住房率在75%左右。文物旅游业成为全市经济发展新的增长点。

【领导关心旅游业】 2012年2月8~9日，广东省副省长许瑞生率省直有关部门负责人赴潮州调研指导教育、旅游、体育工作。许瑞生要求潮州继续把优先发展教育放在重要位置，大力推动文化与旅游融合，加快转变体育事业发展方式，促进各项事业全面协调发展。许瑞生一行先后考察潮州市高级实验学校、市全民健身广场、韩山师范学院和韩文公祠、广济桥、饶宗颐学术馆、太平路牌坊街、甲第巷古民居群等景区（点），并召开专场会议听取潮州市委市政府的情况汇报。许瑞生充分肯定潮州近年来经济社会发展所取得的成绩，对教育、旅游、体育等事业快速发展给予高度评价。许瑞生强调，潮州要加快文化与旅游的融合，加快旅游产业发展。重视把弘扬潮学与发展旅游结合起来，把古城开发保护与旅游发展结合起来，推动潮州文化旅游产业发展；重视旅游改革创新，增强旅游发展活力，推动生活形态与旅游形态的有机统一，提高潮州旅游的吸引力；重视推进潮汕揭旅游一体化，在资源互补合作、线路统一规划上做文章，做大做强三市旅游产业。

2月23~25日，中共潮州市委副书记、市长李庆雄率团专程到湖南凤凰古城参观考察，市委常委、宣传部长陈丽文，副市长余鸿纯，市政府秘书长丁应亮及相关职能部门领导等参加考察活动。主要学习借鉴该县在文化旅游建设、管理、运营上的成功经验。

▲潮州市领导带队赴湖南省凤凰古城考察学习。

（潮州市文物旅游局供稿）

【旅游行业规模】 截至2012年年底，潮州市拥有星级饭店13家，其中四星级6家，三星级4家，二星级3家；有旅行社32家，其中出境游组团社5家，分社1家，非组团社26家；拥有国家A级旅游景区4家，其中4A级景区3家，3A级景区1家。

【重要旅游活动】

潮州“十大”名菜、“十大”名小食 潮州市文物旅游局从2011年底开始筹备“潮州‘十大’名菜、‘十大’名小食大型评选活动”。共有31家企业和个体户报名参加评比，申报菜品51件。期间，先后组织6期市民到参评单位现场观摩菜品制作过程、现场品尝、点评菜品，并制作专题片在潮州电视台《天天好生活》栏目播出。在潮州文物旅游网上开辟专栏发动网民投票，总投票数53361票。按网络投票占40%分值，专家分占60%分值为最终结果：黄金美味大连鲍、潮式蒜香鲍、永生源铁皮石斛养生汤、千禧一品汤、肉末焗辽参、五谷丰登、炭烧大响螺、金丝雪鱼、秘制腌龙虾、鲜竹筒炖乳鸽十个菜品以及海龙潮式腊肠、真美肉松蛋卷、包记正名姑嫂香腐、辉记手捶牛肉丸、金石金江清炖牛杂、意溪范合盛大膀饼、沛沛胡椒鸡系列、香煎一品包、文香乌橄榄、胡荣泉春饼十个小食被评为“潮州十大名菜和名小食”。

2012潮州旅游美食节　2012年5月18~21日，潮州市文物旅游局与市电视台联合主办的“2012潮州旅游美食节”在市体育馆广场举行。该美食节集传统美食文化展示、旅游商品展销、旅游资源推介、旅游线路宣传为一体，涵盖“潮州十大名菜、十大名小食”评选活动颁奖仪式，潮州美食、潮州十大手信展销，以及“5·19”中国旅游日潮州旅游集市等内容，吸引近百潮汕商家参加。该美食节接待游客10万人次，营业额超400万元。市有关领导出席开幕式并为获得“真美杯”潮州十大名菜、十大名小食称号的企业颁奖。

▲2012潮州旅游美食节嘉宾及游客品尝美食。

（潮州市文物旅游局供稿）

“观湘桥春晖、赏滨江红棉——潮州广济桥春游特惠”活动　2012年4~6月，潮州市文物旅游局开展“观湘桥春晖、赏滨江红棉——潮州广济桥春游特惠”活动，实行全票30元、旅游团队票20元特惠票价，本地旅行社可另外再享受一次优惠。“引客入潮”“带客上桥”举措调动了本地旅行社组团的积极性。整个活动门票收入57.7万元，比上年同期增长5.70%；接待游客3.38万人次，比上年同期增长40%。

幸福潮人游潮州活动　2012年11月，市文物旅游局与潮州电视台《天天好生活》栏目合作，开展“幸福潮人游潮州”活动。规划设计10多条潮州市区一日游旅游线路，在每一期节目中推出。活动的开展吸引市民报名参与，在12月初推介广济桥的预告片播出后有数百名市民报名，后经适度放宽名额限制让市民体会“幸福潮人”。

出入境旅游

【入境旅游】　2012年，潮州市接待入境旅游者541400人次，比上年增长16.50%。其中外国人49242人次，增长19.96%；旅游外汇收入21302.62万美元，比上年增长7.74%。平均停留旅游天数为2天。

【出境旅游】　2012年，潮州市各旅行社组织出境游14212人次，比上年下降17.53%。其中香港游6107人次，下降26.10%；澳门游2419人次，下降31.20%；出国游5686人次，增长12.93%。

国内旅游

【国内旅游接待与收入】　2012年，潮州市国内旅游稳步提升，呈现良好增长态势。全市接待国内旅游者437.46万人次，比上年增长17.70%；国内旅游收入61.30亿元，比上年增长21.07%，占旅游总收入的82%。平均停留天数为2天。

【红色旅游景点】　潮州市涵碧楼位于潮州西湖湖畔，始建于民国11年（1922年），为洋式双层小楼房。1925年3月7日，中国共产党参与领导的东征军进驻潮州，黄埔军校政治部主任周恩来在涵碧楼办公。1927年“八一”南昌起义军入粤，周恩来、贺龙、叶挺、刘伯承、郭沫若等经潮州转战潮汕各地，贺部三师（师长周逸群、政治部主任徐特立）及教导团等部队驻潮州城，第三师司令部设于涵碧楼。涵碧楼在抗战时期被日军炸毁，1964年重建，辟为“潮安县革命历史文物陈列馆”。1965年郭沫若重访涵碧楼题“涵碧楼”三字。2012年，市博物馆在修缮一新的涵碧楼内，布置《周恩来生平图片展览》，版面更加鲜活，内容更加丰富，展陈形成更具特色，使涵碧楼——“潮州七日红”红色旅游点更具特色，吸引机关团体，旅游团队，中小学生参观，重温革命历史。

【假日旅游】　2012年春节黄金周，全市接待游客人数29.85万人次，景区（点）接待游客86.74万人次，分别比上年同期增长14.6%和13.2%；旅游总收入1.10亿元，再次突破亿元大关。“十一”黄金周全市接待海内外游客50.98万人次，比上年同期增长16.4%，全市景区接待游客总人数122.21万人次，同比增长16.0%，实现旅游总收入6590.87万元，同比增长16.2%。

潮州市重视假日旅游经济，及早部署，美化环境，做好规范管理和扩大宣传推介等工作。景区（点）突出文化旅游特色，增设旅游活动项目，整个黄金周在游客入潮人数、游客游潮时间和旅游综合消费三个方面再创新高。

旅游市场推广与节庆活动

【国内旅游客源市场营销】　2012年6月8~11日，2012年广东潮州特色产品（武汉）展销会暨经贸洽谈会在武汉市国际会展中心举行。全市有135家企业参展，市文物旅游局首次组织全市主要旅游企业组成代表团参会，举办潮州旅游推介会，签署旅游合作协议，设置展位开展现场旅游宣传促销。余鸿纯副市长在推介会上向海内外嘉宾详细介绍潮州文化旅游基本情况。市中国旅行社与湖北省中国旅行社、市风光国际旅行社与湖北省青年旅行社分别签署旅游合作协议，开展武汉与潮州之间的旅游合作事宜。

▲2012 广东潮州特色产品（武汉）展销会。
（潮州市文物旅游局供稿）

【组团参加 2012 中国（广东）国际旅游产业博览会】 2012 年 9 月 14 日，市文物旅游局领导率各县（区）旅游局及旅游企业参加 2011 中国（广东）国际旅游产业博览会（以下称“旅博会”）布展参展活动，潮州展位获组委会颁发的“优秀展位奖”，市文物旅游局获“优秀组织奖”。潮州市组织旅游企业参加“两岸四地旅游手信美食展销”评比活动，其中广济桥牌“百珍凉果”、金环制釉“冰花瓷”等 12 个产品荣获组委会颁发的“2012 中国（广东）国际旅游产业博览会最受欢迎的两岸四地优质旅游手信奖”“2012 中国（广东）国际旅游产业博览会最具创意的旅游手信包装设计奖”。

【潮州文物旅游形象标志】 2012 年 7 月初，历时近两年设计的潮州文物旅游形象标志面世。该形象标志由潮州市文物旅游局委托广东青年美术家协会会员、潮籍设计师杨利鸿设计，将应用于与潮州文物旅游相关的宣传推广、旅游产品、旅游纪念品、地方特产、潮州手信等领域。设计师以“潮”字为设计元素，糅合了潮州木雕、古建筑的木门窗花、中国传统纹样的抽象元素，创造一个独特的字体，辅以印章式的粗线边框，成一枚篆刻印章的样式，稳重而不失潮州古城韵味。整个形象标志像一扇木窗格、一方章、一件木雕作品，将潮州历史文化古城的印象元素抽象概括，既融入于传统文化，又具有很强的现代图形设计感。

▲潮州文物旅游形象标志。

【旅游市场推广】 2012 年，潮州广济桥入选“最受新浪网友喜爱的旅游景点”，广济桥文物管理所借机在新浪网广东旅游频道的热点导航中对广济桥进行广告推介。该所还配合中央电视台 4 频道《沿海行·远方的家》栏目组、凤凰卫视《凤眼睇中华》栏目组、“淘宝网罗天下”节目组、南方卫视《华夏探秘》节目组等媒体摄制广济桥专题宣传片。

12 月 7 日，《潮州印象》旅游城市形象片暨《中国茶文化活化石·潮州工夫茶》邮册首发式在市广济门外隆重举行。副市长余鸿纯参加首发式并启动首发。《潮州印象》由主题曲《相约潮州》和潮州风光名胜、潮州陶瓷、潮州木雕、潮绣、潮州美食、潮州工夫茶等篇章构成，聘请名家策划，著名导演执导，原创音乐，唯美画面，展示了潮州文化旅游精髓、独特文化魅力和特色企业形象，是一部专业化、高水平的城市旅游形象片。《中国茶文化活化·潮州工夫茶》邮册全面、系统地介绍潮州工夫茶的历史渊源、传承和创新，配以《广济桥》《茶》《山水盆景》《明清家具》《岭南庭院》等与茶文化内涵密切相关的特种邮票，阐释“和、敬、精、乐”的文化精神与集藏的态度，通过文化邮册这一载体宣传承载潮州文化，扩大潮州工夫茶在全国乃至世界华人地区的影响力和美誉度。

是年，潮州市文物旅游局组织参加海峡两岸旅游博览会、闽粤赣十三市旅游局长联席会、中央苏区旅游联盟第四次联席会议等各种活动。完成《玩转潮州》旅游宣传专刊的编写发行工作。成功拍摄《潮州印象》旅游城市形象片，设计制作潮州“新八景”系列宣传筷子，加印“超值门票、潮人游潮”景点门票册。

旅游资源开发和景区（点）建设

【潮人会馆工程建设】 2012 年，潮州市海外潮人博物馆工程总造价约需 1.3 亿元。市政府设立海外潮人博物馆建设领导小组及其办公室，副市长余鸿纯于 4 月中旬主持召开领导小组成员扩大会议，并形成会议纪要。由市文物旅游局协调配合做好各有关工作，起草《关于调整潮州海外潮人博物馆（潮人会所）建设领导小组组成人员的请示》等相关事项。1 ~ 6 月，协调完成潮人会馆基础桩检测任务，与原设计单位联系，协调由市建筑设计院进行取消地下室设计变更、跟进后续设计现场指导等工作。

【推动文物景点转型升级】 2012 年，潮州市博物馆继续发挥社会教育职能作用，对馆藏文物进行清理，在馆内布置“素坯勾勒、浓妆淡抹自美丽——馆藏明清青花瓷器展览”“精雕细琢　美而不朽——馆藏清至民国玉器展览”“至爱五十年——馆藏捐赠、交献文物展览”等精品展，涵盖青花瓷、玉器、书画等类别共 240 多件文物精品，完成涵碧楼

"周恩来生平图片展览"的布展，举办10多次专题书画展览，包括"潮州市老年书画迎春展""百花墨韵"第十五届潮州市书画精品邀请展等，共接待观众30多万人次。广济桥文物管理所将部分亭台辟为潮州木雕、手拉壶、刺绣、花灯等非物质文化遗产展示，邀请国家级非物质文化遗产项目潮州工夫茶代表性传承人叶汉钟大师开辟潮州工夫茶艺表演专场。潮州古城管理所完成孔子行教塑像工作，于8月底举行塑像揭幕仪式，塑像高2.28米，基座高1.26米，屹立于海阳县儒学宫大门内，与殿的正中孔子坐像遥相呼应。年初将海阳县儒学宫大成殿两侧的危房拆除，清理后踏道，重新修筑倾斜的外墙，铺上草圃，美化大成殿周围环境。同时，为学宫添置座椅，开设"游客服务中心"，提供咨询、购物和免费饮水等服务。韩愈纪念馆高度重视韩祠橡木园的建设工程，在抓好土建工程建设的同时加紧做好橡木移植工作。4月底，30多株橡木入园"安家"。8月初，"橡木园"项目建设工程通过专家组验收。饶宗颐学术馆组织人员对馆藏饶教授的书画作品进行重新整理，将馆藏精品陈列于翰墨林展厅，并于国庆期间对外开放。

由砚峰山人李闻海和福建省工艺美术大师陈宝如先生共同创作大型花岗岩石浮雕作品《老子出关图》，于6月中旬向世界纪录协会制申报奖项的世界纪录并获成功。

【新开发、新建设景区（点）】

广济门城楼的重新布展 经报市人民政府同意，潮州市文物旅游局对广济门城楼进行重新布展、整修。广济门城楼一楼辟为潮州简史展厅，二楼辟为潮州木雕、陶瓷、刺绣、麦秆画等非物质文化遗产的展示区，三楼辟为市委市政府接待基地。2012年5月，广济楼布展、整修工程招投标等前期各项工作如期进行，于10月正式动工。至年底工程装修和布展工作基本完成。

潮州市新增一博物馆 2012年9月中旬，潮州市颐陶轩潮州窑博物馆取得民办非企业单位登记证书，正式宣告成立，成为该市第二家民办博物馆。颐陶轩潮州窑博物馆位于太平路70号，主要从事潮州窑历代器物调查、收集、鉴定、整理、展览；以及潮州窑历史文化、陶瓷艺术研究和学术交流。该馆收藏和展出商、周至汉、唐、宋、元、明、清、民国等历代潮州陶瓷器皿，其中有壶、瓶、碗、盘、碟、杯、罐、炉和像等，涵盖潮州陶瓷发展史上的所有重要品种，为目前较为集中表现潮州窑历史文化的专题馆。

【文物旅游资源保护开发】 2012年，潮州市龙湖寨静岩公祠维修工程、己略黄公祠修缮工程和潮州开元寺天王殿维修工程被列入实施文物保护工程；潮州市启动道韵楼、从熙公祠、海阳县儒学宫和紫来楼4处文保单位的维修方案设计工作，并委托山西圆方古迹保护修复有限公司负责设计，于9月下旬完成维修设计的前期调查测量工作。

龙湖寨静岩公祠维修工程 位于潮安县龙湖镇龙湖寨直街市尾段西侧。该祠始建于清道光四年（1824年），座西向东，三进二廊布局，因年久失修和人为破坏屋面残损严重，部分楹条糟朽、木构件缺失，木雕构件残损严重，后天井左廊已塌，前、后天井地平被抬升，地面红砖残缺不全，墙面风化剥落，亟须进行全面维修。潮州市文物旅游局委托具有古建筑维修资质的潮安县金湖建筑工程有限公司负责施工，项目预算投资40万元，主要维修前、中、后座及现存后天井右廊的屋面，更换糟朽楹条、角板和檐口板，维修残损的木雕构件、梁架以及后天井左廊等。该工程自2011年12月动工，至2012年5月竣工，7月初通过有关部门验收。

己略黄公祠修缮工程 该项工程于2012年1月开工，至11月竣工。修缮工程款利用国家财政部年度文物保护专项补助经费100万元，施工主要项目包括：西厢房屋面维修。东厢房隔扇修复。后厅屋面修复。西侧廊屋面维修，木屋架矫正。东侧廊、侧厅屋面维修，木屋架矫正。东西侧门厅、东西侧廊、东西侧厅、东西厢房修复红砖地面以及其他现场确认项目。该工程业主单位为潮州古城区文物管理所，设计单位为广西文物保护研究设计中心，施工单位为潮州市建筑安装总公司，监理单位为潮州市建宇工程监理有限公司。

开元寺天王殿维修工程 该项维修工程于2012年8月开工，计划于2013年4月竣工，总预算投资252万元。工程采用科学合理的技术手段对天王殿木构架的蚁害、腐朽、开裂、位移等病害进行治理，恢复原建筑主体结构的性能，消除建筑安全隐患。工程业主单位为潮州开元镇国禅寺，施工单位为潮州市建筑安装总公司，监理单位为潮州市建宇建设工程监理有限公司，

【A级景区建设】 2012年，潮州市推动紫莲山庄、韩文公祠、广济桥、绿太阳4家景区创建国家4A级旅游景区；千果山、幽峪逸林2家景区创建国家3A级旅游景区工作，其中，潮州市韩文公祠于年底通过初评，并上报国家旅游局。至年底，潮州市共有国家A级旅游景区4家。

【旅游扶贫】 2012年，潮州市文物旅游局申报潮安县龙湖古寨旅游区为省旅游扶贫大型重点项目，潮安县青龙潭旅游区、饶平县绿岛乡村游集散地、潮州市（湘桥区）紫莲生态森林度假村二期工程基础设施建设为省旅游扶贫一般项目，共争取省旅游扶贫专项资金120万元。

【旅游创强】 2012年4月11日，潮州市潮安县以荣膺"广东旅游强县（市）"为契机，举办潮安县荣膺广东省旅游强县惠民活动暨第三届情趣潮安旅游集市等系列活动，强化旅游强县特色优势；饶平县以创建"旅游强县"为目标，推进绿岛乡村生态旅游集群项目建设。绿岛山庄年内投入资金3200万元，完成绿岛景区大门、绿岛景区道路拓宽工程建设。绿岛综合会议中心、青岚地质公园一期基础工程、绿岛至青岚地质公园旅游公路等项目建设加紧进行。

旅游行业监督管理

【旅游市场监督】 2012年，潮州市文物旅游局制订《潮州市开展旅游市场重点环节检查工作实施方案》，探索机构改革后旅游市场监管新办法，保护旅游者和经营者的合法权益。做好导游IC卡检查，对国旅、龙之旅、春辉、中旅、潮安春秋等旅游企业的违规投放广告行为进行依法依规处罚。

黄金周期间，市文物旅游局开展旅游市场执法检查行动，检查内容包括各旅行社是否开展诚信旅游，落实诚信公约，是否有发布虚假旅游广告、擅自变更旅游行程、降低服务标准，购物欺诈和导游索要小费等行为；要求出境游组团社严防非法滞留、偷渡及游客参与赌博等违法行为，杜绝甩团、扣团等严重损害旅游者权益的行为；要求各景区（点）配合市文物旅游局及相关部门的市场整治行动，加大力度清理在景区内及周边区域违法违规行为，督促各宾馆酒店要切实加强公共卫生及服务质量的管理。

【旅游安全管理】 2012年，市文物旅游局不定期组织有关人员对辖管的文物点进行安全检查，要求辖属单位各自抓好文物点的安全保护工作，各下属单位均日登记、月巡查的安全管理制度，并且每次灾害性天气前后，都会加大辖区内巡查力度，加强对防汛、消防等安全设施的检查，及时排除隐患。节假日和黄金周期间，对全市旅游业各单位开展全面地毯式旅游安全生产督查和市场检查，对县（区）属旅业单位即由县（区）旅游局组织全面检查，重点抽查。每次行动为期一周，共出动32人次检查近40家旅游经营单位。

【旅游行业"三打两建"】 2012年，根据潮州市委、市政府和省旅游局"三打两建"专项行动工作部署和市纪委、市监察局"打击商业贿赂专项行动"工作要求，市文物旅游局于3月底召开全市文物旅游系统"三打两建"动员会，至年底对非法经营旅游业务、假冒星级饭店、景区、无证导游及零负团费、挂靠承包、坑蒙拐骗、欺诈强迫消费等违法违规行为实施严厉打击。年内共调查处理国旅、龙之旅、春辉、中旅、潮安春秋等旅行社的违规广告行为，并给予警告或通报批评等处分。

【旅行社】 2012年，潮州市扶持旅行社业的发展，按程序批准设立潮州市潮联旅行社、广东国旅（潮州）旅行社、潮州市和信旅行社、潮州市星程旅行社4家公司。至年底，全市共有旅行社32家。按时完成年度旅行社统计调查工作及旅行社门市部备案登记等工作。

是年，潮州市于3月和9月共组织两次全国导游人员资格考试工作，全市报考人数306人，通过考取人数98人，通过率为32%。其中3月全市报考人数135人，通过54人，通过率为40%；9月报考人数171人，通过44人，通过率为26%。全年分2期、每期7天对全市持卡初级导游员进行再教育培训，共培训导游员279人。

【星级饭店】 2012年，潮州市星评委完成年度星级饭店评定和复核工作，维护星级标准的权威性，全市13家星级饭店全部通过星级复核，四星级的潮安海逸大酒店由省星评委进行评定性复核检查。潮州市宏伟临江酒店通过市级星评初审，向省推荐评定为四星级酒店，资料于2012年年底报送省星评委。潮州市做好引进国际品牌酒店管理公司入潮工作，有序推进高端酒店建设。连锁酒店有如家、七天、汉庭进驻。

【旅游信息化建设】 2012年，潮州市文物旅游局抓好局官方网站创建工作，承办方市智信科技有限公司对网站内容和版面设计进行改进和内容充实；至年底，加盟潮州文物旅游网的旅游、文物企事业单位和十大手信、十大名菜名小食企业达50多家。

文物保护与利用工作

【编制文物保护规划】 2012年7月25～26日，广东省文物局派出专家组赴潮州召开评审会，《己略黄公祠保护规划》《大埕所城保护规划》进行初审。通过现场考察和评审会，专家组同意《己略黄公祠保护规划》和《大埕所城保护规划》通过初审。

2012年潮州市启动韩文公祠、从熙公祠、海阳县儒学宫、紫来楼等四处文保单位的保护规划编制工作。规划由潮州市文物旅游局委托山西圆方古迹保护修复有限公司负责编制。9月下旬，该公司派出规划设计人员前来潮州，至年底，完成上述4处文保单位保护规划编制的前期准备工作，包括资料搜集和实地调查，并转入资料汇编整理和规划文本编写阶段。

【文物保护工作】 2012年10月20日，广东省人民政府公布第七批广东省文物保护单位。潮州市黄尚书府、林大钦墓、孙默斋墓、仙溪王氏大宗祠、二善潮源楼、泰华楼和龙湖寨建筑群（含婆祠等9处建筑）等7项15处入选。至年末，潮州市有全国重点文物保护单位8处，省级文物保护单位18处。

国家文化部副部长、国家文物局局长励小捷和国家文物局党组成员、副局长童明康在省文化厅副厅长杨伟时和党组成员、省文物局局长苏桂芬等陪同下，莅潮调研指导文物安全保护管理工作以及文博人才队伍建设等方面工作。期间，励小捷要求潮州市继续坚持文物保护和利用并重的思路，坚持在保护中合理开发，在开发中实施保护的基本要求，充分整合各类资源，使得文化保护工作能够真正促进经济发展，并表示支持笔架山潮州窑大遗址列入国家大遗址，并将在资金和技术方面给予大支持。至2012年年底，国家文物局拨付广济桥油饰工程200万元、开元寺天王殿维修工程200万元，保护规划80万元。

6月，潮州市文物旅游局与广东省文物考古研究所商定《潮州笔架山窑址考古调查勘探工作方案》，签订“潮州笔架山窑址文物考古调查勘探”合同。8月24日至9月10日，省考古所工作队在笔架山潮州窑遗址现场开展第一阶段调查，摸清笔架山范围内有关宋代陶瓷窑址的分布情况、遗存的堆积分布情况、周边环境的影响情况。10月22日，省考古所工作队莅潮开展第二阶段的勘探工作，确定遗址保护范围内窑址的分布情况、具体位置及保存现状。至12月初，勘探工作全部完成，基本摸清遗存堆积分布，找到1972年发掘清理后回填的4号、5号、6号三条窑址，新发现三处窑址，基本探明遗址范围内窑址的分布情况、具体位置及保存现状。

▲2012年9月3日，国家文物局局长励小捷（左二）等领导在潮安县龙湖寨检查指导文物保护工作。

（潮州市文物旅游局供稿）

【潮州市第三次全国文物普查】　至2012年上半年，潮州市文物局完成“第三次全国文物普查”工作。6月，市政府召开全市“三普”工作总结表彰会，市政府余鸿纯副市长出席会议并讲话，提出三点意见：一是要确立安全第一的思想意识，防止出现“重发现，轻保护”的状况；二是要找准文物保护的着力点，提升文物管理的针对性和有效性；三是要改变观念，提高认识，积极寻找县域文物资源利用的突破口。会议为荣获“广东省第三次全国文物普查先进集体”的潮安县文广新局颁发奖状，向罗星等12人颁发“广东省第三次全国文物普查先进个人”“广东省第三次全国文物普查优秀联络员”荣誉证书。

【“5·18”国际博物馆日】　2012年5月18日，市博物馆举行“5·18”国际博物馆日免费为民鉴宝活动。专业技术人员联合具有文物鉴定经验的博物馆之友在博物馆贵宾室为持宝市民作免费鉴定。全天共为30多位市民的60多件（套）待鉴定文物作鉴定，报社和电视台等新闻媒体对活动作专题报道。

【组织文物保护法宣传活动】　2012年，潮州市文物旅游局将12月29日定为纪念宣传日，以庆祝《中华人民共和国文物保护法》颁布30周年暨修订10周年。12月29日，广济桥文物管理所、市博物馆、韩愈纪念馆和古城区文物管理所等市直文博单位，以及两县两区文物行政部门，分别上街设立宣传咨询点，悬挂宣传横幅，向市民发放《中华人民共和国文物保护法》《中华人民共和国文物保护法实施条例》和《潮州市文物保护手册》等宣传资料，并接受市民咨询。

▲2012年6月6日，潮州市召开第三次全国文物普查总结表彰会。

（潮州市文物旅游局供稿）

精神文明和教育培训

【旅游精神文明建设】　2012年，潮州市文物旅游局将精神文明建设工作纳入年度工作计划。7~9月，开展以“加强思想道德建设，保持党的纯洁性”为主题的纪律教育学习月活动，对党员干部、国家公务人员分层次开展党性教育、党风教育、反腐倡廉教育和从政道德教育。

【机关效能建设】　2012年，潮州市文物旅游局按照潮州市行政服务中心“一头受理、一站式服务、一次性告知、公开承诺、限时办结”的要求，做好“窗口”建设，开展优质服务。进一步完善局业务科室与窗口之间的衔接办件措施，全年办理行政许可、行政审批事项共4件，新审批旅行社4家，办结4件，办结率100%。

【旅游教育培训】　2012年，潮州市按要求加强对旅游企业中、高层管理人员的培训。4月20日至5月1日，潮州市组织开展导游人员继续教育培训，建立旅游教育培训网络，采取联办、协办和委托代办等形式加强对大中专院校学生开展继续教育培训。至6月底，全市200多名持证导游分2期、每期7天接受再教育培训，并完成全市持证人员年审工作。

（刘霖泓）

揭阳旅游业

综　述

【概况】　2012年，揭阳市旅游业以科学发展观为统领，围绕市第五次党代会提出把“旅游业发展成为我市新的支柱产业”的核心任务，以打造“广东省商务生态旅游示范区”为目标，着力打造商务生态旅游载体，强化商务生态旅游品牌推介，全方位营造商务生态旅游大环境。全年共接待过夜旅游者人数543.67万人次，比上年增长21.62%；实现旅游总收入86.19亿元，比上年增长33.03%，两项指标增幅均列全省第四名。

【领导关心旅游业】　2012年2月16～18日，由北京大学光华管理学院党委书记冒大卫等50多名来自北京大学以及全国各地知名企业家、学者、高级管理人士等组成的“财富健康相约——揭阳商务休闲之旅”考察团莅揭考察。17日召开“财富健康相约——揭阳商务休闲之旅”研讨会，中共揭阳市委副书记、市长陈东出席研讨会并强调：要通过旅游这条线把揭阳的重点产业串成一条美丽的“珍珠链”，通过新的排列组合形成新的经济增长点。

6月4日，中共揭阳市委、市政府召开全市旅游发展大会，市领导陈绿平、陈东、刘光明、曾瑞如和省旅游局局长杨荣森、副局长张振林出席会议，中共揭阳市委书记陈绿平、市长陈东和杨荣森在会上作讲话。会上，揭阳市与广东省旅游局签署省市共建“广东省商务生态旅游示范区”战略合作框架协议。

7月2日，揭阳市市长陈东率团拜访省旅游局，就2012中国（广东）国际旅游博览会开设“中国玉都馆”事宜召开座谈会。省旅游局局长杨荣森、副局长王志红，南方报业传媒集团总经理黄晓东，揭阳市副市长曾瑞如以及东山区委、揭西县人民政府、市旅游局，南航汕头公司，市阳美集团、广东创鸿集团、康美股份有限公司、深圳京明洋旅游投资集团、揭阳市珠宝玉器商会、北京艾丽艾网络咨询有限公司等主要负责人出席会议。

【旅游行业规模】　截至2012年年底，揭阳市拥有星级饭店13家，其中五星级1家、四星级5家、三星级6家、二星级1家；国家A级旅游景区5家，其中4A级景区2家、3A级景区3家；拥有旅行社25家，其中出境游组团社4家；旅游汽车运输服务公司1家。

【建设广东省商务休闲旅游示范区】　2012年2月16～18日，北京大学光华管理学院党委书记冒大卫等50多名来自北京大学以及全国各地知名企业的专家、学者、高级管理人士，组成的“财富健康相约——揭阳商务休闲之旅”考察团莅揭考察。17日，揭阳市人民政府在揭西京明温泉度假村召开“财富健康相约——揭阳商务休闲之旅”研讨会，市领导陈东、刘盛发、黄耿城、曾瑞如，市旅游局局长谢锐锋和考察团专家以及新闻单位记者出席研讨会，就揭阳市如何包装整合商务休闲旅游产品、打响揭阳商务休闲旅游品牌建言献策。市委副书记、市长陈东在研讨会上讲话，提出“以旅游为线，把揭阳的重点产业串成一条美丽的珍珠链，通过新的排列组合形成新的经济增长点”。

3月5日，广东省旅游局与阳市人民政府在广州召开共建“广东省商务生态旅游示范区”工作座谈会，并达成省市共建合作共识。揭阳市市长陈东、副市长曾瑞如，揭阳市旅游局局长谢锐锋，揭西县县长吴少炎和南航汕头公司、揭阳潮汕机场、深圳京明洋旅游投资集团、创鸿集团等企业代表，省旅游局局长杨荣森、副局长周开生、张振林，广东中旅董事长王万年、广之旅董事长卢建旭、南湖国旅董事长赵祁、广东青旅总经理李协居、广东国旅副总经理高惠英等出席会议。

3月9日，揭阳市人民政府在揭东县召开揭阳市商务休闲旅游工作会议。副市长曾瑞如出席会议并作讲话。市旅游局领导班子成员，普宁市、揭西县、东山区分管旅游工作负责人，南航汕头分公司、揭阳潮汕机场领导，揭阳市相关企业负责人共50多人参加会议。会议研究部署揭阳市打造“广东省商务休闲旅游强市”的有关工作。与会代表共同发起成立市商务休闲旅游战略联盟，签署“揭阳市商务休闲旅游战略联盟宣言”。

【揭阳市旅游发展大会】　2012年6月4日，中共揭阳市委、市政府召开全市旅游发展大会。会议传达学习中共广东省第十一次代表大会、市第五次党代会和全省旅游工作会议精神，研究部署全市旅游工作。中共揭阳市委书记、市人大常委会主任陈绿平，省旅游局局长杨荣森出席会议并讲话。揭阳市委副书记、市长陈东部署工作。省旅游局副局长张振林，揭阳市委常委、秘书长刘光明和各县（市、区）党委书记或县（市、区）长（管委会主任）、主管旅游工作的领导及旅游局局长，市直及中央、省驻揭有关单位主要负责同志，市旅游局班子成员，重点旅游企业负责人等出席会议。曾瑞如副市长主持会议。会议举行揭阳市人民政府与广东省旅游局共建“广东省商务生态旅游示范区”战略合作框架协议签字仪式。会议提出“要以省市共建‘广东省商务生态旅游示范区’为契机，切实加快旅游产业发展，重点打造商务生态旅游品牌，把旅游产业发展成为揭阳市新兴支柱产业和幸福导向型产业，推动旅游产业实现跨越式发展”。这次会议是建市以来，首次由市委、市政府召开的高规格的旅游大会，会议确立打造广东省商务生态旅游示范区的战略目标。

【2012 中国旅游日主题活动】 揭阳市 2012 中国旅游日主题活动包括：普宁花卉园艺文化节，举办花卉展销观赏；惠来首届海滨国际沙雕文化旅游节，举办沙雕艺术欣赏、特色文化艺术联合演出、“沙雕丽人惠来风情”摄影大奖活动；揭阳市青岛啤酒节，举办开幕式、现场体验以及啤酒文化展示活动；马来西亚美食节、大洋春茶鉴赏会、高尔夫球开球最远距离比赛，举办各式美食、茶艺展示销售，高尔夫球开球最近距离比赛；“文明旅游、优质服务”“爱旅游、爱生活”企业宣传活动。公开发放旅游消费优惠券，举办明明白白消费、健健康康旅游有关知识解答及优惠线路推荐及“诚信旅游幸福广东”电视公益宣传活动；少数民族风情演艺，苗族歌舞、特技表演。

2012 年中国旅游日惠民措施包括：全市公共博物馆、纪念馆、爱国主义教育示范基地、体育场馆免费或优惠开放；旅游景区（点）、宾馆饭店、旅行社等旅游企业优惠措施；京明温泉度假村门票全免活动，知青楼/纪念馆门票全免活动，榕江大酒店西餐厅午餐 7 折优惠，儿童半价；各景区（点）推出 5 ~ 8 折不等门票优惠。旅游景区对老年人、学生等特殊人群的门票优惠。

出入境旅游

【入境旅游】 2012 年，揭阳市接待入境旅游者 81686 人次，比上年增长 2%，其中外国人 5971 人次，比上年增长 36.6%；旅游外汇收入 1768.19 万美元，比上年下降 34%。

【出境旅游】 2012 年，揭阳市旅行社组织出境旅游人数 1098 人次，比上年增长 43.71%。其中香港游 196 人次，比上年下降 43.94%，澳门游 128 人次，比上年增长 170.66%，出国游 732 人次，比上年增长 301.23%。

国内旅游

【国内旅游接待与收入】 2012 年，揭阳市接待国内游客 1565.87 万人次，比上年增长 19.23%，其中接待国内过夜旅游者 535.5 万人次，增长 23.87%；旅行社组团国内旅游人数 87125 人次，下降 2.18%。其中省内游 44772 人次，下降 9.46%；省外游 42353 人次，增长 6.90%。国内旅游收入 86.19 亿元，增长 33.03%。

【假日旅游】 2012 年，揭阳市春节黄金周旅游接待人数 190.06 万人次，比上年增长 6.08%。其中过夜游客 10.58 万人次，增长 50.28%，一日游游客 179.49 万人次，增长 4.3%；旅游总收入 4.3 亿元，增长 11.11%。

“五一”假期（4 月 30 日至 5 月 2 日）全市旅游接待人数 58.18 万人次，比上年增长 35.61%。其中过夜游客 3.7 万人次，增长 277%，一日游游客 54.48 万人次，增长 29.9%；旅游总收入 1.28 亿元，增长 49.6%。

“十一”黄金周旅游接待人数 158.53 万人次，比上年增长 32.2%。其中过夜游客 11.16 万人次，增长 37.7%，一日游游客 147.37 万人次，增长 31.8%；旅游总收入 4.51 亿元，增长 30.34%。

旅游市场推广和节庆活动

【旅游市场推广】 2012 年，揭阳市坚持宣传城市形象与旅游宣传相结合，着力打造商务生态旅游品牌。4 月 23 ~ 25 日，邀请厦漳泉旅游同行、新闻媒体等约 80 人入揭考察揭阳商务休闲旅游线路；6 月 10 日，由广东省旅游局、揭阳市人民政府主办的“中国广东揭阳商务生态旅游专题推介会”在泰国华人青年商会举行，泰国中华总商会副主席、泰国华人青年商会李桂雄会长，泰国潮州会馆副主席、泰国揭阳会馆名誉理事长黄迨光，泰华旅游同业公会理事长许镇南，永远名誉理事长彭大立及泰国旅游业界代表参加，推介会由市委副书记、市长陈东主持，揭阳市旅游局谢锐锋局长作推介；6 月 13 日，由广东省旅游局、揭阳市人民政府主办的“中国广东揭阳商务生态旅游专题推介会”马来西亚吉隆坡举行，会上，市光辉国际旅行社与马来西亚新山市爱旅游有限公司签署《马来西亚新山市——中国揭阳市商务生态之旅首航包机协议书》，马来西亚教育部副部长、马来西亚华人公会青年团总团长魏家祥和市长陈东一同见证了签约仪式；8 月 10 ~ 13 日，邀请泰国泰华旅游同业公会、泰国多家知名旅行社和泰国中央中文电视台负责人和记者20人莅揭考察揭阳商务生态旅游线路；9月14～16日，揭阳市率团参加在广州举办的2012中国（广东）国际旅游产业博览会，开辟1200平方米的“中国玉都—揭阳馆”专区，该馆主要设置中国玉文化展馆、康美药业健康养生体验馆、生态旅游度假展示馆三个展馆，展示揭阳市商务生态旅游的独特魅力，增强“中国玉都”“商贸流通之都”“广东商务生态旅游示范区”品牌效应。中共中央政治局委员、广东省委书记汪洋，省委副书记、省长朱小丹，国家旅游局局长邵琪伟等领导在开幕式结束后，由市委副书记、市长陈东等陪同参观“中国玉都——揭阳馆”；8月26日，揭阳市在广州举办第二届中国（揭阳）玉文化节暨第十一届中国（揭阳）玉器节“寻找华夏慈母”主题活动启动仪式；11月24日，在北京人民大会堂广东厅举行第二届中国（揭阳）玉文化节暨第十一届中国（揭阳）玉器节新闻发布会。25日，在国家博物馆举办第二届中国（揭阳）玉文化节暨第十一届中国（揭阳）玉器节北京系列活动——玉雕精品展；11月25～29日，借助第二届中国（揭阳）玉文化节北京系列活动举行之际，组织推介团赴北京举行“广东省揭阳市商务生态旅游推介会”。

年内，揭阳市组织赴香港、广州、厦漳泉、台湾、东南亚参加推介活动。邀请《中国旅游报》记者采访报道“5·19中国旅游日”、揭西县第四届生态旅游文化节、揭东县旅游摄影大赛和普宁市举办的城市旅游小姐粤东赛区总决赛和惠来海滨沙滩文化旅游节等活动。

▲2012年11月26日，揭阳市人民政府联合广东省旅游局在北京举行“广东省揭阳市商务生态旅游推介会”。
（揭阳市旅游局供稿）

【揭阳市举办旅游专题推介会】 2012年3月6～13日，揭阳市旅游局局长谢锐锋率团赴香港、澳门参加2012中国欢乐健康游主题旅游年港澳地区启动仪式暨主题推广活动；5月25～28日，揭阳市组织各县（市、区）旅游局、主要景区、星级饱店、旅行社赴台北市参加“2012年台北两岸观光博览会”；6月10日，由广东省旅游局、揭阳市人民政府主办的中国广东揭阳商务生态旅游专题推介会在泰国华人青年商会举行。泰国中华总商会副主席、泰国华人青年商会会长李桂雄，泰国潮州会馆副主席、泰国揭阳会馆名誉理事长黄迨光，泰华旅游同业公会理事长许镇南，永远名誉理事长彭大立及泰国旅游业界代表参加。揭阳市市长陈东主持推介会，市旅游局谢锐锋局长作旅游推介；6月13日，由广东省旅游局、揭阳市人民政府主办的中国广东揭阳商务生态旅游专题推介会在马来西亚吉隆坡举行。马来西亚教育部副部长、马来西亚华人公会青年团总团长魏家祥，揭阳市市长陈东出席签约仪式。市光辉国际旅行社与马来西亚新山市爱旅游有限公司共同签署《马来西亚新山市——中国揭阳市商务生态之旅首航包机协议书》。

【第二届中国（揭阳）玉文化节】 2012年11月24日，第二届中国（揭阳）玉文化节暨第十一届中国（揭阳）玉器节（简称“玉文化节”）新闻发布会在北京人民大会堂广东厅举行，新华社、中央电视台、北京电视台、凤凰网等50多家媒体记者参加新闻发布会。25日，本届“玉文化节”在天安门广场东侧国家博物馆举行玉雕精品展，以展示“中国玉都”独特的玉雕工艺。

8月26日，第二届中国（揭阳）玉文化节暨第十一届中国（揭阳）玉器节在广州举行启动仪式。省政协副主席、省妇联主席温兰子，省妇联副主席杨建珍，南方报业传媒集团董事长、南方日报社社长杨兴锋，南方报业传媒集团副总编辑、南方都市报社总编辑黄常开，中共揭阳市委书记、市人大常委会主任陈绿平，市委常委、宣传部长方赛妹等出席并点击按钮启动本次活动。活动以中国“四大名玉”——新疆“和田玉”、辽宁“岫玉”、河南“南阳玉”、湖北“绿松石”为标准，面向全国征集“华夏慈母”代表人物，评选出10位获奖母亲，赠予“华夏慈母”纪念牌匾及价值10万元的中华名玉。

11月25～29日，揭阳市人民政府与广东省旅游局在北京共同举行“广东省揭阳市旅游推介会”。重点宣传推介阳美玉都、普宁国际服装城、康美药业、揭西京明温泉度假村为主的揭阳市商务生态旅游产品和精品线路。北京市知名旅行社和媒体共15家和揭阳市各县（市、区）旅游局、主要景区、星级饭店、旅行社参加推介会。

12月25日，第二届中国（揭阳）玉文化节暨第十一届中国（揭阳）玉器节在中国（揭阳）玉都广场开幕。中共揭阳市委书记、市人大常委会主任陈绿平出席开幕式并讲话，揭阳市委副书记、市长陈东主持开幕式。中国轻工业联合会副会长、中国轻工珠宝首饰中心主任陶小年，揭阳市政协主席杜安义、市人大常委会常务副主任王德坤等出席开幕式。开幕式同时举行中国玉都广场三期开工、中国玉都旅游文化城项目启动仪式。

▲第二届中国（揭阳）玉文化节暨第十一届中国（揭阳）玉器节“寻找华夏慈母”主题活动启动仪式在广州举行。

（揭阳市旅游局供稿）

旅游资源开发和景区（点）建设

【旅游规划】 2012年，揭阳市旅游局指导《揭西县旅游发展总体规划》和《广东大北山生态旅游总体规划》的落实执行。推进大北山、京明、瀑布等项目开发建设。惠来县围绕建设“海港经济区”新的定位，邀请华南师范大学的旅游专家重新编制《惠来县旅游发展规划》。

【揭阳商务生态旅游区建设】 2012年，揭阳市以打造商务生态旅游区建设为抓手，促进区域旅游资源整合和转型升级。一是以阳美玉都为核心，建设东山区玉产业、玉文化旅游聚集区。重点打造一批游客和旅行社对接的，集玉文化创意、加工、博览、鉴定、销售于一体的游客接待平台，建立完善的服务机制和规范机制。按照国家4A级旅游景区评定标准，在阳美玉都展销中心、玉都广场、阳美国际大酒店、揭阳玉都职业技术学校玉文化创意基地，配套建设游客接待中心。二是以普宁国际服装城、国际中药材城、国际商品城为主体的特色优势商业旅游产业聚集区。重点推动商业业态和旅游产业的融合，建立完善接待游客平台和工作机制。三是以揭西大北山生态旅游度假区为核心的生态休闲度假旅游聚集区。重点是加大大北山国家森林公园生态旅游度假区的开发力度，推动京明温泉度假村和黄满寨瀑布旅游区、大洋高尔夫球场的升级完善。

至年底，阳美玉都职业技术学校玉文化创意基地基本建成，阳美展销中心、玉都广场正在规划完善。普宁国际服装城、中药材城等项目规划建设扎实推进。投资1亿元的大洋云雾山庄、投资6亿元的希桥酒店、投资1.5亿元的黄满寨瀑布旅游区二期工程的土特产购物一条街、水上娱乐栈道升级、景区大门主体工程项目，京明温泉度假村翠湖苑和景区道路升级改造全面完工。

【旅游扶贫】 2012年，揭阳市申报揭西大洋旅游度假区云雾山庄成片农家乐开发建设项目为省大型重点扶贫项目，申报普宁市德安里旅游景区、揭东万竹园生态旅游景区、惠来县山美古寨观光区、大南山八国风情旅游度假区茶叶文化园、揭西大洋旅游度假区云雾山庄为省旅游扶贫一般项目。其中揭东万竹园生态旅游景区、惠来县山美古寨观光区、大南山八国风情旅游度假区茶叶文化园、揭西大洋旅游度假区云雾山庄被列为2012年省旅游扶贫项目，获扶贫资金140万元。

【扶贫“双到”工作】 2012年，按照市委统一部署，市旅游局继续开展扶贫“双到”工作，抽派2名综合素质好的机关干部组成驻村工作组。对口帮扶的普宁市船埔镇鸭母寮村，有贫困户44户、222人，其中家庭无劳力需救济的有11户；有劳动能力贫困户33户，采取“一村一策”“一户一法”帮扶措施。为鸭母寮村新建办公楼，完成雨污分流，铺设自来水水管，全村实现脱贫。

此外，市旅游局派出工作组驻揭东县坪上村协助市政府开展帮扶整顿工作，为坪上村解决遗留的土地、财务、村务问题，加强“两委”班子建设，筹集68万多元为村民办了8件涉及民生福利的实事。

旅游行业监督管理

【旅游市场监督】 2012年，揭阳市进一步引导旅游企业及旅游从业者树立“诚信光荣、失信可耻”的理念，在全市旅游行业开展征集“旅游诚信经营（服务）案例活动。结合“三打两建”和“讲诚信、促发展”主题活动，推进旅行社标准化工作，全面提升旅游行业服务质量。根据广东省旅游局《转发国家旅游局关于开展2012年第一次旅游市场检查周活动的通知》，揭阳市组成旅游市场督查组开展旅游检查督查活动。联合市工商局《转发关于加强旅游服务广告市场管理的通知》，加强对旅游服务广告市场管理。揭西县旅游总公司因经营不善，于2012年3月7日同意终止其国内旅游业务经营许可，收回经营许可证。

【旅游安全管理】 2012年1月17日，揭阳市副市长曾瑞如带队开展春节黄金周旅游安全大检查，消除事故隐患，全年全市实现旅游安全无事故。年内，揭阳市针对不同季节、任务要求，组织对全市旅游安全设施、游乐设施、客房、餐厅等进行检查，落实防患措施。印发《揭阳市旅游行业2012年“安全生产月”活动方案》，认真落实“安全生产月”工作。转发关于进一步加强对中小学生出国参加夏令营等有关活动管理的通知，要求各组团社认真贯彻执行，确保中小学生在暑假期间出国参加夏令营等有关活动安全健康有序。配合市食品药品监督局做好2012年旅游景区餐饮服务食品安全治理工作。开展节假日旅游安全大检查，启动春节、“五一”和“十一”旅游节假日旅游联动机制。

【旅游行业“三打两建”】 2012年，揭阳市旅游局制订“三打两建”工作方案，在全市旅游系统开展“三打两建”工作。在全市旅游行业开展征集“旅游诚信经营（服务）案例活动”，引导旅游企业及旅游从业者树立“诚信光荣、失信可耻”理念，自觉规范经营行为、提供优质服务。5月21日，揭阳市旅游局参加“行风热线”节目，与市民进行交流沟通，接受社会各界的咨询和反映；10月26日，市旅游局局长谢锐锋主持召开全市旅游系统“两建”工作动员大会，决定在全行业开展“诚信旅游示范单位”创建活动。

【旅行社】 2012年，揭阳市青年旅行社有限公司和光辉国际旅行社有限公司获得国家旅游局经营出境游组团社许可；惠来县惠之旅行社有限公司获批新设立旅行社资格。至年底，揭阳市共有旅行社25家，其中出境游组团社4家。市旅游局协调指导揭阳市青年旅行社和光辉国际旅行社升格为组团社（1月30日获准），并根据新增出境旅游组团社申办领队证要求，协助其办理领队证手续；根据惠来县旅游局推荐和林玉香个人申请，经受理、审核和实地勘察，于2012年6月5日许可惠来县惠之旅旅行社有限公司经营国内旅游组团及境外旅游接待业务。

【星级饭店】 2012年3月6日和9月10日，揭阳市分别评定金皇名庭大酒店、惠来富林大酒店为三星级饭店。至年底，全市共有星级饭店13家。12月初，对全市星级饭店年度复核和3家满期四星级饭店重评，其中纳入年度复核范围8家，纳入满期评定性复核4家。有8家星级饭店全都通过年度复核，3家星级饭店通过满期评定性复核。揭阳市特美思大酒店因全面改造装修申请歇业，准予暂缓复核。惠来富林大酒店属当年度新评定星级饭店，按规定不参加年度复核。

【旅游行业协会】 2012年，揭阳市旅游协会本着服务会员、服务行业的宗旨，围绕打造“广东省商务生态旅游示范区”旅游中心工作，充分发挥行业协会作用。4月23～25日，协会邀请厦漳泉旅游同行、新闻媒体等约80人考察揭阳商务休闲旅游线路，到揭阳学宫、揭阳楼、阳美玉都、音乐喷泉、揭西黄满寨瀑布、京明温泉度假村、大北山森林公园、普宁国际服装城、国际商品城、国际中药材城、德安里等景区（点）踩点，召开推介座谈会，确定入揭商务休闲旅游线路。“五一”小长假，发动汕头乐观旅行社组织汕头自驾车揭阳游。参与4A级景区阳美玉都筹建配套游客中心。6月，市旅游协会会长谢锐锋、副会长许剑光参加由市长陈东为团长的揭阳市政府访问团赴新马泰组织开展回乡游。8月20～25日，由马来西亚新山市158名游客组成的乡亲首发团，到揭阳、潮州、梅州市进行为期6天的游览活动。

精神文明与教育培训

【旅游行业精神文明建设】 2012年，揭阳市旅游局在党员中开展争先创优活动，干部职工开展机关作风整顿活动，树立良好形象。参与市创建“广东省卫生城市”和广东省“文明城市”工作，全市主要景区（点）、星级饭店张贴宣传标语，出台各种优惠服务措施。导游员林媛媛被评为“2012广东省优秀导游”，杨少忠被揭阳市直工委评为“优秀共产党员”。

【旅游教育培训】 2012年，揭阳市共举办各类培训班10期，培训干部职工1000多人次。组织参加2012年度两次全国导游人员资格报名考试工作，全市有12人取得“全国导游资格证书”。至年末，全市新增导游人员30人。组织各县（市、区）旅游局长参加省举办的各类业务培训班以及景区总经理岗位证书培训班。市旅游局对持证导游人员进行年度继续教育培训，对景区、酒店管理人员及服务人员全员培训。完成了在粤工作院士莅揭考察以及创建园林城市专家组莅揭初评、验收等一系列活动的接待和讲解任务。

（吴舜锋）

云浮旅游业

综 述

【概况】 2012年，云浮市旅游系统认真贯彻落实党的十八大、习近平总书记视察广东重要讲话、省第十一次党代会以及市第五次党代会精神，围绕“跨越赶超，科学崛起、建设幸福云浮”任务的要求，以“创品牌，打基础，拓市场”为工作抓手，深入实施旅游品牌打造工程，全力推进全市“广东省旅游产业大市、试行国民旅游休闲计划先行区、环珠三角乡村生态休闲旅游首选地”建设步伐，着力把旅游业培育成为云浮市国民经济新的增长极和人民群众更加满意的幸福导向型产业。全年全市接待国内外游客1123.8万人次，比上年增长40.23%；实现旅游总收入124.94亿元，首次突破百亿大关，比上年增长44.54%。其中，全市接待过夜旅游人数和旅游总收入在全省排名分别排第14位和第15位，增幅全省排名分别为第1位和第2位。

【旅游行业规模】 云浮市旅游业以“禅宗六祖文化、石艺文化、南江文化”为主题的三大文化旅游格局初步形成，突出乡村生态旅游和温泉休闲度假旅游特色。截至2012年年底，全市有各类景区（点）36处，其中国家A级旅游景区7处（4A级景区2处、3A级景区2处、2A级景区3处）；拥有星级饭店14家，其中四星级饭店4家，三星级饭店7家，二星级饭店1家，一星级2家；拥有旅行社11家，其中出境游组团社1家。

【全市旅游工作会议】 2012年4月11日，市政府召开全市旅游工作会议。副市长王莉莉出席会议并讲话。会议提出，2012年全市旅游系统要着力打造“四大名片”（生态旅游、区域旅游窗口、特色旅游、农家旅游），培育“三大文化”（禅宗文化、南江文化、石艺文化），实现“三个突破”（基础设施建设有新突破、重点项目建设有新突破、旅游市场拓展有新突破）。大会为荣获云浮市2011年8个农家乐项目颁发奖金1万元。市直有关部门负责人，各县（市、区）分管领导、旅游局长，星级饭店、旅行社、景区主要负责人共50多人参加会议。

【领导关心旅游业】 2012年3月26日，中国港中旅集团总经理助理姜峰在副市长王莉莉等领导的陪同下到新兴国恩寺参观考察。4月9日，中共云浮市委副书记、市长卓志强到市旅游局调研旅游工作。副市长王莉莉，市政协副主席阙妙丽，市政府秘书长、办公室主任毛海明陪同调研。5月31日，副市长王莉莉率市旅游局领导班子拜会省旅游局局长杨荣森及领导班子其他成员，充分肯定云浮旅游业取得的成就。8月27日，市委副书记、市长卓志强，副市长王莉莉等市领导率市旅游部门负责人到广州拜会省旅游局，与省旅游局杨荣森局长等局领导友好交流并互赠纪念品。9月20日，云浮市召开参加全省山区（生态）旅游产业园区专项资金竞争工作领导小组会议。市委副书记、市长卓志强出席会议并作动员讲话，市委常委，新兴县委书记吴伟鹏，副市长王莉莉以及市竞争工作领导小组成员单位主要负责人，新兴县政府、新兴禅文化旅游产业园区主要负责人参会。10月16日，市委常委、新兴县委书记吴伟鹏，副市长王莉莉，新兴县委副书记、县长叶锐在市旅游局局长马正英、副局长叶金波等陪同下拜会省旅游局领导并召开座谈会，局长杨荣森、副局长张振林等领导听取汇报，达成多项共识。

▲2012年4月9日，中共云浮市委副书记、市长卓志强（中），副市长王莉莉（左二），市政协副主席阙妙丽（左三）到市旅游局调研。

【重大旅游活动】 2012年，云浮市成功举办以“欢乐旅游·健康生活”为主题的5.19“中国旅游日”云浮系列活动，推介旅游产品线路和开展旅游惠民活动；在湖北省武汉市举办广东（云浮）禅宗文化武汉旅游推介会，与黄冈市、黄梅县签署旅游合作框架协议，与省外旅游业界联合打造禅宗文化旅游精品线路；举办“幸福云浮·美食共享”为主题的2012云浮旅游文化节等大型节庆活动，弘扬云浮旅游美食文化，提高云浮餐饮美食知名度。全年组团参了2012中国（广东）国际旅游产业博览会、第六届华中旅游推介会、第五届（澳门）世界遗产与休闲城市旅游博览会、第十四届“两广十市”区域旅游（防城港）联席会议等国内外宣传促销活动近10场。2012年中国（广东）国际旅游产业博览会获“最佳展位奖”和“优秀组织奖”。全来全市“以节为媒”，打造节庆品牌，成功举办第三届石文化节、新兴六祖文化节、罗定东山文化节、稻米节、南江文化艺术节、郁南油菜花观赏节、无核黄皮节、云安沙糖桔品尝会等系列特色节庆活动。

国际旅游

【入境旅游】 2012年，云浮市接待入境旅游者111279人次，比上年增长18.90%，其中入境外国人8467人次，比上年增长19%；旅游外汇收入3033.33万美元，比上年增长18.34%。

【出境旅游】 2012年，云浮市旅行社组团出境游人数945人次，比上年增长9.25%。其中港澳游477人次，比上年下降11.65%。出国游468人次，比上年增长53.44%。

国内旅游

【国内旅游接待与收入】 2012年，云浮市接待国内游客1112.7万人次，比上年增长40.48%，其中国内过夜游客834.50万人次，比上年增长40.48%。

【假日旅游】 春节黄金周（1月22~28日）期间，云浮市共接待游客91.61万人次，旅游收入2.04亿元，分别比上年同比增长14.42%和29.51%。旅游住宿设施共接待过夜游客21.25万人次，同比增长22.41%，平均开房率为93.8%，同比增长0.61%。全市各项旅游经济指标创黄金周历史新高。

“五一”小黄金周（1~3日）期间，云浮市传统热点景区接待量增长平稳，公共开放型景点游人如织，新兴业态景点备受青睐。其中，新兴县旅游接待人数29.88万人次，社会旅游收入1.25亿元，同比分别增长23.85%和23.22%，其中游客自驾车比例占70%，均与上年同比有所提高。

“十一”黄金周（9月30日至10月7日）期间，云浮市接待游客人数达104.55万人次，同比增长36.22%；旅游总收入3.87亿元，同比增长42.88%；酒店客房平均开房率达95.2%。全市双节黄金周旅游再创新高。

旅游市场推广与节庆活动

【旅游市场推广与节庆活动】 2012年，云浮市围绕“巩固周边市场、拓展国内市场、延伸港澳市场”的目标，坚持“请进来，走出去”的营销策略，指导旅游企业策划包装适销对路的旅游产品，紧抓武广高铁开通带来的市场机遇，开拓客源市场。成功举办以“欢乐旅游·健康生活”为主题的“中国旅游日”云浮系列活动、广东（云浮）禅宗旅游武汉推介会、举办“幸福云浮·美食共享”为主题的2012云浮文化节等大型节庆活动；全年组团参加2012中国（广东）国际旅游产业博览会、第六届华中旅游推介会、第五届（澳门）世界遗产与休闲城市旅游博览会、第十四届“两广十市”区域旅游（防城港）联席会议等国内外宣传促销活动近10场。荣获2012年中国（广东）国际旅游产业博览会组委会办公室颁发的“最佳展位奖”和“优秀组织奖”。

【“中国旅游日”云浮系列活动】 2012年5月19日，云浮市在市群艺馆小广场举行以“健康生活、欢乐旅游”为主题的“中国旅游日”系列活动。此次活动由市旅游局、市旅游协会主办，云浮日报社、各县（市、区）旅游局协办，全市旅游行业从业人员以及游客群众共500多人参加。举行“做诚信企业、做文明游客”签名仪式、南山绿道骑游活动和丰富多彩的文艺表演等活动。市内各大旅行社、旅游景点推出形式多样的旅游线路、景点优惠“大餐”供市民选择。

【广东（云浮）禅宗旅游武汉推介会】 2012年7月7日，由广东省旅游局和云浮市政府主办、云浮市旅游局承办的“广东云浮禅宗文化旅游推介会”在湖北武汉新世界酒店举行。云浮市副市长王莉莉及湖北省旅游局、广东省旅游局相关处室负责人出席推介会并作旅游推介，云浮、黄冈两地旅游业界人士共100多人参会。期间，云浮市与黄冈市、黄梅县签署旅游合作框架协议，共同打造禅宗文化旅游精品线路。

【2012云浮旅游文化节】 2012年11月22日，由云浮市人民政府主办，云浮市旅游局、云浮日报社承办的2012云浮旅游文化节暨第四届美食节开幕。市委副书记、市长卓志

强，省旅游局副局长张振林，副市长、市旅游文化节组委会主任王莉莉，市政协副主席阙妙丽等省、市领导嘉宾、各地游客以及各界群众2000余人参加开幕式。阙妙丽主持开幕式。本次旅游文化节以“幸福云浮·美食共享”为主题，为期5天，共设置旅游美食和特色旅游商品等各类展位168个，吸引23万人次共享美食盛宴，旅游综合收入逾千万元。本次文化节包括旅游大促销、云浮美食争放艳、啤酒劲饮尽狂欢、特色风味香满节、特色产品馈亲朋等系列活动。

▲2012年11月22日，中共云浮市委副书记、市长卓志强（左二），省旅游局副局长张振林（左三），副市长王莉莉（右一），市政协副主席阙妙丽（左一）等领导共同启动2012云浮旅游文化节。

【组团参加国家和省系列促销活动】 2012年，云浮市继续强化“请进来、走出去”的营销模式，参加国家、省内外举办的系列旅游促销博览会、展览会等活动。7月6日，由国家旅游局和湖北省政府主办，湖北省旅游局承办的第六届华中旅游推介会在武汉国际会展中心开幕，云浮市突出以“六祖故里　魅力西关”的旅游形象宣传推广，累计向游客发放宣传资料5000多份。期间，省旅游局纪检组长、监察专员黎增丰莅临云浮展位检查指导；8月15日，梧州市到云浮市举行梧州旅游推介会。云浮市副市长王莉莉、梧州市副市长钟碧珍出席推介会并分别致辞。两市进一步加强旅游合作和发展，共同开辟新的旅游线路，推动旅游产品体系升级，开拓两广新的旅游市场；9月14～16日，为期3天的“2012中国（广东）国际旅游产业博览会”（以下称“旅博会”）在广州中国进出口商品交易会展馆拉开序幕。国家、各省旅游部门领导以及旅游业界人士1万多人参加展会启动仪式。云浮市由王莉莉副市长带队，率各县（市、区）分管领导及旅游局长组成旅游促销团参加，向海内外客商宣传云浮旅游产业，促销特色旅游产品，尽情展现六祖故里，宜居生态云浮魅力；10月10～12日，第五届世界遗产与休闲城市旅游博览会在澳门威尼斯酒店举行，省旅游局率全省旅游代表团参加博览会。由副市长王莉莉率领的云浮市旅游宣传促销团，参加博览会并拜访国家旅游局亚洲旅游交流中心及澳门中旅、澳门港中旅等相关部门负责人，通过制作精美、图文并茂的旅游宣传品，展示其独具特色的旅游产品和线路，推介丰富多彩的自然文化遗产特别是独特的六祖文化、温泉文化等。展会期间，还参加世界遗产与休闲城市旅游高峰论坛及第八届国际酒店展等活动，现场派发近两千份宣传资料；11月1～4日，第14届“两广十市”旅游区域合作联席会议在广西防城港市召开，本次会议达成建立旅游宣传合作机制、互送游客合作、两广十市便利旅游合作机制、打造系列精品旅游线路、区域旅游投融资平台五项共同宣言。广西壮族自治区旅游局副局长贾玉成，广东省旅游局副局长王志红等出席会议。市府办、市旅游局、旅游企业有关负责人及市直新闻媒体组团参加本届区域旅游交流合作活动。

▲2012年9月14日，云浮市副市长王莉莉（左三）出席“旅博会”并现场参观云浮参展展位。

【各县（市、区）旅游节庆活动】 2012年2月11日（农历正月二十）郁南县油菜花观赏节暨南江文化（连滩）艺术节启动仪式于连滩镇举行。10月21～23日（农历九月初七至初九）罗定东山文化节在“将军故里，文化名镇”罗定市罗镜镇隆重举行。10月28日，郁南县连滩镇西坝兰寨村举行广东省古村落广西师范大学研究生院、美术学院衔牌揭幕仪式。

旅游资源开发和景区（点）建设

【概述】 2012年，为积极推进云浮市建设成为全省旅游产业大市、试行国民旅游休闲计划先行区、环珠三角乡村生态休闲旅游首选地，加大旅游资源开发和景区（点）建设力度，加强对广东六祖故里旅游产业园区、新兴县天露山禅龙峡旅游度假区等在建项目的指导。按照“科学规划、整合资源、突出特色”原则，指导各县（市、区）高立意、高起点、高标准修订和完善县（市、区）旅游发展规划，利用本地优势旅游资源，开发一系列新的旅游景区，如云安县大云雾漂流项目、金水台温泉景区太阳岛水上乐园项目、新兴县庄谷坪欧亚保育绿色农庄等。

【旅游区（点）与基础设施建设】 2012年，云浮市旅游产业集聚发展的态势日益明显，旅游重点项目开发建设步伐不断加快。其中，云城区着力推进并成功创建云浮石材博览中心创建工业旅游示范基地，引进建设碧桂园凤凰酒店、云浮丹枫白露酒店、凯旋酒店（升级改造）、云浮京都大酒店（升级改造）、新兴禅泉大酒店、云浮石材博览中心（酒店项目）等一批高星级旅游饭店。新兴县旅游重大项目计划投资有重大突破，预期投资高达130多亿元，其中，禅泉大酒店投入近7亿元即将完成主体工程建设；神仙谷景区项目规划编制出台在即；飞天蚕生态茶园项目累计投入1.24亿元促进部分项目投入使用；禅龙峡景区、金水台温泉二期（水上乐园）项目正式对外营业；青山绿水温泉二期工程投入3200多万元，新建一批别墅温泉池区。罗定市面向全国征集龙湾自然生态旅游区的开发创意方案，着力推进美丽山水健康生态旅游区建设。郁南县新永光国际酒店、云安县大云雾度假景区的项目建设进度也进一步加快。根据广东省林业厅、广东省旅游局复核认定，罗定市龙湾生态旅游区、广东大王山国家森林公园批准保留为广东省森林生态旅游示范基地。4月9日，藏佛坑禅文化旅游景区奠基仪式在“中国禅都”新兴县举行，标志着全国首个禅文化创意产业园区——广东禅文化创意产业园区又一项目正式动工建设。副省长雷于蓝，市委副书记、市长卓志强等省市领导出席仪式，并为项目培土奠基。6月28日，新兴县金水台太阳岛水上乐园举行新张典礼。副市长王莉莉等领导出席仪式。7月5日，经广东省旅游局和广东省经济信息化委员会联合发文《关于认定云浮市石材博览中心为广东省工业旅游示范单位的通知》（粤旅办〔2012〕95号）批复认定，云浮国际石材博览中心正式认定为省工业旅游示范单位。9月24日，经省星级评定委员会复核检查专家组复核评定，云浮市新兴六祖故里旅游度假区和金水台温泉景区通过国家4A景区评定复核。

【旅游扶贫】 2012年，云浮市各级党委、政府重视旅游产业的发展，加强领导与协调，研究发展战略，制定发展规划，落实发展措施；各部门加强组织保障，通力合作，落实相关政策。新兴、罗定、郁南等地先后制定出台扶持旅游业发展的系列政策和措施，大力优化旅游发展环境。全市各地积极开展星级农家乐“以奖代补”项目的创建工作，评定市级农家乐项目10个。

是年，云浮天露山禅龙峡旅游度假区洛洞古村落旅游配套建设项目、庄谷坪绿色农业生态旅游景点、罗定市长岗坡渡槽旅游度假区、富林石林景区3个项目获评省旅游扶贫项目，争取资金扶持200万元；省财政支持旅游景点建设资金140万元。

▲4月11日，2012年全市旅游工作会议为荣获2012“以奖代补”农家乐先进单位颁发奖金。

【景区（点）介绍】

六祖故里生态旅游度假区　位于禅宗六祖惠能的故乡——新兴县，其主体控制区位于新兴县六祖镇境内，面积约50平方公里；主体规划区面积26.36平方公里，东至龙山后山、三宝寺一带山脉，南至藏佛坑、龙山塘村以南，西至神仙谷东、竹院庵一带，北至官洞村、南塘村一带；核心区位于六祖故里旅游区国恩寺和六祖河西地区，面积约3平方公里。园区依托禅宗发祥之地“六祖故乡”新兴独特的禅宗文化氛围，围绕游住共生理念，充分整合当地优秀人文资源和地域山水资源，以六祖河滨水景观带为脊，以县城为扩展区域，建设以“禅—河—城”为主题的“东—中—西”三大区域。园区着力引进和发展禅文化生态旅游（包括国恩寺、六祖故居、龙山温泉、藏佛坑景区、神仙谷景区、水湄村景区等）。禅文化研发交流（包括世界禅文化学院、禅文化博物馆、禅文化研发中心、禅乐制作中心、禅文化动漫制作基地、禅文化影视实验基地、禅风建筑研究中心、传统手工艺保护与发展基地），禅文化保健养生（包括农家禅院集群、山林禅院集群、温泉民宿集群），禅文化体验（包括福田茶园、禅茶馆、市民农园等），禅文化消费服务（包括禅文化主题酒店、素斋馆、温泉养生会馆）等五大产业，推动形成具有参禅朝圣、文化体验、旅游度假、养生保健、会议展览等特色功能的复合型文化产业园区，做大做强“广东新兴·中国禅都”“六祖故里·禅意小镇”品牌。园区成功引进香港豪德财富集团有限公司、广东和健文化旅游发展有限公司和广东龙山禅泉休闲度假旅游有限公司三大企业集团，计划投资百亿元共同建设“中国禅都”。

金水台温泉　位于新兴县水台镇，是由多米尼加共和国新城酒店投资综合开发的大型旅游项目。首期投资1.2亿元，占地面积45万平方米，池区面积达3万多平方米，建有30多个特色不一的温泉池、温泉冲浪池、温泉滑梯、大型温泉水疗池、温泉鱼疗池、温泉酒吧池等。水温高达70℃，水质含有偏硅酸、氡、硫、钾、钙等10多种对人体有益的微量矿物质元素。金水台度假区二期项目——太阳岛水上乐园。首期投资5600万元，开发面积15万平方米，项目包括：漂流河、儿童乐园、人工造浪池、娱乐水寨、探险健身观光、趣味益智娱乐、文化体育竞技等。于2012年6月28日对外开放。

天露山旅游度假区　坐落在粤中南部最高峰天露山北麓，海拔1251米。于2011年7月28日建成试运营。占地面积达10000亩，有漂流、野战拓展、空中飞人、水上乐园、登山栈道、瀑布观光等项目，为一个集休闲、旅游、疗养、度假、健身、观光、农副产品销售于一体的大型综合生态旅游景区。

大云雾山旅游区　位于云浮市云安县富林镇，总面积8000亩，分三区二期规划建设。一期为双龙峡景区，面积1500亩，现正在紧锣密鼓进行建设，计划2013年7月底试营业。双龙峡景区由富林石林和漂流两部分组成。富林石林占地30万平方米，包括水上石林、山上石林、红石林，有石岩、石壁、石洞、石巷，其中晶石洞有镇洞之宝晶石骨属世界罕见。双龙峡漂流为古洞穴环绕立体漂流。全程3公里，落差108米，其中400米滑车提升，1100米湖群畅游，300米石艺廊观赏，800米古洞穴顺流和400米滑道放艇。

旅游行业监督管理

【旅游市场监督】　2012年“3·15”消费者权益日，云浮市旅游局组织旅行社、饭店、旅游景区等相关企业在市区青少年广场的“3·15”消费者大型咨询会设展台，派发“品质旅游，伴你远行”“文明旅游，理性消费”等宣传单张，并现场解答市民咨询，提高市民出游素质和维权意识。全年全市各级旅游管理部门加强与公安、工商、卫生、物价等职能部门的联合执法，开展旅游合同违法违规行为专项执法整治行动和旅游市场重点环节检查，及时发现和纠正旅游市场中存在的问题，强化旅游市场的社会监督。全年共进行旅游市场联合执法检查300多人次，检查各类经营旅游业务场所30多处。接受各类旅游咨询400多人（次），处理有效投诉21宗。

【旅游行业“三打两建”】　2012年，为更好地贯彻落实省、市“三打两建”的工作要求，3月2日在全省旅游系统“三打两建”工作动员大会后，云浮市旅游局成立局以主要领导挂帅的“三打两建”工作领导小组，召开全市旅游系统“三打两建”工作动员大会，进行全行业动员部署，印发《云浮市旅游局开展“三打两建”工作方案》，抽调人员成立“三打”办公室。根据省“三打两建”工作总体部署和省旅游系统“三打”工作安排，全年重点整治零负团费、挂靠承包、强迫或变相强迫游客消费、“黑导”“野导”等违规行为，查处一批严重违法违规经营企业和个体户，对摸查出来的每一条线索都建立台账，实行专人管理、动态管理，落实办案单位，明确办案要求，推进全市旅游系统“三打两建”工作。

【创建国家卫生城市】　2012年，按照中共云浮市委、市政府的工作部署，市旅游局紧密配合市创卫办，做好本系统旅游企业创建国家卫生城市的工作，组织市区旅行社、星级饭店、旅游景区做好“除四害”工作。据统计，全年旅游行业累计投入10多万元投入景区升级改造、添置果皮箱、更新设置创卫宣传专栏、拉挂宣传标语横幅、清理垃圾等。同时，积极利用旅游饭店、旅行社等宣传窗口，拓宽宣传渠道，大力开展创卫知识宣传，要求旅游企业通过张贴宣传海报、悬挂宣传标语和摆放宣传台牌以及充分利用云浮市旅游局政务网、云浮旅游网等门户网站等形式，设立创卫知识宣传专栏，让全市更多群众知晓“创卫”的相关知识。全年累计拉挂横幅标语150多条，出动创卫督查人员200多人次，发出整改通知30多条。

【旅游安全管理】　2012年，云浮市旅游局按照“精心组织、周密安排、落实责任、加强协调”的工作方针和“谁主管，谁负责”的原则，落实安全生产“一岗双责”责任制，开展“安全生产年”活动，推动和深化排查整治等各项工作，严格实行旅游安全责任制，加强指导各地各旅游企业开展“安全生产年”“大排查大整治大培训”，安全生产月的等各项旅游安全工作，现场抽查各地各旅游企业安全生产工作，提出整改意见及措施，要求企业限期落实整改，确保旅游安全工作。全年累计检查企业100多家（次），出动检查组500多人次。

【旅行社】　2012年，云浮市对全市11家旅行社进行业务年度统计。全市推进旅行社责任保险落实，购买率达100%，其中旅行社责任险统保示范项目投保率达90%以上。至年末，全市拥有旅行社11家。

【星级饭店】　2012年，云浮市拥有星级饭店16家，其中四星级4家，三星级7家，二星级5家。云浮市旅游局做好星级饭店评定工作，对照2010年版的星级饭店标准对全市的星级饭店重新复核，采用明察、抽查、暗访、召开汇报会反馈会等形式开展复核，重点检查星级饭店对星级标准的执行情况，加强对硬件的维护管理的现场检查，以及对管理水平、服务质量等“软件”明察暗访等。年内，罗定好莱湾酒店、云浮凯旋酒店通过评定性复核。继续抓好旅游饭店星级评定、复核工作，提升管理水平，建立健全游客投诉、旅游咨询、紧急救援、散客服务等旅游服务机制，加强节能减排工作，引导各星级饭店转变增长方式，调整饭店的发展战略、经营理念、管理模式、服务方式，倡导绿色消费、文明消费、科学消费，重视做好旅游行业节能工作，推动各地创建绿色饭店。

【导游员管理】 2012年，云浮市旅游局两次组织54名考生参加全国导游资格考试，完成全市导游IC卡年审刷卡及发放工作。印发《关于开展2012年度导游人员继续教育工作的通知》，组织全市导游员参加继续教育培训班，分批分别到阳江市、广西梧州进行导游现场实操，提高导游的讲解能力和现场操作水平。至年末，全市共有导游人数100多名，其中大中专以上学历达85%以上。

【云浮旅游协会换届】 2012年12月13日，云浮市第二届旅游协会第一次会议在市区凯旋酒店召开。来自全市各大旅行社、酒店、景区的行业代表和市、县（市、区）旅游局负责人等会员共45人参加会议。本次会议通过《第二届旅游协会选举办法》，选举产生新一届协会的领导机构，选举新兴县金水台温泉总经理吴志颖为协会会长。

旅游教育培训与精神文明建设

【旅游行业精神文明建设】 2012年，云浮市持续开展“品质旅游、伴你远行”旅游宣传活动；组织全市旅游从业人员学习法律法规知识，倡导健康文明的生活方式和道德风尚，坚决制止“黄、赌、毒”等丑恶现象的发生；做好“创建国家卫生城市”工作，开展经常性的爱国卫生、环保活动；继续采取扶贫与励志结合的办法，开展扶贫“规划到户、责任到人”（以下称“双到”）结对帮扶工作，组织党员干部开展“送温暖”活动，市旅游局扶贫“双到”贫困户16户全部实现稳定脱贫，人均纯收入达8113元，4户危房改造户全面完成，村集体经济收入达19.7万元；指导和规范农村开展乡村旅游、特色农业旅游、生态旅游等。

【旅游行风与机关工作】 2012年，云浮市开展创建局机关“五好”领导班子建设活动，抓好党风廉政建设，提高局机关工作人员的依法行政和服务水平，建设“和谐、团结”的学习型机关；局班子在认真查找本系统在作风、行风建设中存在的问题基础上，严格落实中央八项规定有关要求，积极查找廉政风险点，瞄准薄弱环节，从完善制度入手，强化整改措施，做到了“四个带头”，即带头学习政治和业务理论；带头执行有关法律、法规；带头遵守工作纪律、严守作息时间；带头重视和研究旅游工作，加强旅游行风建设，建设旅游诚信体系，全力做好“行风热线”上线节目。

【旅游机构设置】

云浮市旅游局 根据《印发云浮市旅游局主要职责内设机构和人员编制规定的通知内设机构的通知》（云府办〔2010〕55号），市旅游局设办公室、行业管理科（挂市旅游质量监督管理所牌子）、资源与市场开发科、人事科4个内设机构，局长1名、副局长2名，科级领导职数4名，编制16名。

县（市、区）旅游

云城区 根据《关于决定设立云浮市云城区旅游局的通知》（云区府〔2006〕28号）文件，云浮市云城区旅游局与云城区外事侨务局合署办公，牌子挂在区政府办公室，人员编制在区府办编制内调剂解决。

罗定市 根据《关于印发罗定市旅游局主要职责、内设机构和人员编制规定的通知》（罗府办〔2009〕116号）文件，罗定市旅游局内设办公室、资源开发与行业管理股、人事教育股3个内设机构，设正局长1名、副局长2名，事业编制7名。

新兴县 根据《印发新兴县旅游局职能配置内设机构人员编制规定的通知》（新府办〔2005〕30号）文件，新兴县旅游局内设办公室、财务股、旅游业务股3个职能股（室）。其中局长1名，副局长3名（不含纪检组长），股级领导职数3名。

郁南县 根据《印发郁南县旅游局职能配置内设机构和人员编制规定的通知》（郁府办〔2008〕52号）文件，郁南县旅游局设置综合股、行业管理与资源开发股2个内设机构。其中局长1名，副局长1名，事业编制5名。

云安县 根据《关于印发云安县旅游局职能配置、内设机构和人员编制规定的通知》（云县府办〔2002〕35号），云安县旅游局内设办公室、综合股2个内设机构，设正局长1名、副局长1名，事业编制6名。

（伍廷显　文/图）

全省旅游业统计资料

Statistical Data of Provincial Tourist Industry

（第 379 ~ 396 页）

肇庆市 · 鼎湖秀色

2012年广东省各市旅游业收入情况

ANNUAL RECEIPTS OF TOURISM TRADE BY LOCALITY 2012

单位：亿元人民币　　Unit：100 million yuan

市别 City	收入合计 Total	比上年增长 Growth (%)	其中 旅游外汇收入 International Tourism Receipts	比上年增长(%) Growth (%)	国内旅游收入 Domestic Tourism Receipts	比上年增长(%) Growth (%)
全省合计 Total	5794.74	19.84	986.88	9.22	4807.86	22.28
广州 Guangzhou	1911.09	17.19	324.98	6.01	1586.11	20.57
深圳 Shenzhen	839.97	13.92	273.45	12.39	566.52	14.68
珠海 Zhuhai	235.83	5.83	60.04	-13.39	175.79	14.51
汕头 Shantou	123.87	18.62	3.27	-0.79	120.60	19.26
佛山 Foshan	365.72	23.36	76.42	20.91	289.30	24.03
# 顺德 Shunde	92.64	14.17	23.64	3.73	68.60	18.62
韶关 Shaoguan	155.88	20.28	1.96	-52.98	153.91	22.72
河源 Heyuan	132.42	116.75	0.59	7.28	131.84	117.73
梅州 Meizhou	150.12	28.99	2.58	14.98	147.54	29.26
惠州 Huizhou	184.16	14.25	42.82	14.31	141.33	14.23
汕尾 Shanwei	72.50	25.12	0.89	28.15	71.61	25.08
东莞 Dongguan	306.35	22.85	80.18	35.64	226.17	18.88
中山 Zhongshan	180.70	19.34	13.88	-13.55	166.81	23.24
江门 Jiangmen	185.28	19.98	44.17	12.98	141.12	22.35
阳江 Yangjiang	86.49	30.35	1.41	2.57	85.08	30.93
湛江 Zhanjiang	127.13	36.81	3.04	28.99	124.09	37.01
茂名 Maoming	93.14	10.35	0.83	1.12	92.31	10.44
肇庆 Zhaoqing	179.49	26.12	30.76	44.62	148.74	22.87
清远 Qingyuan	178.71	10.65	9.11	19.42	169.60	10.22
潮州 Chaozhou	74.76	17.76	13.46	4.74	61.30	21.07
揭阳 Jieyang	86.19	33.03	1.12	-35.83	85.07	34.93
云浮 Yunfu	124.94	44.54	1.92	15.05	123.02	45.11
按经济区域分 By Region						
珠三角 Pearl River Delta	4388.59	17.15	946.70	9.55	3441.89	19.43
东翼 Eastern Region	357.32	22.94	18.74	0.86	338.58	24.45
西翼 Western Region	306.76	25.89	5.28	16.04	301.48	26.07
山区 Mountainous Region	742.07	33.70	16.16	-0.74	725.91	34.73

2012年广东省国际旅游（外汇）收入构成

BREAKDOWN OF INTERNATIONAL TOURISM RECEIPTS 2012

单位：万美元　　Unit：USD 10000

类　别	收入总额 Receipts	结构比例（%） P. C. Tatal（%）
合　计 Total	1562257	100. 0
一、长途交通费 Long Distance Transportation Fee	640525	41. 0
1. 民航 Air	499922	32. 0
2. 铁路 Rail	59366	3. 8
3. 汽车 Motor	34370	2. 2
4. 轮船 Sea	46868	3. 0
二、游览 Sightseeing	62490	4. 0
三、宿费 Accommodation	221840	14. 2
四、餐饮 Food And Beverage	146852	9. 4
五、商品销售 Shopping	226527	14. 5
六、娱乐 Entertainment	112482	7. 2
七、邮电通信 Communication	21872	1. 4
八、市内交通 Local Transportation	28121	1. 8
九、其他服务 Others	101547	6. 5

2001—2012年广东省旅游业收入情况

ANNUAL TOURISM RECEIPTS 2001—2012

单位：亿元人民币　　Unit：100 million yuan

年　份 Year	收入合计 Total Tourism Receipts	旅游外汇收入 International Tourism Receipts	国内旅游收入 Domestic Tourism Receipts
2001	1263. 09	368. 08	895. 01
2002	1467. 08	421. 02	1046. 06
2003	1338. 11	352. 92	985. 19
2004	1664. 05	444. 96	1219. 09
2005	1882. 61	529. 06	1353. 54
2006	2120. 01	600. 36	1519. 74
2007	2455. 06	663. 25	1791. 81
2008	2668. 00	638. 07	2029. 93
2009	3068. 39	684. 92	2383. 47
2010	3809. 44	844. 85	2964. 59
2011	4835. 46	903. 55	3931. 91
2012	5794. 74	986. 90	4807. 86

注：2012年旅游外汇收入按新汇率折算。美元：人民币＝1：6. 317。

2012 年广东省各市国际旅游（外汇）收入

ANNUAL INTERNATIONAL TOURISM RECEIPTS BY LOCALITY 2012

单位：万美元　　　　Unit：USD 10000

市 别 City	旅游外汇收入 International Tourism Receipts	比上年增长（%） Growth（%）	占全省比重（%） P. C. Tatal（%）
全省合计 Total	1562256. 68	12. 34	100. 00
广州 Guangzhou	514457. 77	6. 01	32. 96
深圳 Shenzhen	432882. 08	15. 60	27. 73
珠海 Zhuhai	95044. 62	-10. 91	6. 09
汕头 Shantou	5174. 72	2. 04	0. 33
佛山 Foshan	120983. 51	24. 36	7. 74
# 顺德 Shunde	38130. 19	3. 73	2. 44
韶关 Shaoguan	3109. 99	-51. 64	0. 20
河源 Heyuan	926. 16	10. 34	0. 06
梅州 Meizhou	4086. 38	18. 26	0. 26
惠州 Huizhou	67785. 68	17. 58	4. 34
汕尾 Shanwei	1418. 46	31. 82	0. 09
东莞 Dongguan	126924. 47	39. 52	8. 12
中山 Zhongshan	21978. 60	-11. 08	1. 41
江门 Jiangmen	69917. 18	16. 21	4. 48
阳江 Yangjiang	2225. 85	5. 50	0. 14
湛江 Zhanjiang	4816. 12	32. 67	0. 31
茂名 Maoming	1314. 62	4. 01	0. 08
肇庆 Zhaoqing	48689. 17	48. 76	3. 12
清远 Qingyuan	14417. 12	22. 83	0. 92
潮州 Chaozhou	21302. 62	7. 74	1. 36
揭阳 Jieyang	1768. 19	-34. 00	0. 11
云浮 Yunfu	3033. 33	18. 34	0. 19
按经济区域分 By Region			
珠三角 Pearl River Delta	1498663. 12	12. 68	95. 93
东翼 Eastern Region	29663. 99	3. 72	1. 90
西翼 Western Region	8356. 59	19. 31	0. 53
山区 Mountainous Region	25572. 98	2. 19	1. 64

注：1. 按 1 美元 =6. 317 元人民币折算；2. #表示佛山市统计数据中含有顺德区统计数据。

2001—2012年广东省旅游入境人数

ANNUAL INBOUND VISITOR ARRIVALS 2001—2012

单位：万人次　　Unit：10000 person－times

年 份 Year	合 计 Total	外国人 Foreigners	港澳台同胞 Compatriots of Hong Kong、Macaoan and Taiwan			
				香港	澳门	台湾同胞
2001	7256.36	313.17	6943.19	5137.96	1606.99	198.24
2002	8065.07	361.50	7703.56	5700.63	1802.72	200.21
2003	6991.13	285.78	6705.35	4961.96	1604.42	138.97
2004	8741.00	457.00	8284.00	6001.94	2086.56	195.50
2005	9579.12	537.27	9041.85	6358.78	2467.90	215.17
2006	10039.55	591.91	9447.64	6728.67	2497.11	221.86
2007	10318.86	672.16	9646.70	7134.61	2282.92	229.17
2008	10323.47	615.95	9707.52	7221.16	2270.28	216.08
2009	10232.09	608.18	9623.91	7169.72	2251.51	202.68
2010	10485.83	652.72	9833.11	7328.38	2297.81	206.91
2011	11085.83	760.28	10325.55	7759.39	2364.21	201.95
2012	10794.72	764.72	10030.00	7723.28	2109.97	196.75

2001—2012年广东省旅游入境人数分析表

BREAKDOWN OF ANNUAL INBOUND VISITOR ARRIVALS 2001—2012

单位：万人次　　Unit：10000 person－times

年 份 Year	全国旅游入境人数（万人次） Whole Nation	广东省旅游入境人数（万人次） Guangdong	广 东 省	
			每年增长速度（%） Growth（%）	占全国比重（%） Percentage of the Whole Nation（%）
2001	9598.36	7256.36	7.80	75.6
2002	9790.83	8065.07	11.10	82.4
2003	9166.21	6991.13	－13.32	76.3
2004	10903.82	8741.00	25.30	80.2
2005	12029.23	9579.12	9.59	79.6
2006	12494.21	10039.55	4.81	80.0
2007	13187.00	10318.86	2.78	78.3
2008	13002.73	10323.47	0.04	79.4
2009	12647.59	10232.09	－0.89	80.9
2010	13373.22	10485.83	2.48	78.4
2011	13542.30	11085.83	5.72	81.9
2012	13240.53	10794.72	－2.63	81.5

2012年与2011年广东省接待过夜旅游者人数对比表

THE COMPARISON OF NUMBER OF TOURISM STAYING OVERNIGHT RECEIVED BETWEEN 2011 AND 2012

单位：万人次　　　　Unit：10000 person - times

类　别	2011年	2012年	比上年增长（%）Growth（%）
合　计 Total	24377.16	27412.20	12.45
1. 入境旅游者 Inbound Tourists	3309.64	3500.65	5.77
其中：外国人 Foreigners	728.23	774.51	6.36
香港同胞 Compatriots ofHong Kong	2042.26	2171.89	6.35
澳门同胞 Compatriots ofMacao	226.18	243.02	7.45
台湾同胞 Compatriots ofTaiwan	312.98	311.23	-0.56
2. 国内旅游者 Domestic Tourists	21067.52	23911.55	13.50

2001—2012年广东省接待过夜旅游者人数

NUMBER OF TOURISTS STAYING OVERNIGHT RECEIVED 2001—2012

单位：万人次　　　　Unit：10000 person - times

年份 Year	合计 Total	入境旅游者 Inbound Tourists	外国人 Foreigners	港澳同胞 Compatriots of Hong Kong and Macao	台湾同胞 Compatriots of Taiwan	国内旅游者 Domestic Tourists
2001	8484.21	1292.38	240.37	868.96	183.05	7191.83
2002	9457.74	1394.48	277.79	911.91	204.78	8063.26
2003	8688.85	1187.27	232.51	805.47	149.29	7501.58
2004	10508.39	1540.97	366.80	984.76	189.41	8967.42
2005	11566.62	1792.98	463.91	1106.20	222.86	9773.64
2006	12811.25	2021.29	524.65	1258.04	239.23	10789.33
2007	14548.38	2330.32	597.71	1477.78	245.83	12218.06
2008	16192.81	2607.05	609.00	1747.11	250.94	13585.76
2009	18127.39	2735.23	617.56	1838.60	279.07	15392.16
2010	21283.05	3141.09	733.28	2091.07	316.74	18141.96
2011	24377.16	3309.64	728.23	2268.43	312.98	21067.52
2012	27412.20	3500.65	774.51	2414.91	311.23	23911.55

2012年广东省接待过夜主要国家旅游者人数

FOREIGN VISITOR ARRIVALS BY NATIONALITY 2012

单位：人次　　　　Unit：person－times

国　别 Nationality	合　计 Total	占总数比重（%） P. C. Tatal（%）	比上年增长（%） Growth（%）
合　计 Total	7745127	100.0	6.36
韩　国 Korea	419950	5.4	6.81
日　本 Japan	1156694	14.9	2.40
菲律宾 Philippines	56831	0.7	5.03
新加坡 Singapore	304594	3.9	0.56
泰　国 Thailand	139158	1.8	6.62
印度尼西亚 Indonesia	198305	2.6	29.44
马来西亚 Malaysia	432150	5.6	4.36
美　国 United States	664836	8.6	1.98
加拿大 Canada	115997	1.5	-3.45
英　国 United Kingdom	146587	1.9	4.36
法　国 France	132017	1.7	2.10
德　国 Germany	127784	1.6	-1.92
意大利 Italy	89949	1.2	0.82
俄罗斯 Russia	82878	1.1	20.59
澳大利亚 Australia	137042	1.8	-9.25
新西兰 New Zealand	26866	0.3	10.04
其　他 Others	3513489	45.4	9.83

（上接第396页）

36．营业利润：是利润总额的主要组成部分。指企业经营利润减去管理费用、财务费用后的差额。

37．固定资产原价：指企业在建造、购置、安装、改建、扩建、技术改造某项固定资产时所支出的全部货币总额。

38．固定资产净值：指企业固定资产原价扣除累计折旧后的余额。

39．年末从业人员：指年度末由企业支付工资的各类职工（包括正式职工、合同制职工、临时工、计划外用工等）的人数。

40．企业登记注册类型：以企业在工商部门登记注册时的企业类型为依据，按国家统计局与国家工商行政管理局联合制定的《关于划分企业登记注册类型的规定》分为：内资企业、港澳台商投资企业、外商投资企业。内资企业包括：国有企业、集体企业、股份合作企业、有限责任公司、股份有限公司、私营企业和其他企业。港澳台商投资企业包括：合资经营企业、合作经营企业、港澳台商独资企业和港澳台商投资股份有限公司。外商投资企业包括：中外合资经营企业、中外合作经营企业、外资（独资）企业、外商投资股份有限公司。

（摘自国家旅游局《中国旅游统计年鉴·2013》）

2012年广东省各市接待过夜旅游者人数

NUMBER OF TOURISTS STAYING OVERNIGHT RECEIVED BY LOCAL CITY 2012

单位：人次 Unit：person－times

市别 City	接待过夜旅游者总人数 Total	比上年增长（%） Growth（%）	其中					
			入境旅游者 Inbound Tourists	比上年增长（%） Growth（%）	外国人 Foreigners	比上年增长（%） Growth（%）	国内旅游者 Domestic Tourists	比上年增长（%） Growth（%）
合计 Total	274122023	12.45	35006558	5.77	7745127	6.36	239115465	13.50
广州 Guangzhou	48095704	4.67	7922071	1.74	2903226	5.09	40173633	5.27
深圳 Shenzhen	41477353	11.12	12064451	9.22	1691045	－1.22	29412902	11.92
珠海 Zhuhai	15963698	3.95	2975791	－7.25	538282	－7.46	12987907	6.91
汕头 Shantou	10409442	15.17	147840	5.13	93225	6.85	10261602	15.33
佛山 Foshan	10452239	6.58	1332145	6.46	211768	8.91	9120094	6.60
#顺德 Shunde	2760018	3.14	436010	4.33	98600	1.46	2324008	2.92
韶关 Shaoguan	10006846	9.90	87914	－52.40	1943	－36.02	9918932	11.19
河源 Heyuan	7832720	29.66	57755	17.54	4554	5.66	7774965	29.76
梅州 Meizhou	9695595	28.94	127664	21.43	17166	－20.34	9567931	29.04
惠州 Huizhou	13128407	10.45	1905858	9.10	446159	8.35	11222549	10.68
汕尾 Shanwei	5227898	18.22	43716	17.17	235	－66.28	5184182	18.23
东莞 Dongguan	17353915	2.92	3033384	6.01	1128395	8.03	14320531	2.29
中山 Zhongshan	8002538	20.29	558573	－8.15	115830	1.16	7443965	23.15
江门 Jiangmen	12846491	10.58	1650946	27.82	252520	612.35	11195545	10.51
阳江 Yangjiang	5781336	25.31	57002	1.64	6222	0.08	5724334	25.60
湛江 Zhanjiang	12652493	36.99	179513	26.17	88248	32.41	12472980	37.16
茂名 Maoming	4009635	10.57	24962	8.41	3126	4.37	3984673	10.58
肇庆 Zhaoqing	13922207	10.27	1716759	8.06	167899	11.32	12205448	10.59
清远 Qingyuan	8454489	8.35	385849	7.22	11604	－60.20	8068640	8.40
潮州 Chaozhou	4916000	17.60	541400	16.50	49242	19.96	4374600	17.70
揭阳 Jieyang	5436686	23.47	81686	2.00	5971	36.60	5355000	23.87
云浮 Yunfu	8456331	40.15	111279	18.90	8467	19.00	8345052	40.48
按经济区域分 By Region								
珠三角 Pearl River Delta	181242552	7.96	33159978	5.64	7455124	6.38	148082574	8.49
东翼 Eastern Region	25990026	18.64	814642	17.44	148673	11.47	25175384	18.68
西翼 Western Region	22443464	28.42	261477	18.11	97596	28.65	22181987	28.56
山区 Mountainous Region	44445981	21.76	770461	－2.77	43734	－32.89	43675520	22.30

注：#表示佛山市统计数据中含有顺德区统计数据（下同）。

2001—2012 年广东省旅行社组团接待人数

ANNUAL TOURISTS RECEIVED BY TRAVEL AGENCY 2001—2012

单位：万人次 Unit：10000 person - times

年 份 Year	合 计 Total	入境旅游者 Inbound Compatriots of	外国人 Foreigners	港澳同胞 Compatriots of Hong Kong and Macao	国内旅游者 Domestic Tourists	出境旅游者 Outbound Tourists
2001	1023. 91	302. 51	75. 22	227. 28	617. 50	103. 90
2002	1154. 22	362. 28	92. 53	269. 75	670. 38	121. 55
2003	830. 37	255. 03	53. 80	201. 22	450. 65	125. 19
2004	1558. 98	331. 43	90. 30	241. 13	1055. 76	171. 79
2005	1742. 29	368. 79	101. 79	267. 00	1169. 70	196. 28
2006	2044. 00	402. 84	111. 88	290. 96	1384. 71	256. 45
2007	2460. 90	448. 64	128. 37	320. 27	1630. 22	382. 04
2008	2215. 86	377. 73	101. 09	276. 64	1479. 47	358. 66
2009	2438. 54	370. 12	97. 04	273. 08	1711. 65	356. 78
2010	2835. 86	448. 74	129. 01	319. 73	1960. 62	426. 50
2011	3351. 93	464. 03	138. 98	325. 04	2363. 03	524. 87
2012	3529. 13	481. 81	138. 09	343. 72	2384. 11	663. 20

2012 年广东省旅行社组团接待旅游者人数

TOURISTS RECEIVED BY TRAVEL AGENCY 2012

单位：万人次 Unit：10000 person - times

类 别	2011 年 2011	2012 年 2012	比上年增长（%） Growth（%）
1. 入境旅游者 Inbound Tourists	464. 02	481. 81	3. 83
其中：外国人 Foreigners	138. 98	138. 09	-0. 64
港澳同胞 Compatriots of Hong Kong andMacao	283. 41	304. 14	7. 32
台湾同胞 Compatriots ofTaiwan	41. 63	39. 58	-4. 93
2. 国内旅游者 Domestic Tourists			
其中：组团 By group tour	2363. 03	2384. 11	0. 89
3. 出境旅游者 Outbound Tourist	524. 87	663. 21	26. 35
其中：香港 Hong Kong	239. 28	301. 83	26. 14
澳门 Macao	104. 86	118. 47	12. 98
台湾 Taiwan	17. 70	25. 04	41. 47
出国 Go abroad	163. 03	217. 87	33. 64

2012 年广东省各市旅行社组团国内旅游人数

NUMBER OF DOMESTIC GROUP VISITERS RECEIVED BY TRAVEL AGENCIES 2012

单位：人次　　Unit：person－times

市　别 City	国内游（人数） Domestic Tourists	比上年增长（%） Growth（%）	省内游（人数） Within Province	比上年增长（%） Growth（%）	省外游（人数） Outer Province Tourists	比上年增长（%） Growth（%）
合计 Total	23841129	0. 89	17091300	－0. 84	6749829	5. 55
广州 Guangzhou	8535361	4. 34	6294800	2. 06	2240561	11. 32
深圳 Shenzhen	4554381	2. 02	2652699	－2. 33	1901682	8. 78
珠海 Zhuhai	848386	－2. 73	631661	－4. 55	216725	3. 00
汕头 Shantou	559972	－17. 56	310782	－26. 19	249190	－3. 49
佛山 Foshan	2597498	4. 82	2272103	4. 71	325395	5. 62
# 顺德 Shunde	753274	5. 81	629883	5. 26	123391	6. 72
韶关 Shaoguan	124804	－1. 07	54110	2. 36	70694	－3. 54
河源 Heyuan	103165	－9. 85	59370	3. 83	43795	－23. 51
梅州 Meizhou	198797	－6. 51	104848	－17. 75	93949	10. 32
惠州 Huizhou	462118	15. 36	352344	16. 86	109774	10. 78
汕尾 Shanwei	43704	－5. 33	24317	8. 36	19387	－18. 28
东莞 Dongguan	1675439	0. 08	1334837	3. 70	340602	－11. 97
中山 Zhongshan	1336532	－11. 33	1080724	－10. 44	255808	－14. 91
江门 Jiangmen	722423	－15. 29	611728	－17. 10	110695	－3. 67
阳江 Yangjiang	188699	29. 20	81860	－2. 38	106839	71. 79
湛江 Zhanjiang	357389	－4. 61	119314	－10. 59	238075	－1. 31
茂名 Maoming	305600	－4. 17	229541	－1. 35	76059	－11. 76
肇庆 Zhaoqing	444200	6. 24	311828	4. 75	132372	9. 93
清远 Qingyuan	438834	－4. 08	383888	－4. 38	54946	－1. 99
潮州 Chaozhou	218969	19. 00	112575	29. 30	106438	9. 70
揭阳 Jieyang	87125	－2. 18	44772	－9. 46	42353	6. 90
云浮 Yunfu	37733	－4. 32	23199	－0. 05	14534	－10. 42
按经济区域分 By Region						
珠三角 Pearl River Delta	21176338	1. 58	15542724	－0. 02	5633614	6. 27
东翼 Eastern Region	909770	－8. 36	492446	－14. 62	417324	0. 31
西翼 Western Region	851688	1. 44	430715	－4. 28	420973	8. 04
山区 Mountainous Region	903333	－4. 93	625415	－5. 55	277918	－3. 50

2012年广东省各市旅行社组团出境游人数

NUMBER OF OUTBOUND GROUP VISITORS BY LOCALITY 2012

单位：人次　　　　Unit: person - times

市　别 City	合　计 Total	比上年增长(%) Growth(%)	其中 香港游 Hong Kong	比上年增长(%) Growth(%)	澳门游 Macao	比上年增长(%) Growth(%)	台湾游 Taiwan	比上年增长(%) Growth(%)	出国游 Abroad	比上年增长(%) Growth(%)
合计 Total	6632016	26.53	3018264	26.14	1184664	12.98	250437	41.47	2178651	33.64
广州 Guangzhou	2439858	29.49	748131	23.79	564146	20.04	103887	40.25	1023694	39.12
深圳 Shenzhen	2732716	34.33	1585775	40.10	212340	7.33	121513	46.38	813088	30.81
珠海 Zhuhai	361448	21.89	138518	9.65	105174	5.05	15561	9.35	102195	82.94
汕头 Shantou	38638	-12.84	16212	-19.69	5838	-1.00	1423	-33.41	15165	-5.88
佛山 Foshan	387499	9.50	253987	5.19	75212	23.33			58300	13.39
#顺德 Shunde	105261	22.17	71492	15.26	12000	24.25			21769	43.74
韶关 Shaoguan	4301	11.89	1294	-11.61	531	9.48	1050	47.89	1426	20.34
河源 Heyuan	1186	-55.33	248	-78.49	53	-92.87	24	-63.64	861	24.24
梅州 Meizhou	19482	167.83	10717	151.04	5078	225.93	298	156.90	3389	154.62
惠州 Huizhou	41262	53.18	20177	33.54	7899	56.79	3115		10071	48.32
汕尾 Shanwei	676	-9.63	332	0.30	77				267	-35.97
东莞 Dongguan	177950	12.53	57562	11.68	57125	-1.95	1170		62093	28.49
中山 Zhongshan	189610	-8.31	113419	-2.18	19439	-19.58	2021	15.95	54731	-15.71
江门 Jiangmen	149231	0.16	32815	-18.72	102877	4.40			13539	34.34
阳江 Yangjiang	4201	141.58	1375	74.27	885	44.61		-100.00	1941	502.80
湛江 Zhanjiang	6506	-9.88	3148	-25.56	947	3.84			2411	16.03
茂名 Maoming	10006	43.95	3981	35.55	4436	38.97	100	-68.55	1489	195.44
肇庆 Zhaoqing	33099	7.81	15090	3.28	11032	18.47			6977	2.94
清远 Qingyuan	18092	24.20	8760	33.09	8998	22.64	206	19.77	128	-73.11
潮州 Chaozhou	14212	-17.53	6107	-26.10	2419	-31.20		100.00	5686	12.93
揭阳 Jieyang	1098	43.72	169	-62.11	128	70.67	69		732	201.23
云浮 Yunfu	945	9.25	447	-15.82	30	233.33			468	53.44
按经济区域分 By Region										
珠三角 Pearl River Delta	6512673	26.69	2965474	26.64	1155244	12.79	247267	42.88	2144688	33.91
东翼 Eastern Region	54624	-13.44	22820	-21.92	8462	-10.81	1492	-42.26	21850	0.20
西翼 Western Region	20713	30.20	8504	6.90	6268	32.91	100	-70.06	5841	101.14
山区 Mountainous Region	44006	50.68	21466	53.34	14690	44.99	1578	45.57	6272	57.19

注：#表示佛山市统计数据中含有顺德区统计数据。

2012 年黄金周旅游接待人数和收入统计

NUMBER OF VISITORS AND TOURISM RECEIPTS IN GOLDENHOLIDAY WEEK 2012

时间 Time	接待人数（万人次）Number of Tourists Received (10000 persons)	同比增长（%）Growth（%）	过夜旅游者（万人次）Number Of Tourists Staying Overnight Received (10000 Persons)	同比增长（%）Growth（%）	一日游游客（万人次）Number Of Day Visitors (10000 Persons)	同比增长（%）Growth（%）	旅游收入（万元）Tourism Receipts (10000 yuan)	同比增长（%）Growth（%）
春节（1 月 22～28 日）	2663. 00	0. 35	710. 00	4. 85	1953. 00	–1. 19	1680000. 00	4. 44
国庆（10 月 1～7 日）	3430. 00	40. 52	1029. 00	34. 20	2401. 00	43. 41	2260000. 00	41. 97
合 计	6093. 00	19. 60	1739. 00	20. 44	4354. 00	19. 26	3940000. 00	23. 10

注：表格时间“1 月 25 日～2 月 1 日”为 2012 年春节黄金周；“10 月 1～7 日”为 2012 年“十一”黄金周。

2012 年广东省各市旅行社构成

BREAKDOWN OF TRAVEL AGENCIES 2012

单位：家、人　　　　Unit: Number

市　别 City	小计 Total	其　中 Among 出境游组团社 Outbound Tourism Organizing Agency	其　中 Among 外资旅行社 Foreign Travel Agency	旅行社从业人员 Employees of Travel Agencies
合计 Total	1624	216	15	47260
广州 Guangzhou	347	63	10	10833
深圳 Shenzhen	392	56	5	10538
珠海 Zhuhai	113	19		1941
汕头 Shantou	66	8		1880
佛山 Foshan	95	18		2339
# 顺德 Shunde	26	7		1035
韶关 Shaoguan	55	1		726
河源 Heyuan	37	1		1697
梅州 Meizhou	35	3		435
惠州 Huizhou	49	4		2779
汕尾 Shanwei	20	2		618
东莞 Dongguan	58	9		2150
中山 Zhongshan	38	7		1395
江门 Jiangmen	63	5		815
阳江 Yangjiang	30	1		478
湛江 Zhanjiang	47	2		2581
茂名 Maoming	16	2		1183
肇庆 Zhaoqing	45	3		2845
清远 Qingyuan	50	2		1231
潮州 Chaozhou	32	5		340
揭阳 Jieyang	25	4		236
云浮 Yunfu	11	1		220
按经济区域分 By Region				
珠三角 Pearl River Delta	1200	184	15	35635
东翼 Eastern Region	143	19		3074
西翼 Western Region	93	5		4242
山区 Mountainous Region	188	8		4309

2012 年广东省旅游住宿设施分布情况

BASIC STATISTICS ON TOURIST AGENCIES HOTELS 2012

单位:座　　　　Unit:Number

市别 City	合计 Total	星级饭店 小计 By Star Class	白金五星	五星级 Five Star Class	四星级 Four Star Class	三星级 Three Star Class	二星级 Two Star Class	一星级 One Star Class	无星级宾馆 Star Class Unappraised
合计 Total	11309	1079	1	106	186	630	148	8	10229
广州 Guangzhou	1751	226	1	20	36	135	34		1525
深圳 Shenzhen	809	133		18	27	66	22		675
珠海 Zhuhai	480	83		9	8	62	4		397
汕头 Shantou	440	35		3	7	19	4	1	406
佛山 Foshan	181	90		9	17	46	17	1	91
# 顺德 Shunde	55	27		2	10	7	7	1	28
韶关 Shaoguan	705	56		1	6	42	5	2	649
河源 Heyuan	641	23		1	2	14	6		618
梅州 Meizhou	526	31		2	3	17	9		495
惠州 Huizhou	639	63		5	11	43	4		576
汕尾 Shanwei	240	13		1	2	10			227
东莞 Dongguan	89	89		20	25	30	13	1	
中山 Zhongshan	510	33		3	6	19	3	2	477
江门 Jiangmen	477	31		6	2	21	2		446
阳江 Yangjiang	426	29		3	2	18	6		397
湛江 Zhanjiang	637	37		2	8	22	5		600
茂名 Maoming	437	11		1	3	7			426
肇庆 Zhaoqing	832	25			1	16	7	1	807
清远 Qingyuan	820	34		1	5	26	2		786
潮州 Chaozhou	13	13			6	4	3		
揭阳 Jieyang	319	13		1	5	6	1		306
云浮 Yunfu	337	12			4	7	1		325
按经济区域分 By Region									
珠三角 Pearl River Delta	5768	773	1	90	133	438	106	5	4994
东翼 Eastern Region	1012	73		5	20	39	8	1	939
西翼 Western Region	1500	77		6	13	47	11		1423
山区 Mountainous Region	3029	156		5	20	106	23	2	2873

2012 年广东省各市旅游住宿设施床位分布情况

BREAKDOWN OF TOURIST HOTEL BY LOCALITY 2012

单位:座　　Unit:Number

市别 City	座数 Number of Tourist Hotel	客房(间) Number of Room	其中星级客房(间) Start - Level	床位(张) Number of Bed	其中星级床位(张) Start - Level	从业人员(人) Employees
全省合计 Total	11309	666807	1630001	1106792	265804	649652
广州 Guangzhou	1751	132304	41623	217764	70735	137272
深圳 Shenzhen	809	82114	27863	120654	42669	51363
珠海 Zhuhai	480	38996	11232	60444	18248	51600
汕头 Shantou	437	18969	6225	32063	10324	15470
佛山 Foshan	181	21554	8432	38376	14045	31107
# 顺德 Shunde	55	6507	3703	11512	6395	9391
韶关 Shaoguan	705	26069	5754	45074	10341	81245
河源 Heyuan	641	29282	2060	69082	3954	21153
梅州 Meizhou	526	19941	3095	35792	4888	10387
惠州 Huizhou	639	26419	8270	46824	12619	27769
汕尾 Shanwei	240	15289	1736	28471	3222	12613
东莞 Dongguan	89	17254	17521	23612	22731	38358
中山 Zhongshan	510	32297	4517	47612	7786	17729
江门 Jiangmen	477	34590	4525	60030	8013	6883
阳江 Yangjiang	426	20103	3103	36687	5522	3764
湛江 Zhanjiang	637	34230	5192	55903	9381	52093
茂名 Maoming	437	18712	1267	29837	2291	11376
肇庆 Zhaoqing	832	36498	2577	54768	4863	28541
清远 Qingyuan	820	31788	3320	54188	6203	25687
潮州 Chaozhou	13	1787	1479	2926	2532	2559
揭阳 Jieyang	319	14247	1926	21717	3360	12356
云浮 Yunfu	337	14364	1284	24968	2077	10327
按经济区域分 By Region						
珠三角 Pearl River Delta	5768	422026	126560	670084	201709	390622
东翼 Eastern Region	1012	50292	11366	85177	19438	42998
西翼 Western Region	1500	73045	9562	122427	17194	67233
山区 Mountainous Region	3029	121444	15513	229104	27463	148799

2012年广东省旅游景区(点)构成情况

BASIC STATISTICS ON SCENIC SPOTS 2012

单位:家 Unit:Number

市别 City	合计 Total	已评级小计	5A级 5Alevel	4A级 4Alevel	3A级 3Alevel	2A级 2Alevel	未评级 Unrated	景点从业人员 Employees of Scenic Spots
合计 Total	920	196	7	119	59	11	724	156453
广州 Guangzhou	124	39	2	20	16	1	85	17059
深圳 Shenzhen	40	11	2	6	3		29	16029
珠海 Zhuhai	43	3		2	1		40	6368
汕头 Shantou	79	6		5	1		73	5440
佛山 Foshan	43	15		15			28	3417
# 顺德 Shunde	11	4		4			7	1512
韶关 Shaoguan	35	11	1	7	3		24	2612
河源 Heyuan	33	7		3	2	2	26	4233
梅州 Meizhou	35	12	1	5	6		23	8432
惠州 Huizhou	76	11		9	2		65	15788
汕尾 Shanwei	13	2		1	1		11	1825
东莞 Dongguan	9	9		7	1	1		4110
中山 Zhongshan	24	3		2	1		21	2073
江门 Jiangmen	26	8		8			18	2436
阳江 Yangjiang	30	5		3	2		25	1510
湛江 Zhanjiang	72	12		2	6	4	60	18425
茂名 Maoming	21	5		2	3		16	1250
肇庆 Zhaoqing	66	5		5			61	6154
清远 Qingyuan	78	16	1	10	5		62	34126
潮州 Chaozhou	40	4		3	1		36	2500
揭阳 Jieyang	17	5		2	3		12	1074
云浮 Yunfu	16	7		2	2	3	9	1592
按经济区域分 By Region								
珠三角 Pearl River Delta	451	104	4	74	24	2	347	73434
东翼 Eastern Region	149	17		11	6		132	10839
西翼 Western Region	123	22		7	11	4	101	21185
山区 Mountainous Region	197	53	3	27	18	5	144	50995

旅游统计基本概念和主要指标解释

1. 游客：指任何为休闲、娱乐、观光、度假、探亲访友、就医疗养、购物、参加会议或从事经济、文化、体育、宗教活动，离开常住国（或常住地）到其他国家（或地方），其连续停留时间不超过12个月，并且在其他国家（或地方）的主要目的不是通过所从事的活动获取报酬的人。

游客不包括因工作或学习在两地有规律往返的人。

游客按出游地分为国际游客（即入境游客）和国内游客。按出游时间分为过夜游客和一日游游客。

2. 常住国：指一个人在近一年的大部分时间所居住的国家（或地区）或在这个国家（或地区）只居住较短的时间，但在12个月内仍将返回的这个国家（或地区）。

3. 常住地：指一个常住国的居民，在近一年的大部分时间所居住的城镇或在这个城镇只居住了较短的时期，但在12个月内仍将返回的这个城镇。判定一个游客是国际游客还是国内游客不是根据这个游客的国籍而是根据他的常住国或常住地而定。

4. 入境旅游人数：指报告期内来我国观光、度假、探亲访友、就医疗养、购物、参加会议或从事经济、文化、体育、宗教活动的外国人、港澳台同胞等入境游客。统计时，外国人、港澳台同胞每入境一次统计1人次，即入境旅游人数。

入境旅游人数包括入境过夜游客和入境一日游游客。

5. 入境过夜游客：指入境游客中，在我国旅游住宿设施内至少停留一夜的外国人、华侨、港澳台同胞。

入境过夜游客不包括下列人员：①应邀来华访问的政府部长以上官员及其随人员；②外国驻华使领馆官员、外交人员以及随行的家庭服务人员和受赡养者；③常驻我国一年以上的外国专家、留学生、记者、商务机构人员等；④乘坐国际航班过境不需要通过护照检查进入我国口岸的中转旅客；⑤边境地区往来的边民；⑥回内地（内地）定居的港澳台同胞；⑦已在我国定居的外国人和原已出境又返回在我国定居的外国侨民；⑧归国的我国出国人员。

6. 入境一日游游客：指入境游客中，未在我国旅游住宿设施内过夜的外国人、华侨、港澳台同胞。入境一日游游客应包括乘坐游船、游艇、火车、汽车来华旅游，在车（船）上过夜的游客和机、车、船上乘务人员，但不包括在境外（内）居住在境内（外）工作，当天往返的港澳同胞和周边国家的边民。

7. 国内游客：指报告期内在国内观光游览、度假、探亲访友、就医疗养、购物、参加会议或从事经济、文化、体育、宗教活动的本国居民，其出游的目的不是通过所从事的活动谋取报酬。统计时，国内游客按每出游一次统计1人次。国内游客包括国内过夜游客和国内一日游游客。

8. 国内过夜游客：指国内居民离开惯常居住地在境内其他地方的旅游住宿设施内至少停留一夜，最长不超过12个月的国内游客。国内过夜游客应包括在我国境内常住一年以上的外国人、港澳台同胞。但不包括到各地巡视工作的部级以上领导、驻外地办事机构的临时工作人员、调遣的武装人员、到外地学习的学生、到基层锻炼的干部、到境内其他地区定居的人员和无固定居住地的无业游民。

9. 国内一日游游客：指国内居民离开惯常居住地10公里以上，出游时间超过6小时，不足24小时，并未在境内其他地方的旅游住宿设施过夜的国内游客。

10. 国籍：是指给游客颁发护照（或其他身份文件）的政府所在的国家。

11. 外国人：指属外国国籍的人，加入外国国籍的中国血统华人也计入外国人。

12. 港澳台同胞：指居住在我国香港特别行政区、澳门特别行政区和台湾省的中国同胞。

13. 职业：旅游者在本次旅游前所从事的职业。

14. 出境人数（出境游客）：指我国（内地）公民因公或因私出境前往其他国家或地区观光、度假、探亲访友、就医疗养、购物、参加会议或从事经济、文化、体育、宗教活动的人数（即出境游客）。统计时，出境游客按每出境一次统计1人次。

15. 出境过夜游客：指我国内地居民出境旅游，并在境外其他国家或地区的旅游住宿设施至少停留一夜的游客。

16. 出境一日游游客：指我国内地居民出境旅游，在境外停留时间不超过24小时，并未在境外其他国家或地区的旅游住宿设施内过夜的游客。

17. 旅游收入：游客（入境游客和国内游客）在旅游过程中（由游客或游客的代表为游客）支付的一切旅游支出就是国家（省、区、市）的旅游收入。游客的旅游支出应包括过夜游客和一日游游客在整个游程中行、游、住、食、购、娱，以及为亲友、家购买纪念品、礼品等方面的旅游支出，不包括为商业目的购物、购买房、地、车、船等资本性或交易性的投资、馈赠亲友的现金及给公共机构的捐赠。旅游收入包括国际旅游（外汇）收入和国内旅游收入。

18．国际旅游（外汇）收入：入境游客在中国（内地）境内旅行、游览过程中用于交通、参观游览、住宿、餐饮、购物、娱乐等全部花费。

19．国内旅游收入：指国内游客在国内旅行、游览过程中用于交通、参观游览、住宿、餐饮、购物、娱乐等全部花费。

20．团体入境游客（简称“团队”）：指参加旅游团（通常采用综合包价、小包价、国际会议、海洋游船、应邀来访及临时组织的旅游团等形式）来中国内地旅游的入境过夜游客及入境一日游游客。

21．旅行社外联（组团）人数：指报告期内旅行社自组外联的入境游客人数，反映旅行社对外招徕的能力。旅行社按以下要求统计外联人数：①国际游客入境后不论其停留时间多少、旅游线路长短，只统计一次；②旅行社只统计本社自主外联团的实到人数，非本社外联，仅由本社接受委托办理签证的人数不包括在内。

22．旅行社接待入境游客人数：指报告期内旅行社实际接待的团队及零散入境过夜游客和入境一日游游客人数，以反映旅行社的接待工作量。旅行社接待入境游客的人数，既包括本社外联并接待的团队游客，也包括接受其他旅行社委托接待的团队游客。

23．旅行社外联入境游客人天数：指报告期内旅行社外联的每个入境游客在境内实际停留的天数之和。仅委托办理有关手续或提供单项服务的零散入境游客不计算人天。外联一日游游客超过6小时的按1人天统计。

24．旅行社接待入境人天数：指报告期内旅行社接待的每个入境游客在本省、市实际停留的天数之和。仅委托办理有关手续或提供单项服务的零散入境游客不计算人天。

25．国内旅游组团人数（人天数）：指报告期内旅行社招徕组织国内团队游客人数（人天数）。组团人数包括国内过夜游客人数和国内一日游游客人数。

26．国内旅游接待人数（人天数）：指报告期内旅行社接待国内团队游客人数（人天数）。接待人数（人天数）包括本社组团本社接待和外社组团本社接待的国内游客人数（人天数）。

27．旅游住宿设施（旅馆业）：指任何定期（或临时）为旅游者提供住宿条件的设施。旅游住宿设施包括星级饭店、宾馆、公寓、旅店、招待所、江河及海洋游船、培训中心、疗养院、度假村、假口营地、私人寓所、家庭住宅的出租客房及亲友提供的免费住宿设施等。

28．星级饭店：指已评定星级的饭店。

29．星级饭店接待人数（人天数）：指报告期内游客在星级饭店住宿的人数（人天数）。不论其住宿夜数多少，每接待一位游客只统计一次人数；一个游客住宿几夜，相应计算几个人天数。

30．客房出租率：指报告期内客房实际出租间天数除以报告期内客房可出租间天数的百分数。其计算公式为：

$$\text{客房出租率（\%）}=\frac{\sum \text{客房实际出租间天数(间天)}}{\sum \text{客房核定出租间天数(间天)}}\times 100$$

31．客房实际平均价格：指报告期内旅游饭店（宾馆）、公寓、涉外游船实际出租客房、公寓的平均价格。其计算公式为：

客房实际平均价格（元/间天）=客房收入（元）÷客房实际出租间天数（间天）

32．营业收入：指企业各项经营业务的收入。饭店（宾馆）、写字楼、公寓、旅店的营业收入（总额），包括客房收入、餐饮收入、商品部收入、车队收入、其他收入等；旅行社的营业收入（总额），包括综合服务收入、组团外联收入、零星服务收入、劳务收入、票务收入、旅游及加项收入、其他收入等；酒楼、餐馆等饮食企业的营业收入包括餐费收入、冷热饮收入、服务收入、其他收入等；从事咨询服务的咨询公司的服务收入，也计入本科目。

旅行社（不论是组团社还是接团社）组织境外游客到国内旅游，应以旅行团队离境（或离开本地）时确认营业收入实现；旅行社组织国内游客到境外旅游，应以旅行团旅行结束返回时确认营业收入实现；旅行社组织国内游客在国内旅游，也应以旅行团旅行结束返回时确认营业收入实现。

旅行社、旅游饭店营业收入不包括本单位直属其他独立核算企业的营业收入。

33．营业税金及附加（即业务税金及附加）：指企业与营业收入有关的，应由各项经营业务负担的税金及附加，包括营业税、城市维护建设税及教育费附加等。饭店（宾馆）、公寓、旅店、酒楼、餐馆等企业应按营业收入的一定比例计算缴纳营业税；旅行社应按营业收入净额（营业收入总额扣除代收代付的房费、餐费、交通费等费用）计算缴纳营业税。

34．经营利润：指企业经营取得的收入，也可理解是一种毛利润，经营利润等于营业收入减去营业成本、营业费用、营业税金及附加。

35．利润总额：指企业在一定时期内实现的盈亏总额，放映企业最终的财务成果。计算公式为：

利润总额=营业利润+补贴收入+投资收益+营业外收入-营业外支出

该指标如小于零，表示亏损。

（下转第385页）

各级旅游管理机构

Tourism Administration

（第 397 ~ 414 页）

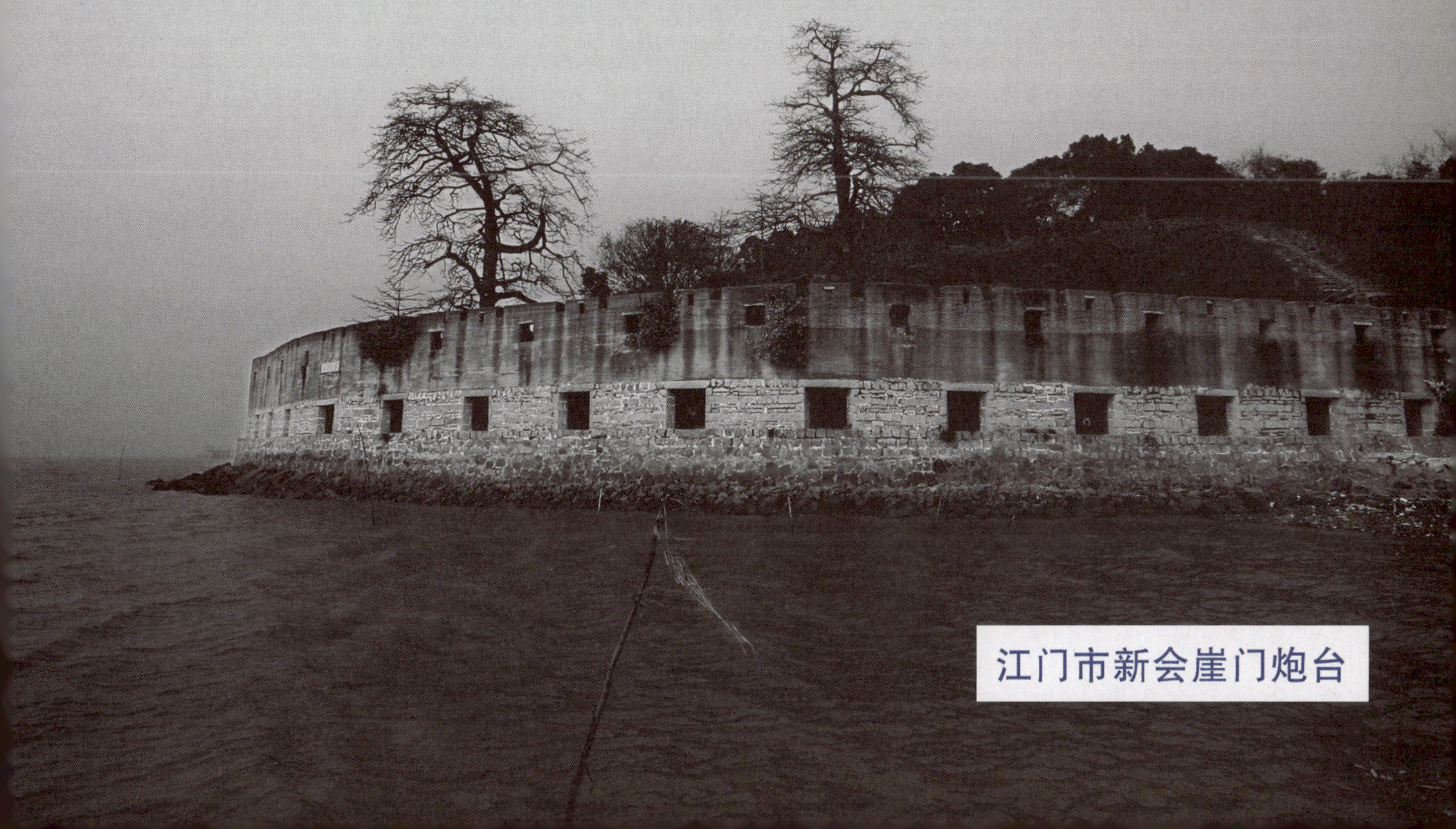

江门市新会崖门炮台

广东省旅游局机构（2012 年）

省旅游局领导班子成员

杨荣森	党组书记	局　长
曾维炳	党组成员	巡视员
周开生	党组成员	副局长
张振林	党组成员	副局长
王志红		副局长
梅其洁	党组成员	副局长
黎增丰	党组成员	纪检组长、监察专员
林上福	党组成员	副巡视员

省旅游局工作职责

序号	主要职能
1	贯彻执行国家和省有关旅游工作的方针政策和法律法规，起草有关地方性法规、规章草案和政策并监督实施
2	研究和推进旅游综合改革，协调旅游安全、旅游应急救援、节假日旅游、红色旅游工作，引导休闲度假，协调和推动国民旅游休闲计划实施
3	制定国内旅游、入境旅游和出境旅游的市场开发战略并组织实施，组织广东旅游整体形象的对外宣传和重大推广活动，负责国内、国际旅游合作与交流事务
4	组织省内旅游资源的普查、规划、开发和相关保护工作，引导旅游业社会投资，引导旅游产品开发和旅游制造业发展，监测旅游经济运行，负责全省旅游统计工作及行业信息发布
5	协调管理旅游服务质量和市场秩序，组织实施旅游区、旅游设施、旅游服务、旅游产品等方面的标准工作，依法负责有关旅游业务的审核、审批工作和出入境旅游管理工作，指导旅游行业精神文明建设和诚信体系建设，指导行业组织的业务工作
6	会同有关部门拟订赴港澳台旅游政策并组织实施，开展对港澳台旅游市场推广工作，承办赴港澳台旅游的有关事务和其他粤港澳台旅游合作交流事务
7	制定并组织实施旅游人才规划，指导旅游教育培训工作，会同有关部门指导实施旅游从业人员的职业资格标准和等级标准工作
8	承办省人民政府和国家旅游局交办的其他事项
职责调整	1. 取消和调整已由省人民政府公布取消和调整的行政审批事项 2. 加强旅游综合改革、旅游应急救援、节假日旅游、红色旅游等综合协调职责 3. 加强粤港澳台旅游合作与交流职责

2012 年省旅游局机关、直属事业单位职能/负责人任期一览表

名称/任期	职　能
办公室 主任：邱招贤（2007.12～　） 局机关党委 专职副书记、党办主任：于非已（2011.11～　） 机关工会 主席：蔡立斌（2008.12～　）	负责文电、会务、机要、档案等机关日常工作；承担信息、保密、信访、新闻宣传和政务公开等工作；负责机关和指导直属单位财务、党群工作
政策法规处 处长：曾晓峰（2008.03～　）	起草有关地方性法规、规章草案和政策并监督实施；研究全省旅游经济运行中的重大问题，承担旅游体制改革的有关工作；承办有关行政复议、行政诉讼工作；承担旅游业政策、法规的宣传与咨询工作；承担机关有关规范性文件的合法性审核工作；协调和推动全国旅游综合改革示范区建设；承担旅游安全综合协调工作，指导旅游应急救援和保险工作；引导休闲度假，组织实施国民旅游休闲计划；承担节假日旅游和旅游节庆活动的综合协调工作；承担旅游扶贫工作
行业管理处 处长：刘益华（2010.11～　）	协调管理旅游服务质量和市场秩序；承担旅游标准有关工作，拟订、指导实施旅游景区景点、度假区及旅游住宿、旅游交通、餐饮、旅行社等的服务标准；承办旅行社审批、领队证审核、境外驻粤旅游机构审核和出入境旅游管理工作；指导旅游诚信体系建设和创建旅游强县工作
市场开发处 处长：甘达坚（2010.03～　）	承担国内、国际旅游市场开发工作和合作交流事务，承担广东旅游整体形象的宣传推广工作；组织开展重点旅游区域、目的地、线路的宣传推广工作；指导驻其他国家和地区旅游办事机构的业务工作；推进旅游行业信息化工作
规划统计处 处长：陈瑞东（2010.12～　）	拟订旅游发展规划并组织实施；承担旅游资源的普查工作；指导重点旅游区域、目的地和线路的规划、开发和保护；引导旅游业社会投资及旅游制造业发展；承担旅游统计工作；承担红色旅游有关工作
港澳台旅游事务处 处长：毛诚（2010.03～　）	开展对港澳台旅游市场的推广工作；承办赴港澳台旅游的有关事务和粤港澳台旅游合作交流事务；指导驻港澳台旅游办事机构的业务工作
教育培训处 处长：李振德（2008.10～　）	拟订并实施全省旅游行业人才教育培训的中长期规划；组织、指导旅游行业人员教育培训工作；指导实施旅游从业人员的职业资格标准、等级标准；承担旅游从业人员管理及导游证年审工作；承担国内外旅游教育培训的交流与合作工作；承担旅游人才援藏、援疆等工作
人事处 处长：余斌（2007.04～　）	负责机关和指导直属单位的人事管理、机构编制、劳动工资和离退休人员服务等工作
广东省旅游质量监督管理所 所长：姚霖尹（2011.04～　）	协助省旅游行政主管部门做好旅游质量监督管理工作；依法承担省旅游行政主管部门委托的旅游执法职能；受委托受理旅游投、举报，管理省属旅行社质量保证金，处理相关赔偿案件；指导、协调本省各级旅游质量监督机构开展工作
广东省旅游发展研究中心 主任：李国平（2010.12～　）	承担广东省旅游业改革及发展相关问题的研究工作；提供旅游产业资讯和决策服务；协助省旅游行政主管部门编制全省旅游业发展规划；开展旅游规划设计基础研究；受委托承担国家规定的职业资格考试工、等级评定工作

续表

名称/任期	职　能
广东省旅游发展促进中心 主任：孙朝晖（2010.12～　）	承担广东省旅游目的地公共服务体系建设工作；开展和推动旅游业信息化建设；挖掘旅游文化历史与内涵；承担广东国际旅游文化节等宣传活动的日常工作
广东省旅游协会 副会长兼秘书长：李进茂（2006.02～　）	具体职能见《广东省旅游协会章程》
广东省旅游职业技术学校 校长：冒超球（1997.07～　）	承担中等学历教育，为旅游及相关服务业发展培养具有良好职业综合素质的初、中级专业技术人才

（广东省旅游局人事处供稿）

·链接·

广东省旅游局机构沿革

1978年以前，广东省未设立旅游行政管理机构，有关旅游接待单位分属不同部门管理。中共广东省委于1978年5月设立省委旅游工作领导小组，组长由时任中共广东省委书记刘田夫兼任（注：该领导小组至1980年7月撤销，并设立省政府旅游工作领导小组，组长由副省长梁威林兼任）。同年7月8日，广东省正式批准成立广东省旅行游览事业管理局（简称"省旅游局"），直属广东省革命委员会领导，日常工作归口省外事办公室管理，业务归国家旅游局指导。内设职能机构"一室四处"（办公室、政治处、基建规划处、宣传处、交通处）。

1982年3月，省政府旅游领导小组及其办公室撤销，统管全省旅游工作的任务移交省旅游局负责，设9个职能机构：局办公室、业务管理处、规划处、财务处、审计处、培训处、宣传处、政治处和纪检组。人员编制共60人。

1984年2月，经省人民政府批准，广东省旅游局改为广东省旅游总公司，同时挂广东省旅游局牌子。设6个处室，即办公室、政治处、教育培训处、宣传处、企财处、规划处。总公司下属单位有：中国国际旅行社广州分社、广东省旅游汽车公司、广东省旅游服务公司、白云宾馆、南湖宾馆、白天鹅宾馆、广东省旅游出版社、广东省旅游建设发展公司。

1986年9月，广东省人民政府成立旅游协调小组，由副省长杨立兼任组长，撤销广东省旅游总公司，恢复广东省旅游局建制，为省政府职能部门，统管全省旅游管理工作。至1987年年底，省旅游局机构仍按1984年2月前的9个处室设置，人员编制增至92人。

1993年9月6日，成立广东省旅游集团公司，集团公司主要领导由省旅游局的领导兼任。同年12月12日，广东省旅游集团公司正式成立，设立资源开发处、市场开发处、旅行社饭店管理处、出境旅游管理处、综合处、政策法规处、人事处、局办公室、局党委办公室、纪检组和监察室（合署办公），经营管理部，工会和团委。1995年7月1日，省旅游局增设旅游质量监督管理所。

2000年3月31日，根据中共广东省委、广东省人民政府《关于印发〈广东省人民政府机构改革方案〉的通知》（粤发〔2000〕2号），省旅游局由省人民政府直属事业单位改为省人民政府主管旅游业的直属机构。设4个职能处（室）：办公室、质量规范与管理处、资源与市场开发处、人事教育处（与监察室、纪检组、机关党委办公室合署）。局机关行政编制36名。其中局长1名，副局长2名（不含纪检组长），正副处长（主任）12名（含监察室主任、机关党委专职副书记）。为离退休干部服务的机构和人员编制按有关规定另行核定。同年5月6日，广东省机构编制委员会办公室批复《广东省旅游局所属事业单位机构改革方案》，保留省旅游学校、省旅游质量监督管理所，设立省旅游服务中心、省旅游发展研究中心和省旅游局机关后勤保障中心。

2009年8月18日，根据《中共广东省委、广东省人民政府关于印发〈广东省人民政府机构改革方案〉的通知》（粤发〔2009〕8号），设立广东省旅游局，为省人民政府直属机构。设8个内设机构，即办公室（与机关党委办公室合署）、政策法规处（协调发展处）、行业管理处、市场开发处、规划统计处、港澳台旅游事务处、教育培训处、人事处。局机关行政编制62名。其中：局长1名、副局长3名，正处级领导职数9名（含机关党委专职副书记1名）、副处级领导职数12名。

广东省各地旅游机构（2012 年）

各市、县（市、区）旅游局

广州市

广州市旅游局
局党委书记、局长：朱　力
地址：广州市东风西路 140 号
13～15 楼
电话：（020）81078200
传真：（020）81078234
邮编：510170
http://www.visitgz.com
http://www.gzly.gov.cn

局党委副书记：周耀明
电话：（020）81078200

副局长：李志新
电话：（020）81078200

副局长：肖永存
电话：（020）81078200

副局长：谭爱英
电话：（020）81078200

纪委书记：汪茂增
电话：（020）81078200

副巡视员：周泽健
电话：（020）81078200

办公室
电话：（020）81078233
传真：（020）81078234

规划发展处
电话：（020）81078211

法规与统计处
电话：（020）81078298

市场推广处
电话：（020）81078267

资源开发处
电话：（020）81078256

旅游饭店管理处
电话：（020）81078246

旅行社管理处
电话：（020）81078261

行业培训指导处
电话：（020）81078242

组织人事处
电话：（020）81078201

工会
电话：（020）81078209

纪委办、监察室
电话：（020）81078229

机关党委
电话：（020）81078210

离退休干部工作处
电话：（020）81078206

广州旅游质量监督管理所
电话：（020）81078213　86666666

紧急救援中心
电话：（020）81078277　86666330

越秀区文化广电新闻出版局（旅游局）
局长：王卫国
地址：广州市越秀区暑前路 8 号 9 楼
电话：（020）87615152
传真：（020）87615152
邮编：510080

海珠区文化广电新闻出版局（版权）旅游局
局长：吴天军
地址：广州市海珠区宝岗路 35 号南北广场 3 楼
电话：（020）34269570
传真：（020）34269570
邮编：510240

荔湾区文化广电新闻出版局
局长：严汉初
地址：广州市荔湾区逢源路 128 号
金升大厦 7 楼
电话：（020）81839931
传真：（020）81818871
邮编：510150

白云区旅游局
局长：杨颜泽
地址：广州市广园中路 238 号白云区政府 7 楼
电话：(020) 86399359
传真：(020) 86575757
邮编：510405

黄埔区旅游局
局长：孙恺敏
地址：广州市黄埔区大沙北路 301 号
电话：(020) 82378773
传真：(020) 82393851
邮编：510240

天河区旅游局
局长：李笑娟
地址：广州市天府路 1 号 2 号楼 6 楼
电话：(020) 38622872
传真：(020) 38622877
邮编：510655

南沙区经贸科技和信息化局（旅游局）
局长：范跃华
地址：广州市南沙开发区凤凰大道 1 号
电话：(020) 39910512
传真：(020) 84986646
邮编：510530

萝岗区旅游局
局长：徐红怡
地址：广州市萝岗区香雪三路 1 号行政服务中心 D 栋
电话：(020) 82111349
传真：(020) 82112176
邮编：510530

番禺区旅游局
局长：黎德权
地址：番禺区市桥街桥兴大道 43 号
电话：(020) 39993837
传真：(020) 39993817
邮编：511400

花都区旅游局
局长：黄兆祥
地址：广州市花都区新华街迎宾大道 95 号交通大楼 14 楼
电话：(020) 36897862
传真：(020) 36898392
邮编：510800

从化市旅游局
局长：李妙娟
地址：从化市街口街东成路 20 号
电话：(020) 87922116
传真：(020) 87926819
邮编：510900

增城市旅游局
局长：黄海明
地址：增城市荔城街府佑路滨海一街海涛居 5 ~ 6 栋首层
电话：(020) 82634078
传真：(020) 82664398
邮编：511300

深圳市

深圳市文体旅游局
局长：陈　威
地址：深圳市福田区福中三路市民中心 C 区 1 楼、2 楼
电话：(0755) 82003268
传真：(0755) 82003142
邮编：518035
http: www. szwtl. gov. cn

副局长：岳川江
电话：(0755) 82003268

副局长：易能全
电话：(0755) 82003208

副巡视员：王　敏
电话：(0755) 82003182

办公室
电话：(0755) 82002239
传真：(0755) 82003201

旅游推广促进处
电话：(0755) 82003181

旅游协调管理处
电话：(0755) 82003211

罗湖区经济促进局
局长：王　萍
地址：深圳市罗湖区文锦中路罗湖管理中心大厦 21 楼
电话：(0755) 25666604
传真：(0755) 25666612
邮编：518007

福田区经济促进局
局长：张尊众
地址：深圳市福田区福民路 123 号福田区委大楼 26 层
电话：(0755) 82918898
传真：(0755) 82918631
邮编：518048

南山区经济促进局
局长：周　辉
地址：深圳市南山区桃园东路区委大楼 A 座 8 楼
电话：(0755) 26561748
传真：(0755) 26542170
邮编：518059

宝安区文体旅游局
局长：吴少平
地址：深圳市宝安区创业路 1 号区政府办公大楼 3 楼
电话：(0755) 29998184
传真：(0755) 29998983
邮编：518101

盐田区经济促进局
局长：陈晓武
地址：深圳市盐田区深盐路 2088 号区行政文化中心大楼 5 ~ 6 楼
电话：(0755) 25228400
传真：(0755) 25228855
邮编：518081

龙岗区文体旅游局
局长：张　耀
地址：深圳市龙岗区中心城清林中路海关大厦东座12楼
电话：（0755）28949662
传真：（0755）28949660
邮编：518172

光明新区经济服务局
局长：王　毅
地址：深圳市光明新区光明大道1号
电话：（0755）88211812
传真：（0755）88211643
邮编：518107

坪山新区经济服务局
局长：王伟雄
地址：深圳市坪山新区深汕路坪山新区管理委员会201号
电话：（0755）84622779
传真：（0755）84622843
邮编：518118

珠海市

珠海市文体旅游局
局长：张梅生（2012年12月任职）
　　　刘福祥（2012年7月离任）
地址：珠海市香洲红山路165号
电话：（0756）2636712
传真：（0756）2636701
邮编：519070
http：www.zhwtl.gov.cn

副局长：王春剑
电话：（0756）2630778

副局长：秦凤尝
电话：（0756）2661986

办公室
电话：（0756）2636712

市场管理科
电话：（0756）2636613

旅游推广促进科
电话：（0756）2636656

产业科
电话：（0756）2636703

旅游质监所
电话：（0756）3346666
　　　（0756）3336061

旅游总会
电话：（0756）3355181

香洲区文体旅游局
局长：陈成兵
地址：香洲区柠溪路284号B区3楼
电话：（0756）2283709
传真：（0756）2298641
邮编：519010

金湾区文体旅游局
局长：李成铿
地址：金湾区办公中心9号楼1楼
电话：（0756）7263321
传真：（0756）7799919
邮编：519090

斗门区旅游局
局长：陈夏森
地址：斗门区井岸镇朝福路436号5楼
电话：（0756）5551157
传真：（0756）5153885
邮编：519100

万山海洋开发试验区经济发展局
局长：匡　澍
地址：香洲区梅华东路301号2单元4楼413
电话：（0756）2233017
传真：（0756）2233017
邮编：519000

横琴新区产业发展局
局长：唐顺铁
地址：横琴新区德政路41号管委会大楼C栋
电话：（0756）8841921
邮编：519031

珠海市高新区社会发展局
局长：周火根
地址：珠海市金鼎金峰中路208号
电话：（0756）3629815
传真：（0756）3629810
邮编：519085

汕头市

汕头市旅游局
局长：陈华佳
地址：汕头市跃进路28号4楼
电话：（0754）88297615
传真：（0754）88286555
邮编：515037
http：//stly.gov.cn

副局长：于临生
电话：（0754）88973637

副局长：陈　斌
电话：（0754）88971151

纪检组长：刘向平
电话：（0754）88976363

办公室
电话：（0754）88293456
传真：（0754）88286555

政策法规科
电话：（0754）88916015

资源与市场开发科
电话：（0754）88451799

质量规范与管理科
电话：（0754）88297614

质量监督管理所
电话：（0754）88297616

导游服务中心
电话：（0754）88973837

金平区旅游局
局长：林荣杰
地址：汕头市金园路12号
电话：（0754）88604761
传真：（0754）88626858
邮编：515041

龙湖区旅游局
局长：陈仲华
地址：汕头市珠江路23号珠江楼6楼
电话：（0754）88831051
传真：（0754）88831096
邮编：515041

澄海区旅游局
局长：杨春生
地址：澄海区文冠路党政办公楼
电话：（0754）85861480
传真：（0754）85850350
邮编：515800

濠江区旅游局
局长：杨育挺
地址：汕头濠江区达濠商业街秀峰路1号审计综合楼2楼
电话：（0754）87386933
传真：（0754）87386966
邮编：515071

潮阳区旅游局
局长：马学秋
地址：潮阳区中山西路10号
电话：（0754）83813263
传真：（0754）83615871
邮编：515100

潮南区旅游局
局长：周汉清
地址：潮南区峡山客运站后栋4楼
电话：（0754）87769701
传真：（0754）87769701
邮编：515141

南澳县旅游局
局长：黄文斌
地址：南澳县后宅镇光明路老财政楼
电话：（0754）86806090
传真：（0754）86803033
邮编：515900

佛山市

佛山市旅游局
局长：彭聪恩
电话：（0757）82981035
传真：（0757）82981017
地址：佛山市禅城区佛山大道北169号
邮编：528000

副局长：谢建华
电话：（0757）82981103

副局长：潘文升
电话：（0757）82505681

办公室
电话：（0757）82981035
传真：（0757）82981017

行业管理科
电话：（0757）82981346
传真：（0757）82981998

资源与市场开发科
电话：（0757）82961043
传真：（0757）82961043

旅游质量监督所
电话：（0757）82212061
传真：（0757）82108061
佛山市旅游网：www. fstourism. gov. cn
旅游营销系统：www. visitfoshan. com

禅城区文体旅游局
区委常委、宣传部长、局长：甘绮霞
地址：佛山市禅城区同济东路区政府通济大院12楼
电话：（0757）82341206
传真：（0757）82341248
邮编：528000
http://xcb. chancheng. gov. cn

南海区文体旅游局
区委常委、宣传部长、局长：俞　进
地址：南海区桂城新四路2号
邮编：528200
电话：（0757）86225158
传真：（0757）86286786
南海区旅游网：http://www. nanhai. gov. cn
南海旅游官方微博：@南海旅游（新浪、腾讯）

高明区区委室传部（文体旅游局）
局长：陈新文
地址：高明区荷城街道沧江路88号
邮编：528500
电话：（0757）88881287
传真：（0757）88881170
http://lyj. gaoming. gov. cn/
高明旅游微博：
http://weibo. com/gmlyj

三水区区委宣传部（文体旅游局）
局长：何国辉
地址：佛山市三水区西南街道人民三路139号（区政府大院）
邮编：528100
电话：（0757）87718800
传真：（0757）87718800
三水旅游网：www. sanshuilvyou. com

韶关市

韶关市旅游局
局长：李晓林
地址：韶关市风度北路市政府大楼12楼
电话：（0751）8885710
传真：（0751）8916132
邮编：512000
http://www. sgta. gov. cn

副局长：陈仲耀
电话：（0751）8884718

副局长：江仁瑞
电话：（0751）8916068

副局长：卢东华
电话：（0751）8888109

办公室
电话：（0751）8885710

人事科
电话：（0751）8886152

资源科
电话：（0751）8898981

开发科
电话：（0751）8916130

质监所
电话：（0751）8916131

南雄市旅游局
局长：黄志星
地址：南雄市雄州镇永康路13号
电话：（0751）3822010
传真：（0751）3822909
邮编：512400

曲江区旅游局
局长：邓春鸿
地址：曲江区马坝镇文化路口
电话：（0751）6666003
传真：（0751）6667088
邮编：512100

乳源瑶族自治县文体旅游局
局长：邬宝华
地址：乳源县鹰峰西路7号
电话：（0751）5384529
传真：（0751）5387381
邮编：512700

新丰县旅游局
局长：林国平
地址：新丰县政府内
电话：（0751）2262181
传真：（0751）2262610
邮编：511100

乐昌市旅游局
局长：周杏林
地址：乐昌市政府大院内档案局1楼
电话：（0751）5551113
传真：（0751）5551113
邮编：512200

仁化县旅游局
局长：梁家宁
地址：仁化县新城横路37号4楼
电话：（0751）6358911
传真：（0751）6353418
邮编：512300

始兴县旅游局
局长：刘丰文
地址：始兴县政府大楼6楼
电话：（0751）3312828
传真：（0751）6131999
邮编：512500

翁源县旅游局
局长：黄　旭
地址：翁源县政府大院右侧附楼
电话：（0751）2860177
传真：（0751）2860177
邮编：511100

浈江区旅游局
局长：李　颖
地址：浈江区启明路文化中心
电话：（0751）8311159
传真：（0751）8311158
邮编：512023

河源市

河源市旅游局
局长：郑日平（2012年3月任职）
　　　古敏生（2012年3月离任）
地址：河源市新区兴源东路1号华怡大厦2楼
电话：（0762）3388793
传真：（0762）3388285
邮编：517000
http：//www.hyta.gov.cn

副局长：李德标
电话：（0762）3388865

副局长：张振辉
电话：（0762）3888235

副局长：杨友平
电话：（0762）3387021

纪检组长：何　彤
电话：（0762）3388032

副局长：张美芳（2012年7月任职）
电话：（0762）3388691

办公室
电话：（0762）3388920

人事科
电话：（0762）3388795

行业管理科
电话：（0762）3388185

资源与市场开发科
电话：（0762）3387555

质量监督管理所
电话：（0762）3387777
传真：（0762）3388285

源城区旅游局
局长：罗伟平
地址：源城区政府大院内
电话：（0762）3325113
传真：（0762）3330926
邮编：517000

东源县旅游局
局长：李淑容（2012年3月任职）
　　　欧文初（2012年3月离任）

地址：东源县政府大院内
电话：（0762）8833277
传真：（0762）8831117
邮编：517100

和平县旅游局
局长：朱德富（2012年1月任职）
黄春彭（2011年10月离任）
地址：和平县政府大院内
电话：（0762）5641365
传真：（0762）5641365
邮编：517200

龙川县旅游局
局长：黄海泉
地址：龙川县老隆镇东风路50号4楼
电话：（0762）6893003
传真：（0762）6752547
邮编：517300

紫金县旅游局
局长：傅作荣
地址：紫金县党政大楼0524号房
电话：（0762）7838996
传真：（0762）7838996
邮编：517400

连平县旅游局
局长：李鸿飞（2013年3月任职）
罗光明（2012年12月离任）
地址：连平县环城南路县政府招待所4楼
电话：（0762）4326978
传真：（0762）4337998
邮编：517500

梅州市

梅州市旅游局
局长：吴献华（2012年2月任职）
陈建新（任至2012年2月）
地址：梅州市嘉应路24号
电话：（0753）2263222
传真：（0753）2242728
邮编：514021
http://www.mzta.gov.cn

副局长：郭碧玲
电话：（0753）2279863

副局长：杨贵宏
电话：（0753）2259296

副局长：丘加悦
电话：（0753）2259199

副局长：李洪涛
电话：（0753）2278528

办公室
电话：（0753）2279102
传真：（0753）2242728

规划资源统计科
电话：（0753）2246318

行业管理科
电话：（0753）2260996

市场开发科
电话：（0753）2243687

质监执法科
电话：（0753）2243654

导游管理中心
电话：（0753）2259681

梅江区旅游局
局长：曾思敏
地址：仲元路区政府大院
电话：（0753）2196933
传真：（0753）2196933
邮编：514000

梅县旅游局
局长：杨柏芳
地址：梅县新城行政区
电话：（0753）2587791
传真：（0753）2587123
邮编：514700

兴宁市旅游局
局长：刘文忠
地址：兴宁市中山东路1号
电话：（0753）3327258
传真：（0753）3325298
邮编：514500

丰顺县旅游局
局长：陈国清
地址：丰顺县汤坑镇雄风大道74号
电话：（0753）6689333
传真：（0753）6689889
邮编：514300

蕉岭县文体旅游局
局长：黄金松
地址：蕉城碧水街文化活动中心
电话：（0753）7892818
传真：（0753）7892758
邮编：514100

五华县旅游局
局长：张茂华
地址：五华县党政大楼9楼
电话：（0753）4431073
传真：（0753）4436200
邮编：514400

大埔县旅游局
局长：刘小平
地址：大埔县城文化路27号
电话：（0753）5535328
传真：（0753）5532992
邮编：514200

平远县旅游局
局长：刘冬梅（2012年3月任职）
肖明羲（任至2012年3月）
地址：平远县城平远大道新村商住城
电话：（0753）8895898
传真：（0753）8899878
邮编：514600

惠州市

惠州市旅游局
局长：黄细花（2012年2月任职）

地址：惠州市惠城区下埔路3号广发证券大厦4楼407
电话：（0752）2230701
传真：（0752）2207428
邮编：516001
http://lyj.huizhou.gov.cn

副局长：谭跃华
电话：（0752）2214676

副局长：郭武飘
电话：（0752）2684138

副局长：田佑良
电话：（0752）2208829

办公室
电话：（0752）2230701　2210872
传真：（0752）2207428

质量规范与管理科
电话：（0752）2661793

资源与市场开发科
电话：（0752）2235939

旅游质量监督管理所
电话：（0752）2661932

导游管理中心
电话：（0752）2208766

惠城区旅游局
局长：汪建辉
地址：惠州市惠城区龙丰新联路5号惠城区行政服务中心大楼4楼
电话：（0752）7809459
传真：（0752）7809499
邮编：516008

惠阳区旅游局
局长：张文志
地址：惠阳区淡水桥背行政服务中心A栋4楼410室
电话：（0752）3370048
传真：（0752）3364631
邮编：516211

博罗县文体旅游局
局长：廖建新
地址：博罗县罗阳镇体育大道
电话：（0752）6208199
传真：（0752）6292906
邮编：516100

惠东县旅游局
局长：陈继祥
地址：惠东县平山街道平深路爱华围旅游局
电话：（0752）8890798
传真：（0752）8894128
邮编：516300

龙门县旅游局
局长：梁丽通
地址：龙门县城西林路42号2楼
电话：（0752）7795222
传真：（0752）7781777
邮编：516800

大亚湾区旅游局
局长：陈丽娟
地址：大亚湾中兴中路7号投资控股大厦6楼
电话：（0752）5568253
传真：（0752）5568253
邮编：516081

仲恺高新区宣教文卫办
党组副书记、常务副主任：舒水明
地址：惠州仲恺高新技术产业开发区和畅五路8号
电话：（0752）2609920
传真：（0752）2609920
邮编：516006

汕尾市

汕尾市旅游局
市政协副主席、局长：
吕珠龙（2012年3月任职）
局长：张林海（2012年3月离任）
地址：汕尾市城南路旅游大厦
电话：（0660）3364804
传真：（0660）3398800
邮编：516600
http://www.swly.org.cn/index.asp

副局长：邓晓虹
电话：（0660）3282080

副局长：王　剑
电话：（0660）3285181

办公室
电话：（0660）3364804
传真：（0660）3398800

质量规范与管理科
电话：（0660）3398929

资源与市场开发科
电话：（0660）3396193

旅游质量监督管理所
电话：（0660）3364163

陆丰市旅游局
局长：林文渊
地址：陆丰东海镇北堤路19号
电话：（0660）8821137
传真：（0660）8821137
邮编：516500

海丰县文体旅游局
局长：卢小娟
地址：海丰县城红城大道13号
电话：（0660）6622212
传真：（0660）6893623
邮编：516400

陆河县旅游局
局长：罗小宁
地址：陆河县城人民南路
电话：（0660）5528551
传真：（0660）5528551

邮编：516700

汕尾市城区旅游局
局长：郑　晓
地址：汕尾市文明南路209号
电话：（0660）3325832
传真：（0660）3356051
邮编：516600

红海湾开发区旅游局
局长：刘文芬
地址：汕尾市红海湾开发区管委会行政中心大楼210室
电话：（0660）3438856
传真：（0660）3425316
邮编：516620

华侨管理区旅游局
局长：周珠松
地址：汕尾市华侨管理区办公大楼
电话：（0660）8251958
传真：（0660）8253299
邮编：516532

东莞市

东莞市旅游局
局长：梁少虾
地址：东莞市城区万寿路76号
电话：（0769）22678666
传真：（0769）22226805
邮编：523003
http://dgtour.dg.gov.cn/

副局长：余建民
电话：（0769）22228286

副局长：李亚鹏
电话：（0769）22220136

副局长：曾玉如
电话：（0769）22226693

办公室
电话：（0769）22226809

质量规范与管理科
电话：（0769）22226722

资源与市场开发科
电话：（0769）22226762

信息科
电话：（0769）22226676

旅游质量监督管理所
电话：（0769）22227160

中山市

中山市旅游局
局长：车　卫
地址：中山市东区起湾道3号
电话：（0760）88811825
传真：（0760）88806615
邮编：528403
http://www.zhongshantour.com.cn

副局长：梁渭林
电话：（0760）88801089

副局长：张　文
电话：（0760）88663093

副局长：董祖文
电话：（0760）88663107

办公室
电话：（0760）88811825

行业管理科
电话：（0760）88818786

市场拓展科
电话：（0760）88809664

资源开发科
电话：（0760）88805214

旅游质量监督管理所
电话：（0760）88805211

江门市

江门市旅游局
副局长：冯裕聪
（2012年1月主持工作）
局　长：程步一（2012年1月离任）
地址：江门市白沙大道6号之二
电话：（0750）3551911
传真：（0750）3551300
邮编：529000
http://www.jm-tour.com
Email:jmtour@pub.jiangmen.gd.cn

副局长：张　华
电话：（0750）3551611

办公室
电话：（0750）3551911
传真：（0750）3551300

市场科
电话：（0750）3530883

质管科
电话：（0750）3515566
旅游投诉电话：（0750）3515566

蓬江区文体旅游局
局长：李伟恒
地址：江门市建设二路18号7楼
电话：（0750）8222220
传真：（0750）8222305
邮编：529000

江海区文体旅游局
局长：邓群标
地址：江门市东海路338号江海区机关大院3号楼7楼
电话：（0750）3861530
传真：（0750）3861659
邮编：529000

新会区旅游局
局长：岑伟斌（2012年3月任职）
胡锦旋（2012年3月离任）

地址：新会区会城镇古棕路7号
电话：（0750）6633091
传真：（0750）6633092
邮编：529100

台山市旅游局
局长：容兆廉
地址：台山市环北大道46号2楼
电话：（0750）5503287
传真：（0750）5512456
邮编：529200

开平市旅游局
局长：关长振（2012年9月任职）
　　　许永锋（2012年9月离任）
地址：开平市开华路24~25号
电话：（0750）2229177
传真：（0750）2229378
邮编：529300

鹤山市旅游局
局长：胡　杰
地址：鹤山沙坪镇东升路50号
电话：（0750）8902286
传真：（0750）8989649
邮编：529700

恩平市旅游局
局长：郑素红
地址：恩平沿江路2号
电话：（0750）7711728
传真：（0750）7727302
邮编：529400

阳江市

阳江市旅游和外事侨务局
局长：马洪藻
地址：阳江市漠江路739号
电话：（0662）3377373
传真：（0662）3361292
邮编：529500
http://www.visityj.com/

副局长：余建华
电话：（0662）3303728

副局长：梁健巧
电话：（0662）3388338

侨联副主席　许焕容
电话：（0662）3386456

副局长：张　开
电话：（0662）3366381

副局长：柯远平
电话：（0662）3361969

办公室
电话：（0662）3361261

旅游行业管理科
电话：（0662）3357693

旅游市场开发科
电话：（0662）3318692　3310238

旅游规划统计
电话：（0662）3354181

旅游监察大队
电话：（0662）3386103　3310736

旅游（投诉）
电话：（0662）3356345

市旅游服务指导中心
电话：（0662）3160778　3511888
传真：3188777

江城区文体旅游和外事侨务局
局长：利如晁
地址：阳江市漠江路区府大院8楼
电话：（0662）3100287
传真：（0662）3100898
邮编：529500

阳春市旅游和外事侨务局
局长：曾庆婵
地址：阳江市阳春大道防空大楼7楼
电话：（0662）7888392
传真：（0662）7735179
邮编：529600

阳东县旅游和外事侨务局
局长：冯　敏
地址：阳江市阳东县龙日路33号
电话：（0662）6616251
传真：（0662）6611536
邮政：529900

阳西县旅游和外事侨务局
局长：黄干尤
地址：阳西县广场路县府大院西幢综
　　　合楼二楼
电话：（0662）5528663
传真：（0662）5533329
邮编：529800

海陵岛文体旅游局
局长：陈章星
地址：阳江市闸坡镇大角湾停车场侧
　　　海景湾酒店5楼
电话：（0662）3889199
传真：（0662）3880553
邮编：529536

湛江市

湛江市旅游局
局长：林　红
地址：湛江市赤坎区海滨六路3号之
　　　三沙湾大厦A座5楼
电话：（0759）3161921
传真：（0759）3161178
邮编：524044
http://zjta.zhanjiang.gov.cn
http://wwwVgdzjtravdl.com/

副局长：陈振华
电话：（0759）3162169

副局长：曹　晔
电话：（0759）3161908

办公室
电话：（0759）3161923　3161303
传真：（0759）3161178

行业管理科
电话：（0759）3161962

规划科
电话：（0759）3161963

市场拓展科
电话：（0759）3161623

休闲办
电话：（0759）3161038

质量监督管理所
电话：（0759）3161636　2262444

湛江市旅游发展促进中心
电话：（0759）3161136　3161708

湛江市旅游招商分局
局长：林　兵
电话：（0759）3161623

霞山区旅游局
局长：黄　政
地址：湛江市霞山区解放西路22号霞山区政府2号楼12楼
电话：（0759）2173937
传真：（0759）2173899
邮编：524013

赤坎区旅游局
局长：黄柳坚
地址：湛江市赤坎区百姓路1号
电话：（0759）8208279
传真：（0759）8208277
邮编：524033

麻章区旅游局
局长：张　蓓
地址：湛江市麻章区政通东路1号
电话：（0759）2732918
传真：（0759）2732922
邮编：524094

坡头区旅游局
局长：吕其让
地址：湛江市坡头区南调路区府大楼1楼
电话：（0759）3905238
传真：（0759）3950032
邮编：524057

雷州市旅游局
局长：洪　新
地址：雷州市雷城西湖新村4号
电话：（0759）8851100
传真：（0759）8808778
邮编：524200

廉江市旅游局
局长：黎法槐
地址：廉江市迎宾一路7号
电话：（0759）6620678
传真：（0759）6609005
邮编：524400

吴川市旅游局
局长：陈　豪
地址：吴川市市府招待所2号楼205室
电话：（0759）5608851
传真：（0759）5613022
邮编：524500

遂溪县旅游局
局长：黄高梅
地址：遂溪县遂城镇中山路133号
电话：（0759）7768041
传真：（0759）7768413
邮编：524373

徐闻县旅游局
局长：陈北跑
地址：徐闻县政府大楼1楼
电话：（0759）4879771
传真：（0759）4879770
邮编：524100

湛江经济技术开发区旅游局
局长：周　耿
地址：东海岛旅游度假区湛江经济技术开发区乐怡路社保大厦七楼
电话：（0759）3628118
传真：（0759）3628116
邮编：524022

茂名市

茂名市旅游局
局长：梁红健（2012年3月任职）
　　　李清汉（2012年3月离任）
地址：茂名市迎宾路137号大院3号楼
电话：（0668）2897183
传真：（0668）2287085
邮编：525000
http://www.mmlyj.com

副局长：陈中波
电话：（0668）2869767

副局长：何振锋
电话：（0668）2891286

副局长：车健明
电话：（0668）2869737

办公室
电话：（0668）2288187
传真：（0668）2287085

教育培训科
电话：（0668）2285548

法制规划科
电话：（0668）2886589

市场开发科
电话：（0668）2869757

行业管理科
电话：（0668）2270544

茂南区旅游局
局长：潘谢斌
地址：茂名市油城三路319号
电话：（0668）2112133
传真：（0668）2112122

邮编：525000

茂港区旅游局
局长：马　堂
地址：茂名市茂港区政府大楼3楼
电话：（0668）2689333
传真：（0668）2688128
邮编：525027

信宜市旅游局
局长：叶　尚
地址：信宜市政府大院
电话：（0668）8873553
传真：（0668）8878665
邮编：525300

高州市旅游局
局长：任水长
地址：高州市中山路73号
电话：（0668）6658383
传真：（0668）6658282
邮编：525200

化州市旅游局
局长：杨　剑（2012年6月离任）
地址：化州市政府大院
电话：（0668）7360777
传真：（0668）7360777
邮编：525100

电白县旅游局
局长：黄日辉
地址：电白县政府综合楼1楼
电话：（0668）5115325
传真：（0668）5115335
邮编：525400

肇庆市

肇庆市旅游发展局
局长：刘卫红（2012年12月任职）
　　　郑时广（2012年12月离任）
地址：肇庆市端州区古塔南路一街1号
电话：（0758）2231081
传真：（0758）2224054
邮编：526040
http://www.zqta.gov.cn/

副局长：林秋枝
电话：（0758）2282316

副局长：刘伯明
电话：（0758）2705831

办公室
电话：（0758）2231081

行业管理科
电话：（0758）2286964

旅游（投诉）
电话：（0758）2262296

市场开发科
电话：（0758）2237543

资源规划科
电话：（0758）2264618

人事科
电话：（0758）2224850

离退休干部管理科
电话：（0758）2224903

财务管理科
电话：（0758）2277932

市旅游服务中心
电话：（0758）2238509

端州区旅游局
局长：陈秀萍
地址：肇庆市端州区古塔中路15号
电话：（0758）2721364
传真：（0758）2721364
邮编：526040

鼎湖区旅游发展局
局长：赖宏升
地址：肇庆市鼎湖区坑口区府大院首层东侧
电话：（0758）2625616
传真：（0758）2625616
邮编：526070

高要市文体旅游局
局长：谢富文
地址：肇庆市高要市要南二路3号
电话：（0758）8392392
传真：（0758）8390868
邮政：526040

四会市旅游局
局长：徐达强
地址：四会市汇源路8号
电话：（0758）3368919
传真：（0758）3368919
邮编：526200

德庆县旅游发展局
局长：潘子杰
地址：德庆县委大院
电话：（0758）7781728
传真：（0758）7781852
邮编：526600

广宁县旅游局
局长：杨淦标
地址：广宁县南街镇南东一路17号
电话：（0758）8638388
传真：（0758）8638388
邮编：526300

封开县旅游发展局
局长：陈剑
地址：封开县江口封洲二路行政中心
电话：（0758）6681820
传真：（0758）6681820
邮编：526500

怀集县旅游发展局
局长：文天爽
地址：怀集县怀城镇解放中路78号
电话：（0758）5531618
传真：（0758）5531618
邮编：526400

清远市

清远市旅游局
局长：林　闻（2012年2月任职）
　　　雷玉春（2012年2月离任）
地址：清远市新城人民二路18号市国际会展中心5楼
电话：（0763）3360029
传真：（0763）3366896
邮编：511518
http://www.qyta.gov.cn/

副局长：廖振灵
电话：（0763）3361448

副局长：何志方
电话：（0763）3363238

办公室
电话：（0763）3363390
传真：（0763）3366896

行业管理科
电话：（0763）3363126

市场开发科
电话：（0763）3368636

规划统计科
电话：（0763）3363770、3364299

质量监督科
电话：（0763）3364098

清远市旅游信息中心
电话：（0763）3512301

清远市旅游协会
电话：（0763）3363855
传真：（0763）3378307

清城区旅游局
局长：罗惠琼
地址：清城区金碧路行政文化中心大楼4楼
电话：（0763）3939158
传真：（0763）3939157
邮编：511500

清新区旅游局
局长：朱小玲
地址：清新区笔架路3号行政服务中心2楼东面
电话：（0763）5815373
传真：（0763）5833070
邮编：511800

英德市旅游局
局长：（暂缺）
地址：英德市浈阳路运通大厦9楼
电话：（0763）2231666
传真：（0763）2222642
邮编：513000

连州市文体旅游局
局长：唐记南
地址：连州市番禺路128号潭电大厦9楼
电话：（0763）6625863
传真：（0763）6319113
邮编：513400

佛冈县旅游局
局长：谭武刚（2012年1月任职）
　　　黄小云（2012年1月离任）
地址：佛冈县人民中心综合办公大楼102～106
电话：（0763）4294568
传真：（0763）4292021
邮编：511600

连山县旅游局
局长：蒋振江
地址：连山县鹿鸣东路政府办公大楼
电话：（0763）8739287
传真：（0763）8733287
邮编：513200

连南瑶族自治县旅游局
局长兼县旅游资产运营中心主任：邓海峰
地址：连南政府综合大楼三楼
电话：（0763）8668003
传真：（0763）8662008
邮编：513300

阳山县旅游局
政协副主席兼局长：祝翠冰
地址：阳山大道107号2楼
电话：（0763）7886278
传真：（0763）7886282
邮编：513100

潮州市

潮州市文物旅游局
局长：伍　茸
地址：潮州市城太平路16号
电话：（0768）2223585
传真：（0768）2250239
邮编：521000
http://www.chaozhoutour.net

副局长：刘书灿
电话：（0768）2295069

副局长：郑永宁
电话：（0768）2295059

副局长：吴永利
电话：（0768）2355790

副局长：许泽香
电话：（0768）2250028

办公室
电话：（0768）2229018
传真：（0768）2250239

旅游管理科
电话：（0768）2229633

旅游市场开发科
电话：（0768）2225123

综合科
电话：（0768）2251309

名城保护建设科
电话：（0768）2251319

文物管理科
电话：（0768）2250018

潮州市旅游质量监督管理所
电话：（0768）2277123

潮州市旅游监察大队
电话：（0768）2277123

潮州市旅游服务中心
电话：（0768）2285149

潮安县旅游局
局长：陈钟强
地址：潮安县政府新综合楼6楼
电话：（0768）5816829
传真：（0768）5816387
邮编：515600

饶平县旅游局
局长：林吉贵
地址：饶平县城西区六号路外经大楼7楼
电话：（0768）7801972
传真：（0768）7801361
邮编：515700

湘桥区旅游局
局长：李培伟
地址：潮州市太平路125号
电话：（0768）2219932
传真：（0768）2219932
邮编：521000

揭阳市

揭阳市旅游局
局长：谢锐锋
地址：揭阳市东山区卢前路中段民主楼2层
电话：（0663）8292227
传真：（0663）8292077
邮编：522031

副局长：杨金河
电话：（0663）8292520

副局长：谢静鸿
电话：（0663）8292563

副局长：李介兴
电话：（0663）8292287

办公室
电话：（0663）8292227

旅游业务管理科
电话：（0663）8292076

资源与市场开发科
电话：（0663）8292775

教育培训科
电话：（0663）8292074

质量监督管理所
电话：（0663）8292446

普宁市旅游局
局长：詹汉龙
地址：流沙镇长春路联运大楼南栋东梯5楼
电话：（0663）2248753
传真：（0663）2248752
邮编：515300

揭东区旅游局
局长：杨楚茂
地址：揭东区城金凤路中段县政府后2楼204室
电话：（0663）3262893
传真：（0663）3275989
邮编：515500

揭西县旅游局
局长：刘燕璇
地址：揭西县滨江公园侧
电话：（0663）5527938
传真：（0663）5527938
邮编：515400

惠来县旅游局
局长：严文水
地址：惠来县惠城镇葵南新路
电话：（0663）6681071
传真：（0663）6681071
邮编：515200

榕城区旅游局
副局长：陈耀双（主持全面工作）
地址：揭阳市榕城区政府办公大院内主楼9楼
电话：（0763）8898519
传真：（076）8898519
邮编：52200

云浮市

云浮市旅游局
局长：马正英（2012年3月任职）
袁伙月（2012年3月离任）
地址：云浮市玉皇路78号
电话：（0766）8825088
传真：（0766）8810058
邮编：527300
http:/www. yunfutravel. com

副局长：叶金波
电话：（0766）8818099

副局长：岑德洪
电话：（0766）8818093

办公室
电话：（0766）8816580
传真：（0766）8810058

人事教育科
电话：（0766）8813392

资源与市场开发科
电话：（0766）8839082

行业管理科
电话：（0766）8822360

云城区旅游局
局长：黄锦全
地址：云浮市区解放中路 32 号区府大院
电话：（0766）8813669
传真：（0766）8813669
邮编：527300

罗定市旅游局
局长：吴云锋
地址：罗定市龙园路 131 号
电话：（0766）3833886
传真：（0766）3833186
邮编：527200

新兴县旅游局
局长：张文权
地址：新兴县新城镇黄塘路 12 号
电话：（0766）2920898
传真：（0766）2882029
邮编：527400

郁南县旅游局
局长：林少华
地址：郁南县都城镇中山路 31 号旧县委大院
电话：（0766）7337229
传真：（0766）7337229
邮编：527100

云安县旅游局
局长：甘家贤
地址：云安县港城大道 6 号
电话：（0766）8616656
传真：（0766）8613392
邮编：527500

顺德区

顺德区文体旅游局
区委常委、区委宣传部部长、
局长：王　勇
地址：顺德大良新城区德民路区政府大楼 17 楼
电话：（0757）22830022
传真：（0757）22833816
邮编：528333

区委宣传部常务副部长、
常务副局长：饶林海
地址：顺德大良新城区德民路区政府大楼 11 楼
电话：（0757）22831968
传真：（0757）22831970
邮编：528333

办公室
电话：（0757）22831993、22833716
传真：（0757）22833709

旅游科
电话：（0757）22831352、22831373
传真：（0757）22831375

广东省旅游协会（2012 年）

广东省旅游协会及其各分会秘书处

广东省旅游协会秘书处
地址：广州市黄埔大道西 463 号 408 室
电话：020－87513725
传真：020－87513730
邮箱：gdta@ 163. com

广东酒店行业协会秘书处
地址：广州市黄埔大道西 463 号
电话：020－87513727
传真：020－87513729
邮箱：ghlavip@ 126. com

广东旅行社行业协会秘书处
地址：广州市黄埔大道西 463 号
电话：020－87513724
传真：020－87513730
邮箱：gdlxsxh@ 163. com

广东温泉行业协会秘书处
地址：广州市黄埔大道西 463 号
电话：020－87513728
传真：020－87513730
邮箱：T87513728@ 126. com

广东省自驾旅游协会秘书处
地址：广州市天河区奥体路 11 号 1 栋
电话：020－38460588
传真：020－38470312
邮箱：gdszjlyxh@ 163. com

广东省游艇旅游协会秘书处
地址：广州市黄埔大道西 463 号
电话：020－87513725
传真：020－87513730
邮箱：gtyta2012@ 163. com

广东省旅游协会导游分会秘书处
地址：广州市东风西路 140 号东方金融大厦 15 楼 304 室
电话：81084337
传真：81084337
邮箱：84485080@ qq. com

名 录

Directory

（第 415 ~ 559 页）

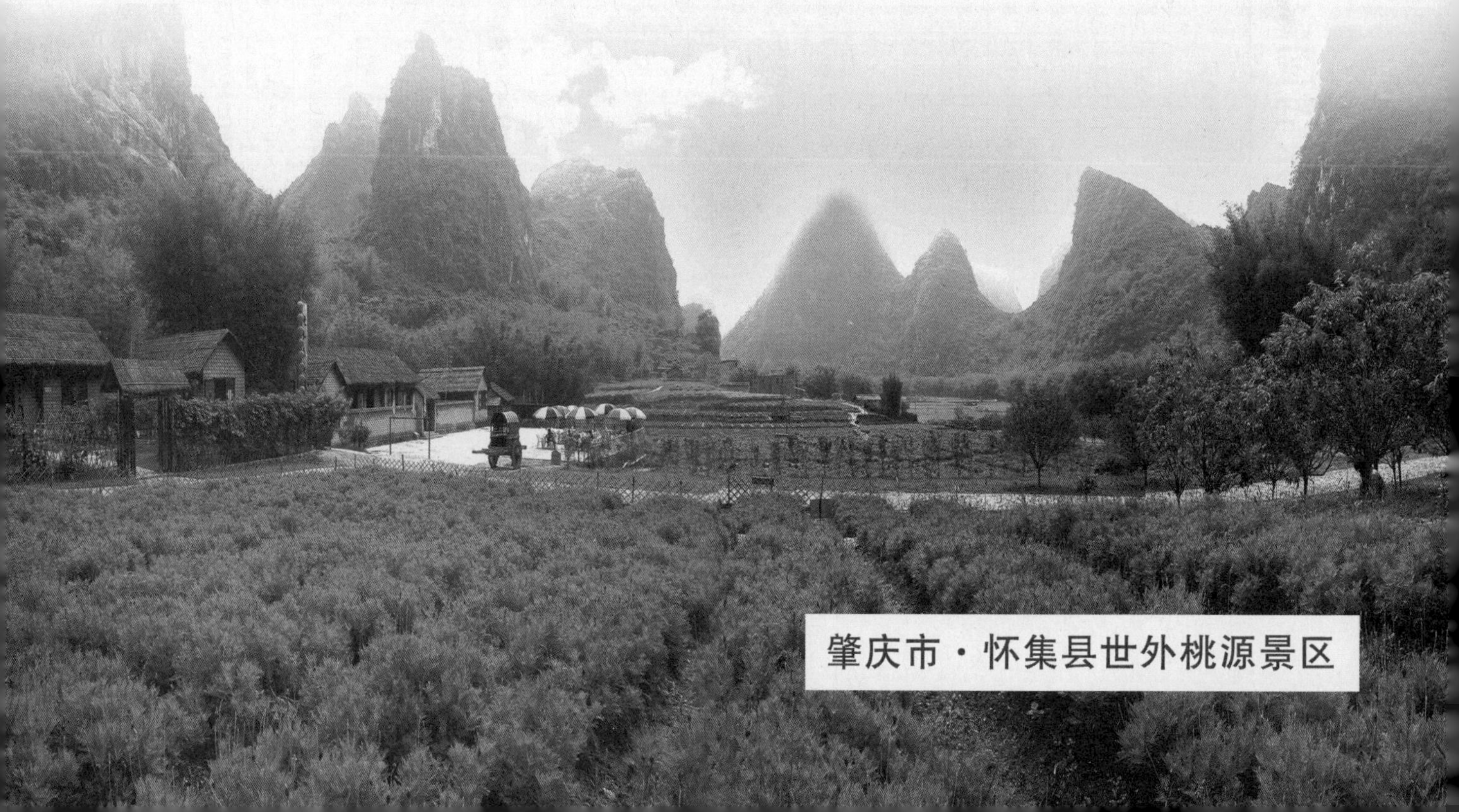

肇庆市 · 怀集县世外桃源景区

2012年广东省国家A级旅游景区(点)质量等级评定名录

	旅游景区(点)名称	评定编码	所在地	景区类型	面积(公顷)	级别	机构性质	评定时间
广州市(有国家A级景区39家,其中5A级景区2家,4A级景区20家,3A级景区16家,2A级景区1家)	广州市长隆旅游度假区	4401135A0001	番禺区大石镇礼村	主题类·游乐园	300.00	AAAAA	私营	2007.05.08
	广州市白云山风景名胜区	4401115A0001	广州市广源中路801号	自然类·山地公园	2098.00	AAAAA	事业单位	2011.01.17
	广州市中山纪念堂	4401044A0005	越秀区东风中路259号	文化类·文物保护单位	6.20	AAAA	事业单位	2002.07.17
	广州市广东美术馆	4401044A0001	越秀区二沙岛烟雨路38号	文化类·其他类型	1.31	AAAA	事业单位	2002.07.17
	广州市番禺宝墨园	4401134A0004	番禺区沙湾镇紫坭村	文化类·其他类型	11.00	AAAA	有限责任	2002.10.25
	广州市番禺莲花山旅游区	4401134A0001	番禺区石楼镇西门路18号	自然类·山地公园	233.00	AAAA	国有	2002.10.25
	广州市西汉南越王博物馆	4401044A0006	广州市解放北路867号(象岗山)	文化类·博物馆	1.74	AAAA	事业单位	2004.12.27
	广州市黄花岗公园	4401044A0002	越秀区先烈中路79号	文化类·红色旅游	13.00	AAAA	事业单位	2004.12.27
	广州市越秀公园	4401044A0007	越秀区解放北路988号	自然类·山地公园	69.00	AAAA	事业单位	2005.12.22
	广州市从化碧水湾温泉度假村	4401844A0001	从化市良口镇	主题类·温泉型	3.00	AAAA	有限责任	2005.12.22
	广州市起义烈士陵园	4401044A0003	越秀区中山二路92号	文化类·红色旅游	18.00	AAAA	事业单位	2008.10.25
	广州市中国科学院华南植物园	4401064A0001	天河区龙洞天源路1190号	主题类·自然景观	300.00	AAAA	事业单位	2008.10.25
	广州市动物园	4401044A0004	广州市先烈中路120号	主题类·科技教育	42.00	AAAA	事业单位	2008.10.25
	广州市陈家祠旅游景区	4401034A0001	荔湾区中山七路陈家祠内	文化类·文物保护单位	1.5	AAAA	事业单位	2008.10.25
	广州市广东科学中心	4401134A0002	番禺区大学城西六路168号	文化类·科技教育	45.00	AAAA	事业单位	2009.12.28
	广州市九龙湖旅游区	4401144A0002	花都区花东镇九龙湖社区	主题类·休闲度假型	1962.36	AAAA	有限责任	2010.05.04
	广州市南海神庙景区	4401124A0001	黄埔区庙头旭日街22号	文化类·宗教场所	17.20	AAAA	事业单位	2011.01.21
	广州市石头记矿物园	4401144A0001	花都区珠宝城大观园路1号	主题类·其他类型	4.67	AAAA	港澳台独资	2011.01.21
	广州市正佳广场商贸旅游区	4401064A0002	广州市天河路208号	文化类·其他类型	5.70	AAAA	外资企业	2011.08.23
	广州市增城白水寨旅游区	4401834A0001	增城市派潭镇白水寨风景名胜区	自然类·自然景观	2000.00	AAAA	私营	2011.12.16
	※广州市岭南印象园旅游景区	**4401134A0003**	**番禺区大学城外环西路**	**主题类·历史文化**	**16.50**	AAAA	**私营**	**2012.03.06**
	※广州市南沙滨海湿地景区	**4401154A0001**	**南沙区万顷沙镇新垦十八涌**	**自然类·自然景观**	**230.00**	AAAA	**国有**	**2012.08.14**
	广州市抽水蓄能电站旅游度假区	4401843A0001	从化市吕田镇小杉村	主题类·工业旅游	160.00	AAA	有限责任	2002.10.25

续表

	旅游景区（点）名称	评定编码	所在地	景区类型	面积（公顷）	级别	机构性质	评定时间
广州市	广州市洪秀全故居纪念馆	4401143A0001	花都区新华街新华路52号	文化类·科技教育	3.25	AAA	事业单位	2005.03.01
	广州市气象卫星地面站	4401063A0001	天河区东莞庄路280号	文化类·科技教育	6.00	AAA	事业单位	2005.03.01
	广州市十九路军淞沪抗日将士陵园	4401063A0002	天河区水荫路113号	文化类·其他类型	5.99	AAA	事业单位	2005.03.01
	广州市荔湾区博物馆	4401033A0001	广州市龙津西路逢源北街84号	文化类·博物馆	0.23	AAA	事业单位	2008.09.28
	广州市田心社农家乐景区	4401843A0004	从化市城郊街光辉村田心社	自然类·乡村旅游	10.00	AAA	个体工商户	2011.02.26
	广州市溪头旅游村景区	4401843A0005	从化市良口镇溪头村	自然类·乡村旅游	1300.00	AAA	集体联营	2011.02.15
	广州市增城文化公园景区	4401833A0004	增城市广场内	文化类·其他类型	40.00	AAA	事业单位	2011.02.02
	广州市增城小楼人家景区	4401833A0002	增城市小楼镇泰安路16号2楼	自然类·其他类型	30.00	AAA	集体	2011.02.01
	广州市增城湖心岛旅游风景区	4401833A0003	增城市正果镇	主题类·休闲度假区	5000.00	AAA	民营企业	2011.05.17
	广州市增城何仙姑景区	4401833A0001	增城市小楼镇泰安路7号	文化类·其他类型	4.50	AAA	集体	2011.03.01
	广州市宝趣玫瑰世界	4401843A0002	从化市城郊街西和村	主题类·动植物园	50.00	AAA	有限责任	2011.07.02
	广州市大丘园农庄景区	4401843A0003	从化市城郊街光辉村	主题类·动植物园	40.00	AAA	外资企业	2011.03.01
	※广州市十香园纪念馆	**4401053A0001**	**海珠区江海大道中怀德大街**	**文化类·博物馆**	**3.88**	AAA	**事业单位**	**2012.07.15**
	※广州市邓世昌纪念馆	**4401053A0002**	**海珠区宝岗大道龙诞里2号**	**文化类·博物馆**	**0.47**	AAA	**事业单位**	**2012.07.17**
	※广州市潘鹤雕塑艺术园	**4401053A0003**	**海珠区广州大道南后滘西大街**	**文化类·文化馆（院）**	**2.70**	AAA	**事业单位**	**2012.07.17**
	广州市丹水坑风景区	4401162A0001	萝岗区南岗镇	自然类·山地公园	1.50	AA	集体联营	2006.05.01
深圳市（有A级景区11家，其中5A级景区2家，4A级景区6家，3A级景区3家）	深圳市华侨城旅游度假区	4403055A0001	南山区华侨城	主题类·游乐园	600.00	AAAAA	国有	2007.05.08
	深圳市观澜湖休闲度假区	4403065A0001	龙华新区观澜镇	主题类·体育型	1260.00	AAAAA	中外合作	2011.05.13
	深圳市仙湖植物园	4403034A0001	罗湖区	主题类·动植物园	588.00	AAAA	事业单位	2007.11.27
	深圳市中信明思克航母世界旅游景区	4403084A0001	盐田区沙头角	主题类·主题公园	3.33	AAAA	有限责任	2009.01.23
	深圳市西部海上田园旅游区	4403064A0001	宝安区沙井街道民主村	主题类·休闲度假型	173.00	AAAA	国有	2009.12.28
	深圳市观澜山水田园农庄景区	4403064A0002	宝安区观兰环观南路	主题类·休闲度假型	26.70	AAAA	私营独资	2009.12.28
	深圳市野生动物园	4403054A0001	南山区西丽镇丽水路	主题类·度假休闲	62.00	AAAA	私营	2011.11.24
	深圳市青青世界旅游区	4403054A0002	南山区月亮湾青青路1号	主题类·度假休闲	12.00	AAAA	港澳台商	2011.12.16
	深圳市“地王观光·深港之窗”	4403033A0001	罗湖区信兴广场地王商业大厦	主题类·人造景点	0.20	AAA	私营	2011.07.01
	深圳市金沙湾海滨度假区	4403073A0001	龙岗区大鹏街道下沙社区	自然类·滨海岛屿型	12.00	AAA	私营独资	2011.07.01

续表

	旅游景区（点）名称	评定编码	所在地	景区类型	面积（公顷）	级别	机构性质	评定时间
深圳市	**※深圳市光明农场大观园景区**	**4403063A0001**	**光明新区体育公园路**	**主题类·科技教育**	**35.00**	AAA	**国有**	**2012.12.26**
珠海市（有国家A级景区3家，其中4A级景区2家，3A级景区1家）	珠海市圆明新园	4404024A0001	香洲区九洲大道	主题类·游乐园	139.00	AAAA	外资企业	2001.08.28
	珠海市农科中心	4404024A0002	香洲区香洲区旅游路2428号	主题类·科技旅游	133.33	AAAA	事业单位	2006.10.23
	珠海市外伶仃岛风景区	4404013A0001	珠海市外伶仃岛	自然类·滨海岛屿型	20	AAA	国有	2009.01.21
汕头市（有国家A级景区6家，其中4A级景区5家，3A级1家）	汕头市中信高尔夫海滨旅游度假区	4405124A0001	濠江区河浦大道中段斧头山	主题类·休闲度假型	125.00	AAAA	国有	2002.12.10
	汕头市礐石风景名胜区	4405124A0002	汕头市礐石海旁路4号	自然类·其他类型	2377.00	AAAA	事业单位	2002.12.10
	汕头市南澳岛旅游区	4405234A0001	南澳县后宅镇	自然类·滨海岛屿型	11153.00	AAAA	事业单位	2004.12.27
	汕头市莲华乡村旅游区	4405154A0001	澄海区莲华镇	主题类·乡村旅游	1991.00	AAAA	其他	2010.12.20
	※汕头市方特欢乐世界·蓝水星景区	**4405074A0001**	**龙湖区泰星庄泰星路12号**	**主题类·游乐园**	**24.00**	AAAA	**其他**	**2012.11.19**
	汕头市潮阳莲花峰旅游区	4405133A0001	潮阳区海门镇	文化类·其他类型	314.00	AAA	事业单位	2001.10.25
佛山市（有国家A级景区11家，其中4A级景区11家（含顺德区4A级4家）	佛山市西樵山风景名胜区	4406055A0001	南海区西樵镇	自然类·其他类型	1400.00	AAAA	行政单位	2001.02.01
	佛山市三水荷花世界	4406074A0001	三水区西南街	主题类·动植物园	87	AAAA	集体	2005.12.22
	佛山市三水森林公园	4406074A0002	三水区	自然类·森林公园	224.40	AAAA	国有	2006.10.23
	佛山市南风古灶旅游区	4406044A0001	石湾区	文化类·文物保护单位	46.7	AAAA	有限责任	2009.10.15
	佛山市西岸森林生态园	4406054A0002	南海区西樵镇庆云大道尾	自然类·森林公园	220.00	AAAA	国有	2011.12.16
	※佛山市皂幕山旅游风景区	**4406084A0001**	**高明区杨和镇和丽路1号**	**自然类·休闲度假型**	**140.00**	AAAA	**有限责任**	**2012.11.19**
	※佛山市祖庙博物馆	**4406044A0002**	**禅城区祖庙路21号**	**文化类·博物馆**	**2.5**	AAAA	**国有**	**2012.11.19**
	佛山市清晖园	4406064A0001	顺德区	主题·历史文化	2.20	AAAA	事业单位	2007.11.27
	佛山市顺德长鹿休闲度假农庄	4406064A0002	顺德区	主题类·休闲度假型	35.00	AAAA	集体	2008.04.27
	※佛山市（顺德区）陈村花卉世界	**4406064A0003**	**顺德区陈村镇**	**其他类·休闲购物**	**666.7**	AAAA	**有限责任**	**2012.01.09**
	※佛山市顺德罗浮宫国际家具艺术博览中心景区	**4406064A0004**	**顺德区**	**其他类·休闲购物**	**23.30**	AAAA	**私营**	**2012.08.14**
韶关市	韶关市丹霞山风景名胜区	4402245A0001	仁化县	自然类·山地公园	29200	AAAAA	事业单位	2011.12.28
	韶关市曹溪温泉假日度假村	4402054A0001	曲江区马坝镇	主题类·温泉型	50	AAAA	私营	2006.10.23
	韶关市广东大峡谷景区	4402324A0001	乳源瑶族自治县大布镇	自然类·山地公园	75.37	AAAA	私营独资	2009.12.28
	韶关市云门寺佛教文化生态保护区	4402324A0002	乳源瑶族自治县乳城镇云山村	文化类·宗教场所	10.02	AAAA	其他	2010.12.20
	韶关市古佛洞天旅游区	4402814A0001	乐昌市河南镇月圻	自然类·山地公园	33.33	AAAA	私营	2011.08.23

续表

	旅游景区(点)名称	评定编码	所在地	景区类型	面积（公顷）	级别	机构性质	评定时间
韶关市（有国家A级景区11家，其中5A级景区1家，4A级景区7家，3A级景区3家）	韶关市丽宫旅游区	4402324A0003	乳源瑶族自治县乳城镇	主题类·休闲度假区	66.67	AAAA	私营独资	2011.12.16
	※韶关市南岭国家森林公园	**4402324A0004**	**乳源瑶族自治县大桥镇五指山**	**自然类·森林公园**	**27333.33**	AAAA	私营独资	**2012.01.09**
	※韶关市珠玑古巷·梅关古道景区	**4402824A0001**	**南雄市**	**文化类·文物保护单位**	**6**	AAAA	国有	**2012.08.14**
	韶关市乐昌三龙谷(龙王潭)生态旅游区	4402813A0001	乐昌市东北18公里处	自然类·山地公园	2000.00	AAA	其他	2010.06.26
	韶关市乐昌金鸡岭风景区	4402813A0002	乐昌市坪石镇	自然类·山地公园	160	AAA	私营独资	2011.07.26
	韶关市广东天井山国家森林公园	4402323A0001	乳源瑶族自治县洛阳镇	自然类·森林公园	5564.10	AAA	国有	2009.12.06
河源市（有国家A级景区7家，其中4A级景区3家，3A级景区2家，2A级景区2家）	河源市新丰江国家森林公园	4416254A0001	马坝镇新港镇港中路17号	自然类·森林公园	1600.00	AAAA	国有	2002.07.17
	河源市御临门温泉度假区	4416214A0001	紫金县九和镇	主题类·温泉型	14.92	AAAA	股份合作	2009.10.15
	河源市和平温泉之都旅游区	4416244A0001	和平县热水镇	主题类·温泉型	10.00	AAAA	股份合作	2010.05.10
	河源市霍山风景区	4416223A0001	龙川县田心镇	自然类·森林公园	1200.00	AAA	国有	2002.11.25
	※河源市九连山原始森林度假村景区	**4416233A0001**	**连平县**	**自然类·森林公园**	**3.3**	AAA	股份有限	**2012.12.25**
	河源市龙川县水坑生态旅游娱乐区	4416222A0001	龙川县老隆镇	自然类·森林公园	370.00	AA	国有	2002.12.16
	河源市新丰江大坝旅游区	4416012A0001	源城区源南办事处新江三路	主题类·科技教育	138.00	AA	国有	2003.07.31
梅州市（有国家A级景区12家，其中5A级景区1家，4A级5家，3A级景区6家）	梅州市雁南飞茶田景区	4414215A0001	梅县雁洋镇	主题类·主题公园	667.00	AAAAA	有限责任	2011.01.17
	梅州市梅县华银雁鸣湖旅游度假村	4414214A0001	梅县雁洋镇	自然类·休闲度假型	800.00	AAAA	有限责任	2004.12.27
	梅州市叶剑英纪念园	4414214A0002	梅县雁洋镇虎形村	文化类·红色旅游	72.70	AAAA	事业单位	2008.10.25
	梅州市灵光寺旅游区	4414214A0003	雁洋镇阴那村	文化类·宗教场所	733.00	AAAA	事业单位	2008.10.25
	梅州市客天下景区	4414024A0001	梅江区三角镇东升村	自然类·山地公园	2000.00	AAAA	私营独资	2011.12.01
	梅州市蕉岭长潭旅游区	4414274A0001	蕉岭县长潭镇	自然类·河流湖泊型	2000.00	AAAA	事业单位	2011.09.01
	梅州市五华热矿泥山庄	4414243A0001	五华县转水镇维龙村	主题类·温泉型	3.90	AAA	股份有限	2005.09.01
	梅州市五指石风景名胜区	4414263A0001	平远县差干镇	自然类·山地公园	1680.00	AAA	事业单位	2005.12.25
	梅州市益塘水库旅游区	4414243A0002	五华县转水镇	自然类·河流湖泊型	2133.00	AAA	集体	2009.08.09
	梅州市神光山旅游区	4414813A0001	兴宁市福兴镇	自然类·山地公园	674.60	AAA	事业单位	2009.12.01
	梅州市西岩茶乡度假村	4414223A0001	大埔县枫朗镇	主题类·乡村型	2000.00	AAA	私营独资	2009.12.01
	梅州市龙鲸河漂流旅游区	4414233A0001	丰顺县大龙华镇	自然类·河流湖泊型	532.80	AAA	港澳台商	2009.01.01

续表

	旅游景区（点）名称	评定编码	所在地	景区类型	面积（公顷）	级别	机构性质	评定时间
惠州市（有国家A级景区11家，其中4A级景区9家，3A级景区2家）	惠州市西湖风景名胜区	4413024A0001	惠城区	自然类·河流湖泊型	422.10	AAAA	事业单位	2003.12.25
	惠州市龙门温泉旅游度假区	4413244A0001	龙门县新田镇	主题类·温泉型	58.00	AAAA	私营独资	2007.11.27
	惠州市龙门南昆山温泉旅游大观园	4413244A0002	龙门县永汉镇	主题类·温泉型	56.33	AAAA	港澳台商	2007.11.27
	惠州市龙门县南昆山生态旅游区	4413244A0003	龙门县	主题类·温泉型	12900.00	AAAA	事业单位	2007.11.27
	惠州市海滨温泉旅游度假区	4413234A0005	惠东县平海镇	主题类·温泉型	120.00	AAAA	中外合资	2009.01.23
	惠州市罗浮山风景名胜区	4413224A0001	惠城区博罗县	自然类·山地公园	21482.00	AAAA	行政单位	2009.01.23
	惠州市金海湾国际滨海旅游区	4413234A0003	惠东县	自然类·滨海岛屿型	157.50	AAAA	事业单位	2010.05.10
	惠州市永记生态园景区	4413234A0002	惠东县大岭镇桥新区	主题类·人造景点	87.00	AAAA	港澳台商	2010.05.10
	惠州市龙门天然温泉旅游区	4413244A0004	龙门县龙田镇赖屋村	主题类·温泉型	31.97	AAAA	私营独资	2011.11.24
	惠州市香溪堡旅游区	4413243A0001	龙门县龙华镇沙迳圩	主题类·历史文化	500.00	AAA	私营独资	2007.06.04
	惠州市冠和博物馆	4413023A0001	河南岸惠淡路金龙庭服务中心2楼	文化类·博物馆	3.00	AAA	私营独资	2007.06.04
汕尾市（4A级景区1家，3A级1家）	汕尾市玄武山旅游区	4415814A0001	陆丰市碣石玄武山旅游区内	文化类·宗教场新	18.00	AAAA	集体	2007.11.27
	※汕尾市凤山祖庙旅游景区	**4415023A0001**	**汕尾市城区凤山路山祖庙**	**文化类·博物馆**	**22.00**	AAA	**事业单位**	**2012.11.29**
东莞市（有国家A级景区9家，其中4A级景区7家，3A级景区1家，2A级景区1家）	东莞市鸦片战争博物馆	4419004A0001	虎门镇解放路88号	文化类·红色旅游	80.00	AAAA	事业单位	2003.12.25
	东莞市松山湖景区	4419004A0002	松山湖科技产业园区	主题类·休闲度假型	7200.00	AAAA	国有	2009.12.28
	东莞市观音山国家森林公园	4419004A0003	樟木头镇新区笔架大道	自然类·森林公园	1800.00	AAAA	私营	2009.12.28
	东莞市科学技术博物馆	4419004A0004	东莞市新城中心区元美中路2号	文化类·文化馆（院）	4.00	AAAA	事业单位	2011.01.21
	东莞市新华南MALL欢笑世界	4419004A0005	东莞市万江路南10号	主题类·游乐园	4.20	AAAA	私营	2011.01.21
	※东莞市龙凤山庄影视旅游区	**4419004A0006**	**凤岗镇**	**主题类·人造景点**	**37.30**	AAAA	**港澳台商**	**2012.01.09**
	※东莞市粤晖园旅游景区	**4419004A0007**	**道滘镇粤晖路1号**	**文化类·博物馆**	**50.00**	AAAA	**有限责任**	**2012.08.14**
	东莞市中国圣心糕点博物馆	4419003A0001	茶山镇茶山工业园（B区）	主题类·工业旅游	0.30	AAA	私营	2010.12.12
	东莞市冠和博物馆	4419002A0001	樟木头镇莞惠大道中心	文化类·博物馆	0.54	AA	私营独资	2004.01.16
中山市（4A级景区2家，3A级景区1家）	中山市孙中山故居	4420004A0001	南朗镇翠亨村	文化类·红色旅游	0.25	AAAA	事业单位	2001.08.28
	中山市詹园	4420004A0002	中山市南区北台村	主题类·历史文化	6.66	AAAA	私营独资	2007.11.27
	※中山市咀香园工业旅游景区	**4420003A0001**	**中山火炬开发区沿江东二路13号**	**主题类·工业旅游**	**0.20**	AAA	**有限责任**	**2012.11.29**

续表

	旅游景区(点)名称	评定编码	所在地	景区类型	面积(公顷)	级别	机构性质	评定时间
江门市(有国家4A级景区8家)	江门市圭峰山风景名胜区	4407054A0001	新会区	自然类·山地公园	3550.00	AAAA	事业单位	2002.12.10
	江门市开平立园	4407834A0001	开平市塘口镇	文化类·文物保护单位	20.00	AAAA	有限责任	2002.12.10
	江门市金山温泉旅游度假区	4407854A0001	恩平市那吉镇	主题类·温泉型	46	AAAA	有限责任	2002.12.10
	江门市新会古兜温泉旅游度假村	4407054A0002	新会区崖门镇	主题类·温泉型	32.70	AAAA	责任公司	2005.12.22
	江门市锦江温泉旅游度假区	4407854A0002	恩平市大田镇	主题类·温泉型	27.00	AAAA	中外合资	2006.10.23
	江门市富都温泉度假村	4407814A0001	台山市都斛镇莘村	主题类·温泉型	8.00	AAAA	有限责任	2009.01.23
	江门市川岛旅游度假区	4407814A0002	台山市川岛镇	自然类·滨海岛屿型	92.00	AAAA	集体	2009.01.23
	江门市康桥温泉景区	4407814A0003	台山市白沙镇朗南村	主题类·温泉型	160.00	AAAA	有限责任	2011.11.24
阳江市(有国家A级景区5家，其中4A级景区3家，3A级景区2家)	阳江市海陵岛大角湾风景名胜区	4417014A0001	闸波镇海滨路38号	自然类·滨海岛屿型	19.60	AAAA	有限责任	2001.08.28
	阳江市凌霄岩景区	4417814A0001	阳春市河朗镇	自然类·其他类型	3670.00	AAAA	有限责任	2009.10.15
	※阳江市阳西咸水矿温泉景区	**4417214A0001**	阳西县	主题类·温泉型	**60.00**	AAAA	有限责任	**2012.01.09**
	阳江市春湾风景区	4417813A0001	阳春市春湾镇	自然类·河流湖泊类	210.00	AAA	国有	2007.03.01
	※阳江市阳东县东平镇大澳渔家文化村	**4417233A0001**	阳东县东平镇	主题类·乡村型	**10.92**	AAA	有限责任	**2012.05.31**
湛江市(有国家A级景区12家，其中4A级景区2家，3A级景区6家，2A级景区4家)	湛江市湖光岩风景名胜区	4408114A0001	麻章区湖光镇	自然类·山地公园	1360.00	AAAA	事业单位	2003.12.25
	湛江市蓝月湾温泉度假邨	4408034A0001	湛江市海滨大道中2号	主题类·温泉型	23.00	AAAA	国有独资	2007.11.27
	湛江市南亚热带植物园	4408113A0001	湛江市湖秀新村	主题类·动植物园	446.90	AAA	事业单位	2004.04.01
	湛江市雷州天成台旅游度假村	4408823A0001	雷州市乌石镇	自然类·滨海岛屿型	350.00	AAA	私营有限	2005.03.28
	湛江市吴川吉兆湾旅游度假区	4408833A0001	吴川市覃巴镇	自然类·滨海岛屿型	1370.00	AAA	集体	2005.03.28
	湛江市鹤地银湖旅游区	4408813A0001	廉江市河唇镇河新路	自然类·河流湖泊型	1300.00	AAA	事业单位	2006.03.01
	湛江市三岭山森林公园	4408033A0001	霞山区百莲路24号	自然类·森林公园	1520.00	AAA	事业单位	2008.04.01
	湛江市东海岛省级旅游度假区	4408013A0001	湛江市东海岛	自然类·滨海岛屿型	55	AAA	事业单位	2009.01.20
	湛江市雷州西湖公园	4408822A0001	雷州市雷城镇西湖大道37号	自然类·河流湖泊型	6.67	AA	国有	2003.07.31
	湛江市雷州雷祖祠游览区	4408822A0002	雷州市白沙镇	文化类·文物保护单位	15.00	AA	事业单位	2003.07.31
	湛江市雷州三元塔公园	4408822A0003	雷州市雷城镇	文化类·文物保护单位	3	AA	事业单位	2003.07.31
	湛江市金鹿园	4408112A0001	麻章区	主题类·工业旅游	8	AA	国有	2005.10.25

续表

	旅游景区(点)名称	评定编码	所在地	景区类型	面积(公顷)	级别	机构性质	评定时间
茂名市(有国家A级景区5家，其中4A级景区2家3A级景区3家)	茂名市放鸡岛海上游乐世界	4409234A0001	电白县博贺镇翠湖路	自然类·滨海岛屿型	209.00	AAAA	港澳台商	2011.01.21
	茂名市广东茂名森林公园	4409024A0001	茂南区西郊	自然类·森林公园	302.00	AAAA	事业单位	2011.01.21
	茂名市西江温泉度假村	4409833A0001	信宜市北界镇西江村	主题类·温泉型	26.67	AAA	集体	2005.03.25
	茂名市天马山生态旅游区	4409833A0002	信宜市北界镇村旺将村	自然类·山地公园	400.00	AAA	集体	2005.03.25
	茂名市水东湾第一滩旅游度假区	4409033A0001	茂港区海滨2路	自然类·滨海岛屿型	600.00	AAA	国有	2005.03.25
肇庆市(有国家4A级景区5家)	肇庆市星湖风景名胜区	4412024A0001	端州区	主题类·湖泊、山岳型	1955.70	AAAA	事业单位	2001.02.01
	肇庆市龙母祖庙景区	4412264A0001	德庆县悦城镇	文化类·博物馆	10.00	AAAA	事业单位	2009.10.15
	肇庆市盘龙峡景区	4412264A0002	德庆县官圩镇	自然类·山地公园	2000.00	AAAA	股份有限	2009.10.15
	肇庆市德庆学宫景区	4412264A0003	德庆县朝阳西路26号	文化类·文物保护单位	1.00	AAAA	事业单位	2009.10.15
	※肇庆市广宁宝锭山旅游景区	**4412234A0001**	**广宁县南街镇**	**自然类·山地公园**	**33.30**	AAAA	**私营独资**	**2012.03.06**
清远市(有国家A级景区16家，其中5A级景区1家，4A级景区10家，3A级景区5家)	清远市连州地下河	4418825A0002	连州市东陂镇大洞村	自然类·河流湖泊型	4.30	AAAAA	港澳台商	2011.08.20
	清远市清新温矿泉旅游度假区	4418274A0003	清新县三坑镇	主题类·温泉型	119.76	AAAA	中外合作	2001.08.28
	清远市玄真古洞生态旅游度假区	4418274A0004	清新县太和镇	主题类·体育型	333.33	AAAA	有限责任	2007.11.27
	清远市黄腾峡生态旅游区	4418024A0005	清城区东城街	主题类·体育型	43.93	AAAA	外资企业	2007.11.27
	清远市碧桂园假日半岛故乡里旅游度假区	4418024A0006	清城区石角镇	自然类·休闲度假型	13.32	AAAA	私营	2007.11.27
	清远市广东省飞来峡水利枢纽风景区	4418024A0004	清新县飞来峡镇	自然类·河流湖泊型	120.50	AAAA	事业单位	2007.11.27
	清远市聚龙湾天然温泉度假村	4418214A0002	佛冈县汤塘镇	主题类·温泉型	33.33	AAAA	港澳台商	2008.10.25
	清远市宝晶宫生态旅游度假区	4418814A0003	清远英德市英城宝晶宫	自然类·休闲度假型	3.80	AAAA	私营独资	2009.01.23
	清远市广东第一峰旅游风景区	4418234A0002	阳山县秤架碧族乡黄沙坑	自然类·山地公园	13800.00	AAAA	有限责任	2010.12.20
	清远市奇洞温泉度假区	4418814A0004	英德市望埠镇李屋村	主题类·山地公园	67.00	AAAA	私营股份	2010.12.20
	※清远市湟川三峡—龙潭文化生态旅游区	**4418824A0002**	**连州县九陂镇龙潭村**	**自然类·河流湖泊型**	**24.00**	AAAA	**私营**	**2012.01.09**
	清远市太和古洞旅游区	4418273A0002	清新县太和镇	主题类·休闲度假型	235.50	AAA	国有	2006.11.22
	清远市九州驿站英德天门沟景区	4418813A0003	英德市石牯塘镇八宝村	主题类·休闲度假型	667.00	AAA	有限责任	2008.08.15
	清远市英德茶叶世界	4418813A0004	英德市坑口嘴	主题类·其他类型	66.70	AAA	股份合作	2008.07.18
	※清远市金子山旅游景区	**4418253A0003**	**连山县**	**自然类·山地公园**	**280.00**	AAA	**股份有限**	**2012.01.25**
	※清远市南岗千年瑶寨景区	**4418263A0001**	**连南瑶族自治县三排镇南岗**	**主题类·乡村型**	**159.00**	AAA	**国有**	**2012.01.24**

续表

	旅游景区(点)名称	评定编码	所在地	景区类型	面积(公顷)	级别	机构性质	评定时间
潮州市(有国家A级景区4家，其中4A级景区3家，3A级景区1家)	潮州市东山湖温泉度假村	4451214A0001	潮安县沙溪镇	自然类・休闲度假型	66.7	AAAA	有限责任	2008.10.25
	潮州市绿岛旅游山庄	4451224A0001	饶平县万山红农场	主题类・乡村型	667	AAAA	有限责任	2010.07.09
	潮州市淡浮收藏院	4451014A0001	潮州市红山林场砚峰公园内	文化类・博物馆	50	AAAA	其他	2010.07.09
	潮州市韩文公祠	4451013A0001	潮州市湘桥东东兴路	文化类・文物保护单位	9	AAA	事业单位	2005.08.01
揭阳市(有国家A级景区5家，其中4A级景区2家，3A级景区3家)	揭阳市京明温泉度假村	4452224A0001	揭西县京溪园镇	主题类・休闲度假	744	AAAA	有限责任	2009.01.23
	揭阳市阳美玉都旅游景区	4452014A0001	东山区阳美村	其他类・休闲购物	16.00	AAAA	事业单位	2011.12.16
	揭阳市世铿院	4452243A0001	惠来镇葵潭镇	文化类・历史文化	6.67	AAA	港澳台商	2008.11.01
	揭阳市揭东万竹园旅游景区	4452213A0001	揭东县埔田镇	主题类・主题游乐	53.30	AAA	私营	2010.10.01
	揭阳市普宁德安里旅游景区	4452813A0001	普宁市洪阳镇	文化类・历史文化	6.30	AAA	事业单位	2010.12.20
云浮市(有国家A级景区7家，其中4A级景区2家，3A级2家，2A级3家)	云浮市六祖故里旅游度假区	4453214A0001	新兴县	文化类・宗教场型	1200.00	AAAA	事业单位	2009.12.28
	云浮市金水台温泉景区	4453214A0002	新兴县水台镇	主题类・温泉型	45.30	AAAA	有限责任	2009.12.28
	云浮市罗定龙湾生态旅游区	4453813A0001	罗定市龙湾镇	自然类・其他类型	1310.00	AAA	事业单位	2007.12.05
	云浮市蟠龙洞省级风景名胜区	4453023A0001	市市区蟠龙路75号	自然类・其他类型	9.15	AAA	有限责任	2007.12.05
	云浮市郁南大湾南江古民居文化景区	4453222A0001	郁南县大湾镇	文化类・其他类型	1.30	AA	集体	2007.12.05
	云浮市罗定罗镜东山公园旅游区	4453812A0001	罗定市罗境镇镇东路134号	自然类・其他类型	100.00	AA	有限责任	2007.12.05
	云浮市罗定蔡廷锴将军故居旅游区	4453812A0002	罗定市罗镜镇龙岩双轮角村	文化类・红色旅游	0.80	AA	有限责任	2007.12.05

注：1. 截至2012年年底，广东省拥有国家A级旅游景区(点)196家，其中5A级景区7家，4A级景区119家，3A级景区59家，2A级景区11家；

2. 2012年度，全省新评定国家A级旅游景区(点)24家，其中4A级景区14家，3A级10家，并用“※”符号及黑体字表示。

(省旅游局规划统计处供稿)

2012年广东省星级饭店名录

地区	饭店名称	星级	评定时间	开业时间	星牌编号	饭店地址	咨询电话	客房（间）	床位（张）	餐位（个）	机构性质
广州市（拥有星级饭店226家，其中白金五星1家，五星级20家，四星级36家，三星级135家，二星级34家）	广州花园酒店	白金	2007.06.18	1985.08.28	4450021	广州市环市东路368号	83338989	921	1744	2412	国有
	白天鹅宾馆	五	1990.01.01	1983.02.01	4450019	广州沙面南街1号	81886968	843	1500	2000	国有
	中国大酒店	五	1990.02.01	1984.06.01	4450020	广州市越秀区流花路122号	86666888	1013	2000	2570	国有
	广州东方宾馆	五	1990.09.01	1961.10.01	4450022	广州市越秀区流花路120号	86669900	1090	2080	1840	国有
	广东亚洲国际大酒店	五	2005.06.01	2003.03.12	4450040	广州市环市东路326号之一	61288888	442	651	1958	国有
	广州碧桂园凤凰城酒店	五	2006.04.28	2003.11.18	4450044	广州市广园东路新塘路段	82808888	572	998	1890	有限责任
	广州建国酒店	五	2007.09.04	2003.10.06	4450057	广州市天河区林和中路172号	83936388	405	542	800	国有
	嘉逸国际酒店	五	2008.12.01	2004.07.07	4450060	广州市天河天河北路468号251	38803333	251	296	762	有限责任
	新白云宾馆	五	2009.01.10	1976.06.01	4450071	广州市环市东路367号	83333998	588	993	1604	国有
	香格里拉大酒店	五	2009.07.13	1991.09.01	4450074	广州市海珠区会展东路1号	89178888	704	700	1051	股份有限
	南沙大酒店	五	2009.07.20	2005.01.23	4450079	广州市南沙海滨新城商贸大道南	39308888	318	504	1580	港澳台商
	广州天誉威斯汀酒店	五	2009.08.06	2007.05.08	4450080	广州市天河区林和中路6号	28866868	448	511	760	港澳台商
	白云机场铂尔曼大酒店	五	2010.03.15	2007.09.19	4450083	广州新白云机场内	36068866	460	663	1086	国有
	星河湾酒店	五	2010.08.27	2008.03.18	4450089	广州市番禺区迎宾路	39936688	329	521	966	有限责任
	富力君悦大酒店	五	2010.08.27	2008.04.28	4450090	广州市天河区珠江西路12号	83961234	375	424	500	股份有限
	科尔海悦酒店	五	2010.08.27	2006.08.18	4450091	广州市番禺区市桥清河东路288号	34628888	308	448	955	私营
	富力丽思卡尔顿酒店	五	2010.08.27	2008.03.11	4450092	广州市天河区珠江新城兴安路3号	38136688	351	453	350	股份有限
	广东威尔登酒店	五	2011.10.09	2009.4.10	4450100	广州市萝岗区永和大道花轮一路1号	32228888	2240	311	808	港澳台商投资
	广州九龙湖公主酒店	五	2011.10.09	2007.03.01	4450102	广州市花都区花东镇九龙湖社区	36908888	331	546	2350	港澳台商投资
	广州金叶子温泉度假酒店	五	2011.11.02	2009.09.29	4450098	广州市增城白水寨风景区	82829999	232	372	248	私营
	※广州翡翠皇冠假日酒店	**五**	**2012.06.12**	**2009.03.01**	**4450114**	**广州市广州科学城凝彩路28号**	**88800999**	**406**	**596**	**712**	**港澳台商投资**
	广信江湾大酒店	四	1993.09.01	1992.04.01	4440030	广州市沿江中路298号	83839888	320	400	1600	中外合资
	广东迎宾馆	四	1994.09.01	1952.01.01	4440032	广州市解放北路603号	83332950	284	574	1800	国有

续表

地区	饭店名称	星级	评定时间	开业时间	星牌编号	饭店地址	咨询电话	客房(间)	床位(张)	餐位(个)	机构性质
广州市(020)	华厦大酒店	四	1994. 09. 01	1991. 02. 01	4440031	广州市侨光路 8 号	83355988	568	966	1663	中外合资
	广州凯旋华美达酒店	四	1994. 10. 01	1991. 10. 01	4440033	广州市东山区明月一路 9 号	87372988	331	530	800	国有
	广州远洋宾馆	四	1996. 07. 01	1986. 08. 01	4440034	广州市环市东路 412 号	87765988	230	380	1200	中外合资
	广东胜利宾馆	四	1996. 07. 01	1993. 03. 01	4440035	广州市沙面北街 53 号	81862622	211	350	686	国有
	广州文化商务酒店	四	1996. 07. 01	1989. 04. 01	4440036	广州市华侨新村光明路 28 号	87766999	420	960	625	国有
	广东大厦	四	1998. 06. 01	1988. 03. 01	4440037	广州市东风中路 309 号	83339933	503	990	1200	中外合资
	番禺宾馆	四	1999. 07. 01	1980. 12. 01	4440019	番禺市桥镇大北路 130 号	84822127	259	519	2140	国有
	花都新世纪酒店	四	1999. 07. 01	1996. 11. 01	4440018	花都市秀全大道 43 号	86832922	293	810	1097	中外合资
	增城宾馆	四	2000. 04. 28	1995. 06. 18	4440020	增城市荔城雁塔大道	82619888	346	648	1018	独资企业
	广州大厦	四	2000. 12. 22	1997. 09. 28	4440021	广州市北京路 374 号	83189888	410	768	1600	国有
	百花山庄度假村	四	2000. 12. 22	99. 04. 18	4440022	增城市百花山庄度假村	82618888	94	158	750	国有
	喜尔宾大酒店	四	2001. 05. 23	2000. 03. 30	4440025	广州市越秀南路 208 号	83898888	247	426	710	国有
	太阳城大酒店	四	2002. 01. 07	1994. 12. 28	4440026	广州增城新塘群星路 1 号	82706888	183	298	1050	私营
	嘉逸豪庭酒店	四	2002. 04. 10	2001. 03. 26	4440024	广州市天河区林和中路 148 号	38840968	147	228	280	私营
	广州珀丽酒店	四	2002. 07. 31	1988. 09. 23	4440027	广州市江南大道中 348 号	84418888	406	701	773	中外合资
	华威达酒店	四	2003. 08. 25	2002. 08. 27	4440028	广州市黄埔大道西 499 号	38908888	251	500	700	私营
	新港明珠大酒店	四	2004. 09. 03	2003. 09. 28	4440116	广州市经济开发区夏港大道 721 号	82226688	228	302	430	国有
	东方国际饭店	四	2004. 10. 13	2003. 09. 16	4440120	广州市大道中 618 号	37233888	115	193	820	合资经营
	皇家国际饭店	四	2005. 03. 14	2004. 03. 15	4440124	广州市天河区天河路 89 号	61218888	114	157	310	私营
	祁福酒店	四	2005. 06. 16	2000. 10. 01	4440131	广州市番禺区市广路	34710088	282	495	3530	外商投资
	流花宾馆	四	2005. 12. 23	1972. 10. 01	4440138	广州市环市西路 194 号	86668800	520	825	890	股份有限
	云山大酒店	四	2006. 09. 01	1982. 10. 01	4440152	广州市先烈中路云鹤北 8 号	38377188	151	257	345	有限责任
	南航明珠大酒店	四	2006. 09. 12	2005. 12. 28	4440156	广州市新白云国际机场空港西五路	86138868	338	653	1150	有限责任
	鼎龙国际大酒店	四	2006. 10. 11	2005. 10. 14	4440158	广州市广州大道北 63 号	87748999	288	576	600	私营

续表

地区	饭店名称	星级	评定时间	开业时间	星牌编号	饭店地址	咨询电话	客房（间）	床位（张）	餐位（个）	机构性质
广州市（020）	金桥酒店	四	2006.10.11	1995.01.18	4440159	广州市越秀区寺右新马路93号	83918868	305	445	340	有限责任
	新珠江大酒店	四	2007.10.11	2001.01.01	4440169	广州市滨江东路795号	34255335	359	766	720	有限责任
	广州十甫假日酒店	四	2009.01.12	2006.04.01	4440185	广州市荔湾区第十甫路188号	81380088	280	413	262	港澳台商
	广州珠江帝景酒店	四	2009.03.23	2004.07.02	4440188	广州市艺州路灏景街1号	61299888	100	144	800	股份有限
	燕岭大厦	四	2009.05.21	1987.11.01	4440193	广州市天河燕岭路29号	37232288	268	498	800	国有
	华厦国际商务酒店	四	2009.08.17	2006.07.15	4440199	广州市林乐路39～49号	78855988	198	294	356	国有
	东方夏湾拿酒店	四	2010.08.24	2005.08.13	4440206	从化市太平镇莲塘村	61701188	188	291	380	有限责任
	广州市科学城华厦国际商务酒店	四	2010.08.24	2009.01.21	4440207	广州市萝区科学城揽月路1号	61022888	228	270	868	国有
	广州碧水湾温泉度假村	四	2010.09.08	2002.09.28	4440208	广州从化良口流溪温泉度假区	87842888	203	362	660	国有
	越秀宾馆	四	2011.09.01	1960.08.20	4440220	广州市越秀区小北路198号	83108888	218	350	800	国有
	爱群大酒店	三	1989.05.01	1937.07.01	4430064	广州市沿江西路113号	81866668	330	666	1200	国有
	广州新大地宾馆	三	1989.09.01	1985.10.01	4430066	广州市站前路108～122号	86221638	194	361	600	国有
	广州宾馆	三	1989.11.01	1968.04.01	4430067	广州市起义路2号	83338168	261	560	2000	国有
	番禺美丽华大酒店	三	1991.07.01	1987.06.01	4430069	广州市番禺桥清河中路8号	84826832	156	362	1000	中外合资
	湖天宾馆	三	1993.03.01	1991.07.01	4430070	广州市东风西路156号	81080888	212	400	280	中外合资
	三禺宾馆	三	1993.07.01	1986.01.01	4430072	广州市三育路23号	87756888	696	1300	636	国有
	东方丝绸大厦	三	1994.08.01	1990.03.01	4430073	广州市东风东路752号	87762888	224	400	500	国有
	湛江大厦	三	1995.01.01	1992.06.01	4430074	广州站前路88号	86681688	168	310	400	国有
	广东华侨友谊酒店	三	1995.08.01	1992.12.01	4430075	广州市天河南二路42～44号	85513298	160	300	600	国有
	广东温泉宾馆	三	1996.01.29	1953.08.01	4430077	广州市从化市温泉镇温泉东路80号	87830888	261	513	600	国有
	广州总统大酒店	三	1996.12.01	1995.09.01	4430079	广州市天河石碑岗顶	85512988	220	400	179	中外合资
	广州戴斯酒店	三	1997.07.01	1994.12.01	4430080	广州市白云国际机场云宵街340号	86638838	324	524	725	国有
	远洋大厦	三	2000.07.01	1999.04.01	4430002	广州市天河区龙口东路6号	62811333	227	404	200	国有
	丽江渡假花园酒店	三	2000.08.22	1994.01.01	4430003	广州市番禺区石楼镇	84864848	109	228	570	国有

续表

地区	饭店名称	星级	评定时间	开业时间	星牌编号	饭店地址	咨询电话	客房（间）	床位（张）	餐位（个）	机构性质
广州市（020）	花都丽美大酒店	三	2000.08.22	1995.01.01	4430004	广州市花都区商业大道53号	86819888	88	145	600	中外合资
	番禺香江大酒店	三	2000.08.22	1994.05.01	4430005	广州市番禺区大石迎宾路	84786888	154	298	1500	私营
	新世界大酒店	三	2000.09.15	1999.03.01	4430006	广州市人民北路520号	81099888	80	149	450	国有
	番禺合力大酒店	三	2000.10.31	1999.01.18	4430007	广州市番禺区市桥镇坑口路106	84611488	86	186	450	国有
	金湖酒店	三	2000.11.21	1999.10.22	4430012	广州市花都区建设南路4号	86808100	94	255	800	集体
	世昌宾馆	三	2000.11.23	1998.09.01	4430013	广州市番禺区市桥镇迎宾路富都城侧	84807777	71	140	700	私营
	从化天伦酒店	三	2000.11.23	1999.02.08	4430014	广州市从化区市街口镇河溪南路38号	87966198	146	146	1000	中外合资
	新天河宾馆	三	2000.12.08	1999.12.18	4430020	广州市天河路178～188号	85595888	208	386	500	集体
	华海大酒店	三	2000.12.08	1997.03.20	4430021	广州市江南大道中232号	84415555	141	256	760	国有
	天龙大酒店	三	2000.12.20	1995.01.18	4430008	广州市大道北路118号	87589988	135	261	600	国有
	双湖酒店	三	2000.12.20	1991.02.01	4430015	广州市从化区吕田小杉	87836998	110	240	300	集体
	广州新好景饮食娱乐中心	三	2000.12.20	1994.09.28	4430016	广州市广深公路新塘路段	82704888	64	151	1000	中外合资
	丽都大酒店	三	2000.12.20	1991.03.28	4430017	广州市北京路182号	83321988	385	784	2100	中外合资
	莲花山粤海度假村	三	2000.12.20	1988.08.01	4430018	广州市番禺区莲花山旅游区	84862788	54	111	600	中外合资
	越天酒店	三	2001.04.16	1989.04.18	4430023	广州市解放北路960号	86665666	164	350	550	中外合资
	（广州）珠海特区大酒店	三	2001.05.14	1990.08.18	4430024	广州市海珠北路11～15号	81082933	137	272	400	国有
	广东邮电大厦	三	2001.07.10	1995.12.09	4430026	广州市中山二路18号	87618888	88	139	350	国有
	惠福大酒店	三	2001.09.28	2000.08.18	4430027	广州市惠福西路38号	81309888	119	233	600	国有
	民航大酒店	三	2001.11.01	1995.08.23	4430028	广州市机场路276号	86128680	104	180	500	国有
	世昌大酒店	三	2001.11.01	1998.09.01	4430029	广州市番禺区市桥繁华路3号	84888333	96	173	900	私营
	广州五羊城酒店	三	2001.11.07	1987.10.01	4430032	广州市人民中路322号	81889889	190	378	1200	国有
	京华酒店	三	2001.11.09	2000.07.29	4430022	广州市花都区新华镇云山大道55号	36810333	115	230	600	集体
	鸿福门酒店	三	2001.12.03	1992.06.01	4430033	广州市黄埔东路3729号	82232413	118	217	800	集体
	星都大酒店	三	2001.12.03	1995.01.08	4430035	广州市昌岗中路172号	84318888	120	260	900	集体

续表

地区	饭店名称	星级	评定时间	开业时间	星牌编号	饭店地址	咨询电话	客房（间）	床位（张）	餐位（个）	机构性质
广州市（020）	华金盾大酒店	三	2001.12.03	2000.12.16	4430036	广州市中山大道368号	82308838	150	283	800	集体
	冰花酒店	三	2001.12.03	1993.03.18	4430040	广州市天河区天河北路2号	87502888	73	145	625	国有
	从化湖光度假山庄	三	2001.12.10	2001.05.27	4430037	广州市从化区黄竹塱	87843388	96	146	250	国有
	广州江悦酒店	三	2001.12.17	1989.12.08	4430038	广州市滨江西路20号	84336060	102	187	1000	国有
	龙泉大酒店	三	2001.12.17	1990.01.09	4430041	广州市番禺区大北路99号	84826288	110	178	430	私营
	广东蓄能大厦	三	2002.01.09	1998.08.18	4430043	广州市天河龙口东路32号	87518168	70	145	300	国有
	广州华茂中心	三	2002.01.22	1987.09.28	4430046	广州市盘福路63号	81363322	130	254	475	中外合资
	华辉度假村	三	2002.01.30	1996.07.02	4430044	广州市从化区桃园镇云星大道	87832388	70	139	280	集体
	广蓄电站专家村	三	2002.01.30	1997.07.28	4430045	广州市从化区温泉康复路17号	87838699	87	203	260	集体
	广轩大厦	三	2002.04.08	1999.01.18	4430048	广州市海珠区沥滘振兴大街九号	84174688	270	473	63	国有
	南方毅源大酒店	三	2002.10.11	2001.08.02	4430050	广州市番禺区迎宾大道南大路8号	34764888	116	202	450	私营
	广州喜悦度假酒店	三	2002.12.02	1994.05.18	4430051	广州市番禺区市桥镇光明北路223号	84892888	103	148	350	国有
	金苑山庄	三	2002.12.16	1993.06.12	4430052	广州市恒福路117号	83581688	156	283	390	国有
	广州石化明珠宾馆	三	2003.02.24	1986.07.31	4430053	广州市黄埔区石化路振兴街18号	82121100	70	122	450	国有
	东悦酒店	三	2003.03.20	1987.01.01	4430054	广州市麓景路8号	83500888	167	334	850	有限责任
	广州长城酒店	三	2003.04.08	1999.08.01	4430055	广州市东山区寺右新马路19号	87612888	96	150	380	国有
	花都大酒店	三	2003.09.18	2002.03.28	4430056	广州市花都区新华镇44号	86838582	52	70	630	私营
	广州雍富大酒店	三	2003.10.24	2002.09.23	4430057	广州市番禺区大岗镇豪岗路3号	34992238	43	90	510	私营
	西湖苑宾馆	三	2003.11.10	2001.06.01	4430058	广州市天河区五山华南理工大学	38673008	98	178	440	国有
	银河大酒店	三	2004.02.12	2002.05.01	4430059	广州市天河区沙太路268号	61089688	108	213	500	集体
	广州汇东假日酒店	三	2004.06.01	2002.12.01	4430062	广州市广汕一路1号	87032888	158	311	2000	私营
	中华酒店	三	2004.11.24	2003.12.08	4430422	广州市花都区站前路33号	86822222	57	87	400	私营
	广武酒店	三	2005.01.31	2002.08.17	4430446	广州市天河区天沙路603号	61213888	220	294	510	有限责任
	鼎福休闲酒店	三	2005.01.31	2004.03.01	4430447	广州市天河区大观面路2号	61219888	62	85	300	私营

续表

地区	饭店名称	星级	评定时间	开业时间	星牌编号	饭店地址	咨询电话	客房（间）	床位（张）	餐位（个）	机构性质
广州市（020）	广东博斯坦宾馆	三	2005.03.14	1995.09.01	4430457	广州市天河北路76号	38782888	63	101	500	国有
	山西大厦	三	2005.10.26	1988.10.01	4430481	广州市三元里大道	22293788	200	360	400	国有
	怡凯酒店	三	2006.01.11	2003.12.23	4430509	广州市工业大道南石岗路90号	84369888	176	292	370	集体
	广东南洋长胜酒店	三	2006.01.16	2005.08.01	4430063	广州市天河区天平架兴华路38号	61368888	249	390	680	有限责任
	新凤凰酒店	三	2006.06.20	2005.04.16	4430526	广州市花都区迎宾大道大华二路38号	86966222	65	105	94	私营
	丽盈大酒店	三	2006.06.21	1999.06.02	4430527	广州市花都区茶园路9号	36820555	79	144	300	私营
	龙逸山庄度假村	三	2006.07.12	1999.12.01	4430530	广州市天河区龙洞迎龙路1203号	87022732	113	258	260	国有
	广州大华酒店	三	2006.08.01	2001.10.12	4430532	广州市天河路625号天娱广场东塔	87576888	211	345	640	私营
	景观酒店	三	2006.09.05	2005.08.18	4430539	广州市花都区芙蓉嶂旅游度假区	86982999	85	160	300	私营
	嘉福利晶酒店	三	2006.09.19	2005.09.18	4430550	广州市天河区长兴路8号	37213088	111	165	800	私营
	牡丹大酒店	三	2007.01.26	2006.08.18	4430577	广州市花都区新华街站前路34号	36807888	51	116	400	有限责任
	友田酒店	三	2007.01.26	2004.07.27	4430578	广州市花都区狮岭镇东升路	22689999	89	149	800	私营
	广州悦海酒店	三	2007.03.20	1952.12.01	4430585	广州市黄埔区海员路39号	82288088	129	200	600	国有
	广东奥体大酒店	三	2007.08.15	2005.05.08	4430598	广州市天河区东圃黄村	82169999	160	306	460	有限责任
	金之鼎酒店	三	2007.09.14	2006.05.01	4430599	广州市花都区新华镇天贵南路	86801666	88	136	350	私营
	合神酒店	三	2007.11.06	2006.11.08	4430603	广州市天河区沙太路陶庄1号	87631288	73	131	652	有限责任
	华悦酒店	三	2007.12.20	2006.03.05	4430607	广州市花都区新华街建设北路128号	36883888	84	154	800	私营
	锦都商务大酒店	三	2007.12.20	2006.09.26	4430609	广州市花都区新华街滨湖路1号	86819999	145	232	300	有限责任
	荣威大酒店	三	2007.12.25	2004.12.15	4430610	广州市花都区新华镇新都大道13号	86889888	90	166	320	有限责任
	阳光酒店	三	2008.06.05	2005.02.01	4430630	广州市花都区新华镇建设北路119号	86896333	50	97	260	私营
	广州金怡酒店	三	2008.06.16	2005.12.01	4430633	广州市番禺区市桥禺山西路大富村口	22879388	62	98	1500	有限责任
	广州金宝酒店	三	2008.07.09	2007.09.30	4430635	广州市花都区新华街凤凰北路	86895122	32	44	100	私营
	广州正和酒店	三	2008.07.25	2005.12.18	4430637	广州市番禺区南郊陈涌村金业街1号	23883333	87	99	576	有限责任
	三茂大酒店	三	2008.10.15	1990.10.01	4430638	广州市环市东路374号	61321614	75	137	300	国有

续表

地区	饭店名称	星级	评定时间	开业时间	星牌编号	饭店地址	咨询电话	客房（间）	床位（张）	餐位（个）	机构性质
广州市（020）	广州豪悦酒店	三	2008.11.05	2006.04.01	4430642	广州市番禺区桥南街桥南路196号	84832222	149	240	350	私营
	广东南洋冠盛酒店	三	2008.11.05	2007.08.28	4430643	广州市天河区天府路11号	61398888	207	360	1200	私营
	广东红叶酒店	三	2008.12.09	1998.04.01	4430644	广州市机场西乐嘉路8号	86348988	179	302	350	股份有限
	合兴酒店	三	2008.12.29	2006.07.25	4430649	广州市花都区建设北路213号	36996888	179	315	1020	私营
	广州红帆酒店	三	2008.12.26	1997.06.28	4430650	广州市海珠区革新路126号	89607999	95	156	300	国有
	合成大酒店	三	2009.02.27	2008.10.23	4430652	广州市花都区狮岭大道中1号	36919168	160	195	300	私营
	江南商务酒店	三	2009.02.27	2008.08.12	4430653	广州市白云区增槎路798号	81996688	99	243	350	有限责任
	新港假日酒店	三	2009.04.03	2003.09.01	4430655	广州市海珠区新港东路二号	89239900	118	206	800	有限责任
	广天大厦	三	2009.06.29	2007.10.08	4430663	广州市黄埔大道西243号	28389888	127	203	500	国有
	悦来登大宾馆	三	2009.07.21	2005.10.01	4430668	广州增城市新塘镇东坑三横路	82700888	120	177	30	有限责任
	中濠大酒店	三	2009.07.24	2006.12.29	4430669	广州增城市石滩镇横岭开发区	82920000	39	54	1200	私营
	南洲大酒店	三	2009.08.03	2001.06.08	4430672	广州市海珠区南州路188号	84010328	83	142	1260	股份合作
	八骏酒店	三	2009.08.05	2003.05.01	4430674	广州市花都区三东大道西	86971788	49	94	1300	有限责任
	琶洲酒店	三	2009.08.31	2007.10.01	4430680	广州市新港东路37号	22085888	126	238	390	有限责任
	英伦公馆酒店	三	2009.08.31	2009.08.01	4430681	广州市天河东路220号	38900000	40	40	330	有限责任
	大塘宾馆	三	2009.10.09	2003.04.29	4430685	广州市海珠区聚德西路汇源新街	84055388	83	162	520	有限责任
	大舜晶华商务酒店	三	2009.10.09	2008.04.01	4430687	广州市中山大道西277号	85551888	155	235	280	港澳台商
	广州山水时尚酒店黄埔店	三	2009.10.09	2008.07.28	4430689	广州市黄埔东路727号	62661111	221	336	918	股份有限
	乐涛居酒店	三	2009.10.30	2005.11.08	4430693	广州增城市新塘镇港口大道	82775888	79	130	800	私营
	凯利登大酒店	三	2009.10.30	2008.12.29	4430694	广州市花都区天贵路92号	28600888	121	170	1060	有限责任
	广州翠岛水电度假村	三	2009.10.30	2003.11.04	4430695	广州从化市温泉西路20号	87836638	209	378	416	国有
	银座大酒店	三	2009.10.30	2008.01.01	4430696	广州市番禺区禺山大道228号	39999111	305	435	750	有限责任
	圣玛登酒店	三	2009.12.23	2009.01.01	4430701	广州市中山八路19号	81818888	88	143	360	有限责任
	广州市白云人和怡东酒店	三	2009.12.28	2000.08.28	4430703	广州市白云区人和镇凤和村	86455880	186	354	1200	私营

续表

地区	饭店名称	星级	评定时间	开业时间	星牌编号	饭店地址	咨询电话	客房（间）	床位（张）	餐位（个）	机构性质
广州市（020）	广州晨悦酒店	三	2009.12.28	2007.06.23	4430704	广州市天河区天源路961号	22023888	119	216	569	有限责任
	临海酒店	三	2010.01.08	2008.01.01	4430705	广州市南沙区龙穴大道中	22886668	108	202	80	国有
	增城华侨酒店	三	2010.01.09	1993.01.01	4430709	广州增城市荔镇城西园南路103号	82643888	100	190	130	有限责任
	广州清音酒店	三	2010.02.11	2004.10.01	4430710	广州从化市温泉西路38号	87837388	100	202	300	有限责任
	广州亨利酒店	三	2010.05.06	2007.11.12	4430711	广州市花都区宝华路26号	36812888	138	208	381	外商投资
	凤凰山宾馆	三	2010.05.06	2004.01.01	4430712	广州市天河区广汕一路332号	82028998	61	121	100	国有
	广州卓悦商务酒店	三	2010.05.07	2009.04.10	4430713	广州市白云区新市南街33号	36218228	71	122	30	私营
	天豪酒店	三	2010.05.31	2007.09.08	4430714	广州市天河区科韵北路	85666668	75	125	118	股份合作
	嘉信酒店	三	2010.05.31	2008.01.11	4430715	广州市白云区同泰路98号	62855555	65	103	1300	私营
	锦延商务酒店	三	2010.06.02	2008.04.06	4430716	广州从化市街口街新城东路2号	87959999	65	89	325	有限责任
	君御酒店	三	2010.06.08	2006.04.01	4430717	广州市番禺区石基镇泰兴路133号	23881888	153	203	800	私营
	天麓骑术俱乐部	三	2010.06.25	2003.06.01	4430719	广州市广州经济开发区黄陂村	87265002	58	118	110	国有
	瀛丰商务酒店	三	2010.07.19	2005.09.01	4430720	广州市天河区东圃镇旭景西路	61209998	128	232	400	股份有限
	增城市新塘永栩酒店	三	2010.07.22	2002.08.01	4430721	广州增城市新塘镇广深公路	82693888	89	150	350	私营
	天逸酒店	三	2010.07.23	2005.09.21	4430723	广州市龙口西路183号	62816888	52	71	400	私营
	裕华大厦	三	2010.07.23	1988.07.01	4430724	广州市环市东路320号	83863381	72	132	280	国有
	金瑞峰温泉酒店	三	2010.10.25	2009.10.01	4430732	广州增城市派潭镇大丰门林场	82821888	69	121	400	有限责任
	高滩温泉酒店	三	2010.10.25	2007.04.01	4430733	广州增城市派谭镇背阳村	32902831	90	1600	140	私营
	石牌酒店	三	2010.11.10	1991.09.01	4430735	广州市天河东路168号	85510838	115	187	450	集体
	东江大酒店	三	2011.05.30	1998.06.28	4430756	广州市白云区三元里大道838号	86273328	68	124	2，500	私营
	广东白云城市酒店	三	2011.07.26	1998.01.01	4430759	广州市环市西路179号	86666889	181	292	1，153	国有
	东海大厦	三	2011.09.15	1989.10.01	4430761	广州市环市东路318号之一	83839966	125	220	120	国有
	毅华假日酒店	三	2011.12.21	2010.06.29	4430774	广州市从化温泉镇碧泉路15号	87839668	71	120	120	私营
	※光华假日酒店	**三**	**2012.05.24**	**2002.06.18**	**4430784**	**广州市番禺区市桥云山大街16号**	**84603333**	**116**	**206**	**200**	**集体**

续表

地区	饭店名称	星级	评定时间	开业时间	星牌编号	饭店地址	咨询电话	客房（间）	床位（张）	餐位（个）	机构性质
广州市（020）	**※新华大酒店**	**三**	**2012.08.20**	**1988.01.01**	**4430788**	**广州市人民南路2-6号**	**81882688**	**130**	**230**	**700**	国有
	石基酒店	二	2000.09.01	1994.08.01	4420006	广州番禺区石基镇莲江路南	84855268	54	96	650	中外合资
	沙河宾馆	二	2000.09.30	1993.10.01	4420009	广州市先烈东路296号	87728998	191	419	200	国有
	德政大厦	二	2000.12.20	1957.01.01	4420012	广州市德政南路48号	83334927	88	190	200	国有
	海珠酒店	二	2000.12.20	1969.09.01	4420014	广州市江南大道北4号	84480082	112	192	160	国有
	梅州大厦	二	2000.12.20	1997.09.07	4420015	广州市恒福路338号	83586998	72	144	550	国有
	重庆大厦宾馆	二	2000.12.20	1990.03.28	4420020	广州市东山区农林下路76-1号	87767210	92	150	500	国有
	广州市国茂大酒店	二	2001.04.30	1994.01.01	4420023	广州市天河区瘦狗岭路303号	87220566	60	130	300	国有
	依家宾馆	二	2001.07.03	2000.01.28	4420025	广州市芳村区东漖北路560~562号	81588288	110	220	160	集体
	花都东亚酒店	二	2001.07.03	1998.12.01	4420026	广州市花都区建设北路91号	86893888	35	70	1200	股份制
	粤罗酒店	二	2001.07.18	1990.03.28	4420027	广州市中山八路新虹街32号	81818668	100	218	600	国有
	华美大酒店	二	2001.11.09	2001.01.10	4420031	广州市花都区站前路21号伍座	36837666	78	146	700	个体
	广视大厦	二	2001.11.22	1987.11.01	4420033	广州市麓湖路8号	83591288	84	184	300	国有
	鸿运大厦	二	2001.11.22	1995.12.27	4420034	广州市站西路37号	86508668	64	125	300	国有
	吉林大酒店	二	2002.01.09	1985.01.18	4420036	广州市中山一路48号	87775445	64	122	300	国有
	芳村花地大厦	二	2002.01.22	1998.05.05	4420037	广州市芳村区荣兴路19号	81571901	80	173	700	集体
	华建大酒店	二	2002.01.22	2000.01.08	4420040	广州市先烈中路102号之二	87760888	72	156	300	国有
	凯悦酒店	二	2002.05.14	1996.02.18	4420043	广州番禺区市莲公路傍西郚口1号	84851818	39	69	680	私营
	龙口明珠大酒店	二	2003.12.02	2002.11.28	4420050	广州市天河区龙口西路91号	61211888	82	149	800	私营
	新粤新酒店	二	2003.12.02	1992.10.08	4420051	广州市环市东路329号	83593777	95	180	600	集体
	天河酒店	二	1988.01.01	1987.11.01	4420055	广州市天河路633号	85512138	71	142	300	国有
	华粤大厦	二	1989.05.01	1985.04.01	4420056	广州市先烈南路33号	87773288	113	219	440	国有
	白宫酒店	二	1989.05.01	1928.01.01	4420058	广州市人民南路17号	81882313	160	325	400	国有
	新亚大酒店	二	1989.05.01	1927.01.01	4420059	广州市人民南路10-12号	81884722	130	288	300	国有

续表

地区	饭店名称	星级	评定时间	开业时间	星牌编号	饭店地址	咨询电话	客房（间）	床位（张）	餐位（个）	机构性质
广州市（020）	北京大酒店	二	1989.05.01	1986.01.01	4420060	广州市西豪二马路10号	81884988	115	225	320	中外
	广东大酒店	二	1989.05.01	1966.01.01	4420061	广州市长堤路294号	81883601	113	217	400	国有
	南方大厦酒店	二	1989.05.01	1954.10.01	4420062	广州市西堤二马路74号	81888133	128	387	680	国有
	东亚大酒店	二	1989.05.01	1914.01.01	4420063	广州市长堤路320号	81884813	168	315	600	国有
	新侨酒店	二	1989.05.01	1986.02.01	4420064	广州市中山二路40号	61290098	66	133	455	国有
	广钢大厦	二	1993.10.10	1988.08.01	4420068	广州市芳村大道12号	81892563	52	80	500	集体
	湖北对外经贸服务中心	二	1996.04.01	1991.10.01	4420073	广州市黄沙大道144号	81828888	350	680	1，000	中外
	金川宾馆	二	1997.05.01	1994.08.01	4420074	广州市西华路525号	81865348	80	150	800	全民
	广州河北大厦	二	1998.09.01	1990.12.01	4420075	广州市广源中路1097~1099号	86598228	132	250	390	合资
	粤桂宾馆	二	1998.12.01	1994.12.01	4420077	广州市西华路523号	81082208	62	110	912	国有
	东风宾馆	二	2005.01.31	1989.01.01	4420383	广州市三元里大道76号	86344581	40	76	75	集体
深圳市（拥有星级饭店133家，其中五星级18家，四星级27家，三星级66家，二星级22家）	阳光酒店	五	1993.08.01	1991.01.01	4450025	深圳市罗湖区嘉宾路1号	82233888	372	700	476	中外合资
	香格里拉大酒店	五	1993.08.01	1992.09.01	4450026	深圳市罗湖区建设路	82330888	553	1050	970	中外合资
	富苑酒店	五	1996.02.01	1994.06.01	4450027	深圳市罗湖区南湖路3018号	82172288	235	258	440	私营
	富临大酒店	五	1996.08.01	1990.01.01	4450028	深圳市罗湖区和平路1085号	25586333	541	1050	520	中外合资
	骏豪酒店	五	1997.07.01	1995.11.01	4450029	深圳市宝安区观澜镇	28020888	228	400	591	中外合资
	南海酒店	五	1999.09.01	1986.03.01	4450024	深圳市南山区蛇口工业一路	26692888	396	750	925	中外合资
	彭年酒店	五	2002.06.28	2000.10.13	4450014	深圳市罗湖区嘉宾路2002号	25185888	511	664	988	中外合资
	威尼斯酒店	五	2002.10.28	2001.11.28	4450008	深圳市南山区深南大道9026号华侨城	26936888	376	542	950	国有
	圣廷苑酒店	五	2002.10.28	2001.08.21	4450009	深圳市华强北路4002号	82078888	297	398	2210	中外合资
	恒丰海悦国际酒店	五	2006.04.02	2003.08.13	4450042	深圳市宝安区新城广场大厦	27922222	266	305	1700	外商投资
	百合酒店	五	2009.07.01	2006.05.01	4450075	深圳市布吉镇百鸽路	8996999	300	413	680	私营
	大梅沙京基喜来登度假酒店	五	2009.07.01	2007.08.19	4450076	深圳市盐田区大梅沙盐葵路9号	88886688	386	608	805	私营
	华侨城洲际大酒店	五	2009.07.01	2006.12.26	4450077	深圳市华侨城深南大道9009号	33993388	550	1600	567	国有

续表

地区	饭店名称	星级	评定时间	开业时间	星牌编号	饭店地址	咨询电话	客房(间)	床位(张)	餐位(个)	机构性质
深圳市(0755)	深航国际酒店	五	2009.07.01	2005.01.26	4450078	深圳市深南大道6035号	88819999	420	656	1101	有限责任
	马可孛罗好日子酒店	五	2010.03.31	2006.09.15	4450085	深圳市福田区民田路168号	82989888	391	504	2000	有限责任
	宝利来国际大酒店	五	2010.04.16	2008.02.05	4450086	深圳市福永街道福永大道	27388888	502	628	2280	私营
	求水山酒店	五	2010.05.19	2007.06.24	4450088	深圳市龙岗区南湾街	8888999	232	380	680	股份合作
	东方银座美爵酒店	五	2011.11.02	2005.09.09	4450103	深圳市福田区深南大道竹子林	83500888	481	710	380	有限
	晶都酒店	四	1990.06.01	1988.10.01	4440051	深圳市罗湖区红岭南路	82247000	402	780	1334	集体
	新都酒店	四	1990.06.01	1987.04.01	4440052	深圳市罗湖区春风路1号	82320888	410	623	1284	中外合资
	都之都大酒店	四	1996.08.01	1994.05.01	4440053	深圳市宝安区九区	27783888	204	360	1200	中外合资
	新世纪酒店	四	2000.11.23	1995.03.18	4440038	深圳市福田区华强北路4014号	82078888	237	323	1049	国有
	庐山国际大酒店	四	2000.11.23	1998.05.17	4440039	深圳市罗湖区春风路66号	82338888	189	301	318	中外合资
	东华假日酒店	四	2000.11.23	1999.08.09	4440040	深圳市南山区南油大道	26416688	285	362	720	集体
	格兰云天大酒店	四	2001.08.04	1989.08.28	4440041	深圳市福田区深南中路3024号	83689999	220	372	1230	国有
	明华国际会议中心	四	2001.08.04	1997.04.15	4440042	深圳市南山区蛇口龟山路8号	26689968	265	685	750	外商投资
	宝明城花园酒店	四	2001.09.06	1999.09.28	4440043	深圳市宝安区公明镇建设路	27100888	246	468	1380	集体
	廷苑酒店	四	2001.09.06	1999.01.09	4440044	深圳市宝安区人民北路33号	28128888	159	210	850	私营
	中南海滨大酒店	四	2001.12.05	2000.10.17	4440045	深圳市南山区南新路18号	26088736	126	221	800	国有
	金碧酒店	四	2002.09.10	1988.08.28	4440046	深圳市罗湖区春风路3002号	82252888	272	457	700	中外合资
	雅兰酒店	四	2003.01.17	2001.04.23	4440047	深圳市盐田区大梅沙	25062299	203	363	300	中外合资
	华侨城海景酒店	四	2003.08.25	1993.01.01	4440010	深圳市南山区光侨街3号	26602222	456	812	800	国有
	大梅沙海景酒店	四	2003.08.25	2001.10.08	4440049	深圳市盐田区盐梅路10号	25061688	312	547	480	港澳台商
	圣德堡大酒店	四	2004.08.01	2003.08.06	4440117	深圳市龙岗区横岗镇	33618888	191	285	800	私营
	芭提雅酒店	四	2005.04.27	2003.09.01	4440125	深圳市盐田区大梅沙内环路	25252888	268	536	700	私营
	君逸酒店	四	2005.04.27	2003.08.26	4440126	深圳市龙岗区横岗为民路8号	28661888	376	620	1356	集体
	中油大厦酒店	四	2005.12.30	1999.12.26	4440137	深圳市南山区南山大道1110号	26528333	203	292	650	国有

续表

地区	饭店名称	星级	评定时间	开业时间	星牌编号	饭店地址	咨询电话	客房（间）	床位（张）	餐位（个）	机构性质
深圳市（0755）	长丰酒店	四	2006.08.02	2005.03.29	4440150	深圳市宝安区沙井	27228888	143	175	640	有限责任
	华丽城酒店	四	2006.08.26	2005.06.06	4440151	深圳市龙岗区华南大道	89633333	367	530	550	有限责任
	宝晖商务酒店	四	2007.04.20	2005.12.23	4440163	深圳市宝安区自由路2号	61158888	185	234	260	有限责任
	金晖嘉柏酒店	四	2007.09.03	2005.06.23	4440168	深圳市南山区深南大道	86100888	391	568	915	私营
	花园格兰云天大酒店	四	2008.12.31	2005.09.08	4440184	深圳市福田区深南中路4028号	82816666	209	283	410	国有
	万悦国际酒店	四	2009.06.10	2006.05.01	4440194	深圳市宝安区前进一路90号	27881888	339	503	516	港澳台商
	丽湾酒店	四	2011.01.31	2006.01.18	4440214	深圳市龙岗区龙岗街道新生路1号	8484000	242	314	850	港澳台商投资
	长丰花园酒店	四	2011.01.31	2009.03.29	4440215	深圳市宝安区石岩街浪心社区	29008888	185	206	1090	股份有
	东湖宾馆	三	1990.06.01	1983.12.01	4430120	深圳市罗湖区爱国路4006号	25400088	97	180	160	中外合资
	粤海酒店	三	1990.06.01	1988.12.01	4430121	深圳市罗湖区深南东路3033号	82228339	229	430	800	中外合资
	竹园宾馆	三	1990.06.01	1981.01.01	4430122	深圳市罗湖区东门北路2079号	25533138	190	350	1148	中外合资
	小梅沙大酒店	三	1990.09.01	1986.06.01	4430123	深圳市盐田区盐葵路23号	25035888	156	280	500	国有
	寰宇大酒店	三	1991.08.01	1988.06.01	4430124	深圳市罗湖区红岭中路1002号	25595024	305	580	1000	国有
	罗湖大酒店	三	1992.11.01	1988.08.01	4430126	深圳市罗湖区南湖路3012号	25163888	234	450	690	中外合资
	迎宾馆	三	1992.11.01	1984.10.01	4430128	深圳市罗湖区新园路15号	82222722	292	560	600	国有
	京鹏宾馆	三	1992.11.01	1985.10.01	4430129	深圳市罗湖区深南东路2008号	82227190	220	400	500	国有
	国宾大酒店	三	1993.08.01	1990.12.01	4430130	深圳市罗湖区深南东路1121号	25118388	230	410	600	中外合资
	海燕大酒店	三	1994.08.01	1992.07.01	4430131	深圳市罗湖区嘉宾路	82232828	283	550	300	中外合资
	长城大酒店	三	1994.08.12	1991.12.01	4430132	深圳市罗湖区红桂路2086号	25583369	140	250	500	中外合资
	帝豪酒店	三	1995.01.01	1991.04.01	4430133	深圳市罗湖区宝安北路1号	82260888	150	280	480	中外合资
	银湖旅游中心	三	1995.01.01	1984.04.01	4430134	深圳市罗湖区银湖路	82431111	197	380	2260	国有
	友谊酒店	三	1995.01.01	1982.06.01	4430135	深圳市罗湖区嘉宾路3011号	82311999	100	190	800	国有
	长安大酒店	三	1995.10.01	1988.10.01	4430136	深圳市罗湖区深南东路	82303333	173	320	1170	国有

续表

地区	饭店名称	星级	评定时间	开业时间	星牌编号	饭店地址	咨询电话	客房（间）	床位（张）	餐位（个）	机构性质
深圳市（0755）	丽都酒店	三	1995. 10. 01	1991. 01. 01	4430137	深圳市罗湖区东门南路 2007 号	82259988	265	500	621	中外合作
	晶都城酒店	三	1998. 03. 01	1993. 02. 01	4430138	深圳市龙岗区平湖大街 536 号	28851888	70	120	600	集体
	鸿波酒店	三	1999. 12. 01	1997. 04. 01	4430085	深圳市南山区华侨城侨城中新街	26949448	113	200	550	国有
	芙蓉宾馆	三	2000. 07. 01	1987. 08. 01	4430087	深圳市罗湖区东门南路 2019 号	82234696	145	260	690	国有
	上海宾馆	三	2000. 07. 01	1985. 01. 01	4430089	深圳市福田区深南中路 3032 号	83365288	144	260	500	中外合资
	名兰苑酒店	三	2000. 08. 01	1999. 09. 01	4430092	深圳市南山区蛇口工业八路西 68 号	26811888	77	133	280	国有
	凯利宾馆	三	2000. 09. 14	1990. 04. 01	4430093	深圳市罗湖区嘉宾东路 2027 号	82376188	173	300	750	国有
	景明达酒店	三	2000. 12. 01	1999. 06. 19	4430096	深圳市福田区景田商报东路 83 号	83548000	143	230	430	中外合资
	谭海酒店	三	2000. 12. 06	1999. 10. 08	4430095	深圳市宝安区广深公路松岗段 44 号	27083333	62	88	825	集体
	南方联合大酒店	三	2000. 12. 24	1989. 06. 01	4430098	深圳市罗湖区深南东路 2002 号	82319978	203	347	620	国有
	北方大酒店	三	2001. 08. 27	1987. 10. 01	4430099	深圳市福田区深南中路	83278001	81	155	370	国有
	上园大酒店	三	2001. 11. 12	1999. 11. 01	4430100	深圳市宝安区沙广深公路沙井段	27258888	125	198	530	中外合资
	四川宾馆	三	2001. 12. 05	1989. 11. 08	4430102	深圳市福田区红荔路 2001 号	83673333	153	308	520	国有
	投资大厦宾馆	三	2003. 01. 20	1999. 05. 01	4430106	深圳市福田区深南大道 4009 号	83883888	66	126	180	国有
	老地方酒店	三	2003. 08. 12	1999. 12. 21	4430107	深圳市罗湖区东门南路 1033 号	82343222	267	486	470	国有
	国丰大酒店	三	2003. 08. 12	1999. 06. 15	4430109	深圳市福田区彩田路 12 号	83371888	122	259	50	国有
	火车站大酒店	三	2003. 11. 25	1996. 06. 01	4430111	深圳市罗湖区建设路	82321168	238	381	800	集体
	青海大酒店	三	2003. 12. 09	2002. 10. 28	4430112	深圳市福田区北环大道 7043 号	83547134	84	136	300	国有
	实华宾馆	三	2003. 12. 12	2001. 03. 06	4430113	深圳市福田区北环大道 7001 号	83546988	150	256	610	国有
	山水大酒店	三	2003. 12. 15	2003. 01. 24	4430114	深圳市福田区上梅林中康路 25 号	83110000	79	144	300	私营
	广深宾馆	三	2004. 02. 20	1993. 03. 28	4430425	深圳市罗湖区深南东路 2023 号	82352668	212	347	420	有限责任
	河东宾馆	三	2004. 04. 23	1990. 05. 21	4430116	深圳市罗湖区沿河东路 19 号	25593253	104	180	130	国有
	丽苑大酒店	三	2004. 05. 26	1988. 01. 01	4430117	深圳市罗湖区东门中路 2048 号	82226688	102	160	700	有限责任
	泰然宾馆	三	2004. 10. 25	1995. 03. 01	4430420	深圳市福田区车公庙泰然四路	33366999	102	178	2000	有限责任

续表

地区	饭店名称	星级	评定时间	开业时间	星牌编号	饭店地址	咨询电话	客房（间）	床位（张）	餐位（个）	机构性质
深圳市（0755）	金鹏大酒店	三	2004. 12. 06	2003. 12. 28	4430423	深圳市宝安区龙华镇人民路	27700000	171	210	500	有限责任
	沙嘴酒店	三	2005. 04. 30	2004. 05. 28	4430461	深圳市福田沙嘴路与福强路交汇处	83878333	168	240	1220	私营
	迪富宾馆	三	2005. 06. 13	1986. 03. 08	4430464	深圳市福田区振华路 111 号	83350568	160	270	900	国有
	三九大酒店	三	2005. 06. 16	1991. 06. 01	4430467	深圳市罗湖区深南东路 1001 号	25128888	230	410	690	国有
	吉盛酒店	三	2005. 11. 01	2004. 07. 29	4430485	深圳市宝安区观澜大道中	28031888	169	204	630	私营
	航空大酒店	三	2005. 12. 28	1987. 08. 01	4430492	深圳市罗湖区深南东路 3027 号	82237999	94	179	136	股份有限
	广深铁路大酒店	三	2005. 12. 28	1999. 09. 09	4430493	深圳市罗湖区和平路 1023 号	25573138	110	189	500	私营
	蔡屋围大酒店	三	2006. 04. 21	1984. 01. 01	4430515	深圳市罗湖区解放西路 4058 号	25566666	96	200	338	集体
	湖北宾馆	三	2006. 04. 21	2005. 01. 01	4430517	深圳市罗湖区解放路 3034 号	25560888	65	115	378	有限责任
	世纪华源酒店	三	2006. 04. 21	2005. 04. 18	4430518	深圳市福田区八卦一路 61 号	61621888	125	242	420	股份有限
	汉永酒店	三	2006. 08. 10	2003. 10. 01	4430541	深圳市宝安区福永街道	27333888	110	124	100	股份有限
	梧桐山宾馆	三	2006. 12. 30	1987. 08. 01	4430575	深圳市盐田区沙头角梧桐路 2002 号	25350791	58	101	600	国有
	布吉金鹏大酒店	三	2008. 01. 30	2001. 12. 23	4430616	深圳市龙岗区布吉街金鹏路 26 号	28527777	98	142	800	私营
	六联酒店	三	2008. 12. 26	2004. 01. 01	4430646	深圳市龙岗区深汕路 529 号	84288999	40	55	1500	私营
	财富酒店	三	2008. 12. 26	2007. 08. 16	4430647	深圳市福田区华强南路 3021 号	83199999	152	194	97	私营
	翠珊园酒店	三	2009. 08. 05	1999. 01. 07	4430673	深圳市宝安区石岩街道	29682888	92	140	1230	私营
	龙岗吉盛酒店	三	2009. 08. 05	2007. 01. 017	4430676	深圳市龙岗区盛平南路 1 号	89568888	120	151	750	有限责任
	吉盛宾馆	三	2009. 08. 05	2007. 01. 01	4430677	深圳市宝安区民治街道民治大道	28192888	107	133	389	有限责任
	东星汉永酒店	三	2009. 08. 05	2007. 06. 01	4430678	深圳市宝安区沙井街道中心路	29938888	149	209	182	有限责任
	金帝都大酒店	三	2009. 12. 24	2007. 09. 01	4430700	深圳市宝安区松岗镇	27097888	140	179	220	股份合作
	启滕奥林宾馆	三	2010. 12. 14	2007. 08. 01	4430738	深圳市龙岗区龙翔大道北	28937666	30	50	1200	私营
	观悦酒店	三	2010. 12. 14	2009. 11. 09	4430739	深圳市宝安区观兰街道	29002288	108	144	200	有限责任
	新豪方东涌酒店	三	2010. 12. 14	2006. 12. 30	4430740	深圳市龙岗区南澳镇东涌社区	84420999	65	115	164	私营
	新地假日海湾酒店	三	2010. 12. 16	2008. 03. 28	4430741	深圳市龙岗大鹏黄少年度假营内	84314688	68	124	320	有限责任

续表

地区	饭店名称	星级	评定时间	开业时间	星牌编号	饭店地址	咨询电话	客房（间）	床位（张）	餐位（个）	机构性质
深圳市（0755）	茗兰酒店	三	2011. 12. 12	2009. 06. 11	4430769	深圳市龙岗街道新生社龙贤路 3 号	84840888	118	182	841	有限责任
	石岩吉盛酒店	三	2011. 12. 12	2009. 10. 28	4430770	深圳市宝石东路塘坑路口东 1 号	27761888	93	118	720	有限责任
	※威尔斯酒店	**三**	**2012. 05. 04**	**2007. 06. 12**	**4430781**	**深圳市宝安福永街道蚝业路 1 号**	**29912888**	**140**	**198**	**782**	**私营**
	上林苑酒店	二	1990. 06. 01	1987. 01. 01	4420118	深圳市福田区八卦二路	82262082	117	230	380	国有
	西湖宾馆	二	1990. 06. 01	1986. 09. 01	4420120	深圳市宝安路松园东 1 巷 2 号	25586655	96	190	320	国有
	兴华宾馆	二	1990. 12. 01	1985. 01. 01	4420138	深圳市福田区深南中路 22 号	83350483	171	330	550	国有
	广信酒店	二	1994. 08. 01	1984. 10. 01	4420128	深圳市人民南路国商大厦 10～17 楼	82238945	225	450	140	国有
	永安大酒店	二	1996. 02. 01	1995. 08. 01	4420113	深圳市红岭中路 13 号	25594999	74	120	200	合资
	新新地酒店	二	1997. 03. 01	1993. 11. 01	4420131	深圳市水贝二路	25616138	90	180	400	国有
	联城酒店	二	2000. 03. 01	1989. 01. 01	4420078	深圳市文锦南口岸	25111111	81	160	490	中外
	江苏宾馆	二	2000. 07. 01	1998. 05. 01	4420080	深圳市福田区彩田路 2066 号	83393868	78	155	200	国有
	华强宾馆	二	2000. 08. 01	1993. 10. 01	4420082	深圳市福田区振华路 100 号	83216666	132	238	450	国有
	金地宾馆	二	2000. 08. 01	1998. 01. 01	4420083	深圳市福田区沙嘴路	83309800	46	89	200	国有
	华联宾馆	二	2000. 11. 15	1990. 06. 01	4420086	深圳市深南路 2008 号华联大厦	83351000	64	121	100	国有
	振兴宾馆	二	2000. 11. 15	1985. 10. 01	4420088	深圳市红荔西路 3007 号	83365128	64	121	550	集体
	燕晗山酒店	二	2000. 12. 06	1995. 05. 29	4420091	深圳华侨城生态广场内	26900288	42	85	300	集体
	华侨酒店	二	2000. 12. 14	1999. 01. 26	4420094	深圳市和平路 1009 号	25596688	155	278	500	国有
	凤凰酒店	二	2000. 12. 24	1997. 07. 18	4420098	深圳市罗湖区凤凰路 11 号	25548888	148	251	850	国有
	闽江宾馆	二	2000. 12. 24	1995. 01. 01	4420101	深圳福田区彩田南路福建大厦	82893888	60	111	400	国有
	科苑宾馆	二	2000. 12. 24	1985. 04. 18	4420102	深圳深南大道农业科技观光园内	83707079	33	66	280	国有
	锦湖宾馆	二	2002. 02. 07	1988. 09. 28	4420110	深圳市文锦中路 1005 号	82253711	156	292	380	国有
	三星大酒店	二	2002. 12. 06	1992. 05. 01	4420114	深圳市宝安区观兰镇大道东	28086888	22	50	200	集体

续表

地区	饭店名称	星级	评定时间	开业时间	星牌编号	饭店地址	咨询电话	客房（间）	床位（张）	餐位（个）	机构性质
深圳市（0755）	穆斯林宾馆	二	2004. 05. 27	1987. 08. 01	4420116	深圳市文锦南路 2013 号	82228207	70	146	800	国有
	华登宾馆	二	2004. 12. 06	1982. 01. 26	4420375	深圳市罗湖区和平路沿河东 13 路	25573028	38	64		集体
	松园南宾馆	二	2004. 12. 06	2002. 07. 01	4420376	深圳市罗湖区松园南街 26 号	82112889	58	114	200	私营
珠海市（拥有星级饭店 83 家，其中五星级 9 家，四星级 8 家，三星级 62 家，二星级 4 家）	银都酒店	五	1993. 06. 01	1988. 08. 01	4450030	珠海市拱北粤海东路 1150 号	8883388	320	487	1130	中外合作
	海湾大酒店	五	1997. 09. 01	1985. 11. 01	4450031	珠海市拱北水湾路	8877998	351	441	700	中外合作
	珠海度假村酒店	五	2000. 03. 01	1984. 10. 01	4450001	珠海市吉大石花东路 9 号	3333838	453	1173	2800	外商投资
	珠海德翰大酒店	五	2002. 09. 22	2000. 09. 29	4450018	珠海市吉大情侣中路	3329988	534	671	1377	私营
	中邦艺术酒店	五	2007. 06. 20	2005. 10. 02	4450049	珠海市情侣中路 33 号	3220333	155	192	330	有限责任
	粤财假日酒店	五	2008. 10. 07	2001. 11. 27	4450064	珠海市吉大景山路 188 号	3228888	338	499	938	外商投资
	昌安假日酒店	五	2008. 12. 23	2006. 10. 31	4450070	珠海市粤海中路 2130 号	8866888	163	231	680	私营
	来魅力假日酒店	五	2011. 11. 02	2009. 09. 29	4450105	珠海市拱北围基路 32 号	8338888	295	356	570	有限
	※珠海庆华国际大酒店	**五**	**2012. 01. 17**	**2007. 08. 08**	**4450097**	**珠海市情侣南路 309 号**	**8808888**	**190**	**255**	**818**	**私营**
	粤海酒店	四	1999. 11. 01	1993. 06. 01	4440055	珠海市拱北粤海东路 1145 号	8888128	363	647	1844	外商投资
	华骏大酒店	四	2000. 10. 01	1999. 11. 01	4440057	珠海市夏湾侨光西路 328 号	8118999	207	345	500	集体
	御温泉度假村	四	2001. 01. 04	1998. 12. 28	4440005	珠海市斗门区斗门镇	5797128	65	130	700	中外合作
	骏德会酒店	四	2001. 10. 22	2000. 07. 20	4440058	珠海拱北联安路 188 号 9 栋	8155558	121	167	302	港澳台商
	南油大酒店	四	2004. 04. 26	1987. 10. 01	4440059	珠海市水湾路 368 号	3322188	236	576	580	中外合作
	2000 年大酒店	四	2004. 10. 18	2000. 02. 03	4440121	珠海市香洲人民东路 121 号	2122998	291	486	128	国有
	西藏大厦	四	2009. 03. 23	2007. 12. 01	4440189	珠海市梅华西路 166 号	2669988	200	307	298	有限责任
	星城大酒店	四	2010. 12. 22	2006. 08. 28	4440210	珠海市吉大景山路 88 号	3220888	203	256	272	外商投资
	易乐园度假村	三	1992. 05. 01	1984. 12. 01	4430149	珠海市斗门县白藤湖好景区内	5566011	82	148	350	国有控股
	金叶酒店	三	1993. 11. 01	1991. 09. 01	4430172	珠海市拱北迎宾南路 1011 号	8132688	165	321	680	国有
	步步高大酒店	三	1993. 12. 01	1986. 12. 01	4430171	珠海市粤海东路 1025 号	8886628	212	407	460	中外合资

续表

地区	饭店名称	星级	评定时间	开业时间	星牌编号	饭店地址	咨询电话	客房（间）	床位（张）	餐位（个）	机构性质
珠海市（0756）	华侨宾馆	三	1997.07.01	1986.12.01	4430174	珠海市拱北迎宾南路 2106 号	8136688	197	384	450	国有
	国泰大酒店	三	2000.09.01	1997.12.01	4430139	珠海市拱北侨光路 26 号	8883599	128	152	100	国有
	岐关大酒店	三	2000.09.01	1994.09.01	4430140	珠海市拱北昌盛路 66 号	8873188	111	161	1000	国有
	红山楼酒店	三	2000.09.01	1999.08.01	4430141	珠海市梅华西路 68 号	2616000	59	109	300	集体
	好世界酒店	三	2000.09.01	1992.12.01	4430143	珠海市拱北莲花路 327 号	8880222	99	109	500	私营
	南航明珠大酒店	三	2000.09.01	1999.12.01	4430144	珠海市吉大石花西路 163 号	3343777	266	433	3000	国有
	望海楼	三	2000.09.01	1982.10.01	4430145	珠海市香洲区海滨北路 3 号	2122222	173	315	630	国有
	碧海酒店	三	2000.09.01	1982.10.01	4430146	珠海市香州区碧海路 1 号	2121666	163	296	300	有限责任
	北京酒店	三	2000.09.01	1998.11.01	4430148	珠海市翠前南路 1 号	8665288	95	170	220	有限责任
	旅游大酒店	三	2000.09.01	1997.06.01	4430150	珠海市吉大海滨南路 56 号	3366908	135	221	428	集体
	金凤凰酒店	三	2001.01.04	1997.10.01	4430153	珠海市香洲凤凰南路 1165 号	2112288	196	370	300	有限责任
	永通酒店	三	2001.04.16	1993.07.08	4430154	珠海市拱北水湾路 19 号	8888887	140	222	410	私营
	鸿都酒店	三	2001.07.16	2000.05.18	4430156	珠海市拱北粤海东路 1138 号	8131188	163	224	480	私营
	拱北昌安酒店	三	2001.09.10	1998.11.28	4430158	珠海市拱北莲花路 37 号	8119166	66	76	200	私营
	友谊酒店	三	2001.10.08	1987.02.18	4430159	珠海市拱北友谊路 46 号	8131818	90	76	1000	国有
	新昌安酒店	三	2001.11.02	2000.12.02	4430160	珠海市九洲大道 1023 号	3377668	57	80	270	私营
	聚龙酒店	三	2001.11.02	2001.09.23	4430161	珠海市唐家港湾大道	3317888	102	158	350	有限责任
	侨苑酒店	三	2002.01.14	1983.12.18	4430162	珠海市香洲区海滨北路 4 号	2181818	391	78	220	中外合资
	金都酒店	三	2002.05.14	1998.05.23	4430164	珠海市拱北粤海东路 1062 号	8111888	144	176	150	私营
	香江酒店	三	2002.05.16	1994.08.18	4430163	珠海市拱北迎宾南路 2126 号	8873288	133	175	300	国有
	愉景酒店	三	2002.08.05	1999.01.01	4430175	珠海市香洲康宁路 68 号	2253388	71	86	300	集体
	中天酒店	三	2002.10.27	2000.09.27	4430165	珠海市吉大景山路 62 号	3366888	140	223	250	国有控股
	拱北民安酒店	三	2000.09.01	1999.01.01	4430142	珠海市拱北莲花路 56 号	8131168	122	189	358	私营
	六和商务酒店	三	2003.01.27	1995.10.01	4430168	珠海市人民东路 6 号	2221999	90	162	130	国有

续表

地区	饭店名称	星级	评定时间	开业时间	星牌编号	饭店地址	咨询电话	客房（间）	床位（张）	餐位（个）	机构性质
珠海市（0756）	芙蓉王酒店	三	2003. 10. 10	2001. 12. 08	4430169	珠海市拱北粤海中路 2007 号	8113333	43	60	250	私营
	嘉丽万豪酒店	三	2004. 03. 05	1997. 11. 17	4430170	珠海市拱北粤海中路 1039 号	8800388	108	127	500	私营
	濠天度假酒店	三	2004. 10. 18	2004. 08. 01	4430429	珠海市湾仔南湾南路 5009 号	8817888	49	60	268	集体
	珠海新海利大酒店	三	2004. 11. 15	2002. 08. 15	4430432	珠海市拱北夏湾粤华路 271 号	8899388	95	190	3000	私营
	东方凯悦酒店	三	2004. 12. 27	2003. 01. 01	4430450	珠海市九洲大道东 1043 号	3263888	69	98	220	有限责任
	扬名酒店	三	2005. 01. 31	1996. 10. 01	4430449	珠海市香洲翠香路 43 号	2226168	101	184	320	私营
	南湾国际大酒店	三	2005. 06. 17	2005. 02. 07	4430465	珠海市南屏镇环屏路 1 号	8828888	173	301	1300	有限责任
	四海商务酒店	三	2005. 11. 22	2001. 08. 08	4430503	珠海市拱北粤海中路 2300 号	8131628	122	185	150	私营
	翡翠宫酒店	三	2005. 12. 19	2005. 12. 01	4430502	珠海市香洲区凤凰南路 1126 号	2252222	44	48	100	私营
	满庭湘酒店	三	2005. 12. 19	2004. 12. 08	4430494	珠海市前山明珠南路 1032 号	8521088	56	94	600	有限责任
	拱北华策酒店	三	2006. 01. 06	1999. 11. 26	4430499	珠海市拱北侨光路 5 号	8156398	95	105	320	私营
	风景酒店	三	2006. 01. 06	2004. 10. 01	4430500	珠海市前山翠仙路 211 号	8666222	40	64	700	有限责任
	伙工殿酒店	三	2006. 01. 13	1995. 10. 29	4430501	珠海市拱北北岭侨岭街 34 号	8801688	68	77	3000	私营
	豪庭商务酒店	三	2006. 05. 18	2005. 10. 01	4430531	珠海市前山逸仙路 21 号	8669999	159	259	180	私营
	木棉花酒店	三	2006. 07. 19	2005. 03. 01	4430528	珠海市拱北侨光路 3 号	8804000	93	99	120	私营
	金色假日酒店	三	2006. 08. 22	2005. 02. 01	4430571	珠海市吉大景和街 71 号	3263333	115	202	250	私营
	桃园商务酒店	三	2006. 09. 20	2006. 07. 20	4430552	珠海市斗门环湖北路 8 号	5570333	66	111	1523	有限责任
	金莎度假村	三	2006. 12. 11	2005. 05. 01	4430573	珠海市斗门区白藤湖湖滨一区 8 号	5568668	120	260	200	私营
	大金山酒店	三	2007. 01. 08	2005. 12. 01	4430580	珠海市前山鞍莲路 2 号	8669988	63	100	1200	有限责任
	银湖假日酒店	三	2007. 02. 02	2005. 11. 02	4430581	珠海市白藤湖湖滨二区 75 号	5566388	67	128	200	有限责任
	迈豪国际酒店	三	2007. 02. 12	2005. 08. 18	4430587	珠海市香洲区情侣中路 91 号	3288888	115	174	100	有限责任
	君临酒店	三	2007. 02. 12	2005. 12. 01	4430590	珠海市香洲区翠微东路 68 号	2882222	110	188	72	有限责任
	金岸酒店	三	2007. 04. 23	2005. 06. 11	4430591	珠海市斗门区井岸镇连桥路 38 号	5503111	59	90	380	有限责任
	晶都酒店	三	2007. 05. 10	2005. 12. 08	4430592	珠海市香洲华海路 144 号	2156888	77	156	300	私营

续表

地区	饭店名称	星级	评定时间	开业时间	星牌编号	饭店地址	咨询电话	客房（间）	床位（张）	餐位（个）	机构性质
珠海市（0756）	金茂酒店	三	2007. 10. 26	2006. 09. 18	4430602	珠海市金湾区金海岸花园中路	3991188	111	175	400	有限责任
	鸿银酒店	三	2008. 01. 10	2003. 03. 28	4430611	珠海市金湾区三灶镇金海大道南	3986688	98	158	70	私营
	学苑宾馆	三	2008. 07. 01	2005. 09. 01	4430634	珠海市香洲梅华东路 276 号	2152788	88	174	500	集体
	五月天酒店	三	2008. 11. 10	2007. 07. 13	4430639	珠海前山明珠北路 383 号	8586888	61	105	180	有限责任
	优派酒店	三	2008. 11. 26	2007. 05. 01	4430641	珠海市香洲区红山路 163 号	2666555	53	79	600	有限责任
	千鹏酒店	三	2009. 03. 30	2006. 05. 23	4430654	珠海市香洲区人民西路	2666999	99	174	400	有限责任
	桃园假日酒店	三	2009. 06. 15	2007. 06. 12	4430660	珠海斗门区白藤湖湖滨一区 17 号	3939333	88	164	100	私营
	福泉大酒店	三	2010. 11. 02	2006. 12. 01	4430736	珠海市平杀镇平沙三路 1068 号	7266333	96	176	1200	私营
	桃园帝豪大酒店	三	2011. 03. 15	2008. 09. 15	4430751	珠海市斗门井岸镇新青二路 9 号	5121888	103	162	660	私营
	佳多利酒店	三	2011. 03. 15	2010. 03. 01	4430752	珠海市斗门井岸镇西堤路 2273 号	6811888	91	132	52	有限责任
	※怡海楼酒店	**三**	**2012. 03. 23**	**1987. 11. 28**	**4430780**	**珠海市九洲大道东 1023 号**	**3332893**	**82**	**143**	**250**	**其他**
	交通大厦	二	1993. 03. 01	1989. 11. 01	4420150	珠海市拱北水湾路 1 号	8884474	80	175	200	集体
	东澳度假村	二	2000. 09. 01	1997. 01. 01	4420143	珠海市东澳岛	8858143	65	180	100	股份
	广信海湾酒店	二	2000. 10. 27	1987. 06. 01	4420144	珠海市香洲乐园路 1 号	2223448	69	160	300	国有
	桂山酒店	二	2001. 11. 02	1986. 01. 01	4420148	珠海市桂山岛	8851125	34	64	200	集体
汕头市（拥有星级饭店 34 家，其中五星级 3 家，四星级 7 家，三星级 19 家，二星级 4 家，一星级 1 家）	金海湾大酒店	五	1994. 11. 08	1991. 01. 08	4450032	汕头市金砂东路 96 号	88263263	400	638	1526	中外合作
	帝豪酒店	五	2000. 07. 17	1999. 07. 25	4450002	汕头市金砂东路丰华庄 188 号	88199888	554	827	610	中外合资
	君华大酒店	五	2006. 04. 06	2001. 09. 27	4450045	汕头市金砂东路 97 号	88191188	318	451	554	外商独资
	国际大酒店	四	1991. 07. 01	1988. 02. 01	4440064	汕头市金砂东路	88251212	324	610	1159	中外合作
	龙湖宾馆	四	1996. 08. 08	1984. 01. 01	4440065	汕头市大北山路 2 号	88260706	253	451	1000	中外合作
	澄海花园酒店	四	2001. 07. 04	1999. 10. 01	4440062	汕头澄海市文冠路北侧	85868888	272	497	1900	私营
	中信度假村酒店	四	2001. 07. 27	1994. 07. 05	4440013	汕头市河蒲区中信大道	87900888	151	368	720	国有
	金佳诚酒店	四	2003. 12. 05	1997. 12. 28	4440063	汕头市潮南区峡山镇广祥路中段	87773666	184	259	400	私营
	金城大酒店	四	2005. 11. 01	2004. 01. 01	4440136	汕头市潮南区广汕公路司马浦西段	87730999	234	344	300	私营

续表

地区	饭店名称	星级	评定时间	开业时间	星牌编号	饭店地址	咨询电话	客房（间）	床位（张）	餐位（个）	机构性质
汕头市（0754）	皇都大酒店	四	2009.08.05	1997.10.31	4440196	汕头市潮南区两英环城东路	85576888	318	530	2100	私营
	金苑假日大酒店	三	1996.01.26	1995.12.07	4430191	汕头市潮阳市峡山镇广祥路	87772888	303	534	560	股份制
	金叶大厦	三	1996.01.01	1993.01.30	4430190	汕头市潮阳市棉新大道	83828888	120	208	400	国有
	鮀岛宾馆	三	1999.09.03	1982.10.01	4430176	汕头市金砂东路36号	88316668	181	318	320	中外合资
	金海鸥酒店	三	1999.09.03	1997.11.01	4430177	汕头市汕樟路下蓬169号	88330998	94	180	700	私营
	南海大酒店	三	1999.09.03	1993.10.22	4430178	汕头市潮阳市峡山汕路	87769888	120	240	200	中外合资
	华侨大厦	三	2000.05.24	1982.10.08	4430179	汕头市汕樟路41号	88629888	205	400	900	国有
	花园宾馆	三	2000.05.24	1997.11.18	4430180	汕头市汕汾路与衡汕路交界处	88860666	265	459	420	中外合资
	民航大酒店	三	2000.07.07	1999.06.01	4430181	汕头市珠江路中段	88850088	149	248	300	国有
	南澳海湾宾馆	三	2002.08.09	2000.08.09	4430183	汕头市南澳县青澳湾	86997811	94	202	210	私营
	榆园大厦	三	2003.08.14	1992.09.24	4430184	汕头市金陵路8号	88625515	66	128	120	国有
	天马大酒店	三	2003.09.24	1993.10.19	4430185	汕头市潮南区司马浦下公路边	87735888	216	304	100	私营
	青澳湾半岛假日酒店	三	2003.11.01	1995.06.16	4430186	汕头市南澳县青澳湾	86998888	157	280	1500	股份制
	南钟天酒店	三	2004.03.29	1999.07.01	4430187	汕头市潮南陈店陈沙路口	84491888	106	161	300	股份制
	丰盛发酒店	三	2004.05.14	1995.11.20	4430188	汕头市潮阳区谷饶镇	87619666	168	179	812	中外合资
	和平大酒店	三	2004.06.01	1997.10.31	4430189	汕头市潮阳区和平镇和惠新路中段	82252888	98	136	680	私营
	旅侨大酒店	三	2005.01.21	2001.12.01	4430443	汕头市澄海区汽车总站对面	85732888	74	177	812	私营
	南海阁大酒店	三	2005.09.29	1993.05.01	4430477	汕头市南澳县后宅镇海滨路中段	86818888	128	248	300	股份有限
	东方明珠大酒店	三	2005.11.03	2005.05.01	4430482	汕头市潮阳区城北一路中段	83838555	125	184	150	私营
	钱澳湾旅游度假村	三	2006.11.18	2002.11.20	4430483	汕头市南澳县钱澳路	86801111	80	150	140	外商投资
	新华酒店	二	1991.01.01	1987.01.01	4420165	汕头市外马路	8276734	89	170	186	国有
	抽纱大厦	二	2000.06.01	1989.01.01	4420157	汕头市海滨路16号	8554037	51	100	400	中外
	华都宾馆	二	2000.06.01	1994.01.01	4420158	汕头市金砂东路中段	8616621	48	95	120	中外
	侨联大厦	二	2001.06.28	1980.06.10	4420160	汕头市汕樟路35号	8259109	52	98	150	国有
	粤东农垦大厦	一	2000.06.01	1992.01.01	4410009	汕头市潮汕路14号	8212453	96	190	150	国有

续表

地区	饭店名称	星级	评定时间	开业时间	星牌编号	饭店地址	咨询电话	客房（间）	床位（张）	餐位（个）	机构性质
佛山市（含顺德区，拥有星级饭店90家，其中五星级9家，四星级17家，三星级46家，二星级17家，一星级1家）	皇冠假日酒店	五	2004. 02. 18	1981. 06. 18	4450012	佛山市汾江中路118号	82368888	415	508	2080	中外合作
	华夏新中源大酒店	五	2007. 06. 20	2005. 05. 22	4450049	佛山市禅城区南庄镇陶博大道	85318888	329	491	1800	有限责任
	名都大酒店	五	2008. 12. 23	2003. 09. 23	4450066	佛山市南海区大沥镇	85788888	308	411	880	有限责任
	※保利洲际酒店	五	2012. 01. 17	2009. 12. 28	4450108	佛山市南海区灯湖西路20号	86268888	445	590	647	有限责任
	※金太阳酒店	五	2012. 01. 17	2009. 09. 27	4450109	佛山市三水区广海大道东2号	87783333	508	875	2224	有限责任
	※三水花园酒店	五	2012. 03. 24	2008. 01. 26	4450110	佛山市三水区广海大道中路39号	87799999	335	497	780	私营
	※高明碧桂园凤凰城酒店	五	2012. 03. 24	2009. 11. 28	4450111	佛山市高明区碧桂大道三洲碧桂园	88611111	336	610	550	有限责任
	中恒金都大酒店	四	1997. 12. 01	1996. 01. 01	4440079	佛山市机场路口	85558328	257	473	1200	集体
	金城大酒店	四	2000. 12. 05	1989. 02. 01	4440014	佛山市汾江中路125号	83288888	186	332	1500	中外合作
	佳宁娜大酒店	四	2003. 07. 08	1992. 11. 17	4440073	佛山市祖庙路14号	82223828	153	255	1000	中外合资
	云影琼楼酒店	四	2005. 09. 01	1993. 12. 01	4440078	佛山市南海区西樵山	6886799	136	250	550	中外合作
	新阳光酒店	四	2006. 03. 20	2005. 03. 24	4440144	佛山市南海区盐步镇	85701111	116	203	350	股份合作
	祈福（仙湖）酒店	四	2008. 06. 16	2004. 02. 16	4440179	佛山市南海丹灶镇	85449988	234	468	2300	有限责任
	※凯迪威酒店	四	2012. 09. 24	2010. 12. 18	4440227	佛山市三水区乐平镇乐平大道35号	87398888	165	252	838	私营
	西樵大酒店	三	1989. 09. 01	1987. 08. 01	4430343	佛山市南海区西樵山	86886799	170	371	650	中外合资
	尖东酒店	三	1995. 03. 01	1991. 12. 01	4430344	佛山市南海区桂城石啃	86772700	69	154	600	集体
	禅城酒店	三	1996. 07. 01	1985. 08. 01	4430345	佛山市汾江中路76号	82966888	150	223	800	中外合作
	中旅华厦酒店	三	1997. 07. 01	1980. 01. 01	4430346	佛山市三水区新华北路54号	87806666	200	200	1000	股份合作
	金湖酒店	三	1999. 09. 01	1998. 05. 01	4430319	佛山市普澜二路23号	83988338	143	241	500	集体
	南海迎宾馆	三	2000. 07. 01	1993. 06. 01	4430320	佛山市南海区桂城南海大道	86336888	64	112	330	国有
	旋宫酒店	三	2000. 12. 22	1984. 05. 01	4430324	佛山市祖庙路1号	82285622	80	172	560	国有
	石湾宾馆	三	2000. 12. 22	1992. 02. 01	4430325	佛山市汾江四路15号	83328813	105	195	420	集体
	金泉大酒店	三	2000. 12. 22	2000. 01. 18	4430326	佛山市南海区西樵樵高路D	86897999	85	160	460	私营
	君悦酒店	三	2000. 12. 22	1987. 10. 01	4430327	佛山市三水区健力宝南路5号	87773888	89	166	1000	集体

续表

地区	饭店名称	星级	评定时间	开业时间	星牌编号	饭店地址	咨询电话	客房（间）	床位（张）	餐位（个）	机构性质
佛山市（0757）	恒威大酒店	三	2000. 12. 22	1999. 06. 25	4430328	佛山市高明区河江工业区	88222111	97	186	700	中外合资
	南海君悦大酒店	三	2001. 05. 31	1995. 12. 15	4430330	佛山市南海区九江镇	86552238	58	120	700	私营
	柏安大酒店	三	2001. 08. 22	1998. 08. 26	4430332	佛山市三水区广海大道西	87821333	48	89	350	外国独资
	平洲宾馆	三	2001. 09. 27	1996. 07. 01	4430334	佛山市平洲区永安路 8 号	86776688	87	156	450	集体
	鸿业酒店	三	2002. 07. 11	1999. 07. 03	4430331	佛山市南海区平安路	85518888	95	167	150	私营
	鸿南大酒店	三	2002. 09. 06	1999. 10. 05	4430337	佛山市三水区新华路 23 号	87728888	151	256	750	国有
	辉利大酒店	三	2002. 09. 11	1997. 09. 12	4430338	佛山市南海区儒林西路 48 号	86558888	117	229	1450	集体
	鸿运酒店	三	2003. 11. 28	1994. 12. 01	4430340	佛山市汾江中路 6 号	82980000	83	128	250	有限责任
	力之源大酒店	三	2004. 01. 02	2002. 10. 01	4430341	佛山市南海区长堤路 5 号	86331631	51	100	220	集体
	金懋大酒店	三	2005. 02. 03	2003. 01. 23	4430454	佛山市南海区广厦路 1 号	86803332	88	140	280	有限责任
	贵都酒店	三	2005. 07. 29	2002. 12. 27	4430468	佛山市南海区桂城佛平路	86280001	97	165	450	有限责任
	蓝澳酒店	三	2005. 10. 31	2004. 01. 15	4430486	佛山市华四路国际陶瓷展览中心 B	83960333	59	93	100	有限责任
	康颐酒店	三	2006. 04. 14	2003. 12. 05	4430513	佛山市南海区桂城平洲佛平路	86789118	81	153	380	有限责任
	福裕酒店	三	2006. 04. 29	2003. 03. 01	4430516	佛山市南海区桂城桂澜路	86393981	78	121	200	有限责任
	金银酒店	三	2006. 08. 22	2000. 11. 01	4430537	佛山汾江西路 4 号	83350239	88	168	180	有限责任
	世纪星酒店	三	2006. 09. 11	2005. 09. 29	4430545	佛山市高明区文华路 455 号	88886633	81	132	500	有限责任
	华泰大酒店	三	2007. 02. 12	2005. 06. 17	4430584	佛山市南海区盐步镇	88782828	75	106	102	有限责任
	新建豪酒店	三	2007. 07. 18	2005. 12. 16	4430595	佛山市南海区官窑瑶平路段	81192888	99	189	400	私营
	明苑迎宾馆	三	2007. 07. 18	2006. 06. 09	4430596	佛山市高明区文汇路 9 号	88232222	102	200	600	私营
	中联大酒店	三	2008. 02. 02	1999. 06. 08	4430622	佛山市南海区盐步区	85783888	92	157	68	私营
	皇都酒店	三	2008. 06. 05	2006. 04. 06	4430629	佛山市佛平路 19 号	82108888	158	255	100	有限责任
	百盛达商务酒店	三	2009. 10. 09	2008. 03. 26	4430690	佛山市南海区桂城海大路 4 号	86311111	153	198	118	私营
	天豪酒店	三	2009. 12. 03	2003. 01. 01	4430699	佛山市南海区松夏工业园	85200888	90	157	200	私营
	大金地假日酒店	三	2010. 05. 26	2008. 08. 20	4430718	佛山市南海区广佛路 29 号	85931888	83	113	500	私营

续表

地区	饭店名称	星级	评定时间	开业时间	星牌编号	饭店地址	咨询电话	客房（间）	床位（张）	餐位（个）	机构性质
佛山市（0757）	珀丽酒店	三	2010.10.11	2004.07.11	4430734	佛山市文华北路	83377488	93	134	600	私营
	阳光假日酒店	三	2010.11.23	2007.02.18	4430737	佛山市三水区三达路16号	87812888	110	148	1500	有限责任
	登喜来大酒店	三	2011.06.17	2005.09.01	4430575	佛山市禅城区文华北路77号	82803188	100	202	400	私营
	君宇酒店	三	2011.11.01	2008.03.13	4430764	佛山市南海区大沥禅炭路	81180288	149	223	100	股份合作
	※金帝豪大酒店	**三**	**2012.05.14**	**2005.12.27**	**4430783**	**佛山市禅城区张槎四路39号**	**82101888**	**92**	**146**	**1500**	**有限公司**
	永安大酒店	二	1999.12.01	1998.03.01	4420268	佛山市南海区西樵山江浦东路36号	86896333	113	200	300	私营
	珠江大酒店	二	2000.06.01	1981.05.01	4420266	佛山市亲仁路1号	82287512	66	149	588	股份制
	高明区联昌大酒店	二	2001.09.10	1987.01.01	4420274	佛山高明区荷城区沧江路89号	88886888	54	108	1000	私营
	滨利酒店	二	2003.06.11	2003.04.21	4420289	佛山市华远街32号	83990666	72	90	80	私营
	力源大酒店	二	2003.06.25	1997.03.01	4420281	佛山市亲仁西路30号	82299038	45	91	50	集体
	华盛酒店	二	2003.11.28	1991.05.12	4420283	佛山市汾江中路3号	82230000	86	153	120	有限责任
	中联宾馆	二	2004.12.06	2002.03.03	4420290	佛山市南海黄岐鄱阳西路38号	85968888	48	72	1	私营
	泽泉酒店	二	2005.02.02	2004.01.01	4420386	佛山市南海区桂城叠滘大道茶基村	86267888	53	106	250	私营
	金腾大酒店	二	2005.12.07	2004.07.01	4420400	佛山市禅城区澜江中路58号	82969338	70	124	110	股份有限
	黄岐第一城会所	二	2007.09.21	2000.08.01	4420421	佛山市南海区黄岐沿江路168号	85961133	20	36	80	私营
#顺德区（拥有星级饭店27家，其中五星级2家，四星级10家，三星级7家，二星级7家，一星级1家）	哥顿酒店	五	2008.12.23	2005.09.12	4450067	佛山市顺德区容桂大道	28386888	204	293	1200	有限责任
	财神酒店	五	2009.07.01	2006.07.01	4450072	佛山市顺德区乐从大道	28838888	408	558	478	港澳台商
	仙泉酒店	四	1990.06.01	1987.12.18	4440077	佛山市顺德区顺峰山旅游区	22328333	263	427	1050	有限责任
	新世界万怡酒店	四	2001.01.19	1998.01.10	4440068	佛山市顺德区清晖路150号	22218333	383	571	485	中外合资
	碧桂园度假村	四	2002.01.07	1998.11.20	4440069	佛山市顺德区北滘镇	26332228	198	378	1500	股份合作
	碧桂花城大酒店	四	2003.01.13	2001.07.05	4440070	佛山市顺德区陈村镇	23836688	59	99	1500	股份合作
	鹿茵酒店	四	2003.01.13	2001.09.26	4440071	佛山市顺德区桂州大道中1号	28321688	173	268	1200	私营
	新君悦酒店	四	2003.01.13	2001.08.29	4440072	佛山市顺德区陈村镇	23836888	103	193	1000	私营

续表

地区	饭店名称	星级	评定时间	开业时间	星牌编号	饭店地址	咨询电话	客房（间）	床位（张）	餐位（个）	机构性质
顺德市	福盈酒店	四	2004.05.20	2003.05.24	4440076	佛山市顺德区环市北路38号	22330338	105	184	1000	中外合资
	君豪酒店	四	2010.01.28	2005.09.14	4440203	佛山市顺德区容奇大道中24号	28387888	208	406	146	私营
	君莱酒店	四	2010.01.28	2007.02.28	4440204	佛山市顺德区大良街鉴海南路14号	22608888	116	170	460	有限责任
	骏景酒店	四	2010.06.23	2005.09.30	4440205	佛山市顺德区均安镇翠湖路2号	25508888	143	199	750	有限责任
	皇帝酒店	三	2000.11.07	1995.03.21	4430322	佛山市顺德区大良镇锦龙路118号	22270888	178	330	600	私营
	容莲宾馆	三	2001.04.20	1994.04.28	4430329	佛山市顺德容奇江南大道23号	26628668	102	193	564	集体
	高陞酒店	三	2004.06.15	1995.01.18	4430342	佛山顺德区北鰲镇五长沙18号	26333388	90	160	750	私营
	时代大厦酒店	三	2005.02.03	2004.01.01	4430451	佛山市顺德区大良新宁路60号	22387888	220	369	600	有限责任
	帝庭酒店	三	2005.02.03	2004.01.28	4430452	佛山市顺德区勒流镇银捷路23号	25336688	63	100	80	股份合作
	万里来大酒店	三	2005.02.03	1999.01.01	4430453	佛山市顺德区勒流镇政和北路10号	22533111	117	252	800	私营
	长鹿度假酒店	三	2006.03.23	2003.05.01	4430507	佛山市顺德区伦教三洲建设东路	27331111	90	180	1628	私营
	小逢莱宾馆	二	1990.01.01	1987.01.01	4420287	佛山市顺德区北滘镇蓬莱一路20号	26655099	93	186	450	独资
	豪泉酒店	二	2003.03.17	2002.01.16	4420280	佛山市顺德区乐从镇325国道	28333333	70	136	500	私营
	伦教侨联大厦华苑迎宾馆	二	2004.01.07	1992.11.18	4420284	佛山顺德区伦教新丰路	27331333	31	62	64	集体
	顺德凯逸	二	2004.07.02	2002.08.15	4420286	佛山市顺德区乐从广湛公路新隆路口	28918883	62	117	80	私营
	半岛酒店	二	2005.06.13	1996.01.01	4420389	佛山市顺德区乐从镇乐西路	28336899	70	135	800	有限责任
	大绅酒店	二	2005.06.13	2005.01.01	4420390	佛山市顺德区乐从镇大新家私城A座	28335555	113	184	850	私营
	雅苑酒店	二	2008.09.05	2000.02.20	4420422	佛山市顺德区乐从镇	28336238	70	133	96	私营
	新纪豪酒店	一	2005.06.13	2002.03.18	4410033	佛山市顺德区乐从镇南村工业区	28336388	100	191	150	私营
韶关市（0751）	莱斯大酒店	五	2008.10.07	2004.10.01	4450063	韶关市浈江区启明北路8号	8198888	217	349	700	有限责任
	流花宾馆	四	2005.04.04	1998.06.01	4440128	韶关市武江区新华北路138号	8636668	127	246	796	股份有限
	方圆民族温矿泉酒店	四	2006.09.12	2006.05.01	4440153	韶关市乳源县城鹰峰西路50号	5222222	118	250	500	有限责任
	龙翔大酒店	四	2007.10.10	2004.07.20	4440170	韶关市翁源县	6128977	139	232	1200	有限责任

续表

地区	饭店名称	星级	评定时间	开业时间	星牌编号	饭店地址	咨询电话	客房（间）	床位（张）	餐位（个）	机构性质
韶关市（拥有星级饭店56家，其中五星级1家，四星级6家，三星级42家，二星级5家，一星级2家）	曹溪温泉假日度假村	四	2007.10.10	2003.01.28	4440171	韶关市曲江区马坝镇转溪桥	6658999	610	1240	2000	有限责任
	乐昌迎宾大酒店	四	2008.12.22	2007.05.01	4440182	韶关乐昌市金融街52号	5555555	160	266	700	私营
	友好温泉商务酒店	四	2011.11.10	2009.06.25	4440222	韶关市曲江区马坝城东路段	6678888	190	325	500	私营
	南雄市珠玑大酒店	三	1998.01.01	1995.12.01	4430209	韶关南雄市建设路12号	3830888	122	280	700	私营
	韶关小岛饭店	三	2000.06.01	1997.12.01	4430195	韶关市西堤路27号	8912288	60	114	350	中外合资
	乳源小岛饭店	三	2000.06.01	1999.07.01	4430197	韶关市乳源县解放北路2号	5389888	102	206	350	中外合资
	丽晶酒店	三	2001.01.04	1994.04.01	4430198	韶关市江区北江路2号	8210218	112	213	800	中外合资
	湖心宾馆(韶关)	三	2001.07.05	1975.01.01	4430200	韶关市工业东路17号	8761570	75	203	500	国有
	丹霞山和景酒店	三	2002.04.03	2001.01.01	4430202	韶关市丹霞山风景区	6292168	120	244	680	私营
	南雄迎宾馆	三	2003.01.27	1959.07.01	4430203	韶关南雄市建设路6号	3822032	116	235	800	国有
	北苑宾馆	三	2003.04.15	1991.04.05	4430204	韶关市风度北路122号	8188838	85	172	566	国有
	新丰县迎宾馆	三	2003.06.16	1960.02.01	4430206	新丰县公园内4号	2258888	58	108	480	国有
	富丽大酒店	三	2004.05.21	2004.04.23	4430207	韶关乐昌市坪石岭南路69号	5523488	65	130	250	私营
	曲江迎宾馆	三	2004.11.05	1988.12.01	4430436	韶关市曲江区府前中路	6666877	84	159	500	国有
	国林宾馆	三	2004.12.02	1996.06.01	4430435	韶关市浈江区站南路口	8251244	60	132	420	私营
	新华宾馆	三	2004.12.17	2003.08.01	4430434	韶关始兴县新华宾馆	3324888	53	103	330	国有
	金源酒店	三	2005.01.04	2004.01.01	4430441	韶关市风采路66号	8189988	136	233	600	港澳台商
	聚雅轩酒店	三	2005.04.12	2003.01.01	4430444	韶关市北江区解放路126号	8189333	98	181	800	私营
	富源大酒店	三	2005.07.29	1999.06.01	4430196	韶关市翁源县城建设一路368号	2873333	32	68	400	外商投资
	君临酒店	三	2005.09.22	1991.09.01	4430478	韶关市浈江南路75号	8885111	42	85	350	私营
	金雄鹰宾馆	三	2005.10.13	2004.09.26	4430480	韶关南雄市雄中路55号	3868888	52	119	360	私营
	泉景酒店	三	2006.05.08	2002.09.28	4430519	韶关市环园西路1号	8186279	58	110	300	有限公司
	乐昌市星之光大酒店	三	2006.06.23	2005.04.25	4430523	韶关乐昌市解放路51号	5555288	90	150	145	有限责任
	南华温泉大酒店	三	2006.06.23	2003.10.18	4430524	韶关市曲江区马坝镇马坝大道南	6646666	63	118	550	私营

续表

地区	饭店名称	星级	评定时间	开业时间	星牌编号	饭店地址	咨询电话	客房（间）	床位（张）	餐位（个）	机构性质
韶关市（0751）	粤源大酒店	三	2006.06.23	2005.04.28	4430525	韶关市翁源县沿江路3号	2819838	105	168	700	私营
	金鸡宾馆	三	2006.12.11	1994.04.28	4430568	韶关市乐昌市砰石镇金鸡南路3号	5528888	110	229	410	国有
	始兴远东酒店	三	2007.02.15	2002.09.01	4430588	韶关始兴县兴平路1号	3339301	43	87	1000	私营
	百乐宫大酒店	三	2007.12.24	2006.02.01	4430608	韶关市新丰县丰城大道东10号	2267888	35	62	360	私营
	濠景酒店	三	2008.02.26	2003.06.18	4430619	韶关市解放路124号	8186666	61	110	50	外商投资
	丛林山庄	三	2009.06.02	2003.01.01	4430658	韶关市浈江区森态路11号	8282128	180	400	1000	私营
	金海洋假日酒店	三	2009.07.18	2008.05.01	4430670	韶关乐昌市长乐路88号	5568688	36	66	80	私营
	幸福华庭酒店	三	2009.09.08	2009.01.10	4430683	韶关市武江区惠城南路122号	8611188	193	307	600	私营
	丹霞假日山庄	三	2010.09.02	2007.05.01	4430727	韶关市仁化县金霞小区霞兴南路18号	6800999	200	388	750	有限责任
	锦城宾馆	三	2011.04.18	2009.09.29	4430755	韶关市仁化县新城路2号	6356666	116	213	500	国有
	绿苑酒店	三	2011.10.10	2002.10.01	4430762	韶关市西堤北路12号	8803333	63	128	500	其他
	顺丰楼酒店	三	2011.11.10	2010.10.01	4430765	始兴县司前镇司前大街1号	3288288	50	83	500	私营
	汇丰酒店	三	2011.11.21	2010.05.01	4430767	乐昌市人民南路3号	5500333	73	118	100	股份有限
	雄州大酒店	三	2011.11.29	2009.01.22	4430768	韶关南雄市雄中路雄州大酒店	3818199	102	188	800	港澳台商投资
	正星商务酒店	三	2011.12.22	2010.04.18	4430772	韶关市曲江区马坝大道北128号	6911888	99	160	600	私营
	※云锦山庄	三	**2012.03.12**	**2005.06.01**	**4430777**	韶关市乳源县天井山林场	**5468388**	**44**	**85**	**170**	国有
	※翁源县新世纪酒店	三	**2012.06.28**	**2011.05.01**	**4430786**	韶关翁源县紫荆路1号	**6912833**	**391**	**74**	**400**	私营
	※翁源县雅园大酒店	三	**2012.08.22**	**2011.03.15**	**4430789**	韶关市翁源县龙英路	**2816666**	**45**	**98**	**500**	其他
	※昇东商务酒店	三	**2012.12.12**	**2000.07.28**	**4430794**	韶关市翁源县官渡镇桉西路	**2888028**	**83**	**175**	**400**	其他
	※新丰江源温泉旅游度假山庄	三	**2012.12.06**	**2010.01.01**	**4430796**	韶关市新丰县梅坑镇梅东村	**2381997**	**117**	**228**	**350**	私营
	※宁泰商务酒店	三	**2012.12.20**	**2011.07.02**	**4430797**	乳源县迎宾南路东侧	**6120666**	**100**	**163**	**750**	私营
	乳泉县白云天宾馆	二	2000.09.01	1999.04.01	4420168	乳源县城磨峰东路	5387888	35	75	120	私营
	港都大酒店	二	2004.12.17	1993.06.01	4420176	韶关市火车站广场	8881122	80	156	100	港商
	星光之光商务酒店	二	2006.06.23	2005.08.26	4420405	乳源县环城西路24号	5380888	35	61	200	私营

续表

地区	饭店名称	星级	评定时间	开业时间	星牌编号	饭店地址	咨询电话	客房（间）	床位（张）	餐位（个）	机构性质
韶关市（0751）	兴华宾馆	二	2010.12.08	2009.10.28	4420428	乐昌市人民中路139号	5579111	22	42	80	私营
	联城酒店	二	2011.08.18	2010.07.03	4420429	韶关市仁化县董镇连塘路27～35号	6366001	36	72	310	私营
	始兴平湖山庄	一	2000.11.01	1988.04.07	4410032	始兴县花山水库	3412328	27	69	150	国有
	笑傲山庄	一	2000.12.01	1988.04.08	4410012	乳源县南岭国家森林公园	5232555	26	60	200	私营
河源市（拥有星级饭店23家，其中五星级1家，四星级2家，三星级14家，二星级6家）	翔丰国际酒店	五	2007.06.20	2005.09.26	4450051	河源市源城区沿江东路1号	3299999	233	368	860	有限责任
	假日酒店	四	2006.07.04	2003.10.01	4440149	河源市宝源山庄汾江路10号	3380999	147	321	1360	私营
	滨江金利大酒店	四	2009.03.27	2006.09.29	4440190	河源市源城区碧水居地段	3399999	160	320	1200	有限责任
	明珠银发酒店	三	1997.09.01	1995.03.06	4430219	河源市河源大道13号	3396888	66	148	350	中外合资
	紫金宾馆	三	2000.11.07	1993.02.01	4430210	河源市紫金县紫城镇秋江路36号	7826883	60	112	250	国有
	华瑞酒店	三	2001.08.24	1998.01.18	4430211	河源市兴源路1号	3322222	85	165	280	国有
	金利大酒店	三	2003.09.25	1995.03.18	4430212	河源市河源大道17号	3396288	101	208	480	私营
	霍山宾馆	三	2004.01.12	1995.07.01	4430214	河源市龙川县老隆镇老龙大道	6758328	128	216	800	中外合资
	南方酒店	三	2004.04.01	1999.07.08	4430216	河源市连平县城官灯公路	4321111	37	77	200	私营
	旅游大酒店	三	2005.04.12	2004.03.01	4430458	河源市龙川县经济开发区5号小区	2821888	88	168	460	有限责任
	华达大酒店	三	2005.04.16	1994.01.10	4430459	河源市河源大道南71号	3396393	126	256	550	有限责任
	新江大酒店	三	2005.11.07	2004.01.01	4430484	河源市大道北新城汽车站对面	3365999	121	241	1000	有限责任
	世纪大酒店	三	2006.01.21	2005.12.26	4430489	河源市和平县城和平大道88号	5669888	85	187	1300	私营
	新丽源大酒店	三	2006.03.13	2005.01.19	4430491	河源市新市区红星路	3811888	54	98	600	私营
	江都大酒店	三	2006.05.17	2005.01.01	4430490	河源市忠角镇沿江中路	4557888	82	174	600	私营
	和润假日酒店	三	2008.04.22	2007.03.28	4430623	河源市紫金县城金山大道	7839388	125	193	200	私营
	星悦湾大酒店	三	2009.12.14	2005.02.01	4430657	河源市连平县滨河路1号	4322888	62	116	250	私营
	新港大酒店	二	2000.09.01	1994.08.01	4420182	龙川县老隆大道123号	6756188	60	120	180	中外合资
	花苑宾馆	二	2001.04.25	1998.11.01	4420185	龙川县老隆镇东风路15号	6752896	54	105	300	国有
	诚丰酒店	二	2001.09.12	1999.07.16	4420188	河源市河源大道138号	3392288	44	85	240	集体

续表

地区	饭店名称	星级	评定时间	开业时间	星牌编号	饭店地址	咨询电话	客房（间）	床位（张）	餐位（个）	机构性质
河源市（0762）	海天大厦	二	2000. 07. 01	1997. 03. 01	4420191	和平县城东山路 101 号	5636988	36	78	150	私营
	新丰江水电培训中心	二	2002. 12. 01	2000. 09. 01	4420192	新丰江水电厂内	3381168	46	92	200	集体
	雄达大酒店	二	2003. 12. 23	2000. 09. 26	4420194	河源大道北	3339992	55	116	250	私营
梅州市（拥有星级饭店 31 家，其中五星级 2 家，四星级 3 家，三星级 17 家，二星级 9 家）	客天下国际大酒店	五	2011. 11. 02	2009. 11. 08	4450099	梅州市梅江区客天下旅游产业园	2118888	168	249	916	有限责任
	金沙湾圣廷苑酒店	五	2011. 11. 02	2009. 06. 08	4450101	梅州市江南沿江西路	8668888	238	302	1，421	有限责任
	千江温泉酒店	四	2004. 08. 23	2003. 08. 01	4440118	梅州丰顺县雄风大道	6688888	150	299	580	有限责任
	金雁富源大酒店	四	2004. 12. 01	2003. 08. 01	4440123	梅州市丽都西路	2166666	110	250	500	私营
	瑞锦酒店	四	2011. 12. 01	2010. 09. 23	4440228	梅州市大埔县内环西路龙山 2 街	5185688	252	469	1，128	私营
	友谊宾馆	三	1999. 12. 01	1998. 09. 01	4430220	梅州市彬芳大道 52 号	2193888	138	267	480	国有
	金帆大酒店	三	2000. 12. 22	2000. 01. 28	4430221	梅州市大埔县城文明路 138 号	5533523	45	90	850	私营
	梅县柏丽酒店	三	2003. 06. 20	1998. 04. 16	4430224	梅州市华侨城宪梓大道	2500888	110	218	450	有限责任
	风度温泉大酒店	三	2004. 08. 23	1997. 10. 01	4430227	梅州市丰顺县汤坑镇东山路 1 号	6666666	124	234	450	集体
	田园大酒店	三	2006. 03. 20	2004. 01. 01	4430510	梅州市江南路 35 号	2163888	132	251	350	有限责任
	迎宾楼大酒店	三	2006. 09. 25	2006. 01. 01	4430554	梅州市五华县华兴中路 13 号	4430833	41	83	850	私营
	兴宁金叶酒店	三	2006. 09. 25	2004. 12. 01	4430555	梅州市兴宁市 205 国道文锋路口	3181168	113	190	360	有限责任
	长潭旅游度假村	三	2007. 02. 06	2004. 01. 01	4430582	梅州市蕉岭县长潭大道 2 ~ 3 号	7513188	66	138	800	有限责任
	逢源温泉酒店	三	2007. 06. 10	2006. 09. 01	4430593	梅州市丰顺县汤坑镇汤坑路 49 号	6696299	63	118	330	有限责任
	平远迎宾馆	三	2007. 11. 28	1996. 12. 01	4430605	梅州市平远县城羊子甸街 31 号	8824278	47	102	500	国有
	大埔县交通大酒店	三	2009. 11. 28	2008. 10. 01	4430697	梅州市大埔县湖寮镇义招路 89 号	5186888	40	79	730	私营
	梅县天地人宾馆	三	2011. 01. 13	2006. 10. 01	4430747	梅县大新城盘古步行街 1A	2566666	502	116	300	有限
	梅花湾酒店	三	2011. 01. 13	2009. 01. 01	4430749	梅州市江南新中东路 6 号	2111111	70	135	220	私营
	兴宁市华侨大厦	三	2011. 01. 13	1997. 10. 01	4430750	梅州兴宁市兴华路 31 号	3311138	70	114	1，200	有限
	金日温泉度假村	三	2011. 10. 31	2011. 01. 01	4430766	丰顺县丰良镇丰良大桥北端西侧 A 块	6222222	60	120	300	私营
	名杨村大酒店	三	2011. 12. 30	2011. 01. 08	4430775	梅州 S223 线丙村府前大道	2836666	46	78	709	港澳台商

续表

地区	饭店名称	星级	评定时间	开业时间	星牌编号	饭店地址	咨询电话	客房（间）	床位（张）	餐位（个）	机构性质
梅州市（0753）	**※远南大酒店**	**三**	**2012. 11. 16**	**2010. 10. 01**	**4430795**	**梅州市平远县平城中路 49 号**	**8333888**	**52**	**77**	**604**	**私营**
	洪都大酒店	二	1999. 07. 01	1994. 07. 01	4420197	梅州兴宁市宁江路 8 号	3338888	56	108	300	中外
	蕉岭县桂岭宾馆	二	2000. 12. 22	1993. 11. 02	4420199	蕉岭县蕉城镇北街 10 号	7872874	52	98	350	国有
	梅县青云山庄	二	2000. 12. 06	2000. 10. 01	4420200	梅县雁洋镇五指峰	2839888	45	106	190	集体
	梅县嘉运宾馆	二	2001. 09. 17	1994. 09. 01	4420202	梅州市嘉应中路西桥公园侧	2180988	45	104	600	集体
	五华县新世纪大酒店	二	2002. 09. 29	2002. 10. 01	4420205	梅州市五华县水寨镇华侨直街 149 号	4432638	20	40	390	私营
	兴宁港兴宾馆	二	1994. 11. 01	1991. 08. 01	4420207	兴宁市宁江路	3333335	54	108	330	中外
	桃源酒店	二	2006. 05. 23	2005. 10. 01	4420404	梅州市宪梓大道客家文化城	2512680	53	90	300	私营
	鸿华酒店	二	2007. 02. 01	2005. 01. 01	4420417	梅州市梅江区江南嘉应中路 13 号	2255333	52	93	200	私营
	梅县龙华宾馆	二	2009. 08. 21	2008. 05. 08	4420242	梅县大新城新地街中段	2586898	81	162	230	股份合作
惠州市（拥有星级饭店 63 家，其中五星级 5 家，四星级 11 家，三星级 43 家，二星级 4 家）	罗浮山宝田国际度假会议中心	五	2007. 05. 14	2004. 09. 23	4450055	惠州市博罗县罗浮山风景区	6891111	235	377	640	有限责任
	康帝国际酒店	五	2007. 05. 14	2005. 11. 09	4450056	惠州市环城西一路渡口所	2688888	468	544	697	私营
	家路国际大酒店	五	2010. 12. 01	2006. 04. 01	4450090	惠州市惠阳区中山四路	3188888	168	207	460	私营
	金海湾喜来登度假酒店	五	2010. 12. 01	2008. 09. 23	4450091	惠东金海湾金海路 1 号	8328888	293	428	482	有限责任
	※国惠大酒店	**五**	**2012. 03. 24**	**2009. 01. 15**	**4450113**	**惠州市惠东县黄埠镇吉黄大道 48 号**	**8118888**	**293**	**363**	**910**	**私营**
	惠州宾馆	四	2003. 09. 22	1988. 11. 28	4440011	惠州市环城西二路 17 号	2232333	147	261	1000	中外合作
	凯旋假日酒店	四	2006. 01. 25	2004. 05. 18	4440141	惠州市麦兴路 11 号	2088999	146	213	800	有限责任
	丽景花园酒店	四	2006. 12. 25	2004. 07. 01	4440161	惠州市惠阳区淡水南门西街	3818888	160	193	500	私营
	金华悦国际大酒店	四	2008. 03. 04	2005. 01. 01	4440172	惠州市下埔大道 28 号	2088888	768	1210	3100	股份合作
	金世纪假日酒店	四	2008. 03. 04	2004. 04. 27	4440174	惠州市惠城区沥林镇惠樟路	3868888	188	289	600	港澳台商
	万事达华侨酒店	四	2008. 09. 24	2006. 09. 01	4440181	惠州市惠东县城广汕路 60 号	8163888	205	307	1000	有限责任
	新都会大酒店	四	2009. 03. 23	2007. 07. 03	4440187	惠州市惠阳区白云路 50 号	3769999	93	126	650	私营
	隆泰金都酒店	四	2009. 03. 23	2006. 10. 26	4440191	惠州市花边南路	2678888	171	269	360	私营
	恒升国际大酒店	四	2010. 12. 29	2009. 10. 01	4440211	惠州市惠东县惠东大道 526 号	8168888	206	248	948	私营

续表

地区	饭店名称	星级	评定时间	开业时间	星牌编号	饭店地址	咨询电话	客房（间）	床位（张）	餐位（个）	机构性质
惠州市（0752）	新丽晶大酒店	四	2011. 01. 04	1999. 10. 18	4440212	惠州市惠阳区淡水镇	3822822	117	135	738	私营
	世纪华园大饭店	四	2011. 07. 02	2004. 01. 07	4440217	惠州市惠阳区淡水镇东华大道 1 号	3828888	292	372	720	私营
	西湖宾馆	三	1991. 06. 01	1988. 11. 01	4430243	惠州市西湖芳华洲	2228111	56	90	872	中外合资
	金叶大厦	三	1992. 05. 01	1991. 04. 01	4430244	惠州市鹅岭南路 3 号	2261118	110	256	600	股份合作
	大亚湾中海酒店	三	1999. 09. 01	1998. 09. 01	4430228	惠州市大亚湾澳头镇新澳大道 1 号	5552288	94	167	400	国有
	君豪大酒店	三	1999. 09. 01	1985. 12. 01	4430229	惠州市下角南路 3 号	2228899	64	105	420	中外合资
	西湖大酒店	三	2000. 12. 22	1988. 07. 01	4430230	惠州市环城西二路 1011 号	2226666	187	335	1200	中外合资
	海湖大酒店	三	2000. 12. 22	2000. 06. 13	4430232	惠州市南坛路 8 号	2223888	165	283	1200	中外合资
	惠阳百老汇酒店	三	2000. 12. 01	1994. 11. 01	4430233	惠阳市淡水开城大道 88 号	3822222	139	215	468	中外合资
	园洲宾馆	三	2001. 03. 06	1993. 06. 15	4430235	惠州市博罗县园洲镇兴园二路	6680888	107	143	800	中外合资
	中惠大酒店	三	2001. 11. 23	2000. 08. 22	4430234	惠阳市淡水镇土湖工业路 1 号	3822888	86	157	80	中外合资
	星旗宾馆	三	2003. 04. 04	2002. 12. 12	4430237	惠阳市淡水镇中山二路 39 号	3823999	123	178	330	私营
	广成酒店	三	2003. 04. 04	1999. 01. 01	4430238	惠阳市淡水镇南门大街 1 号	3818666	120	208	600	私营
	南方大酒店	三	2003. 04. 22	1996. 11. 28	4430239	惠州市鹅岭北路 12 号	2380288	126	241	800	私营
	麦雅商务酒店	三	2004. 10. 08	2003. 02. 02	4430430	惠州市麦地路 30 号	2385888	107	163	550	私营
	德泽园（嘉柏）假日酒店	三	2004. 10. 08	2003. 05. 01	4430431	惠州市惠东县巽寮松园湾	8335666	99	193	330	中外合资
	嘉宾园度假村	三	2005. 01. 19	2002. 08. 01	4430442	惠州市博罗县福田镇桥东路	6882288	88	138	500	私营
	金鑫酒店	三	2005. 08. 08	2004. 09. 11	4430469	惠州市惠城区麦地南东二路	2561888	89	143	360	私营
	一景酒店	三	2005. 08. 08	2004. 07. 11	4430471	惠州市惠东县平山镇新华路	8884888	75	117	500	私营
	天外天大酒店	三	2005. 12. 21	2002. 06. 01	4430487	惠州市鹅岭南路 12 号	2380666	90	166	148	股份有限
	凯雅酒店	三	2006. 01. 19	2004. 12. 01	4430522	惠州市麦地南路 11 号	2662000	107	151	400	港澳台商
	京联宾馆	三	2006. 06. 01	2004. 11. 31	4430498	惠州市博罗县城博义路 3 号	6299888	129	193	200	私营
	金鑫商务酒店	三	2006. 08. 25	2005. 09. 11	4430540	惠州市麦地路 16 号	2381888	62	102	460	有限责任
	日华大酒店	三	2006. 09. 28	2006. 01. 01	4430557	惠州市惠阳淡水开城大道	3872888	64	101	80	私营

续表

地区	饭店名称	星级	评定时间	开业时间	星牌编号	饭店地址	咨询电话	客房（间）	床位（张）	餐位（个）	机构性质
惠州市（0752）	柏利商务酒店	三	2006.09.28	2005.02.28	4430558	惠州市平山镇新华路91号	8880888	42	57	260	私营
	万汇徕大酒店	三	2006.11.28	2005.10.08	4430564	惠州市惠阳区淡水镇	3773333	87	127	100	私营
	大富贵酒店	三	2006.12.01	2005.08.29	4430565	惠州市大湖溪广汕路	2078868	155	205	380	私营
	龙朝大酒店	三	2006.12.07	2004.01.09	4430567	惠州市龙门县城太平新路33号	7888888	132	238	800	有限责任
	鲁惠大酒店	三	2006.12.11	1993.10.01	4430569	惠州市惠阳区淡水镇开城大道21号	3822999	69	123	200	私营
	月亮宫大酒店	三	2007.02.12	2006.01.13	4430583	惠州市惠阳上塘石园东街118号	3727888	60	94	100	私营
	明月湖大酒店	三	2008.06.03	2003.04.30	4430628	惠州市黄塘路118号综合楼	2389688	100	215	580	有限责任
	千帆阁酒店	三	2009.06.18	2004.01.03	4430659	惠州市大亚湾经济技术开发区霞涌	5598888	78	129	400	股份合作
	时代假日酒店	三	2009.08.04	2007.01.08	4430671	惠州市惠城区龙丰路3号	2676888	133	201	500	私营
	南城商务酒店	三	2009.09.15	2008.06.28	4430684	惠州市河南岸白泥路	2556222	100	161	450	有限责任
	景新酒店	三	2009.12.21	2005.06.08	4430698	惠州市龙门县城百乐路	7788888	32	64	500	私营
	华尔富商务酒店	三	2009.12.23	2009.05.02	4430702	惠州市江北5号小区期湖塘路3号	5331888	71	113	144	有限责任
	望海楼酒店	三	2010.07.26	2003.12.05	4430722	惠州大亚湾澳头镇龙海街47号	5559222	80	127	600	私营
	康之源商务酒店	三	2010.08.03	2008.12.28	4430725	惠州市惠城区下角丰山路33号	2688333	42	663	600	私营
	新富豪酒店	三	2010.10.21	2009.10.06	4430730	惠州市惠阳淡水南门南路68号	3812333	71	85	100	私营
	富壕园大酒店	三	2010.12.24	2009.10.15	4430744	惠州市惠城区江北乌石一路1号	285666	80	134	600	股份有限
	金凯酒店	三	2010.12.22	2008.11.26	4430743	惠州市仲恺大道新海关对面	2637888	111	147	400	私营
	※金鑫国际酒店	**三**	**2012.03.05**	**2010.09.11**	**4430776**	**惠州市陈江大道吉山零星小区A1栋**	**3139999**	**68**	**118**	**500**	**私营**
	※鑫元大酒店	**三**	**2012.04.10**	**2010.07.16**	**4430778**	**惠州市大亚湾新澳大道四街6号**	**5558866**	**108**	**158**	**732**	**私营**
	※星光大酒店	**三**	**2012.05.09**	**2066.08.30**	**4430782**	**惠州市惠阳区淡水立交桥西侧**	**3815888**	**75**	**94**	**100**	**私营**
	※金殿大酒店	**三**	**2012.06.15**	**2009.08.16**	**4430785**	**惠州市鹅岭南路仲凯大道8号**	**2050999**	**99**	**172**	**204**	**私营**
	博罗县新世纪大酒店	二	2000.09.01	1993.09.01	4420211	博罗县罗阳镇北门路25号	6737333	60	108	500	私营
	博罗县狮峰宾馆	二	2001.12.30	1986.01.01	4420218	惠州市博罗县罗浮山朱明洞	6668638	40	80	380	私营
	新美丽酒店（停业）	二	2003.01.02	2001.05.28	4420219	惠州市龙门县百担新城区百合路	7795163	27	54	400	私营
	七星宾馆	二	2005.04.12	2001.06.01	4420387	惠州市惠阳区新墟镇	3333222	42	58	220	私营

续表

地区	饭店名称	星级	评定时间	开业时间	星牌编号	饭店地址	咨询电话	客房（间）	床位（张）	餐位（个）	机构性质
汕尾市（拥有星级饭店13家，其中五星级1家，四星级2家，三星级10家）	※巴黎半岛酒店	五	**2012.01.17**	**2008.11.25**	**4450106**	汕尾市城区汕尾大道中段	**3216888**	**288**	**434**	**830**	港澳台商
	莲花山度假村	四	2006.12.25	2004.12.28	4440162	汕尾市海丰县莲花山森林公园	6728888	131	233	350	港澳台商
	东陆酒店	四	2008.04.24	1988.11.16	4440175	汕尾陆丰市东海镇洲东路3号	8830988	128	280	900	有限责任
	友谊宾馆	三	2000.11.23	1993.08.15	4430248	汕尾市政府办公楼西侧	3391333	119	260	450	国有
	美丽华大酒店	三	2000.12.22	1994.10.01	4430250	汕尾市汕尾大道中段	3363666	160	304	700	国有
	陆丰大酒店	三	2001.01.04	1995.01.23	4430253	汕尾陆丰市东海镇北堤路11号	8835668	45	79	200	中外合资
	得胜宾馆	三	2004.03.24	2002.04.01	4430254	汕尾市红海湾遮浪通南路	3451666	277	560	400	国有
	龙山宾馆	三	2005.09.01	1985.05.01	4430473	汕尾陆丰市东海镇龙山大道18号	8989888	82	162	860	股份合作
	蓝岛假日酒店	三	2006.08.02	2003.01.01	4430534	汕尾市通航路128号	3321999	96	159	100	私营
	瑞龙庄园	三	2007.01.15	2004.04.23	4430576	汕尾陆河县上护镇樟河榜榜响	5581666	98	170	482	港澳台商
	富之城酒店	三	2008.04.24	2004.10.05	4430625	汕尾市海丰县城广富路439号	6692888	88	170	968	私营
	新洲宾馆	三	2008.04.24	2006.01.20	4430626	汕尾市汕尾大道中段西侧	3333666	99	185	120	有限责任
	泰林酒店	三	2009.06.10	2002.01.01	4430662	汕尾市汕尾大道中段东侧	3367999	125	226	1060	有限责任
东莞市（拥有星级饭店89家，其中五星级20家，四星级25家，三星级30家，二星级13家，一星级1家）	凤岗金凯悦大酒店	五	2001.03.21	2000.02.18	4450016	东莞市凤岗镇凤深大道6668号	87759888	303	451	1200	有限责任
	豪门大饭店	五	2002.01.04	2000.08.01	4450015	东莞市虎门镇港虎门大道	85117888	248	295	824	中外合资
	嘉华大酒店	五	2002.09.27	2001.07.05	4450007	东莞市厚街镇家具大道1号	85928888	466	536	930	私营
	富盈酒店	五	2003.09.22	2002.02.28	4450010	东莞市厚街广深高速公路东莞出口	85888888	250	360	1000	私营
	御景湾酒店	五	2003.09.18	2002.03.18	4450011	东莞市东城区迎宾路8号	22698888	268	445	1200	中外合资
	长安国际酒店	五	2004.08.23	2002.07.01	4450036	东莞市长安镇锦绣路1号	85333333	400	476	1360	私营
	长安海悦花园大酒店	五	2004.08.23	1996.12.19	4450037	东莞市长安镇雷边二环路	85318888	408	475	548	中外合资
	长安莲花山庄	五	2004.08.23	1994.02.01	4450038	东莞市长安镇莲花山边	85538388	291	434	1300	中外合资
	石龙金凯悦大酒店	五	2004.09.03	2002.11.23	4450039	东莞市石龙镇莞龙公路西湖路段	86188888	403	550	1058	有限责任
	喜来登大酒店	五	2005.09.19	2003.08.08	4450041	东莞市厚街镇莞太路	85988888	400	498	1014	私营

续表

地区	饭店名称	星级	评定时间	开业时间	星牌编号	饭店地址	咨询电话	客房（间）	床位（张）	餐位（个）	机构性质
东莞市（0769）	新都会怡景酒店	五	2006.04.02	2003.03.11	4450043	东莞市塘夏镇环市东路6号	87883888	233	315	1000	私营
	太子酒店	五	2006.11.29	2002.01.01	4450046	东莞市黄江镇江北路	83363333	426	600	810	有限责任
	塘厦三正半山酒店	五	2007.05.14	2005.06.29	4450054	东莞市塘厦镇迎宾大道	87299333	382	738	928	有限责任
	汇华国际饭店	五	2007.12.10	2005.01.01	4450059	东莞市常平镇常平大道	83938888	635	706	1098	股份合作
	丰泰花园酒店	五	2008.12.23	2005.10.30	4450068	东莞市虎门镇田村	85708888	370	571	2323	有限责任
	帝豪花园酒店	五	2008.12.23	2006.01.26	4450069	东莞市大朗镇美景中路769号	83122222	469	604	2388	有限责任
	华尔登国际酒店	五	2010.03.15	2007.12.28	4450085	东莞市桥头镇桥头广场科兴路	81028888	394	493	1250	私营
	桥头三正半山酒店	五	2010.05.19	1992.07.05	4450087	东莞市桥头镇碧莲路	83341868	212	340	1200	有限责任
	悦莱花园酒店	五	2010.12.01	2007.07.08	4450089	东莞市寮步镇香市路8号	81118888	561	860	1628	私营
	※欧亚国际酒店	五	**2012.03.24**	**2009.09.27**	**4450112**	东莞市常平镇常东路8号	**82838888**	**362**	**403**	**2000**	有限责任
	寮步金凯悦酒店	四	1997.09.01	1996.06.01	4440108	东莞市寮步镇教育路1号	83326328	362	403	200	有限公司
	文华大酒店	四	2000.12.22	1999.03.08	4440093	东莞市厚街镇太路新塘路段	85911111	67	108	780	集体
	东莞宾馆	四	2001.09.06	1984.01.22	4440095	东莞市城区东正路11号	22222222	171	271	1400	中外合作
	江龙大酒店	四	2001.09.06	2001.01.18	4440096	东莞市厚街镇107国道旁	85838888	138	234	1100	私营
	新都会酒店	四	2002.01.07	1998.03.31	4440097	东莞市樟木头镇维多利商业大道38号	87713333	142	208	650	中外合资
	汇美大酒店	四	2002.04.12	2001.12.12	4440099	东莞市常平镇中元街9号	83918888	289	330	1200	私营
	宏远酒店	四	2002.04.12	2000.06.01	4440100	东莞市南城区宏远路1号	22418888	157	207	1000	集体
	花园酒店	四	2003.04.10	2002.02.08	4440101	东莞市樟木头镇南城广场	87799888	79	98	480	私营
	东莞长安酒店	四	2003.09.22	1989.12.01	4440102	东莞市长安镇	85532388	184	258	1636	中外合作
	丽池海悦酒店	四	2004.03.18	2002.05.20	4440012	东莞市厚街镇厚街大道东	85885888	320	336	680	外商投资
	新世纪酒店	四	2004.03.18	2002.06.29	4440105	东莞市常平镇常平大道8号	83338888	298	348	800	私营
	司马假日酒店	四	2004.03.18	1994.07.06	4440106	东莞市常平镇司马管理区1号	83391888	115	187	300	集体
	梵尔赛酒店	四	2004.03.18	2001.06.18	4440107	东莞市常平镇下墟梵尔赛路	83816888	85	105	500	私营
	汇源湾逸大酒店	四	2005.04.27	2003.09.28	4440129	东莞市虎门镇虎门大道	85244858	221	235	530	有限责任

续表

地区	饭店名称	星级	评定时间	开业时间	星牌编号	饭店地址	咨询电话	客房（间）	床位（张）	餐位（个）	机构性质
东莞市（0769）	业丰大酒店	四	2005.04.27	2003.09.28	4440130	东莞市大朗镇莞樟路企朗大道23号	83113888	138	155	630	私营
	万盈酒店	四	2005.06.16	1998.07.01	4440132	东莞市麻涌镇麻涌大道	88828888	77	90	286	股份合作
	中汇文华大酒店	四	2005.06.16	2002.12.23	4440135	东莞市高埗镇振兴路	88788888	167	184	656	有限责任
	华禧酒店	四	2006.05.10	2003.01.08	4440146	东莞市长安镇S358省道上沙路段	85383888	219	268	426	有限责任
	常平半岛酒店	四	2006.05.10	2003.12.28	4440147	东莞市常平镇北环路口	83988888	225	267	530	私营
	方中假日酒店	四	2006.05.10	2002.12.28	4440148	东莞市茶山镇茶山大道西28号	86866666	231	346	1338	有限责任
	嘉辉会酒店	四	2007.08.21	2005.07.01	4440164	东莞市凤岗镇官井头嘉辉路	87563388	43	43	440	私营
	美怡登酒店	四	2009.02.03	2005.07.05	4440186	东莞市常平镇中元路	83028888	260	289	500	私营
	天悦酒店	四	2011.08.30	2006.09.25	4440218	东莞市石碣崇焕路18号	81812222	197	229	420	有限责任
	华庭花园酒店	四	2011.12.28	2008.09.28	4440224	东莞市厚街镇溪头村东溪西路68号	81633333	191	229	518	有限责任
	※新都会璜玛酒店	**四**	**2012.08.28**	**2010.11.26**	**4440225**	**东莞市谢岗镇花园大道73号**	**87633338**	**168**	**241**	**658**	**中外合资**
	石龙宾馆	三	1990.03.01	1989.01.01	4430270	东莞市石龙镇绿化中路2号	86613333	107	212	800	股份合作
	广彩城酒店	三	1994.06.01	1992.01.01	4430273	东莞市莞太大道篁村新基	22402088	150	286	1000	集体
	石碣豪华大酒店	三	1994.06.01	1993.11.01	4430274	东莞市石碣镇新城区	86633333	72	117	1200	中外合资
	金湖粤海酒店	三	1995.03.01	1993.01.01	4430275	东莞市塘度镇塘厦大道南99号	87869888	233	466	500	集体
	莲城酒店	三	1995.03.01	1994.01.01	4430276	东莞市长安镇莲峰路口	85536888	163	294	800	集体
	黄江假日酒店	三	1995.12.01	1993.01.01	4430279	东莞市黄江镇黄江大道3号	83362888	90	170	410	中外合资
	西湖大酒店	三	1999.01.01	1994.11.01	4430255	东莞市篁村西湖乐园	22822888	185	238	600	中外合资
	明苑大酒店	三	2000.11.28	1998.07.30	4430256	东莞市虎门镇金龙大道南	85122918	128	221	500	国有
	篁村篁胜渔村酒店	三	2000.12.22	1998.06.18	4430258	东莞市篁村区胜和体育路11号	22463888	78	122	1000	私营
	恒丰酒店	三	2001.09.06	1996.10.01	4430261	东莞市桥头镇恒丰新村2号	83343333	127	165	730	集体
	宝石大酒店	三	2001.09.06	1992.12.31	4430262	东莞市企石镇镇振华路1号	86662188	83	143	708	集体
	金岛山庄	三	2001.09.06	1996.04.01	4430264	东莞市塘厦镇128工业区	87729016	92	182	1300	集体
	绿洲酒店	三	2001.09.28	2000.03.01	4430260	东莞市道窖镇振兴路156号	88832788	69	120	138	集体

续表

地区	饭店名称	星级	评定时间	开业时间	星牌编号	饭店地址	咨询电话	客房（间）	床位（张）	餐位（个）	机构性质
东莞市（0769）	华通城大酒店	三	2001. 12. 18	2001. 01. 01	4430265	东莞市企石湖滨南路	86732288	69	120	380	私营
	沙头酒店	三	2001. 12. 18	1991. 01. 01	4430266	东莞市长安镇沙头管理区	85418888	77	90	100	集体
	丰田酒店	三	2002. 07. 05	1993. 03. 06	4430267	东莞市凤岗镇雁田管理区怡安路	87772888	127	195	1800	集体
	嘉福海港酒店	三	2003. 09. 22	2000. 05. 01	4430269	东莞市沙田镇新城中心区 17 号	88682888	68	86	280	私营
	中明酒店	三	2004. 06. 26	1997. 06. 12	4430280	东莞市中堂镇新兴路 1 号	88883688	61	122	2000	私营
	万江胜篁胜酒店	三	2004. 06. 26	2002. 11. 13	4430282	东莞市万江 107 国道拨跤窝路段	22186888	82	171	1300	私营
	莱莉雅酒店	三	2005. 05. 10	2003. 04. 01	4430462	东莞市凤岗镇永盛商业大街	87507888	71	121	120	私营
	东逸酒店	三	2005. 09. 06	2002. 12. 18	4430474	东莞市长安镇莲峰路 103 号	85396388	72	84	80	私营
	鸿茂酒店	三	2006. 01. 18	2004. 06. 01	4430505	东莞市常平镇常横路	83508888	84	117	400	私营
	四季酒店	三	2006. 01. 18	2005. 01. 18	4430506	东莞市望牛墩镇中大道新电城 A8 座	88566666	87	96	200	有限责任
	宏信假日酒店	三	2006. 08. 01	2004. 12. 25	4430533	东莞市清溪镇浮岗香芒大道西路	87363888	121	169	300	股份合作
	美景湾酒店	三	2007. 03. 12	2004. 07. 28	4430589	东莞市横沥镇沿江路 1 号	83739888	198	223	386	集体
	富豪酒店	三	2008. 02. 01	1995. 07. 01	4430617	东莞市常平镇金美路 256 号	83998888	128	132	150	私营
	天鹅湖酒店	三	2008. 02. 01	1998. 08. 08	4430618	东莞市常平镇天鹅湖路 8 号	83338388	120	148	120	私营
	亚都酒店	三	2009. 07. 03	2003. 06. 01	4430665	东莞市长安镇长中路 115 号	85343888	106	127	165	私营
	金沙亚都酒店	三	2009. 07. 03	2005. 12. 06	4430666	东莞市长安镇靖海中路 36 号	85413888	84	108	110	有限责任
	中青旅山水设计师酒店	三	2009. 07. 03	2008. 08. 01	4430667	东莞市东城区东纵大道 189 号	21981212	126	151	210	国有
	金澳花园酒店	二	2001. 06. 30	1999. 05. 08	4420228	东莞市东城大道金澳花园 A 座	22496966	95	144	306	集体
	耀豪酒店	二	2002. 07. 05	1996. 12. 13	4420232	东莞市沙田镇中心区	88865888	73	96	50	私营
	银星酒店	二	2002. 11. 20	2002. 02. 28	4420235	东莞市常平镇水枪大道 9 号	83987333	74	76	120	私营
	雄狮大酒店	二	2002. 11. 20	1989. 06. 30	4420236	东莞市常平镇振兴路 1 号	83332198	131	150	300	集体
	盈丰酒店	二	2002. 11. 20	2001. 01. 10	4420240	东莞市常平镇振兴路盈丰大厦	83333333	56	75	150	私营
	新港大酒店	二	2002. 11. 20	1994. 10. 01	4420241	东莞市常平镇新市一街 6 号	83331000	105	174	200	集体
	悦华大酒店	二	2002. 11. 20	1996. 12. 17	4420243	东莞市常平镇东兴路 275 号	83336888	105	120	58	集体

续表

地区	饭店名称	星级	评定时间	开业时间	星牌编号	饭店地址	咨询电话	客房（间）	床位（张）	餐位（个）	机构性质
东莞市（0769）	海霞酒店	二	2002. 11. 20	2000. 06. 25	4420244	东莞市常平镇板石霞村	83815111	90	116	1，000	私营
	昇平酒店	二	2003. 06. 10	2000. 11. 11	4420245	东莞市常平镇中元街	83812888	131	219	150	私营
	龙源大酒店	二	2003. 06. 10	1999. 12. 18	4420246	东莞市虎门镇107国道北栅路段	85551028	134	195	150	私营
	冠城酒店	二	2003. 06. 10	1998. 01. 01	4420247	东莞市常平镇中元街常平广场三、四楼	83337788	96	105	210	私营
	恒安酒店	二	2004. 01. 15	2001. 07. 14	4420248	东莞市沙田镇横流区	88868868	74	90	45	私营
	海月酒店	二	2004. 06. 26	1992. 10. 12	4420249	东莞市厚街镇涌口海月公园侧	85926888	22	25	900	私营
	悦凯酒店	一	2002. 11. 20	1999. 02. 11	4410017	东莞市常平镇东元东路28号	83398808	50	64	48	私营
中山市（拥有星级饭店33家，其中五星级3家，四星级6家，三星级19家，二星级3家，一星级2家）	国际酒店	五	2004. 08. 23	1986. 11. 01	4450034	中山市中山一路142号	88633388	350	550	1665	中外合作
	中山古镇国贸大酒店	五	2004. 08. 23	2002. 06. 09	4450035	中山市古镇镇中兴大道	22345678	278	482	2350	集体
	香格里拉大酒店	五	2007. 06. 20	2004. 01. 09	4450050	中山市起湾道（北）16号	88386888	475	654	580	港澳台商
	富华酒店	四	1990. 02. 01	1986. 11. 01	4440111	中山市石岐富华道1号	88638888	360	700	1600	中外合资
	中山温泉宾馆	四	2000. 11. 23	1980. 12. 08	4440002	中山市三乡镇雍陌村	86683888	311	530	1070	中外合资
	小榄旅游大酒店	四	2000. 11. 23	1994. 11. 18	4440110	中山市小榄镇文化路102号	22266888	92	163	550	私营
	真善美大酒店	四	2005. 06. 16	2003. 09. 01	4440134	中山市三角镇金三大道	85401888	141	192	820	股份有限
	汇景酒店	四	2008. 05. 21	2006. 01. 01	4440177	中山市东升镇龙昌路	22222222	132	222	950	股份有限
	长命水海逸酒店	四	2008. 05. 21	2007. 01. 08	4440178	中山市五桂山长命水大街	88202222	123	193	920	集体
	招商局会所	三	2000. 01. 01	1994. 03. 01	4430284	中山市三乡镇雍陌村	86687888	90	170	524	中外合资
	金岛酒店	三	2000. 03. 01	1994. 09. 01	4430285	中山市东凤镇同安会	22606888	51	100	800	集体
	小榄大酒店	三	2000. 11. 23	1994. 09. 28	4430286	中山市小榄海傍路沙口1号	22118388	125	260	1300	集体
	汇昌酒店	三	2000. 11. 23	2000. 06. 23	4430287	中山市坦洲镇南坦路245号	86213388	110	144	550	私营
	丽阁花园酒店	三	2001. 01. 01	2000. 10. 18	4430288	中山市南头镇永兴路1号	232116668	165	300	300	中外合资
	三乡金煌酒店	三	2001. 11. 26	2000. 10. 01	4430289	中山市三乡镇文昌路	86328888	85	150	600	私营
	东悦酒店	三	2002. 06. 01	2000. 10. 12	4430291	中山市沙溪镇沙溪南路38号	87322668	60	116	96	私营
	小榄花城酒店	三	2002. 12. 28	1990. 10. 24	4430293	中山小榄镇新市路89号	22258818	76	133	1250	集体

续表

地区	饭店名称	星级	评定时间	开业时间	星牌编号	饭店地址	咨询电话	客房（间）	床位（张）	餐位（个）	机构性质
中山市（0760）	乡泉别墅	三	2002. 12. 28	1985. 12. 01	4430294	中山市三乡镇	86684999	63	124	350	集体
	小榄镇菊城宾馆	三	2004. 01. 06	1986. 06. 01	4430296	中山市小榄镇红山路 46 号	22254988	155	300	1800	集体
	莲兴酒店	三	2004. 04. 15	2003. 01. 17	4430295	中山市石歧区莲塘东路 13 号	8712668	51	68	700	集体
	紫来轩酒店	三	2004. 12. 13	2003. 12. 24	4430440	中山市石岐区天门天乐街	88703333	41	55	150	私营
	乐天酒店	三	2005. 09. 12	2004. 07. 16	4430476	中山市三角镇南三公路旁	85542888	44	62	340	有限责任
	古镇龙泉酒店	三	2006. 07. 14	1996. 11. 01	4430544	中山市古镇岐江公路 18 号	22351888	150	192	311	私营
	好世界酒店	三	2006. 12. 01	1999. 08. 19	4430566	中山市神湾镇神湾大道	86608299	99	125	300	集体
	金莎商务酒店	三	2007. 06. 13	2006. 02. 28	4430594	中山市城区康华路 43 号	88727888	90	136	1000	股份有限
	大观园商务酒店	三	2010. 02. 01	2008. 12. 22	4430706	中山市小榄镇民安南路 66 号	22553311	110	166	620	有限责任
	汇泉酒店	三	2010. 12. 09	2007. 06. 23	4430742	中山市东区起湾南道 3 号	88663388	276	398	180	有限责任
	御创酒店	三	2011. 03. 25	2003. 12. 18	4430754	中山市民众大道广场侧	85700288	42	53	592	有限责任
	丽苑酒店	二	1999. 09. 01	1997. 03. 01	4420250	中山市民众镇民众大道 1 号	85702388	45	90	350	集体
	卓旗山庄	二	2001. 12. 30	2001. 01. 01	4420257	中山市大涌镇叠石卓旗山	23370000	34	142	400	私营
	新金田酒店	二	2002. 10. 24	2001. 01. 01	4420258	中山市西区富华道 242 号	88611883	68	128	300	私营
	豪景酒店	一	2000. 12. 29	1997. 08. 01	4410019	中山市富华道云汉路段 8 号	87313883	50	100	100	私营
	雅怡酒店	一	2001. 11. 26	1999. 10. 01	4410020	中山市横栏镇西冲路 90 号	87616111	33	55	100	私营
江门市（0750）	潭江半岛酒店	五	2000. 07. 01	1997. 12. 01	4450003	江门开平市中银路 2 号	2333333	175	303	950	国有
	逸豪酒店	五	2006. 12. 29	2005. 01. 01	4450048	江门市迎宾大道中 118 号	3928888	644	73	5000	有限责任
	鹤山碧桂园凤凰酒店	五	2008. 10. 07	2005. 07. 15	4450065	江门鹤山市沙坪镇鹤山大道 623 号	8866388	111	202	780	股份有限
	丽宫国际酒店	五	2009. 07. 20	2006. 01. 08	4450081	江门市东华二路 28 号	8233388	330	504	1850	外商投资
	名冠金凯悦大酒店	五	2011. 10. 09	2009. 05. 01	4450104	江门市北新区	3938888	542	818	4760	有限责任
	※台山碧桂园凤凰酒店	**五**	**2012. 01. 17**	**2007. 11. 08**	**4450107**	**台山城镇沙岗湖开发区**	**5688688**	**337**	**598**	**996**	**港澳台商投资**
	银晶国际酒店	四	2000. 04. 01	1990. 07. 01	4440081	江门市港口路 22 号	3183288	216	390	1500	中外合作
	龙泉度假酒店	四	2006. 01. 20	2004. 12. 01	4440143	江门市新会区圭峰山龙潭区	6182222	117	210	880	有限责任

续表

地区	饭店名称	星级	评定时间	开业时间	星牌编号	饭店地址	咨询电话	客房（间）	床位（张）	餐位（个）	机构性质
江门市（拥有星级饭店31家，其中五星级6家，四星级2家，三星级21家，二星级2家）	冈州宾馆	三	1991. 11. 01	1981. 10. 01	4430316	江门新会市会城圭峰路9号	6178888	117	237	1000	国有
	北湖宾馆	三	1992. 01. 01	1982. 10. 01	4430317	江门鹤山市沙坪镇北湖路1号	8883488	85	196	700	国有
	富尔文华酒店	三	1997. 07. 01	1995. 05. 01	4430313	江门市迎宾三路天龙三街	3228888	76	144	500	集体
	新乔都大酒店	三	2000. 12. 22	1986. 01. 28	4430300	江门市紫茶路18号	3335233	79	150	1390	中外合作
	开平三埠海景酒店	三	2000. 12. 22	1998. 07. 08	4430301	江门开平市潭江西路15号	2388888	76	134	700	中外合作
	王府洲别墅度假村	三	2001. 05. 15	2000. 05. 01	4430302	江门台山市下川王府洲度假村	5756183	54	83	300	集体
	华安阁酒店	三	2001. 06. 04	1991. 01. 01	4430303	江门鹤山市雅瑶镇兴雅路120号	8288290	40	76	500	私营
	恩平市侨联大酒店	三	2003. 01. 23	2001. 08. 01	4430307	江门恩平市恩城镇南堤西路33号	7780088	108	224	1700	中外合资
	台山市富城大酒店	三	2003. 07. 28	1995. 01. 18	4430308	江门台山市台城侨光大道1号	5577166	62	84	600	中外合作
	海湾胜景酒店	三	2003. 07. 28	1999. 06. 15	4430309	江门台山市下川镇	5756888	52	100	200	私营
	台山市桂园酒店	三	2003. 07. 28	2002. 08. 18	4430310	江门台山市下川镇王府洲旅游区	5757638	155	210	250	私营
	台山市帝苑别墅度假邨	三	2003. 07. 28	2003. 05. 01	4430311	江门台山市下川镇王府洲旅游区	5757828	158	262	200	私营
	鹤山市叠翠山庄	三	2003. 08. 26	1994. 10. 28	4430312	江门鹤山市大雁山风景旅游区	8877088	56	106	200	国有
	海角城大酒店	三	2004. 04. 05	2001. 09. 01	4430314	江门台山市赤溪镇	5279382	176	352	680	私营
	新会区新金田大酒店	三	2004. 08. 03	2002. 08. 16	4430318	江门市新会区会城中心路15号	6622898	145	262	1300	中外合作
	江门荷塘园林大酒店	三	2005. 09. 14	2004. 03. 18	4430475	江门市荷塘镇瑞丰路11号	3737888	43	81	650	有限责任
	鹤山君威酒店	三	2006. 01. 19	2005. 01. 05	4430504	江门鹤山市桃园镇325国道	8212228	45	90	388	私营
	台山市锦江大酒店	三	2006. 09. 18	2005. 05. 01	4430553	江门市台山下川王府洲旅游区	5751888	31	34	100	私营
	新会爱依华酒店	三	2007. 07. 20	2005. 04. 24	4430597	江门市新会区城镇冈州大道西6号	6703333	40	77	100	港澳台商
	天富文化酒店	三	2010. 02. 08	2004. 12. 31	4430707	江门台山市台城滨桥明路70号	5518888	50	80	540	私营
	雅致酒店	三	2011. 03. 25	2007. 12. 01	4430753	开平市三埠长沙曙光东路178号2幢	2270988	186	305	600	私营
	月亮酒店	二	2006. 10. 20	2004. 06. 06	4420412	开平市水口镇新南路13号1幢	2728888	67	132		其他
	开平市华侨大厦	二	2009. 10. 19	1961. 02. 08	4420425	开平市长沙西郊路5号	2223318	66	141	148	有限责任

续表

地区	饭店名称	星级	评定时间	开业时间	星牌编号	饭店地址	咨询电话	客房（间）	床位（张）	餐位（个）	机构性质
阳江市（拥有星级饭店29家，其中五星级3家，四星级2家，三星级18家，二星级6家。）	阳江温泉度假村酒店	五	2006.11.29	2003.10.29	4450047	阳江市阳东县合山镇	6388888	463	751	900	有限责任
	碧桂园阳江凤凰酒店	五	2009.07.20	2007.05.01	4450073	阳江市阳东县湖滨西路	6666666	342	625	1100	股份有限
	东湖国际大酒店	五	2009.07.20	2007.01.18	4450082	阳江阳春市东湖东路213号	7888888	209	346	1500	有限责任
	悦华大酒店	四	2007.09.21	2004.08.01	4440165	阳江阳春市东湖西路40号	7768888	104	172	1160	私营
	※阳江长江国际酒店	**四**	**2012.08.20**	**1994.01.18**	**4440226**	**阳江市东风一路东岳公园内**	**2345678**	**134**	**231**	**1500**	**港澳台商投资**
	阳春金鹏大酒店	三	1995.12.01	1994.02.01	4430356	阳江阳春市城东大道2号	7738889	93	175	330	中外合资
	粤海酒店	三	2001.07.27	1996.02.09	4430348	阳江市登峰东路16号	3322222	84	140	400	私营
	金海利大酒店	三	2001.07.27	1996.06.31	4430350	阳江市闸坡海滨路21号	3883388	72	152	70	国有
	海陵岛小港湾山庄	三	2003.06.28	2001.08.20	4430353	阳江市海陵岛闸坡镇	3896666	52	108	380	集体
	华坚宾馆	三	2003.07.01	2001.09.17	4430354	阳江市了光路1号	3266666	148	276	1000	集体
	闸坡浪琴湾酒店	三	2003.08.07	2002.04.01	4430351	阳江市闸坡镇旅游大道	3892222	50	100	380	私营
	海陆空火锅城大酒店	三	2004.08.11	1987.12.01	4430358	阳江市东风二路7号	3388388	119	242	1100	私营
	粤法酒店	三	2004.10.08	1996.06.01	4430419	阳江市闸坡镇	3895555	81	155	250	国有
	登宝酒店	三	2006.08.15	2001.11.19	4430535	阳江阳春市南新大道2号	7742833	35	82	1000	股份合作
	富华大酒店	三	2006.09.16	2006.01.26	4430551	阳江市石湾北路143号	8883333	103	192	250	私营
	莱茵堡酒店	三	2008.02.15	2006.01.26	4430620	阳江市建设路239号	3188888	78	128	600	私营
	新朗商务酒店	三	2008.04.25	2007.10.17	4430627	阳江阳春市东湖西路47号	8878888	88	170	400	有限责任
	天堡商务酒店	三	2008.12.25	2005.09.23	4430645	阳江市东风一路42号	3299888	150	285	95	有限责任
	名濠饭店	三	2009.06.30	2001.01.01	4430661	阳江市东风二路1号	3319999	54	87	1100	有限责任
	逸华宾馆	三	2011.01.05	2003.11.19	4430745	阳江市吉祥东路9号	3298888	79	158	600	有限责任
	海逸酒店	三	2011.01.05	2008.02.05	4430746	阳江市东风二路2号之13	2229888	75	127	368	有限责任
	三汇酒店	三	2011.10.27	2010.07.05	4430763	阳江市建设一路333号	8838888	74	128	1，300	私营
	※阳春市金达来酒店	**三**	**2012.12.01**	**2011.05.01**	**4430793**	**阳春市南新大道6号**	**7768899**	**96**	**147**	**198**	**私营**
	海鸥大酒店	二	1989.12.01	1987.01.01	4420304	阳江市上坑路2号	3225588	81	158	400	中外

续表

地区	饭店名称	星级	评定时间	开业时间	星牌编号	饭店地址	咨询电话	客房（间）	床位（张）	餐位（个）	机构性质
阳江市（0662）	坚都酒店	二	1998. 01. 01	1996. 01. 01	4420305	阳江市东风一路 32 号	3236688	61	119	290	独资
	东悦假日酒店	二	2001. 07. 10	1998. 08. 18	4420295	阳东县东城镇东广路 3 号	6616662	45	80	200	集体
	华夏大酒店	二	2001. 07. 26	1999. 06. 01	4420298	阳春市南新大道 8 号	7715858	28	56	500	私营
	湖滨宾馆	二	2002. 07. 29	2000. 03. 01	4420300	阳江市沿湖路 8 号	3333345	50	79	300	私营
	东山宾馆	二	2003. 01. 08	2001. 08. 01	4420302	阳江市江城区北环路 196 号	3102222	42	86	100	私营
湛江市（拥有星级饭店 37 家，其中五星级 2 家，四星级 8 家，三星级 22 家，二星级 5 家）	皇冠假日酒店	五	2008. 10. 07	2002. 11. 08	4450061	湛江市乐山大道 31 号	3188888	393	588	600	港澳台商
	恒逸国际酒店	五	2010. 12. 01	2007. 05. 01	4450092	湛江市乐山大道 60 号	2299999	447	638	515	私营
	银海酒店	四	1994. 04. 01	1992. 12. 01	4440084	湛江市人民大道中 52 号	3380688	134	253	708	中外合资
	海滨宾馆	四	2001. 12. 05	1981. 11. 01	4440008	湛江市海滨三路 32 号	2286888	359	797	1690	国有
	中国城酒店	四	2006. 09. 12	2000. 02. 02	4440154	湛江市乐山大道中 48 号	3199999	121	184	1000	私营
	金辉煌酒店	四	2006. 09. 12	2005. 10. 18	4440155	湛江市人民大道中 15 号	2368888	208	316	680	私营
	南海宾馆	四	989. 03. 01	1986. 06. 01	4440176	湛江市坡头区合作路	3950388	181	299	1000	国有
	丽波度假村	四	2009. 08. 05	2001. 12. 18	4440198	湛江廉江市海军路塘山岭边	6618888	313	644	890	港澳台商
	皇家国际酒店	四	2011. 08. 31	2009. 12. 12	4440219	湛江市遂溪县建设路 163 号	7777888	188	270	1300	私营
	※廉江市罗二酒店	四	**2012. 11. 26**	**2009. 12. 05**	**4440229**	**湛江廉江市人民大道东 42 号**	**6666666**	**248**	**442**	**2000**	有限责任
	湛江迎宾馆	三	1994. 09. 01	1986. 04. 01	4430371	湛江市赤坎区跃进路 3 号	3315388	133	348	1000	国有
	新莱都大酒店	三	1995. 08. 01	1993. 11. 01	4430372	湛江市霞山区人民大道 73 号	2318888	72	142	450	中外合资
	锦华大酒店	三	2000. 11. 23	1999. 01. 12	4430359	湛江市海翔路 16 号	3152188	126	252	800	国有
	新新格里拉酒店	三	2000. 11. 23	1999. 10. 18	4430360	湛江市霞山区解放西路	2238888	93	175	700	股份合作
	富丽华大酒店	三	2002. 10. 28	1997. 06. 07	4430362	湛江市椹川大道北 160 号	3611888	251	467	500	集体
	金海大酒店	三	2002. 10. 28	1996. 12. 18	4430363	湛江市赤坎海田路 288 号	3150188	126	220	1000	集体
	中国园酒店	三	2003. 11. 18	2002. 10. 28	4430365	湛江雷州市西湖大道 198 号	8880999	76	145	960	集体
	洪都大酒店	三	2003. 12. 26	2002. 01. 01	4430366	湛江雷州市西湖大道六横路	8880222	70	138	600	集体
	南油迎宾馆	三	2004. 06. 17	1981. 10. 01	4430367	湛江市坡头区南调路	3901911	92	152	220	国有

续表

地区	饭店名称	星级	评定时间	开业时间	星牌编号	饭店地址	咨询电话	客房（间）	床位（张）	餐位（个）	机构性质
湛江市（0759）	美丽华大酒店	三	2004. 12. 08	1996. 02. 01	4430426	湛江市霞山解放西路 36 号	2662888	136	282	500	私营
	镇海大酒店	三	2005. 01. 21	2004. 11. 21	4430445	湛江市霞山区绿塘路 93 号	3567288	81	160	650	有限责任
	园府酒店	三	2005. 04. 26	1996. 09. 01	4430460	湛江市赤坎区寸金路 29 号	3183500	79	175	300	国有
	运通宾馆	三	2006. 04. 24	1994. 07. 22	4430514	湛江市赤坎湛川大道北 99 号	3198168	109	220	460	国有
	怡心大酒店	三	2006. 08. 16	2000. 06. 28	4430536	湛江廉江市新风路 1 号	66899996	152	298	1800	有限责任
	松源酒店	三	2006. 09. 08	2005. 10. 01	4430543	湛江市遂溪县	7773688	87	138	800	私营
	康龙度假村	三	2006. 09. 08	1996. 10. 01	4430548	湛江市东海岛涛声南路	2389666	70	108	140	国有
	银塔大酒店	三	2006. 09. 11	2004. 09. 01	4430546	湛江市遂溪县城新风路 88 号	7779888	76	129	800	私营
	原(北苑度假村)东海培训中心	三	2006. 09. 11	1996. 06. 04	4430547	湛江市东海岛涛声北路	2389843	59	114	90	集体
	南海西部石油伊甸园度假村	三	2006. 09. 11	1995. 08. 01	4430549	湛江市南三镇林场东南海岸天然	3930888	112	251	170	国有
	中南酒店	三	2006. 10. 31	2005. 10. 10	4430563	湛江市人民大道中 29 号	3252888	160	261	650	有限责任
	聚雅酒店	三	2006. 12. 21	2004. 08. 01	4430570	湛江市徐闻县徐海路 76 号	4855720	59	125	3000	私营
	※园中园迎宾馆	**三**	**2012. 07. 09**	**1997. 10. 01**	**4430787**	**雷州市雷城镇西湖大道 37 号**	**8851888**	**37**	**61**	**750**	**私营**
	海湾宾馆	二	1990. 10. 01	1986. 08. 01	4420310	湛江市霞山区人民南路 6 号	2222266	88	175	450	国有
	赤坎宾馆	二	1994. 04. 01	1978. 03. 01	4420314	湛江市赤坎区跃进路 2 号	3337611	115	158	1000	国有
	吴川吉兆湾椰林度假村	二	1997. 05. 01	1996. 04. 01	4420317	吴川市吉兆湾省级	3633888	75	150	250	国有
	金马大酒店	二	2006. 04. 24	2005. 03. 08	4420403	湛江市霞山区解放西路 18 号	2172638	84	124	420	私营
	仁达宾馆	二	2006. 09. 11	1995. 11. 20	4420411	湛江市人民大道南 32 号	2292938	32	65	100	国有
茂名市（拥有星级饭店 11 家，其中五星级 1 家，四星级 3 家，三星级 7 家）	国际大酒店	五	2007. 12. 03	2003. 11. 02	4450072	茂名市双山三路 99 号	2986888	265	489	568	股份有限
	高州大酒店	四	2009. 01. 15	2006. 01. 31	4440183	茂名高州市高凉东路 636 号	6383388	168	280	800	私营
	华海酒店	四	2010. 12. 22	2007. 05. 07	4440209	茂名市新福二路 9 号	3918888	188	315	1098	有限责任
	新城国际大酒店	四	2011. 01. 31	2010. 01. 23	4444213	茂名信宜市迎宾大道	8898888	100	161	260	股份有限
	飞龙宾馆	三	1998. 01. 01	1997. 01. 01	4430379	茂名化州市下郭区乐园路	7391888	83	173	552	国有
	南国大酒店	三	2002. 01. 07	2001. 01. 21	4430376	茂名市光华北路 218 号	2929888	95	181	280	集体

续表

地区	饭店名称	星级	评定时间	开业时间	星牌编号	饭店地址	咨询电话	客房（间）	床位（张）	餐位（个）	机构性质
茂名市	嘉燕大酒店	三	2004. 01. 01	2003. 08. 03	4430377	茂名市双山一路 89 号	2988888	92	170	400	私营
	西江温泉度假村	三	2004. 08. 01	2000. 01. 01	4430380	茂名信宜市北界镇	8516138	58	125	160	集体
	金龙泉大酒店	三	2009. 09. 25	2003. 12. 28	4430688	茂名市电白县向阳大道 88 号	5119999	79	151	1416	私营
	玉湖宾馆	三	2010. 12. 27	1995. 08. 01	4430748	茂名高州市长坡镇	6730450	70	130	300	国有
	沿江大酒店	三	2011. 12. 23	1996. 12. 13	4430773	茂名市江东中路 168 号	2299666	69	116	80	私营
肇庆市（拥有星级饭店 25 家，其中四星级 1 家，三星级 16 家，二星级 7 家，一星级 1 家）	德庆醉然居假日酒店	四	2008. 12. 28	2006. 10. 01	4440195	肇庆市德庆县德城镇青云路	7781111	121	268	660	国有
	华侨大厦	三	1990. 06. 01	1986. 08. 01	4430390	肇庆市天宁北路 90 号	2226366	206	438	1000	中外
	新松涛宾馆	三	1990. 06. 01	1978. 10. 01	4430391	肇庆市七星岩风景区内	2302288	117	354	800	国营
	四会贞山宾馆	三	2000. 12. 28	1997. 12. 03	4430383	肇庆四会市贞山旅游区	3308319	249	426	1300	私营
	新长讯宾馆	三	2001. 12. 25	2000. 09. 26	4430385	肇庆市康乐北路 38 号	2818388	88	153	500	集体
	波海楼	三	2001. 12. 30	1985. 02. 01	4430386	肇庆市星湖西路	2224582	90	196	250	国有
	怀集腾业大酒店	三	2002. 12. 30	2002. 01. 26	4430387	肇庆市怀集县怀城镇金龙路 1 号	5519933	52	88	600	私营
	德庆新丽都大酒店	三	2003. 08. 18	2002. 07. 12	4430388	肇庆市德庆县德城镇文兰北路	7799999	80	160	600	私营
	怀集县新世界大酒店	三	2004. 12. 15	2003. 01. 11	4430428	肇庆市怀集县解放北路	5518888	79	160	700	私营
	德庆县登云酒店	三	2005. 01. 01	1998. 04. 01	4430438	肇庆市德庆县康城大道东 128 号	7787777	58	223	270	私营
	湖滨大酒店	三	2006. 01. 23	1965. 01. 01	4430381	肇庆市天宁北路 82 号	2316688	128	282	920	国有
	南粤苑度假中心	三	2006. 03. 28	1996. 04. 01	4430508	肇庆市星湖万松岗	2283238	68	115	170	有限责任
	广宁华侨大酒店	三	2007. 11. 13	1993. 08. 15	4430600	肇庆市广宁县南街镇南东一路 37 号	8636688	127	227	800	私营
	万豪裕龙大酒店	三	2008. 12. 25	1998. 01. 17	4430648	肇庆市西江南路 23 号	2819188	47	89	600	有限责任
	高尔夫渡假村会所酒店	三	2009. 01. 12	1998. 04. 01	4430651	肇庆市高要市回龙镇	8162168	57	126	180	外商投资
	德庆君悦大酒店	三	2009. 09. 15	2008. 02. 02	4430686	肇庆市德庆县德城镇龙因大街	7797777	128	248	600	私营
	杏花宾馆	三	2010. 07. 22	1985. 03. 01	4430728	肇庆市封开县江口镇河堤一路 28 号	6688168	83	160	500	私营
	江滨酒店	二	2000. 12. 10	1987. 01. 01	4420334	封开县江口镇河堤二路 2 号	6688833	46	106	300	国有
	蓝宫宾馆	二	2000. 12. 28	1999. 12. 05	4420335	肇庆市天宁北路 76 号	2278800	88	174	900	国有

续表

地区	饭店名称	星级	评定时间	开业时间	星牌编号	饭店地址	咨询电话	客房（间）	床位（张）	餐位（个）	机构性质
肇庆市	宾悦大酒店	二	2003.01.28	2002.02.28	4420341	广东省封开县江口镇大塘一路26号	6668888	87	155	300	中外合资
	金叶大厦	二	1997.01.01	1992.12.01	4420344	肇庆市工农北路6号	2221338	58	118	500	国有
	鼎湖避暑山庄	二	1998.08.01	1993.06.01	4420345	肇庆市鼎湖风景管理区	2621668	47	98	420	国有
	封州宾馆	二	2000.11.28	2000.01.01	4420401	封开县江口镇建设一路8号	6688818	36	72	500	集体
	东南大酒店	二	2006.07.25	2001.08.20	4420408	四会市城中区汇源路64号	3333998	68	118	510	有限责任
	四会市华侨大厦	一	1990.09.01	1989.10.01	4410027	四会市新风路8号	3322283	86	182	500	国有
清远市（拥有星级饭店34家，其中五星级1家，四星级5家，三星级26家，二星级2家）	碧桂园假日半岛酒店	五	2007.05.14	2004.12.01	4450053	清远市清城区石角镇	3836688	199	367	724	港澳台商
	华冠大酒店	四	2002.01.10	2000.11.08	4440089	清远市新城6号区凤鸣路8号	3878888	112	159	380	国有
	嘉华大酒店	四	2003.07.08	1997.07.24	4440091	清远市新城二号区	3373038	121	238	711	外国独资
	连州大厦	四	2003.12.25	2002.11.18	4440092	清远连州市东门中路31号	6633333	138	263	350	私营
	英德海螺国际大酒店	四	2009.03.23	2005.01.18	4440192	清远英德市浈阳东路1号	2788188	288	446	1500	国有
	英德仁鑫大酒店	四	2011.09.20	2010.07.18	4440221	英德市浈阳东路	2666129	159	390	530	有限责任
	白云温泉山庄	三	2000.10.01	1999.08.01	4430393	佛岗县汤塘黄花湖度假区	4632998	104	208	172	集体
	红楼宾馆	三	2002.01.07	1996.02.01	4430394	清远连州市人民路238号	6664888	107	221	800	国有
	环城步步高酒店	三	2002.07.22	1996.07.28	4430396	清远市环城一路10号	3826666	73	154	1000	私营
	湖滨步步高酒店	三	2002.08.14	1996.12.25	4430398	清远市曙光一路88号	3350088	105	200	1000	股份合作
	天泉度假村（酒店）	三	2002.09.16	2001.08.13	4430399	清远市阳山县称架镇	7391933	187	394	450	私营
	龙城大酒店	三	2003.06.10	2002.05.28	4430403	清远市石角镇府前路218号	3207000	56	103	700	私营
	德丽商务酒店	三	2003.11.27	2000.01.18	4430404	清远市新城东24号小区	3876888	68	139	180	中外合资
	英州大酒店	三	2003.12.23	1986.10.01	4430405	清远英德市百花路1号	2222388	68	130	322	私营
	翠苑宾馆	三	2004.01.07	2001.11.01	4430406	清远市滨江路	3868008	74	142	150	国有
	鸿都大酒店	三	2004.03.23	2003.02.01	4430407	清远连州市番禺路	6661188	75	180	400	私营
	雄风大酒店	三	2004.10.19	2003.06.08	4430421	清远阳山县城陵园路69号	7881818	65	136	400	私营
	星光大酒店	三	2004.12.17	1993.05.15	4430433	清远市佛冈县石角振兴南路	4285558	45	98	500	私营

续表

地区	饭店名称	星级	评定时间	开业时间	星牌编号	饭店地址	咨询电话	客房（间）	床位（张）	餐位（个）	机构性质
清远市（0763）	阳山宾馆	三	2005. 06. 21	1992. 09. 07	4430466	清远市阳山县电塔路 2 号	7883541	108	263	600	私营
	粮香大酒店	三	2006. 01. 16	1995. 11. 01	4430495	清远英德市英城建设路 59 号	2222098	55	111	500	集体
	英德市小岛宾馆	三	2006. 01. 16	2004. 11. 01	4430496	清远英德市英洲大道长线街	2288168	68	115	230	股份有限
	英德市迎宾馆	三	2006. 01. 16	2005. 11. 01	4430497	清远英德市利民路 3 号	2222390	46	86	238	私营
	卓代花园酒店	三	2006. 10. 19	2004. 10. 26	4430561	清远市阳山县城阳山大道北	7888888	163	300	1000	私营
	侨丰宾馆	三	2006. 10. 19	2003. 03. 11	4430562	清远市先锋东路 1 号	3834038	72	144	56	有限责任
	东方大酒店	三	2008. 01. 29	1997. 04. 28	4430613	清远英德市建设路口	2233998	44	85	400	私营
	雄风宾馆	三	2008. 07. 10	2006. 11. 23	4430636	清远市阳山县城南大道 76 号	7892888	132	238	130	私营
	阳山海逸假日大酒店	三	2009. 08. 21	2008. 10. 08	4430682	清远市阳山县北门路	7885500	177	375	500	私营
	清新丽晶酒店	三	2010. 09. 16	2007. 01. 01	4430729	清远市清新县清新大道 21 号	3136888	100	176	180	股份合作
	凤凰阁酒店	三	2011. 07. 11	2001. 11. 03	4430758	阳山县阳城镇光明大道 176 号	78956228	118	118	1，200	私营
	迎宾大酒店	三	2011. 12. 20	2008. 09. 26	4430771	连山县吉田镇勤政路 1 号	8736688	68	128	800	国有
	※清新爵士酒店	**三**	**2012. 11. 23**	**2011. 11. 01**	**4430792**	**清远市清新县清新大道 88 号**	**3133788**	**138**	**246**	**100**	有限责任
	※双龙城商务酒店	**三**	**2012. 11. 23**	**2012. 01. 06**	**4430793**	**清远市佛冈县石角镇 106 国道 38 路段**	**4383388**	**80**	**147**	**900**	私营
	福临门大酒店	二	2004. 12. 03	2003. 10. 01	4420378	阳山县城镇南连江大道 143 号	7803201	49	93	300	私营
	荣华宾馆	二	2009. 10. 27	2007. 10. 18	4420426	阳山县光明路 98 号	7896318	58	110	300	私营
潮州市（拥有星级饭店 13 家，其中四星级 6 家，三星级 4 家，二星级 3 家）	潮州迎宾馆	四	2000. 12. 22	1998. 02. 04	4440004	潮州市潮枫路中段	2399888	154	301	600	国有
	潮州宾馆	四	2006. 01. 20	1989. 01. 01	4440142	潮州市潮枫路 1 号	2333333	221	360	800	有限责任
	声乐大酒店	四	2006. 09. 12	1994. 05. 16	4440157	潮州市潮安县庵埠镇	6669338	168	216	1000	有限责任
	海逸大酒店	四	2009. 10. 12	1996. 12. 30	4440197	潮州市潮安县开发区东段	5812338	84	138	600	有限责任
	宝华酒店	四	2011. 03. 25	2010. 02. 05	4440216	潮州市新洋路 3 号	2306666	207	317	700	股份
	安南大酒店	四	2011. 12. 22	1995. 06. 01	4430409	潮州市潮安县城区	6619888	131	217	1600	有限责任
	金信大酒店	三	2000. 12. 22	1995. 02. 01	4430410	潮州市潮枫路 79 号	2268889	93	169	210	国有
	汇侨大酒店	三	2000. 12. 22	1993. 05. 01	4430411	潮州市潮枫路中段	2268898	88	175	750	国有

续表

地区	饭店名称	星级	评定时间	开业时间	星牌编号	饭店地址	咨询电话	客房（间）	床位（张）	餐位（个）	机构性质
潮州市（0768）	金龙大酒店	三	2001.05.31	1993.08.06	4430412	潮州市环城南路 35～37 号	2261881	76	137	500	私营
	饶平大酒店	三	2007.12.14	2006.08.01	4430607	潮州市饶平县饶平大道 168 号	7800000	68	120	230	有限责任
	华侨大厦	二	2000.10.01	1980.01.01	4420365	潮州市环城西路 34 号	2228899	90	179	500	国有
	鸿运酒店	二	2001.12.10	1992.12.01	4420366	潮州市潮枫路 2 号	2206052	64	115	240	集体
	云和大酒店	二	2002.06.10	1982.12.04	4420367	潮州市西河路 26 号	2136128	94	190	200	国有
揭阳市 揭阳市（拥有星级饭店 13 家，其中五星级 1 家，四星级 5 家，三星级 6 家，二星级 1 家）	榕江大酒店	五	2007.12.10	2005.10.22	4450058	揭阳市东山区	8222888	233	369	680	有限责任
	特美思大酒店	四	2000.04.01	1996.01.29	4440001	揭阳市东山区	8223888	205	403	500	国有
	阳美国际大酒店	四	2003.10.20	2002.10.01	4440113	揭阳市东山区阳美路	8829888	141	209	500	集体
	揭西特美思度假村	四	2003.12.05	2000.11.24	4440114	揭阳市揭西县河婆镇城东	5588688	109	194	600	国有
	揭东金叶酒店	四	2003.12.05	2002.03.13	4440115	揭阳市揭东县城西一路	3271888	197	359	650	国有
	惠来宾馆	四	2006.03.29	2004.11.01	4440145	揭阳市惠来县城南环一路	6625555	162	318	980	有限责任
	普宁金叶大厦	三	1996.01.01	1993.06.01	4430416	揭阳普宁市流沙河西路	2236889	176	356	450	国有
	东湖大酒店	三	2010.10.09	2008.07.04	4430726	揭阳市榕城区望江北路	8706666	198	351	1500	有限责任
	东海宾馆	三	2010.08.10	2009.08.01	4430731	揭阳市揭东县	3905888	76	133	588	股份有限
	华南大酒店	三	2011.08.25	2000.10.13	4430760	揭阳市东山区 206 国道蓝田路口	8739888	185	278	500	有限责任
	※金皇名庭大酒店	三	2012.03.06	2010.10.01	4430779	普宁市广达北路与长春路交汇处	2788888	91	123	240	股份有限
	※惠来富林大酒店	三	2012.09.10	1995.07.14	4430790	惠来县惠城镇南门东路 83 号	6694488	93	151	500	有限责任
	惠来县文昌大酒店	二	2003.04.18	1989.01.17	4420369	惠来县城南门东路 1 号	6682288	60	116	700	集体
云浮市（0766）	翔顺大酒店	四	2006.01.09	1991.01.01	4440139	云浮市新兴县六祖镇	2691618	73	187	150	集体
	凯旋酒店	四	2007.08.21	2005.09.28	4440166	云浮市云城区建设北路 11 号	8188888	166	276	1600	私营
	翔顺花园酒店	四	2007.08.21	2005.01.25	4440167	云浮市新兴县翔顺花园二区	2933333	69	133	1000	集体
	好莱湾酒店	四	2009.10.26	2008.01.11	4440200	云浮罗定市兴华一路 2 号	3881188	119	209	1200	股份有限

续表

地区	饭店名称	星级	评定时间	开业时间	星牌编号	饭店地址	咨询电话	客房（间）	床位（张）	餐位（个）	机构性质
云浮市（拥有星级饭店12家，其中四星级4家，三星级7家，二星级1家）	光明大酒店	三	2000. 11. 01	1999. 08. 01	4430417	云浮市云城区	8217888	63	136	300	集体
	华盛大酒店	三	2005. 03. 01	2003. 12. 27	4430456	云浮市郁南县中山路22号	7332788	79	136	500	有限责任
	新永光大酒店	三	2005. 09. 28	2004. 07. 01	4430479	云浮市郁南县中山路2号	7331088	58	88	500	私营
	新丽晶大酒店	三	2006. 01. 09	2004. 01. 09	4430488	云浮市河滨东路232号	8986328	55	109	900	私营
	卓成大酒店	三	2008. 06. 16	2006. 02. 23	4430631	云浮市兴云东路241号	8986888	76	108	1080	股份合作
	金鹏大酒店	三	2008. 06. 16	2005. 01. 01	4430632	云浮市兴云中路5号	8987666	89	172	315	有限责任
	华立龙山温泉度假村	三	2009. 10. 26	1997. 01. 01	4430691	云浮市新兴县六祖镇	2691111	97	172	130	有限责任
	郁南县连滩宾馆	二	2002. 08. 26	2001. 07. 18	4420372	云浮市郁南县连滩镇建设路	7660888	52	92	280	私营

注：1. 截至2012年年底，广东省共有星级饭店1079家，其中白金五星级1家，五星级106家，四星级186家，三星级630家，二星级148家，一星级8家。各市二星级、一星级饭店未列入本名录；

2. 2012年新评定的星级饭店36家，其中五星级10家，四星级4家，三星级22家；

3. 表中“机构性质”一栏中“港澳台商”即表示由“港澳台商投资”。

（省旅游局行业管理供稿）

2012年广东省旅行社名录

地区	旅行社名称	许可证编号	批文号	法定代表人	联系地址	联系电话
广州市（拥有旅行社347家，其中出境游组团社63家，外资旅行社10家）	中国国旅（广东）国际旅行社股份有限公司	L－GD－CJ00001	国家旅游局旅管理发〔2002〕91号	童　卫	广州市越秀区解放北路618～620号15楼	22013307
	广东省中国旅行社股份有限公司	L－GD－CJ00002	国家旅游局旅管理发〔2002〕91号	王万年	广州市越秀区沿江中路195～197号沿江大厦	83336888
	广东省中国青年旅行社	L－GD－CJ00003	国家旅游局旅管理发〔2002〕91号	李协居	广州市越秀区八旗二马路48号 广东航运大厦12楼	38865093
	广州广之旅国际旅行社股份有限公司	L－GD－CJ00004	国家旅游局旅管理发〔2002〕91号	卢建旭	广州市白云区机场西乐嘉路1～13号	86338880
	广东铁青国际旅行社有限责任公司	L－GD－CJ00005	国家旅游局旅管理发〔2002〕91号	臧　熠	广州市越秀区中山一路94号	61251132
	广州东方国际旅行社有限公司	L－GD－CJ00006	国家旅游局旅管理发〔2002〕91号	张竹筠	广州市越秀区流花路120号	86669900
	港中旅（广东）国际旅行社有限公司	L－GD－CJ00007	国家旅游局旅管理发〔2002〕91号	姜　峰	广州市越秀区中山五路219号中旅商业城23楼3单元2302房，4单元2301房、2302房，5单元2301房	83279811
	广东省香江旅游公司	L－GD－CJ00008	国家旅游局旅管理发〔2002〕91号	刘向平	广州市越秀区环市西路183号	86664029
	广东熊猫国际旅游有限公司	L－GD－CJ00009	国家旅游局旅管理发〔2002〕91号	谷训才	广州市越秀区东风中路363号国信大厦6楼01～02室	83557913
	广东粤侨国际旅行社有限公司	L－GD－CJ00010	国家旅游局旅管理发〔2002〕91号	封葆玲	广州市越秀区越秀北路87～89号四楼、五楼、八楼	83862690
	广州交易会国际旅行社有限公司	L－GD－CJ00011	国家旅游局旅管理发〔2002〕91号	吴　锋	广州市海珠区凤浦中路679号102房、603房、702房	89268102
	广州市番禺旅游总公司	L－GD－CJ00012	国家旅游局旅管理发〔2002〕91号	李伟权	广州市番禺区市桥镇繁华路7号	22882288
	广州市番禺中国旅行社	L－GD－CJ00013	国家旅游局旅管理发〔2002〕91号	古耀坚	广州市番禺区市桥街大北路130号	84822127
	广东省天马国际旅行社有限公司	L－GD－CJ00014	国家旅游局旅管理发〔2005〕103号	李涛	广州市越秀区东风中路501～507号东部18层1828房	83550999
	广州市丽景国际旅行社	L－GD－CJ00015	国家旅游局旅管理发〔2002〕91号	邓继烈	广州市越秀区环市东路华侨新村爱国路1号地下	83579977
	广东中妇旅国际旅行社有限责任公司	L－GD－CJ00016	国家旅游局旅管理发〔2002〕91号	叶礼艳	广州市天河区珠江新城华就路12号三银大厦607房、608房	38371703
	广东中信国际旅行社有限公司	L－GD－CJ00017	国家旅游局旅管理发〔2005〕34号	杨志强	广州市越秀区竹丝岗二马路39号之一1号楼601～603房、801～805房、1001房	87301540
	广东和平国际旅行社有限公司	L－GD－CJ00018	国家旅游局旅管理发〔2005〕34号	李元生	广州市经济技术开发区青年路105号	61223830
	广东南湖国际旅行社有限责任公司	L－GD－CJ00019	国家旅游局旅管理发〔2005〕34号	赵　祁	广州市越秀区广卫路18号1～8层	83179117
	中青旅广州国际旅行社有限公司	L－GD－CJ00020	国家旅游局旅管理发〔2002〕91号	朱增杰	广州市越秀区中山一路57号5楼	61281175

续表

地区	旅行社名称	许可证编号	批文号	法定代表人	联系地址	联系电话
广州市(020)	广东羊城之旅国际旅行社有限公司	L－GD－CJ00021	国家旅游局旅管理发〔2002〕91号	苏　颖	广州市越秀区越秀中旅159号首层	83836222
	广州花园国际旅行社有限公司	L－GD－CJ00022	国家旅游局旅管理发〔2002〕91号	张竹筠	广州市越秀区环市东路368号	83338989
	广东自游商旅国际旅行服务有限公司	L－GD－CJ00023	国家旅游局旅管理发〔2002〕91号	王伟佳	广州市白云区机场路1028号403房	86318220
	广东时尚国际旅行社有限公司	L－GD－CJ00024	国家旅游局旅管理发〔2002〕91号	王　强	广州市白云区机场路南云西街2号6楼614室	86120163
	广东风光国际旅行社有限公司	L－GD－CJ00025	国家旅游局旅管理发〔2002〕91号	李小斌	广州市越秀区沿江中路195～197号2302房	83331538
	广州康辉国际旅行社有限公司	L－GD－CJ00026	国家旅游局旅管理发〔2002〕91号	李继烈	广州市越秀区沿江中路313号康富来国际大厦5楼	83653385
	广州市领航国际旅行社有限公司	L－GD－CJ00027	国家旅游局旅管理发〔2006〕178号	徐敏雄	广州市越秀区环市东路326号广东亚洲国际大酒店1406A室	61206989
	广州市良辰美景国际旅行社有限公司	L－GD－CJ00028	国家旅游局旅管理发〔2005〕34号	陈晓阳	广州市天河区天河路天俊阁2层01单元、06单元	38803900
	广州国之旅国际旅行社有限公司	L－GD－CJ00029	国家旅游局旅管理发〔2007〕156号	何其幸	广州市越秀区北校场路19号主楼1913房	83020746
	广州教育国际旅行社有限公司	L－GD－CJ00030	国家旅游局旅管理发〔2006〕178号	李灿佳	广州市越秀区中山四路172号地下	83340799
	广州美联国际商务旅行社有限公司	L－GD－CJ00031	国家旅游局旅管理发〔2009〕68号	黄应顺	广州市越秀区原道路44号之一首层	37589330
	广东南方传媒国际旅行社有限公司	L－GD－CJ00032	国家旅游局旅管理发〔2007〕61号	王秀臣	广州市越秀区人民北路686号	26188998
	广州市汇粤国际旅行社有限公司	L－GD－CJ00033	国家旅游局旅管理发〔2006〕178号	曾志军	广州市越秀区东风中路268号广州交易广场1904室	83199248
	广州西敏国际旅行社有限公司	L－GD－CJ00034	国家旅游局旅管理发〔2006〕178号	梁达才	广州市荔湾区中山七路50号西门口广场写字楼第四层(自编层第5层)02单元	38114000
	广东天天假期国际旅行社有限公司	L－GD－CJ00035	国家旅游局旅管理发〔2006〕178号	刘宇萍	广州市越秀区恒福路288号之三16楼	38819325
	广州携程国际旅行社有限公司	L－GD－CJ00036	国家旅游局旅管理发〔2008〕212号	范　敏	广州市天河区体育东路114号17层	83936393
	广州成功之路国际旅行社有限公司	L－GD－CJ00037	国家旅游局旅管理发〔2007〕318号	吕京川	广州市天河区天河直街55号4A房	38802036
	广州市澳信国际旅行社有限公司	L－GD－CJ00142	国家旅游局旅管理发〔2010〕215号	吴聪明	广州市越秀区环市东路417号东方广场五楼L室	22813168
	广州天马国际旅行社有限公司	L－GD－CJ00145	国家旅游局旅管理发〔2010〕215号	刘润樟	广州市越秀区东风中路300号之一自编11楼B室	22062208
	广州美亚电子商务国际旅行社有限公司	L－GD－CJ00146	国家旅游局旅管理发〔2010〕215号	陈培钢	广州天河区珠江新城华明路13号华普广场东座17层D	22382343
	广东省三茂铁路国际旅行社	L－GD－CJ00151	国家旅游局旅管理发〔2010〕216号	杨卫红	广州市环市东路374号三茂大酒店首层	83818921

续表

地区	旅行社名称	许可证编号	批文号	法定代表人	联系地址	联系电话
广州市（020）	广州空港之旅国际旅行社有限公司	L-GD-CJ00152	国家旅游局旅管理发〔2010〕243号	王利群	广州市白云区机场路282号云港大厦A204房	86135272
	广州岭南国际旅行社有限公司	L-GD-CJ00154	国家旅游局旅管理发〔2011〕44号	尹小弜	广州市越秀区东风东路767号东宝大厦601房、602房	28820111
	广东省珠江国际旅行社	L-GD-CJ00155	国家旅游局旅管理发〔2011〕44号	罗道叠	广州市越秀区东园路33号首层	83371526
	广州市北方畅游旅行社有限公司	L-GD-CJ00163	国家旅游局旅管理发〔2011〕134号	康哲男	广州市海珠区昌岗中路166号之三富盈大厦1401房、1402房	84359350
	广州阳光假日国际旅行社有限公司	L-GD-CJ00168	国家旅游局旅监管发〔2011〕183号	周汉耀	广州市越秀区广卫路2号之一自编6楼整层	87654731
	广州市黄金假日国际旅行社有限公司	L-GD-CJ00169	国家旅游局旅监管发〔2011〕183号	李小钢	广州市越秀区越秀南路185号创举商务大厦703室	83869496
	广东绿色国际旅行社	L-GD-CJ00170	国家旅游局旅监管发〔2011〕218号	田晓波	广州市天河区燕岭路28号燕岭大厦一层、二层	37232062
	※广州中航国际旅游有限公司	L-GD-CJ00171	国家旅游局旅办发〔2012〕34号	陈洪发	广州市白云区机场路24号广东音像城商务楼内四楼A类401号	62833333
	※广东活力商务国际旅行社有限公司	L-GD-CJ00172	国家旅游局旅办发〔2012〕34号	林玉屏	广州市天河区体育西路109号高盛大厦11E房	62833333
	※广州畅游国际旅行社有限公司	L-GD-CJ00173	国家旅游局旅办发〔2012〕34号	陈子平	广州市越秀区大南路2号19层自编1901房	83725220
	※广东华侨友谊旅行社有限公司	L-GD-CJ00174	国家旅游局旅办发〔2012〕34号	陈小兵	广州市越秀区东风中路363号国信大厦3楼313房、314房	38823954
	※广东友好旅行社有限公司	L-GD-CJ00193	国家旅游局旅办发〔2012〕257号	叶 宁	广州市东风中路501-507号东建大厦西座7楼南面701号、703号、705号	83554584
	※广州市广厦国际旅行社	L-GD-CJ00195	国家旅游局旅办发〔2012〕439号	邝云弘	广州市北京路374号广州大厦八号楼3306室	83189888
	※广州一起飞国际旅行社有限公司	L-GD-CJ00196	国家旅游局旅办发〔2012〕439号	黄茂春	广州市越秀区华乐路53号15楼C室	22813785
	※广州天下若比邻国际旅行社有限公司	L-GD-CJ00197	国家旅游局旅办发〔2012〕439号	苏志伟	广州市建设六马路33号1407房	83312843
	※广州市金马国际旅行社有限公司	L-GD-CJ00201	国家旅游局旅发〔2012〕93号	黄小婉	广州市越秀区起义路173号701D	83186485
	※广州国龙国际旅行社有限公司	L-GD-CJ00202	国家旅游局旅发〔2012〕93号	黄北盈	广州市天河区中山大道西138号广运楼主楼801~809房	61212506
	※广州鹅潭旅行社有限公司	L-GD-CJ00203	国家旅游局旅发〔2012〕93号	温东伟	广州市越秀区沿江东路406号	83833111
	※广州方行教育国际旅行社有限公司	L-GD-CJ00212	国家旅游局旅发〔2012〕165号	吴培华	广州市珠海区新港西路135号海珠中大科技综合自编404号	84114110
	※广州市千适国际旅行社有限公司	L-GD-CJ00213	国家旅游局旅发〔2012〕165号	钟智坚	广州市荔湾区中山八路石路基36~38号七楼719房	86663415
	※广州国青国际旅行社有限公司	L-GD-CJ00214	国家旅游局旅发〔2012〕165号	张 丹	广州市天河区天河北路175号2904~2905房	85251424

续表

地区	旅行社名称	许可证编号	批文号	法定代表人	联系地址	联系电话
广州市(020)	※广州翔游旅行社有限公司	L-GD-CJ00215	国家旅游局旅发〔2012〕165号	蔡小玲	广州市越秀区东风中路501号东部三层303室、306A室	83562937
	广州康泰国际旅行社有限公司	L-GD-WZ00001	国家旅游局旅管理发〔2007〕247号	陈白羽	广州市越秀区环市东路498号6D房	87608833
	胜景旅游(广东)有限公司	L-GD-WZ00004	国家旅游局旅管理发〔2006〕88号	LERSAN MISITSAKUL	广州市天河区区林和西路9号耀中广场17楼12房	38010282
	翠明假期(广东)旅行社有限公司	L-GD-WZ00006	国家旅游局旅管理发〔2008〕255号	周大伟	广州市天河区天河路351号2701单元之19号房	38809592
	佳天美(广州)国际旅行社有限公司	L-GD-WZ00007	国家旅游局旅管理发〔2008〕112号	西口庸(NISHIGUHI YO)	广州市天河区林和西路9号923~924室	38103181
	捷旅假期(广州)有限公司	L-GD-WZ00008	粤旅管〔2010〕17号	胡宇纬	广州市越秀区先烈中路102号北2907房	31393603
	广州新游力旅行社有限公司	L-GD-WZ00009	粤旅管〔2010〕22号	阮文海	广州市越秀区广卫路19号之二906室	37662041
	美丽华旅行社(广州)有限公司	L-GD-WZ00010	粤旅管〔2010〕24号	陈若磐	广州市天河区体育东路122号之二1408房	39600001
	广州安旅旅行社有限公司	L-GD-WZ00011	粤旅管〔2010〕87号	吴财喜	广州市越秀区越华路112号3001房、3002房	84383224
	港龙假期旅行社(广州)有限公司	L-GD-WZ00014	粤旅管〔2011〕100号	李彦霖	广州市越秀区流花路109号之9达宝广场405室	13802726696
	※广州南华旅行社有限公司	L-GD-WZ00016	粤旅管〔2012〕141号	沈朝生	广州市越秀区东风东路836号一座2005房	85296606
	广东省从化温泉中国国际旅行社	L-GD00740	穗旅发〔2009〕126号	郑宪生	广州市越秀区解放北路603号广东迎宾馆中门右侧	83378946
	广州市花都国际旅行社有限公司	L-GD00741	穗旅发〔2009〕126号	汤伟能	广州市花都区秀全大道43号	86829007
	广东省国际体育旅游公司	L-GD00743	穗旅发〔2009〕126号	黄嘉海	广州市广州大道北408号二楼	87550915
	广州快达国际旅行社	L-GD00744	穗旅发〔2009〕126号	苏杰荣	广州市天河区中山大道中路1015号308室A	83326403
	广东粤新国际旅行社有限公司	L-GD00745	穗旅发〔2009〕126号	郭满华	广州市环市东路329号四楼	83574192
	从化市华夏国际旅行社	L-GD00747	穗旅发〔2009〕126号	罗展锋	从化市河滨南路34号	87931428
	广州南沙国际旅行社	L-GD00748	穗旅发〔2009〕126号	陈少雄	广州市番禺区市桥桥兴大道60号	84896933
	广州市花都国都国际旅行社有限公司	L-GD00749	穗旅发〔2009〕126号	冯云峰	广州市花都区新华镇公园前路27号丽苑大厦20号	36831234
	广州大都市国际旅行社有限公司	L-GD00751	穗旅发〔2009〕126号	郑 聪	广州市越秀区广卫路2号之一自编1216房	81301777
	广东省广弘中旅国际旅行社有限公司	L-GD00752	穗旅发〔2009〕126号	林乐生	广州市越秀区先烈中路102之二北自编2103房	87610199

续表

地区	旅行社名称	许可证编号	批文号	法定代表人	联系地址	联系电话
广州市(020)	广州市金泰国际旅行社有限公司	L－GD00754	穗旅发〔2009〕126号	王一昉	广州市荔湾区中山八路23号1904房	81354440
	广州市职工国际旅行社	L－GD00755	穗旅发〔2009〕126号	谢伟明	广州市东风西路230号	83323779
	广州市环宇国际旅行社有限公司	L－GD00756	穗旅发〔2009〕126号	李燕青	广州市豪贤路172号豪贤商务大楼9楼905～911室	83389342
	广州海运集团海星国际旅游公司	L－GD00757	穗旅发〔2009〕126号	胡松哲	广州市海珠区滨江中路308号29楼南面部分	84245837
	广州艳阳天旅行社有限公司	L－GD00758	穗旅发〔2009〕126号	梁杰超	广州市越秀区西湖路100号首层	833329328
	广州市广视旅行社有限公司	L－GD00759	穗旅发〔2009〕126号	宋　华	广州市西湖路99号民政大厦305室	83183975
	广东省口岸旅行社有限公司	L－GD00760	穗旅发〔2009〕126号	冯卓儒	广州市农林下路40号王府井大楼九楼1909房	87624230
	广东省中科旅行社	L－GD00762	穗旅发〔2009〕126号	杨　玲	广州市连新路171号广东科学馆205室	83562289
	广州市金威旅行社	L－GD00763	穗旅发〔2009〕126号	童水波	广州市荔湾区广钢集团公司内	81550745
	广州马会旅行社	L－GD00764	穗旅发〔2009〕126号	刘宏光	广州市天河区黄埔大道西668号(赛马场内)	87539822
	广州大江南北旅行社有限公司	L－GD00765	穗旅发〔2009〕126号	罗燕萍	广州芳村大道中271号之二	81895233
	广州市交通旅行社有限公司	L－GD00766	穗旅发〔2009〕126号	宫照绪	广州市海珠区江泰路51号、51号之三第二层自编号2号A	34470366
	广州远景旅行社有限公司	L－GD00767	穗旅发〔2009〕126号	霍柏强	广州市越秀区西华路525号1611房、1612房	81072529
	广州市番禺交通旅行社有限公司	L－GD00769	穗旅发〔2009〕126号	梁杏莲	广州市番禺区市桥禺山大道243号	84661121
	广东省广梅汕铁路旅行社	L－GD00770	穗旅发〔2009〕126号	雷德晖	广州市越秀区梅花路18号首层	61320098
	广东南鹰国际旅行社有限公司	L－GD00771	穗旅发〔2009〕126号	黄志伟	广州市白云区机场路585号鹏景大厦1108室	36319843
	广州海明旅行社	L－GD00772	穗旅发〔2009〕126号	吴健生	广州市广卫路23号首层铺位之二	83364236
	广州市长洲旅行社有限公司	L－GD00774	穗旅发〔2009〕126号	唐　曦	广州市黄埔区军校路160号	82205558
	广州三人行旅行社有限公司	L－GD00775	穗旅发〔2009〕126号	符新明	广州市黄埔区港湾路448号	38114886
	增城市蓝景旅行社有限公司	L－GD00776	穗旅发〔2009〕126号	钟健生	增城市荔城镇园圃路5号	82748811
	广州林海旅行社有限责任公司	L－GD00777	穗旅发〔2009〕126号	卢跃游	广州市建设大马路13号陶然酒店301室、311室	83875498

续表

地区	旅行社名称	许可证编号	批文号	法定代表人	联系地址	联系电话
广州市（020）	广州市假日通旅行社有限公司	L－GD00778	穗旅发〔2009〕126 号	唐皓明	广州市文明路 65 号	83393789
	广州春秋假日旅行社有限公司	L－GD00779	穗旅发〔2009〕126 号	孙文霞	广州市越秀区起义路 173 号 302 房	83362470
	广州春之旅旅行社有限公司	L－GD00780	穗旅发〔2009〕126 号	罗光雄	广州市天河路 47 号	37604925
	广州市金榜旅行社有限公司	L－GD00782	穗旅发〔2009〕126 号	汪凌辉	广州市白云区翰云路 470 号 804 室	86342166
	广州运通国际旅行社有限公司	L－GD00783	穗旅发〔2009〕126 号	李素莲	广州市东风西路 158 号二楼 C05 房	81088890
	广州市快事达旅行社有限公司	L－GD00784	穗旅发〔2009〕126 号	周向民	广州市番禺区市桥兴泰路 159 号	84699980
	广州市日龙彩虹旅行社有限公司	L－GD00785	穗旅发〔2009〕126 号	叶华盛	广州市番禺区东环街东环路 168 号	34514777
	广州市山海天旅行社有限公司	L－GD00786	穗旅发〔2009〕126 号	张振云	广州市花都区新华街天贵路 60 号首层	36820059
	广州市天南地北旅行社有限公司	L－GD00787	穗旅发〔2009〕126 号	沈福祥	广州市天河区林和中路 150 号 1805 房	38840133
	广州市金怡假期旅行社有限公司	L－GD00788	穗旅发〔2009〕126 号	曾荷燕	广州市番禺市桥平康路 73 号	84621021
	广州市三平旅行社有限公司	L－GD00789	穗旅发〔2009〕126 号	张　杰	广州市云霄路 88 号 B 座 5 楼	36124438
	广州市神洲旅行社有限公司	L－GD00790	穗旅发〔2009〕126 号	吴　昊	广州市花都区新花街 12 号自编 3～6 号铺	36838755
	广州信途国际旅行社有限公司	L－GD00791	穗旅发〔2009〕126 号	蔡小玲	广州市越秀区东风中路 501～507 号 308 房	37620509
	广州领前旅行社有限公司	L－GD00792	穗旅发〔2009〕126 号	林海明	广州市越秀区东风中路 363 号 3502 房	37589005
	广州纵横国际旅行社有限公司	L－GD00797	穗旅发〔2009〕126 号	张风枝	花都区新华街宝华路 30 号时代美居 A 区 114 号	38114738
	广州市中国旅行社	L－GD00798	穗旅发〔2009〕126 号	卢中铭	广州市广园中路 211 号 A2 栋	86382165
	广州市华龙旅行社有限公司	L－GD00799	穗旅发〔2009〕126 号	王志光	广州市沿江东路 421 号东城大厦 B 座 1508 室	61180598
	广州金旅旅行社有限公司	L－GD00800	穗旅发〔2009〕126 号	刘海峰	广州市新市镇汇侨二街 29 号	36605370
	广州市梦旅旅行社有限公司	L－GD00802	穗旅发〔2009〕126 号	姚元武	广州从化市街口街蓝田路 39 号棋杆镇政府楼一栋 102 房	87926698
	广州泰乐国际旅行社有限公司	L－GD00803	穗旅发〔2009〕126 号	李皓辰	广州经济技术开发区青年路东园二街 14 号 101	82220523
	广州云景国际旅行社有限公司	L－GD00805	穗旅发〔2009〕126 号	何　晓	广州市越秀区环市东路 367 号白云宾馆主楼 525 房、529 房	83310841

续表

地区	旅行社名称	许可证编号	批文号	法定代表人	联系地址	联系电话
广州市(020)	广州市中宇旅行社有限公司	L－GD00806	穗旅发〔2009〕126 号	罗晓宁	从化街口西宁东路 1 栋地下 2～3 号	87927888
	广州市贵豪旅行社有限公司	L－GD00807	穗旅发〔2009〕126 号	阮玲玉	广州市中山一路小东园 14 号 408 室	612830855
	广州永乐国际旅行社有限公司	L－GD00808	穗旅发〔2009〕126 号	李耀华	广州市环市东路 368 号花园大厦 746 房、752 房	83847156
	广州市康城旅行社有限公司	L－GD00809	穗旅发〔2009〕126 号	李佩鸿	从化市街口街河滨北路 20～22 号	87927688
	广州京奥旅行社有限公司	L－GD00810	穗旅发〔2009〕126 号	王少锋	广州市天河北路 30 号时代广场西 1003B	38910992
	广州市龙行天下旅行社有限公司	L－GD00812	穗旅发〔2009〕126 号	冯就翔	广州市海珠区工业大道中 381 号保利百合花园 8 栋 17 层自编之一	84435433
	广州大新华运通国际旅行社有限公司	L－GD00813	穗旅发〔2009〕126 号	孙金伟	广州市越秀区盘福路 79 号 4 层 413、414 自编之一房	86372023
	广州市名晖国际旅行社有限公司	L－GD00814	穗旅发〔2009〕126 号	喻广福	广州市海珠区润田街 3～9 号 311 室	34389766
	广州市成顺国际旅行社有限公司	L－GD00816	穗旅发〔2009〕126 号	蔡宇彤	广州市环市东路 417 号 5 楼 C 房	22813082
	广州市槐乡旅行社有限公司	L－GD00817	穗旅发〔2009〕126 号	赵新林	广州市三元里大道广花二路山西大厦北楼 1309 室	22293488
	广州凤凰国际旅行社有限公司	L－GD00819	穗旅发〔2009〕126 号	李　明	广州市越秀区新河浦路 86 号之六 2 楼	37653337
	广州新途旅行社有限公司	L－GD00821	穗旅发〔2009〕126 号	梁广勤	广州市沿江中路 195～197 号沿江大厦 1910～1912 室	83360698
	广州长晖国际旅行社有限公司	L－GD00822	穗旅发〔2009〕126 号	温爱霞	广州市广九大马路 31 号富力宜居 1 号商铺	83788113
	广州市捷诚旅行社有限公司	L－GD00823	穗旅发〔2009〕126 号	王雪松	广州市东风东路 739 号地质大厦 201 室	87664810
	广州市恒安旅行社有限公司	L－GD00824	穗旅发〔2009〕126 号	韦文雄	广州市流花路 120 号东方宾馆 3 号楼 3109 室、3110 室	86669900
	广州市四季风旅行社有限公司	L－GD00825	穗旅发〔2009〕126 号	乔炳节	广州市越秀区瑶台瑶池大街 22 号 3 楼	86252565
	广东中旅假日国际旅行社有限公司	L－GD00827	穗旅发〔2009〕126 号	吴伟华	广州市越秀区东风中路 300 号之一自编 11 楼 A1 房	83193605
	广州金鹤旅行社有限公司	L－GD00828	穗旅发〔2009〕126 号	王红梅	广州市天河区天寿路沾益直街电务综合楼 1312～1314 房	62869888
	广州易网通旅行社有限公司	L－GD00829	穗旅发〔2009〕126 号	杨筱萍	广州市天河区体育西路 111 号建和中心 29 层 A 单元	38792923
	广州市荔壹旅行社有限公司	L－GD00830	穗旅发〔2009〕126 号	周　兴	广州市荔湾区中山八路新虹街 38 号 905 房、906 房	81754803
	广州辉煌旅行社有限公司	L－GD00831	穗旅发〔2009〕126 号	孙松阳	广州市白云区机场路航云南街自编 280 号 109 房	86121647

续表

地区	旅行社名称	许可证编号	批文号	法定代表人	联系地址	联系电话
广州市(020)	广州东星航空旅行社有限公司	L－GD00832	穗旅发〔2009〕126 号	施　雯	广州市白云区机场路 282 号云港大厦 A304 房	86120858
	广州市安逸旅行社有限公司	L－GD00833	穗旅发〔2009〕126 号	杨　毅	广州市荔湾区花蕾路 28 号 A08 室	81514085
	广州市浪程国际旅行社有限公司	L－GD00834	穗旅发〔2009〕126 号	温宇航	广州市越秀区寺右新马路 10 号之五北座 501 房、502 房	87671360
	广州市全球风行国际旅行社有限公司	L－GD00835	穗旅发〔2009〕126 号	杨少萍	广州市越秀区寺右新马路 108 号 13B 室	83873229
	增城市中国旅行社	L－GD00836	穗旅发〔2009〕126 号	黎霍钱	增城市荔城街荔城大道 55 号	82640011
	广州市天客旅行社有限公司	L－GD00837	穗旅发〔2009〕126 号	列晓明	广州市荔湾区西华路 134 号 2 号楼 606	80158669
	广州祺烨旅行社有限公司	L－GD00838	穗旅发〔2009〕126 号	卢有泉	广州市天河区华强路 2 号 14005 房	38907585
	广州泛海旅行社有限公司	L－GD00839	穗旅发〔2009〕126 号	袁　晖	广州市广州大道中 611 号 917 房	37598601
	广州众汇国际旅行社有限公司	L－GD00840	穗旅发〔2009〕126 号	李　涛	广州市越秀区盘福路朱紫后街 1 号 431～432 室	81217936
	广州天涯旅行社有限公司	L－GD00841	穗旅发〔2009〕126 号	罗永霞	广州天河区广汕公路龙洞街长湴矮岭 793 号四楼 A1	37220650
	广州龙润旅行社有限公司	L－GD00842	穗旅发〔2009〕126 号	朱为民	广州市白云区机场西路棠景街 6～8 号寓景大厦 311 房	83179935
	广州禾协之旅旅行社有限公司	L－GD00844	穗旅发〔2009〕126 号	付春伟	广州市荔湾区黄沙大道 144 号湖北穗丰大厦 901 室	62799210
	广州市洋溢旅行社有限公司	L－GD00845	穗旅发〔2009〕126 号	黄　权	增城市新塘镇亚太新城富丽园第 2 栋汇太中路首层 198 号	82689101
	广州市鑫南旅行社有限公司	L－GD00846	穗旅发〔2009〕126 号	田　毅	广州市海珠区广州大道南 448 号财智大厦 1901 室	84222308
	广州中洋国际旅行社有限公司	L－GD00847	穗旅发〔2009〕126 号	向　橙	广州市越秀区沿江中路 299 号 25 楼	28821398
	广州佰信国际旅行社有限公司	L－GD00848	穗旅发〔2009〕126 号	樊宗明	广州市天河区车陂路 95 号 311 房	38204965
	广州携旅国际旅行社有限公司	L－GD00849	穗旅发〔2009〕126 号	李　梅	广州市天河区黄埔大道西 45 号 2 楼 202 室、203 室	62231563
	广州市粤航金铁商务旅行社有限公司	L－GD00850	穗旅发〔2009〕126 号	李俊芬	广州市海珠区艺苑路 5 号港艺商务大厦 907 室	84228423
	广州市创游国际旅行社有限责任公司	L－GD00851	穗旅发〔2009〕126 号	李广镇	广州市越秀区中山一路 25 号 316 房	87359028
	广州欢畅国际旅行社有限公司	L－GD00852	穗旅发〔2009〕126 号	唐文芳	广州市番禺区市桥街德兴路 278 号	39995025
	广州名客国际旅行社有限公司	L－GD00853	穗旅发〔2009〕126 号	万以坚	广州市天河区中山大道 139 号自编 125 栋 212 室	85686618

续表

地区	旅行社名称	许可证编号	批文号	法定代表人	联系地址	联系电话
广州市（020）	广州福之旅旅行社有限公司	L－GD00854	穗旅发〔2009〕126 号	王洪喜	广州市白云区机场路 1438 号尚明大厦 1210 室	86278567
	广州市大路旅行社有限公司	L－GD00855	穗旅发〔2009〕126 号	万梅琴	广州市荔湾区逢源路 58 号 108 房、109 房	81905981
	广东澳青国际旅行社有限公司	L－GD00858	穗旅发〔2009〕126 号	张志雄	广州市越秀区沿江中路 313 号 707 房	83837510
	增城市安达国际旅行社	L－GD00859	穗旅发〔2009〕126 号	毛带勋	增城市荔城镇岗前西路 12 号 101 首层	82634708
	广东省职工国际旅行社	L－GD00860	穗旅发〔2009〕126 号	江陵泉	广州市越秀南东园横路 3 号	83814249
	广东省羊城铁路国际旅行社	L－GD00862	穗旅发〔2009〕126 号	叶维东	广州市黄沙大道 125 号之一 2 楼	61359109
	广东好时光旅行社有限公司	L－GD00865	穗旅发〔2009〕126 号	刘英华	广州市越秀区环市东路 326 号亚洲国际大酒店 2317 房	37650472
	广州市白云山旅行社有限公司	L－GD00866	穗旅发〔2009〕126 号	徐家强	广州市越秀区德政北路 401－409 号华兴大厦 610 室	83352411
	增城挂绿旅行社	L－GD00867	穗旅发〔2009〕126 号	宋志军	增城市荔城街荔城大道 137 号 2 栋 104 铺位	82630880
	广东国航假期旅行社有限公司	L－GD00868	穗旅发〔2009〕126 号	侯壮林	广州市天河区马场路 28 号之五 B2 栋 1605C 房	37653831
	广东电力旅行社有限公司	L－GD00869	穗旅发〔2009〕126 号	陈竹平	广州市荔湾区南岸路 77 号三楼	81328838
	广州市风行旅行社有限公司	L－GD00870	穗旅发〔2009〕126 号	何秉权	广州市天河区体育西路育蕾二街 4 号 104 房	85599913
	广州双湖旅行社有限公司	L－GD00871	穗旅发〔2009〕126 号	李国生	广州市天河区华景路 165 号 221 铺	85562430
	广州市环球国际旅行社有限公司	L－GD00872	穗旅发〔2009〕126 号	祝纯英	广州市越秀区环市中路 300 号天秀大厦 B 座 1908 单元	83229194
	广州市星宸国际旅行社有限公司	L－GD00873	穗旅发〔2009〕126 号	李　杰	广州越秀区鹿苑路 41 号之一 8 号楼一楼自编 A002 房	83488844
	广州中游旅行社有限公司	L－GD00874	穗旅发〔2009〕126 号	黄悦明	广州市越秀区麓景路 7 号老干中心综合楼 1809 房	83589222
	广州正佳旅行社有限公司	L－GD00875	穗旅发〔2009〕126 号	王德红	广州天河区天河路 228 号正佳广场南一号门一楼	38331910
	广州市申浪旅行社有限公司	L－GD00876	穗旅发〔2009〕126 号	帅佩贞	广州市越秀区东华南路 176～178 号湖景华厦 1103 室	61180354
	广州华龄美旅行社有限公司	L－GD00877	穗旅发〔2009〕126 号	王　挺	广州市天河北路大都会广场 45 楼 13 室	87630524
	广州市悠游旅行社有限公司	L－GD00878	穗旅发〔2009〕126 号	陈浩江	广州市荔湾区芳村新隆沙西 1 号 45 栋二楼 201 室	81558227
	广州开心旅行社有限公司	L－GD00879	穗旅发〔2009〕126 号	张东斌	广州市荔湾区长堤街 15 号四楼 401 房	81540198

续表

地区	旅行社名称	许可证编号	批文号	法定代表人	联系地址	联系电话
广州市(020)	广州市易达旅行社有限公司	L－GD00880	穗旅发〔2009〕126 号	魏　曦	广州市越秀区沿江中路 195～197 号 1909 房	83336333
	广州百众国际旅行社有限公司	L－GD00881	穗旅发〔2009〕126 号	吴元珠	广州市天河区燕都路 80 号之三 416 房	38047172
	广州缤纷旅行社有限公司	L－GD00882	穗旅发〔2009〕126 号	孙管亢	广州市天河区天河南一路 82 号 104 之一房	83485593
	广州一马旅行社有限公司	L－GD00883	穗旅发〔2009〕126 号	周晓芳	广州市越秀区合群西路 7 号 4568 室、4569 室	87620171
	广州市太易旅行社有限公司	L－GD00884	穗旅发〔2009〕126 号	林　珲	广州市越秀区署前路 33 号 2 号楼 403 室、405 室	87781415
	广州市均天商务旅行社有限公司	L－GD00898	穗旅发〔2010〕8 号	颜冬云	广州市白云区机场路 111 号 308 之一室	36227347
	广州市中易旅行社有限公司	L－GD00899	穗旅发〔2010〕9 号	陈俊樟	广州市天河区 351 号 3001 单元之 07 号房	38845852
	广州银旅通国际旅行社有限公司	L－GD00900	穗旅发〔2010〕10 号	黄少文	广州市天河区五山路 1 号 15 楼 06 室	87515919
	广州市信城商旅旅行社有限公司	L－GD00901	穗旅发〔2010〕11 号	崔君亮	广州市荔湾区人民中路 555 号 1717 房	81092030
	广州盛世君悦旅行社有限公司	L－GD00916	穗旅发〔2010〕16 号	张万国	广州市萝岗区天泰一路 1 号 501 房	82228696
	广州常青藤国际旅行社有限公司	L－GD00917	穗旅发〔2010〕19 号	胡恩华	广州市越秀区中山一路 57 号 1405 室	61330075
	广州市心友汇国际旅行社有限公司	L－GD00918	穗旅发〔2010〕20 号	贺志军	广州市越秀区越秀南路 185 号 1901－C 房	87303760
	广州广青商务旅行社有限公司	L－GD00932	穗旅发〔2009〕71 号	严成碧	广州天河区华夏路 49 号之一 301 房	38092488
	广东捷蓝旅行社有限公司	L－GD00938	穗旅发〔2009〕93 号	曾维峰	广州市白云区云霄路 88 号 B－5028	36121332
	广州市花之旅旅行社有限公司	L－GD00939	穗旅发〔2009〕94 号	曾伟军	广州市花都区新华街宝华路 30 号 A 区 101 商铺	86885163
	广州大地恒国际旅行社有限公司	L－GD00950	穗旅发〔2009〕99 号	黎家杰	广州市番禺区市桥街富华西路 2 号 C021～C022	13609074703
	广州市无国界旅行社有限公司	L－GD00964	穗旅发〔2009〕117 号	诸福才	广州市越秀区环市中路 207 号自编 C811 房	86678009
	广州巨邦旅行社有限公司	L－GD00965	穗旅发〔2009〕118 号	廖伟平	广州市越秀区解放北路 899 号 9B05 房	36183429
	广州芒果网国际旅行社有限公司	L－GD00976	穗旅发〔2009〕124 号	黄志文	广州市越秀区中山五路 219 号中旅商业城 22 楼 5 单元 2202 房	22816289
	广州豪旅国际旅行社有限公司	L－GD00977	穗旅发〔2009〕125 号	朱少斌	从化市广场路 23 号之二	87967383
	广州番信旅行社有限公司	L－GD00997	穗旅发〔2010〕25 号	陈小青	广州市番禺区市桥街彤泰路 161 号	84632088

续表

地区	旅行社名称	许可证编号	批文号	法定代表人	联系地址	联系电话
广州市(020)	广州市名门旅行社有限公司	L－GD01004	穗旅发〔2010〕31 号	蓝宗永	广州市白云区机场路棠景街 8 号 307 房、310 房	83552396
	广州怡众旅行社有限公司	L－GD01019	穗旅发〔2010〕53 号	湛建科	广州市增城荔城华商路一号广东商学院商业街 9 号	61733001
	广州亚洲国际旅行社有限公司	L－GD01029	穗旅发〔2010〕56 号	欧江华	广州市越秀区沿江路中路 298 号中区 3002 室	62624537
	广州市荔之旅国际旅行社有限公司	L－GD01041	穗旅发〔2010〕62 号	廖海花	增城市荔城街园圃路 45 号首层	82647777
	广州欣辉假期国际旅行社有限公司	L－GD01042	穗旅发〔2010〕68 号	王芸芸	广州市天河区体育东路 32 号自编 A 号	87515011
	广州佳域旅行社有限公司	L－GD01043	穗旅发〔2010〕69 号	黄玉薇	广州市海珠区江南大道中路穗花二巷 1～2 号 805 房	840649914
	广州市航程旅行社有限公司	L－GD01044	穗旅发〔2010〕70 号	陈逸明	广州市越秀区先烈中路 76 号十楼 F 单元	83806232
	广州粤游旅行社有限公司	L－GD01051	穗旅发〔2010〕72 号	陈清华	广州市天河区茶山路 270 号 108 铺自编 C 房	38814267
	广州市旭日国际旅行社有限公司	L－GD01057	穗旅发〔2010〕75 号	罗焕荣	广州市越秀区大南路 108 号 1009 房	13682225022
	广州增之旅国际旅行社有限公司	L－GD01065	穗旅发〔2010〕92 号	陈　兵	广州增城市荔城街翠岗路 18 号首层 101 铺	82665556
	广州市捷达假期旅行社有限公司	L－GD01069	穗旅发〔2010〕102 号	杨丽娟	广州市越秀区中山三路 33 号中华国际中心 B 座 4923 室	83777939
	广州市中科国际旅行社有限公司	L－GD01070	穗旅发〔2010〕103 号	黎其洪	广州市海珠区新港西路三号 805 室	89090163
	广州天翔旅游有限公司	L－GD01080	穗旅发〔2010〕115 号	曾　云	广州市萝岗区天鹿南路联合段 28 号 B 栋 205 室	87090279
	广州市美鸥旅行社有限公司	L－GD01081	穗旅发〔2010〕116 号	卢颖钊	广州市荔湾区荔湾路 88 号 709 室	81215624
	广州易欢游旅行社有限公司	L－GD01083	穗旅发〔2010〕121 号	马学文	广州市从化街口河滨北路科技楼一楼西面第一卡	61700017
	广州汇景国际旅行社有限公司	L－GD01088	穗旅发〔2010〕143 号	曹忠琳	广州市越秀区中山二路 3 号陆楼 E 房	13392111122
	广州市宇翔航空服务有限公司	L－GD01089	穗旅发〔2010〕124 号	周丹瑜	广州市白云区机场路 585 号鹏景大厦十楼 1002 室	86078435
	广州华星假日国际旅行社有限公司	L－GD01090	穗旅发〔2010〕125 号	莫季华	广州市越秀区麓景路狮带岗西 1 号首层自编 101 和 102 室	83571345
	广州市生生国际旅行社有限公司	L－GD01091	穗旅发〔2010〕126 号	缪韶清	广州市越秀区沿江中路 195～197 号 818 室	82242488
	广州可乐国际旅行社有限公司	L－GD01092	穗旅发〔2010〕127 号	方建军	广州市越秀区越秀北路 87～89 号越豪大厦 5 楼 500 房	62729926
	广州南部假期国际旅行社有限公司	L－GD01109	穗旅发〔2010〕134 号	余亚男	广州市白云区云宵路 88 号 B－6038	13710838541

续表

地区	旅行社名称	许可证编号	批文号	法定代表人	联系地址	联系电话
广州市(020)	广州市新阳假期旅行社有限公司	L-GD01110	穗旅发〔2010〕138 号	陈玉燕	广州市越秀区文德北路 67 号 19 楼 C 房	88571366
	广州夏日旅行社有限公司	L-GD01111	穗旅发〔2010〕139 号	杨坤潮	广州市三元里大道 1233 号 8 楼 8168	13826261980
	广州市寰亚国际旅行社有限公司	L-GD01112	穗旅发〔2010〕140 号	廖利女	广州市越秀区环市东路 461 号自编 5 号楼 603 室	13719417495
	广州优翔国际旅行社有限公司	L-GD01113	穗旅发〔2010〕143 号	张小鹏	广州市越秀区环市东路 362~366 号好世界广场 1504 室	22373666
	广州十三行国际旅行社有限责任公司	L-GD01121	穗旅发〔2010〕155 号	侯守兴	广州市荔湾区风水基 8 号 216 房	88904488
	广州豪富国际旅行社有限公司	L-GD01137	穗旅发〔2010〕176 号	张　荔	广州市天河区黄埔大道中路 124 号 2504 房	38103260
	广州七洲国际旅行社有限公司	L-GD01138	穗旅发〔2010〕177 号	李　萍	广州市天河区先烈东路 318 号 5 楼 515 房	28829551
	广州青之旅国际旅行社有限公司	L-GD01139	穗旅发〔2010〕178 号	何靖欣	广州市越秀区白云路 38 号 401A 房、401B 房、404A 房、407 房、408 房、409 房、411 房	13925048326
	广州佰粤旅行社有限公司	L-GD01140	穗旅发〔2010〕179 号	简娇娇	广州市海珠区宝岗大道 268 号 1314 房	13711466448
	广州新天地国际旅行社有限公司	L-GD01143	穗旅发〔2010〕183 号	裍广飞	广州市越秀区执信南路 3 号 301 室	87300222
	广州市德迈国际旅行社有限公司	L-GD01151	穗旅发〔2010〕188 号	林建勋	广州市越秀区先烈中路 76 号 15E	87320979
	广州乐天国际旅行社有限公司	L-GD01158	穗旅发〔2011〕1 号	岑凤碧	广州市越秀区环市东路 417 号 9 楼 DE 房	37614283
	广州同游国际旅行社有限公司	L-GD01168	穗旅发〔2011〕11 号	洪国侨	广州市越秀区越秀北路 222 号 1005 部分	13533320520
	广州市旭航国际旅行社有限公司	L-GD01169	穗旅发〔2011〕12 号	凌婉姬	广州市番禺区石基镇市莲路大龙段 55 号	84852188
	广州新绎国际旅行社有限公司	L-GD01170	穗旅发〔2011〕13 号	鞠喜林	广州市花都区新华街百合路 35 号 4~7 栋 112 号铺	18665005818
	广州粤海国际旅行社有限公司	L-GD01171	穗旅发〔2011〕14 号	许晓彬	广州市海珠区宝岗大道 268 号 1014 房	13501515151
	广州云山国际旅行社有限公司	L-GD01172	穗旅发〔2011〕15 号	梁　烈	广州市海珠区广州大道南桃花街 159 号 2501 房	84202486
	广州市金隆国际旅行社有限公司	L-GD01182	穗旅发〔2011〕22 号	陈海燕	广州市海珠区宝岗大道 263~273 号北塔自编 620 房	84392816
	广州班敦国际旅行社有限公司	L-GD01185	穗旅发〔2011〕25 号	袁健雄	广州市越秀区德政北路 538 号北向 1105 房	33371761
	广州粤运国际旅行社有限公司	L-GD01202	穗旅发〔2011〕32 号	老伟坚	广州市越秀区文德南 33~61 号 209B 房	83649229
	广州汇锦泰国际旅行社有限公司	L-GD01203	穗旅发〔2011〕33 号	庄保平	广州市越秀区中山西路 246 号 1201 房、1203 房	

续表

地区	旅行社名称	许可证编号	批文号	法定代表人	联系地址	联系电话
广州市（020）	广州奇旅国际旅行社有限公司	L－GD01204	穗旅发〔2011〕34号	于新玉	广州市天河区中山大道西路6号、8号第16层自编1616B	
	广州瀛之旅国际旅行社有限公司	L－GD01205	穗旅发〔2011〕35号	麦兆铭	广州市越秀区惠福东路455号10楼1006房	83810017
	广州金亚泰国际旅行社有限公司	L－GD01212	穗旅发〔2011〕38号	彭　博	广州市越秀区东华南路176～178号405房	
	广州畅行国际旅行社有限公司	L－GD01216	穗旅发〔2011〕41号	张叙红	广州市越秀区白云路27～1号802房	22372600
	广州趣游旅行社有限公司	L－GD01217	穗旅发〔2011〕42号	陈作智	广州市天河区五山路246号、248号、250号金山大厦1702自编1702－1704	38483050
	广州市高铁之家旅行社有限公司	L－GD01218	穗旅发〔2011〕44号	刘治国	广州市白云区三元里松柏东街13号613A室	86387583
	广州市王冠国际旅行社有限公司	L－GD01220	穗旅发〔2011〕45号	廖观钦	广州市增城荔城街莱园中路67号之一	
	广州市名景旅行社有限公司	L－GD01219	穗旅发〔2011〕46号	苏少妃	广州市白云区黄边南路2号之二	
	广州市环旅旅行社有限公司	L－GD01225	穗旅发〔2011〕50号	何　丽	广州市天河区黄埔大道西路33号20楼C房	83336333
	广州好易订国际旅行社有限公司	L－GD01236	穗旅发〔2011〕57号	陈峻强	广州市开发区宝石路11号606房	61130086
	广州市美瀛国际旅行社有限公司	L－GD01237	穗旅发〔2011〕58号	贺旖丽	广州市越秀区建设大马路8号逸雅居410～412房	61223837
	广州市东照国际旅行社有限公司	L－GD01247	穗旅发〔2011〕65号	舒　玲	广州市越秀区中山三路38号1701之一	83858003
	广州飞扬假期国际旅行社有限公司	L－GD01255	穗旅发〔2011〕70号	黄永全	广州市花都区新华街凤凰北路27号1～5栋102商铺	36976777
	广州景秀国际旅行社有限公司	L－GD01260	穗旅发〔2011〕74号	姚日照	广州市番禺区钟村街钟三村钟屏叉道五羊茶业城A207房	31178278
	广州市裕民国际旅行社有限公司	L－GD01264	穗旅发〔2011〕75号	黄裕淮	广州市天河区华夏路49号之二403房	22123385
	广州市优日假旅行社有限公司	L－GD01265	穗旅发〔2011〕76号	傅文佳	广州市越秀区八旗二马路36号301房	83655818
	广东大唐国际旅行社有限公司	L－GD01279	穗旅发〔2011〕84号	刘文杰	广州市越秀区环市东路326号之一亚洲国际大酒店19楼11单元、12单元	62608388
	广州手拉手国际旅行社有限公司	L－GD01280	穗旅发〔2011〕85号	赵琦微	广州市越秀区小北路168号8楼0806房	83517688
	中青旅（广东）国际会议展览有限公司	L－GD01281	穗旅发〔2011〕86号	郭俊华	广州市越秀区中山五路219号中旅商业城19楼2单元1901房	13802948202
	广州御旅国际旅行社有限公司	L－GD01286	穗旅发〔2011〕90号	覃婉君	广州市天河区华强路2号富力盈丰大厦2016房	38013111
	广州吉祥顺景国际旅行社有限公司	L－GD01293	穗旅发〔2011〕95号	刘青海	广州市白云区岗贝路6号813房	13332858658

续表

地区	旅行社名称	许可证编号	批文号	法定代表人	联系地址	联系电话
广州市(020)	广州易途国际旅行社有限公司	L－GD01295	穗旅发〔2011〕99 号	詹宏顺	广州市越秀区华乐路华乐大厦 53 号 607～608 房	22262185
	广州市华义旅行社有限公司	L－GD01296	穗旅发〔2011〕1006 号	李忠义	广州市白云区汇侨路 16 号二层自编 207D 房	86302385
	广州亿客旅行社有限公司	L－GD01303	穗旅发〔2011〕104 号	秦康顺	广州市越秀区淘金北路 79 号 201 房 B01	37685139
	广州市易凯国际旅行社有限公司	L－GD01308	穗旅发〔2011〕109 号	王成超	广州市越秀区中山六路 2 号 1701 自编 1706 室	13554789786
	广州永和旅行社有限公司	L－GD01310	穗旅发〔2011〕110 号	张春瑾	广州市白云区岗贝路 266 号 307 房	13922160049
	广州光大国际旅行社有限公司	L－GD01317	穗旅发〔2011〕112 号	姚艳艳	广州市越秀区麓景路 7 号自编 1616 房	83502226
	广州市百翔旅游有限公司	L－GD01320	穗旅发〔2011〕114 号	蔡丽娜	广州市海珠区敦和路 116 号 802 房	13556166231
	广州极至国际旅行社有限公司	L－GD01321	穗旅发〔2011〕115 号	刘　斐	广州市越秀区东风路 410～412 号第 13 层自编 1306 房	13620411284
	广州天鹅国际旅行社有限公司	L－GD01322	穗旅发〔2011〕120 号	周　银	广州市高新技术开发区科学城科学大道 239 号总部经济区 A1 栋第七层 706 室	82116688
	广州铭悦旅行社有限公司	L－GD01326	穗旅发〔2011〕125 号	张　平	广州市越秀区环市东路 339 号广东国际大厦主楼自编号 1307 室	83496916
	广州信诺旅行社有限公司	L－GD01329	穗旅发〔2011〕128 号	何洁源	广州市越秀区东风中路 363 号 2203 房	13922218430
	广州粤之新国际旅行社有限公司	L－GD01330	穗旅发〔2011〕129 号	林　惠	广州市越秀区白云路 111～113 号 2116 房	13602892450
	广州市万水千山旅行社有限公司	L－GD01333	穗旅发〔2011〕132 号	涂家高	广州市天河区员村五横路文冲路 7 号 420 房	18664882180
	广州市知途旅行社有限公司	L－GD01335	穗旅发〔2011〕131 号	刘铭初	广州市天河区龙怡路 117 号 2406 房	13662459221
	广州南沙广之旅国际旅行社有限公司	L－GD01336	穗旅发〔2011〕134 号	柳丹花	广州市南沙区进港大道 31～1 号二层	86338896
	广州市高佳旅行社有限公司	L－GD01348	穗旅发〔2011〕137 号	陈丽焜	广州市番禺区大龙街城市花园 A24 铺	13316078259
	广州信游国际旅行社有限公司	L－GD01349	穗旅发〔2011〕138 号	利燕辉	广州市白云区岗贝路 136 号 811 房	13826280762
	广州市方健旅行社有限公司	L－GD01350	穗旅发〔2011〕139 号	朱惠敏	增城市荔城街园圃路 53 号首层之二	82656725
	※广州新历游旅行社有限公司	L－GD01362	穗旅发〔2012〕2 号	蒋红玲	广州市天河区花城大道 85 号 15 楼 02 单元	13902212287
	※广州澳嘉国际旅行社有限公司	L－GD01363	穗旅发〔2012〕3 号	林冬纯	广州市越秀区先烈中路 83 号 501 自编之六	13828409022
	※广州翔丰国际旅行社有限公司	L－GD01364	穗旅发〔2012〕4 号	张旭锋	广州市白云区机场路南云西街 2 号四楼 408 房、409 房	13922745567

续表

地区	旅行社名称	许可证编号	批文号	法定代表人	联系地址	联系电话
广州市（020）	※广州草柔柔旅行社有限公司	L－GD01369	穗旅发〔2012〕6 号	南黔明	广州市天河区中山大道 268 号二楼 S129 房	13922185579
	※广州市圣地国际旅行社有限公司	L－GD01372	穗旅发〔2012〕12 号	吴丽姗	广州市越秀区东风西路 158 号三楼 3002A 房	15915761822
	※广州市天天旅行社有限公司	L－GD01373	穗旅发〔2012〕13 号	刘金照	广州市增城荔城街莱园中路 51 号首层之 7	13928971768
	※广州广真易旅行社有限公司	L－GD01380	穗旅发〔2012〕22 号	孟范玉	广州市越秀区先烈中路#81 号之三	18666093846
	※广州恒丰旅行社有限公司	L－GD01386	穗旅发〔2012〕28 号	李毅宁	广州市越秀区署前路 33 号 2 号楼 801 房、802 房	37655383
	※广州太平洋国际旅行社有限公司	L－GD01387	穗旅发〔2012〕29 号	张玉阁	广州市白云区三元里大道 718 号 7158～7159 房	18688206193
	※广州印象假期国际旅行社有限公司	L－GD01388	穗旅发〔2012〕30 号	邓红波	广州市白云区京溪路 201 号 702 房	86342155
	※广州市携康旅行社有限公司	L－GD01389	穗旅发〔2012〕31 号	向功荣	广州市白云区广园中路 171 号 B 栋 307 房	36597665
	※广州锦绣国际旅行社有限公司	L－GD01407	穗旅发〔2012〕49 号	黄碧梅	广州市越秀区天河路 1 号 2220 房	13602237304
	※广州旅易国际旅行社有限公司	L－GD01408	穗旅发〔2012〕50 号	周文秋	广州市天河区燕岭路 93 号 1307 房	15013227578
	※广州东辉国际旅行社有限公司	L－GD01420	穗旅发〔2012〕51 号	梁洁馨	广州市越秀区沿江中路 195－197 号 1709 房	83314521
	※广州岭之南旅行社有限公司	L－GD01421	穗旅发〔2012〕52 号	何桓达	广州市海珠区滨江东路 548 号之二 101 房	18688901522
	※广州市大粤国际旅行社有限公司	L－GD01422	穗旅发〔2012〕53 号	徐　芳	广州市越秀区中山一路 57 号 1407 室	13302303711
	※广州市名骏旅行社有限公司	L－GD01423	穗旅发〔2012〕54 号	陈　叙	广州市荔湾区荔湾路小梅大街 33 号皇上皇大厦 A804 房	81198325
	※广州渔民旅行社有限公司	L－GD01428	穗旅发〔2012〕55 号	王海容	广州市白云区黄石东路 99 号 411 室	13826285747
	※广州龙昱翔国际旅行社有限公司	L－GD01431	穗旅发〔2012〕57 号	吴元珠	广州市天河区燕都路 80 号之二 609 房	87218180
	※广州市联合万游国际旅行社有限公司	L－GD01438	穗旅发〔2012〕62 号	林　超	广州市越秀区农林下路 81 号之一 16J 房	87663221
	※广州观天下国际旅行社有限公司	L－GD01443	穗旅发〔2012〕67 号	胡真子	广州市越秀区东风东路 699 号 604 房	13926407966
	※广州市阿络漫国际旅行社有限公司	L－GD01444	穗旅发〔2012〕68 号	陈拥军	广州市越秀区先烈南路 31 号中成外经大厦 601 房	13434175656
	※广州安捷国际旅行社有限公司	L－GD01445	穗旅发〔2012〕72 号	吕民开	广州市海珠区江南大道中 110 号 418 房	84410146
	※广州乐派网旅行社有限公司	L－GD01450	穗旅发〔2012〕75 号	覃永清	广州市越秀区较场西路 11 号自编 805 房	13751898296

续表

地区	旅行社名称	许可证编号	批文号	法定代表人	联系地址	联系电话
广州市(020)	※广州名扬国际旅行社有限公司	L－GD01451	穗旅发〔2012〕76号	洪宝恕	广州市越秀区天河路1号2511房	13539899038
	※广州市逍遥天下国际旅行社有限公司	L－GD01456	穗旅发〔2012〕80号	罗旭新	广州市白云区同和广州大道北2150号丽庭居A座首层25号	83104488
	※广州市周游旅行社有限公司	L－GD01457	穗旅发〔2012〕81号	范若琳	广州市天河区中山大道西路6、8号10层自编1005A	13570005500
	※广州鸿飞国际旅行社有限公司	L－GD01462	穗旅发〔2012〕87号	潘鸿飞	广州市海珠区江南大道中108号502A房	84413979
	※广州市相遇旅行社有限公司	L－GD01463	穗旅发〔2012〕88号	李香宏	广州市天河区林和西路167号939房	13725463327
	※广州花好月圆旅行社有限公司	L－GD01468	穗旅发〔2012〕93号	石水花	广州市黄埔区丰乐北路398号体育中心北附楼226房	13802512961
	※广州市永键旅行社有限公司	L－GD01469	穗旅发〔2012〕91号	伍　键	增城市新塘镇新塘大道中109号	13602221615
	※广州易飞国际旅行社有限公司	L－GD01470	穗旅发〔2012〕92号	刘春霞	广州市白云区岗贝路136号807房	13609046662
	※广州尊美国际旅行社有限公司	L－GD01471	穗旅发〔2012〕94号	张　婷	广州市越秀区环市中路316号金鹰大厦7楼13房	13728058512
	※广州金锡国际旅行社有限公司	L－GD01474	穗旅发〔2012〕95号	赵姝珏	广州市流花路120号东方宾馆3号楼3007室、3009室、3010室	86681911
	※广州沃美国际旅行社有限公司	L－GD01481	穗旅发〔2012〕101号	吴友俊	广州市越秀区建设六马路33号宜安广场29110B	83633023
	※广州卓旅旅行社有限公司	L－GD01482	穗旅发〔2012〕102号	谢文绍	广州市番禺区小谷围街商业北区N3－105	22014717
	※广州途米国际旅行社有限公司	L－GD01489	穗旅发〔2012〕108号	曲丽君	广州市天河区珠江东路30号广州银行大厦601－CB42房	32211433
	※广州全民假日国际旅行社有限公司	L－GD01491	穗旅发〔2012〕113号	杨贵轩	广州市白云区新市街黄沙岗八巷35号202房	36602830
	※广州浩海国际旅行社有限公司	L－GD01492	穗旅发〔2012〕114号	邹忠望	广州市白云区新市齐福路1～10号联富大厦六层6035房	36705946
	※广州东象国际旅行社有限公司	L－GD01493	穗旅发〔2012〕115号	赵社扬	广州市越秀区淘金东路63号101铺自编A01	13682279678
	※广州山峡国际旅行社有限公司	L－GD01494	穗旅发〔2012〕116号	蔡文界	广州市白云区棠下南街76号503房	86271482
	※广州市游摄国际旅行社有限公司	L－GD01496	穗旅发〔2012〕117号	徐　飞	广州市天河区棠安路146号5033房	13711196297
	※广州烈扬旅行社有限公司	L－GD01505	穗旅发〔2012〕125号	罗俊杰	广州市番禺区桥南街南华路359号(塔楼一栋)1416房	39180866
	※广州环游旅行社有限公司	L－GD01506	穗旅发〔2012〕126号	杨玉荣	广州市海珠区江南大道中路108号405房	13826116637
	※广州尊享国际旅行社有限公司	L－GD01510	穗旅发〔2012〕130号	吴君硕	广州市越秀区人民北路829号704房	13450234968

续表

地区	旅行社名称	许可证编号	批文号	法定代表人	联系地址	联系电话
广州市（020）	※广州润之旅国际旅行社有限公司	L－GD01511	穗旅发〔2012〕131号	周如芳	广州市白云区棠景路168号、170号、172号607A房	36534810
	※广州锦粤旅行社有限公司	L－GD01516	穗旅发〔2012〕135号	陈裕锦	广州市越秀区寺右新马路4号之八901自编913室	61291688
	※广州天健国际旅行社有限公司	L－GD01517	穗旅发〔2012〕136号	陈新平	广州市海珠区华新一街12号1402室	36075207
	※广州市中侨旅行社有限公司	L－GD01522	穗旅发〔2012〕147号	黎燕萍	广州市越秀区东湖路33号4楼自编422室	13826403447
	※广州金色国际旅行社有限公司	L－GD01523	穗旅发〔2012〕148号	林玩珍	广州市白云区石井镇马务乡联合路之一之二号大院鹤正街2号第3层之321单元	13802835600
	※广东秋光传媒旅行社	L－GD01527	穗旅发〔2012〕149号	陈彤彬	广州市越秀区新河浦三横路11号一楼	87185367
	※广州新源旅行社有限公司	L－GD01537	穗旅发〔2012〕152号	李绮华	广州市越秀区寺右一马路2号大院2号楼6层	87774223
	※广州市晨宏国际旅行社有限供公司	L－GD01538	穗旅发〔2012〕153号	元今莲	广州市天河区珠江新城金穗路68号之二907室	28983500
	※广州天心国际旅行社有限公司	L－GD01544	穗旅发〔2012〕164号	王　浩	广州市越秀区中山六路惠吉东22号地下	89563155
	※广州好吧旅行社有限公司	L－GD01549	穗旅发〔2012〕168号	江云芳	广州市荔湾区中山八路19号北十楼自编02	18929520988
	※广州市轻松游旅行社有限公司	L－GD01550	穗旅发〔2012〕169号	江伟强	广州市萝岗区萝塱路4号401A3房	36636650
	※广州市中海旅行社有限公司	L－GD01551	穗旅发〔2012〕170号	桂泽贵	广州市荔湾区花地大道北192号905房	81368391
深圳市（拥有旅行社392家，其中出境游组团社56家，外资旅行社5家）	深圳市深旅国际旅行社有限公司	L－GD－CJ00038	国家旅游局旅管理发〔2002〕91号	张京生	深圳市罗湖区深南大道与和平路交汇处鸿隆世纪广场B座26层C. D. E. F	82215432
	深圳中国国际旅行社有限公司	L－GD－CJ00039	国家旅游局旅管理发〔2002〕91号	吴　斌	深圳市罗湖区和平路船步街2号	82477086
	深圳招商国际旅游有限公司	L－GD－CJ00040	国家旅游局旅管理发〔2002〕91号	薛晓岗	深圳市南山区蛇口太子路18号海景广场2A单元	26695616
	深圳市口岸中国旅行社有限公司	L－GD－CJ00041	国家旅游局旅管理发〔2002〕91号	杜　燕	深圳市罗湖区和平路1043号华侨大厦一楼	25583729
	深圳市中国旅行社有限公司	L－GD－CJ00042	国家旅游局旅管理发〔2002〕91号	钟锦波	深圳市罗湖区人民南路3023号中旅大厦6楼	82287644
	深圳市深华国际旅行社有限责任公司	L－GD－CJ00043	国家旅游局旅管理发〔2002〕91号	郭　泰	深圳市罗湖区南湖路2018号深华商业大厦2602室	82306898
	深圳华侨城国际旅行社有限公司	L－GD－CJ00044	国家旅游局旅管理发〔2002〕91号	蔡　宁	深圳南山区华侨城光侨街综合楼一层、二层	26605518
	深圳中青旅国际会议展览有限公司	L－GD－CJ00045	国家旅游局旅管理发〔2002〕91号	袁　浩	罗湖区沿河南路1098号昌湖大厦C3050	25970343
	深圳市鹏运国际旅行社有限公司	L－GD－CJ00046	国家旅游局旅管理发〔2002〕91号	董　军	深圳市罗湖区金碧路46号金湖大厦7楼701～705室	82435057

续表

地区	旅行社名称	许可证编号	批文号	法定代表人	联系地址	联系电话
深圳市（0755）	深圳市九洲国际旅行社有限公司	L－GD－CJ00047	国家旅游局旅管理发〔2002〕91号	于永杰	深圳市福田区上步中路园中花园A栋1～2层	22209000
	深圳机场国际旅行社有限公司	L－GD－CJ00048	国家旅游局旅管理发〔2002〕91号	汤大杰	深圳市宝安区黄田国际机场新候机楼1楼	23457351
	深圳市巨邦国际旅行社有限公司	L－GD－CJ00049	国家旅游局旅管理发〔2002〕91号	廖伟平	深圳市罗湖区深南东路3085号	25155500
	深圳市罗湖国际旅行社有限公司	L－GD－CJ00051	国家旅游局旅管理发〔2002〕91号	陈小敏	深圳市罗湖区建设路1008号汇展阁31楼	82392098
	深圳市海外国际旅行社有限公司	L－GD－CJ00052	国家旅游局旅管理发〔2002〕91号	孟　艳	深圳市罗湖区深南东路82－84号东乐大厦一栋1301房	25132138
	深圳市天涯国际旅行社有限公司	L－GD－CJ00053	国家旅游局旅管理发〔2002〕91号	于兴洲	深圳市罗湖区人民南路发展中心30F1	25155756
	深圳市职工国际旅行社有限公司	L－GD－CJ00054	国家旅游局旅管理发〔2002〕91号	张　剑	深圳市罗湖区深南东路国宾大酒店第14层	82203150
	深圳市中侨国际旅行社有限公司	L－GD－CJ00055	国家旅游局旅管理发〔2002〕91号	汪永红	深圳市福田区深南中路3007号国际科技大厦705～713室	83760128
	深圳市宝中旅行社有限公司	L－GD－CJ00056	国家旅游局旅管理发〔2002〕91号	王峥嵘	深圳市罗湖区嘉宾路太平洋商贸大厦20I	22160878
	深圳市世纪假日国际旅行社有限公司	L－GD－CJ00057	国家旅游局旅管理发〔2007〕244号	吴志闽	深圳市罗湖区嘉宾路太平洋商贸大厦1216～1217室	82135769
	深圳市航空国际旅行社有限公司	L－GD－CJ00058	国家旅游局旅管理发〔2005〕34号	王　杰	深圳市福田区深南路与农林路交界鑫助苑A～C栋裙楼2区3层商场2	33398870
	深圳市广铁青国际旅行社有限公司	L－GD－CJ00059	国家旅游局旅管理发〔2005〕34号	臧　熠	深圳市罗湖区和平路船步街15号渔景大厦首层	82112478
	深圳市康辉旅行社有限公司	L－GD－CJ00060	国家旅游局旅管理发〔2005〕34号	李继烈	深圳市福田区振华路100号深纺大厦C座五楼	83777168
	深圳市建南国际旅行社有限公司	L－GD－CJ00061	国家旅游局旅管理发〔2007〕244号	陈　建	深圳市福田区天安数码时代大厦B座503室	33355888
	深圳市特色国际旅行社有限公司	L－GD－CJ00062	国家旅游局旅管理发〔2007〕244号	陈翰生	深圳市罗湖区桂园路2号电影大厦A1203～1208室	82119788
	深圳市鹏之旅国际旅行社有限公司	L－GD－CJ00063	国家旅游局旅管理发〔2007〕156号	陈　外	深圳市罗湖区东门南路2028号东莞外贸大厦五楼505房	82193639
	深圳市金冠国际旅行社有限公司	L－GD－CJ00064	国家旅游局旅管理发〔2008〕233号	胡晓军	深圳市罗湖区嘉宾路4028号太平洋商贸大厦21楼	25598104
	深圳市海韵国际旅行社有限公司	L－GD－CJ00065	国家旅游局旅管理发〔2008〕302号	蒋　勇	深圳市南山区蛇口港湾一路蛇口港客运站一楼	26671798
	港中旅京华国际旅行社（深圳）有限公司	L－GD－CJ00066	国家旅游局旅管理发〔2007〕336号	王富刚	深圳市罗湖区人民南路3002号	61695900
	国旅（深圳）国际旅行社有限公司	L－GD－CJ00067	国家旅游局旅管理发〔2008〕211号	顾振德	深圳市罗湖区嘉宾路金威大厦17楼	82210011
	深圳市世纪风行国际会展旅游集团有限公司	L－GD－CJ00139	国家旅游局旅监管发〔2010〕115号	段乃琦	深圳市罗湖区嘉宾路4018号爵士大厦A座19层05号	25138888

续表

地区	旅行社名称	许可证编号	批文号	法定代表人	联系地址	联系电话
深圳市（0755）	深圳市飞航国际旅行社有限公司	L-GD-CJ00147	国家旅游局旅管理发〔2010〕215号	黄　胜	深圳市福田区深南中路1027号新城大厦9楼南A	83787777
	深圳市天海国际旅行社有限公司	L-GD-CJ00148	国家旅游局旅管理发〔2010〕215号	吴　昊	深圳市罗湖区嘉宾路太平洋商贸大厦15AA室1单元、2单元	25914892
	深圳市华美国际旅行社有限公司	L-GD-CJ00149	国家旅游局旅管理发〔2010〕215号	黄洁华	深圳市罗湖区南湖路国贸商业大厦27楼A单元、B单元、C单元	25138022
	旅程天下国际旅行社有限责任公司	L-GD-CJ00153	国家旅游局旅管理发〔2010〕243号	颜彩英	深圳市宝安区宝安中心区兴华路南侧荣超滨海大厦A座910~913室，915~916室	86336564
	广东中旅（深圳）旅行社有限公司	L-GD-CJ00156	国家旅游局旅管理发〔2011〕44号	邹　锋	深圳市罗湖区桂园路1号	83279048
	深圳市港澳国际旅行社有限公司	L-GD-CJ00158	国家旅游局旅管理发〔2011〕134号	徐国栋	深圳市罗湖区深南中路与和平路交汇处鸿隆世纪广场B座17E	88899999
	深圳市骏捷国际旅行社有限公司	L-GD-CJ00160	国家旅游局旅管理发〔2011〕134号	连志毅	深圳市罗湖区嘉宾西路4028号太平洋商贸大厦8D、8A3	25422212
	深圳市青年国际旅行社有限公司	L-GD-CJ00161	国家旅游局旅管理发〔2011〕134号	宋占利	深圳市罗湖区人民南路新安大厦15楼A室、B室	25191970
	深圳市和谐国际旅行社有限公司	L-GD-CJ00162	国家旅游局旅管理发〔2011〕134号	周小丹	深圳市罗湖区人民南路天安国际大厦C座908室	82382699
	深圳市纵横旅行社有限公司	L-GD-CJ00164	国家旅游局旅监管发〔2011〕183号	郑宇清	深圳市罗湖区爱国路1052号金通大厦A座25楼	33092682
	深圳市金燕之旅国际旅行社有限公司	L-GD-CJ00165	国家旅游局旅监管发〔2011〕183号	祝春霞	深圳市罗湖区东门南路1033号食品大厦西段（老地方酒店）B座九楼	82290896
	深圳市泰阳国际旅行社有限公司	L-GD-CJ00166	国家旅游局旅监管发〔2011〕183号	汪廷飞	深圳市罗湖区嘉宾路芙蓉大厦B座（阳光酒店B座804号、806号、808号）	80099008
	深圳市皇朝国际旅行社有限公司	L-GD-CJ00167	国家旅游局旅监管发〔2011〕183号	李志成	深圳市人民南路深房广场22楼B座2204室	82292345
	※深圳市深之旅旅行社有限公司	L-GD-CJ00175	国家旅游局旅办发〔2012〕34号	张兰芳	深圳市福田区东园路台湾花园大厦裙楼二层42E	82242811
	※深圳市海侨国际旅行社有限公司	L-GD-CJ00176	国家旅游局旅办发〔2012〕34号	孙晓妹	深圳市罗湖区迎春路8号安华大厦四楼东面401室	82295858
	※深圳市阳光假日国际旅行社有限公司	L-GD-CJ00181	国家旅游局旅办发〔2012〕96号	黄玉英	深圳市福田区上步南路锦峰大厦裙楼五层517室	83005305
	※深圳市深业国际旅行社有限公司	L-GD-CJ00182	国家旅游局旅办发〔2012〕96号	高锐涵	深圳市福田区上步中路1003号科学馆804室	83202822
	※深圳市中诚假期旅行社有限公司	L-GD-CJ00183	国家旅游局旅办发〔2012〕96号	罗小燕	深圳市罗湖区嘉宾路太平洋商贸大厦1211室	22161646
	※深圳市度假国际旅行社有限公司	L-GD-CJ00184	国家旅游局旅办发〔2012〕96号	苑　菲	深圳市罗湖区建设路南方证券大厦A栋28层A1	25568435
	※深圳侨中国际旅行社有限公司	L-GD-GJ00194	国家旅游局旅办发〔2012〕257号	王小惠	深圳市罗湖区文锦中路1027号深业大厦801~804室	83468888
	※玩美假期（深圳）国际旅行社有限公司	L-GD-CJ00200	国家旅游局旅办发〔2012〕439号	余伟健	深圳市罗湖区嘉宾路4018号爵士大厦15B15室	25904767

续表

地区	旅行社名称	许可证编号	批文号	法定代表人	联系地址	联系电话
深圳市(0755)	※深圳市环球国际旅行社有限公司	L－GD－CJ00204	国家旅游局旅发〔2012〕93号	钟锋麒	深圳市罗湖区迎春路海外联谊大厦2005室	33353055
	※深圳市卓越国旅国际旅行社有限公司	L－GD－CJ00205	国家旅游局旅发〔2012〕93号	徐　克	深圳市罗湖区红岭中路1002号寰宇大厦裙楼五楼南电梯出口玻璃房	86178888
	※深圳市芒果网旅行社有限公司	L－GD－CJ00206	国家旅游局旅发〔2012〕93号	黄志文	深圳市福田区深南大道4001号时代金融中心6D	33399999
	※深圳市捷旅国际旅行社有限公司	L－GD－CJ00207	国家旅游局旅发〔2012〕93号	余晶堃	深圳市罗湖区东门南路3002号华都园五楼A－E	33389851
	※深圳环宇国际旅行社有限公司	L－GD－CJ00218	国家旅游局旅发〔2012〕165号	黄建波	深圳市罗湖区深南东路2023号广深大厦303室	25163737
	深圳顺风旅行社有限公司	L－GD－WZ00003	国家旅游局旅管理发〔2004〕24号	陈展业	深圳市罗湖区嘉宾路2018号深华商业大厦1805～1806室	82288719
	康泰国际旅行社(深圳)有限公司	L－GD－WZ00005	国家旅游局旅管理发〔2009〕288号	黄士心	深圳市罗湖区天安国际大厦B座2501室、2509室	82288719
	中南西北旅行社(深圳)有限公司	L－GD－WZ00012	粤旅管〔2010〕165号	丘沛民	深圳市罗湖区深南东路文华大厦东座10楼C室	25108826
	深圳永东旅行社有限公司	L－GD－WZ00013	粤旅管〔2011〕11号	连忠辉	深圳市南山区深圳湾二路与白石路交汇处御景东方百纳广场之一层L1－69号	86283756 86283356
	尊业旅行社(深圳)有限公司	L－GD－WZ00015	粤旅管〔2011〕149号	甘子铭	深圳市罗湖区东门南路太阳岛大厦13J、13H	82489906
	深圳市报业国际旅行社有限公司	L－GD00554	深文体旅〔2009〕21号	曹韶林	深圳市福田区深南中路1014号三楼	82101896
	深圳市南油国际旅行社有限公司	L－GD00555	深文体旅〔2009〕21号	郭锡林	深圳市南山区东滨路南油文化广场一楼	26648048
	深圳市南山国际旅行社有限公司	L－GD00556	深文体旅〔2009〕21号	于景山	深圳市罗湖区人民北路永通大厦10楼B座(1)	82289002
	深圳市广深铁路国际旅行社有限公司	L－GD00557	深文体旅〔2009〕21号	史　彦	深圳市罗湖区深圳火车站东楼负一层火车站东出口处	82322157
	深圳市领航商务国际旅行社有限公司	L－GD00558	深文体旅〔2010〕98号	麦建华	深圳市罗湖区凤凰路工纺大厦8楼802室	25411712
	深圳市华通国际旅行社有限公司	L－GD00559	深文体旅〔2009〕21号	刘西目	深圳市福田区综合交通换乘枢纽长途客运站1楼4号	82146665
	深圳市国贸国际旅行社有限公司	L－GD00561	深文体旅〔2009〕21号	周美英	深圳市罗湖区南湖路深华商业大厦1507室	82375162
	深圳市沙头角旅游有限公司	L－GD00562	深文体旅〔2009〕21号	邱金瑞	深圳市盐田区沙头角桥东丽苑综合楼沙深路16号、18号201	25557209
	深圳市深联国际旅行社有限公司	L－GD00563	深文体旅〔2009〕21号	张泽钊	深圳市罗湖区人民南路3009号新安大厦五楼A室、B室	25155300
	深圳市江南旅行社有限公司	L－GD00564	深文体旅〔2009〕21号	孙　勃	深圳市罗湖区迎春路8号安华大厦16楼	82208315
	深圳市世纪里程国际旅行社有限公司	L－GD00565	深文体旅〔2009〕21号	钟伟文	深圳市宝安区宝城九区宝民路广场大厦807室	27755128

续表

地区	旅行社名称	许可证编号	批文号	法定代表人	联系地址	联系电话
深圳市（0755）	深圳市蓝天之旅旅行社有限公司	L－GD00566	深文体旅〔2009〕21号	杨俊岗	深圳市宝安31区怡园路1135号206单元	27759366
	深圳市五洲旅行社	L－GD00567	深文体旅〔2009〕21号	王跃进	深圳市罗湖区新园路15号迎宾馆综合楼2层	82227777
	深圳市晋升旅行社有限公司（原华荣）	L－GD00568	深文体旅〔2009〕21号	李丽媛	深圳市罗湖区嘉宾路金威大厦11楼1113～1114室	61695969
	深圳市永康国际旅行社有限公司	L－GD00569	深文体旅〔2009〕21号	胡晓敬	深圳市罗湖区嘉宾路太平洋大厦912室、913室	25194008
	深圳市唐龙国际旅行社有限公司	L－GD00571	深文体旅〔2009〕21号	管启明	深圳市罗湖区莲塘畔山路4～5号	25727281
	深圳市大众旅行社有限公司	L－GD00572	深文体旅〔2009〕21号	黄　珩	深圳市福田区梅林路海康大厦613室	81967919
	深圳市佳速旅行社有限公司	L－GD00574	深文体旅〔2009〕21号	卢　彦	深圳市罗湖区人民南路3012号天安国际大厦B座2809室	82291096
	深圳市运通行国际旅行社有限公司	L－GD00575	深文体旅〔2009〕21号	韩　诚	深圳市福田区深南中路2008号华联大厦402室	83667777
	深圳市欢乐假日旅行社有限公司	L－GD00576	深文体旅〔2009〕21号	李仕权	深圳市罗湖区笋岗东路宝安广场A栋17－C	82687801
	深圳市君之旅国际旅行社有限公司	L－GD00577	深文体旅〔2009〕21号	缪培君	深圳市福田区深南中路国际科技大厦705房	82060100
	深圳市长江旅行社有限公司	L－GD00578	深文体旅〔2009〕21号	沈岚岚	深圳市福田区滨河路景福大厦景蕙阁19E	83288333
	深圳市牡丹国际旅行社有限公司	L－GD00579	深文体旅〔2009〕21号	朱志雄	深圳市罗湖区嘉宾路太平洋商贸大厦516室	82138088
	深圳南方假日国际旅行社有限公司	L－GD00580	深文体旅〔2009〕21号	杨澄宇	深圳市罗湖区深南中路与东门路口交汇处中建大厦24楼02	82226412
	深圳市名仕商务国际旅行社有限公司	L－GD00584	深文体旅〔2009〕21号	尹伊君	深圳市宝安区西乡街道宝民二路59号兴鑫源商务大厦	82076668
	深圳市河山国际旅行社有限公司	L－GD00585	深文体旅〔2009〕21号	莫经山	深圳市罗湖区港莲路103号9栋704房	25738873
	深圳市假日旅行社有限公司	L－GD00587	深文体旅〔2009〕21号	黄　健	深圳市罗湖区深南东路2094号湖润大厦一楼	82222235
	深圳市新西湖旅行社有限公司	L－GD00588	深文体旅〔2009〕21号	彭锦胜	深圳市罗湖区宝安南路西湖大厦4021室	25582270
	深圳市金凯国际旅行社有限公司	L－GD00589	深文体旅〔2009〕21号	庄志成	深圳市罗湖区嘉宾路太平洋商贸大厦21K	82136660
	深圳市红蜻蜓旅行社有限公司	L－GD00590	深文体旅〔2009〕21号	陈雪莲	深圳市福田区深南大道北侧浩铭财富广场A座15Y	83927038
	深圳市中油商务旅行社有限公司	L－GD00592	深文体旅〔2009〕21号	沈　渝	深圳市南山区南山大道1110号中油酒店1801室	82968833
	深圳市汇通睿国际旅行社有限公司	L－GD00593	深文体旅〔2009〕21号	许雪东	深圳市罗湖区深南中路南光捷佳大厦15楼1516室	25139739

续表

地区	旅行社名称	许可证编号	批文号	法定代表人	联系地址	联系电话
深圳市(0755)	深圳市中航假期国际旅行社有限公司	L－GD00595	深文体旅〔2009〕21 号	隋建秋	深圳市宝安区前进路 87 号供销社综合楼 C 栋 101 号	27758718
	深圳市环宇捷径国际旅行社有限责任公司	L－GD00596	深文体旅〔2009〕21 号	艾泽胜	深圳市福田区福华路 34 号公汽公司单身第公寓第 7 栋附楼 201 室	82818762
	深圳神州国际旅行社有限公司	L－GD00598	深文体旅〔2009〕21 号	王　涛	深圳市福田区八卦一路鹏益花园 4 栋 2105 室	82129074
	深圳市中洲旅行社有限公司	L－GD00599	深文体旅〔2009〕21 号	杨凯帆	深圳市南山区华侨城湖滨花园潋芳阁 22 楼 A	26930088
	深圳市珍珠旅行社有限公司	L－GD00600	深文体旅〔2009〕21 号	陈佩涵	深圳市福田区福强路星河锦居大厦 701 室	84422994
	深圳市泰运通国际旅行社有限公司	L－GD00601	深文体旅〔2009〕21 号	钟玉平	深圳市宝安区 25 区前进一路兴业商贸区华丰商务大厦四楼 B3B5B6	27857868
	深圳市运通国际旅行社有限公司	L－GD00602	深文体旅〔2009〕21 号	林锦成	深圳市罗湖区嘉宾路海燕商业大厦 1107 室	25186655
	深圳市众辉国际旅行社有限公司	L－GD00603	深文体旅〔2009〕21 号	冯旭杰	深圳市罗湖区和平路蔡船步街 15 号渔景大厦 1604 房	83625189
	深圳市港捷旅国际旅旅行社有限公司	L－GD00605	深文体旅〔2009〕21 号	兰　艳	深圳市罗湖区深南东路百货广场东座 2007～2013 号	25183429
	深圳市四季国际旅行社有限公司	L－GD00607	深文体旅〔2009〕21 号	梁慧颖	深圳市罗湖区春风路庐山大厦 B 座 8E	83023000
	深圳市快乐时光国际旅行社有限公司	L－GD00608	深文体旅〔2009〕21 号	许可筠	深圳市罗湖区建设路东方广场 1 栋 1812 室	82371218
	深圳市走遍天下旅行社有限公司	L－GD00609	深文体旅〔2009〕21 号	李书辉	深圳市南山区创业路现代城华庭 5 栋 6K	26099035
	深圳市行知天下国际旅行社有限公司	L－GD00610	深文体旅〔2009〕21 号	赖玉珍	深圳市福田区深南中路 6031 号杭钢富春商务大厦 1411 室	88299022
	深圳市飞扬假期国际旅行社有限公司	L－GD00611	深文体旅〔2009〕21 号	李小红	深圳市宝安区六区裕宝大厦二楼	29994428
	深圳市采逸国际旅行社有限公司	L－GD00612	深文体旅〔2009〕21 号	陈　穗	深圳市南山区南海大道海王大厦 B－28B	61631318
	深圳市华航假期旅行社有限公司	L－GD00613	深文体旅〔2009〕21 号	陈　涛	深圳市福田区振中路玮鹏花园 4 栋 19F	83989267
	深圳市彩云国际旅行社有限公司	L－GD00614	深文体旅〔2009〕21 号	廖建国	深圳市福田区深南中路南光捷佳大厦 2713 室	83012883
	深圳市东方明珠国际旅行社有限公司	L－GD00615	深文体旅〔2009〕21 号	李向远	深圳市罗湖区人民南路新安大厦十楼 C 座	82222055
	深圳市太平洋国际旅行社有限公司	L－GD00617	深文体旅〔2009〕21 号	陈　浩	深圳市罗湖区人民南路国际贸易中心大厦 2701～2706 室	82195188
	深圳市海峡国际旅行社有限公司	L－GD00618	深文体旅〔2009〕21 号	李红忠	深圳市福田区彩田南路中深花园 B 栋 1008 室	61280088
	深圳市天马旅行社有限公司	L－GD00619	深文体旅〔2009〕21 号	汪　波	深圳市福田区上步南路国企大厦永富楼 20G	82120012

续表

地区	旅行社名称	许可证编号	批文号	法定代表人	联系地址	联系电话
深圳市(0755)	深圳市天天游旅行社有限公司	L－GD00620	深文体旅〔2009〕21 号	黄红青	深圳市南山区南新路英达钰龙园一层 A2	86191860
	深圳市龙游国际旅行社有限公司	L－GD00621	深文体旅〔2009〕21 号	李红梅	深圳市罗湖区松园路鸿翔花园 1070A	82821580
	深圳市金鹏旅行社有限公司	L－GD00622	深文体旅〔2009〕21 号	龙　洁	深圳市宝安区龙华镇人民路金鹏商业广场一楼	29677709
	深圳市阳光里程旅行社有限公司	L－GD00623	深文体旅〔2009〕21 号	廖忠阳	深圳市南山区深南大道以北世纪假日广场 A 座 1114 室、1115 室	88263111
	深圳市畅游国际旅行社有限公司	L－GD00624	深文体旅〔2009〕21 号	申　可	深圳市福田区南园路佳兆业中心 A 座 2720 室	22312720
	深圳市鹏程四海国际旅行社有限公司	L－GD00625	深文体旅〔2009〕21 号	顾　菁	深圳市福田区燕南路君悦阁 1709 室	83043683
	深圳市深泰国际旅行社有限公司	L－GD00626	深文体旅〔2009〕21 号	颜铭辰	深圳市罗湖区文锦中路 1027 号深业大厦 720 室	82297422
	深圳市中之旅国际旅行社有限公司	L－GD00629	深文体旅〔2009〕21 号	刘平飞	深圳市罗湖区飞嘉宾路 2008 膨年广场东佳大厦 1908A	82221476
	深圳市桓通旅行社有限公司	L－GD00630	深文体旅〔2009〕21 号	随艳芳	深圳市宝安区沙井新桥广深公路 1 号长丰酒店首层 B 区	29882798
	深圳市飞扬假日国际旅行社有限公司	L－GD00631	深文体旅〔2009〕21 号	赵秋蓉	深圳市福田区福强路江南名苑 B 栋 604 室	82949950
	深圳市大自然旅行社有限公司	L－GD00632	深文体旅〔2009〕21 号	秦　磊	深圳市福田区南园路 68 号上步大厦 8 楼 J 单元	83661785
	深圳市友谊之旅国际旅行社有限公司	L－GD00633	深文体旅〔2009〕21 号	周尚存	深圳市罗湖区迎春路 8 号安华大厦 7 楼 B 座	82280269
	深圳市华夏新思路旅行社有限公司	L－GD00634	深文体旅〔2009〕21 号	刘建鹏	深圳市福田区深南中路 3027 号嘉汇新城汇商中心 1206 室	83289522
	深圳市环宇通假期旅行社有限公司	L－GD00635	深文体旅〔2009〕21 号	侯利君	深圳市罗湖区和平路 42 号金田大厦 410 室	25562568
	深圳市假期国际旅行社有限公司	L－GD00636	深文体旅〔2009〕21 号	罗道升	深圳市福田区竹子林紫竹四路市道桥管理处综合楼 1－3 楼(市道桥管理大楼二楼 211#)	83706118
	深圳市天海国际旅行社有限公司	L－GD00637	深文体旅〔2009〕21 号	梁穗文	深圳市罗湖区深南东路中建大厦 25 楼 25 号	25914892
	深圳市逸龙旅行社有限公司	L－GD00638	深文体旅〔2009〕21 号	华紫宸	深圳市罗湖区金塘街丽晶大厦北座 29D	83199288
	深圳市华源旅行社有限公司	L－GD00640	深文体旅〔2009〕21 号	张惠光	深圳市罗湖区人民南路 3023 号中旅大厦 901 室	82292216
	深圳市彩世界旅行社有限公司	L－GD00641	深文体旅〔2009〕21 号	郭煌兴	深圳市龙岗区龙岗街道办盛龙路 217 号 3 楼	89623388
	深圳市好阳光国际旅行社有限公司	L－GD00642	深文体旅〔2009〕21 号	余清风	深圳市南山区学府路荟芳园 A 座 302～313 室	26454887
	深圳市名人国际旅行社有限公司	L－GD00643	深文体旅〔2009〕21 号	闫霄汉	深圳市南山区南油大道粤海大厦 B 座 8D	86033888

续表

地区	旅行社名称	许可证编号	批文号	法定代表人	联系地址	联系电话
深圳市(0755)	深圳市纵横天下国际旅行社有限公司	L－GD00644	深文体旅〔2009〕21号	刘葆青	深圳市罗湖区宝安南路1001号华瑞大厦B座33A	25856998
	深圳市洲际国际旅行社有限公司	L－GD00645	深文体旅〔2009〕21号	罗晓媛	深圳市宝安区前进路新安湖花园F座新云轩B02号	29992830
	深圳市假日通国际旅行社有限公司	L－GD00646	深文体旅〔2009〕21号	王倩华	深圳市福田区深南大道车公庙绿景广场C栋14J－A	83668323
	深圳市新侨旅行社有限公司	L－GD00647	深文体旅〔2009〕21号	伍秀珍	深圳市罗湖区深南东路2023号广深大厦708室	82195101
	深圳市山水旅行社有限公司	L－GD00648	深文体旅〔2009〕21号	李金平	深圳市宝安区民治街道留仙大道边的综合楼1007室	33815205
	深圳市创景旅行社有限公司	L－GD00649	深文体旅〔2009〕21号	黄昌华	深圳市南山区南头街五号妇女儿童活动中心706室、704室半间	26486951
	深圳市旅行家国际旅行社有限公司	L－GD00650	深文体旅〔2009〕21号	潘咏霞	深圳市龙岗区龙城街道中心城海关大厦西座一楼2号	84841203
	深圳市唐人国际旅行社有限公司	L－GD00651	深文体旅〔2009〕21号	陈晓萍	深圳市宝安区民治街道人民南路银泉花园3号、4号楼1～3号裙楼二层(龙泉办公楼)A区	28138879
	深圳市海峡友谊旅行社有限公司	L－GD00652	深文体旅〔2009〕21号	刘贤贤	深圳市福田区车公庙富春东方大厦24楼2406～2407单元	82571776
	深圳市健华旅行社有限公司	L－GD00653	深文体旅〔2009〕21号	叶伟彪	深圳市罗湖区人民南路新安大厦17楼C室	82250940
	深圳新景界国际会议展览有限公司	L－GD00654	深文体旅〔2009〕21号	吴　斌	深圳市罗湖区沿河南路1064号国旅大厦15楼	82157328
	深圳市飞扬国际旅行社有限公司	L－GD00655	深文体旅〔2009〕21号	宋　非	深圳市罗湖区文锦路东文锦广场文盛中心2107室	82319458
	深圳市金润国际旅行社有限公司	L－GD00656	深文体旅〔2009〕21号	关玉峰	深圳市罗湖区湖贝路2号新纪元大厦12楼02室	82251578
	深圳市金航程旅行社有限公司	L－GD00657	深文体旅〔2009〕21号	陈　涛	深圳市罗湖区嘉宾路城市天地广场Ⅰ区、Ⅲ区7016室	82396355
	深圳市乔旅国际旅行社有限公司	L－GD00659	深文体旅〔2009〕21号	徐小乔	深圳市南山区登良路62号南园综合楼B－502	86122201
	深圳市新景界东旭国际旅行社有限公司	L－GD00660	深文体旅〔2009〕21号	吴　斌	深圳市罗湖区沿河南路1064号国旅大厦十五楼	25906403
	深圳市新文化旅行社有限公司	L－GD00661	深文体旅〔2009〕21号	劳冀广	深圳市福田区上步南路国企大厦永富楼9B	25986200
	深圳市汉邦国际旅行社有限公司	L－GD00662	深文体旅〔2009〕21号	邓丽霞	深圳市罗湖区建设路东方广场2209室	82191722
	深圳携程国际旅行社有限公司	L－GD00663	深文体旅〔2009〕21号	范　敏	深圳市罗湖区深南中路与和平路交汇处西北角鸿隆世纪广场A座20层A单元、B单元	25981699
	深圳市中海国际旅行社有限公司	L－GD00664	深文体旅〔2009〕21号	刘维娜	深圳市罗湖区东门南路食出大厦602室、801B室、802室	25186003
	深圳市食遊天下旅行社有限公司	L－GD00666	深文体旅〔2009〕21号	张冬梅	深圳市罗湖区新秀村秀南街99A四楼	25103010

续表

地区	旅行社名称	许可证编号	批文号	法定代表人	联系地址	联系电话
深圳市（0755）	深圳市大洲旅行社有限公司	L－GD00667	深文体旅〔2009〕21号	黄小仔	深圳市福田区深南中路统建中公楼1栋7层705号	89441600
	深圳市金色年华旅行社有限公司	L－GD00668	深文体旅〔2009〕21号	陈颖黎	深圳市南山区南海大道海王大厦A座大堂	26492030
	深圳市风光国际旅行社有限公司	L－GD00669	深文体旅〔2009〕21号	马跃江	深圳市罗湖区深南东路文华大厦东座24楼D	25120016
	深圳市国中国际旅行社有限公司	L－GD00670	深文体旅〔2009〕21号	李　芳	深圳市罗湖区湖贝路2号锦湖大厦905室	82223516
	深圳市世纪行国际旅行社有限公司	L－GD00671	深文体旅〔2009〕21号	于　力	深圳市南山区深南大道以北世纪假日广场B座205室	88828828
	深圳市环球之旅国际旅行社有限公司	L－GD00673	深文体旅〔2009〕21号	伊士罡	深圳市福田区深南中路2008号华联大厦511室	83662358
	深圳市阳光之旅旅行社有限公司	L－GD00674	深文体旅〔2009〕21号	付德全	深圳市南山区南头深南大道与前海路东南角海岸时代公寓东座2719室	86200129
	深圳市热风国际旅行社有限公司	L－GD00675	深文体旅〔2009〕21号	刘　玮	深圳市宝安区新安街道前进路西侧冠利达大厦一栋409室	27812828
	深圳市神州行旅行社有限公司	L－GD00676	深文体旅〔2009〕21号	李彦广	深圳市福田区彩田路彩虹新都彩荟阁28F	88840335
	深圳市鹏旅国际旅行社有限公司	L－GD00677	深文体旅〔2009〕21号	鲁　晶	深圳市福田区上步南路佳兆业中心A座22层2234室	83696895
	深圳市永恒旅行社有限公司	L－GD00678	深文体旅〔2009〕21号	张　茹	深圳市罗湖区和平路1199号金田大厦1503室	25936565
	深圳市天泰旅行社有限公司	L－GD00679	深文体旅〔2009〕21号	王书旭	深圳市罗湖区湖贝路2号锦湖大厦9001室	23990382
	深圳市深航假期旅行社有限公司	L－GD00680	深文体旅〔2009〕21号	刘　臻	深圳市福田区农林路鑫竹苑A栋4楼	33398935
	深圳市卓悦国际旅行社有限公司	L－GD00681	深文体旅〔2009〕21号	张　勇	深圳市福田区福民路知本大厦1701室	82998343
	深圳市开泰国际旅行社有限公司	L－GD00682	深文体旅〔2009〕21号	侯亚莉	深圳市罗湖区文锦渡口岸报关大楼1002室	82465822
	深圳市商旅通国际旅行社有限公司	L－GD00683	深文体旅〔2009〕21号	陈国强	深圳市罗湖区春风路向西大厦7B	82352111
	深圳市白鹭国际旅行社有限公司	L－GD00684	深文体旅〔2009〕21号	宋　旭	深圳市福田区燕南路2号豪宫大厦7B	83658960
	深圳市亚细亚国际旅行社有限公司	L－GD00685	深文体旅〔2009〕21号	李　军	深圳市福田区彩田路彩福大厦鸿福阁24M	88860118
	深圳市天地间国际旅行社有限公司	L－GD00686	深文体旅〔2009〕21号	陈永康	深圳市宝安区沙井街道办万丰丰洋路255号7楼701房	29883253
	深圳新明扬国际旅行社有限公司	L－GD00687	深文体旅〔2009〕21号	刘　影	深圳市罗湖区嘉宾路城市天地广场东座裙楼Ⅰ区，Ⅲ区6088	25865535
	深圳市腾帮国际旅行社有限公司	L－GD00689	深文体旅〔2009〕21号	段乃琦	深圳市福田保税区桃花路腾帮物流大楼四层	83485999

续表

地区	旅行社名称	许可证编号	批文号	法定代表人	联系地址	联系电话
深圳市(0755)	深圳市阳晨国际旅行社有限公司	L－GD00691	深文体旅〔2009〕21 号	梁贤光	深圳市龙岗区龙城街道龙翔大道与建设路交汇处珠江广场(商业写字楼区域)A3 座 08 层产权式酒店 8A3E	83043607
	深圳市八方商务旅行社有限公司	L－GD00692	深文体旅〔2009〕21 号	陈旭波	深圳市罗湖区迎春路安华大厦东座 11 楼 1101B 室	83339998
	深圳市顺心旅行社有限公司	L－GD00693	深文体旅〔2009〕21 号	李作彬	深圳市福田区落马洲大桥与深圳河交汇处名津广场第 1 栋 1 座 31 层 31C 32 层 32C 号房	26581265
	深圳市港之旅旅行社有限公司	L－GD00696	深文体旅〔2009〕21 号	秦俊琪	深圳市福田区彩田路西红荔路中银花园办公楼 B 栋 25c2	25104070
	深圳市广通联旅行社有限公司	L－GD00697	深文体旅〔2009〕21 号	孙　丹	深圳市罗湖区东门中路鸿基东港大厦(东港中心座)701 室	25129780
	深圳市悦达国际旅行社有限公司	L－GD00698	深文体旅〔2009〕21 号	吴坤莉	深圳市罗湖区深南东路 2105 号中建大厦 25 层 2505 室	82226026
	深圳市金都国际旅行社有限公司	L－GD00700	深文体旅〔2009〕21 号	金　奕	深圳市罗湖区嘉宾路城市天地广场Ⅰ区，Ⅲ区 7015 室	22161510
	深圳市百悦国际旅行社有限公司	L－GD00701	深文体旅〔2009〕21 号	孙合瑞	深圳市罗湖区南湖路国贸商住大厦 15C	83660332
	深圳市顺通太国际旅行社有限公司	L－GD00703	深文体旅〔2009〕21 号	于　环	深圳市福田区福民路知本大厦 2105－1	83979732
	深圳市爱游国际旅行社有限公司	L－GD00704	深文体旅〔2009〕21 号	叶美惠	深圳市罗湖区南湖路国贸商业大厦 6A	82209653
	深圳市亚联网旅行社有限公司	L－GD00886	深文体旅〔2010〕31 号	谢永玲	深圳市罗湖区东门南路 3002 号华都园大厦 12G 室	82311216
	深圳市金旅国际旅行社有限公司	L－GD00889	深文体旅〔2010〕32 号	王　威	深圳市福田区彩田路中深花园 B－1911 室	82997077
	深圳市缤纷假日旅行社有限公司	L－GD00894	深文体旅〔2010〕48 号	冼小婷	深圳市罗湖区凤凰路凤凰街金城华庭服务中心 1～2 号铺	25678119
	深圳市旅联国际旅行社有限公司	L－GD00906	深文体旅〔2010〕75 号	李红梅	深圳市罗湖区文锦中路 1027 号深业大厦 820 室	82176960
	深圳市新豪旅行社有限公司	L－GD00907	深文体旅〔2010〕76 号	尹　敏	深圳市罗湖区人民南路天安国际大厦 B 座 1401 室	82221694
	深圳市美丽华旅行社有限公司	L－GD00908	深文体旅〔2010〕77 号	刘新斌	深圳市罗湖区嘉宾路城市天地广场东座裙楼Ⅰ区、Ⅲ区 7021 室	22165229
	深圳市泛亚美国际旅行社有限公司	L－GD00909	深文体旅〔2010〕78 号	余　芳	深圳市福田区华强北路群星广场 B1901 室	83741989
	深圳市蓝途国际旅行社有限公司	L－GD00910	深文体旅〔2010〕79 号	汪　成	深圳市福田区天安数码城创新科技广场 1 期 B 座 1401A 室	4006780025
	深圳市辉煌国际旅行社有限公司	L－GD00941	粤旅管〔2009〕188 号	李彦辉	深圳市罗湖区宝安南路 2014 号振业大厦 B 座 927 房	25026980
	深圳市旭日国际旅行社有限公司	L－GD00942	粤旅管〔2009〕189 号	郑　旭	深圳市罗湖区东门南路 3002 号华都园 8 楼 L 座	82389666
	深圳市至醒旅行社有限公司	L－GD00943	粤旅管〔2009〕190 号	宁　勇	深圳市罗湖区沿河北路 1003 号东方都会大厦 1615 房	22306463

续表

地区	旅行社名称	许可证编号	批文号	法定代表人	联系地址	联系电话
深圳市(0755)	深圳市环游国际旅行社有限公司	L－GD00944	粤旅管〔2009〕191号	黄丹红	深圳市罗湖区南湖路国贸商厦10F	82138166
	深圳市南澳璐悦国际旅行社有限公司	L－GD00945	粤旅管〔2009〕192号	张品锐	深圳市大鹏新区南澳街道人民路20号	84408168
	深圳市他乡美国际旅行社有限公司	L－GD00946	粤旅管〔2009〕193号	沈洋镒	深圳市罗湖区宝安路松园西街23号松园大楼401室	88865868
	深圳市美景旅行社有限公司	L－GD00952	粤旅管〔2009〕198号	崔玉香	深圳市罗湖区建设路罗湖口岸联检大厅A内－3号	82320442
	深圳市鹏辉旅行社有限公司	L－GD00962	粤旅管〔2009〕205号	刘英华	深圳市南山区登良路23号汉京大厦17B	86033812
	深圳市万悦旅行社有限公司	L－GD00980	粤旅管〔2009〕212号	陈玉琢	深圳市罗湖区人民南路新安大厦第六层A1	82252508
	深圳市吉祥天下国际旅行社有限公司	L－GD00981	粤旅管〔2009〕213号	陈晓华	深圳市罗湖区嘉宾路4028号太平洋商贸大厦B座907室	82138263
	深圳市鑫鹏国际旅行社有限公司	L－GD00990	深文体旅〔2010〕119号	肖德安	深圳市福田区深南大道与彩田路交界路嘉麟豪庭A座1703室	33365388
	深圳市骏富旅行社有限公司	L－GD00998	深文体旅〔2010〕157号	郑启毅	深圳市罗湖区文锦北路1010号文锦广场A二区2楼西侧	25530785
	深圳市雅途旅行社有限公司	L－GD01002	深文体旅〔2010〕185号	陈　刚	深圳市福田区彩田路彩福大厦聚福阁26H	82959748
	深圳市中航宝成旅行社有限公司	L－GD01003	深文体旅〔2010〕186号	魏力生	深圳市南山区大新路9号家龙工业区78栋三楼	26586122
	深圳春秋旅行社有限公司	L－GD01006	深文体旅〔2010〕7号	潘洪城	深圳市罗湖区深南东路2105中建大厦11层1111室	88866566
	深圳市千百度旅行社有限公司	L－GD01007	深文体旅〔2010〕8号	黄　珊	深圳市罗湖区东门南路华都园大厦14A	82389326
	深圳市友盟旅行社有限公司	L－GD01008	深文体旅〔2010〕9号	蒋双德	深圳市龙岗区坂田街道隆平路新天下工业城1栋宿舍首层1104室	89585803
	深圳市晨曦国际旅行社有限公司	L－GD01012	深文体旅〔2010〕11号	张　宏	深圳市罗湖区嘉宾路深华商业大厦21楼15单位	25848561
	深圳市易游国际旅行社有限公司	L－GD01016	深文体旅〔2010〕13号	林　伟	深圳市罗湖区东门路宝丰大厦815室	82281899
	深圳市盛行天下旅行社有限公司	L－GD01022	深文体旅〔2010〕20号	钟艳红	深圳市罗湖区莲塘工业园第一小区国威路威国公司工业厂房126栋2013室	22320766
	深圳市中诚国际旅行社有限公司	L－GD01030	深文体旅〔2010〕24号	姚建平	深圳市福田区燕南路与振华路交界处中泰燕南名庭（二期）D1703	82511360
	深圳市信游天下国际旅行社有限公司	L－GD01031	深文体旅〔2010〕25号	裴长辉	深圳市宝安区龙华街道和平路港之龙科技园H栋十二楼B区	33051859
	深圳市永兴旅行社有限公司	L－GD01034	深文体旅〔2010〕30号	李庆贺	深圳市罗湖区嘉宾路城市天地广场东座7089室	22161468
	深圳市飞宇天下国际旅行社有限公司	L－GD01035	深文体旅〔2010〕31号	高宏伟	深圳市福田区深南中路2008号华联大厦4楼401A室	83667559

续表

地区	旅行社名称	许可证编号	批文号	法定代表人	联系地址	联系电话
深圳市(0755)	深圳市湖心岛国际度假旅行社有限公司	L－GD01036	深文体旅〔2010〕32 号	张淑琴	深圳市盐田区大梅沙片区湖心岛公寓 5 栋 K208	25255528
	深圳市爱途国际旅行社有限公司	L－GD01037	深文体旅〔2010〕33 号	刘　懋	深圳市南山区南山大道与创业路交汇处南光城市花园 2 栋 1615 室	13823594771
	深圳市方成国际旅行社有限公司	L－GD01045	深文体旅〔2010〕41 号	梁杏花	深圳市罗湖区沿河北路 1002 号瑞思国际 B 座 34C～02	22194123
	深圳市奇程网旅行社有限公司	L－GD01046	深文体旅〔2010〕42 号	何伊丽	深圳市南山区沙河东路国际市长交流中心 2102 室、2103 室	86100600
	深圳市瀚海旅行社有限公司	L－GD01059	深文体旅〔2010〕48 号	陈维雄	深圳市深南中路华南电力大厦 1201 室	83222057
	深圳市皇冠永利旅游有限公司	L－GD01061	深文体旅〔2010〕50 号	夏慧宁	深圳市罗湖区深南东路 1001 号三九大酒店 405 室	25104393
	深圳市世纪国际旅行社有限公司	L－GD01062	深文体旅〔2010〕51 号	邵尤昌	深圳市罗湖区迎春路 8 号安华大厦 16 层 1601 室	82870596
	深圳市亮点国际旅行社有限公司	L－GD01063	深文体旅〔2010〕55 号	吴志闽	深圳市罗湖区嘉宾路太平洋商贸大厦 B1218 室	82135769
	深圳市星辰旅行社有限公司	L－GD01066	深文体旅复（2010）58 号	曾　陈	深圳市罗湖区人民南路 3002 号国贸大厦 43 层 B 室	13823177559
	深圳市网途旅游网国际旅行社有限公司	L－GD01075	深文体旅(2010)66 号	陈　洪	深圳市罗湖区东门南路 2028 号东莞外贸大厦楼三层 304 室、305 室、306 室	82291360
	深圳市悦之旅旅行社有限公司	L－GD01078	深文体旅(2010)70 号	唐　琼	深圳市罗湖区人民南路新安大厦 9 楼 D	82295558
	深圳市美周旅行社有限公司	L－GD01082	深文体旅(2010)75 号	刘晓英	深圳市宝安区 46 区 D 栋综合楼华创达商务大厦 407 室	82995333
	深圳市新景界人车行旅游有限公司	L－GD01094	深文体旅(2010)79 号	吴　斌	深圳市福田区香轩路农科苑公司综办 104 室	82477086
	深圳市深游国际旅行社有限公司	L－GD01098	深文体旅〔2010〕88 号	蔡梓毫	深圳市龙岗区布吉街道诚信华庭 2 座 19C	22246764
	深圳市腾飞旅行社有限公司	L－GD01099	深文体旅〔2010〕81 号	刘冬如	深圳市罗湖区嘉宾路太平洋商贸大厦 20N	25881810
	深圳市好运通国际旅行社有限公司	L－GD01105	深文体旅〔2010〕82 号	张小鹏	深圳市福田区振华路深纺大厦 100 号华强宾馆 803 室	82927773
	深圳市云游四海国际旅行社有限公司	L－GD01106	深文体旅〔2010〕83 号	刘　耘	深圳市福田区深南大道耀华创建大厦 1 座 19 层 1903 号房	82793854
	深圳市君悦假日国际旅行社有限公司	L－GD01107	深文体旅〔2010〕84 号	纪　文	深圳市罗湖区南湖路国贸商业大厦 13G	28745750
	深圳市莘运旅行社有限公司	L－GD01108	深文体旅〔2010〕85 号	鹿　超	深圳市布吉百合星城百合酒店及住宅楼复式 32G	22165706
	深圳市东郡旅行社有限公司	L－GD01117	深文体旅〔2010〕86 号	李吉月	深圳市罗湖区人民南路新安大厦 17 层 B－01 房	15622827777
	深圳市深国旅行社有限公司	L－GD01118	深文体旅〔2010〕100 号	张　政	深圳市罗湖区嘉宾路 2008 号彭年广场东佳大厦 2708B 室	82352163

续表

地区	旅行社名称	许可证编号	批文号	法定代表人	联系地址	联系电话
深圳市(0755)	深圳市风向标国际旅行社股份有限公司	L－GD01126	深文体旅〔2010〕109号	刘　昕	深圳市罗湖区人民南路国贸大厦19楼1915～1919室	82148032
	深圳市荣新国际旅行社有限公司	L－GD01127	深文体旅〔2010〕110号	朱沛新	深圳市福田区振华路桑达小区305栋423室	83340135
	深圳市光明国旅旅行社有限公司	L－GD01128	深文体旅〔2010〕115号	吕　萍	深圳市光明新区光明办事处光明中心广场综合楼207东侧	81777857
	深圳市中达旅行社有限公司	L－GD01130	深文体旅〔2010〕111号	黄运龙	深圳市罗湖区深南东路华乐大厦2205室	33327777
	深圳市大地旅行社有限公司	L－GD01131	深文体旅〔2010〕112号	卓丽娜	深圳市宝安区西乡街道市场4号综合大楼A2号	29968566
	深圳市全品国际旅行社有限责任公司	L－GD01135	深文体旅〔2010〕119号	谭　昊	深圳市福田区福华路322号文蔚大厦17CD单元	83678608
	深圳市和平旅行社有限责任公司	L－GD01136	深文体旅〔2010〕120号	杨　慥	深圳市福田区红岭中路南国大厦2栋25B房	88852289
	深圳市广中国际旅行社有限公司	L－GD01149	深文体旅复〔2010〕124号	黄　炜	深圳市福田区深南中路统建办公楼1栋19层1913房	25155532
	深圳市万安顺旅行社有限公司	L－GD01150	深文体旅复〔2010〕125号	万红保	深圳市南山区沙河金三角大厦627室	82287461
	深圳市行天下旅行社有限公司	L－GD01161	深文体旅复〔2011〕9号	陈嘉嘉	深圳市罗湖区深南东路世界金融中心B座1610室	13509699221
	深圳市众一国际旅行社有限公司	L－GD01163	深文体旅复〔2011〕14号	吴雨岑	深圳市龙岗区大鹏街道鹏城社区戴屋巷大夫第	26613323
	深圳市悠游旅行社有限公司	L－GD01167	深文体旅复〔2011〕15号	王海娟	深圳市罗湖区嘉宾路金威大厦11楼1105房	61695970
	深圳市明诚假期旅行社有限公司	L－GD01173	深文体旅复〔2011〕20号	吴明钢	深圳市罗湖区春风路3007号桂都大厦1203室	25403993
	深圳市游侠网国际旅行社有限公司	L－GD01174	深文体旅复〔2011〕21号	游佳昌	深圳市罗湖区红宝路蔡屋围金龙大厦25楼全层	22311145
	深圳市经深飞航空国际旅行社有限公司	L－GD01176	深文体旅复〔2011〕22号	盛芳丽	深圳市罗湖区嘉宾路芙蓉大厦(阳光酒店)B座613室	82292900
	深圳市中泰来国际旅行社有限公司	L－GD01179	深文体旅复〔2011〕27号	彭　政	深圳市福田区梅坳三路6号市建公司办公楼104室	82197990
	深圳市顺游国际旅行社有限公司	L－GD01180	深文体旅复〔2011〕28号	黄　灏	深圳市罗湖区迎春路8号安华大厦四层西(1)	82280499
	深圳市易旅旅行社有限公司	L－GD01183	深文体旅复〔2011〕29号	刘秋芳	深圳市宝安中心区兴华路南侧荣超滨海大厦B座1509～1510室	26063009
	深圳市新佳华旅行社有限公司	L－GD01184	深文体旅复〔2011〕30号	谢小华	深圳市南山区东滨路濠盛商务中心1315室、1316室	86599380
	深圳市辉腾旅行社有限公司	L－GD01186	深文体旅复〔2011〕32号	张镜宜	深圳市龙岗区布吉街道中海怡翠山庄44栋3座2B	82201200
	深圳市捷诚国际旅行社有限公司	L－GD01187	深文体旅复〔2011〕33号	陈海琴	深圳市福田区彩田南路海天综合大厦609室	83461281

续表

地区	旅行社名称	许可证编号	批文号	法定代表人	联系地址	联系电话
深圳市（0755）	深圳市地球之旅国际旅行社有限公司	L－GD01188	深文体旅复〔2011〕34号	陈梅坚	深圳市罗湖区嘉宾路太平洋商业大厦607室	25029288
	深圳市深中旅行社有限公司	L－GD01191	深文体旅复〔2011〕40号	黄善娇	深圳市福田区福中路国际体育大夏1108室	82995997
	深圳市桃之源假期旅游有限公司	L－GD01192	深文体旅复〔2011〕45号	张　娣	深圳市宝安区下十围东福围西街19号1号铺	
	深圳市四洲旅行社有限公司	L－GD01193	深文体旅复〔2011〕47号	罗绵迪	深圳市罗湖区嘉宾路4028号太平洋商贸大厦1801A室	25910212
	深圳市杰恩假日旅行社有限公司	L－GD01194	深文体旅复〔2011〕48号	林怀恩	深圳市福田区深南大道与民田路交界西南新华保险大厦913B室	82552588
	深圳市康诚旅行社有限公司	L－GD01196	深文体旅复〔2011〕51号	杨文印	深圳市福田区彩田路西红荔路中银花园栋22A. B. Cb. Ca. D. E－22B12	88311488
	深圳市万众国际旅行社有限公司	L－GD01198	深文体旅复〔2011〕53号	肖　薇	深圳市罗湖区南湖路国贸商业大夏7G	22387321
	深圳市天安国际旅行社有限公司	L－GD01206	深文体旅复〔2011〕58号	杨建军	深圳市罗湖区人民南路天安国际大厦A座2101室	82255025
	深圳市鹏城国际旅行社有限公司	L－GD01207	深文体旅复〔2011〕59号	韩　涛	深圳市罗湖区深南东路华乐大厦2005室	22272822
	深圳市畅行天下旅行社有限公司	L－GD01208	深文体旅复〔2011〕60号	司海英	深圳市南山区侨城北路香年广场（南区）主楼（A座）202D室	86621859
	深圳市鸿万国际旅行社有限公司	L－GD01209	深文体旅复〔2011〕61号	刘　琦	深圳市福田区滨河大道与泰然九路交界西北泰然云松大厦13C－B室	88350555
	深圳市椰晖旅行社有限公司	L－GD01210	深文体旅复〔2011〕63号	陈维雄	深圳市罗湖区嘉宾路太平洋商贸大厦1118室	83228727
	深圳环岛旅游有限公司	L－GD01213	深文体旅复〔2011〕73号	潘启军	深圳市福田区福田南路12号皇岗综合楼3～5楼北侧2楼409D室	83336928
	深圳市淇祥国际旅行社有限公司	L－GD01214	深文体旅复〔2011〕75号	杨政军	深圳市罗湖区深南中路与和平路交汇处西鸿隆世纪广场A座25C－1室	82250026
	深圳市金秋国际旅行社有限公司	L－GD01215	深文体旅复〔2011〕76号	王惠秋	深圳市福田区彩田南路海天综合大厦609A室	
	深圳汇游天下旅行社有限公司	L－GD01221	深文体旅复〔2011〕77号	孙君峰	深圳市罗湖区建设路1008号汇展阁大厦16楼1610室	82226229
	深圳市搜旅国际旅行社有限公司	L－GD01222	深文体旅复〔2011〕78号	胡鹏程	深圳市罗湖区迎春路8号安华大夏16层1616室	82179292
	深圳市温馨假日旅行社有限公司	L－GD01226	深文体旅复〔2011〕83号	冯海鹏	深圳市罗湖区建设路友谊商场3栋14层1401房	82313118
	深圳市易凯商务国际旅行社有限公司	L－GD01227	深文体旅复〔2011〕84号	王成超	深圳市罗湖区嘉宾路太平洋商贸大厦305室	22218392
	深圳市宝安中国旅行社有限公司	L－GD01241	深文体旅复〔2011〕98号	陈玉林	深圳市宝安区新安街道前进一路与创业二路交汇处中旅大酒店三十楼3001号	82252508
	深圳市华人国际旅行社有限公司	L－GD01242	深文体旅复〔2011〕100号	李国江	深圳市罗湖区深南东路2023号广深大厦1002B室	25910633

续表

地区	旅行社名称	许可证编号	批文号	法定代表人	联系地址	联系电话
深圳市(0755)	深圳市中非旅游有限公司	L－GD01243	深文体旅复〔2011〕101号	李国伟	深圳市南山区西丽留仙洞中山园路1001号TCL科学园区研发楼D3栋3层C单元303号房－3	82685826
	深圳市鑫坤国际旅行社有限公司	L－GD01244	深文体旅复〔2011〕102号	何启全	深圳市福田区车公庙工业区皇冠工业厂房一栋一楼西北部E区	83711763
	深圳市景程商务旅行社有限公司	L－GD01245	深文体旅复〔2011〕103号	张腾飞	深圳市罗湖区文锦路东文锦广场文盛中心2602室	25620936
	深圳市熊猫网旅行社有限公司	L－GD01246	深文体旅复〔2011〕104号	张新进	深圳市南山区南油大道与创业路交汇处海王大厦写字楼9E	83382088
	深圳市梦路旅行社有限公司	L－GD01253	深文体旅复〔2011〕107号	朱　林	深圳市南山区海岸大厦西座1512B室	86617302
	深圳美程国际旅行社有限公司	L－GD01254	深文体旅复〔2011〕109号	杨河生	深圳市罗湖区迎春路安华大厦13F(左边)	13823307161
	深圳市必趣国际旅行社有限公司	L－GD01257	深文体旅复〔2011〕112号	叶雨桐	深圳市罗湖区深南东路3016号银都大厦15楼1506室	82202886
	深圳市百欣国际旅行社有限公司	L－GD01258	深文体旅复〔2011〕108号	郝　勇	深圳市罗湖区湖贝路2号锦湖大厦1202－3室	82227959
	深圳市龙游金典国际旅行社有限公司	L－GD01259	深文体旅复〔2011〕113号	胡基明	深圳市罗湖区东门南路太阳岛大厦14R	25896662
	深圳旅游集散中心有限公司	L－GD01261	深文体旅复〔2011〕114号	张　军	深圳市罗湖区嘉宾路太平洋商贸大厦907A室、908室、910室、911室、912室、913室、915室	13802562956
	深圳市星程旅行社有限公司	L－GD01263	深文体旅复〔2011〕115号	张锡伟	深圳市罗湖区莲塘工业区一小区综合楼1楼南	2500499
	深圳市泰华国际旅行社有限公司	L－GD01266	深文体旅复〔2011〕116号	邓明仙	深圳市罗湖区凤凰路3号海珑花苑海天阁1609室	13828815857
	深圳环球行国际旅行社有限公司	L－GD01267	深文体旅复〔2011〕117号	王诚明	深圳市宝安区民治街道民治大道东边商务大楼4016室	83858878
	深圳市尚品游国际旅行社有限公司	L－GD01268	深文体旅复〔2011〕118号	梁　坚	深圳市罗湖区嘉宾路太平洋商贸大厦1016房	82135769
	深圳市淘游国际旅行社有限公司	L－GD01269	深文体旅复〔2011〕119号	刘延龙	深圳市罗湖区嘉宾路海燕大厦610房	13923816195
	深圳市专业旅行社有限公司	L－GD01274	深文体旅复〔2011〕123号	黎晓庆	深圳市罗湖区嘉宾路城市天地广场东裙楼Ⅰ区，Ⅲ区80060室	82488533
	深圳市新国旅行社有限公司	L－GD01275	深文体旅复〔2011〕124号	汤　亮	深圳市罗湖区嘉宾路太平洋商贸大厦A座9D室	82311075
	深圳市蓝海旅行社有限公司	L－GD01277	深文体旅复〔2011〕126号	谢恩波	深圳市福田区深南大道北侧浩铭财富广场B座16J	88288858
	深圳市悠游天下旅行社有限公司	L－GD01287	深文体旅复〔2011〕130号	赵　焱	深圳市罗湖区东门南路太阳岛大厦21D3室	13802221502
	深圳市壹路行国际旅行社有限公司	L－GD01290	深文体旅复〔2011〕133号	周彩霞	深圳市罗湖区红岭路1010号深圳国际信托大厦1604室	25580033
	深圳市浩中国际旅行社有限公司	L－GD01294	深文体旅复〔2011〕144号	罗　芳	深圳市罗湖区嘉宾路海燕大厦6楼603房	22189006

续表

地区	旅行社名称	许可证编号	批文号	法定代表人	联系地址	联系电话
深圳市(0755)	深圳市乐游国际旅行社有限公司	L-GD01298	深文体旅复〔2011〕145号	赵春成	深圳市福田区北环大道7043号青海大厦1307房	33379378
	深圳市福安国际旅行社有限公司	L-GD01300	深文体旅复〔2011〕150号	蔡继尧	深圳市福田区深南中路统建办公楼1栋5层502房	13760255519
	深圳市乐程旅行社有限公司	L-GD01301	深文体旅复〔2011〕151号	胡周来	深圳市罗湖区东门南路华都园14D	33380555
	深圳市骏之旅旅游有限公司	L-GD01304	深文体旅复〔2011〕155号	刘　伟	深圳市福田区皇岗口岸皇城广场大厦1203室	83511655
	深圳华信国际旅行社有限公司	L-GD01305	深文体旅复〔2011〕156号	胡金平	深圳市福田区深南大道泰然九路西喜年中心A座1201室	13714868830
	深圳市海盟国际旅行社有限公司	L-GD01306	深文体旅复〔2011〕157号	何　平	深圳市福田区上沙创新科技园六栋403室	23881366
	深圳市高品假日旅行社有限公司	L-GD01312	深文体旅复〔2011〕161号	刘国雄	深圳市罗湖区宝安北路春笋楼A503室	83638747
	深圳市远方国际旅行社有限公司	L-GD01313	深文体旅复〔2011〕163号	王桂华、	深圳市罗湖区深南东路5033号金山大厦1903#	33385178
	深圳番茄假期国际旅行社有限公司	L-GD01318	深文体旅复〔2011〕163号	佘汉勇	深圳市福田区梅华路103号光荣大厦5楼501室	29345058
	深圳市逍洒会务旅游有限公司	L-GD01323	深文体旅复〔2011〕172号	李路羽	深圳市福田区益田路江苏大厦B815室	18922851238
	※深圳市幸福起点旅行社有限公司	**L-GD01324**	**深文体旅复〔2012〕176号**	**马　龙**	**深圳市罗湖区沿河路好运来大厦1栋1017室**	**13590452529**
	※深圳市海翔国际旅行社有限公司	**L-GD01325**	**深文体旅复〔2012〕177号**	**耿　丽**	**深圳市罗湖区凤凰路海珑华苑海天阁1905室**	**82685539**
	深圳市品牌国际旅行社有限公司	L-GD01337	深文体旅复〔2011〕187号	邓宝清	深圳市罗湖区嘉宾路海燕商业大厦14楼1409室	13670093769
	深圳市环途国际旅行社有限公司	L-GD01338	深文体旅复〔2011〕188号	王　雄	深圳市罗湖区东门南路华都园25K	82311157
	深圳市深龙旅行社有限公司	L-GD01339	深文体旅复〔2011〕189号	严均洪	深圳市龙岗区中心城东方沁园5号栋商铺108室	13510796508
	深圳市港旅国际旅行社有限公司	L-GD01340	深文体旅复〔2011〕190号	刘　贞	深圳市罗湖区嘉宾路海燕商业大厦1101室	13823339465
	深圳市智慧商务旅游有限公司	L-GD01345	深文体旅复〔2011〕192号	耿雪婷	深圳市南山区高新南七道007号深圳数字技术园A3栋五楼E区	86133712
	深圳市新之旅国际旅行社有限公司	L-GD01346	深文体旅复〔2011〕193号	王巧云	深圳市宝安区宝安中心区兴华路南侧荣超滨海大厦A座0920室	15818686569
	深圳市盈信国际旅行社有限公司	L-GD01347	深文体旅复〔2011〕194号	邦小霖	深圳市福田区彩田路西、红荔路南中银花园南商阁5D	88865555
	※深圳市华夏春秋旅行社有限公司	**L-GD01354**	**深文体旅复〔2012〕4号**	**罗　山**	**深圳市罗湖区人民南路新安大厦第八层B座**	**13554743325**
	※深圳市乐游天下国际旅行社有限公司	**L-GD01355**	**深文体旅复〔2012〕5号**	**廖章辉**	**深圳市罗湖区嘉宾路20号爵士大厦13A17**	**18603008854**

续表

地区	旅行社名称	许可证编号	批文号	法定代表人	联系地址	联系电话
深圳市(0755)	※深圳莹丰国际旅行社有限责任公司	L-GD01356	深文体旅复〔2012〕6号	林大莉	深圳市罗湖区春风路庐山大厦B座13F	82370387
	※深圳市平安假日国际旅行社有限公司	L-GD01357	深文体旅复〔2012〕7号	姜亦文	深圳市福田区深南大道以南安徽大厦1721室	83860916
	※深圳百事通国际旅行社有限公司	L-GD01358	深文体旅复〔2012〕8号	田夫启	深圳市罗湖区人民南路新安大厦14层D	13802574917
	※深圳海之旅旅行社有限公司	L-GD01359	深文体旅复〔2012〕9号	钟雪红	深圳市盐田区梅沙街道海星道6号	25673458
	※深圳市阳光在线旅游有限公司	L-GD01365	深文体旅复〔2012〕16号	李鹏恩	深圳市福田区皇岗中路深大新村连廊5号	88365286
	※深圳市自游一派国际旅行社有限公司	L-GD01366	深文体旅复〔2012〕18号	郭世栈	深圳市宝安区西乡街道宝源路1053号资信大厦202A室	86219221
	※深圳中天国际旅行社有限公司	L-GD01367	深文体旅复〔2012〕17号	肖穗强	深圳市罗湖区嘉宾路金威大厦702室	13902986339
	※深圳市南方海外国际旅行社有限公司	L-GD01370	深文体旅复〔2012〕19号	杜 立	深圳市罗湖区宝岗路笋岗大厦1321室(13E)	82181803
	※深圳市亚太国际旅行社有限公司	L-GD01374	深文体旅复〔2012〕23号	范勇敢	深圳市龙岗区坂田街道马安堂社区侨联西二巷3号404室	89441701
	※深圳市嘉华国际旅游有限公司	L-GD01376	深文体旅复〔2012〕20号	何雅云	深圳市福田区深南中路北方大厦第11层1112室	13902930072
	※深圳市天河国际旅行社有限公司	L-GD01377	深文体旅复〔2012〕24号	白 钰	深圳市宝安区沙井街道新沙路蚝二西海岸花园综合楼14层A1405-A1408室	33086368
	※深圳市定制旅行社有限公司	L-GD01378	深文体旅复〔2012〕25号	吴晓璇	深圳市龙岗区坂田街道布龙路445号格泰隆工业园综合楼A302室	13510796508
	※深圳市飞来发旅行社有限公司	L-GD01379	深文体旅复〔2012〕30号	唐宏林	深圳市宝安区沙井街道坣岗新沙路坣岗大厦1栋1102室	18664931967
	※深圳新景界国内旅游有限公司	L-GD01381	深文体旅复〔2012〕34号	吴 斌	深圳市罗湖区嘉宾路4028号太平洋商贸大厦A座17楼A，C，D	82477086
	※深圳市微笑假期国际旅行社有限公司	L-GD01382	深文体旅复〔2012〕35号	陈武斌	深圳市罗湖区人民南路深房广场25楼A座2504室	13751097866
	※深圳市金威假期旅行社有限公司	L-GD01383	深文体旅复〔2012〕36号	黄建军	深圳市罗湖区和平路金田大厦2402房	82222256
	※深圳市新天假期旅行社有限公司	L-GD01384	深文体旅复〔2012〕37号	黄晓文	深圳市罗湖区宝安南路2014号振业大厦A座9F	13510566087
	※深圳市常顺旅行社有限公司	L-GD01385	深文体旅复〔2012〕38号	陈小顺	深圳市罗湖区东门南路办公楼1栋(食出大厦)906房	82255792
	※深圳小蜜蜂旅行社有限公司	L-GD01391	深文体旅复〔2012〕41号	史立功	深圳市南山区高新科技园科技南路中兴通讯一期A座(中兴综合大楼厂房)三楼318房	13590138927
	※深圳嘉康国际旅行社有限公司	L-GD01392	深文体旅复〔2012〕42号	洪贵顺	深圳市福田区益田路新世界商务中心大厦A座906A室	23980533
	※深圳市大鹏半岛国际旅行社有限公司	L-GD01397	深文体旅复〔2012〕61号	潘绍宇	深圳市龙岗区南澳办事处海港路19号一楼	84404555

续表

地区	旅行社名称	许可证编号	批文号	法定代表人	联系地址	联系电话
深圳市(0755)	※深圳市创想旅行社有限公司	L－GD01401	深文体旅复〔2012〕62号	肖日妹	深圳市南山区桂庙新村32号103室	13420991322
	※深圳市东皇旅行社有限公司	L－GD01402	深文体旅复〔2012〕63	祝　鹏	深圳市罗湖区人民南路新安大厦7D室	82921896
	※深圳市扬帆国际旅游有限公司	L－GD01412	深文体旅复〔2012〕65号	蒋兴华	深圳市南山区桃园路北常兴路东常兴广场东座住宅14N	22270700
	※深圳市悠雅国际旅行社有限公司	L－GD01413	深文体旅复〔2012〕66号	梁　雅	深圳市福田区彩田路福建大厦A座703室	82990800
	※深圳市燎原国际旅行社有限公司	L－GD01414	深文体旅复〔2012〕68号	张慧文	深圳市宝安区龙华街道梅观高速公路东侧春华四季园34栋135#	15986812896
	※深圳美景天下国际旅行社有限公司	L－GD01415	深文体旅复〔2012〕75号	梅　峰	深圳市罗湖区嘉宾路太平洋商贸大厦1808室	25595458
	※深圳市天虹国际旅行社有限公司	L－GD01416	深文体旅复〔2012〕76号	何　毅	深圳市罗湖区东门北路66号海洋大厦518#	82235335
	※深圳市大眼睛国际旅行社有限公司	L－GD01417	深文体旅复〔2012〕77号	林廷明	深圳市福田区深南中路2018号兴华大厦商业十层10A02/10A03号房	88250532
	※深圳市大好时光旅行社有限公司	L－GD01418	深文体旅复〔2012〕78号	谢小英	深圳市罗湖区红桂路2068号红桂大厦四层西侧450室	82185769
	※深圳市友佳国际旅行社有限公司	L－GD01419	深文体旅复〔2012〕79号	朱成惠	深圳市罗湖区春风路佳宁娜友谊广场A2204室	82353585
	※深圳市金紫荆假日国际旅行社有限公司	L－GD01426	深文体旅复〔2012〕84号	向义姣	深圳市罗湖区沿河南路罗湖金岸1栋21A室	25856696
	※深圳市径情旅行社有限公司	L－GD01427	深文体旅复〔2012〕85号	刘美虹	深圳市罗湖区红岭路1018号美荔园A804室	13662578071
	※深圳市运通商旅国际旅行社有限公司	L－GD01430	深文体旅复〔2012〕86号	林传香	深圳市罗湖区嘉宾路城市天地广场东座裙楼Ⅰ、Ⅲ区7028室、7029室	82233160
	※深圳市行者无涯国际旅行社有限公司	L－GD01432	深文体旅复〔2012〕87号	纪　箐	深圳市罗湖区金塘街48号蔡屋围丽晶大厦（南座）1506室	25882588
	※深圳市卓越海外旅游有限公司	L－GD01433	深文体旅复〔2012〕88号	李清林	深圳市福田区深南中路华富路口航空大厦1栋32层01－18（3204～3206室）	82200693
	※深圳市皇室假期国际旅行社有限公司	L－GD01439	深文体旅复〔2012〕95号	刘锐明	深圳市宝安区新城壹区龙井二路2号	13802299023
	※深圳市鹏鲲旅行社有限公司	L－GD01442	深文体旅复〔2012〕97号	殷志晶	深圳市福田区深南大道南泰然九路西喜年中心A座A座1904室	13714757676
	※深圳惠程国际旅行社有限公司	L－GD01454	深文体旅复〔2012〕106号	宋明辉	深圳市福田区八卦路众鑫科技大厦1603C室	13537538740
	※深圳旅途天下国际旅行社有限公司	L－GD01455	深文体旅复〔2012〕107号	苏振宇	深圳市福田区燕南路5号豪宫大厦415室	83696500
	※深圳市热点旅行社有限公司	L－GD01458	深文体旅复〔2012〕115号	江　乐	深圳市福田区华强北路群星广场A1110室	13713855858
	※深圳市梦之旅国际旅行社有限公司	L－GD01459	深文体旅复〔2012〕116号	何权春	深圳市罗湖区东门南路34号太阳岛大厦14N	13421844775

续表

地区	旅行社名称	许可证编号	批文号	法定代表人	联系地址	联系电话
深圳市(0755)	※深圳市金骏商务国际旅行社有限公司	L－GD01461	深文体旅复〔2012〕118号	黄美英	深圳市福田区燕南路11号大院家乐大厦10栋6层C673室	13826522008
	※深圳市银河快车旅行社有限公司	L－GD01464	深文体旅复〔2012〕122号	吴鄞轲	深圳市罗湖区深南东路鸿昌广场3904－D室	13923899520
	※深圳市世界风情旅行社有限公司	L－GD01466	深文体旅复〔2012〕123号	满炎权	深圳市福田区振华路100号深纺大厦C座6楼东613房	83776565
	※深圳市安盛旅行社有限公司	L－GD01467	深文体旅复〔2012〕124号	胡国安	深圳市南山区深南大道以北世纪假日广场A座1101～1102室	13802582378
	※深圳新景界君和旅行社有限公司	L－GD01472	深文体旅复〔2012〕130号	吴　斌	深圳市福田区红岭南路红岭大厦三座4层401室	82477086
	※深圳市方向旅行社有限公司	L－GD01476	深文体旅复〔2012〕131号	余炳生	深圳市福田区深南中路竹子林求是大厦西座1215室	13996421741
	※深圳眸天下国际旅行社有限公司	L－GD01477	深文体旅复〔2012〕132号	刘驰界	深圳市龙岗区龙城街道黄阁坑社区华兴路26号天汇大厦A座805室	29828292
	※深圳市金诚国际旅行社有限公司	L－GD01479	深文体旅复〔2012〕137号	杨昌满	深圳市罗湖区宝安南路2014号振业大厦B座912室	82686416
	※深圳市乐悠游国际旅行社有限公司	L－GD01480	深文体旅复〔2012〕138号	肖　娇	深圳市罗湖区东门南路办公楼1栋(食出大厦)901房	82212800
	※深圳市金环球旅行社有限公司	L－GD01483	深文体旅复〔2012〕139号	廖先萍	深圳市罗湖区文锦南路森威大厦雍景园19楼1911室	82357349
	※深圳市优阳国际旅行社有限公司	L－GD01484	深文体旅复〔2012〕140号	秦　毅	深圳市罗湖区深南东路2105号中建大厦11楼1108室	15817446708
	※深圳市飞马之旅国际旅行社有限公司	L－GD01485	深文体旅复〔2012〕141号	杨　森	深圳市南山区沙河西路3011号白沙物流公司办公室一单元708室	13538180218
	※深圳市莱蒙娜旅行社有限公司	L－GD01503	深文体旅复〔2012〕151号	刘　成	深圳市福田区竹子林紫竹七路中国经贸大厦10J	13926527782
	※深圳市悠游旅途国际旅游有限公司	L－GD01504	深文体旅复〔2012〕152号	李秋松	深圳市罗湖区嘉宾路太平洋商贸大厦307室	13554789786
	※深圳市翔游天下旅行社有限公司	L－GD01508	深文体旅复〔2012〕159号	黄雪程	深圳市罗湖区嘉宾路金威大厦13楼1320房	13902460590
	※深圳市其他地方国际旅行社有限公司	L－GD01512	深文体旅复〔2012〕160号	杨卫平	深圳市福田区梅林凯丰路10号辅助用房5层503室	13670086686
	※世纪风行(深圳)龙华国际会展旅游有限公司	L－GD01518	深文体旅复〔2012〕170号	张卫平	深圳市龙华新区观澜四和社区观澜大道178号民都商务大楼108A	25138888
	※深圳市新国旅国际旅行社有限公司	L－GD01519	深文体旅复〔2012〕171号	徐国栋	深圳市罗湖区深南中路与和平路交汇处鸿隆世纪广场B座17F	22222072
	※深圳市环球世纪国际旅行社有限公司	L－GD01520	深文体旅复〔2012〕176号	孙茂友	深圳市罗湖区人民南路3005号深房广场B座1905室之一	22934332
	※深圳市鹏城万里国际旅行社有限公司	L－GD01530	深文体旅复〔2012〕189号	郭　徽	深圳市罗湖区爱国路东湖大厦B栋湖山阁5A	13922861124
	※深圳市优游商旅游有限公司	L－GD01534	深文体旅复〔2012〕190号	杨　璇	深圳市深南路与新洲路交汇处东南侧卓越大厦1705A室	13600437487

续表

地区	旅行社名称	许可证编号	批文号	法定代表人	联系地址	联系电话
深圳市(0755)	※深圳市盼游国际旅行社有限公司	L－GD01535	深文体旅复〔2012〕191号	戴炳锋	深圳市宝安区宝安大道4018号华丰国际商务大厦十七楼1716号	18023082871
	※深圳市自游国际旅行社有限公司	L－GD01541	深文体旅复〔2012〕198号	欧秋霞	深圳市罗湖区文锦南路森威大厦雍景园19楼1908室	13509812700
	※深圳市星王国际旅行社有限公司	L－GD01542	深文体旅复〔2012〕199号	张春雪	深圳市罗湖区深南东路3033号粤海大厦第7层707室	82375167
	※深圳市空港国际旅行社有限公司	L－GD01543	深文体旅复〔2012〕200号	何国华	深圳市罗湖区南湖路国贸商住大厦17D	8289377
	※深圳四海畅游旅行社有限公司	L－GD01546	深文体旅复〔2012〕203号	周惠云	深圳市南山区南海大道龙城路粤海大厦A座13CD	
珠海市(拥有旅行社113家，其中出境游组团社19家)	珠海海外旅游有限公司	L－GD－CJ00068	国家旅游局旅管理发〔2002〕91号	王焕菊	珠海市吉大园林路104号信海商业大厦1楼	3336698
	广东省拱北口岸中国旅行社有限公司	L－GD－CJ00069	国家旅游局旅管理发〔2002〕91号	姜　峰	珠海市横琴区宝兴路63～65号401房	8898839
	珠海市旅游有限公司	L－GD－CJ00070	国家旅游局旅管理发〔2002〕91号	罗华生	珠海市拱北迎宾南路2126号八楼6～9轴、B～C轴	8155222
	珠海航空国际旅行社有限公司	L－GD－CJ00071	国家旅游局旅管理发〔2006〕178号	张亚萍	珠海市拱北中珠大厦1楼、11楼	8114228
	珠海中国国际旅行社有限公司	L－GD－CJ00072	国家旅游局旅管理发〔2002〕91号	王少锋	珠海市香洲凤凰南路1034号2楼	2120028
	珠海市君悦国际旅行社有限公司	L－GD－CJ00073	国家旅游局旅管理发〔2005〕34号	佘伟源	珠海市香州区吉大路105号石油大厦1楼	3378899
	珠海国际度假旅行社有限公司	L－GD－CJ00074	国家旅游局旅管理发〔2002〕91号	唐塑戈	珠海市情侣南路428号一层西大厅1001室	3263055
	珠海里程国际旅行社有限公司	L－GD－CJ00075	国家旅游局旅管理发〔2005〕34号	周艳燕	珠海市香洲区情侣中路12～105号	3221818
	珠海海天国际旅行社有限公司	L－GD－CJ00076	国家旅游局旅管理发〔2007〕244号	李炳炎	珠海市水湾路373号2楼	3226600
	珠海阳光国际旅行社有限公司	L－GD－CJ00140	国家旅游局旅监管发〔2010〕149号	肖　红	珠海市拱北粤海东路升冠大厦2楼A座	8131777
	※珠海康辉国际旅行社有限公司	L－GD－CJ00177	国家旅游局旅办发〔2012〕34号	梁毅敏	珠海市拱北迎宾南路中珠大厦大堂商铺101铺	8287666
	※珠海四季国际旅行社有限公司	L－GD－CJ00178	国家旅游局旅办发〔2012〕34号	张庆波	珠海市九洲大道西2108号(兰埔花园)1栋5号商铺	8878235
	※珠海市易达假期国际旅行社有限公司	L－GD－CJ00186	国家旅游局旅办发〔2012〕257号	黄硕志	珠海市迎宾南路1003号(B1层4号)珠海口岸购物广场B1层DTA055、055B号铺	2681257
	※珠海华美达国际旅行社有限公司	L－GD－GJ00187	国家旅游局旅办发〔2012〕257号	梁水强	珠海市吉大海滨南路47号2807房	3808688
	※广东中旅(珠海)旅行社有限公司	L－GD－CJ00208	国家旅游局旅发〔2012〕93号	容　斌	珠海市迎宾南路1155号中建商业大厦19楼北座1918室	8809782
	※珠海海威国际旅行社有限公司	L－GD－CJ00209	国家旅游局旅发〔2012〕93号	朱南英	珠海市拱北围基路28号和园大厦402室	3348912

续表

地区	旅行社名称	许可证编号	批文号	法定代表人	联系地址	联系电话
珠海市(0756)	※珠海市顺安国际旅行社有限公司	L－GD－CJ00210	国家旅游局旅发〔2012〕93号	林炳利	珠海市昌盛路280号商铺之一	8866007
	※珠海市澳国旅国际旅行社有限公司	L－GD－CJ00216	国家旅游局旅发〔2012〕165号	卢　放	珠海市拱北迎宾南路1043号	8866379
	※珠海万里游国际旅行社有限公司	L－GD－CJ00217	国家旅游局旅发〔2012〕165号	肖　琪	珠海市九洲大道西1063号204商铺	2629861
	珠海石景山国际旅行社有限公司	L－GD00119	珠旅〔2009〕83号	叶汉平	珠海市拱北粤海东路1138号升冠大厦7楼A座	8150668
	珠海神州国际旅行社	L－GD00121	珠旅〔2009〕83号	张　捷	珠海吉大路羊城晚报综合楼	3372765
	珠海国际金融旅行社有限公司	L－GD00122	珠旅〔2009〕83号	王力学	珠海市拱北粤海东路1150号	8886900
	珠海经济特区环球国际旅行社	L－GD00125	珠旅〔2009〕83号	梁学兵	珠海市吉大石花东路207号4楼	3377268
	珠海经济特区濠江旅行社	L－GD00126	珠旅〔2009〕83号	唐银娟	珠海市湾仔南湾南路澳门环岛游码头	8826262
	珠海市斗门中国旅行社有限公司	L－GD00127	珠旅〔2009〕83号	梁小红	珠海市斗门区井岸镇人民路霞山一号	5559798
	珠海市斗门区东亚旅行社有限公司	L－GD00128	珠旅〔2009〕83号	赵成恩	珠海市斗门区井岸镇中兴中路40号	5520688
	珠海青年国际旅行社有限公司	L－GD00129	珠旅〔2009〕83号	张志雄	珠海市拱北夏湾昌平路128号铺	3884888
	珠海市黄杨旅行社有限公司	L－GD00130	珠旅〔2009〕83号	梁雄辉	珠海市斗门区井岸镇井湾路720号	5103988
	珠海惠嘉旅行社有限公司	L－GD00132	珠旅〔2009〕83号	邓文玉	珠海市香洲凤凰北路1012号2楼209室、210室	2126622
	珠海市湾仔旅游服务公司	L－GD00134	珠旅〔2009〕83号	王少成	珠海市湾仔南湾南路3002号综合楼2楼203室	8821237
	珠海华视国际旅行社有限公司	L－GD00135	珠旅〔2009〕83号	张珠英	珠海市吉大海滨南路光大贸易中心首层B1室	3320902
	珠海广之旅国际旅行社有限公司	L－GD00136	珠旅〔2009〕83号	卢建旭	珠海市拱北迎宾南路1081号中珠大厦701～702室	8156922
	珠海市浪漫时光国际旅行社有限公司	L－GD00137	珠旅〔2009〕83号	孙俭峰	珠海市拱北粤华路225号35栋9E	8872626
	珠海泰申国际旅行社有限公司	L－GD00139	珠旅〔2009〕83号	毛立国	珠海市拱北迎宾南路1155号中建大厦8楼803～806房	8800089
	珠海市斗门区泰安旅行社有限公司	L－GD00140	珠旅〔2009〕83号	赵树森	珠海市斗门井岸镇美湾街111号	5101133
	珠海易时代商务旅行社有限公司	L－GD00141	珠旅〔2009〕83号	郑　虹	珠海市拱北迎宾大道中建大厦22楼	8889090
	珠海市碧海国际旅行社有限公司	L－GD00143	珠旅〔2009〕83号	郑加林	珠海市拱北粤海东路升冠大厦4楼C座	8286179

续表

地区	旅行社名称	许可证编号	批文号	法定代表人	联系地址	联系电话
珠海市（0756）	珠海市国际会议中心度假旅行社有限公司	L-GD00145	珠旅〔2009〕83 号	吴昌祐	珠海市吉大路 2 号国际会议会中心一层东侧	3329808
	珠海市望海旅行社	L-GD00146	珠旅〔2009〕83 号	吴　敏	珠海市吉大海滨北路 3 号	2171036
	珠海市珠江国际旅行社有限公司	L-GD00147	珠旅〔2009〕83 号	林番权	珠海市拱北粤海东路升冠大厦 4 楼 B 座	8116117
	珠海飞扬旅行社有限公司	L-GD00149	珠旅〔2009〕83 号	梁海清	珠海市拱北粤海东路 1006 号 1 楼 5 号	8889933
	珠海市缤纷国际旅行社有限公司	L-GD00150	珠旅〔2009〕83 号	林兆明	珠海市香洲区水湾南路 21 号拱北宾馆大堂侧商铺	8122887
	珠海斗门青年旅行社有限公司	L-GD00152	珠旅〔2009〕83 号	黄兆州	珠海市斗门区井岸镇朝福路 71 号	5102777
	珠海西藏旅行社有限公司	L-GD00153	珠旅〔2009〕83 号	西雪岩	珠海市吉大九洲大道中段江村路口嘉丽苑 301 室	8875028
	珠海市尊乐旅行社有限公司	L-GD00154	珠旅〔2009〕83 号	张宝川	珠海市拱北联安路 8 号三楼 C 区	3299599
	珠海快乐假期旅行社有限公司	L-GD00155	珠旅〔2009〕83 号	昝　丽	珠海市九洲大道东 1263 号云海酒店附楼一楼	3231558
	珠海市天天游国际旅行社有限责任公司	L-GD00157	珠旅〔2009〕83 号	曾　京	珠海市迎宾南路 2079 号北岭花园大厦二单元 503 室	8873834
	珠海市华深旅行社有限公司	L-GD00158	珠旅〔2009〕83 号	侯　勇	珠海市吉大园林路平安大厦首层 108 室	3350477
	珠海凤凰假日旅行社有限公司	L-GD00159	珠旅〔2009〕83 号	蒋守宏	珠海市香洲五洲花城世派街 13 号商铺之一	2511587
	珠海风情旅行社有限公司	L-GD00160	珠旅〔2009〕83 号	吴多华	珠海市拱北水湾路 223 号凌海名庭 4C	8283907
	珠海市怡晴国际旅行社有限公司	L-GD00161	珠旅〔2009〕83 号	钟远谦	珠海市拱北迎宾南路 2188 号名门大厦 303 房	8125055
	珠海新华国际旅行社有限公司	L-GD00162	珠旅〔2009〕83 号	吴玉芳	珠海市拱北迎宾南路中建大厦 2001 室	8119092
	珠海富临旅行社有限公司	L-GD00163	珠旅〔2009〕83 号	杨止瀛	珠海市吉大路 57 号羊城晚报综合楼二楼西北	3376867
	珠海星辉旅行社有限公司	L-GD00165	珠旅〔2009〕83 号	林锦燕	珠海市拱北迎宾南路 1081 号中珠大厦 113 室	8897160
	珠海光大旅行社有限公司	L-GD00166	珠旅〔2009〕83 号	谭艳明	珠海市斗门区井岸镇江湾中路 23C 号	5522550
	珠海云天国际旅行社有限公司	L-GD00167	珠旅〔2009〕83 号	孔祥旗	珠海市翠微北路宝源花园 2 栋首层 4～2 号铺	2127732
	珠海海旅假期旅行社有限公司	L-GD00168	珠旅〔2009〕83 号	王薇薇	珠海市吉大园林路 104 号信海大厦二楼	3878603
	珠海市岛之旅旅行社有限公司	L-GD00170	珠旅〔2009〕83 号	石木香	珠海市香洲凤凰南路 1088 号第七层	2111033

续表

地区	旅行社名称	许可证编号	批文号	法定代表人	联系地址	联系电话
珠海市(0756)	珠海市海煜旅行社有限公司	L－GD00171	珠旅〔2009〕83号	王惠萍	珠海市吉大石花东路123号海湾花园102栋3B	3370100
	珠海远航国际旅行社有限公司	L－GD00172	珠旅〔2009〕83号	林　远	珠海市吉大景山路82号水湾大厦11楼1单元	8287878
	珠海市中恒国际旅行社有限公司	L－GD00174	珠旅〔2009〕83号	潘华群	珠海市拱北莲花路71号爱特大厦1楼39号、40号	8155511
	珠海澳中旅旅行社有限公司	L－GD00175	珠旅〔2009〕83号	黄灿辉	珠海市拱北围基路28号1栋2#商铺	8129390
	珠海市朋友国际旅行社有限公司	L－GD00177	珠旅〔2009〕83号	段文静	珠海市拱北粤海东路1145号粤海酒店西楼9D1	8155552
	珠海中澳旅行社有限公司	L－GD00178	珠旅〔2009〕83号	陈　涵	珠海市吉大景山路216号景香居大厦602～606室	3368000
	珠海汇华博雅国际商务旅行社有限公司	L－GD00179	珠旅〔2009〕83号	董林俊	珠海市吉大九洲大道东1234号3楼	3233368
	珠海春秋旅行社有限公司	L－GD00181	珠旅〔2009〕83号	孙文霞	珠海市吉大九洲大道中段1053号	3363566
	珠海山水旅行社有限公司	L－GD00182	珠旅〔2009〕83号	刘剑媚	珠海市吉大水湾路333号4栋(轩坤花苑垠泽轩)1层	3322566
	珠海市鼎峰旅行社有限公司	L－GD00183	珠旅〔2009〕83号	万　峰	珠海市粤海东路升冠大厦4楼A	8800876
	珠海大唐国际旅行社有限公司	L－GD00184	珠旅〔2009〕83号	刘　超	珠海市香洲人民东路346－1之B号铺	3888900
	珠海华旅旅行社有限公司	L－GD00185	珠旅〔2009〕83号	刘海贵	珠海市拱北粤海东路1138号2栋4D室	8878711
	珠海市飞越国际旅行社有限公司	L－GD00186	珠旅〔2009〕83号	雷广胜	珠海市拱北迎宾南路2230号18H房	3831777
	珠海新天地旅行社有限公司	L－GD00188	珠旅〔2009〕83号	许泽文	珠海市吉大海洲路53号丽景酒店206室	3333319
	珠海拱北中旅麒麟商务旅行社有限公司	L－GD00189	珠旅〔2009〕83号	杨志明	珠海市拱北迎宾南路2104号华侨宾馆侧1楼	8136844
	珠海市海粤国际旅行社有限公司	L－GD00190	珠旅〔2009〕83号	尹　敏	珠海市香洲紫荆路303号中珠水晶堡1513房	3336292
	珠海华青旅行社有限公司	L－GD00191	珠旅〔2009〕83号	禹英梅	珠海市九州大道西1063号207商铺	3213036
	珠海广悦国际旅行社有限公司	L－GD00192	珠旅〔2009〕83号	刘　伟	珠海市香洲银香路8号2楼2117室	3233899
	珠海国华国际旅行社有限公司	L－GD00193	珠旅〔2009〕83号	陈　民	珠海市拱北粤华路183～185号	8890368
	珠海佳晖旅行社有限公司	L－GD00194	珠旅〔2009〕83号	袁志伟	珠海市拱北粤海东路升冠大厦1栋8层807房	6189323
	珠海市捷旅假期国际旅行社有限公司	L－GD00195	珠旅〔2009〕83号	李志清	珠海市拱北石花西路269号06栋楼下第一间商铺	3338881

续表

地区	旅行社名称	许可证编号	批文号	法定代表人	联系地址	联系电话
珠海市(0756)	珠海吉洪旅行社有限公司	L－GD00196	珠旅〔2009〕83 号	陈志伟	珠海市香洲柠溪路 338 号(太和商务中心)14 层 G 办公室	3226262
	珠海全程旅行社有限公司	L－GD00890	珠文体旅复〔2010〕5 号	沙丽珊	珠海拱北水湾路 131 号发展大厦 1706 室	8821222
	珠海市沃德商务旅行社有限公司	L－GD00903	珠文体旅复〔2010〕13 号	胡佩敏	珠海粤海东路 1004 号华发广场 B 座一层 3 号	8882886
	珠海市驴友假期旅行社有限公司	L－GD00904	珠文体旅复〔2010〕14 号	刘卫宇	珠海市香洲柠溪路 284 号 1 栋 278 号铺	8866880
	珠海泰华旅行社有限公司	L－GD00905	珠文体旅复〔2010〕15 号	余君武	珠海市拱北迎宾大道 1155 号中建商业大厦 22 楼 2228 室	8123488
	珠海百合旅行社有限公司	L－GD00920	珠文体旅复〔2010〕19 号	曾宜彬	珠海市九洲大道东 1019 号海军南海舰队第三招待所一楼 101 室	3388882
	珠海市万佳旅行社有限公司	L－GD00972	珠文体旅复〔2009〕8 号	江娜娜	珠海市粤华路 152 号 4 栋 1 单元 103 房	8899078
	珠海市环宇国际旅行社有限公司	L－GD00983	珠文体旅复〔2009〕11 号	程　颖	珠海市拱北迎宾南路 2188 号名门大厦 1601A 号	8806611
	珠海悠游国际旅行社有限公司	L－GD00988	珠文体旅复〔2010〕20 号	周瑞华	珠海市吉大景山路 171 号(诺瑞比丽名园)405A 室	8872150
	珠海市天翼国际旅行社有限公司	L－GD00989	珠文体旅复〔2010〕21 号	杨天宇	香洲区人民东路 313 号恒和中心 2 栋 703 室	3365033
	珠海名越国际旅行社有限公司	L－GD00991	珠文体旅复〔2010〕22 号	徐梦丹	珠海市吉大景山路 82 号水湾大厦 5 层 1 单元 5B1	8800288
	珠海市远扬国际旅行社有限公司	L－GD01104	珠文体旅复〔2010〕155 号	和庆兰	珠海市香洲兴业路 27 号之二	3881881
	珠海市浪漫假期国际旅行社有限公司	L－GD01122	珠文体旅复〔2010〕186 号	于　艳	珠海市香洲敬业路 51 号	6133186
	珠海市迪威龙旅行社有限公司	L－GD01147	珠文体旅复〔2010〕224 号	林第碧	珠海市拱北港一路 184 号之三 A 铺	8712866
	珠海澳亚旅游有限公司	L－GD01148	珠文体旅复〔2010〕225 号	任鸣宇	珠海市拱北侨光南路底层商铺 108 号	8879300
	珠海开心国际旅行社有限公司	L－GD01155	珠文体旅复〔2010〕230 号	曹镇钦	珠海市拱北迎宾南路 1081 号中珠大厦 703 室	8150882
	珠海诺庭国际旅行社有限公司	L－GD01195	珠文体旅字〔2011〕72 号	涂翠玉	珠海市迎宾南路 2188 号名门大厦 1609 室	8806000
	珠海锦绣前程旅游有限公司	L－GD01200	珠文体旅字〔2011〕82 号	陈伟波	珠海市拱北水湾路 131 号发展大厦 1115 室	8111367
	珠海创悦国际旅行社有限公司	L－GD01230	珠文体旅字〔2011〕124 号	张萍萍	珠海市九洲大道中 2121 号金桥大厦 502 室	3232592
	珠海友诚国际旅行社有限公司	L－GD01231	珠文体旅字〔2011〕125 号	骆培明	珠海市拱北迎宾南路 2126 号香江酒店 4 楼 5～6，AB 轴	8890011
	珠海市泰爱它国际旅行社有限公司	L－GD01232	珠文体旅字〔2011〕126 号	张炳威	珠海市香洲区拱北迎宾南路 1099 号地面层 277 号、278 号、279 号铺	8117111

续表

地区	旅行社名称	许可证编号	批文号	法定代表人	联系地址	联系电话
珠海市（0756）	珠海康泰国际旅行社有限公司	L－GD01289	珠文体旅字〔2011〕183号	罗志彭	珠海市迎宾大道1155号中建大厦1408室	6239995
	珠海市恒安国际旅行社有限公司	L－GD01311	珠文体旅函〔2011〕283号	朱建安	珠海市香洲狮山路417号3号楼303房	6113688
	珠海市腾达国际旅行社有限公司	L－GD01328	珠文体旅函〔2011〕304号	王　娜	珠海市香洲碧涛路29号一层之二	8896837
	※珠海市龙轩国际旅行社有限公司	L－GD01393	珠文体旅函〔2012〕55号	郑玉丽	珠海市情侣南路271号商铺之一	8887898
	※珠海市安杰国际旅行社有限公司	L－GD01398	珠文体旅函〔2012〕74号	康秋萍	珠海市吉大路143号6楼601室	3331757
	※国旅（珠海）国际旅行社有限公司	L－GD01409	珠文体旅函〔2012〕99号	林诗慧	珠海市拱北迎宾南路1155号中建商业大厦二十楼2006号房	6169910
	※珠海畅游国际旅行社有限公司	L－GD01410	珠文体旅函〔2012〕100号	陈伟军	珠海市人民东路313号恒和中心2楼609室	2291338
	※珠海市旅游假期国际旅行社有限公司	L－GD01411	珠文体旅函〔2012〕101号	鲁方新	珠海市香洲区拱北迎宾南路1155号中建商业大厦6楼610室	8307542
	※珠海华风旅行社有限公司	L－GD01446	珠文体旅函〔2012〕131号	于秀娟	珠海市香洲柠溪路284号1栋二楼2D03A号	3838008
	※珠海鑫龙国际旅行社有限公司	L－GD01478	珠文体旅函〔2012〕163号	袁洪艳	珠海市拱北迎宾南路2188号（名门大厦）八层813室	8895956
	※珠海横琴澳青旅行社有限公司	L－GD01502	珠文体旅函〔2012〕175号	张志雄	珠海市横琴新区宝兴路（横琴岛红旗村4号）横琴综合楼101室	6901313
	※珠海市红阳国际旅行社有限公司	L－GD01514	珠文体旅函〔2012〕189号	郭　历	珠海市迎宾南路1061号二楼	8877678
	※珠海市天盈国际旅游有限公司	L－GD01539	珠文体旅函〔2012〕202号	陈娇英	珠海拱北友谊路2号之一〔拱北友谊路二号之一（A）〕	8122122
汕头市（拥有旅行社66家，其中出境游组团社8家）	汕头市旅游总公司	L－GD－CJ00077	国家旅游局旅管理发〔2002〕91号	张汉林	汕头市跃进路35号	88297612
	中国康辉汕头旅行社有限公司	L－GD－CJ00078	国家旅游局旅管理发〔2002〕91号	李继烈	汕头市练江路18号龙湖工业区H10幢1～2楼	88268000
	汕头市中国旅行社有限公司	L－GD－CJ00079	国家旅游局旅管理发〔2002〕91号	陈锦才	汕头市汕樟路41号	88911884
	汕头市天驰国际旅行社有限公司	L－GD－CJ00080	国家旅游局旅管理发〔2002〕91号	黄顺源	汕头市金砂路188号（帝豪酒店大堂西侧）	88800038
	汕头市乐观国际旅行社有限公司	L－GD－CJ00143	国家旅游局旅监管发〔2010〕215号	黄庆文	汕头市东厦路90号金东花园3幢、4幢、7幢、8幢、10幢207房	88230188
	汕头市商之旅国际旅行社有限公司	L－GD－CJ00144	国家旅游局旅监管发〔2010〕215号	林健辉	汕头市金砂路140号金龙大厦A幢6A号房	88614444
	※汕头新旅程国际旅行社有限公司	L－GD－GJ00188	国家旅游局旅办发〔2012〕257号	赵毓浜	汕头市龙湖区春泽庄中区1栋608号	8852411
	※汕头经济特区旅游有限公司	L－GD－GJ00211	国家旅游局旅办发〔2012〕93号	柯传勇	汕头市迎宾咱轻化大厦四楼西侧	88469059

续表

地区	旅行社名称	许可证编号	批文号	法定代表人	联系地址	联系电话
汕头市（0754）	汕头中国国际旅行社	L－GD00001	汕旅管〔2009〕41 号	张汉林	汕头市金平区跃进路 35 号六楼	88297612
	汕头市康泰旅行社有限公司	L－GD00005	汕旅管〔2009〕41 号	陈懋雄	汕头市东厦路 78 号 1 座 021	88631992
	汕头市职工旅行社	L－GD00006	汕旅管〔2009〕41 号	谢惠城	汕头市至平路 32 号	88525110
	汕头市好之旅旅行社有限公司	L－GD00008	汕旅管〔2009〕41 号	陈镇芝	汕头市澄海区城区中山北路 179 号	85718555
	汕头市红头船国际旅行社有限公司	L－GD00009	汕旅管〔2009〕41 号	金昂彬	澄海市区益民路 267 号	85733738
	汕头高新区四海旅行社有限公司	L－GD00010	汕旅管〔2009〕41 号	李静依	汕头市龙湖区黄河路万商大厦 3 幢 706 号	88238247
	汕头市好风光旅行社有限公司	L－GD00011	汕旅管〔2009〕41 号	黄庆彬	汕头市金环路建南花园 7 幢首层	88176767
	汕头假日旅行社有限公司	L－GD00012	汕旅管〔2009〕41 号	邱锡江	汕头市建南花园 5 座一层 101 房	88179240
	汕头市海燕旅行社	L－GD00013	汕旅管〔2009〕41 号	魏泽斌	汕头市海滨路 4 号	88448863
	汕头南国商务旅行社	L－GD00014	汕旅管〔2009〕41 号	李伟松	汕头市跃进路 35 号一楼东侧	88297611
	汕头市名胜旅行社有限公司	L－GD00015	汕旅管〔2009〕41 号	曾　彬	汕头市迎宾路建设大厦 409 房、411 房	88173660
	汕头市青云旅行社有限公司	L－GD00016	汕旅管〔2009〕41 号	黄天海	汕头市杏园 5 号中信金杏花园 A7 铺面	88173226
	汕头市新永安国际旅行社有限公司	L－GD00018	汕旅管〔2009〕41 号	郑武平	汕头市海滨花园西区 30 幢 118 号	88446332
	汕头海洋旅行社有限公司	L－GD00019	汕旅管〔2009〕41 号	陈　蔚	汕头市龙眼路 87 号	88324274
	汕头广梅汕铁路旅行社	L－GD00020	汕旅管〔2009〕41 号	雷德晖	汕头市泰山路火车客站首层出口处	88811057
	南澳海之旅旅行社	L－GD00021	汕旅管〔2009〕41 号	余远诗	南澳县后宅镇龙滨路第二建筑公司 2 楼	86803888
	汕头市金潮国际旅行社有限公司	L－GD00022	汕旅管〔2009〕41 号	黄伟卿	汕头市金陵路 8 号老干部活动中心裙楼第二层 06 号	83923118
	汕头市潮人旅行社有限公司	L－GD00023	汕旅管〔2009〕41 号	林利雄	中山东路中泰花园 8 幢、12 幢、17 幢 102 号	88832003
	汕头市光大旅行社有限公司	L－GD00024	汕旅管〔2009〕41 号	林哲夫	汕头市龙湖区朝阳庄中区 7 栋 104 之 6 号房	88883428
	汕头市春秋旅行社有限公司	L－GD00025	汕旅管〔2009〕41 号	吴臣昭	汕头市龙湖区丽水庄东区 1 幢 103～203 室	88847531
	汕头市金叶旅行社	L－GD00026	汕旅管〔2009〕41 号	杨烈华	汕头市潮阳区棉新大道潮阳市金叶大厦大堂内	83828888

续表

地区	旅行社名称	许可证编号	批文号	法定代表人	联系地址	联系电话
汕头市（0754）	南澳县海岛旅行社有限公司	L－GD00027	汕旅管〔2009〕41 号	吴潮平	南澳县后宅镇海滨路中段南滨酒店 1 楼	86800470
	汕头市龙泰旅行社有限公司	L－GD00028	汕旅管〔2009〕41 号	陈建谋	汕头市澄海区文祠西路 48 栋 106 号	85715884
	汕头市澄海区假日旅行社有限公司	L－GD00029	汕旅管〔2009〕41 号	朱育勇	汕头市澄海区德政路益冠园 24～25 号	85831246
	汕头市汕澄旅行社有限公司	L－GD00030	汕旅管〔2009〕41 号	陆绍凯	汕头市澄海区凤翔中山南路 70 号	85872809
	汕头市广之旅旅行社有限公司	L－GD00031	汕旅管〔2009〕41 号	张维新	汕头市龙湖区金砂东路 145 号凯德花园 1 幢 110 号、111 号	88861418
	汕头市航旅旅行社有限公司	L－GD00033	汕旅管〔2009〕41 号	谢锐波	澄海区益民路益美园 A 栋 12 号	86305162
	汕头市佳辰旅行社有限公司	L－GD00034	汕旅管〔2009〕41 号	李　超	汕头市丹阳庄西一区 14 栋 107 室	88854502
	汕头市澳海信达旅行社有限公司	L－GD00035	汕旅管〔2009〕41 号	陈文治	汕头市龙眼路 31 号之二	88950054
	汕头市青之旅旅行社有限公司	L－GD00036	汕旅管〔2009〕41 号	李泽群	汕头市金环路 30 号之四	88234588
	汕头市顺成旅行社有限公司	L－GD00038	汕旅管〔2009〕41 号	林健生	汕头市澄海区澄华文祠西路 424 号	85737286
	汕头市泰昌国际旅行社有限公司	L－GD00039	汕旅管〔2009〕41 号	黄　淳	汕头市澄海区文冠路金冠园 6 栋 9 号	85857952
	汕头市汕之旅旅行社有限公司	L－GD00040	汕旅管〔2009〕41 号	陈少雄	汕头市外马路 151 号汕头商厦 505 房	88283399
	汕头市南安旅行社有限公司	L－GD00041	汕旅管〔2009〕41 号	方　铭	汕头市长平路 11 街区财政大楼 1105 室	88179878
	汕头市环宇国际旅行社有限公司	L－GD00042	汕旅管〔2009〕41 号	蔡立辉	汕头市金环路金环花园 1 栋 111 号、211 号	88310011
	汕头中国青年旅行社有限公司	L－GD00043	汕旅管〔2009〕41 号	连文成	汕头市长平路 91 号中源大厦 402 房	88630918
	汕头市乐阳旅行社有限公司	L－GD00044	汕旅管〔2009〕41 号	许少忠	澄海区益民路 300 号铺间	85725998
	南澳县瀛南旅行社有限公司	L－GD00045	汕旅管〔2009〕41 号	黄普生	南澳县前江安居工程西区 A 栋 D102	86808028
	汕头市澄旅国际旅行社有限公司	L－GD00046	汕旅管〔2009〕41 号	李东炜	澄海区宜馨花园 21 幢一层 E10 号	85898987
	汕头市友好旅行社有限公司	L－GD00047	汕旅管〔2009〕41 号	黄小莉	汕头市龙湖区珠江路 32 号民航大酒店 203 房	88563988
	汕头市纵横游国际旅行社有限公司	L－GD00050	汕旅管〔2009〕41 号	杨小屏	汕头市公信路中侨园 11 座 2 楼 02～03 房	88560080
	汕头市顺驰旅行社有限公司	L－GD00051	汕旅管〔2009〕41 号	陈文成	汕头市澄海区东里镇美园路东侧 12 幢 7 号	85351269

续表

地区	旅行社名称	许可证编号	批文号	法定代表人	联系地址	联系电话
汕头市(0754)	汕头市和泰国际旅行社有限公司	L－GD00053	汕旅管〔2009〕41 号	罗泽龙	汕头市长平路 53 号	83923456
	汕头市康乐旅行社有限公司	L－GD00054	汕旅管〔2009〕41 号	陈雪娟	汕头市金砂路 134 号中信世贸花园 1 栋、2 栋 111 号	88690351
	汕头市新天地旅行社有限公司	L－GD00055	汕旅管〔2009〕41 号	黄少平	汕头市龙湖区迎宾路 9 号南梯二楼 204 号房	88179893
	汕头市新景界国际旅行社有限公司	L－GD00924	汕旅管〔2009〕39 号	陈振文	汕头市金平区金砂路 95 号金色家园 1 栋 101 号	88305699
	汕头市潮汕风情旅行社有限公司	L－GD00925	汕旅管〔2009〕40 号	苏惠銮	汕头市金平区东厦北路东厦花园 2 区 5 栋 207 室	88592211
	汕头市美景国际旅行社有限公司	L－GD00953	汕旅管〔2009〕55 号	李泽宁	汕头市金砂路 89 号帝景苑 8 栋 112 号	88997285
	汕头市通达旅行社有限公司	L－GD00954	汕旅管〔2009〕56 号	陈眉飞	汕头市金砂路 104 号金龙大厦 A 座 21B	88997285
	汕头市好运国际旅行社有限公司	L－GD00982	汕旅管〔2009〕60 号	刘育群	汕头市澄海区益民路淀园 6 门市	85805530
	汕头海源双江游轮国际旅行社有限公司	L－GD01000	汕旅管〔2010〕20 号	辛东雄	汕头市汕樟路下蓬段 169 号首层 101 号	88338467
	汕头市顺安国际旅行社有限公司	L－GD01040	汕旅管〔2010〕26 号	林树楷	汕头市澄海区益民路益乐园 2 幢 1 层 22～23 号	83660666
	广东国旅(汕头)旅行社有限公司	L－GD01120	汕旅管〔2010〕 49 号	胡国俊	汕头市龙湖区金涛庄西二区豪苑 3 座 6 号铺面	88480955
	汕头市春之旅旅行社有限公司	L－GD01177	汕旅管〔2011〕17 号	吴　红	汕头市龙湖区丹霞庄中区 37 栋 206 房之一	88621001
	汕头市安泰国际旅行社有限公司	L－GD01201	汕旅管〔2011〕30 号	李茂松	汕头市澄海区环城东路怀德里 8 冻一层 3 号	85818141
	汕头市龙珠旅行社有限公司	L－GD01223	汕旅管〔2011〕35 号	黄静君	汕头市中山路 89 号陵海大厦 2001 房	88527301
	汕头市康华国际旅游有限公司	L－GD01270	汕旅管〔2011〕46 号	黄朝乐	汕头市练江路 18 号龙湖工业区 H10 栋 201 房	88179598
	汕头市金秋旅行社有限公司	L－GD01288	汕旅管〔2011〕51 号	詹　军	汕头市榕江路 21 号工商大厦 406C 房	13902778036
佛山市(0757)	佛山市禅之旅国际旅行社有限公司	L－GD－CJ00081	国家旅游局旅管理发〔2002〕91 号	杜修远	佛山市禅城区佛山大道北 169 号首层、二层	82963346
	佛山市南海中旅假日国际旅行社有限公司	L－GD－CJ00083	国家旅游局旅管理发〔2002〕91 号	叶汉平	佛山市南海区西樵官山城区江浦东路 43 之 31、32、33	86238888
	佛山国旅国际旅行社有限公司	L－GD－CJ00084	国家旅游局旅管理发〔2002〕91 号	杨卫中	佛山市禅城区汾江中路 114～118 号	83999880
	佛山市中旅国际旅行社有限公司	L－GD－CJ00085	国家旅游局旅管理发〔2002〕91 号	陈树根	佛山市禅城区祖庙路 14 号 1 座	82622016
	佛山市三水中旅集团有限公司	L－GD－CJ00087	国家旅游局旅管理发〔2002〕91 号	李辉成	佛山市三水区西南镇新华路 42 号	87802283

续表

地区	旅行社名称	许可证编号	批文号	法定代表人	联系地址	联系电话
佛山市（拥有旅行社95家，其中出境游组团社18家）	佛山海外国际旅行社有限公司	L－GD－CJ00088	国家旅游局旅管理发〔2002〕91号	苏志勇	佛山市南海区桂城南平西路侧广东夏西国际橡塑城二期6号城市动力联盟大楼西区五楼505B室	86222103
	佛山市天宁国际旅行社有限公司	L－GD－CJ00093	国家旅游局旅管理发〔2007〕57号	关燕玲	佛山市华远东路19号侨都大厦2楼	83201199
	佛山明媚假期国际旅行社有限公司	L－GD－CJ00094	国家旅游局旅管理发〔2005〕89号	梁　军	佛山市禅城区祖庙路33号百花广场35楼08	82137336
	※佛山市南之旅国际旅行社有限公司	L－GD－CJ00185	国家旅游局旅办发〔2012〕96号	老光带	佛山市南海区桂城南海大道华南半导体器件厂房1楼	86226888
	※佛山市名家假期国际旅行社有限公司	L－GD－CJ00189	国家旅游局旅办发〔2012〕257号	何文峰	佛山市禅城区兆祥路105号224房之一	81232202
	※佛山市明之旅国际旅行社有限公司	L－GD－CJ00190	国家旅游局旅办发〔2012〕257号	李耀豪	佛山市南海区桂城街道华翠南路6号南海颐景园商业37号铺	86321816
	佛山市高明区旅游公司	L－GD00441	佛旅〔2009〕127号	汪广华	佛山市高明区荷城街道文华路560号	88888075
	佛山市高明区中国旅行社	L－GD00442	佛旅〔2009〕127号	刘凤坚	高明区荷城沿江路56号	88822155
	佛山市三水之旅国际旅行社有限公司	L－GD00443	佛旅〔2009〕127号	谢庆明	佛山市三水区西南镇街道康乐路9号	87712215
	佛山市华银国际旅行社有限公司	L－GD00444	佛旅〔2009〕127号	高伟坚	佛山市南海区桂城佛平路112号东骏大厦四楼407室	86233333
	佛山佛广旅行社有限公司	L－GD00446	佛旅〔2009〕127号	何文锋	佛山市季华七路2号怡翠玫瑰园12～13座P110号铺第二单元	81234567
	佛山市中宇假期旅行社有限公司	L－GD00447	佛旅〔2009〕127号	刘领华	佛山市南海区桂城南海大道北51号财汇大厦6层615室	86130010
	佛山市青年国际旅行社有限公司	L－GD00453	佛旅〔2009〕127号	林清强	佛山市南海区桂城南海大道北56号1幢2楼（原农机站办公室）	86393222
	佛山永安假期旅行社有限公司	L－GD00454	佛旅〔2009〕127号	梁满秋	佛山市佛平路军桥大厦7号	86230730
	佛山市金华旅行社有限公司	L－GD00456	佛旅〔2009〕127号	徐欢华	佛山市季华五路28号公交大厦首层侧铺	83806186
	佛山市新联假期旅行社有限公司	L－GD00460	佛旅〔2009〕127号	赖　力	佛山市季华七路2号怡翠玫瑰园12～13座P110号之三	81232222
	佛山市富盈假期国际旅行社有限公司	L－GD00461	佛旅〔2009〕127号	李伟忠	佛山市南海区桂城简平路1号天安南海数码新城1栋1201室之一	86296666
	佛山市纵横天地国际旅行社有限公司	L－GD00462	佛旅〔2009〕127号	梁彩叶	佛山市禅城区汾江南路37号B座301房之一C	83876600
	佛山市凤凰国际旅行社有限公司	L－GD00463	佛旅〔2009〕127号	李　颖	佛山市南海区桂城季华七路2号怡翠玫瑰园12～13座首层P109号铺二楼	81231111
	佛山市喜之旅国际旅行社有限公司	L－GD00464	佛旅〔2009〕127号	姚凤珍	佛山市南海区桂城佛平路以北虫雷岗街景东方银座首层107号铺	86328818
	佛山市三水天下游旅行社有限公司	L－GD00465	佛旅〔2009〕127号	谢军武	佛山市三水区西南街健力宝北路十二座105之二、202	87776018

续表

地区	旅行社名称	许可证编号	批文号	法定代表人	联系地址	联系电话
佛山市(0757)	佛山市学旅假期旅行社有限公司	L－GD00466	佛旅〔2009〕127号	游姬英	佛山市南海区桂城南新一路清华园2号铺	86284898
	佛山市逍遥天下国际旅行社有限公司	L－GD00467	佛旅〔2009〕127号	罗旭新	佛山市禅城区石湾镇街道里水大麦村南便街7号	838104488
	佛山市南湖国际旅行社有限责任公司	L－GD00468	佛旅〔2009〕127号	林露明	佛山市禅城区汾江中路侨苑新村二栋二楼之二	82320207
	佛山东方假日国际旅行社有限公司	L－GD00469	佛旅〔2009〕127号	麦敏萍	佛山市禅城区汾江中路217号佛山工商大厦第二层201座	83303822
	佛山市三水区畅游天下旅行社有限公司	L－GD00471	佛旅〔2009〕127号	陆少媚	佛山市三水区西南街童乐路5号	87787188
	佛山三人行国际旅行社有限责任公司	L－GD00474	佛旅〔2009〕127号	梁广泰	佛山市南海区盐步穗盐东路穗景楼首层3号商铺	85709333
	佛山市和平国际旅行社有限公司	L－GD00475	佛旅〔2009〕127号	李小珊	佛山市禅城区市东下路39号之三首层、二层	86128831
	佛山市三水区美丽华旅行社有限公司	L－GD00476	佛旅〔2009〕127号	林志行	佛山市三水区西南街道广海大道中66号105室	87748388
	佛山市高明沧江旅行社有限公司	L－GD00478	佛旅〔2009〕127号	黄双爱	佛山市高明区荷城街道沧江路258号、260号	88228808
	佛山开心假期旅行社有限公司	L－GD00479	佛旅〔2009〕127号	李靖华	佛山市高明区荷城街道文明路291号	88237777
	佛山市新之旅旅行社有限公司	L－GD00480	佛旅〔2009〕127号	唐慧桦	佛山市禅城区汾江西路一号之一外贸大楼B座第十四层之二	83392183
	佛山市浩兴旅行社有限公司	L－GD00481	佛旅〔2009〕127号	邱　波	佛山市南海区里水镇朝阳路43号第2层	85608230
	佛山凤腾旅行社有限公司	L－GD00483	佛旅〔2009〕127号	陈秀娟	佛山市禅城区祖庙路33号百花广场41楼4108室	83658393
	佛山市华之旅旅行社有限公司	L－GD00484	佛旅〔2009〕127号	梁长华	佛山市高明区泰和路永安新村13～15号铺	88221668
	佛山市美之旅旅行社有限公司	L－GD00485	佛旅〔2009〕127号	苏美伊	佛山市禅城区岭南大道北98号2区6～10座29号	83920392
	佛山市金之旅国际旅行社有限公司	L－GD00487	佛旅〔2009〕127号	班志勇	佛山市南海区桂城街道桂平中路65号鸿晖都市产业新城2栋615房	85538888
	佛山市星辰旅行社有限公司	L－GD00488	佛旅〔2009〕127号	徐才明	佛山市禅城区汾江中路165号首层6号	85595556
	佛山市康怡假期旅行社有限公司	L－GD00489	佛旅〔2009〕127号	陈志辉	佛山市禅城区桂园东一路7座首层	88016632
	佛山卓越旅程旅行社有限公司	L－GD00492	佛旅〔2009〕127号	郑依韩	佛山市禅城区文华北路56号7座1305房	83000012
	佛山市禅龙旅行社有限公司	L－GD00927	佛旅〔2009〕112号	黄宜军	佛山市禅城区张槎大沙乡白屋东西工业区9号	13600301951
	佛山市美好假期旅行社有限公司	L－GD00928	佛旅〔2009〕113号	张燕娴	佛山市三水区西南街耀华路2号202、102之一首层	13925411373

续表

地区	旅行社名称	许可证编号	批文号	法定代表人	联系地址	联系电话
佛山市(0757)	佛山城市假期国际旅行社有限公司	L－GD00951	佛旅〔2009〕138号	何文锋	佛山市南海区桂城季华七路2号怡翠玫瑰园12～13座首层P110号铺第六单元	81232202
	佛山市尚旅国际旅行社有限公司	L－GD00984	佛旅〔2009〕148号	邓灿洪	佛山市禅城区同济路66号B座2502室	83219998
	佛山禅一旅行社有限公司	L－GD00891	佛旅〔2010〕3号	罗献棠	佛山市南海区桂城街道灯湖西路20号保利水城1栋商业613铺、614铺	83032377
	佛山市九鼎国际旅行社有限公司	L－GD01015	佛旅〔2010〕13号	何文锋	佛山市禅城区兆祥路105号324房之二	81232212
	佛山市顺安达旅行社有限公司	L－GD01032	佛旅〔2010〕22号	陈宗淡	佛山市禅城区和平路六号第三层	18927282505
	佛山市博览假期国际旅行社有限公司	L－GD01033	佛旅〔2010〕23号	何慧锋	佛山市禅城区兆祥路105号324房之一	83389999
	佛山市完美假期国际旅行社有限公司	L－GD01048	佛旅〔2010〕34号	何慧锋	佛山市南海区南海大道北33号丽雅苑中区26号商铺	13927766983
	佛山市悠游假期国际旅行社有限公司	L－GD01049	佛旅〔2010〕35号	叶建红	佛山市南海区大沥振兴路56号振兴商贸大厦二楼	88715681
	佛山市遨游假期旅行社有限公司	L－GD01071	佛旅〔2010〕49号	郭泳梅	佛山市南海桂城南桂东路38号房地产发展大厦主楼5楼9号	86299316
	佛山市泛旅国际旅行社有限公司	L－GD01072	佛旅〔2010〕50号	区广祺	佛山市南海区桂城街道南海大道北56号一幢二楼部分	86329911
	佛山市风光假日旅行社有限公司	L－GD01093	佛旅〔2010〕62号	许展然	佛山市南海区狮山镇俊景花园住宅区C区01座07A号商铺	85560001
	广东国旅（佛山）国际旅行社有限公司	L－GD01100	佛旅〔2010〕63号	欧阳惠姬	佛山市禅城区兆祥路105号首层P20号	81232306
	佛山广之旅旅行社有限公司	L－GD01101	佛旅〔2010〕64号	朱少东	佛山市南海区桂城街道南桂东路66号桂南名都106号商铺之一	86225523
	佛山市新中源旅行社有限公司	L－GD01181	佛旅〔2011〕45号	曾炽洪	佛山市禅城区南庄镇陶博大道8座	85316033
	佛山市三水区欢悦假期旅行社有限公司	L－GD01272	佛旅〔2011〕113号	罗土金	佛山市三水区西南街道涌南一街四巷3号104号	13709600097
	佛山市新世界国际旅行社有限公司	L－GD01314	佛旅〔2011〕143号	辛俭仪	佛山市禅城区兆祥路1050号224房之二	13322841114
	佛山龙行天下国际旅行社有限公司	L－GD01315	佛旅〔2011〕144号	徐泽泉	佛山市南海区桂城街道南平西路广东夏西国际橡塑城二期6号城市动力联盟大楼东区五层502A	86333355
	※佛山骅南旅行社有限公司	L－GD**01360**	**佛旅〔2012〕5号**	**潘伟强**	**佛山市禅城区湖景路26号P98铺**	
	※佛山市豪程旅行社有限公司	L－GD**01361**	**佛旅〔2012〕6号**	**梁羽峰**	**佛山市禅城区平远直街9号104房**	
	※佛山市春秋国际旅行社有限公司	L－GD**01404**	**佛旅〔2012〕27号**	**杜修远**	**佛山市禅城区卫国路69号卫国路方向门面房11号铺**	**82963080**
	※佛山康辉国际旅行社有限公司	L－GD**01488**	**佛旅〔2012〕57号**	**李继烈**	**佛山市禅城区佛山大道北171号北面二层**	**82326681**

续表

地区	旅行社名称	许可证编号	批文号	法定代表人	联系地址	联系电话
佛山市(0757)	**※佛山市金马国际旅行社有限公司**	**L－GD01531**	**佛旅〔2012〕79号**	**黎仲能**	**佛山市禅城区汾江中路12号首层21F铺**	**83331725**
#顺德区(拥有旅行社26家，其中出境游组团社7家)	广东顺之旅国际旅行社有限公司	L－GD－CJ00082	国家旅游局旅管理发〔2002〕91号	刘汝洪	佛山市顺德区大良街道南国中路F区顺之旅大厦首层之二	22336012
	佛山市顺德区中旅国际旅行社有限公司	L－GD－CJ00086	国家旅游局旅管理发〔2002〕91号	劳松盛	佛山市顺德区大良环市北路明阳楼二座首层、二层	22332805
	佛山市口岸国际旅行社有限公司	L－GD－CJ00089	国家旅游局旅管理发〔2005〕34号	陈佩芳	佛山市顺德区大良近良居委会环市东路康湖名苑商厦南座6楼A之一	22600046
	佛山市凤诚国际旅行社有限公司	L－GD－CJ00090	国家旅游局旅管理发〔2005〕34号	李佩兰	佛山市顺德区大良蓝田路27号	22383000
	佛山市顺德广之旅国际旅行社有限公司	L－GD－CJ00091	国家旅游局旅管理发〔2007〕156号	周天任	佛山市顺德区大良街道碧溪路又一居6号铺	22380688
	佛山市上游国际旅行社有限公司	L－GD－CJ00092	国家旅游局旅管理发〔2007〕318号	杨建辉	佛山市顺德区大良街道友谊路顺利德大厦	22386666
	广东中旅(佛山)旅行社有限公司	L－GD－CJ00157	国家旅游局旅管理发〔2011〕44号	潘建伟	佛山市顺德区大良凤山东路雍翠庭8～9号铺	22360123
	佛山市顺德区英特商务旅行社有限公司	L－GD00448	顺文复〔2009〕3号	李灿明	佛山市顺德区大良县东路35～53号信德楼35号、37号	22233033
	佛山市顺德区星光假期旅行社有限公司	L－GD00451	顺文复〔2009〕3号	朱智勇	佛山市顺德区大良街道办县东路23号之一	22282788
	佛山市顺德区康之旅旅行社有限公司	L－GD00452	顺文复〔2009〕3号	黄伟伦	佛山市顺德区大良街道办事处文秀居委会县东路信德楼51号铺	22227815
	佛山市顺德区企发旅行社有限公司	L－GD00458	顺文复〔2009〕3号	冯超瑛	佛山市顺德区大良凤山西路19号首层之一	22331111
	佛山市捷旅假期旅行社有限公司	L－GD00459	顺文复〔2009〕3号	梁全生	佛山市顺德区大良县东路四巷1号	22316988
	佛山市京城风景线旅行社有限公司	L－GD00470	顺文复〔2009〕3号	黄志斌	顺德区大良丹桂路27号海怡阁4号铺	22330133
	佛山市顺德区同乐国际旅行社有限公司	L－GD00472	顺文复〔2009〕3号	许晓波	佛山市顺德区大良丹桂路8号御景园二期3号铺	22110289
	佛山市顺德区澳之旅旅行社有限公司	L－GD00473	顺文复〔2009〕3号	吴嘉信	佛山市顺德区容桂振华路千禧广场116号	23618120
	佛山市万顺国际旅行社有限公司	L－GD00482	顺文复〔2009〕3号	罗翠碧	佛山市顺德区陈村镇锦龙大道综合楼1号铺	23335298
	佛山菊城假期旅行社有限公司	L－GD00490	顺文复〔2009〕3号	欧展翔	佛山市顺德区大良街道文秀路36号铺	22219688
	佛山市顺德区玛旁雍措文化商务旅行社有限公司	L－GD00491	顺文复〔2009〕3号	林翠玲	佛山市顺德区大良五八坊片区商会二层	22620838
	广东国旅(顺德)旅行社有限责任公司	L－GD01018	顺文复〔2010〕3号	彭　健	广东顺德大良新桂中路敏给广场A座二楼208室	29282203
	佛山市顺德区胜景游国际旅行社有限公司	L－GD01026	顺文复〔2010〕4号	林镇刚	佛山市顺德区大良东乐路霭祥楼5号铺	22309960

续表

地区	旅行社名称	许可证编号	批文号	法定代表人	联系地址	联系电话
顺德区（0757）	佛山市假日通国际旅行社有限公司	L－GD01027	顺文复〔2010〕5 号	欧敏珊	佛山市顺德区北滘镇东基路 6 栋 17 号商铺之二	26668887
	港中旅（佛山）旅行社有限公司	L－GD01142	顺文复〔2010〕14 号	陈镜帆	顺德大良云良路康华楼 13～15 号铺	
	※佛山市顺德区太子旅行社有限公司	L－GD01437	顺文复〔2012〕11 号	麦坚棠	佛山市顺德区容桂街道红星居委会文海中路 2 号二楼北座	13702836633
	※佛山市汇丰旅行社有限公司	L－GD01465	顺文复〔2012〕15 号	张　昱	佛山市顺德区大良街道办事处府又居委会新桂中路 9 号奥园华庭 10 号铺	13727311177
	※佛山新睿旅行社有限公司	L－GD01507	顺文复〔2012〕18 号	谭伟刚	佛山市顺德区大良新桂居委会丹桂路 26 号君怡楼 9 号铺	22330299
	※佛山市熙游记旅行社有限公司	L－GD01515	顺文复〔2012〕19 号	罗伟杰	佛山市顺德区大良新桂中路 9 号奥园华庭 25 号商铺	13924058373
韶关市（拥有旅行社 55 家，其中出境游组团社 1 家）	韶关市中国旅行社有限责任公司	L－GD－CJ00095	国家旅游局旅管理发〔2002〕91 号	刘西钦	韶关市熏风路 12 号综合大楼 1 楼、2 楼	8877797
	韶关市广之旅旅行社有限公司	L－GD00295	韶市旅字〔2009〕42 号	李光汉	韶关市浈江区熏风路 12 号东南大厦综合楼 2001 室	8882622
	韶关市旅总旅行社有限公司	L－GD00296	韶市旅字〔2009〕42 号	沈卫群	韶关市熏风路 12 号东南大厦二楼	8882020
	韶关市中天旅行社有限公司	L－GD00297	韶市旅字〔2009〕42 号	邓志华	韶关市熏风路 24 号	8888678
	韶关商会旅行社	L－GD00298	韶市旅字〔2009〕42 号	伍怡昌	韶关市园前路 9 号 1 楼	8890138
	韶关市国之旅旅行社有限公司	L－GD00299	韶市旅字〔2009〕42 号	李丽嫦	韶关市浈江区解放路 49 号	8888006
	韶关市快乐假期旅行社有限公司	L－GD00300	韶市旅字〔2009〕42 号	彭韶雄	韶关市浈江区风采路风采广场 301 号	8911778
	韶关市国泰旅行社有限公司	L－GD00301	韶市旅字〔2009〕42 号	王　晶	韶关市风度北路中港大厦 408 室	8889111
	韶关市完美假期旅行社有限公司	L－GD00302	韶市旅字〔2009〕42 号	刘育瑛	韶关市武江区新华北路 28 号首层铺面之十	8764808
	韶关市风情旅行社有限公司	L－GD00303	韶市旅字〔2009〕42 号	颜　祯	韶关市武江区惠民南路南枫花园 A1 座 29 号、30 号	8531970
	韶关市第一村旅行社	L－GD00304	韶市旅字〔2009〕42 号	禤东文	韶关市园前路 4 号供销大厦 15 楼	8887732
	韶关市职工旅行社	L－GD00305	韶市旅字〔2009〕42 号	温韶军	韶关市浈江区文化街 6 号 603 室	8885311
	韶关市友好旅行社有限公司	L－GD00306	韶市旅字〔2009〕42 号	黄文远	韶关市熏风路 16 号首层	8914971
	韶关市开心假日旅行社有限公司	L－GD00307	韶市旅字〔2009〕42 号	迟长福	韶关市风度北路 123 号市政府东院 5 号门店	8868083
	韶关市教育旅行社	L－GD00308	韶市旅字〔2009〕42 号	毛敏灵	韶关市解放路 73 号教育大厦三楼 308 室、309 室	8892992

续表

地区	旅行社名称	许可证编号	批文号	法定代表人	联系地址	联系电话
韶关市(0751)	韶关市中青旅行社有限公司	L－GD00309	韶市旅字〔2009〕42 号	何月华	韶关市浈江区园前路 4 号 601 房	8863388
	韶关市风采假日旅行社有限公司	L－GD00310	韶市旅字〔2009〕42 号	温健强	韶关市浈江区东堤南路 1 号之 8	8880433
	韶关市大丹霞旅行社有限公司	L－GD00311	韶市旅字〔2009〕42 号	蔡育生	韶关市浈江区解放路 30 号大丹霞酒店（凡口大厦）八楼左侧办公室	8888110
	韶关市凤凰假期旅行社有限公司	L－GD00312	韶市旅字〔2009〕42 号	杨　凯	韶关市园前路 4 号供销大厦 3 楼	8866222
	韶关市粤泰旅行社有限公司	L－GD00313	韶市旅字〔2009〕42 号	黎解明	韶关市风采路 104 号	8919733
	韶关市健之旅旅行社有限公司	L－GD00314	韶市旅字〔2009〕42 号	郑维贤	韶关市熏风路 12 号富康大厦首层 5 号商铺	8888960
	韶关市喜安交通旅行社有限公司	L－GD00315	韶市旅字〔2009〕42 号	钟伟安	韶关市站道路 56 号汽车客运东站内	8227939
	韶关市曲江区旅游公司	L－GD00316	韶市旅字〔2009〕42 号	李贵石	曲江区马坝镇安山路 45 号	6666003
	韶关市曲江区阳光旅行社有限公司	L－GD00317	韶市旅字〔2009〕42 号	陈伟军	韶关市曲江区马坝镇城南大道源河豪苑 34 栋首层 21～22 号门店	6677335
	韶关市曲江区风光旅行社有限公司	L－GD00318	韶市旅字〔2009〕42 号	虞平凡	韶关市曲江区马坝镇安山路 34 号	6664839
	乐昌市中青旅行社有限公司	L－GD00319	韶市旅字〔2009〕42 号	曹建国	乐昌市文化路紫荆花苑 8 栋 13 号	5556638
	乐昌市长城旅行社	L－GD00320	韶市旅字〔2009〕42 号	蔡克勤	乐昌市昌山西路 65 号	5565088
	乐昌市旅游有限公司	L－GD00321	韶市旅字〔2009〕42 号	罗发明	乐昌市金融路 33 号	5556867
	乐昌市金鸡岭中国旅行社	L－GD00322	韶市旅字〔2009〕42 号	陈忠英	乐昌市坪石镇金鸡路 3 号	5523812
	仁化县丹霞山旅行社有限公司	L－GD00323	韶市旅字〔2009〕42 号	戚建红	仁化县新城路 61 号	6353384
	仁化县丹霞山中国旅行社	L－GD00324	韶市旅字〔2009〕42 号	黄大维	仁化丹霞山风景区内	6296683
	南雄市旅游公司	L－GD00325	韶市旅字〔2009〕42 号	侯声安	南雄市雄州镇三影塔广场 13 号楼 7～8 号	3869218
	新丰县阿婆髻旅行社有限公司	L－GD00326	韶市旅字〔2009〕42 号	张秀芹	新丰县丰城公园内 2 号	2288610
	新丰县交通旅行社有限公司	L－GD00327	韶市旅字〔2009〕42 号	李雷锋	新丰县丰城镇法政路 4 号	2259335
	新丰县旅游公司	L－GD00328	韶市旅字〔2009〕42 号	唐志锋	新丰县丰城镇法政路 4 号	2260100
	翁源县旅游公司	L－GD00329	韶市旅字〔2009〕42 号	王学东	翁源县龙仙镇建国路 14 号县政府大院 2 楼	2875247

续表

地区	旅行社名称	许可证编号	批文号	法定代表人	联系地址	联系电话
韶关市(0751)	翁源县龙翔旅行社有限公司	L－GD00330	韶市旅字〔2009〕42 号	何志华	翁源县龙仙镇建国路 8 号龙翔大酒店首层	2815099
	翁源县友谊旅行社有限公司	L－GD00331	韶市旅字〔2009〕42 号	欧小连	翁源县城朝阳路 45 号	2820838
	乳源瑶族自治县瑶家源旅行社有限公司	L－GD00332	韶市旅字〔2009〕42 号	邓建斌	乳源县鹰峰西路总工会一楼 5 号	5381272
	乳源瑶族自治县天翔旅行社有限公司	L－GD00333	韶市旅字〔2009〕42 号	杨李生	乳源县沿江路嘉乐花园大门左侧 19 号	5381111
	始兴县新华旅行社有限公司	L－GD00334	韶市旅字〔2009〕42 号	饶立和	始兴县太平镇公教路 56 号 1 栋	3326777
	始兴县客家风情旅游有限公司	L－GD00335	韶市旅字〔2009〕42 号	黄全胜	始兴县红旗路 60 号	3333211
	翁源县兰友旅行社有限公司	L－GD00949	韶市旅字〔2009〕49 号	许立英	翁源县龙仙镇幸福路 132 号	2818899
	乳源瑶族自治县南岭瑶乡旅行社有限公司	L－GD00915	韶市旅字〔2010〕5 号	何　雄	乳源镇鹰峰东路 2 号铺	5388648
	南雄市幸福旅行社有限公司	L－GD01039	韶市旅字〔2010〕23 号	沈学英	南雄市雄周镇用康路 4～5 号	3881118
	韶关市康泰旅行社有限公司	L－GD01076	韶市旅字〔2010〕37 号	马超展	韶关市浈江区熏风路 14 号鼎和社会 503 室	8889200
	韶关市韶之旅旅行社有限公司	L－GD01096	韶市旅字〔2010〕41 号	赖新兴	韶关市浈江中路十二横巷东城大厦 C 座二层 7 号铺	8883060
	乐昌市开心假日旅行社有限公司	L－GD01119	韶市旅字〔2010〕43 号	付军祥	乐昌市乐城文花路顺易华庭愉景轩 A19 号铺	13927875333
	广东中旅(韶关)旅行社有限公司	L－GD01146	韶市旅字〔2010〕57 号	肖思伟	韶关市东堤横街 13 号首层一号铺 2 楼	8879639
	翁源县团结旅行社有限公司	L－GD01283	韶市旅字〔2011〕37 号	徐振标	翁源县建设一路 259 号	18927829198
	浈江区悠游旅行社有限公司	L－GD01331	韶市旅字〔2011〕50 号	刘海辉	韶关市浈江区熏风路 12 号东南大厦 1004 房	13826307653
	※浈江区通泰旅行社有限公司	L－GD01406	韶市旅字〔2012〕6 号	尹　飞	韶关市浈江区风采路 73 号	13826319486
	※南雄市华旅旅行社有限公司	L－GD01460	韶市旅字〔2012〕38 号	张发安	南雄市三影塔广场 13 号一层 31 号门店	3865808
	※韶关市假日之旅旅行社有限公司	L－GD01529	韶市旅字〔2012〕53 号	黎志荣	韶关市武江区新华北路 40 号 A2 铺	13602908074
	※仁化县乐曙旅行社有限公司	L－GD01536	韶市旅字〔2012〕56 号	许英娜	仁化县县城新东大街 4 号	18927836654
河源市(0762)	河源市旅游总公司	L－GD－CJ00096	国家旅游局旅管理发〔2002〕91 号	沈红兵	河源市兴源路华怡大厦首层	3388691
	河源中国旅行社	L－GD00197	河旅管〔2009〕22 号	谢艳丽	河源市兴源东路华怡大厦十二楼	3295839

续表

地区	旅行社名称	许可证编号	批文号	法定代表人	联系地址	联系电话
河源市（拥有旅行社37家，其中出境游组团社1家）	河源市青年旅行社	L－GD00198	河旅管〔2009〕22号	黄艳芸	河源市东华路11号国资楼一楼侧	3881199
	河源市华侨旅行社有限公司	L－GD00200	河旅管〔2009〕22号	罗雪娥	河源市长安路400号八楼	3327820
	河源市客家女旅行社有限公司	L－GD00201	河旅管〔2009〕22号	刘大普	河源市沿江东路万豪国际酒店内	3293178
	河源市港中旅桂山国际旅行社有限公司	L－GD00202	河旅管〔2009〕22号	刘雄艺	河源市新市区旺源路63号A栋－A4第1～3层	3385333
	河源市大自然旅行社有限公司	L－GD00203	河旅管〔2009〕22号	吴卓倬	河源市雅居乐花园E1－2－A050号	3820337
	河源市游天下旅行社有限公司	L－GD00204	河旅管〔2009〕22号	游武彬	河源市旺源路运恒花园C座101号	3293819
	河源市绿都旅行社有限公司	L－GD00205	河旅管〔2009〕22号	丘洪桃	河源市新市区东埔村学前坝旺源路北边一排2栋东起第17卡	3299877
	河源市开心假日旅行社有限公司	L－GD00206	河旅管〔2009〕22号	古武宁	河源市红星路东拆迁安置点坪围直街D栋第六卡门店	3888787
	河源市槎城旅行社有限公司	L－GD00207	河旅管〔2009〕22号	麦建文	河源市新市区华达北街西二巷23号	3331444
	河源市金旅旅行社有限公司	L－GD00208	河旅管〔2009〕22号	蓝志威	河源市大同路239号	3660188
	河源市翔丰旅行社有限公司	L－GD00209	河旅管〔2009〕22号	陈健萍	河源市翔丰国际酒店一楼商业街	3296016
	河源市源之旅旅行社有限公司	L－GD00210	河旅管〔2009〕22号	刘　凯	河源市建设大道与华达街交汇处德润东方银座A座1303室	3898080
	河源市嘉年华旅行社有限公司	L－GD00211	河旅管〔2009〕22号	陈红亮	河源市西堤路18号锦绣名雅康雅阁101号	3300908
	河源市阳光假期旅行社有限公司	L－GD00212	河旅管〔2009〕22号	李越辉	河源市源城区红星路38号红星宾馆1楼	3188777
	广东省河源市源城区中国旅行社	L－GD00213	河旅管〔2009〕22号	曾伟红	河源市源城区公园东路城市中心花苑A栋第七卡店	3335782
	河源市假日旅行社有限公司	L－GD00214	河旅管〔2009〕22号	古丽梅	河源市学前坝旺业街西面5号101～103室	3298873
	广东省新丰江旅行社有限公司	L－GD00215	河旅管〔2009〕22号	徐创胜	河源市河源大道南17号(金利酒店首层)	3328288
	东源县万绿湖旅行社	L－GD00216	河旅管〔2009〕22号	曾惠华	河源市建设大道130号鸿翔华庭A2－101室	3233077
	和平县中国旅行社	L－GD00217	河旅管〔2009〕22号	朱伟廷	和平县阳明镇东堤路30号	5642718
	和平县世纪旅行社有限公司	L－GD00218	河旅管〔2009〕22号	朱德深	和平县城和平大道88号	5693688
	龙川县旅游总公司	L－GD00219	河旅管〔2009〕22号	吴伟军	龙川县老隆镇东风路50号	6886639

续表

地区	旅行社名称	许可证编号	批文号	法定代表人	联系地址	联系电话
河源市（0762）	龙川县客都旅行社有限公司	L－GD00220	河旅管〔2009〕22 号	巫明标	龙川县老隆镇先烈路 32 号	6388163
	紫金县旅游公司	L－GD00221	河旅管〔2009〕22 号	赖水华	紫金县紫城镇沿江路中路 16 号	7836962
	连平县九连山旅行社	L－GD00222	河旅管〔2009〕22 号	吴孝娟	连平县城西新村东方酒店侧边	4323878
	连平县金色阳光旅行社有限公司	L－GD00223	河旅管〔2009〕22 号	巫军伟	连平县元善镇滨河西路 1 号	4302918
	河源市好世界旅游有限公司	L－GD00985	河旅管〔2010〕2 号	李丹华	河源市建设大道与华达街交汇处德润东方银座 A 座 906 房	3962999
	河源市特色旅行社有限公司	L－GD00914	河旅管〔2010〕24 号	曾于克	河源市沿江中路 16 号碧水轩 B－115 号	3298111
	河源市客家风情旅行社有限公司	L－GD01017	河旅管〔2010〕54 号	曾衍查	河源市新区长安街邮政宿舍 201 号	3228555
	河源市泰丰旅游有限公司	L－GD01095	河旅管〔2010〕43 号	李　东	河源市中山大道西边红星路南边广晟花园绿色家园商铺 D045 号	3295337
	紫金县金色假日旅行社有限公司	L－GD01157	河旅管〔2011〕3 号	巫鸣凤	紫金县紫城镇沿江路中路 13 号	27993299
	河源市神州旅行社有限公司	L－GD01234	河旅管〔2011〕20 号	杨　红	河源市大同路 97－1 号绿湖春酒店 6 楼 601 号、603 号房	23387011
	※和平县阳光假日旅行社有限公司	L－GD01447	河旅管〔2012〕18 号	黄柳清	和平县阳明镇龙湖小区 17 号商住楼商铺	25607733
	※河源市观光假期旅行社有限公司	L－GD01452	河旅管〔2012〕19 号	陶蔚鹰	河源市源城区宝源山庄沿江路 10 号假日酒店一楼	3219777
	※和平县东晟旅行社有限公司	L－GD01473	河旅管〔2012〕25 号	曹丽萍	和平县中山二路 105 号	5613333
	※龙川县绿色阳光旅行社有限公司	L－GD01497	河旅馆〔2012〕31 号	钟基广	龙川县经济开发区 2 号小区	6660868
梅州市（拥有旅行社 35 家，其中出境游组团社 3 家）	梅州市旅游总公司	L－GD－CJ00097	国家旅游局旅管理发〔2002〕91 号	林思生	梅州市彬芳大道 28 号	2244900
	梅州市中国旅行社有限公司	L－GD－CJ00098	国家旅游局旅管理发〔2002〕91 号	李奋伟	梅州市江南路 105 号	2261089
	梅县中国旅行社有限公司	L－GD－CJ00099	国家旅游局旅管理发〔2002〕91 号	钟其云	梅县华侨城中央大道华银大楼首层	2235369
	梅州市假日国际旅行社有限公司	L－GD00389	梅市旅通〔2009〕76 号	张丽芬	梅州市嘉应东路鸿雁小区 A 栋 9 号店	2240477
	广东中旅（梅州）旅行社有限公司	L－GD00391	梅市旅通〔2009〕76 号	丘新贤	梅州市梅江区东郊（广东梅县东山中学内）	2218883
	梅州市金海国际旅行社有限公司	L－GD00392	梅市旅通〔2009〕76 号	蔡新元	梅州市江南利民路 1 号	2256001
	梅州大众假期旅行社有限公司	L－GD00394	梅市旅通〔2009〕76 号	许志诚	梅县程江西堤望江亭钻石花园 A0 栋 4 号复式店	2111800

续表

地区	旅行社名称	许可证编号	批文号	法定代表人	联系地址	联系电话
梅州市（0753）	梅州市客之旅旅行社有限公司	L-GD00395	梅市旅通〔2009〕76 号	梁莲香	梅州市江南路 44 号	2266843
	梅州市梅江旅行社有限公司	L-GD00396	梅市旅通〔2009〕76 号	梁丽琴	梅州市梅江区鸿都花园和兴路 28 号	2269666
	梅州市康辉国际旅行社有限公司	L-GD00397	梅市旅通〔2009〕76 号	李　强	梅州市江边路 H 栋 18 号	2222819
	梅州市青年旅行社有限公司	L-GD00398	梅市旅通〔2009〕76 号	管春梅	梅州市嘉应东路金良新村 2 号	2390000
	梅州市客乡情旅行社有限公司	L-GD00399	梅市旅通〔2009〕76 号	陈雄伟	梅州市江边路兴都苑 B 栋 2~4 号 2 楼	2229666
	梅州市嘉能旅行社	L-GD00400	梅市旅通〔2009〕76 号	廖家治	梅州市嘉应中路 1 号	2266782
	梅州市远景旅行社有限公司	L-GD00401	梅市旅通〔2009〕76 号	黄小燕	梅州市梅江区江南秀兰桥侧移民区 6 号	2287328
	梅州市悦佳旅行社有限公司	L-GD00402	梅市旅通〔2009〕76 号	温利珠	梅州市江南彬芳大道 41 号	2390686
	梅州春秋旅行社有限公司	L-GD00403	梅市旅通〔2009〕76 号	万雪红	梅州市嘉应中路 38 号 2 楼之一	2261222
	梅州市江南国际旅行社有限公司	L-GD00404	梅市旅通〔2009〕76 号	钟玉萍	梅州市彬芳大道 29 号 1 楼	2245891
	大埔县梅河旅行社	L-GD00405	梅市旅通〔2009〕76 号	张永福	大埔县湖寮镇文化路 111 号	5535686
	大埔县中国旅行社	L-GD00406	梅市旅通〔2009〕76 号	吴景礼	大埔县湖寮镇文化路 27 号	5522098
	兴宁市永嘉国际旅行社	L-GD00407	梅市旅通〔2009〕76 号	吴碧园	兴宁市兴城兴东路 398 号	3261428
	兴宁市交通旅行社	L-GD00408	梅市旅通〔2009〕76 号	丘雪芬	兴宁市兴城镇人民大道 3 号	3262602
	兴宁市鹏飞国际旅行社有限公司	L-GD00409	梅市旅通〔2009〕76 号	谢庆荣	兴宁市兴城东风路 79 号	3323378
	丰顺县逢源旅行社有限公司	L-GD00410	梅市旅通〔2009〕76 号	陈伟烽	丰顺县汤坑镇汤坑路 49 号逢源酒店 1 楼 101 号	6696988
	丰顺县环游旅行社有限公司	L-GD00412	梅市旅通〔2009〕76 号	罗素萍	丰顺县新世纪 24 区雄风大道 73 号	6688588
	平远县五指石旅行社有限公司	L-GD00413	梅市旅通〔2009〕76 号	谢球凤	平远县平远大道新村商住城	8895799
	平远县中国旅行社	L-GD00414	梅市旅通〔2009〕76 号	黄　忠	平远县平城南路 42 号	8824083
	五华县华之旅旅行社有限公司	L-GD00415	梅市旅通〔2009〕76 号	曾世平	五华水寨镇华一南路	4439131
	五华县华丰旅行社有限公司	L-GD00416	梅市旅通〔2009〕76 号	曾金云	五华县城沿江路	4434889

续表

地区	旅行社名称	许可证编号	批文号	法定代表人	联系地址	联系电话
梅州市(0753)	五华县风光旅行社有限公司	L－GD00417	梅市旅通〔2009〕76 号	陈惠云	五华县水寨镇华侨直街	4433893
	梅州市桂岭旅行社有限公司	L－GD00419	梅市旅通〔2009〕76 号	钟明雄	蕉岭县蕉城镇城南第一期开发区商贸大厦	7873757
	丰顺县假日旅行社有限公司	L－GD01152	梅市旅通〔2010〕84 号	罗永存	丰顺县城新世纪广场北路	6199885
	兴宁市广信国际旅行社有限公司	L－GD01190	梅市旅通〔2011〕28 号	罗晓庆	兴宁市东风路宁府宿舍门店第六卡、第七卡	3393188
	梅州市康泰旅行社有限公司	L－GD01251	梅市旅通〔2011〕46 号	杨秋芬	梅县新县城新金街 9 号	2391111
	※梅州市客家妹国际旅行社有限公司	L－GD**01453**	**梅市旅通〔2012〕35 号**	**陈永斌**	**梅州市彬芳大道南鸿兴花园 4 号**	**2322999**
	※梅州浙商旅行社有限公司	L－GD**01501**	**梅市旅字〔2012〕55 号**	**陈裕强**	**梅州市梅水路水榭云台 4 号**	**2119199**
惠州市(拥有旅行社 49 家，其中出境游组团社 4 家)	惠州环宇国际旅行社有限公司	L－GD－CJ00100	国家旅游局旅管理发〔2002〕91 号	骆榕浩	惠州市南坛南路 23 号	2183699
	惠州市中国旅行社	L－GD－CJ00101	国家旅游局旅管理发〔2002〕91 号	袁国富	惠州市鹅岭北路 22 号	2128066
	惠州市青年国际旅行社有限公司	L－GD－CJ00102	国家旅游局旅管理发〔2006〕178 号	李永光	惠州市横江三路鸿升大厦 202 室	2085072
	※惠州市中航国旅旅行社有限公司	L－GD－CJ**00219**	**国家旅游局旅发〔2012〕165 号**	**曾演坤**	**惠州市下埔南三街一巷 5 号 2 楼**	**2628088**
	惠州市东江旅行社有限公司	L－GD00087	惠旅函〔2009〕67 号	陈国庆	惠州市新岸路一号国商大厦 A 栋 11 楼 F	2101378
	广东中旅(惠州)旅行社有限公司	L－GD00088	惠旅函〔2009〕67 号	邹　锋	惠州市小门大街 177 号锦绣综合楼右侧 15 楼	2118829
	惠东县旅游服务公司	L－GD00089	惠旅函〔2009〕67 号	李伟杰	惠东县平山平深路爱华围 1 号	8872030
	博罗县中国旅行社	L－GD00090	惠旅函〔2009〕67 号	丘苑玲	博罗县罗阳镇商业西街 193 号二楼	6627030
	广东省罗浮山旅游开发总公司	L－GD00091	惠旅函〔2009〕67 号	刘凯锐	博罗县罗浮山朱明洞	6668089
	惠州市西湖旅游总公司	L－GD00092	惠旅函〔2009〕67 号	郑定华	惠州市鹅岭北路 23 号之一	2120796
	龙门县旅游公司	L－GD00093	惠旅函〔2009〕67 号	廖志斌	惠州市龙门县城香滨路 3 号	7781888
	惠州康辉旅行社有限公司	L－GD00095	惠旅函〔2009〕67 号	黄秀粦	惠州市长寿路圆通桥大厦首层 104 号	2180777
	龙门县新华旅行社有限公司	L－GD00096	惠旅函〔2009〕67 号	赖艳新	龙门县城环城南路 2 号	7880666
	惠州市金山国际旅行社有限公司	L－GD00097	惠旅函〔2009〕67 号	廖秋枚	惠州市下埔南二街一巷 3 号	2118753

续表

地区	旅行社名称	许可证编号	批文号	法定代表人	联系地址	联系电话
惠州市（0752）	惠州市畅游旅行社有限公司	L－GD00098	惠旅函〔2009〕67 号	刘 海	惠州市南坛南路 20 号沿街 2 号门店	2218777
	惠州市惠阳联华旅行社有限公司	L－GD00099	惠旅函〔2009〕67 号	颜志英	惠州市惠阳区淡水镇石坑四路 77 号	3818790
	惠东县新世纪旅行社有限公司	L－GD00101	惠旅函〔2009〕67 号	曾伟军	惠东县平山镇利埔路 37 号	8820012
	博罗新青年旅行社有限责任公司	L－GD00102	惠旅函〔2009〕67 号	郑礼强	博罗县罗阳镇罗阳二路富华花园 D2 座 2 号	6261182
	惠州市国泰旅行社	L－GD00103	惠旅函〔2009〕67 号	杨文基	惠州市下埔路北二街 8 号	2116521
	惠州西湖中国旅行社	L－GD00104	惠旅函〔2009〕67 号	杨焕珍	惠州市惠城区南坛北路 27 号滨江苑 D 栋 2 楼	2247288
	惠州市联运旅行社有限公司	L－GD00105	惠旅函〔2009〕67 号	罗宏辉	博罗县罗阳镇建设路五栋	6217888
	惠州市惠之旅旅行社有限公司	L－GD00106	惠旅函〔2009〕67 号	周玉贵	惠州市演达大道 11 号港惠新天地商业广场二期 3 座 7 楼 06～11	2589555
	惠州大亚湾海岸旅行社有限公司	L－GD00108	惠旅函〔2009〕67 号	刘仕福	惠州市大亚湾澳头北澳大道 1 号	5552200
	惠州市惠阳区泰阳旅行社	L－GD00109	惠旅函〔2009〕67 号	杨伟麟	惠州市惠阳区淡水镇白云二路 53 号旅游大厦 1 楼	3363678
	惠州大亚湾顺安旅行社有限公司	L－GD00110	惠旅函〔2009〕67 号	曾远辉	惠州市大亚湾西区	5182861
	惠州市大众旅行社有限公司	L－GD00111	惠旅函〔2009〕67 号	周绪美	惠州市南门路龙船街 2 号	2221666
	惠州市假日风光旅行社有限公司	L－GD00113	惠旅函〔2009〕67 号	邓丽红	惠州市麦科特大道 41 号国华商务中心 214 室	2248288
	惠州市好尔游旅行社有限公司	L－GD00114	惠旅函〔2009〕67 号	林敬裕	惠州市惠阳区淡水白云四路 16 号	3350333
	惠州市时代青年旅行社有限公司	L－GD00115	惠旅函〔2009〕67 号	张蕴楠	惠州市惠阳区淡水街道办白云四路 72 号 2 楼	3394668
	惠州市假日旅行社有限公司	L－GD00116	惠旅函〔2009〕67 号	林英峰	惠州市龙丰黄屋路 38 号 10 楼 1C1 室	2162211
	惠州市四海达旅行社有限公司	L－GD00117	惠旅函〔2009〕67 号	黄富雄	惠东县平山新平路银都大厦 A 栋 A4	8587869
	惠州市粤惠欢乐假期旅行社有限公司	L－GD00118	惠旅函〔2009〕67 号	李东亮	惠东县平山镇华侨城 HQ－6 区雍景豪庭 C11－C12 档	8881999
	惠州市粤之旅旅行社有限公司	L－GD00896	惠市旅〔2010〕7 号	林伟明	惠州市麦地南路 6 号鸿业自由港 A 栋 1 楼	2560256
	惠州市万里路旅行社有限公司	L－GD00931	惠市旅〔2009〕82 号	刘森荣	惠州市龙门县城文化路东较广场 A 区	7980219
	博罗环游天下旅行社有限公司	L－GD00958	惠市旅〔2009〕105 号	梁计新	惠州市博罗县园洲镇上南村园洲大道	6821033

续表

地区	旅行社名称	许可证编号	批文号	法定代表人	联系地址	联系电话
惠州市（0752）	惠州市好客奔马旅行社有限公司	L－GD00986	惠市旅〔2010〕2 号	赖水林	惠州市惠东县平山建设路 30 号	8888216
	惠州南湖假期旅行社有限公司	L－GD00996	惠市旅〔2010〕16 号	林小娜	惠州市下埔新区 7 栋 006 号一楼 1 档、2 档	2688518
	惠州市开心旅行社有限公司	L－GD01052	惠市旅〔2010〕54 号	张亚凡	惠州市下铺路十五号新银广场一楼	18688331886
	惠州市观光国际旅行社有限公司	L－GD01053	惠市旅〔2010〕55 号	陶蔚鹰	惠州市下埔横江三路竹园花苑一幢 201 房	2101300
	惠州大亚湾龙祥旅行社有限公司	L－GD01054	惠市旅〔2010〕58 号	叶益佳	惠州大亚湾上杨富康国际综合楼 1009 房	13923636860
	惠州市创壹新旅游服务有限公司	L－GD01085	惠市旅〔2010〕75 号	翁　文	惠州市横江一路 2 号一栋 101 房	2996063
	惠州市厚德旅行社有限公司	L－GD01178	惠市旅〔2011〕11 号	龙伟聪	惠州市麦地路 58 号风尚国际 21F	2393278
	惠州市中粤国际旅行社有限公司	L－GD01249	惠市旅〔2011〕37 号	张金浪	惠州市江北 16 号小区双子星国际商务大厦 B 座 0608 号	18675281983
	惠州市惠阳区启航旅行社有限公司	L－GD01302	惠市旅〔2011〕64 号	叶剑锐	惠州市惠阳区淡水镇爱民东路 36 号	13502210009
	国旅（惠州）国际旅行社有限公司	L－GD01319	惠市旅〔2011〕69 号	杨瑞勇	惠州市麦地华夏花园 A2 栋 127 号商场	2022318
	惠州市乐途旅行社有限公司	L－GD01332	惠市旅〔2011〕77 号	陈广治	惠州市惠城区下埔大道 19 号惠隆大厦 9 楼	2238777
	※惠州大亚湾龙泉旅行社有限公司	L－GD01371	惠市旅〔2012〕5 号	杨广群	惠州大亚湾澳头姚田村大亚湾大道 98 号	5555933
	※惠州市客之旅旅行社有限公司	L－GD01375	惠市旅〔2012〕9 号	古国录	惠州市大亚湾霞涌霞光西路 7 号	5592028
	※惠州市丰采旅行社有限公司	L－GD01434	惠市旅〔2012〕49 号	钟燕文	惠州市惠阳区淡水承修西路口百老汇酒店商场 30 号铺	3732333
汕尾市（拥有旅行社 20 家，其中出境游组团社 2 家）	汕尾市旅游总公司	L－GD－CJ00103	国家旅游局旅管理发〔2002〕91 号	余水藩	汕尾市公园路西（城南路交界处）旅游大厦 1 楼	3389919
	汕尾市中国旅行社	L－GD－CJ00104	国家旅游局旅管理发〔2002〕91 号	肖赛仪	汕尾市区香洲路龙富花园 B 栋底层 5～6 号	3329222
	汕尾市东方国际旅行社有限公司	L－GD00726	汕旅函〔2009〕91 号	郑　晓	汕尾市区香城路东海大厦底层门市右侧 2 号	3366777
	汕尾市汕之旅国际旅行社有限公司	L－GD00727	汕旅函〔2009〕91 号	蔡志雄	汕尾市汕尾大道美丽华大酒店一楼右侧	3291111
	汕尾市新青年旅行社有限公司	L－GD00728	汕旅函〔2009〕91 号	郭伟雄	汕尾市区汕尾大道中盐业大厦一楼 4～5 号	3316333
	汕尾市阳光国际旅行社有限公司	L－GD00729	汕旅函〔2009〕91 号	罗艺洪	汕尾市城区城苑路 2 栋 101 号	3340555
	海丰县旅游发展总公司	L－GD00730	汕旅函〔2009〕91 号	林文鑫	海丰县海城镇海银路中段	6607638

续表

地区	旅行社名称	许可证编号	批文号	法定代表人	联系地址	联系电话
汕尾市（0660）	海丰县红之旅旅行社有限公司	L-GD00731	汕旅函〔2009〕91号	黄集溪	海丰县海城镇广富路公路局宿舍东侧	6728054
	海丰县丰收之旅旅行社有限公司	L-GD00732	汕旅函〔2009〕91号	陈春林	海丰县海城镇红城大道西	6892022
	陆河县惠康国际旅行社有限公司	L-GD00733	汕旅函〔2009〕91号	彭康宏	陆河县河田镇朝阳路116号	5519663
	陆河县绿之旅旅行社有限公司	L-GD00734	汕旅函〔2009〕91号	孔德锦	陆河县河田镇朝阳路92号	5528238
	陆丰市碣石玄武山旅游服务公司	L-GD00735	汕旅函〔2009〕91号	余松清	陆丰市碣石镇玄武山旅游区内	8691952
	陆丰市东陆旅行社有限公司	L-GD00736	汕旅函〔2009〕91号	邓　城	陆丰市东海镇洛州东路3号	8817698
	陆丰市陆之旅旅行社有限公司	L-GD00737	汕旅函〔2009〕91号	庄辉丽	陆丰市东海镇建设路34号	8817001
	汕尾市假日国际旅行社有限公司	L-GD00926	汕旅〔2009〕33号	施镇波	汕尾市通港路366号	3333222
	汕尾红海湾海洋旅行社有限公司	L-GD00929	汕旅〔2009〕36号	戴木胜	汕尾红海湾开发区田乾街道人民中路182号	3428155
	汕尾市开心假期旅行社有限公司	L-GD00974	汕旅〔2009〕47号	谢平芳	汕尾市滨海路金湖花园J15栋	3227777
	汕尾市骏浩旅行社有限公司	L-GD01164	汕旅〔2011〕2号	罗绵青	汕尾市区通航路霞洋客运站办公室3楼	3222230
	※陆河县环盛国际旅行社有限公司	L-GD01396	汕旅〔2012〕11号	彭　桂	陆河县河田镇螺河1号商铺23~24号	5511558
	※陆河县广旅国际旅行社有限公司	L-GD01448	汕旅〔2012〕26号	刘永剧	陆河县人民路中断498号	5522000
东莞市（拥有旅行社58家，其中出境游组团社9家）	东莞市国际旅行社有限公司	L-GD-CJ00105	国家旅游局旅管理发〔2002〕91号	陈冀凯	东莞市莞城区东城大道188号新华大厦3楼	22458168
	东莞市中国旅行社有限公司	L-GD-CJ00106	国家旅游局旅管理发〔2002〕91号	叶沛新	东莞市南城区元美路华凯广场A栋二层	22008888
	广东国泰国际旅行社有限公司	L-GD-CJ00107	国家旅游局旅管理发〔2002〕91号	李树基	东莞市莞城区旗峰路90号	22088888
	东莞康辉国际旅行社有限公司	L-GD-CJ00108	国家旅游局旅管理发〔2002〕91号	李继烈	东莞市城区东纵大道3号东湖花园商城1层714~714A~715C号	22488666
	东莞市腾龙假日国际旅行社有限公司	L-GD-CJ00109	国家旅游局旅管理发〔2006〕178号	彭柏铭	东莞市东城区东城中心A2区A二层19号商铺	23362888
	东莞市景鸿国际旅行社有限公司	L-GD-CJ00110	国家旅游局旅管理发〔2008〕212号	王晓冬	东莞市东城区东城南路联和大厦8楼	22313888
	东莞市东华国际旅行社有限公司	L-GD-CJ00111	国家旅游局旅管理发〔2009〕68号	刘照钦	东莞市东城区岗贝东城东路5号东华大厦1~2楼	22663333
	东莞市四海国际旅行社有限公司	L-GD-CJ00112	国家旅游局旅管理发〔2009〕57号	杨四海	东莞市莞城东城大道东平街223号	22339888

续表

地区	旅行社名称	许可证编号	批文号	法定代表人	联系地址	联系电话
东莞市(0769)	东莞市青年国际旅行社有限公司	L－GD－CJ00113	国家旅游局旅管理发〔2009〕68号	李钦源	东莞市城区新芬路42号	22239388
	东莞市泰平旅行社有限公司	L－GD00262	东旅通〔2009〕8号	郑汉棉	东莞市虎门镇龙泉宾馆7楼	85223236
	东莞市丰行旅行社有限公司	L－GD00263	东旅通〔2009〕8号	欧阳君	东莞市莞城罗沙路126号金沙大厦6楼	22388888
	东莞市讯通旅行社有限公司	L－GD00264	东旅通〔2009〕8号	瞿华香	东莞市城区莞太大道5号讯通大厦	22488786
	东莞市阳光旅行社有限公司	L－GD00265	东旅通〔2009〕8号	黎文锋	东莞市南城区簪花路8号华凯豪庭活力中心	22825888
	东莞市明珠旅行社有限公司	L－GD00266	东旅通〔2009〕8号	何健球	东莞市南城区莞太路8号综合大楼5楼	22335888
	东莞市南湖旅行社有限公司	L－GD00267	东旅通〔2009〕8号	郑年军	东莞市莞城区南城路南城大厦10楼1002室	22112222
	东莞市南方观光旅行社有限公司	L－GD00268	东旅通〔2009〕8号	郭日和	东莞市莞太路口创业新村6号楼	22502388
	东莞市君达假期旅行社有限公司	L－GD00269	东旅通〔2009〕8号	许　末	东莞市东城大道世博广场K区303室	23135678
	东莞市开心假日旅行社有限公司	L－GD00270	东旅通〔2009〕8号	张晓东	东莞市南城区莞太大道7号之一2楼	22036666
	东莞市华夏旅行社有限公司	L－GD00271	东旅通〔2009〕8号	熊　琪	东莞市南城区元岭新街4号	22386666
	东莞市广之旅旅行社有限公司	L－GD00272	东旅通〔2009〕8号	郭　庆	东莞市莞城东城西路39号鸿福大厦A区第三层313室	22480237
	东莞市金旅假期旅行社有限公司	L－GD00273	东旅通〔2009〕8号	何志强	东莞市厚街镇深水坑路嘉逸楼1～2楼	85087788
	东莞市幸福假期旅行社有限公司	L－GD00274	东旅通〔2009〕8号	向　彬	东莞市莞城区金牛路八达花园商铺B3区一层04号	22100222
	东莞市新华旅行社有限公司	L－GD00275	东旅通〔2009〕8号	王敬和	东莞市虎门镇连升中路17号新华旅游大厦	85126622
	东莞市名界旅行社有限公司	L－GD00276	东旅通〔2009〕8号	袁凤仙	东莞市东城区堑头花园路194号之二	22612068
	东莞市康福旅行社有限公司	L－GD00277	东旅通〔2009〕8号	温成果	东莞市莞城区八达路124号电子大厦8楼	23039995
	东莞市南方阳光商务旅行社有限公司	L－GD00278	东旅通〔2009〕8号	彭敬强	东莞市虎门镇港口路12号新丰大厦临街商铺	85183777
	东莞市文康旅行社有限公司	L－GD00279	东旅通〔2009〕8号	黄建飞	东莞市长安镇长中路22号	81768999
	东莞市欢泰旅行社有限公司	L－GD00280	东旅通〔2009〕8号	郑韶君	东莞市虎门镇太沙路81号地铺	85044444
	东莞市会通旅行社有限公司	L－GD00281	东旅通〔2009〕8号	林丹嫦	东莞市南城区莞太路胜和路段21号美佳大厦1楼A202a室	22880005

续表

地区	旅行社名称	许可证编号	批文号	法定代表人	联系地址	联系电话
东莞市(0769)	东莞市金泰旅行社有限公司	L－GD00282	东旅通〔2009〕8 号	尹蔼诗	东莞市虎门镇人民南路 91 号之十	85199981
	东莞市畅游天地旅行社有限公司	L－GD00283	东旅通〔2009〕8 号	李耀鸿	东莞市城区县正路 12 号	22229917
	东莞市东行天下旅行社有限公司	L－GD00284	东旅通〔2009〕8 号	叶运东	东莞市东城区旗峰路国泰大厦大堂内一号商铺	22026666
	东莞市优游旅行社有限公司	L－GD00285	东旅通〔2009〕8 号	黎卫民	东莞市东城区新世界花园东城支路 5 号 A 铺	22336999
	东莞市宏途旅行社有限公司	L－GD00286	东旅通〔2009〕8 号	杜锦培	东莞市城区金牛路八达花园(香港街)A5 区 23 号	23039032
	东莞市江南假期旅行社有限公司	L－GD00287	东旅通〔2009〕8 号	杨　骏	东莞市常平镇沿河东三路 18 号威盛商务大厦 3 楼	81182668
	东莞市永泰旅行社有限公司	L－GD00288	东旅通〔2009〕8 号	谭小灵	东莞市新城市中心菊香苑 35 栋 182 号 2 楼 B1	22991090
	东莞市松山湖旅行社有限公司	L－GD00289	东旅通〔2009〕8 号	邹日景	东莞市松山湖松科苑 3 号楼 2 楼	22890769
	东莞市天马旅行社有限公司	L－GD00290	东旅通〔2009〕8 号	陈大宽	东莞市常平镇常东路华美酒店 1 楼	81091988
	东莞市康泰旅行社有限公司	L－GD00291	东旅通〔2009〕8 号	詹智勋	东莞市长安镇乌沙环南路 4 号之 1	89995666
	东莞市飞马旅行社有限公司	L－GD00292	东旅通〔2009〕8 号	刘巧玲	东莞市东城区东升路中 C6～C9 号 2 楼	23107566
	东莞市车游天下旅行社有限公司	L－GD00293	东旅通〔2009〕8 号	李映梅	东莞市南城区胜和体育路 3 号体育中心体育馆东面首层北段 2 号 A 铺	4008822616
	东莞市捷旅旅行社有限公司	L－GD00294	东旅通〔2009〕8 号	黎胜祥	东莞市莞城区金牛路八达花园维港 2 座首层 4 号铺	22886628
	东莞市益生旅行社有限公司	L－GD00921	东旅〔2009〕22 号	李泽球	东莞市长安镇长盛东路 52 号	82388238
	东莞市瑞翔旅行社有限公司	L－GD00966	东旅复〔2009〕23 号	连宏煜	东莞市东城区涡岭商业街 186 号铺	88998666
	东莞市友好旅行社有限公司	L－GD00967	东旅复〔2009〕24 号	余　琼	东莞市虎门镇连升路新裕大厦 3 号铺	85118289
	东莞市潮流假期旅行社有限公司	L－GD00968	东旅复〔2009〕25 号	钟柱荣	东莞市莞城区旗峰路 168 号金峰堡大厦商场 1 层(第 1～2 柱之间)	22025188
	广东中旅(东莞)旅行社有限公司	L－GD00969	东旅复〔2009〕26 号	吴晓强	东莞市南城区簪花路华凯豪庭 C 座首层 C33 号(东莞东荣商务酒店一楼)	23188777
	东莞市环宇旅行社有限公司	L－GD01024	东旅复〔2010〕3 号	孔淑芳	东莞市南城区西平新中银花园 109 号商铺	23023056
	东莞市风华旅行社有限公司	L－GD01025	东旅复〔2010〕4 号	肖　辉	东莞市东城区莞樟路石井路段宝城花园 12 号铺位	22010955
	东莞市华南旅行社有限公司	L－GD01129	东旅复〔2010〕8 号	白媛媛	东莞市南城区新城市中心华南大厦一楼 F 铺、G 铺、H 铺	22474428

续表

地区	旅行社名称	许可证编号	批文号	法定代表人	联系地址	联系电话
东莞市（0769）	东莞市汇博旅行社有限公司	L－GD01248	东旅复〔2011〕5 号	王汉强	东莞市厚街镇双岗村家具大道 185 号	82278788
	港中旅（东莞）国际旅行社有限公司	L－GD01256	东旅复〔2011〕6 号	杨　赟	东莞市寮步镇教育路 1 号东莞金凯悦大酒店商铺	13602318999
	东莞市国通旅行社有限公司	L－GD01307	东旅复〔2011〕10 号	袁伟棠	东莞市莞城区东城南路东升大厦 1 楼 4 号	23032223
	东莞市晨华旅行社有限公司	L－GD01343	东旅复〔2011〕11 号	钟小兰	东莞市南城区新城稻花村 1 栋 17 号铺	13826970723
	※东莞市飞扬旅行社有限公司	L－GD01352	东旅复〔2012〕1 号	廖秋玲	东莞市南城区亨美黄金花园金涛楼 1～2 号	33339988
	※广东国旅（东莞）旅行社有限公司	L－GD01353	东旅复〔2012〕2 号	杨秋华	东莞市莞城金牛路亚洲大厦 41 号 1 楼	88776058
	※东莞市猎狐旅行社有限公司	L－GD01405	东旅复〔2012〕5 号	黄沛洪	东莞市东城区主山高田坊联动大厦 1 楼 106	13926868000
	※东莞市中港旅行社有限公司	L－GD01490	东旅复〔2012〕6 号	周慧芳	东莞市东城区火炼树东城明苑第九期 15 号铺	13602394830
中山市（拥有旅行社 38 家，其中出境游组团社 7 家）	中山市海外旅游有限公司	L－GD－CJ00114	国家旅游局旅管理发〔2002〕91 号	李梅浪	中山市中山三路怡华街 10 号	88231888
	中山中国国际旅行社有限公司	L－GD－CJ00115	国家旅游局旅管理发〔2002〕91 号	王子乐	中山市东区恒信花园 A 区第六幢 53～62 号	88611888
	中山中国旅行社	L－GD－CJ00116	国家旅游局旅管理发〔2002〕91 号	李志毅	中山市东区恒信花园 B 区 53～57 号	88887736
	中山温泉国际旅行社有限公司	L－GD－CJ00117	国家旅游局旅管理发〔2002〕91 号	卢荣森	中山市东区银通街 19 号之 13	88881998
	中山菊城假期国际旅行社有限公司	L－GD－CJ00118	国家旅游局旅管理发〔2002〕91 号	梁曼霞	中山市小榄镇新市路 95 号之二	22551981
	中山市青年国际旅行社有限公司	L－GD－CJ00119	国家旅游局旅管理发〔2005〕89 号	钟永明	中山市东区岐关西路口青旅大厦	88881863
	中山市职工国际旅行社有限公司	L－GD－CJ00120	国家旅游局旅管理发〔2007〕244 号	吕承章	中山市石岐孙文东路 90 号之三职旅大厦	88886088
	中山市东方国际旅行社有限公司	L－GD00056	中旅局发〔2009〕7 号	卓卫清	中山市东区恒信花园 A 区十幢 89～92 卡首层	82388238
	中山交通旅行社	L－GD00057	中旅局发〔2009〕7 号	林春炎	中山市中山一路 111 号	88626306
	中山市新旅假期旅行社有限公司	L－GD00059	中旅局发〔2009〕7 号	杨　松	中山市小榄镇新永路 90 号	22268688
	中山市南湖旅行社有限公司	L－GD00060	中旅局发〔2009〕7 号	赵　祁	中山市石岐区莲塘北路 6 号 15 卡商铺	88227777
	中山市假日国际旅行社有限公司	L－GD00061	中旅局发〔2009〕7 号	梁绮薇	中山市西区富华道 8 号兴业大厦	88613777
	中山市乐途国际旅行社有限公司	L－GD00062	中旅局发〔2009〕7 号	许招金	中山市东区朗晴轩 19 幢 3 卡商铺	88226688

续表

地区	旅行社名称	许可证编号	批文号	法定代表人	联系地址	联系电话
中山市(0760)	中山新联假期国际旅行社有限公司	L－GD00063	中旅局发〔2009〕7号	陈诺宏	中山市石岐区碧湖东街7幢001卡之一	88790999
	中山市富达旅行社有限公司	L－GD00064	中旅局发〔2009〕7号	何红华	中山市西区富华道133号1楼	88663688
	中山阳光假期国际旅行社有限公司	L－GD00065	中旅局发〔2009〕7号	古思杰	中山市东区起湾道盛景园10～13栋首层4卡及夹层4卡	88816668
	中山市世纪行旅行社有限公司	L－GD00066	中旅局发〔2009〕7号	柳建波	中山市东区华苑大街76号	88809933
	中山市大视角国际旅行社有限公司	L－GD00067	中旅局发〔2009〕7号	池安堂	中山市石岐区中山二路52号2幢102卡	86227131
	中山市广博国际旅行社有限公司	L－GD00068	中旅局发〔2009〕7号	刘丽芝	中山市东区夏洋村16号	88311100
	中山市天天国际旅行社有限公司	L－GD00922	中旅局发〔2009〕3号	刘胜旋	中山市小榄镇龙山路9号迎龙居7号铺	22119222
	中山市金假期旅行社有限公司	L－GD00923	中旅局发〔2009〕5号	邓崇民	中山市石岐区阳光花地旭日阁1栋2层A06	85606888
	中山市一力国际旅行社有限公司	L－GD00940	中旅局发〔2009〕9号	曾宪融	中山市东区长江景观路13号一层第13卡	88731177
	中山市悠游国际旅行社有限公司	L－GD00992	中旅局发〔2010〕4号	苏汇川	中山市东区中山三路体育街3号一卡之一	88810780
	中山远洋假期国际旅行社有限公司	L－GD00999	中旅局发〔2010〕5号	徐科菲	中山市兴文路远洋城A3区25卡	88729688
	中山市飞扬旅行社有限公司	L－GD01009	中旅局发〔2010〕6号	侯立新	中山市东区朗晴轩27栋1卡之三	88880183
	中山市中港旅行社有限公司	L－GD01038	中旅局发〔2010〕7号	彭　东	广东省中山火炬开发区沿江东一路1号	88291783
	中山市风情国际旅游有限公司	L－GD01060	中旅局发〔2010〕9号	漆慧珍	中山市东区东裕商务大楼1卡商铺	87310668
	中山市君享天下国际旅行社有限公司	L－GD01086	中旅局发〔2010〕12号	王子乐	中山市东区恒信花园A区六栋49～52卡	88611888
	中山市开心国际旅行社有限公司	L－GD01124	中旅局发〔2010〕13号	李霭冰	中山市小榄镇海傍路2号之三	22832248
	中山诚邦国际旅行社有限公司	L－GD01132	中旅局发〔2010〕14号	罗文标	中山市东区行中道星月居6栋3卡	88307731
	中山市畅游国际旅行社有限公司	L－GD01166	中旅局发〔2011〕1号	郑家钰	中山市石岐区悦来南路26号一栋地下8卡	88877729
	中山市康健国际旅游有限公司	L－GD01252	中旅局发〔2011〕9号	萧少苑	中山市石岐区中山二路41号之南侧二层202	88232796
	中山飞翔国际旅行社有限公司	L－GD01273	中旅局发〔2011〕11号	邓毅清	中山市东区起湾道北12号华鸿水云轩12～15栋10～11卡	85751111
	※中山至尊假期国际旅行社有限公司	L－GD01368	中旅局发〔2012〕1号	陆洪膺	中山市宏基路宏图大街宏图9号3～6卡	89932999

续表

地区	旅行社名称	许可证编号	批文号	法定代表人	联系地址	联系电话
中山市(0760)	※中山市怡情旅行社有限公司	L－GD01425	中旅局发〔2012〕6 号	吴倩仪	中山市中山二路星河华苑 39 号 03～04 卡	88803608
	※中山市中泓国际旅行社有限公司	L－GD01475	中旅局发〔2012〕17 号	郑伟亮	中山市东区东苑南路 92 号之一	88229128
	※中山市港中旅国际旅行社有限公司	L－GD01486	中旅局发〔2012〕21 号	许强康	中山市黄圃镇兴圃商业城 C 区 1 号首层商铺	88771668
	※中山锦兴国际旅行社有限公司	L－GD01528	中旅局发〔2012〕36 号	余国峰	中山市东区孙文东路 161 号	86304788
江门市（拥有旅行社 63 家，其中出境游组团社 5 家）	江门市大方旅游国际旅行社有限公司	L－GD－CJ00121	国家旅游局旅管理发〔2002〕91 号	林栋礼	江门市蓬江区白沙大道西 6 号 101 首层	3502888
	江门市中国旅行社有限公司	L－GD－CJ00122	国家旅游局旅管理发〔2002〕91 号	刘家荣	江门市蓬江区跃进路长乐里 28 号 1～4 楼	3288880
	江门市国旅国际旅行社有限公司	L－GD－CJ00125	国家旅游局旅管理发〔2002〕91 号	区启源	江门市蓬江区白沙大道西 2 号	3066333
	江门市飞扬国际旅行社有限公司	L－GD－CJ00159	国家旅游局旅管理发〔2011〕134 号	许展敏	江门市蓬江区建设路 49 号之 10～115	3271122
	※江门市春秋国际旅行社有限公司	L－GD－CJ00191	国家旅游局旅办发〔2012〕257 号	黎兆焜	江门市新会区中心南路 12 号 101 室	6333333
	鹤山市中国旅行社	L－GD00224	江旅〔2009〕192 号	麦国华	鹤山市沙坪北湖路 1 号	8833168
	江门市新会区海外旅游有限公司	L－GD00225	江旅〔2009〕192 号	黄英橙	江门市新会区冈州大道中 60 号	6622122
	开平市广旅国际旅行社	L－GD00226	江旅〔2009〕192 号	周洽强	开平市长沙东路 3 号	2212580
	恩平广之旅旅行社有限公司	L－GD00227	江旅〔2009〕192 号	张活林	恩平市恩城东门广场商业城 B 座 7 号之一	7738236
	江门市新会区金辉旅行社有限公司	L－GD00228	江旅〔2009〕192 号	廖社长	江门市新会区东庆北路 9 号 101 室	6668888
	开平市中国旅行社有限公司	L－GD00229	江旅〔2009〕192 号	何忠正	开平市长沙文新路 1 号	2216608
	恩平中国旅行社	L－GD00230	江旅〔2009〕192 号	岑金源	恩平市河南西堤路 33 号	7780632
	江门市开心国际旅行社有限公司	L－GD00231	江旅〔2009〕192 号	周剑伟	江门市新会区冈州大道中 71 号首层、二层	6622777
	江门市教育旅行社有限公司	L－GD00232	江旅〔2009〕192 号	夏社群	江门市江会路 25 号首层	3322999
	江门市交通国际旅行社有限公司	L－GD00234	江旅〔2009〕192 号	容柏钊	江门市建设路 42 号	3270288
	台山市川岛旅行社有限公司	L－GD00235	江旅〔2009〕192 号	曾素云	台山市台城平湖路 2 号	5553227

续表

地区	旅行社名称	许可证编号	批文号	法定代表人	联系地址	联系电话
江门市(0750)	台山市中侨旅行社有限公司	L－GD00236	江旅〔2009〕192号	陈文惠	台山市台城南门路117号地下	5528555
	江门市青年旅行社有限责任公司	L－GD00237	江旅〔2009〕192号	李慧坚	江门市蓬江区建设路30号首层	3276686
	江门广之旅旅行社有限公司	L－GD00238	江旅〔2009〕192号	刘小莲	江门市蓬江区白沙大道西23号	3501888
	江门市欢乐旅行社有限责任公司	L－GD00239	江旅〔2009〕192号	郑永辉	江门市蓬莱路28号地下	3307008
	江门市白云旅行社有限公司	L－GD00240	江旅〔2009〕192号	伦志宏	江门市跃进路100号首层	3271785
	鹤山市好景旅行社有限公司	L－GD00241	江旅〔2009〕192号	罗国卫	鹤山市沙坪镇裕民路163号	8870001
	江门市风光假期国际旅行社有限公司	L－GD00242	江旅〔2009〕192号	叶祺胜	江门市新会区会城镇冈州大道中50号101室	6609991
	江门市阳光假期国际旅行社有限公司	L－GD00244	江旅〔2009〕192号	郭丽明	江门市新会区会城募兴路20号103～105室	6654666
	江门市新会区时尚旅行社有限公司	L－GD00245	江旅〔2009〕192号	陆卓芸	江门市新会区会城东庆北路26座106～2	6109099
	江门市假日旅行社有限公司	L－GD00246	江旅〔2009〕192号	何国峰	江门市美景路9号101室	3081127
	江门市新会方健旅行社有限公司	L－GD00247	江旅〔2009〕192号	张浪进	江门市新会区会城镇东庆北路5号3座101室	6962222
	江门市新会理想国际旅行社有限公司	L－GD00249	江旅〔2009〕192号	李永骏	江门市新会区会城中心路新金田酒店大堂	6337777
	广东中旅(江门)旅行社有限公司	L－GD00250	江旅〔2009〕192号	谭海棕	江门市白沙大道西4号2～4卡铺位	3502288
	恩平市锦江旅行社有限公司	L－GD00251	江旅〔2009〕192号	谢健熙	恩平市东门路18号	7736308
	开平市印象碉楼旅行社有限公司	L－GD00252	江旅〔2009〕192号	梁寿洪	开平市长沙曙光东路城市广场110～112号	2225111
	江门市新浪旅行社有限公司	L－GD00253	江旅〔2009〕192号	区俊杰	江门市新会区会城冈州大道中5号	6969700
	台山市乐途旅行社有限公司	L－GD00254	江旅〔2009〕192号	何志光	台山市台城石化路科学馆内	5551299
	恩平市知己旅行社有限公司	L－GD00255	江旅〔2009〕192号	陈裕荣	恩平市恩城新塔路1号4栋首层4～5号商铺	7713898
	江门市华厦国际旅行社有限公司	L－GD00256	江旅〔2009〕192号	叶健文	江门市新会区会城圭峰路3号	6171111
	江门市环宇旅行社有限公司	L－GD00257	江旅〔2009〕192号	叶伟权	江门市江华一路114号之一首层	3969988
	恩平市泉之旅旅行社有限公司	L－GD00258	江旅〔2009〕192号	冯卓芳	恩平市桥峰路48号金汇豪庭1幢铺位1号	7738877

续表

地区	旅行社名称	许可证编号	批文号	法定代表人	联系地址	联系电话
江门市(0750)	开平市经典旅行社有限公司	L－GD00259	江旅〔2009〕192 号	余冰莹	开平市三埠区长沙曙光西路 64 号	229222
	鹤山市八方商旅旅行社有限公司	L－GD00260	江旅〔2009〕192 号	黄素英	鹤山市沙坪镇东升路 37 号	8412166
	鹤山市春秋假日旅行社有限公司	L－GD00261	江旅〔2009〕192 号	黎兆焜	鹤山市沙坪镇前进路 26 号	8833668
	开平市广之旅旅行社有限公司	L－GD00959	江旅〔2009〕232 号	彭健强	开平市长沙区幕沙路 63 号首层 102 铺	2235738
	台山市广之游旅行社有限公司	L－GD00960	江旅〔2009〕233 号	彭健强	台山市台城石花公园路 26 号首层	5552666
	台山市创兴旅行社有限公司	L－GD00893	江旅〔2010〕011 号	刘启颖	台山市台城海园新村 47 号 101 房	5559997
	江门市新会区爱心国际旅行社有限公司	L－GD01013	江旅〔2010〕51 号	何艳芳	江门市新会区会城镇东庆北路 30 号 104 房	13702200399
	江门市四海国际旅行社有限公司	L－GD01014	江旅〔2010〕52 号	陈家杰	江门市蓬江区白沙大道西 32 号之一	12822339919
	江门市中青旅行社有限公司	L－GD01023	江旅〔2010〕058 号	李照民	江门市蓬江区聚德街 22 幢	3596398
	台山市枫叶假日旅行社有限公司	L－GD01047	江旅〔2010〕078 号	谭凯硕	台山市台城镇桔园路 3 号地下	5512111
	台山市粤游旅行社有限公司	L－GD01087	江旅〔2010〕118 号	关秋筠	台山市台城镇东城大道 2 号 103 房	5552996
	鹤山市铁青旅行社有限公司	L－GD01103	江旅〔2010〕124 号	邓毅然	鹤山市沙坪镇新风路 27 号之三、之四	13702712404
	江门市山水国际旅行社有限公司	L－GD01116	江旅〔2010〕126 号	邢卫珍	江门市蓬江区建设一路 57 号之三首层之一	13824052600
	江门菊城假期旅行社有限责任公司	L－GD01123	江旅〔2010〕145 号	梁曼霞	江门市蓬江区胜利路 85 号 101 房	2281408
	江门市孔雀国际旅行社有限公司	L－GD01189	江旅〔2011〕32 号	黄　河	江门市新会区会城冈州大道东 50 号 1 座 102 房	6336723
	台山中国旅行社	L－GD01229	江旅〔2011〕69 号	袁昕华	台山市台城真通济路 1 号	5524768
	台山市侨城国际旅行社有限公司	L－GD01233	江旅〔2011〕68 号	谭凯硕	台山市台城桔园路 3 号副楼	5510111
	港中旅(江门)国际旅行社有限公司	L－GD01239	江旅〔2011〕号	杨　赟	江门市迎宾路五邑大学伟伦中心首层	3299101
	江门市新会区华航国际旅行社有限公司	L－GD01327	江旅〔2011〕122 号	刘瑞娟	江门市新会区会城镇东庆北路 7 号天悦酒店一楼	6960005
	※江门市康怡国际旅行社有限公司	**L－GD01351**	**江旅〔2012〕1 号**	**李卓辉**	**江门市新会区冈州大道中 6 号 103 房**	**13232431200**
	※台山市口岸旅行社有限公司	**L－GD01403**	**江旅〔2012〕45 号**	**徐东华**	**台山市台城北郊路嘉华苑 8 号 106 铺**	**13760523485**

续表

地区	旅行社名称	许可证编号	批文号	法定代表人	联系地址	联系电话
江门市（0750）	※台山市金铧国际旅行社有限公司	L－GD01429	江旅〔2012〕58号	汤贵策	台山市台城健康路7号102房	13066209398
	※台山市百峰国际旅行社有限公司	L－GD01509	江旅〔2012〕103号	陈建军	台山市台城镇环北大道49号102房	13828031005
	※江门市侨乡国际旅行社有限公司	L－GD01526	江旅〔2012〕109号	赵树森	江门市江海区礼乐文昌花园118栋3号铺	13318639386
	※江门市新会区永健国际旅行社有限公司	L－GD01547	江旅〔2012〕121号	陈镇桥	江门市新会区会城同德二路35号108房	
	※台山市旅游公司	L－GD01548	江旅〔2012〕122号	关文峰	台山市台城镇环北大道石花华侨新村19～20号	
阳江市（拥有旅行社30家，其中出境游组团社1家）	阳江市国旅国际旅行社有限公司	L－GD－CJ00126	国家旅游局旅管理发〔2005〕34号	苏耀荣	阳江市东风一路长江大厦综合楼	3268622
	阳江市中国旅行社有限公司	L－GD00705	阳旅通〔2009〕125号	冯国俊	阳江市东风二路35号	3316365
	阳江市华龙旅游有限公司	L－GD00706	阳旅通〔2009〕125号	李雪梅	阳江市东风三路69号	3220666
	阳江市开心旅行社有限公司	L－GD00707	阳旅通〔2009〕125号	魏秀云	阳江市石湾南路81号	3277228
	阳江市龙之旅旅行社有限公司	L－GD00708	阳旅通〔2009〕125号	许家强	阳江市二环路1号	3186999
	阳江市天天旅行社有限公司	L－GD00709	阳旅通〔2009〕125号	项丽容	阳江市东风二路9号之二首层西边1～3跨	3385666
	阳江市新里程旅行社有限公司	L－GD00710	阳旅通〔2009〕125号	关则生	阳江市江城区东风二路荣华苑1号	3433777
	阳江市华泰旅行社有限公司	L－GD00711	阳旅通〔2009〕125号	冯创华	阳江市东风一路48号	3288111
	阳江市海之旅旅行社有限公司	L－GD00712	阳旅通〔2009〕125号	黄　海	阳江市江城区漠江路119号	3412666
	阳江市青年旅行社有限公司	L－GD00713	阳旅通〔2009〕125号	王宗珠	阳江市江城区东风二路39号之一荣辉名苑B幢A2	3322618
	阳江市新黄金假期旅行社有限公司	L－GD00714	阳旅通〔2009〕125号	梁　雅	阳江市江城区安宁路101号	3139333
	阳春市旅游总公司	L－GD00715	阳旅通〔2009〕125号	余庆杰	阳春市春城镇南新大道6号	7735608
	阳春市中国旅行社	L－GD00716	阳旅通〔2009〕125号	罗洪玉	阳春市春城镇南新大道8号之一	7722711
	阳春市安泰旅行社有限公司	L－GD00717	阳旅通〔2009〕125号	林　霞	阳春市春城南新大道2号首层6号铺位	7713676
	阳春市虹日旅行社有限责任公司	L－GD00718	阳旅通〔2009〕125号	黄素文	阳春市南新大道登宝大厦首层014号	7723238
	阳春市春之旅旅行社有限公司	L－GD00719	阳旅通〔2009〕125号	翁奕恒	阳春市朝南路4号	7743000

续表

地区	旅行社名称	许可证编号	批文号	法定代表人	联系地址	联系电话
阳江市（0662）	阳江市海陵岛闸坡旅游公司	L－GD00720	阳旅通〔2009〕125 号	陈 斌	海陵岛闸坡镇大角湾	3887080
	阳江市闸坡大角湾旅行社有限公司	L－GD00721	阳旅通〔2009〕125 号	陈 安	阳江市闸坡镇旅游大道天虹大厦后背	3800555
	阳江市海陵岛海岛旅行社有限公司	L－GD00722	阳旅通〔2009〕125 号	方奕焕	阳江市闸坡镇旅游大道中 162 号	3881988
	阳东东之旅旅行社	L－GD00723	阳旅通〔2009〕125 号	林子铭	阳东县龙日路 31 号	3288777
	阳东县青年旅行社	L－GD00724	阳旅通〔2009〕125 号	黄东水	阳东县东城镇始兴北路 35 号	3289953
	阳江市江城区江之旅旅行社有限公司	L－GD00725	阳旅通〔2009〕125 号	陈景华	阳江市江城区东风二路 58 号南方雅苑 33 号铺	3390177
	广东中旅（阳江）旅行社有限公司	L－GD00971	阳旅批复〔2009〕4 号	邓 霄	阳江市东风一路 42 号	3390177
	阳春市兴达旅行社有限公司	L－GD01001	阳旅外侨复〔2010〕3 号	严有兴	阳春市春湾镇春湾大道北 23 号	13809723524
	阳江市银湖旅行社有限公司	L－GD01153	阳旅外侨批复〔2010〕4 号	刘奕奎	阳江市江城区新江北路 57 号一层、二层商铺	2861666
	阳江市星月旅行社有限公司	L－GD01162	阳旅外侨批复〔2011〕3 号	林振七	阳江市江城区三环路 63 号、65 号、67 号	13922023458
	中国国旅（阳江）旅行社有限公司	L－GD01228	阳旅外侨批复〔2011〕5 号	谷训才	阳江市江城区东风二路 16 号	3289999
	阳春市喜洋洋旅行社有限公司	L－GD01250	阳旅外侨批复〔2011〕6 号	邹喜来	阳春市春城镇南路 128 号	7888878
	※阳春市中之旅旅行社有限公司	L－GD**01435**	**阳旅外侨批复〔2012〕9 号**	**吕玉英**	**阳春市春城街道朝南路 37 号 1～3 层**	**18998638648**
	※阳江市乐游旅行社有限公司	L－GD**01524**	**阳旅外侨批复〔2012〕18 号**	**茹诗娜**	**阳江市江城区二环路 91 号**	**13926388077**
湛江市（拥有旅行社 47 家，其中出境游组团社 2 家）	湛江市中国旅行社有限公司	L－GD－CJ00127	国家旅游局旅管理发〔2002〕91 号	李建奇	湛江市霞山区人民大道南 18 号 6 楼	2277333
	※湛江市光大旅行社有限公司	L－GD－C**J00199**	**国家旅游局旅办发〔2012〕439 号**	**黎明辉**	**湛江市人民大道北 34 号体育中心内**	**6609511**
	湛江中国国际旅行社有限公司	L－GD00493	湛旅〔2009〕60 号	杨雪山	湛江市人民大道中 34 号开发区财政局 2 楼	3616633
	湛江铁路旅行社	L－GD00494	湛旅〔2009〕60 号	柯 浩	湛江市霞山区解放西路火车站大楼内	3516918
	湛江广之旅旅行社有限公司	L－GD00495	湛旅〔2009〕60 号	李宏明	湛江市赤坎区海田路 28 号 3 楼	3618888
	湛江市金紫荆假日旅行社有限公司	L－GD00496	湛旅〔2009〕60 号	郑慧雄	湛江市霞山区人民大道南 45 号国贸大厦 A10 房	2360546
	湛江市阳光旅行社有限公司	L－GD00497	湛旅〔2009〕60 号	李雅文	湛江市赤坎区中山一路 2 号世贸大厦 1 栋 C 座 202 室	3228378

续表

地区	旅行社名称	许可证编号	批文号	法定代表人	联系地址	联系电话
湛江市(0759)	湛江市缤纷假日旅行社有限公司	L－GD00499	湛旅〔2009〕60号	吉永铎	湛江市霞山区人民大道南20号2楼	2662222
	湛江海旅旅行社有限公司	L－GD00500	湛旅〔2009〕60号	陈真平	湛江市霞山区人民大道南6号	2288500
	湛江市南珠旅行社有限公司	L－GD00501	湛旅〔2009〕60号	吴锦燕	湛江市霞山区人民大道南73号(录都酒店内)	2307132
	湛江市神州假期旅行社有限公司	L－GD00502	湛旅〔2009〕60号	张　静	湛江市赤坎区海园路28号华盛家园鑫怡阁2楼C房	3131111
	湛江湛之旅旅行社有限公司	L－GD00503	湛旅〔2009〕60号	黄国立	湛江市赤坎区百园路54号	3360200
	湛江市天马旅行社有限公司	L－GD00504	湛旅〔2009〕60号	魏广萍	湛江市霞山区海昌路20号首层	2260748
	湛江开发区教育旅行社有限公司	L－GD00505	湛旅〔2009〕60号	牛永春	湛江开发区人民大道中24号B幢二门102房	3622225
	湛江市怡海旅行社有限公司	L－GD00507	湛旅〔2009〕60号	梁海辉	湛江市霞山区人民大道南50号、52号国贸新天地A区A1座2407房	2214999
	湛江市湖光岩旅行社有限公司	L－GD00508	湛旅〔2009〕60号	林郑智	湛江市湖光岩风景区干部疗养院办公楼08房	2819192
	湛江市蓝月湾旅行社有限公司	L－GD00509	湛旅〔2009〕60号	廖　健	湛江市海滨二路32号海滨宾馆6号楼1楼	2373328
	徐闻县旅游公司	L－GD00510	湛旅〔2009〕60号	包声侠	徐闻县徐城镇德新一路87号	4856343
	雷州市旅游总公司	L－GD00511	湛旅〔2009〕60号	洪　新	雷州市西湖大道38号(7楼)	8808778
	湛江市中泰旅行社有限公司	L－GD00512	湛旅〔2009〕60号	钟　玲	湛江市赤坎区海田东三路6号湛江饮料食品综合批发市场周边B栋4楼403房	3163158
	湛江南湖旅行社有限公司	L－GD00513	湛旅〔2009〕60号	黄进文	湛江市霞山区人民大道南28号怡福国际A幢15层1～2号房	2299878
	湛江风光旅行社有限公司	L－GD00514	湛旅〔2009〕60号	梁亚伟	湛江市龙潮东路湛江美食休闲广场C栋	2328808
	湛江泰华旅行社有限公司	L－GD00935	湛旅函〔2009〕31号	冯毅青	湛江市经济技术开发区海静路6号海观园A栋102号商铺	3382622
	湛江市美景旅行社有限公司	L－GD00957	湛旅函〔2009〕39号	陈文琢	湛江市霞山区人民大道南42号国贸城市广场B栋1502房	2270066
	湛江市青之旅旅游有限公司	L－GD00970	湛旅函〔2009〕42号	马志军	湛江市霞山区人民大道南39号	2236928
	湛江市环宇国际旅行社有限公司	L－GD00978	湛旅函〔2009〕45号	陈真养	湛江市霞山区人民大道南18号华侨大厦6楼东部第3间	2220077
	湛江市名家假期旅行社有限公司	L－GD00979	湛旅函〔2009〕46号	包昌强	湛江市赤坎区世贸大厦写字楼14楼1010室	2191888
	湛江市半岛假期旅游有限公司	L－GD01011	湛旅函〔2010〕11号	黄　智	湛江市霞山区人民大道南45号国贸大厦5栋8楼A11～A12	2278222

续表

地区	旅行社名称	许可证编号	批文号	法定代表人	联系地址	联系电话
湛江市(0759)	湛江国旅假期旅行社有限公司	L-GD01021	湛旅函〔2010〕12号	杨雪山	湛江市椹川大道北99号运通宾馆首层正面北边第一至四间	3169399
	湛江市国之旅旅行社有限公司	L-GD01074	湛旅函〔2010〕36号	朱俊权	湛江市雷州雷城群众大道23号	8818188
	湛江假日旅行社有限公司	L-GD01102	湛旅函〔2010〕42号	万　超	湛江市开发区明哲路7号(明景花园首层13B1号商铺	2999029
	广东国旅湛江旅行社有限公司	L-GD01134	湛旅函〔2010〕54号	杨雪山	湛江开发区观海路183号海洋花园A栋首层1号商铺之二(A1)	3169399
	湛江市现代国际旅行社有限公司	L-GD01144	湛旅函〔2010〕60号	陈楚翘	湛江市霞山区人民大道20号办公室三楼308房	3297332
	湛江市口岸国际旅行社有限公司	L-GD01145	湛旅函〔2010〕59号	吴心珥	湛江市开发区观海路183号荣基国际广场商务公寓2310房	2099990
	湛江港程旅行社有限公司	L-GD01160	湛旅函〔2011〕1号	陈　升	湛江市开发区观海路183号荣基国际广场公寓8层07号房	2827216
	湛江市旅游总公司	L-GD01165	湛旅函〔2011〕4号	卢　义	湛江市霞山区海昌路20栋	2109807
	湛江市步天下旅行社有限公司	L-GD01224	湛旅函〔2011〕28号	邓锦伟	湛江市霞山区海景路80号18栋别墅三层	2677003
	吴川市旅游发展总公司	L-GD01271	湛旅函〔2011〕46号	陈　豪	吴川市市府招待所二号楼204室、205室	5608851
	湛江市新旅程旅行社有限公司	L-GD01284	湛旅函〔2011〕50号	林伟杰	湛江市霞山区工农路57号	13922089728
	湛江旅游集散中心有限公司	L-GD01292	湛旅函〔2011〕53号	梁亚伟	湛江市龙潮东路美食休闲广场C栋一单元	3333388
	※湛江市阳光国际旅行社有限公司	L-GD01400	湛旅函〔2012〕16号	李雅文	湛江市赤坎区中山一路2号世贸大厦1栋C座202室	18688375345
	※湛江市优质假期旅行社有限公司	L-GD01498	湛旅函〔2012〕58号	林国鑫	湛江市人民大道中40号城市尚品大厦A幢1509号房	13590055000
	※湛江市海外国际旅行社有限公司	L-GD01521	湛旅函〔2012〕70号	杨雪山	湛江市观海路183号海洋花园A栋首层1号商铺之二(A2)	13922099538
	※湛江市遨游旅行社有限公司	L-GD01525	湛旅函〔2012〕72号	江燕花	湛江开发区海滨三路41号紫薇花园B栋首层28B号商铺	3388858
	※湛江市粤逍遥旅行社有限公司	L-GD01532	湛旅函〔2012〕78号	梁文钊	湛江市赤坎区康顺路33号虹都花园C栋1503房	13828285453
	※湛江市中天旅行社有限公司	L-GD01533	湛旅函〔2012〕79号	刘志屏	湛江市霞山区建新西路9号二栋305房	13922085031
	※湛江盛事假期旅行社有限公司	L-GD01545	湛旅函〔2012〕85号	林　浩	湛江开发区观海路183号荣基国际广场公寓8层02号房	13763089860
茂名市(0668)	茂名市国旅国际旅行社有限公司	L-GD-CJ00128	国家旅游局旅管理发〔2002〕91号	费民龙	茂名市人民南路94号	3888888
	茂名市中国旅行社	L-GD-CJ00129	国家旅游局旅管理发〔2002〕91号	尹国生	茂名市迎宾路46号	3390193

续表

地区	旅行社名称	许可证编号	批文号	法定代表人	联系地址	联系电话
茂名市（拥有旅行社16家，其中出境游组团社2家）	茂名市青年旅行社	L－GD00337	茂旅字〔2010〕14号	杨小周	茂名市文明北路30号	2895666
	茂名市恒泰旅行社有限公司	L－GD00338	茂旅字〔2010〕14号	张兆明	茂名市区迎宾四路153号大院东南侧1～3间	2997878
	茂名市光明旅行社有限公司	L－GD00340	茂旅字〔2010〕14号	练　岚	茂名市迎宾三路189号大院C座首层第10号商铺	2732028
	茂名金典旅行社有限公司	L－GD00341	茂旅字〔2010〕14号	许建伟	茂名市官山三路22号	2293252
	茂名宗易旅行社有限公司	L－GD00342	茂旅字〔2010〕14号	车振洪	茂名市油城七路36号1楼4～6号	2887369
	茂名神马旅行社有限公司	L－GD00344	茂旅字〔2010〕14号	江金朝	茂名市油城三路222号大院	2265726
	茂名市茂南假日旅行社	L－GD00345	茂旅字〔2010〕14号	周光何	茂名市油城三路319号2楼	2226328
	高州市中国旅行社	L－GD00346	茂旅字〔2010〕14号	李拨松	高州市观山路4号	6613988
	高州市旅游总公司	L－GD00347	茂旅字〔2010〕14号	江海运	高州市中山路73号	6633058
	化州市中国旅行社	L－GD00348	茂旅字〔2010〕14号	詹彩丽	化州市文仙路57号	7229397
	信宜市中国旅行社	L－GD00349	茂旅字〔2010〕14号	邓泽光	信宜市人民南路58号	8811528
	信宜市云开旅行社	L－GD00350	茂旅字〔2010〕14号	林汉开	信宜市区新尚路53号	8813631
	广东中旅（茂名）旅行社有限公司	L－GD00911	茂旅字〔2010〕14号	凌富杰	茂名市双山二路21号2楼201房	2899663
	茂名广旅假期旅行社有限公司	L－GD00912	茂旅字〔2010〕15号	朱理宝	茂名市迎宾二路89号茂名农垦局8号楼5～6号商铺	2117777
肇庆市（拥有旅行社45家，其中出境游组团社3家）	肇庆市中国旅行社有限公司	L－GD－CJ00130	国家旅游局旅管理发〔2002〕91号	朱丽华	肇庆市天宁北路90号	2288034
	肇庆星湖国际旅行社有限公司	L－GD－CJ00131	国家旅游局旅管理发〔2002〕91号	牛伟杰	肇庆市天宁北路82号	2230511
	※肇庆市广之旅国际旅行社有限公司	L－GD－CJ**00192**	国家旅游局旅办发**〔2012〕257**号	谭予丽	肇庆市建设三路**10**号柏丽雅居A栋、B栋、C栋**202**室	**2295581**
	肇庆市活力国际旅行社有限公司	L－GD00515	肇旅函字〔2009〕170号	冯继军	肇庆市端州区翠星路鸿福新村E幢5～7卡	2816984
	肇庆市青年国际旅行社有限公司	L－GD00516	肇旅函字〔2009〕170号	许剑明	肇庆市城北路110～111号财联大厦九楼东南1～4卡和东北5～6卡	2278001
	肇庆市国泰国际旅行社有限公司	L－GD00517	肇旅函字〔2009〕170号	郭志英	肇庆市前进南路鼎湖新村三区一栋201室、204室	2728227
	肇庆鼎湖旅行社	L－GD00518	肇旅函字〔2009〕170号	董植森	肇庆鼎湖山风景区内	2628093

续表

地区	旅行社名称	许可证编号	批文号	法定代表人	联系地址	联系电话
肇庆市(0758)	肇庆通联旅行社有限公司	L－GD00519	肇旅函字〔2009〕170 号	林雪影	肇庆市莲湖中路七号陶然居首层 10～12 号	2260243
	肇庆市肇之旅国际旅行社有限公司	L－GD00520	肇旅函字〔2009〕170 号	赵建辉	肇庆市天宁北路 43 号文化假日酒店二楼夹层	2201112
	肇庆金世纪国际旅行社有限公司	L－GD00521	肇旅函字〔2009〕170 号	梁伟忠	肇庆市七星岩旅游度假区瑞士花园	2830968
	肇庆市铁路旅行社有限公司	L－GD00522	肇旅函字〔2009〕170 号	吴国锋	肇庆市端州区站北路	2826013
	肇庆市新时代国际旅行社有限公司	L－GD00523	肇旅函字〔2009〕170 号	李予斯	肇庆市肇庆大道 1 号月圆花园北苑 8 幢第 10 卡	2760606
	肇庆市教育旅行社有限公司	L－GD00524	肇旅函字〔2009〕170 号	谢锦贤	肇庆市阅江路江景花苑二区 G3 幢第二卡	2326610
	肇庆市锦绣东方旅行社有限公司	L－GD00525	肇旅函字〔2009〕170 号	周亦君	肇庆市康乐花园 E4 栋首层 2 卡	2811819
	肇庆环球商务国际旅行社有限公司	L－GD00526	肇旅函字〔2009〕170 号	黄伟智	肇庆市前进南路东堤湾 11 幢 107 号	2789118
	肇庆市环宇国际旅行社有限公司	L－GD00527	肇旅函字〔2009〕170 号	欧杰兰	肇庆市芙蓉西路一街 7 号首层 101 卡	2838683
	肇庆市凤凰国际旅行社有限公司	L－GD00528	肇旅函字〔2009〕170 号	王　凤	肇庆市塔东三路 38 号东景华府第 B4 幢首层第八卡	2289662
	肇庆市南湖旅行社有限公司	L－GD00531	肇旅函字〔2009〕170 号	赵　祁	肇庆市天宁北路天宁广场首层 A115B 卡	2317111
	肇庆山水国际旅行社有限公司	L－GD00533	肇旅函字〔2009〕170 号	郑丽明	肇庆市阅江路阅景花苑西座首层第 17 卡商铺	2325011
	肇庆市四海国际旅行社有限公司	L－GD00534	肇旅函字〔2009〕170 号	覃来芳	肇庆市端州六路上瑶南一巷之一	5976009
	肇庆市阳光国际旅行社有限公司	L－GD00535	肇旅函字〔2009〕170 号	冯武权	肇庆市星荷路星荷豪苑 D 幢 28 卡	2808277
	肇庆市中达国际旅行社有限公司	L－GD00536	肇旅函字〔2009〕170 号	卓　越	肇庆市建设三路七号之一柑园北路第一幢第二卡商铺	2758223
	肇庆市精彩假期旅行社有限公司	L－GD00537	肇旅函字〔2009〕170 号	黎庆权	肇庆市建设二路 13 号第三幢 A 座十层 1003 房	6191888
	肇庆市和平国际旅行社有限公司	L－GD00538	肇旅函字〔2009〕170 号	罗国冲	肇庆市蓓蕾南路 10 号盛泽明苑第八卡	2252316
	广东中旅（肇庆）旅行社有限公司	L－GD00540	肇旅函字〔2009〕170 号	陈建斌	肇庆市端州五路 2 号首层 1～C18 卡	2910886
	封开县青年国际旅行社有限公司	L－GD00541	肇旅函字〔2009〕170 号	梁志坚	封开县江口镇河堤一路 30 号	6663219
	四会市旅游有限公司	L－GD00542	肇旅函字〔2009〕170 号	杨寄萍	四会市城中区新风路一巷五号之二	3323636
	怀集县中国旅行社	L－GD00543	肇旅函字〔2009〕170 号	范粤毅	怀集县解放中路 78 号	5536038

续表

地区	旅行社名称	许可证编号	批文号	法定代表人	联系地址	联系电话
肇庆市(0758)	四会市美丽华旅行社有限公司	L－GD00544	肇旅函字〔2009〕170 号	伍海友	四会市体育路九座首层	3396838
	肇庆市遨游天下国际旅行社有限公司	L－GD00963	肇旅函字〔2009〕204 号	胡思永	肇庆市端州区伴月路 4 号	2163338
	肇庆市华信国际旅行社有限公司	L－GD00919	肇旅函字〔2010〕21 号	马天乐	肇庆市芙蓉路西一街 19 号嘉士翠园首层 17 卡	2854117
	肇庆市西江国际旅行社有限公司	L－GD00994	肇旅函字〔2010〕24 号	李开裕	肇庆市芹田路 39 幢东二梯首层商场 1～3 卡	2206798
	肇庆市江南旅行社有限公司	L－GD00995	肇旅函字〔2010〕24 号	潘小燕	肇庆市端州区翠星路北一街 13 号	2867966
	肇庆市奥威斯旅行社有限公司	L－GD01064	肇旅函字〔2010〕24 号	袁旭华	肇庆市星湖大道西侧奥威斯酒店大堂内 1 号商铺	
	肇庆市天下行国际旅行社有限公司	L－GD01073	肇旅函字〔2010〕112 号	黎超雄	肇庆市人民南路 24 号肇林宾馆三楼东边	2258618
	肇庆市风光国际旅行社有限公司	L－GD01079	肇旅函字〔2010〕120 号	周开雄	肇庆市柑园路 1 号中原翠筑二楼	13929867711
	肇庆市晴朗假期旅行社有限公司	L－GD01282	肇旅函字〔2011〕132 号	陈丽霞	肇庆市端州五路 2 号时代广场商住楼 A、B 栋商铺	13360266911
	广东国旅(肇庆)旅行社有限公司	L－GD01299	肇旅函字〔2011〕172 号	胡思永	肇庆市端州区南安南正巷 13 号之一	2183118
	※肇庆市端州飞翔国际旅行社有限公司	L－GD01394	肇旅函字〔2012〕36 号	梁康延	肇庆市端州区和平路 35 号综合大厦四楼 401～403 室	2766319
	※肇庆市端州区康程国际旅行社有限公司	L－GD01395	肇旅函字〔2012〕37 号	梁康延	肇庆市端州区星湖名郡尚林苑 7 栋 203 之二	2766319
	※肇庆市端州悦华国际旅行社有限公司	L－GD01440	肇旅函字〔2012〕70 号	黄肇彤	肇庆市端州四路 13 号雅图商业城中座 4 楼	13827535983
	※肇庆市端城国际旅行社有限公司	L－GD01495	肇旅函〔2012〕100 号	伍国垣	肇庆市建设三路 46 号商业大厦第 11 楼 A1106 室	6811665
	※肇庆市港中旅国际旅行社有限公司	L－GD01499	肇旅函字〔2012〕101 号	邓小书	肇庆市人民中路 19 号第二层 202 室、203 室	13760010488
	※广宁县南街镇中旅行社有限公司	L－GD01500	肇旅函字〔2012〕102 号	欧东婵	广宁县南街镇中华西路 88 号商铺 2 楼、3 楼	8622208
	※肇庆市端州区春秋旅行社有限公司	L－GD01540	肇旅函字〔2012〕122 号	何建文	肇庆市公正路华英新城 J 区 J2 幢 20 号商铺(首、夹层)	13822633433
清远市(拥有旅行社 51 家，其中出境游组团社 2 家)	清远市中旅国际旅行社有限公司	L－GD－CJ00132	国家旅游局旅管理发〔2002〕91 号	杨志明	清远市先锋西路西湖花园青少年宫大楼西侧附楼	3321611
	※清远市星辉旅行社有限公司	L－GD－CJ00198	国家旅游局旅办发〔2012〕439 号	黄志成	清远市小市路 15 号首层	3877722
	清远市国旅国际旅行社有限责任公司	L－GD00351	清旅〔2009〕118 号	罗红霞	清远市清城区桥北路牛皇庙西三座 3 号	3330939
	清远青旅旅行社有限公司	L－GD00352	清旅〔2009〕118 号	梁冠强	清远市新城凤鸣路名豪苑	3366000

续表

地区	旅行社名称	许可证编号	批文号	法定代表人	联系地址	联系电话
清远市(0763)	清远市新里程旅行社有限公司	L－GD00353	清旅〔2009〕118 号	向春明	清远市新城东 5 号区连江路二十三栋 104 卡	3366588
	清远市步步高旅行社有限公司	L－GD00354	清旅〔2009〕118 号	冯伟洪	清远市清城区曙光一路 88 号首层	3340133
	清远市凤之旅旅行社有限公司	L－GD00355	清旅〔2009〕118 号	冯国权	清远市清城区桥北路牛皇庙新二栋一梯 206 房	3347628
	清远市新美景旅行社有限公司	L－GD00356	清旅〔2009〕118 号	肖庆扬	清远市新城区富华大厦 B 座二层北 2 号	3370519
	清远市口岸旅行社有限公司	L－GD00358	清旅〔2009〕118 号	曾昭军	清远市新城银泉路 18 号社科中心 5 楼	3870888
	清远市金色旅行社有限公司	L－GD00361	清旅〔2009〕118 号	陈桂莲	清远市新城连江路赢之城 C1－005、C1－007	3876288
	清远市远景旅行社有限公司	L－GD00362	清旅〔2009〕118 号	林韶伟	清远市新城人民二路 24 号公路管理局北院从东向西第二间	3867775
	清远市风情旅行社有限公司	L－GD00363	清旅〔2009〕118 号	班朝晖	清远市新城西门街右三巷一座 101 号	3333912
	清远运通旅行社有限公司	L－GD00365	清旅〔2009〕118 号	温秀萍	清远市新城北江二号国泰广场首层 1 号、2 号铺	3123398
	清远市缤纷旅行社有限公司	L－GD00366	清旅〔2009〕118 号	陈　映	清远市清城区新城人民二路 23 号尚景峰 B 梯 6G	3861555
	清远市永安旅行社有限公司	L－GD00367	清旅〔2009〕118 号	冯　勇	清远市清城松岗路一号楼一楼、二楼西面房铺位	3399162
	清远市花花假期旅行社有限公司	L－GD00368	清旅〔2009〕118 号	朱丽花	清远市新城连江路金沙商务大厦 11 层 B02a	3851122
	清远市清新假期旅行社有限公司	L－GD00369	清旅〔2009〕118 号	陈桂泉	清远市清新县清和大道 12 号 2 楼	6880418
	连南瑶族自治县瑶山旅行社有限公司	L－GD00370	清旅〔2009〕118 号	肖宪勇	连南县三江镇民族二路 10 号之一	8667777
	连州新时代旅行社有限公司	L－GD00371	清旅〔2009〕118 号	何国辉	连州市南门大道 B1 栋 12 号	6633231
	连州市金色假期旅行社有限责任公司	L－GD00372	清旅〔2009〕118 号	黄德锋	连州市人民路 218 号连州宾馆内	6625530
	连州市骄阳旅行社有限公司	L－GD00373	清旅〔2009〕118 号	麦丰庭	连州市兴业中路 10 号	6661955
	连山壮族瑶族自治县中国旅行社	L－GD00374	清旅〔2009〕118 号	李卫学	连山壮族瑶族自治县吉田镇鹿鸣东路	8918377
	英德市旅游服务公司	L－GD00376	清旅〔2009〕118 号	杨军辉	英德市教育西路旺达花园 C4 栋	2226596
	英德市青年旅行社	L－GD00377	清旅〔2009〕118 号	麦穗霞	英德市和平中路 75 号	2231606
	英德市英州旅行社有限责任公司	L－GD00378	清旅〔2009〕118 号	陈宁红	英德市英城镇建设路 64 号	2231238

续表

地区	旅行社名称	许可证编号	批文号	法定代表人	联系地址	联系电话
清远市（0763）	英德市英之旅旅行社有限公司	L－GD00379	清旅〔2009〕118 号	朱素玲	英德市英城镇峰光路劳动保障局侧	2281838
	英德市今日假期旅行社有限公司	L－GD00380	清旅〔2009〕118 号	莫小妮	英德市英城和平北路 20 号一楼	2239350
	英德市乐途旅行社有限责任公司	L－GD00381	清旅〔2009〕118 号	朱建权	英德市英州大道小岛宾馆负一楼	2282348
	英德市潮流旅行社有限公司	L－GD00382	清旅〔2009〕118 号	江化任	英德市英城镇建设路矿业大厦首层	2228938
	英德市安泰旅行社有限公司	L－GD00383	清旅〔2009〕118 号	吴世喜	英德市富强东路凤凰城 146 号	2206136
	佛冈县佛旅旅行社有限公司	L－GD00384	清旅〔2009〕118 号	周铁忠	佛冈县石角镇振兴中路 113 号	4283460
	佛冈青年旅行社有限公司	L－GD00385	清旅〔2009〕118 号	刘小青	佛冈县石角镇环城中路 382 号	4299333
	清远市开心假期旅行社有限公司	L－GD00386	清旅〔2009〕118 号	梁国球	清远市清城区曙光二路三座	3380333
	阳山县中国旅行社有限公司	L－GD00387	清旅〔2009〕118 号	陈秀丽	阳山县阳山大道 107 号首层	7882679
	英德市畅游天下旅行社有限公司	L－GD00936	清旅〔2009〕136 号	孔莉梅	英德市富强路凤凰城广场首层 1～128 号	2206188
	连州市粤北巾峰旅行社有限公司	L－GD00937	清旅〔2009〕137 号	唐玉裙	连州市兴业中路 37 号	6622816
	佛冈假日旅行社有限公司	L－GD00955	清旅〔2009〕162 号	冯晓聪	佛冈县石角镇振兴中路 62 号	4281108
	清新县黄金假日旅行社有限公司	L－GD00956	清旅〔2009〕163 号	梁海潮	请新县清和大道 6 号	5563222
	清远市飞扬旅行社有限公司	L－GD00975	清旅〔2009〕174 号	黄锦成	清远市新城三号区金沙大厦 13B02b	3813108
	广东中旅（清远）旅行社有限公司	L－GD00897	清旅〔2010〕12 号	王中朝	清远市新城区凤鸣路 47 号金景楼首层 8 卡	33556666
	英德市喜洋洋旅行社有限公司	L－GD01020	清旅〔2010〕46 号	范维芝	英德市和平中路 102 号	2235147
	清远市康泰旅行社有限公司	L－GD01028	清旅〔2010〕53 号	梁敏聪	清远市清城区下廓大街 2～10 号 4 号铺	13509268682
	清新阳光假日旅行社有限公司	L－GD01056	清旅〔2010〕83 号	苏雄健	清远市清新县府前路 16 号 101 卡	13922561818
	英德市快乐假期旅行社有限公司	L－GD01115	清旅〔2010〕126 号	范方靖	英德市富强东路凤凰城 A9 栋 1～124 号铺	2636588
	英德市观光旅行社有限公司	L－GD01159	清旅〔2011〕104 号	徐仕强	英德市和平路时代广场南 A20 号	2227999
	英德市逸程旅游服务有限公司	L－GD01278	清旅〔2011〕130 号	陈天培	英德市英城镇茶园路东门 50～51 号	2787888

续表

地区	旅行社名称	许可证编号	批文号	法定代表人	联系地址	联系电话
清远市（0763）	清远市鸿泰旅行社有限公司	L－GD01309	清旅〔2011〕170 号	曾柳添	清远市新城银泉北路鸿信宾馆二层	3669633
	广东国旅（清远）旅行社有限公司	L－GD01341	清旅〔2011〕208 号	陈文庆	清远市北江二路 28 号怡景大厦 01B	18900893614
	清远市诚信旅游有限公司	L－GD01342	清旅〔2011〕209 号	雷观丽	清远市清城区朝阳花苑五座首层第四卡铺	13620556820
	※清新清之旅旅行社有限公司	**L－GD01449**	**清旅〔2012〕116 号**	**欧康华**	**清新县清新大道 70 号**	**13926613926**
潮州市（拥有旅行社 32 家，其中出境游组团社 5 家）	潮州市中国旅行社有限公司	L－GD－CJ00133	国家旅游局旅管理发〔2002〕91 号	郑正佳	潮州市潮州大道金田花园 84 号铺面	2354510
	潮州中国国际旅行社有限公司	L－GD－CJ00134	国家旅游局旅管理发〔2002〕91 号	陆锐群	潮州市潮枫路 57 号潮新巷 19 号（旅游大厦）一层	2268745
	潮州风光国际旅行社有限公司	L－GD－CJ00135	国家旅游局旅管理发〔2006〕178 号	林子贤	潮州市潮枫路兰园首层 8 号	2272888
	潮州市潮之旅国际旅行社有限公司	L－GD－CJ00141	国家旅游局旅监管发〔2010〕149 号	郑剑明	潮州市枫春路 406 号	2357766
	潮州市龙之旅国际旅行社有限公司	L－GD－CJ00150	国家旅游局旅监管发〔2010〕215 号	陈长安	潮州市福安路锦江花园 A 栋 20～21 号铺面	3996312
	潮州招商旅行社有限公司	L－GD00421	潮旅〔2009〕101 号	谢小平	潮州市潮枫路迎宾馆左侧	2299118
	潮州市海联旅行社	L－GD00422	潮旅〔2009〕101 号	陈红茶	潮州市南较路右二横 8 号（南较路中段）	2221437
	潮州市青年旅行社	L－GD00423	潮旅〔2009〕101 号	黄锦龙	潮州市枫春路枫春市场 163～164 号	2387111
	潮州市假日旅行社有限公司	L－GD00424	潮旅〔2009〕101 号	蔡树群	潮州市枫春路中段吉街大厦楼下 8 号	2297165
	潮州市鸿运旅行社有限公司	L－GD00426	潮旅〔2009〕101 号	黄功雄	潮州市潮枫路长运公司大堂	2216598
	潮州市湘子桥旅行社有限公司	L－GD00427	潮旅〔2009〕101 号	王美璇	潮州市新春路新雅园 A 幢 3～4 号铺面	2353888
	潮州东南旅行社有限公司	L－GD00428	潮旅〔2009〕101 号	林铿平	潮州市福安路新泰花园第 10 号铺	2396878
	潮州市天伦旅行社有限公司	L－GD00429	潮旅〔2009〕101 号	王安伦	潮州市潮枫路兰园 1 幢 18 号门市（首层、夹层）	2806841
	潮州市金龙旅行社有限公司	L－GD00430	潮旅〔2009〕101 号	林郁平	潮州市环城南路 39 号	2286386
	潮州市春辉旅行社有限公司	L－GD00431	潮旅〔2009〕101 号	柯文胜	潮州市城新西路福居楼 7～8 号铺面	2362009
	潮安县天马旅游公司	L－GD00432	潮旅〔2009〕101 号	翁树荣	潮安县城区文体局办公楼首层 5～6 号	3913073
	潮安县中国旅行社	L－GD00433	潮旅〔2009〕101 号	李钟勤	潮安县政府综合办公大楼 2 楼	5811109

续表

地区	旅行社名称	许可证编号	批文号	法定代表人	联系地址	联系电话
潮州市（0768）	潮安县春秋旅行社有限公司	L－GD00434	潮旅〔2009〕101 号	陈耀北	潮安县彩塘院前公路旁 76～77 号	6675898
	潮安县安之旅旅行社有限公司	L－GD00435	潮旅〔2009〕101 号	沈杏璇	潮安县城区潮安大道旁中心市场一幢 4 号	5810072
	饶平县中国旅行社	L－GD00436	潮旅〔2009〕101 号	蔡饶阳	饶平县黄冈镇丁未路 611 号	8882723
	饶平县天地人旅行社有限公司	L－GD00437	潮旅〔2009〕101 号	郑金雄	饶平县黄冈镇沿河北路龙新花园 A 座 10 号	8881788
	饶平县阳光之旅旅行社有限公司	L－GD00438	潮旅〔2009〕101 号	沈舜晓	饶平县黄冈镇丁未路 567 号	8861188
	饶平县鸿泰旅行社有限公司	L－GD00439	潮旅〔2009〕101 号	林淑芬	饶平县黄冈镇沿河北路 38 号	8881600
	饶平县青年旅行社有限公司	L－GD00440	潮旅〔2009〕101 号	许振贤	饶平县黄冈镇沿河北路 36 号	8899333
	潮州市壮大旅行社有限公司	L－GD00888	潮旅旅〔2010〕5 号	章壮大	潮州市枫溪区安揭公路枫一管理区门牌 9 号首层 9 号	6883897
	潮州市山水旅行社有限公司	L－GD01010	潮文旅〔2010〕12 号	陈继祖	潮州市枫春路枫溪车站东侧泡沫厂 10 号门市	2252333
	潮州市新世纪旅行社有限公司	L－GD01156	潮文旅〔2011〕6 号	陈蔚光	潮州市新城西路金贸花园 B 栋 103 室	2388612
	潮州市潮人旅行社有限公司	L－GD01175	潮文旅〔2011〕31 号	刘森权	潮州市新春路公路局住宅楼 2 号门市	2356111
	※潮州市潮联旅行社有限公司	L－GD01399	潮文旅〔2012〕37 号	刘世敏	潮州市城新西路金贸花园 B 栋 103 室	2293000
	※广东国旅（潮州）旅行社有限公司	L－GD01436	潮文旅〔2012〕61 号	谷训才	潮州市枫春路新景园 8 号铺面	13903092807
	※潮州市和信旅行社有限公司	L－GD01487	潮文旅〔2012〕97 号	魏德华	潮州市绿榕路阳光花苑 18 号铺面（首层）	3909999
	※潮州市星程旅行社有限公司	L－GD01513	潮文旅〔2012〕108 号	陈树彬	潮州市湘桥区福安路富悦园五幢 1/13 号门店	2366328 2366338
揭阳市（拥有旅行社 25 家，其中出境游组团社 4 家）	揭阳市旅总国际旅行社	L－GD－CJ00136	国家旅游局旅管理发〔2002〕91 号	黄建明	揭阳市区天福东路口	8292227
	揭阳市中国旅行社	L－GD－CJ00137	国家旅游局旅管理发〔2002〕91 号	许汉基	揭阳市区新兴路 6 号	8625941
	※揭阳市青年旅行社有限公司	L－GD－CJ00179	国家旅游局旅办发〔2012〕34 号	黄丹彤	揭阳市东山区建阳路联泰花园 8～10 号	8228141
	※揭阳市光辉国际旅行社有限公司	L－GD－CJ00180	国家旅游局旅办发〔2012〕34 号	许剑光	揭阳市榕城区进贤门大道北侧（揭阳宾馆前）办公大楼一至二楼	8625388
	揭阳假日旅行社有限公司	L－GD00070	揭市旅函〔2009〕46 号	陈德锋	揭阳市东山华诚花园一期南区北向 113 号	8212683
	揭阳市宝马旅行社有限公司	L－GD00071	揭市旅函〔2009〕46 号	许旭深	揭阳市区进安街中段	8635988

续表

地区	旅行社名称	许可证编号	批文号	法定代表人	联系地址	联系电话
揭阳市（0663）	揭阳康辉旅行社有限公司	L－GD00073	揭市旅函〔2009〕46 号	黄细巧	揭阳市榕城区同心路口	8687700
	揭阳市顺华旅行社	L－GD00074	揭市旅函〔2009〕46 号	吴奕强	揭阳市区新兴路揭阳宾馆内	8638663
	揭阳市中和旅行社有限公司	L－GD00075	揭市旅函〔2009〕46 号	邱南龙	揭阳市榕城区新兴东路北侧飞燕五巷一号 3/1	8692106
	揭阳吉旅旅行社有限公司	L－GD00076	揭市旅函〔2009〕46 号	郑玩杰	揭阳市东山区锦绣花园二期首层 7～8 号	8260333
	普宁市旅游总公司	L－GD00077	揭市旅函〔2009〕46 号	詹汉龙	普宁市联运贸易服务公司大楼 A 栋 5 楼	2248753
	普宁市金叶旅行社有限公司	L－GD00078	揭市旅函〔2009〕46 号	黎小群	普宁市流沙河滨路 1 号	2236889
	普宁市侨联旅行社	L－GD00079	揭市旅函〔2009〕46 号	黄卓生	普宁市流沙镇新河西路 7 号	2221162
	普宁市铁山旅行社有限公司	L－GD00080	揭市旅函〔2009〕46 号	韦跃鹏	普宁市流沙大道市政府西侧龙苑一栋 107 室	2222196
	普宁市新东方旅行社有限公司	L－GD00081	揭市旅函〔2009〕46 号	肖红慧	普宁市流沙南平里 41 栋 95 号	2255995
	普宁市美林旅行社有限公司	L－GD00082	揭市旅函〔2009〕46 号	冯秋璇	普宁市流沙大道西 21 号	2243618
	揭西县新世纪旅行社有限公司	L－GD00084	揭市旅函〔2009〕46 号	沈彦娜	揭西县棉湖镇道江西路公园大门东侧 12 号	5252618
	揭西县霖都旅行社有限公司	L－GD00085	揭市旅函〔2009〕46 号	陈建兴	揭西县河婆镇霖都大道 183 号	5591116
	揭东县金凤凰旅行社有限公司	L－GD00086	揭市旅函〔2009〕46 号	蔡育文	揭东县金溪大道步行街 48 号、50 号	3198631
	惠来县信天乐旅行社有限公司	L－GD01097	揭市旅函〔2010〕41 号	李丽云	惠来县会城镇葵和路金海岸大楼 109 号	8560808
	揭阳市美景旅行社有限公司	L－GD01199	揭市旅函〔2011〕16 号	杨文略	揭阳市东山区江滨花园西侧铺面 37 号	13352701011
	揭西县揭之旅旅行社有限公司	L－GD01235	揭市旅函〔2011〕33 号	李显威	揭西县城滨江公园侧揭西旅游局 1 楼	5520688
	普宁市东弘旅行社有限公司	L－GD01240	揭市旅函〔2011〕37 号	廖奕滨	普宁市流沙西街道锦绣园赵厝寮民楼第十二栋东起 11～13 号	2903818
	揭阳市新旅程国际旅行社有限公司	L－GD01316	揭市旅函〔2011〕60 号	谢燕娜	揭阳市东山区金都花园正面铺面 14 号	8253311
	※惠来县惠之旅旅行社有限公司	**L－GD01424**	**揭市旅函〔2012〕25 号**	**林玉香**	**惠来县惠城镇塘边社区**	**6694372**
云浮市（0766）	云浮市中国旅行社有限公司	L－GD－CJ00138	国家旅游局旅管理发〔2002〕91 号	李醒培	云浮市建设南路 70 号	8817338
	云浮市青年旅行社有限公司	L－GD00546	云旅管〔2009〕30 号	陈文彬	云浮市云城区玉皇路 116 号 2 楼	8819082

续表

地区	旅行社名称	许可证编号	批文号	法定代表人	联系地址	联系电话
云浮市（拥有旅行社11家，其中出境游组团社1家）	云浮市阳光旅行社有限公司	L－GD00547	云旅管〔2009〕30号	李振兴	云浮市云城区城南路10号第一卡	8911999
	云浮广之旅旅行社有限公司	L－GD00548	云旅管〔2009〕30号	苏丽芳	云浮市云城区城南路55号	8982888
	云浮市伴你同游旅行社有限公司	L－GD00549	云旅管〔2009〕30号	李结英	云浮市云城区河滨东路436号	8929177
	罗定市中国旅行社有限公司	L－GD00550	云旅管〔2009〕30号	梁勤英	罗定市罗城人民南1号	3726383
	罗定市飞翔旅行社有限公司	L－GD00551	云旅管〔2009〕30号	陈英才	罗定市龙园路131号	3826383
	新兴县翔顺旅行社有限公司	L－GD00552	云旅管〔2009〕30号	祝泽坤	新兴县新城镇东堤南路（翔顺集团办公综合楼）首层1～4号商铺	2884042
	郁南中国旅行社有限公司	L－GD00553	云旅管〔2009〕30号	吴照初	郁南县都城镇工业大道47号之九1楼	7383833
	云安县信安旅行社	L－GD00885	云旅管〔2009〕40号	苏炜美	云安县城港城大道6号	8613392
	罗定市快乐天旅游有限公司	L－GD01262	云旅管〔2011〕29号	陈伟明	罗定市罗城龙园路106号	3868228

注：1. 截至2012年年底，广东省旅行社总数1624家，其中出境游组团社216家，外资旅行社15家；

2. 2012年度全省新批准设立经营国内游和入境游旅行社202家，出境游组团社49家，外资旅游社1家。

（省旅游局行业管理处供稿）

2012 年广东省旅游院校(系·专业)名录

院校名称	专业	学历	教师人数	在校生人数	网址	学校地址
珠三角						
中山大学	旅游管理、酒店管理	本科	13	229	www. bssysu. com	广州市新港西路 135 号
暨南大学旅游管理系	酒店管理、旅行社经营管理、旅游英语	本科	16	328	ms. jnu. edu. cn	广州市黄埔大道 601 号
华南理工大学经济与贸易学院	旅游与酒店管理专业	本科	20	551	www. scut. edu. cn	广州市天河区五山路 381 号
广州大学旅游学院	旅游与休闲管理、酒店管理	本科	42	1023	ly. gzhu. edu. cn	广州市大学城外环西路 230 号
广东商学院旅游学院	旅游业资讯、旅游研究等	本科	28	115	ly. gdcc. edu. cn	广州市海珠区赤沙路 21 号
广东外语外贸大学英文学院	国际会展与旅游系	本科	7	130	felc. gdufs. edu. cn	广州市白云区白云大道北 2 号
中山大学新华学院	旅游管理	本科			www. llxh. sysu. edu. cn	广州市天河区龙洞广汕一路 721 号
中山大学南方学院	旅游管理	本科	15	279	www. nfsysu. cn	广州从化市温泉镇
仲恺农业工程学院	英语(旅游管理)	本科			www. zhku. edu. cn	广州市海珠区仲恺路 501 号
华南师范大学增城学院旅游学院	国际旅游、国际酒店管理、旅游管理	本科	20	631	lygl. scnuzc. cn	广州市萝岗区九龙镇
华南师范大学旅游管理系	国际旅游管理、国际酒店管理等	本科	30	601	home. scnu. edu. cn	广州市石牌
华南农业大学	旅游管理	本科			www. scau. edu. cn	广州市天河区五山路 483 号
广东商学院华商学院	旅游管理专业(酒店管理方向)	本科	13	386	www. gdhsc. edu. cn	广州市增城荔城街华商路一号
广东外语外贸大学南国商学院	旅游管理	本科	25	350	www. gwng. edu. cn	广州市白云区良田中路 181 号
广东技术师范学院	旅游管理与服务教育专业	本科	10	212	www. gdin. edu. cn	广州市中山大道 293
广东工业大学管理学院	旅游管理	本科	8	300	www. gdut. edu. cn	广州大学城外环西路 100 号
广东科贸职业学院	商务英语(旅游英语)	专科				广州市五山路科华街 273 号
广州番禺职业技术学院	旅游管理系	专科	9	373	www. pyp. edu. cn	广州市番禺区沙湾青山湖
广东白云学院	酒店管理	专科	6	50	www. bvtc. edu. cn	广州市白云区江高镇学苑路 1 号
广州城市职业学院	旅游管理、酒店管理	专科			www. gcp. edu. cn	广州市广园中路 248 号

续表

院校名称	专业	学历	教师人数	在校生人数	网址	学校地址
广东轻工职业技术学院	酒店管理、旅游管理、涉外旅游	专科			www. gdqy. edu. cn	广州市新港西路 152 号
广东培正学院	酒店管理	专科			www. peizheng. net. cn	广州市花都区赤坭培正大道中 1 号
广州松田职业学院	旅游管理	专科	7	100	www. sontanedu. cn	广州增城市朱村街
广州工程技术职业学院	旅游服务与酒店管理	专科	3	260	www. gzvtc. cn	广州市天河区渔兴路 18 号
广东机电职业技术学院	旅游管理	专科	15	500	www. gdmec. cn	广州市沙太路麒麟岗
广东外语外贸大学公开学院	国际旅游管理	专科			www. gdufs. edu. cn	广州市白云大道北 2 号
广州现代信息工程职业技术学院	会展旅游	专科			www. gzmodem. cn	广州市科学城科林路南一号
广州铁路职业技术学院	涉外旅游	专科	6	300	www. gtxy. cn	广州市白云区石井街庆隆中路 100 号
广州涉外经济职业技术学院	涉外旅游、酒店管理	专科	7	285	www. gziec. net	广州市沙太中路大源北 28 号
广州南洋理工职业学院	旅游管理	专科			www. nyjy. cn	广州从化市环市东路 1123 号
广州科技技术职业学院	旅游管理、旅游英语	专科	22	660	www. gzkjxy. net	广州市白云区钟落潭广从九路 1038 号
广州科技贸易职业学院	旅游英语	专科			www. gzkmu. cn	广州市番禺区南村镇兴业大道
广州康大职业技术学院	旅游管理	专科	11	271	www. kdvtc－edu. cn	广州市萝岗区九龙镇华师康大教育园
广州华夏职业学院	涉外旅游	专科			zsw. gzhxtc. cn	广州从化市城鳌大道东 772 号
广州华商职业学院	旅游管理(涉外旅游)	专科	9	260	www. gzhsvg. com	广州增城市荔城街华商路一号
广州华南商贸职业学院	旅游管理	专科	3	122	www. hnsmxy. com	广州市天河区天源路 740 号
广州航海高等专科学校	旅游与酒店管理	专科				广州市黄埔红山三路 101 号
广州工商职业技术学院	旅游英语(旅游与酒店管理)	专科	7	123	www. gzgs. org. cn	广州市花都区狮岭镇海布
广州城建职业学院	旅游英语(国际旅游与酒店管理)	专科	10	110	www. gzccc. edu. cn	广州从化市环市东路 166 号
广东外语艺术职业学院	旅游英语、酒店管理	专科	9	248	www. gtcfla. edu. cn	广州市天河区瘦狗岭路 463 号
广东女子职业技术学院	旅游英语、旅游日语、旅游管理、酒店管理	专科	12	500	www. gdfs. edu. cn	广州市番禺区市莲路南浦段 2 号
广东农工商职业技术学院	旅游管理、酒店管理	专科	15	1500	www. gdaib. edu. cn	广州市天河区粤垦路 198 号

续表

院校名称	专业	学历	教师人数	在校生人数	网址	学校地址
广东岭南职业技术学院	涉外旅游管理、涉外酒店管理	专科	6	300	www. lnc. edu. cn	广州市天河东圃大观中路492号
广东理工职业学院	应用英语专业、酒店管理	专科	5	270	www. gdpi. edu. cn	广州市下塘西路3号
广东科学技术职业学院	旅游英语	专科			zsb. gdit. edu. cn	广州市天河区科华街351号
广东工贸职业技术学院	旅游英语	专科	4	300	www. gdgm. cn	广州市天河区广州大道北963号
广东工程职业技术学院	旅游英语	专科			www. gpc. net. cn	广州市天河区渔兴路18号
广州市旅游商贸职业学校	酒店服务与管理、导游服务与管理	中专	47	274	www. gzvstc. net	广州市海珠区新滘西路9号
广州市旅游职业学校	旅游与管理、商务外语	中专	77	2951	www. gztschool. com	广州市前进路云桂大街5号
广东新里程旅游学校	旅游管理、酒店管理	中专			www. gdxlctravel. com	广州市白云区江高镇江东路2号
广州市总工会职业技术学校	酒店服务与管理(客房服务)	中专			www. gdzxx. com/jixiao	广州市东川路94号
广州市总工会外语职业学校	酒店服务与管理、中餐烹饪	中专				广州市东川路94号
广州市土地房产管理职业学校	酒店服务与管理、旅游服务与管理	中专	5	123	www. gztdfc. net/defaultaspx.	广州市海珠区赤岗赤沙路12号
广州市商贸职业学校	旅游服务与管理、酒店服务与管理	中专			www. gzsmxx. cn	广州市荔湾区东海北路21号
广州市轻工职业学校	旅游与酒店管理	中专	24	610	www. gzslits. com. cn	广州市钟落潭镇东风南路38号
广州市侨光财经职业技术学校	酒店服务与管理	中专			www. g985qg. com	广州市龙津东路822号之一
广州市广源工贸职业技术学校	旅游服务与管理	中专			gzguanyuangm. zhongzhuan. org	广州市白云区同德围横滘大道东
广州市番禺区职业技术学校	旅游管理系	中专	6	113	www. gzpyp. edu. cn	广州市番禺区桥南街桥南路388号
广州市白云行知职业技术学校	旅游服务与管理、烹饪(中、西餐、点心)	中专	14	400	www. byxzzz. com	广州市广州大道北同和握山北东街
广州潜水学校	旅行社管理、景点讲解、潜水导游	中专	5	48	www. qshxx. com. cn	广州市南洲路146号
广州市实验技工学校	商务日语与旅游管理	中专	2	180	www. ssyschool. com	广州市海珠区同福东南村路79号
广州从化市技工学校	旅游与酒店管理、烹饪与酒店管理	中专	5	200	www. gzchts. com	广州从化市街口镇海塱开发区
广州番禺区岭东职业技术学校	旅游酒店管理与导游服务	中专		90	www. ldzz. cn	广州市番禺区大岗镇兴业路136号
广东省高级技工学校	饭店(酒店)服务与旅游	中专			www. gdsgj. com	广州市花都区雅瑶镇镇

续表

院校名称	专业	学历	教师人数	在校生人数	网址	学校地址
广东省商业职业技术学校	烹饪	中专			www. gdcs. com	广州市荔湾区芳村大道西滘口街5号
广东省电子职业技术学校	旅游与酒店管理	中专			www. gddzxx. com	广州市广州大道北同和同宝路10号
广东省农工商职业技术学校	酒店管理、旅游管理	中专			www. ngszz. com	广州市天河区粤垦路198号
广东省民政职业技术学校	旅游服务与管理	中专	4	46	www. gdcas. com	广州市新港中路艺苑南路29号
广东省贸易职业技术学校	旅游服务与管理(航空服务)烹饪与餐饮管理	中专			www. gdsmy. com	广州市天河区天平架兴华直街338号
广东省环境保护职业技术学校	酒店服务与管理、烹饪工艺与营养	中专			www. gdhbxx. cn	广州市天河区员村西街5号大院
广东广播电视大学附属职业技术学校	饭店服务与管理、旅游服务与管理	中专			www. gdrtvu. edu. cn	广州市下塘西路1号
江门市技师学院	酒店服务与旅游	中专	6	98	www. jmjx. com	广州市江门市江北路1号
广东省旅游职业技术学校	旅游服务、酒店服务与管理旅游艺术等	中专	105	5612	www. gds－lyxx. com	广州市白云区同和同泰路1111号
花都区职业技术学校	旅游服务与管理	中专			qzy. hdjyj. com/index. htm	广州市花都区新华街云山大道65号
广州铁路机械学校	旅游服务与管理	中专			//jjy. gtxy. cn/	广州市越秀区执信南路116号
从化市职业技术学校	旅游服务与管理、酒店服务与管理	中专			//8345. s. ytrain. com	广州从化市街口旺城大道337号
暨南大学深圳旅游学院	旅游管理系	本科	15	328	www. sztc. edu. cn	深圳市华侨城
深圳大学师范学院旅游文化系	汉语言文学（文化导游）	本科	7	122	norc. szu. edu. cn	深圳市深圳大学校内
深圳职业技术学院旅游系	旅游管理、酒店管理	本科	32	880	www. szpt. edu. cn	深圳市南山区西丽湖
深圳广播电视大学	旅游、英语	专科	12	150	www. szrtvu. com. cn	深圳市解放路4006号
深圳信息职业技术学院	旅游英语	专科			//zhaob. sziit. com. cn	深圳市南山区沙河西路4089号
深圳市新鹏职业高级中学	酒店管理	中专	3	50	www. s2xpzg. com	深圳市光明新区观光路
深圳市沙井职业高级中学	中餐、烹饪	中专	4	100	www. szsjzg. com/	深圳市宝安区沙井街道沙博三路23号
深圳市开放职业技术学校	旅游外语、旅游管理	中专			//tvzz. szrtvu. com. cn/	深圳市解放路4006号
深圳市福田区华强职业技术学校	国际旅游管理	中专			www. szhqzx. net/	深圳市福田区景田南四街1号
深圳市第二职业技术学校	旅游服务与管理、烹饪	中专			www. szped. com/	深圳市光明新区凤新路

续表

院校名称	专业	学历	教师人数	在校生人数	网址	学校地址
中山大学旅游学院	旅游规划与管理、旅游人力资源管理	本科	26	1185	stm. sysu. edu. cn	珠海市唐家湾中山大学珠海校区
珠海市技师学院	酒店服务与旅游专业	中专	287	6100	www. zhgjx. com	珠海市香洲区吉大白莲路42号
珠海城市职业技术学院	国际旅游管理	专科	10	518	www. zhcpt. net	珠海市金湾区西湖城区金二路
珠海市艺术职业学院	导游、旅游管理	专科	4	494	www. zhac. net	珠海市金湾区广安路2号
广东科学技术职业学院外国语学院	旅游英语、旅游管理	专科	19	699	www. gdit. edu. cn	珠海市金湾区珠海大道南侧
珠海市理工职业技术学校	酒店服务、旅游管理	中专	7	239	www. zhszx. cn/	珠海市九洲大道西3024号
吉林大学珠海学院	旅游管理系	本科	50	1477	www. jluzh. com	珠海市金湾草堂
珠海市南屏中学	烹饪、酒店服务与管理	中专			www. zhnpzx. net	珠海市南屏镇珠海大道1021号
珠海市第一中等职业学校	旅游服务与管理	中专	24	1456	www. zhyz. net. cn	珠海市香洲区心华路268号
华南师范大学南海校区	旅游管理	本科	13	443	www. nhxy. com	佛山市南海区
佛山科学技术学院旅游系	旅游管理	本科	13	375	www. fosu. edu. cn	佛山市江湾一路18号
顺德职业技术学院	酒店及旅游管理系	专科	35	1121	www. sdpt. com. cn	佛山市顺德区大良镇德胜东路
佛山职业技术学院	酒店管理、旅游管理、旅游管理	专科	11	337	www. fspt. net	佛山市三水区乐平镇
佛山市顺德区杏坛胡宝星职业技术学校	旅游服务与管理	专科	5	150	xtzz. sdedu. net	佛山市顺德区杏坛镇新涌
南海区信息技术学校	酒店管理	中专			www. nhxx. org	佛山市南海区大沥镇
南海区第一职业技术学校		中专			www. ounh. org/nhzz	佛山市南海区南新三路2号
广东省财经职业技术学校	旅游服务与管理专业	中专	6	100	www. gdcjxx. com	佛山市南海区大沥金贸大道23号
顺德区中等专业学校	酒店服务与管理	中专			www. sdzz. net	佛山市顺德区大良红岗桃源路
佛山市顺德区容桂职业技术学校	旅游服务与管理	中专	11	450	rgzz. sdedu. net	佛山市顺德区容桂街道小黄圃眉蕉桥东
佛山市顺德区大良李伟强职业技术学校	旅游服务与管理	中专	4	130	www. lwqzx. sdedu. net	佛山市顺德区大良金沙大道健民街4号
佛山市三水区工业中等专业学校		中专			www. ssjx. com. cn/index. html	佛山市三水区西南街道
佛山市南海区九江职业技术学校	旅游管理	中专	3	45	www. jzfx. net	佛山市南海区九江镇教育路

续表

院校名称	专业	学历	教师人数	在校生人数	网址	学校地址
佛山市华材职业技术学校	饭店服务与管理、旅游服务与管理	中专	8	250	www. fshc. net	佛山市禅城区丝织路 25 号
佛山市高明区职业技术学校	酒店务与管理	中专	2	100	www. fsgmzx. com	佛山市高明区荷城街道富湾环湖路
佛山市财经学校	旅游服务与管理	中专			www. fscjxx. com	佛山市江湾北一街一号
佛山市高级技工学校	旅游与酒店管理	中专	5	251	www. nhjx. com	禅城区市东下路 22 号
佛山广播电视大学附属职业技术学校	旅游与酒店管理	中专	4	103	www. fsrtvu. net	佛山市禅城区人民路 99 号
佛山市实验技工学校	饭店(酒店)服务与旅游	中专	6	200	www. shiyanjx. com	佛山市三水区芦苞镇成公路 145 号
三水技工学校	饭店(酒店)服务与旅游	中专	4	98	www. ssjx. com. cn	佛山市三水区云东海观光大道
顺德中专、技工学校	旅游与酒店管理	中专	10	450	www. sdzz. net	佛山市顺德区大良街道办红岗
广东省南方技师学院(佛山分校)	旅游与酒店管理	中专	5	152	www. nfjsxy. com. cn	佛山市南海区丹灶镇桂丹西路 98 号
广东南方职业学院	旅游管理，酒店管理	专科	10	215	www. gdnfu. com	江门市五邑路 683 号
江门职业技术学院	旅游管理、旅游管理	专科	9	513	www. jmpt. edu. cn	江门市潮连大道 6 号
江门市广播电视大学	旅游管理	专科	1	14	www. jmtvu. net	江门市胜利路 116 号
鹤山市职业技术高级中学	旅游与酒店管理	中专	3	120	www. hszygz. com	江门鹤山市沙坪镇大林路 175 号
江门新英职业学校	旅游服务与管理、酒店管理	中专	6	102	www. jmxyzx. com	江门市江海区东宁路 28 号
江门市新会机电职业技术学校	旅游服务与管理	中专	8	109	www. xhees. com	江门市新会区经济开发区东区 2 号
江门市新会冈州职业技术学校	旅游与酒店管理	中专			www. xhgzz. com	江门市新会区会城西园新村
江门市旅游职业技术学校	旅游服务与管理、中餐烹饪	中专	10	311	www. drge. cn	江门市蓬江区杜阮镇南田东路 97 号
江门市第一职业高级中学	酒店管理、旅游服务管理	中专	4	60	www. dyzz. net	江门市胜利北路 40 号
开平市吴汉良理工学校	烹饪、酒店服务与管理＝旅游服务与管理	中专	30	420	www. kpwhL. net	江门开平市三埠迳头开发区
广东科技学院	旅游管理、酒店管理	专科	8	350	www. gdst. cc	东莞市南城区西湖路 99 号
五邑大学	旅游管理	本科	5	50	www. wgu. edu. cn	江门市东城村 22 号
东莞市职业技术学院	旅游管理、酒店管理	专科	6	120	www. dgpt. edu. cn	东莞市松山湖大学路 3 号

续表

院校名称	专业	学历	教师人数	在校生人数	网址	学校地址
东莞市智通职业技术学校	旅游与酒店管理	中专			www. edu5156. com	东莞市高埗镇三塘路宝莲段
东莞市职业技术学校	旅游与管理	中专	7	280	www. dgzxt. com	东莞市城区新风路129号
东莞市南华职业技术学校	旅游服务与管理	中专	2	145	www. dgnhjg. com	东莞市虎门镇路东社区振兴路3号
东莞市寮步职业技术学校	酒店管理	中专				东莞市寮步镇新旧围
东莞市厚街专业技术学校	酒店管理	中专			dongguan 05557. 11467. com	东莞市厚街镇振华路66号
东莞市高级技工学校	旅游管理(导游)、星级酒店管理	中专	18	360	www. dgjx. net	东莞市东城区莞龙大道36号
东莞市石龙职业技术学校	旅游	中专		243	slzhiye. w56. west263. cn	东莞市石龙镇竹丝洲58号
电子科技大学中山学院	行政管理(会展经济与酒店管理)	本科	6	240	www. zsc. edu. cn	中山市石岐区学院路1号
广东理工职业学院中山校区外语系	应用英语(旅游服务方向)	专科	8	229	www. gdpi. edu. cn	中山市五桂山职业教育园区
中山市中等专业学校	旅游酒店管理、烹饪	中专	6	113	www. zszz. net/	中山市五桂山石鼓
中山市三乡理工学校	旅游服务与管理、中餐烹饪	中专	13	426	www. sxlg. com	中山市三乡金涌大道23号
中山市南朗理工	旅游服务与管理	中专		330	www. zsnllg. com/	中山市南朗路体育路
中山市建斌中等职业技术学校	旅游服务与管理	中专	5	110	www. xljb. net	中山市小榄镇文东路街18号
中山市火炬技术学院	商务英语	专科	10	250		中山火炬开发区中山港大道60号
中山市旅游学校	旅游、酒店服务与管理	中专	9	270	www. sxlg. com	中山市三乡镇金涌大道23号
惠州经济职业技术学院	旅游管理、商务英语	专科	6	262	www. hzcollege. com	惠州市惠城区马安新乐
惠州商贸旅游高级职业技术学校	旅游管理系	中专	23	841	www. hzcs. com. cn	惠州市惠城区马安新乐大道
惠州市惠阳区职业技术学校	旅游与酒店管理	中专				惠州市惠阳区淡水土湖白云坑白云二路
惠州学院	旅游管理	本科				广东惠州市演达大道46号
惠州华洋科技中等职业技术学校	酒店服务与管理、中餐烹饪	中专				惠州市博罗县园洲镇
惠州旅游学校	旅游管理系	中专	13	1100	www. hzts. net	惠州市惠城区马安镇新乐大道
惠阳理工职业技术学校	烹饪与酒店管理	中专				惠州市惠阳区淡水镇白云5道

续表

院校名称	专业	学历	教师人数	在校生人数	网址	学校地址
惠来县职业技术学校		中专				惠州市惠来县惠城东山教育片区
惠东县惠东职业中学	旅游白酒店管理	中专			www. hdzzcn. com	惠州市惠东平山广汕路蕉田大道
惠洲商业学校	导游与旅游管理、　五星酒店管理	中专	24	389	www. hzcs. com. cn	惠州市惠城区江北文华二路 86 号
肇庆学院旅游学院	旅游管理	本科	29	856	www. zqu. edu. cn	肇庆市端州区迎宾大道
肇庆工商职业技术学院	旅游英语	专科	9	960	www. zqtbu. com	肇庆市端州区北岭旅游景内
肇庆市商业旅游中等职业学校	烹任与酒店管理	中专			www. zqshangxiao. com	肇庆市端州区睦州路西侧 8 号
肇庆市旅游中等职业学校	烹任任与酒店管理	中专				肇庆市鼎湖牌坊侧
广宁县中等职业技术学校	酒店服务与管理	中专			www. gdgndj. com	肇庆市广宁县南街镇庄前路
肇庆职业学校	旅游服务与管理	中专	14	280	www. zqzyxx. com	肇庆市人民南路 42 号
肇庆市信息中等职业学校		中专				肇庆市高要南岸湖西路
肇庆市女子中等职业学校	旅游服务与管理	中专			www. zqnzxx. com	肇庆市星湖大道东湖居路口
肇庆市南国艺术职业学校	烹饪、酒店管理	中专				肇庆市古塔中路 27 号
肇庆科技职业技术学院	旅游英语	中专			www. zqkjxy. com	肇庆市高要城区祈福大道
肇庆市华洋外语中等职业学校		中专				肇庆市端州区星湖东路 8 号
肇庆市工业贸易学校	旅游服务与管理	中专				肇庆市端州区端州一路
肇庆市工程技术学校	旅游与酒店管理	中专	5	90	www. zqnx. com	肇庆市鼎湖区坑口
肇庆市第一中等职业学校		中专			b2b. hc. 360. com	肇庆市古塔中路 27 号
肇庆贸易中等职业学校	中英文导游	中专	20	639	www. zqmyxx. com	肇庆市江滨西路 30 号
肇庆旅游学校	旅游服务与管理	中专	22	650	www. 2233. net	肇庆市鼎湖山牌坊侧
粤东						
汕头市鮀滨职业技术学校	旅游管理					汕头市汕本章路 35 号
汕头职业技术学院	旅游管理	专科	8	238	stzy. stedu. net	汕头市濠江区东湖
潮汕职业技术学院	旅游管理	专科	3	60	www. chaoshan. cn	普宁市大学路 1 号
广东省旅游职业技术学校潮州分校		中专				潮安县浮洋镇吉祥路 19 号

续表

院校名称	专业	学历	教师人数	在校生人数	网址	学校地址
汕头三江科技职业技术学校	旅游服务与管理（旅游航空服务）	中专			www. stsjkjxx. cn	汕头市衡山路32号
汕头市磐光职业技术学校		中专				汕头市濠江区礐石南滨路
汕头市林百欣科学技术中等专业学	酒店服务与管理	中专			www. stkjzz. net	汕头市龙湖区嵩山路中段69号
汕头市金平职业技术学校	旅游管理	中专	5	125	stjpzx. stedu. net	汕头市瑞平路13号
汕头市对外劳务学校	旅游管理	中专				汕头市东厦北路玉兰中学内
汕头市潮阳区职业技术学校	烹饪	中专			www. cyzj. cn	汕头市潮阳区金浦路段
潮汕职业技术学院中职部	旅游服务与管理	中专				普宁市大学路1号
南澳县职业技术学校	旅游服务与管理	中专				汕头市南澳县后宅镇广尾路
广东省粤东高级技工学校	酒店服务与旅游	中专	14	250	www. gdydgj. com	汕头市金新路85号
韩山师范学院	旅游管理	本科	32	715	www. hstc. edu. cn	潮州市东兴路
潮州市职业技术学校	旅游管理	中专	12	372	www. czzj. com	潮州市潮安县古巷镇
潮州市湘桥区虹桥职业技术学校	旅游管理	中专	6	110	www. czhqzz. com	潮州市中山路尾虹桥头
饶平县新丰职业技术学校	旅游管理	中专				梅州市饶平县新丰镇职中路100号
揭阳职业技术学院	旅游英语专业	专科	4	80	www. jyc. edu. cn	揭阳市仙桥镇紫峰山下
普宁职业技术学校	旅游服务与管理	中专				揭阳普宁市池揭公路燎原路段
汕尾职业技术学院	旅游管理	专科	3	60	www. swvtc. cn	汕尾市城区文德路
海丰县中等职业技术学校	酒店管理	中专			www. hfzzxx. com	汕尾市海丰县海城镇莲花山新寮
嘉应学院地理与旅游学院	旅游管理	本科	15	131	www. jyu. edu. cn	梅州市梅松路嘉应学院
梅州市英才外语学校	旅游服务与管理	中专			www. gdmzyc. com	梅州市古洲路古洲三巷
梅州市职业技术学校	酒店管理、烹饪	中专	10	236	www. mzsz. cn	梅州市东山教育基地学子大道
梅州市技工学校	旅行社服务与管理	中专		382	www. mzjx. net	梅州市新中路6号
梅州市旅游职业技术学校	旅游服务与管理	专科	14	9180	www. jyu. edu. cn	梅州市城北镇大浪口路
梅州农业学校	旅游服务与管理	中专	3	101	mznx. meizhou. net	梅州市东郊
梅州城西职业技术学校	旅游服务与管理	中专		375	www. mzcxzz. com	梅州市环市西路

续表

院校名称	专业	学历	教师人数	在校生人数	网址	学校地址
梅县成人中等专业技术学校		中专		397		梅州市中环路
梅州财贸学校	旅游服务与管理	中专	3	86	www. mzcmxx. com	梅州市华南大道
梅州市兴宁市职业技术学校	航空服务	中专				梅州市兴宁市福兴镇神光山下
大埔县田家炳高级职业学校	酒店服务与管理	中专				梅州市大埔县黎家坪
蕉岭县职业技术学校	酒店管理、旅游管理	中专				梅州市蕉岭县蕉城镇
粤北						
韶关学院	旅游管理	本科	11	461	www. sgu. edu. cn	韶关市大学路
广东松山职业技术学院	旅游英语	专科	7	148	www. gdsspt. net	韶关市曲江区
韶关市中等职业技术学校	餐饮	中专	6	114	www. sgszz. com	韶关市浈江区大学路
韶关市北江中等职业学校	旅游导游	中专	3	83	www. sgbjzz. com	韶关市韶南大道中30号
韶关广播电视大学	旅游	专科	8	30	www. sgrtvu. net. cn	韶关市新兴路9号
韶关市高级技工学校	旅游管理	中专	6	60	www. sggaoji. com	韶关市韶瑶路168号
仁化中等职业学校		中专				韶关市县县城建设路1号
英德市职业技术学校	旅游服务与管理	中专	3	73	www. ydzx. com. cn	清远英德市英城浈阳中路59号
民办南华工商学院	旅游管理	专科				清远市东城蟠龙村委
清远市职业技术学校	旅游服务与管理	中专	5	126	www. qyzz. com	清远市清新县太和镇滨江路98号
清远市基棉职业技术学校	旅游服务与管理	中专				清远市西门塘直街18座
广东清远华南职业培训学院	饭店(酒店)服务与旅游	中专	3	60	www. hzpxy. com	清远市清城区横荷街道办5号区
清新县职业技术学校	旅游服务与管理	中专	8	401	www. qyzz. net	清远市清新县太和洞公园前
清城区职业技术学校	旅游服务与管理	中专	4	160	www. qyqczx. com. cn	清远市城区西门塘15号
佛冈县职业技术学校		中专				清远市佛冈县沿江东路交郊九龙
清远职业技术学院	旅游管理	专科			qyptwed@ 126. com	清远市清城区东城街蟠龙园
清远市技师学院(高级技工学校)	酒店服务与旅游	中专			master@ qysti. com	清远市清城区
阳山县职业技术学校	饭店服务与管理	中专			ysxt@ 163. com	阳山县工业大道60号

续表

院校名称	专业	学历	教师人数	在校生人数	网址	学校地址
连州技工学校	饭店服务与管理	中专			anycoo133@163. com	连州市城北俞屋寨108号
河源职业技术学院	旅游管理、酒店管理、涉外旅游	专科	16	576	www. hycollege. net	河源市东环路大学城
河源市职业技术学校	旅游管理、酒店管理	中专	5	116	heyuan. gdrtvu. edu. cn	河源市河大道南
河源理工学校	旅游服务与管理	中专	8	300	www. hylgxx. net	河源市东环路大学城
河源市技工学校	旅游服务与管理	中专	5	80	www. hyjgxx. com	河源市源城区东环路
河源市工业学校	旅游管理	中专	4	180		河源市源城市
龙川县技工学校	旅游与酒店管理	中专	4	68	www. gdlcjx. cn	河源市龙川县老隆镇
和平县职业技术学校	旅游与酒店管理	中专	6	100	www. hyhpzx. cn	河源市和平县阳明镇教育路育才新村1号
东源县灵通职业技术学校	旅游服务与管理	中专			dyxzx. com/Index. htm/	河源市东源县新城(徐洞)
粤西						
广东海洋大学旅游管理系	旅游管理、森林资源保护与游憩	本科	11	365	www. gdou. edu. cn	湛江市湖光岩东
广东海洋大学寸金学院	旅游管理	本科			www. gdcjxy. com	湛江市麻章区麻章镇学智路二号
广东省旅游商务职业技术学校	旅游服务与管理	中专	9	315	www. gdlysw. com	湛江市赤坎区椹川大道北89号
湛江市旅游职业技术学校	旅游服务与管理、酒店服务与管理	中专	5	80	www. zj8z. com	湛江市霞山霞山区绿塘路63号
湛江现代科技职业技术学校	酒店管理	中专			daxue. netbig. com/1857	湛江市廉江经济开发区
湛江市智洋外语职业技术学校	旅游与酒店管理	中专			IP. qincai. net/crp－20802. html	湛江市霞山区森林公园
湛江市湛港职业技术学校	酒店服务与管理	中专				湛江市麻章区麻海路31号
湛江市霞山职业高级中学	旅游服务与管理	中专	2	50	www. gdzjxz. com	湛江市霞山区文明北一路29号
湛江市女子职业技术学校	航空服务、旅游与酒店管理	中专				湛江市赤坎区光复路二巷7号
湛江市南大理工职业技术学校	厨师点心师与酒店管理	中专				湛江市麻章区金川路58号
湛江市麻章区职业技术学校	烹饪与点心	中专			www. mzzx. com. cn	湛江市霞山区文明北一路25号
湛江高尔夫职业技术学校	酒店(俱乐部)管理专业	中专			www. zjgolf. com. cn	湛江市麻章区湖秀2号
湛江城市职业技术学校	航空与旅游艺术、高级酒店管理、烹饪	中专			www. zjcsxx. cn	湛江市赤坎区康宁路63号
湛江财贸学校	旅游、酒店管理	中专			www. zjcx. com. cn	湛江市麻章区麻赤路109号

续表

院校名称	专业	学历	教师人数	在校生人数	网址	学校地址
湛江市商业技工学校	饭店(酒店)服务与旅游	中专	5	100	www. zjsx. gd. cn	湛江市霞山人民大道南4号
茂名市交通高级技工学校	旅游与酒店管理	高中	3	40		广东省茂名市路交通高级技工学校
广东湛江艺术学校	航空商务、酒店管理	中专			www. gdzjyx. com	湛江市赤坎区康宁路7号
茂名职业技术学院	旅游管理	专科	7	120	www. mmvtc. cn	茂名市光华北路203号
信宜市职业技术学校	旅游与酒店管理	中专	6	35	www. xyszjzx. com	茂名信宜市竹山路308号
茂名市南海工业科技学校		中专			www. nhjy. cn	茂名市高州金山开发区教育大道99号
茂名市第二职业技术学校	旅游与酒店专业	中专	14	323	www. mmez. cn	茂名市官渡南路31号大院
广东省茂名市南粤科技学校	烹饪与餐饮管理	中专				茂名市茂名大道北1号大院
广东省茂名市建设中等专业学校	旅游与酒店管理	中专				茂名市文明北路232号大院
化州市长岐中学	旅游与酒店管理	中专				茂名市化州市长岐镇南安圩
阳江职业技术学院	旅游管理	专科	8	135	www. yjcollege. net	阳江市江城区东山路
阳西县中等职业技术学校		中专				阳江市阳西县中山火炬产业转移园内
阳山县职业技术学校	旅游服务与酒店管理	中专				阳江市阳山县工业大道60号
阳江市灌浆岛特种工程技术学校		中专				阳江市江城区潭塘州325国道旁
阳江市第一职业技术学校	旅游服务与管理、管理酒店服务与管理	中专	3	90	www. yjyizhi. com	阳江市江城区白沙望牛岗325国道边
阳东县第一职业技术学校	旅游服务与管理	中专			ydyj. edu. gdbnet. cn/	阳江市阳东县塘坪镇麒麟路55号
阳春市中等职业技术学校	烹饪	中专			www. yczhzh. com/	阳江阳春市黎湖
新兴理工学校		中专			www. xxlg. cn	云浮市新兴县城城西路
台山市现代职业技术学校	旅游服务与管理(烹饪方向)	中专				阳江台山市台城镇东郊路26号
台山市联合中等专业学校	旅行社服务与管理、酒店服务与管理等	中专	4	87	www. tslhzz. com	阳江台山市台城沙岗湖科教文化区
四会市中等专业学校	星级酒店管理	中专				阳江四会市凤山路68号
云浮市中等专业学校	旅游服务与管理饭店服务与管理	中专	20	91	www. yfzzxx. com	云浮市宝马路2号

注：截至2012年年底，广东省共有高、中等旅游院校241所，其中高等院校76所，中等职业学校165所。

（省旅游局教育培训处供稿）

主题索引

说明

1. 本索引采用主题分析法，按主题词汉语拼音顺序排列。
2. 本索引主题词后面的数字表示内容所在页码、数字后面的拉丁字母（a、b）表示该页自左向右的栏别。
3. 本索引主要针对本年鉴以条目体裁出现的三次文献内容而制作，本年鉴中凡以文章体裁、图表体裁出现的内容及“大事记”篇目均未作索引。

H

J

K

L

M

P

Q